中華大藏經編輯局編

中華大藏經

漢文部分

五二

中華書局

內封題簽　　李一氓
裝幀設計　　伍端端

中華大藏經
(漢文部分)
第五二冊
《中華大藏經》編輯局編
*
中華書局出版
(北京王府井大街36號)
新華書店北京發行所發行
上海市印刷七廠印刷
*
787×1092毫米 1/16·63 1/4印張·插頁2
1992年8月第1版　1992年8月上海第1次印刷
印數1—720冊　定價380.00元
ISBN 7-101-00949-2/B·186

中華大藏經（漢文部分）

第五十二冊目録

尊者法救撰
吴天竺沙門維祇難等譯

目録

雜辟喻經卷上

失譯人名附後漢錄　寫

菩薩度人辟若巧乳母養子有四事一者洗浴使淨二者乳哺令飽三者卧寐安隱四者抱持出入恒使歡喜以此四事長養其子令得成就菩薩亦復如是有四事育養衆生一者以正法洗浴心垢二者以經法飲食使飽三者禪定三昧隨時與立四者以四恩饒益一切恒令歡喜以此四事誨一切長育衆生使得至道

世間有二知識常與人為因緣令人得大罪亦令人得大福何謂二知識一者惡知識二者善知識辟如賊師造惡逆殺害君父破乱天下衆生被毒殃无不加與之從事令人得大罪如釋迦文菩薩發意求道救護衆生四等四恩接護一切三界五道靡不蒙度也所謂善知識與之從事令人得大福

昔南天竺有一國名私呵絜處海渚之上其城縱廣八萬餘里時他國有一老母名阿龍遭難荒乱流離在此國孤單無所歸依乞匃生活詣長者家欲求寄附時長者婦見之問訊老母老母具自陳說窮厄之意長者愴然愍之語老母言可住我家耳當相資給老母喜曰吾无以上報當以小小作使所作衆務不敢憚勞也便停止住意有悲喜昔日供侍衆僧隨意所設今日忽尒窮厄施心不遂內自感傷前礼道人問訊必說不審僧朝中供未也道人荅曰朝来入城乞匃了无所得是以便還所解耳老母即念欲得飯衆僧而自了無所有白諸道人我今入城視之若得供辦者當還白之若無者亦當使知消息於是衆許可各各解住樹下於是老母還舍啓長者婦宜用數千錢今我雖在此作使願身自賣終身為婢可立券要長者婦問曰卿在此仰我衣食欲復用錢為持作何等老母白言私宜急用不可得說於是長者婦以錢與之語言為持去用若有時自可還我以券何為老母得錢詣其左右先素

知識者具以情告之以錢人人付使為供六十家須臾已辦賷詣道人本謂无實定至城乃尒皆怪其精進出於不意而問老母居止何處吾朝分衛无里不遍何以都不相值見耶老母具自陳說本末我是某國中人也家先奉佛供養衆僧值世荒乱流離至此室家蕩盡一身孤獨依附此國大長者家給其使令仰其衣食空身寄命了无一錢向見道人悲喜交集心有所懷悲願不果白夫人以身自賣求索少少欲飯衆僧慈恵見愍微誠得遂耳道人歎曰真可謂盡信施矣皆相謂曰吾等亦為五陰之身行求分衛今日之食便為噉人肉也宜各建意以報施功衆人齊心立八惟務禪精盈感通即獲超定神足威靈振動境界樹木曲躬有似跪拜道人見證讚叙施主國王驚肅怪其所以召諸羣臣共議原其感瑞何緣致茲臣下四出觀察其所由見城門外道人羣集施者濟濟其共相慶賴即入白王曰正是所為速請呼来臣下還宣

王命老母怖悸懼有非禍報荅臣曰
吾身繫屬長者婦不得自由臣還白
此意王曰并請命来於是長者婦聞
王勑命即與老母詣王所王問其意
老母具以本末白王言王曰吾為國
主富有自在然不知奉敬三尊供養
道士如此老母致感若斯王曰此母
則吾師迎著宮內香湯洗浴坐於師
位宮人婇女合二万人王身受戒為
優婆塞老人婇女為優婆夷國人一
切普發道意
昔道人於山中學道山中多有蝮虵
道人畏之便依一樹下高布牀搙坐
禪念定而但苦睡不能自制天人則
於空中笑覺之遂睡不解天人因作
方便欲恐令不睡極夜天人言咄咄
道人毒虵来矣道人大怖便然燈火
遍求之不見天人數數不止道人乃
更恚曰天人何以犯兩舌都不見物
云何為言毒虵天人語道人何不
自觀內毒虵身中有四虵不除如何
更從外求之乎道人聞天人語即自
思惟觀身歷藏乃知四大為五陰六

衰所沉没无數劫来至今未脱即解
四諦苦空非身天未曉漏盡意解六
通具足得羅漢昔有阿育王於境內
立千二百塔寺後得病大困有一沙
門往省王王與相見悲不能自勝道
人曰王前後所作功德不可計數當
開大意莫有恨也王言正使死至不
能有恨也所以悲者前為千二百寺
各織作金縷幡蓋千二百枚欲自懸
幡散華於諸寺物始得辦而得重病
恐不卒本願故自悲耳道人語王好
叉手一心令王悉見一界中塔道人
即現神足應時千二百塔皆在王前
見大歡喜病即時差取金幡金華懸
諸剎上塔寺伍仰皆就王手王得本
願身復病愈即發大意延二十五年
遂作功德逮得不退轉
昔有阿育王拜為政位二十八万里盡
屬之陸地龍閱叉等亦奉獻臣使无
不伏者唯有一龍王北界所止之池
廣三百餘里得佛一分舍利晝夜供
養獨不降首於阿育王王即舉四種
兵到其池上龍不出應龍有威神王

亦不能得前如是三往不能得龍所
以威神并者福勝我故也吾今當大
作功德供養三尊以往取必得不疑
也於是修立塔寺廣請衆僧數數不
息欲自試功德便作一金龍作一王
身著稱兩頭稱其輕重作功德並稱
二像龍重王輕後復稱之輕重衡平
復作功德後王稱曰重龍稱曰輕王知
功德日多興兵往討未至道半龍王
大小奉迎首伏所得佛一分舍利者
獻阿育王阿育王復興塔寺廣闡
佛法
昔佛般涅洹去百年後有阿育王愛
樂佛法國中有二万比丘王恒供養
之諸九十六種外道生嫉妬意謀欲
敗佛法自共聚會思惟方便中有一
人善於幻化便語衆人吾欲作幻變惡
鬼形索沙門鬪之必散亡當知其不
如必来歸吾等道矣異道所奉神名
魔夷首羅一頭四面八目八臂諸鬼
之最是可畏者梵志即作是身將諸
醜鬼二百餘頭洋洋行於國中徐徐
稍前至王宮門一國男女莫不怖懼

王出迎之見大恐鬼稽首問曰不審大神何所勑欲鬼語王言吾欲敢人王言不可尒也鬼曰若王惜人民者國中有无益王者付我敢之王言無有也鬼言諸沙門等亦不田作亦不軍征不臣屬王此則無益者付吾敢之王心不樂事不得已便遣使詣祇桓道其消息二万比丘中有最下沙弥年十三歲名端正白諸比丘我當行應馬即便聽許之沙弥出外語維那曰其有梵志墮祇桓中者便共剃頭無令得脫便往其所語鬼神曰知汝来欲敢吾等吾等是僧中最小故来先相卷次其餘比丘安次當来沙弥復言吾旦来未得食卿等飯我令得一飽乃却敢我鬼神與之時從鬼梵志亦有二万餘人王作大廚當與此等沙弥便取二万人食具皆著口中神足飛著祇桓故未飽復取二万梵志吞之亦以神足送著祇桓中時作幻梵志走大怖懼還復為人稽首謝過願作弟子諸比丘盡剃諸梵志頭為說經法皆得羅漢一國人民无

不歡喜得福得度王思惟言一小沙弥感動如是況摩訶衍海何所不有者我便發无上正真道意從是以来佛法興盛于今不滅昔有國王喜食人肉勑厨士曰汝等夜行密採人来以供厨以此為常臣下後咸知之即共斥逐捐於界外更求良賢以為國王於是敢人王十三年後身生兩翅行敢人無復遠近於山中向山樹神請求祈福當取國王五百人祠山樹神使我得復還國為王於是便飛行取之得四百九十九人之山谷以石密口時國王將諸後宮詣浴池戲始出宮門逢一道人說偈求乞王即許之還宮當賜金銀時王入池當欲澡洗敢人王空中飛来抱王得去還於山中國王見敢人王不恐不怖顏色如故敢人王曰吾本捕取五百人當持祠天已有四百九十九人今復得卿一人數已滿殺以祠天汝知是何以不恐懼乎國王對曰人生有死物成有敗合會有離對来分之不敢愁也旦出宮時道逢道士為吾說偈即

許施物今来得與以是為恨耳令王弘慈寬恕假數日中有施訖還不違要誓也即聽令去而告之曰與汝七日期若不還者吾往取汝亦无難也王即還宮都中內外莫不歡喜即開庫藏布施遠近拜太子為王慰勞百姓辭決而去敢人王遙見其来念曰此得无異人乎從死得生而故来還即問曰身命世人所重愛者也而卿捨命所信世之難有不審何守志趣願說其意即曰吾之慈施至誠信盟當得阿惟三佛度十方彼王曰求佛之義其事云何便為廣說五戒十善四等六度心開坦然從受五戒為清信士放四百九十九人各各令還國諸王追是後王共至其國感其信誓蒙此國於此國王各為立第一舍彫文得濟命各不肯還於本國遂便住止刻鏤光飾嚴整法國王飲食服御與王无異四方来人問言何以有此如王舍遍一國中衆人荅曰皆是諸王舍也名遂遠布從此以来号言王舍城佛得道已自說本末立信王者我

身是也毁人王者殃崛摩是還王舍説法所度无量皆是宿命作王時因縁人也佛説是時无不歡喜得福得度不可訾計

昔雪山有白象王身有六牙生二万象象王有二夫人一人年長一人年少每出遊戲時夫人挾左右時王出戲道過一大樹樹花茂好欲取二夫人身上以為光飾鼻絞樹而揺道之風吹樹花獨落大夫人上小夫人在下風不得華謂王為有偏意内生毒心後王池中生一金色千葉蓮花小象見之取持上王王得以與大夫人使著頭上小夫人遂益妬忿念欲害王雪山中多有道士於是小夫人採取美果每供養百辟支佛以後山上臨一嶮處而自擲願持是前後施辟支佛福報生於人中有豪勢自識宿命害殺此象王即便放身自投山下而死神来生人閒為長者女明慧遠識端正无比其女長大國王躬為夫人愛重之夫人念言今真得報宿怨矣便以拖子黄面委卧稱病王入問

之荅曰夜夢見象頭有六牙欲得其牙持作釵耳王若不得此象牙者病日篤矣王素重之不敢違意即召國中諸射獵者得數百人而告之言汝等山中頗見有白象身有六牙者不皆言未曾見也王意不樂使夫人呼獵者共道此意夫人言此閒近處實无此象汝衆中誰有能耐苦大膽者乎有一人長跪曰我㝡可矣於是夫人與万兩金與其鐵鉤斧鑿及法衣一具告之汝徑詣雪山中道當有大樹左右有蟒身長數百丈不可得近斧鑿穿樹從中過去前行當見大水有樹木臨水上取鐵鉤鉤上樹尋枝進而前度至象所住覘其常可頓止處當下作深坑薄覆其上在中伺象来時以箭射之即著袈裟如沙門法象奉三尊終不害汝獵者受教即涉道去七年七月七日到象所止處作坑入其中須臾象王還獵者以毒箭射之象被此箭不從遠来便以鼻撈其邊地見坑中人即問何人其人大怖懼自首言我是應募人象王即知是

夫人所為自截其牙用與獵者語人言汝還去諸象見汝即當害卿教却行去群象必當尋迹追汝象王以威神將護七日之中得出部界還至本國以象牙與夫人夫人得之反覆視之且喜且悔未幾吐血死近釋迦文佛在世時天龍鬼神四輩弟子大會説法坐中有大比丘尼遥瞻視佛便大聲笑須臾復舉聲哭衆坐中无不恠者阿難問佛云何此比丘尼得阿羅漢何因且悲且喜不能自勝願聞其事佛告阿難尒時白象王者我身是天人者今瞿夷是小夫人者今比丘尼是以得神通識往昔事所以悲者不事心所喜笑者賊害善人更從得道衆會聞皆念曰與世尊作惡因縁猶尚得度況有道德之因縁乎一切衆會皆發无上正真道意願及十方廣度一切

昔佛詣僳國受須竭請其國近海龍興雲雨佛恐漂没人民受飲食巳引衆詣阿耨達池佛會畢衆坐巳定告舍利弗不在會中天帝念曰佛左右

常得神足智慧益佛光暉佛知其所念告目揵連汝往呼舍利弗来目連作礼而往舍利弗補護法衣目連曰佛在阿耨達池天大會佛使我来相呼願以時去舍利弗言須我衣竟目連答曰不時去者吾當神足取卿及山石室置右掌中持詣佛所舍利弗便解腰帶著地語目連曰汝能令帶離於地者我身乃可舉目連即舉之地能為振動帶不可舉目連以神足還佛所舍利弗先坐佛邊目連乃知神足之力不如智慧之力也時坐中有一比丘耳中有須曼花衆坐皆疑比丘之法離於花飾而此比丘著花何謂天帝即白佛言不審比丘何以著花佛告比丘遣耳中花比丘受教即手挽去其花續復如故如是取去其處故有佛語比丘以神足去之即以三昧力作數千万手虛空中取耳中花花故不盡衆坐乃知是道德因縁非暫著花也天帝白佛願說本末使衆會疑解佛告天帝昔惟衛佛時從来九十一劫時佛大會說法有一

雜譬喻經卷上　第十三張　寫

醉客在會中聽聞經歡喜耳上著花取散佛上作礼而去命終之後九十一劫天上人中受福不復更三惡道欲知彼時人者今此比丘是也散一花福至今得道故未盡也天帝白佛言往日醉客不受戒亦不行六波羅蜜一散花福乃九十一劫于今不盡何況多作者佛告天帝當知薩芸若饒益一切如是一切衆會聞說如是大歡喜普發无上正真道意

昔佛始得道教化天下莫不承動唯舍衛國王不時信解佛之精舍與王園觀隣壁相近皆臨江水精舍中有沙弥有三百餘人每給三尊使令時維那使諸沙弥各持瓶於江上取水諸沙弥至江岸便脫袈裟作屋戲時王波斯匿夫人在樓觀上坐遥見沙弥等共戲如是即謂夫人我之不信瞿曇良以為是瞿曇之等自稱清淨無有陰蓋彼今戲樂與我无異那得言真夫人答王譬如海中龍虵摩訶衍法亦復如是有得道者有未得道者不可一論也夫人語未竟諸沙弥等

雜譬喻經卷上　第十四張　寫

著衣服各各取水正往向精舍所在以神足挑三百瓶著虛空中各各飛逐皆入精舍夫人便指大王所言王意未盡者今現神足何如也王見大歡喜即下觀與群臣百官共詣佛所稽首作礼歸命悔過佛為說法王及夫人一切衆會皆發無上正真道意

昔舍衛國梵志長者出城遊戲展轉到祇桓邊佛知其人有功德可度佛即出坐一樹下放大光明照祇桓界樹木土石皆作金色梵志見光問從者曰此為何光乎從者答曰不知長者曰非是日光耶從人言日者光熱此光寒涼和調非日光矣長者復問曰得无火光乎從人曰非火光火者動搖不定此光澤然不像火光也從人思惟知之語長者此是沙門瞿曇道德之光長者即曰勿說此吾不喜瞿曇速迴車還佛便作變化三面皆自然有大澗所向不得過唯於佛前有道徑從人白言瞿曇邊有道過矣事不得已如前遥見如来即以扇覆面佛復以威神使內外徹舉目故與

雜譬喻經卷上　第十五張　寫

佛祖見悟覺下車稽首作礼佛與說法便發无上正真道意尋得不退轉背佛去者尚得道慧何况信向者哉

昔波羅奈國有大力士八人一人當六十象力中有一人獨多權奇兵法六十四變文武皆具以是自恃无所畏難佛觀其人必墮惡道中往到其所欲度脫之守門人白瞿曇在外来欲相見力士聞之語左右言瞿曇所在智豈能勝我不如我也語守門者發遣令去不能見之佛三詣門不見佛於是化作年少力士来角倚門人入白力士問曰得无是國中八人耶門人荅言年少耳未曾見也力士出外相見將詣戲場輕其年少便欲撲殺之語年少曰強来前當共手搏二人俱前當欲合之間佛以神足舉著空中去地十餘丈下向視地但見火刃都失貢高瞋恚之意但恐畏死遥於空中言歸命下方力士乞得全命佛便著地還見佛身力士知是佛稽首作礼我當知佛神足力如是不敢憍慢乃至於今也願見原恕以滅重

雜譬喻經卷上　第十六張　羽

殃佛即受之為說深法便發无上正真道意即得阿惟越致佛之權道所度如是

昔羅閱祇國有婆羅門子獨與母居年少長大自問其母我父何所奉事欲習其蹤母語子言汝父在時一日三反入水自洗浴子言父作是何所希望乎母言恒水遣垢可得神通矣子曰不然母謂子汝寧有異見乎子言若其然者水北居民日駈牛南渡放日再洗浴何不得道且水中有魚鼈之屬在水活何以復不得道耶母言汝意云何子言唯有如来八解之池三昧之水浴此乃无為耳因報母言當詣佛所求沐神化於是母子至佛所佛為說法子作沙門得羅漢道還為母說法復得須陀洹道

雜譬喻經卷上

乙巳歲高麗國大藏都監奉
勑雕造

雜譬喻經卷上　第十七張　羽

雜譬喻經卷上

校勘記

一　底本，麗藏本。

一　一頁上二行譯者，資、磧、普作「失譯在後漢録」；南、徑、清作「失譯人名出後漢録」。

一　一頁上五行「安隱」，諸本(不含石，下同)作「安穩」。又「抱持」，諸本作「抱將」。

一　一頁上七行「育養」，諸本作「養育」。

一　一頁上九行第一〇字「興」，諸本作「與」。

一　一頁上一四行「賊師」，諸本作「賊帥」。

一　一頁上一七行「救護」，諸本作「救度」。

一　一頁中三行第九字「婦」，諸本作「歸」。

一　一頁中八行「供侍」，諸本作「供待」。

一　一頁中九行末字「自」，資作「目」。

一　一三行第八字同。

一　一頁中一〇行「必訖」，諸本作「已訖」。

一　一頁中一一行第二字「供」，諸本作「得供」。

一　一頁下一行第四字「具」，清作「其」。又第七字「告」，資、磧作「苦」。

一　一頁下三行「至城」，諸本作「至誠」。

一　一頁下六行「某國」，資、磧作「其國」。

一　一頁下七行第二字「先」，諸本作「素」。

一　一頁下一一行「悲願」，諸本作「恐願」。

一　一頁下一七行第三字「盈」，普、南、徑、清作「誠」。

一　一頁下末行首字「王」，諸本作「王王」。又第一三字「還」，諸本作「遂」。

一　二頁上一〇行「老人」，諸本作「夫人」。

一　二頁上一三行「牀槈」，諸本作「牀褥」。

一　二頁上一六行第六字「不」，諸本作「不復」。

一　二頁中三行「羅漢」，普、南、徑、清作「阿羅漢」。

一　二頁中二〇行末字「池」，諸本作「地」。末行第四字同。

一　二頁下六行第一〇字「作」，諸本作「始作」。

一　二頁下八行第七字「稱」，諸本無。

一　二頁下一八行「聞之」，南、徑、清作「闘之」。

一　二頁下末行「稍前」，諸本作「進前」。又「怖懼」，諸本作「怖懅」，下同。

一　三頁上一行「大恐鬼」，諸本作「大惡鬼」。

一　三頁上三行「若王」，諸本作「王若」。

一　三頁上八行「二万」，徑作「二比」。

一　三頁上一五行第五字「旦」，諸本作「早」。

一　三頁上二二行「諸比丘」，諸本作「請比丘」。

一　三頁中一行第一三字「小」，諸本作「小小」。

一　三頁中三行第二字「我」，諸本作「哉」。

一　三頁中一六行第一一字「得」，諸本作「將」。

一　三頁中二一行「恐懼」，諸本作「恐懅」。

一　三頁下二行「有施」，諸本作「布施」。

一　三頁下六行「大子」，諸本作「太子」。

一　三頁下一〇行第一一字「守」，諸本作「所」。

一　三頁下二〇行首字「王」，普作「主」。

一　四頁上五行第一二字「生」，諸本作「主」。

一　四頁上八行第三字「過」，諸本作「遇」。又第九字「茷」，諸本作「茂」。

一　四頁上九行「樹而搖逍之」，資、磧作「激樹而搖消之」；普、南、徑、清作「撈樹而搖捎之」。

一　四頁上二一行第一二字「躬」，諸本作「娉」。

一　四頁上二二行第一〇字「真」，諸本作「且」。又末字「怨」，資、磧、

一 南作「寃」。

一 四頁中一五行「常可」，諸本作「常所」。

一 四頁下八行第一二字「視」，諸本作「觀」。

一 四頁下一三行「天人」，諸本作「夫人」。

一 四頁下一五行第五字「所」，諸本作「不」。

一 四頁下一八行「正真」，諸本作「至真」。

一 四頁下二一行「飲食」，諸本作「飯食」。

一 五頁上三行末字「曰」，諸本作「白」。

一 五頁上一一行「先坐」，諸本作「先到」。

一 五頁上一五行「天帝」，諸本作「天帝釋」。

一 五頁上一七行第八字「復」，諸本作「復有」。

一 五頁上二〇行首字「中」，諸本無。

一 五頁上二一行第三字「暫」，磧、普、南、徑、清作「耳」。

一 五頁中一行第一三字「著」，諸本無。

一 五頁中八行第二字「作」，諸本作「供養佛」。

一 五頁中一一行第一三字「動」，諸本作「勳」。

一 五頁中一四行第三字「有」，諸本作「者」。

一 五頁中一七行「夫人」，諸本作「與夫人」。

一 五頁中二一行「答王」，諸本作「答言」。

一 五頁下一一行第一三字「問」，徑作「爲問」。

一 五頁下一二行第四字「爲」，徑無。

一 五頁下一四行「寒涼和調」，諸本作「寒温調和」。

一 五頁下一六行「此光澤然」，諸本作「此光不動然」。

一 五頁下一八行「勿說此吾不喜」，諸本作「勿說此語我不喜」。

一 五頁下二一行第一三字「過」，諸本作「通過」。

一 五頁下末行第一三字「故」，諸本作「正」。

一 六頁上一〇行首字「在」，諸本作「有」。

一 六頁上一二行「角倚」，諸本作「掎技」。

一 六頁中一一行首字「放」，磧、普作「於」。

一 六頁中一二行第一三字「耶」，諸本作「乎」。

一 六頁中一五行「求沐」，諸本作「沐浴」。

雜譬喻經卷下　篤

失譯人名附後漢錄

昔罽賓國中有一比丘廣訓門徒數百餘人中有得四禪者得五通者得須陁洹者阿羅漢者時有安息人到罽賓國見比丘教化如是有信樂心為作弟子未久之間成五通行便現神足於衆人前師告之曰汝雖得五通意結未解莫現神足以自貢高也便心恚師謂師妬奇自念曰當還生地現道德耳即飛到本國詣安息王殿前現神足飛來王為作礼而問道人是何國人比丘言我王國人詣罽賓國學道今所以還欲福土地報所生恩王大歡喜即長跪白願道人自從今日常住我宮中受我供養比丘即可之王手自供養或使夫人及婇女來比丘便有欲意向青衣諸臣下知之以白於王王遂呵之王所以不信者本見其飛來故也未久之間青衣腹大諸臣復啓王以夫人為驗乃知其實即棄法衣遣使令去出宮以

是道人故不加楚毒比丘出外行作劫人賊無當前者王不知是前比丘也謂募雄士使人生捕將來定是前比丘王問曰汝前犯欲謂為誤耳云何復劫人乎比丘叩頭曰窮無復餘計故也王曰我本見汝神足飛來故不忍加於汝毒復赦汝勿復犯我界中解放令去比丘念曰如行客作求生活也即自衒有屠家顧使撻牛剝羊事事皆為後使打骨迸跳中面壞其眼根無所復見不復中使主人遣令其去於是持一破杅順巷行乞遂成賤人比丘更變其間數年師以道眼觀察欲知所在見比丘如此在安息市乞時門徒中但學五通不求斷苦者五百餘人師告之曰汝等速嚴今當共行省往日安息弟子弟子皆喜曰彼道德必大我感師乃自屈往省皆承神足須臾以到住於其前師呼其名則荅師聲言和上來耶師言尒故來相省師問曰何緣乃尒弟子具陳本末辯說所犯意師語諸弟子得五通非堅固道也不可恃怙矣師

說是時五百弟子皆得六通成應真道彼一弟子慙愧無辭師徒一切更還本所

昔有一國豐熟饒人他國欲來取之即與兵往國中已知便大發兵十五已上六十已下盡當征行有時一人為織氍公年向六十其婦端正常輕慢夫上堪毋敬難文夫事之壻語婦言今應行被勑自具兵仗及資糧器物顯時發遣婦與夫一五外器以用織糧織氍杼木一枚長丈一尺婦言汝持是行鬬無有餘物也設令破是器失是杼木不復共汝作居家夫便辭去不念當為軍所傷害但畏二物差錯失於婦矣道逢彼兵共鬬軍不如即退氍上二物差錯則失婦意衆人皆走便舉執杼著頭上向賊而獨住彼軍見之謂呼勇猛不敢復進却退於是國軍更得整陣并力進戰即大得勝彼軍不如死散略盡王大歡喜當賞有功衆人白王織氍者應與上功王因呼見問其意故汝何緣獨得却大軍乎對曰實非武士家婦見給從軍二物設當失此二物者婦則委去不成家居是以分死欲成二物因之却軍實非勇健所致也王謂諸臣此人本雖畏婦要濟國難當與上功即拜為臣賜其寶貨宅舍婇女其次於王子孫承福世世相繫此世間示現因緣所得佛借以為喻婦與夫五外器丈一尺杼木者譬佛授弟子五戒十善也屬人言堅守二物不毀失者可得與吾共居也此謂持法死死不犯者則得與佛俱昇道堂矣既當得却軍復見封賞者譬守戒人現世怨家橫封為之消滅後世受福天堂自然者矣

昔舍衛城中有豪貴梵志財富無數聰識明慧然墮邪見不信善謂呼無益時舍利弗已道眼見念是長者宿有大福德為豪富念食故不復造新必還三塗當往度之便現神足當其坐前持鉢而住時梵志方坐飲食見舍利弗甚大瞋恚即推門家擿打與手已還坐食亦不請坐亦不遣去食竟洗手漱口含一口水吐著舍利弗鉢中言持是去相施是舍利弗言使汝長夜受福無量即還去長者慢恐行詐言使人尋之舍利弗經還精舍以水和塗塗佛所經行處白佛言彼慳貪見施一口水今用塗佛經行處願佛經行其上使彼長夜受福无量佛即為經行三昧長者所遣伺候者具見如是還白長者佛所棄輪王位行作沙門持鉢求食非有貪求也欲度衆生故耳具以本末說之長者大悔有不事心舉家大小盡詣佛所懺悔謝過愚癡無狀頭怨重殃佛為受自歸為其說法疑解結除得不退轉

昔波利弗國比於餘國寂豐熾盛真人神人下至不肖九品皆具道德仙經及流俗書亦復具足金銀穀帛無物不有佛每稱之為聞物國時諸外道九十六種咸共議曰佛說國無不有當共往求國所無者因此折之令不至誠然後吾等必得敬事梵志議曰未聞此國有羅剎鬼當故求之必不可得此顯佛謗道不正矣遍順行市里求欲買鬼皆無有梵志喜曰謂

以得第天帝知之梵志諜計即便來下化作賈人坐於肆上有如賣物梵志循肆次到其前問有鬼賣不天帝言有欲得幾頭梵志相謂此虛言耳所從得鬼賣而言幾頭乎梵志等曰欲得數頭天帝便開肆門惡鬼忽有數十頭梵志見之甚大怖懅各各心念知佛至誠皆詣佛自歸言波利國雖象物普有其空手往者一物叵得持財貨買無物不得借以為喻此是世間視現譬薩芸若城其中無所不有四等六度三十七品聲聞辟支上至如來若有人不修德行於薩芸若中望有所獲不可得也若奉聖教撿身口意譬如有貨無願不果矣

昔天竺國有松寺中有四道人皆是六通國中有四居士各請一道人長供養之四道人各行教化一人至天帝釋所一人至海龍王所一人至金翅鳥所一人至人王所於是四道人所受供養鉢中之餘還分檀越食之百味具足所未曾見各問道人所從得此道人即為各說本末於是四居士各發一願一人言願生天帝釋宮一人欲生海中作龍一人欲生金翅鳥中一人欲生人王中作子壽盡皆得往生為四神王同時有念欲八關齋遍觀靜處唯摩竭王後園寂寞皆到園中各坐樹下慈心奉齋行六思念意一日一夜明旦事訖乃相就語摩竭王曰卿等何人也一人言我是天王一人言我是龍王一人言我是金翅鳥王一人言我是人王四人相本末已皆大歡喜天王便言吾等俱齋誰得福多者人王言曰吾之欲近在園外音樂之響乃徹聞此能於中專心吾福第一天王曰吾之天上七寶宮殿玉女衆妓衣食自然不復想念遠來全齋福應第一金翅王言吾之所好唯食龍為美甚於五樂今共一處無有惡念大如毛髮吾福第一龍王曰吾之等類是金翅粮供也常恐見食畏怖藏竄今在一處分死全齋吾福第一摩竭王曰吾有智臣名披陁類吾當請之使令決義即召已到具語其意披陁類便取青黃白黑四種之繒懸著空中問於四王四色在空各自異不四王曰異色灼然矣臣曰繒影在地為異無答曰不異也臣言今四種受形各異譬如繒色質不同也今之法齋志趣一味譬如地影無若干也今四尊王發大道意精進齋得佛之時相亦一等無若干像四王歡喜即得道眼

昔有富迦羅越有兩子父得病臨困囑大兒曰汝弟幼小未有所知今以累汝善營濟之勿使飢寒父子悲訣於是遂亡後時婦語其夫曰君弟小長當嬈君家所有之物皆當分之曼其未大何不除遣兄始不肯數語不已兄便隨之將弟出城詣深塚間縛著栢樹不忍手殺欲使虎狼惡鬼害之語弟曰汝數犯我使汝在此宿昔思過明日當相巳便捨之去須臾日暮鵄鵰狐狸所在鳴呼弟大怖懅無所歸告即仰天歎息曰三界之中寧有慈仁受自歸乎今日困厄懷怖無量於是如來觀彼求救正坐三昧放大光明名曰除冥照塚間即時大明

次放一光名曰解縛光至兒所縛即緩身不復痛次放一光名曰飽滿一切兒見光明即不復飢於是如來尋光詣彼使手自解縛而告之曰欲何所趣乎兒白言願我作佛脫一切厄如佛今日即發無上正真道意佛為說法若干正要逮得不起法忍白佛言我兄雖有惡念違孝害我因此得見佛斷生死苦欲往報恩佛言善哉宜知是時便以神足飛往兄家兄婦見之慙懼無顏即語兄曰雖用惡妻之言縛我著塚間因緣是事今日得道皆兄恩也為兄嫂說法便得須陁洹

昔佛在天王釋數下供養三尊唯摩訶迦葉獨不肯受何以故本願但欲度貧窮人故於是天帝作權方便夫人俱下作貧家公嫗弊草屋下時摩訶迦葉入城分衛天帝公嫗迎為作礼自說寒貧願受麁衣迦葉可之反迦葉鉢盛滿甘露使形色麁惡其實而百味方舉宮香甘非常即三昧觀乃知天帝迦葉言卿之福祚巍巍乃尒何以故不猒足也天帝報言三尊福報甚豐無量是以智者未常猒也足

昔外國有一松寺中恒有衆僧百餘人共於中止學有一優婆夷精進明經去寺不遠日飯一沙門衆僧自相差次從頭至竟周而復始其有往者優婆夷輒從問經義自隱學淺者無不喜往有一沙門摩訶盧晚作沙門一無所知次應往食行道遲遲却不肯至優婆夷逢見之言此長宿年老行步庠序謂是大智慧益用歡喜與作好食畢施高座欲令說法道人上座實無所有知自陳體中言人愚無知實苦優婆夷聞是便思惟之愚無所知則是十二因緣本是生死不絕致諸苦惱是故言甚苦思惟反覆即得須陁洹道便起開藏室欲取氎布施道人道人便下座捨去還於精舍優婆夷出不知道人處為所在門中望亦復不見真謂為得道神足飛去也優婆夷便持白氎衣詣精舍求道人道人恐追呼人房閉戶藏其師以得六通見有追者謂有所犯即定意觀知優婆夷得須陁洹道呼摩訶盧令出受施師為說本末摩訶盧歡喜亦得須陁洹道

昔有老母唯有一子得病命終載著塚間停屍哀感不能自勝念曰正有一子當以備老而捨我死吾用活為遂不復歸便欲併命一處不飯不食已四五日佛以知見將五百比丘詣塚間老母遙見佛來威神之光弈弈寤醉醒前趣佛作礼却住佛告母何為塚間耶言白世尊唯有一子捨我終亡愛之情切欲共死在一處佛告老母欲令子活不耶母喜實尒世尊佛言索好香火來吾當呪願令子更生重告老母宜得不死家火於是老母便行索火見人先問汝家前後頗有死者未答曰言先祖以來皆死過去所問之家辞皆如是以經數十家不敢取火便還佛所白言世尊遍行求火無有不死家是以空還佛告老母天地開闢以來無生不終之者生者求活亦復可喜母何迷索隨子死意便解寤識無常理佛因為廣說法要老母即得須陁洹道塚間觀者無

數千人皆發無上正真道意

昔王舍城中人民多豐饒九品異居
不相雜錯別有一億里有一億財者
便入中時有居士覩欲居中便行治
生普身節用廣諸方計數十年中九
十万數未滿一億病甚篤自知不濟
有一子年七八歲囑語其妻曰吾子
小大付與財物令廣治生使足滿一
億必居其中全吾生存之願矣言竟
癸士喪送事畢將子入示其寶物父
有遺敎須汝長大具一千万足滿一
億居億里中子報母言何必須大便
可付我早共居之母即付之於是童
子以財物珍寶供養三尊施與貧乏
者半年之中財物盡了其母愁惱恠
子所作童子未幾身得重病遂便喪
亡其母既失物子又叙喪憂愁憶之
中有寂富者八十居而無子姓於是
童子往生其家為第一婦作子滿十
月生端正聰明自識宿命母自抱乳
確不肯食青衣抱養亦復如是兒前
母聞生子如是偶往看見愛之即抱
嗚嘘開口求食長者大喜重雇其價

便養護子長者便與夫人議曰吾少

子姓他人抱養不肯飲食此婦抱撮
兒輒歡喜吾今欲往迎取以為小妻
令養視吾子為可尒不夫人聽之便
以禮娉迎來別作屋宅分財給與無
所乏短兒便語母為相識不母大怖
懅而言不相識兒白母言我是母之
前子取母九十万分用布施今共來
作八十億主不勞力而食福為何如
耶母聞是言且悲且喜其兒長大化
一億里為摩訶衍道故謂正便億千
出之一邑里能為室舍安諸施以道
菩薩所入如是

昔外國有人多種白甦草若過特不
取失色不好至時大雇客晨夜兼功
略不得息主人以作人勤苦大為作
好肉羹故飯時羹欲熟香氣四聞有
一老鵄當其上飛爪攫糞正墮著羹
中廚士見之即欲斷取即消散盡廚
人念曰欲更作羹時節已晚欲持食
人中有不淨計此少糞不足敗味可
食人但自當不敢耳客皆來坐飯斟
羹客作既厨且飢食之其羹客呼厨士

人取好肉以啖之厨士知不淨恐失

人意強咽吞之不以為味也佛借以
為喻三界衆生脫美色慾莫覩不淨
展轉惑沉猶於飢夫食美羹者菩薩
大士入生死教現受色具了不淨不
甘不樂若厨士強食其肉吞而咽之
不味者矣

昔有阿難入城分衛時蠱道家女出
行汲水見阿難端正有欲意向還語
母言外有瞿曇弟子為我致之母便
召所奉鬼使惑阿難不覺忽到其家
時蠱道母語阿難曰今以女相施不
復得去也阿難報我不隨其語蠱母
作一火坑謂阿難言寧就火焚寧就
我女阿難恐怖一心佛即申手遙摩
阿難頭蠱道家鬼見佛手在空中來
咸神無量皆奔波走過撥蠱母著火
坑中身體燋爛既且然得濟阿難即
時得還佛所後時蠱道母還召鬼神
而責數汝等不能轉瞿曇弟子使惑
何因推我著火坑中鬼神荅曰吾昔
與波旬合八十億衆皆具多羅樹欲
壞菩薩菩薩以手指地其手纖長合

蜺掌内外摇千輻輪威神無量八十億衆皆顛倒墮不得復形令復申來趣吾等寶進怖是以散走不當住也我等鬼神自常儀若行中人不中便自害想亦久知何所責吾盡道毋乃知佛為尊即三自歸得須陁洹道

昔者海邊有樹木數十里中有獮猴五百餘頭時海水上有聚沫高數十丈像如雪山隨潮而來住於岸邊諸獮猴見自相與語吾等上是山頭東西遊戲不亦樂乎時一獮猴便上頭徑下沒水底衆獮猴見怪久不出謂沫山中快樂無極是以不來皆競踊趣入沫聚中一時溺死佛借以為喻海者謂生死海也沫山者五陰身也獮猴者人神識也不知五陰无所有愛欲癡著從是沒生死海莫有出期故維摩詰言是身如聚沫澡浴強忍

昔長者須達七貧後貧最劇乃無一錢後糞壤中得一木斗其實栴檀出市賣之得米四斗語婦曰併炊一斗吾當索菜茹還時佛念曰當度須達令福更生炊米方熟舍利弗往婦見

歡喜一斗米飯悉投著鉢中更炊一斗方熟目連復往亦歡喜與之復炊一斗迦葉復往亦復與之適有一斗尋復炊熟如來自往婦自念言間日乏糧莫有降者今有是米如來躬顧將無罪畢福將欲生者哉一斗米飯盡施如來佛口呪願罪滅福生從今日始須達尋歸婦恐其恚便問曰如令佛來及舍利弗目連迦葉盡來求食家中所有米當與不耶曰當與福田難遭若來求者是為值遇婦言向四斗米吾盡用矣夫大歡喜餘有飯汁公嫗共飲之須臾彷徉諸室珎寶倉穀疋帛自然實滿如往時富也須達踊躍知佛慈念更請佛及僧供養盡空佛為說法皆得道迹

昔有長者子新迎婦甚相愛敬夫語婦言卿入厨中取蒲萄酒來共飲之婦往開瓮自見身影在此瓮中謂更有女人大恚還語夫言汝自有婦藏著瓮中復迎我為夫不自得入厨視之開瓮見己身影逆恚其婦謂藏男子二人更相忿恚各自呼實有一梵

志與此長者子素情親厚過與相見夫婦鬪問其所由復往視之亦見身影恚恨長者自有親厚藏瓮中而陽共鬪乎即便捨去復有一比丘尼長者所奉聞其所諍如是便往視瓮中有比丘尼亦恚捨去須臾有道人亦往視之知為是影耳喟然歎曰世人愚惑以空為實也呼婦共入視之道人曰吾當為汝出瓮中人取一大石打壞瓮酒盡了無所有二人意解知定身影各懷慙愧比丘為說諸要法言夫婦共得阿惟越致佛以為喻見影鬪者譬三界人不識五陰四大苦空身三毒生死不絕佛說是時無數千人皆飛得無身之決也

佛在世時有大富家食口六人奴婢金銀珎寶不可稱數佛與阿難街里分衛過宿因緣家佛到其門父母兒子妻婦孫息踊躍歡喜請佛入坐室中氍毹布施食器皆以金銀瑠璃阿難長跪白佛此人本有何功德自致大富佛語阿難此人上世時值飢餓之世家中貧窮草木枯旱唯泊水遍

採取用像今作美適熟外有道人分衛出見沙門父母便言以我分與之見子孫息各自以分讓父母令食六人一時發意各一日食唯恨家貧無以上道人者緣此之福得生天上人中常得安樂豐饒財物以其發心同等故世世共作因緣令重相值父母兒子大小一時悉受五戒命終即生天上受福無量

昔者有三人各尒貧窮但行賃擔為業時四月八日衆比丘於寺中灌像佛釋迦文佛時亦在其中作維那三人過寺前聞今日灌像便入視之三人各共發意等持一錢著像前各祈心願一人言使我後世饒財寶莫復令值此貧命終得在大富家生唯有一子年過長大作佛弟子常生天上人中一人言使我知作師主治一切人病使我大得物命盡生者域家曉知醫方治病莫不愈者亦復生天上人中恒大富樂一人言使我後世長壽莫令短命後生二十四天上壽六十劫佛言尒三人各有一願世世得福無量今此三人皆為我作弟子得阿羅漢道

世間人入海採寶有七難一者四面大風同時起吹船令顛倒二者船中欲壞而漏三者人欲墮水死乃得上岸四者二龍上岸欲嚙之五者得平地三毒虵逐欲嚙六者地有熱沙走行其上爛人脚七者仰視不見日月常冥不知東西甚大難也

佛告諸弟子若曹亦有此七事一者四面大風起謂生老病死二者六情所受無限譬船漏三者墮水欲死謂為魔所得四者二龍上岸嚙者謂日月食命五者平地三毒虵者謂人身中三毒六者熱沙剥爛其脚謂地獄中火七者仰視不見日月者謂受罪之處窈窈冥冥無有出期佛語諸弟子當識其言莫與此會勤行六事可得解脫

雜譬喻經卷下

雜譬喻經卷下

校勘記

一　底本，金藏廣勝寺本。

一　九頁中二行譯者，資、磧、普作「失譯在後漢録」；南、徑、清作「失譯人名在後漢録」。

一　九頁中五行第四字「者」，資、磧、普、南、徑、清無。

一　九頁中一〇行「姤奇」，資、磧、普、南、徑、清作「伎」。

一　九頁中一五行第二字「恩」，磧作「息」。同行第一〇字「白」，資、磧、普、南、徑、清作「曰」。

一　九頁中一八行第二字「來」，資、磧、普、南、徑、清無。

一　九頁中二〇行第五字「其」，徑無。

一　九頁中二一行第八字「王」，諸本（不含石，下同）作「王王」。

一　九頁下七行第七字「復」，資、磧、普、南、徑、清作「今復」。

一　九頁下九行第一〇字「顧」，資、磧、

普、南、徑、清作「雇」。又第一二字「搥」，資、磧、普、南、徑、清作「椎」。

一　九頁下一〇行第一一字「跳」，資、磧、普、南、徑、清作「掉」；麗作「挑」。

一　九頁下二〇行第一二字「那」，諸本作「耶」。

一　九頁下二二行「辯說」，資、磧、普、南、徑、清作「徧說」。

一　一〇頁上六行「有時」，諸本作「時有」。

一　一〇頁上七行「織氎」，資、磧、普、南、徑、清作「織縶」（下同）；麗作「織氎」并有夾註「音榱」。

一　一〇頁上八行「丈夫」，資、磧、普、南、徑、清作「大夫」。

一　一〇頁上一一行「杍木」，資、磧作「紵木」。本頁中八行同。

一　一〇頁上一三行「杍木」，資、磧作「紵木」。

一　一〇頁上一六行「氎上」，資、磧、普、南、徑、清作「縶公恐」。

一　一〇頁上一七行「便舉執杍」，資、磧作「唯縶工便舉縶紵」；普、南、徑、清作「唯縶工便舉縶杍」。

一　一〇頁上一九行「於是」，徑作「如是」。

一　一〇頁上二二行「何緣」，資、磧、普、南、徑、清作「何緣由」。

一　一〇頁中五行末字「其」，資、磧、普、南、徑、清作「亞」。

一　一〇頁中八行第一二字「授」，資、磧、普、南、徑、清作「受」。

一　一〇頁中九行第七字「人」，麗作「夫」。

一　一〇頁中一二行「當得」，資、磧、普、南、徑、清作「得當敵」。

一　一〇頁中一三行第五字「封」，諸本作「對」。

一　一〇頁中一六行「謂呼」，資、磧、普、南、徑、清作「呼謂」。

一　一〇頁中一八行第四字「德」，諸本作「得」。又第八字「念」，資、磧、普、南、徑、清作「今但」。

一　一〇頁中一九行第六字「往」，資、磧作「住」。同行第一〇字「玩」，資、磧、普、南、徑、清無。

一　一〇頁中二〇行「飲食」，資、磧、普、南、徑、清作「欲食」。

一　一〇頁中二一行末字「與」，資、磧、普、南、徑、清作「盥」。

一　一〇頁下一行第九字「是」，資、磧、普、南、徑、清作「時」。

一　一〇頁下三行「經還」，資、磧、普、南、徑、清作「逕還」；麗作「徑還」。

一　一〇頁下九行第一〇字「有」，徑作「所」。

一　一〇頁下一二行「無狀」，資、磧、普、南、徑、清作「無識」。

一　一〇頁下二二行第一三字「順」，麗作「循」。

一　一〇頁下末行第九字「有」，資、磧、普、南、徑、清作「有責」。

一　一一頁上一行第一〇字「諜」，資、磧、普、南、徑、清作「謀」。又第一三字「便」，普、南作「更」。

一　一一頁上三行第二字「循」，資、磧、

普、南、徑、清作「順」。
一一一頁上一一行「視現」，資、磧、
普、南、徑、清作「示現」。
一一一頁上一四行第九字「也」，南
作「已」。
一一一頁上末行「爲各」，資、磧、普、
南、徑、清作「各爲」。
一一一頁中六行第一一字「斎」，諸
本作「齋」。下同。
一一一頁中七行第八字「旦」，南、徑
作「但」。
一一一頁中一〇行末字「相」，資、磧、
普、南、徑、清作「相見說」。
一一一頁中一三行「園外」，資、磧、
普、南、徑、清作「國外」。
一一一頁中二二行及末行「披陁」，
資、磧、普、南、徑、清作「波陁」。
一一一頁下一一行末字「訣」，資、磧、
普、南、徑、清作「決」。
一一一頁下一二行第四字「士」，諸
本作「亡」。
一一一頁下一五行首字「已」，資、磧、
普、南、徑、清作「一」。
一一一頁下一八行第七字「已」，諸
本作「迎」。
一一一頁下末行第八字「照」，資、磧、
普、南、徑、清作「光照」。
一一二頁上七行第五字「正」，資、磧、
南、徑、清作「出」。
一一二頁上一三行「兄嫂」，資、磧、
普、南、徑、清作「嫂兄」。
一一二頁上一四行「天王」，資、磧、
普、南、徑、清作「王舍」。
一一二頁上一九行「麁衣」，諸本作
「麁食」。
一一二頁上二一行首字「而」，資、磧、
普、南、徑、清作「逾」。又「舉宮」，
資、磧、普作「舉口」；南、徑、清作
「入口」。
一一二頁中一行「未常」，資、磧、普、
南、徑、清作「未嘗」。
一一二頁中六行「優婆夷」，資、磧、
普、南、徑、清作「然彼優婆夷」。
一一二頁中八行第一三字「却」，資、
磧、普、南、徑、清作「前却」。
一一二頁中一〇行「庠序」，資、磧、
普、南、徑、清作「詳序」。
一一二頁中一二行第五字「有」，麗無。
一一二頁中一六行「氈布」，資、磧作
「白縶衣」；普、南、徑、清作「白縶
布」。
一一二頁中一七行「捨去」，徑作「捨
下」。
一一二頁中一八行「爲所」，資、磧、
普、南、徑、清作「所爲」。
一一二頁中二〇行「白氈衣」，資、磧
作「白縶衣」；普、南、徑、清作「白
縶衣」。
一一二頁中二一行第四字「恐」，資、
磧作「欲」。又第七字「人」，諸本作
「入」。
一一二頁下一行首字「令」，資、磧、
普、南、徑、清作「命」。
一一二頁下四行「哀慼」，資、磧、普、
南、徑、清作「哀感」。又「正有」，資、
磧、普、南、徑、清作「止有」。

一　一二頁下九行首字「寤」，南、徑、清作「迷悟」。

一　一二頁下一〇行「言白」，諸本作「白言」。

一　一三頁上四行第三字「中」，資、磧、普、南、徑、清作「中居」。又第八字「規」，資、磧、普、南、徑、清作「視」。

一　一三頁上六行第八字「病」，諸本作「得病」。

一　一三頁上八行「小大」，資、磧、普、南、徑、清作「長大」。

一　一三頁上一〇行「將子」，資、磧、普、南、徑、清作「母將子」。

一　一三頁上一一行「一千万」，麗作「一十万」。

一　一三頁上一五行第五字「中」，徑作「終」。

一　一三頁上一七行「失物」，資、磧、普、南、徑、清作「失財」。又「憶之」，資、磧、普、南、徑、清作「歎惜之」。

一　一三頁上二二行「見愛之」，資、磧、普、南、徑、清作「省見便愛之」。

一　一三頁上末行第七字「長」，資、磧、普、南、清無。

一　一三頁中九行「八十」，資、磧、普、南、徑、清作「十八」。

一　一三頁中一一行第一二字「便」，資、磧、普、南、徑、清作「使」。

一　一三頁中一二行「室舍」，資、磧、普、南、徑、清作「空舍」。

一　一三頁中一四行「白氎」，資、磧、普、南、徑、清作「白絜」。

一　一三頁中一八行「爪擭」，資、磧、普、南、徑、清作「爪摑」。

一　一三頁中二一行末字「可」，資、磧、普、南、徑、清作「猶可」。

一　一三頁中二二行「飯斟」，資、磧、普、南、徑、清作「列飯酙」。

一　一三頁中末行「既厨且飢食之」，資、磧、普、南、徑、清作「既食厨人且飢不食」。

一　一三頁下三行第七字「脱」，南、徑、清作「說」。

一　一四頁上一行首字「鞔」，資、磧、普、南、徑、清作「縵」。

一　一四頁上一六行「神識」，諸本作「識神」。

一　一四頁上一七行第四字「著」，資、磧、普、南、徑、清作「者」。

一　一四頁上二一行第七字「斗」，資、磧、普、南、徑、清作「升」。下同。

一　一四頁中五行第五字「降」，資、磧、普、南、徑、清作「餘」。

一　一四頁中八行末字至次行首字「如今」，資、磧作「汝誤」；普、南、徑、清作「如令」。

一　一四頁中一〇行第一一字「曰」，麗作「答曰」。

一　一四頁中一二行「盡用」，徑作「用盡」。

一　一四頁中一四行第一二字「當」，資、磧、普、南、徑、清無。

一　一四頁中二一行「不自得」，資、磧、普、南、徑、清作「自」；麗作「自得」。

一　一四頁中末行第一一字「實」，資、磧、普、南、徑、清作「爲實」。

一　一四頁下一行第一一字「遇」，資、磧、普、南、徑、清作「過」。

一　一四頁下二行第三字「關」，資、普、南、徑、清作「闇」。

一　一四頁下三行末字「陽」，資、磧、普、南、徑、清作「佯」。

一　一四頁下四行「即便」，資、磧、普、南、徑、清作「便即」。

一　一四頁下一五行第四字「飛」，麗無。

一　一四頁下一八行第七字「家」，徑、清作「蒙」。

一　一四頁下二〇行「氍氀」，諸本作「但氍氀」。

一　一四頁下二二行「飢餓」，徑作「飢饑」。

一　一五頁上四行第六字「各」，資、磧、普、南、徑、清作「各奉」。又第一三字「貧」，麗作「莫」。

一　一五頁上六行「安樂」，諸本作「安隱」。

一　一五頁上一一行末字至次行首字「像佛」，資、磧、普、南、徑、清作「佛像」。

一　一五頁上一四行末字「祈」，資、磧、普、南、徑、清作「期」。

一　一五頁中一行第四字「今」，資、磧、普、南、徑、清作「令」。又第一一字「作」，徑無。

一　一五頁中四行第三字「同」，資、磧、普、南、徑、清作「雨」。

一　一五頁中一〇行「若曹」，資、磧、普、南、徑、清作「汝曹」。

一　一五頁中一五行第八字「剥」，資、磧、普、南、徑、清作「爍」。

一　一五頁中一八行「共言」，資、磧、普、南、徑、清作「是言」。又「會勤」，資無。

一　一五頁中一九行「解脱」，資作「解脱會勤」。

天尊說阿育王辟喻經　壬　寫

失譯人名附東晉録

昔有大國王字名阿育統領諸國莫不臣屬大王聰明智慧无量教問諸臣天下頗有不屬我者不諸臣對曰天下盡屬大王無不弭伏中有一智臣對曰王界内不屬王者海中有龍王不屬大王初不遣信亦无貢獻是以知不屬大王王可試之千乘萬騎搥鍾鳴鼓旌旗護憐前後到海邊龍王靜然不出王便呼言汝在我界内所由不出亦寂然不對王王便問智臣何由使龍王得出智臣對曰可使出耳龍王福德甚大以是不肯歸服大王若不信臣語者等稱二斤金鑄作二像一作王像一作龍王像復取秤之龍王像重大王像輕是以知龍王福德多大王福德少王心甚解歡喜無量告天下侍養孤老周窮濟乏所在郡縣興立天尊祠及置天尊舍利供養衆三年之中復取龍像王像秤之龍像便輕王像便重智臣白王龍可伏矣便設鹵簿如前後復到海邊龍王化作年少婆羅門於王前長跪問訊起居貢獻海中所有珎寶奇好寶自稱臣妾率土之民無不歡喜別在經文以示後世人天下多力無過福德人護經法如母護子豈不可思之

昔天尊在世時將諸弟子教化群生見地有一紙弟子阿難輙便取之天尊告阿難放地阿難即便放地手便大香小復前行見飄風吹草在地阿難復取天尊語阿難放地手便臭阿難未解須臾前到精舍當問此意阿難白世尊何緣捉紙而手香捉草令手臭天尊語阿難紙本從香地來香著紙是以使汝手香草從臭地來故是以使汝手臭與賢相近如香著紙與惡人相近如臭著草是以經言近賢成智近愚益惑損我者三益我者三此之謂不可不慎

昔天尊將諸弟子至江邊天尊語弟子取如拳許石擲著水中為浮為没弟子對曰石没在水底天尊言無有緣故復次有一石碎方三尺著於水

天尊說阿育王辟喻經　第二張　寫

上經便渡河石亦不濕云何得尒諸弟子未解僉然恠之諸弟子長跪白佛言何緣如此天尊言有善緣故耳何者為緣船是天尊借為喻與善師相值者得免衆苦與惡師相值者則習惡事不離衆禍示語後世之人不可不慎

昔有窮寒孤獨老公无以自業遇市得一斧是衆寶之英而不識之持行斫杖賣之以供微命用斧欲盡見外國治生大賈客名曰薩薄見斧識之便問老公賣此斧不老公言我仰此斧斫杖生活不賣也薩薄復言與公絹百疋何以不賣公謂調巳亦不應和薩薄復言何以不見應和與公二百疋公便悵然不樂薩薄復言嫌少當益公何以不樂與公五百疋公便大啼哭言我不恨絹少我愚癡此斧長尺半斫地巳盡餘有五寸猶得五百疋是以為恨耳薩薄復言勿復遺恨今與公千疋即便破券持去此斧衆寶之英耳薩愽不問多少以斧著上薪火燒之盡成貴寶天尊借以為

天尊說阿育王辟喻經　第三張　寫

喻以受人身六情完具聡智辯達當就明師以求度世之道神通可及而俗者不别真僞者耕犂因放時世取驅至於老死復當受罪喻如老公用寶斧盡豈不誤哉昔隴上一鳥字為鸚䳇展轉及得在東太山諸禽獸飛鳥莫不敬愛以其在遠来故比作親友甚相愛樂春月野火所燒便行入水飛在火上抖擻毛羽之水救親友難往返非一悲鳴大吁鸚䳇之水豈能滅火至誠感天為之降雨火即時得滅天尊經借以為喻賢者以道士遠到研精行道滅割身口侵妻子分供養衆僧雖无神通感動亦以至誠燒香求滅挍諸禮起獲福无量喻如天雨衆灾患滅

昔有大長者財富无量窖礬千斛後出之不見礬見一小兒可年三歲亦不知語長者亦不知字名何物舉門前大道邊陌上行人尚有識者舍東有一車来乘駕黄牛人著黄衣從人皆黄過見小兒便言礬賊何以坐此是兒五礬之神語長者持鍬斧来我

語君一瓮金處適始行過者是金神順陌西去得道南迴行二百步道西當有朽故樹其下有瓮有十斛金君往掘取可以還君礬直長者即隨小兒教得此治家足成大富佛經借以為喻供養衆僧廣設檀會交有所費喻以失礬道士講經說義教人遠惡就善後獲福无量乃可至道喻如得金瓮示語後世人福德不可不作後悔无及

昔有國豊盛安樂无所渴乏便語大臣遣一可使之臣至於他國市吾所无者市来即遣一人往至他國益將珎寶遍市肆觀看无有餘物盡是我國中所有耳宿後見一賢者空坐肆上便問之言不見君有所賣何以空坐荅言在此賣智慧耳問曰君智何價賣索幾許荅言吾智慧直五百兩金前稱介金吾當與汝說之耳遠人便自念我國中无賣智慧與人便秤五百兩金與其人即與說智慧之言二十字言長慮諦思惟不當卒行怒今日雖不用會當有用時於是受

誦令利各自還家臣買得智慧之言即便還國道徑其家夜入明月婦牀前有兩履疑有異人便生惡念其婦卒得疾病母往宿視長者故說智慧之言未休其母驚覺兒介来歸耶兒便走出户呼賤賤母問其言云何汝行為得何物何以呼賤兒言我母以婦萬兩金猶不與人正顧五百兩金豈非賤耶天尊經借以為喻誰語一言之助勝千金之益此之謂也

昔天尊在洹水邊廣說經法時天龍鬼神帝王人民飛鳥走獸皆来聽法時有放牛老公拄杖而聽不覺杖下有蝦蟇蝦蟇聽經意美亦不覺背上有杖遂久蝦蟇命終其神即生天上用天眼觀其本從何道中来乃見故身在蝦蟇中来天華散其故身上示語後世人蝦蟇中聽經意美得生天上况於賢者至心聽經豈不巍巍乎

昔有兄弟二人弟行追明師作沙門遂得羅漢道數數来語兄可勤作福德兄言我今忩務且須後耳數數非一兄後命終弟以道眼觀兄神生何

道看天道人道中不見其神復觀地獄餓鬼道中復不見乃在畜生道中見兄神作大牛時賈客駕牛治生道惡趺湼中不能自起賈客以杖打之猶復舒咽不起弟見兄如此逐来在牛前語兄言今日忩務何如本時牛便著懃感絶而死道人即去衆賈人等便共議言道人何故来呪殺我牛便追逐道人將還問其意狀道人如事為說牛是我兄不隨我語以致此罪道人便擲鉢虛空飛隨其後衆賈人知是聖人乃更自責為牛燒香作福其福得生天上

昔有賢者居舍衛國東南三十里家門奉法供養道人家公好喜殺賭賣肉道人漸漸知之未及呵誡老公遂便命終在恒水中受鬼神形有自鐵輪鋒刃如霜雪隨流刾之苦痛不可言後日道人渡恒水在正與鬼神相值其鬼便出半身在水上捉船顧言捉道人者水中不者盡殺船上人時有一賢者便問鬼神何以故索是道人鬼神言我在世間時供養道人道

人心知我殺賭賣肉而不訶誡我是以殺道人耳賢者便言君坐殺賭乃致此罪今復欲殺道人罪豈不多乎鬼神思惟實如賢者之言便放令去道人得去還語其家子孫為作追福神即得免苦示語後世人道人受供養不可不教誡

昔有人在道上行見道有一死人鬼神以杖鞭之行人問言此人已死何故鞭之鬼神言是我故身生在之日不孝父母事君不忠不敬三尊不隨師父之教令我墮罪苦痛難言悉我故身故来鞭耳稍稍前行復見一死人天神来下散華於死人屍上以手摩抄之行人問言觀君似是天何故摩抄是死屍荅曰是我故身生時之日孝順父母忠信事君奉敬三尊承受師父之教令我神得生天皆是故身之恩是以来報之耳行人一日見此二變便還家奉持五戒修行十善孝順父母忠信事君示語後世人罪福追人久而不置不可不慎

昔有道人在山中學道人遣沙弥出

舍衛日日責一斗米兼課一偈市中有一坐肆賢者見沙弥並語而行問沙弥言周行走索何以並語而行沙弥荅言我師在山中學道日責我米一斗兼課一偈是以並行誦一偈耳賢者復問若不輸米日可諳幾偈言可諳十偈賢者便言勿復分行吾自代沙弥輸米沙弥歡喜即得靜坐學問賢者為沙弥輸米九斛米然後試沙弥經皆自通利賢者後生世間為天尊作弟子字名阿難天尊有十二部經典聰明之福報不可謂問一知十示語後世人福德隨身如影隨形隨人所種各獲其福不可不為

昔有屠兒有千頭牛養令肥好日殺一牛賣肉以殺五百牛餘有五百頭方共跳騰諠戲共相觝觸天尊時入國見牛如此愍而捨去語諸弟子此牛愚癡伴侶欲盡方共戲諠人亦如是一日過去人命轉減不可不思惟勤求度世之道

天尊說阿育王譬喻經

乙巳歲高麗國大藏都監奉

勑雕造

天尊說阿育王譬喻經

校勘記

一　底本，麗藏本。

一　二〇頁上一行及卷末經名，「天尊說」，諸本（不含石，下同）無。

一　二〇頁上二行譯者，資作「失譯」；磧、普、南作「失譯今附東晉録」；徑、清作「失譯人名今附東晉録」。

一　二〇頁上六行第八字「弭」，諸本作「靡」。

一　二〇頁上一〇行第六字「憐」，諸本作「擁」。

一　二〇頁上一四行「歸服」，諸本作「歸伏」。

一　二〇頁上一九行第二字「告」，諸本作「普告」。

一　二〇頁上二一行第二字「衆」，諸本作「衆僧」。

一　二〇頁中三行第一一字「寶」，諸本無。

一　二〇頁中六行「不可」，諸本作「可不」。

一　二〇頁中一三行「世尊」，諸本作「天尊」。

一　二〇頁中一九行第四字「謂」，諸本作「謂也」。

一　二〇頁下二二行第六字「薩」，諸本作「地」。

一　二一頁上五行第六字「誤」，諸本作「悟」。

一　二一頁上一〇行「大吁」，諸本作「大呼」。

一　二一頁上一五行「滅挾諸禮起」，資作「滅使諸檀越」；磧、普、南、徑、清作「啓使諸檀越」。

一　二一頁上一六行第三字「灾」，諸本作「火」。

一　二一頁上二〇行第九字「尚」，磧、普、南、徑、清作「儻」。

一　二一頁中一行第四字及三行第九字「瓫」，資、磧作「瓮」；清作「甕」。

一　二一頁中二行第三字「西」，諸本作「面」。

一　二一頁中一七行第一三字「智」，諸本作「智慧」。

一　二一頁中二二行「二十字」，諸本作「二十一字」。

一　二一頁下二行「明月」，諸本作「月明見」。

一　二一頁下三行第三字「雨」，諸本作「雨色」。

一　二一頁下一一行「洹水」，諸本作「恒水」。

一　二一頁下一二行第五字「人」，諸本作「之」。

一　二一頁下二二行「我今」，諸本作「我今心念」。

一　二二頁上一行第七字「中」，諸本作「其中」。

一　二二頁上七行第二字「羞」，磧、普、南、徑、清作「著」。

一　二二頁上一七行「有自」，諸本作「有白」。

一　二二頁中一〇行「生在」，諸本作「在生」。

一 二二頁中末行第九字「道」，諸本作「道道」。

一 二二頁下一行第二字「衛」，諸本作「分衛」。同行及五行「一斗」，諸本作「一升」。

一 二二頁下七行「分行」，諸本作「分衛」。

一 二二頁下九行第一一字「米」，諸本無。

一 二二頁下一二行「不可謂」，諸本作「悉能誦持智不可量」。

雜辟喻經

比丘道略集

昔雀離寺有一長老比丘得羅漢道將一沙弥時復來下入城遊觀衣鉢大重令沙弥擔隨從其後沙弥道中便作是念人生世間无不受苦欲免此苦當與何等道作是思惟佛常讚菩薩為勝我今當發菩薩心適作是念其師即以知他心通照其所念語沙弥言持衣鉢來沙弥持衣鉢授與其師師語沙弥汝在前行沙弥適在前行復作是念菩薩之道甚大勤苦求頭與頭求眼與眼此事極難非我所辦不如早取羅漢疾得離苦師復知其所念語沙弥言汝擔衣鉢還從我後如是三反沙弥怪愕不知何意前至所止處叉手白師請問其意其師荅曰汝於菩薩道三進故我亦三反推汝在前汝心三退故推汝在後所以尒者發菩薩心其功德勝滿三千世界成就羅漢故也

昔有轉輪聖王先生九百九十九子
皆悉成大端正殊好聰明黠慧無有
身力或有具二十八相者或具三十
相者或具三十一相者末後一子始
入母胎處于惡路不淨之閒時有八
部大力鬼神鼓樂絃歌侍衛其母王
亦宜勑左右令具供養種種嚴餝
參倍於常時人白王曰王先諸子令
皆成大智慧聰徹身相殊妙王心平
然未常欣慶今此一子始處母胎有
何奇特供給異常耶時王荅曰吾大
子等雖才美過人未有堪任登大
位者吾末後子若生長大必當堪任
紹大位也時聖王者喻如佛也諸大
子者喻如下二乘也末後處子喻菩
薩也言菩薩雖雜塵垢但能發大意
者必為諸佛所念天龍鬼神皆興敬
愛之也
昔迦葉佛時有兄弟二人出家俱為
沙門兄好持戒坐禪一心求道而不
好布施弟好布施修福而喜破戒釋
迦文出世其兄值佛出家修道即得
羅漢而獨薄福常患衣食不充與諸

伴等遊行乞食常獨不飽而還其弟
生象中為象多力能却怨敵為國王
所愛以好金銀珎寶瓔珞其身封數
百户邑供給此象隨其所須時兄比
丘者值世大儉遊行乞食七日不得
末後得少麤食殆得存命先知此象
是前世兄弟便往詣象前手捉象耳
而語之言我與汝俱有罪也象便思
惟比丘語即得自識宿命見前世因
緣象便愁憂不復飲食象子怖懼便
往白王言象不復飲食不知何意王
問象子先有人犯此象不象子荅王
言無他異人唯見一沙門來至象邊
須臾便去耳王即遣人四出覓此沙
門有人於林樹閒得便攝此沙門將
詣王前王問沙門言至我象邊何所
道說沙門荅王言无所多說我直語
象言我與汝俱有罪耳時沙門便向
王具說前世因緣事王意便悟即放
此沙門令還所止
昔有伎兒作種種伎樂從一富長者
乞牛長者了无與心故語之言汝能
如是勤作伎樂晝夜不息滿一歲者

我當與汝牛伎兒荅言能復語主人
能聽不長者亦言能於是伎兒聞是
歡喜一心作樂三日三夜未嘗休懈
長者猒聽已即勑子弟牽牛與之此
喻行道作福者不已刧數為遠精勤
弥篤報至弥疾不必皆經介數刧也
昔有一比丘被擯懊惱悲歎涕哭而
行道逢一鬼此鬼犯法亦為毗沙門
天王所擯時鬼問比丘言汝有何事
涕哭而行比丘荅曰我犯僧事衆僧
所擯一切檀越供養盡失又惡名聲
流布遠近是故愁歎涕泣耳鬼語比
丘言我能令汝滅惡名聲大得供養
汝可便立我左肩上我當擔汝虛空
中行人但見汝而不見我身汝若大
得供養當先與我彼鬼即時擔此比
丘於先被擯聚落上虛空中行時聚
落人見皆驚怪謂其得道轉相謂言
衆僧无狀抂擯得道之人時聚落人
皆詣此寺呵責衆僧即迎此比丘住
於寺內遂大得供養此比丘隨所得
衣食諸物輒先與鬼不違本要此鬼
異日復擔此比丘遊行空中正值毗

沙門天王官屬鬼見司官甚大驚怖捐棄比丘絶力而走此比丘遂墮地而死身首碎爛此喻行者宜應自修所尚不應恃託豪勢一旦傾覆與彼無異也

昔目連與諸弟子俱從耆闍崛山下到王舍城乞食目連於道中仰視虛空輾然而笑其弟子問何因緣笑目連荅曰卿欲知者須還到佛所可更問也於是乞食訖還到佛所其弟子更問目連向所笑意目連荅曰我見上虛空中有一餓鬼身極長其狀醜惡有七枚熱鐵丸從口中入直下過去旣下過已還從口入舉體火然苦痛婉轉絶倒復起起復還倒是故笑耳非我獨見佛亦見也弟子問言以何因緣受苦如是目連荅曰汝自以是問佛世尊其弟子即時白佛問其因緣時佛荅言此餓鬼者前世曾為沙弥時世極儉以豆為食沙弥者為衆僧行食至其師前偏多七枚豆以是罪故受餓鬼身苦毒如是佛言我亦常見所以不說恐人不信得極大罪

也此喻佛說般若不信誹謗其罪重於五逆受地獄極苦也在昔過世無量塵數之刧時有菩薩名曰喜根於大衆中講摩訶衍文殊師利時為凡人出家修道專精苦行行十二頭陁福度一切遇值講法因而過聽喜根菩薩說實相法言婬怒癡與道不異亦即是道亦是涅槃文殊尒時聞而不信即便捨去到喜根弟子家為說惡路不淨之法喜根弟子即時難曰无所有者法之真也諸法皆空云何當有淨與不淨頭陁比丘嘿然无對含瞋心內遂成憤結時喜根弟子說七十偈讚實相法頭陁比丘聞一偈瞋恚生一增竟七十偈瞋恚七十增說偈適竟地即劈裂無擇泥棃於是悉現頭陁比丘即墮其中過无量刧罪畢乃出然後乃知不信妙法其罪重也後為比丘專精學問得大智慧解空第一此喻明佛說般若不信誹謗今雖有損後大益也

昔北天竺有一木師大巧作一木女端正無雙衣帶嚴飾與世女无異亦

來亦去亦能行酒看客唯不能語耳時南天竺有一畫師亦善能畫木師聞之作好飲食即請畫師畫師旣至便使木女行酒擎食從旦至夜畫師不知謂是真女欲心極盛念之不忘時日以暮木師入宿亦留畫師令住正以此木女立侍其側便語客言故留此女可共宿也主人已入木女立在燈邊客即呼之而女不來客謂此女羞故不來便前以手牽之乃知是木便自慙愧心念口言主人誑我我當報之於是畫師復作方便即於壁上畫作已像所著被服與身不異以繩繫頸狀似絞死畫作蠅鳥著其口喙作已閉户自入牀下天明主人出見户未開即向中觀唯見壁上絞死客像主人大怖便謂實死即破户入以刀斷繩於是畫師從牀下出木師大慚畫師即言汝能誑我我能誑汝客主情畢不相負也二人相謂世人相誑惑孰異於此時彼二人信知誑惑各捨所親愛出家修道

迦葉本生因緣事

迦葉父者名曰尼俱律陁摩竭國人也出自婆羅門種宿命福德生世大富其珎奇寶物於彼國第一比國王財富千分少一耳夫婦孤獨乏無兒息近在舍側有大樹神時彼夫婦為欲有兒故求彼樹神三生祭祠歲歲不絶故其所求永无本末其人遂忿便急與之期告樹神曰我更盡心七日相事若復無驗當剪罰汝棄都道頭以火燒之樹神聞其言甚大驚怖不知何方令得子息便上告息意天王具以事情向天王說息意天王即將樹神詣天帝釋以其所告白天帝釋即以天眼觀欲界中未有堪任為彼子者帝釋便告梵天王具以事情向梵王說梵王即以天眼觀視其界見一梵天臨當壽終便告之曰汝可下生閻浮提為摩竭國尼俱律陁婆羅門作子梵天對曰婆羅門者多諸邪見我若下生不能為其作子梵王荅曰婆羅門宿時大德欲界衆生无有堪任為作子者汝若往生吾當勑天帝釋令擁護汝不使中道墮邪見也梵

天曰諾不違聖教時天帝釋即還欲界具以此意告勑樹神樹神歡喜還告長者勿憂勿懼勿見瞋恨却後七日必令有子如其所言七日已滿其婦人便覺有娠滿十月已其子乃生軀身金色而有光明相師占曰此兒宿福有大威德志力清遠不貪世務若後出家必登聖道父母聞之復大愁憂恐兒長大棄吾出家以何方便當制止之復自思惟欲界所重遂在美色當為擇取端正好女以繫之耳至年十五欲為取婦迦葉聞之甚大愁憂語父母言我志樂清淨不須婦也迦葉辤至三父母荅如初於時迦葉語父母言我不用凡女人為婦也若能得紫金色女端正無比尒乃取之耳所以然者欲必令此事不可辦故也於是其父母召諸婆羅門令循行國中有女子身體金色具足女相端正殊好尒乃取之於是諸婆羅門設權策鑄作金女神顏貌端正光色微妙衆天像行從國至國高聲大唱諸有女人得見金女神礼拜供養者

後出嫁時當得好聟體黄金色顏貌殊妙智慧無比聚落國邑諸有女人聞此唱者莫不虚心皆出奉迎礼拜供養唯有一女軀體金色端正殊好獨處閑室不肯出迎諸女諫曰其有見金女神者皆得如願汝何以獨不出迎荅曰吾志閑淨不好餘願也諸女復曰雖无所願暫共一觀當復何損尒時諸女遂共此女出到金女神前此女既到光色明淨映奪金女神光金不復現於是諸婆羅門見已還報長者具足廣說於是長者即遣媒人到其女家宣長者意其女父母先亦聞迦葉名敬承往意遂相然可彼女聞之甚大愁憒父母所逼事不獲已遠便適長者家既到與迦葉相見二人相對志各凝結雖為夫婦了无恩情其婦遂與迦葉結誓我與君等各處異房要不相觸尒時夫婦各處一房其父伺迦葉出時密遣人壞去一房雖令與婦共同一室雖共同室而復異牀其父尋復遣人持一牀去於是夫婦雖共同牀其婦更與夫誓

我若眠時君當經行君眠時我當經行時其婦卧一辟毒地有大毒虵欲来齧之迦葉見巳有慈愍心持衣裹手舉着牀上尋時驚覺便大瞋恚語迦葉言我先有要如何相犯迦葉報言汝辟落地毒虵欲齧是故相救非故觸也毒虵故在邊住指而示之其婦乃悟於是夫婦自相與議我等何不出家脩道時夫婦二人遂辞父母俱共出家山澤行道時有婆羅門將五百弟子亦住此山見迦葉夫婦便生毀謗言出家之法宜各貞潔何有夫婦共相隨理於時迦葉便捨其婦以五百兩金貿緻納衣別處一林其婦即依止婆羅門求為弟子婆羅門五百弟子見此女人形色端正日日行婬此女人不得自在遂不能堪便告其師師便為之戒約弟子令節其所欲迦葉後值佛出世聞法受化即得羅漢聞其本妻在梵志邊便將来詣佛佛為說法得羅漢頭髮自落法服在身成比丘尼遊行教化政值波斯匿王大會諸比丘尼便得入王宮裹教化諸夫人皆令持一日齋王暮還宮命諸夫人皆云持齋无肯来者王便大瞋怒語使人言誰教諸夫人齋使人荅言某甲比丘尼王便呼来令九十日代諸夫人受婬欲此皆是昔之因緣誓願所追還也故使雖得羅漢不能相免

昔有兄弟二人出家學道兄常念行禪精專脩道得羅漢果六通清徹其弟常念廣學多聞好貪名聲欲巳自榮其兄常曉喻弟言人身難得佛世難值既得人身冝慕時為弟語兄言須得廣學具足三藏堪任人師尒乃行禪兄復為弟廣宣非常之義出息不反便屬後世弟故執其本意不肯隨教未久之閒弟得篤疾良醫數十不能加救醫知其必死小小捨去弟便恐怖自知當死語其兄言在昔愚短不用兄教今將命終知適何道涕淚交流向兄悔過未久之閒其人命終兄即入定觀其所趣見處長者胎彼長者家接近寺廟兄便數詣此家求作善知識欲度其弟故長者兒始年三歲便持布施為作弟子至四歲乳母抱詣師所住寺寺在山上累石作道乳母抱兒不堅失手落地頭倒石上腦出而死兒臨終時便生惡念恨其抱不堅巳致此禍因起瞋恚命終逕墮大地獄中兄復入定觀之見生地獄於是慨歎此必勿矣地獄苦切難可度也諸佛尚不能奈何何況我乎此喻人者名聲不能脩禪後墮惡道雖父兄之親不能救也

羅云珠者舍利弗弟子也本曾奪辟支佛食以是罪故生餓鬼中无量劫受苦畢餓鬼身生人中五百世受飢餓罪以未後身值佛在世出家學道服三法衣遊行乞食无肯施者或五日或七日不得目連愍之乞食持與適墮鉢中為大鳥搏去舍利弗乞食施之適入鉢中變成泥土大迦葉乞食施之適持向口口即時合無有入處佛以食施巳大悲力故即得入口氣味殊特復以種種方便兼為說法時羅云珠聞上妙法悲喜交集一心思惟得應真道

有龍興天降于大雨雨落天宮即成
七寶雨落人中皆為潤澤落餓鬼身
上變成大火舉身燒然俱是一雨而
所墮變異也此二事明衆形無定貧
隨罪福之所感也

外國有往處衆中有一道人當衆僧
淨地大行更有一道人性多瞋恚便
以舌舐之用示衆人雖欲彰人之罪
不知自惡其口此明人好言他惡其
喻若是唯知彰人之罪不知自毀其
行也

外國小人事貴人欲得其意見貴人
唾地競來以足蹹去之有一人不大
健勒勤雖欲蹹之初不能得後見貴
人欲唾始聚口時便以足蹹其口貴
人問言汝欲反耶何故蹹吾口小人
答言我是好意不欲反也貴人問言
汝若不反何已至是小人答言貴人
唾時我常欲蹹唾唾纔出口衆人恒
奪我前初不能得是故就口中蹹之
也此喻論議時要須義出口然後難
也若義在口裡未宜明便興難者喻
若就口中蹹之也

昔佛與諸弟子入舍衛城欲乞食道
邊見有一坑擧城汙露諸不淨物悉
在其中見一老母猪將諸肫子共臥
不淨坑中時佛微笑現四十齒并出
四牙從四牙中放大光明遍照三千
周及十方其光明還繞佛身三帀從
匈上入諸佛之法說地獄事光從足
下入欲說畜生事光從膊入欲說餓
鬼事光從髀入欲說人事光從齊入
欲說諸天事光從匈入欲說聲聞事
光從口入欲說緣覺事光從眉間相
入欲說諸佛菩薩事光從頂入阿難
見光從匈入知佛欲說諸天事即時
長跪白佛請問其意佛語阿難過去
無數劫有一長者乏無兒息唯有一
女端正殊妙聰明辯慧其女父母甚
愛重之女年既大便說一偈問父母
言一切駛水流世間苦樂事本從何
處出何時當休息父母聞之慶其奇
雅不知何言以答此偈其女欲解此
義而不蒙答便大愁憂不復飲食父
母見女愁憂便大恐懅即時為設大
會請諸婆羅門及多智長老衆人雲
集供設既畢於衆會中施一小牀女
坐其上還說前偈以問衆人衆人嘿
然無能答者長者即以七寶成滿一
盤而宣令曰其有能答者以此與之
時有一婆羅門形體端正而智慧尠
少貪共珎寶便言我能答也其女聞
之即說偈以問婆羅門亦不解此偈
義之所歸直言此事都無所有也女
即思惟即得无所有定便自唱言此
真大師益我不少女後命終上生無
所有處過四十劫盡彼天壽來生此
間尒時長者女者此老母猪身是也
天福已盡宿命罪至於此世受猪形
也此女本說偈問時若遇明師即可
得道此女雖行禪定無有智慧定報
既終還墮惡道也

昔有一大國王身得重病十二年不差
一切大醫无能治者時邊方小國統
屬大王有一醫師善能治病王即招
来令治已病未久之間即蒙除降王
便念欲報此師恩屢遣使者宣令彼
國此師治王病差應有大功宜應賞
賜象馬車乘牛羊田宅青衣直人嚴

雜譬喻經　第十八張　寫字芳

餝之具皆給與之彼小國王奉宣上
命為設舍宅高堂重閣給其師婦衣
裳飲食珠環嚴具及象馬牛羊一切
備足師在王邊无有語者師便思惟我
治王病大有功夫未知王當報我與
不復經數日王轉平復其師請辭欲
還本國王便聽之給一羸馬乘具亦
弊師大歎恨我治王病大有功夫而
王不識恩分不相料理令我空去循
道愁歎以為永恨適至本國見有群
象問象子曰此誰家象象子荅曰
此是某甲師象復問象子曰某甲師
何從得此象子荅曰某甲師治大王
病差功報所得也小復前行見有群
馬問馬子曰此誰家馬馬子荅曰某
甲師馬小復前行見有群牛羊問群
牛羊子曰此誰家牛羊羊子荅曰某
甲師牛羊小復前行見其本舍高堂
重閣殊異本宅問門人曰此是誰舍
門人荅此是某甲師舍便入其閤內
見其婦形色豐悅身服寶衣怪而問
曰此誰夫人直人荅言此是某甲師
夫人從見象馬及入舍內皆知是治

雜譬喻經　第十九張

王病功報所得便自退恨本治王病
功大少也喻福德也福德留難如王
病也醫師喻修福人也治王病者喻
如行人能修福事也王病差者如福
德已成也王宣令賞賜象馬室宅者
言福積於此報成於彼也夫望速者
常患應遲也如人必信有時作福便
望朝夕報也老病死至便謂自然無
善報也得至中陰善應具至如彼醫
師見象馬也乘此中陰既到天宮受
彼生陰日見天堂種種嚴餝乃知追
恨往昔不多作也如彼醫師既見賞
賜恨其治病功夫少也
外國時有惡雨若墮江湖河井城池
水中人食此水令人狂醉七日乃解
時有國王多智善相惡雨雲起王以
知之便蓋一井令雨不入時百官群
臣食惡雨水舉朝皆狂脫衣赤裸泥
土塗頭而坐王廳上唯王一人獨不
狂也服常所著衣天冠瓔珞坐于本
牀一切群臣不自知狂反謂王為大
狂何故所著獨尒衆人皆相謂言此
非小事思共宜之王恐諸臣欲反便

自怖懼語諸臣言我有良藥能愈此
病諸人小停待我服藥須臾當出王
便入宮脫所著服以泥塗面須臾還
出一切群臣見皆大喜謂法應尒不
自知狂七日之後群臣醒悟大自慚
愧各著衣冠而來朝會王故如前赤
裸而坐諸臣皆驚怪而問言王常多
智何故若是王荅臣言我心常定無
變易也以汝狂故反謂我狂以故若
是非實心也如來亦如是以衆生服
无明水一切常狂若聞大聖常說諸
法不生不滅一相无相者必謂大聖
為狂言也是故如來隨順衆生現說
諸法是善是惡是有為是無為也
阿脩羅前世時曾為貧人居近河邊
常度河擔薪時河水深流復駛疾此
人數數為水所漂既去所持身又沒
溺隨流惋轉急而得出時有辟支佛
作沙門形詣舍乞食貧人歡喜即施
飯食訖已行澡水畢擲鉢虛中飛行
而去貧人見之因以發願願我後生
身形長大一切深水无過膝者以是
因緣得極大身四大海水不能過膝

立大海中身過須弥手攝山頂下觀

切利天況佛無殃數刼積大擔願法
身滿虛何足怪乎
昔有一國王子年始七歲便入深山
求學仙道未曾知朝廷百官之任後
國王壽終便无堪任為國王者群臣
共議山中仙人本是王子兼脩道德
以此為王万國有賴也率土臣民皆
出詣山中此仙以為國王乘以王輦
迎還本國宣勑食官妙饌盛味以饗
大王王以食味可口故其餘諸物事
事從厨士索之群臣具皆笑故謂王
曰百官之任各有所主厨官自主食
衣官自主衣兵事寶藏各有所司不
可以食美故責備一人也此喻明衆
經各自有所明不可責備於一經也
彼若自明諸法實相阿毗曇明諸法
有各各相異勒相无相而說也
鹿林昔有五百群鹿在此林中有鹿
王一是菩薩一是真鹿王時有國王
出城獵見此群鹿引兵圍之彼二鹿
王共設方計俱詣人王長跪白人王
言今在王界分受屠割若王一時併

殺諸鹿數不時盡或臭爛意欲日送

二鹿以供王食餘者次第當日奉
送不敢有闕也願王見聽小得延命
此豈是非大王之恩耶於是人王聽
如所白開圍放之從此以後彼二鹿
王自相料簡遂為次第日送二鹿詣
王厨下更數日後有一妊身鹿次應
就死彼鹿詣其王所求待產竟彼王
報言餘鹿次第未至誰代汝者彼鹿
便詣菩薩王所白菩薩言我王不仁
不以理恕令來歸命願為理之菩薩
鹿王愍其如此遂趣自詣人王厨下
厨士白王言鹿王自來詣厨求代彼
妊身之鹿王乃怪愕希有語厨士言
將彼鹿王來於是鹿王詣人王所遂
向王廣說其意於是人王信心遂生
禽獸猶尚修德何況人乎令國之內
永不射獵以此林野長施群鹿從是
以來遂以鹿林為名也
昔有一居士其婦妊身請佛到舍供
養畢欲令如來占其妻後生子欲知
男女佛言後當生男端正殊好及至
長大當於人中受天上樂後當得羅

漢道居士聞之心疑不信後復請六

師供養畢復令占之居士語六師言
前使瞿曇沙門占之言後當生男不
知實為男不六師言當生女彼六師
等憎疾佛法苟欲相反還自思惟若
彼生男者彼居士便當弃我奉事瞿
曇便作詭語居士君婦當生男生男
之後方大凶禍家室親屬七世絕滅
以不吉故我前詭言是女也居士聞
之心用惶怖不知所如彼六師等便
語居士欲得吉利惟當除去之耳六師
便為居士婦按腹按復欲令落之按
腹不止居士婦遂命終而兒不死宿
命福德故也居士便棄其婦著死人
處大積薪燒之火焰既盛佛便將諸
弟子就往觀之居士婦身破壞便見
其兒在蓮花上坐端正殊好顏貌如
雪佛命耆域取此兒來耆域即取來
出還本居士居士遂便長育之至年
十六才美過人便廣設多美飲食請
彼六師六師既坐未久之閒便失笑
其人問何故笑也六師便荅吾見五
万里有山山下有水有一獼猴落水

是故笑耳此兒知其虛妄便鉢中成種種好羹以飯覆上使人擎與之餘人鉢中下著飯上著羹諸人皆食唯六師獨瞋不食主人問何故不食六師荅言無羹去何食主人言君眼乃見五万里獼猴落水何不見飯下羹耶於是六師大瞋竟不食而還徑向尸利求多廣說其人姉與求多作婦尸利求多聞之亦瞋告六師言瞿曇是彼師我為大師請來毀辱之也是以作火坑毒飯也此喻極廣不能一一出故略舉其要也

昔有一道士造婆羅門家乞食婆羅門使婦擎食食之婦在前立其婦端正道士觀之心便生變語婆羅門言欲味過患出婆羅門不解便問言何等欲味過患出道士便抱其婦咽共嗚嗚已語婆羅門言此是欲味婆羅門大瞋以杖打此道人一下道人復語此過是患復欲重打道人走到門外復迴頭語婆羅門此是出也喻人不能玄解義味要須指事然後悟之也

昔有田舍人暫至都下見被鞭持熱

馬屎塗背問言何故若是其人荅令瘡易愈而不作瘢田舍人審著心中後歸家語其家人言我至都下大得智慧後家人問言得何等智慧便呼奴言持鞭來痛與我二百鞭奴畏大家不敢違命即痛與二百鞭流血被背語奴言取熱馬屎來為我塗之可令易愈而不作瘢語家人言汝知之不此是智慧此喻下戒道人本遇明師受戒即得見他受戒便捐棄本戒更作白衣以壞法身喻受二百鞭流血被背也方求更受如馬屎塗也

外國有呪龍師軍遲盛水詣龍池邊一心誦呪此龍即時便見大火從池底起舉池皆然龍見火怖出頭望山復見火火燒諸山澤仰視山頂空無住處一切皆熱逃身無地唯見軍遲中水可以避難便滅其火身作微小形入軍遲中彼龍池者喻欲界也所望山澤喻色界也視山頂者喻无色界也呪龍師者喻菩薩也軍遲水者喻涅槃也彼呪述者喻方便也大火然者喻現無常龍大身者喻憍慢也

作小形者喻謙卑也言菩薩示現劫燒欲色洞然无常大火恐怖衆生令除憍慢謙卑下下然後乃悉入涅槃也

昔者外國從來久遠曾有一石當人路側時為車馬踐蹈小小損減彼世有人嫌其妨道務欲除之時即打壞見有毒虵從石中出得風轉大須臾之間身滿閻浮提閻浮提中衆生人物一日之中悉皆噉盡然後乃死此是惡報尚速疾如是況之菩薩本為凡人積功累德動經塵數之劫適從發意便成佛道說法度人而取泥洹此之利疾豈足怪乎

昔有一虵頭尾自相與諍頭語尾曰我應為大尾語頭曰我亦應大頭曰我有耳能聽有目能視有口能食行時最在前是故可為大汝無此術不應為大尾曰我令汝去故得去耳若我以身遶木三帀三日而不已頭遂不得去求食飢餓垂死頭語尾曰汝可放之聽汝為大尾聞其言即時放之復語尾曰汝既為大聽汝在前行

尾在前行未經數歩隨火坑而死此喻僧中或有聰明大德上座能斷法律下有小者不肯順從上座力不能制便語之言欲介隨意事不成濟俱墮非法喻若彼虵墜火坑也

昔有捕鳥師張羅網於澤上以鳥所食物著其中衆鳥命侶競来食之鳥師引其網衆鳥盡墮網中時有一鳥大而多力身舉此網與衆鳥俱飛而去鳥師視影隨而逐之有人謂鳥師曰鳥飛虚空而汝歩逐何其愚哉鳥師荅曰不如是告彼鳥日暮要求栖宿進趣不同如是當墮其人故逐不止日以轉暮仰觀衆鳥翩飛爭竸或欲趣東或欲趣西或望長林或欲赴淵如是不已須臾便墮鳥師遂得次而殺之捕鳥師者如波旬也張羅網者如結使也負網而飛如人未離結使欲求出要也日暮而止如人懈怠心生不復進也求栖不同者如起六十二見恒相反也鳥墮地者如人受邪報落地獄也此明結使塵垢是魔羅網也

昔佛在世時有五百力士俱為沙門共在一處坐禪誦經有不善賊盡奪諸沙門衣鉢蕩盡唯有泥洹僧在是賊去後諸沙門軽著泥洹僧俱詣佛所具白此意佛語諸沙門言汝何不大喚諸沙門荅言佛未聽是故不敢喚佛語諸比丘汝若不敢喚者賊當日剥汝衣誰當能常給者從今日後聽汝見賊来時大喚捉杖塼石恐怖令去但莫至誠傷害之耳人之所重者身也命也財也此三事皆不足惜不可輕也不足惜者以其非常敗壞無有堅固愚惑惜之以為我物貪愛無惜起不善因緣後墮惡道故不足惜也不可輕者以有身故遇值賢聖擎跪曲捲若迎礼拜後得金剛寶身不可毀壞故曰不可輕也命不足惜者人為命故殺生強盗婬妷口犯四過心生貪恚邪見後墮地獄故曰不足惜也而亦不可輕者以有命故值遇聖賢得聞法言精義入神盡壽修行後得寶命无量无窮故曰亦不可輕也財亦不足惜者以財是五家之分盜賊水火縣官惡子五家忽至一旦便盡故曰不足惜也不可輕者遇良福田持用布施種種供養無所遺惜後得寶財四大藏用窮濟乏求得无盡故曰不可輕也夫修福德皆當擬心求成佛道不應但索人天果報也所以者何譬如種穀但求其實寶雖未熟莖節枝葉自然已得布施作福亦復如是發意擬儀但求成佛泥洹之道雖未成人天中樂金輪聖主帝釋梵王自然並至亦如種穀不期莖節枝葉自然而得也所以不應但求人天果報之樂者何

昔者天竺有一住處有十万沙門五万餘人以得阿羅漢六通清徹諸漏已盡餘有五万人或有得下三道者或未得者有一長者欲求人天中福樂自恣来詣塔廟施設飯食供養衆僧時有一上坐得六神通大阿羅漢也其人極老鬚白齒落形體枯朽於十万人中最為上首為此長者呪願畢飲食以竟行澡水訖便語長者言檀越今施方得大罪於時會中未得

道者皆謂上座老故出此狂言耳上座荅曰其事實尒非狂言也其人問言此人種福云何得罪上座荅曰汝等識其一未識其二此人種福復受人天中樂於受樂中大生憍慢自謂為足不求解脫覩佛不奉見經不讀見沙門无虔敬之心放逸自恣食福既盡當墮惡道无量阿僧祇刧罪畢乃出所以得種大罪者因受世俗大報故也若擬心聖道而為此福者後受報時終无此報也

昔天竺國有二貧人營生計儉常賣酪自存二人各頭戴酪瓶詣市欲賣時值天雨道路泥滑一人有智自思惟言今日泥雨道路難行我或傾倒瓶破失盡今並出蘇若我當倒所失无幾一人少智全持詣市中路泥滑二人俱倒一人愁憂涕泣宛轉卧地一人都无愁色亦不懊恨有人問言汝等二人酪瓶俱破所失亦等彼此無異何故一人獨愁涕泣懊恨一人靜然都無恨色一人荅曰我所持酪都未出蘇今日瓶破所失蕩盡是以懊恨不能自勝一人荅言我所持酪先已出蘇今瓶雖壞所失无幾是以坦然无所恨也瓶諭身也蘇諭財物也有人慳貪恡惜財物貪求現利不念非常身瓶頊壞財物失盡諭若彼人忘失蘇酪懊惱追恨悔無所及有人深信後世果報所有財物並用惠施身瓶雖壞喪失无幾亦如彼人酪瓶雖壞所失甚少其心坦然无所追恨

昔有五百賈客乘船入海欲求珎寶值摩竭魚出頭張口欲食衆生時日少風而船去如箭薩薄主語衆人言船去太疾可捨帆下沉輒如所言捨帆下沉船去轉駃而不可止薩薄主問樓上人言汝見何等我見上有兩日出下有白山中有黑山薩薄主驚言此是大魚當奈何哉我與汝等今遭困厄入此魚腹無復活理汝等各隨所事一心求之於是衆人各隨所奉一心歸命求脫此厄所求愈篤船去愈疾須臾不止當入魚口於是薩薄主告諸人言我有大神号名為佛汝等各捨本所奉一心稱之時五百人俱發大聲稱南无佛魚聞佛名自思惟言今日世間乃復有佛我當何忍傷害衆人適思惟已即便閉口水皆倒流轉遠魚口五百賈人一時得脫此魚前身曾為道人以罪故受此魚身既聞佛名前憶宿命是故思惟善心即生此明五百賈人但一心念佛蹔稱名号即得解脫弥天之難況復受持念佛三昧重罪令薄薄者令滅如此之應未足為多

劫盡燒時一切皆空衆生福德因緣力故十方風至風風相次能持大水水上有一千頭人二千手足名為違紐是人齊中生千葉金色蓮華其光大明如万日俱照華中有人結加趺坐此人復有无量光明名為梵天王心生八子八子生天地人民是梵天王於諸婬瞋已盡無餘以是故言若有人修禪淨行斷除婬欲名為行梵道佛轉法輪或名法梵輪是梵天王坐蓮花上是故諸佛隨世俗故於寶蓮花上結加趺坐說六波羅蜜聞此法者必至阿耨多羅三藐三菩提

昔有一貴女人面首端正儀容挺特出家修學得應真道於城外林樹閒獨行道逢一人見此比丘尼顏貌端正意甚愛著當前立而要之口宣擔言若不從我不聽汝去比丘尼便為說惡路不淨之法頭眼手足有何可貪彼士夫便語比丘尼言我愛汝眼好時彼比丘尼右手挑其一眼示彼男子血流于面彼男子見之欲意便息比丘尼手捉一眼還到佛所以復眼本處向佛具說因是結戒從是以來不聽比丘尼城外住及聚落外獨行也

天下草木皆可為藥直不善別者故不知耳昔有聖醫王名曰耆域能和合藥草作童子形見者歡喜衆病皆愈或以一草治衆病或以衆草治一病天下之草無有不任用者天下之病无有不能治者耆域命終天下藥草一時涕哭俱發聲言我皆可用治病唯有耆域能明我耳耆域死後無復有人能明我者後世人或能錯用或增或減令病不差令擧世人皆

謂我不神思惟此以故涕哭耳唯有一訶梨勒在一面獨不涕哭自言我衆病皆能治服我者病皆當差不服我者自不差耳不須人明故不涕耳耆域者喻如佛也衆藥草者如諸法也訶梨勒者如非常也言佛在世時善用法能即以婬怒癡為藥老人病也及諸餘善法隨宜而用无常軌已喻病者良醫耳佛去世後少有能善用諸法應時而變者也非常觀者多所治也亦能治婬亦能治恚亦能治癡善用者則去病不善用者无所傷是故喻如訶梨勒也其餘諸法不易用也用之者宜必得其師善用者則病損不善用者則增病也

昔有屠兒詣阿闍世王所求乞一願王曰汝求何願荅曰王節會之際宜須屠殺願王見賜我當盡為之王曰屠殺之事人所不樂汝何故願樂為之荅曰我昔為貧人因屠羊之肆以自生活由是之故得生四天王上盡彼天壽來生人中續復屠羊命終之後生第二天上如是六反屠羊因是

事故遍生六天中受福無量以是故令從王乞王曰設如汝語何以知之荅曰我識宿命王聞不信謂是妄語如此下賤之人何能識宿命耶後便問佛佛荅曰實如所言非妄語也此人先世曾值辟支佛見佛歡喜至心諦觀仰視其首俯察其足善心即生緣是功德故得一一生六天上下生人間自識宿命福德以熟得故六反生天人中也罪未熟故未便受也畢此身方當墮地獄受屠羊之罪地獄畢當生羊中一一償之也此人識宿命淺唯見六天中事不及過去第七身故便謂屠羊即是生天因也如是但是識宿命非通非明也

昔有一國王深識罪福信有果報常好布施不逆人意名流四遠无不聞知時鄰境起兵以襲其國王自思惟若我出戰必傷害寧自喪身不枉百姓彼軍已至從城東門入王便從西門出單獨一身逃奔林野時有一婆羅門從遠方來路由林閒遇值此王即時二人對相問訊王問婆羅門汝

雜譬喻經　第三十六張　寫字号

從何来欲何所往婆羅門曰我問某
甲國王志好布施不逆人意故從遠
来欲有所求王即荅言君所言者我
身是也婆羅門聞之驚怪即問王曰
王今如此其故何耶時王具以事情
向婆羅門說婆羅門聞之躃地絕死
良久王即扶起以水灑之然後乃蘇
王問之曰何故若是婆羅門言我自
昔貧窮乏無財故從遠来欲乞財寶
如何今日值王如此故懊惱不自堪
勝王即慰喻婆羅門汝莫愁憂我當
令汝大得財寶彼異王者雖得我國未
獲我身宣令遐褱贈募甚重汝便可
縛我身送詣王門彼王歡喜必重償
汝於是婆羅門即如其言以草索繩
縛其兩手送詣王門門人見之遂入
白王王聞驚喜即命令前門士即將
所攝王身及婆羅門詣王坐前王問
婆羅門汝有何術能致此人婆羅門
荅我無他述此人本為王時志好布
施故從遠来欲有所乞於林樹間遇
值相見彼問我言欲何所至時我荅
言欲至某甲國王所彼荅我言某國

雜譬喻經　第三十七張　寫字号

王者我身也我聞是語即時絕死了
不自覺彼扶我起以水灑之復問我
言汝何故至此我荅言宿世所於生世
貧窮故從遠来欲乞財寶本願不遂
故自懊惱耳彼勞我言勿生勤念吾
當以身給汝所須便語我言汝可持
繩縛我兩辟送詣王門彼王自當賞
賜汝也時王聞婆羅門語即便淚出
避席下坐語本王言汝真人王我為
賊也於是攝其所領還歸本國前王
伏位令行如故此明菩薩本為凡人
所行至德其事如是若有書持經卷至
心如是天及惡人終不得便也有二
種賊一者手力賊二者方便賊手力
賊手自鑿辟或作師子頭或作蓮花
形入舍取物不盡持去要少多留欲
令主人得生活也欲使人稱此是好
賊還自變服與諸人俱至失物家看
時彼衆人見賊鑿辟處皆言此是巧
賊時有一方便賊微梵志服亦在其
中便作是言此非巧賊用力多而得
物少云何為巧要不用力而得物多
尒乃為巧時手力賊密著心中待聚

雜譬喻經　第三十八張　寫字号

人去隨而問之云何為方便賊荅言
汝欲知者但隨我行一月餘日當使
汝見於是方便賊便方便微梵志服
造一大富長者家告長者言我須少
物能與我者不亦佳乎時長者謂索
一衣直便即荅言當相給與未得之
間續復重往言君前許我者意定可
得不長者荅言當令必得如是至
三已便作文書詣官言之言某甲長
者負我十万兩金不欲還我賊便取
長者慈家以為時人時官錄其時人
并長者身問時人言實尒不時人荅
言實尒也官遂令長者輸金與此梵
志方便賊不用手力而大得物隨喜
亦尒也
有龍能以一渧水雨一國者或二或
三乃至兩一閻浮提者龍心自念言
我欲藏此一渧水使常在而不乾何
處可得耶作是思惟餘處不得唯當
安著大海中乃不乾耳此喻少施而
得大報無窮者准當安著佛道中也
此明水渧與龍智合故所憑得處而
不乾也布施與般若合故所置得處

而不竭也
雜譬喻經　第三十九張　宜字号
轉輪聖王所以致金輪者常釋常勑
四天王一月六日案行天下伺人善
惡四天王及太子使者見有大國王
以十善四等治天下憂勤人物心喻
慈父以是事白天帝釋帝釋聞之應
其能介便勑毗首羯磨賜其金輪毗
首羯磨即出金輪持付毗沙門天王
毗沙門天王持付飛行夜叉飛行夜
叉持來與大國王毗沙門天王勑此
夜叉汝常為王持此金輪當王頂上
畢其壽命不得中捨是夜叉常為持
之進止來去隨聖王意盡其壽命然
後還付毗沙門天王毗沙門天王付
毗首羯磨毗首羯磨還內著寶藏中
昔有大梵天王名曰婆伽宿命種長
壽因緣故其壽經七十二梵天人壽
終其壽故不盡因是壽故便生邪見
自謂為常復作是念我得自在從令
以後人無能得妄見我者若我聽來
則見不聽則止也佛以神心道眼照
察其心與舍利弗目連等四大弟子
俱凌虛而往坐其頂上舍利弗在右

目連在左大迦葉在前大迦旃延在
雜譬喻經　第四十張　宜字号
後告梵王曰汝自以為常得自在者
吾今何得坐汝頂上又問言汝見何
等事自以為常得自在耶梵王答言
我梵天中次第有七十二人壽盡我
故不盡復有三大福德天人壽終我
故不盡以是因故自謂為常佛語梵
王我是一切智人見汝始生時亦見
汝死時及一切諸法无有錯謬汝莫
癡惑自以為常此梵天王亦識宿命
欲臨成佛為定知不便語佛言佛知
我本何因緣得此壽命佛語梵王汝
本曾作五通仙人見有衆人乘船入
海暴風切起波浪滔天以仙通力救
接衆人持著岸上令此諸人得免死
厄一因緣也又汝曾為大國之臣有
一聚落犯於王法時王大怒盡欲誅
此聚落汝時愍之諫家財產為作道
地令得全濟二因緣也以是二因緣
故得此長壽却後復經三十六劫汝
壽當盡梵天王聞佛語已信心即生
一心思惟即得阿那含道此梵王以
是因緣故尚得壽命如是況佛於无

量阿僧祇劫積大措願慈悲衆生
雜譬喻經　第四十一張　宜字号
求頭與頭求眼與眼一切所求盡能
周給身充虛空未足為大塵數劫壽
未足為多

佛說雜譬喻經

雜譬喻經

校勘記

一　底本，金藏廣勝寺本。

一　此經[資]、[磧]、[普]、[南]、[徑]、[清]題爲「衆經撰雜譬喻經」（分上下卷），内容大異，茲以宋資福藏本爲別本附於卷後。

一　二五頁中二行「比丘道毗集」，[麗]作「比丘道略集」。

一　二五頁中六行「被殯喻」，[麗]作「被擯喻」。

一　二五頁中一一行「噏唾喻」，[麗]作「蹋唾喻」。

一　二五頁中一五行「鳩摩羅什法師說喻」，[麗]無。

一　二五頁下九行末字「讃」，[麗]作「讃歎」。

一　二六頁上五行「惡路」，[麗]作「惡露」。下同。

一　二六頁上一四行首字「俟」，[麗]作「嗣」。

一　二七頁上四行第二字「尚」，[麗]作「向」。

一　二七頁上一二行第一一字「長」，[麗]作「長大」。

一　二七頁下七行首字「正」，[麗]作「止」。

一　二八頁上九行「剪罰」，[麗]作「揃伐」。

一　二八頁上一一行第九字「便」，[麗]作「即便」。

一　二八頁上一四行首字「釋」，[麗]作「釋釋」。

一　二八頁中一九行第四字「有」，[麗]作「其有」。

一　二八頁中二二行第三字「衆」，[麗]作「舁」。

一　二八頁下一六行第二字「遠」，[麗]作「遂」。

一　二八頁下一七行「凝結」，[麗]作「凝潔」。

一　二九頁上二二行「政値」，[麗]作「正値」。

一　二九頁中一二行第八字「慕」，[麗]作「曼」。

一　三〇頁上一四行第三字「勤」，[麗]無。

一　三〇頁中一八行第四字「駚」，[麗]作「駛」。

一　三〇頁下一六行第三字「遷」，[麗]作「還」。

一　三一頁上一二行「象子」，[麗]作「象象子」。

一　三一頁上二〇行第三字「答」，[麗]作「答曰」。

一　三一頁下一八行「惋轉」，[麗]作「宛轉」。

一　三一頁下二〇行第九字「匪」，[麗]作「置」。

一　三二頁上九行第四字「中」，[麗]作「拜」。

一　三二頁上一〇行末字「響」，[麗]作「饗」。

一　三二頁中一四行第八字「憶」，[麗]作「之」。

一　三二頁中一七行第一二字「國」，[麗]作「一國」。

一　三三頁上一行末字「成」，[麗]作「盛」。

一　三三頁中一六行「火火」，麗作「大火」。

一　三三頁中二二行「呪述」，麗作「呪術」。

一　三四頁中一〇行首字「今」，麗作「令」。

一　三四頁中一四行「無惜」，麗作「悋惜」。

一　三四頁中一六行「若迎」，麗作「承迎」。

一　三四頁下一〇行首字「道」，麗作「道道」。

一　三四頁下一三行末字「何」，麗作「也」。

一　三五頁上二行「其人」，麗作「衆人」。

一　三五頁下三行「衆人」，麗作「衆生」。

一　三五頁下六行第七字「前」，麗作「聲尋」。

一　三五頁下二〇行第九字「法」，麗無。

一　三六頁上一七行第三字「惑」，麗作「或」。

一　三六頁下一二行「賞之」，麗作「償之」。

一　三七頁上一四行「重償」，麗作「重賞」。

一　三七頁中三行「所於」，麗作「不施」。

一　三七頁下一三行第六字「逝」，麗作「逐」。

眾經撰雜譬喻卷上三

比丘道略集　　失譯　　寫

智者思惟財物不可久保譬如失火之家黠慧之人明識火勢火未至時急出財物舍雖燒盡財寶全在更修屋宅廣開利業智人植福勤修布施亦復如是知身危脆財物無常遇值福田及時布施亦如彼人火中出物後世受樂亦如彼人更修宅業福利自慰愚惑之人但知惜念悤悤營救狂惑失智不量火勢猛風絕炎土石俱燋須臾之頃蕩然滅盡屋既不救財物喪失飢寒凍餓憂苦畢世慳惜之人亦復如是不知身命無常須臾叵保而便聚歛守護愛惜死來無期忽然殞逝形如土木財物俱棄亦如愚人憂苦失計明慧之人乃能覺悟知身如幻財不可保万物無常惟福可恃將人出苦可得成道

菩薩布施不惜身命如昔尸毗王以身施鴿天帝釋故往試之知有菩薩志不釋語毗首羯摩天汝作鴿身我當作鷹逐汝汝便佯怖入王腋下我毗首即自變身作鴿釋變身作鷹急飛逐鴿鴿直入王腋下舉身戰怖是時鷹住樹上語王言汝還我鴿此是我食非是汝有王言我初發意欲救一切眾生欲令度苦鷹言王度一切眾生我是一切眾生數何以獨不見愍而奪我食耶王答言汝須何食鷹言我作誓食新殺血肉菩薩言我作誓一切眾生來歸我者一心救護令不遭難汝須何食當相給與鷹言我所食者新殺血肉王即念言此亦難得自非殺生則無由得云何殺一與一思惟心定即呼人來持刀自割股肉與鷹鷹語王言唯以肉與我當以道理令肉與鴿輕重正等勿見欺也王言持秤來以肉對鴿鴿身轉重王肉轉輕王令割二股肉盡亦輕不足次割兩膸兩乳胷背舉身肉盡鴿身猶重是時王舉身欲上乃與鴿等鷹語王言大王此事難辦何用如此以鴿還我王言鴿來歸我終不與汝我前後喪身不少初不為法而有愛惜今欲求佛便板稱上心定無悔諸天龍神一切人民皆共讚言為一小鴿酸毒乃介是事希有地為大動毗首讚善大士真實不虛始是一切眾生福田釋及毗首還復天身即令王身還復如故求道如此乃可得佛

昔有一人受使遠行獨宿空舍中夜有一鬼擔死人來著其前後有一鬼逐來瞋罵前鬼是死人是我許汝何以擔來二鬼各捉一手諍之前鬼言此有人可問是死人是誰擔來是人思惟此二鬼力大若實語亦當死若妄語亦當死二俱不免何為妄語語言前鬼擔來後鬼大瞋捉手拔出著地前鬼取死人一臂補之即著如是兩腳頭脅皆被拔出以死人身安之如故於是二鬼共食所易人身拭口而去其人思惟我父母生我身眼見二鬼食盡今我此身盡是他身肉我今定有身耶為無身耶若以有者盡是他身若無者今現身如是思惟已其心迷悶譬如狂人明旦尋路而去到前國者見有佛塔眾僧不可問餘事但問已身為有為無諸比丘問汝是何人答言亦不自知是人非人即為眾僧廣說上事諸比丘言此人自知無我易可得度而語之言汝身從本已來恒自無我非適今也但以四大合故計為我身即度為道斷諸煩惱即得羅漢道是為能計無我處得道不遠

持戒之人無事不得破戒之人一切皆失譬如有人常供養天其人貧窮四方乞求供養經十二年求索富貴人心既志天愍此人自現其身而問之曰汝求何等我求富貴欲令心之所願一切皆得天與一器名曰德瓶而語之言君所願者悉從此瓶出其人得以隨意所欲無不得得如意已具作好舍象馬車乘七寶具足供給賓客事事無乏客問之言汝先貧窮今日云何得如此富答言我得天

瓶天瓶中出此種種物故富如是客言出瓶
見視其所出物即為出瓶瓶中引出種種諸
物其人驕逸捉瓶起舞執之不固失手破瓶
一切諸物俱時滅去持戒之人種種妙好樂
無膨不得若人毀戒驕逸自恣亦如彼人破瓶
失物是以欲天樂及涅槃樂當堅持禁戒莫破所
受戒若破所受戒永墜三塗受苦乃無復出期
夫人欲求報應常當修習善心相續不絕若
命終時能却諸惡受善果報所以然者若不
先習善心設命終時欲令心善卒不從意譬如
西方有一國王素無馬減損國藏四出推求
買得五百匹馬以防外敵足以安國養馬既
久國中無事王便思惟五百匹馬食用不少
飼養煩勞無益國事便勅所典掩眼令磨可
得自食不損國藏馬磨既久習於旋廻忽然
隣國興兵入境王便約勅被馬具莊勇將乘騎
如戰鬪法鞭馬向陣欲直前入諸馬得鞭盡
旋廻走無向敵意隣賊見之知無所能即便
直前大破王軍以是故知欲求善果報臨命
終時心馬不亂則得隨意往不可不先調直
心馬若不先調直心馬者死賊卒至心馬盤
廻終不如意猶如王馬不能破賊保全其國
是以行人善心不可不常在於胷心
貧窮之人剖轂身口持用布施其福無量譬

如往昔國王設會諸佛及僧種種供養時有
一貧窮老母都無所有常仰乞索以自活命
聞王請佛設會心生歡喜意欲勸助自惟無
物正有少豆欲勸助而門人不聽前於是佛
見其善心即以神力令此大豆遍墮衆食器
之中王見此豆即瞋廚兵何以使食中有此
豆耶佛語王言非廚兵過也乃是外貧窮老
母所施聞王設會無以勸助持此少豆勸助
於王是以食中有此豆耳佛語大王此老母
所施雖微得福良多於大王王言何得多種
種餚饍供養而得福少此老母以少許物布
施返得福多佛語王言王雖種種供養盡出
百姓於王無損此老母貧窮正有少許豆盡
持勸助是故得多王得福少佛為王種種說
法王及老母皆得道跡是以修福種德惟在
至心達解法相何憂不果
昔有一婆羅門居家貧窮正有一牸牛搆乳
日得一斗以自供活聞說十五日飯諸衆僧
沙門得大福德便止不復搆牛停至一月并
取望得三斛持用供養諸沙門至滿月便大
請諸沙門至舍皆坐時婆羅門即入搆牛乳
正得一斗雖久不搆乳而不多諸人呵罵言
汝癡人云何日日不搆乃至一月也而望得
多今世人亦如是有財物時不能隨多少布

施停積久後須多乃作無常水火及以身命
須臾難保若當不遇一朝蕩盡虛無所獲財
物危身猶如毒蛇無得貪着譬如昔日佛遊
波斯匿王國中見地有伏藏滿中寶物佛語
阿難汝見是毒蛇不阿難言已見時有人隨
佛後行聞此語試往看之見有好寶嫌佛此
語謂為虛綺此實是寶而言為毒蛇其人即
時私將家人大小取此寶物其家大富有人
向王言之此人隨得寶藏而不輸官王即收繫
責其寶物即時輸盡王故不信更多方拷治
之痛毒備至而復不首王大怒欲誅其七世
載出欲殺王遣人微伺為何道說即言佛語
至誠實是毒蛇而我不信令為毒蛇所由知
當何去若為毒蛇所殺正可及身而令乃及
七世實如所語使者具上事向王陳說王聞
此語即喚令還語其人言佛是大功德人而
汝能憶佛往語王大歡喜還其寶物放之令
去緣念佛語故得免死難是以佛語不可不
志心念之
持戒之人寧失身命不違佛教譬如往日有
賈客乘舩入海時有二人欲至他國傍載至
於中流值遇惡風吹破舡舫諸賈客取所依
用以自濟時下座道人得一板木上座語言
佛說法恭敬上座汝與我板來不畏犯戒也

下座道人聞是語已便自思惟何者為重護戒為重思惟是已我寧當慎護佛教而死即以板木獻上座下座便沒海水中水神見道人持戒如是不違佛教將是道人至於岸上因此道人至誠持戒故一舡賈客皆得不死水神讚道人言汝真是持戒之人也以是證故寧持戒而死不犯戒而生是以戒德可恃怙能濟生死苦

一切衆生貪着世樂不慮無常不以大患為苦譬如昔有一人遭事應死繫在牢獄恐死而逃走國法若有死囚踰獄走者即放狂象令蹈殺於是放狂象令逐此罪囚囚見象欲至走入墟井中下有一大毒龍張口向上復四毒虵在井四邊有一草根此囚怖畏一心急捉此草根復有兩白鼠嚙此草根時井上有一大樹樹中有蜜一日之中有一滴蜜墮此人口中其人得此一滴但憶此蜜不復憶種種衆苦便不復欲出此井是故聖人借以為喻獄者三界囚衆生狂象者無常井衆生宅也下毒龍者地獄也四毒虵者四大也草根者人命根也白鼠者日月也日月尅食人命日日損減無有暫住然衆生貪着世樂不思大患是故行者當觀無常以離衆苦

昔有慳貪長者佛欲度之先遣舍利弗為說布施之福種種功德長者慳貪都無施意見日欲中語舍利弗汝何不去我無食與汝舍利弗知不可化即還佛所佛復遣目連神足返化而為說法長者復言汝欲得我物故作此幻術目連知其不可化即還佛所於是佛必破其慳貪自造其家長者見佛自来為作礼將佛入坐佛方便種種說法語長者言欲能行五大施不長者白佛我小施猶尚不能况復大施長者白佛云何五大施佛言五大施者不得殺生汝能作不長者思惟不殺生者乃不用我財物又無所損即白佛言我能以是次第為說乃至不飲酒皆言能作於是佛即為長者種種說法五戒義若能持此五戒便為作五大施竟即大歡喜欲以一張不好㲲施佛即入庫求㲲不好者便以一張而奉施佛庫中餘㲲盡相隨来至於佛前佛知長者施心不定語長者言天帝釋與阿修羅共鬪心不定故三返不如後以定心故大破阿修羅軍長者聞已知佛大聖深知人意信心清淨佛為說法即得須陁洹道明日魔知其心即化作佛欲来壞之而至其家長者以未得他心智故不知是魔歡喜迎之善来將入坐魔佛語長者言我昨日所說者盡非是佛語汝速捨之長者聞此語已甚大恠之形雖是佛而所說者非如師子皮被驢雖形似師子而心是驢長者不信魔知其心正還復其身言我故来試汝而汝心不可轉是故經言見諦之人尚不信佛語何況餘道以深察理故是故佛弟子要解深理魔說佛說悉皆能知是故義不可不學施不可不修

行者求道不得貪着好美色若貪破人功德之本譬如昔有一阿羅漢常入龍宮食為龍說法食已出於龍宮持鉢授與沙彌令洗鉢中殘數粒飯沙弥噉之大香甚美便作方便入師繩床下兩手捉繩床脚至時與繩床俱入龍宮龍曰此未得道何以將来師言不覺不知沙弥得飯食又見龍女身體端正香妙無比心大貪着即作誓願我當奪此龍處居其宮龍言後更莫復將此沙弥来沙弥還已一心布施持戒專求所願早作龍身是時遶寺足下水出自知必得作龍徑至師本所入處大池水邊以袈裟覆頭而入水中即死返為大龍福德大故即殺彼王舉池盡赤未尒之前諸師衆僧皆呵罵之沙弥言我心已定諸相已出將諸衆僧就池見之以是因緣故不當貪着好香美色喪失善根見墮悪道

昔有天人食福欲盡七證自知一者頭上華萎二者頭中光滅三者形身損瘦四者腋下

浮出五者彌來着身六者塵土坌衣七者自然去離本座自知福盡下生世間貧窮家與疥癩母猪作子愁憂不樂更有一天人来問汝何以不樂荅曰吾壽將終下生爲疥癩母猪作子是故愁耳彼天曰釋迦文佛在忉利天宮爲母說法當往歸依及比丘僧可得免苦便往詣佛所志心歸命七日之後壽盡來生世間大長者家母姙娠後恒聞三歸聲至十月滿乃生墮地長跪叉手歸命佛法僧其母驚謂是不祥便欲殺之思惟言長者之子不可便尒罪我不少即往白長者具說此意長者言人生居世不知歸命三尊而生此兒纔生已知三尊將是神人好養之勿悔也此兒之福才聰特異父母愛重至年五歲與同輩道邊戲時舍利弗目連過前爲作禮舍利弗曰未見小兒作禮如此兒白道人不相識耶舍利弗即入定觀其本相乃知是彼天人便長跪詣舍利弗目連彩尊爲請佛及僧明日造鄙舍食即便許之兒歸白父母言向請舍利弗目連彩世尊明日屈意飯食父母歡喜即爲竭財上饍食具明日佛將諸大衆往到其家兒及父母迎佛作禮佛即就座行水下食須臾已訖佛爲說法父母及兒皆得無所從来法忍百千天人發無上正真道意

經言能竭慈可謂如此矣

昔有放牛人在大澤中見有金色華光明善好自即生念佛去此不遠當取供養即採華數斛重擔而去未至道中爲牛所觝殺心存佛故即生第二忉利天上所受宮殿廣博嚴好宮出四邊陸生金色華光明徹照諸天之法適生天上先觀宿命却食天福時彼天人自觀宿命具見採華爲牛所殺歡喜歎曰佛無量福祚未及設供報已巍巍況恒修德者便復取其宮邊華并持種種餘供養具欲遵本彩諸天見其取華皆往問之汝方来受福當五欲自樂而採華爲天子報言吾爲人時欲詣佛以華供養竟不果彩尚得来生此免得作者今所以取華欲遵本彩增將来福尒時諸天皆生善心有八万四千天子俱共来下作天伎樂天花天香種種供養諸塔寺中未見佛復有上座得道比丘而爲說法諸天聞法心甚歡喜增諸功德遂得見佛鼓樂絃歌散衆名華種種供養佛及衆僧佛爲說清淨妙法其人及八万四千諸天皆得法眼淨此天子之與八万諸天皆昔日善知識令相發起一時得道

昔有外國有一大長者大富惟有一子愛重無比後日得病大困治之不瘥遂到無常臨命終時一心念佛佛現形其前心安意定便得生天父母念子愁惱便欲自殺不能自解因以火燒取其骨着銀瓶中至月十五日便施百味飲食持着其前舉聲悲哭宛轉卧地天子在上見其所爲自念我不現化意終不解即下作小兒年八九歲在道邊放牛牛卒死卧地小兒便行取草着死牛口舉以杖打牛呼言起食父母大小見小兒所爲便共笑之前問言卿誰家子何癡乃尒牛今已死舉草着口寧有食期而反笑言我牛今雖死頭口故在舉草不食況君兒死来已久矣加火燒之唯少燋骨在地以百味食着前而加啼哭寧得食之不也其父意即開解問兒卿是何人兒言我是長者兒今蒙佛恩得生天上見父母悲惱太甚故来相化耳父意解大歡喜無復愁憂天子忽尒不現父母歸家即大布施奉持禁戒讀經行道得須陁洹果

昔無數世時有一佛圖中有沙門數千餘人止住其中遣諸沙弥數百人行分衛供給衆僧日輸米一斛師便兼課一偈有一沙弥時過市中行且誦經時肆上有賢者見沙弥行誦禮而問曰道人行何所說荅曰分衛給僧兼誦一偈賢者又問若無事可誦幾偈荅曰可得十餘偈又問分衛幾日曰九十日當輸

九十斛米賢者謂誦道人但還安意誦經我
當相代出米沙弥大喜賢者與米九十斛還
報師已便開讀經經三月通十四百偈啓師
誦經已訖要當詣檀越家試之師即聽詣賢
者所報曰蒙君重恵得安誦經今經已上故
来說之沙弥誦文句流利無有躓礙賢者歡
喜稽首為禮願我来世聡睿慱達多聞不忘
因此福願世世所生明識強記及到佛出世
現為弟子名曰阿難常侍世尊特獨辯通慱
聞第一師曰時賢者今阿難是夫勸助學者
志求願功德不虛緣是福報隨願而得如是
也

須弥山南有一大樹高四千里諸鉢乂鳥栖
宿其上樹常不動有小鳥形類鶉鴳住止其
上樹即振揺鉢乂鳥語樹神言無知我身將
重而初不動小鳥未宿又更振動樹神言此
鳥雖小從大海底来純食金剛金剛為物所
墮之處無不破壞所以大怖不能自安經以
為喻若有凡人解深經一句口誦心念身中
三毒四魔八萬垢門皆不能自安何況慱採
衆法為世橋梁者也

佛語目連汝對欲至目連言我有神力超踰
須弥山對若東来我便向西若北来我當趣南
那得我耶佛語目連罪福自然不可得避遠
飛不息乃墮山中時有車轄老公目連正墮
其前形狀似鬼老公謂是悪物舉車轄打之
即折其身目連被痛甚著懊惱盡忘本識佛
哀念之授其威神介乃得自思惟還復本形
是研車轄老公目連前世時父目連與父諍
目連意中念言檛殺此公骨折快也是以得
此罪殃慎莫作不孝之罪是以人生處世不
可不慎心口而孝養父母也

昔有沙門行草間有大虵言和尚道人道人
驚左右視之虵言道人莫恐莫怖願為我說
經令我脫此罪身虵曰道人聞有阿耆達王
不荅曰聞虵曰我是也道人言阿耆達王立
佛塔寺供養功德巍巍當生天上何緣乃亦
也虵言我臨命終時邊人持扇墮我面上令
我瞋恚受是虵身道人即為說經一心樂聽
不食七日命過生天却後數月持花散佛衆
人怪之在虛空曰我阿耆達王蒙道人恩聞
法得生天上今来奉花報佛恩耳是以臨命
之人傍側侍衛者不可不護病者心也

外國有一人治生得金銀數千斤意甚重之
欲藏着地中恐螻蛄虫鼠而侵盗之欲藏著
草澤中復恐狐狸野獸取之復不信家室中
外兄弟妻子便着懐中出入行来恒恐失之
時長齋之月四輩弟子盡詣塔寺燒香散花
此人觀視具見如是復見塔寺前有一大鉢
四輩弟子繞塔持金銀錢物投之鉢中其人
問曰何以投寶着此鉢中耶道人荅曰此名
布施二名牢固藏三名不知腐汙其人思惟真
實如是人言稱吾所求便持金銀盡投鉢中道
人為呪願又說牢固者水不能沒火不能燒
盜賊究家不能侵害投之寶藏不知腐壞當
来獲報百千萬倍故名布施其人意解歡喜
無量即於塔前得須陁洹道是以志心作福
功不唐捐自致得道

昔雀離寺有一長老比丘得阿羅漢道將一
沙弥時復来下入城遊觀衣鉢大重令沙弥
擔隨其後沙弥於道中便作是念人生世間
無不受苦欲免此苦當興何等道作是思惟
佛常讚歎菩薩為勝我今當發菩薩心適作
是念其師即以它心智通照其所念語沙弥
言持衣鉢来沙弥便持衣鉢授與其師師語
沙弥汝在前行沙弥適在前行復作是念菩
薩之道甚大勤苦求頭與頭求眼與眼此事
極難非我所辦不如早取羅漢疾得離苦師
復知其所念語沙弥言汝擔衣鉢還隨我後
如是三返沙弥怪愕不知何意前至所止處
乂手白師請問其意師荅曰汝於菩薩道三
進故我亦三返推汝在前汝心三退故推汝

在後所以尒者發菩薩心其功德勝滿三千世界成阿羅漢者不可爲喻也

昔迦葉佛時有兄弟二人出家俱爲沙門兄好持戒坐禪一心求道而不好布施弟好布施修福而喜破戒釋迦出世其兄値佛出家修道即得阿羅漢而獨薄福常患食不充與諸伴等遊行乞食常獨不飽而還其弟生爲中爲象多力能却怨敵爲國王所愛以好金銀珍寶瓔珞其身封數百戸邑供給此象隨其所須兄比丘者値世大儉遊行乞食七日不得末後得少麁食殆得存命先知此爲是前世兄弟便往詣象前手捉爲耳而語之言我與汝俱有罪耶象便思惟比丘語即得自識宿命見前世因緣象便愁憂不復飲食象子怖懼往白王言爲不復飲食不知何意王問爲子先無人犯爲不象子荅王言無他異人唯見一沙門来至象邊須臾便去耳王即遣人四出覔此沙門有人於林中樹間得便便攝此沙門將詣王前王問沙門言至我象邊何所道說沙門荅王言無所多說我直語象言我與汝俱有罪耳時沙門便向王具說前世因緣事王意便悟即放此沙門令還所止是以修福之家戒施兼行莫偏執而功德不備也

昔有一比丘被擯懊惱悲嘆啼泣而行道逢一鬼此鬼犯法亦爲毗沙門天王所擯時鬼問比丘言汝有何事啼泣而行比丘荅言犯僧事衆僧所擯一切檀越供養失盡又惡名聲流布遠近是故愁歎啼泣耳鬼語比丘言我能令汝滅惡名聲大得供養汝便可立我左肩上我當擔汝虛空中行人但見汝而不見我身汝若大得供養當先與我彼鬼即時擔比丘於先被擯聚落上虛空中行時聚落人見皆驚怪謂其得道轉相謂言衆僧無狀枉擯得道人時聚落人皆詣此寺訶責衆僧即送此比丘住於寺内遂大得供養此比丘隨所得衣食諸物輙先與鬼不違本要此鬼異日復擔此比丘遊行空中正値毗沙門天王官屬鬼見伺官甚大驚怖擲棄比丘絕力而走此比丘遂墮地而死身首碎爛此喻行者宜應自修所向無疑恃託豪勢一旦傾覆與彼無異也

昔目連與弟子俱從耆闍崛山下到王舍城乞食目連於道中仰視虛空悵然而歎其弟子問何因緣歎目連荅曰卿歎知者須還到佛所可便問也於是乞食訖還到佛所其弟子便問向所歎事目連荅曰我見上虛空中有一餓鬼身極長大其狀醜惡有七枚熱鐵丸從口中入直下過既下過已還從口入舉身燒然苦痛宛轉絕倒更起起復還倒是故歎耳非我獨見佛亦見之弟子問言以何因緣受苦如是目連荅曰汝自以是問佛世尊其弟子即時白佛問其因緣時佛荅言此餓鬼者前世曾爲沙弥時世極儉以豆爲食沙弥者爲衆僧行食至其師前偏多七枚豆以是罪故受餓鬼身苦毒如是佛言我亦常見所以不說恐人不信得極重罪也此喻世間少豆偏爲師故而不自入其罪猶尒況當佛說般若而不生信返更誹謗其罪重於五逆受地獄苦極重不可稱數也

昔有一居士其婦姙娠請佛到舍供養畢欲令如来占其婦後生子欲知男女佛言後當生男端正姝好及至長大當於人中受天上樂後當得羅漢道居士聞之心疑不信後復請六師供養畢復使占之居士語六師言前使瞿曇沙門占之言後當生男實是男不六師荅言當生女彼六師等憎嫉佛法苟欲相反還自思惟言若彼生男居士當弃我奉事瞿曇便作詭語語居士言汝婦當生男生男之後方大凶禍家室親屬七世絕滅以不吉故我先詭言是女也居士聞之心大惶怖不知所以彼六師等便語居士欲得吉利唯當

除去之六師便爲居士婦按腹欲令墮兒反害其母居士婦遂便命終而兒不死宿命福德故也居士便弃其婦着死人㪅大積薪燒之火炎既盛佛便将諸弟子往就觀之居士婦身始破壞便見其兒在蓮華上坐端正姝好顔貌如雪佛令耆域取此兒来耆域入火抱兒来出還本居士居士遂便養育至年十六才美過人便廣設多美飲食請彼六師六師既坐未久之間便失笑其人問何故笑也六師荅言吾見五万里有山山下有水有獼猴落水中是以笑耳此兒知其虚妄便鉢中盛種種好羹以飯覆上使人擎與之餘人鉢中下着飯上着羹諸人皆食唯六師獨瞋不食主人問何故不食六師荅言無羹云何食主人言君眼乃見五万里獼猴落水何不見飯下羹耶於是六師大瞋竟不食而還居士及兒因是止不奉事歸命佛法僧佛爲種種說法遂得道果此喻極多略記明真僞如是

衆經撰雜譬喻卷上

衆經撰雜譬喻卷上

校勘記

一　底本，宋資福藏本。

一　四一頁上二行「失譯」，普、南作「姚秦羅什譯」；徑、清作「姚秦三藏法師鳩摩羅什譯」。

一　四一頁上一三行「聚歛」，徑、清作「聚斂」。

一　四一頁上二〇行第五字「我」，徑、清作「俄」。

一　四一頁中一四行「便板稱上」，普、南、徑、清作「便扳稱上」。

一　四一頁下一三行第九字「恒」，磧、普、南、徑、清作「恒」。

一　四一頁下二〇行第四字「彤」，普、南、徑、清作「願」。下同

一　四二頁上四行「妙好樂」，徑作「妙樂」。

一　四二頁上一二行第二字「得」，徑無。

一　四二頁下一四行「何去」，普、南、徑、清作「何云」。

一　四五頁上三行「十四」，南、徑、清作「千四」。

一　四五頁中二〇行第八字「得」，徑作「進」。

一　四五頁下四行「腐汙」，普、南、徑、清作「腐朽」。

一　四五頁下七行「宼家」，徑作「怨家」。

一　四五頁下二一行第一〇字「汝」，徑作「汝汝」。

一　四七頁上七行「居士居士」，徑作「居士」。

衆經撰雜譬喻卷下 四　　寫

比丘道略集　姚秦羅什譯

外國有一呪龍師澡灌盛水詣龍池邊一心讀呪此龍即時便見大火從池底起舉池皆然龍見火怖出頭望山復見大火燒諸山澤仰視山頭空無住處一切皆熱安身無地唯見澡灌中水可以避難便滅其大身作微小形入澡灌水中彼龍池者喻欲界也所望山澤喻色界也視山頂者喻無色界也呪龍師者喻菩薩也澡灌水者喻泥洹也術者喻方便也大火然者喻現無常也龍大身者喻憍慢也作小形者喻謙卑也言菩薩示現劫燒欲色同然無常大火恐怖衆生令除憍慢謙卑下下然後乃悲入涅槃也

昔捕鳥師張羅網於澤上以鳥所食物着其中衆鳥命侶競來食之鳥師引網衆鳥盡墮網中時有一鳥大而多力身舉此網與衆俱飛而去鳥師見影隨而逐之有人謂鳥師曰鳥飛虚空而汝步逐何其愚哉鳥師荅曰不如來告彼鳥日暮要求栖宿進趣不同如是當墮其人故逐不止日已轉暮仰觀衆鳥飜飛諍競或欲趣東或欲趣西或望長林或欲赴淵諍競不止須臾便墮鳥師還得次而殺之捕鳥師者如波旬也張羅網者如結使也負網而飛如人未離結使欲求出要也日暮而止如人懈怠心不復進也求棲不同者如起六十二見互相反也鳥墮地者如人受邪報落地獄也此明結使塵垢其魔網也是以結使覆人猶如羅網在二塗中好當善護身口莫令放逸在此網中也三惡道苦生死長遠不可堪處

昔有賈客五百乘舡入海欲求珍寶值摩竭大魚出頭張口欲食衆生時日風利而舡去如箭商主語衆人言舡去大疾可捨帆下沉之輙如所言捨帆下沉舡去輙疾而不可止商主問舡上人言汝見何等荅曰我見上有兩日出日下有白山中間有黑山商主驚言此是大魚當柰何哉我與汝等今遭困厄入此魚腹無復活理汝等各隨所事一心求救於是衆人各隨所事一心歸命求脫此厄所求愈篤舡去愈疾須臾不止當入魚口於是商主告諸人言我有大神号名為佛汝等各捨所舉一心稱之時五百人俱發大聲稱南無佛魚聞佛名自思惟言今日世間乃復有佛我當何忍復害衆生適思惟已即便閉口水即倒流轉遠魚口五百賈人一時脫難此魚前身曾為道人以微罪故受此魚形既聞佛聲尋憶宿命是故思惟善心即生此明五百賈人但一心念佛暫稱名号即得解脫弥天之難況復受持念佛三昧令重罪得薄薄者令滅足以為驗也

昔有屠兒詣阿闍世王所乞求一願王曰汝求何願荅曰節會之際宜須屠殺王見賜我當盡為之王曰屠殺之事人所不樂汝何故樂求之荅曰我昔為貧人因屠羊之肆以自生活由是之故得生四天王上盡彼天壽來生人中續復屠羊命終之後生第二天上如是六反屠羊因是事故遍生六天中受福無量以是故今從王乞一願王曰設如汝語何以知之荅曰我識宿命王聞不信謂是妄語如此下賤之人何能識宿命耶後便問佛佛荅曰實如其言非妄語也此人先世曾值辟支佛見佛歡喜至心諦觀仰視其首俯察其足善心即生緣是功德故得生六天人間六返自識宿命以福熟故得人天六返罪未熟故未得受苦畢此身方當入地獄受屠羊之罪地獄罪畢當生羊中一一償之此人識宿命淺唯見六天中事不及過去第七身故便謂屠羊即是生天因也如是但識宿命非通非明也是以修功德者必發願勿便孟浪使果報不明此可為驗矣

阿難白佛佛生王家坐於樹下念道六年得

佛如是為易得耳佛告阿難昔有長者居甚大富衆寶偹具唯無赤真珠以為不足便將人入海採珠經歷險阻乃到寶處刺身出血油囊褁之懸着海底珠蛤聞血香唼食之乃得出蚌剖蚌出珠採之三年方得一珮發還到海邊同伴見其得好寶欲共圖之具行取水衆人推着井中覆之而去墮在井底久其人見有師子從傍穴来飲水其人復惶怖師子去後尋孔而出還到本土其伴歸到家呼曰卿得吾一珮無人知兼欲見害卿可密盡相還吾終不言卿也其人怖懅盡還其珠珠主得已持還家有兩兒着珠共戲共相問曰此珠出生何處一兒曰生我囊中一兒曰生室甕中父見笑之婦曰何笑荅曰吾取此珠勤苦乃尓小兒依我得之不識本末謂生甕中佛告阿難汝但見我成佛不知我從無數劫學之勤苦至今乃得謂之為易如彼嬰兒謂珠生囊中矣是以修諸萬行積功累劫非但一事一行一身而可得也

昔有導師入海採寶時有五百人追之共行導師謂曰海中有五難一者激流二者洄波三者大魚四者女鬼五者醉菓能度此難乃可共行衆人要訖乘風入海到寶渚各行採寶一人不勝菓香食之一醉七日衆人寶足驅風已到欲嚴還出鳴鼓集人一人不滿四布求之見卧樹下醉未曾醒共扶来還折樹枝拄之共歸還國家門聞喜悉来迎逆醉者見無所得獨甚愁感醉人不樂拄杖入市市人求價乃至二万兩金其人與之問杖有何德曰此為樹寶擣燒此杖熏諸瓦石悉成珎寶其人反求之少許持歸試驗果如其言所可熏蒸悉成衆寶喻曰導師者謂菩薩也五難者謂五陰也寶渚者謂般若七財也醉者從心懈廢也折取寶樹枝者謂自修勵更興精進薰瓦石成寶者謂以經道薰諸惡行悉成法器也

昔山中有兩沙門閑居行道得六通去之不遠有一師子生二子稍稍長大師子母欲行心念惟道德二慈可以委命即語欲行来二子尚小恐人傷害欲寄道人惟蒙慈護自當来視道人許之師子行還見子附道人復捨而行道人分衛還餘食共食之每見道人還喜行迎道人後行獵師遇之師子子迸走入草獵師依憑道人便着室中袈裟入草擒之師子謂是道人即出赴之獵師打殺剥皮取作師子皮裘直金千兩道人行還不見師子坐禪觀之知為獵師所殺即以神力奪皮来還作褥坐上口為呪願復禪觀之知當往生國中長者家作雙生子道人往詣其家問長者何所乏曰惟患無子便報為長者求子長者大喜道人言若得子何以相報曰子長大當施為沙弥道人曰勿忘此要隹覺有娠後果雙生二男相似如一年八九歲道人過二兒見自然歡喜道人謂長者曰識本誓不長者不敢違誓便以二子施沙門沙門將入山學未久亦得阿羅漢亦恒自坐故皮上日日入禪自觀便見己前身皮各起禮謝師恩力乃令我等得道皆是慈念之力禽獸善心猶尚解脫何况志情發於善願而不解脫也

昔有屠兒欲供養道人以其惡故而無往者後見一新學沙門威儀詳序請歸飯食種種餚饍食訖還請此道人願終身在我家食道人即便受之玩習既久切見在其前殺生不敢呵之積有年歲後屠兒父死作河中鬼以刀割身即復還復道人渡河鬼捉船曰沒此道人着河中乃可得去船人怖曰鬼言吾家昔日供養此道人積年不呵我殺生今受此殃恚故欲殺耳船人曰殺生尚受此殃况乎道人鬼曰我知尓恚故耳若能為我布施作福呼名呪願我便相放船人盡許為作福鬼便放之道人即為鬼作會呼名呪願餘人次復為作會詣河中呼鬼曰卿得福未鬼曰即

得無復苦痛舡人曰明日當為卿作福得自来不鬼口得耳鬼旦化作婆羅門像来手自供養白受呪願上座為說經鬼即得須陁洹道歡喜而去是以主客之宜理有諫正雖墮惡道故有善緣可謂善知識者是大因緣也

昔有賈客入海採寶逢大龍神擧舡欲飜諸人恐怖龍曰汝等頗遊行彼國不報言曾行過之龍與一大卵如五斗瓶汝持此卵埋彼國市中大樹下若不尒者後當殺汝其人許之後過彼國埋卵着市中大樹下從是以後國多灾疾疫氣國王召道術占之云有蟒卵在國中故令有灾疫輙推掘燒之病悉除愈賈客人後入海故見龍神重問事狀賈人曰昔如神教埋卵市中國中多有疾疫王召梵志占之推得焚燒病者悉除神曰恨不殺奴輩舡人問神何故乃尒也神曰卿曾聞某國有健兒某甲不曰聞之已終亡矣神曰我是也我平存時喜陵轢國中人民初無教呵我者但獎我使我墮蟒虵中惡欲盡殺之耳是以人當相諫從善相順莫自恃勢力陵轢於人坐招其患三惡道苦但可聞聲不可形處

昔波羅奈國有五百盲人周行乞索值世飢儉無所得自共議曰佛在舍衛教人恵施當詣彼國可得濟命各曰當雇一人牽吾等到彼五百盲人各許一銀錢其人即許將到彼國便尒進路受雇者語諸盲人曰此下道險卿等各以錢付我若逢寇賊我當藏之盲人盡以錢付之其人得錢便尒捨去諸盲人迴遊數日飢渴不知道路即共同時歸命於佛言佛神聖當哀我等令免此厄佛即忽然現神在前手摩盲頭皆得眼明飢渴飽滿五百人歡喜踊躍願為弟子鬚髮即落衣鉢法服佛重為說法皆得應真飛隨佛還詣祇洹阿難白佛此五百人宿命有何罪福佛言昔過去世有長者雇五百人作先取作直各散捨去然後歷世故受此厄是時長者今揩錢去者是也債解值吾開悟今皆得道罪福如是是以人之造業不同或是造業或是報業不可不慎也

昔有二人親親為知識不相違失後一人犯罪罪應至死便云走過知識知識不開門逆問卿是何人荅曰我是知識也有罪故來相過耳其人語曰緩時為親親有急各自當去不前卿也知識大不樂自念曰人緩時出入行来飲食不相捨離云何有急便尒相弃耶豈是厚乎便去欲入山復有一善知識往過之其人便開門藏之言卿與我雖踈當送卿着安隱處便以車載珎寶自往送到他國當與彼王諸長者所在相聞為作宮室安着田宅財寶供給與已捨還佛尒時見此人便引為喻犯罪者喻人精神親友者喻四大身善知識者喻三歸五戒喻人將養四大飲食餚饍四事無乏無常對至當墮惡趣求其藏避須臾反閉門不前後遇善知識知識將至他國安着所須供給無乏喻布施持戒至身死時福力所引送到天上七寶宮殿服天寶衣天百味食自然至極樂無量是以人生世勿貪自養當剋減作福如養四大身豈有所益知者應行之

佛般涅槃後百歲有國王事天神大祠祀用牛羊猪豚犬雞各百頭皆付厨士殺牛羊厨士中有一優婆塞言我持佛戒不得殺生厨監大恚即白王言欲治之王問曰汝故欲違我教耶當殺汝厨士荅曰我是佛弟子受持五戒寧自殺身不違佛教而便殺生若隨王教犯殺者死入地獄巨億万歲罪竟乃出當當短命持戒不缺就王誅者死轉上天天上得福所願自然今假令當死轉此生身當受大上罪福之報相去殊遠我以是故死死不犯耳王言與七日期當以象蹈殺汝若不死者語乃有實七日之後士盡是優婆塞身作佛身相如佛形以驗五百象往蹈之優婆塞如

佛法則舉手五指化為五嶽山一山間有一師子出象見師子惶怖悉皆伏地如佛在時王尒乃信知有佛便罷祠祀從此人受佛戒臣吏人民亦皆從受戒遂為國師賢者持戒度人如此

昔佛在世時有一優婆夷朝夕詣佛供養盡虔未曾有懈佛知而問欲何志願也便白佛言若有福報願欲現世生四子佛便問何以索四子也優婆夷言若四子長大令一人主治生賈市積聚財寶令一人知田農畜養積聚六畜及穀令一人求官食祿覆蔭門戶欲令一人出家作沙門得道成就還度父母及一切人求四子者正為此耳佛言令汝得所願優婆夷大喜為佛作禮而去後生一男聰明黠慧其母愛之世間無比子後長大便問母言慈愛何以太甚未有此比母語子言本願四子唯得汝一人併愛在汝許是以尒耳所欲之意悉向兒說兒聞母說深感母志便行治生未滿一年得巨億財次安田業畜收蓋澤牛馬穀米甚無數次行學問仕進求官取婦生男門戶遂成豪富之家復啓言所以求四子各知一事今代為之三事粗辦唯少一事得出家者甚善慈母曰四子之願得具足矣母心念言本願四子各付一事尚恐不辦此兒所作過於本望今得出家必能成道即聽出家兒辭母向佛所求作沙門即得具足精進不久得阿羅漢道還度父母及一切人得福得道無不歡喜是以作福發願但在心志無往不得也

昔有一老母惟有一子得病命終載着冢間停屍哀感不能自勝正有一子當以備老而捨我死吾用活為不能復歸當併命一處不食不飲已四五日佛知將五百比丘詣彼冢間老母遥見佛來威神光奕迷悟醉醒前趣佛作禮住佛告老母何以冢間也白言世尊唯有一子捨我終亡愛之情重欲共死一處佛告老母欲令子更活不也母言善曰欲得矣佛言索香火吾當呪願更生告老母求火宜得不死家火於是老母便行取火見人輙問汝家前後頗有死者不荅言先祖以来皆死過去所問之處辝皆如是經數十家不取取火便還佛所白言世尊遍行求火無不死者是以空還佛告老母天地開闢以来無生不終人之死亡後人生活亦復何喜母獨何迷索隨子死也母意便解識無常理佛因尒廣為說經法即得須陁洹道冢間觀者數千人發無上正真道意也

昔有一人兩婦大婦無兒小婦生一男端正可愛其聟甚喜大婦內心嫉之外揚愛念劇於親子見年一歲許家中皆知大婦愛重之無復疑心大婦以針刺兒顖上令沒皮肉兒得病啼呼不復乳哺家中大小皆不知所以七日便死大婦亦復啼哭小婦摧念啼哭晝夜不息不復飲食垂命後便知為大婦所傷便欲報讎行詣塔寺問諸比丘大德欲求心中所願當修何功德諸比丘荅言欲求所願者當受持八關齋所求如意即從比丘受八戒齋便去却後七日便死轉身来生大婦為女端正大婦愛之年一歲死大婦端坐不食悲哽摧感劇於小婦如是七返或二年或三年或四五年或六七年後轉端正倍勝於前冣後年十四已許人垂當出門即夜便卒死大婦啼哭憂惱不可復言不復飲食晝夜啼哭垂淚而行停尸棺中不肯盖之日日看視死屍光顏益好勝於生時二十餘日有阿羅漢見往欲度脫到其家從乞令婢持一鉢飯與之不肯取語婢欲得見汝主人婢還報云欲見大家荅言我憂愁垂死何能出見沙門汝為持物乞與令去婢持物與沙門故不肯去沙門言欲見主人婢如是數反沙門不去婦愁憂無聊沙門正住不去乱人意不能耐之便言呼来沙門前見婦顏色憔悴自掩面目不復櫛梳沙門言何為乃尒婦言前後生七

女黠慧可愛便亡此女最大壻當出門便復死亡令我憂愁沙門言梳頭拭面我當語汝婦故哭不肯止沙門謂言汝家小婦今為所在本坐何等死婦聞此言意念此沙門何因知之意中小差沙門語言汝梳頭逮我當為汝說之婦即斂頭訖沙門言小婦兒為何等死婦聞此語默然不荅心中慚愧不敢復言沙門言汝殺人子令其母愁憂懊惱死故来為汝作子前後七反是汝怨家欲以憂毒殺汝汝試往視棺中死女知復好不婦往視之便爾壞爛臭不可近問何故念之婦即慚愧便藏埋之從沙門求哀欲得受戒沙門言明日来詣寺中女死便作毒蛇知婦當行受戒於道中待之欲嚙殺之婦行蛇遂遮前不得前去日遂欲冥婦大怖懅心念言我欲至沙門許受戒此蛇何以當我前使我不得行沙門知之便往至婦所婦見沙門大喜便前作禮沙門謂蛇曰汝後世世更作他大婦共相酷毒不可窮盡今現世間大婦一反殺兒汝今懊惱巳七返汝前後過惡皆可度此婦今行受戒汝斷其道汝世世當入泥犂中無有竟時今現蛇身何如此婦身蛇聞沙門語乃自知宿命煩悲詰屈持頭着地不喘息思沙門語沙門呪願言今汝二人宿命更相懊惱罪過從此畢於是世世莫復惡意相向二俱識託蛇即命終便生人中於時聽沙門語即心開意解歡喜得須陁洹道便隨沙門去受戒作優婆夷是故罪業怨對如此不可不慎之

昔舍衛國一旦雨血縱廣四十里王與群臣甚大驚怖即召諸道術及知占候使推之知為吉凶占者對曰舊記有云雨血之灾應生人蟒毒害之物宜推國内彰別灾禍王曰何以別之知占師曰是為人毒難可別知試勑國中新生小兒皆送来以一空單使兒唾中中有一兒唾單即成火炎知此兒是人蟒議曰此不可着人間即徙置空隱無人之處國中有應死者可送與之蟒吐毒殺之如是前後被毒所殺七萬二千人有師子来出震吼之聲四十里内人物懾伏所泳暴害莫能制御於是王即募國中能却師子者與千金封一縣無有應者衆臣白王唯當有人蟒能却之即勑吏往呼人蟒遥見師子徑往住前毒氣吹師子即死蟒爛消索國致清寧後時人蟒年差得病命將欲終佛愍其罪重一墮惡道無有出期便告舍利弗汝往勸之使脱重殃舍利弗便往其家神足来入忽然住前人蟒瞋怒念曰吾尚未沒為人所易無所關白徑来住人前便放毒氣謂能為害舍利弗以慈慧擁之光顔益好一毛不動三放毒氣而無能害即知其尊意解善念生便以慈心上下七反觀舍利弗舍利弗便還精舍吸氣人蟒命終當于其日即天地大動極善能動天地極惡亦能動時摩竭王即詣佛所稽首于地問世尊曰人蟒命終當趣何道佛言今生第一天上王聞佛語怪而更問佛言大罪之人何得生天佛言以見舍利弗慈心七反上下視之因是功德生第一天福盡當生第二天上至七反以後當得辟支佛而般涅槃王白佛言七萬二千人罪不復償耶佛言末後作辟支佛時身當如紫磨金時當在道邊樹下坐入定意時有大軍衆七萬餘人過見辟支佛謂是金人即取斫破各分之定墮手中視之是肉皆還聚置而去辟支佛因是般涅槃今世之罪乃尒時薄償便畢佛告王遇善知識者山積之罪可得消滅亦可得道佛說是時王及大衆皆大歡喜禮佛而去

昔有沙門坐在樹下誦經鳥来在樹上聽經專心聽經不左顧右視為獵師所射殺鳥臨死時其心不乱魂神即生天上自念生所從来根源便識一世宿命既生天已来下散華在樹下沙門上天人語道人曰蒙道人誦經恩

福故得免此鳥身得為天人道人聞鳥語便得道跡須臾忽然不現天人還本所師曰諸學道者臨欲壽終心不亂者所生不墮惡道苦痛之處便識宿命自所更來故出經示後生也

昔佛在世時去祇洹七里有一老公徒飲酒弟子阿難往諫喻令佛在此宜當往見老公言我聞佛在此意欲往見佛佛善授人五戒不得飲酒我不得飲酒如小兒不得乳便當死我不堪是故不往也復行飲酒飲酒醉暮便來歸道中脚撥掘株上便倒地如大山崩舉身皆痛便自說言斯痛何快乎阿難常語我當至佛所我不肯隨語今身痛不可言便語家中大小言吾欲至佛所家中聞之皆驚愕公初不肯至佛所今何緣欲往語已便往在祇洹門外住時阿難見老公來歡喜白佛言去祇洹七里老公已來在門外佛言老公不能獨來五百白象勉來耳阿難白佛無五百象獨來耳佛語阿難五百白象在公身中於是阿難呼公前為佛作禮白佛言我久聞佛在此愚癡所致不早奉覲願佛赦除我罪也佛問老公積五百車薪着地欲燒之盡當用幾車火能燒盡耶老公白佛不用多火用如豆許火燒如彈指頃便盡佛復問公公着衣來幾時公言我着衣來一歲佛復問公欲浣此衣去垢當幾歲能淨公言得純灰汁一斗浣須臾便淨佛語公公之積罪如五百車薪復如一歲衣之垢老公當從佛受持五戒於是佛說數百言經豁然意解即得阿惟越致

昔佛泥洹後百年有王名阿育大憍奢作殿舍縱廣十里皆召諸小國畫師畫師至各隨意畫作種種形像罽賓北有一小國最遠送一畫師後到觀壁上屋表裏畫遍唯有門頰邊五尺未畫復至仰觀視諸物不知復作何物自念我始來時過一小城城邊有池池有蓮華見有一女端正姝好有相可中天下母思惟已便畫作城池蓮華及女像訖王至殿來入便見此畫問誰畫此耶曰後來畫師即問汝見形作也虛作也曰見而作非虛王問汝為如形像作也為使好乎曰不使好如其形耳乃相知此女中天下母便遣使者索娉為皇后使者受命逕往其國見女父母謂言王索賢女為皇后女父曰嫁當柰何便謂女夫家語王使我索此女道遠三年乃到去卿已取王者至尊卿不宜惜也當時與王此夫是優婆塞自思念人以時色危身若不與者或能治人便以婦與使者去還到白王王見大歡喜即拜為皇后得好華便悲啼王問何故啼后曰王赦我罪當說耳王曰為說后曰此正似我前夫香以故啼耳王恚曰汝為天下之母故復念貧賤汝是老嫗當應治之百遣使者往錄其故夫知為香不若不香者故當治之使者往問其家人家人曰此賢者失婦已便報父母行作沙門得阿羅漢道使者詣佛國中語言王欲見供養道人道人曰我亦無所有復見我為使白言王欲供養道人道人隨使去到白王王見道人道人身香甚於蓮華王曰此人以香塗身但作熱湯浴之香又更甚復以繒其身其身香轉倍王乃信之問道人何緣得香乃尔願見告示道人語王吾前世時為婆羅門行逢見人說經我叉手歡喜一心稱讚菩薩焦以少香燒以供養故今得福遂至道果

昔有父子二人共居入山斫林泉水有黃金子便歸求父索分言我不用餘物物盡與父惟與我車牛一具米二斛獲斫各一枚父不聽之數諫不止父便與之言汝莫復來歸子便入山掘泉水中金日日終不能得父便共相將往視之觀如是金仰視山頭邊有金若山影現水中便上山以大木幢墮金於地父語兒求之法當云何但掘水何時當得子不

賤求金者唯人不持五戒但逐聽色聲人身
豈復可還得也父者唯如黠之求金者觀如
今末時持佛五戒加行十善生天人身世世
不失後得佛道果
昔天帝釋與第七梵天親善時梵天下至忉
利天上共戲釋愁不樂梵天問釋何以不樂
釋曰卿見我天上人轉希不下方人無復作
善者皆入惡道中無復生上者天人下生人
間轉復不還我故愁耳梵天語釋卿便死化
作一師子極令威勢我當化作婆羅門共下
到閻浮提教授天下使為善為善死皆生天
便各隨所化下到一國師子在城門中言我
欲得人噉國人見之無不惶怖叩頭求哀終
不肯去化婆羅門語國人言此師子惡與罪
人應死者三十人自當去也王便出獄囚應
死者三十人與師子師子得人驅着前去到
深山中未噉之須化天語諸人卿等能持五
戒念十善道身口意相應者此師子便不敢
人諸人言我等當死此何足言能持耳便從
化人受戒師子便不噉師子言置令去雖尔
我知汝心若不持佛五戒者我故當噉汝尔
三十人還國國人見皆驚問曰卿那得還耶
答曰有一人教我等受佛五戒師子便不復
噉我故我得來歸耳師子復住城門中國人
大惶怖皆從三十人受五戒師子便去復到
一國如是周遍八萬諸國皆使為善死者生
天天上更大樂豈盛饒人菩薩方便度人如
是自到作佛佛語阿難釋天化師子者我身
是也梵天化作婆羅門者今迦葉是也介時
助我化度天下人使我得佛我故與並坐報
介時恩
昔迦葉佛時有王名拘旬屋為佛建立精舍滿
事之王第七女前事梵志後信事佛梵志惡
之字為僧嫉王有十夢怖而問之梵志思夢
欲陷此女語王言得寂愛女焚燒祠天乃吉
王甚不樂女問王曰何以不樂王說如是女曰
覺吉者我分當之問幾日當祠梵志言後七
日女白王雖當死願聽詣佛所使城南人盡
送我出便勅送之女將至佛所說法盡得見
法日一方送城四方面人悉見諦復求在城
中人送亦如是六日求王及宮中官屬送之
佛為說法悉皆見諦王乃知梵志欺詐語梵
志汝幾欲殺我女汝不為佛作沙門當出國
去梵志不知所至不得已悉詣佛作沙門後
得阿羅漢果

眾經撰雜譬喻經卷下　　寫

眾經撰雜譬喻卷下

校勘記

一　底本，宋資福藏本。
一　四八頁上二行「姚秦羅什譯」，徑、清作「姚秦三藏法師鳩摩羅什譯」。
一　四八頁上二〇行「捿宿」，磧、普、南、徑、清作「栖宿」。
一　四八頁中五行第一二字「當」，徑作「善」。
一　四八頁中一〇行「商主」，磧、普、南、徑、清作「商主」，下同。又末字「沉」，磧、普作「沉」，一一行第九字同。
一　四八頁中一七行首字「萬」，磧、普、南、徑、清作「篤」。
一　四八頁下五行第六字「節」，磧、普、南、徑、清作「節」。
一　四九頁上六行第一五字「具」，磧、普、南、徑、清作「俱」。
一　四九頁下二〇行第五字「殺」，徑無。

一　五〇頁下九行「匆貪」，徑作「匆食」。

一　五〇頁下一五行「白王」，徑作「白佛」。

一　五一頁上一五行第二字「黠」，徑作「點」。

一　五一頁中一七行「不取」，磧、普、南、徑、清作「不敢」。

一　五一頁中末行「內心」，徑作「心內」。又「外揚」，磧、普、南、徑作「外徉」；清作「外佯」。

一　五一頁下一一行首字「哽」，徑作「咽」。

一　五一頁下一七行第七字「其」，徑作「其其」。

一　五二頁上五行「汝杭」，徑作「杭門」。

一　五二頁上六行第七字「歛」，徑、清作「斂」。

一　五二頁上一八行「大婦」，磧、普、南、徑、清作「小婦」。

一　五二頁中二〇行「蠕爛」，清作「融爛」。

一　五二頁下五行第五字「于」，南、徑、清作「趣」。

一　五三頁中二行第一〇字「淨」，徑作「盡」。

一　五三頁下三行第四字「似」，磧、普、南作「以」。

一　五四頁中卷末經名，清作「衆經撰雜譬喻卷下」。

阿育王本施土緣傳卷第一　　會

西晉安法欽譯

歸命一切智婆伽婆住王舍城迦蘭
陁竹林尒時世尊日時巳到著衣持
鉢將諸比丘前後圍繞向王舍城次
行乞食說者曰

不動如金山　容豫如象王　圓足如滿月
比丘衆圍繞　詣王舍大城　威儀甚庠序
乃至到城足蹈門閫大地即時六返
震動說者曰

海以莊嚴地　山城亦復然　牟尼足蹈閫
一切皆踊沒　如是入城時　男女生淨信
城中悉變動　如風吹海浪　皆出和雅聲
世間未曾有　當佛入城時　丘墟悉平整
無諸砂礫　荆蕀糞穢　皆没於地
盲視聾聽　瘂言躃申　狂者得心
貧窮得財　疾病得愈　一切衆樂
不皷自鳴　寶器相和　出種種音
佛光普照　如百千日　明徹内外
皆如金色　所放光明　暎蔽日月
照於衆生　欝蒸涼樂　辟如栴檀
塗彼熱病　無不消滅

尒時世尊與阿難在巷中行見二小
兒一名德勝是上族姓子二名無勝
是次族姓子弄土而戲以土為城城
中復作舍宅倉儲以土為麨著於倉
中此二小兒見佛三十二大人之相
莊嚴其身放金色光照城内外皆作
金色無不明徹見巳歡喜德勝於是
掬倉中土名為麨者奉上世尊无勝
在傍合掌隨喜德勝於是說偈讃曰

大悲無師覺　圓光顯照身　強顔生敬信
以土施如來　稽首於世尊　巳斷生死者
尒時德勝童子施土巳訖而發願言
使我將来蓋於天地復說偈供養說
者曰

佛知彼小兒　心念發正願　以勝福田故
必獲於大果　大悲救世者　即時受彼土
使其心歡喜　以種王業緣

尒時世尊即便微笑阿難長跪合掌
白佛言世尊佛不以無緣而笑何因
緣故現於微笑尒時阿難便作偈言

斷憂憍慢者　世界中寂上　終不無因緣
現珂藕根齒　如實出雷音　牛王眼相者
願說施土報　及與微笑事

佛告阿難如是如是阿難佛不無緣而微笑也汝今見是二小兒不也已見世尊佛言我若涅槃百年之後此小兒者當作轉輪聖王四分之一於花氏城作政法王号阿恕伽分我舍利而作八万四千寶塔饒益衆生尒時世尊即說偈言

今吾滅度後　有王阿恕伽　名稱廣流布
莊嚴吾舍利　遍滿閻浮提　人天所供養
以少土施緣　受是大果報

佛說偈已便以此土授與阿難使塗如來經行之地因作是言阿難頻婆娑羅王子名阿闍世阿闍世子名優陁耶拔陁羅優陁耶拔陁羅子名文荼文荼子名烏耳烏耳子名莎破羅莎破羅子名兜羅貴之兜羅貴之子名莎呵蔦荼羅莎呵蔦荼羅子名波斯匿波斯匿子名難陁難陁子名頻頭莎羅王花氏城頻頭莎羅子名宿尸魔時瞻婆羅國婆羅門生一女寶相師占言必為王后為王寵愛當生二寶子一者當作轉輪聖王王四分之一二者出家當得羅漢婆羅門聞

極大歡喜便將是女至花氏城衆寶瓔珞以莊嚴之嫁與頻頭莎羅王為妻王即納娶置於後宮中妃后皆生嫉心而作念言王必愛重薄賤我等當教賤業令王惡之遂便教使善解剃除鬚髮伺王眠時令為王剃鬚王眠覺已語言當為我剃鬚荅言已剃王即以鏡自照知鬚剃竟即語之言汝欲得何願荅言唯求與王交會王言我是剎利汝身卑賤何由交會女荅王言我非下賤我是婆羅門女婆羅門本以我與王為妻宮人妬嫉教我賤業王即語之自今已後莫為此事遂便立作第一夫人共相愛樂而生一子母言我憂患盡除即為作字名阿恕伽阿恕伽者(晉言無憂)復生一子名為盡憂阿恕伽身體麁澀父不愛念頻頭莎羅亦於諸妃多生子息集諸相師相諸子等有一相師名賓陵伽婆蹉王語此相師占我諸子誰中為王相師荅言王將諸子向金地園就彼相之王與諸子至金地園中毋勅阿恕伽言今王相子於金地園汝

亦可往阿恕伽言王不愛我何為至彼母復告言汝當必去阿恕伽言我去之後送食與我即辭而去出花氏城見輔相子羅提掘多羅提掘多問阿恕伽言欲何處去荅言王集諸子詣金地園我今欲往尒時掘多乘一老象語阿恕伽言可乘此象阿恕伽即乘此象向金地園即到園所從象而下於諸子邊在地而坐諸子皆食種種餚饍阿恕伽食粳米飯盛以瓦器用酪和之渴則飲水王語相師言和上願相諸子我死之後誰中為王相師念言阿恕伽者必應為王我念王言彼應王者王不愛之必當殺我便荅王言不中說名字可說形相其所服用事第一者相應為王諸王子等各各自以乘第一乘坐第一坐食第一食用第一器飲第一漿阿恕伽念言我應為王所以者何象為第一乘地為第一座粳米第一飯瓦器為第一感酪為第一味水為第一漿以是義故我應為王相師相已王將諸子還入城中相師語阿恕伽母言阿

恕伽必得為王母語相師言且莫復
道並遠藏避如護身命待阿恕伽得
紹王位汝可来出頻頭婆羅王以得
叉尸羅城叛逆不順即遣阿恕伽往
討彼國唯與四兵不與刀杖時阿恕
伽受命即出華氏之城左右人言無
有刀杖如何得共怨敵鬪戰阿恕伽
言我有福力應為王者所須刀杖自
然當有作是語已地神開地授刀杖
與遂便前進四兵圍繞到得叉尸羅
國國中人民聞阿恕伽来自然歸伏
莊嚴城地平治道路各各持瓶盛滿
中物以花覆上名為吉瓶以現伏相
半由旬迎而作是言我不叛於王亦
不叛王子唯逆王邊諸惡臣耳供養
恭敬隨從入城人民調順還来歸國
王復遣阿恕伽罸佉沙國彼國人民
承迎調順如前无異既調順已即還
本國有二大力士親近阿恕伽阿恕
伽即與二人封邑天神尒時即護國
土天神作是唱言慎莫叛逆何以故
阿恕伽應為轉輪王王四分之一漸
漸征罸四海之内悉皆歸伏阿恕伽

兄名蘇深摩者方入華氏城第一輔
臣復欲出城道中相逢輔臣頭禿落
蘇深摩戲笑故以手打輔臣頭輔相
念言此王子者未紹王位便用權勢
毆我頭上若紹王位必當以刀而斬
我首即向五百輔相說蘇深摩過狀
言不中為王唯阿恕伽者相師記言
當作轉輪聖王四分之一我等諸臣
應共立之後得叉尸羅國為惡臣所
教復還叛逆王即遣蘇深摩往彼討
之蘇深摩到不能令彼人民調順頻
頭莎羅王聞其不能調伏彼國即生
疾病便勅諸臣喚蘇深摩以為太子
令阿恕伽而往討罸時輔臣為其作
計便以黄物塗阿恕伽身以羅叉汁
洗盛而棄之詐稱阿恕伽得吐血病
不任征罸尒時頻頭莎羅王疾病唯
萬餘命無幾輔相莊嚴阿恕伽已而
白王言請當並立阿恕伽為王以理
國事檳深摩来當還廢之阿恕伽念
言我若有福德力應為王者天當以
天繒結我頂上作是語已應言即結
王見阿恕伽天繒結頂極大瞋恚沸

血從面出而便命終立阿恕伽為王
羅提掘多作第一輔相蘇深摩聞父
王命終阿恕伽得立為王心生忿怒
還花氏城阿恕伽聞蘇深摩来嚴備
一大力士置第一門下第二力士置
第二門下第三力士置第三門下置
羅提掘多東門之下阿恕伽而自當
之置機開白鳥鳥上畫作阿恕伽像
周帀四邊造大火坑糞草覆上蘇深
摩来向第三門下羅提掘多語蘇深
摩言令阿恕伽在東門下從彼入去
若得入者即為汝臣若不能害阿恕
伽從此門入亦无所能於是蘇深摩
即往東門直趣鳥上欲捉阿恕伽不
覺墮於火坑而自滅没時蘇深摩有
一力士名曰賢踊將數万軍衆入佛
法中出家得阿羅漢道諸輔相大臣
輕蔑阿恕伽阿恕伽密欲治之即語
諸大臣斫取好花果樹圍於棘刺大
臣白言由来正聞以諸棘刺圍花果
林不聞以好花果之樹以圍棘刺乃
至三勅臣固不從王極瞋恚即便煞
此五百大臣更至後春時與諸宮人

共相圍繞至園林間有樹名阿恕伽
華極可愛阿恕伽以此樹與已同名
愛念此樹阿恕伽身體麤澀諸婇女
等以阿恕伽身體麤澀情不愛敬不
喜親近伺其眠時園中遊戲見阿恕
伽樹即時折其花枝王於眠覺見樹
毀壞問左右言誰毀此樹荅言宮人
毀之王大忿怒捉五百宮人遶樹燒
煞舉國人民皆稱暴惡遂號名為惡
阿恕伽時羅提掘多而啓王言自行
煞害非王所宜王今應當簡選惡人
以治有罪王可其言即便遣使募覔
惡人於國邊山下有一織師生育一
子名曰耆梨為人極惡罵父罵母手
則挈罥脚則頊機毒塗草葉垂獸觸
者無不即死凡是衆人稱為大惡舉
國號之為惡耆梨使往其所語耆梨
言汝能為阿恕伽王治罪人不耆梨
荅言天下惡人使我治者猶故能為
何況一阿恕伽豈可不能使聞此語
具以啓王王即召之耆梨聞使來召
即辭父母父母不聽即便煞之使問
耆梨何以故遲耆梨荅言父母不聽

我乃煞之以是故遲於是隨使見王
而白王言為我作獄極令嚴峻使可
愛樂作獄已竟名愛樂獄又白王言
若有人入要不聽出王即聽可時彼
惡耆梨往到雞頭末寺時彼寺中有
一比丘誦惡嬰愚經言喜鑊湯者以
碓擣之喜碓臼者以鑊煑之在地獄
中吞大鐵丸鎔銅灌口聞是語已即
自念言我獄城中亦當作此時有長
者夫妻相將入海採寶到於海中生
一男兒即為立字名之為海經十二
年乃出於海逢五百賊刼其財物煞
害長者於是子海便出家學道展轉
乞食至華氏城不識村落入愛樂獄
中而作是言外相可愛內如地獄便
欲出去耆梨不聽語比丘曰汝今於
此當受死罪如何欲出比丘聞已即
便大哭耆梨問言何為大哭如嬰兒
也比丘荅言我不畏死而作是哭畏
失善利何以故我新出家未證道法
人身難得佛法難值是故哭耳耆梨
言王先聽我入此城者不令使出必
當治罪比丘言活我七日隨汝煞之

即便聽許時阿恕伽王見其宮人共
他男子有愛著語便生瞋忿付愛樂
獄耆梨尋時即以碓擣杵下打頭眼
睛脫出比丘見已得猒惡心而作是
念嗚呼大悲所言誠諦說色危脆猶
如聚沫不堅速朽無有暫停端正容
貌今安所在好顏薄皮亦俱敗壞怪
哉生死嬰愚所樂非是聖法見此境
界不没有悔於是比丘通夜觀察斷
衆結使得成須陁洹果如是精勤乃
至復獲阿羅漢道已滿七日耆梨語
言七日已過八日欲出可受刑罰比
丘荅言我夜已過我日已出利益時
到隨汝刑治耆梨問言云何名為我
夜已過我日已出利益時到廣為我
說比丘荅言吾昔黑闇無明之夜結
使怨賊悉已永滅是則名曰我夜已
過智慧空心諦見三界是則名為我
日已出佛之所為我今悉成是則名
之利益時到但令汝老壽任意見治
耆梨心惡殘害無罪不信後世作重
瞋恚便設大鑊以水置中脂膏血髓
屎尿穢惡俱充滿之即以比丘提擲

鑊中下然大火薪草欲盡不能令熱於是耆梨瞋然火者以杖打之手自著火薪柴都盡亦復不熱又以屋椽塗酥衆疊悉然使盡水冷如故怪其所由便看鑊中見向比丘結跏趺坐坐千葉蓮華上尒時耆梨甚驚所以便往白王王即來看壞牆而入一切人民隨從王者數千億万觀此比丘是時比丘見無量衆應受化者皆已聚集即從鑊出衣服潔淨一切大衆無不覩見踊身虛空作種種變身上出水身下出火譬如大山顯於虛空中王見此已生希有心瞻仰恭敬合掌觀察而作是言今此比丘同與我等俱稟人身威德尊妙出過世表踊在虛空現大神足我今未解唯願善說使得了知汝之聖事隨我力能而當服習尒時比丘知阿育王是大檀越必能分布佛之舍利饒益天人時佛說言我是大悲斷結使者佛之法子於三有中已得解脫為調御者所調為寂滅者所滅為解脫者所解大王當知佛亦記汝將來佛滅百年後

王華氏城号阿恕伽轉輪起八万四千寶塔王今乃返造大獄城如似地獄殘害百千衆生之命大王汝今應當施於一切衆生無畏亦復應當滿足佛意人中帝釋必施無畏起慈愍心分布舍利廣作真濟王聞是語於佛法中深生信悟合掌恭敬十力之子而作是言我先所作極有罪過聽我懺悔今歸依佛歸依如来所說勝法當問福業莊嚴大地尒時比丘即乘空出王亦欲出惡耆梨言王先與我有要入此獄者盡不聽出王便語言欲煞我耶荅言欲煞王言汝為先入我在前入耶荅王言我在前入王言汝在前入應前受罪王即遣人捉耆梨置胡膠舍中以火燒煞壞變樂獄施衆生無畏便詣王舍城取阿闍世王所埋四外舍利即於此處造立大塔第二第三乃至第七所埋舍利悉皆取之於是復到羅摩聚落海龍王所欲取舍利龍王即出請王入宮王便下舩入於龍宮龍白王言唯願留此舍利聽我供養慎莫取去王見

龍王恭敬供養倍加人間遂即留置而不持去王還於本處便造八万四千寶篋金銀瑠璃以嚴飾之一寶篋中盛一舍利復造八万四千寶瓶八万四千寶蓋八万四千疋綵以為裝挍一一舍利付一夜叉使遍閻浮提其有一億人處造立一塔於是鬼神各持舍利四出作塔有一夜叉賚一舍利至得叉尸羅國欲作浮圖其國人民言我國人民凡有三十六億今當與我三十六篋時夜叉鬼具以上事還白於王王自念言人衆多甚若尒作者舍利不足滿閻浮提當設方便斷而不與即遣夜叉復語之曰除却汝國三十五億唯留一億與一舍利彼國人言我寧不用三十六篋得一便休願莫煞我等便從其意唯與一篋於是王言多一億處莫與舍利少一億處亦莫與之作此語已向雞頭摩寺到於上坐夜舍之前合掌而言我今欲於閻浮提内造立八万四千寶塔上坐荅言善哉善哉王若欲得一時作塔我於大王作塔之時以手

障日可遍勑國界手障日時盡仰立塔於是後即以手障日閻浮提內一時造塔造塔已竟一切人民号為正法阿恕伽王廣能安隱饒益世間遍於國界而起塔廟善得滋長惡名消滅天下皆稱為正法王

阿育王本緣傳之一

阿恕伽王作塔已訖歡喜踊躍群臣圍遶至雞頭摩寺詣上坐前而問之言此閻浮提頗有如我為佛記者不上坐夜舍即荅王言亦有如王佛所記者昔者佛在烏長國降阿波波龍於罽賓國降化梵志師於乾陁衛國化真陁羅於乾陁羅國降伏牛龍於是復往末突羅國告阿難言我百年後末突羅當有長者名為掘多其子名曰優波掘多雖無相好化道如佛能不入定知一由旬衆生心相教授禪法最為第一種種化導而作佛事又復告阿難汝今見是青色園不已見世尊佛言此名優留慢荼山那羅拔利阿蘭若處房舍敷具最為第一能生定心如是事皆是佛記王聞是

語白上坐言彼清淨尊者為出世未也荅言已出消滅結使得羅漢道與万八千阿羅漢衆圍遶在於優留慢荼山那羅拔利阿蘭若處具一切智最勝清淨為諸賢聖衆生之類開說法門天龍夜叉人與非人皆使得入解脫之城王語諸臣急疾莊嚴車兵步兵象馬之兵我今欲往優留慢荼山覲解脫衆尊者大德優波掘多得漏盡者輔相啓王彼國隘小士衆極多但遣使喚彼自當來王即荅言彼不應往見我何以故我今未得金剛心故云何屈彼如佛之人即遣使白尊者優波掘多我今欲往覲問尊者尊者聞已自思惟言若使王來國土隘小困苦者衆我當自往尊者即便並合諸船作大長舫廣十二由旬與万八千諸阿羅漢共乘並舫來向華氏城有人告王尊者掘多為利益王故躬自來至以大饒益為大船師王聞歡喜自脫瓔珞價直百千兩金賞此語者約勑左右擊皷号令欲得大富生於天者欲求解脫見如來者當

共供養優婆掘多而說偈言

諸有欲見兩足尊　大悲世雄無師覺
教化如佛照三有　各來聚集共出迎

王說偈已乃莊嚴城郭掃除巷陌共諸群臣一切人民作倡伎樂以種種香出華氏城半由旬迎遥見尊者與万八千阿羅漢等譬如半月圍遶而來王即下象一脚登舫一脚在地扶接尊者優婆毱多王身卑伏五體投地鳴尊者足起而恭敬瞻仰尊顔合掌而言我今摧滅一切怨敵得閻浮提諸城山海富有天下歡喜之時不如今日目視尊者所以者何今見尊者便為見佛於三寶中深生敬信而說偈言

佛雖入寂滅　尊者補處生　慧日以潛沒
尊者繼大明　今應垂教授　我當隨順行

尊者於是即以右手摩王頂上以偈荅言

謹慎恐懼莫放逸　王位富貴難可保
一切皆當歸遷滅　世間無有常住者
三寶難遭汝值遇　恒當供養莫休癈

大王當知佛以正法付囑於汝亦付

囑我我等當共堅固護持時王復說
偈言
佛所付囑我已作　種種塔廟猶山林
寶蓋幢幡已施設　各用衆寶而裝挍
皆使大地極嚴淨　流布舍利滿閻浮
已身妻子及庫藏　宮殿屋舍幷人民
一切大地盡用施　供養佛法比丘僧
尊者讚言善哉善哉大王應作此事
於身命財應取堅法後致不悔則生
天上作是語訖王請尊者入於宮中
為敷牀座即扶尊者安置座上其身
柔軟如兜羅綿王便合掌白尊者言
尊體柔軟如兜羅綿我之少福身體
麁澀尊者荅言我昔修施常以清淨
勝妙之物未曾以土而用布施王言
我昔愚小無智值佛世尊最上福田
便以土施令得此報尊者和色而言
福田勝妙能令施土獲尊貴報王聞
是語生未曾有歡喜之心勑諸群臣
我以土施得轉輪王以是義故宜當
勤心供養三寶王白尊者言佛所遊
方行住之處悉欲起塔所以者何為
將來衆生生信敬故尊者讚言善哉

善哉大王我今當往盡示王處王以
香花瓔珞雜香塗香種種供養尊者
掘多即集四兵便共發引至林牟尼
園尊者舉手指示王此佛生處此中
起塔最為初塔佛之上眼始生之日
行七步處遍觀四方舉手唱言此是
我之最後生也未後胞胎王聞是語
五體投地恭敬作礼合掌涕泣而作
偈言
修勝福吉利　得見牟尼尊　復見佛生處
得聞所說語　我无勝福業　不得見世尊
復不見初生　亦不聞所說
復次尊者優波掘多示王摩耶所攀
樹枝生菩薩處尊者舉手語菴羅樹
神言汝本見佛今可現身以示於王
使王得見增長信心時樹神即現其
身尊者掘多語於王言此樹神者見
佛生時王即合掌向於樹神說偈問言
汝見相好身　莊嚴生時不　為見脩廣目
蓮花葉眼不　汝聞於牛王　說柔軟音不
樹神即便以偈荅言
我見真金色　兩足最勝尊　舉足行七步
聞彼世尊說

阿育王傳卷第一

阿育王本施土緣傳卷第一

校勘記

一　底本，金藏廣勝寺本。

一　五六頁中一行經名，諸本（不含石，以下各卷同）作「阿育王傳卷第一」。

一　五六頁中二行譯者，資、磧、普、南、麗作「西晉安息三藏安法欽譯」；徑、清作「西晉安息國三藏安法欽譯」。以下各卷同。

一　五六頁中二行與三行之間，資、磧、普、南、徑、清有「本施土緣第一」一行；麗有「本施土緣」一行。

一　五六頁中一二行「踊沒」，資、磧、普、南、徑、清作「涌沒」。

一　五六頁中一四行第一三字「悉」，資、磧、普、南、徑、清無。

一　五六頁中一六行末字「心」，資、磧、普、南、徑、清作「正」。

一　五六頁中一七行第七字「得」，資、磧、普、南、徑、清作「除」。

一　五六頁中一八行第八字「和」，麗作「扣」。

一　五六頁中二一行第八字「樂」，南、徑、清作「藥」。

一　五六頁下一三行「說偈」，資、磧、普、南、徑、清作「設」。

一　五七頁上二行第一三字「也」，資、磧、普、南、徑、清無。

一　五七頁上一六行第九字「之」，資、磧、普、南、徑、清無。

一　五七頁上二〇行第七字「國」，諸本作「國有」。

一　五七頁下二行「必去」，資、磧、普、南、徑作「必往」。

一　五七頁下八行第九字「即」，資、磧、普、南、徑、清作「既」。

一　五七頁下一〇行第四字「饍」，資、磧、普、南、徑、清作「饍時」。

一　五七頁下一三行末字「念」，資、磧、普、南、徑、清作「若答」；麗作「答」。

一　五八頁上三行第一〇字「婆」，資、磧、普、南、徑、清作「莎」；麗作「娑」。

一　五八頁上一二行第四字「地」，資、磧、普、南、徑、清作「池」。

一　五八頁上末行及本頁中一七行「征罰」，磧、普、南、徑、清作「征伐」。

一　五八頁中五行首字「歐」，資、磧、普、南、徑、清作「打」；麗作「毆」。

一　五八頁中八行第六字「王」，資、磧、普、南、徑、清作「王王」。

一　五八頁中一一行「調順」，磧、普、徑作「調伏」。

一　五八頁中一四行「討罰」，磧、普、南、徑、清作「討伐」。

一　五八頁中一七行「尒時」前，資、磧、普、南、徑、清有「阿育王本緣第二」。

一　五八頁中二〇行「當還」，資、磧、普、南、徑、清作「還當」。

一　五八頁下八行「機開」，諸本作「機關」。

一　五八頁下末行第六字「更」，資、磧、普、南、徑、清無。

一　五九頁上一行第八字「聞」，諸本作「間」。

一　五九頁上一三行第五字「邊」，諸

本作「邊陲」。
一 五九頁上一五行「挈罟」，諸本作「挈網」。
一 五九頁中五行「未寺」，諸本作「未寺」。
一 五九頁中八行第六字「鎔」，麗作「融」。
一 五九頁下九行第五字「悔」，資、磧、普、南、徑、清作「海」。
一 六〇頁上一行首字「鑊」，諸本作「著」。
一 六〇頁上一七行第二字「便」，資、磧、普、南、徑、清作「使」。
一 六〇頁中一行「轉輪」下，諸本有「聖王王四分之一爲正法王廣分舍利而」十六字。
一 六〇頁中五行「慈愍」，諸本作「悲愍」。
一 六〇頁中一〇行第三字「問」，諸本作「開」。
一 六〇頁中二〇行「悉皆」，資、磧、普、南、徑、清作「王悉皆」。
一 六〇頁下五行末字「裝」，資、磧、普、南、徑作「莊」。
一 六〇頁下六行「一一」，資、磧、普、南、徑、清作「一」。
一 六〇頁下一〇行第二字「民」，資、磧、普、南、徑、清無。
一 六一頁上七行「阿育王本緣傳之一」，資、磧、普、南、徑、清無。
一 六一頁上末行「如是」，資、磧、普、南、徑、清作「如是之」。同行末字「是」，資、磧、普、南、徑、清作「之」。
一 六一頁中一二行「不應往見我」，諸本作「應往見」。
一 六一頁中一八行第一一字「舫」，資、磧、普、南、徑、清作「船」。
一 六一頁中二二行第九字「鼔」，資、磧、普、南、徑、清作「鼓」。
一 六一頁下一六行第七字「者」，資、磧、普、南、徑、清作「今」。
一 六二頁上一行第一一字「時」，諸本無。
一 六二頁上四行「憧憣」，諸本作「幢幡」。同行「裝挍」，資、磧、普、南、徑、清作「莊嚴」。
一 六二頁上九行首字「於」，資、磧、普、南、徑、清作「施」。
一 六二頁中四行第八字「王」，諸本作「王言」。
一 六二頁中五行第一〇字「眼」，徑、清作「勝」。
一 六二頁中一〇行「復見」，資、磧、普、南、徑、清作「後見」。
一 六二頁中一六行第一〇字「樹」，諸本作「此樹」。
一 六二頁下一行經名，資、磧、普、南、徑、清無，未換卷。

阿育王本緣傳卷第二

西晉安法欽譯

王又問言莊嚴生時其事云何樹神
菩言語所不及言不能宣今當略說
便作偈言
身出金色光　人天所樂見　大地山海動
如船在海浪
王以百千兩金置此處起塔而去於
是尊者將王復至迦毗羅城舉右手而
言此是抱菩薩示淨飯王處又示諸
釋天祀之處時將菩薩入此天祀泹
本天像皆来恭敬曲躬礼拜怒頭擅
王因是之故号為天中天又示喚諸
相師相菩薩處阿斯陁仙相菩薩子
必作佛處又復示王汝閻波提養菩
薩處又示菩薩學書之處菩薩騎烏
處學乘馬處乘車之處學射之處菩
薩散勞之處菩薩以六万婇女相娛
樂處菩薩見老病死生厭患之處又
復將王至閻菩樹舉手指言此是菩
薩坐凉之處又至林中示菩薩思惟
棄欲惡不善有覺有觀離生喜樂獲
得初禪樹為曲蔭影不移轉即時五
體投地為菩薩作礼示指城門而語
王此是菩薩將百千諸天前後圍遶
出加毗羅處又示以馬瓔珞付車匿
還處又示菩薩一身已入林之處又
示菩薩以刀剃髮擲虛空中帝釋奉
接處又示菩薩而以寶衣從獵師邊
博袈裟處又示頻婆娑羅王以半國
請菩薩處又示菩薩至阿蘭加羅欝
頭藍處又示菩薩苦行六年之處即
便說偈
菩薩六年難苦行　身卧灰土棘刺上
知此邪行非真道　便捨苦行修正法
復示菩薩受難陁拔難陁百味乳糜
之處又示菩薩向菩提處所示之處
王於此中悉皆起塔尊者又示迦羅
龍王讚菩薩處於是王乃礼尊者足
合掌而言我今欲問迦羅龍王曾見
佛事尊者即時語龍王言速起速起
王欲問汝見佛時事龍王便起向尊
者邊合掌白言大德有何約勑尊者
語王言此是迦羅龍王偈讚佛者王
即合掌以說偈言

汝見真金　熾然之色　無上世尊
面如滿月　汝為我說　十力少分
去何端嚴　向菩提樹
龍王答言端嚴之事非言所及今當
略說即說偈言
佛足蹋地　大地山河　踊躍跙蹴
六種震動　如来身光　過絶日月
普照十方　一切蒙益
王於此處起塔而去遂與尊者向菩
提樹尊者舉手而示王言此處是菩
薩以慈悲心為伴力處壞破魔衆成
阿耨多羅三藐三佛陁處王乃於此
起塔以百千兩金而布施之此是四
天王天奉佛四鉢如来受之拍成一
鉢處亦是五百賈客施食之處又示
菩薩向波羅捺女處又示婆羅門讃
佛之處王於此處亦皆起塔尊者將
王復至古仙林中舉右手而言此是
如来轉法輪處王於此處起塔以百
千兩金與之又以如来度千婆羅門
處又示頻婆娑羅王聽法得見諦處
亦是八万四千天王遠塵離垢得法
眼淨處亦是无量婆羅門及居士得

須陁洹處又示帝釋受化處又示如
来作神變處又示如来忉利天上為
母說法来下之處王於上来所示之
處皆起寶塔尊者將王復至拘尸那
城舉手而言此是如来化緣已訖入
涅槃處王聞是語懊惱悶絶以水灑
面令得醒悟施百千兩金於此起塔
而更合掌敬礼尊者足復作是言我
今欲礼佛大弟子聲聞之塔尊者讃
言善哉善哉王能發是重信敬之心
即將王至祇陁林中舉手而言大
王此是舍利弗塔應當供養王問言
曰此有何德尊者答言此是第一世
尊法之大將能轉法輪如来所說智
慧第一唯除如来一切衆生所有智
慧十六分中不及其一但可略說誰
能盡其智慧之藏王聞歡喜即以百
千兩金奉施此塔即時歸命舍利弗
而作偈言
解脫諸有結　名稱滿世間　於諸智慧中
是為最第一
復示於王目揵連塔令王供養王又
問言此有何德尊者答言如来所記

神足第一能以右足動帝釋宮復能
降伏難陁拔難陁龍王略而言之不
能說盡其功德彼岸王以百千兩金
供養此塔王即合掌而說偈言
歸命大名稱　神足第一者　於生老憂苦
而得於解脫
遂復示王迦葉之塔舉手而言此是
摩訶迦葉之塔亦應供養王問言曰
有何功德尊者答言少欲知足頭陁
第一如来分坐而與令坐佛自脫衣
以與迦葉憐愍窮苦護持佛法今為
略說豈能盡其苦行功德王以百千
兩金施迦葉塔即便合掌而作偈言
坐於山窟　去除鬪諍　無諸忿怒
常行禪定　少欲知足　功德最上
我今頂礼　至心歸命
復示於王婆駒羅塔教使供養王言
此有何德答言如来所記無諸疾病
少欲第一未曾教人一四句偈王即
使人持一金錢布施此塔輔相白王
同是大德阿羅漢塔云何獨以一錢
用施答言以其自度不能度人是故
唯以一錢與之塔神不受還授與王

輔相復言實是少欲乃至一錢猶尚不取尊者於是復示於王阿難之塔語王供養王言有何功德荅言如来所記捴持第一執持佛法念力智慧多聞如海義妙言說人天供養能知佛意一切善巧功德衆法之莚王聞是語極大歡喜以一億兩金布施此塔大臣問言云何諸供養中於此冣勝王言以其捴持法身之故能令法燈至今不滅阿　難　之力辟如牛跡不受海水佛智慧海阿難能受以是因緣諸供養中於此冣多王以供養諸大弟子聲聞塔竟歡喜敬礼尊者塔合掌恭敬而說偈言

設百千祀　方得為人　我今便為
不空受身　值良福田　具造人果
以危脆財　而能堅法　我所起塔
嚴閻浮提　猶如白雲　莊挍虚空
我遵佛法　一切清淨

說是偈已作礼而去阿恕伽王於佛生處塔菩提樹塔轉法輪塔般涅槃塔雖各各施與百千兩金於菩提塔其心冣重所以者何佛於此處成正

覺故於是已後所得珎寶常以奉施菩提之塔王第一夫人帝舍羅叉心自念言王得好寶盡與菩提曾不見與即語真陁羅摩登伽言汝能為我壞怨疾不荅言若與我金則能壞之便許金錢時摩登伽不解其意謂為導彼菩提之樹即結呪索繫菩提樹而欲呪殺轉轉乾枯王守樹人来告王言菩提之樹今將欲枯即說偈言

如来在此處　覺悟諸世間　逮得菩提道
證於一切智　此樹今將壞　轉轉欲乾枯

王聞斯語悶絶躃地以水灑面久乃得醒啼哭而言我見樹王猶如見佛菩提樹壞我必定死帝舍羅叉而白王言菩提樹雖死我亦能與大王之樂王言菩提之樹非女人也乃是佛得无上道處帝舍羅叉聞是語已心生敬悔語摩登伽言汝今還能令菩提樹生如本不荅言若不枯盡有少生氣能令如本故於是乃解呪結纏恒以千瓶乳灌未久之間樹生如故王守樹人復来告王樹還復生與本無異王聞是語踊躍歡喜詣菩提樹

觀樹而言頻婆娑羅王等所不能作我於今日當作二種云何二種一者當造千枚寶瓶以盛香汁灌菩提樹二者當作般遮于瑟極大之會王便即以金銀琉璃作千寶瓶滿中香湯以灌於樹并衆花鬘末香塗香復莊嚴之王自洗浴著新淨衣受持八齋上高樓上遍觀四方請佛弟子聲聞之衆修正見者諸根寂定摧滅欲結人天阿修羅等所應供養者願見憐愍受我之請諸樂禪定及智慧者解脫衆僧冣勝真子善逝法中之所生者哀受我請居住罽賔晝夜无畏摩訶婆郁離越諸聖亦垂哀愍而受我請阿耨大池峻嶮之處及與河邊諸山谷間舍利宮住者香山住者皆願垂矜受我之請王如是請已四方来者三十万僧十万僧者是阿羅漢二十万僧者是須陁洹斯陁含阿那含及清淨凡夫悉皆就座唯留上座所坐之處無敢坐者王問上座以何義故坐此空處荅言更有上座當坐此處王復問言更有上座大於汝耶衣

舍答言昔佛所記師子吼中最為第一名賓頭盧跋羅豆婆闍尊重於我王聞此語衣毛皆竪如迦曇花樹又問言頗有得見如来者不答舍答言有賓頭盧阿羅漢見佛在時王言可得見不答言正尒當来使王見之王歡喜而言我得極大利益今哀愍我第一得見賓頭盧即便合掌瞻仰而待見賓頭盧猶如半月亦如鵝王與數千万阿羅漢等從空中来下坐上坐頭三十万衆皆起恭敬王見賓頭盧頭白眉秀身體相好如辟支佛即為作礼五體投地嗚尊者足起而䠒跪說於偈言

如来雖滅度　尊者補處生　哀愍我教授
我當隨順行

說此偈已問尊者言見如来不答言我見色如金聚面如滿月三十二相莊嚴其身梵音深妙大悲窟宅王又問言於何處見尊者言佛與五百阿羅漢等在王舍城夏安居時我在其中見感福田在舍衛國現大神變摧外道時莊嚴化佛次第上至阿迦膩

吒我於尒時亦在其中佛在忉利天為母說法諸天圍繞来下之時我亦在其中至僧伽尸沙池側時我亦在中蓮花比丘尼化作轉輪聖王具足千子礼佛足時亦在其中蘇摩伽帝滿富城内請佛之時五百羅漢各現神變至滿富城我於尒時化作寶山寶窟中坐往滿富城佛入王舍城次行乞食汝以土施羅提毱多合掌隨喜佛記汝時我亦得見王又問言尊者近来在何處住尊者答言在香山住復問言曰將從幾許答言六万大王且止何須多問日時已到可與僧食食訖當更為王具說王言請從尊者教先發起我念佛之心灌菩提樹然後與食王喚維那薩婆蜜多而語之言我以十万兩金施於衆僧以千寶瓶盛滿香湯灌菩提樹可打揵搥稱我名字用為檀越作般遮于瑟王子駒那羅在右面立不發口言便舉手指我倍與之見人皆笑王亦自笑語羅提毱多汝所為也答言人衆極多貪福者衆王復言曰我以三十五

兩金奉施於僧以三千寶瓶盛滿香湯灌菩提樹時駒那羅復舉四指王語羅提毱多誰與我競羅提毱多長跪而言誰能敢與人帝共競駒那羅嬰孩小兒與父戲耳王右顧見駒那羅即語上座言我盡庫藏一切宫人并諸輔相及與我身子駒那羅等一切施僧請稱我名般遮于瑟布施已訖僧為呪願受呪願竟於菩提樹四邊縛格自上其上以四千寶瓶盛滿香湯灌菩提樹灌菩提樹已欲與僧食上座夜舍言王遇勝福田莫生優劣心王自行食乃至於沙弥時有二沙弥行和敬法一者以麨用施於彼彼還以麨而與此此以餅復施於彼彼亦用餅還與施之此更復以歡喜丸用施於彼彼亦還以歡喜丸而復報與王見是已笑而言曰如小兒戲耳時王行食到上座頭上座問言王見非威儀事能不生嫌心也王言不也見二沙弥如小兒戲上座言大王莫生譏嫌此二沙弥是俱解脫阿羅漢也王聞是語生歡喜心而自念言

我今當施一切衆僧人一張氎時二沙弥已知王心作是思惟今當使王倍生信敬於是二沙弥一者具鑊一者辦滐具王見是已語沙弥言欲作何物沙弥言王以我故欲與衆僧人一張氎今辦滐具欲以滐之王聞此語便自念言彼二沙弥已知我心王大歡喜五體投地礼沙弥足起合掌言我之眷屬極得大利獲勝福田今盡我力而用布施語沙弥言以汝之故一切衆僧人與三衣於是便造般遮于瑟以四十万兩金國土富人輔相已身子駒那羅等盡施衆僧而還帰家阿恕伽王信敬具足起八万四千塔作般遮于瑟竟閻浮提内多分之一信向佛法

阿恕伽王本緣

阿恕伽王弟名宿大哆信敬外道譏說佛法作是言出家沙門無有得解脫者時阿恕伽王語宿大哆言何以知之答言諸沙門等不修苦行好著樂事故阿恕伽王語宿大哆言汝今莫於不可信處而強生信可信之處

而不信敬於佛法僧應生重信阿恕伽王曾於一時共宿大哆出行遊獵見一婆羅門五熱炙身宿大哆心生信敬往到其邊礼足問言苦行以來經今幾時答言經十二年常何所食答言食菓食根著何物衣答言著於草衣為鋪何物答言鋪草為座問言汝今所行何事最苦答言唯見重鹿畔合之時欲心熾盛以此為苦宿大哆言汝著惡衣服食於惡食猶生貪欲況沙門釋子著好衣服而食好食能无欲也我兄阿恕伽王無所別知為諸沙門之所欺誑時阿恕伽王聞弟此言語輔相曰善作方便使宿大哆令得信解輔相答言隨王教勅王脫天冠瓔珞服飾著洗浴衣入浴室浴輔相語宿大哆言王若死者汝當代之今試著是天冠瓔珞為好不也宿大哆即隨其語而便著之坐御座上王出浴室見宿大哆坐御座上而語之曰我猶未死汝已為王便作是言此中有誰時有真陁羅一手捉劒一手捉鈴前白王言何所約勅王言

宿大哆我今已捨付汝治罪輔相言宿大哆是王親弟唯願聽使懺悔改過王言用汝之語聽七日為王然後殺之於七日中為作百千音樂百千婆羅門合掌稱善百千妓女圍繞給侍有四真陁羅以血塗手面状欲煞人在四門下高聲唱言一日已過餘六日在屠裂汝身分分肢體絶斷汝命將亡不遠如上一日乃至七日亦如是唱七日既滿將宿大哆至於王所王問弟言汝七日中極為樂不宿大哆答言我七日中目不見色耳不聞聲鼻不嗅香舌不別味何以故見真陁羅捉劒唱言汝已一日為王餘六日在日日如是乃至七日為死火逼惱思惟怖畏通夜不寐有何樂也王言汝憂一身之死猶尚不以王位為樂況沙門釋子觀生老病死憂悲之苦地獄種種燒炙之苦畜生重擔更相殘害恐怖之苦諸餓鬼等飢渴之苦人中富樂猶有八苦隨逐其身況無福者諸天雖樂衰退時苦一切三界受生之類身苦心苦如是等苦

之所逼切五陰是真陁羅六情如空
聚五塵如怨賊三界皆為无常大火
之所燒然一切无常苦空無我以是
義故云何當言沙門釋子不能苦行
无解脫也沙門之志於諸樂事都无
所染辟如蓮花不著於水猒患生死
棄背世間亦復如是云何不得解脫
果也阿恕伽王以種種方便教宿大
哆宿大哆於是合掌白王言大王我
今當歸依三寶阿恕伽王即抱弟頭
而作是言我欲使汝信敬佛法故作
是方便不必殺汝宿大哆即以香花
供養佛塔而聽說法供養衆僧便向
雞頭摩寺到於上座夜奢之所在前
而坐聽其說法尒時夜奢觀宿大哆
過去之世種諸善根今已成熟應當
現身得入涅槃即為讚歎出家之法
宿大哆聞是語已便生歡喜於佛法
中欲求出家即起合掌白尊者言今
願聽我於佛法中出家學道荅言子
先應當白王宿大哆即往白王言大
王聽我出家我本狂醉如惡象无鉤
王以方便鉤我令得柔伏調順重垂

哀愍聽我於彼大明之所修出家法
王聞是語抱頭哀泣而語弟言莫發
此意何以故出家名為受醜陋法著
糞掃衣食於乞人所棄之食宿則樹
下鋪以草蓐病則服於陳棄之藥汝
少來婬樂不堪受此飢渴寒熱可息
汝心宿大哆言我今不為猒患王位
亦復不求天上之樂復無有衆苦惱
逼亦不貪於錢財珎寶亦不怖畏怨
敵之難而求出家也唯畏生老病死
之苦而求出家為得涅槃而求出家
王聞是語舉聲大哭宿大哆言王不
須哭生死輪轉不曾休息會必別離
何用哭為王言汝今並可試學乞食
坐此樹下草鋪上宿於是便與鉢盂
錫杖使從宮人次第乞食宮人皆與
美好飲食王責宮人言何以與彼好
美飲食與麁惡食使令調習宮人受
教與麁惡食得亦復食不生增減王
見是已即語弟言聽汝出家汝若出
家必来見我宿大哆既得聽已向雞
頭摩寺而生念言若我於此出家必
多妨閙即便往至他方遠國出家學

道精勤得阿羅漢道便生心念昔阿
育王與我要言若出家者必来見我
今宜往見即於中前著衣持鉢詣花
氏城漸次乞食到王宮門語守門人
言宿大哆欲求見王守門之人即往
白王言宿大哆今在門外欲見於王
王言疾將来入宿大哆入王門阿育
王言其弟便下御座五體投地為之
作礼起而合掌看宿大哆泣淚而說
偈言
一切有生類　聚集為歡喜　我今觀汝服
不見親愛相　汝必得勝果　甘露滿汝心
羅提翅多見宿大哆者糞掃衣執持
瓦鉢平等乞食好惡皆受亦向於王
而說偈言
觀宿大哆　少欲知足　所作已辦
故能歡喜　棄王種族　并花氏城
珎寶庫藏　及與榮禄　如捨涕唾
履行聖種　永斷結使　滿足玉種
得大名稱　莫不歎美
於是阿恕伽王扶宿大哆著御座上
以上妙飲食手自過與飲食已竟行
清淨水取一小座在前而坐求使說

法宿大哆便為說偈
王位尊豪莫放逸　三寶難值當供養
說此偈已從座起去王與五百輔相
城內人民圍繞恭敬送到門外是名
現證沙門之果宿大哆作是念言我
兄昔以多種方便化我令入佛法次
中今當使彼增益信敬即踊身虛空
作種種變阿育王與諸群臣舉手說偈
斷絕恩愛親　如鳥飛空去　我為王位縛
係愛於世事　嬾呵譏尉我　而自獨解脫
如此之果報　由心得自在　禪定之果報
愚闇盲不見　汝今飛騰去　破我之憍慢
我智力亦微　使我得猒離
於是宿大哆飛向邊地到他國已即
遇大病頭髮除落王聞其病遣醫賚
藥往彼療治病得差已髮生如故遣
醫還去後宿大哆食酪之時身則安
隱為易得故從就曠野放牧邊住時
弗那䠊達有尼乾陀弟子畫作佛像
而令礼拜於尼乾子像時佛弟子優
婆塞者語阿恕伽王言外道尼乾子
弟子畫作佛像令礼拜外道尼乾子
像王聞瞋恚即便駈使上及四十里

夜叉鬼下及四十里諸龍等一日之
中殺万八千尼乾陀子於花氏城花
氏城中復有尼乾子亦畫佛像令礼
拜外道尼乾陀像時有優婆塞已告
於王王聞大瞋捉尼乾陀并其眷屬
以火燒煞擊鼓唱言若有能得尼乾
子頭當賞金錢後宿大哆於尼乾子
舍寄宿著惡衣服頭髮極長與尼乾
陀子形貌相類有鬼持刀在一面立
宿大哆自生念言我之宿緣應為此
鬼之所煞宮時鬼謂是尼乾陀子即
便斬頭持至王所而索金錢王見識
是宿大哆頭復聞一臣道外沙門被
煞者多所有者少極為懊惱悶絕躃
地以水灑面久乃得蘇輔相白王言
今諸沙門濫死者多王當施於沙門
無畏王即作号令言自今已後一切
沙門制不聽煞諸比丘等心生疑網
而問尊者憂波毱多言有何因緣宿
大哆為鬼所煞答言若欲知者至心
諦聽過去之世有一獦師水邊着羂
有辟支佛乞食來過在其羂邊樹下
而坐時彼獦師不能得鹿自思惟以

何意故鹿今都不近我羂耶便四顧
望見辟支佛於其羂傍一樹下坐即
以劒斬頭尒時獦師今宿大哆是以
其往昔斬辟支佛故墮地獄中無量
億劫受大苦惱乃至得道猶為此鬼
之所斬煞比丘問言復以何因緣生
貴族成阿羅漢答言過去久遠迦葉
佛時供養衆僧以此福報得生貴族
又於尒時信心出家一万歲中修行
梵行由是善因今成羅漢

阿育王傳卷第二

阿育王本緣傳卷第二

校勘記

一 底本，金藏廣勝寺本。

一 六五頁中一行及二行經名，資、磧、普、南、徑、清無（未換卷）。一行經名麗作「阿育王傳卷第二」並有夾註「本緣之餘」。

一 六五頁中一二行首字「本」，諸本作「木」。

一 六五頁中一七行首字「處」，資、磧、普、南、徑、清作「項處」。

一 六五頁下二行第九字「示」，資、磧、普、南、徑、清作「亦」。

一 六五頁下五行第九字「已」，資、磧、普、南、徑、清作「一已」。

一 六五頁下一四行末字「𪎊」，諸本作「糜」。

一 六五頁下一五行「菩提」，諸本作「菩提樹」。

一 六五頁下末行「說偈」，資、磧、普、南、徑、清作「偈問」。

一 六六頁上五行第四字「說」，資、磧、普、南、徑、清作「作」。

一 六六頁上六行「距踐」，資作「頗硪」；磧、普、南、徑、清作「駏騀」。

一 六六頁上一一行第七字「伴」，資、磧、普、南、徑、清作「佛」。

一 六六頁上二〇行第七字「以」，資、磧、普、南、徑、清作「示」。

一 六六頁中一一行第五字「彼」，資、磧、普、南、徑、清無。

一 六六頁中一四行「所說」，諸本作「所記」。

一 六六頁中二一行「爲寂」，資、磧、普、南、徑、清作「最爲」。

一 六六頁下五行第二字「命」，資、磧、普、南、徑、清作「依」。同行「生老」，資、磧、普、南、徑、清作「生死」。

一 六六頁下一八行第六字「言」，資、磧、普、南、徑、清無。

一 六六頁下二二行「度他人」，資、磧、普、南、徑、清作「化人」。

一 六七頁上二行首字「不」，資、磧、普、南、徑、清作「不肯」。

一 六七頁上五行「義妙」，資、磧、普、南、徑、清作「美妙」。

一 六七頁上一四行第二字「塔」，資、磧、普、南、徑、清作「之足」。

一 六七頁上一七行「而能」，諸本作「而修」。

一 六七頁上二二行「菩提」，資、磧、普、南、徑、清作「菩提樹」。

一 六七頁中五行首字「壞」，清作「懷」。

一 六七頁中一八行第二字「敬」，資、磧、普、南、徑、清作「驚」。

一 六七頁中一九行第一〇字「不」，資、磧、普、南、徑、清作「未」。

一 六七頁中二一行第一二字「生」，資、磧、普、南、徑、清作「還生」。

一 六七頁下三行「香汁」，資、磧、普、南、徑、清作「香湯」。

一 六七頁下一二行「衆僧」，徑作「衆生」。

一 六七頁下一六行第六字「宮」，諸本作「窟」。

一　六七頁下一七行第二字「矜」，磧、南、清作「矜」。

一　六七頁下二二行第二字「坐」，資、磧、普、南、徑、清作「留」。

一　六八頁上二二行末字「推」，資、磧、普、南、徑、清作「摧伏」。

一　六八頁中四行首字「中」，麗作「其中」。

一　六八頁中一六行第一〇字「娑」，資、磧、普、南、徑、清作「婆」。

一　六八頁中二一行首字「手」，資、磧、普、南、徑、清作「兩」。

一　六八頁中末行末字「五」，諸本作「万」。

一　六八頁下五行「王右」，資、磧、普、南、徑、清作「時王右」。

一　六八頁下一八行第五字「是」，資、磧、普、南、徑、清無。

一　六九頁上一二行「富人」，諸本作「宮人」。

一　六九頁上一五行末字「一」，資、磧、普、南、徑、清作「人」。

一　六九頁上一六行「信向佛法」，至此，資、磧、普、南、徑、清卷第一終，卷第二始。

一　六九頁上一七行「本緣」，資、磧、普、南、徑、清作「本緣三」；麗作「第本緣」。

一　六九頁中七行第四字及第九字「鋪」，資、磧、普、南、徑、清作「敷」。下至次頁中一五行第六字同。

一　六九頁中九行首字「胖」，資、磧、普、南、徑、清作「行」。

一　六九頁中一〇行第七字「服」，資、磧、普、南、徑、清無。

一　六九頁下八行「分分」，南、徑、清作「爪分」。

一　六九頁下九行「亡不」，資、磧、普、南、徑、清作「不云」。

一　六九頁下二一行第五字「富」，資、磧、普、南、徑、清作「福」。

一　七〇頁上一行第七字「是」，資、磧、普、南、徑、清作「如」。

一　七〇頁上三行第三字「燒」，資、磧、普、南、徑、清作「熾」。

一　七〇頁上五行第八字「志」，資、磧、普、南、徑、清作「心」。

一　七〇頁上一〇行末字及本頁中二行第六字「頭」，麗作「頸」。

一　七〇頁中四行「於乞」，資、磧、普、南、徑、清作「乞於」。

一　七〇頁中八行第九字「復」，諸本作「亦復」。

一　七〇頁下一行「精勤」，資、磧、普、南、徑、清作「精勤修習」。

一　七〇頁下八行第二字「言」，諸本作「見」。

一　七〇頁下一一行「歡喜」，資、磧、普、南、徑、清作「歡樂」。

一　七〇頁下二〇行「歎美」，資、磧、普、南、徑、清作「歡喜」。

一　七一頁上一〇行「嫌呵譏財」，資、磧、普、南、徑、清作「訶嫌譏賤」；麗作「嫌呵譏賤」。

一　七一頁上一五行第六字「除」，資、磧、普、南、徑、清作「墮」。

一　七一頁上一八行首字「憶」，諸本作「隱」。同行「放牧」，資、磧、普、南、徑、清作「牧牛」。

一　七一頁上二一行「外道尼乾子」，資、磧、普、南、徑、清作「外有尼乾陁」。

一　七一頁上二二行第七字及本頁中三行第一三字「令」，資、磧、普、南、徑、清作「令人」。

一　七一頁中一四行首字「煞」，資、磧、普、南、徑、清作「殺害」。

一　七一頁下七行「貴族」，資、磧、普、南、徑、清作「貴族家」。

一　七一頁下末行經名，資、磧、普、南、徑、清無（未換卷）。

阿育王傳卷第三　　　爲

西晉安息三藏安法欽　譯

駒那羅本緣

阿恕伽王夫人字曰蓮花產生一子名為法增有一輔相白於王言王應歡喜所以者何王生一子面貌端正其眼寂勝王聞此語心生慶悦而作是言先王之種有大名稱我今復能增長於法而生此子故遂立名以為法增乳母將兒来至王所王見兒巳心生愛厚即說偈言

此子眼寂勝　甚有大福德　如初生蓮花　莊嚴在於面　亦如圓滿月　見者無不喜

說此偈巳語輔相言頗見人眼有似我此小兒眼不輔相荅言一切人中未曾聞見唯聞雪山有鳥名駒那羅眼寂為好王即勑夜叉言可疾取彼雪山之中駒那羅鳥吾欲見之時有夜叉即應王命一剎那須取彼鳥来至王所王觀此鳥眼小而好與兒之眼等無有異是故字兒為駒那羅此名流布普皆聞知故遂号之名駒那羅也及年長大為之取妻字真金鬘王與其子至雞頭摩寺時彼上座觀駒那羅不久之須必當失眼語王言何故不使駒那羅子常令聽法王便勑子言汝今應當順上座教時駒那羅合十爪掌向上座所而作是言有何教約唯請從之上座勑言眼者無常不可恃怙當勤修集定慧之行於是駒那羅受教即退在宮靜處而自思惟觀眼苦空無常無我時阿育王第一夫人名帝失羅叉向駒那羅所見其獨坐愛其眼故抱駒那羅而作是言

猛火熾感燒　於山野婬欲　逼我亦復如　是汝今與我　宜相愛樂

駒那羅聞是語巳以手覆耳而說偈言

此語不和善　塞耳不欲聞　云何以母道於子有欲想　非法欲不斷　是為惡趣門

帝失羅叉瞋恚而言汝不從我不久之間必當滅汝駒那羅復偈荅言

願守淨法死　不受婬欲生　破壞天人道賢智所呵責

帝失羅叉從是巳後常求其短時北方有國名乹陁羅其國有城名得叉尸羅彼城人民叛逆不順王躬欲往

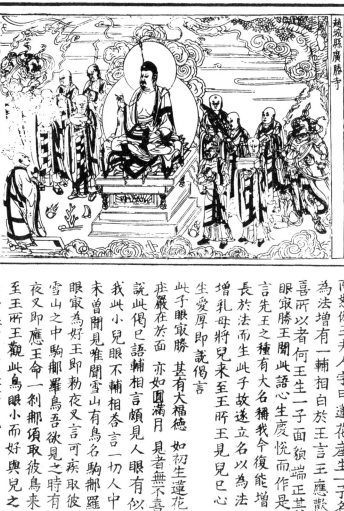

討伐其城輔相諫言王不須往可遣一子征撫而已王便問子駒那羅言汝能伐彼得叉尸羅國不荅言能伐王知子意歡喜欲去莊嚴道路諸有老病死亡憂苦乞丐之徒約勅國界使遠道側阿恕伽王親共其子乘羽寶車而自送之將欲別時抱頭而哭視子而言彼人福德得見汝眼時有相師婆羅門占言王愛子眼而其子眼不久之間必當破壞今見兒眼無不歡喜彼若壞者一切憂苦駒那羅已漸前進至得叉尸羅城城中人民聞駒那羅來嚴治道巷捉持香瓶以示伏相半由旬迎既見駒那羅合掌而言我等人民不叛於王亦不叛王子但叛王邊諸惡臣耳極設供具恭敬圍繞將入城中阿恕伽王生大重病口中糞臭身諸毛孔皆糞汁流出無人能治王勅大臣可喚駒那羅以為王位我死不久用惡活為王大夫人帝失羅叉聞是語已而自思惟若駒那羅為王我無活理即作方便白王說言莫聽醫入我能治王王便斷

醫不聽使入帝失羅叉遍勅一切男子女人若有重患如王病者慎莫治之皆勅將來時有一男得如此病婦詣醫所而作是言我之夫主有如此病醫即荅言速往將來為汝治之遂將至醫邊醫便將向帝失羅叉所帝失羅叉得即煞之破腹而看見其腹中有一大虫虫上去時糞亦隨去虫若下時糞亦逐去於是便以末椒而與亦復不死種種辛物用持與之猶故不死乃至與葱虫便即死遂糞道去以是因緣勸王食葱王言我是剎利之種云何食葱帝失羅叉重白王言為治病故必應服之於是食葱而虫即死逐糞道出王病得差語帝失羅叉言汝欲得何願荅言欲得七日作王王即聽使作王七日帝失羅叉既得聽已而自念言我今正是報駒那羅怨惡之時便作詔書語得叉尸羅國人言挑駒那羅眼何以故駒那羅有大罪過急挑眼出阿恕伽王極為嚴峻莫復稽遲以犯王制封書之時要得王齒印封其書帝失羅叉伺

王眠睡欲印此書王輒怖畏而自覺悟帝失羅叉問於王言何以卒覺我向惡夢見鷲二鳥欲挑我子駒那羅眼作是語已而復還眠第二亦復眠中卒覺語夫人言我復惡夢夫人問言見何等夢荅言夢見駒那羅頭髮甚長在地而坐夫人言但好安眠誰害王子王遂睡眠夫人以王齒印印書遣使賫書勅得叉尸羅國人挑駒那羅眼王復夢見齒墮落王至早起便喚相師而占此夢相師占言如此之夢必是王子失眼之相王聞此語合十指掌歸命四方護佛道神信法信僧者願護我子書既至彼得叉尸羅城城中人民愛敬法僧仁篤之厚乃至無有示此書者而共議言王尚不能恩及其子於我人民何能愛惜駒那羅者每於一切羣生之類恒懷悲愍普欲救拔諸根調順無有憍慢如此之子而欲毀害況我等輩便隱此書久乃方出與駒那羅駒那羅得書即信其語而作是言隨諸人意取我之眼時無有人取其眼者便喚真

陁羅使令挑眼真陁羅不肯而言寧可壞我目云何當壞如此之眼於是用一寶篋價直十万兩金雇真陁羅以挑己眼猶故不肯業緣應熟自然有人面十八醜来求挑眼駒那羅見已便憶上座夜耆說眼无常之語乃作是念良由見我必應受此壞眼業報故作此語真是我之善知識也象愍我故豫垂勑教欲使我心受報之時不生恐怖昔者上座又勑我言三有無常危脆如幻我乃久知眼之壞相當取堅法即語醜人言可取一眼著我手中時彼醜人便即向於駒那羅所欲挑眼取著其手中一切人民稱怨大喚皆作是言恠哉苦哉明淨之目自然崩墮極妙蓮花而被毀壞數万億人啼哭懊惱不能自勝於是駒那羅觀掌中眼而作念言咄哉此眼汝今何故不觀色也本謂汝好今但是凡鄙肉摶誑惑愚人謂中有我横生愛重真是衆緣假合成耳都无實眼如水上泡不放逸者能作此觀便脫生死作是思惟時得須陁洹道

已得見諦語醜人言更取一眼便從其語挑其眼取著其掌中時駒那羅重觀是眼得斯陁含捨肉眼故得法眼淨而作是語挑我肉眼而得慧眼捨生死父作法王子雖失富財得於法財永離憂苦後時駒那羅乃知此書帝失羅叉之所誑作實非王教便為願言使大夫人帝失羅叉長壽安樂无諸衰患何以故由彼方便壞我因緣獲得法利駒那羅婦真金鬘者聞其夫主被挑兩眼即向夫所見挑眼血汙其身體懊惱哽噎悶絶躃地以水灑面還得醒悟起立啼哭而作是言妙好清淨眼毀壞乃如此駒那羅以偈荅言

自作此惡業　今日自受之　一切世界苦
恩愛會別離　汝應遠苦惱　何用啼哭為

城中人民驅駒那羅夫婦二人令出外去而其夫婦生来處樂不堪苦事執持作伎彈琴歌乞以自存活展轉而去向花氏城至王宮門欲入宮中守門之人不聽使入駒那羅即於門邊象廄中宿天明彈琴琴中說已辛

苦挑眼得道因緣門者聞之自觀陰入皆得出離生死之苦王聞歌琴聲而作是言此琴之聲似駒那羅聲其聲之中作辛苦言亦復更作自大之聲我聞此聲剛強心滅如象失子遣人往看見駒那羅無眼黑瘦而不識之還白王言有一乞人眼盲黑瘦婦在其邊王聞是語而作念言我本夢見駒那羅子失其兩目此非是也憶念我子心不暫停當速喚之即遣人復至象廄問盲人言汝是何人為誰之子盲人荅言我父是彼阿恕伽王閻浮提於一切人皆得自在我是彼子字駒那羅亦更有父為大法王号曰佛陁使人即將盲人夫婦至於王所王見駒那羅眼盲黑瘦衣裳弊壊都欲不識見少形相而生髣髴即問言曰汝是駒那羅也荅言我是王聞其語悶絶躃地以水灑面還復蘇息抱駒那羅著於膝上手摩捫眼涕泣而言汝眼本似駒那羅故遂以為字今悉无有以何為名今可道之誰挑汝眼辟如虛空無月無星誰無悲心

能壞汝眼誰於汝眼作終身苦駒那羅子誰令汝眼乃使如此速疾語我我今見汝身形骸燋悴燒我身心都悉壞盡如似被於金剛之雹駒那羅言願莫憂惱父不聞也佛亦受報緣覺聲聞及諸凡夫等無有脱者應受報者善惡之業終不敗亡我自造業不可怨他非刀劍害亦非金剛非火非毒非怨惡虵非尒所苦來逼我身先作此業今受其報使他憂苦甚非所宜一切有身皆如射的衆箭著之此身亦尒衆苦集之阿恕伽王雖聞此語猶為憂火焚燒其心復告子言阿誰無愛生挑汝眼駒那羅言父勑使挑王言我若勑人使挑汝眼當自截舌駒那羅言得父齒印王言若與齒印當拔我齒若以眼見自挑其眼帝失羅叉嗔蓮花夫人而語之言今挑我眼當與我子乞索自活王聞此語便作是念必帝失羅叉挑我子眼即喚帝失羅叉而告之曰不吉惡物何地載汝不自陷沒破壞法物汝實我怨詐懷親附王轉懊惱瞋恚火

起諦視羅叉復作是言汝壞我子眼今當爪擸汝之身肉生貫著於高樹之上以鋸節節解汝之形刀截汝舌捉大鈇斧刻汝骨髓推汝身骸著火坑中以衆惡毒灌汝之口作種種罵駒那羅聞便生悲心而白王言帝失羅叉修行惡法是以如此王今應當修於聖法不宜煞害於彼女人於嬰兒愚小不應生瞋王猶不聽作胡膠舍以火燒煞亦復燒煞得叉尸羅城中人民諸比丘等見是事已心生疑網便問尊者憂波毱多言駒那羅者有何因緣今被挑目尊者答言善聽當為汝說昔者波羅奈國有一獵師夏住人間冬入山獵將向雪山值天雹雨有五百鹿共入一窟作是念言若都煞者肉則臭爛挑其眼出日食一鹿即便挑取五百鹿眼以是業緣今被挑眼尒時獵師拘那羅是從尒已來五百身中常被挑眼又問言曰復以何緣生於王家形貌端正得見諦道答言昔者人壽四万歲時有佛名迦羅迦孫大化緣已訖入無餘涅

槃尒時有王名曰端嚴為佛起石塔七寶莊嚴壁方四十里端嚴王已死後更有一王名曰不信偷取塔寶唯留土木衆多民於此寶所涕泣懊惱有長者子問衆人言何以涕泣答言迦羅迦孫大佛塔七寶所成今為人壞盡取其七寶唯土木在是以涕泣時長者子還以七寶修治此塔莊嚴如故又造大像與迦羅迦孫大佛身齊等因發正願使我未來如似此佛得勝解脱清淨妙果以其尒時造寶塔故今生尊貴豪族之家由其往昔作佛像故今得端正以其往時發正願故今獲道跡

半菴羅果因緣

阿恕伽王於佛法中已得信心問憂波毱多言佛在世時誰最大施答言有長者名須達多最為大施問言以幾許施答言以真金百億阿恕伽王言彼長者尚能布施尒所珎寶況我今者王閻浮提豈可不能於是便以已身及拘那羅舉自大地盡用布施而起八万四千寶塔及聲聞塔灌菩

提樹合集計挍都得九十六億兩金
於是阿恕伽王遇病知已必亡涕泣
不樂羅提毱提於阿恕伽王昔施時
在傍隨喜今得作宰大輔相見王不
樂合掌而言大王王之威德辟如威
日一切人民無敢正視唯有八万四
千婇女得見王面今王遇患如日將
没三界遷流有必磨滅當思無常何
為不樂王荅言曰我今不以失王位
故而懷懊惱亦不以捨身命故而作
憂苦又亦不以捨宮人庫藏而作憂
惱正以遠離諸賢聖衆以為懊惱我
今本望滿百億金施今方得施九十
六億四億不滿用為懊惱羅提毱提
言庫藏甚多可施使足於是王便以
金銀珎寶與雞頭摩寺王立駒那羅
子貳摩提以為太子邪見惡臣語太
子言阿恕伽王命臨欲終散諸庫藏
恚與欲盡汝當為王夫為王者以庫
藏珎寶以為力用今應遮截莫使費
盡於是貳摩提共諸臣等因王疾患
一切所有斷絶不與唯聽一金盤銀
盤為王送食王得此盤即用施與雞

頭摩寺於是乃至瓦盤瓦器為王送
食寂後與王半菴羅摩勒果王得
果已即集諸臣而問言曰此閻浮提
誰為其主諸臣荅言唯王為主王言
汝等虛妄道我是主我非是主何以
故我唯於此半菴摩勒而得自在咄
哉冨貴甚可惡賤我為人帝臨終貧
匱唯有半邊菴摩勒果亦如瀑河觸
山則止即說偈言
佛語是真實　所說无不然　說一切恩愛
皆有別離苦　我昔作詔令　無能過絶者
今日如暴水　觸山則流滯　我今之教令
不行亦如是　我昔於大地　為一切盖主
諸王有憍慢　我皆能制伏　貧苦無力者
我皆救濟之　先為他蔭覆　今日勢力盡
辟如敗壞車　乃至無所直　猶如恕伽樹
根枯而枝杌　花萎及枝葉　一切皆无有
我之無所直　其喻亦如是
說是偈已即喚傍臣授菴摩勒與而
勅之曰汝持此果向雞頭摩寺施彼
衆僧可白上座言阿恕伽王寂後所
施唯於此半菴摩勒果而得自在一
切所有悉皆喪失衆僧哀愍受我貧

苦寂後之施使我得福上座夜叉約
勅衆僧汝等皆見阿恕伽王受福快
樂於一天下摠攬自在今日為諸羣
下所制斷絶王物使不自由唯於是
半菴摩勒果隨意得用以慇重心來
施於僧即勅典事摩著羹中使一切
僧普得其供告諸比丘言以此之故
當於生死深生猒惡冨貴快樂不久
敗壞威勢自在不久皆失咄哉生死
甚可猒患傳告後世諸王冨貴得自
在者莫如阿恕伽王為諸羣臣之所
禁制冝及勢力未衰患時應當盡心
作諸功德阿恕伽王臨欲命終語羅
提毱提今日於此閻浮提中誰得自
在羅提毱提荅於王言世尊得自在
王聞此語即起合掌遍觀四方而作
是言唯除庫藏今以四海一切大地
悉施佛僧并諸前後所作功德不求
轉輪聖王釋梵尊位人天之樂正欲
願我將來生處心得自在速成聖果
便作詔書以齒印印付與輔相羅提
毱提於是氣絶遂便命終諸臣乃以
轉輪王法種種莊嚴供養殯葬立貳

摩留為王羅提趣提詔羣臣言阿恕伽王以諸大地布施衆僧何以故欲學須達長者滿百億施故存在之日唯施九十六億若以四億贖閻浮提則滿先王所願羣臣共議用四億金贖閻浮提還與後嗣貳摩留王貳摩留子名者呵提者呵提子名弗舍摩弗舍摩子名弗舍密哆弗舍密哆共諸臣議言云何當使名字流布於世耶時有輔相荅言汝昔先王阿恕伽王閻浮提起八万四千塔以百億金施隨佛法幾時住世名字常在王能學起八万四千塔名字亦可久流於世荅言昔先王威德能辦此事我今何能作如是業更可以其餘方便同阿恕伽王不有也邪見輔相言修福作惡二俱得名先王能起八万四千塔名德久流汝若壞之名流後世弗舍密哆便集四兵向雞頭摩寺欲壞寺門尒時寺門有師子吼王大恐懼不敢入寺復還歸來如是三返猶不得入後乃使人喚諸比丘而語之言我欲壞佛法汝等比丘欲留浮圖為

留僧房比丘荅言欲留佛圖於是密哆煞害衆僧毀壞僧房如是次第至舍伽羅國而作募言有得沙門頭來者當賞金錢時彼界內大浮圖中有阿羅漢化作數万沙門之頭告諸人民使持與王王聞是已欲煞羅漢時此羅漢入滅盡定不能得煞王即捨去往至偷羅厥吒國欲破佛法其國土中有護佛法神作是思惟我受持佛戒不能作惡云何當得護持佛法禁密舍鬼昔求我女以彼行惡故我不與今為佛法當與彼女以是因緣偷羅厥吒有大鬼神為作擁護弗舍密哆无所能壞於是菩提鬼神誘進守王鬼神將至南海禁密舍鬼搭大石山而厭煞王及諸軍衆此處即名為深藏摩伽提王種於是即斷

憂波毱多因緣

佛於摩突羅國告阿難言我百年後摩突羅國有毱多長者之子名憂波毱多教授禪法弟子之中最為第一雖無相好化度如我我涅槃巳後當大作佛事其所教化阿僧祇衆生皆令

解脫得阿羅漢者人使捉一四寸之籌擲著窟裏積滿其中此窟長短三十六尺廣狹則有二十四尺復告阿難言汝今見是青樹林不唯然巳見阿難此是優留慢荼山我百年後有比丘名商那和修於優留慢荼山當作僧房而度優波毱多摩突羅國有二長者子一名那羅二名拔利於優留慢荼山當起僧房閑豫清淨能生禪定房舍卧具悉皆具足遂名那羅拔吒阿練若處阿難白佛言世尊優波毱多所化度者多所利益佛告阿難優波毱多非但今日多所化度乃於往昔無量劫時亦多所利益欲得聞者至心聽之當為汝說往昔優留慢荼山有五百辟支佛止住一面五百仙人復在一面五百獼猴亦住一面尒時五百獼猴從住往辟支佛所生歡喜心採花拾果與辟支佛時辟支佛結加趺坐入於禪定獼猴合掌在其下頭學辟支佛結加趺坐後辟支佛入於涅槃獼猴過花果與都無取相於是獼猴挽衣推排亦不動摇知涅

膖去用為懊惱便向山一面見五百婆羅門或卧棘刺或卧灰土或翹一脚或舉一手或自倒懸或五熱炙身卧棘刺上者獼猴便拔棘刺遠棄卧灰土者亦拔灰土而遠棄之舉一手者挽手令下倒懸之者挽其索絶翹一脚者挽其脚展五熱炙身者遠棄其火恠彼所作即於其前結加趺坐五百仙人各作是言獼猴令恠我等所作我等試學獼猴所作便結加趺坐思惟繫念无師自悟七覺意法自然在前即得辟支佛而作是念我等今得辟支佛道皆由獼猴之所教授具以花果供養獼猴獼猴壽終便以香薪燒而供養阿難尒時獼猴者今優波毱多是昔為獼猴猶能利益五百仙人使得道證佛語阿難汝捉我衣即便捉衣遂即相將向罽賓國到罽賓已佛告阿難此地平正甚大寬廣阿難白佛言如是世尊復告阿難我百年後有比丘名摩田地當安佛法於罽賓國此罽賓國多饒房舍卧具坐禪第一佛從是漸進向拘尸那城佛

欲般涅槃告摩訶迦葉言於我滅後當撰法眼使千年在世利益衆生迦葉荅言請受尊教佛入世俗心而作念言釋提桓因應來我所釋提桓因知佛心念即至佛所佛語釋提桓因我滅度後當擁護善法釋提桓因白佛言世尊唯然受教佛亦入世俗心而作心念四天王天應至我所時四天王知佛心念即來佛所佛告四天王我涅槃後當擁護善法唯然世尊當受聖教佛勑摩訶迦葉釋提桓因四天王等已便至拘尸那城娑羅林中雙樹間宿涅槃時至告阿難言汝於娑羅林中北首敷置我於今日中夜當入涅槃而說偈言

諸有皆迴覆　生老如波浪　度死之大海
捨身如棄唾　至無畏涅槃　死魔竭大怖
三有海㵎廣　解脫師能度

阿育王傳卷第三

阿育王傳卷第三

校勘記

一　底本，金藏廣勝寺本。

一　七五頁中一行經名及二行譯者，資、磧、普、南、徑、清無（未換卷）。

一　七五頁中三行「駒郍羅本緣」，資、磧、普、南作「阿育王傳拘那羅緣本第五」；徑、清作「拘那羅緣本第五」。

一　七五頁中五行第三字及一〇行首字「增」，資、磧、普、南、徑、清作「益」。

一　七五頁中一二行「蓮花」，資、磧、普、南、徑、清作「青蓮」。

一　七五頁下二行第一二字「語」，資、磧、普、南、徑、清作「即語」。

一　七五頁下六行第三字「約」，諸本作「勑」。

一　七五頁下一一行第六字「其」，資、磧、普、南、徑、清作「惑」。

一　七五頁下一二行第六字「盛」，資、磧、普、南、徑、清作「然」。

一　七五頁下一八行「復偈」，資、磧、普、南、徑、清作「復說偈」。

一　七六頁上七行「抱頭」，麗作「抱頸」。

一　七六頁上一一行第四字「彼」，資、磧、普、南、徑、清作「後」。

一　七六頁上一三行第一二字「香」，資、磧、普、南、徑、清作「吉」。

一　七六頁中三行「一男」，資、磧、普、南、徑、清作「一兒」。

一　七六頁中一〇行「用持」，資、磧、普、南、徑、清作「持用」。

一　七六頁中一九行第八字「作」，資、磧、普、南、徑、清作「詐作」。

一　七六頁下三行「驚二」，資、磧、普、南、徑、清作「二驚」。

一　七七頁上八行末字「哀」，資、磧、普、南、徑、清作「憐」。

一　七七頁上九行「勑教」，資、磧、普、南、徑、清作「教勑」。

一　七七頁上一六行第二字「目」，資、磧、普、南、徑、清作「月」。

一　七七頁上二一行第五字「真」，資、磧、普、南、徑、清作「直」。

一　七七頁中七行第八字「誑」，資、磧、普、南、徑、清作「詐」。

一　七七頁中一〇行首字「因」，資、磧、普、南、徑、清作「目」。

一　七七頁下一行「門者」，資、磧、普、南、徑、清作「智者」。

一　七七頁下八行第七字「語」，資、磧、普、徑作「語已」。

一　七七頁下一二行末字「王」，諸本作「王主」。

一　七七頁下一五行首字「曰」，資、磧、普、南、徑、清作「名」。

一　七七頁下二〇行首字「抱」，資、磧、普、南、徑、清作「捉」。

一　七八頁上一行第五字「誰」，資、磧、普、南作「作」。

一　七八頁上九行「惡惡」，資、磧、普、南、徑、清作「惡」。

一　七八頁上末行第四字「許」，諸本作「詐」。

一　七八頁中八行第一三字「於」，資、磧、普、南、徑、清無。

一　七八頁中一三行第八字「目」，資、磧、普、南、徑、清作「眼」。

一　七八頁中一四行第一二字「一」，資、磧、普、南、徑、清無。

一　七八頁下二行第五字「壁」，資、磧、普、南、徑、清作「辟」。同行第一〇字「端」，資、磧、普、南、徑、清作「其端」。

一　七八頁下四行「寶所」，資、磧、普、南、徑、清作「塔所」。

一　七八頁下七行末字「泣」，資、磧、普、南、徑、清作「哭」。

一　七八頁下九行「又造大像」，資、磧、普、南、徑、清作「又告大衆」。

一　七八頁下一三行首字「作」，資、磧、普、南、徑、清作「造」。

一　七八頁下一五行至八二頁中一七行「半菴羅果因緣……於是即斷」，資、磧、普、南、徑、清載於本卷首「駒那羅本緣」之前。

一　七八頁下一五行「半菴羅果因緣」，

一　資、磧、普、南、徑、清作「半菴摩羅果緣第四」。
一　七八頁下二二行「盡用」，資、磧、普、南、徑、清作「用盡」。
一　七九頁上二行「知己必亡」，資、磧、普、南、徑、清作「知命不全」。
一　七九頁上三行末字「時」，諸本作「土時」。
一　七九頁上七行「遇患」，資、磧、普、南、徑、清作「遇病」。
一　七九頁上一三行首字「今」，資、磧、普、南、徑、清無。
一　七九頁上一七行及二一行「貳摩提」，資、磧、普、南、徑、清作「式摩妻」。
一　七九頁上二二行第一一字「一」，諸本作「以一」。
一　七九頁中一二行「暴水」，諸本作「瀑水」。同行第九字「流」，麗作「留」。同行「我今」，資、磧、普、南、徑、清作「今我」。
一　七九頁中一三行「爲一切」，資、磧、普、南、徑、清作「普爲覆」。
一　七九頁中一六行「猶如」，資、磧、普、南、徑、清作「猶阿」。
一　七九頁中一七行「枝杌花莖」，資、磧、普、南、徑、清作「被杌華果」。
一　七九頁下六行第八字「摩」，資、磧、普、南、徑、清作「磨」。
一　七九頁下八行「厭惡」，徑作「厭患」。
一　七九頁下一五行第一〇字「世」，資、磧、普、南、徑、清無。
一　七九頁下二一行「印印」，資、磧、普、南、徑、清作「印」。
一　七九頁下末行末字至次頁上一行首二字「貳摩留」，資、磧、普、南、徑、清作「式摩妻」。
一　八〇頁上一行第九字「詔」，資、磧、普、南、徑、清作「諸」。
一　八〇頁上二行第四字「諸」，資、磧、普、南、徑、清無。
一　八〇頁上五行「先王」，麗作「先主」。
一　八〇頁上六行至七行首字「貳摩留王貳摩留」，資、磧、普、南作「妻王妻」；徑、清作「式摩妻」。
一　八〇頁上一二行第一二字「在」，資作「正」。
一　八〇頁上一四行第四字「昔」，資、磧、普、南、徑、清作「昔者」。
一　八〇頁上一六行「不有也」，資、磧、普、南、徑、清作「不有」；麗作「不也有」。
一　八〇頁上一八行第七字「若」，資、磧、普、南、徑、清作「能」。
一　八〇頁中五行「告諸」，資、磧、普、南、徑、清作「告語」。
一　八〇頁中一六行第四字「厭」，諸本作「壓」。又本行「衆此」，資、磧、普、南作「此衆」。
一　八〇頁中一八行至次頁中一八行「憂波毱多因緣……解脫師能度」，資、磧、普、南、徑、清載於卷第三之首。
一　八〇頁中一八行「因緣」，資、磧、普、南、徑、清作「因緣第七」；麗作「因緣之一」。

一八〇頁下三行首字「三」，資、磧、普、南、徑、清作「四」。同行「復告」，徑作「佛告」。

一八〇頁下九行「閑豫」，資、磧、普、南、徑、清作「閑暇」。

一八〇頁下一八行「從住」，資、磧、普、南、徑、清作「之主」。

一八一頁上一〇行第一〇字「結」，資、磧、普、南、徑、清無。

一八一頁上一八行末二字「罽賓」，資、磧、普、南、徑、清作「罽賓國」。

一八一頁上一九行「平正」，資、磧、普、南、徑、清作「平整」。

一八一頁中六行「滅度後當擁護善法」，資、磧、普、南、徑、清作「去世後汝當護持我之遺法」。

一八一頁中一七行第五字「唾」，資、磧、普、南、徑、清作「棫」。同行第一一字「死」，資、磧、普、南、徑、清作「免」。

一八一頁中末行經名，資、磧、普、南、徑、清無(未換卷)。

阿育王傳卷第四

西晉安法欽譯　翕

憂波毱多因緣

説此偈已即入涅槃如是乃至起八舍利塔第九瓶塔第十灰炭塔乃至釋提桓因及四天王以香花音樂末香塗香供養舍利而作是言佛付囑我等法而般涅槃從今已去當護持佛法帝釋告提頭羅吒汝當擁護東方佛法復告毗樓勒汝當擁護南方佛法告毗樓博叉汝當擁護西方佛法告毗沙門天王汝當擁護北方佛法所以者何未來當有三邪見王毀滅佛法佛之所記汝當護持佛滅度後數千億万阿羅漢等悉入涅槃諸天空中出大音聲而作是言諸佛弟子皆從佛去法燈欲滅大闇將至若不聚集三藏經書若諸羅漢入涅槃已佛法即滅釋提桓因將四天王及諸天衆往尊者摩訶迦葉所頭面作礼而白迦葉言尊者如来之法付囑尊者尊者今當聚集法眼令諸天人

千載之後利益衆生迦葉即時於虚空中打大揵椎三千世界皆聞其聲五百羅漢即来集於拘尸那城迦葉語阿那律言諸羅漢中誰有不來荅言唯有尊者驕梵波提在尸利沙宫而未来至迦葉問言今此衆中誰為下座弗那荅言我是下座尊者語言汝當從僧如法教不弗那荅言我能從順尊者言善哉善哉汝能為下座莊嚴衆僧今可往彼尸利天宫語驕梵波提言迦葉等比丘僧喚汝此間今有僧事喚於大德弗那即往至尸利沙宫白驕梵波提言迦葉等比丘僧今有僧事暫喚尊者荅言長老弗那應言如来等比丘僧何以乃言迦葉等比丘僧佛不入涅槃耶將非外道壞佛法也將非悪比丘破和合僧也弗那言如尊者語如来已入涅槃法橋已壞法須弥山已崩聲聞由乾陁山已壞尊者驕梵波提言世尊若在閻浮提者我可往彼今已滅度閻浮提內空曠不樂我何故去我今乃欲入於涅槃遥以我心頂礼迦葉

及衆僧足作是語已即入涅槃於是
弗鄉選閻浮提到僧前向上座言驕
梵波提不肯來下礼上座足并諸衆
僧即入涅槃致此命已而作言曰十
力大象没象子亦隨没諸羅漢等多
有隨佛而涅槃者摩訶迦葉作是制
言未集法藏不聽比丘入於涅槃乃
集五百諸阿羅漢皆共和合欲集法
藏又語阿難長老汝是佛弟子多聞
摠持有大智慧常隨從佛有清淨行
知見具足最後法中利安衆僧佛所
讃歎尊者迦葉告諸比丘佛般涅槃
衆人雲集此處妨內我等宜向閑靜
之處撰集經法於是乃與五百羅漢
向王舍城尊者阿難將弟子婆闍弗
哆遊行婆利闍聚落時彼聚落四部
之衆聞佛涅槃皆生悲苦悶絶懊惱
阿難見已生哀愍心昇師子座為說
法要解喻其意時有弟子婆闍弗哆
觀其和上尊者阿難猶是學人未得
羅漢即向阿難而說偈言
安靜樹下坐　寂滅證涅槃　瞿曇應入定
莫修放逸行　不久得寂滅　涅槃清淨法

婆闍弗哆說如此偈覺悟阿難阿難
聞已竟夜經行坐禪念定夜初右脇
著地頭未到枕豁尒意解得阿羅漢
即向王舍城尊者摩訶迦葉亦將五
百羅漢到王舍城阿闍世王韋提希
子聞迦葉將五百羅漢在王舍城莊
嚴城池修治道路出城往迎王先獲
得无根信故見世尊時自投象下今
見尊者摩訶迦葉亦投象下尊者以
神通力接令无患即語王言如來神
足捷疾不似聲聞聲聞極用功夫方
得神足自今已往若見我等莫投象
下如見佛時王言唯然受教時阿闍
世王五體投地頂礼尊者足合掌而
言如來涅槃我不得見尊者涅槃必
使我見荅言尒許可王已即告王言
我今欲集如來法眼唯願大王為我
檀越王言願諸比丘終身受我房舍
卧具病瘦醫藥衣服飲食尊者迦葉
即便印可往至竹林作是念言此中
多饒房舍多諸比丘或能妨內畢鉢
羅窟房舍卧具不多不少當於彼
中撰集法眼於是迦葉即共五百羅

漢至畢鉢羅窟敷卧具坐而作是言
未來比丘少憶念力我等於日前集
法句偈於其食後當集法眼時諸比
丘五百羅漢等悉皆已集而作是言
我等先集何法尊者迦葉荅言先集
修多羅諸比丘言今此衆中誰可使
集修多羅者迦葉言阿難多聞第一
諸修多羅藏阿難盡持我等今共
問於阿難而修集之即告阿難言阿
難法眼者是佛所出諸多聞者去世
已盡守法藏者唯汝一人今當集法
汝可說之阿難言如尊者語即上坐
前觀察衆心而說偈言
比丘所行道　離佛不莊嚴　如似虛空中
衆星之无月　衆僧中無佛　醜陋亦如是
說是偈已礼上座足即昇高座心自
念言有修多羅從佛聞者有修多羅
從聲聞聞者尊者迦葉即便問言佛
於何處最初說修多羅阿難荅言如
是我聞一時佛住波羅㮈鹿野苑中
古仙住處為五比丘三轉法輪此苦
聖諦如是廣說尊者驕陳如便作是
念昔本佛為我說如是法今阿難說與

夲無異即從座起在地而坐說是偈言

咄哉諸有苦　迴動如水月　不堅如芭蕉
辟如幻影響　如来大雄猛　功德盡三界
猶為无常風　漂流而不住

五百羅漢聞是偈已皆從座起在地而坐尊者摩訶迦葉告諸比丘阿難所說為是實不皆荅言如是阿難如是乃至廣說修多羅藏尊者迦葉心復念言今當使誰說於毗尼又念尊者憂波離佛說持律最為第一一切毗尼皆從佛受當問憂波離撰集毗尼摩訶迦葉即語憂波離汝誦毗尼今欲撰集汝可說之憂波離荅言尒迦葉問言佛於何處說最初戒荅言在毗舍離國因須達迦蘭陁子制於初戒如是第二第三乃至廣集毗尼藏尊者迦葉作是念我今當自誦摩得勒伽藏即告諸比丘摩得勒伽藏者所謂四念處四正勤四如意足五根五力七覺八聖道分四難行道四易行道無諍三昧願智三昧增一之法百八煩惱世論記結使記業記定慧等記諸長老此名摩得羅藏集法

藏訖尊者迦葉而說偈言

以此尊法輪　濟諸群生類　十力尊所說
皆當勤奉行　此法是明燈　壞破諸黑闇
無明之障翳　攝心莫放逸

尊者阿難作念言佛臨涅槃時作是語若放捨細微戒僧得安樂我今當向僧說是語尊者阿難向上座頭合掌說言我親從佛聞於是言若捨細微戒僧得安樂住尊者迦葉告阿難言何者是細微戒汝問佛不荅言不問迦葉語言汝不問此事犯突吉羅罪阿難荅言我本不以无慙愧故而不問也我以憂惱故不問耳又復告言汝更有過佛臨涅槃時從汝索水而汝不與汝亦是犯突吉羅罪阿難荅言我實不以无慙愧故而不取水直以尒時有五百量車新入水過使水擾濁是以不取又復告言汝亦曾以足蹋如来金色衣上亦是汝罪阿難荅言我實不以无慙愧心更无比丘共捉此衣迦葉言若无人共捉何不仰擲空中若擲空中諸天自當取之汝更有過如来為汝說言若比丘善

修四如意足者則能住壽一劫半劫如意足中我最善修如是三說汝時黙然而不請佛久住於世此亦是汝犯突吉羅罪阿難荅言我非無慙愧尒時惡魔蔽我心都不覺知又復告言汝更有過汝以如来陰馬之藏示諸女人亦是汝罪阿難荅言我不無慙愧故示諸女人所以示者欲使女人猒患女身求男子身又復告言汝更有過汝昔慇懃勸請如来度諸女人令使出家亦是汝過阿難荅言我實不以无慙愧故強勸如来所以勸者我聞過去諸佛皆有四部衆是故勸請尊者迦葉使阿難作六突吉羅懺悔訖告諸比丘言我等不應捨微細戒何以故諸比丘當言七滅諍是細微戒復有比丘當言衆學法是細微戒復有比丘當言四波羅提提舍尼法是微細戒復有比丘當言波夜提是細微戒若捨此細微戒諸比丘當言捨二不定法十三事乃至四事一切皆捨諸外道若聞當言瞿曇沙門所有之法如似於烟隨佛在時修

持諸戒佛涅槃後諸比丘等欲持者
持欲捨者捨尊者迦葉告諸比丘言
佛作是語我所制者皆制之我所不
制者慎莫制也
如我所制不增不减諸比丘等當奉
禁戒使善法增長不善法者當令永
滅以是義故佛所制戒皆應護持
若如是者法得久住
摩訶迦葉涅槃因緣
尊者迦葉集修多羅及阿毗曇毗尼
已訖入頗智三昧觀所集法藏无闕
少不思惟已訖知无闕少五百羅漢
亦入頗智如是觀察迦葉自念如來
是我大善知識當報佛恩報佛恩者
所謂佛所欲作我已作訖以法饒益
同梵行者為諸衆生作大利益示未
來衆生作大悲相欲使大法流布不
絕為无慙愧者作慙愧磨為慙愧者
作安樂行如是報恩皆悉已竟重作
思惟我極年邁身為老壞臭爛之身
甚可猒惡涅槃時到尊者迦葉以法
付屬阿難而作是言長老阿難佛以
法藏付囑於我我今欲入涅槃以法

付汝汝善守護阿難合掌荅尊者言
唯然受教時王舍城有一長者生一
男兒合衣而出衣名商那即名此兒
為商那和修以漸長大將入大海迦
葉語阿難言商那和修發意入海得
寶來還欲作般遮于瑟若作會已汝
度令出家以法付囑迦葉付囑阿難
佛法已作是思惟我今應當至於大
悲難行苦行娑伽婆善知識无量淨
善功德之所熏修真妙舍利所在之
處皆自往至礼拜恭敬仰飛至四塔
所極上恭敬礼拜已復更往八大舍
利塔所礼拜供養如大鴈王飛至大
海莎竭羅宮敬礼佛牙敬礼佛牙已
向於天上如金翅鳥屈申臂頃至忉
利天時釋提桓因與諸天衆礼拜供
養尊者迦葉已釋提桓因觀察摩訶
迦葉而作是言尊者今來欲供養舍
利而入涅槃故來至此迦葉荅言我
今欲來敬礼如來牙礼如來髮如來
天冠如來鉢今者是我滅後供養時
釋提桓因及諸天等聞滅後語低頭
悲慘憂愁苦惱釋提桓因自取佛牙

恭敬授與尊者迦葉尊者迦葉舉著
頂上以牛頭栴檀曼陀羅花供養佛
牙供養已語諸天衆慎莫放逸作是
語已從彼天沒還王舍城時尊者阿
難受付囑已恒常隨逐未曾捨離畏
入涅槃或不覩見是故隨逐尊者迦
葉語阿難言汝獨入王舍城乞食我
亦欲獨入王舍城乞食尊者阿難於
中前著衣持鉢入王舍城乞食以三
種善事一以真善色貌二以多聞揔
持真善說法能令聽者無有猒足三
以阿難之名真善利益尊者摩訶迦
葉亦中前著衣持鉢入城乞食作是
念阿闍世王本與我有要若涅槃時
必當語我我今當往即到阿闍世王
門中語守門人言為我白王摩訶迦
葉今在門外欲見於王守門人言王
今眠睡尊者復言可覺語之守門人
言王甚難惡不敢覺之後自覺時我
當白語尊者復言今若覺者好為我
語摩訶迦葉欲入涅槃故來相語
於是尊者迦葉至雞脚山三岳中坐
草敷上加趺而坐作是念言我今此

身著佛所與糞掃衣自持巳鉢乃至
弥勒令不朽壞使弥勒弟子皆見我
身而生猒悪尊者迦葉作是念言若
阿闍世王不見我身沸血當從面出
命不存濟尊者迦葉巳捨命行唯留
少壽即時大地六種震動尊者迦葉
將欲入定作是念言若阿難阿闍世
王来時山當為開令其得入若還去
時山復還合釋提桓因將數万諸天
以天曼陁羅花天末香供養尊者摩
訶迦葉舍利礼拜供養巳山即自合
覆尊者身釋提桓因見尊者迦葉放
捨身命心中惱熱如来涅槃苦惱少
息今日尊者迦葉入於涅槃將復重
苦畢鉢羅窟神聞尊者涅槃作如
是言今日此窟即便空曠摩竭國界
悉皆空寂里巷窮酸苦厄羸劣貧賤
之者彼恒悲愍為作利益今彼諸苦
厄之衆失於覆護從今巳去遂當貧
窮乏於善法今日法岳崩壞法舡巳
没法樹巳摧法海枯竭今日諸魔得
大歡喜一切天人哀摧悲泣語巳即
還天上尊者阿難乞食巳訖深自思

惟諸行無常時阿闍世王夢大梁折
壞覺巳心生驚怖守門者来白王言
向者摩訶迦葉故来白王欲入涅槃
王聞是語悶絶躃地以水灑面小得
醒悟於是王即詣竹園礼阿難足白
言尊者迦葉今日欲入涅槃阿難答
言巳入涅槃王復問言亦我尊者身
處我欲供養於是阿難將王向雞足
山王既至巳山自開張王與阿難即
見尊者天曼陁羅花天末香牛頭栴
檀覆其身上阿闍世王即舉兩手舉
身投地從地起巳索栴檀薪阿難問
言欲作何等答言欲燒尊者阿難言
尊者摩訶迦葉以定住身待於弥勒
不可得燒弥勒出時當將徒衆九十
六億至此山上見於迦葉介時衆中
皆作是念聲聞身小彼佛亦然皆生
輕想摩訶迦葉踊身虛空作十八變
變身為大即時弥勒從迦葉取釋迦
文佛僧伽梨當摩訶迦葉現神變時
九十六億沙門見其身小道德光備
神通如是深自慚愧憍慢心息皆成
羅漢阿闍世王設供養巳即便還去

阿難亦去二人去後山自還合阿闍
世王合掌白尊者阿難言如来涅槃
我不得見尊者迦葉入於涅槃我亦
不見若尊者入涅槃時必使我令見
阿難答言介至後商那和修安隱得
還安置珎寶而向竹林時尊者阿難
在精舍門前經行商那和修直向阿
難所礼阿難足在一面立作是言我
本發意入海期安隱還當為佛及僧
作般遮于瑟今佛在何所尊者答言
佛巳入涅槃即時悶絶躃地以水灑
面還得醒悟又問尊者舍利弗目揵
連摩訶迦葉為何所在答言盡入涅
槃商那和修白阿難言大德我欲作
般遮于瑟尊者答言可隨意作乃作
般遮于瑟訖阿難語言汝巳作財施
今可作法施問言尊者欲使我作何
等法施尊者答言於佛法中出家是
名法施商那和修答言介阿難即度
令使出家為受具足乃至為作白四
羯磨商那和修言我本生時著商那
衣我今盡形受持此衣即得搃持阿
難所持八万四千法藏悉能受持得

阿羅漢三明六通具知三藏尊者阿難在竹園中聞一比丘誦法句偈言

若人生百歲　不見水鵠鶴　不如生一日
得見水鵠鶴

尊者阿難在傍邊過已語言子佛不作是說佛所說者若人生百歲不解生滅法不如生一日得解生滅法阿難語言子有二種人謗佛何等為二一者多聞不解義理空无果報二者顛倒解義是名為毒若解正義得涅槃果彼比丘往至和上所而白師言尊者阿難道此偈非是佛語彼比丘和上言尊者阿難老朽忘誤汝但如前讀誦阿難還来聞讀此偈如前不異阿難語言子我不語汝佛不作是說耶比丘荅言我和上言阿難年已老耄不憶此語汝但如本讀阿難思惟言我躬自為說終不信受阿難入定觀頗有比丘能使此比丘改是語不亦復無有能使改者舍利弗目揵連摩訶迦葉皆入涅槃我今當向誰說如此事我亦當入於涅槃佛之法眼足千年住我今但當涅槃我同學善伴

久已過去今日親厚莫過身念處尊者阿難語商那和修佛以法付囑尊者迦葉迦葉以法付囑於我我今欲入涅槃汝當擁護佛法摩突羅國有優留蔓茶山當於彼立塔寺時有長者兄弟二人一名那羅二名拔利佛說此二檀越當於此優留蔓茶山造僧房阿練若處摩突羅國有長者名毱多當生一子名優波毱多汝好度使出家佛記此人我百年後當大作佛事商那和修荅言唯然受教尊者阿難付囑商那和修佛法已於晨朝著衣持鉢入城乞食而生念言阿闍世王與我有要我今當往辭阿闍世王即到阿闍世王門語守門者言汝往白王阿難今在門外欲得見王時守門人見王眠睡還白尊者阿難言王今睡眠阿難語言汝往覺之荅阿難言王甚性惡我不敢覺又復語言王若覺時可白王言阿難今者欲入涅槃故来語王尊者阿難乞食食訖思惟我若於王舍城入於涅槃阿闍世王與毗舍離常不相能阿闍世

王以我舍利不與毗舍離我若毗舍離入涅槃者毗舍離人以我舍利亦不與阿闍世王二國共諍於理不可我今於恒河中當入涅槃尊者阿難往詣恒河所阿闍世王夢見為王捉蓋之人折於蓋莖王夢見已恐怖即覺守門者言向者阿難故来辭王欲入涅槃王聞此語悶絕躃地以水灑面還得醒悟王醒悟已問言阿難去可近遠欲在何邊入於涅槃時竹園神来語王言阿難向毗舍離入般涅槃王聞此已即集四兵往詣恒河毗舍離神語毗舍離人尊者阿難向此涅槃毗舍離人聞神語已即集四兵往趣恒河既至河已尊者阿難乘船在於恒河中流阿闍世王見尊者時頭面礼足合掌而言如来三界明燈已棄我去汝是我明燈是我歸依願見哀愍莫見棄捨入於涅槃毗舍離人礼尊者阿難足合掌而言唯願尊者在毗舍離入般涅槃尊者阿難欲入涅槃即時大地六種震動時雪山中五百仙人皆具五通而作是念今

此大地以何因緣六種震動觀見阿難欲入涅槃是以大地六種震動彼仙人中有一導首將五百仙人翼從而來至阿難所敬礼其足合掌而言聽我出家阿難心念言我諸賢聖弟子今當來至作是念已五百羅漢自然來至尊者阿難化彼河水變成金地乃至五百仙人出家皆得羅漢是諸仙人在恒河中受戒故即名為摩田提所作已辦得阿羅漢礼阿難足合掌而言佛寂後弟子須拔陁先佛涅槃我今亦是阿羅漢寂後弟子欲入涅槃不忍見於和上涅槃尊者阿難語言世尊以法付囑於我而入涅槃我今亦付囑汝之佛法而入涅槃汝等當於罽賓國中豎立佛法佛記我涅槃後當有摩田提比丘當持佛法在罽賓國尊者阿難以法付囑摩田提比丘已踊身虛空作十八變令諸檀越作喜樂心已入風奮迅三昧分身為四分一分向忉利天與釋提桓因一分至大海中與娑竭羅龍王一分與阿闍世王一分與毗舍離諸梨

車等如是四處各皆起塔供養舍利

摩田提因緣

摩田提作是念言和上阿難付囑我佛法使我以法安置罽賓國時罽賓國有一大龍先在彼住摩田提即向罽賓國結跏趺坐作是念若不惱觸龍此龍終不可降即時入定令罽賓國六種震動龍瞋恚而起放雷電霹礰雨大雹雨尊者摩田提入慈心三昧乃至不能動衣一角況能動身化彼雷雹霹礰及以大雨作鉢頭摩花拘物頭花分陁利花優鉢羅花龍復雨劒輪刀矟種種器仗摩田提復化作七寶復雨大樹復雨大石山摩田提化彼樹山為飲食衣被復注大雨七日七夜尊者接雨著大海中又口中出火欲燒尊者尊者變火為真珠彼復化作數千龍身尊者化作數千金翅鳥龍見金翅鳥恐怖走來至尊者所問言尊者欲何所為答言可受三自歸龍復問言欲作何事尊者答言與我此處龍言不與尊者復語龍言佛臨涅槃時記此國當作安隱坐禪之

處龍問言是佛所記耶答言是佛所記龍問言欲得幾許地答言欲得一坐處摩田提即時現身滿罽賓國跏趺而坐龍問言用尒許地為答言我今有諸伴黨即復問言有幾伴黨答言有五百羅漢龍言若減一人還歸我土尊者入定觀於佛法隨幾時住世此阿羅漢常能滿足五百不耶觀必常有五百不減答言尒龍言與之尊者將無量人來入此國自安村落城邑摩田提住之時香山龍瞋恚護之龍復問言須幾時耶答言隨有佛法時問曰佛法幾時答言佛法千歲龍言隨有佛法時與汝欝金摩田提作是念我和上約勅我以佛法著罽賓國廣作佛事我巳作竟今涅槃時到即踊身虛空作十八變使諸檀越得歡喜心而大饒益同梵行者辟如以水滅火入於涅槃以栴檀薪燒訖收骨起塔

阿育王傳卷第四

潞州次三官竟征行明安兼管民千戶王秀　仰與
同夫人張氏施此經板一卷
福足　祿足　因深果深住佛禎中常安常樂

阿育王傳卷第四

校勘記

一　底本，金藏廣勝寺本。

一　八五頁中一行經名，二行譯者、三行品名，資、磧、普、南、徑、清無（未換卷）。

一　八五頁中三行「因緣」，麗作「因緣之餘」。

一　八五頁下八行第二字「當」，資、磧、普、南、徑、清作「能」。

一　八五頁下一〇行「天宮」，資、磧、普、南、徑、清作「沙宮」。

一　八六頁上二行第八字「僧」，諸本作「衆僧」。

一　八六頁上四行「致此」，磧、南、徑、清作「到此」。

一　八六頁上五行「羅漢」，資、磧、普、南、徑、清作「阿羅漢」。

一　八六頁中二行「夜初」，諸本作「於後夜初」。

一　八六頁中三行首字「著」，資、磧、普、南、徑、清作「亞」。

一　八六頁中一四行第一〇字「者」，資、磧、普、南、徑、清無。

一　八七頁上一二行第一二字「誦」，資、磧、普、南、徑、清作「讀」。

一　八七頁上二一行末字「之」，資、磧、普、南、徑、清作「定」。

一　八七頁上末行第一一字「羅」，資、磧、普、南、徑、清作「勒伽」。

一　八七頁中五行第五字「作」，資、磧、普、南、徑、清作「作是」。

一　八七頁中八行「於是」，資、磧、普、南、徑、清作「作是」。

一　八七頁中一七行「量車」，磧、普、南、徑、清作「乘車」；麗作「兩車」。

一　八七頁下一四行第二字「請」，資、磧、普、南、徑、清作「諸」。

一　八七頁下一七行「細微」，資、磧、普、南、徑、清作「微細」。

一　八七頁下一九行「微細」，資、磧、普、南、徑、清作「細微」。

一　八八頁上三行第九字「皆」，資、磧、普、南、徑、清作「皆悉」。

一　八八頁上四行末字「也」，資、磧、普、南、徑、清作「之」。

一　八八頁上九行「摩訶……因緣」，資、磧、普、南作「阿育王傳摩訶迦葉湼槃因緣經第八」；徑、清作「摩訶迦葉湼槃因緣經第八」。

一　八八頁上一七行第七字「相」，資、磧、普、南、徑、清作「想」。

一　八八頁上二一行「猒惡」，磧、普、南、徑、清作「猒患」。

一　八八頁中一一行「恭敬仰飛」，資、磧、普、南、徑、清作「供養便飛」。

一　八八頁下一〇行第九字「貌」，資、磧、普、南、徑、清作「根」。

一　八九頁上二行「弥勒」，資、磧、普、南、徑、清作「彌勒興世之時」。

一　八九頁上二二行「語已」，資、磧、普、南、徑、清作「讃已」。

一　八九頁中一行「大梁」，資、磧、普、南、徑、清作「天梁」。

一　八九頁中一三行第九字「燒」，資、

磧、普、南、徑、清作「闍維」。

一　八九頁中一八行「躍身」，諸本作「踊身」。

一　八九頁中一九行第四字「大」，資、磧、普作「火」。

一　八九頁中二一行「光俻」，資、磧、普、南、徑、清作「充備」。

一　八九頁下一九行「言尒」，資、磧、普、南、徑、清作「言爾爾時」。

一　八九頁下二〇行第一二字「作」，資、磧、普、南、徑、清無。

一　九〇頁上二行及本頁下一〇行「竹園」，資、磧、普、南、徑、清作「竹林園」。

一　九〇頁上三行「鵠鶴」，及四行「鵠鶴」，資、磧、普、南、徑、清均作「老鶴」。

一　九〇頁中七行第二字「說」，資、磧、普、南、徑、清作「記」。

一　九〇頁中八行第三字「房」，資、磧、普、南、徑、清無。

一　九〇頁下八行第八字「悶」，資作「問」。

一　九〇頁下一〇行「何邊」，資、磧、普、南、清作「河邊」。

一　九一頁上一行首字「此」，徑作「以」。

一　九一頁上八行首字「地」，磧、普、南、徑、清作「池」。

一　九一頁上一二行「阿羅漢」，諸本作「阿難」。

一　九一頁中二行「因緣」，資、磧、普、南、徑、清作「因緣第九」。

一　九一頁中四行第六字「法」，資、磧、普、南、徑、清作「佛法」。

一　九一頁中九行首字及一一行第五字「礰」，諸本作「靂」。

一　九一頁中一一行第三字「雹」，資、磧、普、南、徑、清作「電」。

一　九一頁中一三行首字「雨」，資、磧、普、南、徑、清作「雨於」。

一　九一頁下一一行「摩田提」下，諸本有「將人飛向香山中欲取鬱金種來至罽賓」十六字。同行「住之」，資、磧、普、南、徑、清作「種之」。

一　九一頁下一二行第九字「耶」，資、磧、普、南、徑、清作「種」；麗作「種耶」。

一　九一頁下末行「卷第四」，資、磧、普、南、徑、清作「卷第三」。

阿育王傳卷第五　　會

西晉安法欽譯

尊者阿難將入涅槃商那和修向摩突羅國於其道中到一寺邊名為毗多會值日沒即宿彼寺時此寺中有二摩訶羅比丘共論議言我昔聞商那和修作是言若有比丘小戒不犯是名勝戒聞事都盡更無異聞名為多聞商那和修聞此言已語摩訶羅言商那和修不作是語其所說者作如是言見清淨者名淨持戒淨持戒者名第一戒如聞而行名為多聞不如汝言摩訶羅言汝是商那和修耶荅言我是摩訶羅問言汝以何緣名商那和修汝為受持商那衣故名商那和修為以過去善業緣故名商那和修尊者荅言以二因緣名商那和修一以受持商那衣故二以過去善因緣故名商那和修又問言過去因緣其事云何尊者荅言過去之時波羅㮈城有一商主與五百商人共入於海道中見有一辟支佛身有病患時此商主共諸商人即便停住隨醫所教飲食湯藥而治辟支佛辟支佛以漸得差時辟支佛著商那衣商主即便諮辟支佛欲與氎衣語辟支佛言今可捨是商那之衣著此氎衣辟支佛荅言我以此衣出家亦以此衣得道今當以此商那之衣而入涅槃商主語言唯願尊者莫般涅槃共我入海入海還來我當終身供給尊者飲食卧具病瘦湯藥辟支佛言我今不能入於大海子好發歡喜當大得功德於商主前即飛虛空作種種變而入般涅槃尒時商主即我身是我以供養彼舍利訖即發心願使我未來遭值聖師復過於是百千万億如今聖師所得功德我悉得之使我將来所生之處威儀法則及以衣服如辟支佛以是願故生便常著商那衣服乃至出家亦常著之檀上盡形受持是衣即便問言云何受持是衣荅言我受具戒時求盡形受持是衣以是義故名之為受摩訶羅言汝名真好尊者商那和修漸漸到摩突羅國於優

留曼荼山加趺坐時此山有二龍子兄弟相將與五百眷屬俱尊者商那和修作是念言若不惱觸此龍龍終不起即作神變動優留曼荼山龍瞋即放大惡風雨趣尊者所尒時尊者入慈心三昧慈心三昧法蟲毒水火不能傷害亦如尊者摩田提降龍之法龍子生於未曾有想即發信心白尊者言欲何約勑尊者荅言聽我於此作衆僧住處龍言不聽尊者商那和修言佛記涅槃後優留曼荼山當有阿練若住處名那羅拔利吒坐禪第一龍子言是佛所記耶荅言實是龍言若是佛所記者隨意聽作尊者入定觀察檀越為出未也知已出世便於晨朝著衣持鉢入摩突羅城次第乞食至長者那羅拔利門中語長者言汝與我錢我今欲於優留曼荼山作阿練若住處長者言我何故與汝錢耶荅言佛本記言我涅槃後摩突羅國中有一長者兄弟二人一名那羅二名拔利於優留曼荼山作阿練若住處住處即名為那羅拔利長者言佛所記耶荅言是佛所記於是長者即出其錢於彼山中作僧住處遂名為那羅拔利精舍商那和修入定觀察毱提長者為出生未也觀其已生復觀毱提彼子生未猶未生子以漸教化毱提使向佛法尊者商那和修化彼之時將多比丘往入其家以漸將少乃至獨已一身往至其家長者言尊者無有一比丘將至我家耶荅言我等無有奉侍供給之人若信樂出家者隨逐我後毱提言我身樂世俗未能出家逐尊者後若生子者當使出家共相供給尊者言汝好憶是語慎莫忘之毱提後便生一子字阿失波毱多以漸長大尊者言汝先言要有子與我今以有子可以與我聽使出家荅言我唯有一子不得相與若更有子當與尊者言尒後生一子字檀泯毱多以漸長大尊者言汝先有言要若更有子許當與我今已有子應當與我聽使出家毱提荅言我一子當守護錢財一子在外聚斂錢財更有第三子當與阿闍梨尊者言尒如是不久生第三子端正殊特出過於人貌如諸天即立名字為優波毱多以漸長大安著賣香肆上案理市買大得宜利尊者觀毱提為生子未見已生子便往到毱提所語汝先言要若有第三子許當與我今已有子應當與我聽其出家毱提言若不斷我利便與尊者度令出家當尒之時魔王遍告摩突羅國可詣毱多市買因魔告故遂多人市極大利尊者和修往優波毱多所優波毱多於市賣香尊者見已而語之言子汝於市買中為淨心為不淨心優波毱多荅言我不知云何名為淨心云何名為不淨心耶尊者和修言汝與貪欲瞋恚心相應名為不淨心不與相應名為淨心子若能知心所緣處者若心緣不善者以黑石左邊著若心緣善者以白石右邊著教毱多念佛及不淨觀初日二分黑石一分白石第二日半黑半白以漸乃至純白無黑純善心無惡心如法斷事無非法斷事摩突羅城有婬女名婆須達多

其婢於優波毱多邊買香婬女瞋言
汝為偷來何邊多得是好香耶荅言
大家我實不偷有毱提子名優波毱
多性甚平等如法市買婬女即於優
波毱多生欲著心遣婢往語優波毱
多言我大家無所須遂欲得相見毱
多荅言非是相見時婆須達多婬女
先來常法得五百金錢與人一宿婬
女更遣婢語毱多言我不用一錢可
暫一來與我相見時有大長者子先
共婬女夜宿北方有賈客主大賷珎
寶至摩突羅國賈客主問人言此城
中誰是㝡第一婬女有人荅言有婆
須達多婬女為㝡第一得五百金錢
與人一宿估客主聞是語已即持五
百金錢著好衣服纓珞往至婬女所
時彼婬女貪此估客五百金錢故煞
大長者子埋著屋裏長者子眷屬推
覔至婬女家發掘得之乃至啓王王言
婬女婆須達多煞長者子王言捉婬
女婆須達多劓其耳鼻截其手足
推著冢間優波毱多聞是事已而作
是言彼女本以色聲欲樂因緣嘆我

今割耳鼻截其手足若欲往者今正
是時其本莊嚴衣服示現貪欲不宜
往彼今為貪故解脫者應往彼居優
波毱多將一侍者往到塚間婢以舊
恩義故為其駈鳥婢語大家言優波
毱多來婬女語婢取我耳鼻手足相
近皆使相著以氎覆上優波毱多在
前而立婆須達多語優波毱多言我
平安時遣人喚汝汝言非是時今日
我受困厄身被剪刖何以看我尊者
毱多荅言姊妹我不以欲事來至汝
邊我欲知欲實相故來為貪欲所盲
者不見汝實相汝本以色欺誑世間
今還住本實相薄皮覆其上血澆肉
塗千筋以纏縛千脉通肥臟觀外如
似好觀內穢惡充滿外假香薰遮內
穢惡臭氣充滿汗流垢臭惡水澆以
遮之言若能聽佛語欲能生怖憂愁
苦惱百千種患皆從貪欲生欲為智
者呵若能捨欲穢即時得解脫遊於
八正路獲得於涅槃婬女婆須達多
聞是語已猒惡三有於佛法中生信
敬心語優波毱多言如汝所說智者

所呵稱法相實亦然唯願悲愍為我
說之優波毱多即為說四諦法輪苦
諦如熱鐵集諦如毒樹滅諦斷癡愛
八聖道為出要又復苦者如毒如癰
如瘡生苦老苦病苦死苦愛別離苦
怨憎會苦求不得苦五盛陰苦苦苦
行苦壞苦惱而言之三界受生皆亦
是苦優波毱多觀察婬女身體實相
離欲見諦得阿那含婆須達多聞法
見諦得見諦已讚毱多言善哉善哉
汝今為我以閉三惡道開善趣門向
涅槃徑我今歸依佛法僧優波毱多
為說法已即便還歸還歸不久婆須
達多命終即生忉利天時有天神語
摩突羅人優波毱多為婆須達多說
法得須陁洹命終得生忉利天國人聞
已取婆須達多身種種供養時商那
和修至毱提所而語之言與我優波
毱多度使出家荅言使我得利不絕
當令出家尊者商那和修以神通力
使毱提利不絕毱提日日稱量得利
不絕故不欲放商那和修言佛記優
波毱多我涅槃百年之後當施作佛

事汝當放使出家趣提即便聽使出家尊者商那和修將優波毱多商那羅拔利阿練若處與受具足白四羯磨訖得阿羅漢商那和修語優波毱多言佛記汝我百年後當有比丘名優波毱多雖無相好而作佛事我聲聞中教授坐禪最為第一今正是時汝好作佛事優波毱多言唯然受教優波毱多欲於摩突羅國欲大說法國人聞優波毱多說法百千万人皆来雲集優波毱多觀如来說法時諸人坐法云何皆如半月坐今日亦使四衆如半月坐觀佛云何說法佛先說於施論戒論生天之論欲為不淨出世為要如諸佛常法說四聖諦優波毱多亦如諸佛次第說法欲說四諦魔即雨真珠珎寶壞乱衆心使無一得道尊者優波毱多觀誰所作知魔所作後日無央數人聞優波毱多說法雨真珠珎寶皆欲来取以是因緣衆人多來第二說法復雨金寶乃至無一人得道尊者入定觀察為誰所作知魔所為第三日國土人盡來

雲集聞尊者說法初雨真珠第二雨金寶第三日魔王化作天女作天伎樂惑乱人心未得道者心皆惑著於天樂乃至無有一人得道如是魔大歡喜而作是言我能破壞優波毱多說法尊者優波毱多在樹下坐入定觀察是誰所作魔便以曼陁羅花作花鬘著優波毱多項上尊者即觀是誰所作方乃知是魔之所作尊者優波毱多作是念魔數數壞乱我說法佛何以不降伏彼觀佛本意欲使優波毱多而調伏之以是故佛不降伏尊者觀魔可調伏時至未即知今正是時尊者優波毱多以三種死尸一者死蛇二者死狗三者死人以此三種化作花鬘即往魔所魔見歡喜而作是言優波毱多於我亦不得自在魔即申頭受其花鬘優波毱多以三尸結於魔項魔見三尸著項而作是言豈應捉是死尸著我項許鄉尊者言如比丘不應著花鬘而汝著之亦如汝不應以死尸結項而我結之今可隨汝力所作汝今何為而與佛

子共鬪如大海波浪觸頹梨山魔即自欲挽此尸却如似蚊子欲移須弥不能令動魔欲解項死尸亦復如是魔大瞋恚踊身虛空而作是言我雖自不能得解脫我諸天足能解之優波毱多語魔言汝向梵天釋提桓因毗沙門天向魔醯首羅天婆樓那天乃至入於大火不能令燒入於大水不能爛彼諸天等欲解汝縛永不能得於時魔王不用尊者之言尋至彼諸天所欲求解縛然諸天等皆云我不能乃至到梵天所合掌言為我解却梵天荅言十力世尊弟子所作我力微弱終不能解假使毗嵐猛風不能吹却寧以藕根懸須弥山欲解此縛無有是處魔語梵王言汝不能解我當歸誰梵王語言汝疾歸依優波毱多乃可得脫如因地而倒還扶地得起若不歸依則壞汝天上之樂壞汝名辱尊貴一切諸樂魔見如來弟子勢力大梵天王猶言語恭敬佛之勢力何可度量若欲加惱於我何事不能大悲憐愍故不加惱於我今日始

知如来具足大悲成就大慈得真解
脫我為無明所盲處處觸惱然佛慈
悲平等未曾惡語加我受梵王語已
即時破除憍慢之心往優波毱多所
五體投地長跪合掌白尊者言大家
汝可不知我欲菩提樹下乃至涅槃
於如來所多作惱乱尊者問言汝作
何事荅言昔佛於婆羅門聚落乞食
我掩蔽衆心便不得食佛以不得食
故即說此偈
快樂無著積　身體安輕便　若能於飲食
心不生貪著　其心常歡喜　猶如光音天
復於耆闍崛山化作大牛破五百比
丘鉢唯有佛鉢飛在虛空我更於異
時化作龍形纏縛佛身七日七夜佛
臨涅槃時我化作五百乘車擾濁河
水令佛不得飲略而言之乃至數百
觸惱如来慈愍乃至未以一惡言而
見輕毀汝阿羅漢無悲忍心於天人
阿修羅前毀辱於我優波毱多荅言
波旬汝無知見捉我聲聞比度如来
不可以芥子同彼須弥螢火之光等
於日月一滴之水同于大海如来大

悲聲聞所無佛大慈悲故不治汝聲
聞之人不同於佛故我治汝魔言以
何因緣我從忍辱仙人已来乃至成
佛所作惱乱恒見慈愍而不加害荅
言有不善因緣於佛造惡心此罪雖
積佛不毀汝所以尒者意欲令我調
伏於汝使汝於佛得信敬心由是心
故不墮地獄餓鬼畜生佛以是事故
初不曾以一言毀汝是故於汝恒生
悲心佛以善巧方便欲使汝生於信
心由是少信因緣能得涅槃略而言
之汝若於佛生少信心以此信心洗
除昔来數於佛所惱觸之罪悉皆得
滅魔聞是語身心踊躍如迦曇花樹
從根次莖乃至條枝魔王歡喜舉身
毛竪佛為大慈從樹王下乃至涅槃
慈忍於我如父母念子亰除我過魔
王於佛法生歡喜心即起合掌白尊
者言汝能使我生歡喜心是汝大恩
今日當為我解是三屍荅言先當與
汝作要然後乃當為汝解之從今日
後至於法盡更不聽汝惱乱比丘魔
言當受尊教復語魔言當更為我

更作一事我雖已見如来法身不見
如来妙色之身為我現佛色身使我
生愛敬心若作此事是名為上荅言
我亦先與尊者作要我若現佛身時
汝慎勿為我作礼所以然者如似伊
蘭生樹死為大象之所践踏尊者言
尒我不礼汝魔言小待我入林中我
本曾作佛形誑首羅長者彼時所作
今為汝作尊者即為解於三屍尊者
憂波毱多作見佛想魔即入林化作
佛身如以彩色畫新白氎作佛身相
看無猒足作佛形已左邊化作舍利
弗像右邊化作大目揵連阿難在後
摩訶迦葉阿㝹樓頭須菩提等千二
百五十大阿羅漢等圍遶侍從以漸
從林而出至優波毱多所尊者尒時
即起合掌諦觀而說偈言
咄哉無常　無悲愍心　能壞如是
上妙色身
佛身為如此乃為無常壞身心極者
作見佛相尊者合掌復說偈言
快哉清淨業　能成是妙果　非自在天生
亦非無因作　面色喻蓮花　目淨如明珠

端正過日月 可愛勝花林 湛然若大海
安住如須弥 威光勝於日 徐步喻師子
頭視如牛王 色澤喻紫金 百千無量劫
淨修身口意 以是故獲得 如此勝妙身
怨見尚歡喜 況我當不敬

尊者說是偈已觀佛心至忘不憶本要忽然即時投身五體礼敬魔言尊者云何違於言要尊者問言違何言要魔言汝許不為作礼今云何五體投地而作礼也尊者言我知無上世尊久已涅槃見此形容如似見佛為佛作礼不礼於汝魔言眼見汝為我作礼云何言不尊者復言汝當聽我不違言要亦不向汝作礼如似泥木造作於天像及佛像敬天佛故而為作礼不礼泥木我亦如是不勝見佛心歡喜故便起作礼不以汝想為汝作礼魔即還復本形礼敬尊者而還天上第四日魔憶念尊者身自宣令恩德從天來下欲破貧窮欲生天欲得涅槃當詣尊者優波毱多所不見如來大悲說法者亦當詣尊者優波毱多所摩突羅城中諸人聞尊者優

波毱多能調伏魔者舊人民數千万衆皆来向尊者所尊者見衆悉以聚集即上師子座說種種妙法令百千衆生得須陁洹道斯陁含道万八千人出家得阿羅漢道於優留曼荼山作房廣二丈四長三丈六從我受得阿羅漢者悉以一枚長四寸籌著房裏一日之中有万八千籌擲著房裏尊者如是名稱滿閻浮提皆言摩突羅國有優波毱多佛記教授坐禪最為第一尊者商那和修度優波毱多以法付囑而念自決佛記罽賓國坐禪無諸妨難牀敷卧具最為第一凉冷少病尊者商那和修付囑法已至彼罽賓入於禪定歡喜悅樂而說偈言

著商那衣服 成就五支禪 山巖空谷間
坐禪而念定 誰不忍風寒 商那阿羅漢
心善得解脫 心得自在慧

尊者優波毱多在摩突羅國優留曼荼山那羅拔利阿練若處彼山間有一老虎生於二子老虎不得食尋復命終二子失母唯至窮困尊者優波

毱多往到其所以食與之為虎子而說偈言

諸行無常 是生滅法 生滅滅已
寂滅為樂

日日與食與食之時於其耳中為說此偈是二虎子壽命短促即便命終生摩突羅國婆羅門家尊者毱多將比丘往返婆羅門家以漸轉少乃至獨到婆羅門家婆羅門問言尊者何為而獨来耶答言我出家人无有僕從婆羅門言我婦懷妊若生男者當與尊者後雙生二子尊者毱多往從索之婆羅門言小待長大然後當與及年八歲尊者毱多復往從索婆羅門即以一子與於尊者第二子言可使我去二子諍去尊者毱多語言此二子俱應得道婆羅門即捉二子付與尊者尊者得已度令出家獲阿羅漢道尊者即便語使採花答言瞻蔔樹高不能得及尊者語言汝等是天豈無神足時二沙弥即虛空中經行樹上採花尊者毱多與諸弟子共一處立諸弟子言此小沙弥乃有是神

德乎尊者荅言此是虎之二子汝等先言何以與是虎食汝今看是虎子神力諸弟子聞已乃解南天竺有一男子與他婦女交通母語兒言與他交通是大惡法婬欲之道無惡不造聞是語已即煞其母往至他家求彼女人竟不獲得心生猒惡即便出家不久受持讀誦三藏經教習徒衆多諸弟子將其徒衆至尊者毱多所尊者知其犯於逆罪竟不與語而作是念犯逆之人無有道果尊者毱多不與語故即將徒衆還歸本處尊者優波毱多有五百凡夫弟子譏嫌和上度摩訶羅三藏法師將諸徒衆而不共語尊者毱多觀見是五百弟子與我無緣於我和上有度因緣即便生心念其和上商那和修以大神力来到那羅拔利阿練若處至毱多房中毱多不在唯有弟子見商那和修著麁弊衣鬚髮甚長而作是言我和上與如是摩訶羅共之親善三藏法師而不共語尊者商那和修至優波毱多坐處而坐毱多弟子生瞋嫌心欲

驅尊者商那和修商那和修如彼須弥不可移動欲出惡語舌不能轉便共往至尊者毱多所白言有摩訶羅比丘住和上臥處坐毱多荅言除我和上更無有人能坐我座憂波毱多還房見尊者商那和修頭面著地接足作礼在前而坐優波毱多弟子念言今我和上雖復礼拜恭敬其師彼之所有知見神力不如我和上尊者商那和修觀優波毱多諸弟子等除憍慢心不即知其心猶以已和上為勝尊者商那和修舉手指虛空中得滿手乳問優波毱多言是何三昧相尊者毱多入定觀察不知本末即問師言是何三昧相尊者和修荅言此是龍奮世三昧優波毱多言我之所得盡從和上受得唯是三昧我非其器尊者商那和修語毱多言諸佛三昧一切緣覺不識其名緣覺三昧一切聲聞不識其名舍利弗三昧其餘聲聞不識其名目揵連所入三昧其餘聲聞亦不識名我和上阿難所入三昧我不識其名我之三昧汝毱多亦

不識名我入涅槃如此三昧亦隨我滅七万七千本生經亦隨我滅一万阿毗曇亦從我滅毱多弟子知憍慢心滅作是念我之和上悉皆不如尊者商那和修於尊者所深生敬重尊者商那和修隨其因緣為說聽法皆得阿羅漢商那和修語優波毱多言如来以法付囑尊者摩訶迦葉迦葉便以付囑我和上阿難和上以法付囑於我我今以法付囑於汝此摩突羅國有善男子名提地迦汝當度使出家付其佛法即時尊者商那和修飛騰虛空作十八變便入涅槃尊者毱多將万八千羅漢供養舍利即為起塔

優波毱多因緣

尊者優波毱多在摩突羅國那羅拔利精舍阿練若處住時北方有一男子念佛出家讀誦三藏善能說法所到之處三契經偈然後說法後自思惟猒惓如此經頌之事欲求坐禪聞摩突羅國有優波毱多雖無相好教授禪法最為第一即到其所合掌白

言唯願尊者教我禪法尊者毱多觀
察此人必應現身獲得漏盡復更思
惟此人今者應教何法而登聖位乃
知其人為他說法當入聖位尊者毱
多語彼比丘曰尒隨我勅當教授汝
比丘答言唯願奉教尊者語言汝於
今夜宜應為人演說法教比丘即便
作三契唄而欲說法問尊者言當說
何法尊者答言當說多聞有五事利
益善解諸大善知諸陰善知諸入善
知十二因緣自善解了不從他受悟
三契唄已說法已竟便得阿羅漢毱
多語言子擲籌著窟中去其一數尒
時宿羅城中有一商主名為天護於
佛法中生敬信心恒樂施與欲入大
海求於珍寶而作是言我今入海安
隱得還當於佛法作般遮于瑟護佛
法神當擁護我即便發引到於寶所
大取珍寶安隱迴還時有羅漢比丘
尼入定觀察彼長者竟為作不觀見
必作重復思惟誰為福田知有一万
八千羅漢二倍學人及以生死持淨
戒者當為福田又觀此衆誰為上座

而是上座為是羅漢為是凡夫知非
羅漢乃至復非須陁洹人乃是淨持
戒人名阿沙羅我若發悟必受我語
即往僧中語上座言上座何不好自
莊嚴上座意解謂孅髮長衣服垢膩
即剃鬚髮淨自澡浴比丘尼念言上
座不解我語後日更至上座前亦作
是言何不自嚴飾上座謂為衣色不
正便更染衣而來僧中比丘尼復至
上座阿沙羅前又作是言何不好自
莊嚴上座瞋言我淨澡浴著新染衣
有何不莊嚴比丘尼言此非佛法中
莊嚴佛法得須陁洹斯陁含阿羅漢
是名莊嚴又復問言上座汝聞天護
長者入大海還欲作般遮于瑟不上
座答言已知又問福田之人可有幾
許汝為知不答言不知比丘尼言作
福田者純阿羅漢有万八千在學地
人淨持戒者二倍羅漢汝為上座云
何以此有漏之心审初受他供養恭
敬上座聞已便欲悲泣比丘尼言何
以悲泣上座答言我今年老云何能
得得盡諸漏比丘尼言佛法現在今

人得果不擇時節大善丈夫之所讚
歎但能修行必能盡漏一切時中常
能與果上座今可往那羅拔利阿練
若處尊者毱多今現在彼當教授汝
於是上座便往其所尊者毱多即出
迎接以水與之使令洗脚上座言不
見長老優波毱多終不洗脚諸弟子
言此是毱多即時洗脚而入尊者毱
多教化檀越作好飲食洗浴衆僧洗
浴既已優波毱多時使維那打揵椎
作是唱言恭敬解脫羅漢悉入禪坊
時阿沙羅睡不覺唱輒入禪坊入已
復睡衆僧作制其若睡者擎燈供養
時阿沙羅审為上座先在前睡維那
即便捉燈著前而三彈指阿沙羅覺
起而擎燈巡坐供養尊者毱多入火
光三昧万八千羅漢亦皆同入火光
三昧阿沙羅見已歡喜覆自慙愧即
說偈言

和合共一處　跏趺如龍睡　咸皆在地敷
定心而端嚴　皆入勝三昧　光明如燈樹
禀形同是人　瞻仰所不及

阿育王傳卷第五

阿育王傳卷第五

校勘記

一　底本，金藏廣勝寺本。九八頁上一版，原版殘缺，以麗藏本換。

一　九四頁中一行「卷第五」，資、磧、普、南、徑、清作「卷第四」。

一　九四頁中二行與三行之間，資、磧、普、南有「商那和修本緣第一」；徑、清有「商那和修本緣第十」；麗有「商那和修因緣」各一行。

一　九四頁中一一行「淨持戒者」，資、磧、普、南、徑、清作「持戒淨者」。

一　九四頁中一九行第九字「言」，資、磧、普、南、徑、清作「言曰」。

一　九四頁下一四行「心願」，資、磧、普、南、徑、清作「正願」。

一　九四頁下一五行「万億」，資、磧、普、南、徑、清作「万倍」。

一　九四頁下一八行第八字「常」，資作「當」。

一　九四頁下一九行「檀上」，磧、南、清、麗作「壇上」。

一　九五頁上六行「慈心三昧法」，資無；磧、普、南、徑、清作「慈三昧法」。同行「蟲毒」，資、磧、普、南、徑、清作「蠱毒」。

一　九五頁上一六行首字「便」，資、磧、普、南、徑、清作「便即」。

一　九五頁中五行「子生」，資、磧、普、南、徑、清作「生子」。

一　九五頁中七行「其家」，資、磧、普、南、徑、清作「其家後」。

一　九五頁中一四行第五字「莫」，資、磧、普、南、徑、清作「勿」。

一　九五頁下四行第四字「買」，資、磧、普、南、徑、清作「賣」。

一　九五頁下五行末字「語」，資、磧、普、南、徑、清作「語言」。

一　九五頁下一〇行末字「利」，諸本作「得利」。

一　九五頁下一五行「言汝」，資、磧、普、南作「言人」。

一　九六頁上四行第三字「甚」，資、磧、普、南、徑、清作「好」。

一　九六頁上一八行「眷囑」，諸本作「眷屬」。

一　九六頁中一行第二字「割」，資、磧、普、南、徑、清作「被割」。

一　九六頁中二行「衣眼」，資、磧、普、南、徑、清作「衣服」。

一　九六頁中三行第六字「故」，諸本作「慾」。同行「彼居」，資、磧、普、南、徑、清作「彼看」。

一　九六頁中六行第八字「收」，資、磧、普、南、徑、清作「捉」。

一　九六頁中一〇行第八字「刖」，資、磧、普、南、徑、清作「削」。

一　九六頁中一七行「汙染垢臭惡水」，資、磧、普、南、徑、清作「汙泥垢臭水」。

一　九六頁中一八行第三字「言」，資、磧、普、南、徑、清無。同行第一二

字「怖」，資、磧、普、南、徑、清作「怖畏」。

一　九六頁下一行「呵稱法相實」，資、南作「稱可法相實」；磧、徑、清作「稱可法實相」。

一　九六頁下三行第三字「融」，資、磧、普、南、徑、清作「鎔」。

一　九六頁下七行第五字「惱」，諸本作「揔」。

一　九六頁下一〇行首字「見」，資、磧、普、南、徑、清作「得見」。

一　九六頁下二一行第四字「利」，諸本作「得利」。

一　九七頁上二行第一三字「商」，諸本作「向」。

一　九七頁中一五行第七字「苟」，資、磧、徑、麗作「狗」。

一　九七頁中二〇行「郇尊」，諸本作「耶尊」。

一　九七頁下一行「頗梨山」，磧、普、徑作「摩梨山」。

一　九七頁下二行「蚊子」，資、磧、普、南、徑、清作「蚊蚋」。

一　九七頁下六行第一三字「恒」，資、磧、普、南、徑、清作「桓」。

一　九七頁下一一行「欲求」，資、磧、普、南、徑、清作「求請」。同行第一三字「我」，資、磧、普、南、徑、清無。

一　九七頁下一四行「毗嵐」，資、磧、普、徑作「毗藍」。

一　九七頁下一五行第六字「根」，資、磧、普、南、徑、清作「絲」。

一　九七頁下一八行末字「得」，徑作「而」。

一　九七頁下二〇行第二字「辱」，資、磧、普、南、徑、清作「稱」。

一　九八頁上一八行「如來」，資、磧、普、南、徑、清作「如來如來」。同行「未以」，資、磧、普、南、徑、清作「不以」。

一　九八頁中一二行第三字「若」，資、磧、普、南、徑、清作「善」。

一　九八頁下一一行「以彩」，磧作「似綵」；南、麗作「似彩」；清作「以綵」。

一　九八頁下一二行第九字「左」，資、磧、普、南、徑、清作「右」。

一　九八頁下一三行第三字「右」，資、磧、普、南、徑、清作「左」。

一　九八頁下二一行第四字「相」，諸本作「想」。

一　九九頁上一三行第六字「不」，麗作「不禮」。

一　九九頁中七行「四寸」，資、磧、普、南、徑、清作「四指」。

一　九九頁中八行「一日」，資、磧、普、南、徑、清作「一月」。

一　九九頁中一二行「自決」，資、磧、普、南、徑、清作「自受」。

一　九九頁下八行「漸轉」，資、磧、普、南、徑、清作「漸漸」。

一　九九頁下一九行「瞻蔔」，資、磧、普、南、徑、清作「薝蔔」。

一　九九頁下二一行「虛空」，資、磧、南、清作「處空」。

一　一〇〇頁上一二行「本處」，資、磧、普、南、徑、清作「本所」。

一　一〇〇頁上一五行第八字「見」，資、磧、普、南、徑、清無。

一　一〇〇頁上二〇行「髮鬢」，資、磧、普、南、徑、清作「鬚髮」。

一　一〇〇頁中一行首字「駈」，麗作「歐」。

一　一〇〇頁中三行「白言」，資、磧、普、南、徑、清作「而白言」。

一　一〇〇頁中四行第三字「住」，資、磧、普、南、徑、清作「在」。

一　一〇〇頁中一六行第四字「世」，資、磧、普、南、徑、清作「迅」。

一　一〇〇頁中末行第二字「我」，資、磧、普、南、徑、清作「我亦」。

一　一〇〇頁下三行第一二字「知」，資、磧、普、南、徑、清作「始」。

一　一〇〇頁下一五行「起塔」，至此，資、磧、普、南、徑、清卷第四終，卷第五始。

一　一〇〇頁下一六行「因緣」，資、磧、普、南、徑、清作「因緣第十一」。

一　一〇〇頁下二一行第七字「頌」，資、磧、普、南、徑、清作「唄」。

一　一〇一頁上七行末字「便」，資、磧、普、南、徑、清作「更」。

一　一〇一頁上一三行「云其」，諸本作「充其」。

一　一〇一頁中一三行「斯陁含」，資、磧、普、南、徑、清作「斯陁含阿那含」。

一　一〇一頁中末行「得盡諸漏」，資、磧、普、南、徑、清作「盡諸漏也」。

一　一〇一頁下二行第七字「能」，資、磧、普、南、徑、清作「得」。

一　一〇一頁下一〇行「揵挺」，麗作「搥揵」。

一　一〇一頁下一二行第九字「輙」，資、磧作「輕」。

一　一〇一頁下一八行「歡喜」，資、磧、南、徑、清作「歡善」。

一　一〇一頁下二〇行「龍脎」，資、磧作「龍盤」；麗作「龍蟠」。

一　一〇二頁上一行經名，資、磧、普、南、徑、清無（未換卷）。

阿育王傳卷第六　　　禽

西晉安法欽譯

尊者見阿沙羅其心調順即授以法得阿羅漢與籌著窟中於是阿沙羅還於本國比丘尼見上座来而語之言今始端嚴上座荅言蒙汝恩故今得端嚴尒時長者天護即作般遮于瑟聚集十六万八千羅漢復有二倍學人淨持戒者時此衆中阿沙羅最為上座而為呪願所施極少受果報勝長者問言佛種種說法云何九十日正見上座作此二語上座荅言子為欲發汝本善根故汝今知不過去九十一刼毗婆尸佛時我之與汝俱為商主莊嚴船舫得入大海大賣珎寶到於沙壇即以珎寶聚於沙上為毗婆尸佛作塔有天神言過七日已當有大浪水將汝安隱至閻浮提而作供養我之與汝以造塔緣九十一刼不墮三惡八難之處常生人天重以斯業又於今日我得羅漢而汝遭值最勝福田得供養是一万八千阿

羅漢等此非少施果報極多也長者子生死長遠何以不入佛法出家時長者子即便出家得阿羅漢尊者優波毱多在那羅拔利阿練若處尒時摩突羅國有一婆羅門深著我見有優婆塞語婆羅門言何處有我婆羅門言誰說無我法優婆塞言尊者毱多紀說無我之法於是婆羅門即往阿練若處見尊者毱多與千万衆前後圍繞而為說法尊者毱多見婆羅門已知其心念為說無我及無我所亦無有人亦無丈夫無有衆生諸陰皆是生滅之法亦復皆是苦空之法婆羅門聞說此法即斷身見悟須陁洹出家學道得阿羅漢尊者毱多語之言取籌擲著窟中尊者優波毱多在摩突羅國時有一族姓子出家恒患睡眠教授與法常復睡眠尊者教語遣令向阿練若處坐一樹下睡復睡眠尊者毱多於其坐處周帀化作深千肘坑忽便驚覺極大惶怖心念和上優波毱多即時尊者毱多化作一小徑得使通行便從中過至尊者所

教授已還遣本處去至樹下生大歡
喜和上脫我深坑之難尊者即立其
前語言此坑不深若墮三悪道坑有
墮生老病死之坑甚深於此汝若不
見聖諦生老病死之坑復過於此聞
此生老病死坑已便離睡眠精進思
惟得阿羅漢尊者毱多即遣擲籌
使著窟中
尊者優波毱多在那羅拔利阿練若
處時東國有一族姓子於佛法中出
家學道善能營事所至到處諸比丘
衆皆共勸請使知僧事作如是言長
老必營僧事擅越因汝得生善根衆
僧因汝獲得供養時彼比丘猒倦多
事不肯營理聞優波毱多教授第一
即往其所白言唯願尊者教授我法
尊者觀察此是㝡後身應獲道果唯
福未具是以不得尊者語言若隨我
勅當教授汝荅言唯然受教尊者語
言汝當為衆僧勸化辦於供養白言
尊者我未知此國誰有信心者荅言
汝但往化必有信心者比丘聞已便
於中前著衣持鉢入摩突羅城有一

㝡勝長者見此比丘生未曾有心便
往礼敬之而問言阿闍梨欲須何物
荅言尊者毱多使我教化我今不知
此中人民誰有信心誰無信心長者
言阿闍梨慎勿憂愁一切所須我悉
為辦荅言明日欲供養僧長者即為
辦具比丘得已在上座前長跪捉食
衆僧上座即為呪願呪願已訖得阿
羅漢尊者毱多語使取籌擲著窟中
尊者毱多在摩突羅國於那羅拔利
阿練若處住時南天竺有族姓子入
佛法出家善解造作塔寺所行來處
諸比丘僧每常請作僧房塔寺其後
不久心生猒倦營務之事往詣優波
毱多所白尊者言唯願教我禪定之
法尊者觀察此比丘者必應現身盡
漏得道修福未足又復觀察以何事
緣可得成道知彼事要營造塔寺然
後得道遂便語言能隨我勅當教授
汝荅言受教尊者勅言未作塔處今
造塔寺未作僧房處為諸賢聖造作
僧房白尊者言阿闍梨未知此國誰
信誰為不信尊者語言汝足堪能但

勸化去晨朝著衣持鉢入城乞食見
一長者長者接足為作礼敬而問之
言阿闍梨從何處来荅言我從南天
竺来長者問言欲作何事荅言我從
尊者毱多求受禪法尊者教我使營
塔寺造作僧房長者語言莫有憂愁
一切所須悉當供給於是比丘將此
長者共量佛地繩未到地比丘便得
阿羅漢果使捉一籌著於窟中雖得
羅漢所營塔寺盡使都訖
尊者毱多在摩突羅國有一族姓子
詣尊者所入法出家貪嗜飲食由此
貪故不能得道尊者即請此比丘明
日受我食明日尊者為作乳糜盛滿
鉢與語言待冷而食便口氣吹冷語
和上言已冷尊者言子今食雖冷汝
欲心火燃亦應以不淨觀水洗汝心
欲火滅尊者以一空器著比丘前語
言吐糜滿器尊者語言食毋嚼此糜
吐空器中不欲吐之俛仰而言此吐
所食語尊者言涎唾以合云何可食
尊者語言一切飲食與吐无異汝不
觀察也汝今應觀食不淨想即時聽

法盡諸結使得阿羅漢語使擲籌著
於窟中
南天竺有一族姓子少欲知足好於
羸弊不以蘇油塗身亦不暖湯洗浴
亦不食蘇油乳酪猒惡生死身體羸
劣不能得道而作是言誰當教授我
聞尊者優波毱多在摩突羅國便往
至其所已尊者觀察應現身盡漏以
羸劣故不能得證尊者即暖浴室辦
諸浴具約勑年少道人為塗蘇油以
水洗浴與好飲食身心柔軟為說法
要即盡諸漏得阿羅漢於是以籌擲
著窟中
摩突羅國有一族姓子辭父母欲向
尊者毱多所求欲出家既出家已極
愛著身故復欲還家便往尊者所辭
欲還家尊者語言且住明日明日禮
尊者足即欲還去道中有天寺而作
是念若還向家父母或能為我作大
事不如即住此天寺宿明日當還詣
尊者所尊者即夜化作一夜叉擔死
人来更有一夜叉空手而来二鬼共
諍一言我擔死人来第二者言我擔

死人来前一鬼言我有證人此人見
我擔死人来時此人念言我今畢定
死竟應作實語語後鬼言此死人者
前鬼擔来非是汝許後鬼大瞋拔其
一髆前鬼以死人髆還續如故後鬼
復拔一髆前鬼更拔死人髆還復補
處後拔其兩脚前鬼悉以彼死人脚
補之如本如是二鬼共食所拔新肉
即時出去於是愛身之心即便都滅
後至尊者所度使出家為說法要得
阿羅漢便令擲籌著於窟中
南天竺有一族姓子入佛法出家愛
樂已身數數洗浴蘇油塗身食好美
食身體肥壯不能得道即向尊者所
而作是言唯願教授尊者觀察此比
丘者現身應得漏盡以著身故是以
不得尊者語言能受我語當教授汝
化作高樹語使上頭四邊化作千肘深
坑語言放右手又言放左脚後放右
脚更復語言盡皆都放此人于時分
捨身命都放手足即時到地不見深
坑亦不見樹為說深法得阿羅漢便
語擲籌著於窟中

摩突羅國有族姓子向尊者毱多所
欲求出家於是尊者即度使出家以
慳貪心故不能得道尊者勑言汝今
可修布施之業白尊者言都無所有
以何布施尊者言如法所得飲食衣
鉢之餘持施上下座初日語時不肯
欲與後日尊者遣二弟子在是比丘
兩邊而坐各耳中出光是慳比丘生
敬尚心減少食分施上下座後日有
檀越多持好飲食来與便心生歡喜
而作是念由昨日少施今日得多復
轉多施上下座如是慳心破已尊者
為說法要得阿羅漢遂使語言使者
籌窟中摩突羅國有一族姓子詣尊
者所求欲出家即聽出家常好睡眠
不能得道尊者毱多遣使向阿練若
處坐禪坐禪復眠尊者化作七頭毗
舍闍倒懸空中平覺見已極大怖畏
走詣和上所和上問言汝何以来白
和上言在彼林中有七頭毗舍闍倒
懸空中極可怖畏尊者語言汝今還
去詣彼坐禪白言極怖不敢復去尊
者言毗舍闍不足畏怖更有極可畏

者汝不畏之睡眠可畏甚於眠舍閣
眠舍閣遮汝睡眠睡眠遮汝聖道眠
舍閣者能害一身睡眠之患害無量
身眠舍閣者不能使人留住生死睡
眠之患淋漏於人流轉生死汝今還
去詣彼坐禪從是以後畏眠舍閣不
敢睡眠思惟法相豁然悟解得阿羅
漢語使捉籌擲著窟中
有一族姓子詣尊者優波毱多所出
家尊者即時度使出家為其說法得
須陁洹道而語之言生死之法不問
多少皆可惡賤汝當勤求上果彼比
丘作是念言我已斷三惡道何須進
求上勝之果遊恣縱捨人天之中極
至七生此何足計尊者毱多將是比
丘入摩突羅乞食真陁羅村中見一
小兒舉身生癬癬中滿虫尊者毱多
語是比丘言見此小兒不此小兒是
須陁洹人族姓比丘問尊者言以何
因緣生真陁羅家遍身生癬疽虫臭
纖尊者荅言佛在世時有一禪坊中
有維耶有一羅漢比丘身體少痒把
搔有聲維耶瞋言汝身有疽虫磨耶

此中爬搔出向真陁羅村去羅漢比
丘語言莫作是語使汝得罪尒時維
耶即從懺悔精進用行得須陁洹道
不求上進由是相緣舉身瘡生疽虫
臭纖生真陁羅家受大苦惱彼比丘
聞是語已即勤精進得羅漢道便復
與籌令著窟中真陁羅子尊者毱多
即為說法得阿那含道生淨居天摩
突羅國有族姓子詣尊者所而求出
家出家已尊者教觀不淨諸使暫不
現前自謂已得聖道更不求上勝尊
者語言子莫自放逸勤求聖道白和
上言更何所為我今便已得阿羅漢
尊者告言子汝但未見乾陁越國迦
羅和女故自言是阿羅漢以未斷結
使生憍慢心白和上言我欲遊行詣
彼村落尊者言子去於是便去漸漸
遊行至乾陁越國得义尸羅城晨朝
著衣持鉢入城乞食次第乞食到迦
羅門中女擎食出而少現齒於是比
丘便起欲心顛倒惑著以鉢囊取酪
取麨彼女亦生欲心而作是語阿闍
梨不觸我手不聞我聲暫遥見我而

生欲心彼比丘久習不淨觀取其齒
相即觀作白骨人因是白骨人觀得
阿羅漢便說偈言

欲現外賢好　嬰愚深惑著　知了內生猒
亦復不減損　見其實體相　心即得解脫

以漸還来至摩突羅國見尊者毱多
尊者語言汝見迦羅和女不荅言實
見尊者言善哉汝所作事今始得辦
於是便擲籌窟中摩突羅國有一長
者錢財所有自然衰耗家計幾盡唯
五百舊金錢在作是思惟我今當詣
尊者毱多所而求出家此金錢者作
醫藥直療治疾病即詣尊者出家得
出家已常倩他沙弥藏此金錢尊者
語言若能知我無我是名出家此五
百金錢可與衆僧荅言和上此五百
錢是我衣直湯藥之直尊者即將向
房裏化作千金錢語言此千金錢作
汝衣服湯藥之直汝五百金錢施與
衆僧從和上教便以施僧尊者教授
即得羅漢於此金錢不復貪著遂語
擲籌著於窟中
摩突羅國有族姓子詣尊者所出家

學道尊者即便教授以法得須陁洹得已不復進修尊者勅言汝勤修道業荅言和上我以斷三惡趣何須更修尊者晨朝著衣持鉢共此比丘向摩突城次第乞食乃至真陁羅子身有癩瘡父母以鏵削瘡極令血出而為著藥患其疼痛不能堪忍尊者語共弟子言汝見此不此是須陁洹問和上言以何業緣受大苦痛尊者荅言佛在世時禪坊之中有一維那時有羅漢比丘身生瘡痍少多把搔維那瞋言汝身上瘡以鏵削把即挽手出而語之言汝向真陁羅村去阿羅漢語言汝得大罪今可懺悔時彼維那懺悔精進得須陁洹得道訖已不求進故受此大苦生真陁羅家尒時比丘聞是語已心開意解精進不久得阿羅漢便使擲籌者於窟中尊者即為真陁羅子說法得阿那含道命終之後生淨居天摩突羅國有一勝長者生於一子年始一歲命終復生一長者家亦年一歲而復命終如是次第生六長者家皆年一歲而便

命終最後復生第七長者家年七歲為賊將去尊者趣多觀此小兒應當現身得於道果而復為賊之所惱尊者復為度彼即便入室化作四兵欲捉彼賊彼賊恐怖來向尊者叩頭礼拜尊者見已為說法要得須陁洹捉此小兒手布施尊者尊者於是度此小兒及彼劫賊悉令出家皆得阿羅漢盡各語使擲籌者於窟中尊者語此小兒可觀汝親族而化度之於是小兒即坐觀察見於七世本身父母愁憂苦惱便到其家而語之言我是汝子莫大愁惱即為說法得須陁洹如是七長者家悉為說法皆得須陁洹

摩突羅國有一族姓子詣尊者所出家尊者教使坐禪便得世俗定初禪二禪乃至第四禪得初禪時便自以為得須陁洹及得二禪謂得斯陁含三禪謂得阿那含四禪謂得阿羅漢更不進求上勝之法尊者勅言汝莫放逸應求上勝法荅言我已得阿羅漢更求何勝法尊者欲化度彼作善

方便而語之言子汝可遊化諸聚落於是受教遂便發去尊者即於道中化作賈客復化作五百羣賊來破賈客煞害斫刺族姓比丘生恐怖自知非阿羅漢而作是言我雖非阿羅漢是阿那含時彼賈客亡破之後有一長者女語是比丘言阿闍梨將我共去比丘荅言佛不聽我與女人獨行長者女言我遥望阿闍梨而隨後行比丘憐愍故相望而行尊者復化作大河長者女言阿闍梨度我過河道人在下流婦女在上流婦女墮河佛聽比丘水火難處捉婦女出婦女墮河語比丘言救我此難尒時比丘即便捉出當捉之時生細滑想便起欲心於是自知非阿那含出河已竟女作是言阿闍梨活我命即是我大家道人心生交通之想捉女人手將向屏處欲共行欲乃見是尊者趣多趣多語言汝得阿羅漢云何如此尊者即便將至僧房教其至心懺悔罪咎為說法要即得阿羅漢語使著籌於彼窟中

摩突羅國有一長者子新取婦竟辭其父母向尊者所求哀出家尊者即時度使出家教受禪法及其坐禪心念已婦顏貌端正尊者即化其婦在前而立比丘見以語其婦言汝何以來荅言汝喚故來比丘復言我加趺坐來默然無言何時喚汝荅言汝口雖不喚我覺觀喚我汝已口喚便為慙愧若以心喚不為慙愧寧心慙愧不口慙愧口由心生心不由口汝若不欲觸不欲見者何為有此覺觀之念汝既捨欲若復還念如以歐吐而更食之尒時尊者現身在前為說法要得阿羅漢即使著籌窟中

尊者毱多遊行聚落到曠野中見五百放牛人皆來迎尊者接足作礼在一面坐尊者為說法要悉得須陁洹果以牛還主放牛人於是出家盡得阿羅漢遂使擲籌著於窟中摩突羅國有一族姓子詣尊者所出家學道尊者毱多教授禪法即得世俗四禪得初禪時自謂已得須陁洹果乃至得於第四禪時自謂已得阿羅漢果

尊者語言汝勤精進可求上勝荅言和上我已得羅漢尊者意欲更授禪法使在阿練若處住尊者遣化道人往問訊問訊已在一面坐化道人問言汝於誰邊出家荅言我尊者毱多所出家化道人言汝大福德汝之和上是無相好佛化道人問言汝誦何經荅言我誦修多羅毗尼阿毗曇又問言汝於佛法頗有所證未荅言我有所證已得須陁洹乃至得阿羅漢又問言汝修何道得此四果荅言我以世俗道化比丘言若以世俗道者汝非得道果是凡夫人聞是語已便於三界生猒惡心即詣尊者所白和上言我非得道唯願和上更教授我於是尊者即時教授禪法精進修習得阿羅漢便語擲籌著於窟中

摩突羅國有一長者子新娶婦已心生念言我於佛法欲求出家便辭父母父母荅言我唯有一子死猶不放何況生存子白父母言若不放我我終不食於是斷食從初一日乃至六日父母恐其死故即語之言當從汝

願但出家後與我相見子言若放我者當來奉見於是父母便放出家即詣尊者所出家而自念言我與父母有要若得出家許還往見便白和上往見父母及見已婦婦語之言汝若不與我為夫婦之道我棄汝死時此比丘即生悔心欲得捨戒作是念言我先見和上然後捨之詣和上所稽首白言我欲還家尊者告言小住且待明日於是尊者即於其夜為作現夢使是比丘夢到父母家見其婦死父母親族嚴備轝具送其婦屍棄於塚間須臾之頃見青瘀爛臭疽虫滿中忽然驚覺即以夢事往白和上和上聞已而告之言汝可往看實如夢不時此比丘乘和上神力忽便到舍見其父母已送婦屍棄著塚間疽虫唼食如其所夢思惟觀察重生猒惡得阿羅漢即便還來和上問言汝見婦不荅言已見婦之實相遂便語使擲籌窟中

有一族姓子詣尊者所出家學道尊者教授獲得四禪自謂已得四沙門

果尊者毱多知其未得而作方便教
使六日供養衆僧族姓比丘往摩突
羅城見五百優婆塞皆来礼拜語此
比丘言阿闍梨欲作何等荅言彼阿
練若處課我六日供養衆僧優婆塞
言阿闍梨莫愁此事當為辦之尒時
比丘即生慢心自思惟言我非羅漢
何羅漢者巳斷慢心詣和上所而作
此言唯願和上當見教授我猶未得
阿羅漢也於是尊者為說法要得阿
羅漢即便擲籌著於窟中
時罽賓國有一比丘名善見獲世俗
四禪得五神通若無雨時常能請得
雨起增上慢自謂巳獲阿羅漢果尊
者毱多将欲度彼化使十二年旱諸
人驚怖詣尊者所而作是言願為我
等請雨尊者荅言我不能請雨罽賓
國有善見比丘極能請雨於是國人
即遣使往彼比丘所善見比丘便受
其請以世俗五通力飛至摩突羅摩
突羅國中人民勸請言阿闍梨為我
請雨便為請雨時乃大雨滿閻浮提
一切人知生大歡喜皆設供具而来

供養尒時善見大得利養便起憍慢
而作是言優波毱多所得供養不如
於我便自思惟阿羅漢者無我慢將
知我今非是羅漢即往詣尊者求教
授法尊者語言汝不堅持佛法云何
教汝佛不聽比丘請雨汝復生憍慢
云何自云我得羅漢即向尊者至心
懺悔尊者教授便得羅漢使者籌
窟中
淄州僧惠曇刁
尊者毱多作是念言提多迦為出未
也觀猶未出尊者尒時將比丘衆至
提多迦父母之家漸漸轉少唯二比
丘往到其家乃至獨往長者問言阿
闍梨何以獨行荅言無有弟子是故
獨行欲供給者便来供給長者言我
樂居家不得供給若後有子共相給
使尒時長者生子皆死後生一子字
提多迦漸漸長大往尊者所遂使出
家學道年滿二十與受具戒初白之
時得須陁洹第一羯磨得斯陁含第
二羯磨得阿那含第三羯磨得阿羅
漢尊者毱多作是思惟我化縁巳訖
以法供養佛竟饒益同梵行者使諸

檀越大得饒益而令正法相續不絶
又作是念我多利衆生有窟長三丈
六廣二丈四得阿羅漢者各以一四
寸之籌滿此窟中今涅槃時到語提
多迦言子佛以法付囑迦葉迦葉以
法付囑阿難阿難以法付我和上商
那和修商那和修以法付我我今以
法付囑於汝尊者毱多告諸天大衆
却後七日我當涅槃尒時即集十万
羅漢學人與淨持戒者不可稱數白
衣之衆無量千万尊者於是飛騰虛
空作十八變使諸四衆皆生歡喜於
無餘涅槃以窟中籌燒尊者身一万
羅漢見尊者涅槃亦入涅槃諸天種
種供養巳然後起塔如来涅槃以法
付囑人亦不得久住何以故諸天不
擁護故若付囑天法亦不得久住何
以故諸天放逸故是以如来付囑人
天法得久住如来欲涅槃時入世俗
心作是思惟諸四天王應来我所時
四天王巳知佛心来至佛所右遶三
帀頭面作礼在一面坐佛告四天王
我今不久當入涅槃我涅槃後汝等

諸天擁護佛法别語提頭羅吒汝可擁護東方佛法語毗樓勒汝今擁護南方佛法語毗樓博叉汝今擁護西方佛法勑毗沙門汝今護持北方佛法滿千年已法欲滅時非法衆生極為甚多於閻浮提壞破十善放大悪風天不降雨糓米踊貴霜雹為災河泉少水樹無花果人之威德生蘇熟蘇漸漸竭少未来之世當有三悪王出一名釋拘二名閻無鄁三名鉢羅擾害百姓破壞佛法如来肉髻及以佛牙當至東天竺南方有王名釋拘將十万眷属破壞塔寺煞害衆僧西方有王名曰鉢窂亦將十万眷属亦壞破塔寺煞諸道人北方有王名閻无鄁亦將十万眷属破壞僧坊塔寺煞諸道人當尒之時諸非人鬼神亦苦惱人刼盗等賊亦甚衆多悪王亦種種苦惱謫罸恐怖乃至東方拘奢弥國王名曰大軍亦有十万軍衆圍繞大軍王生一子身著鎧甲手中把血從母胎中出其身有大力士之力尒時五百長者同時生子皆身著鎧

甲手中捉血從母胎出即於其日天大雨血大軍王便使相師占相其子相師言曰此兒必當王一天下唯有一過多所傷害初生子時大設供養極有威德如日之威難可看視是故名為難可看視乃至年滿二十尒時三悪王毀滅佛法㓕害一切欲向東方大軍王聞其欲来

阿育王傳卷第六

潞州長子縣西璩村大悲院𦍑尼善成施

阿育王傳卷第六

校勘記

一　底本，金藏廣勝寺本。

一　〇五頁中一行經名，二行譯者，資、磧、普、南、徑、清無（未換卷）。

一　〇五頁中一六行「沙壇」，資、磧、普、南、徑、清作「沙壇垣」。

一　〇五頁下一五行末字「語」，資、磧、普、南、徑、清作「而語」。

一　〇六頁上一行「還遣」，資、磧、普、南、徑、清作「遣還」。

一　〇六頁上五行末字「聞」，資、磧、普、南、徑、清作「汝聞」。

一　〇六頁上一〇行「東國」，資、磧、普、南、徑、清作「東方國」。

一　〇六頁中二行「敬之而問」，資、磧、普、南、徑、清作「敬而問之」。

一　〇六頁中六行「供養」，資、磧、

一　普、南、徑、清作「供衆」。

一　一〇六頁下五行第五字「求」，徑作「來」。

一　一〇六頁下一一行「族性」，諸本作「族姓」。

一　一〇六頁下一八行「火滅」，諸本作「令欲火滅」。

一　一〇六頁下二〇行至二一行「而言此吐所食」，資、磧、普、南、徑、清作「而吐此所吐食」。

一　一〇七頁上八行第四字「已」，資、磧、普、南、徑、清作「到已」。

一　一〇七頁上一七行第九字「住」，磧、普、南、徑、清作「待」。

一　一〇七頁上一八行第一〇字「有」，磧、南、清作「見」。

一　一〇七頁上一九行末字「大」，資、磧、普、南、徑、清作「留難」。

一　一〇七頁上二一行第九字「作」，資、磧、普、南、徑、清無。

一　一〇七頁中五行及六行「髆」，資、磧、普、南、徑、清作「臂」。

一　一〇七頁中七行第二字「後」，資、磧、普、南、徑、清作「後鬼」。同行第一一字「彼」，資、磧、普、南、徑、清無。

一　一〇七頁中九行第二字「時」，資、磧、普、南、徑、清作「便」。

一　一〇七頁中一八行第六字「使」，資、磧、普、南、徑、清作「令」。

一　一〇七頁中一九行第一〇字「左」與末字「右」，資、磧、普、南、徑、清互置。

一　一〇七頁下一三行「語言使著」，資、磧、普、南、徑、清作「語使擲」。

一　一〇七頁下一八行第七字「平」，諸本作「卒」。

一　一〇八頁上二一行「禪坊」，資、磧、普、南、徑、清作「禪房」。

一　一〇八頁中四行「相緣」，諸本作「因緣」。

一　一〇八頁中六行第一三字「使」，徑作「便」。

一　一〇八頁中一〇行「諸使」，資、磧、普、南、徑、清作「結使」。

一　一〇八頁中一九行「著衣」，資、磧、普、南、徑、清無。

一　一〇八頁中二一行末字「酪」，資、磧、普、南、徑、清作「酥」。

一　一〇八頁下四行第八字「深」，磧、普、徑、清作「染」。

一　一〇八頁下七行第一三字「言」，資、磧、普、南、徑、清作「言稱」。

一　一〇八頁下一七行「衣直」，資、磧、普、南、徑、清作「衣服」。

一　一〇九頁上五行第三字「城」，資、磧、普、南、徑、清作「羅城」。

一　一〇九頁上六行「以鏵削瘡」，資、磧、普作「以華削削瘡」；南作「以華削瘡」；徑、清作「以華刷瘡」。

一　一〇九頁上一二行「鏵削」，資、磧、

普、南、徑、清作「葦刷」。

一〇九頁上一三行「出而」，資、磧、普、南、徑、清作「而出」。

一〇九頁上一五行「已不」，資、磧、普、南、徑、清作「不」。

一〇九頁上一七行「精進」，資、磧、普、南、徑、清作「精勤」。

一〇九頁中一行第一二字「年」，資、磧、普、南、徑、清作「其年」。

一〇九頁中四行第九字「室」，資、磧、普、南、徑、清作「窟」。

一〇九頁中九行「著於」，資、磧、普、南、徑、清無。

一〇九頁中一三行第一二字「得」，資、磧、普、南、徑、清作「皆得」。

一〇九頁下一行第一二字「諸」，資、磧、普、南、徑、清作「詣諸」。

一〇九頁下四行第一〇字「生」，諸本作「即生」。

一〇九頁下二〇行第四字「汝」，資、磧、普、南、徑、清作「汝言」。

一一〇頁上三行第七字「受」，資、磧、普、南、徑、清作「以」。

一一〇頁上九行第一一字「寧」，資、磧、普、南、徑、清作「寧爲」。

一一〇頁上一〇行末字「若」，資、磧、普、南、徑、清無。

一一〇頁上一一行第四字「不」，資、磧、普、南、徑、清作「若不」。

一一〇頁上一二行「既捨欲若復」，資作「捨欲若既復」。

一一〇頁上一四行第七字「使」，資、磧、普、南、徑、清無。

一一〇頁上一六行首字「百」，資、磧、普、南、徑、清作「百客」。

一一〇頁上一九行第八字「著」，資、磧、普、南、徑、清無。

一一〇頁中一四行「猒惡」，資、磧、普、南、徑、清作「猒患」。

一一〇頁中二一行第四字「存」，資、磧、普、南、徑、清作「在」。

一一〇頁下一三行「疽虫」，磧、南、徑、清作「蛆蟲」。

一一一頁上一二行第九字「名」。資、磧、普、南、徑、清作「名曰」。

一一一頁上一六行第三字「怖」，資、磧、普、南、徑、清作「怕」。

一一一頁上一七行第一〇字「能」，資、磧、普、南、徑、清無。

一一一頁上一九行「往彼比丘所」，資、磧、普、南、徑、清作「往請彼比丘」。

一一一頁中三行第一一字「無」，資、磧、普、南、徑、清作「無有」。

一一一頁下八行第一二字「天」，資、磧、普、南、徑、清無。

一一二頁上六行及一五行「壞破」，資、磧、普、南、徑、清作「破壞」。

一一二頁上七行第八字「踊」，資、麗作「勇」；磧、普、南、徑、清作「湧」。

一一二頁上一五行第六字「諸」，資、磧、普、南、徑、清作「害」。

一一二頁上一七行「當介」，資、磧、普、南、徑、清作「東方當爾」。

一一二頁中七行「尅害」，資、磧、

普、南、徑、清作「殺害」。

一　一一二頁中末行經名，資、磧、普、南、徑、清無（未換卷）。

阿育王傳卷第七　　　　　　　　　禽

西晉安法欽譯

王極大恐怖而作是言此三王今同心擊我我當云何有天神語言汝以天冠著子頂上捨王位與汝子將五百力士足能摧伏大軍王即捨王位及以天冠結頂之具悉以與之即名此子為難看王五百力士用爲輔相五百輔相各自莊嚴辦種種器仗即共闘戰煞彼三王并其眷屬所將兵衆悉皆除滅便還舍弥作閻浮提王時花氏城中有婆羅門名曰大與多知博學一切典籍無不了達取大種姓與已相似婦以為婦大福福人當從此生當懷妊時作意欲與一切論士共為論議相師占言此子生者必能摧伏一切論士乃至滿足十月而生面貌端正及年長大亦能通達一切典籍有五百婆羅門作受學弟子從其習學經論呪術如是多諸弟子即名此兒為多弟子即辭父母出家學道讀誦三藏經書都盡尒時華氏

阿育王傳卷第七　第二張　禽字號

城中有一長者名曰須達那取門戶齊等女以為己婦有勝人當生於此當懷妊時其母樂聞靜心意調柔好修忍辱相師占言此是勝人乃至十月生即名此兒[illegible]及年長大辭父母出家[illegible]多知識[illegible]中[illegible]種種供養後爲[illegible]多弟子三藏將數百千衆向拘舍弥說法難看王向三藏所聽法即除去憂愁於佛法所得信敬心念如來功德及與沙門能施無畏問諸比丘言彼三惡王於我時中毀滅佛法荅言十二年毀滅佛法王言我今十二年中當作般遮于瑟於是王在拘舍弥作般遮于瑟當作之日閻浮提普雨甘雨一切粲米一切樹木一切華菓皆悉成熟閻浮提人為欲供養諸衆僧故來向拘舍弥尒時衆僧多利供養飲食衣服无有誦習讀經行道但晝則俗話夜便睡眠貪著利養莊嚴身體著好衣裳當於尒時无遠離樂無寂靜樂無

禪定樂無智慧樂唯實織身以為堅

實為法作怨非法增長法幢將傾惕
幢欲立正法欲滅熾然使火燒壞法
輪法海欲竭法山欲崩法城欲壞斫
伐法林欲覆定慧斷戒瓔珞與於正
法作大過患天龍夜叉乹闥婆皆生
譏嫌言此諸衆僧不修善業如是惡
人壞滅佛法常習諸惡多作不吉少
有信心為邪見壞諸善根本今悉斷
滅不畏殃咎無慈悲心遠離真諦摧
倒法幢不信不調好作惡業破法律
徑宮出家衆好行諸惡長養憍慢諂
為詐稱偷刧法庫佛法滅相今悉覩
現法海欲涸餘光無幾學惡法者無
智恵者必滅佛法諸天不喜不加擁
護由此事故却後七日正法當滅諸
天空中極大懊惱發大音聲而作是
言如来正法後七日夜因諸比丘鬪
諍故滅時拘舍彌有五百優婆塞為
佛法故諫諸比丘滅其鬪諍皆唱怯
哉如来正法必當滅壞法流必斷釋
師子法今則為彼無常論斷遂作
偈言

金剛之身心　猶尚有壞敗　況危脆身心

而當不破壞　一切見聞法　其性自磨滅
安隱好時過　毒惡勢已至　有智者盡滅
數現諸世惡　相佛必滅壞　世間欲黑闇
無垢法日没　大冥苦將至　救世尊法盡
善惡誰能知　若不知諸善　云何能得知
解脫之正恵　及以人天道　若不知諸惡
云何而得離　佛法如明燈　得精進諸善
佛法若在世　福田勝無量　佛法若滅者
作福田有量　我以不堅財　當易堅牢法
佛法從今日　滅盡一何速

拘舍彌五百僧房寺當布薩時諸優
婆塞皆有急務不得往香山中有阿
羅漢名修陁羅觀閻浮提衆僧當於
何處布薩即知凡是佛弟子共集拘
舍彌布薩衆僧既集尒時僧違維那
唱言今十方僧和合布薩時三藏比
丘多有弟子寂為上座白諸衆僧言
世尊十方弟子皆来集此如此大衆
我為上座我已到多聞彼岸而猶不
能具持佛戒今此衆中誰有持戒比
丘而當說戒令十五日極可愛樂日
月分明衆僧皆以說戒故皆和合現

閻浮提沙門釋子盡来聚集是寂後

集此中誰能持釋師子戒修陁羅起
而合掌在上座前而作是言願可布
薩我能說戒如佛在世舍利弗目揵
連所持之戒我今具持但願說戒三
藏弟子宇噫伽度惡而無慈生嫌嫉
心捉持利刀煞修陁羅時有夜叉名
為樂面而作是言閻浮提内唯有一
阿羅漢云何煞之便以金剛杵打噫
伽度頭作七分修陁羅弟子復煞三
藏於是以後佛法尋滅尒時大地震
動大星崩落諸方火起諸天空中擊
磬失聲四方大烟起十万諸天空中
涕泣佛在世時見佛夜叉五體投地
覆面下向作是言曰從今以後不聞
佛法不覩毗尼不聞戒律法橋已壞
斷絶法流法海乹竭法山崩倒法寺
以盡法行以絶法藏以壞法甘露味
以竭能說法者皆悉以滅教坐禪者
亦復以喪佛母摩訶摩耶從天来下
悲哀涕泣而作是言咄哉怯哉我子
三阿僧祇刧所集之法今日滅盡我
子徒衆能師子吼者為何所在勇健

威猛摧滅軍者今安所寄從法身生
者亦何處去納衣空閑者今為所在
能持佛法者復何處去諸善勝法盡
離衆生閻浮提好莊嚴事一切盡滅
猶如月蝕法施無畏施財施信戒施
忍辱如是諸勝施皆何所在如是悲
哀已還歸天上五百優婆塞聞法滅
盡出拘舍弥至僧房所高舉兩手自
搥胷脊悲號懊惱涕泣而作是言何
其怪哉何其苦哉即說偈言
善語永離別　大惡災害世　誰當授我戒
誰所聽法言　愚癡遍世界　大明悉摩滅
世間大黑闇　樂著諸惡業　舉世皆如癡
死有欲離相　佛語盡摩滅　都棄清淨業
大死既已至　皆當墮惡道　世間如虛空
悉離於星月　如花无諸蜂　林無拘枳羅
念定及智慧　十力世尊法　今悉盡滅壞
衆生何所怙
尒時拘舍弥王聞三藏比丘及聞修
陁羅阿羅漢二人俱死懊惱瞋恚煞
諸道人破壞塔寺佛告四天大王汝
當擁護佛法乃至滅盡四天大王白
佛言世尊唯然受教作是語已便行

天上
昔阿恕伽王時師子國主貢獻五枚
如意寶珠王得珠已即以一枚施佛
生塔二枚施與菩提樹塔第三施與
轉法輪塔第四施與佛涅槃塔餘有
一珠欲與諸夫人若與一者恐餘者
恨阿恕伽王即遣人入宫唱言其有
衣服纓珞㝡第一者當與此珠一切
夫人皆自肆力方便求好衣服纓珞
唯有一小夫人字湏闍哆憶念佛語
戒衣服纓珞為㝡第一作是念已受
持八戒著純白衣阿恕伽王次第觀
諸夫人妃后服飾纓珞見諸夫人各
以伎樂而自娱樂到湏闍多夫人所
見其徒黨悉皆寂默容儀齊整著鮮
白衣王心自然甚生恭敬又其衆中
有說法座即時礼敬而語之言諸夫
人等皆著上服伎樂自娱汝等何以
寂默而住夫人荅王言佛說慚愧為
上服戒為勝纓珞法音為伎樂我等
諸人受持八戒以當纓珞各自著於
慚愧素服更共說法以為音樂王聞
此語欣然歡喜復語言曰我先有教

其有著第一上服纓珞者當與寶珠
今汝第一㝡為第一與汝寶珠諸夫
人見得寶珠後皆相學受持八戒
昔阿恕伽王常請衆僧入宫飲食有
一比丘名優鉢羅年少威壯端正殊
特口作優鉢羅蓮華之香王自行水
下食聞此道人口氣作優鉢羅蓮華
香王即作念此比丘年少端正口中
含香將不欲動我宫人之心王時即
語以水洗口口倍復香王問之言久
近含此香也荅言過去有佛号名迦
葉人壽二万歲我於尒時為高座法
師以讃歎佛法故四十九億歲生於
人天之中不墮三塗八難之處口中
恒作如是之香王聞語已生歡喜之
心倍加恭敬作礼而去
昔阿恕伽王使道人說法時以步障
遮諸婦女使其聽法尒時法師為諸
婦女說法恒說施論戒論生天之論
有一婦女分犯王法撥幕向法師前
問法師言如來大覺於菩提樹下覺
諸法時覺悟施戒也更悟餘法法師
荅言佛覺一切有漏法皆苦猶若熱

鐵此苦因從習而生猶如毒樹修八正道以滅苦習是女人得聞此語獲得須陁洹道以刀繫頸往到王所而白王言我今日犯王重法願王以法治我王問言汝犯何事荅言我破王禁制至道人所辭如渴牛不避於死我實渴於佛法是以黙䆮聽法王問言汝聽法頗有所得不荅言得法見四真諦解陰入界及以諸大皆知無我遂得法眼王聞是語踊躍歡喜即為作礼即唱令言自今已後不聽障隔樂聽法者聽直至法師所對面聽法歎言竒哉我宮内乃出人寶以是因緣當知聽法有大利益

昔阿恕伽王見一七歲沙弥將至屏處而為作礼語沙弥言莫向人道我礼汝時沙弥前有一澡瓶沙弥即入其中從澡瓶中復還來出而語言王慎莫向人道沙弥入澡瓶中復還來出王即語沙弥言我當現向人說不復得隱是以諸經皆云沙弥雖小亦不可輕王子雖小亦不可輕龍子雖小亦不可輕沙弥雖小能度人王子

雖小能煞人龍子雖小能興雲致雨電雷礔礰故其所小而不可輕也昔阿恕伽王深信三寶常供養佛法衆僧諸婆羅門皆生嫉妬共相聚集簡選宿舊取五百人皆誦四圍陁典天文地理無不博達共集議言阿恕伽王一切盡供養剃頭禿人我等宿舊未曾被問當設何方使彼意迴有一善呪婆羅門語諸婆羅門言諸賢但從我後却後七日我當以呪力作摩醯首羅身飛行到王宮門汝等皆當步從我能使其大作供養汝等都得諸婆羅門皆共然可到七日頭善呪婆羅門即自呪身化作摩醯首羅於虛空中飛到王門頭諸婆羅門亦皆侍從到王門頭遣人白王言虛空中有摩醯首羅將四百九十九婆羅門從空來下今在門外餘婆羅門在地而立欲得見王阿恕伽王喚使來前便喚來入坐於兩廂牀上王言小坐共相問訊即語之言摩醯首羅何能屈意故來相見欲何所須荅言須飲食即勑厨中辦五百案飲食著前摩

醯首羅等皆手推言我從生已來未曾食如此食阿恕伽王荅言先不約勑不知當食何食摩醯首羅等皆同聲言我之所食食剃頭禿人阿恕伽王即勑一日汝往到雞頭末寺語尊者耶奢王宮内有五百婆羅門一自稱言摩醯首羅不知為是人為是惡羅刹請問所以願阿闍梨來為我駈遣使去所使之人是耶見婆羅門弟子到彼衆中不稱實如王所言語衆僧作如是言阿恕伽王有五百婆羅門言貌狀似人語似羅刹作是言正欲得汝沙門作食上座耶奢即語維那鳴揵集僧起辭衆僧言我年已老耄我為衆僧當如此事衆僧安隱護持佛法聽我使去第二上座言上座不應去我身無所堪能惟我應去第三者言第二上座不應去正應我去如是展轉乃至沙弥十六万八千僧中其最下頭七歲沙弥起衆僧中長跪合掌而作是言一切大僧不足擾動我既幼小不能堪任護持佛法惟頭大衆必聽我去上座耶奢極大歡

喜手摩沙弥頭言子汝應去使人不
待即於先去阿惒伽言頗有来者無
使人荅言更相移致令次㝡下沙弥
来王作是言大者著耻故使小者来
使作對阿惒伽王聞沙弥来即出門
迎坐此沙弥著御座上諸婆羅門皆
大瞋恚阿惒伽王大不識別我等宿
德尚不起迎為此小兒而自出迎沙
弥問王言何以見喚王時荅言此摩
醯首羅欲得阿闍梨為食隨阿闍梨
欲為作食不為作食沙弥言我年幼
小朝来未食王先施我食然後我當
與彼令食王即勑厨宰擎食来與食
一案食悉皆都盡如是擎五百案食
與皆都未足王復勑厨言所有餘食
盡擎来與沙弥得食忽尒都盡問言
足未荅言未足飢渴如本厨監白王
飲食都盡王言庫中麨脯乾食一切
都来儵忽都盡王問言足未荅言猶
未足王荅言一切飲食悉皆都盡更
无有食沙弥言取下頭婆羅門將来
我欲食之即時噉盡如是悉食四百
九十九婆羅門悉皆令盡摩醯首羅

極大驚怖飛向虛空沙弥即時座上
舉手從虛空中捉頭復噉使盡王即
時驚怖噉諸婆羅門使盡復不噉我
不沙弥知王心念即語王言王是佛
法擅越終无損減慎莫驚怖即語王
言王能共至雞頭末寺不王言阿闍
梨將我上天入地皆當隨從沙弥即
時共王到雞頭末寺王見沙弥所食
之食諸衆僧等皆分共食所食五百
婆羅門皆剃除鬚髮被著法衣在衆
衆僧下行末坐㝡初食者㝡在上座
頭摩醯首羅㝡在行末五百人見王
沙弥極生慙愧我等尚不能與此沙
弥共戰何況與諸大衆而共角力猶
如鵄毛俟於爐炭猶如蚊子與金翅
鳥角飛遲疾猶如小兎共師子王角
其威力如此之比不自度量五百婆
羅門心生慙愧得須陁洹道
昔阿惒伽王見出家者不問大小悉
皆礼拜諸邪見臣恠其所作若見宿
舊有大德者可為礼敬幼小无德何
煩自屈礼敬王王閻浮地名有聖德
應當自重云何輕作礼敬此言展轉

王得聞之王既聞已集諸群臣不聽
煞生各仰人得一種頭若馬牛若百
獸之頭唯勑耶奢大臣使得自死人
頭一仰使於市賣之一切諸頭悉皆
得售唯有人頭獨不得售諸人皆言
所賣之頭普悉得售唯有人頭獨不
得售王時問言何以不售一切物中
何者為貴諸臣荅言唯人㝡貴王言
人為㝡貴應得多價云何不售諸臣
荅言人生時雖貴死為㝡賤人頭尚
无有欲見況當有買者王問言一切
皆賤唯此頭賤荅言一切皆賤王言
若一切人頭皆賤今我頭亦賤耶尒
時耶奢怖不敢荅王言耶奢直實荅
我耶奢荅言實如王言實亦不異王
言我頭與此不異者汝何為遮我不
使礼拜汝若是我真知識者應當勸
我礼拜何緣我自作礼汝便嗤笑我
今頭有所直應敬礼貿易貴頭後无
所直云何可用貿易勝頭若是我親
善知識者勗我頭有所直應當勸我
作礼使我將来得諸天身聖賢勝頭
昔阿惒伽王供養衆僧尒時宮中有

一下賤婢見王作福自責先業心生不樂作是念言王福復轉增我罪轉多何以故王先身修福今得富貴今日重作將来轉深我先身有罪今為厮下今日無以可用修福將来轉賤何有出期衆僧食訖此女糞掃中得一銅錢以此一錢即施衆僧心生歡喜其後不久得病命終生王夫人腹中滿足十月生一女子端正殊妙然其右手急捲年滿五歲夫人白王所生女子一手急捲王喚者前王為摩手手即得展當手掌中有一大金錢隨取隨生不曾有盡王怖所已將問耶奢此女先身作何福德令此掌中常生金錢耶奢荅言先身之時是王宮人糞掃中得一銅錢用施衆僧以是因緣得生王宮以此布施衆僧因緣手把金錢用不可盡

昔阿恕伽王庫藏之中有一欵如意珠是昔寶鎧一甲上有文字作如是言阿闍世王見此珠上有文字而作是言遺將来世貧窮阿恕伽王王得是語極生瞋恚作是言曰阿闍世王作一國王而我王閻浮提云何言我貧窮也有一智臣荅言試珠所能王即遣人試珠所能有捉珠者能使所刺都不得近身向有瘡捉便得愈寒時得煖熱時清凉此珠力故能使服毒自然消化著濁水中能使三十里濁水自然澄清王庫藏中雖有種種珠乃無此一能王自思忖我實貧窮彼阿闍世王有此寶鎧唯留歎壞一甲德量如是當知先舊佛在時人福德深厚我之薄德生在佛後昔阿恕伽王使上座耶奢請尊者賓頭盧耶奢語王好煎酪蘇極令香美尊者賓頭盧將八万四千羅漢一時来至僧集坐定王自行水手自過食與尊者賓頭盧飯純蘇用澆王白尊者蘇性難消能不作病尊者荅言不作患也何以故佛在世時水與今日蘇氣力正等我身是彼時身以是之故今不為患王問言何由乃尒尊者賓頭盧申手分地下至四万二千里取地肥示王而語王言今人薄福肥膩之事皆流入地以是因緣知佛在時人福德深厚

昔阿恕伽王時太史占相白如是言王有衰相王問太史云何禳却太史荅言唯有修福可得禳却王時即造八万四千塔作諸功德王問太史惡相滅未太史對曰猶故未滅復問尊者耶奢何由得滅尊者荅言王自修福專於一已故此福輕勸一切共修福者斯誠寛曠福鍾亦重可以禳災可以除害王聞是語即著微服勸諸國人索物作福到一貧女人舍尒時女人唯有一氎以障身體聞作福聲心生歡喜即入屋裏向中過氎授與王語言何不自出過與荅言唯有此氎以障於身今脫布施身形裸露不得自出王聞是語歎未曾有還至宮中以諸夫人衣服瓔珞来迎此女請為姊妹封大村落布施之功華報如此受果在後

昔阿恕伽王遍行勸索欲用作福到一貧家夫婦二人著麁弊衣粗得遮身體語言阿恕伽王憐愍百姓欲使得福勸共作會貧人夫婦心中自責

我先身時由慳貪故今得貧窮今日無財可以修福夫婦議言我等當以身質財福業難值得財與者不亦快乎夫婦相將即詣富家語言與我七枚金錢夫婦身質滿七日若不得者我身及婦為汝奴婢長者聞已歡喜即與七錢于時夫婦尋賫此錢與勸化者勸化者問言汝從何處得此錢來以用布施夫婦荅言貧乏絕無錢財欲遭福田無以修福從富長者假此錢以身為質若其過限夫婦二人許為奴婢勸化者言如是質假其事甚難何用布施貧人荅言先身不作今日已戹受此貧苦故今努力庸假布施以是因緣願使將来之身必得富樂王到宮中自以己衣服瓔珞及所乘馬并諸夫人衣服瓔珞即與彼人封大村邑阿恕伽王如是勸化作福惡相即滅

昔阿恕伽王欲取阿闍世王所舉舍利阿闍世王著恒河中作大鐵劒輪使水輪轉著舍利處種種方便取不能得問蓮花比丘云何可得比丘荅言擲數千斛捺著中可得止輪尋用此語以捺着於水中偶試一捺捺隨機關孔中劒輪即定更不迴轉然大龍王守護都不可得王時問言何由可得龍王福勝无由可得問言云何知彼福勝以金鑄作龍像及以王像以秤秤之重者福勝即時秤量龍像倍重王見此事即勤修福既修福已復更鑄像復更稱量王像龍像稱量正等王更修福復更鑄像稱看王像轉重王知像重將諸軍衆往到水邊龍王自出獻種種寶王語龍言阿闍世王遺我舍利我今欲取龍王自知威力不如即將王至舍利所開門取舍利與阿闍世王所造油燈始欲盡賜舍利既出燈亦盡滅王恠而問蓮花比丘去何阿闍世王裁量油燈至取舍利方始乃滅尊者荅言彼時有善筭者計百年中用介許油用如是計故使至今

阿育王傳卷第七

阿育王傳卷第七

校勘記

一　底本，金藏廣勝寺本。

一　一一六頁中一行經名、二行譯者，資、磧、普、南、徑、清無（未換卷）。

一　一一六頁中七行第一二字「之」，資、磧、普、南、徑、清作「子」。

一　一一六頁中一四行「福福」，諸本作「福德」。

一　一一六頁下七行第一二字「向」，資、磧、普、南、徑、清作「後向」。

一　一一六頁下一六行第四字「生」，諸本作「王」。

一　一一六頁下二一行末字「便」，資、磧、普、南、徑、清作「則」。

一　一一七頁上四行末字「斫」，資、磧、普、南、徑、清作「欲」。

一　一一七頁上一〇行「慈悲」，資、磧、普、南、徑、清作「悲忍」。同行末字「推」，資、磧、普、南、徑、清作「拔」。

一　一一七頁上一一行至一二行「律

徑」，資、磧、普、南、徑、清作「經律」。

一一七頁上一二行末字「譖」，諸本作「諂」。

一一七頁上二一行「正法」，資、磧、普、南作「行法」。

一一七頁上二二行「無常論斷」，資、磧、普、南、徑、清作「惡黨諍斷」。

一一七頁中二行第四字「破」，資、磧、普、南、徑、清作「碎」。

一一七頁中七行第五字「恚」，諸本作「要」。

一一七頁中八行「精進」，資、磧、普、南、徑、清作「修集」；麗作「修進」。

一一七頁中一二行及次頁上八行「僧房」，資、磧、普、南、徑、清作「僧坊」。

一一七頁中一五行「共集」，資、磧、普、南、徑、清作「皆集」。

一一七頁下一三行「大烟」，資、磧、普、南、徑、清作「火烟」，同行「十万」，資、磧作「十方」。

一一七頁下一八行末字「味」，資、磧、普、南、徑、清無。

一一八頁上三行第九字「去」，資、磧、普、南、徑、清作「去也」。

一一八頁上六行第二字「辱」，資、磧、普、南、徑、清作「施」。

一一八頁上一四行第五字「相」，資、磧、普、南、徑、清作「想」。

一一八頁上末行末字「行」，資、磧、普、南、徑、清作「還」。

一一八頁中一行「天上」，至此，資、磧、普、南、徑、清卷第五終。

一一八頁中一行與二行之間，資、磧、普、南、徑、清有「阿育王現報因緣第六」（麗作「第四」）。

一一八頁中二行至一二二頁中末行「昔阿恕伽王……阿育王傳卷第七」，資、磧、普、南、徑、清全文載於卷第二之末品。

一一八頁中二行「國主」，資、磧、普、南、徑、清作「主國」。

一一八頁中三行第一二字及四行第四字「枚」，資、磧、普、南、徑、清作「者」。

一一八頁中四行「二枚」，麗作「第二枚」。同行「第三」，徑作「三者」。

一一八頁中一一行「爲寂」，資、磧、普、南、徑、清作「最爲」。

一一八頁中一三行「妃后」，資、磧、普、南、徑、清作「后妃」。

一一八頁中二〇行第三字「戒」，資、磧、普、南、徑、清作「戒德」。

一一八頁中二一行「各自」，資、磧、普、南、徑、清作「自各」。

一一八頁下二行第三、四字「第一」，資、磧、普、南、徑、清作「等」。

一一八頁下五行第九字「少」，資、磧、普、南、徑、清作「在」。

一一八頁下七行「蓮華」，資、磧、普、南、徑、清作「華華」。

一一八頁下一五行末字「之」，資、磧、普、南、徑、清無。

一一九頁上七行「默窔」，資、磧、普、南、徑、清作「冐突」。

一一九頁上一〇行第二字「遂」，資、磧、普、南、徑、清作「逮」。

一一九頁上一八行第六字「中」，資、磧、普、南、徑、清作「口」。同行「來出」，資、磧、普、南、徑、清作「出來」。

一一九頁中二行「故其所小」，資、磧、普、南、徑、清作「所謂小」。

一一九頁中五行第一三字「典」，資、磧、普、南、徑、清作「大典」。

一一九頁中八行第八字「方」，資、磧、普、南、徑、清作「方便」。

一一九頁中一一行「皆當」，資、磧、普、南、徑、清作「應當」。

一一九頁中一二行「步從」，諸本作「步從我後」。

一一九頁中一九行第一〇字「王」，資、磧、普、南、徑、清作「言」。

一一九頁下二行第九字「王」，資、磧、普、南、徑、清無。

一一九頁下九行「使去」，資、磧、普、南、徑、清無。

一一九頁下一二行第二字「言」，資、磧、普、南、徑、清作「顔」。

一一九頁下一五行第七字「如」，資、磧、普、南、徑、清作「知」。

一二〇頁上三行「答言」，資、磧、普、南、徑、清作「答王言」。同行第九字「今」，資、磧、普、南、徑、清作「科」。

一二〇頁上一五行「皆都未足」，諸本作「皆都盡問言足未答言都未足」。

一二〇頁上一六行「沙彌」，資、磧、普、南、徑、清作「沙彌沙彌」。

一二〇頁上一八行至一九行「乾食一切都來」，資、磧、普、南、徑、清作「千人食一切都般來」。

一二〇頁上一八行第一〇字「俻」，麗作「糒」。

一二〇頁中二行第七字「捉」，資作「攫」；磧、普、南、徑、清作「揔」。

一二〇頁中三行及五行「驚怖」，資、磧、普、南、徑、清作「驚怕」。

一二〇頁中二一行「可爲」，資、磧、普、南、徑、清作「爲可」。

一二〇頁下一四行「奢怖」，資、磧、普、南、徑、清作「奢怕」。

一二〇頁下一八行「蚩笑」，磧、南、清作「嗤笑」。

一二〇頁下一九行第六字「應」，資、磧、普、南、徑、清作「應當」。

一二〇頁下二二行「聖賢」，資、磧、普、南、徑、清作「賢聖」。

一二一頁上一三行第一〇字「怖」，資、磧、普、南、徑、清作「怪」。

一二一頁上二〇行第三字「昔」，諸本作「昔阿闍世王」。

一二一頁上二〇行至二一行「作如是言阿闍世王」，資、磧、普、南、徑、清作「阿恕伽王」。

一二一頁上末行末字「王」，資、磧、普、南、徑、清無。

一二一頁中四行「身向」，資、磧、普、南、徑、清作「身上」。

一二一頁中六行「三十」，資、磧、

普、南、徑、清作「四十」。

一　一二一頁中八行「能王自思忖」，資、磧、普、南、徑、清作「珠王自思惟」。

一　一二一頁中一一行第七字「德」，資、磧、普、南、徑、清作「福」。

一　一二一頁中二一行第三字「分」，資、磧、普、南、徑、清作「入」。

一　一二一頁中二二行「之事」，資、磧、普、南、徑、清作「之事肥中肥膩」。

一　一二一頁中末行「因緣」，資、磧、普、南、徑、清作「因故」。

一　一二一頁下三行第一一字「穰」，諸本作「禳」。下同。

一　一二一頁下一八行「布施」，資、磧、普、南、徑、清作「以布施」。

一　一二一頁下二二行首字「身」，資、磧、普、徑、清無。

一　一二二頁上一八行首字「人」，資、磧、普、南、徑、清無。

一　一二二頁上一九行末字「滅」，資、磧、普、南、徑、清作「滅也」。

一　一二二頁中一行第六字「捺」，資、磧、普、南、徑、清作「柰」。下同。

一　一二二頁中五行「龍王」，資、磧、普、南、徑、清作「答言龍王」。

一　一二二頁中六行「以金」，資、磧、普、南、徑、清作「答言以金」。

一　一二二頁中一六行首字「賜」，資、磧、普、南、徑、清作「澌」。

一　一二二頁中末行「卷第七」，資、磧、普、南、徑、清作「卷第二」。

阿育王子法益壞目因緣經序

僉

原夫善惡之運猶形影之相須受對明驗凡三塗焉現也中也後也播九色之深恩以悅天妃之耳目孤禽投王而全命形受五九之切酷斯現報也群徒潛淪於幽壑神陟輪飄而不改身酸歷世之殃豈不曉王子之喪目斯中報也阿蘭縱禍於無想嬰佩永惑於始終為耆翅之累貍飛沉受困而難計斯後報也故聖人降靈必有所由非務不豫青白明矣玄鑒三世弱喪之流深記來變坏形之累趣使引入百練之室自如來逝後阿育登位經維閻浮光被流洽畜形神寺八万四千羅漢御世沉濟億數國主師宗玄化滂涌万民仰載而不已神祇欽賴而愈深然王子法益宿殖洪業生在王宮容貌殊特後復受對靡知緣起會天竺沙門曇摩難提出斯緣本秦建初六年歲在辛卯於安定城二月十八日出至二十五日乃訖梵本三百四十三首盧沿傳為漢文一万八百八十言令譯晉音情義實難或離文而就義或正滯而傍通或取解於誦人或事略而曲備冀將來之學士令鑒罪福之不朽設有豪釐潤色者盡銘之於萌兆故叙之焉

阿育王息壞目因緣經

符秦天竺三藏曇摩難提譯

人在生死　纏綿來久　習罪識深
從起惱乱　婬之為病　必成波激
猶河暴逸　有所傷損　慧者執心
念計分明　淡泊自守　御諸惡原
二十一結　染汙人心　盡當捐棄
反放逸行　咸共一心　聽我所說
阿育王息　壞目之元　聲徹八表
弥滿國界　群庶忿忿　靡不驚愕
聖王阿育　於中統化　領閻浮境
莫不從令　王復生子　顔貌端政
生有豪相　應紹王位　眼視清明
如天帝像　王覩此變　甚悅無量
便召群臣　沙門道士　躬自抱示
使彼瞻相　又勑諸臣　更立名字
令世稱揚　聲聞四達　群臣拜首
承教而曰　王生貴子　世之希有

由正法治　天降此神　今當立号
名曰法益　所以然者　王法埶故
以法教化　未曾違理　我等正是
法之真子　故稱聖子　字之法益
目猶蓮花　見者喜悅　瞻視俱眴
如因提王　言辭詳叙　不緩不急
天性柔和　不行卒暴　有此名德
不可具記　今更重稱　号曰天眼
然阿育王　㝡所敬愛　隨時瞻養
不令有失　王恒遣使　探察內伺
知子吉祥　然後乃食　躬抱法益
欣拤終日　情愍愛慼　寤寐无猒
語法益言　汝造何福　今獲此目
如優鉢花　若在園苑　出遊國界
恒令將護　不使憂慼　諸有男女
見天眼來　皆起邪念　與欲情想
王素稟性　偏耆女色　內宮侍入
像如天妃　諸有婦人　心懷姿態
窈窕娥媚　無不貫練　王大夫人
名曰淨容　晝夜伺捕　欲與私通
我當何日　果其所願　得與天眼
閑靜共遊　意便充足　不羨天宮
正尒發身　於世無怨　時王太子

清晨早起　至夫人所　蹌拜問訊
興居輕利　遊步勞耶　兼獻甘美
吉祥之菓　夫人見來　欲意熾盛
便言汝前　與吾共遊　既充我願
又親情畢　彼我同歡　不亦快乎
天眼聞之　以手掩耳　內自思惟
酷哉斯言　何災之甚　痛貫心懷
育養恩重　豈容此法　漸漸退却
復道而去　還歸所在　靜默自修
彼見違願　又斷望意　推胸歎息
起能害心　蓬頭亂鬢　而坐于地
瞋恚所縛　如羅剎鬼　彼人云何
取我辱之　要當方便　挑雙目出
令此國界　無見聞者　何況男女
覩其形容　尒時有臣　名曰耶舍
父王所持　威伏万民　逼節之初
來入慶賀　朝謁揖讓　如舊世礼
王子見來　以手拍頭　不詳之應
在吾前立　速還本處　勿復停此
吾欲入朝　慶賀聖尊　臣尋捉手
陽致重敬　願令王子　享壽无窮
向以尊手　而拍臣頭　柔軟之體
无所損乎　含笑徐語　趣悅前意

內興恚怒　如虵懷毒　竊自思惟
要當報怨　不墮有手　終不行世
耶奢既蹌　退還所在　以此元本
向天后說　夫人尋對　御聽我語
亦有瑕穢　慙不能言　彼所毀辱
何地容之　分受形斬　終不原捨
猶如耶奢　水中生火　燒焚山野
城郭縣邑　諸人見之　莫不驚怪
群臣相對　而共論講　何畜今日
水中生火　水能滅火　方從中生
今此王種　辟喻亦然　遇此太子
猶水生火　焚燒我心　所造功德
本無恐懼　今生怖畏　我恒長夜
而生斯念　吾年衰老　必得子力
反更摧辱　如拤婬種　此事隱匿
當復訴誰　耶奢白言　愆罪宜懲
毀尊辱臣　謀當時施　要設權巧
求其方宜　不挑雙目　則非報怨
時有羅漢　名曰善念　天眼師宗
人民所敬　真人入定　以道力觀
王子後必　當受緣對　數數教誨
微說道教　令知機變　万物歸空
與王子說　色亦无有　有無亦無

無亦无無　聲從外道　由耳内候
香自波揚　鼻識而受　衆味經口
轉增舌根　身貪細滑　意法无猒
法有亦有　法無亦無　无有有無
无無亦无　猶如聚沫　必當毀敗
眼无常主　不可久保　如水上泡
會歸摩滅　當念思惟　無常之變
眼者遷轉　興衰不停　當自勗勉
求於天眼　夫天眼者　無能壞敗
漸當至彼　無憂之處　數捨俗務
往聽法言　親善知識　與共交遊
聞法意寤　眼得清淨　由善良友
逮阿羅漢　專心念佛　思惟法寶
敬奉聖衆　及師尊長　意不移易
則遇大達　任不動地　真佛之子
法益聞之　悲喜交集　此必有因
事不孤尒　云何人身　眼亦無常
師令戒勑　懇懃至深　宜當防護
施行嚴教　豈敢輕慢　違我聖師
當於尒時　閻浮地内　菩薩所行
投身之處　名曰石室　恒有王治
會遇國毀　王亦喪云　國界群臣
庶民大小　普共就詣　阿育王所

前拜敬謁　叉手而言　聖王延壽
興利康彊　石室散王　捨位遷神
願賜差次　領遺荒民　王子頤眀
告耶奢曰　速勑差遣　應誰統領
彼民剛強　須堪能者　無令凡人
録攝彼土　耶奢自念　今正是時
當遣王子　法益使攝　輙前長跪
即白王言　願垂聽許　徵臣所啓
乾陁越國　樂如天宮　願差王子
統遺荒民　便為國土　至感所遇
亦使天威　遠震无外　父王聞之
即便瞋恚　咄愚所啓　豈足上聞
御非國主　又非領民　為因何力
使吾息往　汝舌云何　不毀毀墮
方欲遣吾　窮胎之子　今重原汝
再死之罪　好自改悛　勿貧吾手
從今至竟　重戒勑汝　慎護御族
得延天命　設有稱吾　息名号者
躬自執劒　梟汝等首　若復更有
面稱字者　當生拔舌　吾取食之
假使我子　昔與御讎　過去所作
因緣之本　及以現在　身口意行
今悉原恕　不録前罪　時臣懷嫌

不顧命根　前後長跪　重白情實
善哉大王　願垂天威　留神思惟
使國不乱　西方人民　受性頑嚚
恒好鬪訟　興兵攻伐　宜須善化
綏納人心　群臣和穆　豈非嘉會
乾陁越國　饒珎多寶　高才博聞
無事不閑　又石室地　名譽不朽
昔花瓔王　所治之處　後園池水
生金蓮花　銀葉寶茎　價直閻浮
此城有威　神德無量　非越常人
所可臨顧　國雖西垂　益事豊廣
願王善察　不忽微言　所以頻啓
以國事重　何敢專意　使太子移
利根聰叡　是知諸法　兵戰妓術
皆備貫練　設當彼土　遭王子者
不加刀杖　自然降伏　所言柔和
無有麁獷　受性寬仁　無貪恪心
酒不過口　於色自制　恩接博愛
治無阿曲　設無此德　臣豈敢宣
是以煩聽　願垂時許　王當專一
何足二憂　設念尊息　慮彼國為
今不時謀　後必有患　事不豫慮
敗在斯須　王聞此語　如食遇噎

既不入腹 又不得吐 大臣所感
莫有覺知 猶蛾投火 不顧後緣
時王阿育 涕零教曰 諭遺法益
統攝彼土 近日數万 自然響應
吉祥寶物 尋集天廷 育王躬自
手擎天冠 冠法益首 而告之曰
善哉新王 吉無不利 常使吾種
登遵此位 椎鍾鳴鼓 作倡伎樂
懸繒幡蓋 數千百種 於彼國土
靡不周遍 八由旬內 人民充滿
著鎧爲馬 各八万四 金銀交錯
不可稱計 羽寶之車 八万四千
步兵之衆 復八万四 如天帝釋
出遊後園 王女營從 樂何可過
如是王子 至彼方城 入石室城
導從无數 王至國界 万民稱慶
這意自娛 如忉利天 城內里巷
懸繒幡蓋 香汁灑地 靡不周遍
時王法益 告人民曰 卿等以誠
尊重吾者 於七日中 各勿作務
吾當賜卿 財寶之物 如我宮中
五樂自娛 恣情遊戲 晝夜无猒
吾今賜汝 隨意之寶 假令負債

出物代償 若有墮落 爲人奴婢
給與財帛 令不作役 盡令城內
男女大小 普修行善 無令有怨
復勑外境 宜吾教令 六年之內
勿輸貲財 設有孤窮 極貧匱者
吾亦施物 不令有乏 其能自修
無慾盜心 吾當敬待 如己無異
時王法益 重宣令曰 半月三齋
此日難遇 男女相勸 無起懈怠
奉持八關 如來齋法 佛說人身
億劫乃獲 及八無閑 顛倒之法
如板浮海 盲鱉投孔 此猶可冀
求人身難 汝等已果 莫生憍慢
人中五樂 幻爲不真 當建天福
適忉利宮 七寶殿堂 食以甘露
其有欲得 受天之福 當於半月
奉持三齋 時石室王 教誨不懈
舉國豐熟 人民安隱 其有男女
遭遇彼王 命終之後 皆生天上
大王阿育 而問來使 法益治化
爲如法不 國界人民 盡靡伏不
卿今具說 不足疑難 來使歡悅
即前自宣 大王壽考 万民蒙頼

法益聖王 氣力康強 恒以正法
恤化西方 石室城中 如天帝宮
王於中治 猶天王釋 乾陁越國
土豐民盛 所行真實 无有虛僞
不慾不盜 順從正法 人民之類
嘆慶无量 願使大王 延壽無窮
蒙聖之德 各寧其所 阿育王聞
喜慶歡悅 和顏悅色 告耶奢曰
吾獲大利 其德寶願 法益王子
以理治化 率以礼禁 導以恩和
人民之類 莫不戴奉 今當分此
閻浮利地 吾取一分 一分賜子
使我法益 長生壽考 治化人民
如今無異 新頭河表 至娑伽國
乾陁越城 烏持村聚 劒浮安息
康居烏孫 龜茲于闐 至于秦土
此閻浮半 賜與法益 綱理生民
垂名後世 師子曇羅 摩竭金根
維耶舍衛 倮形垂耳 雪山北界
至于海際 吾躬訓化 令無有限
時耶奢聞 如被毒箭 外佯含笑
內懷瞋恚 即跪對曰 奉大王教
正尒傅令 不敢稽遲 竊自念本

宿對之惱　三毒隆盛　不殞身命
昔惟我頭　甚痛難忘　今不報怨
何日可果　尋即却退　還歸所止
密遣侍人　具白其母　夫人聞已
勅耶奢曰　速作秘書　退位刑罰
無令外伺　而見聞者　若當事顯
俱亦傾沒　耶奢白言　秘書易辦
唯須金印　用封印書　夫人報曰
印自我發　今當供辦　何慮不果
善思行人　可付往者　無令輕舉
事情外露　時臣耶奢　詐稱王命
私述聖旨　虛辭万端　輕詐彼土
欲令滅盡　云阿育王　咸恚彼國
若欲安此　閻浮地者　速從我命
不足違廢　見吾書信　并覩印封
摧撿法益　挑兩目出　此非我子
我非彼父　所治國界　亦非我有
竊為此書　往示夫人　啓辦寶印
不足疑難　今得印者　明當遣信
若小稽留　恐事彰露　尒時夫人
即以其日　向王涕泣　揚聲變怪
昨夜卧夢　極為不祥　將恐王身
會遇疾病　宜先豫慮　以攘惡夢

阿育王息壞目因緣經　第十六張　合字号

願飲甘漿　用悅我心　便能伏猒
不祥之應　尊及君民　永無有憂
王尋告曰　夢是非真　安能令吾
身值疾病　夫人聞此　重更悲泣
向天號哭　宛轉干地　王當垂愍
應受我酒　無令妻身　永失命根
時王含笑　徐告之曰　卿意欲尒
當為飲之　焉得使汝　自喪其命
此是小事　吾不相逆　王即受酒
飲小過差　尋醉睡眠　了无所覺
夫人取印　用封撿書　于時侍從
無見之者　王於夢見　有人解印
尋時驚覺　問左右曰　方始安眠
心識澹泊　誰来擾吾　神不得寧
速撿挍之　無令有虛　其必有謀
欲危吾身　手執利劒　及飛鐵輪
奮赫天威　語夫人言　誰乃令汝
取吾寶印　設不時首　正尒逝滅
夫人懷懼　長跪白言　願王垂察
實无此情　王重瞋恚　復告之曰
更無餘人　觸燒吾者　今不面對
以誠陳過　當取汝身　分為二段
天人涕泣　跪白王曰　此是夢如

阿育王息壞目因緣經　第十六張　合字号

現瑞恠耳　種非凡細　孤窮倮淺
何敢王前　虛稱詐逸　假使須印
焉得偷竊　以誠告王　豈不得耶
王聞此語　默然不對　復還寢卧
達曉乃覺　夫人急勅　為臣耶奢
速遣信使　不足停滯　當尒之時
王子法益　與諸群臣　共集殿上
歡會遨遊　隨意所娛　書信達到
石室城內　王聞外有　父王教勅
尋起前迎　拜跪頂受　授與左右
使發印封　見上教令　至為嚴切
稱阿育王　普恚斯土　若欲安居
石室城者　速撿王子　挑兩目出
無令停滯　使影移轉　法益聞已
自投于地　我有何過　於父王所
遣此書命　毀我兩目　將非有人
向父王讒　群臣人民　聞此切教
咸共驚愕　莫知所如　何災之甚
乃見此變　大王瞋恚　無復係嗣
其中群臣　或作是論　我等不敢
毀法王目　誰有此人　能與斯壞
敢復舉意　挑出兩目　卿輩共集
固守境界　傳告遠近　供辦戰具

寧喪人民　分失妻子　不令我主
受此苦痛　急擊鳴鼓　名方外將
火燒此書　催煞來信　彼非我主
我非彼民　實不從令　毀聖王目
時王法益　告群臣曰　勿生此心
非逆聖教　父王兵衆　非卒所籌
勇猛剛健　世之希有　卿等雖欲
各現微誠　事不果者　國界普喪
我命何常　身為誰有　乃使大王
悲情至深　寧殞身命　分受來勅
安得自濟　使國荒亂　卿等勿復
思向來論　速受王教　取吾眼毀
夫感有衰　合會有離　無身則已
死豈可避　佛不說乎　是身苦器
恒漏臭處　無一可貪　速告城內
誰能堪任　取王法益　挑出雙目
令賜寶瓔　價直千万　兼與金銀
不可稱計　國土人民　聞此教令
運集宮門　投鍼不下　異形同嚮
悉共高聲　號天叩地　各訴辭曰
何酷之虐　失我聖王　如此天宮
云何遷轉　城郭如是　丘荒不久
國界邦土　悉為坵陵　我等咸共

傳告鄰國　云王阿育　為惡之首
煞兒揚名　有何可貴　尚不愛子
民何所恃　尒時城內　有一凡夫
昔與王子　小小讎嫌　徑自直前
求受重募　吾堪挑眼　亦能梟首
左右諸臣　稍示啓曰　此人自稱
堪毀王目　猶可思詳　非父王教
願不使主　受此毒痛　王見此人
悲泣交集　左右顧視　告群臣曰
吾居此城　十有二年　脩有愆短
咸共原恕　設復今見　毀吾目時
勿復愁惱　起諸惡念　還理國事
如舊常法　以正治化　務使得宜
正使意欲　食天之福　常念齋戒
无違斯須　王脫寶冠　珠璣瓔珞
及寶履屣　授與前人　卿當知吾
欲思法本　一一挑眼　著我掌中
時彼惡人　手拔利劍　先挑一目
授王掌中　王自執眼　而熟思惟
方憶先師　本所教誨　霍然心悟
繫意不忘　昔師所演　理極深遠
而告我曰　眼者無常　師勸至誠
實無虛詐　寂淨微察　解無常義

此眼不久　為當壞敗　眼我知本
誑惑世人　群愚翫習　不知是空
生死穢濁　如芭蕉樹　葉葉相覆
中無有堅　智者觀察　无一可貪
豈復興意　著於眼識　眼非我有
非作非造　彼無我慮　焉有眼哉
愚者起惑　深著眼識　輪轉幽冥
長流之海　眼今與汝　永共別離
由何元本　與吾作眼　如水上泡
乍起乍滅　虛為无真　用彼眼為
如是法益　微觀根原　思惟玄妙
意不移動　執正御亂　心如金剛
諸想永寂　志不流馳　尒時彼人
復以利劍　挑第二目　著王掌中
重觀眼原　本從何致　解諸法寂
万物歸化　即於坐上　得天眼通
諸塵垢盡　自致道跡　感應天地
六變震動　喜情內發　而三稱善
捨世穢目　致斯淨眼　功德微著
自知道成　諸臣呼嗟　惋轉于地
痛何甚酷　失我所天　昔造何緣
為何宿對　今敗此目　如捐凡石
又重又手　各自陳啓　願王垂愍

還統此邦　我等相率　詣父王所
訴辞自陳　令理國土　時王法益
慰謝諸臣　深感元元　至報之心
形毀之士　何安貴邦　宜則自退
時出國界　即將夫人　侍臣有一
捐王忽位　涉道而去　周流村聚
郡縣國邑　徙顔曠野　嶮岨之難
然王太子　素善彈琴　加音清妙
世所希有　依憑此術　家家乞食
從國至國　用自濟命　如是經歷
諸郡城郭　漸漸便至　父王治處
時梟惡聲　流聞海表　云王阿育
毀兒兩目　村落郡國　莫不驚動
吾等悲當　於何處避　男女大小
悲泣相向　太子於王　有何罪咎
彼人焉得　手不斷壞　取我聖王
毀此兩目　王子法益　告諸人民
父王无咎　世人無怨　是我宿對
今受其報　此緣久矣　非適今世
時阿育王　在高樓上　獨與夫人
而共寢寐　王子法益　止馬廐內
竟夜歌戲　鼓琴自娛　王聞琴聲
悵然意變　宮商和雅　似吾法益

何人彈琴　響震乃介　將非即是
吾法益耶　夫人報曰　此非王子
無目之士　行乞自活　乾陁越國
如釋天宮　領統西方　如日貫雲
王今時起　詣殿治正　諸臣運集
欲懃至尊　趣欲使王　志意他念
入出慄怖　恐殃及身　王重聞音
鼓琴之聲　即便驚起　微察來響
顧謂左右　此非異人　定是我子
來至此耳　必弊婦人　不須多言
速將此人　使吾見之　尋遣使喚
將至王所　王遥見來　自投于地
號天稱怨　心意倒錯　憂悴悲感
如被火然　諸臣水灑　扶令起坐
正冠嚴服　而問之曰　誰壞子目
酸毒乃介　傷我心肝　復用活為
本如天眼　今遭此災　悲哽斷絶
死而復蘇　復捉寶冠　而投于地
乱頭散髮　奮振天威　珠璣瓔珞
各在異處　手執利劍　告左右曰
吾今要當　消滅天下　老舊少壯
无免吾手　石室城內　盡當茹食
人民之類　斯挑眼出　乾陁越國

令使坵荒　坐壞吾息　清淨之目
亦當害此　吾所居國　不問男女
皆悉挑眼　即擲鐵輪　於空中轉
煞閻浮內　有形之屬　父王涕零
問王子曰　誰壞子目　乃致於斯
令我心肝　寸斷抽絶　觀者億數
无不哀愍　王子尋對　書印此發
教令嚴切　莫不驚愕　顔王勿責
石室城人　彼仁民和　無有愆罪
是子薄祐　招致斯殃　皆由曩昔
不善之報　諸臣見書　悉懷瞋恚
阿育何為　行此不仁　於閻浮地
實无慈愍　去何興心　毀此王子
我等諸人　皆共運集　傳告國界
嚴備戰具　寧失邦城　分受刑罰
不使王子　受此毀辱　勅燒書信
并煞來使　於石室城　速擊鳴鼓
彼非我主　我非彼臣　實不敢毀
王子雙目　子尋誨喻　彼界人民
勿興此懷　非逆聖教　何於父王
生反逆心　自古迄今　興衰有限
時行尊劝　承來嚴教　莫得稽留
違此書命　生民群愚　不識真僞

願王含容　垂恕不及　大王留神
觀察佛語　忍為大力　能勝衆怨
時可捨放　不録罪愆　莫以子日
起煞害心　地獄苦痛　考掠酸楚
倫受罪報　用憶子為　若見愛愍
惠本願者　何於子身　煞害人民
國土男女　民萌之類　悲懷恐怖
願時赦宥　當於尒時　王子師主
將諸比丘　入城乞食　手執應器
法服齊整　漸漸以次　至王宮門
阿育遥見　悲泣交集　即起前迎
長跪問訊　昔尊弟子　法益王子
今遭殃舋　毀壞雙目　悲感情傷
衰切難勝　願尊臨顧　療以法藥
羅漢報曰　無常百變　此来久矣
非適今也　尋將比丘　即前就坐
告王勑喚　使法益来　王躬自入
手執導引　觀者數万　莫不痛心
前接足礼　淚如駛河　悲憤哽噎
讃畢說曰　昔師教誨　誠如来勑
眼者無常　亦无牢固　思惟此義
惻玄深遠　肉眼穢濁　不可恃怙
亦如聚沫　被照之露　猶水浮泡

鏡像光移　芭蕉野馬　幻化不真
智者所棄　有何可貪　時王阿育
前跪白言　願演至味　使復視瞻
愁憂憤心　拔濯清惻　沫浪之徒
使還歸真　思惟尊教　安處无為
令將来世　知宿報原　羅漢尋起
至王子所　手執白氎　覆法益頭
月光夫人　親王子母　尋起于座
叉手跪侍　躬擎香爐　燒衆名香
向十方國　方面境界　諸有神祇
尊豪鬼王　盡集此處　證至誠撿
令我法益　還復眼目　諸神證明
至誠感動　八部鬼神　即時嚮應
四面運集　無空缺處　過去諸佛
方將来者　自投歸命　興尊敬心
諸賢聽我　發真實撿　以逮不著
獲清淨眼　得道以来　終不先食
要前度人　然後乃飡　憶念我昔
承事諸佛　式佛維衛　毗舍如来
以若干種　繒綵花盖　作倡妓樂
以用供養　加復然燈　續尊光明
緣此德本　使復眼根　昔於式佛
發此撿願　諸无肉眼　吾當療治

還復眼根　如前無異　設果我願
得眼根淨　若復王子　五百世中
審是我息　如實不虛　吾以今身
更不受胎　願令王子　如我無異
復告阿育　王念昔日　以一掬土
施於如来　由此福田　王閻浮提
鐵輪獨遊　而無儔匹　今亦當發
至誠之撿　福及王子　使得眼根
尒時尊者　騰遊虛空　作十八變
踊沒自由　大王見已　叉手長跪
專精其念　自投于地　歸命我尊
釋迦文佛　蒙遺餘福　統閻浮地
若使如来　記莂我身　吾逝百歲
當有王出　於閻浮地　起八万四
如来神廟　周滿方城　神口所說
今已果獲　弥倫境内　普興福業
領閻浮界　獨步自由　設法不虛
得眼根淨　昔所種福　於真人所
敬奉三寶國師道士及施窮之諸裸形者
以此福業施於王子王念昔遊巡行國界
乃經諸山鐵圍之表聞下有聲（雷震天地　嚮嚮震切）
音甚酸酷　王乃下眄　見閻羅王
目吏參佐　辟問罪因　所犯形狀

輙便決斷　隨罪付治　無增減心
十八地獄　熱熾湧沸　十六萬子
圍繞一鑊　刀山劒樹　火車爐炭
罪人叫哭　苦毒万端　王問左右
此為何人　諸臣荅曰　死人王也
主別善惡　撿罪輕重　司察殃咎
料簡賢愚　是時阿育　告群臣曰
死王猶尚　造地獄治　我今乃是
生民之王　豈復不能　地獄治化
問諸群臣　誰有斯人　極惡兇暴
領地獄者　諸臣對曰　唯有無澤
五逆之人　能造地獄　黃鬚赤眼
攞眉腫頬　高頬蹇鼻　乃能行惡
王勅諸臣　語覓惡人　如此比類
速来上奏　臣即馳奔　國內縣邑
見一池側　有一織罽　傍設弓箭
仰射飛鳥　前灑毒飯　用捕群雀
脚牽鉤餌　以釣網魚　後施玄弶
微伺麞鹿　引頸鳥鳴　招致鳥狩
諸人見之　審如所募　目還以狀
白王情實　行求惡人　其誠如斯
王言善哉　乃果我願　究尋此人
必辦獄事　王遣人喚　云吾欲見

重賜珍寶　隨意所須　惡人報曰
我是小人　無所識知　王用我為
使復荅言　卿必遷貴　欲得汝身
治地獄事　其人歡喜　即還到家
具以事狀　而啓父母　父母聞之
甚懷憂慼　各自抱兒　不放令去
兒意勇盛　即拔利劒　斫煞父母
而捨之去　往至王所　跪拜問訊
揖讓修敬　在一面立　王問惡人
卿父母在　無贍養者　何由得来
彼人自陳　父母固遮　以劒斫煞
而捨之来　王言苦哉　真五逆者
猶害父母　餘人何怙　即委此人
造地獄城　鑊湯劒樹　注鐵垣牆
尋使其人　為地獄主　立諸臣佐
各有所與　如閻羅王　約勅獄卒
有入獄者　無令使出　不問貴賤
豪尊長者　得便治罪　勿責曲直
正使我身　入此中者　亦莫聽出
加以重法　繞城周帀　種好菓樹
修治園觀　狀如天宮　時我獨步
頭陁乞食　漸漸以次　到此城門
外見香花　樹木繁茂　謂是好人

豪貴居家　即便入門　欲從索食
但見治罪　驚怖欲還　獄卒前捉
不聽使出　將至鑊所　欲加五毒
我復求曰　小見寬恕　至日中者
抱恩無已　學道日淺　又不廣誦
願聽見許　礼十方佛　惡人默許
期尅日中　語有久須　男女二人
坐犯淫法　將入治罪　置碓臼中
以杵擣之　斯須之間　變成為沫
時吾見之　唯念佛語　身如聚沫
誠哉斯言　受身胎分　要有斯對
過聖恒沙　誰免此患　吾今當計
非常之義　分別九漏　不淨之穢
又須復變　為白鴿色　思念此形
如久骨聚　變易非一　如幻如化
即時意悟　結盡漏解　欣情內充
形發於外　快哉福報　與生死別
心意寂定　志如金剛　天燋地爛
蠋然一體　弥天熾火　安能燒我
獄卒復催　時入鑊湯　我時方笑
顏色容悅　獄卒瞋毒　差其四人　各扶兩腋
倒著鑊中　湯冷火滅　變成清涼　孝掠撈抬
普皆休息　即便化作　千葉蓮花於蓮花中結跏趺坐

坐卧踊没　作十八變　或飛虛空
去地七仞　獄卒見驚　白阿育王
獄中奇異　未曾所見　願王暫屈
至泥犁城　臨視災恠　窮異之變
王語惡人　我先有要　正使我入
亦不得出　轉輪王教　言無有二
我今那得　復入此門　吏白王曰
但入無苦　聽令一日　後令立限
王即隨入　見鑊中人　在蓮花上
結跏趺坐　王遥問曰　汝是何人
我復報曰　吾是比丘　王復問曰
汝今在獄　當稱罪囚　何言比丘
時吾語言　汝真愚人　蒙聖遺恩
王南天下　永劫積功　始乃得之
方更謗聖　稱為罪囚　王問道人
汝今何故　轉輪王前　面稱愚人
時吾告曰　汝童子時　以一把土
奉上如來　佛受呪願　詣迦葉寺
以水和埿　補寺南壁　記汝後當
南閻浮提　作轉輪王　名曰阿育
一日之中　便當興立　八万四千
如來神廟　王今此獄　是浮啚耶
更反拘禍　無邊之罪　神識倒錯
癡心纏裹　愚中之愚　莫甚王身
或人執迷　至死不改　今稱汝愚
何惑之有　王意即寤　五體投地
便自懺悔　即事我身　於是罷獄
興立善本　求獲無為　不起滅法
本種土栽　今致王位　於佛福田
淨諸結縛　盡持壇界　奉上三寶
審有此福　使得眼根　王及尊師
發至誠言　即於座上　獲完淨眼
諸天須倫　神祇鬼王　皆稱善哉
歎未曾有　不可思議　神感之應
即前發疊　觀視眼目　王及夫人
遥見法益　容貌殊異　世之希有
尒時天地　六變震動　山河石壁
巔峨踊没　内懷歡喜　不能自勝
前自長跪　白天師曰　師如生佛
施人眼目　蒙福威力　更生淨眼
王見瑞應　不可稱說　此必天身
寄生吾耳　脫已實冠　授與法益
紹轉輪王　統閻浮内　王子前跪
白父王曰　子無此威　敢紹尊位
父王告曰　觀卿行迹　定是天神
畢然不疑　卿在我治　則非其宜
汝應紹位　我宜臣佐　速隨吾語
受此寳冠　勿足疑難　興猶豫想
師復告曰　王應受此　天冠威容
治化六年　昔本為王　經六万歲
時少六年　減不充數　阿育王疑
白大師言　願說本緣　開發蒙心
於何造行　致斯豪尊　既為我子
眼得淨明　又中毀壞　今獲完目
復作何緣　與尊相遇　導引法師
得法眼淨　今為佛子　諸塵垢滅
復已成道　永離生死　願說昔日
所更行本　師告王曰　聽我所說
諦自思念　昔所因緣　過去之世
九十一劫　有佛名曰　維衛如來
尒時王子　為此作兒　莫知數妓
則善啚畫　我身七日　供養彼佛
王子畫造　如來形像　即以形像
宣示寂勝　如來稱善　實无等倫
即於彼佛　發心誓願　所生之處
莫墮惡趣　恒使端正　眼目聰明
生值豪族　不處卑賤　常為婦人
所見愛敬　其有覩者　皆投于地
次後有佛　名式如來　將諸比丘

逝清明城　我為長者　此為我息
復共供養　承事式佛　次佛名曰
隨葉如來　度脫人民　不可稱計
尒時求願　為子上燈　七日七夜
光明不斷　乘此福祐　長離苦惱
所生之處　得天眼淨　於賢劫中
有佛出世　名拘孫那　度人無量
三十二相　紫磨金色　坐道樹下
降伏魔怨　六十六年　奉持禁戒
月六歲三　初不脫失　次復有佛
拘鄰含尊　照曜世間　如月星滿
尒時我亦　為長者子　王子與我
作家小兒　有一比丘　得阿羅漢
以次乞食　來至貧家　時我見婦
供養比丘　衣被飯食　牀卧醫藥
王子懷恚　竊語已婦　卿今何為
與此人通　我要當壞　此比丘目
是何乞士　觀視吾婦　次後有佛
名曰迦葉　衆相具足　出現於世
我時復為　大豪長者　廣接恩惠
名稱四遠　復遇此兒　生无兩目
由本苦報　受此殃罪　因造畫像
令致此報　生在王種　顏貌无雙

又眼徹視　在衆獨尊　見者心歡
靡不威伏　以曩昔謗　真人羅漢
坐視婦人　欲壞他目　由本惡行
今毀兩目　善惡之報　終不腐朽
我請迦葉　及比丘衆　供養七日
隨所給施　子亦復於　七日七夜
奉敬如來　及請聖衆　兩手擎燈
形不移動　日三懺悔　自歸於佛
我本所造　身口意行　今盡改過
謹修禁戒　設後更遇　如此聖尊
願使鄙賤　得遭奉敬　即於彼會
盡於苦際　與父同時　成阿羅漢
於維衛佛　七日然燈　發願求福
而獲天眼　今雖毀壞　肉眼根本
即時便獲　天眼之報　既遇迦葉
興出世時　願使更生　得清淨眼
或復有時　建立堅揞　使我與父
同時成道　於六年中　正法王治
竟此數已　便當盡漏　王聞此語
善心生焉　即前長跪　自投于地
尊今清淨　諸垢無著　於賢聖衆
安處无為　法益新王　領閻浮提
无有賊盜　劫掠人者　無有疾痛

邪業之道　普行慈心　相視和順
時王法益　告群臣曰　卿等孝順
勿懷姧邪　興煞盜心　不善之報
亦莫淫泆　妄言綺語　酒不過口
恒當順法　不違正教　便成道跡
時王治化　以逕六年　長跪叉手
白父王曰　子受王命　不敢違戾
乞聽出家　修清淨行　王即聽許
令出家學　礼父母足　便辞而去
往詣於師　自陳啓曰　願師聽納
得在道次　尊者和顏　而告之曰
善來真子　勤修梵行　卿於今身
斷除諸惱　莫懷懈怠　更受毀辱
剃除鬚髮　專精心意　普地震動
雨天雜花　尋時即受　具足之戒
真人之法　無不曉了　師漸教化
指授宜則　眼如夢幻　當熟思惟
觀此五陰　覩無所有　無人无作
亦無授者　知之悉空　愚者深著
鬚毛身體　爪齒之屬　血髓腸胃
不淨充滿　此身无淨　亦無牢固
汝當思念　有為之屬　此五陰形
幻化虛偽　由此流滯　不得解脫

汝今懇懃　至解脫城　如佛所嘆
豈有虛乎　長樂无為　澹泊虛寂
諸佛過去　如恒沙數　難寤衆生
不聞不覩　興勇猛心　於瞿曇法
至安隱處　無往還期　如是尊者
教誨法益　晝夜經行　無復懈息
觀此五陰　如被火然　即成羅漢
不復退轉　師復重告　諸来會者
捐忽非務　及俗煩交　夫人根元
流浪生死　漂滯馳騁　隨於五趣
彼終生此　皆有因緣　人根相類
今為汝說　行步顛蹶　不自覺知
視瞻眩惑　恒多多妄　舉動輕漂
浮遊曠野　此人乃從　活地獄来
支節煩痛　睡眠驚覺　夢寤凶悪
黑繩獄来　麁皺戾眼　長齒喜瞋
聲濁暴疾　合會獄来　語聲高大
不知慚愧　喜闘嘵呼　不別真偽
眠卧呻吟　夢數驚嚘　當知此人
涕哭獄来　恒喜悲泣　登高遠望
好闘家人　無有親踈　言便致恚
經宿不食　此人本從　大涕哭来
身長脚細　筋力薄尠　言語咽塞

聲如破瓮　神識不定　心無孝順
當知此人　阿鼻獄来　身體麁醜
長苦寒戰　好熱喜渴　慳貪嫉妬
見人恵施　自致煩惱　此人乃從
熱地獄来　見火驚恐　復喜暖熱
行步輕便　不避事宜　所作尋悔
復欲更施　此人復從　大熱獄来
小眼喜瞋　所受多妄　所造短狹
无廣大心　見大而懼　視小歡娛
此人乃從　優鉢獄来　赤眼醜形
常喜闘訟　誹謗聖賢　諸得道者
晝夜伺人　非法之行　當知此人
鉢頭獄来　眼視三角　不孝二親
生便短命　拘牟獄来　好帶刀劍
強撩人闘　必為人煞　邠持獄来
身生創痍　口烝臭處　與人無親
曠地獄来　形體長大　行步劣弱
少髮薄皮　恒多病痛　見人則瞋
貪餮无猒　當知此人　從炎獄来
體白眼青　語便流沫　言無端緒
好挵塵土　見深瘀沮　身卧其上
此人乃從　灰地獄来　卷頭黄目
人所悪見　臨事惶怖　劒樹獄来

手恒執刀　闘闘便喜　為刃所害
從刀獄来　體黑瘡疢　喜止冥室
口出悪言　熱灰獄来　薄力少氣
不得自在　得失之宜　一不由已
設見屠煞　不離其側　當知此人
從剥獄来　瞋恚無常　尋知變誨
時能辞謝　不經日夜　懟責其心
如被形罰　此人乃從　鉋地獄来
喜宿醜處　好食麁獘　所著醜陋
從呆獄来　顏貌臭悪　口氣麁穢
好讒闘人　善香獄来　當觀此貌
所從来處　知之遠離　如避刧燒
次說畜生　受形殊異　專心思察
無造彼緣　語言舒遲　不起瞋恚
議敬尊長　從烏中来　身大醜穢
堪忍飢寒　健瞋難解　從䭾中来
遠行健食　不避嶮難　億事識真
從馬中来　恩和寬仁　堪履寒熱
所行無記　從牛中来　高聲无愧
多所愛念　不別是非　從驢中来
長牙無畏　恒貪肉食　衆事不難
從師子来　身長眼圓　遊於曠野
憎嫉妻子　從虎中来　毛長眼小

少於瞋恚　不樂一處　從禽中来
性無返復　喜煞害虫　獨樂丘冢
從狐中来　少聲勇健　無有婬欲
不愛妻息　從狼中来　不好妙眼
伺捕姧非　少眠多怒　從狗中来
身短毛長　飲食睡眠　不喜淨處
從猪中来　毛黄卒暴　獨樂山陵
貪食花菓　從獼猴来　多妄強顔
無所畏難　行知反復　從烏中来
情多色欲　少於分義　心無有記
從鴿中来　所行返戾　彊辨耐辱
不孝父母　鵄鵂中来　亦不知法
復不知非　晝夜愚惑　從羊中来
好婬喜談　數親豪族　衆人所愛
鸚鵡中来　所作卒暴　樂人衆中
言語多煩　鸜鵒中来　行步舒緩
意有所規　多害生類　從鸛中来
體小好婬　意有專定　見色心惑
從雀中来　眼赤齒短　語便吐沫
卧則纏身　蚰蜒中来　語則瞋恚
不察来義　口出火毒　從蝎中来
獨處貪食　聲嚮喑啞　夜則少睡
從狸中来　穿牆竊盜　貪財健忍

亦無親踈　從鼠中来　深觀相貌
從畜生来　次說餓鬼　專意聽之
身長多懼　以髮纏身　衣裳垢坋
從餓鬼来　脣乾鼻騫　咽纏色黄
行喜顛倒　從餓鬼来　婬泆慳貪
嫉彼所得　不好恵施　從餓鬼来
不孝父母　家室大小　動則諍訟
從餓鬼来　不信至誠　所從趣為
薄力少智　從餓鬼来　聲壞嚮塞
卒興瞋恚　食便好熱　從餓鬼来
恒乏財貨　空遭貧陋　智者所呰
從餓鬼来　門不事佛　不好聞法
永絕天路　從餓鬼来　不敬妻子
兄弟姊妹　人所增嫉　從餓鬼来
生則孤倮　無人瞻視　終歸来處
從餓鬼来　意局偏狭　不好榮餝
所行醜陋　從餓鬼来　所為不獲
所作事懵　人所驅逐　從餓鬼来
成事喜敗　不審根元　不受人諫
從餓鬼来　不樂淨處　喜居廁溷
顔貌醜穢　從風神来　身大喜好
恒貪食肉　獨樂神祠　從閱叉来
健瞋合鬬　見物貪著　無有畏忌

從閱叉来　見者毛竪　直前熟視
如似所失　從羅剎来　體狭皮薄
顔色和悅　聞樂歡喜　乹沓和来
意好輕飄　香熏自塗　多諸妓術
乹沓和来　恒喜歌儛　男女所侍
先語後笑　甄陁中来　情性柔軟　曉了時節
能斷漏結　真陁羅来　此餓鬼相　閱叉羅剎
次當說人　隨其根元　知趣所生　所執不妄
曉了事業　從人道来　善惡之言　初不忘失
不信奸偽　從人道来　解諸幻偽　已不為之
所作平等　從人道来　信意惡施　解法非法
心不偏彼　從人道来　貪婬慳嫉　執心難捨
盡解方俗　從人道来
不失時節　亦不懈怠　供敬聖賢
從人道来　設見沙門　持戒多聞
至心承事　從人道来　供奉諸佛
正法衆僧　隨時聞法　從人道来
聞法能知　聞惡不為　速逮泥洹
從人道来　此是人相　粗說其貌
今說天狀　所從来處　圓眼面方
黄體金髮　盡倫妓術　阿須倫来
直前視地　無有疑難　見怨輙擊
阿須倫来　依須弥山　有五種天
本所造緣　其相不同　膂細脚麁
恒喜含笑　智者當察　從曲天来

意好微妙　少於貧財　見鬪則懼
從尸天來　身長體白　顔色端正
不好火光　從婆天來　常懷悅豫
聞惡不變　不從彼受　從樂天來
思惟忍苦　好分別義　慈孝父母
毗沙天來　宿不樂家　喜遊林藪
志念女色　從三天來　財寶雖少
生卑賤家　心樂清淨　從三天來
任己自行　所為不尅　望勤願違
從炎天來　意喜他婬　不守己妻
為鬼所使　他化天來　承事父母
恒法則宜　已短彼受　兜術天來
非道求道　心无悋想　不樂在家
從梵天來　意碩性質　恒貪睡眠
亦不解法　無想天來　五趣衆生
各有元本　性行不同　志操來異
時王阿育　心猶懷恚　告諸群臣
聽我要令　卿等觀此　利劒神輪
若不時捡　造書之首　盡當煞害
閻浮地民　令此境界　丘如曠野
諸臣拜跪　前白王言　願垂寛意
今當究審　尋出四布　聽外謠言
改形易服　隱容微察　為誰作書

信使是誰　往來石室　斯是何人
匿情內發　聲流外彰　夫人善容
耶奢所造　諸臣運集　前白王言
聽臣所陳　書印之原　今者此賊
在王肘腋　夫人善容　臣耶奢是
王聞此語　奮赫天威　即勅左右
催捡此人　將來王所　詰問情實
卿等審毀　王子目也　二人戰慄
默然不對　亦不言作　復不言非
王瞋恚怒　勅語傍臣　速將此人
閉著鐵窂　周帀然火　取焚燒之
即取反縛　將詣獄所　熾火燒煞
死入地獄　當復經歷　刧數之難
所以然者　王子昔日　生波羅奈
貲財无極　時有老母　孤窮倮凍
兼將孤子　詣門乞求　王子出見
便生瞋恚　以手掬土　坋其兩目
母子懷恚　興心生念　設我更生
與汝相遇　當挑兩目　如捐凡石
善惡不腐　如影隨形　時老母身
今夫人是　所將孫兒　耶奢身是
既謗羅漢　又辱孤母　衆緣遍切
有何可避　尒時尊者　與諸人民

廣說法味　微妙之教　當勲思惟
眼聚之法　本從何來　移至何所
來亦無始　去亦无終　尋不見跡
何者是眼　莫著眼色　起有常想
此亦不久　必當壞敗　色如聚沫
法當分散　聲香味法　都無真實
恩愛離苦　怨憎會苦　盡當捐捨
修行慈仁　月光夫人　妹女之衆
六十餘人　聞法見諦　初見道跡
得法眼淨　七生七死　盡於苦原
復有勇猛　十千開士　得頻來道
無復畏難　三千天人　諸垢穢盡
皆得道果　安處无為　復有百千
諸豪尊貴　受三自歸　師宗法益
尊者善念　將諸比丘　上天道引
復道而去　到精舍已　終訖說法
飛在虛空　作十八變　坐卧自由
各捨形壽　入泥洹道　無復生老

王子法益經

阿育王息壞目因緣經

校勘記

一 底本，金藏廣勝寺本。

一 一二六頁中一行「阿育王子」，資、磧、普作「王子」；麗作「阿育王太子」。

一 一二六頁中二行「相須」，資、磧、普、南、徑、清作「相顧」。

一 一二六頁中三行第二字「明」，資、磧、普、南、徑、清作「朗」。

一 一二六頁中五行第九字「九」，資、磧、普、南、徑、清作「机」。

一 一二六頁中九行第六字「終」，資、磧、普、南、徑、清作「終終」。

一 一二六頁中一六行第七字「涌」，資、磧、普、南、徑、清作「沛」。同行「仰載」，諸本作「仰戴」。

一 一二六頁中一九行「緣起會」下，諸本(不含石，下同)有「秦尚書令(麗作「令公」)輔國將軍宗正卿領城門校尉使者司隸校尉姚旻者南安郡人也親姚韶之次兄字景疑文(資、磧、普作「又」。)為儒表則烈勳(資、磧、普作「動」。)於千載武為逸羣則皎然而獨標亢(資、磧、普作「凡」。)音通實(麗作「冥」。)則辯機而曠遠執素縱情則翱翔而無倫(麗作「論」。)德也純懿範也難摸赫(麗作「恭」。)逸翰於羣才振龍威於昆鋒然愍永惑之巨救傷愚黨之不寤欲紹先勝之遺迹竪玄宗於末俗故請」。

一 一二六頁中末行第一一字「治」，資、磧、普、南、徑、清無；麗作「治」。

一 一二六頁下一行第九字「今」，諸本作「念」。

一 一二六頁下四行第六字「鑒」，資、磧、普、南、徑、清作「監」。

一 一二六頁下六行「阿育王息」，南、徑、清作「阿育王子法益」。同行末字「經」，資、磧、普作「經一卷」。

一 一二六頁下七行「天竺」，資、磧、普、南、徑、清無。

一 一二六頁下一〇行第二字「河」，徑、清作「可」。同行第四字「逸」，麗作「溢」。

一 一二六頁下一二行「二十一結」，資、磧、普、南作「二十二結」。

一 一二六頁下一三行首字「反」，資、磧、普、南、徑、清作「及」。

一 一二六頁下一六行第七字「統」，資、磧、普、南、徑、清作「綏」。

一 一二六頁下二二行「四達」，諸本作「四遠」。

一 一二七頁上三行第四字「化」，麗作「民」。

一 一二七頁上五行末字「眴」，資、磧、普、南、徑、清作「瞬」。

一 一二七頁上一二行第二字「拚」，資、磧、普、南、徑、清作「抃」。

一 一二七頁上一三行「語法益言」，資、磧、普、南、徑、清作「王問天眼」。

一 一二七頁上一四行「若在園苑」，資、磧、普、南、徑、清作「有時王子」。

一 一二七頁上一五行第九字「諸」，資、

磧、普、南、徑、清作「設」。
一　一二七頁上一八行第一一字「姿」，徑、清作「恣」。
一　一二七頁中一一行第二字「能」，諸本作「謀」。
一　一二七頁中一六行第四字「持」，諸本作「恃」。
一　一二七頁中二一行首字「陽」，麗作「佯」。
一　一二七頁下二行「有手」，諸本作「右手」。
一　一二七頁下六行第七字「形」，南、清作「刑」。
一　一二七頁下一六行末字「懲」，資、磧、普、南、徑、清作「徵」。
一　一二八頁上一行第八字「道」，諸本作「應」。
一　一二八頁上一五行第四字「達」，資、磧、普、南、徑、清作「幸」。同行第五字「任」，諸本作「住」。
一　一二八頁上一八行第二字「今」，資、磧、普作「念」。
一　一二八頁上二〇行第七字「地」，麗作「提」。
一　一二八頁中三行「王子」，麗作「王尋」。
一　一二八頁中一〇行第二字「遺」，資、磧、普、南、徑、清作「領」。同行第七字「國」，麗作「彼」。
一　一二八頁中一六行末字「手」，資、磧、普、南作「子」；徑、清作「身」。
一　一二八頁中一八行第二字「延」，麗作「迎」。
一　一二八頁下三行第一一字「禎」，麗作「禎」。
一　一二八頁下五行「羣臣」，磧、普、南、徑、清作「君臣」。
一　一二八頁下七行第四字「閑」，資、磧、普、南、徑、清作「関」。同行第八字「地」，麗作「城」。同行第九字「名」，資作「如」。
一　一二八頁下八行第九字「後」，資、磧、普、南、徑、清作「其」。
一　一二八頁下一〇行「非越」，麗作「非是」。
一　一二八頁下一四行第五字「是」，麗作「具」。
一　一二九頁上四行第五字「近」，資、磧、普、南、徑、清作「迎」。
一　一二九頁上五行第八字「迺」，資、磧、徑作「庭」。
一　一二九頁上六行第五字「串」，資、磧、普、南、徑、清作「冠」。
一　一二九頁上八行第二字「遵」，麗作「尊」。
一　一二九頁上一四行「王女」，諸本作「玉女」。
一　一二九頁上一五行第八字「城」，麗作「域」。
一　一二九頁上一七行首字「這」，諸本作「適」。
一　一二九頁上一九行末字「誠」，資、磧、普、南、徑、清作「城」。
一　一二九頁上二二行首字「五」，資、磧、普作「吾」。
一　一二九頁中三行「行善」，資、磧、

普、南、徑、清作「善行」。

一　一二九頁中末行末字「頭」，諸本作「賴」。

一　一二九頁下六行首字「嘆」，資、磧、普、南、徑、清作「歎」。

一　一二九頁下八行第四字「悦」，資、磧、普、南、徑、清作「怡」。

一　一二九頁下一五行第六字「持」，麗作「特」。

一　一二九頁下一九行第七字「垂」，資、磧、普、南、徑、清作「睡」。

一　一三〇頁上二行第五字「甚」，麗作「其」。

一　一三〇頁上四行「具白其母」，資、磧、普、南、徑、清作「共白天母」；麗作「具白天母」。

一　一三〇頁上一二行第一〇字「詐」，資、磧、普、南、徑、清作「誣」。

一　一三〇頁上二一行第四字「曰」。磧、南、清作「日」。同行「揚聲」，資、磧、普、南、徑、清作「佯聲」；麗作「佯稱」。

一　一三〇頁中五行「干地」，諸本作「于地」。

一　一三〇頁中六行「妻身」，諸本作「妾身」。

一　一三〇頁中一五行第九字「其」，麗作「斯」。

一　一三〇頁中一八行「逝滅」，南、徑、清作「斷滅」。

一　一三〇頁中末行末字「如」，諸本作「幻」。

一　一三〇頁下一行末字「淺」，南、徑、清作「賤」。

一　一三〇頁下二行第八字「逸」，南、徑、清、麗作「實」。

一　一三〇頁下一一行「見上」，資、磧、普、南、徑、清作「見王」。

一　一三〇頁下一九行第一一字「係」，麗作「繼」。

一　一三〇頁下二一行「能與」，諸本作「能興」。

一　一三一頁上一行第六字「失」，資、磧、普、南、徑、清作「我」。同行末字「主」，南、徑、清作「王」。

一　一三一頁上二行「召方外將」，資、磧、普、南、徑、清作「召力勇猛」。

一　一三一頁上三行第五字「催」，諸本作「摧」。

一　一三一頁上四行第八字「令」，麗作「命」。

一　一三一頁上六行及次頁下二〇行「拒逆」，資、磧、普、南、徑、清作「以逆」。

一　一三一頁上一〇行第二字「情」，資、磧、普、南、徑、清作「責」。

一　一三一頁上二一行第四字「虐」，麗作「甚」。

一　一三一頁中三行末字「夫」，麗作「人」。

一　一三一頁中六行第八字「曰」，麗作「白」。

一　一三一頁中末行「寂淨」，資、徑、麗作「寂静」；磧作「殺静」。

一　一三一頁下一行第九字「眼」，資、磧、普作「明」。

一　一三一頁下五行第八字「識」，諸本作「色」。

一　一三一頁下六行「我慮」，麗作「有我」。

一　一三一頁下七行第五字「染」，麗作「深」。

一　一三一頁下九行第三字「元」，資作「無」。

一　一三一頁下一〇行「彼眼」，麗作「肉眼」。

一　一三一頁下一一行「根原」，諸本作「眼源」。

一　一三一頁下一六行「帰化」，資、磧、普、南、徑、清作「歸無」。

一　一三一頁下二〇行第九字「惋」，諸本作「宛」。

一　一三一頁下末行「又手」，諸本作「叉手」。

一　一三二頁上三行「元元」，南、徑、清作「無極」。

一　一三二頁上六行「忽位」，南、徑、清作「寶位」。

一　一三二頁上七行「徙屣」，資、磧、普、南、徑、清作「徒屣」。

一　一三二頁上八行「加音」，麗作「嘉音」。

一　一三二頁上九行末「乞食」，資、磧、普、南、徑、清作「乞求」。

一　一三二頁中六行第二字「懃」，諸本作「覲」。

一　一三二頁中二二行「吾手」，資、磧、普、南、徑、清作「吾子」。同行第八字「内」，麗作「人」。

一　一三二頁下一一行第四字「報」，資、磧、普、南、徑、清作「業」。

一　一三二頁下一五行第八字「城」，磧、普、南、徑、清、麗作「域」。次頁下一五行第八字同。

一　一三二頁下二〇行第九字「何」，南、徑、清作「向」。

一　一三二頁下二二行第四字「幼」，資、磧、普、南、徑、清作「約」。

一　一三三頁上八行「赦寬」，資、磧、普、南、徑、清作「赦寬」；麗作「赦宥」。

一　一三三頁中四行「沫浪」，諸本作「流浪」。

一　一三三頁中六行第七字「報」，麗作「命」。

一　一三三頁中一四行「無空歎處」下，諸本有「復告王子　發汝心願　歸佛法衆（資作「中」）及尊師長」四句。

一　一三三頁下六行「閻浮𨑹」，諸本作「閻浮提」。

一　一三三頁下一〇行「踊没」，諸本作「涌没」。

一　一三三頁下一三行第六字「荊」，資、南作「別」；磧、普作「葆」。

一　一三三頁下一五行末字「説」，資、磧、普、南、徑、清作「記」。

一　一三三頁下一六行「彌倫」，諸本作「彌綸」。

一　一三三頁下一九行第一二字「之」，諸本作「乏」。

一　一三三頁下二一行小字「嚮嚮震切」，資作正文「響響哀動」；磧作

正文「響響震動」；普、麗作「嚮嚮哀切」；南、徑、清作正文「響應震動」。
一三三頁下末行第八字「因」，資、磧、普、南、徑、清作「囙」。
一三四頁上四行「叫哭」，資、磧、普、南、徑、清作「叫喚」。
一三四頁上六行首字「主」，麗作「王」。同行第九字「司」，資、磧、普、徑作「伺」。
一三四頁上八行第四字「尚」，徑作「向」。
一三四頁上一一行末字「澤」，資、磧、普、南、徑、清作「擇」。
一三四頁上一三行首字「擢」，諸本作「卷」。同行「高顙蹇鼻」，磧、普、南、徑、清作「高顙褰鼻」；麗作「高顙騫鼻」。
一三四頁上一四行第五字「語」，諸本作「訪」。
一三四頁上一五行「國内」，諸本作「國界」。
一三四頁上一六行第一〇字「設」，資、磧、普作「護」。
一三四頁上一八行第七字「絅」，南、徑、清、麗作「淵」。同行第一一字「玄」，磧、普、南、徑、清作「罥」。
一三四頁中一五行末字「佑」，諸本作「佐」。
一三四頁中一六行第四字「與」，諸本作「典」。
一三四頁下五行第三字「無」，資、磧、普作「永」。
一三四頁下七行第六字「有」，南、徑、清、麗作「未」。
一三四頁下一二行首字「過」，麗作「遇」。
一三四頁下一六行第七字「漏」，資、磧、普、南、徑、清作「結」。同行「結盡漏解」，麗作「漏盡結解」。
一三四頁下二一行「瞋毒」，資、磧、普、南、徑、清作「復恚」；麗作「瞋恚」。同行末字「眼」，資、磧、普、南、徑、清作「掖」；麗作「腋」。
一三四頁下二二行末字「抬」，諸本作「笞」。
一三五頁上一行「踊没」，諸本作「涌没」。
一三五頁上二行第二字「地」，徑作「他」。
一三五頁上三行末字「屈」，資、磧、普、南、徑、清作「出」。
一三五頁上八行第一〇字「令」，麗作「更」。
一三五頁上末行「更反」，麗作「反更」。
一三五頁中四行第五字「即」，磧、普、南、徑、清作「師」。
一三五頁中一五行「巔峨踊没」，資作「頗硪涌没」；磧、普、南、徑、清作「砸硪涌没」。
一三五頁中一九行「生吾」，資、磧、普、南、徑、清作「吾生」。
一三五頁中二〇行「閻浮内」，麗作「閻浮提」。
一三五頁下八行「淨明」，資、磧、普、南、徑、清作「清明」。同行「毀

壞」，麗作「毀眼」。

一　一三五頁下一五行「爲此」，諸本作「爲我」。同行「數妓」，諸本作「數技」。

一　一三五頁下二〇行「聰明」，資、磧、普、南、徑、清作「分明」。

一　一三六頁上一一行「星滿」，麗作「盛滿」。

一　一三六頁上一二行第八字「子」，麗作「身」。

一　一三六頁上一五行「飯食」，麗作「飲食」。

一　一三六頁上二一行「生无」，資、磧、普、南、徑、清作「生死」。

一　一三六頁上二二行第三字「苦」，資、磧、普、南、徑、清作「業」。

一　一三六頁中七行第六字「請」，麗作「諸」。

一　一三六頁中二一行末字「衆」，麗作「法」。

一　一三六頁中末行末字「痛」，麗作「病」。

一　一三六頁下一行第四字「道」，資、磧、普、南、徑、清作「法」。同行末字「順」，麗作「顔」。

一　一三六頁下六行第三字「治」，麗作「善」。同行第六字「逕」，諸本作「經」。

一　一三六頁下一三行「諸惱」，諸本作「諸漏」。

一　一三六頁下一六行「教化」，麗作「教誨」。

一　一三六頁下一七行第三字「宜」，資、磧、普、南、徑、清作「儀」。

一　一三六頁下一八行第五字「覩」，諸本作「都」。

一　一三六頁下一九行第三字「授」，麗作「受」。同行「深著」，資、磧、普、南、徑、清作「染著」。

一　一三六頁下二二行第八字「屬」，諸本作「法」。

一　一三七頁上一行第二字「今」，資、磧作「念」。

一　一三七頁上九行「煩交」，諸本作「煩鬧」。同行「夫人」，諸本作「天人」。

一　一三七頁上一〇行第九字「隨」，麗作「墮」。

一　一三七頁上一三行「多多妄」，資、磧、普、南、徑、清作「喜多妄」；麗作「喜多忘」。

一　一三七頁上一六行及本頁中八行「喜瞋」，資、磧、普、南、徑、清作「喜眠」。

一　一三七頁上一八行第六字「鬪」，資、磧、普、南、徑、清作「閙」。

一　一三七頁中八行第八字「妄」，諸本作「忘」。

一　一三七頁中九行第二字「廣」，諸本作「曠」。

一　一三七頁中一五行第二字「撩」，磧、普、南、徑、清作「嫽」。

一　一三七頁中二一行「瘀泥」，磧、普、南、徑作「淤泥」。

一　一三七頁中二二行「卷頭」，資作「權頭」。

一　一三七頁下二行第七字「騫」，磧、普、南、徑、清作「褰」。

一　一三七頁下六行末字「誨」，諸本作「悔」。

一　一三七頁下七行第九字「愍」，資、磧、普、南、徑、清作「既」。

一　一三七頁下八行「形罰」，諸本作「刑罰」。

一　一三七頁下九行第三字「醜」，資、磧、普、南、徑、清作「臭」。

一　一三七頁下一〇行「臭惡」，諸本作「醜惡」。

一　一三七頁下一五行第六字「象」，資、磧、普作「鴈」。

一　一三七頁下一六行第一〇字「馱」，磧、普、南、徑、清、麗作「駝」。

一　一三七頁下一七行第九字「億」，資、磧、普、南、徑、清作「憶」。

一　一三七頁下二一行「長牙」，資、磧、普、南、徑、清作「長幼」。

一　一三八頁上四行末字「眼」，諸本作「服」。

一　一三八頁上六行第五字「飲」，諸本作「饒」。

一　一三八頁上一五行第六字「作」，資、磧、普、南、徑、清作「行」。

一　一三八頁上一八行第六字「有」，諸本作「不」。

一　一三八頁上二〇行第五字「虵」，麗作「從」。

一　一三八頁上二二行第三字「貪」，資作「食」。同行第九字「夜」，麗作「從」。

一　一三八頁上末行第二字「狸」，磧、普、南、徑、清作「猫」。

一　一三八頁中四行第八字「騫」，資、磧、普作「褰」；南、徑、清作「塞」。同行第一〇字「緾」，諸本作「細」。

一　一三八頁中八行第一〇字「從」，麗作「行」。

一　一三八頁中一一行「遭貧」，諸本作「貧匱」。

一　一三八頁中一四行第七字「增」，諸本作「憎」。

一　一三八頁中一六行「局偏」，資、磧、普、南、徑、清作「志褊」。

一　一三八頁中一八行第四字「幡」，資作「播」；磧、普、南、徑、清作「飜」。

一　一三八頁中末行第三字「合」，資、磧、普、南、徑、清作「含」。

一　一三八頁下八行「根元」，資、磧、普、南、徑、清作「根源」。同行末字「妄」，磧、普、南、徑、清作「忘」。

一　一三八頁下九行至一三行「善惡之言……從人道來」，諸本作「解諸幻僞　己不爲之　所作平等　從人道來　善惡之言　初不忘失　不信姧僞　從人道來　貪婬慳嫉　執心難捨　盡解方俗　從人道來　信意惠施　解法非法　心不偏頗　從人道來」。

一　一三八頁下一四行「供敬」，麗作「恭敬」。

一　一三八頁下一六行「供奉」，麗作「供事」。

一　一三八頁下二〇行「圓眼」，資、磧、

一　普、南、徑、清作「眼圓」。

一　一三九頁上四行第四字「處」，諸本作「慺」。

一　一三九頁上七行末字「少」，資、磧、普、南、徑、清作「多」。

一　一三九頁上一二行「恒法則宜」，資、磧、普、南、徑、清作「順法宜則」。同行第八字「受」，資、磧、普、南、徑、清作「授」。

一　一三九頁上一六行「來異」，諸本作「殊異」。

一　一三九頁上一八行「要令」，資、磧、普、南、徑、清作「法要」。

一　一三九頁上二一行末字「意」，諸本作「忍」。

一　一三九頁中二行「善容」，資、磧、普、南、徑、清作「淨容」。

一　一三九頁中七行首字「催」，資、磧、普、南、徑、清作「推」。

一　一三九頁中八行末字「慓」，資、磧、普、南、徑、清作「慄」。

一　一三九頁中一〇行第四字「怒」，諸本作「盛」。

一　一三九頁中一一行第九字「取」，資、磧、普、南、徑、清作「聚」。

一　一三九頁中一九行「凡石」，諸本作「瓦石」。

一　一三九頁中二〇行第四字「腐」，資作「負」。

一　一三九頁中二一行第七字「孫」，麗作「孤」。

一　一三九頁下一二行「天人」，資、磧、南、清、麗作「夫人」。

一　一三九頁下一八行第八字「道」，磧、南、徑、清、麗作「界」。

一　一三九頁下末行經名，資、磧、普作「王子法益壞目因緣經一卷」；南、徑、清作「阿育王子法益壞目因緣經」；麗作「阿育王大子法益壞目因緣經一卷」。

四阿鋡暮抄序　金

阿鋡暮者秦言趣無也阿難既出十二部經又採撮其要逕至道法為四阿鋡暮與阿毗曇及律並為三藏焉身獨學士以為至德未墜於地也有阿羅漢名婆素跋陀抄其膏腴以為一部九品四十六葉斥重去複文約義豈真可謂經之瓔璣也百行美妙辯是與非莫不悉載也優奧深富行之能事畢矣有外國沙門字因提麗先賷詣前部國秘之佩身不以示人其王弥第求得諷之遂得布此余以壬午之歲八月東省先師寺廟於鄴寺令鳩摩羅佛提執梵佛念佛護為譯僧導曇究僧叡筆受至冬十一月乃訖此歲夏出阿毗曇冬出此經一年之中具二藏也深以自幸但恨八九之年始遇斯經恐聿編未絕不經其業耳若加數年將無大過也近勑譯人直令轉梵為秦解方言而已經之文質所不敢易也又有懸數懸事皆訪其人為注其下時復以意消息者為其章章注修姤路者其人注解引經本也其有直言修姤路者引經證非注解也

四阿鋡暮抄解第一（此土篇目題皆在首是故道安為斯題）卷上

阿羅漢婆素跋陀撰

符秦西域三藏鳩摩羅佛提等譯

阿鋡暮（秦言趣無）前礼善逝法衆壞有衆（礼尊三衆能除結也）當說所欲略速義說是故三法當說弟子問說是有三法說是三法何義師荅法依三門（面也向也）結句是次第作是故三法想識問三法次第何義荅大佛經章繫無數想婬恚壞味精進因緣食持（味憙也著也進行繫之故曰持也食味也）衆生少智求聖諦是輩想當知義疾知義三法方便想分別是次第一切是世間所有想隨所欲想等結是故想知義三法作問是方便相應說三法荅功德惡依覺解脫（修姤路功德一惡二依三）功德惡依覺解脫有是句義是根句是三各各三度　三分問有三分句初思惟解脫說何義是解脫彼解脫功德惡依覺相應荅已入入不為說是解脫世間等生至虫蟻虫蟻亦求樂等生

謂見食而趣解脫樂痛一義世間少樂想應樂因緣不知如樂道樂涅槃樂无病等生也以道樂有不知是所欲若所欲不是為說已入道不為說如小兒問何者眼即自知眼處是自知是不為說如是樂世間所欲是道所欲是故說道義作無惡

問是何功德覺樂解脫有若尒者不可見金見為冨也有病不可言聞是故不覺解脫荅中間如明燈入壞闇有不是明燈後有闇是智生解脫者智覺一義問是何法功德名為衆生淤癡為色味香為受不受已受荅或隨想外經說是功德福德根無惡（修妬路二句福也根也無惡也）福德根無惡是三功德清淨法果我功德想是一切三皆入是當略說問已說是福德根無惡是何法荅福德施戒分別（修妬路）復復善事（復復猶恒恒也）復從人惡是故福（獲猶蘆也）是三行施戒分別如是先師說

常能作福德所行施（八字也）衆生之命命速乎馳（八字也）若從消惡作行之數（八字也）是故福德如斯說喻（八字也名首盧首盧三十二字偈也）問已

說福德施戒分別是何施名荅已身他受自財施念俱去所更施是三行施法食無畏（修妬路）法施食施無畏施是三說施也是法施世間出世間章說是法施無畏施八行三歸命去五戒世尊說歸佛去無量衆生无畏無妬無恚无煞餘者如是問若歸去見有煞盜何法無畏護荅我不說一切衆生以邪見癡煞盜作他財惡作是三歸去不有世間等見得若歸去無世間等見是不歸去是故無量吉食施名食為首種種他施與塔為首（種猶衆）香為首（種種供也）已身受（二受已與他也）或三受是故二功德具足大果報是施淨如是我先師言根財作有或念或二作有或義作世間吉是方便淨施少有大果有因緣淨少俱功德得問是戒何法荅戒身口他受不壞他壞增（修妬路）戒名三相應相應身口俱起問何法荅他受他不受增是他受名已飢羸自知不娆他受衆生自知衆生不娆（不娆解也）如是他財他婦不淤取如是（雖言受亦不受耳直）（分身口不受也）不他受妄言兩舌麁言不要言

不著他受若七枝不娆他受種種貧窮為力助他受二共想福增續如從今如煞生不作發意中間增多相應如出財得報意善生覺受如種穀枝葉增至得果如是連續至臘眠增多是故增是戒（蔑不失也）

問是分別何法荅分別禪無量無色（修妬路）分別是善行是故分別如麻油花合行分別如王求如等求王果得有是求行淨果相應有分別是禪思惟義是四行問是何法荅禪婬行愛樂痛苦痛止（修妬路）是四禪初婬不善行止善因緣繫意任離婬說二自行說自行自覺少鈴聲欲止是故無行（辭三定也鈴音自行止喻也）是自行止婬前已說也愛止三愛意歡喜如泉踊躍是無（三禪无）婬行止增止苦痛樂痛止樂痛樂身意無逼（樂痛止也）苦外是彼無婬行愛樂苦痛止是四禪

問是為無量何法荅無量者慈悲喜護（修妬路）是四無量想衆生無量彼受因緣是無量不是善能量是故無量是慈名〻一切衆生愛謂意行一切衆

生敬是身念是慈(已等)悲苦惱衆生愛
自身愛喜樂念衆生共繫喜護无所
作衆生他非法忍若是衆生作是相
違見因緣是故過忍護已說無量
問何法無色荅无色虛空識無所有
有想無想處(修妬路)處者依義也衆生
是四分處空色助色惡見助是故意
無涂虛空因緣意一定虛空共繫想
彼虛空處如何故虛空依為有識是
故識因緣行識處是亦依無依解脫
謂無所作是無所有處想見惡相滅
見恐一意有想無想處是无色界觀
空已說已說无色分別說是一切福
德說
問是根何法荅根無慳无恚無癡(修妬路)
無慳无恚無癡是三事根相問是誰
根荅非前功德說也是故一切解脫
入法是根如相應說當使相應一大二
相應(癡大恚慳入)如無慳施無恚戒無癡分
別復無慳食施無恚无恐施無癡法
施復無慳无嬈他無恚不嬈他無癡
增益如是三戒復无慳禪根無恚无
望無癡无色如是三分別復无慳聖

事無恚忍无癡聞如是無惡根如是
一切善行根知是無慳名所作行念
不取無所為无恚名恚滅助無癡名
無明无智滅助是故根
問是無惡何法說荅無惡忍聞聖分
義隨想所作或不恐畏惡世尊已說
(修妬路)忍聞聖分是三無惡說无惡俗數
無惡極行者言是忍苦增惡力自下
无恚忍(修妬路)忍苦增力惡力加數苦增
力無惡惡力自下(下伏也)厭苦是忍義增
力加無惡不增力能不能為說(心如死灰惡譬)
(不出)唯當恐畏衆生惡發謂增無惡是
忍小人来力加自下足能報而不報
是自下是衆生過行過當忍是義當
說苦寒暑飢渴風㾰起(修妬路)若名如增
事是二事起身惱不無意衆生惡衆
生因緣惡說是故二依(外內)謂逼身是
當忍是忍聞已說忍云何聞荅聞修
妬路(舉四阿鋡所出十二首也)阿毗曇鼻奈耶(修妬路三藏也)
聞名謂婬恚癡盡等有是聞餘者非
聞是三藏修妬路阿毗曇鼻奈耶是
修妬路名謂一切智說佛所可者著
断現四聖諦現明無內无外解脫阿

毗曇名謂修妬路所有顯示相應章
鼻奈耶(律也恚言志真也)名無行無命清淨
說是三行聞是增貪婬止鼻奈耶恚
止阿毗曇阿毗曇行所作覺說是故
恚薄恚起犯戒枝地獄有癡止(修妬路)
因緣說是一切聞
問云何聖分荅聖分等善知識思惟
得(修妬路)等善知識等思惟等得是三
聖分聖分無敢說惡義是善知識所
欲助善力師弟子作(修妬路)謂所欲助
善力謂彼善知識波三師弟子伴問
云何助師云何善弟子云何力伴如
數說荅如是說已知差別助善力是
善知識相彼師弟子伴知說是增助
善二有是枝彼或相助不善助覺不
力說如父無足年高父子或有力不
善念欲助善不助不善處(助不助二也)如未
迦蘭冨蘭(六師之二)或欲無助善力如一切
明知醫前有怨知病不救若是三相
等具是善知識或師過或弟子過或
伴過是故三相相應是善知識
問是何法思惟荅思惟息覺精進護
想所行(修妬路)息覺精進護想以為面

是無作彼息名意乱定彼相像覺精
進意懈怠念教不乱護等得等相應
如御車馬遲則策之牛奔則抑之等
行是護當如是觀意無貴內入一護
一皆有緣衆生前相應是意等得護
問何所說若護之意奔則抑之若意
遲則策之等得護答我前不說是等
思惟耶如等思惟如恐怖時相應行
數若異者無等思惟也是故思惟問
是得云何答得等具方便果(作路如)方
便定入無外供養是相應入等具方
姓欲行能離其崄(八字普鑑)是故知根有
是三功德及餘四利起衣乞食牀臥
有利彼衣利持五納為說乞食利教
乞利牀臥利為說何練行是功德具
壞有利等書或二行入貢高入自歎
入彼衣乞食牀臥利也入貢高是三
功德息一助止去貢高是得樂為說
頭陀功德
問云何五納答五納三依取得(不釋好惡也路)
(如路)五納彼常住是故五納五納分是
五納彼五納三枝具足滿有三衣為
面首是修姤路義問若五納三事九

奴婢如畫師所作彼白衣展轉愛樂
彼愛別離憂喜恐鬪諍為首非法
而破壞作經像無堅有非道人世尊
說如孔雀好青項鳥飛行不如舒鴈
(出)如是白衣不似比丘牟尼(亦比丘也)坐空
野禪是書也五納阿練若作比丘行
是三頭陀功德十二根有是餘九眷
屬各當別說世尊酸陀梨所將難陀
為說三功德
何時御難陀得見波(八字)無事而龕服
衣納五(八字)彼信施之而無所洜(八字)遠
便果問何誰等具答如說解脫問是
何等具名答等具等書(等者書文字日等也沙門)
(具十二法為等具也)根斷近禪(作路如)等聚是善行是
故等具如種等具種等具是枝義是
等具三行等書根斷近禪問彼等書
名何法答等書五納阿練茹比丘行
(作如路)具足等書等書等書增是義二
象作工師能畫彼巧匠作鑿刻石木
削治作像書作經作畫作彼像二行
作巧師所作能耐風雨彼雖好不能
耐如是二人道人白衣彼道人念棄
親屬所作棄如巧師也彼白衣妻子

頭陀功德有如是等(作如路)相違彼丘
塚道路弊壞衣被得者被三衣僧伽
梨欝怛羅僧安陀羅婆嚓彼或有我
持三衣宷好利壞即由利便乱若不
多宷好求二利宷利多利如或有人
求宷好女人二不求好子如是多利
持三衣止宷好利生是世尊我持三
衣一一割截持六衣刼貝四緂(葛也青塲反)
系布傍渠(麻布)阿鞞乾(榜也)黄磨(益布打反房)是
華六過得便者割碎持是故義不宷
好作不得惡是名無好彼如是三衣
持名不求好若衆許若白衣許牀臥
坐見餘好而坐(二皆得坐也)彼如遇得作說
如坐好因緣得是當坐若上座命是
隨遇如是具足滿五納
問是阿練茹何法答阿練者坐樹下
露坐常坐常住(作路如)我常當坐樹下
我常當露坐我常當坐(三坐也)是阿練
茹具足滿阿練茹行是故阿練茹阿
練茹分是故阿練茹是四特臥利助
彼憘信作講堂柔軟蓐作樂想知為
分別說世尊我是不相像棄家他舍
著棄講堂上取阿練若行如是阿練

若行作屈坵（令詳反客身椑小屋）作平屋意欲作是二是世尊我是非阿練茹行平屋事如捨馬如乘驢是故當坐樹下棄惡樹而樂好樹樂利果好花樹樂彼世尊教露坐用是為男女所欲婆羅門所樂為露坐已利不生彼如是露坐苦行作大牀卧至日出棄思惟念眼是故我世尊我是非清淨如截耳欲著交露墻是故常坐彼坐草蓐結跏趺坐世間所有遍思惟自行行如是為具足滿阿練茹行

問何法乞食名荅乞食一坐後無食（无貯）在丘塚間（修妬路）二行學道增住處得及乞食彼住處得食名謂信家日日來具足食施或恐來為勞外為立僧園堂作巳即中辦具與食乞食謂家家少多得乞食是乞食若違二非法行彼一處食欲得食擅越施我當食作如是意於食樂著世尊示行乞食彼乞食來數數食至于時如是不得思惟彼世尊制一食

若如有人（四字）計常（二字）思念有慕（四字）得粲飯食（四字）知節（二字）能自抑窘（四字）

是倒彼一坐食復索好飯佛聽飲大得種種飲不能思惟是世尊我用是為棄斯飲渴水亦得止是後食止彼如是一坐食棄復澡浴塗身嚴餝其身彼世尊我亦是食想貢高食長身極供養之要當壞盡捐丘塚間是故教丘塚間見丘塚間食所化復彼丘塚間虫半消膖脹欲壞爛脂血流溺骨髓千身骨交乱見已貢高止如是比丘行具足滿有是為等書問何法是根斷荅根斷不可強止自制不涂有（修妬路）根斷是根斷不可強止自制不涂有問是誰不可強止荅根起不可止根不可止如斷馬水穀若不護根不可斷多與水草腹滿馬不能行若不隨時根不可強止如瞎者亦當離婬是故不可強止知行界所不受等思惟可護或先師說根界去想受棄不能至界謂受自棄不涂近謂相似女人象寂好如見母見根是三根斷

問見近禪何法荅近禪忍無想（修妬路）等近思惟是故近禪前說解脫問如

前說四禪何故說是荅彼世間出世間解脫得是行必定解脫是輩中間聖諦可得如人度空野地見園宅菓樹花實彼意必定為不復飢餓為近城郭如思因緣為曠野地婬怒癡為勞善知識將道思惟疾行陰界處无常無我苦所有觀若欲是有忍（三忍）增思惟不動如夢中見樂見其形像苦時相見是想增世間寂好法世尊想如是是禪行其中間覺見喜是聖諦時婆素跋陀（秦言今賢人名也得燕著道）三法解脫度

初說秦末都（盡也天生品題昔在品後也）

四阿鋡暮抄解第二（功德之第九名得得之第二也）

問何法是方便名荅方便戒憂歎習（息也）智（修妬路）方便是道義謂是解脫為首（首向也首也）是方便三揵度戒息智問何故重說戒荅我不前說戒有二世間出世間也彼世間說彼戒行為義問彼何法荅戒等口行命（修妬路）等口等行等命是三揵度戒彼等口妄言兩舌麁言不要言行離及餘言是等口等行名煞盜婬行離及餘事等行等命名比丘乞食住食乞食衣牀卧病

醫藥自受是餘邪命優婆塞雖五事彼刀毒酒肉衆生（不賣）是等命問是息何法荅息精進念定（修路如）具足戚息若婬怒癡止息彼為首（面也向也）住是息是三精進念定彼精進名勤力是義精進如是說勤力說有若能行去解脫是故精進問是何法荅精進信行不捨（修路如）信行不捨是三精進說彼施一切善行是故信何義一切善法冣始行一切善法冣信信二入行（信與入此二四信二寶）是偈彼亦三問何法荅信敬憙行得解（修路如）是信敬憙行得解彼敬名棄濁濁人過恚嫉無著耻過如烏水牛腊交乱泉水是濁說是惡去得清是惡意乱濁說彼惡棄清是敬憙行樂解脫如病病身好食不欲病老必欲得食是恚依不樂聞法（恚三毒俱樂）得善知識便樂行然後彼如是念寂好法復為說是喜行也得解名能持如人黠所齧他功德分别醫呪時至意聽如是如是呪語彼能得差（功德是醫有德）得解等樂吉利如是貪婬為首黠齧人佛世尊慈彼无行或彼弟

子慈為說法彼謂法得解不異彼能婬可息作不他是得解是信問行名何等荅行勤起常念（修路如）勤起常念廿三行彼起謂作善如鑽下木燧未牛糞而起火勤數數作求索役求索是常念無乱念一因緣相應如火然鬚及衏手但欲救之是三勤行問行是不捨何法荅不捨不離不猒不轉（修路如）不離不猒不轉是三不捨彼不離名不數數勞緩精進作（勞惓也）不猒名久行中無有果意不猒不轉名中無有果有必當使有不欲彼謂強行精進如是棄如是三能得果如道所趣處

問已說精進行是念何法荅念身痛意法內外二不忘（修路如）內外二內外謂不忘是三念彼內念已身依內及餘外二內外或內受陰界處外他受受不受二或三結內主外主二主彼內主婬外主恚他不息恚彼有是覺婬亦他作是不何義內染發他婬內著如世尊說女內女根等見是修妬路癡二相應彼三結助三是念彼身三

如上說如是痛意法如是十二行念問是三昧何法荅定空無想無願（修路如）空無想无願是三三昧彼空所有空問多有空色空舍空是如是何空說荅空我作所有作二不可見（修路如）我作所有作二不可見是空問何法我作所有作不可見謂世尊說我本時名坛羅未婆羅門（我作）見比丘我手是虛空（所有作也）是何法荅是非我作所有作是俗數謂我陰覺是我作不是世尊所入謂界善是所有作彼世尊無謂法印空空世間觀行常彼及是吾我二知得是故无見是空問是無願願何法荅無願相應過去當来無作（修路如）無願无立是義（主住）是意三无住相應過去當来（相應現在也住止也）是一切有為如說處修妬路說過去修妬路彼有是覺已身涅洹不是三受是不（三也）何義一耶餘耶涅縣棄身無有因緣彼覺相應一切思惟滅是涅縣無盡覺相應已身餘不餘不說是故是彼不說是無願問是無想何法荅無想行作俱无想（修路如）行作俱謂棄是無

想略說一切有為棄一切行作謂作
是行謂行是作如入無明福无福阿
左署(未盡)行作因彼有边識持来是行
無明行作一切有為是棄無想說如
法印色想不可得是說一切彼行作
俱想去(引禪節經證)一切是三義說想知是定
問是智何法荅智見分別無學地相
應(修如路)知是智覺是義彼三地住見
地分別地無學地彼現是見問何現
荅前未見聖地根力覺寶分別行是
說如浣濯極淨衣本香猶故香香是
後香花香極香如是見地淨意禪無
量正受增因緣棄家好香作是分別
無學謂婬怒癡止不有因緣是無學
地問何見地智荅見地法觀未知智
(修路無)法智觀智未知智如是三見地
彼法智觀智是義如醫知癰生熟以
刀破是後以指捺摩脉所趣向令不
傷脉然後割癀如是行者婬行為苦
無常等无常行入見苦止結棄彼二
智斷耶未斷乎如是行發思惟(未知智具名耳)
如欲界無常如是色界無色界彼已
思惟智色無色行結棄如是見苦婬

行利苦界法智如是觀智如是色無
色行未知智如是習三婬行利滅息
是法智息是觀智(結正是法智也分別解脫是觀智)如是
色無色行未知智知是滅三是道婬
行苦息法智是亦觀智如是色無色
行未知智是道是道是十二智見地
廣知(四諦各三十二)問是分別地幾智荅分別
地相行種等知(修如路)相智行智種智
是三知分別地如上說問何法相荅
相生住壞(修如路)相名生住壞彼生謂相
應住次第應壞謂破問無說益衆生
涅槃數為是相衆生涅槃若彼為大
過無常數若不是彼是修妬路過當
如是說有為相生住壞功德增是何
相功德當為說我相我相異不異是
不說若異有常若不異无常俱過不
說涅槃無相是故說益樂知有為相
如是謂所說功德增何相功德當為
說智是增行謂是三智已功德是相
是說相問是行荅行無常苦無我見
(修妬路)行遍知是義是相是行知是義
無常陰謂無常是故苦謂苦是故會
當相應無我是行彼無常不久住如

水泡苦逼如刺在體無我不自由如
假借嚴身是行問是何種荅種氣味
災得離(修妬路)種名是氣味災是得離
問是誰荅是有為彼氣味名染著災
名惡得離名俱息若天人樂氣味地
獄畜生餓鬼趣苦災福惡等過是得
離如是見彼等功德惡見得解是種
是分別地智
問是何無學地智荅無學地眦署神
通辯(修妬路辯四辯也)明達神通辯是無學地
智問何法明達荅明達前世時生處
漏盡智(修妬路)前世念智生處智漏盡
智明達有為首是故明達知是義彼
前世念智所行念生處智名行果所
為智漏盡智後當說若三結前世當
來世現在世處彼前世處十八見作
前世所作當來世處四十四見作現
在世處見身彼知是現在行過去當
来覺前世念生得前世不忘生處覺
後世不忘無漏智(是上後當說者)盡無所生智
顆智(修妬路)我結已盡是觀盡智不復
生是無所生智如醫蚀所齧療治破
壞毒是一智不復病前毒氣是二智

如是盡知無所生智願智名謂前世念智聲聞已身所更念不他也以是智前願他亦知是願智問何法神通荅神通飛徹聽知他意（修妬路）能飛是飛自在是義彼六神通彼三飛天耳知他意智飛後當說彼徹聽名前行定一因緣去大地賁增聞所知以是天人趣聞聲隨具其力如或遠見或近見隨眼力如是如定得如是他意智所見衆生所聞聲是葦知其意是思惟知他智飛行虛空化聖自在（修妬路）虛空行自在化自在聖自在是三飛行彼飛虛空自在名能入水能入地能不現牆屋山無㝵手捫摸日月如是飛行虛空自在化名如鳥馬車人山樹城園河水能現聖自在名能住命化水為蕀眉間放光明如是及餘轉增是聖說飛行（上言後當說者）徹聽如他意神通前世生滅智謂凡人是五神通問是何法辯荅辯法義應分別方便（修妬路）覺法方便覺義方便應方便分別方便是四辯彼覺法名句合覺方便義隨彼所有如火名彼熱為熱為

義彼不忘也應名如是是合邑是義等知分別方便名隨應報無違錯不耶避是辯是無學地智廣知問是思惟戒定學無學有何故彼不三亦荅不戒戒增益學煞生棄增衆生護有非阿羅漢謂是不嬈學如是意住是故不大增說知是亦三如是婆蘇跋隨三法次二解脫度說盡

四阿鋡暮抄解第三（上功德之第九名得得之第二也）

問前巳說等具方便果是彼巳說等具方便是何果名荅果佛辟支佛聲聞（修妬路）佛辟支佛聲聞是三果問是誰果荅戒息智中間是說修妬路問具是說具是道是何果或道荅有餘是果欲是外無餘是義世尊巳說無餘般涅槃是義（修妬路）是故無惡彼佛名一切結解脫有十力力事四無所畏自由一切佛法得彼佛無差降戒定慧辟支佛名自依是時无異義彼不從他說是辟支佛聲聞從他說或二解脫等具憐愍增等猒增彼憐愍增等具謂時是三耶三菩得等猒二巳身生因他彼巳身生辟支佛因他

為聲聞若謂薩芸若一切功德具足一切惡離是等正覺辟支佛一切惡棄功德少聲聞因他棄惡

問云何如佛無中間及餘如是聲聞荅聲聞棄結不棄結阿羅漢（修妬路）是聲聞聲聞者中間根因緣信根為首軟中上增可得是依聲聞種種一切地問是何法棄結名荅棄結信解脫見得身證（修妬路）信為首度彼岸是信解脫思惟為首見得三身證彼無量行當示信解脫上道行無行般涅槃（修妬路上道道迹也）上道行般涅槃無行般涅槃是三信解脫彼道名利彼得至上上道若跡是道彼行般涅槃名行因緣道息去無行般涅槃名無疾涅槃因緣道般涅槃是信解脫問是見得何法荅見得中間生般涅槃巳上道（修妬路）見得是三中間般涅槃生般涅槃上道彼中間般涅槃名此終他生得道中間般涅槃如小火迸未墮中間般涅槃生般涅槃名如迸火墮地滅度如是生於中間時般涅槃上道名如上說是無色界知是見得問是

何身證名荅身證行及行生般涅槃
修妬路是已說問何故復說荅不復說
界因緣欲界解脫色界解脫是二
切中間般涅槃棄不無色界中間有
復前不解脫報身證是解脫報是解
脫後當說是棄結說
問無棄結何法荅無棄結八須陁洹
薄地修妬路八須陁洹薄地是三無棄結
問何法八名謂至數說初得不八前
生後次第阿羅漢是何阿羅漢荅如
生見知如人八見彼不初是八相應
寂後者相應彼世尊作功德是見阿
羅漢大無餘結盡如是小前前寂小
已住初是八說若想隨書定八也問
何八名荅八信思惟彼增等修妬路是
凡人神名族姓子是等具有信思惟
彼或信增有智慧相應或智慧增信
相應或俱等法智發一牢信軟根思
惟牢信中根俱牢利根是三八諦見
作信增七死生有慧增中間住有俱
依家家有如是見地分別地乘乘薄地
住信增斯陁含有智慧增中間住俱
依一死生有上婬行因緣信增信解

脫有慧增見得有俱依色行止身證
有無餘因緣止信增軟根有慧增中
根有俱依利根有是等向上如初日
出問已說是廣八分別生功德網是
亦不知何是當說荅須陁洹七死生
家家中間住修妬路須陁洹名二初果住
求二跡道說是乘是故須陁洹見身
疑惑願失止趣盡去惡道滅也軟根七行天
上人界樂得要當般涅槃樂三昧福家家
住利根初果住分別齒因緣牢作行是家
家住般涅槃中間住彼中間不必家
家住般涅槃彼要七住天人中間二
般涅槃問已說須陁洹是何法薄地
住荅薄地斯陁含一死一生中間住
修斯妬路婬行因緣薄作住是薄地彼斯
陁含一死一生二中間住彼一說此
終生天上一還般涅槃上分因緣薄
上分因緣名五色欲無色欲憍慢衆
達吒乱志無明一生一還有來般涅槃
增多上彼俱中間住是不棄結
問是阿羅漢何法荅阿羅漢利軟中
根修妬路阿羅漢供養是義彼供養相
似是阿羅漢問阿處供養荅一切衆

生是三利根軟根中根問是利根何
法荅利根住劫能壞有無疑法修妬路
住劫能壞有無疑法是利根知已盡
分別結盡過去住是故住劫盡一切
結上增義求能得過是故能壞有彼
有增益義明達神通辯無疑法得增
一切難無疑辯是利根因緣問是軟
根何法荅軟根滅法念護有修妬路減
法念有護有是軟根增上去是故意
減是減法減法不衆生減分別地減
分別行　是說所說章不誦失彼不
行分別地失彼減痛事誦長行觀遊觀
是五事減是亦分別地減彼思惟有
得阿羅漢劣行用住為已作念念是
世間多行種種意如念人世俗如世
尊說衣授已念不離是念懷命用住為也是不護
有得阿羅漢不欲減當不念是常大
護如貧人得財守是軟根因緣問軟
根何等荅軟根慧解脫盡不盡解脫
報修妬路慧解脫已說俱分解脫二盡
解脫報不盡解脫報俱分解脫名念
解脫慧解脫是二增去義彼義問是
何彼解脫名荅解脫脫婬色助滅修妬路

欲界色界俱助上意住三界滅是三
行解脫解脫結是故解脫問是何婬
助名荅婬助中間色無色相淨不淨
（修妒路）增巳身中間巳身亦增是義
是二色想不壞色想彼中間色不分
別謂丘塚地色腐爛肉眼脫腹潰腹
出不淨小便處百虫交乱（處共同處）烏扇
聚交乱啄鼻斷分離手脚頭髑髏如
是見巳婬結棄發是身謂義及餘怨
鬪爭詐言諂貢高憍慢為首有彼如
是念作謂惡解脫意定是中間色想
不淨解脫二自巳身肉色分別由定
無色住如是他身念是中間離婬想
不淨解脫三淨青赤黃白花衣為首（觀四色及衣祢）
因緣發意念住無動是淨解脫（修妒路）
（不者）問是色助荅色助無色以說
色棄結發四意住是有漏是色助福
說俱去問是何滅名荅識為首等相
應滅無漏正受阿羅漢二棄結婆素
跋陁三法度三檕末都（盡也）初功德中
問說

四阿鋡暮抄解第四（三法初功德巳竟次說第二惡也）

問巳說廣功德功德中間三法度是
何惡名荅惡苦行愛無明（修妒路）苦行
愛無明是略說惡當知離惡善行是
離惡是人愚謂離惡念如睹不淨樂
世間彼前苦行身口意苦行（修妒路）是
惡數謂初是三身苦行口苦行意苦
行苦行惡衆生行是苦行惡念行苦
行問是何身苦行名荅身苦行煞盜
婬（修妒路）謂是身苦行是三殺盜婬愚
行知問我當知身苦行三是何法煞
名荅煞念教行（修妒路）念教行是三煞
說如是餘如身苦行煞分別三念教行
彼不與取婬愚行因緣知餘口行問
有是是亦不知是何法念名荅念欲
作他作喜（修妒路）念名竟覺是三欲作
教作他作喜如煞虫欲煞教奴煞他
煞稱善勸喜是念問煞何法荅教處使作聽（修妒路）教
處使作聽是三教彼處處名問曰是羊（披羅門云）以是為首
妄語富人欲食（欲嚴羊當人使煞羊祠曰貪自欲食）是教煞處使作名妄
處如煞是輩因教聽之名如或處貴來問我有怨家
燒我我當報怨荅聽是三處作問是行何法荅煞行
他衆生想捨斷命（修妒路）煞行作是義煞受知處
分別聽口意苦行知彼他衆生想捨他命斷（持去償稽）是
三煞作具足有何義醫雖善意病腫割之當割時
持（修妒路）更婬名謂捨婦人所生處作
餘婬力強婬男兒行山持行是更婬
問是說不盡何義更有因緣餘有婬
行結何法是中間去若中間去說若
不是為不盡荅說巳盡何義捨婦人
所生處向畜生所說婬行餘者盡是
故為盡問從何起是非義行荅一切
貪婬瞋恚愚癡（修妒路）貪恚癡等有知
問是何一切云何是煞盗婬行荅不
是說若是說不是修妒路行作有是
一切受根修妒路說身口苦行知意
苦行別當說問何法是三事相連現
何義不樂痛一時等有恚苦痛欲婬
樂痛說行婬是結是何法恚荅我不
說貪婬瞋恚愚癡是前頗說是中間
所作財著瞋恚起煞如是盗恚發前
如是彼妹婬我當報怨後著如是行
婬前頗是恚說是等起是故無過如
是餘

問巳說身苦行處一切貪婬瞋恚愚
癡說如是口行處何法荅曰苦行不
如無如（猶是妄言不妄言耳）不要之言（修妒路）口苦
行四是三檕當現四（三中二也現四也）彼不如

無如不要言問是何不如名荅不如
已身他義義想所有取（修妬路）謂彼不
如口苦行是已義他義義義已身所
有取所有取名覺自下如餘意異說
知是三義說已身義已命義他義親
義義義種種所作義是三世尊已說
是聚去眷屬去已因緣他因緣食所
有財等知無妄言問已說不知口苦
行是何法無如口苦行荅无如無愛因緣
俱念相應（修妬路）無如名无愛念相應
因緣念相應俱念相應相應名所作是義
彼無愛念相應麁言謂无愛念說恚
是麁言若尒者無有麁言者（其人謂此句弟子言）
已身念起口苦行餘世尊亦當麁言
彼調達念欲度說彼恚是故無愛念
相應麁言如暗緣說瞋真誠彼恚是
故無愛念口苦行因緣念相應名諦
說因緣念相應兩舌相應若念相應
增生相助非兩舌若尒者世尊亦當
兩舌世尊學道為首欲益已自行說
離本是故念惡是故當知俱相應名
因緣二作妄言不妄言麁言亦如是
是故麁言兩舌問是不要之語何法

荅不要語非時非諦非義言（修妬路）非
時言非諦言非義言是三略阿跋度
路柘郁（秦言不要語）是因緣無量彼非時
言名如相應時離語因緣如特盡具
當手授作（外國皆礼夫親迎女女氏具送女之具滌夫手父以女手授故云尒）
吉祥所用隨所欲中或有言君善哉
無常因緣壞法有後必當褻離是婬
如是彼諦語佛辟支佛聲聞所說非
時言不要言去不諦言名謂如諦想
無諦說如足揵所說（念謂師真諦而邪道）薩芸若
是我師是故彼想是不惡語何義不
薩芸若是彼師增彼如是想若說相
應義佛是薩芸若亦彼妄言何義彼
念不是薩芸若無義言名如戲笑歌
憂愁為首相應言是口苦行
問是意苦行何法荅意苦行貪恚邪
見（修妬路）念惡行是故意苦行是亦三
貪恚邪見彼貪名他所有欲得問若
他所有欲得貪重說為過念內入前
已說念欲作他作歡喜荅是不重說
過由欲得念欲得欲作是此不欲作
他所有取是亦由貪是他財是我有
如是著意他所有欲得著是貪他所

有為首念相應是貪恚名嬈他入念
恚問是何法邪見名荅邪見行果相
違無有見（修妬路）行相違果相違无有
見是略三邪見分別无量因緣謂他
異取是邪見略問是何法行相違名
荅行相違淨不淨覺不淨淨覺俱
一覺（修妬路）行相違淨不淨覺不淨淨
覺俱一覺彼淨不淨覺著身口意行
不愛去見不淨淨覺不愛愛去俱一
覺愛不愛行淨不淨去問是果荅以
是果說（修妬路）以是說苦果說如苦天上
若涅槃如是淨不淨覺趣樂世間樂
不淨淨覺樂或苦趣如是俱問云何
無見名荅無見行果衆生无有見（修妬路）
行無有見果無有見衆生無有見是
三無有見彼行无有見名如無有與
无有愛無有善不善行作是行无有
見果无有見名如無有極作不極作
行果報无有地獄畜生餓鬼界天上
去衆生無有見名如无有母無有父
無有衆生化生無有世間沙門婆羅
門如是是邪見无量行是三意苦行
無量因緣一切無善作因緣顛倒善

是本戒去如是解脫度說知婆素路
度三法度二中間初度說盡

四阿鋡暮抄解卷上

死非是醫
殺生彼不捨如是一少(悲不捨爲少一也具則非殺)
是句無有殺生三無如是殺處有問
是不與取何法答不與取名他想彼
覺偷(修妬路)他有財他覺(覺知也知彼財)彼取
去如是三行想應不與取有何義(彼外)
(一知是彼財二持去三)他財有取去非盜覺自
已作(覺知也知識財爲擧而無盜心如已有也)如彼是象
相似覺取非盜復他取無盜覺無過
如親田根花果爲首或取(爲首非一也恐失時)
(爲牧也)問何法婬愚行答婬愚行他法
受行更婬(修妬路)婬愚行略三他他取
去法受行更婬問婬是修妬路根是
何婬愚行作是說答二人道人白衣
彼道人至意說無婬惡行(不斷)婬愚行
無作(道人)若婬白衣惡行須陀洹惡行
已隨趣謂不尒是故婬愚行謂不淨
是故二無惡(道人白衣斷不斷也)修妬路說問

何法他他受答他他受夫親里王(修妬路)
夫受親里受王受是一切他他受
彼謂女人以婬爲主是主是二至竟
時中間彼至竟名如方土家法作主
時中間名是故法婦人初財請彼未
及期若他隨(隨隨也更行也)彼婬愚行如是
知親里名父母姊爲首謂小女若無
夫慈養之王受名謂無夫無親里悉
屬王爲受有是王受是他他受問是
法受何法答法受學齋家法(修妬路)學
法彼受是故學受齋法彼是故齋法
受家法彼受是故家法受彼聽或前
聽齋後不聽非法(夫使受齋而悔行乱)是法
受我今受齋已聽然後若作乱彼受
齋法住爲非法家法種種因緣三事
一切不得往母姊女兒婦爲首如是
隨性如是法受問是更婬何法答更
婬捨婦人所生處更以餘婬男兒山

四阿含暮抄解卷上

校勘記

一　底本，金藏廣勝寺本。
一　一四八頁中三行第八字「逕」，資、磧、普、南、徑、清作「經」。
一　一四八頁中一七行「二藏」，麗作「三藏」。
一　一四八頁中一八行「不經」，諸本(不含石，下同)作「不終」。
一　一四八頁下一行第四字「章」，資、磧、普、南、徑、清無。
一　一四八頁下四行「第一」，徑、清無。又「卷上」，資、磧、普、南無。
一　一四八頁下六行譯者，資、磧、普、南、徑、清作「符秦沙門鳩摩羅佛提等譯」。卷下同。
一　一四八頁下八行夾註右「尊三」，諸本作「三尊」。
一　一四八頁下一二行第一一字「想」，麗作「相」。又末字「壞」，麗作「懷」。

一四八頁下一三行夾註右「味恚也著也進行繫之」，資作「味恚味也者也著所繫之」；磧、普、南、徑、清作「味恚味也著也著所繫之」。

一四八頁下一七行「方便相」，磧、普、南、徑、清作「方便想」。

一四八頁下二二行第八字「入」，諸本無。

一四九頁上二行第二字「想」，諸本作「相」。

一四九頁上一三行首字「染」，麗作「深」。

一四九頁上一五行夾註右「二句」，諸本作「三句」。

一四九頁中一一行第一三字「吉」，資、磧、普、南、徑、清作「去」。

一四九頁中一二行第三字「食」，徑作「施」。

一四九頁中一三行正文第一〇字「是」，資、磧、普、南、徑、清無。

一四九頁中一六行第二字「作」，資、磧、普、南、徑、清作「所」。

一四九頁中一九行第四字「應」，資、磧、普、南、徑、清無。

一四九頁下一三行第七字「任」，諸本作「住」。

一四九頁下一四行夾註右「譬」，資、磧、普、南、徑、清作「譬如」。

一四九頁下一八行正文第四字「苦」，資、磧、普、南、徑、清作「若」。

一四九頁下一九行首字「苦」，諸本作「痛苦」。

一五〇頁上一行第二字「敏」，資、磧、普、南、徑作「慜」；清作「愍」。

一五〇頁上一一行「惡相」，資、磧、普、南、徑、清作「惡想」。

一五〇頁上一九行正文第七字「無」，資作「如」。

一五〇頁中二行「知是」，諸本作「如是」。

一五〇頁中九行正文第一〇字「加」，資、磧、普、南、徑、清作「如」。

一五〇頁中一一行第八字「能」，資、磧、普、南、徑、清作「報」。

一五〇頁中一五行正文第一〇字「苦」，磧、南、徑作「若」。

一五〇頁中一八行「聞已」，諸本作「問已」。

一五〇頁下一〇行第八字「作」，諸本作「伴」。

一五〇頁下一一行第八字「波」，諸本作「彼」。

一五一頁上六行「意奔」，資、磧、普、南、徑、清作「意則奔奔」；麗作「意即奔」。

一五一頁上一二行首字至末行末字「婬……九」與本頁中一二行首字至末行末字「便……子」，諸本經文互置。

一五一頁上一四行第四字「衣」，徑作「依」。

一五一頁上一五行「何練行」，諸本作「阿練行」。

一五一頁上二〇行「三依」，諸本作「三衣」。又夾註右「不懌」，諸本作「不擇」。

一　一五一頁中四行第一三字「舒」，資、普、南、徑、清、麗作「野」。

一　一五一頁中一一行「納五」，資作「納内」；磧、南、徑、清作「五納」；普作「五内」。

一　一五一頁中一二行第四字「何」，資、磧、普、南、徑、清作「阿」。

一　一五一頁中一八行正文第七、八字「等書」，資、磧、普、南、徑、清無。

一　一五一頁中一九行首字「象」，資、磧、普、南、徑、清作「像」。

一　一五一頁中二〇行第五字「書」，資、磧、普、南、徑、清作「畫」。

一　一五一頁下六行第一〇字「子」，諸本作「千」。

一　一五一頁下七行第四字「止」，資、磧、普、南、徑、清作「上」。

一　一五一頁下八行第一二字「騃」，資、磧、普、南、徑、清作「騃昧」。

一　一五一頁下九行「阿鞞乾」，資、麗作「阿鞞駈」；磧、普、南、徑、清作「阿鞞駈」。又夾註「榜也」，資、磧、普、南、徑、清作「髦也」。又正文「黃磨」，麗作「黃麻」。

一　一五一頁下一〇行第三字「遇」，資、磧、普、南、徑、清作「過」。

一　一五一頁下一二行第八字及第一二字「許」，資、磧、普、南、徑、清作「計」。

一　一五一頁下一三行夾註右首字「二」，資、磧、普、南、徑、清作「三」。

一　一五一頁下二〇行「特卧」，諸本作「牀卧」。

一　一五二頁上八行首字「眼」，諸本作「眠」。

一　一五二頁上九行「常坐」，麗作「當坐」。

一　一五二頁上一三行正文第九字「增」，諸本作「僧」。

一　一五二頁中一行第二字「偶」，麗作「得」。又「好飯」，諸本作「好飲」。

一　一五二頁中四行第七字「復」，麗作「後」。

一　一五二頁中二二行第二字「見」，諸本作「是」。

一　一五二頁下三行「聖諦」，徑、清作「四諦」。

一　一五二頁下六行「將道」，資、磧、普、南、徑、清作「弊導」；麗作「將導」。

一　一五二頁下七行「是有」，徑、清作「有是」。

一　一五二頁下一〇行第六字「其」，資、磧、普、南、徑、清作「於其」。

一　一五二頁下一二行「秦末都」，資、普、徑、清作「噤末都」；磧、南、麗作「噤末都」。

一　一五二頁下一六行夾註「向也首也」，資、磧、普、南、徑、清作「向前也」；麗作「向也前也」。

一　一五二頁下一八行第八字「説」下，資、普、麗有「是出世間説」五字；磧、南、徑、清有「是出世間」四字。

一　一五二頁下二〇行「妄言」，徑作「妄語」。

一　一五三頁上二行第二字「刀」，資、

磧、普、南、徑、清作「力」。

一五三頁上四行首字「戚」，諸本作「滅」。

一五三頁上一一行夾註左「二寶」，諸本作「三寶」。

一五三頁上一八行夾註左「侯舉」，資、磧、普、南、徑、清作「隻舉」。

一五三頁上二二行正文第四字「樂」，資、磧、普、南、徑、清作「藥」。

一五三頁中七行末字「行」，資、磧、普、南、徑、清無。

一五三頁中一七行「不急是三念」，資、磧、普、南、徑、清作「不忘是念徑」；麗作「不忘是三念」。

一五三頁中一八行「陰界」，資、磧、南作「陰陽界」。

一五三頁中二〇行「恚他不息恚」，諸本作「恚恚他不自恚」。

一五三頁中二一行第六字「何」，資、磧、普、南、徑、清作「可」。

一五三頁中末行首字「癡」，資、磧、普、南、徑、清作「廢」。

一五三頁下四行「色空」，資、磧、普、南、徑、清作「邑空」。

一五三頁下一四行第二字「願」，資、磧、普、南、徑、清無。

一五三頁下一五行夾註「立住」，資作「五住」。

一五三頁下一六行夾註左「住止也」，資、磧、普、南、徑、清作「止住也」。

一五四頁上六行夾註「法印經」，麗作「法經」。又正文末字「定」，徑作「空」。

一五四頁上八行夾註「修如路」，諸本作「修姤路」。

一五四頁上一三行「正受」，資、磧、普、南、徑、清作「止受」。

一五四頁上一六行「如是」，資、磧、普、南、徑、清作「如見」。

一五四頁上一八行「捺摩」，諸本作「撩摩」。

一五四頁上一九行第六字「癀」，諸本作「廣」。

一五四頁上二一行「思惟」，資、磧、普、南、徑、清作「思惟智」。又夾註「易名耳」，麗作「亦名耳」。

一五四頁中四行「知是」，諸本作「如是」。

一五四頁中五行第二字「苦」，南、徑、清作「若」。

一五四頁中六行第七、八字「是道」，資、磧、普、南、徑、清無。

一五四頁中九行第三字「知」，諸本作「智」。

一五四頁下五行第一〇字「人」，資、磧、普、南、徑、清作「名」。

一五五頁上七行第九字「賁」，麗作「意」。

一五五頁上八行第八字「具」，諸本無。

一五五頁上一八行「是聖」，諸本作「是飛是聖」。又夾註左末字「者」，資、磧、普、南、徑、清無。又「如他意」，諸本作「知他意」。

一五五頁中一行「是合邑」，資、磧、

普、南、徑、清作「合色」。

一　一五五頁中三行「耶避」，資、磧、普、南、徑、清作「邪僻」。

一　一五五頁中四行第七字「有」，諸本作「者」。

一　一五五頁中六行「如是」，資、磧、普、南、徑、清作「知是」。

一　一五五頁中一三行第八字「聞」，資作「開」。

一　一五五頁中一四行「具是道」，資、磧、普、南、徑、清作「是具道」。

一　一五五頁下九行首字「見」，資、磧、普、南、徑、清作「是」。

一　一五五頁下一〇行「三身」，資、磧、普、南、徑、清作「二身」。

一　一五五頁下一六行「解脱」，諸本作「解脱說」。

一　一五五頁下末行第一二字「得」，徑作「等」。

一　一五六頁上六行末字「說」，資無。

一　一五六頁上一一行第七字「兒」，南、徑、清作「見」。

一　一五六頁上末行第七字「姪」，麗作「住」。

一　一五六頁中一八行末字「衆」，資、磧、普、南、徑、清作「奥」；麗作「粤」。

一　一五六頁中二〇行第三字「上」，資、磧、普、南、徑、清作「止」。

一　一五六頁中二一行「答阿羅漢」，徑作「答家羅漢」。

一　一五六頁中末行第二字「是」，資、磧、普、南、徑、清作「是是」。又第七字「阿」，諸本作「何」。

一　一五六頁下一一行第三字「行」，諸本作「行行」。又第六字「所」，麗作「如所」。

一　一五六頁下一六行「懷命」，諸本作「壞命」。

一　一五七頁上一行第八字「意」，資無。

一　一五七頁上三行「色相」，諸本作「色想」。

一　一五七頁上四行夾註「修如路」，諸本作「修妬路」。

一　一五七頁上六行「眼脱腹潰腹」，資、磧、普、南、徑、清作「眼脱腹潰腸」；麗作「脱眼潰腸」。

一　一五七頁上一二行第九字「肉」，諸本作「内」。

一　一五七頁中一〇行第五字「教」，磧作「殺」。

一　一五七頁中一四行「竟覺」，諸本作「意覺」。

一　一五七頁中一六行「勸喜」，諸本作「歡喜」。又「煞何法」，資、磧、普、南、徑、清作「是教何法」；麗作「是殺何法」。

一　一五七頁中一七行夾註「披羅門云」，資、磧、普、南、徑、清作「婆羅問云」。

一　一五七頁中一八行首字「妄」，資、磧、南作「忘」。又夾註右「嚴羊欺」，資作「麗羊斯」；磧、普、南作「嚴羊斯」；徑、清作「殺羊斯」。又左「羊祠曰」，資作「羊相自」；磧、普、南、徑、清作「羊祠自」。

一　一五七頁中二二行第六字「苦」，

一　資、磧、普、南、徑、清無。

一　一五七頁中末行末字「時」下，諸本有大段經文，玆據麗藏本載録於卷末（即一五九頁上四行至本頁中末行「死……山」），並校以資、磧、普、南、徑、清。

一　一五七頁下二一行第一一字「曰」，諸本作「口」。

一　一五八頁上二行「義義」，資、磧、普、南、徑、清作「義」。

一　一五八頁上三行末字「所」，資、磧、普、南、徑、清作「所所」。

一　一五八頁上八行「不知」，諸本作「不如」。

一　一五八頁上九行「无如」，麗無。

一　一五八頁上一〇行正文第七字「名」，資、磧、普、南、徑、清無。

一　一五八頁上一一行「所作」，麗無。

一　一五八頁上一三行夾註「弟子言」，資、磧、普、南、徑、清作「弟子言也」。

一　一五八頁中五行夾註右第一二字「送」，資、磧、普、南、徑、清作「逆」。

一　一五八頁中一〇行夾註左「邪道」，資、磧、普、南、徑、清作「邪道也」。

一　一五八頁中一一行「惡語」，諸本作「要語」。

一　一五九頁上一行「婆素路」，諸本作「婆素跋」。

一　一五九頁上三行經名，資、磧、普、南作「四阿含暮抄卷上」。

一　一五九頁上九行「想應」，資、磧、普、南、徑、清作「相應」。

一　一五九頁上一四行夾註「收也」，資、磧、普、南、徑、清作「救也」。

一　一五九頁中二行「他他」，資、磧、普、南、徑、清作「他」。

一　一五九頁中五行第七字「法」，資、磧、普、南、徑、清作「泆」。

一　一五九頁中一一行第一〇字「彼」，資、磧、普、南、徑、清作「彼受」。

四阿含暮抄解第五（首三法第二惡之二也）卷下　翕

阿羅漢婆素跋陁撰

符秦西域三藏鳩摩羅佛提等譯

已說惡行云何愛名苔愛欲恚嫉妒（修妬路嫉妬憎嫉其人皆以為嫉妬也）欲恚嫉妒者是三謂之愛渴愛彼是三象（即上三戒之根）彼三象无數行問云何苔欲婬有著梵行（修妬路也）婬著有著梵行著者是三欲彼婬名五界色聲香味細滑是三象依衆生各各淶著不多著雜物彼婬著男女不成男（修妬路）婬想著女也男男也女（男女各有想也）不成男也男男也不成男（亦各各有情也）問師雖說色男中著復言令女男不成男何以作是語以何不惡苔女男不成男相因色男為本各各著有差降不名淶著雜物世尊亦說我普不見一色中淶著如男女色（普者十方大千界也）女如男色是以五男无苦三有小中大小者男欲中者女欲大者不成男欲有中（修妬路）婬有色有無色有中謂著此是有著問如婬著別說女男不成男何故復說有著苔由結說婬著有著依衆生

一切婬行法謂婬有彼著者謂婬有著色行法色有彼著者是色有著無色行法无色有彼著者是无色有著是故別說無苦問云何梵行著名苔梵行著者得无得失位希望欲得憂（修妬路）梵行著名得希望不得欲得失位便憂憂以是句義過去婬有著可知得婬復希望不得欲得（其人云此中應有失憂）如是有著如是婬有梵行著也各各三分便有九若得女著希望不得欲得得失位憂如是男不成男可知如是婬著有九如是有著梵行著如是問說令有是不聞梵行著是結苔我已說阿那含果（上已說不擬有結何云梵行无結也）世尊亦說二求婬求有求梵行求求愛欲著此一義復說婬梵行中所棄愛常念問假令介者不足行梵行无著作如是一切自合梵行苔彼當漸行行自住行行梵行無著梵行福惡等度求鉢賴堤彼陁一苦樂二檀度三神通（秦言）不求果求果者著我以此精進（幸法之第四也）梵行當作天中天如是行可著者此即希望云何得梵行使得樂處是得

欲希望後世樂梵行今以愛為樂為
愛飄作非梵行咄我墮落戒自悔憂
是故梵行者（愛欲竟也）問云何恚名荅恚
者巳親怨想恚（修妬路）巳想親想怨想
及恚是二恚問云何恚愛句處（恚愛共合為一）
（義何以說恚愛同句）荅欲想為恚從想為愛也彼
巳想四門行怨想各有四（其人云怨上當有親字也）
問云何荅巳親未得樂望得（一也）巳得
樂懼失（二也）得苦欲使失（三也）未得不欲
得（四也）如是巳親各有四怨有相違（怨親反也）
何故怨未得苦欲令得苦不欲失
未得樂不欲令得得欲令壞此怨欲
懷是恚是故愛向處問假使介巳想
欲廣聞荅巳想者三時懼失（思惟省察修妬路也）
三時名者過去未來現在時名如我
過去所失是故起恚意當有有（有現在也）
（當有未來）如是巳想三時懼失恚問親云
何荅如親巳（修妬路）如是巳想三時懼
失是故恚生親想如是問云何荅為
我所愛者彼有所失是以起恚當有
有是故起恚如是親問云何怨荅怨
相違（修妬路）相違與彼異若我怨樂生
是故起恚當有有如是怨者欲令壞

三時欲滅盡是九恚問若此恚若苦
行有何差降荅恚者依因緣有亦依
十惡无智可知（恚九惱也若十惡之意三也因緣親怨也无智十惡之八也）問
為是一切衆生九恚行為等不荅此輩
住水地如畫石（修妬路）此恚行住由衆生
如畫水畫地畫石種種依衆生則有
得說滯中增上如水中畫即滅地畫
延時若風雨足踐介乃滅畫石石住
石滅（與石俱滅）是故衆生各懷恚不同或
起恚自悔咄我輩丈夫我輩性行於
壞法種種苦自更自起壞法自起壞
意是故恚自息如畫水地亦介恚巳
起不能自除或師知識親覺寤是恚
得息去如畫地次三者極惡不思念
行意熾盛瞋恚充體彼佛辟支佛所
不能寤唯願恚與身滅如畫石此恚
義問彼云何嫉妬荅嫉妬者下等增
上起垢（修妬路）貢高嫉妬相惑復相量
此彼是謂嫉妬是為三下愚也等愚
也增上愚也色冨族術為首我勝他
是下愚勝巳者謂與巳等餘者不如
是等愚我出彼上是增上愚（自謂勝上二者也）
問巳說是下等增上相矣云何是一切

愚得當多種愚不恚巳說荅下妄語
輕毀慢怠（修妬路）若下嫉妬有三如是
妄語嫉妬輕毀嫉妬慢怠彼妄語嫉
妬名極意作惡自慶復輕毀嫉妬名
受他嗟歎汝善哉有功德具如是彼
人内懷歡喜外詐言我無是德慢怠
名晝夜眠寤不能由人身得度生此
意是謂慢怠此三者是下嫉妬也問
云何為等荅等者巳嫉妬憍不敬（修妬路）
等我嫉妬有三我嫉妬憍不敬彼我
嫉妬名得愛陰（一也）彼受好惡（嫉妬也）憍
名供養雜種（而不受也此憍也）不敬礼師問云
何增上荅增上者甚嫉妬嫉妬中嫉
妬无限嫉妬（修妬路）增上嫉妬名甚嫉
妬甚嫉妬名下等中我冣勝此謂甚
嫉妬嫉妬中嫉妬名極妙中計我為
勝此嫉妬中嫉妬无限嫉妬名未得
解勝言得此无限嫉妬是嫉妬九義
一切渴者有有中作有（有三有也）是故愛
句處嫉妬可知婆素跋陁三法次二
三度盡（於首二法之第二惡愚之三事次二也度亦盡也）
四阿含暮抄解第六（三法之第二惡之第三也）
問巳說愛云何无明名荅无明无智

邪智疑智(修妬路)無智邪智疑智是三无明智由口顯文字亦尒被惡口是無(又无知也)如惡子非子如惡朋非明彼无智名有為无為不說無覺(修妬路)有為無為不說無覺是无智問有為有為內受外受云何是受荅有為內受外受此二事(修妬路)有為中无智彼當知內受外受此二事疾也彼內受陰界處各二行已受彼受也外受者草木垣壁為首彼謂已受及他受外受此二外受知此中一一遍凝雜內受外受是无智世尊亦說六更處無智無見是修妬路內受名受為義行結因緣愚情是我所是內受名問云何无為無為一涅槃此是无義云何處三荅无為有餘無餘此二(二種舉上二以為三修妬路)假令涅槃一无為彼由行說二也有餘無餘此間有餘名行結得受是身是有餘是有餘名彼盡一切結滅作證盡身有餘如是有餘无餘名謂此受陰棄更不受身如燈滅是无餘名此謂一或二愚此無為无智問云何不說荅不說不說不說受方便滅教受

中(修妬路)彼受教授方便教授滅教授謂愚此不說无智彼受教授名命(天生)(音命與衆生同也)陰界處現在受內命受是教授謂現在受內命法受由行結是受教授不過去不未来法命受教授命非一不若干得合命及身若是一无常苦若異常為苦若常者不行梵行不常者不須梵行果受施无義無常者无義遍斷方便中二無苦告法(師引)(綁方便荅異道兩拜也)方便教授名過去未来現在行方便教授方便教授此方便教授名是三時相應如我過去時我是衢黠王(梵言衢十名羊也眼也地也天也水也說也方也金剛也光也箭也如是比有十也共人不了)(美生中何也)未来當有名无勝現在時工師達(呪術)為首諸行路貳暑(云高人也證三毋也)是未受受已俗數故教授以此斷常若是衢黠滅云何我是彼若不滅云何言是我以世俗義說此方便教授問云何滅教授荅受盡不受息滅教授(修妬路)受如上說彼盡不受不侵他已息无餘度此彼岸是滅教授此斷常轉還如是一若干止如用本受般涅槃教授是亦不說若此異者不般涅槃

若不異者不般涅槃如是見生若已不說已應般涅槃如燈滅內受一若干若不著受方便教授過去陰界處本說如我名衢黠王如是未来滅授謂滅受為首說世尊般涅槃若方便教授命不斷滅教受命常斷受教授命有无斷已說无智

問云何邪智荅邪智已身內受摸見(修妬路也摸如手摩摸也)見已身受內見摸受見是為三邪智邪相違非賢諂是一義彼已身見吾我自在相應入(修妬路)五入我入自在相應入是已身見彼五入名幻化城野馬向鏡中象相似處計有五入名我名者假借嚴具樹果似親陰計有我自在相應名壞法芭蕉樹畫水上不熟器似白骨時我冨貴如空邑使作主是已身見此是我身我是已身見前者入問是內受云何荅內受斷常俱思惟(修妬路)斷思惟常思惟二思惟此說內受內受名無方便受是義无方便外見彼斷名世間無常不是常不是无常外有不外有不無外是命外無非有无有彼命彼身

以為首二思惟名常外有無外有外無不有以為首是內受見問云何攝受荅攝受戒見依彼修妬路攝受見三事生戒見二依彼初品已說戒以是戒淨此戒受是二戒攝受淨受二也見攝受此是諦餘者癡是著入諦身結亦說二依謂戒見依彼略五陰身彼知有或戒或見陰行淨此是戒攝受知陰妙餘不妙是依見是見攝受

問云何疑智荅疑智珎寶諦正受疑修妬路珎寶疑諦疑正受疑疑名不能持迷惑猶豫是一義問云何珎寶荅珎寶者佛法衆修妬路佛法衆是珎寶如前已說佛薩芸若一切功德具足乘一切惡解脫問何因故珎寶荅以上三功德是佛珎寶如是為大慈不忘說法無因緣為作善知識佛出難有不可思議無比法十二部之第九功德如是功德具足成佛珎寶說法名方便方便果此閒涅槃教授是世尊一切法為寂上現諸法有為無為彼滅寂第一修妬路彼是珎寶為無所作一切苦滅至竟清涼行難壞難行無盡如是

功德具足成法珎寶僧者已說乃至聲聞一切是亦珎寶施得廣果報用世尊語無上福田得世尊難無能壞不相違废如是功德具足成僧珎寶此疑是疑智問云何諦荅諦者俗數相第一義修妬路俗數諦相諦第一義諦此中說无解脫在下正受无苦也所謂疑是疑智正受四解脫二觀處地水觀也四色觀四无色定觀并十想也二直無漏前五想收十漏之前五第二第八解脫謂彼知界正受此非持功德是疑智是苦若也重苦者苦而不知苦也如是習盡道如是四諦顛倒欲界色界无色界是有十二行顛倒疑也如疑智受義亦尒欲恚慢受之二也无智邪智義邪見此別苦行說彼見攢受已身身內受見苦也三界戒攝苦道疑邪无智无明三也邪戒攝習積聚說婆三跋陁三法次二內受三度盡內受是第二之三竟法名也愛三无明三六使也故若九十八

四阿含暮抄解第七苦三法之三也

問已說功德亦說惡云何依名荅依陰界處修妬路也陰界處者是名依此相依是故依依立是義陰者界者處者此衆生依作相應功德及惡故是依功德惡可知問云何陰名荅陰者色

行智修妬路色行智是陰可知陰積聚束是一義此青黃赤白一長短小大圓四方以是為首解色義所生物姓受色陰知彼色有是受是色二義可見不可見可見屬眼不可見異彼聲香味細滑風如是以為首是五事皆不可見問已說諸大彼受諸大未知云何知色受荅諸大地水火風修妬路此地為四首諸大相此是色一一等堅地也濕水也煗火也動搖風也此諸大受彼色烟雲塵霧影光鏡象五根淨以為首色五惟也受色

問已說色陰云何行荅行者身口意依修妬路也身是依是故依身口是依是故依口意是依是故依意此身口意依已依也此是行有為所作是故行修妬路說色有為此復以色成有為行行是色也如穀子成穀子如是知五陰彼無數彼是陰說如穀聚薪聚彼福无福不純淅行

問云何智名荅痛想識修妬路痛想識此三道品法不為他界所取不為六欲所牽也世尊亦說謂忍則想知謂想知則智

（悉則知痛知痛智所了也）此法雜是修妬路問云何
痛名荅痛者樂苦不苦不樂（修妬路）痛
者痛之聲以此痛（痛无形故大聲）餘命不相應
若此痛痛此命相應是故言痛痛字
亦尒彼痛有三苦樂不苦不樂是故
各各生苦因樂生樂因苦生俱因不
苦不樂世尊亦說樂痛者苦分苦樂
不苦不樂苦樂分各對是義問云何
樂名荅樂婬不悪止生（修妬路）謂樂說
此有三婬生不悪生止生彼婬生有
五界愛婬界乃至歡喜不悪生不彼
謗是義此是善出家者義戒戒想意
不變悔是想謂愛此是不悪生止生
根為首五蓋得解脫无乱念禪等為
首念行是想謂念歡喜此止生（自守也）
止生名謂無熱根義中不著（不受也）止
生亦尒說此是三樂痛問云何苦荅
苦者生老死（修妬路）生老死者此是苦
痛彼生名苦如生疽老如熟疽死如
疽內潰流入支節若生已有一切苦
此是生苦世尊亦說生已截手為首
老苦色變力消如塵（如塵油也）死苦一切所
愛財物離為首苦痛問云何不苦不

樂荅不苦不樂者謂三界（修妬路）此不
苦不樂痛此有三當知不苦不樂苦
樂相對界中當說前三界說前二苦
樂痛不苦不樂三界是知欲界有三
色界二樂无苦樂无色界一不苦不
樂是故此一切界相應問云何此依
荅樂依欲為妙苦依恚為妙不苦不
樂癡為妙何故此有樂痛謂无欲欲
已盡如三禪苦如世尊頭痛搘脚不
起恚不苦不樂第四禪及四無色彼
癡稍盡是故如相應說問此從何所
起荅彼因緣行界生（修妬路）彼苦樂不
苦不樂痛行生因緣生界生如是為
九若平過痛問因緣无數為盡是因
緣也不盡是乎荅因緣生福無福无
餘隨數（修妬路）此苦樂不苦不樂痛因
緣生彼因緣有三福无福無餘隨數
相應福是樂不福是苦无餘不苦不
樂彼福者苦行對三禪也无福苦行
无餘第四禪及无色也問如福說施
戒分別也如師說分別禪等無色是
一向說福樂荅此彼受無所傷（受三禪也）
如與比丘三衣持鉢與佛畐羅剎（衿也衣與

化丘者非一人以荅十二門鉢与覺擾辦一切三禪也）不與佛畐羅剎比
丘三衣也與鉢耳若復有勝佛畐羅
剎比丘者三衣與如是分別禪等无
色福三禪受福三禪分別受異他與
是故禪福无所傷問此行生云何荅
行生者已身他行俱（修妬路）行痛有三
已身想他想行有二知樂想苦想如
自刀剌已也若已栴檀用塗（自活）他想
彼繫首破樂俱想語他為我剌頭治
塗以此為首（俱兩也剌彈首鍪鍪首如是比也）問此界生
云何荅界生者時患卒遇（修妬路）問界
異說欲色无色為是界荅此非是界
除衆生此是因緣略舉要有三想時
患卒遇是界想彼時名夏冬春（修妬路）
夏時冬時春時此三時知也痰夏時
聚（風增盛減）唾冬時聚（風增痰身也）風春時（聚痰增唾息）
如方說時想苦樂痛有問云何患為
如苦行愛癡如所說說耶荅此不也
是法身相對耳此說依大身異彼患
風痰唾（修妬路）此是風痰唾患大身彼想
痛有問此云何卒遇荅卒遇除衆生
因（修妬路）卒遇名除衆生因苦痛生垣牆
樹山崖崩為首所因衆生斯已也具

入内此痛義智問此云何想名荅想
有想無想有所有相(修妬路)想增益相似
說此中隨修妬路以想為首增益相
是義彼想名及依是義无想無依如
衆多瓶或有言此是麩瓶此是酥瓶
以此想得多别此中無麩无酥空是
無想受如是聲為首想增益受聲為
首除是受無所有名此非所有如是
相欲為首說所有彼雜欲者欲解脱
處知相無所有知相若虚空識處受
无想有想无想處想雜想无所有無
所有智相問此識云何荅識者欲起
成未成門行(修妬路)无色俱依因緣可得
識種種識是識各二識(止識與根識六情皆尒)
此是三起成門不成門下依俱依因
緣可得此三因緣起世尊演行因識
若復名色因識若復眼因色起眼識
此是三行所作是故彼起陰陽精舍
在母胎識生此是生因行在胎中
稍長聚(藕藥上水也)轉長(如小指狀也)漸凝凝為首
(藕耳)未成門謂識是名色色因(六情未成為名色因)
若復成門未滅滅正受因根義識生
此二依因緣依一義不異依得識是

故因緣得問何故重說智前說戒息
智依何故復說智荅依智所布智是
二此中依智彼依智如戒分二說如
是此知是故無所傷婆素跋陀三法
次三初度說竟也

四阿含暮抄解第八(第三之二也)

問已說陰云何界名荅界者欲色无
色(修妬路)欲界色界无色界者此是三界
持彼此行是故界也此一切衆生受
至不般涅槃无餘問云何此欲界名
荅欲界者人天趣(修妬路)人天趣取要此
欲界欲此間持是故欲界若與欲是
故欲界問云何人荅人者女男命根
相四方依(修妬路)女根相男根相命根相
此一切人也彼一切四方依彼女有
女根義也男有男根也問命根相為
非男非女乎而别說命根耶荅雖說男
女命根相餘處有異不成男不應女
相不應男相唯知有命根相陰陽精
合(藕藥上水狀也)凝聚轉長轉堅命相趣未
成男女根是故異問云何方名荅方
者閻浮提弗婆鞞提衢陀尼欝怛鳩
羅婆者彼謂如方相弗婆鞞提次衢

陁尼欝怛鳩羅婆南閻浮提此輩如
壽數樂有限諸具為首有異(其居生之具也)
轉上轉上妙問天有二行婬棄結此
二何者是荅天執手口義見行婬(修妬路)
行婬此受棄結不復入此天有三行
婬行執手行口義行(言語成婬)見婬行彼
口義婬行化樂此染著意女亦染著
共語言須如是便欲生若一染著不
成婬如此閙執男如不相染如母姊
女相抱耳他化已所愛男俱樂是故
化染(五天婬也男女同欲便化已令前人悅之而共言語成婬也)見行婬他
化自由相應彼如展轉相染念展轉
相視如是婬生有不染視如巳他化
自由相應是故他化自由相應(六天見他化者
之以成婬也五天自化而成婬)問已說口見婬行前不說
執手行婬荅執手行婬有二相抱執
手(修妬路)謂執手行婬天彼有三俱行
婬相抱行婬執手行婬彼俱行後當
說相抱行婬名焰摩彼展轉相染意
如抱女尋婬生獨一染著如此閙相
抱樂彼如是得不著意如尊長夜起
樂喜意是故焰摩(秦言夜半)問云何執
手行婬荅兜率陁彼展轉發婬如女

共執手行如是婬生獨一涤著如相抱不涤著如尊長自有侍從喜是故名兜率陁(秦言止足天不犯他婬梵曰日有巳慧不仰人故曰自也)問云後當說俱行此云何答俱行者三十三(第二天也)大王地(修如路)有二著二婬此一切婬行依二依行義此二想師說如人彼三十三須弥頂彼如人行婬四大王遊乹陁羅上(秦言持天地也)彼亦如人地者此閒地樹河山上居處愛所欲得此一切天如所說有下風而无便利轉上轉上兩倍樂此華天欲界住者問趣云何答趣者地獄畜生餓鬼(修如路)地獄畜生餓鬼此是三趣无善趣故惡趣彼地獄寒熱因緣想(修如路)寒地獄熱地獄因緣想地獄獄一義極苦是故地獄中无可樂是故地獄彼多種此當說彼寒地獄者能語不了語不語(修如路)三語相寒地獄能語不了語不語極多語彼能語者字可了是故能語問云何能語答能語頞浮陁(秦言卒起)尼賴浮陁(秦言不本起)阿波歎(秦言歎修如路)此三寒地獄能語彼卒起者(數擿剎至百為一次復至百也異名卒起)數為聲如十摩竭(國人也)胡麻搭

一搭二十聚也念百歲取一胡麻此時猶可盡尒許百歲彼卒起地獄衆生命如此四搦成一外四外成一獨籠奈十六獨籠奈成一佉鍒(取也)二十佉鍒成一搭如是命為十倍成不卒起以此十倍作巳餘者亦尒知若不卒起中以寒身體皰著生是故不卒起(无數起者身也)身無空處皰滿是故不卒起戰獄名寒内松落作尒戰喚阿波波問云何不了語答不了語者阿吒鵂吒鵂優鉢(修如路)此三不了語大逼迫時不耐苦稱阿吒鵂吒鵂作如是不了皮落如優鉢(皮落但有内存)甚寒因緣合會使皮落優鉢花剖身亦尒彼於此閒誹謗賢人優鉢羅受罪(句倒受罪如優鉢)問云何不能語答不能語者須揵提(梅香花)拘物度(白花)分陁梨鉢暮(藕花修如路)此四地獄不能語唯極冬疾風吹身令強須揵提(修如路)拘物度分陁梨藕花隨其象身更苦嘐喘(嘐音穹喘反)身戰慄任此誹謗賢人是須揵提如是一切殃受此若如是十刧盡是寒地獄十也四方閘輪圍山(鐵圍)者(走也)上陿如覆

舍人常闇冥寒切破身如爇大火然竹葦身聲吒吒(猶歐𠲿細也)如熟橘甘蕉自剖展轉相棠生想此中亦有人受苦者也一切謗賢聖受此世尊亦說可誹賢聖者百千墮卒起地獄心口願惡此是寒地獄問云何熱地獄答熱地獄者所考掠處少考掠處无考掠考掠處(修如路)熱地獄有三事考掠處少考掠處无考掠處考掠處行所作此中衆生或促多促少或自苦促隨行造此生而受苦彼考掠處還活獄市獄黑縺獄(修如路)鄁耆婆(諶但反)市獄黑縺獄此三考掠處還活如倒懸羊頭以斧斤破為首獄卒削肉盡索因緣合會冷風起内還生非好因緣會作苦有鋑斧大如半月彼各各起疾此本逼迫我我當還逼迫之如刈竹葦藤(鐵相破如此)以此怨意死便生彼黑縺者以縺礫縛縺礫身巳叚叚截也此以刀割衆生身熱銅鍱遍纏其身肉血脂流此閒以鞭衆生為首及出家者託言持戒衆檀越施與衣著亦同此大闇冥惡烟薰倒懸驅吸咽

此閒以烟薰衆生受此罪大市者手脚頭鼻為首被截也坐在市居罪如此熱鐵地熱鐵火車獄卒張目喚呼駈使走此閒牛馬為首極困苦抱持他妻令上劍樹極然為首苦此孝掠也由曰緣獄卒不被燒罪者被燒不可思議行報問少孝掠云何荅少孝掠者聚大啼哭被炙修如路此三少孝掠彼大聚者畏獄卒无數千衆生入山內隨緣前行自因緣值火適還為獄卒所駈彼兩逼迫山俱合似如磨而象河彼於此磨為首及輪拶衆生肉爛盡輪外國輪壓油傷衆生或復以熱鐵臼五百歲擣因緣所牽命不盡彼於此彈指頃曰爪拶殺颿為首曰赤擣傷重於此須臾曰爪彼報然彼大啼哭者一切皆然山周帀嵑峻惡獄卒無事而恚何以走不走啼不啼如是生過以熱鐵椎擊破首此閒人為重事外國孝四重者八十輕孝二十六被炙者象如浴室火頭壘熾然銅骨地駈使入熬使熟熟已駈出彼大身惡狗食其肉食肉盡風隨吹肉復生尋駈使入此閒養蠶命存煑炙問云何無孝掠處荅無

孝掠處者啼哭被炙無分米修如路此無極阬展轉相逼大喚呼以蓋覆大苦於此閒焚燒曠澤作竅虵穴熏穴居者也彼炙者大多焰相搏鐵山周帀刹又刺炙一面熟熟已又自轉或人自轉周帀燒於此閒錐刺人及拔翅甲也无分米无分米无不痛周帀火燒其城縱廣百俞旬熱銅薄覆其上四門縱廣上下火在其中无空䥥處尋火火走身體爛盡无分米不痛於此閒殺父母羅漢起惡意向如來壞僧若造十惡行因緣所牽生彼此三无孝掠處也因緣地獄彼處處河曲閒石腹閒大曠澤中受種種苦此因緣地獄此盡是地獄

問云何畜生荅畜生者地水虛空行修如路一切無足兩足多足修如路畜生地上行水上行虛空行彼地行牛驢駱駞為首水行魚摩竭失收摩賴收深獨反為首虛空行鳥及餘小虫一切無足兩足多足無足虵為首兩足鳥為首多足牛蜂百足為首彼種種作惡增癡

行生此中問云何餓鬼荅餓鬼無食少食大食修如路此三取要言之若干種餓鬼問云何無食荅食炬焰鍼臭口修如路炬焰口鍼口臭口此无食彼炬焰口中焰氣還自燒面象如炬拄慳貪嫉彼受此苦果也鍼口者腹大如山口如鍼孔雖廣見飲食已而不能得臭口者如糞臭劇燒死人臭自口臭內熏五藏憒脹氣出无腹无腹小也還念食若干種受若干苦此是無食問云何少食荅少食者臭鍼毛咽癭修如路臭毛鍼毛咽癭此是少食或少得不淨食是故少食彼毛鍼者牢堅長頭利毛覆身節各各不相近恐相觸入深也毛還自刺身如鹿被利箭苦值得便食逆物便齒臭毛名極臭毛覆身風吹自毛臭氣起熏鼻發恚意自滅毛更此苦咽癭名由巳因緣生轉轉破癭臭膿血流而各食之問云何大食荅大食棄吐殘食大飛修如路彼棄吐食有二故與族終亡者去得也无種中此世種親祀七一親族則得食也佛荅吐不故與者街巷四道所遺落者去受身如此彼前棄及吐聞吐聲如被請

走食吐以為力天祠為首施已而還棄因此生彼彼大飛閱叉羅刹獸鬼畜生人天作形(脩如路其人上三至獸鬼亦脩如路也)此是餓鬼火飛鬼彼象如天自然住由因緣或有好衣食而不得食无量百餓鬼營從如親隨獄来見諸親大愁苦欲吐以此為患(如天一也好食二也无量三也)畜生人天此餓鬼畜生形人形天形若干種行所致此欲界中

問云何色界中荅色界中及念无念樂護行(脩如路)色界名彼无欲但由禪便然除瞋恚得柔和色淨如念此是界義此及念行无念行皆樂滅護行也及念者樂是故及念除念是無念除若樂息也觀疾轉高解脫如御馬車問云何及念荅及念及念自覺无覺自行(脩如路)及自覺是自覺除自覺無覺也樂如是如此禪說自覺初也無行二也无覺初二中間此禪行色界生也隨衆生為說禪問云何自覺生荅自覺者梵富酸(淨師)梵迦夷(淨身)梵波梨沙(眷屬脩如路也)自覺行禪已生彼中淨師淨身淨眷屬生巳下中上隨其

樂大梵无覺生无行義問云何无行荅無行者波栗阿婆(少光)阿波摩𨚗阿婆(无量光也)阿婆嘍羅遮(光音速来反作如路)无及念樂生此天少光无量光光音此名隨所欲或雜想口語光出少是故少光口出光多故言无量清淨无量故言光音(清淨口言明淨)問巳說念樂云何無念荅无念彼栗多首波(少淨)阿波羅摩𨚗(无量淨)首波首波訖栗𨚗(脩如路遍淨)無念也樂禪俱去(得也)生彼三天彼少淨名少是一義此是少功俱去少三禪生少淨天如是少樂報中中无量淨生上生遍淨問云何護行(自中)荅護行護樂无想首陁跋婆(淨居也脩如路)護俱去(得也)有三行有想想滅覺相應彼護樂者鞞疑呵破羅想天(果實天也)首阿跋娑護樂生是故護彼如上中下果實知阿先如薩倕(都戈反无想)淨居彼果實第四禪下中上功大生彼(下生无果天中生振光上生果實天也)以此想滅俱生无想天(披羅門謂涅槃者)彼念想識滅彼想謂結盡无復垢唯有色身行身一處(將滅行性故不免生是故曰行身有四事)彼死起想生来(披羅門自謂此天為般涅槃知命將終謂聖見欺故生惡道也)問云

何淨居名荅淨居者修提舍(善見天)須提舍𨚗(善好見)鞞首陁(清淨天上中下也脩如路也)淨居名諸結盡此功德名耳問五淨居地何以說三荅清淨阿鞞麗合(盧雞反)阿荅波阿迦貳吒(一究竟天上之上中下也空定亦上中下二天阿𨚗含生之并八天)(脩如路也)無所觸無熱一究竟此三清淨知分清淨為三故有五色說色界

問云何無色界荅無色界巳說上分別无色界巳說彼分別来生无色界是无色界是聞正受然後生彼如是作已道果有如稻穬子成果實婆泰跋陀三法次三說二度盡

四阿含暮抄解第九(第三之三也)

問已說陰界云何為處荅處更樂異學解脫處(脩如路)更樂處名異學處解脫處此三處依義如天處若出家懃懃彼此得覩見恐懼是故處問云何是誰處荅功德惡俱(脩如路)彼功德解脫處惡異學處俱更樂處此者意而行惡清淨意發功德行問云何更樂處荅更樂處近者不近者行不行(脩如路)更樂處近者行不近者行无行行是義此開因緣說如相應即是行

近著此行是故近著行如是不近著
行知問云何近著行答近著行者鼻
舌更樂脩如路鼻舌更樂此是著行者鼻
香入鼻內而受香香是鼻行雖花
在遠花香猶入鼻而受香香亦是色
若北風香至南而不還北是故花香
入鼻受味亦如是味著舌巳而受味
不在器中如是更樂更樂身挋是亦
八行細滑重輕軟堅平寒熱細滑八事以此
以此行者受是故近著行問云何不
近著行答眼耳意脩如路問巳下十一字其人著眼耳
意此三不近著行問眼亦少著受境
界耳亦如是耳入致納聲受意亦无
色當云何知不近著行答以是故不
近著說所謂不近著界受問云何齊
限不近著答无齊限此閒月在四十
千俞旬住受見或五里處住隨力根
見在故近著行不近著行但界見受
不捭通雜反入眼受即離則受如是耳離
受聲不逼耳得受聲是亦隨根力受
意无色无有遠近是故不近著行說
問云何无行答無行巳他受无受脩如路
巳受他受无受此無行彼巳受者色

為首他受者及餘六色聲香味細滑
共人云冒背无受觸為首糅聲優鋅香為首
等无有行是故无此是餘行無有因
緣此是五界无因緣有是他因緣法
義多
問巳說无行更樂處云何異學處答
異學處者一處嶮為无義論脩如路一處
義論嶮為義論无義義論此略要異
學處三一義彼一處義論名如因提
幢幡竿八人轝来中或有說捸跋達
提持来或言天與諦在中不獨轝一人言
雖多无一人不得轝錦多巳下更答獨轝作如是
說一處義論何以故義有三前因緣
報一人言也言專前世所為也現在人所造其一人言若專前世何用現在
所造耶也他喜與財其一人言喜施財天使之然也此中因緣
至此現一處義論嶮為義論名如彼
因提幢幡竿或言非人轝来習齋啓所
致此是義嶮為義无義名如因提幢
幡竿此非人轝来問云何一處義論
義答一處巳他人所造及能論脩如路
巳人所造有二宿命因緣所造令命
所造彼及宿命所造當知是因緣受
報想天所與如是義有三如上說彼

若言因緣人所造他喜與財作如是
說一義論所造因緣華无人所造無
叉復不可信此華不足往来若緣所
作如是一切无所作如是為首惡問
云何嶮為答嶮為義衆生法俱根義
想脩如路嶮為義論衆生論法少作衆
生法所作此是嶮為義論非衆生作
非法所作非俱所作上非上旦有何以故問云何
衆生根義想答衆生梵摩未如婆盧
頻糅八簰神也論脩如路衆生所作如梵摩所
作未恕婆盧主地神也所作頻糅所作如
是論不知觀梵摩論者言梵摩造虛
空虛空造風風作水水作地地作草
木衆生如是前梵摩作論此一切是
惡若梵摩作虛空地者住何所處而
作空地也若展轉作者事違如是為
首惡也未恕婆盧頻糅亦尒問云何
法答法者時微性論脩如路時作一切微
作性作此三法義論彼時論名是一
切皆時之所生是一時皆時之所成
熟也是一切皆時之所斷是一切皆
時之有為首盧誦此偈彼不相應一
處如上說不足往来彼於此合上四事同故

或生意此亦時所作此不相應何以故空无所有時自亦空教他所作不合如是惡也微者亦不合彼无念此事不相應性亦如是性若有起非性事若无者無義若无義有所起如是一切有者性有何差降若御生此意性有常此不相應无無常者不變如是惡也（性者常然也常然則无然下然故曰不變也）問云何无義荅无義者自然強伏无所有（脩妬路）无義論有三自然論強伏論无所有彼自然論者自然有生不有餘想剌如剎无有人剎之者以此為首強伏論名隨物欲生如大水泉源草木技蓁隨中聚作一摶此是強伏隨風来或吹向北或復東西如是種隨所欲起无所有名空盡无所有有何相應何者相應都无所有此輩盡是惡何故若自然有者子不生也田作水漑灌以見時為首若无是者子不得生是故不自然一切作所致報

問已說異學處云何解脫處荅解脫處想禪誦（脩妬路）想禪誦此是解脫處解脫惡盡彼解脫此三處依是義依

此已得解脫想因緣是義彼想依辟支佛得解脫前品已說禪此當知彼亦依聲聞而得解脫問云何誦荅誦者說聽諷誦（脩妬路）說聽諷誦彼說名隨所聞法說如所聞法受諷誦隨所聞章而轉誦之聞已說諷誦修妬路阿毗曇鼻貳何故重說荅此亦分作三諷誦三事得果說時聽時誦時佛弟子有四諦受生（戒度也）施受俱来（施度也）滅受俱来（禪度也）慧受俱来（智度也）此如是相應諦聽得解脫施說得解滅坐禪得解慧諷誦得解是故解脫處義如是三法相應觀無亂意欲求無為次第得解脫解脫義斯慧者生世尊世婆素跋陁三法次三誦三法度盡盡三法度記曰聽我說偈偈千二百（伐三十二字首盧也偈人讀佛則二十七字也梵本四十六葉一葉二十八首盧）

四阿含暮抄解卷下

四阿含暮抄解卷下

校勘記

一　底本，金藏廣勝寺本。

一　一六五頁中一行經名，資、磧、普、南、徑、清作「四阿含暮抄解卷下」。

一　一六五頁中三行與四行間，資、磧、普、南、徑、清有「四阿含暮抄解第五」及夾註「首三法第二惡之二也」。

一　一六五頁中五行夾註右「憍慢」，資、磧、普、南、徑、清作「憍慢也」。

一　一六五頁中一五行「不名」，資、磧、普、南、徑、清作「不多」。

一　一六五頁中一八行「五男」，磧、普、南、徑、清作「五界」。

一　一六五頁中一九行第一一字「欲」，資、磧、普、南、徑、清作「欲是故婬欲問有著云何答有著者婬色無色」。

一　一六五頁下七行第四字「憂」，資、磧、普、南、徑、清無。

一　一六五頁下一二行「婬著」，資、磧、

普、南、徑、清作「姪者」。

一 一六五頁下一三行第二字「說」，資、磧、普、南、徑、清作「就」。

一 一六五頁下一五行「二求」，諸本（不含石，下同）作「三求」。

一 一六五頁下一八行末字「住」，諸本作「任」。

一 一六五頁下二〇行「提彼陁」，資、磧、普、南、徑、清作「提波陀」。

一 一六五頁下末行第一〇字「得」，資、磧、普、南、徑、清作「行」。同行末字至次頁上一行首字「得欲」，資、磧、普、南、徑、清作「欲得」。

一 一六六頁上二行第二字「飄」，諸本作「所飄」。

一 一六六頁上四行第五字「想」，麗作「相」。

一 一六六頁上五行「二恚」，資、磧、普、南、徑、清作「三恚」。又夾註「共合」，資、磧、普、南、徑、清作「非合」。

一 一六六頁上六行夾註左「同向」，資、磧、普、南、徑、清作「同向耶」。

一 一六六頁上一一行「得苦」，諸本作「得得苦」。

一 一六六頁上一二行第二字「得」，資、磧、普作「故」。

一 一六六頁上一三行首字「懐」，諸本作「壊」。又第七字「向」，諸本作「句」。

一 一六六頁上一六行第九字「意」，資、磧、普、南、徑、清作「竟」。

一 一六六頁上一七行夾註左「未來」，資、磧、普、南、徑、清作「未來也」。

一 一六六頁中三行夾註右第五字「苦」，資、磧、普、南、徑、清作「若」。又第一〇字「三」，徑作「二」。

一 一六六頁中八行首字「延」，資、磧、普、南、徑、清作「近」。

一 一六六頁中一六行第五字「頋」，諸本作「瞋」。

一 一六六頁中一八行第三字「垢」，諸本作「妬」。

一 一六六頁中二〇行第八字「族」，磧、普、南、徑、清作「技」。

一 一六六頁下一一行「愛陰」，諸本作「受陰」。又夾註「嫉妬也」，資、磧、普、南、徑、清作「修妬路」。

一 一六六頁下一五行「甚嫉妬」，資、磧、普、南、徑、清作「嫉妬中嫉妬無限嫉妬此三者增上嫉妬彼甚嫉妬」。

一 一六六頁下一八行第二字「勝」，諸本作「脱」。

一 一六六頁下二一行夾註右「二法」，諸本作「三法」。

一 一六七頁上二行「被惡口」，資、磧、普、南、徑、清作「彼惡口」。

一 一六七頁上三行「非明」，諸本作「非朋」。

一 一六七頁上八行「疾也」，諸本作「癡也」。

一 一六七頁上一一行第一二字「雜」，資、磧、普、南、徑、清作「離」。

一 一六七頁上二一行「是无」，資、磧、普、南、徑、清作「是滅是無」。

一　一六七頁上末行第七、八字「不説」，資、磧、普、南、徑、清無。又「教受」，諸本作「教授」。

一　一六七頁中二行第一一字「授」，資、磧、普、南、徑、清作「授授」。

一　一六七頁中三行正文第九字「受」，資、磧、普、南、徑、清作「法受」。

一　一六七頁中六行第五字「干」，徑作「千」。

一　一六七頁中九行第一二字「告」，諸本作「吉」。

一　一六七頁中一三行夾註右第三字「衢」，麗作「衢點」。又第一四字「水」，資、磧、普、南、徑、清作「火」。又左第七字「剪」，資、磧、普、南、徑、清作「箭」。

一　一六七頁中一四行夾註右「生中」；資、磧、普、南、徑、清作「十之中」；麗作「十生中」。

一　一六七頁中一五行正文「路貳署」，資、磧、普、南、徑、清作「跋貳署」。又夾註左「三母也」，諸本作「三世也」。

一　一六七頁下三行「苦不著受方便」，資、磧、普、南、徑、清作「若不著方便」。

一　一六七頁下四行末字「授」，諸本作「教授」。

一　一六七頁下六行「教受」，資、磧、普、南、徑、清作「教授」。

一　一六七頁下九行正文第五字「内」，資、磧、普、南、徑、清作「内受」。

一　一六七頁下一一行「五入」，資、磧、普、南、徑、清作「吾入」。一二行、一四行同。

一　一六七頁下一三行第六字「向」，資、磧、普、南、徑、清作「響」。

一　一六七頁下一六行第一〇字「時」，資、磧、普、南、徑、清作「時界」。

一　一六七頁下一七行第二字「邑」，資、磧、普、南、徑、清作「色」。

一　一六八頁上一六行「不忘」，諸本作「不妄」。

一　一六八頁上一八行夾註「第九」，資、磧、普、南、徑、清作「第九也」。

一　一六八頁上二〇行第三字「聞」，資、磧、普、南、徑、清作「問」。

一　一六八頁中三行第一一字「難」，資、磧、普、南、徑、清作「歎」。

一　一六八頁中七行夾註右第三字「説」，資、磧、普、南、徑、清作「諦」。又第六字「脱」，麗作「解」。

一　一六八頁中一一行夾註右第四字「苦」，資、磧、普、南、徑、清無。

一　一六八頁中一三行第四字「受」，資、磧、普、南、徑、清作「愛」。

一　一六八頁中一四行第一一字「攅」，諸本作「摸」。

一　一六八頁中一五行首字「身」，資、磧、普、南、徑、清作「見」。

一　一六八頁中一六行夾註左末字「習」，資、磧、普、南、徑、清作「集盡也」。並下有正文「受義見分別止」，夾註「思惟也見聞見也」及正文「如是九十八義結」。又正文「陁三法」，資、磧、普、南、徑、清作「婆

素跋陀三法」；麗作「陀二法」。

一　一六八頁中一七行夾註左「九十八」，資、磧、普、南、徑、清作「九十八者也」。

一　一六八頁中二二行第一二字「故」，資、磧、普、南、徑、清作「是故」。

一　一六八頁下三行末字「姓」，南、徑、清作「性」。

一　一六八頁下五行第五、六字「可見」，資、磧、南、徑、清無。

一　一六八頁下六行夾註「不可見」，資、磧、普、南、徑、清作「不可見也」。

一　一六八頁下一一行第四字「塵」，資、磧、普、南、徑、清無。

一　一六八頁下一二行夾註「色五惟也」，諸本作「色五情也」。又正文「受色」，麗無。

一　一六八頁下一六行「依也」，資、磧、普、南、徑、清作「作也」。

一　一六八頁下一九行第四字「彼」，資、磧、普、南、徑、清作「行」。

一　一六八頁下二一行第七字「痛」，資、磧、普、南、徑、清作「智痛」。

一　一六八頁下二二行夾註「六欲」，資作「六路」。

一　一六九頁上七行第一〇字「者」，資、磧、普、南、徑、清作「有」。

一　一六九頁上一二行末字「意」，資、磧、普、南、徑、清作「謂意」。

一　一六九頁上二〇行首字「疽」，資作「痛」。

一　一六九頁中一七行第三字「彼」，資作「故」。

一　一六九頁下一行夾註右「住立」，諸本作「比丘」。又左「一切」，資、磧、普、南、徑、清作「一向」。

一　一六九頁下八行夾註「自活」，諸本作「自治」。

一　一六九頁下九行第二字「繫」，資、磧、普、南、徑、清作「擊」。

一　一六九頁下一〇行夾註右「彈首鑿鑿」，資、磧、普、南、徑、清作「首彈鑿二」。

一　一六九頁下一六行末夾註「唾息」，資、磧、普、南、徑、清作「唾息也」。

一　一六九頁下一八行第九字「說」，資、磧、普、南、徑、清無。

一　一六九頁下末行「也具」，諸本作「他俱」。

一　一七〇頁上六行第五字「多」，諸本作「分」。

一　一七〇頁上九行第九字「雜」，資、磧、普、南、徑、清作「離」。

一　一七〇頁上一一行第八字「想」，資、磧、普、南、徑、清作「相」。

一　一七〇頁上一四行夾註右「止識與根識」，資、磧、普、南、徑、清作「心識與眼識」；麗作「心識與根識」。

一　一七〇頁上一五行第一〇字「下」，諸本作「行」。

一　一七〇頁上一八行末字「舍」，諸本作「合」。

一　一七〇頁上一九行「生生」，資、磧、普、南、徑、清作「生」。

一　一七〇頁上二〇行夾註右「藕葉」，

諸本作「藕葉」。

一　一七〇頁上二一行「色色因」，諸本作「色因」。又夾註「爲名色因」，徑、清作「謂爲色因」。

一　一七〇頁上二二行第七字「滅」，資、磧、普、南、徑、清無。又第一三字「識」，資、磧、普、南、徑、清作「謂」。

一　一七〇頁中一行「智前説」，資、磧、普、南、徑、清無。

一　一七〇頁中二行第一三字「智」，資、磧、普、南、徑、清作「依智所布依智」；麗作「依智」。

一　一七〇頁中一二行第五字「間」，資、磧、普、南、徑、清作「聞」。

一　一七〇頁中一四行首字「相」，資、磧、普、南、徑、清作「相相」。

一　一七〇頁中一六行第二字「根」，資、磧、普、南、徑、清作「相」。又第一一字「命」，資、磧、普、南、徑、清作「若命」。

一　一七〇頁中二〇行「長轉」，資、磧、普、南、徑、清無。

一　一七〇頁中二一行第一三字至次行首字「答方者」，資、磧、普、南、徑、清作「答方者閦浮提弗婆鞞提次衢陀尼欝怛鳩羅婆」及夾註「北方也地名也修妬路也」。

一　一七〇頁下三行首字「轉」，資、磧、普、南、徑、清作「轉轉」。

一　一七〇頁下一〇行「他化」，資、磧、普、南、徑、清作「化化」。

一　一七一頁上二行末字「故」，資、磧、南、徑、清無。

一　一七一頁上三行夾註右「梵曰」，資、磧、普、南、徑、清作「故曰」。

一　一七一頁上五行首字「三」，麗作「二」。

一　一七一頁上六行第六字「依」，諸本作「彼」。

一　一七一頁上八行夾註左「天地也」，資、磧、普、南、徑、清作「天地山也」。

一　一七一頁上一一行第六字「倍」，資、磧、普作「信」。

一　一七一頁上一五行「獄獄」，資、磧、普、南、徑、清作「獄」。

一　一七一頁上一六行第五字「中」，資、磧、普、南、徑、清作「是中」。

一　一七一頁上二一行首夾註「本起」，諸本作「卒起」。又夾註「不本起」，諸本作「不卒起」。又夾註「戰修妬路」，資、磧、普、南、徑、清作「戰也修妬路也」。

一　一七一頁中二行末字「衆」，磧作「求」。

一　一七一頁中四行夾註「取也」，資、磧、普、南、徑、清作「聚也」。

一　一七一頁中九行第六字「内」，資、磧、普、南、徑、清作「肉」。

一　一七一頁中一二行第八字「吒」，資無。

一　一七一頁中一四行「優鉢花」，諸本作「如優鉢花」。又「剖身」，麗作「部身」。

一　一七一頁中一五行夾註「句倒受罪」，徑、清作「句到受」。

一　一七一頁中二〇行第六字「苦」，清作「若」。

一　一七一頁中二二行第四字「若」，諸本作「苦」。又第七字「十」，磧、南、徑、清作「一」。

一　一七一頁中末行夾註「鐵圍」，資、磧、普、南、徑、清作「鐵圍也」。

一　一七一頁下一行第二字「人」，資、磧、普、南、徑、清作「入」。

一　一七一頁下三行第六字「棠」，諸本作「振」。

一　一七一頁下一〇行末字「伇」，資、磧、普、南、徑、清作「隨役」。

一　一七一頁下一四行第六字「破」，資、磧、普、南、徑、清作「斫」。

一　一七一頁下一六行首字「會」，資、磧、普、南、徑、清作「合會」。又第五字「鉃」，諸本作「鉞」。

一　一七一頁下一八行「箄藤」，資、磧、普、南、徑、清作「箄藤」。又夾註右「鉞相破」，資、磧、普、南作「鉞相斫」；徑、清作「餓相斫」。

一　一七一頁下末行「吸咽」，資、磧、普、南、徑、清作「歙煙」；麗作「吸烟」。

一　一七二頁上三行第五字「熱」，資、磧、普、南、徑、清作「載」。

一　一七二頁上四行第五字「聞」，諸本作「間」。

一　一七二頁上一二行第一二字「搒」，資、磧、南、徑、清作「磋」。

一　一七二頁上一五行「爪搒」，資、磧、普、南、徑、清作「抓磋」。又夾註左「爪彼報然」，資、磧、普、南、徑、清作「抓彼報然也」。

一　一七二頁上一九行夾註左「輕考」，資、磧、普、南、徑、清作「輕者」。

一　一七二頁中一行正文第一二字「此」，資、磧、普、南、徑、清作「此三」。

一　一七二頁中三行第二字「阮」，磧、普、南、徑、清作「阸」。

一　一七二頁中四行第一〇字「虵」，資、磧、普、南、徑、清作「地」。

一　一七二頁中六行第二字及第一〇字「叉」，資、磧、普、南、徑、清作「又」。

一　一七二頁中七行夾註「周帀燒」，資、普、南、徑、清作「周匝繞」。

一　一七二頁中八行夾註「无分米无不痛」，資、磧、普、南、徑、清作「無分米不痛」。

一　一七二頁中一〇行「火火」，諸本作「火焰」。

一　一七二頁中二〇行第八字「失」，磧作「夫」。又夾註右首字「牧」，諸本作「收」。

一　一七二頁下三行第九字「食」，諸本作「無食」。

一　一七二頁下五行首字「口」，諸本作「口口」。又「炬拄」，資、磧、普、南、徑、清作「焦柱」。

一　一七二頁下一四行夾註左首字「入」，資、磧、普、南、徑、清無。

一　一七二頁下一六行夾註左「便齒」，資、磧、普、南、徑、清作「便嚙也」；

一　麗作「便嗇」。

一　一七二頁下二〇行末字「故」，資、磧、普、南、徑、清作「或故」。

一　一七二頁下二一行夾註右「无種」，資、磧、普、南、徑、清作「九種」。又第九字「親」，資、磧、普、南、徑、清無。又左末字「吐」，資、磧、普、南、徑、清作「比丘」；麗作「吐也」。

一　一七三頁上四行「火飛鬼」，資、磧、普、南、徑、清作「大飛鬼」。

一　一七三頁上一六行第一〇、一一字「及念」，資、磧、普、南、徑、清無。

一　一七三頁上一八行「如此禪說自覺初也」，資、磧、普、南、徑、清作「知此禪說如覺初也」。

一　一七三頁上二一行「梵富酸」，磧、普、南、徑、清作「梵富樓酸」。

一　一七三頁上二二行夾註「眷屬修妬路也」，資、磧、普、南、徑、清作「淨眷屬修妬路」。

一　一七三頁中一行「无行義」，諸本作「無覺無行義」。

一　一七三頁中二行「波栗阿婆」，資、磧、普、南、徑、清作「彼栗阿婆」。

一　一七三頁中三行夾註「光音速末反」，資、磧、普、南、徑、清作「光音嘬速末反」。又正文「无及念」，諸本作「無行及念」。

一　一七三頁中四行「无量光」，清作「無重光」。

一　一七三頁中一四行「首陁跋婆」，磧、普、南、徑、清作「首陁跋娑」。

一　一七三頁中一六行「鞞疑呵破羅」，資、磧、普、南、徑、清作「鞞隸呵破羅」。又「首阿」，資、磧、普、南、徑、清作「首陀」。

一　一七三頁中一八行夾註左「无想」，資、磧、普、南、徑、清作「無想天」。

一　一七三頁中一九行夾註「福光」，資、磧、普、南、徑、清作「福光天」。

一　一七三頁中二二行夾註「生老」，資、磧、普、南、徑、清作「生老死」。

一　一七三頁下四行第一一字「合」，諸本作「舍」。

一　一七三頁下六行夾註「修妬路」，資、磧、普、南、徑、清作「修妬路也」。

一　一七三頁下一一行「稻穬」，資、磧、普、南、徑、清作「稻穬」。

一　一七四頁上九行「八行」，麗作「入行」。又「寒熱」，資、磧、普、南、徑、清作「不平寒熱」。

一　一七四頁上一一行夾註左「其人著」，資、磧、普、南、徑、清作「其人著也」。

一　一七四頁上一八行第二字「在」，資、磧、普、南、徑、清作「是」。

一　一七四頁中二行「優鉢香」，資、磧、普、南、徑、清作「俱鉢香」。

一　一七四頁中三行「是故无」，諸本作「是故無行」。

一　一七四頁中六行第五字「行」，麗作「行行」。

一　一七四頁中一五行夾註「所造耶也」，麗作「所造然也」。又夾註右「其一人言」，資、磧、普、南、徑、清作「其一人言也」。

一　一七四頁中一八行「无義」，諸本作「無義論」。

一　一七四頁中二〇行「能論」，資、磧、普、南、徑、清作「餘論」。

一　一七四頁下六行正文第九字「法」，資、磧、普、南、徑、清作「法論俱論彼衆生法根想衆生所作淨不淨若法」；麗作「法論俱論彼衆生法相應衆生所作淨不淨若」。

一　一七四頁下九行「梵摩未如」，資、磧、普、南、徑、清作「梵磨末恕」。

一　一七四頁下一〇行夾註「八辟神也」，資、磧、普、南、徑、清作「八臂神」。

一　一七四頁下一一行夾註「主地神也」，資、磧、普、南、徑、清作「主地神」。

一　一七五頁上三行「微者亦不合」，資、磧、普、南、徑、清作「微所作不合」。

一　一七五頁上七行第八字「无」，諸本無。

一　一七五頁上八行夾註左「下然」，諸本作「不然」。

一　一七五頁上一二行第一〇字「此」，徑、清作「自」。

一　一七五頁中六行第七字「聞」，諸本作「問」。

一　一七五頁中一一行末字「坐」，資、磧、南作「生」。

一　一七五頁中一七行夾註「偈人讀佛則二十七字也」，資、磧、普、南作「偈也人讚佛則二十七字也」；徑、清作「偈宅人讚佛則二十七京也」。又「二十八首盧」，資、磧、普、南、徑、清作「十八首盧也」。

法句喻經卷第一　　　𢾾

晉世沙門法炬共法立　譯　卍

無常品第一

昔者天帝釋五德離身自知命盡當下生世間在陶作家受驢胞胎何謂五德一者身上光滅二者頭上華萎三者欻離本坐四者腋下汗臭五者塵土著身以此五事自知福盡甚大愁憂自念三界之中濟人苦厄唯有佛耳於是奔馳往到佛所時佛在耆闍崛山石室中坐禪入普濟三昧天帝見佛稽首作禮伏地至心三自歸命佛法聖衆未起之間其命忽出便至陶家驢母腹中作子時驢自解走瓦坏間破壞坏器其主打之尋時傷胎其胎神即還入故身中五德還備復爲天帝佛三昧覺讚言善哉天帝能於殞命之際歸命三尊罪對已畢不更勤苦尒時世尊以偈頌曰

所行非常　謂興衰法　夫生輒死
此滅爲樂
譬如陶家　埏埴作器
一切要壞　人命亦然

帝釋聞偈知無常之要達罪福之變解興衰之本遵寂滅之行歡喜奉受得須陁洹道

昔佛在舍衛國精舍中爲天人龍鬼說法時國王波斯匿大夫人年過九十卒得重病醫藥望差遂便喪亡王及國臣如法葬送遷神墳墓葬送畢訖還過佛所脫服跣韈前禮佛足佛命令坐而問之曰王所從來衣麤形異何所施爲也王稽首曰國大夫人年過九十間得重病奄便喪亡遣送靈柩遷葬墳墓今始來還過覲聖尊佛告王曰自古至今大畏有四生則老枯病無光澤死則神去親屬別離是謂爲四不與人期萬物無常難得久居一日過去人命亦然如五河流晝夜無息人命駛疾亦復如是於是世尊即說偈言

如河駛流　往而不反　人命如是
逝者不還

佛告大王世皆有是無長存者皆當歸死無有脫者往昔國王諸佛真人五通仙士亦皆過去無能住者空爲悲感以殞軀形夫爲孝子哀慼亡者

爲福爲德以歸流之福祐往追如餉遠人佛說是時王及羣臣莫不歡喜忘憂除患諸來一切皆得道迹

昔佛在羅閱祇竹園中與諸弟子入城受請說法畢訖晡時出城道逢一人驅大羣牛放還入城肥飽跳騰轉相觝觸於是世尊即說偈言

譬人操杖　行牧食牛　老死猶然
亦養命去　千百非一　族姓男女
貯聚財產　無不衰喪　生者日夜
命自切削　壽之消盡　如榮汫水

佛到竹林洗足却坐阿難即前稽首問言世尊向者道中說此三偈不審其義願蒙開化佛告阿難汝見有人驅放羣牛不唯然見之佛告阿難此屠家羣牛本有千頭屠兒日日遣人出城求好水草養令肥長擇取肥者日牽殺之殺之死者過半而餘者不覺方相觝角跳騰鳴吼傷其無知故說偈耳佛語阿難何但此牛世人亦尒計於吾我不知非常饕餮五欲養育其身快心極意更相殘賊無常宿對卒至無期矇矇不覺何異於此也時坐

中有貪養比丘二百人聞法自厲逮六神通得阿羅漢衆坐悲喜爲佛作禮

昔佛在舍衛國祇樹給孤獨園爲諸弟子說法時有梵志女年十四五端正聰辯父甚憐愛卒得重病即便喪亡田有熟麥爲野火所燒梵志得此憂惱愁憒失意恍惚譬如狂人不能自解傳聞人說佛爲大聖天人之師演說經道忘憂除患於是梵志往到佛所作禮長跪白佛言素少子息唯有一女愛以忘憂卒得重病捨我喪亡天性悼慜情不自勝唯願世尊垂神開化釋我憂結佛告梵志世有四事不可得久何謂爲四一者有常必無常二者富貴必貧賤三者合會必別離四者強健必當死於是世尊即說偈言

常者皆盡　高者亦墮　合會有離
生者有死

梵志聞偈心即開解願作比丘鬚髮自墮即成比丘重惟非常得羅漢道

昔佛在羅閱祇耆闍崛山中時城內有婬女人名曰蓮華姿容端正國中

無雙大臣子弟莫不尋敬尒時蓮華善心自生欲棄世事作比丘尼即詣山中就到佛所未至中道有流泉水蓮華飲水澡手自見面像容色紅暈頭髮紺青形貌方正挺特無比心自悔曰人生於世形體如此云何自棄行作沙門且當順時快我私情念以便還佛知蓮華應當化度化作一婦人端正絕世復勝蓮華數千萬倍尋路逆來蓮華見之心甚愛敬即問化人從何所來夫主兒子父兄中外皆在何許云何獨行而無將從化人荅言從城中來欲還歸家雖不相識寧可共還到泉水上坐息共語不蓮華言善二人相將還到水上陳意委曲化人睡來枕蓮華膝眠須臾之頃忽然命絕膖脹臭爛腹潰蟲出齒落髮墮肢體解散蓮華見之心大驚怖云何好人忽便無常此人尚尒我豈久存故當詣佛精進學道即至佛所五體投地作禮已訖具以所見向佛說之佛告蓮華人有四事不可恃怙何謂爲四一者少壯會當歸老二者強健會當歸死三者

六親聚歡娛樂會當別離四者財寶
積聚要當分散於是世尊即說偈言
老則色衰　所病自壞　形敗腐朽
命終其然　是身何用　恒漏臭處
爲病所困　有老死患　嗜欲自恣
非法是增　不見聞變　壽命無常
非有子恃　亦非父兄　爲死所迫
無親可怙
蓮華聞法欣然解釋觀身如化命不久停唯有道德泥洹永安即前白佛願爲比丘尼佛言善哉頭髮自墮即成比丘尼思唯止觀即得羅漢諸在坐者聞佛所說莫不歡喜

昔佛在王舍城竹園中說法時有梵志兄弟四人各得五通却後七日皆當命盡自共議言五通之力反覆天地手捫日月移山住流靡所不能寧當不能避此死對一人言吾入大海上不出現下不至底正處其中無常殺鬼安知我處一人言吾入須弥山中還合其表令無際現無常殺鬼安知吾處一人言吾當輕舉隱虛空中無常殺鬼安知吾處一人言吾當藏入大市之中無常殺鬼趣得一人何必求吾也四人議訖相將辭王吾等壽筭餘有七日今欲逃命冀當得脫還乃親省唯願進德於是別去各到所在七日期滿各以命終猶果熟落市監白王有一梵志卒死市中王乃寤曰四人避對一人已死其餘三人豈得獨勉王即嚴駕往至佛所作禮却坐白佛言近有梵志兄弟四人各獲五通自知命盡皆共避之不審今者能得脫不佛告大王人有四事不可得離何謂爲四一者在中陰中不得不受生二者已生不得不受老三者以老不得不受病四者已病不得不受死於是世尊即說偈言
非空非海中　非入山石間　無有地方所
脫之不受死　是務是吾作　當作令致是
人爲此躁擾　履踐老死憂　知此能自靜
如是見生盡　比丘猒魔兵　從生死得度
王聞佛言歎曰善哉誠如尊教四人避對一人已死祿命有分餘復然矣羣臣從官莫不信受

法句喻經教學品第二

昔佛在舍衛國祇樹精舍佛告諸比丘當勤修道除棄陰蓋心明神定可勉衆苦有一比丘志不明達飽食入室閉房靜眠愛身快意不觀非常冥冥憋息無復晝夜却後七日其命將終佛愍傷之懼墮惡道即入其室彈指覺曰
咄起何爲寐　螉螺蜯蝎類　隱蔽以不淨
迷惑計爲身　焉有破斫瘡　心而嬰病痛
遘于衆厄難　而反爲用眠　思而不放逸
爲仁學仁迹　從是無有憂　常念自滅意
正見學務增　是爲世間明　所生福千倍
終不墮惡道
比丘聞偈即時驚寤見佛親誨加敬悚息即起稽首爲佛作礼佛告比丘汝寧自識本宿命不比丘對曰陰蓋所覆實不自識也佛告比丘昔維衛佛時汝曾出家貪身利養不念經戒飽食却眠不念非常命終魂神生螉蟲中積五萬歲壽盡復爲螺蜯之蟲樹中蝎蟲各五萬歲此四品蟲生長冥中貪身愛命樂處幽隱以冥爲家不憙光明一眠之時百歲乃覺纏綿罪網

不求出要今始罪畢得為沙門如何睡眠不知猒足於是比丘重聞宿緣慙怖自責五蓋雲除即得羅漢

昔佛在舍衛國祇樹給孤獨園與諸天人四輩說法時有一年少比丘為人頑愚質直踈野未解道要情意興盛思想於欲陽氣隆盛不能自制以此為惱不獲度世坐自思惟有根斷者然後清淨可得道迹即至檀越家從之借斧還房閉戶脫去衣服坐木板上欲自斫陰正坐此陰令我勤苦經歷生死無央數劫三塗六趣皆由色欲不斷此者無緣得道佛知其意愚癡乃尒道從制心心是根源不知當死自害蠱罪長受苦痛於是世尊往入其房即問比丘欲作何等放斧著衣禮佛自陳學道日久未解法門每坐禪定垂當得道為欲所蓋陽氣隆盛意惑目冥不覺天地諦自責念事皆由此起是以借斧欲斷制之佛告比丘卿何愚癡不解道理欲求道者先斷其癡然後制心心者善惡之根源欲斷根者先制其心心定意解然後得道於是世尊即說偈言

學先斷母　率君二臣　廢諸營從　是上道人

佛告比丘十二因緣以癡為本癡者衆罪之源智者衆行之本先當斷癡然後意定佛說是

已比丘慙愧即自責言我為愚癡迷惑來久不解古典使如此耳今佛所說甚為妙哉內思正定安般守意制心伏情枯閉諸欲即得定意在於佛前逮得應真

昔佛在羅閱祇國靈鷲山中為諸天人國王大臣說甘露法有一比丘剛猛勇健佛知其意遣至山後鬼神谷中令樹下坐數息求定知息長短安般守意斷求滅苦可得泥洹比丘受教往至谷中欲坐定意但聞山中鬼神語聲不見其形但有音聲悚息怖懼不能自寧意欲悔還即自念言居家大富宗姓又強　出家學道獨見安處鬼神深山既無伴侶又無行人但有諸鬼數恐怖人思惟如是未去之間於是世尊往到其邊坐一樹下而問之曰汝獨在此將無怖懼比丘稽首白言初未曾入山在此實憂須臾之間有一野象王來在邊倚樹臥心獨歡喜遠離諸象一何快哉佛知象意告比丘曰汝寧知是象所由來不對曰不審佛告比丘此象眷屬大小五百餘頭厭患小象捨來至此倚樹

而臥自念得離恩愛牢獄一何快哉象是畜生猶思閑靜況汝捨家欲求度世方以獨自欲求伴侶愚宜伴侶多所傷敗獨住無對亦無謀議寧獨修道不用愚伴於是世尊即說偈言

學無朋類　不得善友　寧獨守善
不與愚偕　樂戒學行　奚用伴為
獨善無憂　如空野象

佛說是時比丘意解內思聖教即得應真谷中鬼神亦皆聞解為佛弟子受持戒勅不復侵嬈比丘共還精舍

昔佛在舍衛國祇洹精舍為諸天人宣演經法時羅閱祇國有二新學比丘欲往見佛二國中間曠無人民于時旱熱泉水枯竭二人飢渴熱暍呼吸故泉之中有升餘水而有細虫不可得飲二人相對曰故從遠來欲望見佛不面今日沒命於此也一人言曰且當飲水以濟吾命進前見佛馬知其餘也一人荅曰佛之明戒仁慈為首殘生自活見佛無益寧守戒而死不犯戒而生也一人即起極意快飲於是進

路一人不飲遂致殞命即生第二忉
利天上思惟自省即識宿命持戒不
犯今來生此信我福報其不遠矣即
持華香下到佛所為佛作礼却住一面
其飲水者道路疲頓經日乃達見佛
神德至尊巍巍稽首亂心涕泣自陳我
伴一人於彼命終感其不達願佛知
之佛言吾以明矣佛以手指曰今此
天人則汝伴也全戒生天又先至矣
於是世尊披胷示之汝觀我形不奉
我戒雖云見我我不見汝也去我萬
里奉行經戒此人則為在我目前於
是世尊即說偈言

學而多聞　持戒不失　兩世見譽
所願者得　學而寡聞　持戒不完
兩世受痛　喪其本願　夫學有二
常親多聞　安諦解義　雖困不耶

於是比丘聞偈慚怖稽首悔過嘿思
所行天人聞偈心意欣悅逮得法眼
天人衆會莫不奉行

法句喻經多聞品第三

昔舍衛國有一貧家夫婦慳惡不信
道德佛愍其愚現為貧凡沙門詣門

分衛時夫不在其婦罵詈無有道理
沙門語曰吾為道士乞匃自居不得罵
詈唯望一食耳主人婦曰若汝立死
食尚叵得況今平健欲望我食侶留
時節不如早去於是沙門住立其前
戴眼抒氣便現死相身體膖脹鼻口
虫出腹潰膓爛不淨流漫其婦見此
恐怖失聲棄而捨走於是道人忽然
捨去去捨數里坐樹下息其夫來歸
道中見婦怯其驚怖其婦語夫有一
沙門見怖如此夫大瞋怒問為所在
婦曰已去想亦不遠夫即執弓帶刀
尋即往逐張弓拔刀奔走直前欲斫
道人道人即化作琉璃小城以自圍
遶其人繞城數匝不能得入即問道
人何不開門道人曰欲使開門棄汝
弓刀其人自念當隨其語若當得入
手捧加之尋棄弓刀門故不開復語
道人已棄弓刀門何不開道人曰吾
使汝棄心中惡意弓刀耳非謂手中
弓刀也於是其人心驚體悸道人神
聖乃知我心即便叩頭悔過稽首道人
曰我有弊妻不識真人使我興惡願

小垂慈愍便見捨令欲將來勸令修
道即起還歸其妻問曰沙門所在其
夫具說神變之德今者在彼鄉自宜
往改悔滅罪於是夫妻至道人所五
體悔過願為弟子聽習道人神變聖
達乃爾有琉璃城堅固難踰志意定
永無憂患行何道德致此神妙道人
答曰博學無厭奉法不懈精進持戒
惠不放逸緣是得道自致泥洹於是
道人因說偈言

多聞能持故　奉法為垣牆　精進難踰毀
從是戒慧成　多聞令志明　以明智慧增
智則博解義　見義行法安　多聞能除憂
能以定為歡　善說甘露法　自致得泥洹
聞為知律法　解疑亦見正　從聞捨非法
行到不死處

道人說偈已現佛光相洪暉赫弈照
曜天地夫妻驚愕精神戰懼改惡洗
心頭腦打地壞二十億惡得須陁洹道
昔佛在拘睒尼國美音精舍與諸四
輩廣說大法有一梵志道士智慱通
達衆經偹擧無事不貫貢高自譽天
下無比求敵而行無敢應者晝日執

炬行城市中人問之曰何以晝日執
炬而行梵志荅曰世皆愚冥目無所
見是以執炬照之耳觀察世間無敢
言者佛知梵志宿福應度而行貢高
求勝名譽不計無常自恃憍恣如是
當墮太山地獄無央數劫求出甚難
佛即化作一賢者居肆上坐即呼梵
志何為作此梵志荅曰以衆人冥晝
夜不見明故執炬火而照之耳賢者
重問梵志經中有四明法為知之不
對曰不審何謂四明法一者明於天文
地理和調四時二者明於星宿分別
五行三者明於治國綏化有方四者
明於將兵固而無失卿為梵志有此
四明法以不梵志慚愧棄炬叉手有
不及心佛知其意即還復身光明炳
然晃照天地便持梵聲為梵志說
偈言

若多少有聞　自大以憍人　是如盲執燭
照彼不自明

佛說偈已告梵志曰冥中之甚無過
於汝而晝執炬行入大國如卿所知何
如一塵梵志聞之有慚愧色即便叩

頭願為弟子佛即受之令作沙門意
解妄止即得應真

昔舍衛國有大長者名曰須達得須
陁洹有親友長者名曰好施不信佛
道及諸醫術時得重病瘦頓著牀宗
親知友皆就省問勸令治病死死不
肯荅衆人言吾事日月忠孝君父畢
命於此終不改志須達語曰吾所事
師号曰為佛神德廣被見者得福可
試請来說經呪願聽其所說言行進
趣何如餘道事之與不隨卿所志以
卿病久不時除差勸卿請佛冀蒙其
福好施曰佳卿便為吾請佛及衆弟
子須達即便請佛及僧往詣其門佛
放光明内外通徹長者見光欣然身
輕佛前就坐慰問長者所病何如昔
事何神作何療治長者白佛奉事日
月君長先人恭敬齋戒祈請万端得
病經時未蒙恩祐醫藥針灸居門所
忌經戒福德素所不知先人以来守
死於此佛告長者人生世間横死有
三有病不治為一横死治而不慎為
二横死憍愚自用不達逆順為三横

死如此病者非日月天地先人君父
所能除遣當以明道隨時安濟一者
四大寒熱當須醫藥二者衆邪惡鬼
當須經戒三者奉事賢聖矜濟窮厄
德威神祇福祐群生以大智慧消去
陰盖奉行如此現世安吉終無枉横
戒慧清淨世世常安於是世尊即說
偈言

事日為明故　事父為恩故　事君以力故
聞故事道人　人為命事醫　欲勝依豪强
法在智慧處　福行世世明　察友在為謀
別伴在急時　觀妻在房樂　欲知智在說
為能師見道　解疑令學明　亦與清淨本
能奉持法藏　聞能令世利　妻子昆弟友
亦致後世福　積聞成聖智　能攝為解義
解則戒不穿　受法猗法者　從是疾得安
是能散憂恚　亦除不祥衰　欲得安隱吉
當事多聞者

於是長者聞佛說法心意疑結爛然雲
除良醫進療悉心道德四大安靜衆
患消除如食甘露中外怡懌身安心
定得須陁洹道宗室國人莫不敬奉

昔羅閱祇國南有大山去城二百里南

出諸國路由此山山道深邃有五百賊依嶮刼人後遂縱横所害狼藉衆賈被毒王路不通國王追討不能擒獲時佛在國哀愍群生念彼賊輩不知罪福世有如來而目不覩法鼓日振而耳不聞吾不往度如石沉淵化作一人著好衣服乘馬帶刀劒手執弓矢鞍勒嚴飾金銀珍琦以明月珠垂珞馬體跨馬鳴絃往入山中群賊見之以為成事作賊積年未有此便卵之投石與此何異群賊齊頭經前圍繞挽弓拔刀諍欲剝脫於是化人舉弓一發使五百賊各被一箭以刀指擬各被一瘡瘡重箭深即皆顛倒五百群賊宛轉卧地叩頭歸降為是何神威神乃尒乞蒙原赦以活微命願時拔箭使瘡除愈今者瘡痛不可堪忍化人荅曰是瘡不痛箭不為深天下瘡重莫過於憂殘害之甚莫過於愚汝懷貪得之憂殘煞之心刀瘡毒箭終不可愈此二事者根本深固勇力壯士所不能拔唯有經戒多聞慧義以此明道療治心病拔除憂愛

愚癡貢高制伏剛強豪富貪欲積德學慧乃可得除長獲安隱於是化人即現佛身相好挺特金顏英妙即說偈言

斫瘡無過憂　射箭無過愚　是壯莫能拔
唯從多聞除　盲者從得眼　闇者從得燭
示道世間人　如目將無目　是故可捨癡
離慢豪富樂　務學事明者　是名積聚德

於是五百人見佛光相重聞此偈叩頭歸命尅心悔過刀瘡毒箭自然除愈歡喜心開即受五戒國界安寧莫不歡喜

法句喻經篤信品第四

昔者舍衛國東南有大江水既深而廣有五百餘家居其岸邊未聞道德度世之行習於剛強欺詐為務貪利自恣快心極意世尊常念其應度者當往度之知此諸家福應當度於是世尊往至水邊坐一樹下村人見佛光明奇異莫不驚肅皆往礼敬或拜或揖問訊起居佛命令坐為說經法衆人聞之而心不信習於欺怠不信真言佛便化作一人從江南來足行水

上正沒其踝來至佛前稽首礼佛衆人見之莫不驚怯問化人曰吾等先人以來居此江邊未曾聞人行水上者卿是何人有何道術履水不沒願聞其意化人荅曰吾是江南愚直之人聞佛在此貪樂道德至南岸邊不時得度問彼岸人水為深淺彼人見語水可齊踝何不涉渡吾信其言便尒來過無他異術佛讃言善哉善哉夫執信誠諦可度生死之淵數里之江何足為奇於是世尊即說偈言

信能度淵　攝為船師　精進除苦
慧到彼岸　士有信行　為聖所譽
樂無為者　一切縛解　信乃得道
法致滅度　從聞得智　所到有明
信之與戒　慧意能行　健夫度恚
從是脫淵

於是村人聞佛所說見信之證心開信堅皆受五戒為清信士明信日修法教普聞

昔佛在世有大長者名脩羅他財富無數信向道德自誓常以臘月八日請佛及僧終身子孫奉行不廢長者

亡時囑兒勿廢兒名比羅陁後日漸貧居無所有臘月已至無有供辦愁慼不樂佛遣目連往問比羅陁汝父直月欲至當設何計比羅陁荅言亡父教令不敢違之唯願世尊勿見忽棄也八日中時迴光臨盻目連還白如是比羅陁即將妻子至外家質百兩金還舍供辦一切具足佛與千二百五十衆僧往詣其舍坐畢行水下食澡竟還於精舍比羅陁歡喜不敢悔恨其日夜半諸故藏中自然寶物悉滿如故比羅陁夫婦明旦見之喜而且懼懼官見問所從得此夫妻共議當往問佛尋到佛所具白如此佛告比羅陁安意快用勿有疑難汝之履信不違父教持戒慚愧沒命不二聞施惠道七財滿具福德所致非為災變智者能行不問男女所生之處福應自然於是世尊即說偈言

信財戒財　慚愧亦財　聞財施財
慧為七財　從信守戒　常淨觀法
慧而履行　奉教不忘　生有此財
不問男女　終已不貧　賢者識真

比羅陁聞佛所說益加篤信稽首佛足歡喜還家具宣佛教誨其妻子遂相承繼皆得道迹

法句喻經戒慎品第五

昔波羅奈國有山去城四五十里有五沙門處山學道晨旦出山人閒乞食食訖還山晚暮乃到往還疲極不堪坐禪思惟正定歷年如是不能得道佛愍念之勞而無獲化作一道人往到其所問諸道人隱居修道得無勞惓諸沙門言吾等在此去城既遠四大之身當須飲食日日供給往還疲勞經年歷歲勤苦竟已晝日往返暮輒疲頓不暇得修道為當正介畢命而已道人語曰夫為道者以戒為本攝心為行賤形貴真捐棄軀命食以支形守意正定內學止觀滅意得道養身順情安得免苦願諸道人明日莫行吾當供養使諸道人休息一日時五沙門意大歡喜怙未曾有安心定意不復憂行明日日中此化道人送食而來食訖安和心意惔怕於是化人為說偈言

比丘立戒　守攝諸根　食知節度
寤意令應　以戒降心　守意正定
內學止觀　無忘正智　明哲守戒
內思正智　行道如應　自清除苦

化道人說此偈已顯現佛身光相之容於是五沙門精神震疊感恩懺戒即得阿羅漢道

法句喻經惟念品第六

昔佛在世時弗加沙王與瓶沙王親友弗加沙王未知佛道作七寶華以遺瓶沙瓶沙王得之轉奉上佛白佛言弗加沙王與我親友遺我此華今已上佛願令彼王心開意解見佛聞法奉敬聖衆當以何物以報所遺佛告瓶沙寫十二因緣經送持與之彼王得經心必信解即寫經卷別書文曰御以寶華見遺今以法華相上詳思其義果報深美到便誦習以同道味弗加沙得經讀之尋省反覆豆然信解喟然歎曰道化真妙精義安神國榮五欲憂惱之元累劫習迷始今乃寤顧視流俗無可貪樂即召羣臣國付太子便自剃頭作沙門法服持

鉢詣羅閱祇城外陶家窑中寄宿明日當城分衛食訖當至佛所奉受經戒佛以神通知弗加沙明日食時其命將終故從遠來不得見佛又不聞經甚可憐愍於是世尊化作沙門往至陶家欲求寄宿陶家語曰向有一沙門在彼窑中可共止宿也把草入窑坐於一面問弗加沙從何所來師爲是誰以何因緣行作沙門爲見佛未弗加沙言吾未見佛聞十二因緣便作沙門明日欲乃分衛已當往見佛耳化沙門言人命危脆朝夕有變無常宿對卒至無期但當觀身四大所由合成散滅各還其本思惟覺意空淨無想專念三尊布施戒德能知無常見佛無異方念明日種無益想時化沙門即說偈言

夫人得善利　乃來自歸佛　是故當晝夜
常念佛法衆　已知自覺意　是爲佛弟子
常當晝夜念　佛與法及衆　念身念非常
念戒布施德　空不願無想　晝夜當念是

時化沙門在於窑中爲弗加沙說非常之要弗加沙王思惟意定即得阿

那含道佛知以解爲現佛身光明相好弗加沙王驚喜踊躍稽首作礼佛重告之曰罪對無常畢對莫恐弗加沙王言敬奉尊教忽然別去明日食時弗加沙王入城分衛於城門中逢新產牸牛護犢觝煞弗加沙王潰腹命終即生阿那含天佛遣諸弟子耶旬起塔佛語諸弟子罪對之根不可不慎

法句喻經慈仁品第七

昔佛在羅閱祇去國五百里有山山中有一家有百二十二人生長山藪煞獵爲業衣皮食肉初不田作奉事鬼神不識三尊佛以聖智明其應度往詣其家坐一樹下男子行獵唯有婦女在見佛光相明照天地山中木石皆變金色大小驚喜知佛神人皆往礼拜供施坐席佛爲諸母人說煞生之罪行慈之福恩愛一時會有離別諸母人聞經歡喜前白佛言山民貪害以肉爲食欲設微供願當納受佛告諸母人諸佛之法不以肉食吾以食來不須復辦因告之曰夫坐世

所食無數何以不作有益之食而殘害群生以自濟活死墮惡道損而無益人食五穀當愍衆生蠕動之類莫不貪生煞彼活己殃罪不朽慈仁不煞世世無患於是世尊即說偈言

爲人不煞　常能攝身　是處不死
所適無患　不煞爲仁　慎言守心
是處不死　所適無患　垂拱無爲
不害衆生　無所嬈惱　是應梵天
常以慈哀　淨如佛教　知足知止
是度生死

佛說偈已男子獵還諸婦聽經不復行迎其夫驚疑怯不如常棄肉來歸謂有變故至見諸婦皆坐佛前叉手聽經瞋恚聲張欲圖毀佛諸婦諫曰此是神人勿興惡意也即各悔過爲佛作礼佛重爲說不煞之福殘害之罪夫主意解長跪白佛吾等生長深山以煞獵爲罪過累積當行何法得免重殃於是世尊即說偈言

履仁行慈　博愛濟衆　有十一譽
福常隨身　卧安覺安　不見惡夢
天護仁愛　不毒不兵　水火不喪

在所得利　死昇梵天　是為十一
佛說偈巳男女大小百二十二人歡
欣信受皆持五戒佛語缾沙王給其
田地賜與糓食仁化廣普國界安寧
昔有大國王名和默處在邊境未覩
三尊聖妙之化奉事梵志外道妖蠱
舉國奉邪煞生祭祀以此為常璧母
病瘦頓著牀使諸醫師不蒙湯藥遣
諸聖女所在求請經年歷歲未得除
差更召國內諸婆羅門得二百人請
入令坐供設飲食而告之曰吾大夫
人病困經久不知何故乃使如此卿
等多智明識相法天地星宿有何不
可具見告示諸婆羅門言星宿倒錯
陰陽不調故使尒耳曰作何方宜使
得除愈婆羅門言當於城外平治淨
處郊祠四山日月星宿當得百頭畜
生種種各異類及一小兒煞以祠天
王自躬身將母至彼跪拜請命然後
乃差王即供辦如其所言駈人為馬
牛羊百頭隨道悲鳴振動天地從東
門出當就祭壇煞以祠天世尊大慈
普濟衆生愍是國王頑愚之甚云何

興惡煞衆生命欲救一人於是世尊
將從大衆往到其國在城東門道路
逢王及婆羅門輩所駈畜生悲鳴而
來王適見佛如日初出如月盛滿光
相炳然照曜天地人民見者莫不愛
敬所駈畜生祭餟之具皆願求脫王
即前進下車却蓋為佛作礼叉手長
跪問訊世尊佛命令坐問欲所至拱
手荅言國大夫人得病經久良醫神
祇無不周遍今始欲行解謝星宿四
山五岳為母請命冀蒙得差佛告大
王善聽一言欲得穀食當行耕種欲
得大富當行布施欲得長命當行大
慈欲得智慧當行學問行此四事隨
其所種還得其果夫富貴之家不貪
貧賤之食天以七寶為宮殿衣食自
然豈當捨甘露之食来食麁穢也祠
祀婬乱以邪為正煞生求生去生道
遠煞害衆命欲抹一人安得如此於
是世尊即說偈言

若人壽百歲　勤事天下神　象馬用祭祀
不如行一慈

佛說偈時即放光明烈照天地三塗

八難莫不歡喜各得其所國王和默
聞說妙法又覩光明甚大歡喜即得
道迹病母聞法五情悅豫所患消除
二百梵志覩佛光相重聞其言慚愧
悔過願為弟子佛盡受之皆作沙門
各得如願王及大臣請佛供養一月乃
去以法治正國遂興隆

法句喻經言語品第八

昔弗加沙王入羅閱祇城分衛於城
門中為新產牸牛所觝煞牛主怖懅
賣牛轉與他人其人牽牛欲飲之牛
從後觝煞其主其主瞋恚取牛煞
之於市賣肉有田舍人買取牛頭貫
擔持歸去舍里餘坐樹下息以牛頭
掛樹枝須臾繩斷牛頭來下正墮人
上牛角刺人即時命終一日之中凡煞
三人缾沙王聞之怪其如此即與群
臣行詣佛所到作礼畢却坐王位叉
手白佛言大可怪世尊一頭牸牛而
煞三人將有變故願聞其意佛告缾
沙王罪對有原非適今也王曰願聞
其由佛言往昔有賈客三人到他國
治生寄住孤獨老母舍應顧舍直見

老母孤獨欺不欲與伺老母不在默聲捨去竟不與直老母来歸不見賈客即問比居云皆已去老母瞋恚𨔝後追逐疲頓乃及責索舍直三賈逆罵言我前已相與云何復索同聲共毆不肯與直老母單弱不能奈何懊惱呪誓語三賈客我今窮厄何忍欺毆於我願我後世所生之處若當相值要當煞汝正使得道終（不相置也煞汝乃休不尒不止）佛語瓶沙黍時老母者今此牸牛是也三賈客者弗沙等三人為牛所觸煞者是於是世尊即說偈言

惡言罵詈　憍陵蔑人　興起是行
疾怨茲生　遜言順辭　尊敬於人
棄結忍惡　疾怨自滅　夫士之生
斧在口中　所以斬身　由其惡言

佛說是時瓶沙王宮屬一切莫不恭肅願崇善行作礼而去

法句喻經雙要品第九

昔舍衛國王名波斯匿来至佛所下車却蓋解劍脫履拱手直進五體投地稽首足下長跪白佛願以来日於四衢道施設微食欲使國人知佛至尊

願令衆生遠鬼妖蠱悉奉五戒以消國患佛言善哉夫為國主宜有明導率民以道求来世福王曰至真請退嚴辦手自為饌身徃奉迎佛與衆僧俱至四衢佛至就坐即行澡水手自斟酌佛食飰畢於四道頭為王說法觀者無數時有兩商人一人念曰佛如帝王弟子猶忠臣佛陳明法弟子誦宣斯王明矣知佛可尊屈意奉之一人念曰斯王愚哉尒為國王將復何求佛者若牛弟子猶車彼牛牽車東西南北佛亦如是子有何道而下意奉之二人俱去行三十里亭宿沽酒共飲平論屬事其善念者四王護之其惡念者太山鬼神令酒入腹如火燒身出亭路卧宛轉轍中晨商人車五百乘轢煞之　伴明日求之見死然曰還國見疑煞取物去不義輕身委財逝至他國國王崩亡無有子識書太　中有微人當王斯土故王有神馬任王必屈膝即具嚴駕神馬印綬行求國主觀者數千商人亦出國太史曰彼有黃雲之蓋斯王者氣也神馬

屈膝䑛商人足群臣豫作香湯澡浴拜為國王於是遂處位聽省國事深自思曰余無微善何緣獲此必是佛恩使之然也即與群臣向舍衛國遥稽首曰賤人無德蒙世尊慈恩得王此國明日願與應真衆俱垂意顧斯一時三月佛告阿難勑諸比丘明日彼王請皆當作變化令彼國王人民歡喜各作神足徃到彼國皆次就座如法儀然下食畢訖澡手為王說法王曰吾本微人素無快德何緣獲斯佛告王曰昔彼　大王飰佛於四衢道王心念言佛如國王弟子猶臣下王種斯核今自獲果後一人云佛者若牛弟子猶車彼人自種車轢之核今在太山地獄為火車所轢自獲其果然非王勇健所能致矣為善福隨為惡禍追此為自作非天龍鬼神所不能與得此於是世尊即說偈言

心為法本　心尊心使　中心念惡
即言即行　罪苦自追　車轢於轍
心為法本　心尊心使　中心念善
即言即行　福樂自追　如影隨形

佛說經偈已王及臣民聽者無數皆
大歡喜逮得法眼
昔長者須達買太子園田共造精舍
奉上世尊名請佛及僧供養一月佛
為二人廣陳明法皆得道跡太子祇陁
歡喜還東宮歎佛之德作樂自娛祇
弟流離常在王邊時王素服與諸近
臣及後宮夫人往詣佛所稽首礼畢
一心聽經流離在後典衛御座時諸
倿臣阿薩陁苹姧謀啓曰試者大王
印綬坐御座上如似王不於是流離
即隨其言被服昇座諸倿臣等皆共
拜賀正似大王千載遭遇黎庶之願
豈使東宮闚閫於此此之御座豈可
昇而復下也即率所從貫甲拔劒自就
到祇洹精舍徙大王不得還宮與王官
屬戰祇洹聞煞王近臣五百餘人王
與夫人播迸晨夜至舍衛國中道飢
餓王噉蘆菔腹脹而薨於是流離遂
即專制使拔劒入東宮斫煞兄祇祇知
無常心不恐懼顏色不變含笑悃怡
甘心受刃命未絕間聞虛空中自然
音樂聲迎其瑰神佛於祇洹即說偈言

造喜後喜　行善兩喜　彼喜惟歡
見福心安　今歡後歡　為善兩歡
厥為自祐　受福悅豫
是時流離王尋興兵衆伐舍衛國煞
害釋種道跡之人殘暴無道五逆兼
備佛記流離不孝不忠衆罪深重却
後七日當為地獄火所燒煞又太史
記記與佛同國王大怖懅即乘船入
江吾今處水火焉得来七日中有自然
火從水中出燒船覆沒王亦被燒恐
怖毒熱忽然沉終於是世尊即說偈言
造憂後憂　行惡兩憂　彼憂惟懼
見罪心懅　今悔後悔　為惡兩悔
厥為自殃　受罪熱惱
佛說是已告諸比丘太子祇者不貪
榮位守死懷道上至天上安樂自然
流離王者狂愚快意死墮地獄受苦
無數一切世間豪貴貧賤皆歸無常
無長存者是以高士殞命全行為精
神寶佛說是時莫不信受
昔者閻崛山後有婆羅門七十餘家
宿福應度佛到其村現道神化衆人
見佛光相巍巍莫不敬伏佛坐樹下

問諸梵志居此山中為幾何世有何
方業以自供給荅曰居此以来三十餘
世田作畜牧以此為業又問奉脩何
行求離生死荅曰事日月水火隨時
祭祠若有死者大小聚會唱生梵天
以離生死佛語婆羅門夫田作畜牧
祭祠日月水火唱叫生天非是長存
離生死法極福無過二十八天無有道
惠還墮三塗唯有出家修清淨志履
行寂義可得泥洹於是世尊即說偈言
以真為偽　以偽為真　是為邪計　不得真利
知真為真　見偽知偽　是為正計　必得真利
普有死　三界無安　諸天雖樂
福盡亦喪　觀諸世間　無生不終
欲離生死　當行道真
七十婆羅門聞佛所說欣然意解願
作沙門佛言善来比丘鬚髮自墮皆
成沙門佛與共還精舍至於中路顧
戀妻息各有退意時遇天雨益懷憂
慘佛知其意便於道邊化作數十間舍
入中避雨而舍穿漏佛因舍漏而說
偈言
蓋屋不密　天雨則漏　意不惟行
婬泆為穿　蓋屋善密　雨則不漏
攝意惟行　婬匿不生

七十　沙門聞說此偈雖强自進猶懷普普雨止前行地有故紙佛告比丘取之受教即取佛問比丘此為何紙諸比丘白佛此裹香紙香今雖捐棄處香如故佛復前行地有斷索佛告比丘取之受教即取佛復問曰此何等索諸比丘白佛其索腥臭此繫魚之索佛語比丘夫物本淨皆由因緣以興罪福近賢朗則道義隆友愚闇則殃罪臻譬彼紙索近香則香繫魚則腥漸染翫習各不自覺於是世尊即說偈言

鄙夫染人　如近臭物　漸迷習非
不覺成惡　賢夫染人　如附香熏
進智習善　行成潔芳

七十沙門重聞此偈知家欲為穢藪妻子為桎梏執信堅固往至精舍攝意惟行得羅漢道

法句喻經放逸品第十

昔佛在世時有五百賈客從海中共持七寶還歸本國經歷深山為惡鬼所迷不能得出粮食乏盡窮頓困厄遂皆餓死所賫寶貨散在山間時有沙

門在山中學見其如此便起想念吾勤苦學道積已七年不能得道又復貧窮無以自濟此寶物無主取之持歸用立門户於是下山拾取寶物藏著一處說便出山求呼兄弟負駝持歸方到道半佛念比丘應當得度佛便化作一比丘尼剃頭法服莊面畫眉金銀瓔珞隨谷入山道逢沙門頭面作礼問訊起居道人呵比丘尼曰為道之法應得尒不剃頭著法衣云何復莊面畫眉瓔珞身體也比丘尼荅曰沙門之法為應尒不辭親學道山居靜志云何復取非其有物貪欲忘道快心放意不計無常生世如寄罪報延長於是比丘尼為說偈言

比丘謹慎戒　放逸多憂愆　變諍小致大
積惡入火焚　守戒福致喜　犯戒有懼心
能斷三界漏　此乃近泥洹

是時比丘尼說此偈已為現佛身相好光明沙門見之悚然毛竪稽首佛足悔過自陳愚癡迷謬違犯正教往而不返其將柰何於是世尊即說偈言

若前放逸　後能自禁　是照世間

念定其宜　過失為惡　追覆以善
是照世間　念善其宜　少壯捨家
盛修佛教　是照世間　如月雲消
人前為惡　後止不犯　是照世間
如月雲消

於是比丘重聞此偈結解貪止稽首佛足還到樹下數息相隨止觀還淨獲道果證成阿羅漢

法句喻經心意品第十一

昔佛在世時有一道人在河邊樹下學道十二年中貪想不除馳心散意但念六欲目色耳聲鼻香口味身更心法身靜意遊曾無寧息十二年中不能得道佛知可度化作沙門往至其所樹下共宿須臾月明有龜從河中出來至樹下復有水狗飢行求食與龜相逢便欲噉龜龜縮其頭尾及其四脚藏於甲中不能得噉水狗小遠復出頭足行步如故不能柰何遂便得脫於是道人問化沙門此龜有護命之鎧水狗不能得其便化沙門荅曰吾念世人不如此龜不知無常放恣六情外魔得便形壞神去生死無

端輪轉五道苦惱百千皆意所造宜
自勉勵求滅度安於是化沙門即說
偈言

有身不久　皆當歸土　形壞神去
寄住何貪　心豫造處　往來無端
念多邪僻　自為招患　是意自造
非父母為　可勉向正　為福婬迴
藏六如龜　防意如城　慧與魔戰
勝則無患

於是比丘聞說此偈貪斷望止即得
羅漢道知化沙門是佛世尊敬肅整
服稽首佛足天龍鬼神莫不歡喜

法句喻經華香品第十二

昔佛在舍衛國　國東南海中有臺
臺上有華香樹樹木清淨有婆羅門
女五百人奉事異道意甚精進不知
有佛時諸女自相謂曰我等稟形生
為女人從少至老為三事所鑑不得
自由命又短促形如幻化當復死亡
不如共至華香臺上採取香華精進
持齋降屈梵天當從求願願生梵天長
壽不死又得自在無有鑑忌離諸罪
對無復憂患即賫供具往至臺上採

取華香奉事梵天一心持齋願生尊
神於是世尊見此諸女雖為俗齋其
心精進應可化度即與大眾弟子菩
薩天龍鬼神飛昇虛空往至臺上坐
於樹下諸女歡喜謂是梵天自相慶
慰得我所願矣時一天人語諸女言
此非梵天是三界尊号名為佛度人
無量於是諸女前至佛所為佛作礼
前白佛言我等多垢今為女人求離
鑑捡願生梵天佛言諸姊得善哉發
此願世有二事其報明審為善受福
為惡受殃世間之苦天上之樂有為
之煩無為之寂誰能選擇取其真者
善哉諸女乃有明志於是世尊即說
偈言

孰能擇地　捨鑑取天　唯說法句
如擇善華　學者擇地　捨鑑取天
善說法句　能採得華　知世坏喻
幻法忽有　斷魔華敷　不覩死生
見身如沫　幻法自然　斷魔華敷
不覩死生

於是諸女聞佛此偈願學真道為比
丘尼頭髮自墮法衣具足思惟寂定

即得羅漢道阿難白佛言今此諸女
素有何德乃令世尊就而度之耳一聞
說法出家得道也佛告阿難昔迦葉
佛時有大長者財富無數夫人采女
有五百人其性妬惡門不妄開夫人
采女欲往見佛終不肯聽後日國王
請諸大臣上殿宴會會輙竟日時夫
人采女見長者入會便共至佛所稽
首作礼小坐聽經各發願言令我世
世莫與惡共相遭遇所生之處恒與
道德聖相值開來世有佛名釋迦文
願與相值出家學道奉持訓誨佛語
阿難尒時夫人采女五百人者此五
百比丘尼是本願慇懃今應得度是
以世尊就度之耳佛說是時莫不歡喜

法句喻經卷第一

法句譬喻經卷第一

校勘記

一 底本，金藏廣勝寺本。

一 一八三頁中一行經名，諸本(不含石，下同)作「法句譬喻經卷第一」。以下各卷例同。

一 一八三頁中二行譯者，資、磧、普、南、徑、清作「西晉沙門法炬共法立譯」。以下各卷同。

一 一八三頁中七行「欸離」，麗作「不樂」。

一 一八三頁中一三行第一二字「出」，資、磧、普、南、徑、清作「盡」。

一 一八三頁中一六行「其胎神」，諸本作「其神」。

一 一八三頁下三行「天人」，諸本作「諸天人」。

一 一八三頁下五行第八字「望」，資、磧、普、南、徑、清作「不」。

一 一八三頁下一六行「駛疾」，資、磧、普、南、徑、清作「馳疾」。

一 一八三頁下末行第四字「殞」，資、磧、普、南、徑、清作「損」。

一 一八四頁上四行首字「昔」，資無；磧、普、南、徑、清作「昔者」。

一 一八四頁上六行第六字「放」，資、磧、普、南、徑、清作「牧」。一五行第二字同。

一 一八四頁上一一行第三字「切」，諸本作「攻」。又「荥洴」，資、磧、南、徑、清作「荥穽」；普作「榮穽」；麗作「帣霏」。

一 一八四頁上一二行「竹林」，資、磧、普、南、徑、清作「竹園」。又「阿難」，資、磧、普、南、徑、清作「尊者阿難」，下至二〇行同。

一 一八四頁上一五行「佛告」，資、磧、普、南、徑、清作「佛語」。

一 一八四頁上一六行「屠兒」，資、磧、普、南、徑、清作「屠家」。

一 一八四頁上一八行「死者」，資、磧、普、南、徑、清無。

一 一八四頁上末行「曚曚」，資、磧、普、南、徑、清作「曚然」。

一 一八四頁中一行「自厲」，諸本作「自勵」。

一 一八四頁中三行「昔佛」，資、磧、普、南、徑、清作「佛昔」。又第六字「國」，資無。

一 一八四頁中二〇行第四字「偈」，資、磧、普、南、徑、清作「經」。

一 一八四頁下四行第九字「面」，清作「而」。又末字「暈」，資、磧、普、南、徑、清作「暉」；麗作「輝」。

一 一八四頁下五行末字「誨」，諸本作「悔」。

一 一八四頁下七行第三字「且」，諸本作「宜」。

一 一八四頁下一二行「將從」，資、磧、普、南、徑、清作「侍從」。

一 一八四頁下一三行第七字「不」，資作「人」。

一 一八四頁下一四行第六字「共」，資、磧、普、南、徑、清無。又末字「人」，資、磧作「不」。

一八四頁下一六行第八字「須」，諸本作「頊」。

一八五頁上一行「聚歡娛樂」，資、磧、普、南、徑、清作「歡娛」。

一八五頁上三行第五字「所」，資、磧、普、南、徑、清作「壯」。

一八五頁上一二行「思唯止觀」，資、普、南、徑、清作「思惟正觀」；磧作「思唯正觀」；麗作「思惟止觀」。

一八五頁上一七行「住流」，資、磧、普、南、徑、清作「駐流」。

一八五頁上一九行首字「海」，資、磧、普、南、徑、清作「海中」。

一八五頁中四行「親省」，麗作「覲省」。

一八五頁中五行「各以命終」，資、磧、普、南、徑、清作「各各命終」。

一八五頁中八行第四字「勉」，諸本作「免」。本頁下三行首字同。

一八五頁中九行「白佛言」，麗作「王白佛言」。

一八五頁中一一行第二字「能」，麗作「皆能」。

一八五頁中二一行「已死」，資、磧、普、南、徑、清作「已亡」。

一八五頁中末行品名上經名「法句喻經」，資、磧、普、南、麗作「法句譬喻經」；徑、清無。以下各品(不含第十品)例同。

一八五頁下八行「蜂蝎類」，資、磧、普、南、麗作「蜂蠹類」；徑、清作「蚌蠹類」。

一八五頁下九行「焉有破斫瘡心而嬰病痛」，資、磧、普、南、徑、清作「爲有被斫瘡　心而嬰疾痛」；麗作「焉有被斫瘡　心如嬰病痛」。

一八五頁下一一行第二字「仁」，資、磧、普、南、徑、清作「人」。

一八五頁下一四行「即時」，麗作「即便」。

一八五頁下二〇行「螺蜂」，資、磧、普、南、徑、清作「螺蚌」。

一八五頁下二一行「蝎蟲」，諸本作「蠹蟲」。

一八五頁下末行首字「悳」，資、磧、普、南、徑、清作「見」。

一八六頁上三行「羅漢」，資、磧、普、南、徑、清作「羅漢道」。

一八六頁上八行第六字「得」，資作「侍」。

一八六頁上一〇行「六趣」，資、磧、普、南、徑、清作「六畜」。

一八六頁上一五行「所蓋」，資作「所蓋所驚」；磧、普、南、徑、清作「所蓋驚」。

一八六頁上一六行第五字「目」，資、磧、普、南、徑、清作「自」。

一八六頁上一七行第三字「起」，諸本無。又「欲斷制之」，資、磧、普、南、徑、清作「欲制斷之」。

一八六頁上一九行「先制其心」，資、磧、普、南、徑、清作「當先制其心」。

一八六頁中三行「枯閇」，資作「覺悟」；磧、普、南、徑、清、麗作「杜閇」。

一八六頁中一〇行「欲坐」，資、磧、

一　普、南、徑、清作「端坐」。

一　一八六頁中一三行「宗姓」，諸本作「宗族」。又「出家」，資、磧、普、南、徑、清作「復出家」。

一　一八六頁中一五行「恐怖」，諸本作「來怖」。

一　一八六頁中一七行「怖懼」，磧、普、南、徑、清、麗作「怖懼耶」。

一　一八六頁中一九行「樹臥」，資、磧、普、南、徑、清作「樹而臥」；麗作「一樹臥」。

一　一八六頁中末行「厭患」，資、磧、普、南、徑、清作「患厭」。

一　一八六頁下一〇行「聞解」，資、磧、普、南、徑、清作「開解」。

一　一八六頁下一一行與一二行之間，麗有「法句譬喻經護戒品第二」一行。

一　一八六頁下一五行「熱暍」，資、磧、普、南、徑、清作「熱瘑」。

一　一八六頁下一八行第一三字「曰」，資、磧、普、南、徑、清無。

一　一八六頁下一九行第一一字「馬」，諸本作「焉」。

一　一八七頁上二行第八字「即」，資、磧、普、南、徑、清作「而」。

一　一八七頁上四行「華香」，資、磧、普、南、徑、清作「香華」。

一　一八七頁上六行第一〇字「必」，諸本作「畢」。

一　一八七頁上九行第四字「汝」，資、磧、普、南、徑、清作「是」。

一　一八七頁中四行末字「留」，資、磧、普、南、徑、清無。

一　一八七頁中八行「棄而捨走」，資、磧、普、南、徑、清作「棄捨而走」。

一　一八七頁中一〇行末字「一」，資、磧、普、南、徑、清作「其」。

一　一八七頁中一一行「夫大」，資、磧、普、南、徑、清作「夫主」。

一　一八七頁中一二行「不遠」，磧、普、南、徑、清、麗作「未遠」。

一　一八七頁中一三行第二字「即」，諸本作「迹」。

一　一八七頁中二二行「稽首」，資、磧、普、南、徑、清作「啓」。

一　一八七頁下五行「長跪問曰」，資、磧、普、南、徑、清作「跪問」。

一　一八七頁下八行首字「答」，資、磧、普、南、徑、清無。

一　一八七頁下九行首字「恚」，資、磧、普、南、徑、清作「忍」；麗作「慧」。

一　一八七頁下一一行第五字「故」，資、磧、普、南、徑、清作「固」。

一　一八七頁下一二行「恚城」，諸本作「慧成」。

一　一八七頁下一五行「律法」，麗作「法律」。

一　一八八頁上三行「照之」，麗作「以照之」。

一　一八八頁上一一行「四明法」，資、磧、普、南、徑、清作「四法」。

一　一八八頁上一九行第一二字「如」，資、磧、普、南、徑、清作「以」。

一　一八八頁中五行「痿頓」，資、磧、普、南、徑、清作「委頓」。下同。

一八八頁中六行「死死」，麗作「至死」。

一八八頁中末行「憍愚」，磧、普、南、徑、清、麗作「憍恣」。

一八八頁下四行「矜濟」，諸本作「矜濟」。

一八八頁下五行第二字「威」，資、磧、普、南、徑、清作「感」。

一八八頁下一一行末字「謀」，麗作「務」。

一八八頁下一三行第一二字「與」，資、磧、普、南、徑、清作「興」。

一八八頁下一七行「憂恚」，資、磧、普、南、徑、清作「憂患」。

一八八頁下二一行第五字「食」，諸本作「飲」。又末字「心」，資、磧、普、南、徑、清作「意」。

一八九頁上三行「追討」，磧、普、南、徑、清作「追計」。

一八九頁上七行「帶刀劒」，資、磧、普、南、徑、清作「帶刀」；麗作「帶劍」。

一八九頁上九行「垂珞」，麗作「垂絡」。

一八九頁上一一行「經前」，資、磧、普、南、徑、清作「徑前」；麗作「住前」。

一八九頁上一六行「威神」，諸本作「威力」。

一八九頁上一八行第一一字「箭」，磧作「前」。

一八九頁上二〇行「殘煞之心」，資、磧、普、南、徑、清作「殘害之心」；麗作「殘煞之愚」。

一八九頁中三行「英妙」，資、磧、普、南、徑、清作「殊妙」。

一八九頁中六行「盲者從得眼　闇者從得燭」，資、磧、普作「盲從是得眼　闇者是得燭」；南、徑、清作「盲從是得眼　闇者從得明」。

一八九頁中七行「示道」，諸本作「示導」。

一八九頁中八行「明者」，諸本作「聞者」。

一八九頁中一四行「舍衛國」，資、磧、普、南、徑、清作「舍衛城」。

一八九頁中二〇行首字「明」，諸本作「相」。

一八九頁下五行「愚直」，資、普、南、徑、清作「愚冥」。

一八九頁下九行第八字「佛」，麗作「佛時」。

一八九頁下一六行末字「恚」，麗作「慧」。

一八九頁下一九行「日修」，資、磧、普、南、徑、清作「自修」。

一八九頁下二〇行「普聞」，資、磧、普、南、徑、清作「普聞天下」。

一八九頁下二一行「在世」，麗作「在世時」。又「脩羅他」，麗作「修陁羅」。

一九〇頁上二行「無有」，資、磧、普、南、徑、清作「無用」。

一九〇頁上六行「還白」，資、磧、普、南、徑、清作「即還具白」。

一九〇頁上七行「妻子至至外家

質百兩」，資、磧、普、南、徑、清作「妻至外家質百兩」；麗作「妻子至外家質取百兩」。

一一九〇頁中一一行「在此」，磧、南、徑、清作「住此」。

一一九〇頁中一六行「損棄」，資作「抒棄」；磧、普、南、徑、清作「朽棄」。

一一九〇頁下一行「節度」，諸本作「自節」。

一一九〇頁下四行「自清」，麗作「自淨」。

一一九〇頁下六行「震疊」，資、磧、普、南、徑、清作「震動」。又「感恩惟信戒」，資、磧、普、南、徑、清作「感恩唯戒」；麗作「咸思惟戒」。

一一九〇頁下七行末字「道」，資、磧、普、南、徑、清無。

一一九〇頁下一二行「親友」，麗作「爲友」。

一一九〇頁下一九行「弗加沙」，麗作「弗加沙王」。又「亘然」，資、磧、普、南、徑、清作「爟然」。

一一九〇頁下末行第九字「作」，諸本作「行作」。

一一九一頁上一行「陶家」，麗作「在陶家」。

一一九一頁上二行第二字「當」，資、磧、普、南、徑、清無。

一一九一頁上七行第七字「可」，麗作「可往」。

一一九一頁上二一行「無想」，資、磧、普、南、徑、清作「無相」。

一一九一頁中三行第一〇字「對」，諸本作「故」。

一一九一頁中六行「潰腹」，資、磧、普、南、徑、清作「腹潰」。

一一九一頁中七行末字至次行首字「耶句」，資、磧、普、南、徑、清作「闍維」。

一一九一頁中九行「不慎」，資、磧、普、南、徑、清作「不慎也」。

一一九一頁中一四行「智明」，資、磧、普、清作「明知」；南、徑作「明」。

一一九一頁中一九行第五字「慈」，磧、普、南、徑、清作「慈仁」。

一一九一頁下六行「爲人」，諸本作「爲仁」。

一一九一頁下一五行「彎張」，資、磧、普、南、徑、清作「彎彀」；麗作「聲張」。

一一九一頁下一九行第四字「獵」，資無。

一一九一頁下末行「仁愛」，資、磧、普、南、徑、清作「人」。

一一九二頁上一行「在所」，麗作「所在」。

一一九二頁上三行第五字「持」，麗作「奉持」。

一一九二頁上九行「聖女」，麗作「槃女」。又「求請」，麗作「請求」。

一一九二頁上一五行第九字「曰」，諸本作「王曰」。

一一九二頁中八行第九字「坐」，資、磧、普、南、徑、清作「起」。

一一九二頁中一六行第五字「天」，諸本作「諸天」。

一一九二頁下六行「請佛」，資、磧、普、南、徑、清作「請佛説法」。

一一九二頁下一五行「樹枝」，麗作「樹枝上」。

一一九二頁下末行第一一字「顛」，資、磧、普、麗作「雇」。

一一九三頁上三行末字「復」，諸本作「後」。

一一九三頁上四行「三貫逆罵」，諸本作「三貫客逆罵詈」。

一一九三頁上九行小字右第四字「也」，磧、普、南、徑、清無。又「煞汝乃休不尒不止」，資無。

一一九三頁上一〇行第三字「王」，資、磧、普、南、徑、清無。

一一九三頁上一一行「弗沙」，諸本作「弗迦沙」。

一一九三頁上一二行首字「是」，麗作「是也」。

一一九三頁上一三行末字「行」，資作「意」。

一一九三頁上一七行「宫屬」，諸本作「官屬」。

一一九三頁上二〇行「來至」，資作「王至」；磧、普、南、徑、清作「王到」。

一一九三頁中四行第六字「饌」，資、磧、普、南、徑、清作「飯」。

一一九三頁中一〇行「愚哉」，資、磧、普、南、徑、清作「愚惑」。

一一九三頁中一四行「平論屬事」，資、磧、普、南、徑、清作「評論矚事」。

一一九三頁中一七行第七字「之」下，資、磧、普、南、徑、清有「馬」字；麗有「焉」字。又「見死」，諸本無。

一一九三頁中一八行首字「然」，徑、清作「殺」。又「煞人」，資、磧、普、南、徑、清無。

一一九三頁中一九行第一一字「有」，資、磧、普、南、徑、清無。

一一九三頁中二〇行第二字「中」，資、磧、普、南、徑、清作「何」。

一一九三頁中二二行「行求國主」，資、普作「行來國主」；磧、南、徑、清作「行來國土」。

一一九三頁中末行第一三字「也」，資、磧、普、南、徑、清無。

一一九三頁下五行第一一字「息」，資、磧、普、南、徑、清無。

一一九三頁下六行第八字「俱」，資、磧、普、南、徑、清無。

一一九三頁下一二行「大王」，資、磧、普、南、徑、清作「天王」。

一一九三頁下一四行第三字「核」，資、磧、普作「我」；南、徑、清作「栽」。又第八字「後」，資、磧、普、南、徑、清作「彼」。

一一九三頁下一五行第一三字「核」，資、磧、普、南、徑、清作「灾」。

一一九三頁下一八行末字「不」，資、磧、普、南、徑、清無。

一一九三頁下一九行「得此」，資、磧、普、南、徑、清無；麗作「此」。

一一九四頁上三行首字至本頁中二〇行末字「昔……受」與本頁中二一行首字至次頁上一八行末字「昔……道」兩段經文，資、磧、普、

南、徑、清前後互置。

一九四頁上五行「太子」，資、磧、普、南、徑、清作「時太子」。

一九四頁上六行末字「祇」，資、磧、普、南、徑、清作「祇陀」。

一九四頁上一〇行「倭臣」，資、磧、普、南、徑、清作「佞臣」。下同。

一九四頁上一五行第九字「從」，資、磧、普、南、徑、清作「領」。

一九四頁上一六行「精舍」，資、磧、普、南、徑、清無。又「斥從」，諸本作「斥徙」。

一九四頁上二〇行第四字「便」，資、磧、普、南、徑、清無。

一九四頁中八行第六字「國」，諸本無。

一九四頁中九行首字「江」，資、磧、普、南、徑、清作「海」。又第七字「焉」，磧、普、南、徑、清作「不」。

一九四頁中一二行末字「懼」，資作「惟」。

一九四頁中一三行「今悔」，磧作「本悔」。

一九四頁中一六行「上至」，諸本作「上生」。

一九四頁中二〇行末字「受」，至此，資、磧、普、南、徑、清卷第一終。

一九四頁中二二行「神化」，資、磧、普、南、徑、清作「神足」。

一九四頁下二行第七字「答」，資、磧、普、南、徑、清無。

一九四頁下四行第七字「曰」，磧作「田」。

一九四頁下一一行小字右「見偽知偽」，麗作「見偽爲偽」。

一九四頁下一六行「佛與」，麗作「佛與比丘」。

一九四頁下末行「婬匿」，資、磧、普、南、徑、清作「婬慝」。

一九五頁上三行第一二字「此」，資、磧、普、南、徑、清作「以」。

一九五頁上四行「香紙香」，資、磧、普、南、徑、清作「香之紙」；麗作「香紙」。

一九五頁上一〇行第五字「臻」，資、磧、普、南、徑、清作「集」。

一九五頁上一五行「絜芳」，麗作「芳絜」。

一九五頁上一九行首字「法」，至此，資、磧、普、南、徑、清卷第二始。

一九五頁上一九行「法句喻經」，資、磧、普、南、徑、清無；麗作「法句譬喻經」。

一九五頁上二〇行第一四字「出」，資、磧、普、南、徑、清無。

一九五頁上末行「餓死」，資、磧、普、南、徑、清作「飢死」。

一九五頁中一行第五字「學」，資、磧、普、南、徑、清作「學道」。

一九五頁中五行第四字「訖」，資、磧、普、南、徑、清作「已」。

一九五頁中一六行「憂愆」，資、磧、普、南、徑、清作「憂患」。

一九五頁下一一行「肆心」，諸本作「走心」。

一九五頁下一六行第八字「一」，

一 資、磧、普、南、徑、清無。

一 一九六頁上二行第四字「永」，麗作「求」。

一 一九六頁上五行第六字「豫」，資、磧、普、南、徑、清作「務」。

一 一九六頁上七行「婬迴」，諸本作「勿回」。

一 一九六頁上一〇行「望止」，資、磧、普、南、徑、清作「婬止」。

一 一九六頁上一八行第一二字「鑑」，徑、清作「監」。

一 一九六頁上二二行第一〇字「鑑」，磧、普、南、徑、清作「監」。下同。

一 一九六頁中一六行第九字「唯」，諸本作「誰」。

一 一九六頁中一九行「不覩」，麗作「現」。二一行同。

一 一九六頁下二行「就而度之耳」，資、磧、普、南、徑、清作「而就度之」；麗作「就而度之」。

一 一九六頁下四行「采女」，諸本作「婇女」。下同。

一 一九六頁下七行首字「請」，資、磧、普、南、徑、清作「召」。

一 一九六頁下一〇行第六字「共」，資、磧、普、南、徑、清無。

一 一九六頁下一三行第一三字「此」，諸本作「今此」。

一 一九六頁下一五行「歡喜」，資、磧、普、南、徑、清作「敬喜」。

一 一九六頁下末行經名，資、磧、普、南、徑、清無（未換卷）；麗作「法句譬喻經卷第一」。

法句譬喻經卷第二　獸

晉世沙門法炬共法立　譯

喻華香品之二

昔佛始得道在羅閱祇國教化轉到舍衛國國王群臣莫不宗仰時有賈客大人名曰波利與五百賈人入海求寶時海神出掬水問波利言海水為多掬水為多波利荅曰掬水為多所以者何海水雖多無益時用不能救彼飢渴之人掬水雖少值彼渴者持用與之以濟其命世世受福不可稱計海神歡喜讚言善哉即脫身上八種香瓔挍以七寶以上波利海神送之安善往還到舍衛國持此香瓔上波斯匿王具陳所由念是香瓔非小人所服謹以貢上願蒙納受王得香瓔以為奇異即呼諸夫人羅列前住若最好者以香瓔與之六万夫人盡嚴來出王問末利夫人何以不出侍人荅言今十五日持佛法齋素服不嚴是以不出王便瞋恚遣人呼曰汝今持齋應違王王之命不乎如是三反末利夫人素服而出在衆人中猶如日月倍好於常王意悚然加敬問曰有何道德炳然有異夫人白王自念少福稟斯女形情態穢垢日夜山積人命促短懼墜三塗是以日月奉佛法齋割愛從道世世蒙福王聞歡喜便以香瓔以與末利夫人夫人荅言我今持齋不應著此可與餘人王曰我本發意欲與勝者卿今最勝又奉法齋道志殊高是以相與若卿不受吾將安置夫人荅言大王勿憂願王屈意共到佛所以此香瓔奉上世尊并採聖訓累劫之福矣王即許焉即勑嚴駕往到佛所稽首於地却就王位王白佛言海神香瓔波利所上六万夫人莫不貪得末利夫人與而不取持佛法齋心無貪欲謹以上佛願垂納受世尊弟子執心護齋直信如此豈有福乎於是世尊為受香瓔即說偈言

多作寶華　結步搖綺　廣積德香
所生轉好　琦草芳華　不逆風熏
近道敷開　德人逼香　栴檀多香

青蓮芳花　雖曰是真　不如戒香
華香氣微　不可謂真　持戒之香
到天殊勝　戒具成就　行無放逸
定意度脫　長離魔道

佛說偈巳重告王曰齋之福祐明譽廣遠辟如天下十六大國滿中珎寶持用布施不如末利夫人一日一夕持佛法齋如比其福須弥以豆矣積福學慧可到泥洹王及夫人群臣大小莫不歡喜執戴奉行

昔佛在羅閱祇耆闍崛山中於時城中有長者子五十人往詣佛所作礼却坐時佛為說無常苦空非身之法恩愛如夢會當別離尊榮豪貴亦有憂慼唯有泥洹永離生死群殃盡滅乃可大安時五十人聞法喜悅願為弟子佛言善來比丘鬚髮自墮法衣具足即成沙門此諸沙門有親友長者聞其出家意大歡喜往到崛山與之相見讚言諸君快哉善利乃有此志為之設壇請佛及僧明日佛與衆會就其舍食食訖說法晡時乃還此諸新學沙門戀慕宗黨皆欲返退佛知其意將出城門見田

溝中汙泥糞壤中生蓮華五色香絜其香芬熏乃蔽諸臭佛便趣之因說偈言

如作田溝　近於大道　中生蓮華
香絜可意　有生死然　凡夫處邊
智者樂出　為佛弟子

佛說偈已即還山中賢者阿難前白佛言向者世尊臨田溝上所說二偈不審其義願聞其意佛告阿難汝見溝中汙泥不淨糞壤之中生蓮華不唯然見之佛言阿難人在世間展轉相生計壽百歲或長或短妻子恩愛飢渴寒熱或悲或欣一凶二吉三毒四倒五陰六入七識八邪九惱十惡猶如田溝畜藏糞壤汙泥不淨欻有一人覺世無常發心學道修清淨志凝神斷想自致得道亦如汙泥生好蓮華身自得道還度宗親一切衆生皆蒙開解亦如華香奄蔽臭穢五十比丘聞佛說法進志堅固即得阿羅漢道

法句譬喻經愚闇品第十三

昔佛在舍衛國時城中有婆羅門年向

八十財富無數為人頑闇慳貪難化不識道德不計無常更作好舍前庠後堂涼臺煖室東西廂廡數十梁間唯後堂前拒陽未訖時婆羅門恒自經營指授衆事佛以道眼見此老翁命不終日當就後世不能自知而方怱怱形瘦力竭精神無福甚可憐愍佛將阿難往到其門慰問老翁得無勞惓今作此舍皆何所安老翁答言前庠待客後堂自處東西二廂當安兒息財物僕使夏上涼臺冬入溫室佛語老翁久聞宿德思遲談講偈有要偈存立有益欲以相贈不審可小廢事共坐論不也老翁答言今正大悤不容坐語後日更來當共善叙所去要偈便可說之於是世尊即說偈言

有子有財　愚惟汲汲　我且非我
何憂子財　暑當止此　寒當止此
愚多豫慮　莫知來變　愚蒙愚極
自謂我智　愚而勝智　是謂極愚

婆羅門言善說此偈今實大悤後來更論之於是世尊傷之而去老翁於後自授屋椽椽墮打頭即時命過室家

啼哭驚動四隣佛去未遠便有此變佛到里頭逢諸梵志有數十人前問佛言從何所來佛言屬到此死翁舍為翁說法不信佛語不知無常今者忽然已就後世具為諸梵志更說前偈義聞之欣然即得道跡於是世尊而說偈言

愚闇近智　如瓢斟味　雖久狎習
猶不知法　開達近智　如舌嘗味
雖須臾習　即解道要　愚人施行
為身招患　快心作惡　自致重殃
行為不善　退見悔悋　致涕流面
報由宿習

時諸梵志重聞此偈益懷篤信為佛作禮歡喜奉行

昔佛在舍衛國給孤獨精舍為諸天人說法時波斯匿王有一寡女名曰金剛壯寡未歸父母哀愍別為宮舍作好舍宅給五百妓女以娛樂之衆中有一長老青衣名曰度勝恒行市買脂粉香華時見男女無數大衆各賣香華出城詣佛即問行人欲何所至衆人答言佛出於世三界之尊度脫衆生皆得泥洹度勝聞之心悅意喜即自念言會

老見佛宿世之福便分香直持買好
華隨衆人輩往到佛所作礼却立散華
燒香一心聽法已過市取香因聽法
功德宿行所追香氣熏聞斤兩倍前
嫌其遲晚而共詰之度勝奉道即如
事言世有聖師三界之尊擊無上法
鼓震動三千往聽法者無央數人實
隨聽法是以稽遲金剛之徒聞說世
尊法義深妙非世所聞悚然心歡而
自歎曰吾等何罪獨自不聞即報度
勝試為我說之度勝白曰身賤口穢
不敢便宣乞更諮受如命說之即便
遣出重告之曰具受儀式度勝未還
金剛侍女側息中庭如子待母佛告
度勝汝還說法多所度脫說法之儀
先施高座度勝受勑具宣聖旨皆大
歡喜各脫衣服一領積為高座度勝洗
浴承佛威神如應說法金剛之等五
百餘人疑解破惡得須陁洹道說法
甚美不覺失火一時燒死即生天上
王將人從來欲救火見之已燃収拾
棺殮葬送畢訖往過佛所為佛作礼
却坐常位佛問王曰所從來也王叉手

法句喻經卷第一　第七張

言女金剛不幸不覺失火大小燒盡
適棺殮還不審何罪遇此火害唯願
世尊彰告未聞佛告大王過去世時
有城名波羅奈有長者婦將妹女五
百人至城外大祠祀其法難犯他姓之
人不得到邊不問親踈其有來者擲著
火中時世有一辟支佛名曰迦羅處在
山中晨來分衛暮輙還山迦羅分衛
來趣郊祠長者婦見之忿然瞋恚共
捉迦羅撲著火中舉身燋爛便現神
足飛昇虛空衆女驚怖泣淚悔過長
跪舉頭而自陳曰女人憃愚不識至
真群愚荒騃毀辱神靈自惟過釁
罪惡若山願降尊德以消重殃尋聲
即下而般泥洹諸女起塔供養舍利
佛為大王而說偈言

愚憃作惡　不能自解　殃追自焚
罪成熾燃　愚所望處　不謂適苦
臨墮厄地　乃知不善

佛告大王尒時長者婦今王女金剛
是五百侍女今度勝等五百伎女是
罪福追人久無不彰善惡隨人如影
隨形說是法時國內大小信伏歡喜

法句喻經卷第二　第八張

咸歸三尊皆受五戒即得道跡

法句譬喻經明哲品第十四

昔有梵志其年二十天才自然事無
大小過目則能自以聡哲而自誓曰
天下技術要當盡知一藝不通則非
明達也於是遊學無師不造六藝雜
術天文地理醫方鎮壓山崩地動摴
蒱博弈妓樂搏擮裁割衣裳文繡綾
綺厨膳切割調和滋味人間之事無
不兼達心自念曰丈夫如此誰能及
者試遊諸國摧伏舷對奮名四海技
術衡天然後載功竹帛垂勳百代於
是遊行往至一國入市觀視見有一
人坐作角弓析筋治角用手如飛作
弓調快買者諍前即自念曰少來所
學自以具足邂逅自輕不學作弓若
彼鬪技吾則不如矣當從受學耳遂
從弓師求為弟子盡心受學月日之
中具解弓法所作巧妙乃踰於師布
施財物奉辞而去去之一國當渡江
水有一舩師用舩若飛迴旋上下便
疾無雙復自念曰吾技雖多未曾習
舩雖為賤術其於不知宜當學之万

法句喻經卷第二　第九張

技悉備遂從船師願為弟子供奉盡敬竭力勞懃月日之中知其逆順御船迴旋乃踰於師布施財物奉辭而去復至一國國王宮殿天下無雙即自念曰作此殿匠巧妙乃尒自隱遊来偶不學之若與競術必不勝矣且當復學意乃足耳遂求殿匠願為弟子盡心供養執持斤斧月日之間具解尺寸方圓規矩雕文刻鏤木事盡知天才明朗事輙勝師布施所有辞師而去周行天下遍十六大國命敵角技獨言隻步無敢應者心自貢高曰天地之間誰有勝我者佛在祇洹遥見此人應可化度佛以神足化作沙門拄杖持鉢在前而来梵志由来國無道法未見沙門怪是何人須至當問須臾来到梵志問曰百王之則未見君輩衣裳制度無有此服宗廟異物不見此器君是何人形服改常也沙門荅曰吾調身人也復問何謂調身於是沙門因其所習而說偈言

弓匠調角　水人調船　巧匠調木
智者調身　譬如厚石　風不能移

智者意重　毀譽不傾　譬如深淵
澄靜清明　慧人聞道　心淨歡然

於是沙門說此偈已身昇虛空還現佛身三十二相八十種好光明洞達照曜天地從虛空来下謂其人曰吾道德變化調身之力也於是其人五體投地稽首問曰願聞調身其有要乎佛告梵志五戒十善四等六度四禪三解脫此調身之法也夫弓船木匠六藝奇術斯皆綺飾華辭之事蕩身縱意生死之路也梵志聞之欣然信解願為弟子佛言善来沙門鬚髮自墮即成沙門佛重為說四諦八解之要尋時即得阿羅漢道

昔佛在舍衛國有山民村五六十家去國五百里村中有一貧家其主人婦懷妊十月雙生二男甚大端政無比父母愛之便為作字一名雙德二名雙福生五六十日其父放牛来還態息却卧牀上其母出田拾薪未還此二小兒左右顧視不見父母便共相責語一人言前世之時我當得道正坐愚意謂命可常退墮生死不可計

劫今乃得生此貧家作子穰草之中以氈褐自覆食飲麁惡纔自支身如此至久云何得道皆坐前世戀慕富貴放身散意快樂須臾從尒以来長塗受苦如今憂惱當何恃怙一人荅曰我尒時小難一時之懃竟不意精進而今數世遭諸苦患此是自為非父母作也但共當之復何所言父聞二子相責如是甚大怪之謂呼是鬼祟来生灾變云何數十日小兒乃作此言恐其後日煞親滅族及小未大宜當煞之其父驚出閉門捨去到田取薪欲燒煞之其母来還問夫用此薪為夫言甚大可怪所說如是此似是鬼必破人門族以其曼小欲燒煞之其母聞此意中愕然猶豫未信小停數日更聽其言至明日夫婦俱出於戶外潛聽二兒在内相責如故夫婦重共聞之甚怪所以便共集薪窖欲燒之佛以天眼見此夫婦欲燒煞二子愍其可憐宿福應度往到其村普放光明天地大動山川樹木皆作金色村中大小驚到佛所為佛作礼

莫不歡喜知佛至神三界無比佛到雙生小兒家二兒見佛光明喜踊難量父母又驚各抱一子將至佛所問佛世尊此小兒生來五六十日所說如是甚共怪之恐作禍害欲火燒煞之正值佛來未及得燒不知此小兒為是何等鬼魅也唯願解說是何災怪小兒見佛踊躍歡喜佛見小兒六笑口出五色光普照天地佛告小兒父母及村人大小此二小兒非是鬼魅福德之子前迦葉佛時曾作沙門少小共為朋友同志出家各自精進臨當得道欻起邪想共相沮敗樂世榮華恃福生天下為侯王國主長者欻起是想便墮退轉不得涅槃更此生死弥連劫數常相鉤牽輒共雙生遭我世時今始乃生已往供養佛功德故餘福應度罪滅福生自識宿命是以世尊故來度之我不度者攢為火所燒於是世尊即說偈言

大人體無欲　在所照然明　雖或遭苦樂
不高現其智　大賢無世事　不願子財國
常守戒慧道　不貪邪富貴　智人知動搖

辟如沙中樹　朋友志未強　隨色染其素

佛說是時小兒見佛其身即踊如八歲小兒即作沙弥得羅漢道村人大小見佛光相又見小兒形變踊大皆大歡喜得須陁洹道父母疑解亦得法眼

法句譬喻經羅漢品第十五

昔有一國名曰那梨近南海邊其中人民採真珠栴檀以為常業其國有一家兄弟二人父母終亡欲求分異家有一奴名曰分那年少聰了賈販市買入海治生無事不知居家財物分為一分以奴分那持作一分兄弟擲籌弟得分那止將妻子空手出舍時世飢儉唯得分那恐不相活以為愁憂時奴分那白大家言願莫愁憂分那作計月日之中當令勝兄大家言若審能尒者放汝為良人大家夫人有私珠物與分那作本時海潮來城內人民至水邊取薪分那持珠物出至城外見一乞兒負薪薪中有牛頭栴檀香可治重病一兩直千兩金時世有一不可常得分那識之以金錢二枚買得持

歸破作數十段時有長者得重病當須此牛頭栴檀香二兩合藥求不能得分那持往即得二千兩金如是賣盡所得不訾冨兄十倍大家感念分那之恩不違言誓放為良人隨意所樂於是分那辭行學道到舍衛國為佛作礼長跪白佛所出微賤心樂道德唯願世尊垂慈濟度佛言善來分那頭髮自墮法衣著身即成沙門佛為說法尋得羅漢道坐自思惟今得六通存亡自由皆主人之恩今當往度并化國人於時分那往到本國至主人家主人歡喜請坐設食食訖澡手飛昇虛空分身散體半出水火光明洞達從上來下告主人曰此之神德皆是主人放捨之福往到佛所所學如是主人荅曰佛之神化微妙乃尒願見世尊受其教訓分那荅曰但當志心供設饌具佛三達智必自來矣即便設供宿昔已辦向舍衛國稽首長跪燒香請佛唯願屈尊齎度一切佛知其意即與五百羅漢各以神足往到其舍國王人民莫不敬肅來至佛所五

體投地却坐王位食畢澡訖佛為主
人及王官屬廣陳明法皆受五戒為
佛弟子起住佛前歎分那日在家精
懃出家得道神德高遠家國蒙度我
當去何以報其恩於是世尊重歎分
那而說偈言

心已休息　言行亦止　從正解脫
寂然歸滅　棄欲無著　缺三界障
望意已絕　是謂上人　若聚若野
平地高岸　應真所過　莫不蒙度
彼樂空閑　衆人不能　快哉無望
無所欲求

佛說偈已主人及王益加歡喜供養
七日得須陀洹道

法句譬喻經述千品第十六

昔佛在舍衛國有一長老比丘字般
特新作比丘稟性闇塞佛令五百羅
漢日日教之三年之中不得一偈國
中四輩皆知其愚冥佛愍傷之即呼
著前授與一偈守口攝意身莫犯非如
是行者得度世時般特感佛慈恩歡欣
心開誦偈上口佛告之曰汝今年老
方得一偈人皆知之不足為奇今當

法句喻經卷第二　第十六張　歎

為汝解說其義一心諦聽般特受教
而聽佛即為說身三口四意三所由觀
其所起察其所滅三界五道輪轉不
息由之昇天由之墮淵由之得道涅
槃自然分別為說無量妙法時般特爣
然心開即得羅漢道尒時有五百比
丘尼別有精舍佛日遣一比丘為說
經法明日般特次應當行諸尼聞之
皆豫含笑明日来者我等當共逆說其
偈令之慚愧無所一言明日般特往諸
比丘尼大小皆出作礼相視而笑坐畢
下食食已澡手請令說法時般特即上
高座自慙吾曰薄德下才未為沙門頑
鈍有素所學不多唯知一偈粗識其
義當為敷演願各靜聽諸年少比丘
尼欲逆說偈口不能開驚怖自責稽
首悔過般特即如佛所說一一分別
身意所由罪福內外昇天得道凝神
斷想入定之法即時諸尼聞其所說
甚怪甚異一心歡喜皆得羅漢道後
日國王波斯匿請佛衆僧於正殿會
佛欲現般特威神與鉢令持隨後而
行門士識之留不聽入卿為沙門一

法句喻經卷第二　第十七張　歎

偈不了受請何為吾是俗人由尚知
偈豈況沙門無有智慧施卿無益不須
入門時般特即住門外佛坐正殿上行
水已畢般特即擎鉢申臂遥以授佛王
及群臣夫人太子衆會四輩見臂来
入不見其形怪而問佛是何人臂佛言
是般特比丘臂也近日得道向吾使
持鉢門士不聽来入是以申臂授吾
鉢耳即便請入威神倍常王白佛言
聞般特本性愚鈍方知一偈何緣得
道佛告王曰學不必多行之為上般
特解一偈義精理入神身口意寂淨
如天金人雖多學不解不行徒喪識
想有何益哉於是世尊即說偈言

雖誦千章　句義不正　不如一要
聞可滅惡　雖誦千言　不義何益
不如一義　聞行可度　雖多誦經
不解何益　解一法句　行可得道

佛說偈已三百比丘得阿羅漢道王
及群臣夫人太子莫不歡喜

昔佛在舍衛國精舍之中為天人說
法時舍衛國中有婆羅門長者名藍
達大富無極其家資財不可計數梵

法句喻經卷第二　第十八張　歎

志之法當作大壇以顯名譽盡家之
財持用布施作般闍于瑟供養婆羅
門五千餘人五年之中供給衣被牀
榻醫藥珍琦寶物郊祠供具盡所愛
惜諸梵志等五年之中爲羅摩達長
者祭祀諸天四山五嶽星宿水火無
不周遍呪願長者長夜受福五歲已
周家後一日極大布施如長者法金
鉢盛銀粟銀鉢盛金粟爲馬車乘奴
婢資財七寶服餝散蓋履屣鹿皮之
衣錫杖踞牀澡罐澡盤牀榻席薦所
應當得事事八万四千盡持布施當
其尒日皆来大會鬼神國王大臣梵
志大姓悉来會坐隱隱闐闐莫不歡
欣佛見如是歎然言曰此大姓梵志
何以愚癡所施大多福報薄少如種
火中何從得報也若我不化長離法
門於是世尊便起嚴服化從地出放
大光明普照衆會大小見之怯未曾
有驚怖悚懼不知何神長者羅摩達
及諸大衆頭面著地爲佛作礼佛見
衆人皆有敬心因其恭肅便說偈言
月千反祠　終身不徹　不如須臾

一心念法　一念造福　勝彼終身
雖終百歲　奉事火神　不如須臾
供養三尊　一供養福　勝彼百年
於是世尊告藍達曰施有四事何等
爲四一者施多得福報少二者施少得
福報多三者施多得福報多四者施
少得報亦少何謂施多得福報少者其
人愚癡煞生祭祠飲酒歌儛破損財
寶無有福慧何謂施少得報少者以
慳貪惡意施凡道士俱兩愚癡是故
無福何謂施少得福多者能以慈心
奉道德人道士食已精進學誦施此
雖少其福弥大何謂施多得福多者若
有賢者覺世無常好心出財起立塔寺
精舍菓園供養三尊衣服履屣牀榻厨
饍斯福如五河流入於大海福流如是
世世不斷是爲施多其報轉多辟如農
家地有厚薄所得不同尒時藍達長
者座中會人見佛變化聞說法言皆
大歡喜諸天人神皆得須陁洹道五千
梵志皆作沙門得應真道主人藍達
居家大小皆受五戒亦得道迹國王
大臣皆受三自歸爲優婆塞亦得法眼

昔佛在舍衛精舍教化時羅閱祇國
有一人爲人凶愚不孝父母輕侮良
善不敬長老居門衰耗常不如意便
行事火欲求福祐事火之法日適欲
沒燃大火聚向之跪拜或至夜半火
滅乃止如是三年不得其福更事日
月事日月法晝以日出夜以月明向
日月拜沒乃休止如是三年復不得
福轉復事天燒香跪拜奉上甘美香
華酒脯䐗羊牛犢遂至貧困故不得
福懃苦憔悴病不去門聞舍衛國有
佛諸天所宗當往奉事必望得福即
到佛所至精舍門瞻覩世尊光相晃
然容顏奇異如星中月見佛歡喜頭
面作礼叉手白佛生長愚癡不識三
尊事火日月及諸天神九年精懃永
不蒙福顏色憔悴氣力衰微四大多
患死亡無日伏承世尊度人之師故
遠自歸願垂福慶佛告之曰汝之所
事盡是妖邪魑魅魍魎禱祀如山罪
如江海煞生求福去福遠矣正使百
劫懃苦盡煞普天䐗羊持用禱祀罪
如須弥福無芥子徒自費喪豈不惑

我又卿為人不孝父母輕易賢善不敬長老憍慠貢高三毒熾盛罪疊日深何緣得福若能改心礼敬賢者威儀礼節供奉長老棄惡信善修已崇仁四福日增世世無患何等為四一者顏色端政二者氣力豊强三者安隱無病四者益壽終不枉横行之不懈亦可得道於是世尊即說偈言

祭神以求福　從後觀其報　四分未望一
不如礼賢者　能善行礼節　常敬長老者
四福自然增　色力壽而安

於是其人聞佛此偈歡喜信解稽首作礼重白佛言罪垢所蔽積罪九年幸頼慈化令得開解唯願世尊聽為沙門佛言善来比丘頭髮自墮即成沙門内思安般即得羅漢道

法句譬喻經惡行品第十七

昔佛在羅閱祇國遣一羅漢名曰須漫持佛髮爪至罽賓南山中作佛圖寺五百羅漢常止其中旦夕燒香繞塔礼拜時彼山中有五百獼猴見諸道人供養塔寺即便相將至深澗邊負輦泥石效作佛圖竪木立剎幣幡繫頭旦

夕礼拜亦如道人時山水瀑漲五百獼猴一時漂没魂神即生第二忉利天上七寶殿舍衣食自然各自念言從何所来得生天上即以天眼自見本形獼猴之身效諸道人戲作塔寺雖身漂没神得生天今當下報故屍之恩各將侍從華香伎樂臨故屍上散華燒香繞之七匝時山中有五百婆羅門外學邪見不信罪福見諸天人散華作樂繞獼猴屍怪而問曰諸天光影巍巍乃尒何故屈意供養此屍諸天人言此屍是吾等故身昔在此間效諸道人戲立塔寺山水瀑漲漂煞吾等以此微福得生天上今故散華以報故身之恩戲為塔寺獲福如此若當至心奉佛世尊其德難喻卿等邪見不信正真百刧懃苦無所一得不如共往至耆闍崛山礼事供養得福無限即皆欣然共至佛所五體作礼散華供養諸天人白佛我等近世獼猴之身蒙世尊之恩得生天上恨不見佛今故自歸重白佛言我等前世有何罪行受此獼猴身雖作塔寺身被

漂煞佛告天人此有因緣不從空生吾當為汝說其所由乃往昔時有五百年少婆羅門共行入山欲求仙道時山上有一沙門欲於山上泥治精舍下谷取水身輕若飛五百婆羅門興嫉妬意同聲笑之今此沙門上下飜疾亦如獼猴耳何足為奇也如是取水不止山水一来溺煞不久佛告諸天人尒時上下沙門我身是也五百年少婆羅門者五百獼猴身是戲笑作罪身受其報於是世尊即說偈言

戲笑為惡　已作身行　嗁泣受報
隨行罪至

佛告諸天人汝之近世雖為獸身乃能戲笑起作塔寺今得生天罪滅福興今者復来躬奉正教從此因緣長離衆苦佛說是已五百天人即得道迹其所共来水邊五百婆羅門聞罪福之報而自歎曰吾等學仙積有年數未蒙果報不如獼猴戲笑為福得生天上佛之道德寶妙乃尒於是稽首佛足願為弟子佛言善来比丘即

成沙門精進日脩遂得羅漢道

昔佛在舍衛國精舍之中為諸天人說法時國王第二兒名曰瑠璃其年二十將從官屬退其父王伐兄太子自撣為王有一惡臣名曰耶利白瑠璃王王本為皇子時至舍夷國外家舍看到佛精舍中為諸釋種子所呵罵詈無有好醜尒時見勅若我為王便啓此事今時已到兵馬興盛宜當報怨即勅嚴駕引率兵馬徃伐舍夷國佛有第二弟子名摩訶目揵連見琉璃王引率兵士伐舍夷國以報宿怨令當伐煞四輩弟子念其可愍便徃到佛所白佛言今琉璃王攻舍夷國我念中人當遭辛苦我欲以四方便救舍夷國人一者舉舍夷國人著虛空中二者舉舍夷國人著大海中三者舉舍夷國人著兩鐵圍山閒四者舉舍夷國人著他方大國中央令琉璃王不知其處佛告目連雖知卿有是智德能安處舍夷國人万物衆生有七不可避何謂為七一者生二者老三者病四者死五者罪六者福七者因

緣此七事意雖欲避不能得自在如卿威神可得作此宿對罪負不可得離於是目連礼已便去自以私意取舍夷國人知識檀越四五千人盛著鉢中舉著虛空星宿之際瑠璃王伐舍夷國煞三億人已引軍還國於是目連徃到佛所為佛作礼自貢高曰瑠璃王伐舍夷國弟子承佛威神救舍夷國人四五千人今在虛空皆盡得脫佛告目連卿為徃看鉢中人不也曰未徃視之佛言卿先徃視鉢中人衆目連以道力下鉢見中人皆死盡於是目連悵然悲泣愍其辛苦還白佛言鉢中人者今皆死盡道德神力不能免彼宿對之罪佛告目連有此七事佛及衆聖神仙道士隱形散體皆不能免此七事於是世尊即說偈言

非空非海中　非隱山石閒　莫能於此處
避免宿惡殃　衆生有苦惱　不得免老死
唯有仁智者　不念人非惡

佛說是時座上無央數人聞佛說無常法皆共悲哀念對難免欣然得道

逮須陁洹證

法句譬喻經刀杖品第十八

昔有一國名曰賢提時有長老比丘長病委頓羸瘦垢穢在賢提精舍中卧無瞻視者佛將五百比丘徃至其所使諸比丘傳共視之為作糜粥而諸比丘聞其臭處皆共賤之佛使天帝釋取湯水佛以金剛之手洗病比丘身體地尋震動爗然大明莫不驚肅國王臣民天龍鬼神無央數人徃到佛所稽首作礼白佛言佛為世尊三界無比道德已備云何屈意洗此病瘦垢穢比丘佛告國王及衆會者如來所以出現於世正為此窮厄無護者耳供養病瘦沙門道士及諸貧窮孤獨老人其福無量所願如意辟五河流福來如是功德漸滿會當得道王白佛言今此比丘宿有何罪困病積年療治不差佛告王曰徃昔有王名曰惡行治政嚴暴使一多力五百主令鞭人五百假王威怒私作寒熱若欲鞭人責其價數得物鞭輕不得鞭重舉國患之有一賢者為人所誣應當

得鞭報五百言吾是佛弟子素無罪過為人所抂頋小垂恕五百聞是佛弟子輕手過鞭無著身者五百壽終墮地獄中考掠万毒罪滅復出墮畜生中恒被撾杖五百餘世罪畢為人常嬰重病痛不離身尒時國王者今調達是也時五百者今此病比丘是也時賢者者吾身是也吾以前世為其所恕鞭不著身是故世尊躬為洗之人作善惡殃福隨身雖更生死不可得免於是世尊即說偈言

撾杖良善　妄讒無罪　其殃十倍
災卒無赦　生受酷痛　形體毀折
自然惱病　失意恍忽　人所誣者
或縣官厄　財產耗盡　親戚離別
舍宅所有　災火焚燒　死入地獄
如是為十

時病比丘聞佛此偈及宿命事自知本行剋心自責即於佛前所患除愈身安意定即得羅漢道賢提國王歡喜信解尋受五戒為清信士沒命奉行得須陁洹道

昔佛在舍衛國祇樹給孤獨精舍中

為天人龍鬼說法東方有國名欝多羅波提昔有婆羅門等五百人相率欲詣恒水岸邊有三祠神池沐浴垢穢俱形求仙如尼揵法道由大澤迷不得過中道乏糧遥望見一大樹如有神氣想有人居馳趣樹下了無所見婆羅門等舉聲大哭飢渴委厄窮死斯澤樹神人現問諸梵志道士那来今欲何行同聲荅曰欲詣神池澡浴望仙今日飢渴幸哀矜濟樹神即舉手百味飲食從手流溢給衆飰食皆得飽滿其餘食飲足供道糧臨當別去詣神請問本行何德致此巍巍神荅梵志吾本所居在舍衛國時國大目名曰須達飰佛衆僧詣市買酪無提酪者左右顧視倩我提之往到精舍使我掛酌訖行澡水儼然聽法一切歡喜稱善無量時我奉齋暮還不飡婦恠問我不食何恨荅日不恨也吾行於市見長者須達於園飰佛我往持齋齋名八關其婦瞋恚忿然言曰瞿曇乱俗奚足採納君毀遺則禍從此興跡迫不已便共俱食時我尒夜年

壽竿盡終於夜半神来生此為是患婦敗我齋法不卒其葉来生斯澤作此樹神提酪之福手出飲食若終齋法應生天上封受自然即為梵志而說頌曰

祠祀種禍根　日夜長枝條　唐苦敗身本
齋法度世仙

梵志聞偈迷解信受旋還舍衛路由一國國名拘藍尼有長者名曰美音為人恩仁衆人敬仰梵志過宿長者問曰道士那来今欲所至具陳彼澤樹神功德欲詣舍衛造須達所攢採齋法冀蒙得福美音喜踊宿行所追旦自解暢宣令宗室誰能共行受齋戒法合五百人僉然應命本願相引威儀嚴出共詣舍衛未至祇洹道逢須達過而不識顧問從者此何丈夫對曰須達也梵志衆等喜而追曰吾願成矣求人得人馳趣相見同聲歎曰樹神歎德注仰虛心具說所嗟故来投託冀示法齋住車荅曰所求大善吾有尊師号曰如来衆祐度脫人類近在祇洹可共覲造即皆敬諸恭肅進前遇見如来情喜難量五體投地

退坐一面皆共長跪白世尊曰本初發家欲至三池沐浴求仙經由樹神所陳如此是故投化願示極靈於是世尊因其所行而説偈言

雖倮剪髮　長服草衣　沐浴踞石
柰疑結何　不伐煞燒　亦不求勝
仁愛天下　所適無惡

五百梵志聞偈歡喜皆作沙門得應真道美音宗等逮得法眼諸比丘白佛言五百梵志及長者等本行何德得道何遠世尊告曰過去久遠時世有佛名曰迦葉為諸弟子説法當來五濁之時有梵志長者千人同發是言令我遭見釋迦文佛尒時梵志者今此等梵志是尒時長者今美音等是從是因緣見我便解比丘歡喜作礼奉行

法句譬喻經卷第二

乙巳歲高麗國大藏都監奉
勅雕造

法句喻經卷第二　第三十一張　欸

法句譬喻經卷第二

校勘記

一　底本，麗藏本。
一　二〇五頁上一行經名、二行譯者、三行品名，諸本（不含石，下同）無（未換卷）。
一　二〇五頁上六行第二字「大」，磧、普作「入」。
一　二〇五頁上一二行「稱計」，諸本作「貲計」。
一　二〇五頁上一三行「以上」，諸本作「以與」。
一　二〇五頁上末行首字「汝」，諸本作「如」。又第八字「主」，諸本無。
一　二〇五頁中一行末字「猶」，諸本作「明」。
一　二〇五頁中五行「促短」，磧、普、南、徑、清作「短促」。又「日月」，磧、普、南、徑、清作「月月」。
一　二〇五頁中一八行第一一字「護」，資作「歎」。
一　二〇五頁中二一行「揺綺」，磧、普、南作「揺奇」。
一　二〇五頁中二二行「琦草」，諸本作「奇草」。
一　二〇五頁中末行「逼香」，諸本作「遍香」。
一　二〇五頁下五行「明譽」，南作「名譽」。
一　二〇五頁下一一行首字「昔」，諸本無，次頁上末行首字同。又「於時」，諸本無。
一　二〇五頁下一三行首字「時」，諸本無。次頁下二〇行第二字同。
一　二〇五頁下一九行「歡喜」，諸本作「代其歡喜」。又「崛山」，諸本作「耆闍崛山」。
一　二〇五頁下二〇行第二字「哉」，諸本作「得」。
一　二〇六頁上四行「如作田溝」，諸本作「如田作溝」。
一　二〇六頁上一九行「奄蔽」，諸本作「掩蔽」。

一　二〇六頁上二二行品名上經名「法句譬喻經」，徑、清無。以下各品例同。

一　二〇六頁中二行「前庌」，資作「前廳」。九行同。

一　二〇六頁中七行「形瘦力竭」，諸本作「善治」。

一　二〇六頁中九行「老翁答言」，諸本作「公言」。

一　二〇六頁中一二行「存立」，諸本作「存亡」。

一　二〇六頁中一四行第三字「也」，磧、普、南、徑、清無。又「大𢤱」，諸本作「大遽」。

一　二〇六頁中一八行第二字「憂」，磧、普、南、徑、清作「有」。

一　二〇六頁中二〇行第七字「勝」，諸本作「稱」。

一　二〇六頁中二一行「太𢤱」，諸本作「停遽」。

一　二〇六頁中二二行第三字「之」，諸本無。

一　二〇六頁中末行末二字至本頁下一行首二字「室家啼哭」，諸本作「家室涕哭」。

一　二〇六頁下二行第八字「有」，諸本無。又「前問佛言」，諸本作「問佛」。

一　二〇六頁下三行第七字「屢」，諸本作「屬」。

一　二〇六頁下七行「愚闇」，磧、徑、清作「愚開」。

一　二〇六頁下一五行第一三字「諸」，諸本無。

一　二〇六頁下一七行「壯寡未歸父母哀愍」，諸本作「少寡來歸父王哀愍」。

一　二〇六頁下一八行「衆中」，諸本作「衆共」。

一　二〇六頁下一九行第一二字「買」，諸本無。

一　二〇六頁下二〇行第一〇字「各」，資無。

一　二〇六頁下二一行「詣佛」，諸本無。

一　二〇六頁下末行末字「會」，諸本作「今」。

一　二〇七頁上一〇行第九字「自」，諸本作「隔」。

一　二〇七頁上一二行第八字「受」，諸本作「授」。一三行第八字同。

一　二〇七頁上一四行「待母」，諸本作「侍母」。

一　二〇七頁上一七行第六字「服」，諸本無。

一　二〇七頁上二一行第六字「欲」，諸本作「爲」。

一　二〇七頁上末行第八字「曰」，諸本無。

一　二〇七頁中三行第三字「彰」，諸本作「剖」。又第一二字「去」，諸本作「此」。

一　二〇七頁中五行「難犯」，諸本作「難忍」。

一　二〇七頁中六行「共有」，諸本無。

一　二〇七頁下三行「其年」，諸本作「厥年」。

一　二〇七頁下七行「鎮壓」，諸本作

「鎮厭」。

一　二〇七頁下八行「妓樂」，資作「樂妓」。

一　二〇八頁上二行「月日」，資作「日月」。八行同。

一　二〇八頁上六行「竟衒」，諸本作「競巧」。

一　二〇八頁上一一行第四字「周」，磧、徑、清作「用」。

一　二〇八頁上一二行「角技」，諸本作「捔技」。

一　二〇八頁上一四行「逆見」，諸本作「逢見」。

一　二〇八頁上一六行第一三字「須」，諸本作「頃」。

一　二〇八頁上二〇行第一〇字「也」，資無。

一　二〇八頁中二行「歡然」，磧、普、南、徑、清作「廓然」。

一　二〇八頁中一二行「佛言」，諸本作「佛告」。

一　二〇八頁中一五行第一〇字「村」，諸本作「居村」。

一　二〇八頁中一九行「放牛」，磧、普、南、徑、清作「牧牛」。

一　二〇八頁下二行「毷毼」，磧、普、南、徑、清作「稀毷」。

一　二〇八頁下三行「得道」，諸本作「可活」。

一　二〇八頁下五行「恃怙」，諸本作「怙恃」。

一　二〇八頁下六行「小難」，諸本作「小稚」。又「竟不意精進」，資作「不意精進」；磧、普、南、徑、清作「竟不精進」。

一　二〇八頁下一三行第三字「欲」，諸本作「欲燃火」。

一　二〇八頁下一六行「愕然」，諸本作「惆然」。

一　二〇九頁上四行「五六」，諸本作「四五」。

一　二〇九頁上一五行第一二字「更」，諸本作「受」。

一　二〇九頁上一六行第一〇字「輙」，資作「轉」。又末字「適」，諸本作「遇」。

一　二〇九頁上一七行「功德」，諸本無。

一　二〇九頁上二一行第七字「所」，資作「世」。

一　二〇九頁中八行第六字「曰」，諸本無。一一行第四字同。

一　二〇九頁中一四行第四字「止」，諸本無。

一　二〇九頁中一五行第一三字「時」，諸本無。

一　二〇九頁中二〇行「持珠物出」，諸本作「持少珠物」。

一　二〇九頁中二一行「負薪」，普作「責薪」。

一　二〇九頁下二行首字「須」，諸本作「得」。

一　二〇九頁下四行「不訾」，諸本作「資財」。

一　二〇九頁下五行末字至次行首字「於是」，諸本無。

一　二〇九頁下一八行「志心」，磧、普、

一 南、徑、清作「至心」。
一 二〇九頁下二二行「五百」，資作「五万」。
一 二〇九頁下末行「敬肅」，諸本作「驚肅」。
一 二一〇頁上九行首字「望」，諸本作「滛」。一一行末字同。
一 二一〇頁上二〇行第一四字「非」，諸本無。
一 二一〇頁上二一行「時般特」，諸本作「般特」。下至本頁下三行同。
一 二一〇頁中九行第一二字「共」，諸本無。
一 二一〇頁中一〇行末字至次行首二字「諸比丘」，諸本作「諧」。
一 二一〇頁中一三行「自慙」，諸本作「自臧」。
一 二一〇頁中二〇行「甚異」，諸本作「其異」。
一 二一〇頁中二二行第二字「欲」，諸本作「故」。又第一一字「持」，磧、普、南、徑、清作「特」。

一 二一〇頁下一行「由尚」，資作「尚由」；磧、普、南、徑、清作「尚猶」。
一 二一〇頁下三行第一二字「正」，諸本無。
一 二一〇頁下四行「即擎」，諸本作「持」。
一 二一〇頁下一六行第四字「惡」，諸本作「意」。
一 二一〇頁下一九行「三百」，諸本作「二百」。
一 二一一頁上四行「珎琦」，諸本作「珍奇」。
一 二一一頁上一〇行「散盖」，諸本作「繖盖」。
一 二一一頁上一五行「歎然」，南、徑、清作「歡然」。
一 二一一頁上一六行第六字「施」，資作「作」。
一 二一一頁上末行「不徹」，諸本作「不輟」。
一 二一一頁中二行第二字「終」，諸本作「壽」。

一 二一一頁中七行第三字「報」，諸本作「福報」。
一 二一一頁中一〇行第六字「凡」，諸本作「於」。又末字「故」，諸本作「以」。
一 二一一頁中一四行「塔寺」，諸本無。
一 二一一頁中一五行「履屣」，諸本無。
一 二一一頁中一七行第六字「爲」，諸本無。又第一〇字「報」，磧、普、南、徑、清作「福報」。
一 二一一頁中一九行「會人」，資作「天人」。
一 二一一頁中二〇行第一三字「道」，諸本無。
一 二一一頁中末行第五字「三」，諸本無。
一 二一一頁下九行「轉復」，諸本作「輙復」。
一 二一一頁下一九行「願垂福慶」，諸本作「願爲福度」。

一　二一一頁下二〇行「魑魅」，諸本作「鬼魅」。
一　二一一頁下二二行第五字「煞」，諸本作「敬」。
一　二一二頁上三行「礼敬」，諸本作「敬禮」。
一　二一二頁上七行「益壽」，磧、普、南、徑、清作「盡壽」。
一　二一二頁上九行「觀其報」，磧、普、南、徑、清作「望其報」。
一　二一二頁上一四行首字「幸」，諸本作「僥」。又第七字「開」，徑、清作「聞」。
一　二一二頁上一八行第一三字「曰」，諸本無。
一　二一二頁上一九行第一一字「作」，諸本無。
一　二一二頁上二〇行第四字「常」，資作「當」。
一　二一二頁上二一行第一二字「諸」，諸本無。次頁上二行第一二字同。
一　二一二頁上末行「幣幡」，諸本作「弊幡」。
一　二一二頁中三行「衣食」，磧作「衣養」。
一　二一二頁中九行「外學」，諸本作「外道」。
一　二一二頁中一三行「漂煞」，諸本作「漂沒」。本頁下一一行同。
一　二一二頁中一六行「世尊」，諸本無。
一　二一二頁中一八行第三字「至」，諸本無。
一　二一二頁下五行第四字「谷」，諸本作「欲」。
一　二一二頁下八行「溺煞」，諸本作「溺死」。
一　二一三頁上五行首字「禪」，諸本作「擅」。又「耶利」，諸本作「那利」。
一　二一三頁上六行「皇子」，諸本作「皇太子」。又第八字「至」，諸本作「王至」。
一　二一三頁上七行「諸釋種子」，諸本作「諸釋子」。
一　二一三頁上一六行第一二字「人」，諸本無。
一　二一三頁上一七行第一〇字「大」，諸本無。
一　二一三頁上末行「六者福」，徑、清作「六者禍」。
一　二一三頁中一二行第二字「衆」，諸本作「去還尊者」。
一　二一三頁中一七行末二字至次行「即說偈言」，諸本作「以偈說曰」。
一　二一三頁下六行「糜粥」，諸本作「漿粥」。
一　二一三頁下一四行第八字「正」，資無。
一　二一三頁下一九行「徃昔」，磧、普、南、徑、清作「乃往古昔」。
一　二一三頁下二二行末字「鞭」，諸本作「便」。
一　二一三頁下末行第一三字「經」，諸本作「訴」。
一　二一四頁上一行第一二字「素」，磧、南作「輕」。
一　二一四頁上七行第四字及末字

「時」，諸本無。
一 二一四頁上八行第三字「者」，諸本無。
一 二一四頁上一二行首字「撾」，諸本作「枉」。
一 二一四頁上一三行「灾九十」，磧、普、南、徑、清作「災仇」。
一 二一四頁上一四行末字「者」，諸本作「染」。
一 二一四頁上二〇行「羅漢道」，諸本作「阿羅漢道」。
一 二一四頁上末行「孤獨」，諸本作「孤獨園」。
一 二一四頁中二行第四字「昔」，諸本無。
一 二一四頁中五行第一一字「大」，諸本無。
一 二一四頁中一五行「詣市」，諸本作「於市」。
一 二一四頁中一九行「不食」，諸本作「不審」。
一 二一四頁中二〇行末三字至次行首字「我往持」，諸本作「請我往」。
一 二一四頁中二二行第九字「毀」，諸本作「不毀」。
一 二一四頁下五行第二字「頌」，諸本作「偈頌」。
一 二一四頁下七行「齋法」，資作「法齋」。
一 二一四頁下八行「聞偈迷解」，資作「悉聞偈解」；磧、普、南、徑、清作「聞偈悉解」。
一 二一四頁下一〇行「恩仁」，磧、普、南、徑、清作「慈恩」。
一 二一四頁下一一行「那來」，諸本作「何來」。
一 二一四頁下一三行第一二字「旦」，諸本作「恒」。
一 二一四頁下一四行「戒法」，諸本作「楷式」。
一 二一四頁下一五行「威儀」，諸本作「咸議」。
一 二一四頁下一七行「迺而不識」，諸本無。
一 二一四頁下一八行第五字「也」，諸本無。
一 二一四頁下二一行第六字「示」，諸本作「覩」。
一 二一四頁下二二行「衆祐度脫」，諸本作「祐度」。
一 二一四頁下二三行「即皆」，諸本無。
一 二一四頁下末行「送見」，諸本作「逢見」。
一 二一五頁上三行第一一字「靈」，磧、普、南、徑、清作「路」。
一 二一五頁上四行「而說偈言」，諸本作「而爲說偈」。
一 二一五頁上五行「長服」，諸本作「杖服」。
一 二一五頁上七行末字「⿱死心」，資作「患」。
一 二一五頁上一二行「說法」，諸本作「說我」。
一 二一五頁上一四行第九字「文」，資作「父」。

法句譬喻經卷第三　　䟽

晉世沙門法炬共法立　譯

喻老耄品第十九

昔佛在舍衛國祇樹精舍食後為天人帝王臣民四輩弟子說甘露法時有遠方長老婆羅門七人來至佛所稽首於地叉手白佛言吾等遠人伏聞聖化久當歸命而多諸㝵今乃得來覲覩聖顏願為弟子得滅衆苦佛即受之悉為沙門即令七人共止一房然此七人覩見世尊尋為得道不惟無常共坐房中但思世事小語大笑不計成敗命日促盡不與人期但共喜笑迷意三界佛以三達智知命欲盡佛哀愍之起至其房而告之曰卿等為道當求度世何為大笑也一切衆生以五事自恃何謂為五一者恃怙年少二者恃怙端政三者恃怙多力四者恃怙財富五者恃怙貴姓卿等七人小語大笑為何所恃於是世尊即說偈言

何喜何笑　念常熾然　深蔽幽冥
不如求定　見身形範　倚以為安
多想致病　豈知不真　老則色衰
病無光澤　皮緩肌縮　死命近促
身死神徙　如御棄車　肉消骨散
身何可怙

佛說偈已七比丘意解望止即於佛前得阿羅漢道

昔佛在舍衛精舍為諸天人帝王說法時有婆羅門村五百餘家中有五百年少婆羅門修婆羅術為人憍慢不敬長老貢高自貴以此為常五百梵志欸自議言沙門瞿曇自稱為佛三達權智無敢共論者吾等可共請來論議事事詰問知為何如即辦供具往請佛來佛與諸弟子往到梵志村中坐畢行水食訖澡手時有長老梵志夫婦二人於此村中共行乞匃佛知其本大富無數曾作大臣佛即問諸年少梵志汝等識長老婆羅門不皆言曾識又問本為何似也曰本為大臣財富無數今者何故復行乞匃皆言散用無道是以守貧佛告諸婆羅門世有四事人不能行行者得福不

[illegible]此貧何謂為四一者年盛力壯慎戒憍慢二者年老精進不貪婬泆三者若有財珍寶常念布施四者就師學問聽受正言如此老公不行四事謂之有常不計成敗一旦離散譬如老鵠守此空池永無所獲於是世尊即說偈言

晝夜慢惰　老不止婬　有財不施
不受佛言　有此四蔽　為自侵欺
咄嗟老至　色變作耄　少時如意
老見蹈踐　不修梵行　又不富財
老如白鵠　守伺空池　既不守戒
又不積財　老羸氣竭　思故何逮
老如秋葉　行穢鑑錄　命疾脫至
不容後悔

佛告梵志世有四時行道得福得度可免衆苦何謂為四一者年少有力勢時二者富貴有財物時三者得遇三尊好福田時四者當計万物憂離散時行此四事所願皆獲必得道跡於是世尊重說偈言

命欲日夜盡　及時可勤力　世間諦非常
惑墮冥中　當學燃意燈　自練求智慧

離垢勿染汙　執燭觀道地
佛說是時放大光明照曜天地五百
年少梵志因此心解衣毛為竪起礼
佛足白佛言歸命世尊願為弟子佛
言善来比丘即成沙門得羅漢道村
人大小皆得道迹莫不歡欣

法句譬喻經愛身品第二十

昔有一國名多摩羅去城七里有精
舍五百沙門常處其中讀經行道有
一長老比丘名摩訶盧為人闇塞五
百道人傳共教之數年之中不得一
偈衆共輕之不將會同常守精舍勑
令掃除後日國王請諸道人入宫供養
摩訶盧比丘自念言我生世間闇塞
如此不知一偈人所薄賤用是活為
即持繩至後園中大樹下欲自絞死
佛以道眼遥見如是化作樹神半身
人現而呵之曰咄咄比丘何為作此
摩訶盧即具陳辛苦化神呵曰勿得
作是且聽我言往迦葉佛時卿作三
藏沙門有五百弟子自以多智輕慢
衆人恡惜經義初不訓誨是以世世
所生諸根闇鈍但當自責何為自賊

於是世尊現神光像即説偈言
自愛身者　慎護所守　悕望欲解
學正不寐　身為第一　常自勉學
利能誨人　不倦則智　學先自正
然後正人　調身入慧　必遷為上
身不能利　安能利人　心調體正
何願不至　本我所造　後我自受
為悪自更　如鋼鑽珠
摩訶盧比丘見佛現身光像悲喜悚
慄稽首佛足思惟偈義即入定意尋
在佛前逮得羅漢道自識宿命無數
世事三藏衆經即貫在心佛語摩訶
盧者衣持鉢就王宫食在五百道人
上坐此諸道人是卿先世五百弟子
還為説法令得道迹并使國王明信
罪福即受佛教徑入宫裏坐於上座
衆人心恚怯其所以各議王意不敢
呵譴念其愚冥不曉達嚫心為之疲
王便下食手自斟酌摩訶盧即為達
嚫音如雷震清辞雨下坐上道人驚
怖自悔皆得羅漢為王説法莫不解
擇羣臣百官皆得須陁洹道
昔佛在舍衛國有五百婆羅門常求

佛便欲誹謗之佛三達之智普見人
心愍欲度之其果未熟因緣未到一
切罪福欲来至時自作因緣而迎罪
福此諸梵志宿有微福應當得度福
徳牽之自作方宜五百梵志自共議
言當使屠兒煞生請佛及諸衆僧佛
必受請讃歎屠兒吾等便前而共
譏之於是屠兒為之請佛佛即受請
告屠兒言果熟自墮福熟自度屠兒
還歸供設飯食佛將諸弟子到屠兒
村中至檀越舍梵志大小皆共歡喜
今日乃得佛之便耳若當讃檀越福
徳者當以其前後煞生作罪持用譏之
佛若當説其由来之罪者當以今日
之福難之二宜之中今日乃得佛便耳
佛到即坐行水下食於是世尊觀察
衆心應有度者即出舌覆面舐耳放
大光明照一城内即以梵聲説偈呪願
如真人教　以道活身　愚者嫉之
見而為悪　行悪得悪　如種苦種
悪自受罪　善自受福　亦各須熟
彼不相代　習善得善　亦如種甜
佛説偈已五百梵志意自開解即前

礼佛五體投地叉手白佛言頑愚不及未達聖訓唯願慈育得為沙門佛即聽受皆為沙門村人大小見佛變化莫不歡欣皆得道迹稱之賢聖無復屠兒之名佛食畢訖即還精舍

法句譬喻經世俗品第二十一

昔有婆羅門國王名多味冩其王奉事異道九十六種王忽一日發於善心欲大布施如婆羅門法積七寶如山持用布施有来乞者聽令自取重一㩻去如是數日其積不减佛知是王宿福應度化作梵志往到其國王出相見共相礼問起居曰何所求索莫自疑難梵志荅言吾從遠来欲乞珎寶持作舍宅王言大善自取重一㩻去梵志取一㩻行七步還著故處王問何故不取梵志荅曰此纔足作舍廬耳復當娶婦俱不足用是以不取王言更取三㩻梵志即取行七步復還著故處王問梵志何以復尒荅曰此足娶婦復無田地奴婢牛馬計復不足是以息意也王言更取七㩻梵志即取行七步復還著故處王言復何意故梵志

荅言若有男女當復嫁娶吉凶用費計不足用是以不取王言盡以積寶持用相上梵志受而捨去王甚怪之重問意故梵志荅曰本来乞匄欲用生活諦念人命處世無幾万物無常旦夕難保因縁遂重憂苦日深積寶如山無益於己貪欲規畵唐自艱苦不如息意求無為道是以不取王意開解願奉明教於是梵志現佛光相踊住空中為說偈言

雖得積珎寶　崇高至於天　如是滿世間　不如見道迹
不善像如善　愛如似不愛　以苦為樂相　狂夫為所猒

於是國王見佛光相遍照天地又聞此偈踊躍歡喜王及羣臣即受五戒得須陁洹道

法句譬喻經述佛品第二十二

昔佛在摩竭提界善勝道場元吉樹下德力降魔坐自惟曰甘露法皷聞於三千昔父王遣五人供養麻米執侍有勞功報應叙此五人者在波羅奈國於是如来從樹下起相好嚴儀明暉天地威神震動見者喜悅至波羅

奈國未至中道逢一梵志名曰憂呼辭親離家求師學道瞻覩尊妙驚喜交集下在道側舉聲歎曰威靈感人儀雅挺特本事何師乃得斯容佛為憂呼而作頌曰

八正覺自得　無離無所深　愛盡破欲網　自然無師受
我行無師保　志獨無伴侶　積一得作佛　從是通聖道

憂呼聞偈悵悯不解即問世尊瞿曇如行佛告梵志欲詣波羅奈國擊甘露法皷轉無上法輪三界衆聖未曾有轉法輪遷人入泥洹如我今者也憂呼大喜善哉善哉如佛言者願聞甘露如應說法梵志揖已即便過去未到師所於道路宿至其夜半卒便命終佛以道眼見其已終慜傷之曰世間愚癡謂命有常見佛捨去而獨亶亡法皷震動而獨不聞甘露滅苦而獨不甞展轉五道生死弥長經歷刼數何時得度佛以慈慜而說偈言

見諦淨無穢　已度五道淵　佛出照世間　為除衆憂苦
得生人道難　生壽亦難得　世間有佛難　佛法難得聞

佛說此偈時空中五百天人聞偈歡
忻皆得須陁洹道
法句譬喻經安寧品第二十三
昔佛在羅閱祇東南三百里有山民村
五百餘家為人對强難以導化宿世福
願應蒙開度於是世尊化作沙門至
村分衛分衛畢竟出於村外樹下坐
定入泥洹三昧至于七日不喘不息
不動不轉村人見之謂為命終共相
謂曰沙門已死當共葬送各持束薪
就往燒之火然薪盡佛從坐起現道
神化光明照曜感動十方現變畢訖還
坐樹下容體靜安怡悅如故村人大小
莫不驚懼稽首謝曰山民頑野不識
神人妄以薪火燒於未然自惟獲罪
重於太山唯垂慈赦不見咎怨不審
神人得無傷病乎將無愁慼乎將無
飢渴乎將無熱惱乎於是世尊和顏
含笑而說偈言
我生已安　不慍於怨　衆人有怨
我行無怨　我生已安　不病於病
衆人有病　我行無病　我生已安
不慼於憂　衆人有憂　我行無憂

我生已安　清淨無為　以樂為食
如光音天　我生已安　恬惔無事
弥薪國火　安能燒我
尒時村中五百人聞說偈已皆作沙
門得羅漢道村人大小皆信三尊佛
與五百人飛還竹園賢者阿難見佛
與得道者俱來前白佛言此諸比丘
有何異德乃使世尊自往臨度佛告
阿難我未下為佛時世有辟支佛常
處是山去村不遠在一樹下欲般涅
洹現道神德便取滅度村人持薪火
就往燒之斂取舍利著寶瓶中埋在山
頂各共求願願後得道如是沙門滅
度快樂也緣此福故應當得道是故
如來往度之耳佛說是時天人無數
皆得道迹
昔佛在舍衛國精舍時有四比丘坐於
樹下共相問言一切世間何者最苦
一人言天下之苦無過婬欲一人言
世間之苦無過瞋恚一人言世間之
苦無過飢渴一人言天下之苦莫過
驚怖共諍苦義云云不止佛知其言
往到其所問諸比丘屬論何事即起

作禮具白所論佛言比丘汝等所論
不究苦義天下之苦莫過有身飢渴
寒熱瞋恚驚怖色欲怨禍皆由於身
夫身者衆苦之本患禍之元勞心極
慮憂畏万端三界蠕動更相殘賊吾
我縛著生死不息皆由於身欲離世
苦當求寂滅攝心守正怕然無想可
得泥洹此為最樂於是世尊即說偈言
熱無過婬　毒無過怒　苦無過身
樂無過滅　無樂小樂　小辯小慧
觀求大者　乃獲大安　我為世尊
長解無憂　正度三有　獨降衆魔
佛說偈已告諸比丘往昔久遠無數
世時有五通比丘名精進力在山中
樹下閑寂求道時有四禽依附左右
常得安隱一者鴿二者烏三者毒虵
四者鹿是四禽者晝行求食暮則來
還四禽一夜自相問言世間之苦何
者為重烏言飢渴最苦飢渴之時身
羸目冥神識不寧投身羅網不顧鋒
刃我等喪身莫不由之以此言之飢
渴為苦鴿言婬欲最苦色欲熾盛無
所顧念危身滅命莫不由之毒虵言

瞋恚寂苦毒意一起不避親踈亦能煞人復能自煞虛言驚怖寂苦我遊林野心恒怵惕畏懼獵師及諸豺狼跉蹄有聲奔投坑岸母子相捐肝膽悼悸以此言之驚怖為苦比丘聞之即告之曰汝等所論是其末耳不究苦本天下之苦無過有身身為苦器憂畏無量吾以是故捨俗學道滅意斷想不貪四大欲斷苦原志存泥洹泥洹道者寂滅無形憂患永畢介乃大安四禽聞之心即開解佛告比丘介時五通比丘則吾身是時四禽者今汝四人是也前世已聞苦本之義如何今日方復云介比丘聞之慙愧自責即於佛前得羅漢道

法句譬喻經好喜品第二十四

昔佛在舍衛精舍時有四新學比丘相將至柰樹下坐禪行道柰華榮茂色好且香因相謂曰世間万物何者可愛以快人情一人言仲春之月日木榮華遊戲原野此寂為樂一人言宗親吉會觴酌交錯音樂歌儛此寂為樂一人言多積財寶所欲即得

車馬服飾與衆有異出入光顯行者矚目此寂為樂一人言妻妾端正綵服鮮明香熏芬馥恣意縱情此寂為樂佛知四人應可化度而走意六欲不惟無常即呼四人而問之曰屬坐樹下共論何事四人以實具曰所樂佛告四人汝等所論盡是憂畏危亡之道非是永安寂樂之法也万物春榮秋冬衰落宗親歡娛皆當別離財寶車馬五家之分妻妾美色愛憎之主也凡夫處世興招怨禍危身滅族憂畏無量三塗八難苦痛万端靡不由之矣是以比丘捨世求道志存無為不貪榮利自致泥洹乃為寂樂於是世尊即說偈言

愛喜生憂　愛喜生畏　無所愛喜
何憂何畏　好樂生憂　好樂生畏
無所好樂　何憂何畏　貪欲生憂
貪欲生畏　解無貪欲　何憂何畏
貪法戒成　至誠知慙　行身近道
為衆所愛　欲態不出　思正乃語
心無貪愛　必截流度

佛告四比丘昔有國王名曰普安與

隣國四王共為親友請此四王宴會一月飲食娛樂極歡無比臨別之日普安王問四王曰人居世間以何為樂一王言遊戲為樂一王言宗親吉會音樂為樂一王言多積財寶所欲如意為樂一王言愛欲恣情此寂為樂普安王言卿等所論是苦惱之本憂畏之原前樂後苦憂悲万端皆由此興不如寂靜無求無欲淡泊守一得道為樂四王聞之歡喜信解佛告四比丘介時普安王者我身是也四王者汝四人是也前已說之今故不解生死蹉跎何由休息時四比丘重聞此義慙愧悔過心意開悟滅意斷欲得羅漢道

法句譬喻經忿怒品第二十五

昔佛在羅閱祇耆闍崛山中時調達與阿闍貰王共議毀佛及諸弟子王勑國人不得奉佛衆僧分衛不得施與時舍利弗目連迦葉須菩提等及波和提比丘尼等各將弟子去到他國唯佛與五百羅漢住崛山中調達往至阿闍貰所與王議言佛諸弟子

今已逆散尚有五百弟子在佛左右願王明日請佛入城吾當飲五百大象令醉佛來入城駈使醉象令蹹煞之盡斷其種吾當作佛教化世間阿闍貰王聞之歡喜即到佛所稽首作礼白佛言明日設薄施願屈世尊及諸弟子於宮內食佛知其謀荅言大善明旦當往王退而去還語調達佛已受請當念前計飲象令醉伺候待之明日食時佛與五百羅漢共入城門五百醉象鳴鼻而前搪揬牆壁樹木摧折行人驚怖一城戰慄五百羅漢飛在空中獨有阿難在佛邊住醉象齊頭徑前趣佛佛因舉手五指應時化為五百師子王同聲俱吼震動天地於是醉象屈膝伏地不敢舉頭酒醉尋解垂淚悔過王及臣民莫不驚肅世尊徐前至王殿上與諸羅漢食訖呪願王白佛言禀性不明信彼讒言興造逆惡畜為不軌願垂大慈恕我迷愚於是世尊告阿闍貰及諸大衆世有八事興長誹謗皆由名譽又貪利養以致大罪累劫不息何等為八

利衰毀譽稱譏苦樂自古至今尠不為惑於是世尊即說偈言

人相謗毀　自古至今　既毀多言
又毀訥忍　亦毀中和　世無不毀
欲意非聖　不能折中　一毀一譽
但為名利　明智所譽　唯稱正賢
慧人守戒　無所譏謗　如羅漢淨
莫而誣謗　諸天咨嗟　梵釋所敬

佛說偈已重告王曰昔有國王喜食鴈肉常遣獵師張網捕鴈日送一鴈以供王食時有鴈王將五百鴈飛下求食鴈王墮網為獵師所得餘鴈驚飛徘徊不去時有一鴈連翩追隨不避弓矢悲鳴吐血晝夜不息獵師見之感憐其義即放鴈王令相隨去群鴈得王歡喜廻繞尒時獵師具以聞王王感其義斷不捕鴈佛告阿闍貰王尒時鴈王者我身是也一鴈者阿難是也五百群鴈今五百羅漢是也食鴈國王者今大王是也時獵師者今調達是也前世已來恒欲害我我以大慈之力因而得濟不念怨惡自致得佛佛說是時王及群臣莫不開解

法句譬喻經塵垢品第二十六

昔有一人無有兄弟為小兒時父母憐愛赤心慺慺欲令成就將詣師友勸之書學其兒憍蹇永不用心朝受暮棄初不誦習如是積年無所知識父母呼歸令治家業其兒憍誕不念勤力家道遂窮衆事妨廢其兒放縱無所顧錄糶賣家物快心恣意乱頭徒跣衣服不淨慳貪搪揬不避恥辱愚癡自用人所惡賤國人咸憎謂之兇惡出入行步無與語者不自知惡反咎衆人上怨父母次責師友先祖神靈不肯祐助使我賴帶轗軻如此不如事佛可得其福即到佛所為佛作礼前白佛言佛道寬弘無所不容願為弟子乞蒙聽許佛告此人夫欲求道當行清淨行汝賷俗垢入我道中唐自去就何所長益不如歸家孝事父母誦習師教沒命不忘勤修居業富樂無憂以礼自將不犯非宜沐浴衣服慎於言行執心守一所作事辦敏行精修人所歎慕如此之行乃可為道耳於是世尊即說偈言

不誦為言垢　不勤為家垢　不嚴為色垢
放逸為事垢　慳為惠施垢　不善為行垢
今世亦後世　惡法為常垢
垢中之垢　莫甚於癡　學當捨此
比丘無垢

其人聞偈自知憍癡即承佛教歡喜還歸思惟偈義改悔自新孝事父母尊敬師長誦習經道勤修居業奉戒自攝非道不行宗族稱孝鄉黨稱悌善名遐布國內稱賢三年之後還至佛所五體作礼懇惻自陳尊教至真得全形骸棄惡為善上下蒙慶願垂大慈接度為道佛言善哉鬚髮尋落即成沙門內思止觀四諦正道精進日登得羅漢道

法句譬喻經奉持品第二十七

昔有長老婆羅門名薩遮尼揵才明多智國中第一有五百弟子貢高自大不顧天下以鐵鍱鍱腹人問其故荅曰恐智溢出故也聞佛出世道化明達心懷妬嫉寤寐不安語諸弟子吾聞瞿曇沙門自稱為佛今當往問深妙之事令其心悸不知所陳即與

弟子往到祇洹列住門外遥見世尊威光赫弈如日初出五情騰踊喜懼交錯於是徑前為佛作礼佛命就座坐訖尼揵問佛言何謂為道何謂為智何謂為長老何謂為端正何謂為沙門何謂為比丘何謂為仁明何謂為有道何謂為奉戒若能解荅願為弟子於是世尊觀其所應以偈荅言

所謂智者不必辯言　無恐無懼守善為智
常愍好學正心以行　惟懷寶慧是謂為道
所謂老者不以年耆　形熟髮白惷愚而已
謂懷諦法順調慈仁　明達清潔是為長老
所謂端正非色如華　貪嫉虛飾言行有違
謂能捨惡根原已斷　慧而無恚是謂端正
所謂沙門不必除髮　妄語貪取有欲如凡
謂能止惡恢廓弘道　息心滅意是謂沙門
所謂比丘非持乞食　邪行望彼求名而已
謂捨罪業淨修梵行　慧能破惡是為比丘
所謂仁明非口所言　用心不精外順而已
謂心無為內行清虛　此彼寂滅是為仁明
所謂有道非救一物　普濟天下無害為道
奉持法者不以多言　雖素少聞身依法行
守道不忘是為奉法

薩遮尼揵及五百弟子聞佛此偈歡喜開解棄捐貢高皆作沙門尼乾一人發菩薩心五百弟子皆得阿羅漢道

法句譬喻經道行品第二十八

昔有婆羅門年少出家學道至年六十不能得道婆羅門法六十不得道然後歸家娶婦為居生得一男端正可愛至年七歲書學聰了才辯出口有踰人之操卒得重病一宿命終梵志憐惜不能自勝伏其屍上氣絕復蘇親族諫喻強奪殯殮埋著城外梵志自念我今啼哭計無所益不如往至閻羅王所乞索兒命於是梵志沐浴齋戒賫持華香發舍而去所在問人閻羅王所治處為在何許展轉前行數千里至深山中見諸得道梵志復問如前諸梵志問曰卿問閻羅王所治處欲求何等荅言我有一子辯慧過人近日卒亡悲窮懊惱不能自解欲至閻羅王所乞索兒命還將歸家養以備老諸梵志等愍其愚癡即告之曰閻羅王所治處非是生人可得到也當視卿方宜從此西行四百餘里有大川其中有城此是諸天神

按行世間停宿之城閻羅王常以月八日按行必過此城卿持齋戒往必見之梵志歡喜奉教而去到其川中見好城郭宮殿屋宇如忉利天梵志詣門燒香翹脚呪願求見閻羅王王勅門人問之梵志啓言晚生一男欲以備老養育七歲近日命終唯願大王垂恩布施還我兒命閻羅王言大善卿兒今在東園中戲自往將去梵志即往見兒與諸小兒共戲即前抱之向之啼泣曰我晝夜念汝食寐不甘汝寧念父母辛苦以不小兒驚喚逆呵之曰癡騃老翁不達道理寄住須臾名之為子勿妄多言不如早去今我此閒自有父母邂逅之間唐自抱乎梵志悵然悲泣而去即自念言我聞瞿曇沙門知人魂神變化之道當往問之於是梵志即還求至佛所時佛在舍衛祇洹為大衆說法梵志見佛稽首作礼具以本末向佛陳之實是我兒不肯見認反謂我為癡騃老翁寄住須臾認我為子永無父子之情何緣乃尒佛告梵志汝實愚癡人死神去便更受形父

母妻子因緣會居譬如寄客起則離散愚迷縛著計為已有憂悲苦惱不識根本沉溺生死未央休息唯有慧者不貪恩愛覺苦捨習勤修經戒滅除識想生死得盡於是世尊即說偈言

人榮妻子　不觀病法　死命來至　如水湍驟
父子不救　餘親何望　命盡怙親　如盲守錠
慧解是意　可修經戒　仂行度世　一切除苦
遠離諸淵　如風却雲　已滅思想　是為知見
智為世長　憺樂無為　如受正教　生死得盡

梵志聞偈爣然意解知命無常妻子如客稽首委質願為沙門佛言善哉鬚髮自落法衣在身即成比丘思惟偈義滅愛斷想即於座上得阿羅漢道

法句譬喻經廣衍品第二十九

昔佛在舍衛國說法教化天龍鬼神帝王人民三時往聽彼時國王名波斯匿為人憍慠放恣情欲目惑於色耳乱於聲鼻著馨香口恣五味身受細滑食飲極美初無厭足食遂進多恒苦飢虛厨膳不廢以食為常身體肥盛乗轝不勝卧起呼吸但苦短氣

氣悶息絶經時驚覺坐卧呻吟恒苦身重不能轉側以身為患便勅嚴駕往到佛所侍者扶持問訊却坐叉手白佛言世尊違遠侍覲諮受無階不知何罪身為自肥不能自覺何故使尒每自患之是以違替不數礼覲佛告大王人有五事令人常肥一者數食二者喜眠三者憍樂四者無愁五者無事是為五事喜令人肥若欲不肥減食麤燥然後乃瘦於是世尊即說偈言

人當有念意　每食知自少　從是痛用薄　節消而保壽

王聞此偈歡喜無量即呼厨士而告之曰受誦此偈若下食時先為我說然後下食王辭還宮厨士下食輙便說偈王聞偈喜日減一匙食轉減少遂以身輕即瘦如前自見如此歡欣念佛即起步行往到佛所為佛作礼佛命令坐而問王曰車馬人從為所在也何緣步行王喜白佛前得佛教奉行如法今者身輕世尊之力是以步来知為何如佛告大王世人如此

不知無常長身情欲不念為福人死
神去留身壙冢智者養神愚者養身
若能解此奉修聖教於是世尊重說
偈言

人之無聞　老如特牛　但長肌肥
無有智慧　生死無聊　往來艱難
意倚貪身　更苦無端　慧人見苦
是以棄身　滅意斷欲　愛盡無生

王重聞偈欣然意解即發無上正真
道意聽者無數皆得法眼

法句譬喻經地獄品第三十

昔舍衛國有婆羅門師名富蘭迦葉
與五百弟子相隨國王人民先共奉
事佛初得道與諸弟子從羅閱祇至
舍衛國身相顯赫道教弘美國王中宮
率土人民莫不奉敬於是富蘭迦葉起
嫉妬意欲毀世尊獨望敬事即將弟
子見波斯匿王而自陳曰吾等長老
先學國之舊師沙門瞿曇後出求道
實無神聖自稱為佛而王捨我欲事
奉之今欲與佛捔試道德知誰為勝
勝者王便終身奉之王言大善王即嚴
駕往到佛所礼畢白言富蘭迦葉欲與
世尊捔盡道力現神變化不審世尊為

可尒不佛言大佳結期七日當捔變化
王於城東平廣好地立二高座高四
十丈七寶莊挍施設幢幡整頓座席
二座中間相去二里二部弟子各坐
其下國王群臣大衆雲集欲觀二人
捔其神化於時迦葉與諸弟子先到
座所登梯而上有鬼神王名曰般師見
迦葉等虛妄嫉妬即起大風吹其高
座坐具顛倒幢幡飛揚雨沙礫石眼
不得視世尊高座淡然不動佛與大
衆庠序而來方向高座忽然已上衆
僧一切寂然次坐王及群臣加敬稽
首白佛言願垂神化厭伏邪見幷令
國人明信正真於是世尊即於座上
懽然不現即昇虛空奮大光明東沒
西現四方亦尒身出水火上下交易
坐卧空中十二變化沒身不現還在
座上天龍鬼神華香供養讚善之聲
震動天地富蘭迦葉自知無道低頭
慚愧不敢舉目於是金剛力士舉金
剛杵杵頭火出以擬迦葉何以不現卿
變化乎迦葉惶怖投座而走五百弟子
奔波迸散世尊威顏容無欣慼還到
祇樹給孤獨園國王群臣歡喜辭退

於是富蘭迦葉與諸弟子受辱而去
去至道中逢一老優婆夷字摩尼逆
罵之曰卿等群愚不自忖度而欲與
佛比捔道德狂愚欺誑不知羞耻亦
可不須持此面目行於世間也富蘭迦
葉羞諸弟子至江水邊誑諸弟子我
今投水必生梵天若我不還則知彼
樂諸弟子待之不還自共議言師必
上天我何宜住一一投水冀當隨師
不知罪牽皆墮地獄後日國王聞其
如此甚驚怪之往到佛所白佛言富
蘭迦葉師徒迷愚何緣乃尒佛告王
曰富蘭迦葉師徒重罪有二一者三毒
熾盛自稱得道二者謗毀如來欲望
敬事以此二罪應墮地獄殃各催逼
使其投河身死神去受苦無量是以
智者守攝其心內不興惡外罪不至
辟如邊城與寇連接守備牢固無所
畏懼內人安隱外寇不入智者自護
亦復如是於是世尊即說偈言

妄證求賂行巳不正　怨譖良人以枉治世
罪牽斯人自投於坑　如備邊城中外牢固
自守其心非法不生　行缺致憂令墮地獄

佛說偈已重告王曰乃往昔時有二獼猴王各主五百獼猴一王起嫉妬意欲煞一王規畜獨治便往共鬪數數不如羞慚退去到大海邊海曲之中有水聚沫風吹積聚高數百丈獼猴王愚癡謂是雪山語群輩言久聞海中有雪山其中快樂甘菓恣口今日乃見吾當先往行視若審樂者不能復還若不樂者當來語汝於是上樹盡力跳騰投聚沫中溺沒海底餘者怪之不出謂必大樂一一投中斷群溺死佛告王曰尒時嫉妬獼猴王者今冨蘭迦葉是也群輩者今冨蘭迦葉弟子五百人是也彼一獼猴王者我身是也冨蘭迦葉前世坐懷嫉妬為罪所牽自投聚沫絕群斷種今復誹謗盡投江河罪對使然累刧無限王聞信解作礼而去

昔有七比丘入山學道十二年中不能得道自共議言學道甚難毀形執節不避寒苦終身乞食受辱難堪道卑叵得罪難可除唐自勞勤殞命山中不如歸家修立門戶娶妻養子廣為

利業快心樂意安知後事於是七人即起出山佛遥知之應當得度不忍小苦終墮地獄甚可憐傷佛即化作沙門往到谷口逆七比丘化人問曰久承學道何以來出七人荅言學道勤苦罪根難拔分衛乞食受辱難堪又此山中無供養者瓔瓔積年恒守儉約唐自困苦道不可得且欲還家廣求利業大作資財後老求道化沙門言且止且止聽我所言人命無常旦不保夕學道雖難前苦後樂居家艱難億刧無息妻息會止顛同安利欲望永樂不遺患難是猶治病服毒有增無損也三界有形皆有憂惱唯有信戒無放逸意精進得道衆苦永畢於是化沙門現佛身相光像巍巍即說偈言

學難捨罪難　居在家亦難　會止同利難
艱難無過有　比丘乞求難　何可不自勉
精進得自然　終無欲於人　有信則戒成
從戒多致寶　亦從得諧偶　在所見供養
一坐一處卧　一行不放恣　守一以正心
心樂居樹閒

於是七比丘見佛身相又聞此偈慙怖

戰慄五體投地稽首佛足攝心悔過作礼而去還入山中殞命精進思惟偈義守一正心閑居寂滅得羅漢道

法句譬喻經象品第三十一

昔者羅雲未得道時心性麁獷言少誠信佛勑羅雲汝到賢提精舍中住守口攝意勤修經戒羅雲奉教作礼而去住九十日慚愧自悔晝夜不息佛往見之羅雲歡喜趣前礼佛安施繩床攝受震越佛踞繩床告羅雲曰澡盤取水為吾洗足羅雲受教為佛洗足洗足已訖佛語羅雲汝見澡盤中洗足水不羅雲白佛唯然見之佛語羅雲此水可用食飲與漱以不羅雲白言不可復用所以者何此水本實清淨今以洗足受於塵垢是以之故不可復用佛語羅雲汝亦如是雖為吾子國王之孫捨世榮禄得為沙門不念精進攝身守口三毒垢穢充滿胷懷亦如此水不可復用佛語羅雲棄澡盤

中水羅雲即棄佛語羅雲澡盤雖空可用盛飲食不耶白佛言不可用所以然者用有澡盤之名曾受不淨故佛語羅雲汝亦如是雖爲沙門口無誠信心性剛強不念精進曾受惡名亦如澡盤不中盛食佛以足指撥却澡盤澡盤應時輪轉而走自跳自墮數返乃止佛語羅雲汝寧惜澡盤恐破不羅雲白佛洗足之器賤價之物意中雖惜不大慇懃佛語羅雲汝亦如是雖爲沙門不攝身口麤言惡說多所中傷衆所不愛智者不惜身死神去輪轉三塗自生自死苦惱無量諸佛賢聖所不愛惜亦如汝言不惜澡盤羅雲聞之慙愧怖悸佛告羅雲聽我說喻昔有國王有一大象猛黠能戰計其力勢勝五百小象其王興軍欲伐逆國被象鐵鎧象士御之以雙矛戟繫象兩牙復以二劍繫著兩耳以曲刃刀繫象四脚復

以鐵檛繫著象尾被象九兵皆使嚴利象雖藏鼻護不用鬪象士歡喜知象護身所以者何象鼻軟脆中箭即死是以不出鼻鬪耳象鬪殊久出鼻求劍象士不與念此猛象不惜身命出鼻求劍欲著鼻頭王及群臣惜此大象不復使鬪佛告羅雲人犯九惡唯當護口如此大象護鼻不鬪所以然者畏中箭死人亦如是所以護口當畏三塗地獄苦痛十惡盡犯不護口者如此大象分喪身命不計中箭出鼻鬪耳人亦如是十惡盡犯不惟三塗毒痛辛苦若行十善攝口身意衆惡不犯便可得道長離三塗無生死患於是世尊即說偈言

我如象鬪　不恐中箭　常以誠信
度無戒人　譬象調伏　可中王乘
調爲尊人　乃受誠信

羅雲聞佛懇惻之誨感激自勵尅

骨不忘精進和柔懷忍如地識想寂靜得羅漢道

昔佛在舍衛國祇樹精舍爲四部弟子天龍鬼神帝王臣民敷演大法時有長者居士名曰呵提曇来詣佛所爲佛作礼却坐一面叉手長跪白世尊曰久承洪化欽仰奉顏逼私不獲願垂慈恕世尊令坐即問所從来姓字爲何長跪荅曰本居士種字呵提曇乃先王時爲王調象佛問居士調爲之法有幾事乎荅曰常以三事用調大象何謂爲三一者剛鉤鉤口著其羇靽二者減食常令飢瘦三者捶杖加其楚痛以此三事乃得調良又問施此三事何所攝治也曰鐵鉤鉤口以制強口不與食飲以制身獷加捶杖者以伏其心正尒便調曰作此伏者爲何所施用荅曰如是伏已可中王乘亦可令鬪隨意前却無有罣㝵又問居士正有此法復有其異荅曰調爲之法正如此耳佛告居士但能調爲復能自調即曰不審自調其義云何

唯願世尊彰演未聞佛告居士吾亦
有三事用調一切人亦以自調得至
無為一者至誠制御口業二以慈貞
伏身剛强三以智慧滅意癡蓋持是
三事度脫一切離三惡道自致無為
不遭生死憂悲苦惱於是世尊即說
偈言
如為名護財　猛害難禁制　繫靽不與食
而猶慕逸為　本意為純行　及常行所安
悉捨降結使　如鉤制為調　樂道不放逸
能常自護心　是為拔身苦　如為出于陷
雖為常調　如彼新馳　亦取善為
不如自調　彼不能適　人所不至
唯自調者　能到調方
居士聞偈喜慶難量內情解釋即得
法眼聽者無數皆得道迹
法句譬喻經愛欲品第三十二
昔佛在羅閱祇國耆闍崛山精舍之
中為天人龍鬼轉大法輪時有一人
捨家妻子來至佛所為佛作礼求為
沙門佛即受之令作沙門命令樹下
坐思惟道德比丘受教便入深山去

精舍百餘里獨坐樹間思道三年心
不堅固意欲退還自念捨家求道勤
苦不如早歸見我妻子作此念已便
起出山佛以聖達見此比丘應當得
道愚故還歸佛以神足化作沙門便
往逆之道路相見化人即問所從來也
此地平坦可共坐語於是二人便坐
息語即答化人吾捨家妻子求作沙
門處此深山不能得道與妻子别不
如本願唐宣我命勞而無獲今欲悔
還見我妻子快相娛樂後更作計須臾
之間有老獼猴久已遠離樹木之間在
無樹之處於中生活化沙門問此比丘
是獼猴何故獨在平地無有樹木去
何樂此比丘答化人言我久見此獼
猴以二事故來住此耳何等為二一以
妻子眷屬群多不得飲食快樂恣口
二常晝夜上下樹木脚底穿壞不得寧
息以此二事故捨樹木來住是間二人
語須復見獼猴走還上樹化沙門語
比丘言汝見獼猴還趣樹木不也答
曰見之此虫愚癡得離樹木羣從慣
丙不厭勞煩而還入中化人復言卿亦

如是與此獼猴復何異矣卿本以二
事故來入此山中何等為二一以妻
婦舍宅為牢獄故二以兒子眷屬為
桎梏故卿以是故來索求道斷生死苦
方欲歸家還著桎梏入牢獄中恩愛
戀慕徑趣地獄化沙門即現相好丈
六金色光明晉照感動一山飛鳥走
獸尋光而來皆識宿命心內悔過於
是世尊即說偈言
如樹根深固　雖截猶復生　愛意不盡除
輒當還受苦　獼猴如離樹　得脫復趣樹
衆人亦如是　出獄復入獄　貪意為常流
習與憍慢并　思想猗婬欲　自覆無所見
一切意流衍　愛結如葛藤　唯慧分別見
能斷意根源　夫從愛潤澤　思想為滋蔓
愛欲深無底　老死是用增
比丘見佛光相炳著又聞偈言悚然
戰慄五體投地懺悔謝過內自改責
即便却息數隨止觀在於佛前逮得
應真諸天來聽聞皆歡喜散華供養
稱善無量

法句譬喻經卷第三

乙巳歲高麗國大藏都監奉
勅雕造

昔羅閱祇南四千里有國奉事梵志數千人時國大旱三年不雨禱祠諸神無所不遍王問梵志問其所由諸梵志言吾等當齋戒訖竟當遣人與梵天相聞問其災異王言大善齋戒所乏願見告示諸梵志言當得二十車薪酥蜜青油華香幡蓋金銀祭器盡用須之王即辦送出至城外去城七里平廣之地積薪如山共相推舉其有不惜身者餘生梵天選得七人當就火燒遣至梵天七人受祭呪願訖踧使上薪從下放火當燒殺之烟焰烔然熱氣直至七人惶懼左右求救無有救者舉聲曰三界之中寧有大慈愍念我厄者願

默五

受自歸佛遥知之尋聲往救在虛空中顯現相好七人見佛悲喜跳踊唯願自歸救我痛熱於是世尊即說偈言

或多自歸　山川樹神　庿立圖像　禱祠求福
自歸如是　非吉非上　彼不能來　度汝衆苦
如有自歸　佛法僧衆　道德四諦　必見正慧
生死極苦　從諦得度　度世八難　斯除衆苦
自歸三尊　最吉最上　唯獨有是　度一切苦

佛說偈訖火聲尋滅七人獲安心喜無量梵志國人莫不驚悚仰瞻世尊光相赫弈分身散體東沒西現存亡自由身出水火五色晃昱衆人見之五體歸命於是七人從薪下出悲喜交集而說偈言

見聖人快　得依附快　得離愚人　爲善獨快
守正見快　互說法快　與世無諍　戒具常快
依賢居快　如親親會　近仁智者　多聞高遠

於是七人說此偈已及諸梵志願爲弟子佛即受之皆爲沙門得羅漢道國王臣民咸各修道天尋大雨國豐民寧道化興隆莫不樂聞

法句譬喻經卷第三

校勘記

一　底本，麗藏本。
一　二二一頁上三行品名，諸本（不含[石]，下同）作「老耄品第十九」。
一　二二一頁上八行「諸㝵」，諸本作「諸難」。
一　二二一頁上一一行「爲得」，諸本作「得爲」。
一　二二一頁上一六行第一一字「也」，諸本無。
一　二二一頁上二〇行「所恃」，諸本作「恃怙」。
一　二二一頁中四行第四字「從」，諸本作「徙」。
一　二二一頁中六行第一〇字「望」，[資]、[徑]、[清]作「妄」。
一　二二一頁中七行第二字「得」，諸本作「逮得」。
一　二二一頁中一〇行「婆羅術」，諸本作「婆羅門術」。
一　二二一頁中一三行末字「求」，諸本作「來」。
一　二二一頁中一八行「無數」，諸本作「無比」。
一　二二一頁中一九行「問諸」，諸本作「詰問」。
一　二二一頁中二二行第一四字「諸」，諸本無。
一　二二一頁中末行「行行者」，諸本作「行者」。
一　二二一頁下一〇行第八字「耄」，[徑]作「耋」。
一　二二一頁下一二行「守斯」，諸本作「守伺」。
一　二二一頁下一四行「鑑録」，諸本

作「檻縷」。
一　二二一頁下一五行「不容」，諸本作「不用」。
一　二二一頁下一九行第五字「田」，資作「生」。
一　二二二頁上六行「歡欣」，磧、普、南、徑、清作「歡喜」。
一　二二二頁上七行品名上經名「法句譬喻經」，徑、清無。以下各品（不含第三十一品）例同。
一　二二二頁上八行「多摩羅」，諸本作「多摩訶羅」。
一　二二二頁上一二行「會同」，諸本作「同會」。
一　二二二頁上一三行「後日」，徑作「復日」。
一　二二二頁上二〇行第七字「往」，諸本作「昔」。
一　二二二頁上末行末字「賊」，諸本作「殘」。
一　二二二頁中三行第九字「常」，諸本作「當」。

一　二二二頁中四行第二字「能」，諸本作「乃」。
一　二二二頁中五行「然後」，諸本作「如後」。
一　二二二頁中八行第六字「鍘」，諸本作「鋼」。
一　二二二頁下一五行「今日」，資作「爾」；磧、普、南、徑、清作「今」。
一　二二二頁下二一行第一一字「須」，諸本作「自」。
一　二二二頁下末行第三字「偈」，諸本作「嚫」。
一　二二三頁上一行第一一字「言」，諸本無。
一　二二三頁上四行第一二字「聖」，資作「果」；磧、普、南、徑、清作「里」。
一　二二三頁上八行第八字「忽」，諸本作「欻」。
一　二二三頁上一二行「共相」，諸本無。
一　二二三頁上一七行「復當」，諸本作「後當」。

一　二二三頁中一一行「崇高」，諸本作「聳高」。
一　二二三頁中一三行「樂相」，諸本作「樂像」。又「狂夫爲所猒」，資作「諸天爲所滅」；磧、普、南、徑、清作「狂夫爲所滅」。
一　二二三頁中一四行「遍照」，諸本作「明照」。
一　二二三頁中二一行首字「侍」，諸本作「持」。
一　二二三頁下一一行第七字「法」，諸本無。又「衆聖」，諸本作「聖衆」。
一　二二三頁下一二行「泥洹」，諸本作「涅槃」。
一　二二三頁下一三行第一三字「閒」，諸本作「開」。
一　二二四頁上二行首字「忻」，諸本作「欣」。
一　二二四頁上二行與三行之間，諸本有大段經文，茲據宋磧砂藏本補録，附於卷後，即「昔羅閲祇…

…莫不樂聞」，並校以資、普、南、徑、清。

一　二二四頁上四行「佛在」，諸本無。

一　二二四頁上五行「導化」，諸本作「道化」。

一　二二四頁上一五行「燒於」，諸本作「加於」。

一　二二四頁上一六行「不見咎怨」，諸本作「不咎其怨」。

一　二二四頁中三行第三字「國」，磧、南、徑、清作「圍」。

一　二二四頁中九行「阿難」，諸本作「尊者阿難」。二二六頁上一三行同。

一　二二四頁中一七行第六字「國」，諸本無。

一　二二四頁中二〇行「瞋恚」，諸本作「饑渴」。

一　二二四頁中二一行「飢渴」，諸本作「瞋恚」。

一　二二四頁下六行「於身」，諸本作「身興」。

一　二二四頁下一二行「三有」，諸本作「三界」。

一　二二四頁下一七行末字至次行首字「來還」，諸本作「還宿」。

一　二二五頁上二行末字「遊」，諸本作「在」。

一　二二五頁上五行首字「悼」，資、磧、普、徑作「掉」。

一　二二五頁上六行「告之」，諸本作「答之」。

一　二二五頁上一四行「云尒」，諸本作「云云」。

一　二二五頁上二〇行末字「日」，諸本作「百」。

一　二二五頁上二一行「榮華」，諸本作「榮茂」。

一　二二五頁中四行首字「樂」，諸本作「樂也」。

一　二二五頁中六行第九字「以」，諸本無。

一　二二五頁中二一行「不出」，諸本作「不生」。

一　二二五頁下二行「極歡」，諸本作「快樂」。

一　二二五頁下六行第一二字「寂」，諸本作「則」。

一　二二五頁下一〇行第四字「四」，諸本無。

一　二二五頁下一二行「說之」，諸本作「論之」。

一　二二五頁下二〇行「時舍利弗目連迦葉須菩提等」，諸本作「時尊者舍利弗尊者目連尊者迦葉尊者須菩提等」。

一　二二五頁下二二行「崛山」，諸本作「耆闍崛山」。

一　二二五頁下末行「阿闍貰」，諸本作「阿闍世王」。

一　二二六頁上九行「當念」，諸本作「當合」。

一　二二六頁上一五行「五百師子王」，諸本作「五師子王」。

一　二二六頁中四行第四字「忍」，諸本作「訒」。

一　二二六頁中五行「非聖」，磧、普、

南、徑、清作「誹聖」。

一　二二六頁中六行「名利」，諸本作「利名」。

一　二二六頁中八行末字「敬」，諸本作「稱」。

一　二二六頁中一六行末字「聞」，諸本作「白」。

一　二二六頁中一八行第六字「者」，諸本無。又「阿難」，諸本作「賢者阿難」。

一　二二六頁中二一行第八字「恒」，諸本作「常」。

一　二二六頁中末行「開解」，諸本作「歡喜」。

一　二二六頁下二行「昔有」，資、磧、普、南無。

一　二二六頁下七行「妨廢」，諸本作「弛廢」。

一　二二六頁下八行「糶賣」，諸本作「標賣」。

一　二二六頁下一三行「稍帶」，諸本作「滌滯」。

一　二二六頁下二一行第一二字「敏」，諸本作「改」。

一　二二七頁上一二行「形骸」，諸本作「形體」。

一　二二七頁上一五行第二字「登」，諸本作「證」。

一　二二七頁上二一行「明達」，諸本作「明遠」。

一　二二七頁中二行「騰踊」，諸本作「驚踊」。

一　二二七頁中六行末三字至次行首二字「何謂爲有道」，諸本無。

一　二二七頁中九行第九字「惟」，資、磧、南作「權」。

一　二二七頁中一七行「非持」，資作「非特」；磧、普、南、徑、清作「非時」。

一　二二七頁中一九行「所言」，諸本作「不言」。又「不精」，諸本作「不淨」。

一　二二七頁中末行「不忘」，資作「不妄」。

一　二二七頁下三行「五百」，資作「五音有百」。又「阿羅漢道」，諸本作「羅漢道」。

一　二二七頁下五行第一一字「道」，諸本無。

一　二二七頁下一二行「啼哭」，諸本作「啼泣」。

一　二二七頁下一六行第四字「行」，諸本無。

一　二二七頁下一九行「辯慧」，諸本作「慧辯」。

一　二二七頁下二二行第一二字「是」，諸本無。

一　二二七頁下二三行「當視」，諸本作「當示」。

一　二二八頁上一行「按行」，諸本作「案行」。二行同。

一　二二八頁上五行末三字至次行首字「王勑門人」，諸本作「閻羅王勑見」。

一　二二八頁上八行「大善」，諸本作「所求大善」。

一　二二八頁上一三行「名之」，諸本作「名人」。

一　二二八頁上一八行「求至」，諸本無。

一　二二八頁上二〇行「見認」，諸本作「見名」。

一　二二八頁中五行「識想」，諸本作「諸想」。

一　二二八頁中六行第二字「榮」，諸本作「營」。

一　二二八頁中七行末字「錠」，諸本作「燈」。

一　二二八頁中一〇行第九字「如」，諸本作「知」。

一　二二八頁下一行「坐卧」，諸本作「坐起」。

一　二二八頁下一二行第一〇字「少」，諸本作「省」。

一　二二八頁下一七行「日減一匙」，資作「日減一起」；磧、普、南、徑、清作「食減一匙」。

一　二二八頁下二〇行第一三字「爲」，諸本作「今爲」。

一　二二九頁上二行「留身」，諸本作「身留」。

一　二二九頁上五行「無聞」，諸本作「無常」。

一　二二九頁上八行「弃身」，諸本作「捨身」。

一　二二九頁上一〇行「皆得」，諸本作「即得」。

一　二二九頁上一一行首字至次頁上一八行末字「法……去」與次頁上一九行首字至次頁下三行末字「昔……道」兩段經文，諸本前後互置。

一　二二九頁上一二行「富蘭迦葉」，諸本作「不蘭迦葉」。下同。

一　二二九頁上一三行「先共」，諸本作「莫不」。

一　二二九頁上一五行「弘美」，諸本作「清美」。

一　二二九頁上末行「現神變化」，諸本無。

一　二二九頁中六行「迦葉」，諸本作「不蘭迦葉」。

一　二二九頁中一〇行「淡然」，諸本作「帖然」。

一　二二九頁中一五行「燿然」，磧、普、南、徑、清作「忽然」。又「奮大」，諸本作「放大」。

一　二二九頁中二一行「火出」，諸本作「出火」。

一　二二九頁中二三行「奔波」，諸本作「奔播」。又「容無欣感」，諸本作「容不欣戚」。

一　二二九頁中末行「辤退」，諸本作「辭還」。

一　二二九頁下五行首字「可」，諸本無。

一　二二九頁下六行第二字「羞」，磧、普、南、徑、清作「與」。

一　二二九頁下一三行第六字「師」，磧、南無。

一　二二九頁下一四行「謗毀」，諸本作「毀謗」。

一　二二九頁下一五行末字「逼」，資作「迫」。
一　二二九頁下二二行「自投」，諸本作「身投」。
一　二三〇頁上七行「雪山」，諸本作「大雪山」。
一　二三〇頁上八行「先往行視」，資作「先到往行視看」；磧、普、南、徑、清作「先到往行看視」。
一　二三〇頁上一三行第七字至次行第七字「羣輩者今富蘭迦葉弟子五百人是也」，磧、普、南、徑、清無。
一　二三〇頁上一八行末字「去」，至此，諸本卷第三終。
一　二三〇頁中四行「谷口」，諸本作「中」。
一　二三〇頁中九行第八字「後」，磧、普、南、徑、清作「投」。
一　二三〇頁中一〇行第三、四字「且止」，諸本無。
一　二三〇頁中一〇行末三字至次行首字「旦不保夕」，諸本作「旦夕不保」。
一　二三〇頁中一二行「妻息」，諸本作「妻子」。
一　二三〇頁中一五行「無放逸意」，諸本作「心無放逸」。
一　二三〇頁中一七行第七字「在」，諸本作「止」。
一　二三〇頁中二二行首字「心」，諸本作「必」。
一　二三〇頁下四行首字「法」，至此，諸本卷第四始。
一　二三〇頁下四行品名，諸本作「象喻品第三十一」。
一　二三〇頁下五行第二字「者」，徑、清作「尊者」。
一　二三〇頁下六行「羅雲」，資作「尊者羅云」，下同。又第一〇字「到」，諸本作「往到」。
一　二三〇頁下一三行第五、六字「洗足」，資、普、徑無。
一　二三〇頁下一六行「與漱」，諸本作「盥漱」。
一　二三〇頁下一八行首字「淨」，諸本作「潔」。又「是以」，諸本作「以是」。
一　二三〇頁下二一行「攝身」，資、磧、普、徑作「攝心」。
一　二三〇頁下末行「佛語」，諸本作「也佛復語」。
一　二三一頁上一行首字「中」，諸本無。
一　二三一頁上二行第一一字「佛」，諸本無。
一　二三一頁上三行第三字「用」，諸本無。又「然者」，諸本作「者何」。
一　二三一頁上四行「不淨故」，諸本作「不淨故也」。
一　二三一頁上七行「盛食」，諸本作「盛食也」。
一　二三一頁上八行第三、四字「澡盤」，諸本無。
一　二三一頁上九行「自墮」，諸本無。
一　二三一頁上一〇行「惜澡盤恐破不」，諸本作「惜此澡盤恐破不乎」，

一　二三一頁上一三行「言惡說」，諸本作「惡言語」。

一　二三一頁上一七行「澡盤」，諸本作「澡槃也」。

一　二三一頁上一八行「昔有」，諸本作「昔者」。

一　二三一頁上一九行第一一字「計」，諸本無。

一　二三一頁中一行第三字「撾」，諸本作「棒」。

一　二三一頁中二行第五字「錐」，諸本作「唯」。

一　二三一頁中三行第七字「身」，諸本作「身命」。

一　二三一頁中六行「不與」，諸本作「不樂」。

一　二三一頁中一五行末字至次行首字「口身」，諸本作「身口」。

一　二三一頁中一七行「三塗」，諸本作「三趣」。

一　二三一頁中一九行第九字「常」，諸本作「當」。

一　二三一頁中二〇行第八字「伏」，諸本作「軟」。

一　二三一頁下一二行第六字「爲」，諸本無。

一　二三一頁下一五行第九字「曰」，諸本無。

一　二三一頁下一八行第一〇字「已」，清作「者」。

一　二三一頁下二〇行第三字「正」，南、徑、清作「止」。

一　二三二頁上九行第三字「慕」，諸本作「暴」。

一　二三二頁上一一行「手陷」，資作「汙陷」；磧、南作「于埳」。

一　二三二頁上一二行第一〇字「寂」，磧、普、徑、清作「取」。

一　二三二頁中一一行首字「還」，諸本作「還歸」。

一　二三二頁中一二行「久已遠離」，諸本作「去」。

一　二三二頁中一八行「穿壞」，諸本作「穿破」。

一　二三二頁中二二行第五字「虫」，普、南、徑、清作「獸」。

一　二三二頁中末行「勞煩」，資作「勞頓」。又第一二字「復」，諸本無。

一　二三二頁下四行第三字「故」，諸本無。

一　二三二頁下一七行「光相」，諸本作「光明」。

一　二三二頁下一九行「息數」，諸本作「數息」。

一　二三二頁下卷末經名，諸本無（未換卷）。

法句喻經卷第四

晉世沙門法炬共法立

喻愛欲品第三十二之二

昔佛在舍衛國為天人說法時城中有婆羅門長者財富無數為人慳貪不好布施食常閉門不喜人客若其食時輙勅門士堅閉門戶勿令有人妄入門裹乞匂求索沙門梵志不能得與其相見尒時長者欻思美食便勅其妻令作飲食教煞肥雞薑椒和調炙之令熟飲食飣餖即時已辦勅外閉門夫婦二人坐一小兒聚著中央便共飲食父母取雞肉著兒口中如是數過初不有廢佛知此長者宿福應度化作沙門伺其坐食現出坐前呪願且言多少布施可得大富長者舉頭見化沙門即罵之曰汝為道士而無羞耻室家坐食何為搪揬沙門荅曰卿自愚癡不知慚羞今我乞士何為慚羞長者問曰吾及室家自相娛樂何故慚羞沙門荅曰卿煞父妻母供養怨家不知慚羞反謂乞士何不慚羞於是沙門即說偈言

所生枝不絕　但用食貪欲　養怨益丘塚
愚人常汲汲　雖獄有鈎鍱　慧人不謂牢
愚見妻子飾　染著意甚牢　慧說愛為獄
深固難得出　是故當斷棄　不視欲為安

長者聞偈驚而問之道人何故而說此語也道人荅曰案上雞者是卿先世時父　以慳貪故常生雞中為卿所食此小兒者往昔作羅剎卿作賈客汝父大人乘舩入海輙流墮羅剎國中為羅剎所食如是五百世壽盡来為卿作子以卿餘罪未畢故来欲相害今是妻者是卿先世時母以恩愛深固故今還與卿作婦今卿愚癡不識宿命煞父養怨以母為妻五道生死輪轉無際周遊五道誰能知者唯有道士見此覩彼愚者不知豈不慙羞於是長者慉然毛竪如畏怖狀佛現威神令識宿命長者見佛即識宿命尋則懺悔謝佛便受五戒佛為說法即得須陁洹道

昔佛在舍衛祇洹說法時有年少比丘入城分衛見一年少女人端正無

比心存色欲迷結不解遂便成病食飲不下顏色憔悴委卧不起同學道人往問訊之何所患苦年少比丘具說其意欲壞道心從彼穢欲願不如意愁結為病同學諫喻不入其耳便强扶持將至佛所具以事狀啓白世尊佛告年少比丘汝願易得耳不足愁結也吾當為汝方便解之且起食飲比丘聞之坦然意喜氣結便通於是世尊將此比丘并與大衆入舍衛城到好女舍好女已死停尸三日室家悲號不忍埋藏身體臭脹不淨流出佛告比丘汝所貪惑好女人者今已如此万物無常變在呼吸愚者觀外不見其惡纏綿罪網以為快樂於是世尊即說偈言

見色心迷惑　不惟觀無常　愚以為美善
安知其非真　以婬樂自裹　辟如蚕作繭
智者能斷棄　不眄除衆苦　心念放逸者
見婬以為淨　恩愛意盛增　從是造牢獄
覺意滅婬者　常念欲不淨　從是出邪獄
能斷老死患

於是年少比丘見此女人死已三日面

色膖爛其臭難近又聞世尊清誨之偈悵然意寤自知迷謬為佛作礼叩頭悔過受佛自歸將還祇洹没命精進得羅漢道所將大衆無央數人見色欲之穢信無常之證貪愛婬止亦得道迹

昔佛在舍衛精舍為天人鬼龍說法時世有大長者財富無數有一息男年十二三父母命終其兒年小未知生活理家之事泮散財物數年便盡久後行乞由不自供其父有親友長者大富無數一日見之問其委曲長者愍念將歸經紀以女配之給與奴婢車馬資財無數更作屋宅成立門户為人懶墮無有計挍不能生活坐耿財盡日更飢困長者以其女故更與資財故復如前遂至貧乏長者數餉用之無道念叵成就欲奪其婦更嫁與人宗家共議女竊聞之還語其夫我家群强勢能奪婦以卿不能生活故卿當云何欲作何計也其夫聞婦言慚愧自念是吾薄福生失覆蓋不習家計生活之法今當失婦乞匃如

故恩愛已行貪欲情著今當生别情豈可勝思惟反覆便興惡念將婦入房今欲與汝共死一處即便刺婦還自刺害夫婦俱死奴婢驚走往告長者長者大小驚懼來看見其已然棺斂遣送如國常法長者大小憂愁念女不去須臾聞佛在世教化說法見者歡喜忘憂除患將家大小往到佛所為佛作礼却坐一面佛問長者為所從來何以不樂憂愁之色長者白言居門不德前嫁一女值此愚夫不能生活欲奪其婦便煞婦及身共死如此遣送適還過覲世尊佛告長者貪婬瞋恚世之常病愚癡無智患害之門三界五道由此墮淵展轉生死無央數劫受苦万端由尚不悔豈況愚人能得識此貪欲之毒滅身滅族害及衆生何況夫婦於是世尊即說偈言

愚以貪自縛　不求度彼岸　貪為財愛故
害人亦自害　愛欲意為田　婬怒癡為種
故施度世者　得福無有量　伴少而貨多
商人怵惕懼　嗜欲賊害命　故慧不貪欲

尒時長者聞佛說偈欣然歡喜忘憂除患即於座上一切大小及諸聽者破二十億惡得須陁洹道

昔佛在舍衛精舍中為天龍鬼神帝王臣民說法時有遊蕩子二人共為親友常相追隨一體無異二人共議欲作沙門相將至佛所為佛作礼長跪叉手白佛言願欲作沙門唯見聽許佛受之即作沙門佛命共止一房二人共止但念世間恩愛榮樂更共咨嗟情欲形體說其姿媚專著不捨念不止息不計無常汙露不淨以此薵佛病生於內佛以慧眼知其想乱走意於欲放心不住以是不度佛令一人行便自化作一人入房問之言吾等所思意志不離可共往觀視其形體知為何如但空想念疲勞無益二人相隨至婬女村佛於村內化作一婬女人共入其舍而告之曰吾等道人受佛禁戒不犯身事意欲觀女人形容當顧直如法於是化女即解瓔珞香薰衣裳倮形而立臭處難近二人觀之具見汙露化沙門即謂一人言女

人之好但有胎粉芬薰衆華沐浴塗香著衆雜色衣裳以覆汙露強薰以香欲以人觀辟如革囊盛屎有何可貪於是化比丘即說偈言

欲我知汝本　意以思想生　不我思想汝
則汝而不有　心可則為欲　何必獨五欲
速可絕五欲　是乃為勇力　無欲無所畏
恬惔無憂患　欲除使結解　是為長出淵

佛說偈已現其光相比丘見之慚愧悔過五體投地為佛作礼重為說法欣然得解便得羅漢一人行還見伴顏姿欣悅於常即問其伴獨何如斯即如事說佛之大慈愍度如此蒙世尊恩得免衆苦於是比丘重為說偈言

晝夜念嗜欲　意走不念休　見女欲汙露
想滅則無憂

其伴比丘聞此偈已便自思惟斷欲滅想即得法眼

法句喻經利養品第三十三

昔佛將諸弟子至俱盎弥國美音精舍為天人神龍說法時國王名曰優塡有大夫人　執行仁愛顯譽清潔王珎其操每私慕敬聞佛來化嚴

駕共出往至佛所為佛作礼却坐常位佛為國王及夫人婇女說無常苦空人所由生合會別離怨憎會苦由福生天由惡入淵國王夫人歡欣各受五戒為清淨士女礼佛辭退還入宮時有婆羅門名曰吉星生一好女世間少比至年十六無能訶者懸金千兩積九十日募索智者有能訶此女為不端正者以金與之無敢應者女以長大應當嫁處念當與誰若有端正如我女者以女與之聽聞沙門瞿曇釋迦之種姿容金色世所希有當以此女往配與之使將至佛所為佛作礼白佛言我女好潔無雙年大應嫁世無疋偶瞿曇端正可以為雙故遠將來以配世尊佛告吉星卿女端正是卿家好如我之好是諸佛好我好好女其道不同卿自譽女端正姝好辟如畫瓶中感屎尿有何奇特好為所在著眼耳鼻口身之大賊面首端正身之大患破家滅族煞親煞害子皆由女色吾為沙門一身獨立由尚恐危況受禍灾殘賊之貨也卿自

將去吾不受之於是梵志瞋恚便去到優塡王所讚女姿媚具白王言此女應相當為王妃今以年大故送女與王王見歡喜即納受之拜為第二左夫人即以印綬金銀珍寶與賜吉星拜為輔臣此女得叙每恊妬嫉嫉蠱迷王數譖大夫人如是非一王返辱曰汝等嫉媚言返不遜彼操行可貴而返譖之此女心忌猶欲害之數譖不已王煩惑之前後心謀伺其齋時因勸白王今日之樂宜請右夫人王便普召勅令皆會大夫人持齋獨不應命叉覆三呼執齋不移王怒隆盛遣𢦏出縛著殿前欲射煞之夫人不怖一心歸佛王自射之箭還向王後射輙還數箭亦尒王時大怖自解而問之曰汝有何術乃致如此夫人對曰唯事如來歸命三尊朝奉佛齋過中不飡加行八事鋒不近身必是世尊哀顧若玆王曰善哉豈可言不即出吉星女還其父母以大夫人正理宮內王與夫人後宮太子嚴駕群臣徃到佛所作礼却坐叉手聽法

王即白佛具以如事向佛陳之佛告大王嫉蠱女人有八十四態大態有八恚人所惡何謂為八一者妬嫉二者妄瞋三者罵詈四者呪咀五者鎮厭六者慳貪七者好飾八者含毒是為八大態也是世尊即說偈言

天雨七寶欲猶無厭　樂少苦多覺之為賢
雖有天欲慧捨不貪　樂離恩愛為佛弟子

佛告大王人行罪福各有本性所受影報万倍不同若行六德持齋福多諸佛所譽終生梵天福樂自然佛說是時王及夫人婇女大臣意解皆得道迹

法句喻經沙門品第三十四

昔佛在舍衛國精舍之中為天龍鬼神國王人民說法時有一年少比丘晨且著衣服拄杖持鉢至大村中分衛時大道邊有官菜園外面種桑棘其田外草中施張發箭若有虫狩盜賊来者觸網箭發中箭則死有一端正年少女子獨守此園人欲徃者遥喚示道乃得入園不知道者必為發箭所煞而此女子獨守悲歌其聲嫉亮

聽者莫不頓車止馬迴旋蹀躡而欲趣之槃桓不去皆坐聲響時此比丘分衛行還道聞歌聲側耳聽音五情逸豫心迷意乱貪著不捨想是女人必大端正思想欲見坐起言語便旋徃趣未到中間意志慌惚手失錫杖肩失衣鉢殊不自覺佛以三達見此比丘小復前行為箭所煞福應得道為愚所迷欲蓋所覆憐愍其愚欲度脫之自化作白衣徃到其邊以偈呵之曰

沙門何行如意不禁　步步著粘但隨思走
袈裟被肩為惡不損　行惡者死斯墮惡道
截流自持逝心却欲　人不害欲一意猶走
為之為之必強自制　捨家而懈意猶復染
行懈緩者勞意不除　非淨梵行焉致大寶
不調難誡如風枯樹　自作為身曷不精進

說此偈已即自復形相好炳然光照天地若有見者　迷解乱止各得其所比丘見佛心意燿開如寘閱明即五體投地為佛作礼叩頭悔過懺悔謝佛內解止觀即得羅漢隨佛還精舍聽者無數皆得法眼

法句喻經梵志品第三十五

昔私訶偞國中有大山名私休遮他山中有梵志五百餘人各達神通自相謂曰吾等所得正是涅槃佛始出世初建法鼓開甘露門此等梵志聞而不就宿福應度佛往就之獨行無侶到其路口坐一樹下三昧定意放身光明照一山中狀如失火山中盡燃梵志怖懼呪火滅之盡其神力不能使滅怔而捨走從路出山遥見世尊樹下坐禪辟如日出金山之側相好炳然如月星中怔是何神就而觀之佛命令坐問所從来梵志對曰上此山中修道来久且欲火起燒山樹木怖而走出佛告梵志此是福火不傷損人欲滅卿等癡結之垢梵志師徒顧相謂曰是何道士　九十六種未有此師曰曾聞白淨王子名曰悉達不樂聖位出家求佛將無是也徒等啓師可共問佛梵志所行事為如法不　師徒之等共起白佛梵志經法名四無㝵天文地理王者治國領民之法并九十六種道術所應行法此經為是涅槃法不願佛解說開化未聞佛告梵志善聽思之吾從宿命無數劫来常行此經亦得五通移山住流更歷生死不可計數既不得涅槃亦復不聞有得道者如汝等行非名梵志於是世尊以偈歎曰

截流如度無欲如梵　知行已盡是謂梵志
以無二法清淨度淵　諸欲結解是謂梵志
非族結髮名為梵志　誠行法行清白則賢
餝髮無慧草衣何施　內不離著外捨何益
去婬怒癡憍慢諸惡　如蛇脫皮是謂梵志
斷絕世事口無麁言　八道審諦是謂梵志
已斷恩愛離家無欲　愛著已盡是謂梵志離人聚處不墮天聚
諸衆不歸是為梵志　自識宿命本所更来
生死得盡叡通道玄　明如能嘿是謂梵志

佛說偈已告諸梵志汝等所修自謂已達涅槃如少水魚豈有長樂命本無者　梵志聞經五情內發喜悅長跪白佛願為弟子頭髮自墮即作沙門本行清淨因而得道為阿羅漢天龍山神皆得道迹

法句喻經泥洹品第三十六

昔佛在王舍城靈鷲山中時與諸比丘千二百五十人俱時摩竭國王号名阿闍世所領百國各有姓名近有一國名曰越祇不順王命欲往伐之即召群臣講宣議曰越祇國人富樂熾盛多出珎寶不首伏於我寧可起兵往伐之不　國有賢公承相名曰雨捨對曰唯然王告雨捨佛去是不遠聖喆三達靡事不貫汝持吾聲往至佛所如卿意智委悉問之欲往伐彼寧得勝不承相受教即嚴車馬往至精舍前到佛所頭面著地為佛作礼佛命令坐公即就坐佛問國承相從何所来公言王使臣来稽首佛足問訊起居飡食如常佛即問公王及國土人民臣下皆自平安不公言國主及民皆蒙佛恩

公白佛言王與越祇國有嫌欲往伐之於佛聖意為可得勝不佛告承相是越祇國人民奉行七法不可勝之王可諦思勿妄舉動公即問佛何等七法佛言越祇國人數相聚會講議正法修福自守以此為常是謂為一越祇國人君臣常和所任忠良教諫

承用不相違戾是謂為二越祇國人
奉法相率無取無捨不敢犯過上下
循常是謂為三越祇國人礼化謹敬
男女有別長幼相承不失儀法是謂
為四越祇國人孝養父母遜悌師長
受戒教誨以為國則是謂為五越祇
國人承天則地敬畏社稷奉順四時
民農不廢是謂為六越祇國人尊道
敬德國有沙門得道應真方遠來者
供養衣被牀卧醫藥是謂為七夫為
國主行此七法難可得危拯天下人
共往攻之不能得勝佛告承相若使
越祇國人持一法者當不可攻何況盡
持如是七法於是世尊即說偈言

利勝不足恃　雖勝猶復苦　當自求勝法
已勝無所生

兩捨承相聞說偈即得道迹時會大
小皆得須陁洹道公即從坐起白佛
言國事煩多欲還請辭佛言可宜知
是時即從坐起礼佛而去還至具事
白王即止不攻持佛嚴教以化國內
越祇國人即來順命上下相奉國遂
興隆

法句喻經生死品第三十七

昔佛在舍衛國祇洹精舍為天人國
王大臣廣說妙法有一梵志長者居
在路側財富無數正有一子其年二
十新娶婦未滿七日夫婦相敬言語
相順婦語其夫欲至後園中看戲為
得介不上春三月夫婦相將至後園
中有一㮈樹高大華好婦欲得華無
人與取夫知婦意欲得㮈華即便上
樹正取一華復欲得一尋轉上樹乃
至細枝枝折墮地傷中即死居家大
小奔波跳走往趣兒所呼天傷哭斷
絕復甦中外宗族來者無數皆甚悲
痛聞　者莫不傷心見　者莫不痛
哀父母妻息怨各天地謂為不護棺
斂衣被如法遣送還家啼泣不能自
止於是世尊愍傷其愚往問訊之長
者室家大小見佛悲感作礼具陳辛
苦佛語長者止息聽法万物無常不
可久保生則有死罪福相追此兒三
處為其哭泣懊惱斷絕亦復難勝竟
為誰兒何者為親　於是世尊即說
偈言命如華菓熟常恐會零落已生皆有苦

孰能致不死　從初樂愛欲　可婬入胞影
受形命如電　晝夜流難止　是身為死物
精神無形法　作令死復生　罪福不敗亡
終始非一世　從愛癡久長　自作受苦樂
身死神不喪

長者聞偈意解忘憂長跪白佛此兒
宿命作何罪釁盛美之壽而便中夭
唯願解說本所行罪佛告長者乃往
昔時有一小兒持弓箭入神樹中戲
邊有三人亦在中看樹上有雀小兒
欲射三人勸言若能中雀者世稱健
兒小兒意美引弓射之中雀即死墮地三
人共笑助之歡喜而各自去經歷生
死無數劫中所在相遭共會受罪其
三人者一人有福今在天上一人生
海中為化生龍王一人今日長者身
是此小兒者前生天上為天作子命
終來下為長者作子墮樹命絕即生
海中為化生龍王作子即以生日化
生金翅鳥王取而食之
今日三處懊惱涕哭寧可言也以其
前世助之喜故此三人者報以涕哭
於是世尊復說偈言

識神造三界　善不善五處　陰行而默至
所生如響應　色欲不色有　一切因宿行
如種隨本像　自然報如影

佛說偈已欲使長者意解即以道力視其宿命皆見天上龍中之事長者意解欣然即起長跪叉手白佛言願及夫小為佛弟子奉受五戒為優婆塞佛即授戒重為說法無常之義大小歡欣皆得須陁洹道

法句喻經道利品第三十八

昔有國王治行正法民慕其化無有太子以為愁憂佛来入國便出覲尊聽經歡欣即受五戒一心奉敬唯願有子晝夜精進三時不懈有一給使其年十一常為王使忠信奉法不失威儀謙卑忍辱精進一心學誦經偈如時先起巳辦香火數年之中精進如是不以為勞卒得重病遂致無常其神来還為王作子乳餔長大至年十五立為太子父王命終習代為王憍慠自恣婬泆欲樂晝夜躭荒不理國事臣僚廢朝民被其患佛知其行不合本識將諸弟子往到其國王聞佛

来如先王法（大衆奉迎稽首于地却坐王位佛告王曰國土人民群僚）百官悉自如常不王曰為人年幼未能綏化皆蒙聖恩國土無他佛告王曰王今自知本所從来作何功德得此王位王曰不審頑愚不達不知先世所從来也佛告大王本以五事得為國王何等為五一者布施得為國王万民奉獻宮觀殿堂資財無極二者興立寺廟供養三尊牀榻幃帳以是為王在於正殿御座理國三者親身礼敬三尊及諸長德以是為王一切万民莫不為之作礼　四者忍辱身三口四及意無惡以是為王一切見者莫不歡欣五者學問常求智慧以是為王决斷國事莫不奉用行此五事世世為王於是世尊以偈讃曰

人知奉其上　君父師道士　信戒施聞慧
終吉所生安　宿命有福慶　生世為人尊
以道安天下　奉法莫不從　王為臣民主
常以慈愛下　身率以法戒　示之以休咎
處安不忘危　慮明福轉厚　福德之反報
不問尊以卑

佛告王曰王前時為大王給使奉佛

以信奉法以淨奉僧以敬奉親以孝奉君以忠常行一心精進布施勞身苦體初不懈倦是福追身得為王子補王之榮今者富貴而反懈怠天為國王常行五事何謂為五事一者領理万民無有枉濫二者養育將士隨時稟與三者念修本業福德無絶四者當信忠臣正直之諫無受讒言以傷正直五者節欲貪樂心不放逸行此五事名聞四海福禄自来捨此五事衆經不舉民困則思乱士勞則勢不舉無福鬼神不助自用失大理忠臣不敢諫心逸國不理臣羮民則怨若如是者身失令名後則無福於是世尊重說偈言

夫為世間將　修正不阿枉　調心勝諸惡
如是為法王　見正能施惠　仁愛好利人
既利以平均　如是衆附親

佛說偈已是時王大歡喜起住佛前五體投地懺悔謝佛即受五戒佛重說法得須陁洹道

昔佛在舍衛國祇樹精舍為諸天人國王大臣四輩弟子說無上大法時

舍衛國南有深山其中常出野象象有三色白青黑者國王欲得好名鬭大象輙遣人往捕取將來付調象師三年之中便可乘騎亦可令鬭時有神象龍之所生身白如雪　尾赤如丹兩牙如金色獵師見此非常好象還白國王有此大象其形如是宜大王乘王即募捕象師三十餘人遣令捕此象人衆往到象所張羅欲捕象而此神象知諸人意即便來前如墮羅中衆人皆來而欲捕之象便瞋恚踶蹴跳之人近者即死遠者得走象逐不置時山脇有諸年少道人多力勇健山中學道大久未得定意遙見此象追逐煞道人憐愍人故自恃勇健欲往救之佛已遙見恐此比丘為神象所煞佛到邊放大光明象見佛光怒止恚解不復追逐煞人比丘見佛迎為作礼佛為比丘即說偈言

勿妄嬈神象　以招苦痛患　惡意為自煞
終不至善方

比丘聞偈即便稽首懺悔謝過內自篤責深惟為非即於佛前逮得應真

時捕象人即皆還趣走尋還皆得道迹

昔佛在羅閱祇耆闍崛山中時國瓶沙王有一大臣犯事免退徙著南山中去國千里又由來無人不熟五穀大臣到中泉水流溢五穀大熟四方諸國有飢寒者皆來至此山中數年之中便有三四千家來者給與田地令得生活其中三老諸長宿年共議國之無君由身之無首相將至大臣所舉大臣為國王大臣答長老曰若以我為王者當如諸國王之法左右大臣文武將士上下朝直發女閫宮租稅𥹋帛當如民法諸國老曰唯然奉命一隨王法即立為王處置群臣文武上下發調人民築城作舍宮殿摟觀民被苦毒不復堪諧皆懷怨念欲謀圖王諸奸臣輩將王出獵去城三四十里於曠野澤中牽王欲煞王聞左右何緣煞我答曰民慕豐樂奉王以礼民困思乱破家圖國王告之言卿等自為非我本造狂煞我者神祇知之聽我發一願死不有恨即願曰

我本開荒出土養民來者皆活富樂無極自共舉我立為國王依案諸國自共作此令反煞我我實無惡於此人民若我死者願作羅剎還入故身中當報此怨於是絞煞棄屍而去三日之後王神即作羅剎還入故身中自名阿羅婆即起入宮喻煞新王并後宮婇女左右奸臣即皆煞之羅剎瞋恚出宮盡欲煞人國中三老草索自縛來向羅剎自首此是奸臣所為非是細民所可能知乞匄原恕願還治國曰我是羅剎何等與人共從事也食飲當得人宍羅剎急性忿不思難三老曰國是王許故當如前食飲所須者當相差次國老共出宜令人民皆共探籌以此為次家出一小兒生用作食食羅剎王三四千家正有一户為佛弟子居門精進五戒不犯隨民探籌得第一籌有一小兒當充食鬼王賢者大小懊惱啼哭還向崛山為佛作礼悔過自責佛以道眼見其辛苦便自說言因是小兒當度無數人便獨飛往至羅剎門現變光相

照其宮內羅刹見光疑是異人即出
見佛便起毒心欲前噏佛光刺其目
捨山吐火皆化為塵至久疲頓然後
降化請佛入坐頭面作礼佛為說經
一心聽法即受五戒為優婆塞里吏
催食奪兒將来室家嗥哭隨道而来
觀者無數為之悲哀吏拖兒擧食著
羅刹前羅刹即持此小兒擧食至佛
前長跪白佛言國人相老次以小兒
為食我今受佛五戒不復得食此小
兒請以小兒布施佛為佛作給使佛
為受之說法呪願羅刹歡喜得須陁
洹道佛以小兒著鉢中擧出宮門還
其父母而告之曰快養小兒勿復愁
憂衆人見佛莫不驚愕怪是何神此
兒何福而獨救之羅刹所食奪還父
母放是世尊在於大衆中央而說偈言
戒德可恃怙　福報常隨已　見法為人長
終遠三惡道　戒慎除苦畏　福德三界尊
鬼龍邪毒害　不犯有戒人
佛說偈已無央數人見佛光像乃知
至尊三界無比便皆歸化為佛弟子
聞偈歡欣皆得道迹

昔佛在波羅柰國鹿野場上為天人
龍鬼國王臣民不可計衆而為說法
時大國王太子將從小國王世子五
百餘人往到佛所為佛作禮却坐一
面而聽法諸太子等即白佛言佛道
清妙玄遠難及自古以來頗有國王
太子大臣長者子捨國吏民恩愛榮
樂行作沙門者不佛告諸太子世間
國土榮樂恩愛如幻如化如夢如響
卒去不可常保又曰國王太子以三事
故不能得道何謂三事一者憍恣不
學問佛經妙義以濟神本二者貪取
財寶不與民共以修財本三者不能遠
離婬欲愛樂之事捨棄牢獄憂煩之
惱行作沙門滅衆苦難以修身本是
以菩薩所生為王除此三事自致得佛
又有三事何謂為三一者少壯學問領
理國土率化民庶使行十善二者中
以財施貧窮孤寡羣臣將士與民同
歡三者每計無常命不久留宜當出
家行作沙門斷苦因緣勿更生死三事
不施獨不所得於是世尊而自陳曰

昔我前世作轉輪聖王名曰南王皇
帝七寶導從宮觀浴池行宮戲園
及羣臣太子夫人婇女象馬廚宰各
八万四千有子千人勇猛精銳一人當
千飛行虛空周遊四方自在所為無
當前者其壽八万四千歲以法治正
不枉人民尒時聖王欻自念言人命
短促無常難保但當作福以求道真
念常布施世間人民所有財物與民
共之已種福德唯當出家行作沙門
斷絕貪欲乃得滅苦王即勅梳頭人
若見頭白便當啓我至久數萬歲梳
頭人啓言白髮已生勅令拔之擧著案
上王見白髮涕泣命曰第一使者忽
然復至今頭已白宜當出家行作沙
門求自然道擧髮掌中自說偈言
我今上體首　白生為被盜　已有天使召
時正宜出家
即召羣臣立太子為王行作沙門入山
脩道畢人之壽即生第二天上為天帝釋
太子於後領理天下亦如大王復勅梳
頭人若見白髮便啓我至久復啓白髮
已生勅令拔之擧著手中而說偈言我

今上體首白生爲被盗已有天使召時正宜出家復召羣臣立太子爲王即行作沙門入山修道畢人之壽復生天上爲天帝釋前天帝釋畢天之壽下生世間爲聖王作太子此三聖王更爲父子上爲天帝下爲帝主中爲太子各三十六反數千万歲終而復始行此三事自致得佛尒時父者我身是也太子者舍利弗是也孫王者阿難是也更相從生展轉爲王以化天下是以特尊三界无比佛說是時國王太子并諸太子皆大歡喜受佛五戒爲優婆塞得須陁洹道

法句喻經吉祥品第三十九

昔佛在羅閱祇耆闍崛山中爲天人龍鬼轉三乘法輪時山南恒水岸邊有尼揵梵志先出耆舊博達多知德向五通明識古今所養門徒有五百人教化指授皆悉通達天文地理星宿人情無不瞻察觀略内外吉凶禍福豊儉出没皆包知之梵志弟子先佛所行應當得道欻自相將至水邊屏坐論語自共相問世間諸國人民所行以何等事爲世吉祥徒等不了往到師所爲師作禮叉手白言弟子等學久所學已達不聞諸國以何爲吉祥尼揵告曰善哉也閻浮利地有十六大國八萬四千小國諸國各有吉祥或金或銀水精琉璃明月神珠象馬車輿玉女珊瑚珂貝妓樂鳳皇孔雀或以日月星辰寶瓶四華梵志道士此是諸國之所好吉祥瑞應若當見是稱善無量此是瑞應國之吉祥諸弟子曰寧可更有殊特吉祥於身有益終生天上尼揵荅曰先師以來未有過此書籍不載諸弟子曰近聞釋種出家爲道端坐六年降魔得佛三達無礙試共往問所知博擦何如大師師徒弟子五百餘人經涉山路往到佛所爲佛作禮坐梵志位叉手長跪白佛世尊曰諸國吉祥所好如此不審更有勝是者不佛告梵志如卿所論世間之事順則吉祥反則凶禍不能令人濟神度苦如我所聞吉祥之法行者得福永離三界自致泥洹於是世尊而作頌曰

佛尊過諸天　如來常見義　有梵志道士
來問何吉祥　於是佛愍傷　爲說眞有要
已信樂正法　是爲最吉祥　亦不從天人
希望求僥倖　亦不禱神祠　是爲最吉祥
友賢擇善居　常先爲福德　勅身承貞正
是爲最吉祥　去惡從就善　避酒知自節
不婬于女色　是爲最吉祥　多聞如戒行
法律精進學　脩己無所爭　是爲最吉祥
居孝事父母　法家養妻子　不爲空之行
是爲最吉祥　不慢不自大　知足念反覆
以時誦習經　是爲最吉祥　所聞常以忍
樂欲見沙門　每講輒聽受　是爲最吉祥
持齋脩梵行　常欲見賢明　依附明智者
是爲最吉祥　已信有道德　正意向無疑
欲脫三惡道　是爲最吉祥　等心行布施
奉諸得道者　亦敬諸天人　是爲最吉祥
常欲離貪婬　愚癡瞋恚意　能習成道見
是爲最吉祥　若以棄非務　能勤修道用
常事於可事　是爲最吉祥　一切爲天下
建立大慈意　脩仁安衆生　是爲最吉祥
智者居世間　常習吉祥行　自致成慧見
是爲最吉祥

梵志師徒聞佛說偈欣然意解甚大歡

喜前白佛言甚妙世尊世所希有由來迷惑未及聞明唯願世尊矜慈濟度願身自歸佛法三尊得作沙門僕在下行佛言大哉善來比丘即成沙門内思安般逮得應真聽者無數皆得法眼

法句喻經卷第四

法句譬喻經卷第四　校勘記

一　底本，金藏廣勝寺本。

一　二四〇頁中一行經名、二行譯者、三行品名，資、磧、普、南、徑、清無（未換卷）。

一　二四〇頁中二行譯者，麗作「晉世沙門法炬共法立譯」。

一　二四〇頁中九行首字「得」，資、磧、普、南、徑、清作「得入」。

一　二四〇頁中一〇行「飲食」，麗作「飯食」。

一　二四〇頁中一〇行末字至次行首三字「和調炙之」，資作「調和炙之」；磧、普、南、徑、清作「調和煮之」。

一　二四〇頁中一一行「飣餖」，資作「釘餖」；磧、普、南、徑、清、麗作「飣餖」。

一　二四〇頁中一四行第五字「有」，諸本（不含石，下同）作「肯」。

一　二四〇頁中二〇行「室家」，資、磧、普、南、徑、清作「家室」。

一　二四〇頁中末行「何不」，資、磧、普、南、徑、清作「何爲」。

一　二四〇頁下四行「意甚牢」，麗作「愛甚牢」。

一　二四〇頁下五行「不視」，麗作「不親」。

一　二四〇頁下八行「常生」，資作「當生」。

一　二四〇頁下一〇行「汝父」，麗無。又第一〇字「輙」，麗作「每輒」。

一　二四〇頁下一二行首字「來」，麗作「來生」。

一　二四〇頁下一三行「相害」，麗作「相害耳」。

一　二四〇頁下一六行「周遊」，麗作「周旋」。

一　二四〇頁下一八行「慉然」，資、磧、普、南、徑、清作「欻然」。

一　二四〇頁下二二行「舍衛」，麗作「舍衛國」。

一　二四一頁上一行第三字「存」，資、

一　磧、普、南、徑、清作「在」。

一　二四一頁上四行「穢欲」，諸本作「愛欲」。

一　二四一頁上末行「女人死」，資、磧、普、南、徑、清作「死女」。

一　二四一頁上末行末字至本頁中一行首三字「面色膖爛」，磧、徑、清作「面目胖爛」；普、南作「面目肨爛」。

一　二四一頁中三行「受佛」，麗作「佛授」。

一　二四一頁中五行「貪愛婬止」，資、磧、普、南、徑、清作「貪意望止」；麗作「貪愛望止」。

一　二四一頁中七行「鬼龍」，麗作「龍鬼」。

一　二四一頁中一〇行「泮散」，資、磧、普、南、徑、清作「賁散」。

一　二四一頁中一五行末字「嗷」，諸本作「散」。

一　二四一頁中一九行末字「夫」，資作「天」。

一　二四一頁下五行「懼來看」，資、磧、普、南、徑、清作「懼來視」；麗作「來看視」。又「已煞」，麗作「已然」。

一　二四一頁下一一行「值此」，磧、普、南、徑、清、麗作「值遇」。

一　二四一頁下一二行「共死」，資、磧、普、南、徑、清作「共死一處」。

一　二四一頁下一三行「適還」，磧、普、南、徑、清作「適還追慼痛毒情不能已」。

一　二四一頁下一四行「貪婬」，麗作「貪欲」。

一　二四一頁下二〇行末字「故」，資、磧、普、南、徑、清作「欲」。

一　二四二頁上七行「相將至佛所」，麗作「即便相將來至佛所」。

一　二四二頁上九行「佛受之」，麗作「佛便受之」。又「佛命」，麗作「佛令二人」。

一　二四二頁上一一行第一二字「著」，磧、南作「老」。

一　二四二頁上一二行「汙露」，磧、南作「惡露」。

一　二四二頁上一四行「以是」，資、磧、普、南、徑、清作「是以」。

一　二四二頁上一五行第七字「作」，資、磧、普、南、徑、清無。

一　二四二頁中五行「不我」，磧、南、清、麗作「我不」。

一　二四二頁中七行「勇力」，資、磧、普、南、徑、清作「勇士」。

一　二四二頁中一九行品名上經名「法句喻經」，資、磧、普、南、麗作「法句譬喻經」；徑、清無。以下各品例同。

一　二四二頁中二〇行「俱盋彌國」，諸本作「俱曇彌國」。

一　二四二頁中二一行「天人」，麗作「諸天人」。又「國王」，麗作「彼國王」。

一　二四二頁中二二行「大夫人」，資、磧、普、南、徑、清作「大夫人爲人」。又「顯譽」，資作「顯舉」。

一　二四二頁中末行第八字「慕敬」，

諸本作「恭敬」。

一 二四二頁下三行「合會」，資、磧、普、南、徑、清作「會合」。

一 二四二頁下四行「歡欣」，磧、普、南、徑、清作「歡喜信解」；麗作「歡欣信解」。

一 二四二頁下五行「清淨」，麗作「清信」。

一 二四二頁下六行第三字「時」，資、磧、普、南、徑、清無。

一 二四二頁下一三行第九字「使」，資、磧、普、南、徑、清作「便」；麗作「即便」。

一 二四二頁下一四行「無雙」，諸本作「世間無雙」。

一 二四二頁下一八行「我好好女」，資、磧、普、南、徑、清作「我好女好」；麗作「我之所好」。

一 二四二頁下二一行首字「首」，資、磧、普、南、徑、清作「目」。同行末字「煞」，麗無。

一 二四二頁下二二行首字「害」，資、磧、普、南、徑、清無。

一 二四二頁下末行第一一字「貸」，資、磧、普、南、徑、清作「亂」。

一 二四三頁上三行末字「女」，麗無。

一 二四三頁上四行「納受」，資、磧、普、南、徑、清作「受納」。

一 二四三頁上五行「與賜」，諸本作「賜與」。

一 二四三頁上八行「汝等」，諸本作「卿等」。又「彼操行」，諸本作「彼人操行」。

一 二四三頁上一二行第九字「大」，諸本無。

一 二四三頁上一四行「拽出」，資、磧、普、南、徑、清作「曳出」。

一 二四三頁上一六行「王時」，麗作「時王」。

一 二四三頁上一八行末字「佛」，資、磧、普、南、徑、清作「法」。

一 二四三頁上二二行「夫人」，諸本作「大夫人」。

一 二四三頁中三行「恵人」，諸本作「慧人」。

一 二四三頁中七行「覺之」，資、磧、普、南、徑、清作「覺者」。

一 二四三頁中一五行第六字「國」，資、磧、普、南、徑、清無。

一 二四三頁下一行「迴旋蹀躡」，資作「迴迴踝躡」。

一 二四三頁下五行「欲見坐起」，資作「欲起見坐」；磧、普、南、徑、清作「欲見起坐」。

一 二四三頁下一三行「行惡者死」，麗作「行惡行者」。

一 二四三頁下一四行「自持逝心」，資、磧、普、南、徑、清作「自忖折心」；麗作「自持折心」。又「害欲」，諸本作「割欲」。

一 二四三頁下一六行第五字「劳」，麗作「誘」。

一 二四四頁上二行「私訶傑」，資作「私訶僕」；磧、普、南、徑、清、麗作「私訶牒」。

一 二四四頁上九行「火滅之」，諸本

作「水滅之」。

一 二四四頁上一二行第七字「中」，磧、普、南、徑、清作「中明」。

一 二四四頁上一七行「道士」，諸本作「道士也」。

一 二四四頁上一八行首字「未」，麗作「未曾」。

一 二四四頁上二一行第二字「不」，諸本作「不也」。

一 二四四頁中三行「五通」，資作「吾此」。

一 二四四頁中四行「住流」，磧、南作「注流」。又第一三字「得」，資、磧、普、南、徑、清無。

一 二四四頁中五行「得道者」，資作「得之者」。

一 二四四頁中六行「歎曰」，麗作「報曰」。

一 二四四頁中七行「如度」，資、磧、普、南、徑、清作「而渡」。

一 二四四頁中九行第二字「族」，資、磧、普、麗作「蔟」。

一 二四四頁中一〇行「餝髮無恵」，資、普、麗作「飾髮無慧」；磧、南、徑、清作「剔髮無慧」。

一 二四四頁中一四行「是爲」，資、磧、普、南、徑、清作「是謂」。

一 二四四頁中一七行第一三字「命」，麗作「合」。

一 二四四頁中一八行第二字「者」，諸本作「者也」。

一 二四四頁中二一行「山神」，麗作「鬼神」。

一 二四四頁下二行「百國」，麗作「五百國」。

一 二四四頁下六行第五字「不」，資、磧、普、南、徑、清作「不也」。

一 二四四頁下八行「靡事」，資、磧、普、南、徑、清作「無事」。

一 二四四頁下一四行「如常」，磧、普、南、徑、清作「勝常」。

一 二四四頁下一五行「國主」，磧、南、徑、清作「國王」。

一 二四四頁下二一行第七字「國」，資、磧、普、南、徑、清無。又末字「議」，資、磧、普、南、徑、清作「宣」。

一 二四四頁下二二行第四字「福」，資、磧、普、南、徑、清作「備」。

一 二四五頁上二行「無取無捨」，資、磧、普、南、徑、清作「無所不調」。

一 二四五頁上三行「礼化」，資、磧、普、南、徑、清作「禮讓」。

一 二四五頁上一〇行第一〇字「謂」，資、磧、普、南、徑、清無。

一 二四五頁上一一行末字「人」，麗作「兵」。

一 二四五頁上一三行第八字「者」，資、磧、普、南、徑、清無。

一 二四五頁上一七行第五字「聞」，諸本作「聞佛」。

一 二四五頁中四行「正有」，磧、普、南、徑、清作「止有」。

一 二四五頁中五行第三字「爲」，資、磧、普、南、徑、清無。

一 二四五頁中一〇行「尋轉」，諸本作「展轉」。

一　二四五頁中一二行「傷哭」，資、磧、普、南、徑、清作「號哭」。

一　二四五頁中一三行第一三字「甚」，資、磧、普、南、徑、清作「共」。

一　二四五頁中一四行「聞　者莫不傷心見　者」，資、磧、普、南、徑、清作「聞之者莫不傷心見之者」。

一　二四五頁中二二行第七字「親」，資、磧、普、南、徑、清作「親也」。

一　二四五頁下一行第一一字「可」，資、磧、普、南、徑、清作「因」。

一　二四五頁下三行第六字「作」，資、普作「住」；麗作「假」。

一　二四五頁下一五行「三人者」，資、磧、普、南、徑、清作「三人中」。

一　二四五頁下二一行第一二字「也」下，資有「昔射雀者今死兒是昔雀者化生金翅鳥王者其三人助憙者今長者天龍喪子者是」三十三字；磧、普、南、徑、清有「昔射雀者今死兒是昔雀者化生金翅鳥王是（「是」，磧、普作「者」）其三人助喜者今長者天龍喪子者是以其金翅鳥王而食之今日三處懊惱涕泣寧可言也」五十四字。

一　二四五頁下二二行第四字「之」，麗作「其」。

一　二四五頁下末行「復説」，麗作「即説」。

一　二四六頁上二行第二字「生」，麗作「往」。又「色欲」，磧、南、徑、清作「欲色」。

一　二四六頁上五行第八字「上」，資作「止」。

一　二四六頁上一六行末字「如」，麗作「知」。

一　二四六頁上二〇行第一〇字「習」，諸本作「襲」。

一　二四六頁上末行首字「合」，麗作「會」。又第三字「識」，資、磧、普、南、徑、清作「職」。

一　二四六頁中一行小字左「國土」，資、磧、普、南、徑、清作「士庶」。

一　二四六頁中三行「聖恩」，資、磧、普、南、徑、清作「佛恩」。

一　二四六頁中一二行第四字「礼」，資、磧、普、南、徑、清作「禮者」。又末字「及」，資作「反」。

一　二四六頁中一三行第三字「惡」，資、磧、普、南、徑、清作「三惡」。

一　二四六頁中一六行「讚曰」，麗作「頌曰」。

一　二四六頁中二〇行末字「各」，諸本作「咎」。

一　二四六頁中末行「前時」，諸本作「前世時」。

一　二四六頁下四行第一三字「天」，諸本作「夫」。

一　二四六頁下五行「常行」，諸本作「當行」。

一　二四六頁下九行「欲貪」，資、磧、普、南、徑、清作「貪欲」。

一　二四六頁下一九行「偈已」，資、磧、普、南、徑、清無。

一　二四七頁上一行末字「象」，資、磧、普、南、徑、清無。

一二四七頁上四行第一三字「時」，資、磧、普、南、徑、清無。

一二四七頁上五行第一一字「尾」，資、磧、普、南、徑、清作「髦尾」。

一二四七頁上一二行「逆躈」，資、磧、普、南、徑、清作「逸蹴」；麗作「逆蹸」。又第五字「人」，麗無。

一二四七頁上一七行「佛即到邊」，資、磧、普、南、徑、清作「即到象邊」。

一二四七頁上一九行第二字「迎」，資、磧、普、南、徑、清作「逆」。

一二四七頁上二〇行第三字「嬈」，資作「遶」。

一二四七頁上末行「篤責」，磧作「罵責」。

一二四七頁中二行末字至次行首二字「瓶沙王」，麗作「王瓶沙」。

一二四七頁中四行第六字「又」，麗作「外」。

一二四七頁中六行第七字「皆」，資、磧、普、南、徑、清作「俱」。

一二四七頁中七行「之中」，資、磧、普、南、徑、清作「之間」。

一二四七頁中一四行第三字「一」，資、磧、普、南、徑、清作「當」。

一二四七頁中一六行「樓觀」，資、磧、普、南、徑、清作「觀樓」。

一二四七頁中一九行「答曰」，資、磧、普、南、徑、清作「昔日」。

一二四七頁下一行第六字「土」，諸本作「穀」。

一二四七頁下七行「喻煞新王并」，麗作「絞煞新王并及」。

一二四七頁下一二行第三字「日」，資、磧、普、南、徑、清作「王曰」。又「何等與人」，資、磧、普、南、徑、清作「那得與人」；麗作「何與人等」。

一二四七頁下一五行第三字「者」，諸本無。

一二四七頁下一七行第四字「食」，磧、普、南、徑、清作「飼」。一九行末字同。

一二四七頁下二〇行首字「鬼」，普作「皃」。

一二四七頁下二〇行末字「崛」，資、磧、普、南、徑、清作「崛闍」。

一二四八頁上五行第一三字「里」，資、磧、普、南、徑、清作「使」。

一二四八頁上六行「室家嗥哭」，資作「舉家嗥哭」；磧、普、南、徑、清作「舉家啼哭」。

一二四八頁上一二行「說法」，麗作「即說」。

一二四八頁上一九行「福德」，資、磧、普、南、徑、清作「福報」。

一二四八頁上二〇行第三字「邪」，資、磧、普、南、徑、清作「蛇」。又第八字「有」，磧、普、南、徑、清作「持」。

一二四八頁上末行「歡欣」，資、磧、普、南、徑、清作「歡喜」。

一二四八頁中七行「長者子」，麗作「長者之子」。

一二四八頁中一〇行「卒去」，諸本作「卒來卒去」。又第八字「曰」，麗無。

一二四八頁中一一行末字「不」，諸

本作「不念」。

一　二四八頁中一五行「婬欲」，麗作「色欲」。

一　二四八頁中二一行第四字「每」，資、磧、普、南、徑、清作「當」。

一　二四八頁中末行「不所得」，磧、普、南、徑、清、麗作「無所得」。

一　二四八頁下五行「四方」，資、磧、普、南、徑、清作「四海」。

一　二四八頁下一二行「頭白」，諸本作「頭髮白」。

一　二四八頁下一七行「我今上」，諸本作「今我上」。下同。

一　二四八頁下二一行「領理」，磧作「頭理」。

一　二四八頁下二二行「便啓我」，諸本作「便當啓我」。

一　二四八頁下末行「手中」，麗作「掌中」。

一　二四八頁下末行末字至次頁上二行第五字「我……家」，諸本係五言偈句。

一　二四九頁上六行首字「王」，麗作「主」。又「下爲帝主」，諸本作「下爲聖主」。

一　二四九頁上七行第四字「各」，麗作「各各」。

一　二四九頁上九行「我身」，諸本作「今我身」。又「舍利弗」，資、磧、普、南、徑、清作「賢者舍利弗」。

一　二四九頁上九行末二字至次行第三字「孫王者阿難」，資、磧、普、南、徑、清作「王孫者賢者阿難」；麗作「王孫者阿難」。

一　二四九頁上一二行第六字「并」，磧作「道」。

一　二四九頁上二一行「出没」，資、磧、普、南、徑、清作「傾没」。

一　二四九頁上末行首字「邊」，諸本作「岸邊」。

一　二四九頁中一行「徒等」，資、磧、普、南、徑、清作「門徒」。

一　二四九頁中四行「善哉也」，諸本作「善哉問也」。

一　二四九頁中七行「車輿」，資、磧、普、南、徑、清作「乘輿」。

一　二四九頁中八行「四華」，資、磧、普、南、徑、清作「四葦」。

一　二四九頁中九行第八字「好」，麗作「好喜」。

一　二四九頁中一五行第一一字「探」，諸本作「採」。

一　二四九頁中一八行第三字「佛」，資、磧、普、南、徑、清無。

一　二四九頁中一九行第八字「不」，資、磧、普、南、徑、清作「不也」。

一　二四九頁下四行「神祠」，資、磧、普、南、徑、清作「祠神」。

一　二四九頁下五行「勑身承貞正」，資、磧、普、南、徑、清作「整身承真正」。

一　二四九頁下七行「戒行」，資、磧、普、南、徑、清作「行戒」。

一　二四九頁下九行「法家」，諸本作「治家」。又「空乏行」，資、磧、普、南、徑、清作「空之行」。

一　二四九頁下一〇行「念反覆」，資、普作「令反復」。

一　二四九頁下一一行「常以忍」，資、磧、普、南、徑、清作「多以忍」；麗作「常欲忍」。

一　二四九頁下一三行「賢明」，磧、普、南、徑、清作「賢聖」。

一　二四九頁下二二行末字「祥」下，資、磧、普、南、徑、清有「梵志聞佛教　心中大歡喜　即時禮佛足　歸命佛法衆」五言偈四句。

一　二五〇頁上四行「大哉」，麗作「大善」。

法句經卷上　歎

尊者法救撰
吳天竺沙門維祇難等譯

無常品第一

二十有一章無常品者寤欲昬乱榮命難保唯道是真

睡眠解寤　宜歡喜思　聽我所說　撰記佛言
所行非常　謂興衰法　夫生輒死　此滅為樂
譬如陶家　埏埴作器　一切要壞　人命亦然
如河駛流　往而不返　人命如是　逝者不還
譬人操杖　行牧食牛　老死猶然　亦養命去
千百非一　族姓男女　貯聚財產　無不衰喪
生者日夜　命自攻削　壽之消盡　如滎穽水
常者皆盡　高者亦墮　合會有離　生者有死
衆生相剋　以喪其命　隨行所墮　自受殃福
老見苦痛　死則意去　樂家縛獄　貪世不斷
咄嗟老至　色變作耄　少時如意　老見蹈藉
雖壽百歲　亦死過去　為老所厭　病條至際
是以日過　命則隨減　如少水魚　斯有何樂
老則色衰　所病自壞　形敗腐朽　命終自然
是身何用　恒漏臭處　為病所困　有老死患
嗜欲自恣　非法是增　不見聞變　壽命無常
非有子恃　亦非父兄　為死所迫　無親可怙
晝夜慢墮　老不止婬　有財不施　不受佛言
有此四蔽　為自侵欺
非空非海中　非入山石間　無有地方所　脫之不受死
是務是吾作　當作令致是　人為此躁擾　履踐老死憂
知此能自淨　如是見生盡　比丘厭魔兵　從生死得度

教學品法句經第二

二十有九章教學品者導以所行釋己愚闇得見道明

咄哉何為寐　螉螺蜯蠹類　隱弊以不淨　迷惑計為身
焉有被斫創　心而嬰疾痛　遘于衆厄難　而反為用眠
思而不放逸　為仁學仁迹　從是無有憂　常念自滅意
正見覺務增　是為世間明　所生福千倍　終不墮惡道
莫學小道　以信邪見　莫習放蕩

令增欲意　善修法行　學誦莫犯
行道無憂　世世常安　慜學攝身
常順思言　是到不死　行滅得安
非務勿學　是務宜行　已知可念
則漏得滅　見法利身　夫到善方
知利建行　是謂賢明　起覺義者
學滅以固　善滅自恣　損而不興
是向以强　是學得中　從是解義
宜憶念行　學先斷母　率君二臣
廢諸營從　是上道人　學無多類
不得善友　寧獨守善　不與愚偕
樂戒學行　奚用伴為　獨善無憂
如空野象　戒聞俱善　二者孰賢
方戒稱聞　宜諦學行　學先護戒
開閉必固　施而無受　勤行勿臥
若人壽百歲　邪學志不善　不如生一日
精進受正法　若人壽百歲　奉火修異述
不如須臾敬　事戒者福稱　能行說之可
不能勿空語　虛偽無誠信　智者所屏棄
學當先求解　觀察別是非　受諦應誨彼
慧然不復惑　被髮學邪道　草衣內貪濁
曚曚不識真　如聾聽五音　學能捨三惡
以藥消衆毒　健夫度生死　如蛇脫故皮

學而多聞　持戒不失　滿世見譽
所願者得　學而寡聞　持戒不完
滿世受痛　喪其本願　夫學有二
常親不聞　安諦解義　雖困不邪
稊稗害禾　多欲妨學　耘除衆惡
成收必多　慮而後言　辭不强梁
法說義說　言而莫違　善學無犯
畏法曉忌　見微知著　戒無後患
遠捨罪福　務成梵行　終身自攝
是名善學

多聞品法句經第三

十有九章多聞品者亦勸文學積聞
成聖自致正覺

多聞能持固　奉法為垣牆　精進難踰毀
從是戒慧成　多聞令志明　已明智慧增
智則博解義　見義行法安　多聞能除憂
能以定為歡　善說甘露法　自致得泥洹
聞為知法律　解疑亦見正　從聞捨非法
行到不死處　為能師現道　解疑令學明
亦興清淨本　能奉持法藏　能攝為解義
解則義不穿　受法猗法者　從是疾得安
若多少有聞　自大以憍人　是如盲執燭
炤彼不自明　夫求爵位財　尊貴升天福

辯決世間悍　斯聞為第一　帝王聘禮聞
天上天亦然　聞為第一藏　最富旅力强
智者為聞屈　好道者亦樂　王者盡心事
雖釋梵亦然　仙人常敬聞　況貴巨富人
是以慧為貴　可禮無過是　事日為明故
事父為恩故　事君以力故　聞故事道人
人為命事醫　欲勝依豪强　法在智慧處
福行世世明　察友在為謀　別伴在急時
觀妻在房樂　欲知智在說　聞能今世利
妻子昆弟友　亦致後世福　積聞成聖智
是能散憂恚　亦除不祥衰　欲得安隱吉
當事多聞者　斫創無過憂　射箭無過愚
是壯莫能拔　唯從多聞除　盲從是得眼
闇者從得燭　亦導世間人　如日持無目
是故可捨癡　離慢豪富樂　務學事聞者
是名積聚德

篤信品法句經第四

十有八章篤信品者立道之根果於
因正見行不迴傾

信慚戒意財　是法雅意譽　斯道明智說
如是昇天世　愚不修天行　亦不譽布施
信施助善者　從是到彼安　信者真人長
念法所住安　近者意得上　知壽壽中賢

信能得道　法得滅度　從聞得智
所到有明　信能度淵　攝為船師
精進除苦　慧到彼岸　士有信行
為聖所譽　樂無為者　一切縛解
信之與戒　慧意能行　健夫度恚
從是脫淵　信使戒誠　亦受智慧
在在能行　處處見養　比方世別
慧信為明　是財上寶　家產非常
欲見諸真　樂聽講法　能捨慳垢
此之為信　信能度河　其福難奪
能禁止盜　野沙門樂　無信不習
如剝正言　如拙取水　掘泉揚泥
賢夫習智　樂仰清流　如善取水
思令不擾　信不染他　唯賢與人
可好則學　非好則遠　信為我輦
莫知我載　如大馬調　自調最勝
信財戒財　慚愧亦財　聞則施財
慧為七財　從信守戒　常淨觀法
慧而利行　奉教不忘　生有此財
不問男女　終已不貧　賢者識真

戒慎品法句經第五

十有六章戒慎品者授與善道禁制邪非後無所悔也

人而常清　奉律至終　淨修善行
如是戒成　慧人護戒　福致三寶
名聞得利　後上天樂　常見法處
護戒為明　得成真見　輩中吉祥
持戒者安　令身無惱　夜臥恬淡
寤則常歡　修戒布施　作福為福
從是適彼　常到安處　何終為善
何善安止　何為人寶　何盜不取
戒終老安　戒善安止　慧為人寶
福盜不取　比丘立戒　守攝諸根
食知自節　悟意令應　以戒降心
守意正定　內學正觀　無忘正智
明哲守戒　內思正智　行道如應
自清除苦　蠲除諸垢　盡慢勿生
終身求法　勿暫離聖　戒定慧解
是當善惟　都已離垢　無禍除有
著解則度　餘不復生　越諸魔界
如日清明　狂惑自恣　已常外避
戒定慧行　求滿勿離　持戒清淨
心不自恣　正智已解　不覩邪部
是往吉處　為無上道　亦捨非道
離諸魔界

惟念品法句經第六

十有二章惟念品者守微之始內思安般必解道紀

出息入息念　具滿諦思惟　從初竟通利
安如佛所說　是則照世間　如雲解月現
起止學思惟　坐臥不廢忘　比丘立是念
前利後則好　始得終必勝　逝不覩生死
若現身所念　六更以為最　比丘常一心
便自知泥洹　已有是諸念　自身常建行
若其不如是　終不得意行　是隨本行者
如是度愛勞　若能悟意念　智解一心樂
應時等行法　是度生死惱　比丘悟意行
當令應是念　諸念生死棄　為能作苦際
常當聽微妙　自覺悟其意　能覺者為賢
終始無所會　以覺意能應　日夜務學行
當解甘露要　令諸漏得盡　天人得善利
乃來自歸佛　是故當晝夜　常念佛法眾
已知自覺意　是為佛弟子　常當晝夜念
佛與法及僧　念身念非常　念戒布施德
空不願無相　晝夜當念是

慈仁品法句經第七

十有八章慈仁品者是謂天人聖人所履德普無量

為人不殺　常能攝身　是處不死

所適無患　不煞為人　慎言守心
是處不死　所適無患　彼乱已整
守以慈仁　見怒能忍　是為梵行
至誠安徐　口無麁言　不瞋彼所
是謂梵行　垂拱無為　不害衆生
無所嬈惱　是應梵行　常以慈哀
淨如佛教　知足知止　是度生死
少欲好學　不惑於利　仁而不犯
世上所稱　仁壽無犯　不興變快
人為諍擾　慧以默安　普憂賢友
哀加衆生　常行慈心　所適者安
仁儒不邪　安止無憂　上天衛之
智者樂慈　晝夜念慈　心無剋伐
不害衆生　是行無仇　不慈則煞
違戒言忘　過不與他　不觀衆生
酒致失志　為放逸行　後墮無擇獄　不真惡道
履仁行慈　博愛濟衆　有十一譽
福常隨身　臥安覺安　不見惡夢
天護人愛　不毒不兵　水火不喪
在所得利　死昇梵天　是為十一
若念慈心　無量不廢　生死漸薄
得利度世　仁無乱志　慈最可行
愍傷衆生　此福無量
假令盡壽命　懃事天下人　象馬以祠天
不如行一慈

言語品法句經第八

十有二章言語者所以戒口發說談論當用道理

若言罵詈　愓陵蔑人　興起是行
疾怨滋生　遜言順辭　尊敬於人
棄結忍惡　疾怨自滅　夫士之生
斧在口中　所以斬身　由其惡言
諍為少利　如掩失財　從彼到諍
令意向惡
譽惡惡所譽　是二俱為惡　好以口儈鬪
是後皆無安　無道墮惡道　自增地獄苦
遠愚修忍意　念諦則無犯　從善得解脫
為惡不得解　善解者為賢　是為脫惡惱
解自抱損惡　不躁言得中　義說如法說
是言柔軟甘　是以言語者　必使已無患
亦不剋衆人　是為能善言　言使意投可
亦令得歡喜　不使至惡意　出言衆悉可
至誠甘露說　如法而無過　諦如義如法
是為近道立　說如佛言者　是吉得滅度
為能作法除　是謂言中上

雙要品法句經第九

二十有二章雙要品者兩兩相明善惡有對舉義不單

心為法本　心尊心使　中心念惡
即言即行　罪苦自追　車轢為轍
心為法本　心尊心使　中心念善
即言即行　福自追身　如影隨形
隨乱意行　拘愚入冥　自大無法
何解善言　隨正意行　開解清明
不為妬嫉　慈達善言　慍於怨者
未常無怨　不慍自除　是道可宗
不好責彼　務自省身　如有知此
永滅無患　行見行淨　不攝諸根
飲食不節　慢墮怯弱　為邪所制
如風靡草　觀身不淨　能攝諸根
食知節度　常樂精進　不為邪動
如風大山　不吐毒態　欲心馳騁
未能自調　不應法衣　能吐毒態
戒意安靜　降心已調　此應法衣
以真為偽　以偽為真　是為邪計
不得真利　知真為真　見偽知偽
是為正計　必得真利　蓋屋不密
天雨則漏　意不惟行　淫泆為穿
蓋屋善密　雨則不漏　攝意惟行
淫泆不生　鄙夫染人　如近臭物

漸迷習非　不覺成惡　賢夫染人
如近香熏　進智習善　行成潔芳
造憂後憂　行惡兩憂　彼憂惟懼
見罪心懅　造喜後喜　行善兩善
彼喜惟歡　見福心安　今悔後悔
為惡兩悔　厥為自殃　受罪熱惱
今歡後歡　為善兩歡　厥為自祐
受福悅豫　巧言多求　放蕩無戒
懷婬怒癡　不惟止觀　聚如群牛
非佛弟子　時言少求　行道如法
除婬怒癡　覺正意解　見對不起
是佛弟子

放逸品法句經第十

有二十章放逸品者引律戒情防邪撿失以道勸賢

戒為甘露道　放逸為死徑　不貪則不死
失道為自喪　慧智守道勝　終不為放逸
不貪致歡喜　從是得道樂　常當惟念道
自強守正行　健者得度世　吉祥無有逸
正念常興起　行淨惡易滅　自制以法壽
不犯善名增　發行不放逸　約以自調心
慧能作定明　不返冥淵中　愚人意難解
貪亂好諍訟　上智常重慎　護斯為寶尊

莫貪莫好諍　亦莫嗜欲樂　思心不放逸
可以獲大安　放逸如自禁　能却之為賢
已昇智慧閣　去危為即安　明智觀於愚
譬如山與地
居亂而身正　彼為獨覺悟　是力過師子
棄惡為大智　睡眠重若山　癡冥為所弊
安臥不計苦　是以常受胎　不為時自恣
能制漏得盡　自恣魔得便　如師子搏鹿
能不自恣者　是為戒比丘　彼思正淨者
常當自護心　比丘謹慎樂　放逸多憂愆
變諍小致大　積惡入火焚　守戒福致善
犯戒有懼心　能斷三界漏　此乃近泥洹
若前放逸　後能自禁　是炤世間
念定其宜　過失為惡　追覆以善
是炤世間　念善其宜　少壯捨家
盛修佛教　是炤世間　如月雲消
人前為惡　後止不犯　是炤世間
如月雲消　生不施惱　死而不慼
是見道悍。應中勿憂　斷濁黑法
學惟清白　度淵不反　棄猗行止
不復染樂　欲斷無憂

心意品法句經第十一

十有二章心意品者說意精神雖空無形造作無竭

意使於卷　難護難禁　慧正其本
其明乃大　輕躁難持　唯欲是從
制意為善　自調則寧　意微難見
隨欲而行　慧常自護　能守即安
獨行遠逝　覆藏無形　損意近道
魔繫乃解　心無住息　亦不知法
迷於世事　無有正智　念無適止
不絕無邊　福能遏惡　覺者為賢
佛說心法　雖微非真　當覺逸意
莫隨放心　見法寂安　所願得成
慧護微意　斷苦因緣　有身不久
皆當歸土　形壞神去　寄住何貪
心豫造處　往來無端　念多邪辟
自為招惡　是意自造　非父母為
可勉向正　為福勿迴　藏六如龜
防意如城　慧與魔戰　勝則無患

華香品法句經第十二

十有七章華香品者明學當行因華見實使偽反真

孰能擇地　捨鑑取天　誰說法句
如擇善華　學者擇地　捨鑑取天
善說法句　能採得華　知世坏喻

幻法忽有　斷魔華敷　不覩生死
見身如沫　幻法自然　斷魔華敷
不覩生死　身病則委　若華零落
死命来至　如水湍聚　貪欲無厭
消散人念　邪致之財　為自侵欺
如蜂集華　不嬈色香　但取味去
仁入聚然　不務觀彼　作與不作
常自省身　知正不正　如可意華
色好無香　吾語如是　不行無得
如可意華　色美且香　吾語有行
必得其福　多作寶花　結步瑤綺
廣積德者　所生轉好　綺草芳花
不逆風熏　近道敷開　德人遍香
旃檀多香　青蓮芳花　雖曰是真
不如戒香　華香氣微　不可謂真
持戒之香　到天殊勝　戒具成就
行無放逸　定意度脫　長離魔道
如作田溝　近于大道　中生蓮華
香潔可意　有生死然　凡夫處邊
慧者樂出　為佛弟子
闇愚品法句經第十三
二十有一章　愚闇品者將以開曚故
陳其態欲使闚明

不寐夜長　疲惓道長　遇生死長
莫知正法　癡意常冥　逝而流川
在一行彊　獨而無偶　愚人著數
憂慼久長　與愚居苦　於我由怨
有子有財　愚惟汲汲　我且非我
何憂子財　暑當止此　寒雪止此
愚多務慮　莫知来變　愚曚愚極
自說我智　愚而勝智　是謂極愚
頑闇近智　如瓢斟味　雖久狎習
猶不知法　開達近智　如舌嘗味
雖須臾習　即解道要　愚人施行
為身招患　快心作惡　自致重殃
行為不善　退見悔悋　致涕流面
報由宿習　行為德善　進覩歡喜
應来受福　喜喚悅習　過罪未熟
愚以恬惔　至其熟處　自受大罪
愚所望處　不謂適苦　臨墮厄地
乃得不善　愚蠢作惡　不能自解
殃追自焚　罪成熾燃　愚好美食
月月滋甚　於十六分　未一思法
愚生念慮　至終無利　自招刀杖
報有印章
觀處知其愚　不施而廣求　所墮無道智

往往有惡行　遠道近欲者　為食在學名
貪猗家居故　多取供異性　學莫墮三望
莫作家沙門　貪家違聖教　為後自匱乏
此行與愚同　但令欲慢增　利求之願異
求道意亦異　是以有識者　出為佛弟子
棄愛捨世習　終不墮生死
明哲品法句經第十四
十有七章　明哲品者舉智行者修福
進道法為明鏡
深觀善惡　心知畏忌　畏而不犯
終吉無憂　故世有福　念愚紹行
善致其願　福祿轉勝　信善作福
積行不厭　信知陰德　久而必彰
常避無義　不親愚人　思從賢友
狎附上士　喜法臥安　心悅意清
聖人演法　慧常樂行　仁人智者
齋戒奉道　如星中月　照明世間
弓工調角　水人調船　材匠調木
智者調身　譬如厚石　風不能移
智者意重　毀譽不傾　譬如深淵
澄淨清明　慧人聞道　心淨歡然
大人體無欲　在所照然明　雖或遭苦樂
不高現其智　大賢無世事　不願子財國

常守戒慧道　不貪邪富貴　智人知動搖
譬如沙中樹　朋友志未强　隨色染其素
世皆度船　解剋度岸　如或有人
欲度必奔　誠貪道者　覽受正教
此近彼岸　脫死為上　斷五陰法
靜思智慧　不反入船　棄猗其明
抑制情欲　絕樂無為　能自拯濟
使意為慧　學取正智　意惟正道
一心受諦　不起為樂　漏盡習除
是得度世

羅漢品法句經第十五

有十章羅漢品者真人性脫欲無著心不渝變

去離憂患　脫於一切　縛結已解
冷而無煖　心淨得念　無所貪樂
已度癡淵　如鴈棄池　量腹而食
無所藏積　心空無想　度衆行地
如空中鳥　遠逝無碍　世間習盡
不復仰食　虛心無患　已到脫處
譬如飛鳥　暫下輒逝　制想從正
如馬調御　捨憍慢習　為天所敬
不怒如地　不動如山　真人無垢
生死世絕　心已休息　言行亦正

從正解脫　寂然歸滅　棄欲無著
缺三界障　婬意已絕　是謂上人
在聚若野　平地高岸　應真所過
莫不蒙祐　彼樂空閑　衆人不能
快哉無婬　無所欲求

述千品法句經第十六

十有六章述千品者示學者徑多而不要不如約明

雖誦千言　句義不正　不如一要
聞可滅意　雖誦千言　不義何益
不如一義　聞行可度　雖多誦經
不解何益　解一法句　行可得道
千千為敵　一夫勝之　未若自勝
為戰中上　自勝最賢　故曰人雄
護意調身　自損至終　雖曰尊天
神魔梵釋　皆莫能勝　自勝之人
月千反祠　終身不輟　不如須臾
一心念法　一念道福　勝彼終身
雖終百歲　奉事火祠　不如須臾
供養三尊　一供養福　勝彼百千
祭神以求福　從後觀其報　四分未望一
不如礼賢者　能善行礼節　常敬長老者
四福自然增　色力壽而安　若人壽百歲

遠正不持戒　不如生一日　守戒正意禪
若人壽百歲　邪偽無有智　不如生一日
一心學正智　若人壽百歲　懈怠不精進
不如生一日　勉力行精進　若人壽百歲
不知成敗事　不如生一日　見微知所忌
若人壽百歲　不見甘露道　不如生一日
服行甘露味　若人壽百歲　不知大道義
不如生一日　學推佛法要

惡行品法句經第十七

二十有二章惡行品者感切惡人動有罪報不行無患

見善不從　反隨惡心　求福不正
反樂邪婬　凡人為惡　不能自覺
愚癡快意　令後鬱毒　凶人行虐
沉漸數數　快欲為之　罪報自然
吉人行德　相隨積增　甘心為之
福應自然　妖孽見福　其惡未熟
至其惡熟　自受罪虐　貞祥安禍
其善未熟　至其善熟　必受其福
擊人得擊　行怨得怨　罵人得罵　施怒得怒
世人無聞　不知正法　生此壽少
何宜為惡　莫輕小惡　以為無殃
水滴雖微　漸盈大器　凡罪充滿
從小積成　莫輕小善　以為無福

水渧雖微　漸盈大器　凡福充滿
從纖纖積　夫士為行　好之與惡
各自為身　終不敗亡　好取之士
自以為可　没取彼者　人亦没之
惡不即時　如搆牛乳　罪在陰伺
如灰覆火　戲笑為惡　已作身行
蹄泣受報　隨行罪至　作惡不覆
如兵取截　牽往乃知　已墮惡行
後受苦報　如前所習
如毒摩瘡　船入洄澓　惡世流行
靡不傷尅
加惡輕罔人　清白猶不汙　愚殃反自及
如塵逆風坌　過失犯非惡　能追悔為善
是明照世間　如日無雲曀　大士以所行
然後身自見　為善則得善　為惡則得惡
有識墮胞胎　惡者入地獄　行善上昇天
無為得泥洹　非空非海中　非隱山石間
莫能於此處　避免宿惡殃　衆生有苦惱
不得免老死　唯有仁智者　不念人非惡

刀杖品法句經第十八

十有四章　刀杖品者教習慈仁無行
刀杖賊害衆生
一切皆懼死　莫不畏杖痛　恕己可為譬

勿殺勿行杖　能常安群生　不加諸楚毒
現世不逆害　後世長安隱
不當麤言　言當畏報　惡往禍來
刀杖歸歐　出言以善　如叩衆磬
身無論議　度世則易　歐杖良善
妄讒無罪　其殃十倍　災迅無救
生受酷痛　形體毀折　自然惱病
失意恍惚　人所誣咎　或縣官厄
財産耗盡　親戚離別　舍宅所有
焰火焚燒　死入地獄　如是為十
雖倮剪髮　杖服草衣　沐浴踞石
奈疑結何　不伐殺燒　亦不求勝
仁愛天下　所適無怨　世黨有人
能知慚愧　是名誘進　如策良馬
如策善馬　進道能遠　人有信戒
定意精進　受道慧成　便滅衆苦
自嚴修以法　滅損受淨行　杖不加群生
是沙門道人　無害於天下　終身不遇害
常慈於一切　孰能以為怨

老耗品法句經第十九

十有四章　老耗品者悔人懃仂不與
命競老悔何益
何喜何笑　命常熾燃　深弊幽冥

如不求錠　見身形範　倚以為安
多想致病　豈知不真　老則色衰
病無光澤　皮緩肥縮　死命近促
身死神從　如御棄車　肉消骨散
身何可怙　身為如城　骨幹肉塗
生至老死　但藏恚慢　老則形變
喻如故車　法能除苦　宜以仂學
人之無聞　老若特牛　但長肌肥
無有福慧　生死無聊　往來艱難
意猗貪身　生苦無端　慧以見苦
是故棄身　滅意斷行　受盡無生
不修梵行　又不富財　老如白鷺
守斯空池　既不守戒　又不積財
老羸氣竭　思故何逮　老如秋葉
行穢鑑録　命盡脫至　乏用後悔
命欲日夜盡　乃時可懃力　世間諦非常
莫惑墮冥中　當學燃意燈　自練求智慧
離垢勿染汙　執燭觀道地

愛身品法句經第二十

十有三章　愛身品者所以勸學終有
益已滅罪興福
自愛身者　慎護所守　悕望欲解
學正不寐　身為第一　常自勉學

利乃誨人　不惓則智　學先自正
然後正人　調身入慧　必遷為上
身不能利　安能利人　心調體正
何願不正　本我所造　後我自受
為惡自更　如剛鑽珠　人不持戒
滋蔓如藤　逞情極欲　惡行日增
惡行危身　愚以為易　善最安身
愚以為難　如真人教　以道法身
愚者疾之　見而為惡　行惡得惡
如種苦種　惡自受罪　善自受福
亦各須熟　彼不自代　習善得善
亦如種甜　自利利人　益而不費
欲知利身　戒聞為最　如有自憂
欲生天上　敬樂聞法　當念佛教
凡用必豫慮　勿以損所務　如是意日修
事務不失時　夫治帝之士　能至終成利
真見身應行　如是得所欲

世俗品法句經第二十一

十有四章世俗品者說世幻夢當捨淳
華勉情道用

如車行道　捨平大塗　從邪徑敗
生折軸憂　離法如是　從非法增
愚守至死　亦有折患　順行正道

勿隨邪業　行法卧安　世世無患
万物如泡　意如野馬　居世若幻
奈何樂此　若能斷此　伐其樹根
日夜如是　必至于定　一施如信
如樂之人　或從惱意　以飰食衆
此輩日夜　不得定意
世俗無眼　莫見道真　如少見明
當養善意　如鴈將群　避羅高翔
明人導世　度脫邪衆世皆有死　三界無安諸天雖樂
福盡亦喪　觀諸世間　無生不終
欲離生死　常行道真　癡覆天下
貪令不見　邪疑却道　苦愚行是
一法脫過　謂妄語人　不免後世
靡惡不更
雖得積珍寶　崇高至于天　如是滿世間
不如見道迹　不善像如善　愛如似無愛
以苦為樂像　狂夫為所致

法句經卷上

法句經序

曇鉢偈者衆經之要義曇之言法鉢者句也而法句經別有數部有九百偈或七百偈及五百偈偈者經語猶詩頌也是佛見事而作非一時言各有本末布在諸經佛一切智厥性大仁愍傷天下出興于世開現道義所以解人九十二部經摠括其要別為數部四部阿鋡佛去世後阿難所傳卷無大小皆稱聞如是處佛所在究暢其說是後五部沙門各自鈔衆經中四句六句之偈比次其義條別為品於十二部經靡不斟酌無所適名故曰法句夫諸經為法言法句者猶法言也近世葛氏傳七百偈偈義致深譯人出之頗使其渾惟佛難值其法難聞又諸佛興皆在天竺天竺言語與漢異音云其書為天書語為天語名物不同傳實不易唯昔藍調安侯世高都尉佛調譯梵為晉實得其體斯已難繼後之傳者雖不能審猶尚貴其實粗得大趣始者維祇難出自天竺以黃武三年來適武昌僕從受此五百偈本請其同道竺將炎為譯將炎雖善天竺語未備曉漢其所傳言或得梵語或以義出音近質直僕初嫌其為詞不雅維祇難曰佛言依其義不用飾取其法不以嚴其傳經者令易曉勿失厥義是則為善

座中咸曰老氏稱美言不信信言不美仲尼亦云書不盡言言不盡意明聖人意深邃無極今傳梵義實宜徑達是以自偈受譯人口因順本旨不加文飾譯所不解即闕不傳故有脫失多不出者然此雖詞朴而旨深文約而義博事均衆經章有本故句有義說其在天竺始進業者不學法句謂之越序此乃始進者之鴻漸深入者之奧藏也可以啓矇辯惑誘人自立學之功微而所包者廣寔可謂妙要也哉昔傳此時有所不出會將炎來更從諮問受此偈等復得十三品并校往古有所增定第其品目合爲一部三十九篇大凡偈七百五十二章都九一萬四千五百八十字庶有補益共廣聞焉

法句經卷上

校勘記

一　底本，金藏廣勝寺本。

一　此經，資、磧、普、南、徑、清於卷前、麗於卷後載有經序一篇，茲據明永樂南藏本附録於卷末並校以麗藏本。

一　二五八頁中一行經名，資、磧作「佛說法句經卷上」。

一　二五八頁中二行撰者，徑作「尊者法救造」。

一　二五八頁中八行第二字「記」，資、磧、普、南、徑、清作「集」。

一　二五八頁中一三行第八字「去」，徑、清作「一」。

一　二五八頁中一六行「榮穽」，資、磧、普、南、徑、清作「縈穽」；麗作「帶穽」。

一　二五八頁中一七行「生老」，諸本（不含石，下同）作「生者」。

一　二五八頁下一行「是以日過」，諸本作「是日已過」。

一　二五八頁下二行「目壞」，諸本作「自壞」。

一　二五八頁下三行「自然」，磧、普、南、徑、清作「其然」。

一　二五八頁下一一行第一〇字「非」，諸本作「作」。又第一三字「合」，諸本作「令」。

一　二五八頁下一二行「自淨」，磧、普、南、徑、清作「自静」。

一　二五八頁下一四行「教學品法句經第二」，資、磧、普、南作「法句經教學品第二」；徑、清作「教學品第二」。

一　二五八頁下一七行第二字「哉」，資、磧、普、南、徑、清作「起」。又「蠃蜂蝎」，諸本作「螺蜂蠹」。

一　二五八頁下一八行第一二字「而」，麗作「如」。

一　二五八頁下二〇行第二字「仁」，南、徑、清作「人」。

一　二五八頁下二一行第三字「覺」，

諸本作「學」。

一　二五九頁上三行「常順思言」，資作「常順斯言」；磧、普、南、徑、清、麗作「常慎思言」。

一　二五九頁上六行第三字「建」，麗作「健」。

一　二五九頁上一〇行「多類」，磧、普、南、徑、清、麗作「朋類」。

一　二五九頁上一一行末字「階」，諸本作「偕」。

一　二五九頁上一五行「開閉」，資、磧、普、南、徑、清作「關閉」。又「勤行」，資、磧、普、南、徑、清作「力行」；麗作「仂行」。

一　二五九頁上一六行「一日」，資、磧、普作「一月」。

一　二五九頁上一七行末字「述」，諸本作「術」。

一　二五九頁上一八行第五字「敬」，麗作「頃」。又第一〇字「稱」，資、磧、普、南、徑、清作「勝」。

一　二五九頁上二〇行第一三字「應」，資、磧、普、南、徑、清作「能」。

一　二五九頁上二二行「曚曚」，資、磧、普、南、徑、清作「矇矇」。又第一一字「學」，資、磧、普、南、徑、清作「覺」。

一　二五九頁中一行「滿世」，磧、普、南、徑、清、麗作「兩世」。三行同。

一　二五九頁中四行「不聞」，諸本作「多聞」。

一　二五九頁中八行第四字「忌」，資、磧、普、南、徑、清作「認」。又第八字「著」，麗作「者」。

一　二五九頁中一一行品名下經名「法句經」，資、磧、普、南、徑、清無。以下各品（不含第十五品）例同。

一　二五九頁中一二行第一一字「文」，麗作「聞」。

一　二五九頁中一四行第八字「墻」，諸本無。又第一五字「喻」，麗作「踰」。

一　二五九頁中一八行「法律」，磧、普、徑、清作「律法」。又「能疑」，諸本作「解疑」。

一　二五九頁中一九行「現道」，資作「思道」；磧、普、南、徑、清作「見道」。

一　二五九頁中二一行第三字「義」，磧、普、南、徑、清作「戒」。

一　二五九頁下一行第二字「决」，麗作「慧」。

一　二五九頁下二行「撿刀」，資、磧、普、南、徑、清作「膂力」；麗作「旅力」。

一　二五九頁下四行第八字「常」，資、磧、普、南、徑、清作「尚」。

一　二五九頁下六行第四字「恩」，清作「息」。

一　二五九頁下九行第一二字「能」，南、徑、清、麗作「爲」。

一　二五九頁下一一行第五字「恚」，磧、南、徑、清作「患」。

一　二五九頁下一四行「亦導世間人」，資、磧、普、南、徑、清作「示導世間人」；麗作「亦導世間人」。又「如日持無目」，諸本作「如目將無目」。

一　二五九頁下一九行「因正見行不迴傾」，資、磧、普、南、徑、清作「見正行不回顧」。

一　二五九頁下二〇行「雅意」，麗作「雅士」。

一　二五九頁下末行第四字「住」，磧、普、南、徑、清作「信」。

一　二六〇頁上一行第六字「得」，諸本作「致」。

一　二六〇頁上七行末字「別」，磧、普、南、徑、清、麗作「利」。

一　二六〇頁上一二行首字「如」，諸本作「好」。又第九字「掘」，磧作「渥」；南、徑、清作「淈」。

一　二六〇頁上一六行第三字「我」，麗作「斯」。

一　二六〇頁上一七行第一〇字「則」，諸本作「財」。

一　二六〇頁上一九行第三字「利」，磧、徑、清作「履」。又第六字「教」，麗作「敬」。

一　二六〇頁上二二行「梵制」，諸本作「禁制」。

一　二六〇頁中一二行「正觀」，資、磧、普、南、徑、清作「止觀」。

一　二六〇頁中一三行第二字「誓」，諸本作「哲」。

一　二六〇頁中一八行末字「避」，磧、普作「僻」。

一　二六〇頁下三行第一四字「通」，磧、普、南、徑、清作「適」。

一　二六〇頁下六行第五字「好」，麗作「勝」。又「逝不覩」，資作「誓不覩」；磧、普、南、徑、清作「誓不願」。

一　二六〇頁下七行「若現身所念」，麗作「若見身所住」。

一　二六〇頁下八行「建行」，南、徑、清作「健行」。

一　二六〇頁下一一行「生死」，麗作「老死」。

一　二六〇頁下一二行「諸念」，資、磧、普、南、徑、清作「諸欲」。

一　二六〇頁下一三行「徵妙」，諸本作「微妙」。

一　二六〇頁下一五行第一一字「天」，諸本作「夫」。

一　二六〇頁下二一行「十有八章」，資、磧、普、南、徑、清作「十有九章」。又「天人」，資、磧、普、南、徑、清作「大仁」；麗作「大人」。

一　二六一頁上九行末字「快」，磧、普、南、徑、清作「狀」。

一　二六一頁上一〇行第一〇字「憂」，資、磧、普、南、徑、清作「愛」。

一　二六一頁上一五行第四字「忌」，諸本作「妄」。又「過不與他」，資、磧、普、南、徑、清作「愚不施與」。

一　二六一頁上一六行小字「無誠」，資、磧、普、南、徑、清作「無修」；麗作「無誠」。

一　二六一頁上末行「天下人」，磧、普、南、徑、清作「天下神」。

一　二六一頁中三行「言語者」，諸本作「言語品者」。

一　二六一頁中五行首字「若」，諸本作「惡」。又第五字「慢」，諸本作

「憍」。

一　二六一頁中九行「到諍」，諸本作「致諍」。

一　二六一頁中一一行第一四字「儈」，資作「快」；磧、普作「會」；南、徑、清作「噲」。

一　二六一頁中一五行「解自挹損惡」，麗作「解自抱損意」。

一　二六一頁中一七行「意投」，麗作「投意」。

一　二六一頁中二一行「法除」，資、磧、普、南、徑、清作「法際」；麗作「浩際」。

一　二六一頁下三行第一一字「爲」，磧、普、南、徑、清、麗作「于」。

一　二六一頁下五行「福自追身」，諸本作「福樂自追」。

一　二六一頁下九行「未常」，磧、普、南、徑、清、麗作「未嘗」。

一　二六一頁下一一行「行淨」，磧、普、南、徑、清、麗作「身淨」。

一　二六一頁下一二行「怯愵」，諸本作「怯弱」。

一　二六二頁上二行第二字「近」，資、磧、普、南、徑、清作「附」。

一　二六二頁上三行第九字「彼」，資作「後」。

一　二六二頁上四行末字「善」，諸本作「[illegible]」。

一　二六二頁上七行「今勸後勸　爲善兩勸」，資、磧、普、南、徑、清作「今歡後歡　爲善兩歡」。

一　二六二頁上一九行末字「逸」，諸本作「上」。

一　二六二頁上二二行「定明」，資、磧、普、南、徑、清作「錠明」。

一　二六二頁上末行「常重」，資、磧、普、南、徑、清作「當重」。

一　二六二頁中二行第一二字「却」，資、磧、普、南、徑、清作「覺」。

一　二六二頁中八行第一四字「搏」，徑作「博」。

一　二六二頁中九行「正淨者」，磧、普、南、徑、清作「正静者」。

一　二六二頁中一一行第一〇字「焚」，麗作「焰」。又末字「善」，磧、普、南、徑、清作「喜」。

一　二六二頁中一八行「死而」，磧、普、南、徑、清作「死時」。

一　二六二頁下一行「無竭」，磧、南、徑、清作「無端」。

一　二六二頁下二行「意使於卷」，資、麗作「意使作狗」；磧、普、南、徑、清作「意駛於嚮」。

一　二六二頁下六行「寑藏」，麗作「覆藏」。

一　二六二頁下一四行第二字「豫」，磧、南、徑、清作「務」。又第五字「牲」，磧、南、清作「住」。又「邪檗」，磧、普、南、徑、清、麗作「邪辟」。

一　二六二頁下一五行「招惡」，資、磧、普、南、徑、清作「招患」。

一　二六二頁下二一行「唯説法句」，諸本作「誰説法句」。

一　二六二頁下末行第七字「得」，諸本作「德」。

一　二六三頁上一行「生死」，磧、普、南、徑、清作「死生」。三行同。

一　二六三頁上三行第八字「委」，資、磧、普、南、徑、清作「痿」；麗作「萎」。

一　二六三頁上四行「滞聚」，資、磧、普、南、徑、清作「湍聚」；麗作「湍驟」。

一　二六三頁上九行「吾語」，麗作「工語」。一〇行同。

一　二六三頁上一一行「結步瑶綺」，資作「結玠瑶綺」；磧、普、南、徑、清作「結步摇奇」；麗作「結步摇綺」。

一　二六三頁上一二行「德者」，磧、普、徑作「德香」。又「綺草」，資、普作「琦草」；磧、南、徑、清、麗作「奇草」。

一　二六三頁上一三行第八字「聞」，諸本作「開」。又第一一字「遍」，資、麗作「逼」。

一　二六三頁上一六行第六字「天」，南、徑、清作「大」。

一　二六三頁上二二行「愚闇」，資、磧、普、南、徑、清作「闇愚」。又第一三字「曚」，資、磧、普、南、徑、清作「矇」，頁中七行第一〇字同。

一　二六三頁上末行第三字「態」，資、磧、普、南、徑、清作「然」。

一　二六三頁中一行第九字「遇」，諸本作「愚」。

一　二六三頁中二行第一〇字「而」，諸本作「如」。

一　二六三頁中三行「無偶」，南作「無生」。

一　二六三頁中四行「由怨」，南作「由此」；麗作「猶怨」。

一　二六三頁中六行第二字「憂」，資、磧、普、南、徑、清作「有」。又第一〇字「雪」，諸本作「當」。

一　二六三頁中七行「務慮」，資、磧、普、南、徑、清作「預慮」。又「愚曚」，資、磧、普、南、徑、清作「愚矇」。

一　二六三頁中八行「自說」，諸本作「自謂」。

一　二六三頁中一五行「喜嘆悦習」，資、磧、普、南、徑、清作「喜笑玩習」；麗作「喜笑悦習」。

一　二六三頁中一六行「熟處」，資、磧、普、南、徑、清作「熟時」。

一　二六三頁中一七行「厄地」，資、徑、清作「危地」。

一　二六三頁中一八行「乃得」，磧、普、南、徑、清、麗作「乃知」。

一　二六三頁中二〇行「月月」，資、磧、普、南、徑、清作「日月」。

一　二六三頁下二行「異性」，磧、普、南、徑、清、麗作「異姓」。又「三望」，麗作「二望」。

一　二六三頁下六行第二字「愛」，資、磧作「受」。

一　二六三頁下八行「十有七章」，麗無。又「舉智」，資、磧、普、南、徑、清作「學念」。

一　二六三頁下一一行「念愚」，磧、普、南、徑、清作「貪思」；麗作「念思」。

一　二六三頁下一五行首字「狎」，麗作「押」。

一　二六三頁下一八行「材匠」，資、磧、

普、徑作「巧匠」。

一 二六三頁下二一行「澄淨」，諸本作「澄静」。

一 二六三頁下二二行第三字「體」，資作「禮」。

一 二六四頁上二行「朋友志未強」，資、徑、清作「多有志求強」。

一 二六四頁上三行第三字「度」，磧、普、南、徑、清、麗作「没」。又「鮮剋」，資作「解剋」；磧、普、徑、清作「尠克」；南作「尠少」。

一 二六四頁上四行「賢受」，磧、普、南、徑、清作「攪」；麗作「覽受」。

一 二六四頁上一一行「言法句經」，資、磧、普、南、徑、清無；麗作「法句經」。

一 二六四頁上一二行第八字「真」，徑、清作「應真」；麗作「言真」。

一 二六四頁上一九行第二字「後」，諸本作「復」。又第一〇字「到」，資、磧、普、南、徑、清作「致」。

一 二六四頁上二〇行「制想從正」，資、磧、普、南、徑、清作「制根從正」；麗作「制根從止」。

一 二六四頁上二一行「慢慢」，諸本作「憍慢」。

一 二六四頁上末行末字「正」，磧、普、南、徑、清作「止」。

一 二六四頁中二行「媱意」，資、普、麗作「望意」。又「是謂」，資作「是說」。

一 二六四頁中三行「若野」，資、磧、普、南、徑、清作「在野」。

一 二六四頁中五行「無媱」，麗作「無望」。

一 二六四頁中一〇行「千言」，資、磧、普、南作「千章」；徑、清作「千意」。

一 二六四頁中一一行第八字「度」，南作「德」。

一 二六四頁中一二行末字「道」，南作「法」。

一 二六四頁中一五行「自損」，徑、清作「日損」。

一 二六四頁中一八行「道福」，磧、南、徑、清作「造福」。

一 二六四頁中二〇行「百千」，麗作「百年」。

一 二六四頁中二一行第八字「觀」，磧、普、南、徑、清作「望」。

一 二六四頁下八行第七字「惟」，麗作「推」。

一 二六四頁下一一行「不行」，資、磧、普、南、徑、清作「不得」。

一 二六四頁下一四行「令後欝毒」，資作「令微欝壽」。

一 二六四頁下一五行「爲之」，麗作「爲人」。

一 二六四頁下一八行「罪虐」，資、磧、普、南、徑、清作「罪酷」。又「貞祥安禍」，磧、普、南、清、麗作「貞祥見禍」；徑作「禎祥見禍」。

一 二六五頁上五行末字「祠」，資、磧、普、南、徑、清作「伺」。

一 二六五頁上七行末字「覆」，資、磧、普、南、徑、清作「起」。

一 二六五頁上八行第三字「取」，磧、

普、南、徑、清、麗作「所」。

一　二六五頁上一〇行「惡世流衍」；資、磧、普、南、徑、清作「惡行流懲」；麗作「惡行流衍」。

一　二六五頁上一一行首字「靡」，徑、清作「摩」。

一　二六五頁上一二行「加惡輕冈人」，資、磧、普、南、徑、清作「如惡誣罔人」；麗作「加惡誣罔人」。

一　二六五頁上一四行「大士以所行」，麗作「夫士所以行」。

一　二六五頁中二行「逆害」，諸本作「逢害」。

一　二六五頁中四行第四字「敺」，資作「駈」；磧、普、南、徑、清、麗作「軀」。又「衆磬」，麗作「鍾磬」。

一　二六五頁中五行第九字「歐」，磧、徑、清作「枉」。

一　二六五頁中六行「灾迅無救」，資作「災迂無救」；磧、普、南、徑、清作「災仇無赦」；麗作「災迅無赦」。

一　二六五頁中八行「誣咎」，資、磧、普、南、徑、清作「誣枉」。

一　二六五頁中一〇行首字「焰」，磧、普、南、徑、清、麗作「災」。

一　二六五頁中一一行「枚服」，資、磧、普、南、徑、清作「被服」；麗作「長服」。

一　二六五頁中一二行第二字「疑」，麗作「癡」。

一　二六五頁中一七行「修以法」，磧、普、南、徑、清、麗作「以修法」。又「滅損」，資、磧、普、南、徑、清作「減」。

一　二六五頁中一九行第八字「以」，麗作「與」。

一　二六五頁中二〇行「老毟品」，麗作「老耗品」。下同。

一　二六五頁中二一行「悔人懃仂」，資、磧、普、南、徑、清作「誨人勤力」；麗作「誨人懃仂」。

一　二六五頁中末行第五字「命」，資、磧、普、南、徑、清作「念」。

一　二六五頁下一行「如不求錠」，資、普作「如不求定」；磧、南、徑、清作「不如求定」。又第九字「倚」，資作「已」。

一　二六五頁下二行「不真」，麗作「非真」。

一　二六五頁下三行「肥縮」，諸本作「肌縮」。

一　二六五頁下四行「神從」，諸本作「神徙」。

一　二六五頁下六行第一〇字「則」，資、磧、普、南、徑、清作「如」。

一　二六五頁下七行「能除」，資作「除能」。又「仂學」，資、磧、普、南、徑、清作「力學」。

一　二六五頁下九行「福慧」，磧、南、徑、清作「智慧」。

一　二六五頁下一一行第九字「受」，諸本作「愛」。

一　二六五頁下一三行第二字「斯」，資作「思」；磧、普、南、徑、清、麗作「伺」。

一　二六五頁下一五行「行穢鑑錄」，

磧、普、南、清作「行穢襤縷」；徑作「行穢檻縷」；麗作「何穢鑑録」。又「命盡脱至」，磧、普、南、徑、清作「命疾脱生」；麗作「命疾脱至」。又「乏用後悔」，磧、普、南、徑、清作「不用後悔」；麗作「亦用後悔」。

一 二六五頁下一六行第六字「乃」，諸本作「及」。

一 二六五頁下二〇行「三章」，資、磧、普、南、徑、清作「四章」。

一 二六五頁下末行「身爲」，麗作「爲身」。

一 二六六頁上二行「然後」，資作「後如」；磧、普、徑、清作「如後」；南作「後後」。

一 二六六頁上四行「不正」，磧、南、徑、清、麗作「不至」。

一 二六六頁上五行第六字「剛」，資、磧、普、南、徑、清作「鋼」。

一 二六六頁上八行「法身」，磧、南、徑、清作「活身」。

一 二六六頁上九行「疾之」，資、磧、普作「病之」。

一 二六六頁上一一行「自伐」，磧、普、南、徑、清作「相代」；麗作「自代」。

一 二六六頁上一三行「自憂」，資、磧、普、南、徑、清作「自愛」。

一 二六六頁上一五行第三字「必」，磧作「心」。

一 二六六頁上一六行第八字「帝」，諸本作「事」。

一 二六六頁上二〇行第三字「情」，磧、普、南、徑、清、麗作「修」。

一 二六六頁中一行第六字「法」，麗作「住」。

一 二六六頁中二行「万物如泡」，資作「百物爲泡」；磧、普、南、徑、清作「萬物爲泡」。

一 二六六頁中九行小字右「三界無安」與左「世皆有死」，諸本前後互置。

一 二六六頁中一一行「常行」，諸本作「當行」。

一 二六六頁中一二行「苦愚行是」，南、徑、清作「若愚行是」；麗作「苦愚從是」。

一 二六六頁中一四行首字「靡」，徑作「魔」。

一 二六六頁中一五行「雖得」，諸本作「雖多」。又「嵩高」，資、磧、普、南、徑、清作「崇高」。

一 二六六頁中一七行末字「致」，麗作「猒」。

一 二六六頁下四行「經語」，麗作「結語」。

一 二六六頁下一二行第三字「夫」，麗無。

一 二六六頁下一四行「其法」，麗作「其文」。

一 二六六頁下一七行「釋梵爲晉」，麗作「譯梵爲秦」。

一 二六六頁下一八行「審猶尚貴其實」，麗作「密猶常貴其寶」。

一 二六六頁下二二行第八字「近」，麗作「迎」。

一 二六七頁上三行「徑達」，麗作「經

逵」。

一　二六七頁上四行「因順」，麗作「因修」。

一　二六七頁上六行第五字「均」，麗作「鈞」。又第一一字「故」，麗無。

一　二六七頁上一〇行「不出」，麗作「不解」。

一　二六七頁上一一行第七字「等」，麗作「革」。

一　二六七頁上一三行第八字至次行首字「都九一萬四千五百八十字」，麗無。

法句經卷下

尊者法救撰

吴天竺沙門維祇難等譯

述佛品法句經第二十二

二十有一章述佛品者道佛神德無不利度明為世則

已勝不受惡　一切勝世間　叡智廓無疆　開曚令入道

决网無罣㝵　愛盡無所積　佛意深無極　未踐迹令踐

勇健立一心　出家日夜滅　根斷無欲意　覺正念清明

見諦淨無穢　已度五道㴱　佛出照世間　為除衆憂苦

得生人道難　生壽亦難得　世間有佛難　佛法難得聞

我既無歸保　亦獨無伴侶　積一行得佛　自然通聖道

船師能渡水　精進為橋梁　人以種姓繫　度者為健雄

壞惡度為佛　止地為梵志　除饉為學法　斷種為弟子

觀行忍第一　佛說泥洹㝡　捨罪作沙門　無嬈害於彼

不嬈亦不惱　如戒一切持　少食捨身貪　有行幽隱處

意諦以有黠　是能奉佛教　諸惡莫作　諸善奉行

自淨其意　是諸佛教　佛為尊貴　斷漏無婬

諸釋中雄　壹群從心　快我福報　所願皆成

敏於上寂　自致泥洹　或多自歸　山川樹神

廟立圖像　祭祠求福　自歸如是　非吉非上

彼不能來　度我衆苦　如有自歸　佛法聖衆

道德四諦　必見正慧　生死極苦　從諦得度

度世八道　斯除衆苦　自歸三尊　㝡吉㝡上

唯獨有是　度一切苦　士如中正　志道不慳

利哉斯人　自歸佛者　明人難值　亦不比有

其所生處　族親蒙慶　諸佛興快　說經道快

衆聚和快　和則常安

安寧品法句經第二十三

十有四章安寧品者差次安危去惡即善快而不墮

我生已安　不慍於怨　衆人有怨　我行無怨

我生已安　不病於病　衆人有病　我行無病

我生已安　不慼於憂　衆人有憂　我行無憂

我生已安　清淨無為　以樂為食　如光音天

我生已安　澹泊無事　弥薪國火　安能燒我

勝則生怨

負則自鄙　去勝負心　無爭自安
熱無過婬　毒無過怒　苦無過身
樂無過滅　無樂小樂　小辯小慧
觀求大者　乃獲大安　我為世尊
長解無憂　正度三有　獨降衆魔
見聖人快　得依附快　得離愚人
為善獨快　守正道快　工說法快
與世無諍　戒具常快　依賢居快
如親親會　近仁智者　多聞高遠
壽命鮮少　而棄世多　學當取要
令至老安
諸欲得甘露　棄欲滅諦快　欲度生死苦
當服甘露味

好喜品法句經第二十四

十有二章好喜品者禁人多喜能不
貪欲則無憂患
違道則自順　順道則自違　捨義取所好
是為順愛欲　不當趣所愛　亦莫有不愛
愛之不見憂　不愛見亦憂　是以莫造愛
愛憎惡所由　已除縛結者　無愛無所憎
愛喜生憂　愛喜生畏　無所愛喜
何憂何畏　好樂生憂　好樂生畏
無所好樂　何憂何畏　貪欲生憂

貪欲生畏　解無貪欲　何憂何畏
貪法戒成　至誠知慚　行身近道
為衆所愛　欲態不出　思正乃語
心無貪愛　必截流渡　辭人久行
從遠吉還　親厚普安　歸來喜歡
好行福者　從此到彼　自受福祚
如親來喜　起從聖教　禁制不善
近道見愛　離道莫親　近與不近
所住者異　近道昇天　不近墮獄

忿怒品法句經第二十五

二十有六章忿怒品者見瞋恚害寬
弘慈柔天祐人愛
忿怒不見法　忿怒不知道　能除忿怒者
福喜常隨身　貪婬不見法　愚癡意亦然
除婬去癡者　其福第一尊
恚能自制　如止奔車　是為善御
棄冥入明　忍辱勝恚　善勝不善
勝者能施　至誠勝欺　不欺不怒
意不多求　如是三事　死則上天
常自攝身　慈心不殺　是生天上
到彼無憂　意常覺寤　明莫勤學
漏盡意解　可致泥洹　人相謗毀
自古至今　既毀多言　又毀訥訒

亦毀中和　世無不毀
欲意非聖　不能制中　一毀一譽
但為利名　明智所譽　唯稱是賢
慧人守戒　無所譏謗　如羅漢淨
莫而誣謗　諸人咨嗟　梵釋所稱
常守慎身　以護瞋恚　除身惡行
進修德行　常守慎言　以護瞋恚
除口惡言　誦習法言　常守慎心
以護瞋恚　除口惡念　思惟念道
節身慎言　守攝其心　捨恚行道
忍辱最強　捨恚離慢　避諸愛會
不著名色　無為滅苦　起而解怒
婬生自禁　捨不明健　斯皆得安
瞋斷臥安　恚滅婬憂　怒為毒本
耎意梵志　言善得譽　斷為無患
同志相近　詳為作惡　後別餘恚
火自燒惱　不知慚愧　無戒有怒
為怒所牽　不厭有務　有力近兵
無力近耎　夫忍為上　宜常忍羸
舉衆輕之　有力者忍　夫忍為上
宜常忍羸　自我與彼　大畏有三
如知彼作　宜滅己中　俱兩行義
我為彼教　如知彼作　宜滅己中

苦智勝愚　麁言惡說　欲常勝者
於言宜嘿　夫為惡者　怒有怒報
怒不報怒　勝彼鬬負

塵垢品法句經第二十六

十有九章塵垢品者分別清濁學當
絜白無行汙辱

生無善行　死墮惡道　往疾無間
到無資用　當求智慧　以然意錠
去垢勿汙　可離苦形　慧人以漸
安徐精進　洗除心垢　如工鍊金
惡生於心　還自壞形　如鐵生垢
反食其身
不誦為言垢　不勤為家垢　不嚴為色垢
放逸為事垢　慳為惠施垢　不善為行垢
今世亦後世　惡法為常垢
垢中之垢　莫甚於癡　學當捨惡
比丘無垢　苟生無恥　如烏長喙
强顏耐辱　名曰穢生　廉恥雖苦
義取清白　避辱不妄　名曰絜生
愚人好殺　言無誠實　不與而取
好犯人婦　逞心犯戒　迷惑於酒
斯人世世　自掘身本　人如覺是
不當念惡　愚近非法　久自燒沒

若信布施　欲揚名譽　會人虛飾
非入淨定　一切斷欲　截意根原
晝夜守一　必入定意　著始為塵
從染塵漏　不染不行　淨而離愚
見彼自侵　常內自省　行漏自欺
漏盡無垢
火莫熱於婬　捷莫疾於怒　网莫密於癡
愛流駛乎河　虛空無轍迹　沙門無外意
衆人盡樂惡　唯佛淨無穢　虛空無轍迹
沙門無外意　世間皆無常　佛無我所有

奉持品法句經第二十七

十有七章奉持品者解說道義法貴
德行不用貪侈

好經道者　不競於利　有利無利
無欲不惑　常愍好學　正心以行
擁懷寶慧　是謂為道　所謂智者
不必辯言　無恐無懼　守善為智
奉持法者　不以多言　雖素少聞
身依法行　守道不忘　可謂奉法
所謂老者　不必年耆　形熟髮白
惷愚而已　謂懷諦法　順調慈仁
明遠清絜　是為長老　所謂端政
非色如花　慳嫉虛飾　言行有違

謂能捨惡　根原已斷　慧而無恚
是為端政　所謂沙門　非必除髮
妄語貪取　有欲如凡　謂能止惡
恢廓弘道　息心滅意　是為沙門
所謂比丘　非持乞食　邪行婬彼
稱名而已　謂捨罪福　淨脩梵行
慧能破惡　是為比丘　所謂仁明
非口不言　用心不淨　外順而已
謂心無為　內行清虛　此彼寂滅
是為仁明　所謂有道　非救一物
普濟天下　無害為道　戒衆不言
我行多誠　得定意者　要由閑損
意解求安　莫習凡人　使結未盡
莫能得脫

道行品法句經第二十八

二十有八章道行品者旨說大要度
脫之道此為極妙

八直最上道　四諦為法迹　不婬行之尊
施燈必得眼　是道無復畏　見淨乃度世
此能壞魔兵　力行滅邪苦　我已開正道
為大現異明　已聞當自行　行乃解邪縛
生死非常苦　能觀見為慧　欲離一切苦
行道一切除　生死非常空　能觀見為慧

欲離一切苦　但當勤行道　起時當即起
莫如愚覆㓹　與墮無瞎聚　計罷不進道
念應念則止　念不應則邪　慧而不起邪
思正道乃成　慎言守意念　身不善不行
如是三行除　佛說是得道　斷樹無伐本
根在猶復生　除根乃無樹　比丘得泥洹
不能斷樹　親戚相戀　貪意自縛
如犢慕乳　能斷意本　生死無彊
是為近道　疾得泥洹　貪婬致老
瞋恚致病　愚癡致死　除三得道
釋前解後　脫中度彼　一切念滅
無復老死　人營妻子　不觀病法
死命卒至　如水湍驟　父子不救
餘親何望　命盡怙親　如盲守燈
慧解是意　可修經戒　勤行度世
一切除苦　遠離諸㓹　如風却雲
已滅思想　是為知見　智為世長
惔樂無為　知受正教　生死得盡
知衆行空　是為慧見　罷厭世苦
從是道除　知衆行苦　是為慧見
罷厭世苦　從是道除　衆行非身
是為慧見　罷厭世苦　從是道除
吾語汝法　愛箭為射　宜以自勗

受如來言
吾為都以滅　往來生死盡　非一情以解
所演為道眼　使流潮于海　潘水溪疾滿
故為智者說　可趣服甘露　前未聞法輪
轉為哀衆生　於是奉事者　礼之度三有
三念可念善　三亦難不善　從念而有行
滅之為正斷　三定為轉念　棄猗行無量
得三三窟除　解結可應念　知以戒禁惡
思惟慧樂念　已知世成敗　息意一切解
廣衍品法句經第二十九
十有四章廣衍品者言凡善惡積小
致大證應章句
施安雖小　其報弥大　慧從小施
受見景福　施勞於人　而欲望祐
殃各歸身　自遘廣怨　已為多事
非事亦造　伎樂放逸　惡習日增
精進惟行　習是捨非　修身自覺
是為正習　既自解慧　又多學問
漸進普廣　油酥投水　自無慧意
不好學問　凝縮狹小　酪酥投水
近道名顯　如高山雪　遠道闇昧
如夜發箭　為佛弟子　常寤自覺
晝夜念佛　惟法思衆　為佛弟子

常寤自覺　日暮思禪　樂觀一心
人當有念意　每食知自少　則是痛欲薄
節消而保壽　學難捨罪難　居在家亦難
會止同利難　艱難無過有　比丘乞求難
何可不自勉　精進得自然　後無欲於人
有信則戒成　從戒多致寶　亦從得諧偶
在所見供養　一坐一處卧　一行無放恣
守一以正身　心樂居樹間
地獄品法句經第三十
十有六章地獄品者道泥犁事作惡
受惡罪牽不置
妄語地獄近　作之言不作　二罪後俱受
是作自牽往　法衣在其身　為惡不自禁
苟沒惡行者　終則墮地獄　無戒受供養
理豈不自損　死噉燒鐵丸　然熱劇火炭
放逸有四事　好犯他人婦　卧險非福利
毀三淫泆四　不福利墮惡　畏而畏樂寡
王法重罰加　身死入地獄　譬如拔菅草
執緩則傷手　學戒不禁制　獄錄乃自賊
人行為慢墮　不能除衆勞　梵行有玷缺
終不受大福　常行所當行　自持必令强
遠離諸外道　莫習為塵垢　為所不當為
然後致鬱毒　行善常吉順　所適無悔悋

其於衆惡行　欲作若已作　是苦不可解
罪近難得避
妄證求賂　行已不正　怨譖良人
以枉治士　罪縛斯人　自投于坑
如備邊城　中外牢固　自守其心
非法不生　行缺致憂　令墮地獄
可羞不羞　非羞反羞　生為邪見
死墮地獄　可畏不畏　非畏反畏
信向邪見　死墮地獄　可避不避
可就不就　翫習邪見　死墮地獄
可近則近　可遠則遠　恒守正見
死墮善道

象喻品法句經第三十一

十有八章　象喻品者教人正身為善
得善福報快馬

我如象鬪　不恐中箭　當以誠信
度無戒人　譬象調正　可中王乘
調為尊人　乃受誠信　雖為常調
如彼新馳　亦最善象　不如自調
彼不能適　人所不至　唯自調者
能到調方
如象名財守　猛害難禁制　繫絆不與食
而猶暴逸象　沒在惡行者　恒以貪自繫

其象不知厭　故數入胞胎　本意為純行
及常行所安　悉捨降伏結　如鉤制象調
樂道不放逸　能常自護心　是為拔身苦
如象出于埳　若得賢能伴　俱行行善悍
能伏諸所聞　至到不失意　不得賢能伴
俱行行惡悍　廣斷王邑里　寧獨不為惡
寧獨行為善　不與愚為侶　獨而不為惡
如象驚自護　生而有利安　伴耎和為安
命盡為福安　衆惡不犯安　人家有母樂
有父斯亦樂　世有沙門樂　天下有道樂
持戒終老安　信正所正善　智慧最安身
不犯惡最安
如馬調耎　隨意所如　信戒精進
定法要具　明行成立　忍知意定
是斷諸苦　隨意所如　從是往定
如馬調御　斷恚無漏　是受天樂
不自放恣　從是多寤　羸馬比良
棄惡為賢

愛欲品法句經第三十二

三十有二章　愛欲品者賤婬恩愛世
人為此盛生災害

心放在婬行　欲愛增枝條　分布生熾盛
超躍貪果獼　以為愛忍苦　貪欲著世間

憂患日夜長　莚如蔓草生　人為恩愛惑
不能捨情欲　如是憂愛多　潺潺盈于池
夫所以憂悲　世間苦非一　但為緣愛有
離愛則無憂　已意安棄憂　無憂何有世
不憂不染求　不愛焉得安　有憂以死時
為致親屬多　涉憂之長塗　愛苦常墮危
為道行者　不與欲會　先誅愛本
無所植根　勿如刈葦　令心復生
如樹根深固　雖截猶復生　愛意不盡除
輙當還受苦　猨猴得離樹　得脫復趣樹
衆人亦如是　出獄復入獄　貪意為常流
習與憍慢并　思想猗婬欲　自覆無所見
一切意流衍　愛結如葛藤　唯慧分別見
能斷意根原　夫從愛潤澤　思想為滋蔓
愛欲深無底　老死是用增　所生枝不絕
但用食貪欲　養怨益丘塚　愚人常汲汲
雖獄有鉤鍱　慧人不謂牢　愚見妻子息
染著愛甚牢　慧說愛為獄　深固難得出
是故當斷棄　不視欲能安　見色心迷惑
不惟觀無常　愚以為美善　安知其非真
以婬樂自裹　譬如蠶作繭　智者能斷棄
不盻除衆苦　心念放逸者　見婬以為淨
恩愛意盛增　從是造獄牢　覺意滅婬者

常念欲不淨　從是出邪獄　能斷老死患
以欲網自蔽　以愛蓋自覆　自恣縛於獄
如魚入笱口　為老死所伺　若犢求母乳
離欲滅愛迹　出網無所弊　盡道除獄縛
一切此彼解　已得度邊行　是為大智士
勿親遠法人　亦勿為愛染　不斷三世者
會復墮邊行　若覺一切法　能不著諸法
一切愛意解　是為通聖意　衆施經施勝
衆味道味勝　衆樂法樂勝　愛盡勝衆苦
愚以貪自縛　不求度彼岸　貪為敗愛故
害人亦自害　愛欲意為田　婬怒癡為種
故施度世者　得福無有量　伴少而貨多
商人怵惕懼　嗜欲賊害命　故慧不貪欲
心可則為欲　何必獨五欲　違可絕五欲
是乃為勇士　無欲無有畏　恬惔無憂患
欲除使結解　是為長出淵　欲我知汝本
意以思想生　我不思想汝　則汝而不有
伐樹勿休　樹生諸惡　斷樹盡株
比丘滅度　夫不伐樹　少多餘親
心繫於此　如犢求母

利養品法句經第三十三

有二十章利養品者厲已防貪見德
思議不為穢生

芭蕉以實死　竹蘆實亦然　駏驉坐任死
士以貪自喪　如是貪無利　當知從癡生
愚為此害賢　首領分于地
天雨七寶　欲猶無厭　樂少苦多
覺者為賢　雖有天欲　慧捨無貪
樂離恩愛　為佛弟子　遠道順邪
貪養比丘　止有慳意　以供彼姓
勿猗此養　為家捨罪　此非至意
用用何益　愚為愚計　欲慢用增
異哉失利　泥洹不同　諦知是者
比丘佛子　不樂利養　閑居却意
自得不恃　不從他望　望彼比丘
不至正定　夫欲安命　息心自省
不知計數　衣服飲食　夫欲安命
息心自省　取得知足　守行一法
夫欲安命　息心自省　如鼠藏穴
潛隱習教　約利約耳　奉戒思惟
為慧所稱　清吉勿怠　如有三明
解脫無漏　寡智鮮識　無所憶念
其於食飲　從人得利　而有惡法
從供養嫉　多結怨利　强服法衣
但望飲食　不奉佛教　當知是過
養為大畏　寡取無憂　比丘釋心

非食命不濟　孰能不揣食　夫立食為先
知是不宜嫉
嫉先創已　然後創人　擊人得擊
是不得除　寧啖燒石　吞飲洋銅
不以無戒　食人信施

沙門品法句經第三十四

三十有二章沙門品者訓以法正弟
子受行得道解淨

端目耳鼻口　身意常守正　比丘行如是
可以免衆苦　手足莫妄犯　節言順所行
常內樂定意　守一行寂然
學當守口　寡言安徐　法義為定
言必柔耎　樂法欲法　思惟安法
比丘依法　正而不費　學無求利
無愛他行　比丘好他　不得定意
比丘少取　以得無積　天人所譽
生淨無穢　比丘為慈　愛敬佛教
深入止觀　滅行乃安　一切名色
非有莫惑　不近不憂　乃為比丘
比丘扈船　中虛則輕　除婬怒癡
是為泥洹　捨五斷五　思惟五根
能分別五　乃渡河淵　禪無放逸
莫為欲亂　不吞洋銅　自惱燋形

無禪不智　無智不禪　道從禪智
得至泥洹　當學入空　靜居止意
樂獨屏處　一心觀法　常制五陰
伏意如水　清淨和悅　為甘露味
不受所有　為慧比丘　攝根知足
戒律悉持　生當行淨　求善師友
智者成人　度苦致喜　如衛師華
熟如自墮　釋婬怒癡　生死自解
止身止言　心守玄黙　比丘棄世
是為受寂　當自勑身　內與心爭
護身念諦　比丘惟安　我自為我
計無有我　故當損我　調乃為賢
喜在佛教　可以多喜　至到寂寞
行滅永安　儻有少行　應佛教戒
此照世間　如日無曀
棄慢無餘憍　蓮花水生淨　學能捨此彼
知是勝於故　割愛無戀慕　不受如蓮花
比丘渡河流　勝欲明於故
截流自恃　逝心却欲　仁不宮欲
一意猶走　為之為之　必強自制
捨家而懈　意猶復染　行懈緩者
勞意弗除　非淨梵行　焉致大寶
沙門何行　如意不禁　步步著粘

但隨思走　袈裟披肩　為惡不損
惡惡行者　斯墮惡道　不調難戒
如風枯樹　作自為身　曷不精進
息心非剔　慢訑無戒　捨貪思道
乃應息心　自心非剔　放逸無信
能滅衆苦　為上沙門

梵志品法句經第三十五

有四十章梵志品者言行清白理學
無穢可稱道士

截流而度　無欲如梵　知行已盡
是謂梵志　以無二法　清淨度淵
諸欲結解　是謂梵志　適彼無彼
彼彼已空　捨離貪婬　是謂梵志
思惟無垢　所行不漏　上求不起
是謂梵志　日照於晝　月照於夜
甲兵照軍　禪照道人　佛出天下
照一切冥
非剃為沙門　稱吉為梵志　謂能捨衆惡
是則為道人　出惡為梵志　入正為沙門
棄我衆穢行　是則為捨家
若猗於愛　心無所著　已捨已正
是滅衆苦　身口與意　淨無過失
能捨三行　是謂梵志　若心曉了

佛所說法　觀心自歸　淨於為水
非蔟結髮　名為梵志　誠行法行
清白則賢　飾髮無慧　草衣何施
內不離著　外捨何益　被服弊惡
躬承法行　閑居思惟　是謂梵志
佛不教彼　讚己自稱　如諦不妄
乃為梵志　絕諸可欲　不婬其志
委棄欲數　是謂梵志　斷生死河
能忍起度　自覺出壍　是謂梵志
見罵見繫　黙受不怒　有忍辱力
是謂梵志　若見侵欺　但念守戒
端身自調　是謂梵志　心棄惡法
如蛇脫皮　不為欲汙　是謂梵志
覺生為苦　從是滅意　能下重擔
是謂梵志　解微妙慧　辯道不道
體行上義　是謂梵志　棄捐家居
無家之畏　少求寡欲　是謂梵志
棄放活生　無賊害心　無所嬈惱
是謂梵志　避爭不爭　犯而不慍
惡來善待　是謂梵志　去婬怒癡
憍慢諸惡　如蛇脫皮　是謂梵志
斷絕世事　口無麤言　八道審諦
是謂梵志　所世惡法　修短巨細

無取無捨　是謂梵志　令世行淨
後世無穢　無習無捨　是謂梵志
棄身無猗　不誦異行　行甘露滅
是謂梵志　於罪與福　兩行永除
無憂無塵　是謂梵志　心喜無垢
如月盛滿　謗毀已除　是謂梵志
見癡往來　墮塹受苦　欲單渡岸
不好他語　唯滅不起　是謂梵志
已斷恩愛　離家無欲　愛有已盡
是謂梵志　離人聚處　不墮天聚
諸聚不歸　是謂梵志　棄樂無樂
滅無熅燸　健違諸世　是謂梵志
所生已訖　死無所趣　覺安無依
是謂梵志　已度五道　莫知所墮
習盡無餘　是謂梵志　于前于後
乃中無有　無操無捨　是謂梵志
最雄最勇　能自解度　覺意不動
是謂梵志　自知宿命　本所更來
得要生盡　叡通道玄　明如能默
是謂梵志

泥洹品法句經第三十六

三十有六章泥洹品者敘道大歸恬惔寂滅度生死畏

忍為最自守　泥洹佛稱上　捨家不犯戒
息心無所害
無病最利　知足最富　厚為最友
泥洹最快　飢為大病　行為最苦
已諦知此　泥洹最樂　少往善道
趣惡道多　如諦知此　泥洹最安
從因生善　從因墮惡　由因泥洹
所緣亦然　麋鹿依野　鳥依虛空
法歸其報　真人歸滅　始無始不
始不如無　是為無得　亦無有思
心難見習可覩　覺欲者乃見見
無所樂為苦際　左愛欲為增痛
明不清淨能御　無所近為苦際
見有見聞有聞　念有念識有識
覩無著亦無識　一切捨為得際
除身想滅痛行　識已盡為苦竟
猗則動虛則淨　動非近非有樂
樂無近為得寂　寂已寂已往來
來往絕無生死　生死斷無此彼
此彼斷為兩滅　滅無餘為苦除
比丘有世生　有有有作行　有無生無有
無作無所行　夫唯無念者　為能得自致
無生無復有　無作無行處　生有作行者

是為不得要　若已解不生　不有不作行
則生有得要　從生有已起　作行致死生
為開為法果　從食因緣有　從食致憂樂
而此要滅者　無復念行迹　諸苦法已盡
行滅湛然安
比丘吾已知　無復諸入地　無有虛空入
無諸入用入　無想不想入　無今世後世
亦無日月想　無往無所懸　我已無往反
不去而不來　不沒不復生　是際為泥洹
如是像無像　苦樂為以解　所見不復恐
無言言無疑　斷有之射箭　遘愚無所猗
是為第一快　此道寂無上　受辱心如地
行忍如門閾　淨如水無垢　生盡無彼受
利勝不足恃　雖勝猶復苦　當自求去勝
已勝無所生　畢故不造新　厭胎無婬行
種燋不復生　意盡如火滅　胞胎為穢海
何為樂婬行　雖上有善處　皆莫如泥洹
悉知一切斷　不復著世間　觀棄如滅度
眾道中斯勝　佛以現諦法　智勇能奉持
行淨無瑕穢　自知度世安　道務先遠欲
早服佛教戒　滅惡極惡際　易如鳥逝空
若已解法句　至心體道行　是度生死岸
苦盡而無患　道法無親疏　正不問羸強

要在無識想　結解為清淨　上智餐腐身
危脆非實真　苦多而樂少　九孔無一淨
慧以危貿安　棄猗脫衆難　形腐銷為沫
慧見捨不貪　觀身為苦器　生老病無痛
棄垢行清淨　可以獲大安　依慧以却邪
不受漏得盡　行淨致度世　天人莫不礼

生死品法句經第三十七

十有八章生死品者諸人魂靈亡神在隨行轉生

命如菓待熟　常恐會零落　已生皆有苦
孰能致不死　從初樂恩愛　可婬入泡影
受形命如電　晝夜流難止　是身為死物
精神無形法　作令死復生　罪福不敗亡
終始非一世　從癡愛久長　自此受苦樂
身死神不喪　身四大為色　識四陰曰名
其情十八種　所緣起十二　神止凡九處
生死不斷滅　世間愚不聞　蔽闇無天眼
自塗以三垢　無目意妄見　謂死如生時
或謂死斷滅　識神造三界　善不善五處
除行而默到　所往如響應　欲色不色有
一切因宿行　如種隨本像　自然報如意
神以身為名　如火隨形字　著燭為燭火
隨炭草糞薪　心法起則起　法滅而則滅

興衰如雨雹　轉轉不自識　識神走五道
無一處不更　捨身復受身　如輪轉著地
如人一身居　去其故室中　神以形為廬
形壞神不亡　精神居形軀　猶雀藏器中
器破雀飛去　身壞神逝生　性癡淨常想
樂身想疑想　嫌望非上要　佛說是不明
一本二展轉　三垢五弥廣　諸海十三事
淵銷越度歡　三事斷絕時　知身無所直
命氣熅煖識　捨身而轉逝　當其死臥地
猶草無所知　觀其狀如是　但幻而愚貪

道利品法句經第三十八

十有九章道利品者君父師行開示善道率之以正

人知奉其上　君父師道士　信戒施聞慧
終吉所生安　宿命有福慶　生世為人尊
以道安天下　奉法莫不從　王為臣民長
常以慈愛下　身率以法戒　示之以休咎
處安不忘危　慮明福轉厚　福德之反報
不問尊以卑　夫為世間將　修正不阿枉
心調勝諸惡　如是為法王　見正能施惠
仁愛好利人　既利以平均　如是衆附親
如牛厲渡水　導正從亦正　奉法心不邪
如是衆普安　勿妄嬈神象　以招苦痛患

惡意為自然　終不至善方　戒德可恃怙
福報常隨已　見法為人長　終遠三惡道
戒慎除苦畏　福德三界尊　鬼龍邪毒害
不犯持戒人　無義不誠信　欺妄好鬪諍
當知遠離此　近愚興罪多　仁賢言誠信
多聞戒行具　當知親附此　近智誠善多
善言不守戒　志乱無善行　雖身處潛隱
是為非學法　美說正為上　法說為第二
愛說可彼三　誠說不欺四　無便獲利刃
自以剋其身　愚學好妄說　行牽受牽戾
貪婬瞋恚癡　是三非善本　身以斯自害
報由癡愛生　有福為天人　非法受惡形
聖人明獨見　常善承佛令　戒德後世業
以作福追身　天人稱譽善　心正無不安
為惡不念止　日縛不自悔　命逝如川流
是恐宜守戒　今我上體首　白生為被盜
已有天使名　時正宜出家

吉祥品法句經第三十九

十有九章吉祥品者修己之術去惡就善終厚景福

佛尊過諸天　如來常現義　有梵志道士
来問何吉祥　於是佛愍傷　為說真有要
已信樂正法　是為最吉祥　若不從天人

希望求僥倖　亦不禱祠神　是為最吉祥
友賢擇善居　常先為福德　勑身從真正
是為最吉祥　去惡從就善　避酒知自節
不婬于女色　是為最吉祥　多聞如戒行
法律精進學　修已無所爭　是為最吉祥
居孝事父母　治家養妻子　不為空之行
是為最吉祥　不慢不自大　知足念反復
以時誦習經　是為最吉祥　不聞常以忍
樂欲見沙門　每講輒聽受　是為最吉祥
持齋修梵行　常欲見賢聖　依附明智者
是為最吉祥　以信有道德　正意向無疑
欲脫三惡道　是為最吉祥　等心行布施
奉諸得道者　亦敬諸天人　是為最吉祥
常欲離貪欲　愚癡瞋恚意　能習誠道見
是為最吉祥　若以棄非務　能勤修道用
常事於可事　是為最吉祥　一切為天下
建立大慈意　修仁安眾生　是為最吉祥
欲求吉祥福　當信敬於佛　欲求吉祥福
當聞法句義　欲求吉祥福　當供養眾僧
戒具清淨者　是為最吉祥　智者居世間
常習吉祥行　自致成慧見　是為最吉祥
梵志聞佛教　心中大歡喜　即前礼佛足
歸命佛法眾

法句經卷下

法句經卷下　校勘記

一　底本，金藏廣勝寺本。

一　二七六頁中二行撰者，資、磧、普、南、徑、清作「尊者法救造」。

一　二七六頁中四行品名下經名「法句經」，資、磧、普、南、徑、清無。以下各品例同。

一　二七六頁中八行「開矇」，資、磧、普、南、徑、清作「開矇」。又「罣㝵」，資作「絓礙」。

一　二七六頁中一〇行第一一字「覺」，諸本(不含石，下同)作「學」。

一　二七六頁中一三行第一四字「歸」，資、磧、普、南、徑、清作「師」。

一　二七六頁下末行第三字「國」，資、磧、普、南、徑、清作「團」。

一　二七七頁上七行第九字「工」，資、磧、普、南、徑、清作「巧」。

一　二七七頁上二〇行「縛結」，資、磧、普、南、徑、清作「結縛」。

一 二七七頁上二一行第五字「憂」，磧、普、諸本作「愛」。

一 二七七頁中二行「如慚」，磧、普、南、徑、清、麗作「知慚」。

一 二七七頁中九行第二字「住」，資、磧、普、南、徑、清作「往」。次頁上七行第九字同。

一 二七七頁中二一行「明莫」，資、磧、普、南、徑、清作「明暮」；麗作「明慕」。

一 二七七頁中末行末字「訒」，麗作「忍」。

一 二七七頁下五行「諸人」，資、磧、普、南、徑、清作「諸天」。

一 二七七頁下九行第六字「口」，資、磧、普、南、徑、清作「意」；麗作「心」。

一 二七七頁下一一行末字「會」，資、磧、普、南、徑、清作「貪」。次頁中一行第九字同。

一 二七八頁上一行首字「苦」，資、磧、普、南、徑、清作「善」。

一 二七八頁上八行末字「錠」，諸本作「定」。

一 二七八頁上九行第三字「忽」，諸本作「勿」。

一 二七八頁上一九行第二字「恥」，諸本作「取」。

一 二七八頁上二〇行第五字「言」，資、磧、普、南、徑、清作「信」。

一 二七八頁中三行第一〇字「始」，資、磧、普、南、徑、清作「欲」；麗作「垢」。

一 二七八頁中八行「駃于」，資作「駃乎」；徑、清作「駃於」；麗作「駃乎」。

一 二七八頁中一六行首字「擁」，資、磧、普、南、徑、清作「攡」。

一 二七八頁中二〇行「老者」，資、磧、普、南、徑、清作「長老」。

一 二七八頁中二一行第九字「損」，磧、普、南、徑、清、麗作「順」。

一 二七八頁中二二行「明遠」，資、磧、普、南、徑、清作「明達」。

一 二七八頁下五行第六字「持」，磧、普、南、徑、清作「時」。又第一一字「媱」，資、磧、普、南、徑、清作「望」。

一 二七八頁下六行「罪福」，磧、南、徑、清作「罪業」。

一 二七八頁下一三行「凡人」，資、磧、普、南、徑、清作「凡夫」。

一 二七八頁下一九行第五字「眼」，資、磧、普、南、徑、清作「明」。

一 二七八頁下二〇行第六字「力」，磧作「方」。

一 二七九頁上一行首字「欲」，資、磧、南、徑、清作「次」。

一 二七九頁上三行第五字「止」，諸本作「正」。

一 二七九頁上四行第一〇字「念」，資、磧、普、南、徑、清作「正」。

一 二七九頁上五行末字「木」，南、徑、清、麗作「本」。

一 二七九頁上七行「親感」，諸本作「親戚」。

一 二七九頁上八行第三字「莫」，諸本作「慕」。

一 二七九頁上一七行第四字「想」，

一　徑作「相」。

一　二七九頁中二行「以滅」，資、磧、普、南、徑、清作「已除」。

一　二七九頁中三行第六字「使」，磧、普、徑、清作「駃」；南、麗作「駛」。又「潘水漾」，資、磧、普、南、徑、清作「翻水漾」。

一　二七九頁中一五行第二字「各」，諸本作「咎」。

一　二七九頁下四行「艱難」，麗作「難難」。

一　二七九頁下八行「正身」，南、徑、清作「正心」。

一　二七九頁下一三行「是作」，資、磧、普、南、徑、清作「自作」；麗作「是行」。

一　二七九頁下一七行第一二字「而」，麗作「惡」。

一　二七九頁下一八行「重罰」，資、磧、普、南、徑、清作「重罪」。

一　二七九頁下末行末字「恡」，資、普作「悕」。

一　二八〇頁上三行第四字「賂」，麗作「敗」。

一　二八〇頁上四行第二字「枉」，資、磧、普、南、徑、清作「枉」。

一　二八〇頁上一五行末字「馬」，諸本作「焉」。

一　二八〇頁上一六行第九字「當」，麗作「常」。

一　二八〇頁上二一行第二字「到」，資、磧、普、徑、清作「致」；南作「至」。

一　二八〇頁上二二行「財守」，資、磧、普、南、徑、清作「財獸」。

一　二八〇頁上末行第五字「象」，磧作「焉」。

一　二八〇頁中一行首字「甚」，諸本作「其」。

一　二八〇頁中二行「伏結」，資、普作「使結」；磧、南、徑、清作「結使」。

一　二八〇頁中六行第六字「魔」，麗作「廣」。

一　二八〇頁中一四行第一〇字「知」，諸本作「和」。

一　二八〇頁中一五行「往定」，資、磧、普、南、徑、清作「住定」。

一　二八〇頁中一七行「放恣」，資、磧、普、南、徑、清作「放逸」。

一　二八〇頁中末行第五字「獲」，麗作「猴」。

一　二八〇頁下四行「無憂」，麗作「無愛」。

一　二八〇頁下五行第一〇字「安」，磧、普、南、徑、清作「世」。又第一二字「憂」，資、磧、普、南、徑、清作「愛」。

一　二八〇頁下一四行「恩想」，諸本作「思想」。

一　二八〇頁下一七行第五字「鏁」，資、磧、普、麗作「鍱」。

一　二八一頁上二行「自姿」，諸本作「自恣」。

一　二八一頁上一〇行「敗愛故」，磧、南、徑、清作「財愛欲」；麗作「敗處故」。

一　二八一頁上一二行第一四字「貧」，

諸本作「貨」。

一　二八一頁上一四行第一一字「違」，磧、南、徑、清作「速」。

一　二八一頁上一八行第六字「坐」，諸本作「生」。又末字「株」，諸本作「株」。

一　二八一頁上二二行「厲巳」，諸本作「勵巳」。又「見德」，徑、清作「見得」。

一　二八一頁中一行第一二字「驢」，資、磧作「驢」。又第一四字「任」，資、普、南、徑、清、麗作「妊」；磧作「姓」。

一　二八一頁中一一行「刼意」，諸本作「却意」。

一　二八一頁中一八行「三明」，清作「二明」。

一　二八一頁中二〇行「食飲」，資、磧、普、南、徑、清作「飲食」。

一　二八一頁下一行第六字「熟」，諸本作「孰」。

一　二八一頁下四行「洋銅」，資、磧、普、南、徑、清作「鎔銅」。

一　二八一頁下七行「法正」，資、磧、普、南、徑、清作「正法」。

一　二八一頁下一〇行第一三字「順」，磧、普、南、徑、清作「愼」。

一　二八一頁下一二行「宥言」，資、磧、普、南、徑、清作「寡言」。

一　二八一頁下二〇行第三字「滬」，資、磧、普、南、徑、清作「戽」；麗作「扈」。

一　二八一頁下二一行「思推」，諸本作「思惟」。

一　二八一頁下末行「不吞洋銅」，資作「夫吞鎔銅」；磧、普、南、徑、清作「無吞鎔銅」。

一　二八二頁上三行「常制」，資、磧、普、南、徑、清作「當制」。

一　二八二頁上八行第二字「如」，資、磧、普、南、徑、清作「知」。

一　二八二頁上九行「止身止言」，資、磧、普、南、徑、清作「正身正言」。

一　二八二頁上一〇行首字「是」，磧作「足」。又第七字「勑」，資、磧、普、南、徑、清作「飾」。

一　二八二頁上一六行「此彼」，資、磧、普、南、徑、清作「彼此」。

一　二八二頁上一九行「自恃」，資、磧、普、南、徑、清作「自忖」。又「逝心」，磧、南、徑、清作「折心」。又「仁不害欲」，磧、南、徑、清作「人不割欲」。

一　二八二頁中二行「惡惡行者」，磧、徑、清作「行惡者死」。

一　二八二頁中三行「作自」，磧、南、徑、清作「自作」。

一　二八二頁中五行「自心」，諸本作「息心」。

一　二八二頁中末行「能捨」，資、磧、普、南、徑、清作「能攝」。

一　二八二頁下三行「飾髮」，資、磧、普、南、徑、清作「剔髮」。

一　二八二頁下六行「不妄」，資、磧、普、南、徑、清作「不言」。

一　二八二頁下八行「欲數」，資、磧、普、南、徑、清作「倍數」。

一　二八二頁下九行「起度」，資、磧、

普、南、徑、清作「超度」。

一　二八二頁下一〇行「見繫」，普、南、徑、清、麗作「見擊」。

一　二八二頁下一八行「活生」，資、磧、普、南、徑、清作「治生」。

一　二八二頁下一九行「不愠」，資、磧、普、南、徑、清作「不慢」。

一　二八二頁下末行「所世惡法」，資、磧、普、南、徑、清作「所施善惡」。

一　二八三頁上三行「異行」，資、磧、普、南、徑、清作「異言」。

一　二八三頁上一二行「煴燸」，磧、普、南、徑、清作「愠懦」。

一　二八三頁上一六行首字「乃」，資、磧、普、南、徑、清作「及」。

一　二八三頁中三行第九字「厚」，磧、普、南、徑、清作「序」。

一　二八三頁中六行「最安」，資、磧、普、南、徑、清作「最樂」。

一　二八三頁中九行「其報」，資、磧、普、南、徑、清作「分別」。又「始不」，諸本作「如不」。

一　二八三頁中一一行「見見」，諸本作「具見」。

一　二八三頁中一二行第六字「際」，資、磧、南、徑、清作「除」，一五行末字同。又第七字「左」，諸本作「在」。

一　二八三頁中一三行第三字「清」，資、磧、普、南、徑、清作「染」。

一　二八三頁中一七行第六字「淨」，資、磧、普、南、徑、清作「静」。

一　二八三頁中一八行「已往來」，磧、普、南、徑、清作「無往來」。

一　二八三頁中一九行「來往絶」，磧、普、南、徑、清作「來往斷」。

一　二八三頁下一三行第五字「閾」，資作「城」。

一　二八三頁下一四行第五字「恃」，資、磧、普、南、徑、清作「怙」。又第一四字「去」，資、磧、普、南、徑、清作「法」。

一　二八三頁下一八行第一一字「覩」，諸本作「都」。

一　二八四頁上一行第一三字「餮」，資、磧、普、南、徑、清作「厭」。

一　二八四頁上二行「實真」，資、磧、普、南、徑、清作「真實」。

一　二八四頁上四行第一四字「無」，資、磧、普、南、徑、清作「死」。

一　二八四頁上八行第九字「諸」，資、磧、普、南、徑、清作「説」。又第一三字「亡」，磧、普、南、徑、清作「身亡」。

一　二八四頁上一一行「可媱入泡影」，資、普作「可婬入胎影」；磧、南、徑、清作「因婬入胎影」。

一　二八四頁上一三行「作令」，麗作「假令」。

一　二八四頁上一四行「自此」，南、徑、清作「自作」。

一　二八四頁上二〇行「除行而默到」，資、普作「陰行而默言」；磧、南、徑、清作「陰行而默至」；麗作「陰行而默到」。

一　二八四頁上二一行末字「意」，資、

磧、普、南、徑、清作「影」。

一　二八四頁中四行第一〇字「軀」，徑作「驅」。

一　二八四頁中六行「疑想」，資、磧、普、南、徑、清作「癡想」。

一　二八四頁中七行「十三」，資、磧、普、南、徑、清作「十二」。

一　二八四頁中一六行末字「長」，資、磧、普、南、徑、清作「主」。

一　二八四頁中一八行「不妄」，諸本作「不忘」。

一　二八四頁中一九行「修正」，磧、普、南、徑、清作「順正」。

一　二八四頁下三行「邪毒」，磧、南、徑、清作「蛇毒」。

一　二八四頁下一〇行「牽戾」，麗作「幸戾」。

一　二八四頁下一五行「爲惡不念止」，資、磧、普、南、徑、清作「爲惡念不止」。

一　二八四頁下一六行「是惡」，資、磧、普、南、徑、清作「見惡」。又「今我」，資、普作「是我」。又「白生」，資作「自生」。

一　二八四頁下一七行第五字「名」，諸本作「召」。

一　二八五頁上八行「不聞常」，資、磧、普、南、徑、清作「所聞當」；麗作「所聞常」。

一　二八五頁上一四行「誠道」，磧、南、徑、清作「成道」。

一　二八五頁上一八行「信教」，諸本作「信敬」。

撰集三藏及雜藏傳 獸

不載譯人名附東晉錄

佛涅槃後迦葉阿難於摩竭國僧伽尸城北撰集三藏及雜藏傳

先礼佛已 礼法衆僧 各受集法
此諸法典 除去五盖 一心聽受
説所聚法 如阿難説 當共信樂
是阿難智 與佛同等 聽集此法
如佛涅槃 阿難付法 愍念衆生
護持諸法 如視世尊 無上導士
視阿難等 福田無過 設非阿難
釋種涅槃 正法滅盡 并及三藏
佛雨諸法 哀念天人 承以完器
阿難受持 寄付慇勤 阿難之法
此人乃復 終不漏脱 所聚法名
分別等法 如師子吼 阿難所説
一一於前 比丘各好 阿難獨立
佛自稱譽 若過世智 若復俗智
一切皆知 阿難如海 汝等為此
信向阿難 聽所集法 悲斷衆苦
世明涅槃 地為震動 山海涌沸
天人哭泣 世尊出晚 涅槃何早
人天孤遺 諸道荒塞 神通徹視
神足羅漢 皆詣拘夷 供養世尊
八万四千 過於無漏 天人所敬
福田無上 閻浮利地 羅漢悉来
世尊涅槃 聚會於中 別有不還
得頻来果 滞港進學 此輩一倍
凡行比丘 無數百千 舉手哭行
世尊那去 我等盲龍 三毒未除
没於五道 誰當拔我 比丘尼千
數三十五 中有神通 有漏無漏
帝釋梵天 及無數天 文陁華伎
速持来到 四天大王 各有將從
栴檀珠瓔 速賫来詣 及諸欲天
有色無色 九十八億 咸詣拘夷
無畏釋王 八万牙象 名馬八万
盡詣拘夷 舍衛月王 强勇聰明
名為七万 皆到拘夷 阿闍世王
勇猛信佛 為七万半 悲泣来詣
槃闍梨王 名明端政 為馬六万
悉詣拘夷 名愍王嫂 贊光親厚
衆各五万 皆来集會 西香衆國
諸王嚴仗 四色軍服 數百千衆
速疾来至 欲見佛尸 龍王泣啼

追尋諸王 維耶離衆 為馬車乘
如諸天比 来詣拘夷 凡衆無數
并及清信 覩佛盡今 當覲涅槃
世界衆生 三十六億 皆詣拘夷
賫所宣具 方百由延 拘夷處中
天人滿中 地無空缺 諸天散華
供養佛尸 鼓天伎樂 雨諸花香
諸王官屬 来詣佛尸 皆礼佛足
圍遶而立 諸王號泣 舉手悲號
不復見佛 為衆説法 向閻世哭
来鳴佛足 我五逆人 持我付誰
諸王繞尸 散寶滿上 並作衆樂
香泥塗林 舉尸鐵棺 灌滿麻油
地為震動 諸王號哭 諸天墮淚
渧現於地 天王雨淚 普皆哭泣
天栴檀薪 如意雜香 積之于地
諸王四輩 大迦葉等 僧衆坐上
衆生所供 此大福田 迦葉衆首
丘尼賢者 天帝人王 各共然尸
登燒身時 天人號哭 嗚呼痛哉
我等如何 七日供養 諸天盡受
分為八分 耆舊第九 各還本所
王及凡民 諸天還上 八部神歸

八分餘者　天龍神得　拘夷力人
得分立塔　八分八塔　第九甖塔
炭塔第十　閻浮所起　迦葉僧首
行出拘夷　詣摩竭國　聚會衆僧
迦葉語僧　比丘莫行　當共集會
勿令法壞　於虛空中　迦葉鳴揵
欲使法久　勝於諸魔　迦葉語衆
及天與人　今當集法　令衆生安
佛雖涅槃　四諦故存　八道猶在
可獲涅槃　先佛長壽　人民有福
遺法日近　不久便盡　今人短命
佛出第七　涅槃之後　法那久存
不還頻來　見道未成　今集真僧
此不得入　天眼神足　六通無我
一切羅漢　我今集之　衆聞教聲
即各來集　八十千衆　皆是無漏
迦葉問曰　弟阿那律　遍觀羅漢
誰不來者　那律便觀　大千世界
見忉利天　有憍桓鉢　律白迦葉
憍桓忉利　羅漢無漏　今不來會
迦葉命召　而亦不來　世尊涅槃
世空何求　迦葉心念　比丘能有
撰佛所說　經法者不　遍看不見

能集十二　部經法義　佛所說者
唯有阿難　是須陁洹　當為設宜
使成無漏　上座方便　觀阿難心
知有慈愍　得道未久　迦葉語難
不得入衆　汝不應入　今當出去
阿難白曰　何耶上座　我於三尊
有何過失　迦葉荅曰　弟欲知耶
汝於佛衆　有大過失　坐汝佛法
減於千歲　由汝勸佛　度於母人
細微之戒　佛欲分別　汝何不問
細微戒耶　尒時何念　輕慢於戒
佛已涅槃　今當問誰　蹈佛大衣
佛渴索水　汝竟不與　非是過耶
此比過多　是汝所作　非口所陳
是故當出　阿難長嘆　悲惋墮淚
佛方便終　當何恃怙　於此便去
坐一樹下　感結漏盡　佛法由興
無數億天　圍遶阿難　來詣大會
師子無畏　迦葉遥見　便謂衆僧
皆當速起　阿難今至　八万餘衆
皆是無垢　迦葉上首　叉手立迎
迦葉擧手　善來阿難　便上高座
脩理衆僧　真大阿難　為衆人眼

侍佛已竟　瞿曇福成　汝觀此僧
并觀天衆　世間久病　有三苦患
世間無主　道御涅槃　快共慈心
為衆說法　阿難嘿然　迦葉便請
上座欣笑　作師子吼　迦葉心念
相望能說　阿難今日　濟度天人
迦葉擧聲　大命衆生　欲度世者
皆來詣此　如佛所說　種種諸法
除衆生苦　阿難當說　一切知法
如散雜華　阿難當撰　分別三藏
如來說法　隨衆所欲　高座阿難
復當敷演　十方當聞　天龍鬼神
四部弟子　聞命即至　如人熱渴
思想飲水　奔走趣河　當於中飲
天龍鬼神　四輩弟子　來趣阿難
於中聞法　餘無數衆　進學見道
頻來不還　尋聲後到　阿那含道
二万一千　斯陁含衆　四万二千
須陁洹僧　八万四千　此等後到
亦欲聽法　諸王皆集　群目兵衆
阿難儀容　衆覩咸歡　大衆次坐
方十二延　阿難在中　如月滿明
帝釋在右　梵天在左　侍於阿難

如佛在時　釋說偈讚　天子欣悅
覩大會故　阿難無畏　如轉法輪
圍遶佛時　瞻阿難顏　儀容巍巍
梵天亦尒　請於如来　世尊說法
阿難如是　魔聞名聲　亦来到此
并將妻子　及目兵衆　波旬覩見
若干種衆　阿難在中　如日光明
阿難髭出　儀似山頂　項有日光
照於衆會　難陁髭出　迦葉項光
那律徹視　覩於大千　諸王在會
并及群目　衆人千億　皆在此中
見會甚樂　阿難勇猛　波旬愁毒
心懷戰慓　波旬心念　一佛滅度
更有三出　佛力勢大　瞿曇涅槃
謂呼得脫　此三所得　其慶甚大
見佛滅度　心甚喜悅　瞿曇法衰
無怨仇對　當設方宜　滅此殘法
四部弟子　及諸國王　魔便出教
勑師子將　速合四兵　盡滅此法
即起化兵　四種將主　圍遶大會
出可畏聲　扠捕道人　清信男女
誅煞諸王　壞裂道塲　衆會驚愕
四輩心念　此何從出　未成懷疑

諸王聞聲　皆懷驚怖　見魔兵衆
各自嚴仗　阿難心惟　誰来相嬈
覩此兵衆　乃知魔為　阿難便笑
勑王損駕　此乱衆者　我自降之
難以慧力　葉以進力　申手執魔
三尸繫咽　第一人尸　第二狗尸
第三虵尸　膖爛難近　魔便首情
迦葉見扠　羅漢應當　困於人耶
迦葉我前　極撓嬈佛　世尊未曾
見困如今　荅佛哀愍　被大慈鎧
終不加害　於諸群生　我等集法
欲令久興　汝何為来　撓攪我衆
魔即叉手　啓阿難曰　且俱放我
不復嬈人　阿難使擔　迦葉亦尒
若後乱衆　尸還枷頸　三尸化去
波旬得免　魔便愁怖　別立一面
諸天稱善　佛法得勝　遺法久存
常當勝魔　迦葉勑衆　皆當請定
阿難今說　如佛所演　諸王普起
叉手待之　諸天悉悅　賢者視顏
迦葉語難　說經時到　發此寶箱
顯說上法　何說增一　何說增十
何說本起　何說諸界　阿難長笑

師子振欠　四顧衆坐　說聞如是
說一時巳　地為震動　一億天人
逮得法眼　舍衛增一　名彼增十
釋中本起　魔竭諸界　餘經亦尒
處處演說　阿難以經　為大衆說
盡集諸經　以為一藏　律為二藏
大法三藏　經録阿含　戒律大法
三分正等　以為三藏　巳說大本
録諸異法　合集衆雜　復為一藏
別經四分　名作阿含　增一中含
長雜四含　毗尼隨法　犯次可生
中者久童　昔行在後　大法諸分
作所生名　分別第一　然後各異
增一中含　長雜四含　迦葉問難
此義何謂　難荅一一　比丘念佛
以是調意　故名增一　此後二法
思惟善心　兩法便生　止意分別
三處三知　宿命漏盡　四處四諦
五處五根　六處六大　七處七覺
八處八懅　九處九止　十處十力
十一處經　名放牛兒　慈經斷後
增一經終　從此義中　當一一解
此經若干　故名增一　猶如畫師

分部色像　是一增一　種種撰合
如藥無限　隨病和合　名某藥丸
故名增一　一一縷縱　經緯成布
以一一說　成於增一　如合諸物
名空棠音　種種諸經　故名增一
猶如草木　墾土起牆　圓覆於空
介乃成舍　如是施戒　生天涅槃
以義圖達　故名增一　如一種泥
成數種器　是一增一　種種義合
從此當知　種種義說　此經盡出
當持增一　亦不大長　亦不至短
結義得偈　名中阿含　字亦不處
亦不極細　言義正等　是故名中
除去上下　說於中法　棄於彼我
故名中含　小凶大凶　癡疑盡壞
以觀正諦　是故名中　於中長說
并及先世　劫世流轉　是故曰長
計於諸止　天上快樂　聞者歡喜
故名曰長　七世過佛　及攬大乘
佛之涅槃　是故曰長　諸寶計數
多有轉輪　諸王喜聞　故名曰長
此法當攝　學之喜忌　欲斷諸結
是故曰雜　此法等含　義味共俱

聞之斷疑　故名等含　是脩行地
禪智所趣　等見諸法　是名等含
盡此經中　擁行兩端　聞者多疑
故名等含　部外雜經　諸天讚偈
皆入其中　故名等含　附近法者
得好淨意　斷諸諍訟　故名戒律
分別中戒　得淨精進　聞者皆調
是名戒律　比丘行是　得益於中
破碎衆結　故名戒律　忍諸結垢
比丘學是　除諸惡行　是名戒律
觀視諸法　從法得益　墮甘露地
故名毗尼　迦旃造竟　持用呈佛
佛言上法　當名上法　於中破癡
益於世間　此衆經明　故名大法
總持外道　斷於貢高　衆法牙旗
是名大法　譬如明燈　照於衆物
以見諸形　故名大法　此衆經義
如芒甘露　是諸法味　此大法義
諸經戒律　勤思惟持　勿令放捨
繫縛三藏　分別字義　比丘諸天
千万稱善　迦葉復問　云何四藏
阿難可說　為衆生故　阿難荅曰
此說各異　隨衆意行　是名雜藏

佛說宿緣　羅漢亦說　天梵外道
故名雜藏　中多偈頌　問十二緣
此各異入　是名雜藏　三阿僧祇
菩薩生中　所生作緣　故名三藏
中多宿緣　多出所生　與阿含異
是名雜藏　雜藏之法　讚菩薩生
此中諸義　多於三藏　都合諸法
結在一處　何等比丘　能盡持者
當來世時　比丘多愚　此輩不能
盡持三藏　後當作師　從經出頌
由此益增　是故不合　處處有喜
四阿含者　或喜毗尼　又喜大法
或喜外頌　或喜雜藏　故不一名
盡說諸法　結四阿含　集録諸數
并律大法　聚為三藏　聞是法已
天神及人　三千比丘　逮得漏盡
不還八千　頻來十千　無數天人
得見道迹　此法久住　為天人故
諸王常勝　盡受百秋　一切天人
諸王比丘　皆共稱善　如阿難說
集法已訖　天人各還　四輩弟子
皆歸本所
佛涅槃後迦葉阿難等於摩竭國僧

伽尸城北造集三藏正經及雜藏經
常所云四篋者合雜言也凡二百首
盧上增一阿含從一至十為十一處
經者撰諸十一事經以放牛兒十一
事經為始以行慈十一事經為終因
其所引便出其經以事相連故合為
一卷此放牛經者佛說放牛十一事
以況比丘道具十一行成道樹根栽
枝葉茂盛多所覆蔭因放牛兒於坐
發念佛知其意故說十一事以所行
者放牛者即解便逮羅漢

撰集三藏及雜藏傳

乙巳歲高麗國大藏都監奉
勅雕造

撰集三藏及雜藏傳　第十三張　獸

撰集三藏及雜藏傳

校勘記

一　底本，麗藏本。
一　二九一頁上一行末字「傳」，資、磧、普作「傳一卷」。
一　二九一頁上二行「不載……録」，資、磧、普作「失譯附東晉録」；南作「失譯人譯附東晉録」；徑、清作「失譯人名附東晉録」。
一　二九一頁上三行第九字「於」，諸本(不含石，下同)作「於是」。
一　二九一頁上四行第五字「集」，諸本無。同行末字「傳」，諸本作「經」。
一　二九一頁上七行「說所」，諸本作「所說」。
一　二九一頁上九行第七字「付」，資、磧、普作「富」。
一　二九一頁上一四行「之法」，諸本作「以法」。
一　二九一頁上二一行「世明」，諸本作「世尊」。同行「涌沸」，諸本作「踊沸」。
一　二九一頁中七行首字「凡」，諸本作「梵」。
一　二九一頁中一四行「九十八」，諸本作「九十六」。
一　二九一頁中二〇行第五字「名」，資無；磧、普、南、徑、清作「哀」。
一　二九一頁中二二行第八字「服」，資作「槃」；磧、普、南、徑、清作「般」。
一　二九一頁中末行末字「啼」，諸本作「淚」。
一　二九一頁下二行「凡衆」，資作「梵衆」。
一　二九一頁下五行第五字「方」，資作「萬」。
一　二九一頁下七行「花香」，諸本作「末香」。
一　二九一頁下一七行第二字「王」，磧、普、南、徑、清作「天」。
一　二九一頁下一八行末字「首」，諸本作「僧」。
一　二九一頁下二〇行首字「登」，磧、

普、南、徑、清作「燈」。

一 二九二頁上三行末字「首」，資作「自」；磧、普作「目」。

一 二九二頁中四行第一一字「語」，諸本作「詰」。次頁中二一行第三字，磧、普、南、徑、清同。

一 二九二頁中一六行第三字「便」，諸本作「更」。

一 二九二頁下三行「道御」，磧、普、南、徑、清作「導師」。

一 二九二頁下二二行第三字「二」，諸本作「由」。

一 二九三頁上六行末字「見」，諸本作「此」。

一 二九三頁上七行「種衆」，磧、普、南、徑、清作「衆多」。

一 二九三頁上八行第四字「出」，諸本作「生」。

一 二九三頁上一三行第四字「慓」，諸本作「慄」。

一 二九三頁中二行末字「嬈」，諸本作「撓」。

一 二九三頁中七行末字「情」，南、徑、清作「請」。

一 二九三頁中八行第四字「收」，磧、普、南、徑、清作「放」。

一 二九三頁中九行第六字及一二行第九字「撓」，資作「耗」；磧、普、南、徑、清作「秏」。

一 二九三頁中一〇行第五字「答」，諸本作「若」。

一 二九三頁中一一行「集法」，諸本作「法集」。

一 二九三頁中一五行第七字「枷」，諸本作「掛」。

一 二九三頁中末行末字「笑」，諸本作「嘆」。

一 二九三頁下一行第四字「欠」，諸本作「欬」。

一 二九三頁下三行及次頁下一六行「逮得」，諸本作「還得」。

一 二九三頁下三行第九字「名」，磧、普、南、徑、清作「召」。

一 二九三頁下九行「合集衆離」，諸本作「合離衆集」。

一 二九三頁下一七行第四字「心」，磧、普、南、徑、清作「法」。

一 二九三頁下一八行第四字「知」，諸本作「法眼」。同行第五字「宿」，諸本作「知宿」。

一 二九四頁上三行第七字「縷」，諸本作「纑」。

一 二九四頁上一二行「阿舍」，諸本作「阿含」。

一 二九四頁上一九行第七字「過」，徑、清作「遇」。

一 二九四頁上二二行第四字「擄」，諸本作「懅」。

一 二九四頁中一行「名等」，諸本作「等名」。

一 二九四頁中二一行第四字「善」，資作「言」。

一 二九四頁下三行第四字「入」，諸本作「人」。

一 二九五頁上一〇行第八字「説」，諸本作「説言」。同行「所行」，諸本

作「斥行」。

一　二九五頁上一一行「便逮」，諸本作「便逮得還」。

一　二九五頁上末行卷末經名「撰集……傳」，資、磧、普、南作「佛涅槃後撰集三藏經」。

阿含口解十二因緣經　　獸

後漢安息優婆塞都尉安玄共沙門嚴佛調 譯

欲斷生死趣度世道者當念却十二因緣何等為十二一者本為癡二者從癡為所作行三者從作行為所識四者從所識為名色五者從名色為六衰六者從六衰為所更七者從所更為痛八者從痛為愛九者從愛為求十者從求為得十一者從得為生十二者從生為老病死是為十二因緣事此十二事欲起當用四非常滅之何等為四非常一為識苦二為捨習三為知盡四為行道更說念生念老念病念死念是四事便却是十二因緣道成念是四事道人欲得度世當斷十二因緣事是為斷生死根十二因緣有內外一者內為癡外為地二者內為行外為水三者內為識外為火四者內為名色外為風五者內為六入外為空六者內為栽外為種七者內為痛外為根八者內為愛外為莖九者內為受外為葉十者內為有外為節十一者內為生外為華十二者內為老死外為實人生死從內十二因緣万物生死從外十二因緣何等為癡謂不礼父母不分別白黑從是因緣得痛不欲棄不信今世亦後世已作是事便隨行不作是亦不得是以有癡便為行已有行便為識已有識便為名色已有名色便為六入已有六入便為栽已有栽便為痛已有痛便為愛已有愛便為受已有受便為有已有有便為生已有生便為老死故人生取十二因緣得十二因緣生無因緣亦不生万物亦尒不斷十二因緣不脫生死行三十七品經為從是得道十二因緣有五事一者癡二者生死精行是前世因緣三者識從識受身生四者名色色身復成五陰是今世因緣五者六衰復作生死精行種栽是後世因緣前後三世轉相因緣故為有五事

十二因緣本從身十事出身十事七事成一三事從四七事成一者殺盜婬兩舌惡口妄言綺語共從色為一

三事從四者嫉瞋恚癡從痛痒思想生死識是十事合為五陰便為十二因緣地名癡行為威陰便作生死行自種栽名為行已有行便有識受身生死有識便有名色身復作十事成已五陰已有名色便有六入復作威陰行種栽後當復受轉相因緣生死故名為因緣身十事為十二因緣者嫉為癡瞋恚為生死精疑為識殺為名色盜為六衰婬為更兩舌為痛妄言為愛惡口為成綺語為願生有無故為有十二因緣何以故婬為癡瞋恚為生死精疑為識內三事為本已有三事便有七事成五威陰嫉為五陰本故為疑五陰行可意善不可意瞋便作生死精十事外從身內意故疑謂不分別白黑不識生死故為識道人欲斷十二因緣當先斷身十事便為癡從癡五陰滅十二因緣亦滅斷身十事者外從身內從意故言身意持謂不殺亦謂外從口內從嫉斷者謂万物一切意不起便瞋恚止瞋恚止便殺止殺止便貪欲止貪欲止

便泣止外口者謂聲上聲者兩舌惡
口妄言綺語亦止無有疑便入道是
為還五陰斷十二因緣本
人受身有三別第一五陰感陰第二
十八種第三十二因緣行是三事得
身三別第一五陰感陰者五陰從身
十事出從眼為色陰從耳為痛痒陰
從鼻為思想陰從口為生死陰從意
為識陰心主念對是六事為根本是
為五陰地第二十八入十九根十八
種者五陰行為感陰有對有入為十
二入本六情為十八間有識故為十
九根言十八種者識不生故為十八
種是說感陰行生十八種十九根第
三十二因緣者謂五陰五感陰行求
十二因緣便有身是同身十事俱分
別之耳從色得身從四陰得名字從
名色得愛受從受行癡行癡便成十
二因緣道當為斷色不為身但名字
為身雖有眼耳鼻舌身意亦復非身
何以故設耳是人當能聽一切從來
得名字辟金字辟如以金作物因從
是得字地水火風空是五事作身亦

復非身何以故身知細滑故人已死
地不知細滑故知地水火風空非身
身亦空意亦空俱空無所有亦無痛
痒何以故人已死亦不復覺痛痒如
是為空意已離身亦無痛痒但因緣
共合故還歸無有身中有十二風上
氣風下氣風眼風耳風鼻風背風
脅風齊風辟風足風曲風刀風刀風至
病人殺生刀風刀風斷截人命生老
病死生者謂初墮母腹中時為生已生
便老止者謂意中止用止故敗氣息
出入見了身本合十事為敗
身中五事一者地二者水三者火四
者風五者空堅者為地軟者為水熱
者為火氣者為風餅食得出入為空
亦餘因緣合為人自計是我身若欲
万物當挍計有身亦有五因緣共合
一者色二者痛痒三者思想四者生
死五者識是十事共合便見生死事
有善惡行善有二輩不犯身三口四
意三是為一善二善者布施持戒忍
辱精進不疑是為二善惡亦有二輩
犯身三口四意三飲酒是為一惡疑

嫉慳貪是為二惡譺身口意是為道
行人從福得生從行得老病死身便
壞敗人卧出時意離身在地因緣何
以故不死四事合持未散故人行十
事就三事人行一事就二事人行二
事就一事何等十事謂十惡便得身
口意三事已有三事便有名色二事
已有名色便墮癡百劫乃得為人難
得究具人生精作地識為種五道識
名異合一識入一識便失所本知如
人生天上合人識受入天識便忘人
間事人從無生從有死無何以故生
不識無故生有何以故死不識有故
死識無不復生識有不復死
意有所念以滅便到所生處意念不
滅亦不得行生上意意頭起以滅復
更念所念雖多當還從上頭意受因
緣生人本從婦婦夫不淨汙露得身
長大便惡知識相隨為五陰六止十
二衰所欺便有老病死憂苦生死為
癡慧人當斷六止謂地水火風空識
十二衰謂色聲香味細滑念欲內有
匿賊是為十二衰人生有三因緣一

者合會二者聚三者心意識痛痒思
想生死識是為合會諸愛欲是為聚
上頭為上頭為心中央為意後頭為識
人初墮母腹中如雞子中黃至三十
七日恙有頭面手足指具足未生四
日到向下人在母腹中苦不可言人
在母腹中命日益識日大身稍老至
半年時身與識日減得身為福亦為
罪何以故以得人身是為福以飢渴
寒熱貪婬嫉妬為罪人生子有五因
緣一者有本願二者同業三者曉礼
四者來債五者償債何等為本願謂
先世時見人子端正便願言我子如
是同業者謂同計挍得利相呼曉礼
者謂當相敬愛來債者謂父母王治
生子攢用之償債者謂子治生付父
母是為償債子以三因緣生一者父
母先世負子錢二者子先世負父母
錢三者怨家來作子父母勤苦求財
已致便死子得用之是為父母先負
子錢子行求財產已致便死父母用
之是為子負父母錢有時子生百日
千日便死父母便憂愁惱是為怨家

相從生
生子有三輩一者福子二者真子三
者不真子何等為福子謂父母持戒
布施忍辱精進行道子亦尒是為福
子真子者父母不信道子獨奉道教
是為真子不真子者父母隨道業隨
法行子但飲酒作惡人所不欲見是
為不真子
子從父母生有同意有同行有同念
俱長壽富貴端正是為同行貪欲瞋
恚是為同意精進行道是為同念本
行在父多類父本行在母多類母不
同行不相類故人生墮地未有所知
便喜向其母者意識本因緣故耳
人來生時有因緣身能出入無間至
七日便復壞其身亦有地水火風空
但微難見人年老少識多忌者識轉
稍向後所生處何以故不豫知當所
生處用未到故他人生他人來他人
至他人所他人憂他人所從來久遠
習故不學身有三痛意亦有三痛身
痛者謂得刀杖瓦石蹴蹋二者病瘦
三者死意痛者一為憂父母兄弟妻

子知識二為憂財寶怨家何以故為
痛謂五陰不調故痛何以故為死陰
熟壞故為死一切病皆意所作身无
所知故不作是病是身何以故為病
四因緣不等故何以為憂一切不如
意故何以不定病疾過去故何以為
急要欲壞何以故為碎身老毒故何
以為老死壞故何以為非常不得自
在故何以為苦急故何以為空無有
主言我作是如何以為非身不能離
苦不得受苦是為十事
人所欲凡有三事人之所愛常欲得
之一者强健二者安隱三者長壽如
是復有三怨一者年老是强健怨二
者疾病是安隱怨三者身死是長壽
怨亦有三救一者歸命佛二者歸命
法三者歸命比丘僧
有四事可畏一者生二者老三者病
四者死人面赤有五因緣一者近火
二者飲酒三者恐怖四者念怒五者
多慙愧頭白有四因緣一者火多二
者憂多三者病多四者種早白人病
瘦有四因緣一者少食二者有憂三

者多愁四者有病身未和調有四事不先語人一者頭白二者老三者病四者死是四事不可避亦不可離亦不可却

有四事不可忍一者飢二者渴三者寒四者熱身復有四事一者不足二者不滿三者不飽四者不猒身復有四痛一者生時痛二者老時痛三者病時痛四者死時痛

一切味不過八種一者苦二者澁三者辛四者鹹五者淡六者甜七者酢八者不了了味苦增寒熱澁多增風除寒辛除水酢除風令人目冥食有三因緣恚入骨髓血脉中一者肥膩二者毒三者酒是三者皆遍身中無有不到諸所食飲皆有肥膩但有薄厚多少耳人有四種一者長者種二者道術種三者師巫種四者田家種生者有四種一者腹生二者謂寒熱和生三者化生四者卵生腹生者謂人及畜生寒熱和生者謂虫蛾蚤風化生者謂天及地獄卵生者謂飛鳥魚鼈龍

阿含口解十二因緣經　第十張　獻

人頭有四十五骨從腰以上五十一骨四支百四骨合二百骨人身有七十万脉九十九万毛孔得觀悉自見分別知之

有阿羅漢以天眼徹視見女人墮地獄中者甚衆多便問佛何以故佛言用四因緣故一者貪珎寶物衣被欲得多故二者相嫉妬三者多口舌四者作姿態婬多以是故墮地獄中多耳

阿含口解十二因緣經

乙巳歲高麗國大藏都監奉
勅雕造

阿含口解十二因緣經　第十一張　獻

阿含口解十二因緣經　校勘記

一　底本，麗藏本。

一　二九八頁上二行譯者，[資]作「後漢安息國三藏安世高譯」。同行「都尉安玄共沙門」，[磧]、[普]、[南]、[徑]、[清]作「安玄共」。

一　二九八頁上二〇行第一一字「哉」，諸本（不含石，下同）作「栽」。

一　二九八頁中一五行及二〇行「五事」，諸本作「三事」。

一　二九八頁下一行第九字「癡」，諸本作「疑」。

一　二九八頁下一五行第五字「疑」，諸本作「癡」。同行「意善」，諸本作「意喜」。

一　二九八頁下一六行「內意」，諸本作「內從意」。

一　二九九頁上一行第二字「泣」，[磧]、[普]、[南]、[徑]、[清]作「婬」。

一　二九九頁上一二行第九字「間」，

諸本作「種」。

一二九九頁上一九行第四字「道」，諸本作「道人」。

一二九九頁中八行第二字「風」，諸本無。

一二九九頁中一二行第三字「見」，諸本作「視」。

一二九九頁中一五行「飵食」，諸本作「飲食」。

一三〇〇頁上三行第七字「心」，諸本無。

一三〇〇頁上一五行第一〇字「謂」，諸本作「諸謂」。

一三〇〇頁上一九行「怨家」，諸本作「冤家」。下同。

一三〇〇頁上二二行「子生」，諸本作「生子」。

一三〇〇頁中七行「飲酒作惡」，諸本作「作惡飲酒」。

一三〇〇頁中一六行第五字「壞」，磧、普、南、徑作「懷」。

一三〇〇頁下二行第八字「痛」，諸本作「病」。

一三〇〇頁下三行末字「无」，諸本作「死」。

一三〇〇頁下一〇行第八字「以」，諸本作「似」。

一三〇〇頁下一二行第四字「凡」，南、徑、清作「已」。

一三〇一頁上一行第一〇字「和」，諸本作「知」。

一三〇一頁上一一行第二字「辛」，諸本作「辣」。

一三〇一頁上一三行第九字「令」，徑作「今」。

一三〇一頁上二一行末字「風」，諸本作「虱」。

一百五十讚佛頌　 三合　 獸

尊者摩咥里制吒造

大唐沙門義淨於那爛陁寺譯

世尊寂殊勝　善斷諸惑種　無量勝功德
捴集如来身　唯佛可歸依　可讚可承事
如理思惟者　宜應住此教　諸惡煩惱習
護世者已除　福智二俱圓　唯尊不退没
継生惡見者　於尊起嫌恨　伺求身語業
無能得瑕隟　記我得人身　聞法生歡喜
辟如巨海内　盲龜遇楂穴　忌念恒隨逐
惑業墮深坑　故我以言詞　歎佛實功德
牟尼無量境　聖德無邊際　為求自利故
我今讚少分　勸礼無師智　希有衆事性
福慧及威光　誰能知數量　如来德無限
無等無能說　我今求福利　假讚以名言
我智力微淺　佛德無崖際　唯願大慈悲
拯我無歸處　慈觀悉平等　無緣起大悲
普於衆生界　恒作真善友　内財尚能捨
何況於外財　尊無悋惜心　求者滿其願
以身護彼身　以命贖他命　全軀救一鴿
歡喜無慳悋　尊不畏惡道　亦不貪善趣
但為心澄潔　尸羅由此成　常離諸邪曲
恒親質直者　諸業本性空　唯居第一義
衆苦逼其身　尊能善安處　正智斷諸惑
有過悉興悲　殉命濟他難　生無量歡喜
如死忽重穌　此喜過於彼　慈對害其身
一切時恒惱　不觀其過惡　常起大悲心
正遍菩提種　心恒所珎玩　大雄難勝智
無有能及者　無等菩提果　苦行是其因
由此不顧身　勤修諸勝品　豪貴與貧賤
等引以大悲　於諸差別中　而無高下想
勝樂等持果　心無有貪著　普濟諸羣生
大悲無閒斷　尊雖遭極苦　於樂不悕求
妙智諸功德　殊勝無能共　滌淨諸雜法
簡偽取其真　如清淨鵝王　飲乳棄其水
於無量億劫　勇猛趣菩提　於彼生生中
曾身求妙法　三僧祇數量　精勤無懈惓
持此為勝伴　以證妙菩提　尊無嫉妬心
於劣除輕想　平等無乖諍　勝行悉圓成
尊唯重因行　非求果位圓　遍修諸勝業
衆德自成滿　勤修出離法　超昇衆行頂
坐卧經行處　無非勝福田　拔除衆過染
增長清淨德　斯由積行成　唯尊寂無上
衆福皆圓滿　諸過悉蠲除　如来淨法身
塵習皆已斷　資粮集更集　功歸調御身

欲求於辟類　無能與佛等　遍觀諸世間
灾橫多障惱　縱有少分善　易得為比對
遠離諸過患　湛然安不動　寂勝諸善根
無能為辟喻　如来智深遠　無底無邊際
世事喻佛身　牛跡方大海　深仁荷一切
世間無有比　大地持重擔　喻此實為輕
愚癡闇已除　牟尼光普照　世智非能辟
如螢對日光　如来三業淨　秋月皎空池
世潔喻佛身　俱成塵濁性　如上諸所引
世中殊勝事　佛法迴超過　俗事可哀愍
聖法珎寶聚　佛寂居其頂　無上無比中
唯佛與佛等　如来聖智海　隨樂歎少分
鄙詞讚勝德　對此實多慚　時俗覩降魔
一切咸歸伏　觀彼同真性　我謂等輕毛
假令大戰陣　智勇能摧伏　聖德超世間
降彼非為喻　隣次降魔後　於夜後分中
斷諸煩惱習　勝德皆圓滿　聖智降衆闇
超過千日光　摧伏諸邪宗　希有無能比
三善根圓滿　永滅貪恚癡　種習悉已除
清淨無能喻　妙法尊恒讚　不正法恒非
於斯邪正處　心無有憎愛　於聖弟子衆
及外道師徒　於彼違順中　佛心初無二
於德情無著　德者亦非貪　善哉極無垢

聖智恒圓潔　諸根常湛寂　永離迷妄心
於諸境界中　現量由親覩　念慧窮真際
非凡愚所測　善安立語言　證彼亡言處
寂靜無等光　皎潔逾輝映　妙色世希有
孰不懷敬心　若有暫初觀　或復恒瞻覩
妙相曾無二　前後悉同歡　寂勝威德身
觀者心無猒　縱經無量劫　欣仰似初覩
所依之德體　能依之德心　性相二俱融
能所初無量　如斯善逝德　摠集如来躬
離佛相好身　餘非所安處　我因先世福
幸遇調御師　仰讚功德山　遠酬尊所記
一切有情類　皆因煩惱持　唯佛能善除
由悲久住世　誰當先敬礼　唯佛大悲尊
聖德超世間　悲願處生死　尊居寂靜樂
處濁為群生　永劫久精勤　慈心為一切
從真還利俗　由悲所引生　如呪出潛龍
興雲注甘雨　恒居勝定位　等觀以怨親
凶嶮倡聒人　投身歸聖德　神通師子吼
宣言三界尊　久已猒名聞　由悲自稱讚
常修利他行　曾無自利心　慈念遍衆生
於已偏無處　悲願無邊際　逐蹈化羣生
隨處皆饒益　猶如散飱食　深心念一切
恒不捨須臾　利彼反遭辱　由卻非佛作

慈音演妙義　誠諦非虛說　廣略任機緣
半滿隨時轉　若聞尊演說　孰不歎希奇
縱令懷惡心　有智咸歸信　義詞恒善巧
或復出麁言　利益悉不虛　故並成眞妙
柔爽及麁獷　隨事化衆生　聖智無㝵心
一味皆平等　勝哉無垢業　善巧喻良工
成此微妙身　演斯珎寶句　觀者皆歡喜
聞說並心開　美顏宣妙詞　如月流甘露
慈雲灑法雨　能清染欲塵　如彼金翅王
吞滅諸龍毒　能弥無明闇　喻如千日光
摧碎我慢山　辟猶天帝杵　現證非虛誑
靜慮除乱心　如實善修行　三事皆圓滿
創聞佛所說　心喜已開明　從此善思惟
消除諸垢染　遭苦能安慰　放逸令生怖
著樂勸猒心　隨事皆開明　上智證法喜
中根勝解生　淺劣發信心　尊言遍饒益
善拔諸邪見　引之趣涅槃　罪垢能洗除
由尊降法雨　一切智無㝵　恒住正念中
如来所記莂　一向非虛謬　無非處非時
亦無非器轉　尊言不虛發　聞者悉勤修
一路勝方便　無雜可修學　初中後盡善
餘教所皆無　如斯一向善　狂愚起謗心
此教若生嫌　無怨與斯等　歷劫為羣迷

俗經衆苦毒　此教縱非善　念佛尚應修
況能大饒益　復宣深妙義　縱使頭被焚
先應救此教　自在菩提樂　聖德恒淡然
皆由此教生　證彼亡言處　世雄真實教
邪宗聞悲驚　魔王懷惱心　人天生勝喜
大地無分別　平等普能持　聖教利羣生
邪正俱蒙益　暫聞佛所說　金剛種已成
縱未出樊籠　終趣死行處　聞法方思義
如實善修行　次第三慧圓　餘教皆無此
唯獨牛王仙　妙契真圓理　斯教不勤修
寧有愆過此　暫聞除渴愛　邪見信心生
聽者發喜心　依斯具淨戒　誕應時咸喜
成長世皆歡　大化利羣生　亦滅興悲感
讚詠除衆毒　憶念招欣慶　尋求發慧明
解悟心圓潔　遇者令尊貴　恭侍勝心生
承事感福因　親奉除憂苦　尸羅具清潔
靜慮心澄寂　般若圓智融　恒沙福所集
尊容及尊教　及尊所證法　見聞思覺中
此寶寂殊寂　漂流作洲渚　害已恒為護
怖者作歸依　引之令解脫　淨戒成妙器
良田生勝果　善友能饒益　慧命由此成
行恩及和忍　見者咸欣悅　廣集仁慈心
功德無邊際　身口無過惡　愛敬由之生

吉祥衆義利　咸依善逝德　導師能善誘
墮慢使翹勤　等持調曲心　迷途歸正道
善根成熟者　駕馭以三乘　儱悷不調人
由悲故暫捨　於遭厄能設　安樂勸善修
悲愍苦衆生　利樂諸羣品　違害興慈念
失行者生憂　暴虐起悲心　聖德無能讚
恩深於罔極　舉世所咸知　於此逐生怨
尊恒起慈愍　亡身救一切　自事不生憂
於諸崩墮人　親能為援護　二世行恩造
超過諸世間　於闇常照明　尊為慧燈炷
人天所受用　隨類有老殊　唯尊正法味
平等無差別　不觀於氏族　色力及年華
隨有善根人　求者皆蒙遂　廣現諸希有
無緣起大慈　聖衆及人天　合掌咸親近
嗚呼生死畏　佛出乃光暉　饒益諸衆生
皆能滿其願　惡人與共處　推樂取憂苞
謗惱害其身　猶如受勝德　為物行勤苦
曾無染著心　世尊希有德　難以名言說
尊遊嶮惡道　馬麥及牛鏘　苦行經六年
安受心無退　尊居寂勝位　悲愍化羣生
縱愚輕賤人　身語逾謙敬　或位尊貴主
曾無憍慢心　屈已事衆生　畢恭如僕使
機情億万種　論難百千端　如來慈善音

一荅摧皆斷　恩深過覆載　背德起深愆
尊觀愆極境　猶如極重恩　愆於尊轉害
尊於愆轉親　彼恒求佛過　佛以彼為恩
邪宗妬心請　毒飯與火坑　悲願化清池
變毒成甘露　以忍調恚怒　真言銷謗毀
慈力伏魔愆　正智降邪毒　羣迷從曠劫
習惡以性成　唯尊妙行圓　一念翻令善
溫柔降暴虐　惠施破慳貪　善語伏麁言
唯尊勝方便　難提摧巨慢　鴦掘起慈心
難調能善調　誰不讚希有　唯尊聖弟子
法味自怡神　草座以為安　金牀非所貴
善知根欲性　攝化任機緣　或有待其請
或無問自說　初陳施戒等　漸次淨心生
後談真實法　究竟令圓證　怖畏漂流處
唯佛可歸依　勇猛大悲尊　拯濟諸群品
身雲遍法界　法雨灑塵方　應現各不同
隨機故有異　善淨無違諍　唯尊可承奉
廣利諸人天　咸應興供養　身口無起作
善化遍群方　所說妙相應　此德唯尊有
久修三業淨　妙瑞現無邊　普觀諸世間
曾無此勝德　況於極惡者　純行寂上慈
廣利諸衆生　勇猛勤精進　聲聞知法者
於尊恒奉事　設使證涅槃　終名為負債

彼等諸聖衆　為已而修學　由捨利生心
不名還債者　無明瞻已覺　悲觀遍羣方
荷負起翹勤　聖善宜親近　魔怨興惱害
佛力已能除　無畏功德中　斯但顯少分
悲心化一切　聖意絕希求　利樂無不施
能事斯皆畢　如来勝妙法　若或可遷移
調達與善星　不應投此教　無始流轉中
乎為不饒益　由斯佛出世　開示化衆生
鹿苑度俱隣　堅林化須跋　此土根緣盡
更無餘債牽　法輪久已轉　覺悟諸群迷
恒沙受學人　皆能利三有　以勝金剛定
自碎堅牢身　不捨於大悲　自化猶分布
二利行已滿　色法兩身圓　救攝一闡提
雙林顯佛性　悲心貫三有　色像應群方
粟粒以分身　介乃居圓寂　善哉奇特行
希有功德身　大覺諸法門　世所未曾有
流恩遍含識　身語恒寂然　凡愚背聖恩
於尊興謗怒
法聚寶藏真無際　德源福海寶難量
若有衆生曾礼尊　礼彼亦名為善礼
聖德神功無有盡　我今智劣喻微塵
欲讚如来功德山　望崖怯退由斯止
無量無數無邊境　難思難見難證理

唯佛聖智獨了知　豈是凡愚所能讚
一毫一相充法界　一行一德遍心源
清淨廣大喻芳池　能療衆生煩惱渴
我讚牟尼功德海　憑斯善業趣菩提
普願含生發勝心　永離凡愚虛妄識

一百五十讚佛頌

一百五十讚佛頌

校勘記

一　底本，金藏廣勝寺本。

一　三〇三頁中三行「大唐」，資、磧、普、南無；徑、清作「唐」。

一　三〇三頁中一〇行「忢念」，諸本（不含石，下同）。作「妄念」。

一　三〇三頁下一六行第一四字「姤」，資、磧、普、南、徑、清作「垢」。

一　三〇四頁上一七行第一三字「降」，諸本作「除」。

一　三〇四頁中九行第五字「量」，諸本作「異」。

一　三〇四頁中一一行末字「記」，磧、普、南、徑、清作「說」。

一　三〇四頁中二一行第五字「處」，諸本作「愛」。

一　三〇四頁中末行「由𣃆非佛作」，資、磧、普、南、徑、清作「由悲非佛咎」。

一　三〇四頁下五行第五字「鑛」，諸

本作「獱」。

一　三〇五頁上九行末字「此」，資、磧、普、南、徑、清作「比」。

一　三〇五頁上一九行第五字「㝡」，麗作「勝」。

一　三〇五頁上二二行第八字「咸」，徑、清作「成」。

一　三〇五頁中四行第一〇字「設」，資、磧、普、南、徑、清作「救」。

一　三〇五頁中一七行「爲物」，磧、南作「爲佛」。

一　三〇五頁中二一行第二字「愚」，麗作「遇」。

一　三〇五頁下六行第三字「伏」，資、磧、普、南、徑、清作「化」。同行第八字「降」，資、磧、普、南、徑、清作「除」。

六菩薩亦當誦持經　　獸

失譯附後漢録

師子戲菩薩　師子奮迅菩薩
師子幡菩薩　師子作菩薩
堅勇精進菩薩　擊金剛慧菩薩
巍巍十方佛　堂堂聖中王　妙相三十二
衆好八十章　身出妙光明　普照諸十方
願身自歸命　稽首諸法王　巍巍十方佛
無極大慈悲　興立諸大誓　濟度諸群黎
多聞歡喜者　功德叵稱載　願身自歸命
稽首諸大衆　巍巍十方佛　功德不可量
慧如無量海　灌澤諸十方　其有聞名者
除各消諸殃　歸命大智慧　稽首正覺王
巍巍十方佛　國土甚清淨　七寶為莊嚴
妙香栴檀形　悉然諸菩薩　亦無二乘名
唯說不退轉　般若之道英　巍巍十方佛
三世道之跡　其聞信樂者　疾成無上真
遊於菩薩道　堅住不退轉　所生常見佛
速值諸天尊　巍巍十方佛　三世之導師
志心懷恭敬　信樂無狐疑　所生常端正
顏容甚光暉　辯才慧獨遠　願礼天人師
別有四菩薩

此四大士皆過去十方諸佛之師此
四大士初始造行之時發大誓願言
我當度一切衆生至其都得涅槃然
後當取佛一是故應誦念誦持得無
量無邊功德至不退轉辟如三千世
界盡虛空滿中紫磨黃金用之布施
不如一須臾之間誦念此四大士名
其所得功德出過介所黃金施上千
億万倍其名曰
棄陰蓋菩薩　寂根菩薩　慧威菩薩
不離菩薩
六菩薩亦當誦持經

六菩薩亦當誦持經

校勘記

一　底本，金藏廣勝寺本。

一　三〇八頁中一行經名，資、磧、普作「六菩薩名亦當誦持」；南、徑、清作「六菩薩名亦當誦持經」。

一　三〇八頁中二行「失譯附後漢録」，資作「後漢失譯」；磧、普作「後漢失譯　見費長房録」；南、徑、清作「後漢失譯　人名見費長房録」。

一　三〇八頁中一三行「諸殃」，資、磧、普、南、徑、清作「諸欲」。

一　三〇八頁中一八行「退轉」，資、磧、普、南、徑、清作「退輪」。

一　三〇八頁中一九行「天尊」，諸本（不含石。）作「世尊」。

一　三〇八頁中二〇行首字「志」，磧、普、南、徑、清作「至」。

一　三〇八頁中二一行「獨遠」，徑作「獨遊」。

一　三〇八頁下四行第五字「一」，南、徑、清作「土」；麗作「以」。

一　三〇八頁下卷末經名，資、磧、普、南、徑、清作「六菩薩名亦當誦持經」。

讚觀世音菩薩頌

唐天后佛授記寺翻經沙門慧智奉　制譯

菩薩号為觀世音　神通無㝵難可量
摇山竭海震大地　悲愍衆生同一體
記憶名号福不虚　是故常應稱念彼
我今至誠念彼德　以是敬心而讚歎
菩薩智慧深如海　方便善權無能測
所有諸天阿脩羅　摩睺羅伽及人衆
咸以微妙清淨偈　歷刧讚之無懈倦
我今宣説春陽頌　述其功德之少分
世間形色尊嚴者　諸天莫踰於梵王
况聖自在本色身　百千萬分不及一
尊者首飾甚嚴好　冠以㝵陁及金花
虹蜺美麗以莊嚴　復如半月映山王
又似百寶成須弥　尊者身相甚微妙
猶如輕雲籠寶岳　伊尼鹿彩覆其肩
光明晃朗普周遍　巍巍挺特若金山
亦如滿月處虚空　又似薝彼迦花色
勝彼摩醯首羅身　徒以白龍為纓絡
右手執持金蓮花　毗琉璃寶以為莖
以慈開敷極香潔　令諸智者生愛樂
尊手所持勝淨花　莊嚴殊妙甚暉麗

如月光曜須弥頂　聖身所處蓮花臺
由尊福德之所感　我以至誠懇重心
歸命敬礼賜願者　諸天供養所讚歎
我今淨心歸命礼　尊者螺髻玄蜂色
牟尼妙像處其中　光明暎曜嚴尊首
如燒珊瑚流電色　又如雌黃耀黑山
上下莊嚴大聖身　冒敢為文稱歎彼
四面狂象利牙齒　若人居中將被害
其人專心念菩薩　捨離苦惱而無畏
暴龍哮吼放煙毒　嗤喋瞋怒厲惡色
將噬其人甚可怖　憶念觀音便解脫
海潮風浪出音聲　摩竭巨魚皆震激
若人舩破誤落中　念彼觀音獲安隱
高山嶮谷懸巖裏　奔流濺石衆難處
若人墮中無救護　心念觀音發彼岸
烈火猛焰惡風起　延燒屋宅焚及人
至心念彼功德藏　應時災火不為害
若人繫縛在牢獄　身嬰枷鏁及杻械
至心稱念觀音故　其人須臾便解脫
若人墮落大火坑　專志稱名觀世音
其人除熱得清淨　猶若池中花開敷
若人經於大林中　忽遇雷電驟風雨
霹靂將燒極危殆　稱念觀音免災難

若人逢值猛師子　牙爪銛利如刀劍
瞋目吼嗌来食人　稱念觀音便免害
惡賊突厥弥房車　兇險無慈若羅剎
復以鐵鏁繫縛人　稱名發念皆解脱
深山大澤險難處　劫賊伺人將抄奪
稱名念力願救護　其人釋然無患苦
呪咀讒訟擬中傷　恒以惡心求方便
由彼常念觀音故　其人竟不能為害
鬪戰旗鼓兩相當　鋒鏑交攢競殘刃
此時心念及稱名　菩薩於中施無畏
大力惡鬼執捉人　鳩般茶等飲人髓
若能繫念觀音者　擁護其人銷疫難
鬼病熱病腹脹病　瘫病黃病心痛病
癲病癩病霍乱病　血氣羸瘦種種病
諸惡果業纏其身　稱名繫念皆除愈
有諸餓鬼腹如山　脣口乾焦飢渴惱
菩薩見之生慈悲　次第令其得充足
餓鬼或遭寒凍逼　身體皮肉皆破壞
舉彼兩手生極苦　神通方便令愠適
若金翅鳥以嘴爪　搏撮水陸諸龍等
其龍專心念菩薩　即得離苦獲安樂
若有欲求勝果報　象馬車乘及奴婢
衣服飲食諸珍寶　由彼常念觀音故

應其求願自然至　若有欲得長生術
坐卧雲間恣空行　由彼常念觀音故
當獲神呪及仙藥　我見壁畫觀音像
遍視色相諸功德　及見神通大自在
故起至誠而讚歎　所有一切諸功德
於菩薩中冣第一　無邊善巧大方便
示現清淨妙色身　遠離有無諸分别
利益無量如虚空　以此讚歎功德藏
願證如来一切智
以此讚歎觀世音菩薩功德上資
國主聖神皇帝陛下善轉金輪色力
壽命永無窮盡智慧果報不可思議
恒御閻浮長居震旦擁護三寶利益
群生一切含靈皆蒙聖　福

讚觀世音菩薩頌

讚觀世音菩薩頌

校勘記

一　底本，金藏廣勝寺本。

一　三一〇頁中二行「唐天后」，資、磧、普、南無；徑、清作「唐」；麗作「唐天后代」。

一　三一〇頁中一〇行「我令」，諸本(不含石，下同)作「我今」。同行「春陽」，南、徑、清作「稱陽」。

一　三一〇頁中一六行「輕雲」，諸本作「輕雨」。

一　三一〇頁下二行「至誠」，南、徑、清作「志誠」。

一　三一〇頁下一四行「石衆」，資、磧、南、清作「石泉」。

一　三一〇頁下一五行第一二字「發」，諸本作「登」。

一　三一〇頁下二一行「清淨」，磧、普、南、徑、清作「清涼」。

一　三一一頁上二行第四字「嗌」，諸本作「喚」。

一三一一頁上六行「無恚苦」，資、磧、普、南、徑、清作「得解脫」。

一三一一頁上九行「殘刃」，資、磧、普、南、徑、清作「殘忍」。

一三一一頁上一九行「慍適」，資、磧、普、南、徑、清作「溫適」；麗作「熅適」。

一三一一頁中七行首字「示」，徑作「亦」。

佛說小道地經

後漢天竺三藏支曜　譯　默

道人求息所以不得息者有四因緣何等為四一者怙其善不曉讖誡自欲身二者以不讖誡便黠意不生以黠意不生便不知身以不知身意便惑三者不解經以不解經便不了了以不了了意便疑四者不數校計命福日盡心自可用是四因緣故不得息道人求息欲得息者要當知坐行二事一者喘二者息亦在二因緣一者為生二者為死何等為喘何等為息所起意生為喘意止為息何等為生何等為死意滅為生意起為死要當先知是因緣當那得分別知因緣所從起叢事在四對何等為四一者不知食多食不學不制貪味過足二者意隨色不諦校計多求自欲為種苦本三者警意蓋起多睡眠失本念耶向夢中種武四者疑惑便惡日增便兩舌墮非長瞋恚身口不相應為是故不墮禪棄當那得近禪常數思惟

喘息生滅起盡當持何等意思惟分別亦在四因緣一者近善知識二者識受語不妄三者貪誦經晨夜習意四者守識莫離法息易得

身有四病或時地多身不得安或時水多身不得安或時火多身不得安或時風多身不得安此四可安乃得身止

意有四病一者癡多意不得止二者瞋恚多意不得止三者婬多意不得止四者疑多意不得止四事不安意不得止

息亦有四病或時多求息不得止或時念多息不得止或時歎喜多息不得止或時喘多息不得止道人行道離是因緣便得定意

若身臃腫疥瘡肥感欲坐身不得安或時食多便火起身不得安或時飲多便水起身重目澁身不得安或時食多已復食貪味過足不學不制便風起不得安亦謂少食

若癡多不宜數入衆人群聚當先誦經不宜多聞好自守若瞋恚多不宜

居家若少所有若婬多不宜覩伎樂及諸好色若疑多不宜數聞好言善語常自守思惟責對若求多常當念不常坐起著意若念多常當行證我所念皆為苦本若歡喜多計不得久若在後當病制若喘欬多常當和心不宜數出麁語坐作罪道人行道不識是因緣終不近道當能制此黠意稍增道易得

道人求向道要當知過去念事以過去莫復念何以故復知為種故辟如種槃種稻便念當收稻種豆便念當收豆何以故為生故念亦如是以種念便生一切眾在十方待殃福當受要不得脫苦墮煞種煞栽盜為種盜栽婬為種婬栽兩舌為種兩舌栽惡口為種惡口栽妄言為種妄言栽綺語為種綺語栽嫉為種嫉栽瞋恚為種瞋恚栽疑為種疑栽為是故數數為念復增念難得離苦當持何離是眾苦要當禪棄為不復種是十惡故離有餘種會當盡何以故辟如種穀雖多得收不復種種但種稍飾雖久

飾不止會有盡時禪棄亦介何以故不復種故以墮禪棄罪稍稍滅何以故稍稍禪棄為福福以生万惡皆竟但種道栽念道以生便有黠以有黠便能活人亦能自活

道人求向佛道今世欲曉了知行意者要在三念有過去念未來念現在念有福念有罪念或時若讀經行禪忽念久事曾為人所辱若侵人墮好色便因念生意為作頭足復增罪不能自制從是因緣得罪為苦本是為過去罪念或時從禪中若讀經忽生善念念素所行苦樂思惟知不常是為過去福念或時安靜忽亂念生念作非常便失本念貪婬多求便作不死念是為未來罪念或時若得安靜便善念念共當從是因緣增黠是為未來福念端在家居自守持戒便邪念生當作是念多畜六畜更增憂失戒是為現在罪念以自家居自守持戒復增善念常欲離是為現在福念求向佛道當先曉是罪福乃可增黠若求羅漢一切斷是為求向佛道但

佛說小道地經　第五張

欲增福多黠求羅漢但欲墮禪滅惡其黠在後求佛增福要當多聞黠要當諷經欲知其要在護戒護戒護能解經便能福人亦能自福

道人求向佛道今世欲解菩薩行意者要當復知是三戒第一當知持戒亦守戒第二當知不犯戒亦能戒第三當知戒曉戒能戒亦護戒第一當知持戒者若人有妻子居家常齋不失是為持戒一身無妻子自守不邪向是為守戒第二當知不犯戒者若人眼視耳聽能不墮聲色亦餘一切是為不犯戒為道寒苦復為人所辱能不失本念是為乃戒亦應忍辱第三當知戒者知其人持其戒是為知戒曉戒者知其人樂道為父母宗親知識所非嫉不數數於眾人中曉說戒能戒者當知人能應何業隨力所任授與能使不失若增若減應病與藥是為能誡護誡者一切當護附順當得其意離惡知識當有護意欲說十方人非人若在伎樂若在婬色能教多少說善言能不乱意復今有福

佛說小道地經　第六張　獸字号

是為護誠求向佛道菩薩行業者要當知是乃能脫人亦能自脫復能業人亦能自業

佛說小道地經

佛說小道地經
校勘記

一　底本，金藏廣勝寺本。

一　三一三頁中一行「佛說」，諸本（不含石，下同）無。

一　三一三頁中二行譯者，資、磧、普、南、徑、清作「漢支曜譯」。

一　三一三頁中一九行第四字「警」，南、徑、清作「驚」。

一　三一三頁中二〇行第五字及次頁中一七行第五字「𢦏」，諸本作「栽」。同行「惡日」，資、磧、普、南、徑、清作「惡口」。

一　三一三頁下七行第一一字「可」，資、磧、普作「何」；南、徑、清作「俱」；麗作「得」。

一　三一四頁上四行第一二字「行」，資、磧、普、南、徑、清作「牽」。

一　三一四頁上六行第五字「病」，資、磧、普、南、徑、清作「疾」。同行「和心」，資、磧、普、南、徑、清作「知心」。

一　三一四頁上一四行第一二字「福」，資、磧、普、南、徑、清作「禍」。

一　三一四頁上一五行第八字「種」，資、磧、普、南、徑、清作「便種」。

一　三一四頁上一九行「栽爲」，資、磧、普、南、徑、清作「栽念爲種」。

一　三一四頁上二一行「十惡」，資、磧、普、南、徑、清作「十要」。

一　三一四頁上二二行首字「離」，麗作「雖」。

一　三一四頁上末行首字「雖」，資、磧、普、南、徑、清作「稚」。同行「但種稍飦」，諸本作「但稍稍飯」。

一　三一四頁中二二行「可增」，資、普作「可憎」。

一　三一四頁下三行「護能」，諸本作「便能」。

一　三一四頁下一四行第八字「乃」，資、磧、普、南、徑、清作「守」；麗作「耐」。

一　三一四頁下一五行第七字「其」，諸本作「某」。

一　三一四頁下末行「復今」，諸本作「復令」。

一　三一五頁上末行經名，資、磧、普作「小道地經一卷」；南、徑、清作「小道地經」。

三慧經

失譯人名今附涼錄　　歎

佛常欲得三人一者信二者問三者行或有人但信不喜已作為信不欲行為喜有三亡一者不布施二者不行戒三者不定意

當滅思想乃得道要在不念已滅思想色亦滅識亦滅心有所念是為四所有對是為想當有想當無想不離想當離不生想還就不出想當有想者謂道想當無想者謂無色想不離想者謂不離經行想當離想者當離生死想不出想謂無道想不出十二門還就者謂人生死便不得脫

身辟如地善意如禾惡意如草不去草穢禾實不成人不去惡意亦不得道人有瞋恚是為地生蕀梨善意如雹來即明去便復冥邪念如雲覆日時不見已惡意起不見道

學者有苦不學者無有善學者有苦辟如人種當先犁去草穢便多得收是為先苦不學者無有苦者辟如地不犁績自生疾諸惡物是為不學無有苦

三慧經

行道第一可禁苦第二可禁樂三者不可禁苦四者不可禁樂能樂得樂便行道能苦得苦便行道

有人行道得苦便畏生死能行道如是不可與樂

有人得樂能行道意不苦如是不可與苦

有人得樂能行道得苦亦能行道如是可與樂不可與苦

有人得苦不能行道得樂亦不能行道如是當與苦不可與樂

都有四求一者用身故求二者用顛故求三者用癡故求四者用行故求人欲保身長壽是為身求欲得豪貴妻子珎寶是為顛求祠祀鎮猒欲從得福是為癡求所行非法欲家安隱得道是為行求

人有三不可保一者喜意二者財寶三者人命身亦可念亦不可念計身諸惡露是為可念意墮五樂是不可念善亦可念亦不可念謂得道意是可

念不可念者謂以得道意當轉增上惡亦可念亦不可念有過自悔是可念意起墮惡是不可捨念正念邪是為惑不別是非是為疑惡有二事一為本二為利所作行是為本受行福是為利除是便得道

貪護謂已得復貪念色為貪上為非一意滅故護貪為得道貪護為墮生死已得復護故為貪護

樂食者謂歡喜飽念食者謂念三十七品經便飽識食者謂樂法已墮痛痒為我求後復念為識求

一切世俗事皆屬身一切名字皆屬意一切不犯皆屬戒除是無所有為道一法復壞道行謂不精進一法壞人謂慳貪

外惡因緣來向人不受為忍自身作惡不出為辱已過去莫復念未來亦莫待

令見在當斷非人所有莫得憂一切有意皆為結

有善意亦忘有惡意亦忘復用三因緣故一者不習念二者不數念三者不著意倒是三事不復忘

從有可得無有不可得有是謂三十七品經意生死意生死無有數所以覺者種忘故本意欲坐行道十日不能竟十日前世福薄故多福者欲十日坐行便得身不欲行用劣瘦極故意不欲行不念死敗苦空故智慧有四相一者聞善語便不轉二者已聽便受著意三者已矣當思惟念四者意已思惟念復重問欲知其意倒是少慧

有五百人行道得定意恐復失之因取人令煞人報言煞道人令我得重罪道人言如人有怨家欲煞之不是身為是我怨家汝為我煞佛言當煞意勿煞身

有道人得定意時野火燒之衣不然人見之謂是鬼便斫之刀折不入用心一故不燒柔軟故不入

有道人得定意弟子呼之飯不覺因前牽辟辟申丈餘弟子大恐因取結之意結不可復取解之師禪覺苦辟痛問弟子白如是師言汝不解者誤折我辟人得定意柔軟如綿在母腹中亦尒

有三因緣覺人無所知一者問不如對二者不能問三者不能語

取要要經辟喻說人逢大水但當取珎寶莫顧在世間但當取善意去不所念不得道何以故不念道因緣有道因緣能得道謂六波羅蜜安般守意三十七品經是為道因緣

有五因緣可信一者信佛二者信法三者信戒四者信經五者信善知識信是五事得道語有四法一者直語二者分別語三者問語四者止語直語者有黠人墮道得因緣直說分別語者為所以所受不諦當分別本末重語說問語者人自意為是墮因緣問之即自知止語者佛所不說亦不說

有四因緣問一者一切問二者分別問三者問問四者止問一切世間非常苦空行道得安隱已說是為應語是為一切問若人來問眼事莫持耳往報是為分別問若人持白物來言是黑物因持黑物問之見為何等是

為問問若人来問道何類因報寒何
等類若問意何等類因報風何等類
若問無為何等類因報空何等類是
止問
有四顛倒一者非常人意已為常二
者已苦人謂樂三者万物皆空人謂
為實四者非身貪已為有身人墮顛
倒如是非常計常以苦為樂以空為
實非身已作身人如是意便得道
人意墮四顛倒故計是為我身諦挍
計身中無所有已無所有便墮空已
墮空便為無身已無身便墮無為
人有四癡常著四顛倒一者万物非
常自以為常二者天下皆苦人持作
樂三者天下空人以為有四者身非
身不可保人以為身五者月始生時
拜六者十五日盛明時反踞視之七
者女小時從人抱八者女大不可得
見有四貴亦有四賤一者道貴人賤
二者珎寶貴人賤三者官位貴人賤
四者黠貴癡賤
向難言人得善知識為得佛半佛言
人得善知識為得佛道善知識難得

何謂為道德信為道制身口意為德
人當有三知識一者冨家二者事貴
三者大尊者以布施是為冨家以持
戒為事貴者守意念道為是事大尊
者有内治生外治生索錢財諸珎寶
是為外治生守意念道是為内治生
人不能自伏意反欲伏他人意能自
伏意他人意恚可伏
有内力有外力有内色有外色有内
識有外識能制惡意是為内色力能
有所作舉重瞋恚是為外力痛痒思
想生死識是為内色地水火風空是
為外色意念為内識眼見為外識
有四事大難一者與得道人共會大
難謂十二賢者二者聞經入心難謂
在八難處三者如本觀難謂墮四顛倒
四者如法行難謂不能持戒
有五事求道大難一者年老二者疾
病三者縣官四者盜賊五者飢渇是
為五事求道大難
有五事難一者值佛世難二者聞經
難三者得善師難四者得善人難五
者得作人難

有五難一者貧能布施難二者豪貴
能忍辱者難三者有事對吏不欺者
難四者與端正女人同牀意不乱者
難五者制人命不得傷害者難
有七難一者受經能問難二者聞經
解意難三者與多智人對語能自解
難四者自教復能教人者難五者自
安隱亦令人安隱難六者已自定意
亦令人定意難七者常不離法至得
佛道難
有十八事人於世間甚大難一者值
佛世難二者正使值佛成就得為人
難三者正使成得為人在中國生難
四者正使在中國種姓家難五者正
使在種姓家四支六情皃具難六者
正使四支六情完具有財産難七者
正使得財産得善知識難八者正使
得善知識智慧難九者正使智慧謹
慎心難十者正使謹慎心能布施難
十一正使能布施欲得賢善有德人
難十二者正使得賢善有德人往至
其所難十三者正使往至其所得宜
適難十四者正使得宜適聽問難十

五者正使受聽問說忠政難十六者正使忠政解智慧難十七者正使得解智慧能受深經難十八者正使能解深經復重難是為十八事人於世間大難有八處人佛無那何一者瘂人二者聵人三者地獄中人四者餓鬼中人五者畜生中人六者邊地不知法義七者長生二十八天上八者受不精進行是為八處人佛無那何

有五百人自說言我善佛言汝當善當隨我後人言諾佛便行入火中五百人皆止住無敢隨者言善人至難得

有人問佛佛教人作善何等益佛言天下人惱我故教之耳人復言人有心當恣之佛言坐天下人恣心故我止住百劫乃得佛道

道有七事一者意喜布施不欲餘二者但欲聞三者但信四者但持戒五者但欲行六者欲學慧七者但欲脫去佛在世時得脫轉後世但學慧復轉後世但欲行復轉後世但持戒復轉後世但信復轉後世但欲聞復轉後世但欲布施不但布施當復聞不但聞當復信不但信當復持戒不但持戒當復行不但行當復慧不但慧當復脫去是七事當并行

有五叢殘一者上世人長壽今世人短壽二者上世人端正桃華色今世人醜惡三者上世人多得道今世人不能得四者上世人博達通知經要今世人不能通知五者上世人安隱今世人多疾瘦是為五叢殘世

有長壽者道人大富財產無數好作布施有人言鄉作布施大多道人報言我從佛聞人在世間往來生死其日不可數今我所有布施尚不能日用一錢何以為多佛說人得一切天下珎寶不如聞佛一言何以故徒多財產不能離世間故

山中揭鳥尾有長毛毛有所著便不敢復去愛之恐挽罷為獵者所得身坐分散而為一毛故人散意念恩愛財產不得脫苦用貪婬故

人治生辟如蜂作蜜採取衆華勤苦積日已成人便叨取持去亦不得自食適自疲極人東走西走求是作是合聚財寶勤苦不可言已命盡他人得其財身及得重罪受苦不可量人在世間辟乘泥船度河當浮度船且壞人身如泥船不可久當疾行道

金有四試一者燒二者磨三者鍜四者鍊辟喻人亦有四試一者嬈二者共從事三者色四為制不止

欲得人相有四因緣一者與共居二者共居當久三者當共語言四者共可以知之

有四因緣知為道人一者聞惡乱意即時轉念二者不說人惡三者自不墮論議四者能自讓如是知為道人自讓

今世四因緣乃受福一者有處二者有時三者業四者師人有所止得安隱如意是為處如人年三十當冨十五時求不可得至三十乃得是為時若人冝賈白珠亦餘物從得利是為業遭得明人分別說經心即開解是為師有兄弟三人各自謂高健無華共更持夜二兄居前卧小弟便獨坐有一虫名為不吉来嚙其髀弟便以

手揹之虫便長大復擂益大其人瞋恚取虫蹠蹹自致疲極虫益大不止其人便止休一夜已竟便呼仲兄起虫復嚙之兄復如小弟與共闘虫更長大至屋如是疲極復止休二夜竟便呼大兄起坐虫復嚙之大兄便持手揹摩娑虫復起兄生意以衆覆之須臾極虫便出衆去至明日二弟極不能復起兄知二弟與虫共闘便問何以不起二弟慙不敢語兄言與虫共闘極耶弟言然兄語弟言後儻有不吉虫來但以衆覆之不當揹也辟喻如癡人得對便瞋恚從得罪如弟與虫闘自致疲極黠人見對來便避之是得福辟如衆覆不吉虫

昔有道人為國王說經王言佛在世多人得道今同說佛經人不得道佛為持道法去耶道人言辟天下極美不過蒲挑酒飲一升便可酔持一升水澆一升酒中飲之不能復酔佛在世時說經知人意態辟如人飲一升酒便得酔今我輩不知是佛說經知人意態應病與藥故人多得道

有國王飲諸比丘天來指示王是人得阿羅漢是人菩薩是人得道迹是人不持戒王悉覺知持心正等無有異意諸天代其歡喜有國王與人共爭高價浴佛王輙舉高價不止人言令我悉持所有財物妻子自身為奴婢以浴佛王便不得

阿育王作八万塔臨命欲絶時菩薩阿羅漢有五百人共守護更為說經不使諸夫人得近與相見欲令王上天故

有小國王常起徃伐大國王思惟言亡身得惡皆從貪愛故我不如以國與之大國王捨國去作白衣在他國久後歸故國有人白言王便勑左右徃捕取煞之臨當死時呼其子囑一言慎勿忘也汝勿念煞家要當慈心

有國王治行不平侵枉人民受取非法天為雨不時節有女人言天雨不時節王治行不平正故王以聞知便呼女人令請雨以三器著地女人願令雨墮中央器中復令從一頭起則如其願王問何因緣得是女人白言

我至誠故佛言有地乃有万物人有至誠乃有道有國王出行見一女人端正無比王意欲煞其夫取是女人旁臣言不當煞當取之王國序其夫以金指環與之語言忘環者煞汝王私呼婦令盜取環以後王呼問其夫環所在夫求不知處便勑臣煞之令美飲食夫恐不敢食人言卿當死何不食夫適欲噉魚因於魚腹中得環是至誠所至

有道人貧窮舉十万用治生便先持三万布施持餘錢行賈途中為賊所抄王便以珎寶物句與之有大囊小囊餘人各取大囊去道人自念言我錢少不宜取大囊便取小囊去其中悉有白珠賣得六千万用至誠不貪故得是珎寶

昔有國王徵國中諸盲人令於象廐中觀象中有持象足者中有持象鼻者中有持象耳者中有持象尾者去後共相問象何等類持象足者言象大如柱持象鼻者言象如繩索持象耳者言象如簸箕持象尾者言象如

大杖皆共諍之冐人各自信其意辟如人各見少所經不了其法自謂大解亦如是

有國王於城外大作伎樂戲舉國中人民皆出行觀城中有一家其父有疾不能行步家室共扶将令行言出城便止樹下不能自致語家中言汝自行觀來還乃持我歸時天帝釋化作一道人過其邊便呼病人汝隨我去我能令汝病愈人聞之大喜便起隨行釋將上天至室見金銀好物甚衆多欲從求之人言勿得可求匃瓶病人因前到釋所言我欲去願持此瓶匃我釋即與之語病人言中有物在汝所願病人持歸室家相對探之轉得心中所願金銀珎寶恣意皆得大會宗親諸家内外共相娛樂醉飽已後因取瓶跳之我受汝恩令我富饒跳踢不止便墮地破之所求不復得

世間有黠人多無數未有如弥勒者弥勒尚復行學不猒何況餘乎佛已得道坐行安般守意佛言我從無數世以来與不猒乃得佛後世人學當那得佛道

以持戒不復作惡有不信意故復犯戒便墮地獄閻王問之便對言我不作惡閻王復問汝不作惡何為是中

有尊者為賊人所折辱有人言何以不煞之尊者言我人客未具故人復言我為卿出人客尊者言不也我兵今自具如是二十餘歲煞賊人被病死人復言卿不煞之今反自死尊者言我兵馬以具何故癡人當入地獄是為兵馬具

問曰何等為能知一万事畢報曰一者謂無意無念万事自畢意有百念万事皆失

有道人夜行前未得道人隨其後後人有疑悔前人舉手五指頭出火復以鑰開戶後人乃覺悟知為道人

說經有六衰有人言七衰屋舍衰獨非衰耶佛謂人言我復饒汝一衰癡為大衰何以故人說身事反說屋舍是為癡

有人墮海中有人教食水盡可得步出人言我已飲後水復來世俗如是前後相趣不可極

人欲相見有四緣一者其人端正故二者宿命相愛三者名聞四者欲聞深經安為知是隱為自藏自藏者不見惡態

世間凡有千八道佛一切已知前世皆已學從是不得道故索知

問人語時聲先生耶意先生乎報意先生何以意覺聲聲不能覺意故

有人持珠度海失亡其珠人便持木斗抒水棄岸上海神言汝當何時盡是水人言生死棄之不置海神知其意大出珠還之

三慧經

三慧經

校勘記

一　底本，金藏廣勝寺本。

一　三一六頁中二行「失譯人……録」，資、磧、普、南、徑、清作「僧祐録云安公涼上異經今附北（資無「北」字）涼録」。

一　三一六頁中一〇行「不生想還就不出想」，麗作「想不出想還就」。

一　三一六頁中二一行第四字「種」，資、磧、普、南、徑、清作「田種」。

一　三一六頁下一一行「疾諸」，資、磧、普、南、徑、清作「蒺蔾」，麗作「蒺蔾諸」。

一　三一七頁上三行「捨念」，麗作「念捨」。

一　三一七頁上四行第九字「疑」，資、磧、普、南、徑、清作「癡」。

一　三一七頁上七行第一二字「上」，南、徑、清作「止」。

一　三一七頁上一一行第一三字「墮」，諸本作「隨」。本頁下一四行第六字、一六行第一二字同。

一　三一七頁上一二行第三字「我」，資、磧、南、清、麗作「栽」；普、徑作「栽」。

一　三一七頁中九行「矣當」，資、磧、普、南、徑、清作「失常」；麗作「意當」。

一　三一七頁中一八行「刀折」，資、磧、普、南、徑、清作「刀斫」。

一　三一七頁下五行「要要經」，資、磧、普、南、徑、清作「要經要」。

一　三一七頁下六行第四字「喻」，資、磧、普、南、徑、清無。

一　三一七頁下七行首字「不」，磧、普、南、徑、清作「人」。

一　三一七頁下一五行第五字「以」，資作「心」。

一　三一七頁下二一行第八字「求」，資、磧、普、南、徑、清作「來」。

一　三一八頁上五行第九字「入」，諸本作「人」。

一　三一八頁上一一行第五、六字「所有」，資作「有所」。

一　三一八頁上一四行「持作」，資、磧、普、南、徑、清作「恃作」。

一　三一八頁中三行第三字「大」，資、磧、普、南、徑、清作「事大」。

一　三一八頁中一〇行「内色力」，資、磧、普、南、徑、清作「内力力」；麗作「内力」。

一　三一八頁中一六行末字「倒」，資、磧、普、南、徑、清無。

一　三一八頁下二〇行「十一」，資、磧、普、南、徑、清作「十一者」。

一　三一九頁上九行末字「何」，磧、普、南、徑、清作「何況」。

一　三一九頁上一〇行「汝當」，資、磧、普、南、徑、清作「汝審」。

一　三一九頁中四行第四字「殘」，資、磧、普、南、徑、清作「殘世」。

一　三一九頁中一八行第八字「罷」，資、磧、普作「羆」；南、徑、清作「覆」。

一　三一九頁中一九行首字「坐」，資、

磧、普、南、徑、清作「爲」。同行「恩愛」，資、磧、普、南、徑、清作「財産」。

一　三一九頁中二二行第七字「切」，資、磧、普、南、徑、清作「竊」；麗作「攻」。

一　三一九頁下二行第五字「及」，資、磧、普、南、徑、清作「反」。

一　三一九頁下五行第一〇字「磨」，資、磧、普、南、徑、清作「磨石」。

一　三一九頁下九行末字「共」，麗作「共事」。

一　三二〇頁上二行第四字「蹠」，磧、普、南、徑、清作「蹴」；麗作「蹙」。

一　三二〇頁上一一行第三字及一四行第七字「搔」，資、磧、普、南、徑、清作「劇」。

一　三二〇頁上一五行末字「虫」，資、磧、普、南、徑、清作「蟲去」。

一　三二〇頁上一七行第六字「同」，資作「因」。

一　三二〇頁中一行第四字「飲」，諸本作「飯」。同行第一二字「王」，資、磧、普、南、徑、清作「王言」。

一　三二〇頁中二行第六字「人」，資、磧、普、南、徑、清作「人得」。

一　三二〇頁中八行第九字「命」，資、磧、普、南、徑、清作「死」。

一　三二〇頁中一二行第七字「往」，資、磧、普、南、徑、清作「征」。

一　三二〇頁中一七行第一一字「要」，資、磧、普、南、徑、清作「惡」。

一　三二〇頁下四行第八字「享」，諸作本「享」。同行「王國序」，資、磧、普、南、徑、清作「國王享」。

一　三二〇頁下五行第四字「環」，資、磧、普、南、徑、清作「鐶」。下同。

一　三二〇頁下一〇行末字「至」，資、磧、普、南、徑、清作「致」。

一　三二〇頁下一一行「十万」，資、磧、普、南、徑、清作「十萬錢」。

一　三二一頁上一行「大杖」，資、磧、普、南、徑、清作「大篣」。

一　三二一頁上二行第九字「了」，資、磧、普、南、徑、清作「達」。

一　三二一頁上一一行第八字「室」，諸本作「宮」。

一　三二一頁上末行第四字「與」，資、磧、普、南、徑、清作「學」。

一　三二一頁中七行第五字「出」，資、磧、普、南、徑、清作「屈」。

一　三二一頁下一一行第二字「抒」，資、磧、普、南、徑、清作「舀」；麗作「揄」。

一　三二一頁下一三行第二字「大」，資、磧、普、南、徑、清無。

阿毗曇五法行經　歟

後漢安息三藏安世高　譯

苦法黠可苦法黠習法黠可習法黠盡法黠可盡法黠道法黠可道法黠

苦法者謂形體万物皆當衰老死亡是為苦癡人謂可常保持是為樂黠可知是為苦便不復向生死是為苦法黠可

習法者謂習欲習得習婬習怒習癡習好習美黠可者如是為習從習得盡便不欲是為習法黠可盡法者謂人物會當消散滅盡便得亦不喜失亦不憂是為盡法黠可道法者行道得道作善上天作惡入惡道黠可者知去惡就善是為道法黠可黠者覺可者知

本不知是為苦苦為一意知為苦是為二意習為一意知為習是為二意盡為一意知為盡是為二意道為一意知為道是為二意此八意在外非常苦空非身本習生因緣盡止如意要道處受觀

盡苦空非身何緣得盡盡從苦來從苦得盡因盡便得空得空便知非我身是四意為隨苦諦

何等為苦一切在生死皆為苦會欲亦不欲會欲謂人諸所欲得亦不欲謂人意諸所不欲是皆為苦貪從習出隨非常意求滅苦從習得

何等為法謂因緣作是得是是為法當為識已識為却意當為斷從四諦中苦諦習諦為證有道見苦知從習起見習知苦見盡諦知非常

何等為可謂意道不忘道常求道以道為可何等為黠常問道為黠已問能受能行是為黠習亦如是盡滅亦如是道亦如是

苦為罪法為行結黠為三十七品經可為行行者為行道如是為習如是為盡如是為道皆為增上

第一為苦何等為苦一切惡不可意為苦已識苦不欲者便行道不離為可苦生有本苦為何等本從万物万物無有亦不盡已不盡人亦不憂已不憂人亦無有苦

第二為習何等為習意隨愛為習斷愛無有習持何等行為斷愛万物皆從因緣生斷因緣不復生當邪得斷因緣持意念道已持意念道意不得兩念便在道是為習

第三為盡苦法為万物以敗便得憂已得憂便老已老便得病瘦死是名為外盡苦法何以故為外盡苦法為自罪未除何以故為自罪未除為生死未滅何以故生死未滅為非一意何以故非一意為不墮禪棄故何以故不墮禪棄不受行如佛語是名為外盡內盡為何等意墮守已墮守餘意不得生已餘意不得生便滅結已滅結便罪盡已罪盡便盡無有是名為內盡

第四為道何等為道苦可意道名為八種何等為八種如是安般守意説八行意不墮生死但有墮道已墮道便斷上頭三事何等三事苦習盡已斷苦習盡便定已定所向便得道何等為得道已苦滅不復生是為得有五法行何等五一者色二者意三者

所念四者別離意行五者無為
色為何等所色一切在四行亦從四
行所四行為何等地種水種火種風
種亦從四行因所色為何等眼根耳
根鼻根舌根身根色聲香味細滑亦
一處不更
意為何等所意心識是為何等六識
身六識為何等眼識耳識鼻識舌識
身識心識
所念法為何等若所念法意共俱是
為何等痛想行痒念欲是意定黠信
進計念貪不貪善本惡本不分別本
一切結縛便勞從起所黠所見所要
亦所有如是法意共俱是名為意所
念法
別離意行為何等所別離意不共是
為何等得不思想政盡政不思想念
想下輩苦得處得種得入生老止非
常名字絕具如應亦餘如是法分別
意行是名分別意行
無為何等空滅未離滅不須受
地種為何等堅者水種何等濕者火
種何等熱者風種何等起者眼根何

等眼識相著可色耳根何等耳識相
著可色鼻根何等鼻識相著可色舌
根何等舌識相著可色身根何等身
根相著可色色為何等若色端正不
端正等色俱中央色想像上頭一識
更眼識色更為心識更是色兩識更
知何等兩眼識心識聲為何等從受
行出聲亦不從受行出聲從受行本
聲亦不從受行本受聲若上頭一識
更知耳識已更心識便知是聲兩識
更知耳識心識香為何等若根香若
莖香若花香若實香香臭香等香
所香是名為香若上頭一識一識更
知鼻識已更心識便知是香兩識更
知鼻識心識味為何等若酢味甜味
鹽味苦味醎味辛味澁味亦所啖覺
味若上頭一識知舌識舌識已更心
識便知是味兩識更知舌識心識細
滑更為何等若滑若麁若輕若重若
寒若熱若飢若渴為上頭一識知身
識身識已更心識便知是一處樂為
兩識更知身識心識心識一處不更
色為何等若色法識想着是為何等

若身善者不善者不更若常一識知
心識
眼識為何等眼相依色因知耳識為
何等故耳根相依聲因知鼻為何等
鼻根相依香因知舌識為何等舌根
相依味因知身識為何等身根相依
樂著因知心識為何等心根相依法
因知
痛為何等為樂是亦為三輩少多無
有量想為何等所對行為何等所作
是亦為三輩善惡不分別福殃度
願樂為何等三會是亦為三輩善樂
惡樂亦不善亦不惡樂意念何等為
意念是亦為三輩善惡不分別欲為
何等欲作是何等意可意為何等念
思惟何等為一意黠為何等為觀法
信為何等可意進為何等觀念計為
何等所念使求增望念願是名為
計分別念為何等所觀觀隨不絕相
隨是名為念計念為何等異意大為
計意微為念計念是為異貪為何等
不隨善法不信至誠不行不應行是
名為貪不貪為何等隨善法信至誠

行應行是名為不貪善本何等有三善本無有貪善本無有瞋恚善本無有愚癡善本是名為善本不善本為何等不善本有三貪為不善本瞋恚為不善本愚癡為不善本是名為不善本不分別本為何等有五不分別愛不分別憍慢不分別癡不分別疑不分別行是名為不分別本

結為何等有九結一為持念結二為憎結三為憍慢結四為癡結五為邪結六為失願結七為疑結八為嫉結九為慳結

持念結為何等三界中貪增結為何等為人間不可息憍慢結為何等憍慢結名為七輩何等七一為憍慢二為憍三為自慢四為自計慢五為欺慢六為不如慢七為邪慢憍慢為何等不如者我為勝如者等從是憍慢自計意起意識合意是名為憍慢慢為何等輩中勝勝中等從是所慢亦自計自計勝者勝是名為自慢亦說者憍慢慢當為一切合會是名為自慢自計慢為何等為五陰自身

是我身計自念從是慢慢自知意生意起合意是名為自計慢欺慢為何等未得計得未知計知未盡計盡從是憍慢自計意觀意起合意是名欺慢不如慢為何等遠不如自計少不如若豪若葉若業若何若罪若病不及十倍百倍自計如是為不如從是憍慢自計自見意生意起合念自為是名為不如慢邪慢為何等不賢者自計賢者從是有憍慢自念自計意生意起合念是名為邪慢是為七慢慢名為憍慢結

癡結為何等三界中所有癡是名為癡結

邪結為何等邪結有三輩名為邪結一為身邪二為邊邪三為邪邪身邪為何等是身是我身是名為身邪邊邪為何等一者斷滅二者常在是名為邊邪邪邪為何等邪邪為諍本壞福是為三邪

失願結為何等失本不受功挍恩是名失願結是兩失名為失願結盜結為何等兩盜名為盜結一為受盜二

為戒盜受盜為何等為五陰念尊大最無有極從是所欲所意所可所用是名為盜結盜戒為何等從是淨從是離從是解從是要出用是故所人所意所可所願是名為盜戒是兩盜名為盜結

疑結為何等為疑四諦是名為疑結

嫉結為何等亂意為嫉結

慳結為何等不能制意是名為慳結故一切結

縛者為何等所結者名為縛故說縛

使者為何等使者為七何等為七一為欲使二為不可使三為欲世間使四為憍慢使五為癡使六為邪使七為疑使

欲使為何等欲使名為五使何等為五者欲從苦見斷欲著欲從習見斷欲著欲從盡見斷欲著欲從道見斷欲著欲從思惟見斷欲是名為五使名為欲使

不可使名為何等五使名為不可使何等為五從苦見不可斷從習見不可斷從盡見不可斷從道見不可斷

從思惟見不可斷是五使名為不可使
世間欲可使為何等十使名為世間
可欲使何等為十著色見苦斷欲著
色見習斷欲著色見盡斷欲著色見
行道斷欲從色因著思惟斷欲從無
有色因著見苦斷欲從無有色因著
見習斷欲從無有色因著見盡斷欲
從無有色因著見道斷欲從無有色
因著思惟斷欲是十使名為欲世間使
憍慢使為何等憍慢使有十五何等
為十五著欲見苦憍慢斷著欲見習
憍慢斷著欲見盡憍慢斷著欲見道
憍慢斷著欲思惟見憍慢斷著色見
苦憍慢斷著色見習憍慢斷著色見
盡憍慢斷著色見道憍慢斷著色思
惟憍慢斷著無有色見苦憍慢斷著
無有色見習憍慢斷著無有色見盡
憍慢斷著無有色見道憍慢斷著無
有色思惟憍慢斷是十五使名為憍
慢使
癡使為何等十五使名為癡使何等
為十五著欲見苦癡斷著欲見習癡
斷著欲見盡癡斷著欲見道癡斷著

欲思惟癡斷著色見苦癡斷著色見
習癡斷著色見盡癡斷著色見道癡
斷著色思惟癡斷著無有色見苦癡
斷著無有色見習癡斷著無有色見
盡癡斷著無有色見道癡斷著無有
色思惟癡斷是十五使名為癡使
邪使為何等三十六使為邪使何等
為三十六十二使著欲十二使著色
十二使著無有色是名為三十六使
十二使著欲為何等著欲見苦斷身
邪著欲見苦斷要邪著欲見苦斷邪
邪著欲見習斷邪邪著欲見盡斷邪
邪著欲見道斷邪邪著欲見苦斷見
盜著欲見習斷見盜著欲見盡斷見
盜著欲見道斷見盜著欲見苦斷戒
盜著欲見道斷戒盜是名為十二使
著欲使
十二使著色為何等著色見苦斷身
邪著色見苦斷要邪著色見苦斷邪
邪著色見習斷邪邪著色見盡斷邪
邪著色見道斷邪邪著色見苦斷見
盜著色見習斷見盜著色見盡斷見
盜著色見道斷見盜著色見苦斷戒

盜著色見道斷戒盜是名為十二使
著色使
十二使著無有色為何等著無有色
見苦斷身邪著無有色見苦斷要邪
著無有色見苦斷邪邪著無有色見
習斷邪邪著無有色見習斷邪邪著
無有色見道斷邪邪著無有色見苦
斷見盜著無有色見習斷見盜著無
有色見盡斷見盜著無有色見道斷
見盜著無有色見苦斷戒盜著無有
色見道斷戒盜是名為十二使著無
有色使是為三十六使名為三十六
邪使
疑使為何等十二使名為疑使何等
十二著欲見苦斷疑著欲見習斷疑
著欲見盡斷疑著欲見道斷疑著色
見苦斷疑著色見習斷疑著色見盡
斷疑著色見道斷疑著無有色見苦
斷疑著無有色見習斷疑著無有色
見盡斷疑著無有色見道斷疑是名
為十二疑使是為塵是為塵惱有時
塵無有惱者除塵所餘乱意念法是
為惱非塵從起為八一為睡二為瞑

三為樂四為疑五為猗六為恣態七
為不愧八為不慙是故説從起八
所黠為何等十黠何等為十一為法
黠二為比黠三為知人心黠四為巧
黠五為苦黠六為習黠七為滅黠八
為道黠九為盡黠十為無為黠
法黠為何等在生死欲所無有結黠
在生死欲本所無有結黠在生死欲
滅無有結黠在生死欲壞道行無有
結黠亦在法黠亦在法地所無有結
黠是名為法黠
比黠為何等在色無有色行無有結
黠在色無有色本無有結黠在色無
有色行滅無有結黠在色無有色行
斷為道無有結黠亦在比黠亦在比
地無有結黠是名為比黠
知人心黠為何等所黠行所黠福所
黠合已得不舍常在前常念不忘為
人故為他衆故恩行是故意念知是
名為知人心黠
巧黠為何等世間所行黠是名巧黠
苦黠為何等受五陰非常苦空非身
念所無有結黠是名為苦黠

習黠為何等世間本亦本習生因緣
思念無有結黠是名為習黠
滅黠為何等滅滅為黠最要念不結
黠是名為滅黠
道黠為何等道為道如應受觀者欲
出念無有結黠是名為道黠
盡黠為何等已識苦已舍習盡已有
證道已行從是黠見知意得應是名
為盡黠
無為黠為何等苦已更不復更習已
畢不復畢盡已有證不復用證道已
行不復行從是所黠所見所知所意
得是名為無為黠故説所黠
所有見為何等所有黠見為見有時
見非黠為何等八更者可八更者可
為何等苦法黠可苦辟黠可習法黠
可習辟黠可盡法黠可盡辟黠可道
法黠可道辟黠可故説所見若得是
為黠不有時得非黠八更可如上説
故説所更
德為何等得法為德無有思想思惟
為何等天上一處名為一切淨在有
無有欲前有思想出所意念法滅不

隨是名為不思想思惟滅思惟為何
等二十六天上名為不欲中得道者
上頭行要出所意念法滅倒是名為
滅思惟不思想為何等無有思想人
化生天上上頭意亦墮天上時意除
是中間乃從是若意念法滅倒是名
為不思想
念根為何等三界中命會為何等人
同居得處為何等同郡縣種得為何
等為五陰入得為何等所內外得入
是名為入得生為何等得陰老為何
等陰熟止行何等宿命行來望非常為
何等已生復亡名字為何等知分別
絶為何等字為具政用為何等字會
空為何等虛空無所有無所者無所
色是名為空盡尚未離為何等已盡
不復更不復着盡為何等度世無為
是名為五法五行説具

阿毗曇五法行經

乙巳歲高麗國大藏都監奉
勑雕造

阿毗曇五法行經

校勘記

一 底本，麗藏本。

一 三二四頁上二行「後漢」，諸本（不含石，下同）無。

一 三二四頁上末行第二字「要」，諸本作「惡」。

一 三二四頁下一五行第一三字「是」，諸本無。

一 三二五頁上三行第四字「行」，諸本作「行行」。

一 三二五頁上一三行第五字「便」，諸本作「傳」。

一 三二五頁上一八行「老止」，諸本作「老死」。

一 三二五頁中四行首字「根」，諸本作「識」。

一 三二五頁中一二行「香香臭香」，諸本作「若香香若臭香」。

一 三二五頁中二一行「身識」，諸本無。

一 三二五頁下三行第六字「眼」，諸本作「眼根」。

一 三二六頁上一〇行首字「憎」，諸本作「增」。

一 三二六頁上一三行第一一字「增」，諸本作「憎」。

一 三二六頁上一四行第四字「間」，資、磧、普作「聞」。

一 三二六頁上一八行「不如」，諸本作「不如我」。

一 三二六頁上二〇行首字「慢」，諸本作「憍慢慢」。

一 三二六頁中七行末字「是」，諸本作「自」。

一 三二六頁中一三行「有癡」，諸本作「有疑」。

一 三二六頁中末行第七字「爲」，磧、普、南、徑、清無。

一 三二六頁下五行「盜戒」，諸本作「戒盜」。

一 三二六頁下一一行第二字「者」，諸本作「結」。

一 三二七頁上九行第一一字「爲」，諸本無。

一 三二七頁下六行「見習」，諸本作「見盡」。

一 三二八頁上一行「恣態」，資、磧、普、南作「姿態」。

一 三二八頁上二行「起八」，資作「八起」。

一 三二八頁上一八行「不舍」，諸本作「不捨」。同行「不忘」，諸本作「不妄」。

一 三二八頁上一九行第七字「恩」，磧、南、徑、清作「思」。同行「知是」，諸本作「如是」。

一 三二八頁上二一行「是名」，諸本作「名爲」。

一 三二八頁中七行第一〇字「舍」，諸本作「捨」。

一 三二八頁下二行「二十六」，諸本作「二十八」。

一 三二八頁下一二行第五字「行」，諸本無。

迦葉結經　歎

後漢安息三藏安世高　譯

聞如是一時世尊滅度未久諸羅漢
等悉會共議未集經藏法律諸議各
心念言吾等所作已辦越塵勞山枯
竭愛河一切智日佛天中天眼忽不
見吾等患猒載攝是身今欲般泥洹
即說偈曰
以度愚人樹　恩愛海難越　破壞俗朽老
及生死之輪　見諸種衆著　身如虵蚖筐
我等當滅度　意淨如燈滅
於是無數千阿羅漢等各自從意所
好山巖流河泉源深岸之中於彼滅
度盡其恩愛如燈忽滅時無數千阿羅
漢等悉般泥洹天住虛空白大迦葉
今真人等以滅度安於是天人即說
頌曰
宣尊之音聲　其久心無㝵　今是為已逝
佛者消垢安　如應衆導首　以為定離慧
忽愚癡窈冥　法德光不見
尊者迦葉聞是言已心自念言快哉
天人說此世間不久當復窈冥此當

云何即自念言便以解了令攝結義
當集經律諸法化要用哀愍故安隱
世間何以故世尊從無數劫作行積
功累德勤苦難量欲安世間集是法
律律以救攝於是奉護佛法所化未
滅度須當共合集攝護法化於是賢
者大迦葉等會比丘僧便告言曰阿
那律等能仁無常金剛山壞佛勝日
冥非常之闇蔽能仁光非常之日空
竭佛海非常之火燒一切智令正是
時常護世間念父功德當立父事稱
譽父教所作使成於是頌曰
未結無上義　不當捨滅度　具安佛之子
須集衆經卷
於是衆比丘僧適說是已尊者迦葉
五百羅漢欲合集結正法律義便詣
羅閱祇衆會歲臘尒時賢者阿難亦
具歲臘其諸耆年心念如是此阿難
者世尊之弟又常親侍聞持大智解
一切法尒時聖衆即便歎曰
於是和順衆　奉佛教如掌　十力所稱譽
所言淨持慧
於是七月十五日新歲已竟便集經

卷法律諸藏五百羅漢悉俱聚會耆
年大迦葉告賢者阿那律卿觀世間
誰離十力如来弟子衆僧何所羅漢
所作已辦而不来會乎於是阿那律
即以天眼察視世間報曰仁者大迦
葉有耆年名曰槁桓鉢在尸利天宮
而作新歲彼不来會唯大迦葉當遣
僧使請呼至此尒時衆中有幼者新
受大戒三年比丘比丘字不那三垢
已斷逮三達智曉三藏經獲于三明
不著三界猶得自在於彼大迦葉告
衆僧曰年少比丘子汝能為衆僧使
乎時賢者不那起住叉手受如尊教
輙能行耳大迦葉曰善哉善哉比丘
賢聖衆中有是年幼比丘甚為佳矣
說是則已頌曰
尸利若干種　衆花光威耀　疾速往到彼
如蜂採軟香　槁桓鉢神通　所止而有勝
如理承衆教　宣化如是意　大迦葉之等
衆僧遣吾告　於此興僧事　速来至于期
於是賢者不那從衆羅漢受是命已
辟如金翅鳥躍出龍宮如人晌頃到
槁桓鉢所稽首礼足談語問訊便說

頌曰
寂然善哉性　樂定滅調順　志淨迦葉淨
及餘尊自在　合會有僧事　寂興佛無量
彼因欲命具　来下見衆勝
於是賢者槗桓鉢聞不那言一時心、、念謂不那曰仁者不那有比丘僧得無鬪變諍訟之事十力所轉法輪之教衆邪異道無乱之乎外道畜生如驚鹿輩得無欲以壊於佛法邪黨得無以螢火之明欲障日之光耀乎得無以非寂志見沙門像無梵志行自謂清淨又不那仁者當説佛告比丘衆教而御反謂迦葉之等比丘之衆將無大衰世尊般泥洹將無演慧世珎不見異道撓乱正法之教儻無十力轉法輪王自在非常忽而不見將無大衰安隱一切救護衆生寂而不起佛日不没乎佛喻月光得無罣㝵有覆蔽將無道樹覺意生花興盛之好沙門果實歸于無常世間大燈得無非常風滅之耶得無非常水滅于佛火儻無愚癡子諍乱佛教將法輪義追返不還無佛月耀光明為盡將阿

須輪障大光明介時賢者不那曰唯槗桓鉢佛船已壊慧山已崩諸持法之等亦欲滅度越彼世間槗桓鉢曰悪人得無合鬪變諍云何於世間得聞正法於是而寂謂不那曰以為拔要餘在無要離如来光世間無復威神之耀當往何求即時頌曰
世間以為空　無佛無所樂　閻浮利何索
便於是滅度
於是賢者槗桓鉢取鉢衣服與不那曰以奉聖衆宣我聲曰一切衆賢者恚願忍以於善哉義尊之無放逸賢者槗桓鉢説是以竟便而滅度滅度已從身出火還自闍維如大積薪燃炬矣闍維以竟便於空中於四流泉来下灌身水清且涼其色如水精瑠璃之色彼流水自然有聲而説頌曰
第一流水曰
智慧住生死　不當信浮雲　無常壊金剛
佛山王已崩
第二流水曰
所有常動揺　用畏勤苦害　不自在捨已
佛嘆滅度安

第三流水曰
如是無放逸　所作成其身　無數惱害擾
如燃燈疾滅
第四流水曰
衆中寂有勝　當為稽首礼　尊者槗桓鉢
至於般泥曰　樂從佛十力　願隨而滅度
辟如六牙鳥　其子慕逐母　於彼稽首礼
一切賢聖衆　唯願尊上僧　原我之所咎
於是賢者槗桓鉢滅度之後賢者不那便取衣鉢如彈指須即時来還以奉衆僧次第礼竟便説頌曰
人中之寂尊　大哀而寂然　槗桓鉢聞之
應時便滅度　於彼稽首礼　一切賢聖衆
唯願尊上僧　原我之所咎
説是以後便自滅度於時一切衆僧皆計非常須臾思惟正經戒律諸法之解即悉赴會比丘僧介時賢者大迦葉告阿那律曰仁者且觀是衆會中誰有婬怒癡縛結未解恩愛陰蓋須學戒辦凡夫聚會也時阿那律察坐訖白大迦葉有比丘名阿難世尊侍者方當學戒彼来會此於是賢者大迦葉謂賢者阿難汝且起去我等

不與卿共結經要阿難報曰願尊者大迦葉歡悅我不缺戒亦無邪見亦不壞業亦不失行亦不犯衆迦葉報曰唯且阿難卿侍如来親近上尊無有缺戒何足為恠又仁謂言我無所犯起取證含勤来我當詳卿前後過罪於是大迦葉適起此心三千世界六反震動百千天人住於虚空舉聲稱然我此大迦葉何以出辞乃尒於時賢者迦葉謂阿難言仁者云何謂無所犯何故從佛求令女人出家為沙門阿難報曰唯大迦葉世尊母終時摩訶摩耶瞿曇弥勤苦養育躬奉世尊為菩薩時乳哺令長欲報其恩故求令作沙門愍念親族欲令得度是故求佛令作沙門又聞過去諸佛平等覺有四輩衆我念世尊法教之化得無减少故從佛求使作沙門尊者迦葉曰唯阿難是為不足達孝報恩如来法身供養之徳令女人作沙門者辟如成就稲田天大雨雹而破壞之佛正法者本當久立坐于女人出家作沙門令住千歲又阿難汝

迦葉結經　第七張　歟

言我用愍念親族之故求為沙門是為不應沙門之法以有親族恩念故矣又阿難汝言過去諸平等覺具有四輩故求為沙門者尒時世人婬怒癡薄無有縛結志樂空閑心無瑕穢豈得比之今時人乎是為一過下笇者地又阿難汝復有過又世尊所説其有精進獲四神足者便能自在住壽一劫若復踰劫汝何為不從世尊求哀愍傷世間阿難荅曰唯尊者時魔波旬撓擾我意故不從佛求哀耳迦葉荅曰是為大過何謂侍於無欲當降魔力反從魔教是為二過阿難汝且不識是過汝復有過世尊訶汝汝時恨言他犯他坐是為三過次復有過汝以足越世尊金縷織成衣是為四過阿難次復有過世尊臨般泥洹時欲至雙樹從汝求水而不與之是為五過汝復有過時佛世尊說諸難碎隨順禁戒汝亦不念為當来人分別問之是為六過汝以世尊陰馬之藏示於衆人是為七過阿難汝復有過何以故世尊紫磨金色示于女人

迦葉結經　第八張　歟

令上啼哭淚汙其足是為八過阿難汝復有過是衆會中無婬怒癡而汝獨有三垢之瑕汝方當學成其道化衆所作已辦而汝未達是為九過且起出會終不與卿共結經也賢者阿難普察四座悲哀嗚呼甚毒何因乃尒乎我身今日已離如来無救無護目不覩明世間為冥又賢者大迦葉其佛世尊臨滅度時告阿難汝莫啼悲兼以我累於大迦葉今偶小誤而不相原唯仁者迦葉悦豫意解後不敢失也時尊者迦葉謂阿難曰汝莫啼哭仁功德本以普具足我等法要會當如言直諫之辞不得不設阿難且起吾不與卿共結經要於是賢者阿那律謂大迦葉我等云何違離阿難佛之侍者博聞揔持精要之藏次佛第三而結經要乎尊者大迦葉曰吾等不與阿難方學之類俱共結集經義法要阿難且起自退而去吾與成就阿羅漢等乃俱結經於是阿難起坐悲哀顧視衆比丘憂色而出應時其夜彼祇支子為示聞解斷一

迦葉結經　第九張　歟

切結得羅漢道逮三達智果大神通諸羅漢衆異曰共會無數百千如阿須倫捨月之光其明照耀普現世間阿難心恍脫諸瑕穢所作巳辦尊者迦葉曰善哉善哉阿難卿逮平等吾心忻踊世尊所謂累教者今巳度卿耳如是順次得斷諸漏又汝阿難其佛世尊講說法眼蒙仁慱聞持法之恩當今永立於是頌曰

彼佛住世尊　所至為第一　悉有如人民
道術不齊遊　於是甘露味　為至普賢人
佛定滅寂然　以故教化布

於是諸耆年謂阿難曰汝當住須結集正經法律衆法之解於是衆會無數百千告阿難巳念法恭敬具足玄廣普察比丘思佛功德而不可限於是頌曰

此比丘衆勝　以遠遠佛德　不復有威耀
如空離日光

於是賢者阿難即觀師子之座衆比丘僧周匝圍遶如師子王處衆師子阿難坐巳賢者大迦葉為阿難說頌曰

大智願說之　安住子唯講　何所之經卷

世尊最先說

迦葉為阿難說是偈適竟阿難意即得佛覺而念經道無所畏懼亦不動搖無所疑難遥向世尊般泥曰處一心叉手便口頌曰

聞如是一時　佛遊波羅捺　仙人鹿苑說
具足法輪經

衆尊甚多悉共勸助乃上師子座如師子行第一說言聞如是一時隨尊所處所可聞經皆悉誦宣時一切衆羅漢等聞是言巳便皆避座下處于地心念如是嗚呼無常力吾等自覩如來說法適尒近耳今日云何聽聞如是尒時真人說此頌曰

出三界恍忽　如月現于水　辟如彼幻化
猶芭蕉無堅　三界無等侶　功德最清淨
佛者常有終　忽事如風起

尒時賢者大迦葉須臾間禪思便嗟嘆曰嗚呼終力一切無脫於是頌曰

不顧無智者　亦不護有智　脫與及未度
無有不歸盡　不以言呪濟　不用廣辞免
世間死等耳　同如海水鹹

於是大迦葉從阿難聞是言巳便愍

勲受轉法輪經告阿若拘隣五比丘汝等所受如是不荅曰若斯如是比類結集正經藏結集律藏結集諸法藏結集經時諸天即來住于虛空舉聲稱曰

衆上為阿難　示現諸教禁　造集正法經
哀愍衆人民　於是精集行　釋迦文善導
未來及現在　為得第一定

於是結集正經律禁諸法解巳尊者大迦葉即說頌曰

是為哀愍人　所建法經卷　結集十力教
則為無有量　其世間邪見　及念窈冥滅
其光照耀遠　冥中燃大燈

迦葉結經

乙巳歲高麗國大藏都監奉
勑雕造

迦葉結經

校勘記

一 底本，麗藏本。

一 三三〇頁下一九行第二字「理」，諸本（不含石，下同）作「孚」。

一 三三〇頁下二二行第六字「躍」，諸本作「踊」。

一 三三一頁上二行末字「淨」，諸本作「請」。

一 三三一頁上一五行第六字「撓」，資作「耗」；磧、普、徑、清作「托」。

一 三三一頁中六行首字「要」，諸本作「惡」。

一 三三一頁中一一行末字「者」，諸本無。

一 三三一頁中一三行第九字「便」，資作「意便」。

一 三三一頁中一四行「如大」，諸本作「如火」。

一 三三一頁中一五行第一一字「於」，諸本作「放」。

一 三三一頁中二二行第六字「用」，諸本作「多」。

一 三三二頁上四行「上尊」，諸本作「世尊」。

一 三三二頁上一七行及本頁中三行「平等覺」，諸本作「平等正覺」。

一 三三二頁中一一行「撓擾」，諸本作「耗勞」。

一 三三二頁中二一行第八字「汝」，諸本作「汝爲」。

一 三三二頁中末行「世尊」，諸本作「以世尊」。

一 三三二頁下六行「悲哀」，諸本作「悲哀音」。

一 三三二頁下一〇行第三字「𣦤」，諸本作「無」。

一 三三二頁下一二行第五字「時」，諸本無。

一 三三二頁下一九行第八字「方」，磧、普、南、徑、清作「言」。同行第一二字「俱」，諸本作「但」。

一 三三二頁下末行第一一字「聞」，諸本作「開」。

一 三三三頁上六行「教者今已」，諸本作「者教令已」。

一 三三三頁上九行第三字「今」，諸本作「令」。

一 三三三頁上一一行第五字「遊」，諸本作「逝」。

一 三三三頁中四行「泥曰」，諸本作「泥洹」。

一 三三三頁中一八行第一〇字「間」，諸本作「聞」。

一 三三三頁中二一行第三字「不」，諸本作「人」。

一 三三三頁中二二行第三字「死」，諸本作「無」。

文殊師利發願經

東晉天竺三藏佛陀跋陀羅　譯　猒

身口意清淨　除滅諸垢穢　一心恭敬禮
十方三世佛　普賢願力故　悉覩見諸佛
一一如来所　一切刹塵礼　於一微塵中
見一切諸佛　菩薩衆圍繞　法界塵亦然
以衆妙音聲　宣揚諸最勝　無量功德海
不可得窮盡　以普賢行力　無上衆供具
供養於十方　三世一切佛　以妙香花鬘
種種諸伎樂　一切妙莊嚴　普供養諸佛
我以貪恚癡　造一切惡行　身口意不善
悔過悉除滅　一切衆生福　諸聲聞緣覺
菩薩及諸佛　功德悉隨喜　十方一切佛
初成等正覺　我今悉勸請　轉無上法輪
示現涅槃者　合掌恭敬請　住一切塵劫
安樂諸群生　我所集功德　迴向施衆生
究竟菩薩行　逮無上菩提　悉供養過去
現在十方佛　願未来世尊　速成菩提道
普莊嚴十方　一切諸佛刹　如来坐道場
菩薩衆充滿　令十方衆生　除滅諸煩惱
深解真實義　常得安樂住　我修菩薩行
成就宿命智　除滅一切障　永盡無有餘

悉遠離生死　諸魔煩惱業　猶日處虛空
蓮花不著水　遍行遊十方　教化諸群生
除滅惡道苦　具足菩薩行　雖隨順世間
不捨菩薩道　盡未来際劫　具修普賢行
若有同行者　願常集一處　身口意善業
皆悉令同等　若遇善知識　開示普賢行
於此菩薩所　親近常不離　常見一切佛
菩薩衆圍繞　盡未来際劫　悉恭敬供養
守護諸佛法　讚歎菩薩行　盡未来劫修
究竟普賢道　雖在生死中　具無盡功德
智慧巧方便　諸三昧解脫　一一微塵中
見不思議刹　於一一刹中　見不思議佛
見如是十方　一切世界海　一一世界海
悉見諸佛海　於一言音中　具一切妙音
一一妙音中　具足最勝音　甚深智慧力
入無盡妙音　轉三世諸佛　清淨正法輪
一切未来劫　悉能作一念　三世一切劫
悉為一念際　一念中悉見　三世諸如来
亦普分別知　解脫及境界　於一微塵中
出三世淨刹　一切十方塵　莊嚴刹亦然
悉見未来佛　成道轉法輪　究竟佛事已
示現入涅槃　神力遍遊行　大乘力普門
慈力覆一切　行力功德滿　功德力清淨

文殊師利發願經　第二張　猒

智慧力無㝵　三昧方便力　逮得菩提力
清淨善業力　除滅煩惱力　壞散諸魔力
具普賢行力　嚴淨佛刹海　度脫衆生海
分別諸業海　窮盡智慧海　清淨諸行海
滿足諸願海　悉見諸佛海　我於劫海行
三世諸佛行　及無量大願　我皆悉具足
普賢行成佛　普賢菩薩名　諸佛第一子
我善根迴向　願悉與彼同　身口意清淨
自在莊嚴刹　逮成等正覺　皆悉同普賢
如文殊師利　普賢菩薩行　我所有善根
迴向亦如是　三世諸如来　所嘆迴向道
我迴向善根　成滿普賢行　願我命終時
除滅諸障㝵　面見阿弥陁　往生安樂國
生彼佛國已　成滿諸大願　阿弥陁如来
現前授我記　嚴淨普賢行　滿足文殊願
盡未来際劫　究竟菩薩行

文殊師利發願經

乙巳歲高麗國大藏都監奉
勑雕造

文殊師利發願經　第三張　猒

文殊師利發願經

校勘記

一　底本，麗藏本。

一　三三五頁上二行「天竺三藏」，諸本（不含石，下同）無。

一　三三五頁上一四行第七字「令」，諸本作「今」。

一　三三五頁中二行「遍行遊十方」，諸本作「遍遊十方土」。

一　三三五頁中一七行「悉能」，諸本作「能悉」。

一　三三五頁下一行第一一字「建」，諸本作「逮」。

一　三三五頁下一三行「除滅」，諸本作「滅除」。又末字「國」，諸本作「刹」。

金七十論卷上　書

陳天竺三藏真諦譯

三苦所逼故　欲知滅此因　見无用不然
不定不極故
說此偈緣起昔有仙人名迦毗羅從空而生自然四德一法二慧三離欲四自在㧾四為身見此世間沉没盲闇起大悲心咄哉生死在盲闇中遍觀世間見一婆羅門姓阿脩利千年祠天隱身往彼說如是言阿脩利汝戲在家之法說是言竟即便還去滿千年已而復更来重說上言是婆羅門即荅仙曰世尊我實戲樂在家之法是時仙人聞已復去其後更来又說上言婆羅門荅之亦如是說仙人問曰汝能清淨住梵行不婆羅門言如是能住即捨家法脩出家行為迦毗羅弟子外曰此婆羅門欲知從何因生荅曰三苦所逼故何者為三苦一依内二依外三依天依内者謂風熱淡不平等故能生病苦如醫方說從齊以下是名風處從心以下是名熱處從心以上並皆屬淡有時風大增長逼淡熱則起風病熱淡亦介是名身苦心苦者可愛別離怨憎聚集所求不得分別此三則生心苦如是之苦名依内苦依外苦者所謂世人禽獸毒虵山崩岸㼖等所生之苦名曰外苦依天苦者謂寒熱風雨雷霆等通如是種種為天所惱而失心者名依天苦三苦所逼故生於欲知為滅苦因外曰是因苦能滅此三苦分明已顯現一者八分醫方所說能滅身苦二者可愛六塵能滅心苦是因已顯現何假復欲知荅曰此義不无但為二種過失是故欲知不違道理其二失者一無定二无極外曰若八分醫方等有兩過失故不足為滅苦因者四皮陁中有別因此因得果是定是極故汝欲知則无所用四皮陁中說言我昔飲須摩味故成不死得入光天識見諸天是苦怨者於我復何所作死者於我復何所能荅曰汝見隨聞介有濁失優劣翻此二因勝變性我知故所見因者醫方中所說有

不定不極過失隨聞因者傳聞所得初從梵王乃至仙人故說四皮陁名隨聞此皮陁者亦兩過失如是見醫方復有三過失一者不清淨如皮陁中說獸汝父母及眷屬悉皆隨喜汝汝今捨此身必得生天上如馬祠說言盡殺六百獸六百獸少三不具足則不得生天為戲等五事若人說妄語諸天及仙人說此非是罪如是等罪隨如是等罪隨聞因中有是故不清淨二退失者如皮陁中說无故而帝釋及阿脩羅王為時節所滅時不可免故是法若滅盡施主從天退故有退失義三優劣者辟如貧窮見富則憂惱醜好及愚智憂惱亦復然天中亦如是下品見上勝次第生憂惱是故有優劣此三及前兩由此五過失皮陁不為因外曰若介何因為勝荅曰翻此二因勝謂二因者一醫方所說二皮陁所說翻此兩因欲知所得因此因有五德一定二極三淨四不退五平等是故勝前兩外曰此因何因得荅曰變性我知故變者一大

二我慢三五塵四五根五五知根六
心七五大是七名變自性所作故自
性者无異本因我者知者諸人知此
二十五真實之境不增不減決定脫
三苦如解脫中說偈若知二十五隨
處隨道住編髮髻剃頭得解脫无疑
外曰云何分別本性變異及知者答
曰本性无變異大等亦本變十六但
變異知者非本變本性者能生一切
不從他生故稱本性本性能生於大
等是故得本名不從他生故是故非
變異大我慢五塵此七亦本亦變異
大從本性生故變異能生我慢故是
本我慢從大生故變異能生五唯故
稱本五唯種從慢生故變異能生大
及根故名本聲唯種者生空及耳根
故為本乃至香唯種生地及鼻根如
是七亦本亦變異十六但變異者空
等五大耳等五根舌等五作根及心
是十六法但從他生不生他故但變
異知者非本異者知者者此中名我
知為體故此我不能生不從他生異
前三故非本非變異外曰此三義何

量為知世中有量能知如稱尺等知
長短輕重答曰證比及聖言能通一
切境故立量有三境成立從量此論
中立量有三一者證量證量者是智
從根塵生不可顯現非不定无二是
名證量二者比量比量者以證為前
比量有三一者有前二者有餘三者
平等三者聖言聖言者若捉證量比
量不通此義由聖言故是乃得通辟
如天上北欝單越非證比所知信聖
語故乃可得知聖言者如偈說阿含
是聖言聖者滅諸惑无惑不妄語因
緣不生故轉通一切境者若有餘量
及餘所知不出此三義平等六量以
聖言攝故境成立從量者境謂二十
五義攝一切故成立者明此二十五
云何得名境智量所行故故得成於
境由證比聖言故得略立三廣則二
十五外曰說量有三量相云何答曰對
塵解證量比量三別知相有相為先
聖教名聖言對塵解證量者耳於聲
生解乃至鼻於香生解唯解不能知
是名為證量比量三別知者一有前

二有餘三平等此三種智因證量故
能別此三境及三世是名比量如人
見黑雲當知必雨如見江中滿新濁
水當知上源必有雨如見巴吒羅國
菴羅樹發華當知憍薩羅國亦復
如是相有相為先者相有相相應不相
離因證此相故比量乃得成聖教名
聖言者如梵天及摩醯王所說四皮
陁及正論外曰說比量有三何量何
境界能所得通達答曰依平等比量
過根境得成若所依比不顯隨聖言則
現依平等量者謂於比量中是日平等
量自性及與我此境過根故平等能別
大等諸末有三種德一樂二苦三癡闇
此末德離本德末德則不成故由末
德比本是故自性由平等比成我者
應決定有大等變異為他故故我亦由
平等成若依證比量有義不得成
為出智外故依聖言得解如上天帝
釋北欝單越等外日自性及我无不
可見故如非自在二頭三手答日實
有諸義八種不可見何者為八以偈

示曰
寂遠及寂近　根壞心不定　細微及覆障
伏逼相似聚
世間實有物遠故不可見譬如墮彼岸此則不能知近故不可見如塵在眼則不能取根壞故不見猶如聾盲人不能取聲色心不定故不見譬如心異緣不能得此境細微故不見如烟熱塵氣散空細不知覆障故不見譬如壁外物隔覆不可知伏逼故不見譬如日光出星月不復顯相似故不見如粒豆在豆聚同類難可知如是實有物八種不可見无物有四種亦復不可知一生前不可見如泥未作器器則不可知二壞無故不見如瓶破壞已則不可復知三互无故不見如牛中不見馬馬中不見牛四極无故不見如非自在人二頭及三手如是十二種有無不可見是故汝謂不可見故便言自性及我無是義不然外曰若謂自性及我不可見者於十二中是何不可見荅曰一因緣故不可見何者一因

緣以偈示曰
性細故不見　非无緣可見　大等是其事
與性不似似
性細故不見非無緣可見者自性實有微細故不見譬如烟等於空中散細故不可見自性亦如是不如第二頭第三手畢竟无故不可見也外曰若不可見云何得知有荅曰緣事見自因自性所造事依平等比量知自性實有外曰何等是其事荅曰大等是其事從自性生大從大生我慢從我生五唯從五唯生十六見大等事有三德故知自性有三德也與性不似似者是事有二種一者與自性不相似二者與自性相似譬如一人生二子一則似父一則不似是因為事有似本不似本後當廣說此論等有如此事若弟子可則於自性等為有為無亦有亦无云何如此聖執不同故有諸聖人謂土聚等已有瓶等衛世師等謂先无後有此義等釋迦所說土聚中瓶不有不无由是三說是故我執是中間荅曰我先破釋迦

執後破衛世師釋迦所說非有非無是義不然自相違故若非有者即成无若非无者即是有是有无者一處相違故不得立譬如有說此人者亦死亦活此言相違則不成就釋迦言亦如是三藏曰此計不然何以故釋迦无此執故若釋迦說非有不執无說非无不執有離有无執故不成破也今破衛世師執耶執衛世師我義中有五因能顯因中定有果何等有五因
无不可作故　必須取因故　一切不生故
能作所作故　隨因有果故
一无不可作故者世中若物无造作不得成如從沙出油若物有可作如壓麻出油若物此中无從此不得出今見大等從性生故知自性有大等二必須取因故者若人欲求物必須取物因譬如有人計明日婆羅門應來我家食故我今取乳若乳中无蘇酪何故不取水求物取因故故知自性中有大三一切不生故者若因中無果者則一切能生一切物草沙石

等能生金銀等物此事无故故知因
中有果四能作所作故者辟如陶師
具足作具從土聚作瓶瓮等不從草
木等以作瓶瓮故知自性能作大等
故自性有大等五隨因有果故者謂
隨因種類果種亦如是辟如麦芽者
必隨於麦種若因中无果者果必不
似因是則從麦種豆等芽應成以無
如此故故知因有果衛世師等執因
中無果是義不然故知因中定有果
中間問已竟還續說前義與性不似
者不似有九種
有因無常多　不遍有事没　有分依屬他
變異異自性
一有因者大等乃至五大皆有因自
性為大因我慢大為因五唯慢為因
根等十六物五唯為其因自性不如
是无有因生故故謂不相似二無常
者大等從性生生故是無常无常有
二種一暫住无常二念念无常暫住
无常者相違緣未来是時則暫住辟如
山樹等未有火災時是則暫停住火
災若来至是時五大等則没五唯中

五唯没我慢我慢没於大大没自性
中故大等是无常自性不如是常无
有没故三多者謂大等則為多人人
不同故慢等亦如是自性唯是一多
人所共故四不遍者自性及我遍一
切處謂地空天大等諸物則不如是
不遍一切故。是故與性異五有事者
大等諸物欲起生死時依此十三具
能使細微身輪轉於生死申縮往還
故自性不如是無有申縮故六没者
大等諸物轉未還本則不可見是名
為没如五大等轉没五唯中不復見
大等乃至大没自性中大亦不可見
自性不如是无有轉没故七有分者
大等皆有分分分不同故自性不如
是常无分分故八依他者謂大依自
性我慢依於大五唯依我慢五大等
十六並依於五唯自性不如是不由
他生故九屬他者大等從本生末不
自在故辟如父存時兒不得自在自
性不如是無本為他故由此九種因
本末皆不同故謂不相似已說不相
似相似今當說與性似者以偈示曰

三德一不相離　塵平等无知　能生本末似
我翻似不似
相似有六種初三德者變異有三德
變異者所謂大我慢乃至五大等此
二十三皆有三德一樂二苦三癡闇
末有三德故知本有三德末不離本
故辟如黑衣從黑縷出末與本相似
故知變異有三德變異由本故自性
有三德謂本末相似二不相離者變
異與三德不可分離故辟如牛與馬
其體不為一三德與變異其義不如
是自性有三德斯義亦復然同不相
離故本末則相似三塵者是大等變
異我所受用故故說名為塵自性亦
如是我所受用故四平等者是大等
變異一切我共用如一婢使有衆多
主同共驅役故自性亦如是一切我
同用是故說相似五无知者是大等
變異不能識分別樂苦及闇癡知我
獨得故離我諸法無有知自性亦如
是本末同无知其義則相似亦能生
本末似者大能生我慢我慢生五唯
乃至五大等自性能生大故本末皆

相似我翻似不似者變異與自性有六種相似我无此相似是故翻於似又翻不似者變異與自性九種不相似我翻於八種故名翻不似我有多義故與自性不相似外曰變異與自性已說有三德是三德者何等為相以偈答曰

喜憂闇為體　照造縛為事　更互伏依生
雙起三德法

喜憂闇為體者是三德者一薩埵二羅闍三多磨喜為薩埵體羅闍憂為體闇癡多磨體是現三體相照造縛為事者是三德何所作初能作光照次則作生起後能作繫縛是三德家事更互伏依生雙起三德法者何等三德法其法有五種一更互相伏者若喜樂增多能伏憂癡闇譬如盛日光能伏月星等若憂惱增多能伏喜樂癡亦如明日光能伏星與月若闇癡增多能伏憂喜樂亦如日盛光星月明不現二更互相依者是三德相似能作一切事如三杖互能相依能持澡灌等三更互相生者有時喜生

憂癡有時憂惱能生喜癡有時癡能生憂喜譬如三人更互相怙同造一事如是三德在大等中更互相怙共造死生四更互相雙者是喜有時與憂雙有時與闇雙是憂有時與喜雙有時與闇雙癡亦如是有時與喜雙有時與憂雙如婆娑仙人說偈

喜樂為憂雙　憂惱與喜雙　有時喜憂癡
與闇癡為雙

五更互起者是三德更互作他事譬如王家女相貌甚可愛是名為喜德是喜轉成色為夫及生屬而作於喜樂是名作自事能令同類女一切生憂惱是名作他事亦能生他癡猶如婢使等恒憂其驅役无計得解脫其心轉癡闇是名生他事是名為喜德能作自他事憂生自他事者譬如劫賊縛王家女時有王種乘馬執杖来相救拔憂轉作王種王是可畏境生女歡喜我當得解脫是名生他事殺害劫賊故能生賊憂惱是名生自事餘賊見王故如杌不能動是名生他癡是名憂生自他事闇生自他事者如

大厚黑雲能起雷等闇癡轉作雲一切農夫有種食者皆生歡喜是名生他事又能生闇癡譬如貞女與夫相離見此雲雷憂夫不得還能生女癡故是名生自事亦能生憂惱譬如估客在於道中寒濕不能載其心則憂惱是名生他事如此五種者是三德家法復有三德相

喜者輕光相　憂者持動相　闇者重覆相
相違合如燈

喜為輕光相者輕微光照名之為喜若喜增長一切諸根輕无羸弱能執諸塵是時應知喜樂增長憂為持動相者持者心高不計他如醉象欲鬬敵象来相拄若憂增長者是人恒欲鬬其心恒躁動不能安一處是時應知憂德增長闇為重覆相者闇德若增長一切身併重諸根被覆故不能執諸塵是時應知闇德增長外曰若三德互相違猶如怨家者云何共作事答曰實如此三德互相違為屬一我不自在故得共一事譬如相違合為燈三物合為燈是火違油炷油亦違火炷如

是相違法能為人作事三德亦如是其性雖相違能為我作事外曰上說亦相似我已得一種餘五我未得已成就三德餘五亦應然以偈荅曰

不相離等成　由德翻无故　末德隨本德

非變異成得

不相離等成者不相離等五義如前說變異中已成由是未成故自性中得成由德翻無故者是不相離等五義變異中成故故知自性中必有去何如此由三德故若三德不獨住知更互不相離若不相離者當知即為塵既名為塵者當知即平等若平等所受者是故知无知若塵若平等若无知是故知能生若知變異中有此六義者則知自性中亦有此六義去何知如此若翻則无故若除本自性末則無六義譬如除去縷則无有別衣即衣即有縷縷衣不相離末必由於本本末不相離末德隨本德非變異得成者是世間中一切末德必隨本德猶如赤縷所作衣衣必隨縷赤變異等亦如是由三德故五義得成

由末六義故非變異中知有六義外曰世間中若物不可現是物則為无譬如第二頭如是自性不可現去何知其有荅曰雪山稱兩者其量不可知不可言无量自性亦如是何因得知有

別類有量故　同性能生故　因果差別故

遍相无別故

自性實有去何得知別類有量故是世間中若物有作者此物有量數譬如陶師從有量土聚作器有數量此器若无本器應无數量亦應无器生見器有數量是故知有本縷成衣等譬其義亦如是此法中大等變異亦有數量何者為數量大有一我慢一五唯五根十一大有五是變異者我見有有量因平等似量決知有自性若自性无者此變異无數量亦復應是無同性故者譬如破檀木其片雖復多檀性終是一變異亦如是大等雖不同三德性是一以此一性故知其皆有本故知有自性能生故者若是處有能是處則可生譬如陶

師有瓦器能生瓦器不能生衣等是器生者依能故得成此能必有依謂依於陶師變異亦如是變異者有生是生因能成是能有依處自性是其依因此能生故則知有自性因果差別故者世間因果差別亦可見譬如土聚為因瓶等為果是器能盛水油等土聚則不能是因果差別縷衣亦如是如是大等變異定是果見此果知有別因不相似是故有自性遍相无別故者復有別因為知自性是實有遍相者三種世間謂地空天實時一切世間无差別五大十一根没五唯中无差別乃至大没自性中亦無差別是變異是自性不可說實時變異无故自性亦應无自性若无生死亦無是義不然是自性實後更能生三種世間故故知自性有為五因故立有自性外曰若自性有者不能生變異以無伴故譬如一人不能生子一縷不生衣自性亦如是以偈荅曰

性變異生因　三德合生變　轉故猶如水

各各德異故

性變異生因者此義中自性有三德故能生變異自性无此德汝言則為實若有三德不相應故不能生異是事不然三德合生變故辟如有多縷和合能生衣三德亦如是更互相依故所以能生異外曰世間生有兩一者轉變生如乳等生酪等二非轉變生如父母生子自性生變異為屬何因生荅曰

轉故如乳酪自性轉變作變異故是變異即是自性是故別類生此中不論受外曰若一因不能生多種果此義中自性若是一云何得生三種世間生天則懽樂生人則憂苦生獸等則闇癡若從一因生云何得三品荅曰

猶如水各各得異故

天水初一味　至地則變異　轉為種種味
各各器異故

若在金器其味最甜若至地上隨地氣味種種不同三種世間亦如是從一自性生三德不同故天上薩埵多是故諸天恒受歡樂人中羅闍多故人多受苦獸道多摩多故獸等恒癡

闇是等諸道中三德恒相應以有偏多故故如此差別如是一自性能生三世間三德不同故是故有勝劣自性已究竟今當次說我我者微細如自性云何知有我為顯我有故而說如是偈

聚集為他故　異三德依故　食者獨離故
五因立我有

一聚集為他故者如自性變異知者故得解脫初偈說如此又說五因成立自性及變異竟我人最微細應當次成立人我是實有聚集為他故我見世間一切聚集並是為他辟如牀席等聚集非為自用必皆為人設有他能受用為此故聚集屋等亦如是大等亦如是五大聚名身是身非自為決定知為他他者即是我故知我實有二異三德故者自性及變異六種相似義上來已說偈三德不相離塵平等无知能生本末似我翻似不似因此六異故是故說我有三依故者若人依此身身則有作用若无人依者身則不能作如六十科論中說

自性者人所依故能生變異是故知有我四食者如世間中見六味飲食知有別能食如是見大等所食必知應有別能食者是故知有我五獨離故者若唯有身聖人所說解脫方便即无所用如昔有仙人往婆羅門衆所說如是言

一切富皮陁　一切飲須摩　一切見兒面
願後成比丘

若唯有身何用是義故知離身別自有我若无別我唯有身者則父母師尊死後遺身若燒沒等如是供養則應得罪應无福德以是義故知有別我復有聖言

筋骨為繩柱　血肉為泥塗　不淨无常苦
富我離此合　汝捨法非法　虛實亦應捨
捨有亦應捨　清淨獨自存

若无我者獨存義不存因此聖言故故知定有我依此五種因有我義成立外曰我者何相多身共一我身身各一我若言云何如此疑諸師執相遍故有說一我者遍滿一切身如貫珠繩珠多繩一亦如此細天一万六千

如一時同欲樂一我亦如是能遍一
切身復有餘師說身身各有我是故
我生疑荅曰我多隨身各有我云何
知如是以偈釋曰

生死根別故　作事不共故　三德別異故
各我義成立

生死根別故者若我是一一人生時
則一切皆生處處女人悉俱有胎亦
應有正生亦應有童男亦應有童女
如是各各異不俱共一時是故知我
多復次我一者若一人死時一切人
皆死以无是義故故知我不一復次
諸根異故若人一者一人聾時一切
悉應聾盲及瘖瘂諸疾病等並皆一
時无如是義故是故知我多復次三
德別異故若人一者三德應無異如
一婆羅門生於三子一聰明歡樂二
可畏困苦三闇黑愚癡若人一者一
人喜樂一切同喜樂苦癡亦如是汝
說貫珠及毗細辟故我一者是義不
然是故因五義則知我有多外曰我
此中有疑是我者為作者非作者若
言云何有此疑世流布語故世間說

人去人來人作僧佉說人非作者衛
世師說人是作者是故我疑荅曰人
非作者云何得知以偈釋曰

翻性變異故　我證義成立　獨存及中直
見者非作者

翻性變異故者前兩偈中說我者異
自性亦殊於變異翻異二相故與兩
不同故三德是能作異此三德故是
故非作者外曰若非作者用此何為
荅曰為立證義故我證義成立我是
知者故餘法不如是獨存者若異性
及變異清淨故獨存中直者與三德
異故三德申縮不同故是故為中直
辟如一道人獨住於一所不隨他去
來唯見他來去如是三德者能申縮
生死唯有一我人能見如是事是
故為中直異性變異故是故我有知
故名為見者以是事故說見者非作
者故三德能作是義成立人我是實
有是多非作者此義亦成立外曰若
人非作者決意是誰作我今當修法
離惡成就願此決意是誰作若三德
作此決意是智有知前說三德无知

故若人作決意人則成作者前已說
人非作者故故有雙過失以偈荅曰

三德合人故　无知如知者　三德能作故
中直如作者

三德合人故者是三德无知能作我
有知非作是二相應故三德如有知
辟如燒器與火相應熱與水相應今
如是三德與知者相應如有知能作
決意故說无知如知者汝說隨世流
布語故人能作者此義我今荅三德能
作故中直如作者因此和合故非作
說能作如一婆羅門誤入賊群中賊
若殺執時其亦同殺執與賊相隨故
是故得賊名人我亦如是與作者相
隨以世流布語說我為作者外曰自
性與人何因得和合以偈荅曰

我求見三德　自性為獨存　如跛盲人合
由義生世間

我求見三德者我有如此意我今當
見三德自性故我與自性合自性為
獨存者是因苦人唯有能知見今當
為彼令得獨存以是義故自性與我
和合辟如國王與人和合我應使是

人是人亦與王和合王應施我生活故是王人和合由義故得成我自性和合義亦如是我為見故自性為他獨存故如跛盲人合者此中有譬昔有商侶徃優禪尼為刼所破各分散走有一生盲及一生跛衆人棄擇盲人漫走跛者坐看跛者問言汝是何人盲者荅言我是生盲不識道故所以漫走汝復何人跛者荅言我生跛人唯能見道不能走行故汝今當安我肩上我能導路汝負我行如是二人以共和合遂至所在此之和合由義得成就至所在各各相離如是我者見自性時即得解脫是自性者亦令我獨存各相捨離由義生世間者由人為見他自性為獨存故因此二義故得和合是和合者能生世間譬如男女由兩和合故得生子如是我與自性合能生於大等外曰已說和合能生世間是生次第何如以偈荅曰

自性次第生　大我慢十六　十六內有五
從此生五大

自性次第生者自性者或名勝因或名為梵或名衆持若次第生者自性本有故則无所從生自性先生大大者或名覺或名為想或名遍滿或名為智或名為慧是大即於智故大得智名大次生我慢我慢者或名五大初或名轉異或名焰熾慢次生十六十六者一五唯五唯者一聲二觸三色四味五香是香物唯體唯能次五知根五知根者一耳二皮三眼四舌五鼻次五作根五作根者一舌二手三足四男女五大遺次心根是十六從我慢生故說大我慢十六復次十六內有五從此生五大十六有五唯五唯生五大聲唯生空大觸唯生風大色唯生火大味唯生水大香唯生地大見自性變異我三法得解脫我今已說竟外曰已說從自性生大大者何為相以偈荅曰

決智名為大　法智慧離欲　自在薩埵相
翻此是多摩

決智名為大者何名為決智謂是物名閡是物名人如此知覺是名決智

決智即名大是大有八分四分名為喜四分名闇癡喜分者謂法與智慧離欲及自在法者何為相夜摩尼夜摩夜摩者有五一者无瞋恚二恭敬師尊三內外清淨四減損飲食五者不放逸尼夜摩亦五一不殺二不盜三實語四梵行五无諂曲十種所成就是故名為法何者名為智智有二種一外智二內智外智者六皮陁分一式叉論二毗伽羅論三刼波論四樹底張履及論五闡陁論六尼禄多論此六處智名為外內智者謂三德及我是二中間智由外智得世間由內智得解脫何者為離欲離欲有二種一外二內外者於諸財物已見三時苦惱謂覓時守時失時又見相者殺害二種過失因此見故離欲出家如是離欲未得解脫此離欲因外智得成內離欲者已識人與三德異故求出家先得內智次得離欲因此離欲故得解脫因外離欲猶住生死因內離欲能得解脫自在者自在有八種一者微細極隣虛二者輕妙極

心神三者遍滿極虛空四者至得如所意得五者三世間之本主一切處勝他故六者隨欲塵一時能用七者不繫屬他能令三世間衆生隨我運役八者隨意住謂隨時隨處隨心得住此等四法是薩埵相若薩埵增長能伏羅闍及多摩是時我多喜樂故得法等四德是名薩埵相翻此是多摩者翻法等四相一非法二非智三愛欲四不自在此四法是多摩相如是四喜四癡分若與大相應大則有八分變時是前生

金七十論卷上

按開元録亦名僧伽論或爲二卷云右一論外道迦毗羅仙人造明二十五諦所謂數論經中云迦毗羅論是也又長房内典二録眞諦譯中有金七十論二卷復有僧伽論三卷二目俱存者誤也此論及勝宗十句義論者非是佛法而諸外道宗以此數勝二論爲上欲令博學而破邪現正之者先須委悉異道之宗故譯出之恐其失而不傳故編入藏中耳

乙巳歲高麗國大藏都監奉
勑雕造

金七十論卷上

校勘記

一　底本，麗藏本。

一　三三七頁上一行經名下，諸本（不含石，以下各卷同）有夾註「此是外道迦毘羅仙人所造明二十五諦非是佛法」。

一　三三七頁上三行第一三字「用」，諸本作「因」。

一　三三七頁中七行末字「霆」，諸本作「電」。

一　三三七頁中一一行「明已顯」，諸本作「別已知顯」。

一　三三七頁中一六行「不足」，諸本作「不定」。

一　三三七頁中一七行「皮[illegible]」，諸本作「違陁」。下至本頁下二〇行同。

一　三三七頁中一八行第二字「是」，諸本無。

一　三三七頁下一〇行「隨如是等罪」，諸本無。

一　三三七頁下一五行第一一字「亦」，諸本無。
一　三三八頁上七行「分別」，諸本作「分別外」。
一　三三八頁上一〇行「本性本性」，諸本作「本性」。
一　三三八頁上一三行末字「是」，諸本作「稱」。
一　三三八頁上一四行「五唯」，諸本作「五大及五根」。
一　三三八頁上二〇行第一二字「故」，諸本作「故故」。
一　三三八頁上二一行「者者」，諸本作「者」。
一　三三八頁中一三行第五字「轉」，諸本作「能」。
一　三三八頁中二〇行第一二字「相」，諸本無。
一　三三八頁中二一行「量者」，諸本作「量名者」。
一　三三八頁下六行第一〇字及一一字「有相」，諸本無。
一　三三八頁下九行第三字「正」，諸本作「證」。
一　三三八頁下一四行第三字「諸」，諸本作「法」。
一　三三八頁下二〇行「外日」，諸本作「外曰」。
一　三三九頁上一一行第六字「復」，諸本無。
一　三三九頁上二一行第一一字「是」，諸本無。
一　三三九頁中四行第八字「緣」，諸本作「緣故不」。
一　三三九頁中八行末字「見」，諸本作「見因」。
一　三三九頁下九行第九字「執」，諸本無。
一　三三九頁下一七行第七字「生」，諸本無。
一　三四〇頁上四行「以作」，諸本作「不從草木以作」。
一　三四〇頁上五行第九字「因」，諸本無。
一　三四〇頁上六行第一一字「如」，諸本無。
一　三四〇頁上一二行「九種」，諸本作「九種故」。
一　三四〇頁下一行第三字「不」，資、磧、普、南作「二」。
一　三四〇頁下一四行「故故」，諸本作「故」。
一　三四〇頁下二一行第一二字「亦」，諸本作「六」。
一　三四一頁上一二行第六字「體」，諸本作「爲體」。
一　三四一頁上一四行第二字「則」，諸本作「能」。
一　三四一頁下二行第五字「食」，諸本作「植」。
一　三四一頁下一二行第一〇字「无」，資、磧、南作「光」。
一　三四二頁上六行「成得」，諸本作「得成」。
一　三四二頁中九行第九字「別」，諸本無。

一　三四二頁中一五行首字「有」，諸本作「有有」。

一　三四二頁中末行第四字「處」，諸本作「處者」。

一　三四二頁下四行「是能」，諸本作「是能成是能」。

一　三四三頁上三行及六行「生異」，諸本作「生果」。

一　三四三頁上一二行首字「論」，諸本作「信」。同行第七字「因」，諸本作「因中」。

一　三四三頁上一六行第六字「得」，諸本作「德」。

一　三四三頁中九行第八字「如」，諸本作「若知」。

一　三四三頁下一六行首字「富」，諸本作「當」。

一　三四三頁下二二行首字「遍」，諸本作「達」。

一　三四四頁上一行至二行「遍一切」，資作「滿徧一一」；磧、普、南、徑、清作「徧滿一切」。

一　三四四頁中一一行第一二字「若」，諸本作「若我」。

一　三四四頁下一三行第三字「執」，諸本作「收」。

一　三四四頁下二〇行「合自性」，諸本作「和合」。

一　三四四頁下二一行第五字「因」，諸本作「困」。

一　三四五頁上二行第七字「由」，諸本作「由是」。

一　三四五頁上六行第一三字「擇」，諸本作「擲」。

一　三四五頁中一三行第一三字「次」，諸本無。

一　三四五頁下三行第一三字「尼」，諸本作「尼尼」。

一　三四五頁下四行「夜摩」，諸本作「夜摩尼」。

一　三四五頁下一一行「樹底張履及論」，諸本作「樹提論」。

一　三四五頁下一二行第九字「外」，諸本作「外智」。

一　三四六頁上二行第六字「三」，諸本無。

一　三四六頁上一三行經名後附文：「按開元……編入藏中耳」，諸本無。

金七十論卷中　晝

陳天竺三藏真諦譯

外曰說大已竟慢相云何以偈荅曰

我慢我所執　從此生二種　一十一根生

二五唯五大

我慢我所執者我慢有何相謂我聲我觸我色我味我香我福德可愛如是我所執名為我慢從此生二種者從此我慢有二種變異生何者二種一十一根生二五唯五大十一根五唯上已說其名我慢相已說我慢有三種隨一生何法以偈荅曰

十一薩埵種　變異我慢生　大初生闇唯

炎熾生二種

十一薩埵種變異我慢生者若覺中喜增長則生我慢能伏通憂癡此我慢是喜種聖說名轉變是轉變我慢能生十一根云何得知此以樂喜多故輕光清淨故能執於自塵故說此十一名為薩埵種大初生闇唯者若大中闇增長則生我慢能伏通喜憂此我慢是癡種故聖說名大初此我慢生五唯及五大悉闇癡種類炎熾生二種者若大中苦增長則生我慢能伏通喜闇此我慢是憂種故聖立名炎熾此我慢是憂種故聖立名名炎熾此我慢生兩種能生十一根亦生五唯等是薩埵種變異我慢能生諸根取炎熾我慢為伴侶云何如此炎熾有事故轉變薩埵種无事故轉變我慢若生十一根者必取炎熾我慢以為伴是大初我慢若生五唯五大等必取炎熾我慢以為伴云何如此闇癡我慢无有事炎熾有事故如是炎熾我慢能生十一根亦五唯等故說炎熾生二種外曰已說薩埵生十一根何者名十一以偈荅曰

金七十論卷中　第一張　輿字號

耳皮眼舌鼻　此五名知根　舌手足人根

大遺五作根

耳皮眼舌鼻此五名知根者云何說名根此五能取聲色等故說名知根舌手足人根大遺五作根者云何名作根諸言等語事是五能作故故昔聖立名名為五作根外曰此十根者云何為其事耳根從聲唯生與空大

同類是故唯取聲皮根從觸唯生與
風大同類是故唯取觸眼根從色唯
生與火大同類是故唯取色舌根從
味唯生與水大同類是故唯取味鼻
根從香唯生與地大同類是故唯取
香五作根有五事是舌根與知根相
應能說名為味手根與知根相應能
作工巧執捉等足根與知根相應能
行平等高下路人根與知根相應能
作戲樂及生兒子大遺根與知根相
應能棄於糞穢以是義故名為十根
外曰心根云何以偈荅曰

能分別為心　根說有兩種　三德轉異故
外別故名異

能分別為心根說有兩種者心根有
二種分別是其體云何如此此心根
若與知根相應即名知根若與作根
相應即名作根何以故是心根能分
別知根事及分別作根事故譬如一
人或名工巧或為能說心根亦如是
此心云何說為根與十根相似十根
從轉變我慢生心根亦如是與十根
同事十根所作事心根亦根亦同作

是故得根名　外曰諸根事各異心
根有別不荅曰能分別者即是其事
譬如有人聞其處有食即作心言我
當往彼應得美食及以利養如此分
別是心根別事以其同生同事別分
別故名之為根是故諸根唯十一種
外曰是十一根誰之能作若言云何
有此疑者聖執不同故有說人我所
作有說自在所作有說有之所作如
是等執各不同以是事故我生疑
是根塵十一種決從有知生云何知
如此是十一根能取十一境自性大
我慢无有知故不應有此能如路歌
夜多論說此云世入

能生鵝白色　鸚鵡生綠色　孔雀生雜色
我亦從此生

是故我今疑十一從何生荅曰此論
中我非作者自在亦非作者无有別
法名為有是故汝所說不生十一根
外曰若尒何法能生荅曰三德轉異
故外別故各異三德在我慢中隨我
意故轉作十一根我意云何是十一
外塵各各不同若生一根不能遍取

是故轉生十一根各各取諸塵是故
十一根差別各異復次汝言無知不
能生多者是義不然无知見有多能
故此論中當說

為長養犢子　无知牛生乳　為解脫人我
無知生根示

是故三德无知能生十一根外曰我
今已知十一根從我慢生此十一根
安置各異誰之所為眼竅居上能看
遠色耳各一邊能聞遠聲鼻在一處
能取至到香舌在口中能取來到味
皮根在內外至觸皆知舌在口中能
說名句味手居左右而能執捉足在
下分能行臍下二根居隱處為離他
恒見能生除戲樂意根無定所能作
分別事安置此諸根為是誰所作我
說自在作為有別因作荅曰此論中
說我亦非因自在亦非因自性為正
因自性生三德及我慢我慢隨我意
轉由是三德安置諸根故說三德轉
異故外別故各異根近遠事有二意
一為避難二為護身為避難者遠見
遠聞速捨離故為護身者八塵到根

方乃得知為欲料理自身使增益故外曰此十一根為作何事以偈荅曰

唯見色等塵　是五知根事　言執步戲除　是五作根事

唯見色等塵是五知根事者眼唯見色塵是眼事唯見不能分别捉執餘根亦如是各自境中唯照是其事知根能照境作根能執用知根事已說次說作根事言說是舌根境持是手境行步為足境戲樂及生子為人根境除棄是大遺境作根事已說次當說大我慢心境事

三自相為事　十三不共境　諸根共同事　波那等五風

大事計我為慢相此相即慢事分别為心相是相即心事十三不共境者十根各各境及大慢心相各各所作故故說不同事諸根共同事波那等五風者若說不共事義至知應有共事不共事者如人人各一婦共事者如衆人共一婢何者共事若五種風一者波那二者阿波那三者優陀那四者婆那五者婆摩那是五風一切根

同一事波那風者口鼻是其路取外塵是其事謂我上我行是其作事外曰是波那何根能作荅曰是十三根共一事譬如籠中鳥鳥動故籠動諸根亦尒以波那風動故十三根皆動是故十三相同其事阿波那風者見可畏事即縮避之是風若多令人怯弱優陀那風者我欲上山我勝他不如我能作此是風若多令人自高謂我勝我富等是優陀那事婆那風者遍滿於身亦極離身是風若多令人離他不得安樂是風若稍稍離分分如死離盡便卒婆摩那風者住在心處能攝持是其事是風若多令人慳惜覓財覓伴是五風事并十三根所作是十三根不共及事已說今當說一時俱起事及次第起以偈荅曰

覺慢心及根　或俱次第起　已見未見境　三起先依根

覺慢心及根或俱次第起者若見色者一時大慢心眼根俱起取一境知眼餘根亦如是一時四俱起同共取一境次第起者如人行路忽見高物

即起疑心為人為杌若見鳥集或見藤繞或見鹿近即覺是杌若見搖衣或見中屈便覺是人如是覺慢心根次第而起如眼所見耳等諸根應知次第亦如是已見未見境三起先依根者已見法三種依根次第起已說今當說未見法三種亦依根次第起如偈所說

最後由伽時　當有如是人　依邪見邪行　誹謗佛法僧　先邪化父母　朋友及眷屬　開四惡道路　將他入此中

如未來過去亦如是依耳根次第起三法如是三法先依外根故問起外曰是十三作具是無知若不與人及自在相依者云何各各取自境以偈荅曰

十三不由他　能作自用事　我意是因緣　无有别教作

十三不由他能作自用事者此論中自在及我非作者前已說是故十三作具如自境界自能作不由他如一梵行婆羅門問言某處有皮陁師能教弟子如意愛學我今決定當往彼學此即是大作此覺知是我慢得大

意巳作如是計一切婆羅門所有技具我悉將去為欲往彼使心不散是心得我慢意巳作是分別我當先學何皮陁為學婆摩皮陁為學夜集皮陁及力皮陁耶外根知心分別巳眼能看路耳聞他語手持澡灌足能蹈路各各作事譬如賊主作号令言出入進止皆須聽我是賊羣衆悉巳從令如是諸根亦復如是諸根亦復如是覺譬賊主餘根譬賊衆巳知覺意故各各作自事外曰此十三作具各各捉前境為是自為為是為他荅曰我意是因緣無有別教作是義前巳說我事者應作故三德生諸根為我顯了捉執諸塵若汝說是諸根无知云何得作者荅曰是諸根無別自在来依此中以教其作唯有我與自性和合起作如是意汝應顯現令我獨存因是我意是故三德能生諸根各各作事隨我意故離我意者无別他教外曰二十四中有幾名義得為作具以偈荅曰

作具數十三　能作牽執照　其事有十種

應引持照了

作具數十三者此論中處處說作具決定唯十三　五知根五作根及覺慢心等此十三作何事能作牽執照其有事十種聲等五塵語言等五事此十是其事是事有三種一應牽二應照三應執是中三有所牽五知具所照五作具執持因此三事故立十三根故說應引持照了外曰幾根取三世塵幾根取現在塵以偈荅曰

內作具有三　十外具三塵　外具取現塵

內取三世塵

內作具有三者覺慢心三種是名內作具不取外塵故是故立名內能成就我意方便故是故說名具十外具三塵者十外具者五知五作根能取外塵故故名為外具三塵者是覺慢心根十具為其塵譬如其主使役下人如是三根能使十具亦復如是外具取現塵者是十種根現在塵為境云何知耶耳根但取現世聲二世不聞故如耳乃至鼻根亦如是舌根者能說現在名句味語未来過去則不

能說如舌根餘四亦如是內取三世塵者覺慢心三種能取三世塵覺者能取現世瓶瓫等亦能取過去如取往昔頂生王等亦能取未来如說當有破諸人慢亦如是以三世塵計為我所心根亦如是分別三世塵求未来憶過去故說內取三世塵外曰幾根取差別塵幾根取无差別塵以偈荅曰

十三中知根　取異无異塵　舌唯聲為塵

餘四悉五塵

十三中知根取異无異塵者是十三具中有五知根能取有差別无差別塵差別者具三德无差別者唯一德如天上有五塵謂聲觸色味香是五塵无差別同樂為體故是天五塵無有憂癡人道中五塵有差別具有樂苦癡相應所成故諸天知根取無差別塵人即知根能取有差別塵謂樂苦癡等塵是故知根能取異无異等塵舌唯聲為塵者天舌及人舌唯以聲為塵能說名句味餘四悉五塵者手足根體具五塵能捉五塵境如手捉瓶如手餘根亦如是四根五塵安

立悉取五塵復次根有別相以偈說
荅曰
覺與內具共　能取一切塵　故具三有門
諸根悉是門
覺與內具共能取一切塵者覺與我
慢及心根恒相應故說覺與內具共
能取三世間塵及三世塵故說能取
一切塵故三具有門者是覺等三具
能為諸門主若覺等三具相應在眼
根是眼根能顯照色餘根不能是三
隨業一根能取三世間塵及以三世
故說此三為十作具餘根悉是門者
謂五知五作根開閉隨三故若三在
眼眼門則開能取前境餘門則閉不
能知塵以隨他故但門非實具如是
十根與三具相應能取一切三世間塵
復次偈曰
諸具猶如燈　隨德更互相　照三世間塵
為我還付覺
諸具猶如燈者謂五知五作我慢及
心根如燈在一處平等照諸物如是
諸具能照三世間塵故說猶如燈隨
德更互異者更互不相以耳者取聲

不取色眼則取色不取聲乃至鼻但
取香不取味如是五知根根定對塵
異故說更互異作根亦如是舌但說
言語不能作餘事乃至覺但作決知
慢唯作執著心唯作分別故說更互
異此異義云何隨三德故三德生我
慢不同故我慢生五唯及諸根悉不
同照三世間塵為我還付覺者是十
二根照世間塵悉不自還付覺者譬如國土
一切吏民取國財物悉付國主如是
諸塵由十二根將還付覺故覺令我
見故說為我還付覺外曰何故諸根
不自照塵令我得見以偈荅曰
我一切用事　以覺能成就　復令後時見
自性我細異
我一切用事以覺能成就者我事用
一切處不同或人道或天道或獸道
中十塵用乃至八種自在用知根作
根十外具照此塵付囑於覺覺取以
付人令人得受用因此次第覺能令
我如意受用得自在樂乃至智慧未
生時復令後時見自性我細異者後
時者謂智慧生時我與自性有別異

此別異者未修聖行人不能見故故
說為細微此別異中門者於十三中
唯覺令我見見者何相謂見我與自
性異三德異覺異我慢異十一根異
五唯異五大異身異如是等異覺令
我知故故我得解脫如前說若知二
十五隨處隨道住猶髮髻剃頭平等
得解脫是故唯一覺是我真作具外
曰已說前偈諸根能取有差別無差
別塵何者差別無差別以偈荅曰
五唯无差別　從此生五大　大塵有差別
謂寂靜畏癡
五唯无差別者汝說何者差別无差
別者今當荅從我慢生五唯細微寂
靜以喜樂為相此即諸天塵无有差
別天无憂癡故從此生五大大塵有
差別者從聲唯生空乃至從香唯生
地是五大有差別是差別有何相一
者寂靜二者令怖三者闇癡此五大
是人塵空大三相何必如大富人入
內密室受五欲樂或上高樓遠觀空
大由空受樂故空寂靜或在
空中冷風所觸空則生苦或復有人

行在曠路唯見有空不見聚落无所止泊則生闇癡餘大亦如是如是諸天以五唯為塵一向寂靜故无差別人取大為塵大有三德是故有差別外曰是差別已如別說但有是事復有差別耶答曰復有別差別如偈所說

微細父母生　大異三差別　三中細常住
餘別有退生

微細父母生大異三差別者一切三世間初生微細身但有五唯此微細身生入胎中赤白和合增益細身是母六種飲食味浸潤資養增益麁身是母子飲食路二處相應故得資益猶如樹根有容水路故故浸潤增長如是飲食味隨其行路浸益麁身亦復如是如細身形量麁身亦如是細身名為內麁身名為外此細身中手足頭面腹背形量人相具足四皮陁中有諸仙人說如是言麁身有六依血肉筋三種從母生白毛骨三種從父生是六依身以外麁身益內細身是內細身麁身所資益將出胎時及至已出以外五大為其住處譬如王子他為起舍種種般堂是處應住是處應食是處應眠自性亦如是為細身及麁身作依止處能生五大一生空大為無㝵處二生地大為時者處三生水大為清淨處四生火大為銷食處五生風大能令動散如是三種差別一微細二父母生三共和合謂寂靜可畏闇癡等是三名別差別外曰是三差別幾常幾无常答曰三中細常住餘別有退生此三中五唯所現微細差別能生初身是常住若麁身退沒時細身若與非法相應則受四生一四足二有翅三胷行四傍形若與法相應則受四生一梵二天三世主四人道如是細身則為定常乃至智厭未生輪轉八處智厭若起便離此身者解脫故說微細差別常餘麁差別退生不名常臨死細身棄捨麁身此麁身父母所生或鳥啄食或復爛壞或火所燒癡者細身輪轉生死外曰汝說父母身退沒後何身能輪轉生死以偈答曰

前生身無著　大慢及五唯　輪轉无執塵
有薰習細相

前生身无著者昔時自性者過轉生世間細身最初生從自性生覺從覺生我慢從我慢生五唯此七名細身細身相何如如梵天形容能受諸塵後時是身得解脫故无著者如聖傳此細身若在狩人天道中山石壁等所不能㝵以微細故又不變易乃至智慧未起恒不相離是名為常大慢及五唯者此身因幾物得成因七種細物乃至十六種麁物是身何所作輪轉無執塵此細身與十一根相應或在於四生輪轉三世間无執塵者若與十一根相應若離父母所生麁身无能執塵力有薰習細相者是細身有三種有之所薰習是三有後當說三種有者一善成有二性得有三變異有此三有薰習細身細相者非聖不見故此細身能輪轉生死外曰是十三根足輪轉生死何假細微身以偈答曰

如畫不離壁　離杌等无影　若離五唯身

十三无依住
如畫不離壁離杌等无影者是世間
中能依所依二法相應已見不相離
如畫色依壁離壁无別住是故離細
身十三不得住復次離杌影无依處
離火則无光離水則无冷離風則無
觸離空威儀處不得成如是離細身
是麁相无依止不得住故說若離五
唯身十三无依住外曰是細身與十
三輪轉生死何為以偈荅曰
我意用為因　由因依因故　隨自性遍能
如伎轉異相
我意用為因者我意用應作故自性
變異意用有二種一者受用聲等塵
為初二者見三德人中間為最後梵
天處等人我與聲等塵應令相應後
時應令解脫故自性變異作細身此
細身何因得輪轉由因依因故因者
謂清等八種後當說即說偈言
因善法向上　因非法向下　因智厭解脫
翻此則繫縛
此因依因復何因成自性遍能故譬
如國王於自國中隨意能作自性亦

如是能作天人狩等生故說如伎轉
異相譬如伎兒或現天相或現王相
或現龍鬼等相種種不同細身亦如
是與十三相應或入象馬等胎轉為
象馬等身或入人天等胎轉為人天
身故說隨自性遍能如伎轉異相外
曰是三有所薫十三根輪轉生死前
已說何等為三有以偈荅曰
因善自性成　變異得三有　已見依内具
依細迦羅等
因善自性成變異得三有者衆物名
諸物有三種一因善成就二由自性
成就三從變異得因善成就者如迦
毗羅仙人初生共四德生一法二智三
離欲四自在是四種德因善得成就
故此四德依善成有何者自性成就
自性成就者如皮陁傳說昔時梵王
生有四子一名娑那歌二名娑難陁
那三名娑那多那四名娑難鳩摩羅
此四子已具足具事有身十六歲時
四有自然成謂法智離欲自在譬如
見物藏自然而得此四物不由因得
故故說自性成變異得有者師身名

變異因師身故弟子恭敬親近聽聞
得智慧因智慧得離欲因離欲得善
法因善法得八自在是弟子四德從
師身得故說變異得此四德薫習大
等内具能輪轉生死是四德與對治
凡八種是八法依何處住荅曰已見
依内具依内具依細歌羅等内具者
謂大等此大有八物依大四住已如
前說
決智名為大　法智慧離欲　自在薩埵相
翻此是多摩
是八種依内具得成是八法得天眼
聖人所見故故說名已見依細歌羅
等者謂八種物一名歌羅羅二名阿
浮陁三名閉尸四名伽那五名嬰孩
六名童子七名少壯八名衰老是八
種由四食味故得增長一者因母六
味增長四身二者因乳味故增嬰孩
身三者因乳哺故長童子身四者飲
食味增後二身是八種身依細身成
是十六物薫習内具及微細身輪轉
生死外曰前已說因由依因故如伎
轉異相何者為由因何者名依因荅

曰因善法向上因非法向下因智猒
解脱飜此則繫縛世間中若人能作
夜摩尼夜摩等法因此法臨受生微
細身向上生八處一梵二世主三天四
乹闥婆五夜叉六羅刹七閻摩羅八
鬼神是八處由法故得生若飜此十
法而作非法者臨受生時向下五處
生一四足二飛行三胷行四傍形五
不行是五處非法所生因智猒解脱
者因細身得智慧因智慧得猒離因
猒離捨棄細身真我獨存故名解脱
飜此則繫縛者飜智者名无智如人執
言我可怜我可愛我愛者由慢故計
我是名无知此无知繫縛自身令在
人天狩等中繫縛有三種一者自性
縛二者變異縛三者布施縛此三後
當說故說由因及依因善法名為因
向上為依因非法名為因向下為依
因智猒名為因解脱為依因非智猒
為因繫縛為依因四因四因四依因已說
復有四因四依因今當說

離欲故没性　憂欲故生死　由自在無㝵
飜此故有㝵

離欲故没性者有一婆羅門出家學
道能制十一根遠離十一塵護持夜摩
尼夜摩等十法即得猒離有猒故離
欲无有二十五實智是故无解脱是
人死時但没住性　者謂自性覺我慢
及五唯在八性中　未得解脱計為解
脱後輪轉時於三世間更受麁身故
說猒離故没自性中是名自性縛憂
欲故生死者憂欲者如有人計我今
行大施作大祠天事令飲須摩味於
佛世間我應受樂因此憂欲受生生
死謂梵處等乃至狩生是名布施縛
由自在无閡者自在者喜樂種類有
八分微細輕等由此自在故在梵
王等處所有八種无㝵此八種自在
與覺相應故故名變異繫縛飜此故
有閡者飜自在者即不自在由不自
在故一切處所皆有障㝵此障㝵亦變異繫
縛是闇癡法故故此偈說四種因依
因離欲者為因没性為依因憂欲名
為因生死為依因自在名為因无㝵
為依因非自在為因障㝵為依因如
是八因八依因是十六生已說竟外

曰是十六因依因生何者為其體以
偈荅曰

生因覺為體　疑無能喜成　思量德不平
覺生五十分

生因覺為體者生者或十六或八種
依因若十六種八因八依因以覺通
為體或八種者八依因名為生八因
為其體故說十六生名因覺為體已
如前偈說決知名為大法智慧離欲
自在薩埵相飜此名多摩夜疑无能
喜成者此十六生分為四分一疑二无
能三歡喜四成就如一婆羅門與四
弟子從大國土還其本處在於行路
日未出時其一弟子即白師言大師
我見道中有一種物不知是杌為是
人　是弟子於杌生疑師語第二弟
子汝往諦看為人為杌是人因師言
已即便遥看不敢近彼即白師言大
師我不能近彼是第二人有无能次
語第三弟子言汝可好看定是何物
看已白師大師何用看此是日已出
有大宗侶可相隨去是第三人雖未
辯人杌已生喜心次語第四弟子汝當

往看是人眼根淨故見藤縺遶上有
鳥集往彼腳觸還白師言大師此物
是杌此第四人乃得成就故十六生
分為四分思量德不平者德有三種
謂喜樂憂苦闇癡此三平相違若喜
樂增長則能伏憂癡譬如日光能伏
星火等憂癡增長亦復如是若思量
三德不平等覺生五十分五十分者
今當說

疑倒有五分　无能二十八　由具不具故
喜九成八分

疑倒有五分者疑倒前已說今當說五
分一闇二癡三大癡四重闇五盲闇今
未說无能先明五疑分

說闇有八分　癡八大癡十　重闇有十八
盲闇亦如是

說闇有八分者若人不因知離欲沒八
性中謂自性覺慢及五唯此人未得
解脫作已得想由不見此八種繫縛
故故說不見八種名之為闇闇者無
明別名癡八者自在有八種前已說
此中諸天等生執著縛不得解脫由
著自在輪轉生死故說癡八分前八

名自性縛後八名變異縛大癡十者
有五唯喜樂為相是諸天塵是五塵
典五大相應三德為相此十塵中梵
及人狩等生執著縛謂離此外无別
勝塵因此執著不平等智及解脫法
執著麁㢡不求解脫故名大癡重闇
有十八者八種自在及十種塵已退
生時是時貧人作是計言我今貧窮
自在諸塵並皆失盡分別此事起大
苦此苦名重闇盲闇亦十八者如前
說自在有八塵有十種有人具此十
八臨退死時作如是計我今捨八自
在及以十塵獄卒縛我就閻王所因
此計生苦不及得聽僧法義故名盲
闇如是闇者分別五分有六十二今
說无能分者

十一根損壞　智害名无能　智害有十七
翻喜成就故

十一根損壞者謂聾盲齆爽癩癀狂
瘂戾跛石女黃門秘上是十一根損
壞云何說无能不能聽聞故乃至不
能得解脫譬如聾人能加一病語善
有言我因苦當何所作善友語言當

受僧法智慧至盡苦邊即得解脫苦
言我今不能受持僧法智慧不聞師
語既不聞說慧何從生如聾盲等亦
如是為根壞故无學慧能及不能得
解脫智害名无能智害有十七者後
當說

金七十論卷中

金七十論卷中

校勘記

一　底本，金藏廣勝寺本。三四九頁中一版，原版殘缺，以麗藏本換。

一　三四九頁中一行經名下，諸本有「外道迦毗羅仙人造」一行。

一　三四九頁中一二行「三種」，諸本作「二種」。

一　三四九頁中一七行第一一字「轉」，磧、普、南、徑、清作「體」。

一　三四九頁中一八行第八字「知」，諸本作「如」。

一　三四九頁下一行「五唯」，諸本作「五唯故五唯」。

一　三四九頁下二行第七字「苦」，資、磧、普、南、徑、清作「若」。

一　三四九頁下三行末字「名」，諸本作「名名」。

一　三四九頁下四行至次行「是憂種……此我慢」，諸本無。

一　三四九頁下一〇行及次行「爲伴」，諸本作「爲伴侶」。

一　三四九頁下一三行第一〇字「亦」，諸本作「亦生」。

一　三四九頁下一四行「薩埵」，諸本作「薩埵種」。

一　三四九頁下一五行「十一」，諸本作「十一根」。

一　三四九頁下二一行「諸言等語事」，諸本作「語言等諸事」。

一　三五〇頁上一行第五字「唯」，資、磧、普、南、徑、清無。

一　三五〇頁上七行第五字「爲」，諸本作「句」。

一　三五〇頁上一四行第四字「名」，資、徑、清、麗作「各」。

一　三五〇頁上末行「亦根」，諸本無。

一　三五〇頁中三行「其處有食」，諸本作「某處有財食」。

一　三五〇頁中一一行第三字「塵」，諸本作「塵中」。

一　三五〇頁中一四行「多論」下，資、磧、普、南、徑、清有「土路伽耶低迦論」七字。同行末字「入」，資、磧、普、南、徑、清作「人」。

一　三五〇頁下六行「生根示」，資、磧、普、南、徑、清作「根生示」；麗作「生根偭」。

一　三五〇頁下一四行第五字「臍」，資、磧、普、南、徑、清作「高」。

一　三五〇頁下一五行末字「作」，資、磧、普、南、徑、清作「行」。

一　三五〇頁下二二行第四字「難」，麗作「離」。

一　三五一頁上七行第五字「各」，諸本作「各各」。

一　三五一頁上一九行「至知」，資、磧、普、南、徑、清作「必知」。

一　三五一頁上末行及本頁中一三行「婆摩那」，資、磧、普、南、徑、清作「娑摩那」。

一　三五一頁中六行第五字「相」，諸本作「根」。

一　三五一頁中一七行「答曰」，諸本作「說曰」。

一　三五一頁下三行第三字「中」，諸本作「伸」。
一　三五一頁下一三行「故問」，諸本作「故而」。
一　三五一頁下二一行第六字「問」，資、磧、普、南、徑、清作「聞」。
一　三五一頁下二二行第九字「今」，資、磧、普、南、徑、清作「令」。
一　三五二頁上四行「婆摩」，諸本作「娑摩」。
一　三五二頁上九行第一〇字至次行首字「諸根亦復如是」，諸本無。
一　三五二頁上一〇行末字「意」，資、磧、普、南、徑、清作「竟」。
一　三五二頁中五行「有事」，諸本作「事有」。
一　三五二頁中六行「是事」，資、磧、普、南、徑、清無。
一　三五二頁中二一行第四字「取」，資、磧、普、南、徑、清作「耶」。
一　三五二頁下三行第五字「瓫」，磧、清作「盆」。

一　三五二頁下一七行第七字「故」，資、磧、普、南、徑、清無。
一　三五二頁下二二行「手足」，麗作「是手」。同行第四字「體」，資、磧、普、南、徑、清作「能」。
一　三五二頁下末行「如是」，諸本作「如是如是」。
一　三五三頁上一行「別相」，資、磧、普、南、徑、清作「別根」。
一　三五三頁上二行首字「答」，諸本無。
一　三五三頁上三行「具三」，資、磧、普、南、徑、清作「三具」。
一　三五三頁上六行「內具」，磧、南、徑、清作「自具」。
一　三五三頁上一〇行「根是眼根」，資、磧、普、南、徑、清作「是眼相」。
一　三五三頁上一一行第二字「業」，諸本作「集」。
一　三五三頁上一八行「乎相」，諸本作「互異」。
一　三五三頁上末行「相以」，諸本作「相似」。

一　三五三頁中四行「但作」，資、磧、普、南、徑、清作「但能作」。
一　三五三頁中六行「故三德」，資、磧、普、南、徑、清無；麗作「故生三德」。
一　三五三頁中七行「不同」，資作「不不同」。同行第四字「故」，資、磧、普、南、徑、清無。
一　三五三頁中九行首字「二」，資、磧、普、南、徑、清作「三」。同行「不同」，麗無。同行第一〇字「還」，諸本作「還」。同行第一三字「者」，資、磧、普、南、徑、清無。
一　三五三頁中一一行「故覺」，資、磧、普、南、徑、清無。
一　三五三頁中一七行「獸道」，磧、南作「獄道」。
一　三五三頁中一九行首字「根」，資、磧、普、南作「相」。
一　三五三頁中末行「別異」，資、磧、普、南、徑、清無。
一　三五三頁下六行「如前說」，資、磧、普、南、徑、清無。

一三五三頁下七行「猶髮髻」，資、磧、普、南、徑、清作「猶鬚髮」；麗作「編髮髻」。

一三五三頁下一四行第三字「今」，資、磧、普、南作「令」。

一三五三頁下一五行「无有」，資、磧、普、南、徑、清作「無我」。

一三五三頁下一六行第五字「癡」，資、磧、普、南、徑、清作「塵」。

一三五三頁下二〇行「何必」，資、磧、普、南、徑、清作「何如」。

一三五三頁下二二行末字「在」，資、磧、普、南、徑、清作「在上高樓」；麗作「在高樓」。

一三五四頁上二行第九字「亦」，資、磧、普、南、徑、清作「亦復」。

一三五四頁上一五行「故故」，諸本作「故」。

一三五四頁上一九行「面腸」，資、磧、普作「而腹」；南、麗作「面腹」。

一三五四頁上二一行第四字「觔」，磧、清作「筋」。

一三五四頁中一〇行「无常」，諸本作「無常耶」。

一三五四頁下三行「過轉」，諸本作「迴轉」。

一三五四頁下一五行「相應」，諸本作「不相應」。

一三五五頁上一〇行「何爲」，諸本作「何所爲」。

一三五五頁上一五行「中間」，磧、普、南、徑、清作「中聞」。

一三五五頁上一八行第九字「因」，資、磧、普、南、徑、清無。

一三五五頁中一一行「有者」，資、磧、普、南、徑、清作「有行」。

一三五五頁中一六行第七字「成」，諸本作「成就」。

一三五五頁中一七行「傳説」，資、磧、普、南、徑、清作「傳説有」。

一三五五頁中一八行「婆那歌」，諸本作「娑那歌」。

一三五五頁下七行第五至七字「内具依」，諸本無。

一三五五頁下一三行「故故」，磧、南、清作「故」。次頁中一四行南、清同。

一三五五頁下一四行「二名」，資、磧、普、南、徑、清作「二者」。

一三五五頁下一八行第二字及二〇行第三字「增」，資、磧、普、南、徑、清作「增長」。

一三五五頁下一九行第七字「故」，資、磧、普、南、徑、清作「故增」。同行末字「飲」，諸本作「因飲」。

一三五五頁下二二行「因由」，諸本作「由因」。

一三五六頁上三行第三字「尼」，資、磧、普、南、徑、清作「尼尼」。

一三五六頁上一三行第九字「愛」，諸本作「可愛」。

一三五六頁上一九行「非智」，諸本作「無智」。

一三五六頁中三行第六字「法」，資、磧、普、南、徑、清作「智」。

一三五六頁中五行第七字「住」，諸本作「性」。

一　三五六頁中一〇行第九字「今」，資、磧、普、南、徑、清作「令」。

一　三五六頁中一二行第二字「謂」，徑、清作「諸」。

一　三五六頁中一四行第五字「輕」，諸本作「輕光」。

一　三五六頁下五行末字「種」，磧、南作「因」。

一　三五六頁下一〇行第一一字「夜」，麗無。

一　三五六頁下一三行「國土」，麗作「國王」。

一　三五六頁下一六行首字「凶」，諸本作「兇人」。

一　三五六頁下一九行「是第」，資、磧、普、南、徑、清作「是弟子」。同行末字「次」，資作「決」。

一　三五七頁上二行「往彼」，資、磧、普、南、徑、清作「彼往」。

一　三五七頁上一四行第五字「先」，資、磧、普、南、徑、清作「前」。

一　三五七頁上一七行第一二字「離」，資、磧、普、南、徑、清無。

一　三五七頁上一九行第六字「想」，麗作「相」。

一　三五七頁中六行「執着麁麁」，諸本作「皆執着塵」。

一　三五七頁中一四行第一〇字「法」，諸本作「怯」。

一　三五七頁中一九行「甕叟癩」，資、磧、普、南、徑、清作「鼉叟」。

一　三五七頁中二〇行第三字「跋」，諸本作「跛」。

一　三五七頁中末行「有言我因苦」，諸本作「友言我困苦」。

一　三五七頁下一行及二行「僧佉」，資、磧、普、南、徑、清作「僧法」。

一　三五七頁下一行第六字「至」，麗作「至苦」。

一　三五七頁下三行末字「亦」，資、磧、普、南、徑、清無。

一　三五七頁下末行經名下，資、磧、清有「外道迦毗羅仙人造」八字。

金七十論卷下　　盡

陳天竺三藏真諦　譯

翻喜成就故者翻九分喜及八種成就翻此十七名為智害是十一根壞及十七智害是名二十八𠫢何喜九分以偈釋曰

依內有四喜　自性取時感　依外喜有五
離塵故合九

依內有四喜自性取時感者依內者依覺慢心生四種喜一由自性喜二由求取喜三由時節喜四由感得喜為現四喜作如是辟辟諸婆羅門捨俗出家有人問言汝何所解而得出家是人荅言我知自性是三世間真實因故我出家是人唯知自性是因不知常无常有智无智有德无德是遍非遍但知有及因故生歡喜是人無解脫是喜由自性生次問第二婆羅門言汝何所知而得出家是人荅言我已識自性是世間因我已知取是解脫因雖有自性是實因若无取者解脫不得成故我攝持取取者一切出家行道具具有四種謂三杖澡灌袈裟吉祥等吉祥有五一灰囊二天目珠三三縷纓身四諸呪術章句五以一長草安頂髻上謂吉祥草此五並是學道之具能去不淨故曰吉祥就前三種合八具也從此得解脫我由此出家是故第二喜名取因此喜故不得解脫但知自性因不能知餘復問第三婆羅門言汝何所知而得出家其人荅言自性及四取何所能作我知不受便得解脫故求出家此第三人无有解脫何以故不知二十五句義故是第三喜者名時節喜次問第四婆羅門言汝何所知而得出家其人荅言自性取時節何所能作若離感得我已知由感得故故得解脫故我出家是第四人亦无解脫無有智故是第四喜者名感得喜此四喜依內得成依外喜有五離塵故合九者外喜有五種遠離五塵故辟如一人見五婆羅門出家次第住問初問第一人言汝何所知而得出家其人荅言世間中有五塵為得此塵諸事難作

或作田或養獸或事王或商估離此四事或便作偷賊是求塵事決難可作逼惱自他故我見此事故求出家是第五人无有解脫無真實智故又問第二人言汝知何法而得出家其人荅言我知五塵求覓可得如前方便作田等得諸塵已守護難作何以故五家共諍故由護此塵應逼自他我見守護苦故離塵出家此第六人亦无解脫無真實智故次問第三人言汝何所知而得出家其人荅言我已能令未得求令得已得守護令不失此五塵由自受用故自然成失若失時即生大苦由見此失塵過失故求出家是人亦不得解脫无真實智故次問第四人言汝何所知而得出家其人荅言我已能覓未得得已能護失已亦能更覓若尒何以出家五根无厭足展轉求勝故我見此根過故求出家是第八人亦無解脫无真實智故次問第五人言汝何所知而得出家其人荅言我已能覓未得令得得已守護令不失用已更能覓若求

冣勝我亦能得若尒何故出家由塵四事故應殺害他若不害者是事不成若作田者則應斬草伐樹若鬪戰時則應殺人或刼他財則損減他或說其口妄語乃至一切世間過失並由塵起我知此失故求出家是第九人亦无解脫由外厭故不修實智故說前四依內後五依外故合九喜此九種喜仙人立九名能清淨塵汙故說九喜名為水一潤濕水二深淺水三流水四湖水五善入水六善渡水七善出水八光明水九勝清淨水翻此九喜名九无能謂非潤濕乃至非勝清淨水外曰此三法與成相違何法名為成以偈答曰

思量聞讀誦　離苦三友得　因施成就八

前三成就鈎

思量聞讀誦乃至因施成就八者此八種能六行得成如一婆羅門出家學道作是思惟何事為勝何物真實何物冣後究竟何所作為智慧得成顯故作是思量已即得智慧自性異覺異慢異五唯異十一根異五大異

真我異二十五真實義中起智慧由此智慧起六種觀一觀五大過失見失生厭即離五大名思量位二觀十一根過失見失生厭即離十一根此名持位三用此智慧觀五唯過失見失生厭即離五唯名入如位四觀慢過失及八自在見失生厭即離慢等名為至位五觀覺過失見失生厭即得離覺名縮位六觀自性過失見失生厭即離自性是位名獨存此婆羅門因是思量故得解脫此成由思量得故名思量成思量成已說次說聞成義如一婆羅門聞他讀誦聲謂自性異覺異乃至真我異聞此讀誦聲已覺知二十五義即入思量位離五大入能位離十一根入如位離五唯入至位離慢等入縮位離於覺入獨存位離自性是名解脫聞成義已說次說讀誦義有八智慧分得成如一婆羅門往至師家一欲樂聽聞二專心諦聽三攝受四憶持五知句義六思量七簡擇八如實令入是名八智分由此智分得二十五義入六行得解

脫離苦三成者一離內苦如一婆羅門為內苦所逼謂頭痛等往詣醫所得治病已由此內苦起於欲知為欲求知滅此苦因往就師家生八智分得二十五義入六行觀故得解脫此成由內苦如身苦心苦亦如是二離外苦如一婆羅門為外苦所逼謂人獸翅乃至木石等之所困苦而不能忍生求欲知滅苦之因往詣師家修八智分得二十五義入六行觀故得解脫此成由外苦得三依天苦如一婆羅門為天苦所逼謂寒熱雨等其不能忍詣師求八智分得二十五義入六行觀故得解脫七善友得者不由八智分得但從善友得智慧至智慧究竟則得解脫八因施成者如一婆羅門人所憎惡知他憎已是故出家既出家已師及同友亦生憎惡不與智慧自知薄福往邊村住自謂此處无婆羅門可安居住既往住已多得施食其所餘者還施親友乃至女人牧人於是村人並皆愛念安居欲竟一切人衆並皆襯施三杖澡灌諸衣物等

近帝釋會時語諸人言誰能與我還本大國看於此會若欲去者人人賫物為我將往往彼到師家已選擇勝物以供養師餘物次第分與同學師友衆人並生愛念師即施其智慧由此智至究竟智即得解脫此由施得成此八成者昔日仙人又立別名一自度成二善度成三全度成四喜度成五重喜度成六滿喜度成七愛成八遍愛成若翻此八成則名八无能謂非度无能乃至非遍愛无能如是十一根壞无能及十七智害无能為二十八無能是疑无能喜成轉為五十義已說前三成就鉤者辟如醉象以鉤制伏不得隨意自在是五疑二十八无能九喜所制伏世間不得真實智若離實智則無八成故說前三是成就鉤故次捨疑無能喜勤修八種成外曰諸有所熏習體相故輪轉生死前已說體相有二種一微細體相在初生二父母生身及十一根共相應八有所熏習故輪轉生死此中有疑何者先生體相為先諸有為

先以偈荅曰

離有无別相　離細相无有　相名及有名
故生有二種

離有无別相者若離諸有體相不成辟如離熱火不得成離細相無有者若離細相諸有不成辟如離火熱不得成是兩法相依如火與熱此法俱起如牛兩角相名及有名故生有二種者自性變異有二名一生相名二生有名初生生死即具二種外曰此生唯有二種更有別名荅曰昔仙立別名者一自度者此人寂利自思惟得波若成解脫不由他教故名自度成也自思惟得不由他故自度即波若波若能免此至彼故稱為度至之時則名解脫解脫即名成因名為度果名為成此度成由自思得故名自度成也後七度成義無異也但別名不同耳二善度成者由自由他故得波若成解脫也此人神根小劣薄由他教自義多而能得度脫故稱善度成也三全度成者一向由他教得故稱為全神根復劣也四喜度成者此

人為內苦所逼謂頭痛等詣師求治得暫脫內苦此為一喜思惟此脫非是永脫知獨存時乃是永脫故詣僧佉師學波若求成解脫得復歡喜從此兩喜為名名喜度成也五重喜度成者此人為內外兩苦所逼詣師請治二苦二苦既暫息即是兩喜知此非永脫故求師學度成得故歡喜愛重喜名六滿喜者此人具為三苦所逼一內苦頭痛等二外苦刀杖等三天苦風雨寒熱等詣師請治治之既差稱為遍喜知非永脫就師修學故得度成從此為名名遍喜度成也七愛度成者為師憐愛教彼度成從師受此名也八遍愛成者此人為一切所憎而得財布施遂為一切所愛一切並欲使其得脫故名遍愛度成也是根壞无能有十一智害无能有十七合二十八无能就五疑九喜八成合五十已說竟也前三成就鉤者五疑二十八无能及九喜是後八喜成就家之鉤也八種應得成解脫而由三故不得如醉象應自在由鉤故不得自

在隨意八成亦如是必由真實智故得八成為三所鉤故不得實智必須捨前三勤修後八種外曰下次問先牒前義後問先後諸有所熏習體相故輪轉生死者上来已說也諸有即是八有謂四法四非法四法者一法二智三離欲四自在翻此四法即四非法也八名為有前四法所熏習能令得天道後四非法所熏習能令得人獸二道也所熏是體相體相有二種自性覺慢五唯名微細體相從五唯所生與十一根相應起者名麁體相是八種有及所熏習二體相誰為先生八有在先二體在先耶荅二解釋明八有與體相无有先後必相應俱生如火與熱不得相離如牛兩角必也俱起八有與體相亦介有自性覺慢五唯細體相時必有八有中四種若非四法即有四法非法決不得相離是父母所生麁身亦如是體相亦如是與八有決不得相離也四有第三生名舍識生如偈所說

天道有八分　獸道有五分　人道唯一生

略名舍識生

天道有八分者一梵王生二世主生三天帝生四乹闥婆生五阿修羅生六夜叉生七羅刹生八沙神生獸道有五分者一由足生二飛行生三胷行生四傍形生五不行生人道唯一生者人道唯一類故說舍識有三種謂天獸人三及相有為三外曰三世間中何物得何處增多以偈荅曰

向上喜樂多　根生多癡闇　中生多憂苦
梵初柱為後

向上喜樂多者梵生處等喜樂最為多此亦有憂闇為喜樂伏逼故梵等諸天多受歡樂根生多癡暗者謂獸翅乃至柱等不行生此中暗癡為多此亦有憂樂為暗癡伏逼故獸等多暗癡根生者三生其最下故說根中生多憂苦者人生中憂苦為多亦有喜暗癡以憂多故伏逼喜闇故人中多憂苦人道名中者三道居中故最後生者去何說名柱謂草木山石等三世間由此荷持故說名柱如是相生有生及舍識生已具說此三生是

自性所作故自性事已滿謂生世間及得解脫外曰三世間中人天及狩誰受苦樂為自性受為覺慢五唯乃至十一根等受為是人我受以偈荅曰

此中老死苦　唯智人能受　體相未離時
故略說是苦

此中老死苦唯智人能受者三世間中有苦是老所作皮皺髮白脫落氣味扶杖親友所輕如是等苦並由老故死苦者有人得八自在或得五微塵或得麁塵是人臨死為閻羅所錄此中受苦名為死苦復有中間時三苦智人能受此三苦自性及麁身無智故不能受故說人苦非自性等苦外曰幾時人受此苦荅曰體相未離時故略說是苦大等相及細身若未相離是麁身於世間中輪轉未相離如是時中人我受苦若細麁相離時人我即解脫若解脫時如是等苦畢竟不受若未離細麁相則不得解脫苦故略說細相麁相名為苦外曰自性事唯此為更有耶以偈荅曰

自性事如此　覺等及五大　為脫三處人

為他如自事

自性事如此覺等及五大者此偈說何義謂七十偈義其相已成滿云何如此自性兩種事已顯現故一者次第起生死令我與三世間塵相應得次第起初起覺從覺起慢從慢起五唯從五唯起十一根及五大此二十三事身覺為初以五大為後二者為脫三處人為他如自事者為解脫天道中人我及人獸道中人我次第作八成令見自性我中間此兩但為他不為自辟如有人作朋友事不作自事如是自性但作他事无自為事外曰汝說自性作人我事已則得離我此自性无知唯人我有知云何作意令他與塵相應輪轉三世間後令得解脫若有是意非謂无知答曰已見無知如物有合有離如偈說言

為增長犢子　无知轉為乳　為解脫人我
无知性亦尒

為增長犢子无知轉為乳者如世間中无知水草牛所噉食應長養犢子如作如此計於一年內能轉作乳犢

子既長能噉草已牛復食水草則不變為乳為解脫人我无知性亦尒者如是无知自性為我作事令得解脫或合或離離竟不更合復次偈言

為離不安定　如世間作事　為令我解脫
不了事亦尒

為離不安定如世間作事者如世間人心不安定往還彼此為離不安定故為令我解脫不了事亦尒者自性由我故如有不安定為我應作事一取聲等塵二取三德我中間除不安定已寂後得相離不了者是自性別名已過根故故亦稱為冥云何知有如前說有五因緣知自性是有如前偈說別類有量故同性能生故因果差別故遍相无別故以如此道理故知自性是有復次偈言

如伎出舞堂　現他還更隱　令我顯自身
自性離亦尒

如伎出舞堂現他還更隱者如一伎兒作歌舞等樂現身示觀者彼人見我已我事已究竟還隱於障中自性亦如是或約覺現身或約慢現身或

約五唯五根五作五大等現身或約喜憂闇癡三德及三世間等現身現身已然後則遠離不復受三熱故說令我顯自身自性離亦尒外曰自性顯自性身有幾種方便以偈答曰

以種種方便　作恩於無恩　有德於无德
為他事無用

以種種方便作恩於无恩者聲觸色味香等塵能顯現於我義說顯是事我汝更乎異我受性恩已無一恩酬性有德於無德為他事無用者自性有三德謂喜憂暗癡我則无此德猶如有人利親益友不望彼恩如是自性從初為我作隨意事乃至解脫我无一時報彼恩事故說為他事无用外曰我正遍見自性已然後得解脫為髣髴見耶以偈答曰

太極濡自性　我計更无物　我今已被見
因此藏不見

太極濡自性我計更无物者如世間中見一人有女大勝德復次見第二女其德寂勝即作計言是女寂勝无更及者自性亦如是二十四義中无有

一物如其柔軟云何知如此不能忍受他見故外曰是義不然人我獨在不由見自性故如執自在因師說

我癡无自性　自安樂苦中　自在天使去
天上及地獄

因此執故若我見自性自性不得離故自性柔軟不得成復次執自然因師說見自性得解脫是義不然解脫自然得故如前偈說

能令鵝白色　作鸚鵡青色　是因能生我
造孔雀斑色

如是一切世間自然為因是故自然解脫不由自性復有師說若見自性得解脫是事不然由人我解脫故如偈中說

四皮陁歌讚　已有當有人　死活等自在
行遍不重行

是故解脫不由見自性荅曰汝言自在天為因是義不然云何如此以无德故自在天无有三德世間有三德因果不相似是故自在不為因唯有自性有三德世間有三德故知自性能為因是故人我亦不為因无有三德故

自然為世間因是義不然非證比量境界故證量者見先作因然後得果以知者由此證見比度去来亦知如此若汝說由聖言故是故得知是義不然顛倒說故是故不成聖外曰又有諸說謂時節為因如偈所言

時節熟衆生　及滅滅衆生　世眠時節覺
誰能欺時節

一切諸事皆由時節是故不閑見自性得解脫荅曰時節因不然三攝中無故自性變異我攝諸法皆盡離三无別法此中時節不被攝故知時節無此變異體說名時節過去變異名過去時現在未来亦復如是故知時節者是變異别名以是義故自性為正因若人得如此正智是時即得正遍見自性自性即隱離以自性離故故我得解脫故說太極軟自性我計更无物外曰自性若被見云何得離荅曰我今已被見因此蔵不現辟如貴家女其性寂為善有人卒来見是女即著隱自性亦如是若我正遍見即離便蔵隱唯我獨自存外曰世

間及聰明同說此言人縛人解人輪轉生死此言實不實荅曰此言不實云何知如偈所說

人无縛無脫　无輪轉生死　輪轉及繫縛
解脫唯自性

人无縛無脫者人我不被縛云何如此無三德故以遍滿故无變異故无有事故繫縛者由有三德人我无三德故無自性縛以遍滿者縛義有彼此在此不出彼是故名為縛人我無彼此是故无有縛无變異者從覺乃至大此變異屬自性不屬我是故人我無變異縛無有事者我非作者故故不能作事施等諸事皆屬自性故我非施縛若非被縛是故非被脫義得自然脫无輪轉生死者遍滿一切處云何得輪轉行所未曾至是乃名輪轉我无處不遍故无輪轉義若人不知此實義得說我被縛及輪轉外曰若尒誰被縛及輪轉荅曰輪轉及繫縛解脫唯自性自性由自性變異及施等能自縛身是五唯細身與十三具相應為三縛所繫輪轉三世

間生若得正遍智生能解三縛捨離輪轉則便解脫故說三世間依性能造作事若汝說人被縛世間解脫生死是義不然復次偈言

如是真實義　數習无餘故　无我及我所
无倒淨獨智

如是真實義者如前已說二十五義數習无餘故者於六行中數數修習故无餘者修習究竟故智慧得生因此智慧无執我執我所執此三執及五疑並得滅盡一切事及身皆自性所作非无非我非我所悉屬自性故因此修智慧得生清淨獨存因此智我得解脫外曰我由此智何所作以偈荅曰

由智不更生　我意竟捨事　人我見自性
如靜住觀舞

由智不更生者由此實智故自性不更生覺慢五唯等如偈所言

如穀有水土　无糠不生芽　智力制伏故
性不生亦尒

我意竟捨事者為我作二種事已究竟一者受用塵二見自性我中間故

自性離一切事如我見自性如靜住觀舞者如觀伎人安坐直住我亦如是種種事中觀此自性我終不動如作是計是其一縛一切人後時亦能解脫一切人外曰智於自性我中何所作以偈荅曰

我見已捨住　我被見離藏　自性我雖合
无用故不生

我見已捨住者如世間人見諸伎女種種歌舞作是計去我已見足直捨心住伎女念去我事已被見即隱離是處人我亦如是見自性已直捨而住自性亦如是既被見已即捨離住外曰人我者遍滿自性亦遍滿是二和合恒有不可離從此和合云何不更生身荅曰自性我雖合无用故不生汝說我與自性遍滿故恒合義實如是若如此云何不更生生用无有故生用有二種初令我與塵相應後令我見自性差別此兩用見究竟故不復更生外曰若如此是用則不定和合為因故荅曰正遍知力故由此智我見自性熟厭離已見雖復和合亦

不得生譬如出債主與負債人先為債相應既還債已雖復和合不更相關我與自性亦如是外曰若由智故得解脫汝亦有智我亦有智云何二人不俱解脫以偈荅曰

由正遍知故　法等不成因　輪轉已直住
如輪身被成

由正遍知故法等不成因者正者如實知二十五義遍知者二十五義不多不少由此智力一法二非法三非智四離欲五非離欲六自在七不自在此七被燒壞故不能作因譬如種子既被火燒不復生芽如是七種為智慧得故不成因如是之人去來輪轉故昔時由此法等宿世因得輪轉七處今為智慧故此因不能生依因譬如繖無影亦隨无如是宿因無故是身亦无如是智人宿世速行因息故直住如輪被制外曰若人得智慧何時得解脫以偈荅曰

捨身時事顯　自性遠離時　決定及畢竟
二獨存得成

捨身時者先所作法非法滅時正捨

此身時內身有地大還外地相應乃
至內空亦還空大五根還五唯乃至
心根亦還五唯事顯自性遠離時者
一切起生死事及解脫事已滿足故
是故自性遠離我是時中決定及
畢竟二獨存得成決定獨存者由實
知故離醫方及諸道異執畢竟者離
四皮陁果及不由智離欲果是獨存
者決定无二畢竟者无復邊際此二
獨存二時中獨存外曰此正遍智何
用以偈荅曰

是智為我用 秘密大仙說 世間生住滅
此中得思量

是智為我用者是智者二十五義正
遍知為我用者獨存解脫秘密大仙
說者秘密者諸邪說義之所隱覆
不能得顯離正師不可得故秘密
應施五德婆羅門不施餘人故名
秘密五德者一生地好二姓族好
三行好四有能五欲得具此智慧
乃堪施法餘則不與故稱秘密大
仙說者迦毗羅仙人如次第所說外
曰此智中何所思量荅曰世間生住

滅此中得思量世間初梵及後住此
中生住滅生者從自性生覺乃至生
五大住者由細身諸有所薰習輪轉
三世間中滅者由八成永得獨存此
三義智中顯現故離三无餘義故故
究竟智外曰此智從何而得以偈荅曰

是智勝吉祥 牟尼依悲說 先為阿脩利
次與般尸訶

是智勝吉祥者此智昔四皮陁未出
時初得成就由此智四皮陁及諸道
後得成故故說一切最勝三種苦及
二十四本苦并三縛由此智故我得
遠離獨存解脫故說此智最吉祥牟
尼依悲說者誰初得此智謂迦毗羅
大仙人如前說迦毗羅仙人初出
有四德一法二智三離欲四自在
得此智已依大悲說護持此智為
欲度他由慈悲故先為阿脩利說
是阿脩利仙人次為般尸訶說是
般尸訶廣說此論有六十千偈迦毗
羅仙人為阿脩利略說如此最初唯
闇生此暗中有智田智田即是人有
人未有智故稱為田次迴轉變異此
第一轉生乃至解脫阿脩利仙人為

般尸訶略說亦如是是般尸訶廣說
此智有六十千偈次第乃至婆羅門
姓拘式名自在黑抄集出七十偈故說
偈言．

弟子次第来 傳受大師智 自在黑略說
已知實義本

弟子次第来傳受大師智者是智者
從迦毗羅来至阿脩利阿脩利傳與
般尸訶般尸訶傳與褐伽褐伽傳與
優樓佉優樓佉與跋婆利跋婆利自
在黑如是次第自在黑得此智見大
論難可受持故略抄七十偈如前說三
苦所逼故欲知滅苦因等故說自在黑
略說已知實義本此中有聰明人說
偈言

此七十偈論 攝六万義盡 此中說緣生
乃至五十義

彼義者不出此義如前偈說

生因覺為體 疑无能成喜 思量德不平
覺生五十分

復有十義如偈所說

有一意用義 五義已獨存 會離人我多
身住是十義

有義者因中有果義一義者自性一隨多人用迴轉意用者令我與諸塵相應後令見中間五義者有五道理立自性有五道理立人我如前說獨存者由正遍知定極獨存和合及離者遍滿故和合事顯故相離人我多者生死不同故此義如前說身住者由細身乃至未生智此十義與五十義合是六万偈所說是故七十論與六万義等外曰大論與七十有何異答曰昔時聖傳及破他執彼有此無是異義如是論義已究竟

金七十論卷下

乙巳歲高麗國大藏都監奉
勅雕造

金七十論卷下　第二十五張

金七十論卷下
校勘記

一　底本，麗藏本。

一　三六二頁上一行經名下，諸本有「外道迦毗羅仙人說」。

一　三六二頁上二一行第二字「雖」，諸本作「誰」。

一　三六二頁中一一行「受便」，諸本作「更」。

一　三六二頁中一六行第七字及本頁下七行第五字「得」，諸本無。

一　三六二頁下一五行「是人」，諸本作「是第七人」。

一　三六二頁下一七行「得已」，諸本作「能得已得」。

一　三六二頁下一九行「見此根」。資、清作「見此善根」；磧、普、南、徑作「是此善根」。

一　三六三頁上四行第七字「刧」，諸本作「刧賊」。

一　三六三頁上一〇行「深淺」，諸本作「搖淺」。

一　三六三頁中二行末字「失」，諸本無。

一　三六三頁下一行「苦三」，諸本作「三苦」。

一　三六三頁下三行第二字「病」，諸本作「痛」。

一　三六三頁下八行第四字「木」，諸本作「山木」。

一　三六三頁下二〇行第八字「往」，諸本無。

一　三六四頁上八行及本頁中二二行「全度」，諸本作「令度」。

一　三六四頁上一一行「非度」，諸本作「非自度」。

一　三六四頁上一七行首字「實」，諸本無。

一　三六四頁中六行第三字「細」，諸本無。

一　三六四頁中一一行第一一字「曰」，諸本無。

一　三六四頁中一五行第一二字「度」，

諸本作「度度」。

一　三六四頁中一七行第一二字「故」，諸本無。

一　三六四頁下二一行第一一字「喜」，諸本無。

一　三六五頁上三行「下次」，諸本作「修下次」。

一　三六五頁上八行第九字「法」，諸本作「有」。

一　三六五頁上一四行第四字「二」，諸本作「二種」。

一　三六五頁上一九行第七字「法」，諸本無。

一　三六五頁上二一行第九字「也」，諸本無。

一　三六五頁上二二行第七字「所」，諸本無。

一　三六五頁中五行「由足」，諸本作「四足」。

一　三六五頁中一〇行「喜樂多」，諸本作「多喜樂」。

一　三六五頁中一三行第五字「憂」，諸本作「癡」。

一　三六五頁中一四行第五字「歡」，諸本作「欲」。

一　三六五頁中一七行末字至次行首字「中生」，諸本作「生中生生」。

一　三六五頁中一八行「生中」，諸本作「中生」。

一　三六五頁中二〇行第一三字「故」，諸本作「故居」。

一　三六五頁中二二行第六字「荷」，諸本作「所」。

一　三六五頁下一行第四字「作」，諸本作「依」。

一　三六五頁下九行首字「唻」，諸本作「啾」。

一　三六五頁下二一行第一〇字「爲」，諸本無。

一　三六六頁上六行「從覺起」，諸本無。

一　三六六頁上七行「二十三」，諸本作「二十二」。

一　三六六頁中一三行「故故」，諸本作「故」。三六九頁中一一行同。

一　三六六頁中二二行第三字「我」，諸本無。同行第一三字「自」，諸本無。

一　三六六頁下二行第三字「闇」，諸本無。

一　三六六頁下一一行「爲他」，諸本作「性作」。

一　三六七頁中二行末字「以」，諸本作「比」。

一　三六七頁中四行首字「若」，諸本無。

一　三六七頁中五行第五字「故」，諸本無。

一　三六七頁下一行第九字「人」，諸本無。

一　三六七頁下二〇行「被縛及」，諸本作「縛」。

一　三六八頁上一二行「非无」，諸本無。

一　三六八頁中四行「其一」，磧、普、南、徑、清作「具」。

一　三六八頁中六行首字「所」，諸本無。

一　三六八頁中一三行第一〇字「已」，諸本無。

一　三六八頁下一行第七字「債」，諸本作「債債」。

一　三六八頁下七行末字「成」，諸本作「制」。

一　三六八頁下一一行「不自」，諸本作「非自」。

一　三六八頁下一八行「速行」，諸本作「造行」。

一　三六八頁下末行第一一字「滅」，諸本作「非滅」。

一　三六九頁上五行末字「及」，諸本作「乃」。

一　三六九頁上二〇行第三字「好」，諸本無。

一　三六九頁中一九行至次行「般尸訶說是般尸訶」，諸本作「般遮尸又爲頻闍訶說是般遮尸及頻闍訶」。

一　三六九頁下一〇行第七字「與」，諸本作「傳與」。同行末字「自」，諸本作「傳與自」。

一　三六九頁下二一行末字「說」，諸本作「言」。

一　三七〇頁上一行末字「一」，諸本作「一人」。

一　三七〇頁上九行「六万」，磧、普、南、徑、清作「六十萬」。一〇行諸本同。

無明羅刹集卷上 或為一卷或為二卷今此三卷　畫

失譯人名附秦錄

十二緣者生死之本一切衆生之所窟宅天魔波旬所居境界若有智慧能觀因緣種種過患永斷生死過魔界者天魔尒時生大憂惱因緣大海深廣无際智者入中辟如商主觀察性相能解了已即便獲得一切種智無上珎寶於諸呪中㝡良㝡妙諸佛世尊於无量刧脩六波羅蜜集諸善行斷衆結使與陰魔死魔煩惱魔作堅搘竟永斷生死超出三界成就十力四无所畏於一切法得無㝵智為一切衆生作大明證證寂滅者為三界衆生真善親友能轉法輪吹大法蠡擊大法鼓燃大法燈施大法橋汎大法船舉大法帆高聲唱言令度彼岸者究盡弘揩摧伏一切諸外道衆度脫一切諸有緣者使諸人天皆生信解如是大人於諸餘法皆不生於未曾有心於因緣法乃起甚深希有之想唯佛如來乃能究盡解甚深義其餘

智人所不能了正使大仙黄頭之等恃己智慧生大憍慢猶為無明之所障瞖以有漏智造諸經論亦不能免邪見倒惑雖復草衣斷食空閑獨靜百千苦行終不能於生死之中得少解脫一切衆生為无明覆故生於貪貪因緣故入於大海惡風迴覆遠涉曠野懸嶮之路置死戰場手相殘害具受種種无量苦惱若能深解十二緣者見是因緣於此三界五道之中造諸業行受種種形辟如世間善作樂者能使八音宮商和諧聲律相應同時俱作又如巧畫善布衆彩殊形異像森然顯著十二因緣亦復如是能善和諧造作業果轉輪生死無有窮已如緊鄉垂有三時變初作土色中作赤色後作黑色十二因緣亦復如是能變衆生作老病死三有五趣四大毒虵五陰惡賊六入空聚又能變作轉輪聖王釋梵四天及以小王受諸快樂或作人身貴賤貧富愚智壽夭或作地獄餓鬼畜生之形備受苦毒不可稱數世尊於此无師獨覺以智慧

藥錍抉開驕陳如等无明眼瞙以大法雨滅優樓迦葉等煩惱熾火以智因緣㝡上智藥治舍利弗大目連等結使之病以此智鉤鉤摩訶迦葉入佛正道以法梯橙令大石婆羅門趣解脫堂以此智斧斫尊者摩訶迦旃延阿㕼樓大富樓那摩訶拘絺羅難陁孫陁羅難陁諸羅漢等有身之樹以此真智能除梵王生一切智想以此智力能令天帝求為弟子以此法財分與頻婆娑羅王將從八万四千人悉令充足而无損減以此正智使白淨王作法王子以此大智救拔極惡殃掘魔羅阿鼻之苦能迴婆羅門居士向於正道能作如是大莊嚴事使淺智女人入深覺意以如是力能摧伏長爪梵志能壞薩遮尼揵勇猛之力能使菴木吒婆羅門生大恐怖能止息尸羅匐婆羅門大智之想以此甘露嬰愚之人飲服之者皆成大智以此呪力使四大毒虵所不能螫陰拔刀賊不能隨逐以此法眼見六入空聚以此法軍破五蓋怨能護智首不

畏五欲以此智舡度於結使波浪大
海到涅槃岸以此智慧度大灰河不
令燒煑內外諸入能使苦受悪剌刺
而不入能於无明大黑暗中而不迷
沒若有衆生能觀察者為作照明能
安立衆生戒之平地得於念處以為
止息涉正勤路上如意堂登五根樓
入五力室襲七覺香飲八正水坐於
有餘涅槃之牀觸於四禪無漏涼風
能如此者即是衆生真善知識不毁
淨戒能修禪定增長覺慧能壞悪趣
得解脫道觀四諦方焚諸見草破身
見石摧滅戒取大阿脩羅明見於魔
五欲之擬度於曠野嶮悪之路入涅
槃城絶貪欲網破於嫉妬毗舍遮鬼浼
除慳貪吐出我慢下我我所拔三毒
根滅諸結使止生死輪斷愛身索壞
因緣鐔能摧三有茂盛大樹永離胞
胎度老病死憂悲苦惱大苦之海
欲知因緣　體性幽微　若以少智
說其實相　如人以頭　欲壞石山
是寂大網　弥綸三界　此是邪林
迷惑行者　此是悪羂　羂凡夫鹿

入此羂者　善法消滅　摩㝠陁羅
毒箭所射　此是智攢　攢因緣海
誰攢緣海　釋迦牟尼　成就大智
涅槃甘露
此十二緣唯佛能見能除已惑及以
化他如昔所聞折吒王在耆禪耶城
精勤修施好行忍辱恭敬宿長勇猛
大力兵衆強盛威伏四海明於治斷綏
撫黎庶如母卜念犢後於異時耆禪
耶城疾疫大行死者過半城中人民
逐致希少雖復呪藥欲禳災患如蘇
注火倍增熾劇死亡者衆路少人跡
狐狼野干滿於里巷亦入人舍鵰鷲
羣飛翳障日月擧城悲號涕泣盈路
積屍城中猶如塚墓時折吒王見國
人民死喪者衆心懷憂惱如入戰陣
為怨所擒愁悴憂怖發憤忘死於夜
靜時獨設方計立志確然思趣疫病
鬼以阿伽陁藥遍塗身體呪索結身
著如意寶鎧手捉利劒單己獨歩即
從殿下出于宮門往到城中四衢道
頭神寺塔廟遍觀井中及橋樑下處
處林樹及市肆閒見有諸鬼色貌不

同言音各異殘害凶悪殺害無度死
人屍骸羅列其前髑髏為器盛人血
髓手探腸肚糞血沾汙或以人腸交
絡身體諍食死人鬪諍牽掣如是悪
鬼魑魅魍魎充滿城中王見是已如金
翅鳥欲取龍時即入鬼中咀叱鬼言
何以故是以偈問曰
何故以人腸　交絡汝身體　手捉髑髏器
盛滿血髓腦　生為悪疫病　常斷人命根
敢食人血肉　用自充飽足
諸鬼即時以偈答曰
我是夜行鬼　法食人髓肉　肪膏及五藏
盡皆所甘嗜　汝民令災患　實是我所作
王復問言如是災患實汝作也羅刹
答言是我所作王復語鬼汝今何不
速捨此事諸鬼答言我不能捨所以
者何
剌法頭尖　火體性熱　羅刹之性
法食人肉
王語鬼言汝今云何不欲捨耶汝不
見我刀色如青雲亦如優鉢華亦如
毒虵大瞋恚時以我臂力捉此利劒
足能令汝捨此悪事羅刹答言人帝

汝得自在設以利刀切割我身猶如
胡麻雖能如是災患之大猶不可滅
王言云何不滅羅刹即時指南大樹
而荅王言今彼樹下有大羅刹面有
三眼顧盻揮霍狀貌凶醜手摩目視
能為灾厲死亡疾病皆由彼作令諸
衆生死莣都盡汝大丈夫可先降彼
彼若伏者我等隨順王聞此語疾走
往趣叱言汝名字誰羅刹荅言我名
乗腹隨欲現形以我之力使汝人民
悉被灾患王聞是已便自唱言我今
得息羅刹問曰云何言息王言我久
思惟誰苦世間今始得汝便為不復
疲苦也羅刹問言汝今欲作何等王
言我此利劒未曾甞血今為國人必
以此刀當飲汝血如飲甘露羅刹言
徒為此事不能解汝疲勞之果王問
言云何不解疲勞之果羅刹荅言汝
今且觀南三門裏有羅刹名曰大鼓
須勇健力乃可降伏我今住此不棄
汝走先可降彼王聞其言於大閣中
奮劒直進即到南門見大鼓羅刹高
視却偃翹脚而坐身有三頭著于甲

冑捉三歧戟其色青黑甚可怖畏王
即念言彼鬼今日作惡已竟自得閑
樂唯我慘悴以我威武能使諸王頂
戴我足為此羅刹之所嫯惱羅刹見
王威德嚴厲驚惶而起叉手合掌舉
著頂上而作是言善来大王威德尊
重如似帝釋悲救世人来至我所王
言羅刹汝為我民作大衰患詐稱讚
我所作極惡羅刹言王若信我語者
聽我所說世間災患及非災患非我
所作令城外有鬼名摩訶舍涅於夜
行中寂為自在四頭四面有大威力
是我之主若能伏彼得大名稱王聞
此語疾走出城見彼羅刹以髑髏為
鬘繫四頭上以大象濕皮而作衣服
復以蟒虵縈繫其腰種種毒虵以為
瓔珞鋸牙雙出用懸人腹其身洪壯
以血塗之手足支節如赤栴檀復以
髑髏盛滿血膿安置于前呼吸啜噉
以為飽足手捉利戟燒死人屍王覩
是巳儀容嚴肅雄心振動辟如暴風
吹鼓大樹如兩師子共相見時即奮威
猛譀譪而言叱夜行主欺我何甚綖

放毒惡傷害我民呪藥醫療如蘇注
火汝於今者死時到矣羅刹荅言地
主且莫速忿聽我且說為災患者先
問我過然後加罪百姓灾患非我所
作而我微弱不得自在為他使役於
此前路有婦女鬼為彼驅策制不由
己王復問言彼婦女者狀貌云何荅
言極惡外詐善軟心懷毒虐須臾變
惑若干色像須降伏彼我當隨從王
即思惟此不自在但當求彼時羅刹
女捨己身相而化作王所重夫人在王
後行語於王言我常為王寂所愛重
何以棄我夜行至此更愛誰耶王於
尒時卒聞其言未體真偽迴首顧瞻
尋知是鬼王語其言大德且住汝敢
一城人民都盡而於今者欲食我耶
辟如暴河力能漂没唯不能浮大石
重山王捉其手而語之言捨汝幻惑復
汝本形汝作大惡今我報汝非枉横
也羅刹即時合掌作礼而言我今誠
心歸命於王王時即更聞有異聲顧
望四方羅刹問言何以顧望王復問
言是何妙聲羅刹荅言我過欲導發

此歌音聲彈琴聲者是我根本一切
災患彼女所為坐彼女人使我住此
王時即便知此羅刹為他所使復捉
歌女而問之言汝名為誰羅刹荅言
我名三垂鬘復作是言我更有王名
曰四牙王聞此語即捨歌女求彼四
牙羅刹即擒獲之時此四牙語於王
言亦非我過去此不遠有六羅刹一
名雲盧二名山岳三名麁腹四者金
剛主五者見毒六名擲羂此六羅刹
童子是我之主王聞此語往趣其所
即復捉得彼六羅刹羅刹復言我亦
為他使王即問言誰使於汝六羅刹
言有二羅刹一名牛耳二名手戟能
使於我王即推得復語王言我不自
在我更有主問言是誰羅刹荅言名
速疾金翅鳥即時復捉彼金翅鳥金
翅鳥言有三男子是我之主一名極
惡二名火鬘三名栴檀王即思惟我
今求鬼欲滅災患而此諸鬼展轉相
示曠路長遠雖復長遠若不推得其
根本者終不休息王復前進見三羅
刹彼羅刹等遥見王来即便避走王

即言住我此利劒未曾施用我為擁
護國民跋涉遠路故来至此汝等云
何逐捨我走羅刹聞王安慰之言尋
便迴還合掌而言離此不遠有浪藉
塜諸惡禽獸樔穴彼中狐狼野干豺
狸羆虎鵰鷲鵄梟手相搏食出大惡
聲交横充滿王復問言彼有何物荅
言彼有羅刹形貌麁大癰瘇肥脹笑
渴皴剥色若黑雲摇動兩目光如掣
電利牙重出銜脣瞋怒種種鬼神以
為眷屬諸惡鬼神无不率從世閒非
法皆是彼作兇黨熾盛寂難調伏若
能降伏大力鬼者王之威徳流聞天
下我等亦當屈折隨順王聞此語勇
猛奮發不能自制如海濤波即到彼
所塵霧晦瞑猛風絶炎吹死人叚障
蔽昏闇都无所見見彼羅刹形容狀
貌如向所說繞其左右臭穢盈積處
處皆有髑髏之積鬘爪之聚積如山
岳弊壊故衣散壊在地坑甕破凡無
可行處或見膖脹疽虫爛壊惡聲怪
戰遍滿其中如刀兵刧甚可怖畏復
有諸鬼皆食肉血以自肥飽都是兇

險殘害之衆明如電光頭上大然鼻
大疱凸雙牙鋒出其耳如箕形狀醜
惡說不可盡虎狼之皮以為衣服髑
髏盛脂置于右手寫者火中王見是
已即便憂愁唱言咄哉云何自恃己
力暴惡乃尒我不摧滅不得自立若
以呪藥之力鬼皆走散我今應當疾
走直前以其左手捉羅刹鬘我為國
民除災患故必當滅此羅刹之主作
是語已遍觀四方即時騰踊如師子
吼上歸諸天四方神祇國中災患毒
樹之本我當拔去即頓其鬘羅刹自
恃力嘰嘰笑言誰於暴河乃欲截流
誰入虎口欲數其齒而故来觸猛惡
毒虵一切世閒雄猛丈夫數千億万
我皆摧滅云何敢尒頓掣我鬘且置
勿言而一切世間大力雄猛都無有能
與我敵者唯除折吒是誰小竪敢捉
我鬘王聞稱已即時喜勇而語鬼言
善哉賢士言折吒者即我身是鬼聞
是語驚喜而言聽我悔過願王垂愍
莫加瞋忿自今已後一切灾患為王
除去作是語已忽然不現王威力故

鬼神退散國中人民倍復熾盛無諸
災患同於諸天

无明羅剎經卷上 第十三張 盡字号

无明羅剎經卷上

乙巳歲高麗國大藏都監奉
勅雕造

无明羅剎集卷上 第十三張 盡

無明羅剎集卷上

校勘記

一 底本，麗藏本。金藏廣勝寺本原版大部殘缺，今用其中可用者一版(三七六頁下)。

一 三七三頁上一行經名、卷次及夾註，資作「佛説無明羅剎經」並夾註「撮録云二卷今此卷合二」；磧、普、南作「無明羅剎經」並夾註「撮録云二卷今此卷合二」；徑、清作「無明羅剎經」。

一 三七三頁上二行「失譯……録」，資、磧、普、南作「失譯今附秦録」；徑、清作「失譯人名今附秦録」。

一 三七三頁上三行「十二緣」，諸本(不含石，以下各卷同)作「十二因緣」。

一 三七三頁上一四行「大明證」，諸本作「大明燈」。

一 三七三頁中一行「智人」，諸本作「智者」。

一 三七三頁中七行「迴覆」，諸本作「洄澓」。

一 三七三頁中八行第七字「置」，磧、普、南、徑、清作「罥」。同行第一〇字「塲」，南、徑、清作「傷」。

一 三七三頁中九行及次頁中五行「十二緣」，諸本作「十二因緣」。

一 三七三頁中一二行「和諧」，資作「和調」。

一 三七三頁中一五行「轉輪生死無有」，諸本作「輪轉生〻亦無」。

一 三七三頁中一九行第六字「惡」，諸本作「怨」。

一 三七三頁下一行「鉀抶開驕」，諸本作「鎧初抶憍」。

一 三七三頁下二行第一三字「智」，磧、普、南、徑、清作「知」。

一 三七三頁下五行第六字「橙」，磧、普、南、徑、清作「隥」。同行第九字「石」，諸本作「名」。

一 三七三頁下六行第七字「斫」，資、磧、普作「破」。

一三七三頁下一八行「菴木」，諸本作「奄末」。

一三七四頁上三行第七字「入」，南、經、清作「人」。

一三七四頁上九行第六字「牀」，諸本作「林」。

一三七四頁中一三行首字「狝」，諸本作「犲」。三七六頁中五行第一〇字同。

一三七四頁中一八行「趂疫病」，諸本作「殄疫」。

一三七四頁中一九行「結身」，諸本作「繫身」。

一三七四頁下五行第二字「魑」，諸本作「魅」。

一三七四頁下六行「咀叱」，南、經、清作「咄叱」。

一三七五頁上五行第五字「揮」，諸本作「暉」。

一三七五頁上一〇行首字「乘」，諸本作「垂」。

一三七五頁中一行第四字「歧」，資作「奇」。

一三七五頁中四行第一〇字「欽」，諸本作「陵」。

一三七五頁中一七行「人腹」，諸本作「人腸」。

一三七五頁中一九行「吁吸」，諸本作「呼吸」。

一三七五頁中二〇行第九字「燒」，諸本作「繞」。

一三七五頁中二一行「儀容」，諸本作「威容」。

一三七五頁中二二行「即奮」，諸本作「即時騰奮」。

一三七五頁中末行「譈講」，諸本作「喊喊」。

一三七五頁下三行第八字「且」，諸本作「具」。

一三七五頁下八行「毒虐」，諸本作「暴虐」。

一三七五頁下九行首字「惑」，南、經、清作「成」。

一三七五頁下一九行第一〇字「報」，磧、普、南、經、清作「執」。

一三七五頁下末行「我過」，諸本作「我適」。

一三七六頁上五行「王名」，諸本作「主名」。

一三七六頁上九行第一三字及一〇行第四字「者」，磧、普、南、經、清作「名」。

一三七六頁上一七行首字「速」，資作「逺」。

一三七六頁中五行末字「犲」，諸本作「狝」。

一三七六頁中八行「癰踵」，資作「擁腫」；磧、普、南、經、清作「癰腫」。同行末字「笑」，諸本作「艾」。

一三七六頁中九行「兩目」，諸本作「兩眼」。

一三七六頁中一三行第三字「伏」，諸本作「彼」。

一三七六頁中一六行「人段」，諸本作「人髮」。

一三七六頁中二二行首字「戰」，諸

本作「獸」。

一　三七六頁下一行第六字「明」，諸本作「眼」。

一　三七六頁下四行「火中」，資、磧、普、南、徑、清作「水中」。

一　三七六頁下八行第二字「直」，資、磧、普、南、徑、清作「其」。

一　三七六頁下一〇行第一二字「如」，資、磧、普、南、徑、清作「而」。

一　三七六頁下一二行「我當拔去」，資、磧、普、南、徑、清作「我今當拔」。

一　三七六頁下一三行「嚬嚬」，資、磧、普、南、徑、清作「嗤」。

一　三七七頁上末行經名，諸本無（未分卷）。

無明羅刹經卷中　書

失譯人名附秦録

復次以何義故說此譬喻不為綺語不為非時所以者何為欲增廣佛法甚深義故為欲顯示因緣理故作是種種衆多方喻言王城者喻於三有三有城中有生老病死憂悲苦惱愛別離苦求不得苦怨憎會苦毀罵惡名持戒破戒如是種種无量諸苦不可稱計煩惱災疫喪失善根菩薩悲愍猶如毋牛念於犢子而為衆生作真親友堅擔勇猛救濟一切善知生死結習因果善能曉了法以非法具足四攝成就一乘大心衆生觀察五道輪轉受苦常為四大毒虵五陰怨賊六入空聚愛詐親善愚癡五欲計我我所之所侵害是諸衆生煩惱所縛云何今者而不拔濟菩薩思惟如是事已從宮殿起即便出家被精進鎧四攝神呪而自擁護身念良藥以自塗體忍辱功德以為矛楯无量劫中所修智慧猶如利劒專心正念如

王大道坐道場時觀察一切世間苦原發大弘誓必拔其本　此苦原者逼切衆生為大苦惱衆患之首九十六種愚癡所弊不識生老病死過患之源菩薩尒時以正觀察見老病死無量苦患解是義已即問老言汝名為誰老即荅言我名為老菩薩問言汝何所老老荅言而我老者能老三界菩薩問言更何所作老荅言我无所作菩薩言汝為愛樂而作飢儉汝懷憶念猶如野象蹋芭蕉林盡皆摧碎汝是曠野懸遠嶮路能滅六根喜樂之樂能壞壯色如雹害花移徙威力能使消滅乾竭六情云何而言我無所作老荅言此事實尒菩薩言老者二字三界都聞不解其義老復言曰汝今真實究盡知我菩薩問曰彼第二者為是誰耶老荅言名之為死菩薩尒時即問死曰今汝名字何期麁惡死荅言不但名惡名下之事復甚麁惡一切世界人天阿脩羅夜叉鬼神我盡能殺如大羅刹能壞國土我亦如是能壞一切有生之命菩薩問

曰怪哉汝冣大悪無悲愍心汝所遊行无處不至下賤悪業無過於汝死荅言如是之事實是我體菩薩問曰汝體雖尒以我心力要斷於汝汝雖難伏以我精進要當伏汝如海波浪不能吹山汝亦如是豈能殺我死荅曰汝於今者雖作是意恐汝未必能制於我菩薩問曰汝今何故疑我不能死荅曰若有精進善巧方便乃能制我恐汝未必勇猛精進是故疑汝菩薩言汝且觀我於無量刧慈悲方便自以己命代諸衆生乃至重怨設以利劒支節解我我於彼所恒生慈心急難衆生設來投我寧捨身命為作救護如是方便足滅汝不死荅言何須廣說多作往返何足勤勤苦惱於我我當至誠語汝根本此根本者即是生也生者生一切世間無量苦惱四大毒虵五陰怨賊六情之器輪迴五道皆生所為此生始有生一切苦況復中後若受生者如我等苦不可稱計若捨生者則无過患一切過患由生而有辟如無薪火无所燒亦

如无樹斧无所斫亦如無杌椎何所破如无藕華霜何所敗以諭方之知生多患汝今誠心決定搚願欲斷死者必先斷生由此生故有老病死憂悲苦惱諸灾患等皆有勢力菩薩言我解是事若有山者金剛必壞若无山者金剛雖堅何所能壞凡有身者必有諸苦若无身者苦何所苦菩薩尒時即放老死而捉於生而問之曰汝名誰耶生荅言我有種種衆多名字而我名者名中冣勝号之為生菩薩問言何故名生生荅言汝自觀察菩薩尋自觀生而作是言然此生者出一切有從二字和合出於生義生荅言今汝智慧實非顛倒修理而解菩薩問曰而此生者生一切苦何故不名出一切苦乃名生耶生荅言我有此過實如汝言菩薩問曰汝不見我有堅搚願能斷汝耶我以悲愍為體能滅世間一切衆苦生荅言善哉善哉誠如所言我不自在從他而有令我依止諸有男子得是勢力能生一切生死之苦汝若不信何不自觀菩

薩思惟我今觀生定知是有而此三有即三大龍能雨暴雨注於生河入死海水有因緣河漂淪衆生没溺苦海菩薩尒時即便捨生而捉於有呵責有言我為一切衆生而作真濟秉智慧劒能斬怨敵汝今云何敢自放逸莊嚴生耶有即荅言四取鉤餌鉤牽於我著於有中四取强力捕諸嬰愚我當云何得不受有菩薩放有呵四取言汝若有樂可以與有汝但增長衆苦何以與有取荅言譬如虚空不能生樹有地水因緣而能生樹若无愛水何由而得生於有樹汝今不應但呵責我菩薩即捨四取捉於愛愛語菩薩言善來淨飯王子汝於无量刧中作諸功德集諸善行汝之威力過於帝釋大梵天王汝當留神受我小供菩薩問言汝以何供愛荅言於五根處所愛五欲樂是我供養菩薩問曰何以用此五根而請於我愛荅言我以色香味觸而請於汝菩薩言汝今乃以香美毒果請於我耶愛荅言云何言毒菩薩言此五欲者辟如以羊擲置火中又如盲人墮於深坑違離

解脫閉涅槃門有智之人乃至夢中尚離五欲況復覺時愛荅言諸天五欲可不勝耶菩薩言亦如幻夢有孫陁羅天女端正如日乗天宮殿音樂自恣福盡命終還墮地獄豈非欺誑愛荅言汝今若嫌欲界之事色界諸天豈非樂也彼界中安止禪定少於過患菩薩言彼色界中苦患之事我悉知之愛荅言汝今云何能觀察知菩薩言雖得禪定生於梵世福盡命終墮三悪道辟如燒炙還冷水灑衆生薄福輪迴受苦愛荅言如汝所解家上有頂汝心鄙賤同於芻草菩薩問言何名有頂愛荅言四无色界名之有頂菩薩問言四无色界有何體相愛荅言彼无色中所有諸天能定壽命八万大劫菩薩問言彼大劫盡更受何等愛荅言八万劫盡名之為終菩薩言嗚呼怪哉觀於欲界苦惱无量觀察色界體性心壞至四无色不免於死世界之中樂少苦多甚可哀愍愛荅言汝今若欲出我境界更復何處欲求於樂菩薩問言汝之境

界為在何處愛荅言一切有為是我境界菩薩言一切有為死得自在是汝境界我今超過有為境界死所不到永離死處无愛離別怨憎會處无生老病憂悲惱處五陰盡處五根滅處一切諸根無所用處一切智鑽出甘露處如此之處豈不名為出汝境界愛聞是已大笑而言毗輸蜜多羅婆吒如是等无量大仙皆有是語未見得者菩薩言彼雖欲求不知方便愛荅曰汝於今者有何方便菩薩言汝今當捨誑惑衆生諸大憍慢我今拔汝辟如大象拔於小草愛荅言善哉大心衆生我依於愛應先取受菩薩言我今諦觀一切有生咸皆怖畏苦之體相諸根馳動怖求於樂樂不自在由他而有樂是詐偽暫有之法凡愚之人雖數得樂情无猒足樂為放逸能劫諸根幻惑人心墜陷凡夫如蠅墮蜜得味甚哀所失甚多不別好醜見便生愛如以蘇油注於大火熾炎倍增愛且小住待我擒受乃當治汝汝之興受過咎正等俱當罪汝

愛荅言淨飯王子汝雖自強欲有此意恐不禁我何以故往昔劫初有大仙人黃頭之等出於好時壽八万歲道德深厚尚自不能虧損於我況汝末悪之世壽命短促不滿百年菩薩言我出悪世耶愛言實出悪世菩薩言今日縱令煩惱熾盛出於濁時若不破汝无明之門何得名之為大丈夫愛言且止莫自歎譽菩薩言我稱時說不非不時是時是處是真實說有義而說如日初出光不可隱大人智光亦難隱蔽愛復荅言觀汝之志雖復勇進未見成功屢自稱讚如似雲雷降注大雨孔雀歡喜汝於今者但興雲雷未見雨水如此旱雷將何所益以意量汝恐汝无實菩薩言今當示汝不虛妄事我於无量劫中所積善行一心定意智慧利劍當用斬汝愛荅言何所卒菩薩復言今誰為我作擾乱因發此歌聲是誰結業煩惱之手觸三有琴惱惑一切諂曲衆生愛言我正欲導如此歌者欲鼓於琴是我之本我於今者為彼所作為彼所

使菩薩問言是愛耶愛答言是菩薩言愛最是大火能燒種種處處皆遍愛著樂者皆墮愛中嬰愚墮中如鐵赴火愛言盡觀察菩薩言我以知之貪樂生死樂必為愛所害嗜味諸鳥獸必為網所覆愛言汝實知之然我實能使諸凡愚著於有樂後身必與堅鞅之苦衆生貪有樂是我之所作乃至生有頂還復令墮落菩薩言汝不安說世間極渴无過於愛如飲醎水踰增其渴飲有鹹水踰增其愛愛言汝莫殺我菩薩言汝言雖善忌常懷惡若不除汝我云何安雖復如此汝且小住待我取受菩薩思惟受何由生即自稟厲身心勇猛不懷怯弱去諸憒鬧得寂定足入一切智地即便見受語於受言汝久遠來欺弄衆生而我為諸衆生作不請親友汝從今已後更不復得作擾乱事受言我作何擾乱菩薩言有受身者體性是苦詐現樂相惑凡愚心詐現親善實是大怨受答言實有是過然諸衆生猶愛著我如蜂採花但貪香味擾

乱不停菩薩言汝言真實如人為樂入海遭種種難為樂入陣箭如雲雨刀鉾劍矟更相傷害為樂因緣遠涉嶮路曠野飢渴艱難非一為樂因緣作諸苦行投淵赴火五熱炙身卧蕀剌上自餓斷食編椽而坐樹皮草衣食果食菜為樂因緣造諸器仗耕田墾殖造作窟宅衣服織作如是等事皆為樂故生無量苦受言實尒而我能令一切衆生為樂因緣受无量苦我極輕躁无暫停時然諸衆生躭著受樂謂我常尒菩薩言一切衆生甚可悲愍念念常為汝所侵惑而衆生愚闇為汝擾惱受言我之過患不但齊是更有諸愆倍過於此從无始界來運動流轉一切有生之類恒吞受我无有猒足如油投火火不知足是皆樂著我無有能見我之過咎者菩薩言我於今日愛怨賊邊高聲大喚拔智慧劒臨欲斬之愛言由汝非我已過審如彼言今當斬汝若汝无者受則不有受言我不自在為觸所使汝雖害我於汝无利菩薩即時解其次

第以智慧手而摩於觸而語觸言汝名何等生於一切衆生之苦受因汝有生死脚足便得增長閉涅槃門觸言能生受者此事實尒然以三事因緣觸乃得生猶如鑽火人功燧鑽三事和合得出於火我亦如是有眼識緣三事和合而有觸生由觸因緣得生於受若无六入我何從生菩薩言汝為實語離三因緣則无有觸生觸之源六根最近觸尒且住須取六根與尒同罪菩薩尒時體解觸相次推六根此六根者危如鸑樔亦如水泡又如初生癰不久當潰有何強力自高乃尒六入言何故作如是語菩薩言由有汝故與觸作力既自无事横生攀緣生一切苦我斷諍訟豈與汝諍六入言我過輕微但能生觸菩薩言我今觀觸根原由汝六入者无量苦惱之大窟宅汝恒狂逸不曾寂定志恒輕躁不嘗調順所可攀緣不知猒足六根嬰愚貪嗜六觸六情六塵六入言大心衆生汝欲伏我應當在前調伏名色汝若勤苦欲避於我應

遮名色

無明羅刹經卷中

无明羅刹經卷中　第十二張　豈字号

無明羅刹經卷中

校勘記

一　底本，金藏廣勝寺本。

一　三八〇頁中一行經名，資、磧、普、南、徑、清無(未分卷)；麗作「無明羅刹集卷中」。卷末同。

一　三八〇頁中二一行「矛楯」，磧作「矛盾」。

一　三八〇頁下九行「問言」，資、磧、普、南、徑、清作「復問」。

一　三八〇頁下一〇行末字「懷」，資、磧、普、南、徑、清作「壞」。

一　三八〇頁下一五行末字「者」，資、磧、普、南、徑、清作「死」。

一　三八〇頁下一九行「何期」，資、磧、普、南、徑、清作「何其」。

一　三八〇頁下二一行「世界」，徑作「世間」。

一　三八一頁中一五行「修理」，資、磧、普、南、徑、清作「順理」。

一　三八一頁中二一行末字「令」，資、磧、普、南、徑、清作「今」。

一　三八一頁下九行首字「愚」，麗作「愚言」。同行「云何……若有」十七字，麗無。

一　三八一頁下九行第八字及一八行第三字「愛」，資、磧、普、南、徑、清作「受」。

一　三八一頁下一三行第九字「捉」，資、磧、普、南、徑、清作「復捉」；麗作「而捉」。

一　三八一頁下二〇行第四字「味」，資、磧、普、南、徑、清作「美味」。

一　三八二頁上七行「彼界」，麗作「彼色界」。

一　三八二頁上一一行第九字「炙」，南、徑、清作「炭」。

一　三八二頁上二〇行第九字「心」，諸本作「必」。

一　三八二頁上末行「欲求於樂」下，資、磧、普、南有夾註「從此分爲下卷」；徑、清有夾註「舊本從此分爲下卷」。

一三八二頁中二行「死得」，資、磧、普、南、徑、清作「死不」。

一三八二頁中六行「鑽出」，麗作「諧出」。

一三八二頁中八行「毗輸」，資、磧、普、南、徑、清作「毗輸」。

一三八二頁中一四行第九字「愛」，資、磧、麗作「受」。

一三八二頁下六行第八字「言」，資、磧、普、南、徑、清作「答言」。

一三八二頁下一〇行第二字「不」，磧、麗作「而」。

一三八二頁下一九行「何所」，資、磧、普、南、徑、清作「所爲何」。

一三八二頁下二〇行「擾乱因」，資、磧、普、南、徑、清作「繞乱因緣」。

一三八三頁上四行第五字「言」，資、磧、普、南、徑、清作「言好」。

一三八三頁上一五行第六字「稟」，資、磧、普、南、徑、清作「凛」。

一三八三頁上一八行「親友」，資、磧、普、南、徑、清作「友」。

一三八三頁上二一行第一一字「詐」，麗作「雖」。

一三八三頁中七行第一一字「仗」，諸本作「械」。

一三八三頁中一三行第九字「侵」，麗作「渴」。

一三八三頁中一七行第一三字「是」，資、磧、普、南、徑、清無。

一三八三頁中一八行第一一字「各」，資、磧、普、南、徑、清無。

一三八三頁下一行「而語」，資、磧、普、南、徑、清作「而問」。

一三八三頁下四行第一〇字「然」，麗作「緣」。

一三八三頁下七行「而有觸生」，資、磧、普、南、徑、清作「而得生觸」。

一三八三頁下一〇行第二字「源」，麗作「流」。

一三八三頁下一二行第七字「危」，麗作「色」。

一三八三頁下二一行「六情」，資、磧、普作「永請」；麗作「求諸」。

無明羅刹経卷下　　畫
失譯人名附秦録

菩薩既得六入歸伏即時尋復觀於名色知其體相語名色言以汝因緣能生一切衆生大苦汝宜速迴還汝已業名色言我不自見已之有過菩薩言汝今云何不自見過汝為欺詐體相極悪由汝因緣能生一切衆生六情名色荅言此事實尒我猶如樹能生枝葉既有我故便能生於六情枝葉菩薩言我今當以智慧利斧斫汝根本六情枝葉自然墮落名色言汝不能殺我識之強壯有膊大力常擁護我而此識種若當不墮名色地中何緣能生一切衆生菩薩言實尒若識不處母胎住歌羅羅衆生之身終不生長識若不住歌羅羅者此歌羅羅即便散壞若散壞者何緣而得有衆生身以此緣故我今當以智慧之火焚識種子菩薩遂便捨於名色觀察於識而數之言汝如幻化體性誑惑猶如獼猴輕躁不住亦如掣電

不嘗暫停如不調馬不著道路亦如狂象縱逸難禁識言誰敢罵辱有為之王菩薩言是誰錯謬以汝為王有何體相自稱王耶識言我以身為城六入為門如我今者實是城主一切諸法皆悉隨從以我為首非王如何菩薩言我於百千刼中磨智慧劒今當殄滅汝之王位識言怪哉我既無過横生忿嫌菩薩言汝云何言横生忿嫌而汝能生名色之患豈非忿乎識言我與名色實相依有若无識者則无名色若无名色復无於識菩薩言怪哉名色與識真為勝固之大親友一切衆生輪轉根本識言我於名色實為勝固親昵之友為於業行之所走使置我業中不得自在隨其善悪受五趣形菩薩言汝為行所使如此之過原汝須臾汝雖有過待我明白今當以慧眼觀察行已然後徵汝菩薩即時捨識趣於行所行即驚惶而作是言汝是何人勇力輕身著不壞鎧手秉菩提重利之劒愚癡衆生長寝昬夜計於我所而能於此恐怖可

畏放逸黑暗獨在中行菩薩言汝受

身璅因緣長遠我於今日究盡觀察
名之恚違行即驚言從何解達菩薩
言我發堅擔於往昔時供養恭敬大
釋迦牟尼佛洗浴與食行大精進至
於今日從是以来莊嚴功徳未曾懈
息行言我觀察汝未久莊嚴菩薩言
莫作是語我初一阿僧祇刧未得決
定滿二阿僧祇刧方得決定欲救衆
生行言恠哉能愛衆生菩薩言我愛
衆生以悲故愛不以染著而生於愛
如有象羣處大林中四邊火起誰見
是厄不生悲愍時寂大象挽於樹枝
以打火滅導道令過得離火難一切衆
生為生老病死火之所圍繞誰有智
者不生悲愍欲令得出行言汝有悲
愍愛於衆生何故入捨菩薩言我救
衆生未曾有捨我從識邊觀於生死
諸大過患是汝所作為斷汝故故至
汝邊由汝之故生第二天為天帝釋
愛欲无猒又由汝故得生梵世坐蓮
華座入禪寂定乃至次第上至有頂
非想之處壽終下生墮三惡道如此

之事是汝所為行言誠如所言道識
王道實我所作識所行處我為將護
必達所在菩薩言我以正見之石磨
智慧劒解汝支節行言請莫為之不
能補汝疲勞之果菩薩言何故不補
行言一切結使火燧大苦之母名為

无明衆惱鄙穢大苦盈集一切灾患
是彼所作汝不徵彼返欲捉我將何
補乎菩薩言此无明者為何所在行
言而此无明大毗舍闍煩惱羅刹之所
圍繞難可降伏今者住彼愚癡結使
諸惡塜間菩薩尒時從行得知無明
處已發勇猛心往詣其所而振吼言
彼結使羅刹煩惱鬼等設勝我者分
受罪戮我若勝彼必當摧彼諸惱結
使惡羅刹等令其磨滅无有遺餘行
言如汝勇猛有堅精進入大无畏金
剛三昧解脫之門自為汝開殄滅無
明何足為難菩薩于時雄猛四顧即
擒无明而詰之言汝於今者豈不住
彼煩惱結習諸惡塜間而居止耶而
此塜間畏生死者所猒賤處顛倒塵
埃結使猛風障蔽慧眼使无所見種

種諂曲疑悔糞草聚集之處破戒之
屍五欲死人支節腐壞狼藉交横滿

此塜間覺觀大風吹三毒火猛炎熾
然惡欲我慢掉動不停揚聲大哭骨
聚之中放逸死屍諸惡律儀不淨膿
血流汙其地三有垻尭坊賦嘶破斷
諸善根種種破器散壞在地斷常見
鬘風吹蓬乱无慙无愧獘壞衣納遍
丘墓中煩惱結害麁澁石沙九十六
種邪見烏鵄諸惡鵰鷲捿宿塜間或
時復有貪有衆生狐狼野干猫狸奚
鼠穴處塜間復有戒取如被兀樹枝
葉摧落枯朽塜間復有非法斷事破
牀置于塜間或時復有投淵赴火卧
棘剌上種種苦行如暴熾火焚燒塜
間或時復有自恃色力及以命財憍
慢汙穢盈集塜間或有嫌恨怨嫉棘
剌充滿塜間或時復有惡覺觀爛壞
於善根不淨蛆虫臭穢汙辱集在死
屍或有五蓋煩惱怨賊遊止塜間或
有計我及以我所諸呪術師集在塜
間復有異見種種邪論如狐梟鵄發
大惡聲叫呼塜間復有羅刹捉受羂

擿或有羅刹持睴眠杵喜樂五欲而
復手秉三歧利叉種種不善衆雜惡
色猖狂大喚諠呼强笑無怖畏心或
有羅刹揺頭動體瞋目唱叫騰踊跳
擲叱吒拍髀或嘯或歌或時戲舞
瞋恚羅刹佉怨羅刹小惡重報羅刹
卒暴羅刹貪嫉羅刹慢慢慢我慢
不如慢邪慢大慢欲非法欲貪惡貪
如是兇嶮結使煩惱諸大羅刹不可
稱數菩薩到於衆結塚間見此无明
種種過惡覆於慧眼障蓋身原令諸
衆生不見四諦墜墮惡趣復作此言
是无明者於生死曠路而作導首能
然生老病死之大大聚是諸煩惱結
業之母閉涅槃門開衆惡趣能作大
形弥綸三界遍一切處放逸大頭疑
結廣額幻惑醜面邪念鮑鼻邪見之
目膜眼童子四到掣電伺怨報惡多
毛躭耳欺誑詐偽深廣邃眉瞋恚忿
戾以為利牙貪欲醜惡作上麁脣嫉
妬頑嚚返脣下垂邪命諂曲虛假矯
稱貪嗜利養以為利齒六十二見以
為其鬚三受饕餮以為長咽八邪疣

瘫以為肩髀諸惡律儀以為長爪忍
受結業以為兩乳不知猒足膖脹洪
大以為其腹睡悔深黒以為其齊多
欲貪愛以為陰尻十八諸界以為兩
髀非法欲惡欲以為兩膝我見人見
以為脚足无慙大象垢穢濕皮以為
衣服无愧青惡汙膩麁褐以為其被
坐結使牀衆結羅刹以為侍從處彼
煩惱諸惡羅刹大衆之中雖有千舌
說其過罪不能令盡又見無明羅刹
死封印輪在傍旋轉世間智人見而
振悚菩薩尒時倍加精進獲得增上
一心定意發大喜踊尋時次第清淨
心生得不動地堅立之脚即趣无明
羅刹之所到无惱地平正之處除諸
瞋忿嫌恨毒心棘刺沙石八法塵土
慈雨灌注以灑于地生諸善根清茂
愞草善根安樂以為二足四攝之法
堅持於足與衆超異以定左手捴六
十二見之大乱鬚以智右手拔於利
劍以諸衆生不請之心大師子吼高
聲唱言我於无量佛所積集善法以
大乘車誓度一切无量劫中精進之

果今以成就一切衆生為生死大火
之所焚燒我今應當為其除滅摧伏
結賊斷諸行脉為出世道拔其嶮難
無明羅刹聞是吼聲宣調戲辟大笑
而言大梵天王摩醯首羅毗沙紐帝
釋四天日月星辰悉皆屈膝来在我
前為我制控婆藪仙婆藪憂留掘婆
梨如是等无量諸仙各以智德望出
我界然其皆為我所迷惑不知出徑
一切衆生我皆上著生死輪上輪迴
有中使不自在如是之事悉我所作
是何嬰愚不自籌量而捉我鬚然諸
人天阿脩羅一切衆生以我勇壯秏
擾不停汝為是誰輕速躁疾来至我
所在於我前而大哮吼善根發起如
日初出是我昔来未甞聞覩一切衆
生无知所盲汝之慧眼開視分明鑒
察微妙乃如是乎誰於生死苦惱之
海大波浪中卒教津濟令到彼岸一
切凡愚處於邪徑誰為引導忽示正
道誰於无明大黒暗中欻然慧炬顯
照幽冥我之教命三界之中咸皆承
順无能違者諸仙外道一切悉皆甘

樂我界摩醯首羅大梵天之等以我之力生於常想是誰无畏寅勝之人有大勝勇而不懼我敢捉我鬘善哉善哉而汝今者必定從於佛種中生正觀之力无比功德大悲為體必是菩薩悲救衆生其德尊嚴如須弥山王除此勝人一切世間無敢舉手捉我鬘者菩薩荅言汝之所説實為真正我自昔来修諸善行皆為救濟一切衆生如汝所説言菩薩者我即是也无明日大心衆生汝智不動決定救他怨親平等悲為一味如盛熾火熾然生菜汝今慧火熾然於我亦復如是汝今堅正我從汝教終不敢違菩薩言我以苦空无常无我所印之處遣汝速去不得疑滯菩薩説此印已無明羅剎將諸煩惱諸悪軍衆逃竄走入九十六種邪論之中其所居止住愚癡心菩薩尒時廣集種種道品資粮無師獨悟滅於无明是故衆人應修六度廣集善法

能善觀察聖所説　後獲大樂解深義
我昔曾聞有盲人　在空空中弄木杵

杵端衝屋著蜂窠　盲聞蜂聲逃出避
空中有驢被蜂螫　驢被毒痛出墮渕
渕中悪龍懐忿恚　起大雲雷雨大雹
於空聚落下礔礰　聚中悪鬼極瞋忿
遍於國界雨大火　世界衆生火所逼
皆共逃走入大河　河底水中羅剎宮
敢諸衆生血精氣　諸入河者至彼宮
極受苦毒入迴澓　復入石山唯一孔
衆生出孔入大海　海水醎苦消肌體
叫喚大哭稱父母　諸神誰能拔濟我

時海渚中有神馬王常食自然成熟粇米肥壯翹陸聞諸衆生受苦惱聲馬王唱言誰於今者欲度彼岸到閻浮提諸墮水人皆舉右手而作是言度我度我馬王即時奮迅身體八万四千諸毛森然俱長挽捉毛者皆得脱苦以何義故引如此喻言盲人者喻於一切衆生无明蜂喻於行驢喻於識驢墮渕者喻識墮名色空聚落有喻於六情雹霹靂者喻六情中无常患害悪鬼者即喻於觸雨火者喻於諸受投入河者即喻於愛水中羅剎食人精氣者喻於四取入迴洄澓者

喻於三有大石孔者即喻於生言大海者喻於老死憂悲衆苦神馬王者喻佛以善功德正志堅實肥大之身以正念定八万四千諸善之毛為諸衆生起悲愍心一切衆生皆受大苦為生所生為老所老為死所死然諸衆生不知方便求出要路諸佛於中引接衆生令得離苦能乘馬者即是行人乘於法輪憍陳如等五比丘夜舍等五人及諸豪貴長者子五十人賢邑衆等六十人優樓頻螺迦葉兄弟千人舍利弗大目連等二百五十人頻婆娑羅王等八万四千人於宷末後須拔陁羅乃至遺法八万四千諸深法蔵若有衆生得聞一句一偈之者一切皆得與大涅槃而作因縁

無明羅剎経卷下

無明羅刹經卷下

校勘記

一　底本，金藏廣勝寺本。

一　三八六頁中一行經名，二行譯者，資、磧、普、南、徑、清無（未分卷）；麗作「無明羅刹集卷下」並夾註「集或作經」。

一　三八六頁中一一行末字「斫」，資、磧、普、南、徑、清作「破」。

一　三八六頁中二一行第六字「數」，資、磧、普、南、徑、清作「責」。

一　三八六頁下一五行第六字「昵」，麗作「怩」。

一　三八七頁中一行「道識」，諸本作「導識」。

一　三八七頁中一一行第九字「住」，徑、清作「往」。

一　三八七頁下二行第一二字「交」，資、磧、普、南、徑、清作「臭」。

一　三八七頁下五行第三字「中」，資、磧、普、南、徑、清作「間」。

一　三八七頁下六行「坭瓮坊膩嘶」，資、磧、普、南、徑、清作「坻麂垢膩㽽」。

一　三八七頁下一一行第一二字「猫」，麗作「狖」。同行末字「奚」，諸本作「鼷」。

一　三八七頁下一二行第一二字「兀」，磧、普、南、徑、清作「机」。

一　三八七頁下一九行「蛆虫」，麗作「疽虫」。

一　三八七頁下二二行「梟鴞」，資、磧、普、南、徑、清作「鴞梟」。

一　三八八頁上一行首字「搔」，麗作「慅」。

一　三八八頁上一二行第一〇字「趣」，資、磧、普、南、徑、清作「道」。

一　三八八頁上一四行「大火」，麗作「火大」。

一　三八八頁上一八行第二字「膜」，麗作「莫」。

一　三八八頁上二一行第二字「頏」，麗作「顧」。

一　三八八頁上末行第五字「受」，麗作「愛」。

一　三八八頁中一行首字「疸」，磧、普、南、徑、清作「贅」。

一　三八八頁中五行第四字「欲」，資、磧、普、南、徑、清無。

一　三八八頁中一八行首字「懦」，資、磧、普、南、徑、清作「軟」。

一　三八八頁下四行第九字「宣」，資、磧、普作「揎」；南、徑、清作「捋」。

一　三八八頁下五行「毗沙紐」，麗作「毗紐」。

一　三八八頁下一三行末字「毦」，資、磧、普、南、徑、清作「托」。

一　三八八頁下二一行第一〇字「欻」，資、磧、普、南、徑、清作「熾」。

一　三八九頁上一行第一一字「之」，諸本無。

一　三八九頁上末行及本頁中二行「空中」，資、磧、普、南、徑、清作「室中」。

一　三八九頁中八行第六字及末行第

一二字「迴」，諸本無。

一 三八九頁中一二行首字「粮」，資、磧、普、南、徑、清作「粳」。

一 三八九頁中二〇行首字「有」，諸本作「者」。

一 三八九頁下末行經名，資、磧、普、南、徑、清作「佛說無明羅刹經」；麗作「無明羅刹集卷下」。

迦丁比丘說當來變經　盡

失譯人名附宋錄

是時迦丁比丘告衆會曰汝等靜聽吾今所說初中竟語如佛所說言无違錯當來之世當有惡變甚可怖畏汝等欲知我今說之來事大恐好當勤加修精進業吾蒙佛恩令得安隱汝等出家宜順佛教人壽百歲少出多減當來之世惡法興盛惡比丘出破壞佛法法欲盡時人意薄弱无有志分務懷嫉妬更相謗毀貪著文字務親紙墨而自光目謂之為上若有比丘從師口受諷誦通利分別句義而為他人分部說之而更輕慢此二學家更共鬪諍吾今說是汝所說非貪利財寶心口相違愚癡之人不解經意倒釋其義說者亦及受者復倒語言不正經偈參錯所學既少但懷憍慢輕蔑他人當來之世如此人輩甚為衆多傲慢師長不復承事謂三師言我所說真實汝所說妄偽此輩比丘親著俗服白衣所行而習學之空閑靜處而不樂之人間憒丙貪慕係戀不能遠之雖於人間起佛塔寺更相嫉妬四方比丘往過止住要報寺主尒乃得住雖復得住內心恚恨意不喜之若去之後盡共歡喜佛寺之中所住比丘還相妬忌或妬錢財或妬顏色或妬供養或妬種姓或妬經法秘惜不傳追逐貴人有力勢者心意沮敗崩壞佛法貯聚錢財奴婢六畜修治園林以此為上內外以變強者袈裟剔頭而已晝夜懇懃役理官事國中臣吏有力勢者追逐奉之猶如奴僕檀越之家用三尊故減妻奪子不敢衣食起佛塔寺施僧房舍衣被臥具悉令飽足復恐之少即出家中名珍上寶著其塔中住寺沙門追逐官長欲望敬事即取檀越塔中所有持上官長官長貪財不推本末益得為善用是貪嫉死入地獄其比丘者貪著名利取三尊物妄為恩惠用是罪故死入地獄或有比丘身犯衆惡以三尊錢求謝他人以求解脫或有比丘及諸白衣貪三尊財強獲

迦丁比丘說當來變經　第二張　盡

罪罰極取持去斯輩之人盡入地獄若作法師作持律者通四阿含者各與白衣有力勢者共為親友坐白衣牀共便密語談說餘人善惡好醜依著白衣恃其力勢意所不喜危害宮之若為說法以邪為正以正為邪作如是行者名為天下非法分部佛有三藏經夫為師者秘惜不傳不教弟子所以者何恐弟子知與我等者便輕慢師是以秘之為弟子者何名出家无所學識則便空出至使弟子遂懷瞋恚輕慢於師无復上下語言淺麁此輩比丘興乎惡行魔及官屬盡得其便墮惡部界反自稱譽誰與我等心意變惡三毒熾盛不能自禁貪利供養嗟嚫財物不避罪福益得為善用供養故更共鬪諍外著法服不如戒行出入行來不順法教搖頭顧影迷著色欲甚於凡俗居賤賣貴或出倍息務貪盈利比丘行法捨棄不行得少利入便用歡喜比丘僧聚坐禪學問不能堪耐而遠避之貪求財利四出求索不覺疲惓斯調百姓无有

迦丁比丘說當來變經　第三張　盡

猒足若有塔寺僧房卧具肥濃之處覓入其中外像持戒内懐姧非人見恭敬漸漸日日追逐白衣奉事供給白衣歡喜復敬望之展轉歎㖷言此比丘戒行清純不知其内專為虚偽多畜弟子沙弥奴婢四向求索積聚无足言我持戒年歳未滿行便將從戒法緩服不信罪福出言凶強好與酒客淫盪女家與之從事或入官長宮閤出入以自榮足或投人聚或喜作務百種生活話説王事治政好醜或談軍馬鬪諍勝負或談盗賊或談飲食或談婦女情欲晝夜談世間邪事明師善友不肯親附更與居兒惡賊嗜酒盗劫販賣邪淫之人共為親厚飲酒卧起心漸染戀習彼所行或勤家業或為白衣走使不避遠近如此輩人不知正法復使作沙門名曰壞法既自不孝父母尊老若見持戒比丘清高梵志而罵辱之无有慈心賊害羣命刧人財寶利人婦女口好妄言閨門淫乱不避上下若淨潔比丘尼淫意為起而追逐之破毁戒行

迦丁比丘説當來變經　第四張　圭

如此之輩現世為王法所縶繫著于獄五毒治之若有國王大臣人民犯斯悪者則令風雨不時五穀不豐人民窮困盗賊普起軍革數興万民逬逬五族離散聚落空虚彼時世人困无衣食避世呰故覓作沙門作沙門已破壞佛法輕慢上下合聚悪人意合志同而為徒友更相稱揚某戒行淨某行禪定人民聞見謂為實然若擅越請轉經説法便竊偋卧不肯聽採若分䞈䞋則覓諍之求索供養衣被飲食无有猒足多畜弟子不以法訓佛之正戒不以誨之弟子不解戒行禪定修道之法而為師者務相聚會談譁世俗非法之事以為常業如此輩人受他供養施者福少受者有殃若有四輩聚會説經不樂聽之若有白衣来欲聽経競共迎逆供給所須不失其意若説禁戒則共鬪諍乃至半夜言衆人疲但説四事若理白衣不以疲猒若説淨戒譁経法時不欲聞之當来比丘欲乱法者覓起佛寺處處集會其十五日有説戒者雖

迦丁比丘説當來變經　第五張　篇

共聚會但共鬪諍亦不説戒譁法諸天人民見僧聚會徃欲聽法但聞鬪諍即相謂言我用法來反聞鬪諍於此何求心中不樂愁悋而去自念不久佛法將滅諸天龍神及諸夜叉諸善鬼神皆共愁悒不復擁護佛法衆僧令諸悪鬼吸食其血令皆多病薄色力少顔貌枯悴无有威德皆由此矣比丘若病不相看視心畏悪之樂欲令死時病比丘无看視故遂便喪亡佛法欲滅比丘白衣皆共慳貪積聚財産不肯恵施但貪欲得摩摩帝者不信罪福无復上下亦不分別三尊財物无道用之或共婦女或共白衣雜厠居止飲酒歌舞怏相娯樂凡俗無別更相嫉妬緣是之故財物喪耗業不諧偶此輩比丘用淫欲故樂在家居不猒為呰好與童女相結為固所以者何童女之意特為深重初得男子心相戀着俱不忘捨或與淫盪女子就共生活或比丘尼為家居者若有比丘不畜遺餘乞匄充身諸破戒比丘盡共憎悪不欲見之告諸

迦丁比丘説當來變經　第六張

檀越言此比丘內懷諛諂外現持戒
不足取與於今之世若有犯戒比丘
盡共惡之將來之世見有清淨持戒
比丘反共憎之今時比丘屏處犯戒
畏人見之將來之世若有比丘奉戒
禪定畏人見之所以尒者將來之世
憎持戒故當來比丘強知貪利不知
羞恥如此人輩彼世癡人盡恭敬之
見持戒者反輕毀之一切万物悉皆
是寶用人不識皆即化沒佛法亦尒
由是之故正法轉沒用不敬奉令法
沒盡辟如大船多所負載重則沉沒
將來之世多有比丘貪惑供養令法
毀沒若有比丘奉戒護律法當久存
如師子王雖死卧地飛鳥走獸无敢
近者旬日之間身中生虫還食其肉
毀壞身形佛雖泥洹正法續存梵魔
衆聖一切邪道无能毀佛法者將來
當有无行之人入佛法中求作沙門
破壞佛法更相輕毀學三藏者轉相
嫉妬為嫉妬故佛法疾滅欲護佛法
當除憍慢棄捐嫉妬將來比丘茹佛
法者如睹處圂不自知臭多所搪揬

如無羈韁不顧禁戒飲酒噉肉不以
時節共結親友或穿人牆屋刧人財
物或受人寄共相調冒更相證明忍
於搒格欧易券信多得為幸耶若僧
因緣共會聚時諸下坐輩呵罵上座
上座嘿然愁惵出去尒時下座不以
礼教以自拘制可為師者更不受之
比丘有是鬪諍之時法將滅盡天下
撓動盡共不安國主調役无復猒足
盜賊並起刧奪民財轉入於王王者
得財遂長益賊治政崩壞相殺不問
人民窮苦斲巧滋生天下枯旱風雨
不時穀米飢貴王賈販賣踰越境界
耕田種作扠入薄少晝夜勤苦身口
不繫无用充官万民嗷嗷乃不思存
尒時比丘亦復耕田四出賈作經理
官私與俗无異甚為苦哉將來之世
當有三天子出破壞天下一名耶來
鄉近在南方中國當有一天子出北
方晉土有一天子名曰揵秋佛法將
滅此三天子乃出晉破壞國土殺害
人民破塔僧園輕慢沙門拷治五毒
亦率兵衆詣天竺國破壞土地多所

殘害尒時中國天子當復興兵破壞
晉土及其白民還其本土是時晉土
沙門為官所困或有死者或有逃俗
者或巡四出向天竺者或有逹者有
不逹者或有盲聾跛蹇羸老病瘦不
任去者為官所殺尒時中國天子敬
佛法衆惠施一切見犯戒者即訶諫
之時有上座比丘名尸依仇通知三
藏為王說法王甚歡喜即請衆僧於
拘睒弥國作般闍于瑟盡請一切釋
迦文弟子在閻浮提者悉令集會時
有百千比丘末後大會大會者佛法
向盡更不復會故言末後尒時會中
轉相問言汝等和上及阿闍梨為在
何許各荅之曰我等之師中道病死
者賊所殺者疲劣不能前者言以逹
者皆共悲結舉聲嘷哭當此之時十
五日夜天大惡風暴雨說二百五十戒
中有聞者或不聞者時諸比丘便共
鬪諍大語乎上座比丘諫衆人曰仁
等小言當用法故更勿乱語吾用比
丘法當解汝意今閻浮提釋迦文弟
子盡來會此是會末後今我所學更

不復學唯願嘿然聽我所説復有比
丘聰明智慧深入禪定語衆人曰我
所入禪悉巳備足今此大會百千比
丘欲聞法戒能持行者我當説之願
諸釋子嘿然靜聽復有比丘字須陁
流晉言曰善以得羅漢即從坐起一
心叉手礼上座足便師子吼我欲説
經衆坐勿内經中所説吾悉學之无
有錯誤終不復疑如佛所言上座弟
子名曰上頭亦是上足志行凶惡即
從坐起謂須陁流曰汝何所知不解
經法戒律上座欲説竟共説之尒時
上頭即以鐵杵打殺須陁流須陁流
巳度生死中有持戒比丘嘿然便起
出去尒時有信佛夜叉復以鐵杵擊
殺上頭比丘當於尒時天地六反震
動虛空之中自然有叫喚稱怨之聲
四向復有悪震雨墮四向復有悪氣
滿于虛空雷震四至尒時一切衆生
之類見是變怪悉共相對舉聲悲哭
皆相謂言今日末後佛法盡矣上至
二十八天無色諸天及龍阿須輪滿
于空中舉聲大哭自撲墮地復有奉

法羅剎及見佛夜叉悉皆舉身自投
于地口説是言從今以往天下更不
復聞説二百五十戒聲比丘不復奉
行之天下孤寡衆生失目甚速奈何
天下不久人民相殺无有問者猶如
野畜法行巳墮法鼓巳裂甘露門巳
閉諸經法師命巳喪失法炬巳滅法
輪巳倒十二部經巳散解法輪巳
折法水巳止法海巳竭法山巳崩諸
山谷間无復精進坐禪比丘諸天善
神見山谷空无所奉敬悉皆自撲人
民音冥无法可行時諸魔衆皆大歡
喜以名衣上服更相貢上佛法巳滅
我等邪法今始得興更相慶賴迦丁
比丘告諸弟子當来悪變其事如斯
今日佛法續故存在宜勤行之佛之
正法如深草澤衆生仰之無所乏少
若草澤枯竭衆生飢困墮于生死猶
如賈客不勤用心財寶日耗父母妻
子无所濟活身心燋燃悔無所及今
正法存極可行之恣取何道若復放
逸不欲精進空出无獲返為三塗之
所没溺悔之无及今汝四輩思佛重

恩奉上如父親下如子汝等四大强
建心堅意猛勤行精進可得度苦若
復一旦身心微弱而為老病所見踰
蹈悔无所及今國土人民未至盛悪
兵革未起人民安隱米穀平賤分衛
易得念勤精進可无後悔時諸弟子
聞説是法悉皆稽首礼大仙足心意
惶怖身體戰掉悲泣白言將来之世
法没盡時見此世者意當云何何忍
見之我等今日聞説是事心用崩破
彼世之人遭此悪者身心豈不裂作
百叚耶時諸弟子忽復自識至心投
地同聲白師我甚惶怖云何得道免
于斯苦不遭斯惱大仙告曰道无遠
近勤求則得无有前後此經名曰大
仙迦丁所記當来秘讖要集宜勤精
進可免斯苦時諸弟子聞經悲泣飲
淚稽首奉行

迦丁比丘説當来變經

乙巳歲高麗國大藏都監奉
勅雕造

迦丁比丘説當來變經

校勘記

一　底本，麗藏本。

一　三九二頁上二行「失譯……録」，資、磧、普作「失譯今附宋録」；南、徑、清作「失譯人名今附宋録」。

一　三九二頁上七行第二字「勤」，徑作「動」。

一　三九二頁上一一行第三字「分」，諸本（不含石，下同）作「勇」。

一　三九二頁上一二行第九字「目」，諸本作「自」。

一　三九二頁上一五行第九字「今」，諸本作「所」。

一　三九二頁上一九行至次行「如此人輩」，諸本作「如此之輩人」。

一　三九二頁上二一行第一二字「妄」，資、磧、普作「言」。

一　三九二頁中一行「空閑」，諸本作「閑居」。

一　三九二頁中三行第一〇字「往」，諸本作「經」。

一　三九二頁中四行「雖復」，諸本作「然雖」。

一　三九二頁中一〇行第七字「林」，諸本作「園」。

一　三九二頁中一一行至一二行「修理官事」，資、磧、普、南作「勤修官事」；徑、清作「勤修營事」。

一　三九二頁中一三行「用三尊」，諸本作「敬三寶」。

一　三九二頁中一五行第二字「被」，諸本作「服」。同行「飽足」，諸本作「饒足」。

一　三九二頁中二〇行「三尊」，諸本作「三寶」。同行「恩患」，徑、清作「私患」。

一　三九二頁中二二行第六字「錢」，諸本作「錢財」。

一　三九二頁下二行第八字「者」，諸本作「行者」。

一　三九二頁下四行「共便」，諸本作「便共」。

一　三九二頁下五行「危害害」，諸本作「便危害」。

一　三九二頁下七行首字「如」，諸本無。

一　三九二頁下一二行「淺鹿」，諸本作「殑鹿」。

一　三九二頁下一四行第四字「惡」，諸本作「魔」。

一　三九二頁下一五行「意變」，諸本作「變意」。

一　三九二頁下一七行第五字「更」，諸本作「便」，同行末字「如」，諸本作「知」。

一　三九二頁下一八行「不順」，諸本作「不從」。

一　三九二頁下二一行「便用」，諸本作「則便」。

一　三九三頁上四行第一二字「嗟」，諸本作「美」。

一　三九三頁上八行「緩服」，諸本作「日緩」。

一　三九三頁上一〇行「足或投人」，

諸本作「美或殺人」。

一 三九三頁上一一行第七字「話」，諸本作「談」。

一 三九三頁上一三行「或談」，諸本作「或說」。同行第一一字「談」，諸本作「談說」。

一 三九三頁上二一行「利人」，諸本作「私人」。

一 三九三頁上二二行「淨潔」，諸本作「見清潔」。

一 三九三頁中一行「之輩」，諸本作「輩人」。同行「能繫」，諸本作「得收」。

一 三九三頁中二行首字「于」，諸本無。

一 三九三頁中四行第六字「普」，諸本作「並」。

一 三九三頁中八行首字「合」，資、磧、普作「令」。同行「爲徒友更相」，諸本作「爲結友便」。

一 三九三頁中九行首字「淨」，諸本作「清」。同行「實然」，諸本作「審然」。

一 三九三頁中一八行「迎逆」，諸本作「迎送」。

一 三九三頁中二〇行至次行「白衣」，諸本作「鬪諍」。

一 三九三頁中末行「集會」，諸本作「聚會」。同行第一〇字「有」，諸本作「有布薩」。

一 三九三頁下二行「性欲聽法」，諸本作「欲聽經法」。

一 三九三頁下三行第七字「用」，諸本作「爲」。

一 三九三頁下八行第三字「少」，諸本作「劣」。

一 三九三頁下一二行末字「帝」，資作「諦」。

一 三九三頁下一九行首字「固」，資作「因」；磧、普、南、徑、清作「姻」。

一 三九三頁下二〇行「不忘」，徑作「不妄」。

一 三九四頁上二行第三字「取」，諸本作「可」。

一 三九四頁上四行「今時」，諸本作「爾時」。

一 三九四頁中三行第八字「訒」，諸本作「訒」。

一 三九四頁中四行第三字「格」，諸本作「笞」。同行第一二字「耶」，諸本無。

一 三九四頁中九行「搔動」，諸本作「騷動」。

一 三九四頁下一七行「嘷哭」，諸本作「號哭」。

一 三九五頁上一八行第五字「恶」，諸本作「雷」。

一 三九五頁中八行第一〇字「解」，諸本作「已解」。

一 三九五頁中一六行「續故」，諸本作「猶故」。

一 三九五頁下二行首字「建」，諸本作「健」。同行末字「若」，諸本無。

一 三九五頁下三行末字「踰」，磧、普、南、徑、清作「蹋」。

提婆菩薩傳

姚秦三藏鳩摩羅什譯

畫

提婆菩薩者南天竺人龍樹菩薩弟子婆羅門種也博識淵攬才辯絶倫擅名天竺為諸國所推贍探智懷既無所愧以為所不盡者唯以人不信用其言為憂其國中有大天神鑄黄金像之座身長二丈号曰大自在天人有求願能令現世如意提婆詣廟求入拜見主廟者言天像至神人有見者既不敢正視又令人退後失守百日汝但詣門求願何須見耶提婆言若神必能如汝所説乃但令我見之若不如是豈是吾之所欲見耶時人奇其志氣伏其明正退入廟者數千万人提婆既入於廟天像揺動其眼怒目視之提婆問天神則神矣何欺尒也當以威靈感人智徳伏物而假黄金以目多動頗梨以熒惑非所望也即便登梯鑿出其眼時諸觀者咸有疑意大自在天何為一小婆羅門所困將无名過其實理屈其辭也

提婆曉衆人言神明遠大故以近事試我我得其心故登金聚出頗梨令汝等知神不假質精不詐形吾既不慢神亦不辱也言已而出即以其夜求諸供備明日清旦敬祠天神提婆先名既重加以智參神契其所發言聲之所及无不響應一夜之中供具精饌有物必備大自在天貫一皮形高數四丈左眼枯涸而来在坐遍觀供饌歎未曽有嘉其徳力能有所致而告之言汝得我心人得我形汝以心供人以質饋知而敬我者汝畏而誣我者人汝所供饌盡善盡美矣唯无我之所須能以見與者真上施也提婆言神鑒我心唯命是從神言我所乏者左眼能施我者便可出之提婆言敬如天命即以左手出眼與之天神力故出而隨生索之不已從旦終朝出眼數万天神讚曰善哉摩納真上施也欲求何願必如汝意提婆言我稟明於心不假外也唯恨悠悠童矇不知信受我言神賜我願必當令我言不虚設唯此為精他無所須

神言必如所願於是而退詣龍樹菩
薩受出家法剃頭法服周遊揚化南
天竺王捴御諸國信用邪道沙門釋
子一不得見國人遠近皆化其道提
婆念曰樹不伐本則終不傾人主不化
則道不行其國政法王家出錢雇人
宿衛提婆乃募為其將荷戟前驅整
行伍勒部曲威不嚴而令行德不彰
而物樂隨王甚喜之而問何人侍者
荅言此人應募既不食廩又不取錢
而其在事恭謹閑習如此不知其意
何求何欲王召而問之汝是何人荅
言我是一切智人王大驚愕而問之言
一切智人曠代一有汝自言是何以
驗之荅言欲知智在說王當見問王
即自念我為智主大論議師問之
能屈猶不足名一旦不如此非小事
若其不問便是一屈持疑良久不得
已而問天今何為耶提婆言天今與
阿脩羅戰王得此言譬如人壹既不
得吐又不得咽欲非其言復无以證
之欲是其事无事可明未言之間提
婆復言此非虛論求勝之言王小待

須臾有驗言訖空中便有干戈來下
長戟短兵相係而落王言干戈矛戟
雖是戰器汝何必知是天與阿脩羅
戰提婆言搆之虛言不如挍以實事
言巳阿脩羅手足指及其鼻從空而
下王乃稽首伏其法化殿上有万婆
羅門皆棄其束髮受成就戒是時提
婆於王都中建高座立三論言一切
諸聖中佛聖冣第一一切諸法中佛
法正第一一切救世中佛僧為第一
八方諸論士有能壞此語者我當斬
首以謝其屈所以者何立理不明是
為愚癡愚癡之頭非我所須斬以謝
屈甚不惜也八方論士既聞此言亦
各來集而立誓言我等不如亦當斬
首愚癡之頭亦所不惜提婆言我所
脩法仁活万物要不如者當剃汝鬚
髮以為弟子不須斬首也立此要已
各撰名理建无方論而與酬酢智淺
情短者一言便屈智深情長者遠至
二日則辭理俱匱即皆下髮如是日
日王家日送十車衣鉢終竟三月度
百餘万人有一邪道弟子凶頑無智

恥其師屈形雖隨衆心結怨忿齧刀
自誓汝以口勝伏我我當以刀勝伏
汝汝以空刀困我我以實刀困汝作
是語已挾一利刀伺求其便諸方論
士英傑都盡提婆於是出就閑林造
百論二十品又造四百論以破邪見
其諸弟子各各散諸樹下坐禪思惟
提婆從禪覺經行婆羅門弟子來到
其邊執刀窮之曰汝以口破我師何如
我以刀破汝腹即以刀決其腹五藏委地
命未絕間愍此愚賊而告之曰吾有
三衣鉢釪在吾坐處汝可取之急上
山去慎勿下就平道我諸弟子未得
法忍者必當捉汝或當相得送汝於
官王便困汝汝未得法利惜身情重
惜名次之身之與名患累出焉衆罣
生焉身名者乃是大患之本也愚人
无聞為妄見所侵惜其所不惜而不
惜所應惜不亦哀哉吾蒙佛之遺法
不復尒也但念汝等為狂心所欺忿
毒所燒罪報未已號泣受之受之者
實自无主為之者實自死人无人無
王哀酷者誰以實求之實不可得未

提婆菩薩傳　第六張　盡字號

悟此者為狂心所惑顛倒不迴見得

心者而有我有人有苦有樂苦樂之
来但依觸者解者則无依无依則無
苦无苦則無樂苦樂既无則幾乎息
矣說此語已弟子先来者失聲大喚
門人各各從林樹間集未得法忍者
驚怖號咷捫匈扣地寃哉酷哉誰取
我師乃如是者或有狂突奔走追截
要路共相分部號叫追之聲聒幽谷
提婆誨諸人言諸法之實誰寃誰酷
誰割誰截諸法之實實无受者亦無
害者誰親誰怨誰賊誰害汝為癡毒
所欺妄生著見而大號咷種不善業
彼人所害害諸業報非害我也汝等
思之慎无以狂追狂以哀悲哀也於
是放身脫然无矜遂蟬蛻而去初出
眼與神故遂無一眼時人號曰迦耶
提婆也

提婆菩薩傳

提婆菩薩傳 校勘記

一　底本，金藏廣勝寺本。

一　三九八頁中二行「三藏」，資、磧、普、南、徑、清作「三藏法師」。

一　三九八頁中三行至次行首字「提婆菩薩者……子」，資、磧、普、南、徑、清作「大師名提婆菩薩南天竺人是」。

一　三九八頁中四行第一〇字「攬」，普、南、徑、清作「覽」。

一　三九八頁中五行「賾探」，資、磧、普、南、徑、清作「探賾」。

一　三九八頁中一二行「詣門」，麗作「詣問」。

一　三九八頁中一三行「乃但」，資、磧、普、南、徑、清作「乃從」。

一　三九八頁中一六行「於廟」，資、磧、普、南、徑、清無。

一　三九八頁中一八行「欺介」，諸本（不含石，下同）作「其小」。

一　三九八頁中一九行第五字「目」，麗作「自」。

一　三九八頁下八行「皮形」，諸本作「肉形」。

一　三九八頁下九行「枯涸」，資、磧、普、南、徑、清作「枯沒」。同行「遍觀」，資、磧、普、南、徑、清作「歷觀」。

一　三九八頁下一二行第七字「知」，資、磧、普、南、徑、清作「智」。

一　三九八頁下一六行「施我」，資、磧、普、南、徑、清作「與我」。

一　三九八頁下二二行第五字「信」，資無。

一　三九八頁下末行第一〇字「精」，諸本作「請」。

一　三九九頁上二行第二字「受」，資、磧、普、南、徑、清作「寺受」。

一　三九九頁上四行「皆化其道」。資、磧、普、南、徑、清作「咸受其化」。

一　三九九頁上五行第九字「終」，資、磧、普、南、徑、清作「枝」；麗作「條」。

一　三九九頁上七行第五字「乃」，麗

作「乃應」。

一　三九九頁上八行「令行」，資、磧、普、南、徑、清作「令自行」。

一　三九九頁上九行「而問」，麗作「而問是」。

一　三九九頁上一三行至頁中八行「王大驚愕……王都中建」二百五十一字，資、磧、南、徑、清作「欲於王前而求驗試王即許之於天竺大國之都四衢道中數」二十四字。

一　三九九頁中五行第一○字「其」，麗作「其耳」。

一　三九九頁中二○行第二字「短」，資、磧、普、南、徑、清作「近」。同行「長者遠至」，資、磧、普作「長者極至」；南、徑、清作「遠者極至」。

一　三九九頁中二二行「十車」，資、磧、普、南、徑、清無。

一　三九九頁下三行第九字「以」，資、磧、普、南、徑、清作「當以」。

一　三九九頁下四行第二字「語」，諸本作「誓」。

一　三九九頁下八行第五字「覺」，資、磧、普、南、徑、清作「起」。

一　三九九頁下一○行「其腹」，麗作「之」。

一　三九九頁下一二行第四字「釪」，資、磧、普、南、徑、清作「盂」。

一　三九九頁下一四行第六字「捉」，資、磧、普、南、徑、清作「追」。

一　三九九頁下一五行首字「官」，資、磧、普、南、徑、清作「王」。

一　三九九頁下二二行第二字「自」，資、磧、普、南、徑、清無。同行「死人」，諸本作「無人」。

一　三九九頁下末行首字「王」，諸本作「主」。

一　四○○頁上一行第一一字「不」，諸本作「所」。

一　四○○頁上二行首字「心」，資、磧、普、南、徑、清作「之心」。

一　四○○頁上三行第六字「解」，資、磧、普、南、徑、清作「觸」。

一　四○○頁上四行「幾乎」，資、磧、普、南、徑、清作「幾于」。

一　四○○頁上七行「拊匈」，資、磧、普、南、徑、清作「撫胷」。

一　四○○頁上八行「奔走」，諸本作「奔走」。

一　四○○頁上一五行第一一字「悲」，資、磧、普、南、徑、清作「非」。

一　四○○頁上一六行「去初」，資、磧、普、南、徑、清作「去其初」。

一　四○○頁上一七行末字「耶」，諸本作「那」。

龍樹菩薩傳

姚秦三藏鳩摩羅什譯　　盡

龍樹菩薩者出南天竺梵志種也天聡奇悟事不再告在乳餔之中聞諸梵志誦四圍陁典各四萬偈偈有三十二字皆諷其文而領其義弱冠馳名獨步諸國天文地理圖緯秘讖及諸道術无不悉綜契友三人亦是一時之傑相與議曰天下理義可以開神明悟幽旨者吾等盡之矣復欲何以自娛騁情極欲最是一生之樂然諸梵志道士勢非王公何由得之唯有隱身之術斯樂可辦四人相視莫逆於心俱至術家求隱身法術師念曰此四梵志擅名一世草芥群生今以術故屈辱就我此諸梵志才明絶世所不知者唯此賤法我若授之得必棄我不可復屈且與其藥使用而不知藥盡必來永當師我各與青藥一丸告之曰汝在靜處以水磨之用塗眼瞼汝形當隱无人見者龍樹磨此藥時聞其氣即皆識之分數多

少錙銖无失還告藥師向所得藥有七十種分數多少皆如其方藥師問曰汝何由知之答曰藥自有氣何以不知師即歎伏若斯人者聞之猶難而況相遇我之賤術何足惜耶即具授之四人得術縱意自在常入王宮宮中美人皆被侵凌百餘日後宮中人有懷妊者懅以白王庶免罪咎王大不悅此何不祥為怪乃尒召諸智臣以謀此事所有舊老者言凡如此事應有二種或是鬼魅或是方術可以細土置諸門中令有司守之斷諸行者若是術人其跡自現可以兵除若是鬼魅入而无跡可以術滅即勑門者備法試之見四人跡驟以聞王王將力士數百人入宮悉閉諸門令諸力士揮刀空斬三人即死唯有龍樹斂身屏氣依王頭側王頭側七尺刀所不至是時始悟欲為苦本衆禍之根敗德危身皆由此起即自誓曰我若得脫當詣沙門受出家法既出入山詣一佛塔出家受戒九十日中誦三藏盡更求異經都无得處遂入雪山

山中有塔塔中有一老比丘以摩訶衍經典與之誦受愛樂雖知實義未得通利周遊諸國更求餘經於閻浮提中遍求不得外道論師沙門義宗咸皆摧伏外道弟子白之言師為一切智人今為佛弟子弟子之道諮承不足將未足耶未足一事非一切智也辭窮情屈即起邪慢心自念言世界法中津塗甚多佛經雖妙以理推之故有未盡未盡之中可推而演之以悟後學於理不違於事无失斯有何咎思此事已即欲行之立師教戒更造衣服令附佛法而有小異欲以除衆人情示不受學擇日選時當與諸弟子受新戒著新衣獨在靜處水精房中大龍菩薩見其如是惜而愍之即接之入海於宮殿中開七寶藏發七函以諸方等深奧經典无量妙法授寶華之龍樹受讀九十日中通解甚多其心深入體得寶利龍知其心而問之看經遍未答言汝諸函中經多无量不可盡也我可讀者已十倍閻浮提龍言如我宮中所有經典諸處此比復

不可數龍樹既得諸經一箱深入無生二忍具足龍還送出於南天竺大弘佛法摧伏外道廣明摩訶衍作優波提舍十万偈又作莊嚴佛道論五千偈大慈方便論五千偈中論五百偈令摩訶衍教大行於天竺又造無畏論十万偈中論出其中時有婆羅門善知呪術欲以所能與龍樹諍勝告天竺國王我能伏此比丘王當驗之王言汝大愚癡此菩薩者明與日月爭光智與聖心並照汝何不遜敢不宗敬婆羅門言王為智人何不以理驗之而見抑挫王見其言至為請龍樹清旦共坐政德殿上婆羅門後至便於殿前呪作大池廣長清淨中有千葉蓮華自坐其上而誚龍樹汝在地坐與畜生无異而欲與我清淨華上大德智人抗言論議尒時龍樹亦用呪術化作六牙白象行池水上趣其華坐以鼻絞拔高舉擲地婆羅門傷腰委頓歸命龍樹我不自量毀辱大師願哀受我啓其愚蒙又南天竺王揔御諸國信用邪道沙門釋子一

不得見國人遠近皆伏其道龍樹念曰樹不伐本則條不傾人主不化則道不行其國政法王家出錢雇人宿衛龍樹乃募為其將荷戟前驅整行伍勒部曲威不嚴而令行法不彰而物隨王甚嘉之問是何人侍者答言此人應募既不食廩又不取錢而在事恭謹閑習如此不知其意何求何欲王召問之汝是何人答言我是一切智人王大驚愕而問言一切智人曠代一有汝自言是何以驗之答言欲知智在說王當見問王即自念我為智主大論議師問之能屈猶不足名一旦不如此非小事若其不問便是一屈遲疑良久不得已而問之天今何為耶龍樹言天今與阿脩羅戰王聞此言譬如人噎既不得吐又不得咽欲非其言復无以證之欲是其事无事可明未言之間龍樹復言此非虛論求勝之談王小待之須臾有驗言訖空中便有干戈兵器相係而落王言干戈矛戟雖是戰器汝何必知是天與阿脩羅戰龍樹言構之虛言不如校

以實事言已阿脩羅手足指及其耳鼻從空而下又令王及臣民婆羅門衆見空中清除兩陣相對王乃稽首伏其法化殿上有万婆羅門皆棄束髮受成就戒是時有一小乘法師常懷忿疾龍樹將去此世而問之曰汝樂我久住此世不答言實所不願也退入閑室經日不出弟子破戶看之遂蟬蛻而去去此世已來至今始過百歲南天竺諸國為其立廟敬奉如佛其母樹下生之因字阿周陁那阿周陁那樹名也以龍成其道故以龍配字号曰龍樹也依付法藏經即第十三祖師也假餌仙藥現住長壽三百餘年住持佛法其所度人不可稱數如法藏說

彫經僧　福添

龍樹菩薩傳

龍樹菩薩傳

校勘記

一　底本，金藏廣勝寺本。此傳與諸校本大異。茲以清藏本作爲別本對校資、磧、普、南、徑，附載於後。

龍樹菩薩傳

姚秦三藏法師鳩摩羅什譯

大師名龍樹菩薩者出南天竺梵志種也天聰奇悟事不再告在乳哺之中聞諸梵志誦四韋陀典各四萬偈偈有四十二字皆誦其文而領其義弱冠馳名獨步諸國世學藝能天文地理圖緯秘讖及諸道術無不悉練契友三人亦是一時之傑相與議曰天下義理可以開神明悟幽旨者吾等盡之矣復欲何以自娛騁情極欲最是一生之樂然諸梵志道士勢非王公何由得之唯有隱身之術斯樂可辦四人相視莫逆於心俱至術家求隱身法術師念曰此四梵志擅名一世草芥群生今以術故屈辱就我我若呪法授之此人才明絕世所不知者唯此賤法若得之便去不復可屈且與其藥使日用而不知藥盡必來求可以術屈爲我弟子各與青藥一丸告之曰汝於靜處用水磨之以塗眼瞼則無有人能見汝形者龍樹菩薩磨藥聞氣便盡知藥名分數多少錙銖無失隨其氣勢龍樹識之還語術師此藥有七十種分數多少盡如其方藥師問曰汝何由知答曰藥自有氣何以不知師即歎伏顧斯人者聞之猶難而況相學我之賤術何足惜耶即具授其四人得術隱身自在入王宮中宮中美人皆被侵陵百餘日後宮中人有懷妊者以事白王王大不悅此何不祥爲怪乃爾召諸智臣以謀此事有舊老者言凡如此事應有二種或鬼或術可以細土置諸門中令有司守之斷諸術者若是術人足跡自現可以兵除若其是鬼則無跡也鬼可呪除人可刀殺備法試之見四人跡即閉諸門令數百力士揮刀空斫斫殺三人唯有龍樹斂身屏氣依王頭側王頭側七尺刀所不至是時始悟欲爲苦本猒欲心生發出家願若我得脫當詣沙門求出家法既而得出入山詣佛塔出家受戒九十日中誦三藏盡通諸深義更求諸經都無得處雪山中深遠處有佛塔塔中有一老比丘以摩訶衍經與之誦受愛樂雖知實義未得通利周遊諸國更求餘經於閻浮提中遍求不得外道論師沙門義宗咸皆摧伏即起憍慢心自念言世界法中津塗甚多佛經雖妙以理推之故未盡未盡之中可推而說之以悟後學於理不違於事無失斯有何咎思此事已即欲行之立師教誡更造衣服令附佛法所別爲異方欲以無所推屈表一切智相擇日選時當與諸弟子受新戒著新衣便欲行之獨在靜室水精地房大龍菩薩見其如此惜而愍之即接入海於宮殿中開七寶藏發七寶函以諸方等深奧經典無上妙法授之龍樹龍樹受讀九十日中通練甚多其心深入體得實利龍知其心而問之曰看經遍未答言汝諸函中經甚多無量不可盡也我所讀者已十倍閻浮提龍言如我宮中所有經典諸處此比復不可知龍樹即得諸經一箱深入無生三忍具足龍還送出時南天竺王甚邪見承事外道毀謗正法龍樹菩薩爲化彼故躬持赤旛在王前行經歷七年王始怪問此是何人在吾前行答曰我是一切智人王聞是已甚大驚愕而問之言一切智人曠

代不有汝自言是何以驗之答言欲知智在說王當見問王即自念我爲智主大論議師問之能屈猶不足名一旦不如此非小事若其不問便是一屈遲疑良久不得已而問之天今何爲耶龍樹言天今與阿脩羅戰王聞此言譬如人噎既不得吐又不得咽欲非其言復無以證之欲是其事無事可明未言之間龍樹復言此非虛論求勝之談王小待之須臾有驗言訖空中便有干戈兵器相係而落王言干戈矛戟雖是戰器汝何必知是天與阿脩羅戰龍樹言構之虛言不如校以實事言已阿脩羅手足指及其耳鼻從空而下又令王及臣民婆羅門衆見空中清除兩陣相對王乃稽首伏其法化殿上有萬婆羅門皆棄束髮受成就戒是時龍樹於南天竺大弘佛教摧伏外道廣明摩訶衍作優波提舍十萬偈又作莊嚴佛道論五千偈大慈方便論五十偈令摩訶衍教大行於天竺又造無畏論十萬偈於無畏中出中論也時有婆羅門善知呪術欲以所能與龍樹諍勝告天竺國王我能伏此比丘王當驗之王言汝大愚人此菩薩者明與日月爭光智與聖心並照汝何不遜敢不推敬婆羅門言王爲智人何不以理驗之而抑斷一切王見言至爲請龍樹清旦共坐政德殿上婆羅門後至便於殿前呪作大池廣長清淨中有千葉蓮華自坐其上而訶龍樹汝在地坐如畜生無異而欲與我清淨華上大德智人抗言論議爾時龍樹亦以呪術化作一六牙白象行池水上趣其華坐以鼻繳拔高舉擲地婆羅門傷腰委頓歸命龍樹我不自量毀辱大師願哀受我啓其愚蒙有一小乘法師常懷忿嫉龍樹問之言汝樂我久住世不答言實不願也退入閑室經日不出弟子破戶看之遂蟬蛻而去去世已來始過百歲南天竺諸國爲其立廟敬奉如佛其母樹下生之因字阿周陀那阿周陀那樹名也以龍成其道故以龍配字號曰龍樹也依付法藏經即第十三祖三百餘年任持佛法

龍樹菩薩傳

龍樹菩薩傳

校勘記

一 底本，清藏本。

一 四〇五頁上四行「乳哺之中」，資、磧、普作「乳之哺中」。

一 四〇五頁上一二行第一五字「果」，資、磧、普、南、徑作「家」。

一 四〇五頁上一七行「求可以術屈爲我弟子」，資、磧、普、南作「永當師我」。

一 四〇五頁中三行第八字「顧」，資、磧、普作「願」。

一 四〇五頁下一六行「三忍」，資、磧作「二忍」。

一 四〇五頁下一九行第七字「吾」，徑作「我」。

一 四〇六頁上一八行「五十」，資、磧、普作「五千」。

一 四〇六頁中一八行夾註「佛法」，資、磧作「佛法其所」。

一 四〇六頁中一九行末字「傳」下，徑有夾註「終」。

請賓頭盧經

宋沙門釋慧簡譯　書

天竺國有優婆塞國王長者設一切會常請賓頭盧頗羅墮誓阿羅漢賓頭盧者字也頗羅墮誓者姓也其人為樹提長者現神足故佛擯之不聽涅槃勑令為末法四部衆作福田請時於靜處燒香礼拜向天竺摩梨山至心稱名言大德賓頭盧頗羅墮誓受佛教勑為末法人作福田願受我請於此處食若新作屋舍亦應請之言願受我請於此舍牀敷止宿若普請衆僧澡浴時應請之言願受我請於此洗浴及未明前具香湯淨水澡豆楊枝香油調和冷暖如人浴法開戶請入然後閉戶如人浴訖須衆僧乃入凡會食澡浴要須一切請僧至心求解脫不疑不昧信人清淨然後可屈近世有長者聞說賓頭盧阿羅漢受佛教勑為末法作福田即如法施設大會至心請賓頭盧氍氀下遍布華欲以驗之大衆食訖發氍氀華皆

萎懊惱自責不知過所從來更復精竭審問經師重設大會如前華亦復皆萎復更傾竭盡家財產復作大會猶亦如前懊惱自責更請百餘法師求請所失懺謝罪過如向上座一人羊皮四有悔其愆各上座告之汝三會請我皆受請汝自使奴門中見遮以我年老衣服弊壞謂是被擯賴提淄門不肯見前我以汝請欲強入汝奴以杖打我頭破額右角瘡是第二會亦來復不見前我又欲強入復打我頭額中瘡是第三會亦來如前被打額右角瘡是　汝自為之何所懊惋言已不現長者乃知是賓頭盧自尒以來諸人設福皆不須復遮門若得賓頭盧其坐處華即不萎若新立房舍牀褥欲請賓頭盧時皆當香湯灑地燃香油燈新牀新蓐蓐上舂綿敷之以白練覆綿上初夜如法請之還閉房戶慎勿輕攙閻看皆各至心信其必來精誠感徹无不至也來則蓐上現有卧處浴室亦現用湯水處受大會請時或在上坐或在中坐或在下坐現作隨處僧形人求其異終不可得去後見坐華

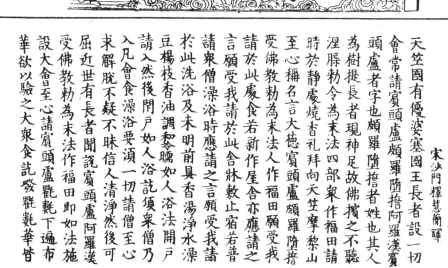

不萎乃知之也　請賓頭盧經　第三張　書字号

請賓頭盧經　勇

請賓頭盧經

校勘記

一　底本，金藏廣勝寺本。

一　四〇七頁中一行及卷末經名，麗作「請賓頭盧法」。

一　四〇七頁中二行譯者，資、磧、普、南、徑、清作「宋三藏慧(磧、南作「惠」)簡譯」。

一　四〇七頁中三行第一二字「設」，資、麗作「若設」；磧、普、南、徑、清作「共設」。

一　四〇七頁中一二行「止宿」，資、磧、普、南、徑、清作「上宿」。

一　四〇七頁中一三行第七字「應」，麗作「亦應」。

一　四〇七頁中一五行「調和」，資、磧、普、南、徑、清作「調適」。

一　四〇七頁中一八行「信人」，磧、普、南、徑、清、麗作「信心」。

一　四〇七頁中一九行第四字「有」，麗作「有一」。

一　四〇七頁中二〇行第七字「法」，麗作「法人」。

一　四〇七頁中二二行第一〇字「發」，麗作「撥」。

一　四〇七頁下二行「經師」，資、磧、普、南、徑、清作「法師」。

一　四〇七頁下三行首字「皆」，資、磧、普、南、徑、清無。

一　四〇七頁下五行第八字「如」，資、磧、普、南、徑、清作「始」。同行「羊皮四有」，諸本(不含石，下同)作「年老四布」。

一　四〇七頁下六行第六字至七行第二字「汝……遮」十七字，資無。

一　四〇七頁下七行「柴壞」，諸本作「弊壞」。同行「賴提」，資、磧、普、南、徑、清作「瀨渧」。

一　四〇七頁下八行首字「肯」，磧、普、南、徑、清作「宜」。

一　四〇七頁下一一行「額右」，資、磧、普、南、徑、清作「額左」；麗作「頭額左」。

一　四〇七頁下一二行第三字「是」，諸本作「是皆」。

一　四〇七頁下一四行第二字「設」，資、磧、普、南、徑、清作「請」。

一　四〇七頁下一四行「不須」，磧、普、南、徑、清、麗作「不敢」。

一　四〇七頁下一五行第三字「處」，諸本無。

一　四〇七頁下一七行「新蓐蓐上」，諸本作「新褥」。

一　四〇七頁下一八行「還閉房户」，資、磧、普、南、徑、清作「閉房」。

一　四〇七頁下末行第一三字「坐」，麗作「坐處」。

一　四〇八頁上一行末字「也」，麗作「矣」。

馬鳴菩薩傳　晝

後秦三藏鳩摩羅什譯

又大師名馬鳴菩薩長老脇弟子也時長老脇勤憂佛法入三昧觀誰堪出家廣宣道化明悟衆生者見中天竺有出家外道世智聰辯善通論唱言若諸比丘能與我論議者可打揵椎如其不能不足公鳴揵椎受人供養時長老脇始從北天竺欲至中國城名釋迦路逢諸沙弥皆共戲之大德長老與我富羅提即有持去者種種嬈之轉不以理長老脇顏無異容恬然不計諸沙弥中廣學問者覺其遠大疑非常人試問其人觀察所為隨問盡荅而行不輟足意色深遠不存近細時諸沙弥具觀長老德重沖邃知不可測倍加恭敬咸共侍送於是長老脇即以神力乘虛而逝到中天竺在一寺住問諸比丘何不依法鳴揵椎耶諸比丘言長老摩訶羅有以故不打也問言何故荅言有出家外道善能論議唱令國中諸釋子沙門

衆若其不能與我論議者不得公鳴揵椎受人供養以有此言是故不打長老脇言但鳴揵椎設彼来者吾自對之諸舊比丘深奇其言而疑不能辦集共議言且鳴揵椎外道若来當令長老住其所為即鳴揵椎外道即問今日何故打此木耶荅言北方有長老沙門来鳴揵椎非我等也外道言可令其来即出相見外道問言欲論議耶荅言然外道即形笑言此長老比丘形貌既尒又言不出常人如何乃欲與吾論議即共要言却後七日當集國王大臣沙門外道諸大法師於此論也至六日夜長老脇入于三昧觀其所應七日明旦大衆雲集長老脇先至即昇高座顏色怡懌倍於常日外道後来當前而坐占視沙門容貌和悅志意安泰又復舉體偹有論相便念言將无非是近比丘耶志安且悅又偹論相今日將成佳論議也便共立要若墮負者當以何罪外道言若負者當斷其舌長老脇言此不可也但作弟子足以允約荅言

可尒又問誰應先語長老脇言吾既

年邁故從遠来又先在此坐理應先語外道言亦可尒耳現汝所說吾盡當破長老脇即言當令天下泰平大王長壽國土豊樂无諸灾患外道默然不知所言論法无對即墮負處伏為弟子剃除鬚髮度為沙弥受具足戒獨坐一處心自惟曰吾才明遠識聲震天下如何一言致屈便為人弟子念已不悅師知其心即命入房為現神足種種變化知師非恒心乃悅伏念曰為吾弟子故其宜矣師語汝言才明不易直未成耳設學吾所得法根力覺道辯才深達明審義趣者將天下无對也師還本國弟子住中天竺博通衆經明達内外才辯蓋世四輩敬伏天竺國王甚珎遇之其後北天竺小月氏國王伐於中國圍守經時中天竺王遣信問言若有所求當相給與何足苦困人民久住此耶答言汝意伏者送三億金當相赦耳王言舉此一國无一億金如何三億而可得耶荅言汝國内有二大寶一佛鉢二辯才比丘以此與我足當二億

金也王言此二寶者吾甚重之不能捨也於是比丘為王說法其辭曰夫含情受化者天下莫二也佛道淵弘義存兼救大人之徳亦以濟物為上世教多難故王化一國而已今弘宣佛道自可為四海法王也比丘度人義不容異功徳在心理無遠近宜存遠大何必在目前而已王素宗重敬用其言即以與之月氏王使還本國諸臣議曰王奉佛鉢故其宜矣夫比丘者天下皆是當一億金無乃太過王審知比丘高明勝達導利弘深辯才說法乃感非人類將欲悟語群惑餓七疋馬至於六日旦普集内外沙門異學請比丘說法諸有聽者莫不開悟王繫此馬於衆會前以草與之（馬嗜浮流故以浮流草與之也）馬垂淚聽法无念食想於是天下乃知非恒以馬解其音故遂号為馬鳴菩薩於北天竺廣宣佛法導利群生善能方便成人功德四輩敬重復咸稱為功徳日

馬鳴菩薩傳

大金正隆二年丁丑歲
河中府河津縣[illegible]誠心施財雕經金文殺教一卷先用祝延
皇帝萬歲目佐千秋國泰民安法輪常轉又為亡過宗親父母早生
淨界次母花氏超生佛界謹天姥一礼扶王之相報
四恩三有法界衆生同登覺岸者

馬鳴菩薩傳

校勘記

一　底本，金藏廣勝寺本。

一　四〇九頁中二行「後秦三藏」，資、磧、普、南、徑、清作「姚秦三藏法師」。

一　四〇九頁中三行首字「又」，資、磧、普、南、徑、清無；麗作「有」。

一　四〇九頁中五行「明悟」，諸本（不含石，下同）作「開悟」。

一　四〇九頁中六行「智聰」，資、磧、普、南、徑、清作「智慧」。同行「通論」，資、磧、普、南、徑、清作「通言論」；麗作「通論議」。

一　四〇九頁中一一行第八字「捉」，麗作「提」。

一　四〇九頁中一二行第二字「嫐」，普、南、徑、清作「嬈」。同行第四字「轉」，麗作「輒」。

一　四〇九頁中一三行「不計」，麗作「不忤」。

一　四〇九頁中一六行「德重」，麗作「德量」。

一　四〇九頁下六行第四字「住」，諸本作「任」。

一　四〇九頁下一九行「是近」，麗作「是聖」。

一　四一〇頁上一二行及頁中一一行「故其」，麗作「固其」。

一　四一〇頁上一二行「汝言」，諸本作「言汝」。

一　四一〇頁上一三行第五字「直」，資、磧、普、南、徑、清作「真」。

一　四一〇頁中一〇行第一一字「使」，麗作「便」。

一　四一〇頁中一四行第一二字「語」，諸本作「諸」。

一　四一〇頁中一六行第四字「諸」，諸本作「請」。

龍樹菩薩勸誡王頌　盡

大唐三藏法師義淨譯

此頌是龍樹菩薩以詩代書寄與南印度親友乘土國王一首此書已先譯神州處藏人多不見遂令妙語不得詳知為此更定本文異使流通冈滯沙門義淨創至東印度躭摩立底國譯

有情無知覆心故　由此興悲為開解
大德龍樹為國王　寄書與彼令修學

此一行頌乃是後人所述標書本意也

具德我演如如教　為生福愛而興述
真善宜應可審聽　此頌名為聖祇底
隨何木等雕佛像　諸有智者咸供養
縱使我詩非巧妙　依正法說勿當輕
王雖先解如如教　更聞佛語增勝解
猶如粉壁月光輝　豈不鮮明益殊妙
佛法并僧衆　施戒及與天　一一功德聚
佛說應常念　十善諸業道　身語意常親
遠離於諸酒　亦行清淨命　知財體非固
如法施苾芻　貧賤及乘生　來世為親友
衆德依戒住　如地長一切　勿穴瘦雜悕
佛說應常習　施戒忍勇定　惠不可稱量
此能到應修　渡有海成佛　若孝養父母
其家有梵王　現招善名稱　來世生天堂
殺盜婬妄說　躭食愛高床　斷諸酒歌舞
華彩及塗香　若女男能成　此八支聖戒
欲界六天上　長淨善當生　慳諂誑貪怠
慢婬嗔氏族　多聞年少憍　並視如怨賊
說无生由勤　有死因放逸　勤能長善法
尒可修謹慎　先時離放逸　後若欣勤修
猶如雲翳除　良宵覩明月　孫陀羅難陀
央具理摩羅　達舍綺莫迦　翻惡皆成善
勇進无同忍　勿使忿勢行　終得不還位
佛證可除嗔　他人打罵我　欺陵奪我財
懷恨招怨諍　捨恨眠安樂　如於水土石
人心盡彼同　起煩惱前勝　愛法者如後
佛說三種語　人美實虛言　猶如蜜花糞
弃後可行前　今明後亦明　今闇後還闇
或今明後闇　或今闇後明　如是四種人
王當依第一
自有生如熟　亦有熟如生　亦有熟如熟
或復生如生　菴沒羅果中　有如是差別
人亦同彼四　難識王應知　勿覩他妻室
設觀如母女　姉妹想隨年　起貪思不淨

如聞子藏命　防持躁動心　獸藥刀怨火
无令欲樂侵　由欲作无利　辟如兼愽果
佛說彼應除　生死牢枷鏁　譎誑常搖境
能降斯六識　執仗掃衆怨　許初為勇極
臭氣九門衆穢室　行軀難滿薄皮纏
請看少女除莊彩　析別形骸惡叵言
癩虫穿已痛　求安就火邊　止息無由免
躭欲亦同然　為知真勝理　作意觀衆事
唯斯德應習　無餘法可親　若人具族望
貌美復多聞　無智破尸羅　是人何足貴
若人無族望　貌醜寡知聞　有智護尸羅
人皆應供養　利无利苦樂　稱无稱毀譏
了俗世八法　齊心離斯境　再生天乞士
父母妻子人　勿由斯造罪　獄果他不分
若行諸罪業　非如刀斬傷　待至臨終際
惡業果全彰　信戒施淨聞　慚愧及正慧
七財牟尼說　共有物誠虛
愽弈樂觀謔雜境　嬾惰惡友敦親志
飲酒非時行六過　此劫芳名尒應弃
求財少欲寂　人天師咸陳　若能修少欲
雖貧是富人
若人廣求諸事者　還被尒許苦來加
智者若不修少欲　受惱還如衆首虵

稟性抱怨如殺者　欺輕夫主如男俾
縱使片物必行偷　宜可弃茲三賊婦
順若姉妹慈如母　隨從若婢伴猶親
如茲四婦宜應供　應知此室号天人
受飡如服藥　知量去貪嗔　不為肥憍慠
但欲住持身　勤軀度永日　於初後夜中
眠夢猶存念　勿使命虛終　慈悲喜正捨
修習可常研　上流雖未入　能生梵世天
捨離欲苦尋喜樂　隨業當生四地中
大梵光音及遍淨　廣果天生與彼同
若恒修對治　德勝愍衆生　此五行為善
不行為大惡　雨塩醎火水　豈若瀉江池
縱令微罪業　善大弥應知　嗔掉舉惡作
惛睡欲貪疑　如斯五盖賊　常偷諸善利
有五最勝法　信勇念定慧　於此應勤習
能招根力頂　病苦死愛別　斯皆自業為
未度可勤修　對品亡嬌恣　若悕天解脫
尒當修正見　設使人行善　邪見招惡果
无樂常无我　不淨審知人　妄念四倒見
難苦在茲身　說色不是我　我非有於色
色我非更在　知餘四蘊空　不從時節生
非自然本性　非无因自在　從愚業愛生
戒禁見身見　及毗織吉蹉　應知三種結

能縛木叉門　解脫終依已　不由他伴成
勤修聞戒定　四真諦便生　增上戒心慧
茲學可常修　百五十餘戒　咸歸此三攝
於身住身念　茲路善修常　如其虧正念
諸法盡淪亡　壽命多災厄　如風吹水泡
若得瞬息停　卧起成希有　卒歸灰燥爛
糞穢難久持　觀身非實法　滅壞墮分離
大地迷盧海　七日出燒燃　況此極微軀
那不成煨燼
如是无常亦非久　无歸無救無家室
生死勝人須猒背　併若芭蕉體无實
海龜投木孔　一會甚難遭　弃畜成人體
惡行果還招　金寶盤除糞　斯為是大癡
若生人作罪　全成極惷兒　生中依善友
及發於正願　先身為福業　四大輪全獲
佛言近善友　全梵行是親　善士依佛故
衆多證圓寂　邪見生鬼畜　泥犂法不聞
邊地箋戾車　生便癡瘂性　或生長壽天
除八無暇過　閑暇既已得　尒可務當生
愛別老病死　斯等衆苦處　智者應生猒
說少過應聽　母或敗為婦　父乃轉成兒
怨家翻作友　遷流无定規　一一飲母乳
過於四海水　轉受異生身　更飲多於彼

過去一一生身骨　展轉積若妙高山
地土丸為酸棗核　數已形軀豈盡邊
梵主世皆供　業力終淪地　縱紹轉輪王
迴身化奴使
三十天中伎女樂　多時受已墮泥犂
速疾磔毒經諸苦　磨身碎體鎮號啼
妙高峯受樂　地耎隨其足　轉受煻煨苦
行經糞屎獄　歡喜芳園裏　天女隨遊戲
墮落劍林中　截手足耳鼻
或入曼陁妙池浴　天女金花艷彩容
捨身更受泥犂苦　熱焰難當灰澗中
欲天受法樂　除貪大梵天　更墮阿毗止
薪焰苦恒連　或生居日月　身光遍四洲
一朝歸黑闇　展手見无由　三種燈明福
死後可持將　獨入無邊闇　日月不流光
有命黑繩熱　合叫无間下　斯等恒纏苦
燒諸行惡者　或若麻林拙　或粉如細末
如利斧斫木　猶如鋸解割　猛火恒煎煑
令飲熱銅漿　駈令上劍剌　又身熱鐵牀
或時高舉手　鐵牙猛狗食　鷹鳥觜介利
任彼啅心肝　蛭蠅及諸虫　其數過千億
利觜唼身軀　急墮皆飡食
若人具造衆罪業　聞苦身自不干墮

如此碩駿金剛性　氣盡涅槃遭猛火
時觀盡變閱應念　讀誦經論常尋鞠
泥黎聽響已驚惶　如何遣當斯異熟
於諸樂中誰是最　愛盡无生樂最精
於衆苦內誰為極　無閒泥黎苦極成
人閒一日中　屢刾三百槊　比地獄輕苦
毫分寧相補　此處受極苦　經百俱胝秋
如其惡未盡　命捨定无由　如是諸惡果
種由身語心　介勤隨力護　輕塵惡勿侵
或入傍生趣　殺縛苦恒親　遠離於寂善
更互被艱辛　或被殺縛苦　求珠尾角皮
錐鞭鉤斲頂　踏拍任他騎　受鬼望不遂
无敵苦常臨　飢渴及冷熱　困怖苦恒侵
口小如針孔　腹大等山丘　飢纏縱已糞
得少定無由　形如枯杌樹　皮方作衣服
炬口夜夜燃　飛蛾墮充食　血膿諸不淨
福少獲无從　更相口排逼　還食癭熟癰
月下便招熱　日中身遂寒　望果唯空樹
瞻江水剩乾　如是受衆苦　經万五千年
長時繫身命　良由苦器堅　若生飢鬼中
遭斯一味苦　非賢澁者愛　佛說由慳垢
生天雖受樂　福盡苦難思　終歸會墜墮
勿樂可應知　猒坐衣沾垢　身光有變衰

液下𦿝流汗　頭上故花萎　如斯五相現
天衆死无疑　地居人若卒　悶乱改常儀
若從天處墮　衆善盡无餘　任落傍生鬼
泥黎隨一居　阿蘇羅本性　縱令全覺慧
忿天生苦心　趣遮於見諦
如是漂流生死處　天人畜及阿蘇羅
下賤業生衆苦器　鬼趣兼投捺落迦
縱使烈火燃頭上　遍身衣服焰皆通
此苦无暇能除拂　無生住想涅槃中
介求尸羅及定慧　寂靜調柔離垢殃
涅槃無盡无老死　四大日月悉皆亡
念擇法勇進　定慧喜輕安　此七菩提分
能招妙涅槃　无慧定非有　缺定慧便溺
若其雙運者　有海如牛跡　十四不記法
日親之所說　於此勿應思　不能令覺滅
從无知起業　由業復生識　識緣於名色
名色生六處　六處緣於觸　觸生緣於受
受既緣於愛　由愛招於取　取復緣於有
有復緣於生　生緣於老死　憂病求不得
輪迴大苦蘊　斯應速斷除　如其生若滅
衆苦殄无餘　最勝言教藏　深妙緣起門
如能正見此　便觀無上尊　正見命正念
正定語業思　此謂八聖道　為寂可修治

无由集愛起　託身衆苦生　除斯證解脫
八聖道宜行　即此瑜伽業　四種聖諦因
雖居舍嚴飾　智遜煩惱津　不從空處墮
如穀因地造　諸先證法人　皆凡具煩惱
何假多陳述　除惱略呈言　事由情可伏
聖說心是源　如上所陳法　苾芻難總行
隨能修一事　勿令虛失生　衆善皆隨喜
妙行三自修　迴向為成佛　福聚令恒取
後生壽無量　廣度於天人　猶如觀自在
極難等怨親
生老病死三毒除　佛國託生為世父
壽命時長量叵知　同彼大覺弥陁主
開顯尸羅及捨慧　天地虛空名遍彰
大地居人及天衆　勿使妖姸女愛傷
煩惱羈纏有情衆　絕流生死登正覺
超度世間但有名　由獲无生離塵濁
阿離野那伽曷樹那菩提薩埵蘇頡
里蜜離佉了（阿離野是聖那伽是龍是象曷樹那義翻為猛菩提薩埵謂是覺情蘇頡里即是親密離佉者書也先去龍樹者訛也）

龍樹菩薩勸誡王頌

乙巳歲高麗國大藏都監奉
勅雕造

龍樹菩薩勸誡王頌

校勘記

一　底本，麗藏本。

一　四一二頁上二行「大唐」，南、徑、清作「唐」。

一　四一二頁上四行第六字「土」，資作「士」。

一　四一二頁上六行第一〇字「異」，諸本(不含石，下同)作「冀」。

一　四一二頁上一二行第一一字「愛」，南、徑、清作「慶」。

一　四一二頁上末行末字「悕」，諸本作「怖」。

一　四一二頁中四行「妄説」，磧、普、南、徑、清作「妄語」。

一　四一二頁中一一行首字「央」，資作「史」。

一　四一二頁中一四行第一一字「如」，諸本作「知」。

一　四一二頁下一行第一三字「刀」，諸本作「力」。

一　四一二頁下四行第二字「降」，諸本作「除」。同行第七字「仗」，資作「伏」。

一　四一二頁下七行末字「免」，諸本作「逸」。

一　四一二頁下一〇行末字「責」，諸本作「貴」。

一　四一二頁下二〇行第一一字「若」，資作「名」。

一　四一三頁上一行「男偶」，資、徑、清作「勇愚」。

一　四一三頁上六行「住持」，諸本作「任持」。

一　四一三頁上一二行「豈若」，磧作「二若」。

一　四一三頁上一三行第八字「弥」，資作「彌」。

一　四一三頁上一七行「亡嬌」，南、徑作「忘憍」；清作「亡憍」。

一　四一三頁中八行第三字「迷」，諸本作「彌」。

一　四一三頁中一九行第五字「過」，南作「苦」。

一　四一三頁下五行「三十天中」，諸本作「三十三天」。

一　四一三頁下六行第三字「磜」，資作「躁」；磧、普、南、徑作「慘」。同行第一〇字「碎」，諸本作「拭」。

一　四一三頁下一〇行「池浴」，資作「池沼」。

一　四一三頁下一七行「行惡」，諸本作「惡行」。

一　四一三頁下一八行「斧斫」，諸本作「斫斧」。

一　四一三頁下二二行首字「利」，資作「此」。

一　四一三頁下末行「自不干」，資作「肉不千」；磧、普、南、徑、清作「肉百千」。

一　四一四頁上七行「相捕」，諸本作「相掐」。

一　四一四頁上一六行第八字「墮」，諸本作「隨」。

一　四一四頁上二〇行第三字「擊」，

諸本作「繫」。同行「飢鬼」，南、徑、清作「餓鬼」。

一　四一四頁中一行「液下」，資、磧、普、南、徑作「腋下」。

一　四一四頁中四行第三字「隨」，諸本作「墮」。

一　四一四頁中六行第七字「處」，徑、清作「趣」。

一　四一四頁中一三行「缺定」，諸本作「決定」。

一　四一四頁下八行第一三字「令」，資、磧、普、南、清作「爾」；徑作「而」。

一　四一四頁下一八行第二字「蜜」，諸本無。

分別業報略經

大勇菩薩撰

宋天竺三藏僧伽跋摩譯

寂勝无上尊　知見悉具足　是故稽首礼
及法應真僧　我今撰安住　知見具足說
五趣所緣起　由淨不淨業　普為諸世間
開示契經義　隨智力所及　分別業果報
佛以法自覺　諸天咸勸請　即至波羅㮈
演暢真諦義　謂苦及苦因　苦集究竟滅
八正悉具足　盡苦清淨道　无上人中尊
說苦業果報　從是轉相生　煩惱及諸業
種種相煩惱　无量諸業行　次第略分別
隨順大仙說　契經所顯示　不違諸法相
真實決定義　慧者當受持　非自在所作
果報非無因　亦非自性起　亦不從時生
自在天無因　自性及與時　以果有勝劣
當知彼非因　無知生煩惱　從是起諸業
因業開眾趣　今當說老別　造諸不善業
隨業入惡道　彼諸罪眾生　閻王慈哀說
生老病死苦　王法所拘執　汝見彼天使
何不生勝覺　惠施清淨戒　能調身口意
汝為何所求　而不發上願　不幸遇惡友
唯聞非法事　增我貪恚癡　何由起淨業
汝曾不修善　但作諸惡行　不覺罪報至
今來入地獄　尒時諸獄卒　即執罪眾生
駈向地獄門　恐怖身毛竪　等活若黑繩
眾合二叫呼　無擇大地獄　燒熱及大熱
土海及糞池　鋒利劒葉林　刀道劒枝樹
灰河鐵鑊獄　造諸惡業者　生此泥黎中
今當說彼業　苦報差別相　等活死復生
經歷億千劫　今聞結怨憎　干相傷害故
陷人以非道　兩舌離親友　讒謗及妄語
死墮黑繩獄　屠捕及餘殺　死入眾合獄
諸山所磨切　身碎血髓流　為政无慈惻
峻法多因緣　廣設諸方便　種種加楚毒
亦入眾合獄　隨業受苦報　輪轉崩山苦
鐵石所磨擣　隨貪恚癡怖　聽訟違枉直
亦入眾合獄　鐵輪斷其身　自恃强力勢
嶮暴陵孤弱　亦入眾合獄　黑象競来踐
逼迫多人眾　令彼大呼泣　死墮叫呼獄
舉身常洞燃　斗秤欺誑人　心惡而口善
言行无誠實　入大叫呼獄　呼哉大呼獄
見者身毛竪　於中受劇苦　寄付不還故
非法言是法　見法言非法　邪見无因果
侮慢謗賢聖　如是諸人等　死入無擇獄
父母賢善人　沙門婆羅門　犯忤令憂惱

死入熱地獄　父母賢善人　沙門婆羅門
惡心加苦痛　死入大熱獄　出家修淨行
虧犯律儀戒　展轉相形毀　死入熱土獄
越禁捨正命　邪諂營織生　死入熱糞池
毒虫貫骨髓　田獵焚林澤　燒害陸眾生
死入火劒獄　燒剥斷支節　誘取諸眾生
詐親害其命　烏鵄群餓狗　競来食其肉
毀壞正法橋　導人非法行　死經利刀道
截足斷肌骨　長身百足虫　貌像端正女
纏身唼髓腦　由彼邪婬故　於他婦女身
摩觸深染著　駈上劒枝樹　往還貫身體
種種設方便　殺諸水虫類　死入沸灰河
舉身悉糜爛　吞食熱鐵丸　鎔銅灌其口
鐵釘釘其身　盜竊他財故　增上十不善
神逝入地獄　次罪墮畜生　餘則入餓鬼
恚憎不善行　心常樂惡法　見他苦隨喜
死作閻羅卒　已說諸業行　重者入地獄
今當說畜生　餓鬼業果報　身三口四過
及意三不善　此業若非增　死墮畜生趣
多欲生鵝鴿　孔雀鴛鴦鳥　愚癡業所生
蛆蟻飛蛾等　无智好打縛　報生象馬中
或復作牛羊　麞鹿諸野獸　瞋恨作虺虵
蜂蝎毒虫類

憍慠自矜高　惡心客懷害　報生含羅婆八腳獸
及作鹿師子　虛傲踈嶮報　猪狗驢狐狼
慳悋不惠施　疾忌多憎惡　輕躁心不住
死墮猿猴中　強顔少羞恥　無節多言說
隨業獲果報　後受烏鳥身　邪貪无猒足
兩舌離親友　後受猫狸身　或作熊羆身
修行大布施　急性多瞋怒　不依正憶念
後作大力龍　能修大布施　高心陵蔑人
由斯業行生　大力金翅鳥　刧盜賢善人
飲食諸餚饍　墮富單那鬼　食糞及死屍
欺怖愚廷劣　疾病諸貧乞　後作富提鬼
常食諸胎納　頻慼鄙陋行　慳惜多貪求
死作賊餓鬼　形體甚黑瘦　慳貪不布施
或施還自毀　死墮食吐鬼　唯膳膿涕唾
自不修福慧　毀他行布施　慳惜甘麁澁
樂習鄙穢行　居伏糞下流　恒食諸不淨
常怖他人物　有財不食用　寧棄不行施
死墮瞋餓鬼　好發他陰私　害人取財物
餘罪墮餓鬼　常食人精氣　麁言觸惱人
好發他陰私　剛強難調伏　生焰口餓鬼
熾燃他鬪訟　積財常恐盡　无慈性剛強
後作食垂鬼　常噉諸蛾蟻　舉身皆火燃
抑止他人施　有財不肯捨　生作巨身鬼

腹大咽如針　不施不自食　積聚為子孫
以此業緣故　後生輕餓鬼　子孫為修福
因是得信食　若為聚落主　逼取他財施
死作鳩槃荼　飲食常隨意　若多殺衆生
以肉為施惠　餘罪作羅刹　常得衆美食
徼恚少憂慼　常作修布施　香華自嚴身
好作諸伎樂　後作乾闥婆　為天執樂神
為利而行施　多瞋好兩舌　後作毗舍闍
其身甚醜陋　髼鬆而赤眼　利爪長牙齒
逼他取財物　而以廣行施　性樂心輕躁
生為負多鬼　多瞋性難滿　好樂修布施
嗜酒喜歌舞　後生作地神　輦輿獻父母
給施親善人　稟性多慳悋　生作遊空神
宅舍乘飲食　以此修惠施　生作虛空神
常與宮殿俱　我已略分別　畜生餓鬼趣
今當次第說　善道人天果　修種種淨行
後生善趣中　隨業受果報　今當如實說
天人阿修羅　欲求長壽者　不害生為本
慧者應當知　慈愍不害生　樂修諸功德
堅固不傾動　所生離諸難　於諸群生類
不捶打繫縛　由斯不惱業　所生常无病
未曾修布施　亦不盜他財　所生常短乏
多求而少獲　能廣行布施　而復奪他物

所生常得財　隨得尋復失　常不盜他物
時復行少施　方便獲財利　所得恒不失
常不盜他物　兼復廣行施　所生輒大富
得財常不失　決定修齋戒　所生遇正法
衆見悉愛樂　名聞普流布　身心常安樂
易滿知止足　柔泰无憂惱　質直修正行
欲報所生恩　信心修福業　隨其所生處
常得父餘財　若以飲食施　長壽好色力
辯慧多財寶　无病心安樂　施衣得慚愧
神儀高勝尊　人相悉具足　覩者莫不欣
其身常安隱　心適恒喜歡
施屋得舍宅　宮殿極嚴麗　寶藏悉盈滿
衆具隨所欲　若施井浴池　及與淨水漿
生生无渴乏　所欲常隨意　橋舩濟未渡
履屣施徒跣　常得象馬車　是則人中天
若以園林施　常獲勝妙果　一切所依蔭
心安无熱惱　衆人所愛樂　眷屬悉具足
若人施醫藥　後生得无病　長壽常安樂
具足色力財　无量百千世　不經疫疾刧
終遇法醫王　永拔生死根　造廟除衆穢
後无便利患　身心常清淨　見者莫不歡
緣是離諸垢　究竟獲大安
若為生天上　或復求名聞　酬恩及望報

恐怖故行施　獲果不清淨　所受多麁澁
祖先建立施　子孫續不絶　所生蒙遺慶
无量餘財寶　常歎施功德　有財而不捨
所生恒貧匱　欲施無財物　常歎布施德
慇念常周恤　所生得大富　不樂修福業
常樂修智慧　而不行布施　所生常聰哲
貧窶無財產　唯樂行布施　而不修智慧
所生得大財　愚闇无知見　施慧二俱修
所生具財智　二俱不修者　長夜處貧闇
布施无正信　後得饒財物　所受悉麁澁
其心常樂著　深信行施惠　生得上財寶
所受皆莊嚴　其心常愛樂　善知良福田
恭敬歡喜施　所生眷屬和　俱受安樂報
心常輕布施　惕意供福田　後生多財物
雖得不能用　凡品无異聞　衆所不敬慕
心不輕布施　恭敬修福慧　生得殊勝財
親族悉宗敬　隨所應惠施　其心常歡喜
生得如意財　以道而受用　秉理獲財物
智慧修布施　財寶自然至　所得皆不失
時施無留難　明解修福惠　少求多所獲
常得應時物　若人修淨行　遠離他所愛
生得賢良妻　容德悉具足　慧者常遠離
非處非時行　心安身无過　具足丈夫法

分別業報略經　第七張　盡

清淨修梵行　賢聖所稱讚　受身常鮮潔
令問遠流布　衆人所瞻仰　諸天咸供養
若人於此世　遠酒離迷乱　強志不忘誤
義辯得无異　若人不妄語　至誠不虛欺
受身悉具足　不染惡名稱　若人不兩舌
方便善和諍　生為人中尊　眷屬常不壞
若人不惡口　美言悅衆聽　恒聞清淨音
宣揚勝妙法　若人於此世　遠離無義語
誠實及應時　知量饒益說　後生言常正
聞者樂信行
若不貪他物　未曾起求想　所生心安樂
常得天勝財　若不起瞋恚　打縛惱逼心
常好修慈忍　後生昇梵天　若人於今世
深信具正見　有无真實說　習近善知識
後生天中天　慧光踰日月
如上所宣說　无量清淨業　隨行各受生
世間種種報　若欲求大利　名稱生天樂
无常求堅固　當勤修德本　作淨不淨業
莊嚴種種果
若生人道中　雜受黑白報　童子及盛壯
中年衰老時　斯各隨本緣　迭受苦樂報
諸業作已增　是則次第受　雖作不增長
久乃獲果報　若人施不恒　中間致貧匱

分別業報略經　第八張　盡

若常修惠施　富樂无窮已　若人多瞋恚
後生恒醜陋　慈忍无忿怒　受身常端正
若人不修慧　所生癡闇冥　好智習多聞
明哲遇賢聖　若能伏憍慢　轉身生勝族
愚惑自矜高　常生卑賤中　諂諛致身曲
訛言形矬陋
見聖心不喜　所生常愚惷　瘖瘂不能言
目盲无所見　尊長師善友　慈心安慰說
歆捨不聽受　所生當聾聵　洗浴諸有德
供養妙香花　斯人所受生　身相悉端嚴
肌體極柔軟　淨如煉真金　汙所不應汙
邪行犯非處　害形毀衆生　由斯受閹身
若人於今世　愛欲心熾燃　身口及諸根
盡習婦人法　後常受女身　多欲不聰慧
若人施燈燭　演說清淨道　迷者示正路
等愛視衆生　後得清淨眼　明徹无障导
子愛視衆生　哀愍諸貧病　所生多子孫
如月在衆星　慈母乳嬰兒　奉齋修淨行
懷姙他所愛　一切悉不犯　由斯淨業故
生得多婇女　圍繞自娛樂　猶如天帝釋
愛敬礼父母　恭肅諸所尊　後生常高貴
身體極柔軟　若人於今世　堅固持律行
後得不動財　猶如雪山王　若人於今世

分別業報略經　第九張　盡

常不越儀法　若彼求不求　等施令滿足
後生得妙相　師子方頰車　具足無盡財
如海珎寶諸　身口意清淨　兼復行布施
於他无嫉心　己財不守護　由斯業行報
後生爵單越
若人慕名聞　及求生天樂　依憑善師學
身口意清淨　所有諸財物　愛樂加守護
由斯業緣故　後生四王家　若人於今世
志強不隨人　所行多幻偽　亦修諸善法
樂觀他鬪訟　兼行好布施　由斯業緣故
後作阿修羅　孝順淨供養　父母諸尊長
忍辱少瞋恨　不樂觀鬪訟　由斯業緣故
後生忉利天
若人自不鬪　亦不觀他諍　精勤修善法
得作夜摩天　於身善觀察　好學集多聞
專精思惟義　樂修淨功德　由斯業緣故
後生兜率天
修習勝布施　樂誦諸經典　方便行善法
自力不由他　殷懃精進故　後生化樂天
修行勝布施　善攝護諸根　精勤不退轉
欣樂他功德　由斯業緣故　後生他化天
捨離熾然欲　修習四梵行　離生欣樂俱
轉身生梵宮　又離覺觀心　亦度離生喜

分別業報略經　第十張　晝

定生喜樂俱　上生光音天　離定生喜樂
一向與樂俱　捨念三摩提　生彼遍淨天
患已度苦樂　不苦不樂俱　捨及清淨念
得生廣果天　覺知離想過　及猒五種有
深愛著无想　生彼无想天　世俗及無漏
修習諸熏禪　熏禪正受力　生五淨居天
修習軟中品　无煩无熱天　修習上三品
次生三淨天　如是次第上　乃至色究竟
依色無常想　起修无量空　次觀無量識
捨至無所有　又離无所有　乃至非非想
我已說生死　有有果報等　於彼業果報
慧者當觀察　應修清淨業　離苦疾受樂
已說諸生死　種種業差別　非自在天生
亦非自然有　非時非无因　唯從煩惱起
觀彼有无常　慧者不染著　出離諸繫縛
永到安隱處

分別業報略經

乙巳歲高麗國大藏都監奉
勅雕造

分別業報略經　第十張　[illegible]

分別業報略經

校勘記

一　底本，麗藏本。
一　四一七頁上一行及卷末經名，諸本(不含石，下同)作「大勇菩薩分別業報略經」。
一　四一七頁上二行「大勇菩薩撰」，諸本無。
一　四一七頁中一二行首字「峻」，資作「悛」。
一　四一七頁中一六行「亦入」，資、南、清作「亦生」。
一　四一七頁中一七行「呼泣」，諸本作「號泣」。
一　四一七頁中二一行第六字「見」，南作「是」。
一　四一七頁中二二行首字「侮」，清作「悔」。
一　四一七頁下二行「修淨」，諸本作「清淨」。
一　四一七頁下三行末字「獄」，諸本

作「海」。

一　四一七頁下一五行第六字「次」，諸本作「盜」。

一　四一七頁下二二行「麞鹿」，諸本作「麋鹿」。

一　四一八頁上一行第一三字「合」，磧、普、徑、清作「舍」。同行夾註「八脚獸」，徑、清無。

一　四一八頁上六行末字「身」，諸本作「等」。

一　四一八頁中二行「後生」，諸本作「復生」。

一　四一八頁中三行「他財」，徑、清作「多財」。

一　四一八頁中一一行第四字「多」，資作「他」。

一　四一八頁下一九行「疫疾」，諸本作「疫病」。

一　四一八頁下末行「天上」，諸本作「天施」。

一　四一九頁上一行「所受」，諸本作「所愛」。

一　四一九頁上一五行「凡品」，諸本作「瓦器」。

一　四一九頁中二行第二字「問」，諸本作「聞」。

一　四一九頁中八行末字「語」，諸本作「言」。

一　四一九頁中一五行第五字「天」，諸本作「上」。

一　四一九頁中二〇行第六字「雜」，資作「離」

一　四一九頁下三行「癡闇冥」，諸本作「常癡闇」。

一　四一九頁下九行第八字「當」，諸本作「常」。

一　四一九頁下一七行首字「子」，資作「常」。

一　四一九頁下二一行首字「愛」，諸本作「虔」。

一　四二〇頁上二行「後生」，資作「往生」。

一　四二〇頁上一〇行第五字「訟」，磧作「說」。

一　四二〇頁中四行第八字「離」，磧、普、南、徑、清作「雜」。

一　四二〇頁中九行第六字「超」，諸本作「起」。

一　四二〇頁中一〇行第六字「又」，諸本作「久」。

一　四二〇頁中一五行「繫縛」，諸本作「縛繫」。

勸發諸王要偈　晝

龍樹菩薩撰

宋天竺三藏僧伽跋摩譯

明勝功德王　我无餘求想　諸佛所說法
莊嚴要何義　略撰賢聖頌　大王所宜聞
如以衆雜木　造立如來像　智者恭敬礼
依佛故存示　我今以非辯　先宣真實藏
慧者應信樂　依法聽所述　大王雖數聞
如來梵音說　勝悟由多聞　屢聞則深信
如日照素質　豈不增其鮮
三寶施戒天　寂勝說六念　隨順諸功德
如實善觀察　身口意常行　清淨十業道
遠酒不醉乱　離修邪正命　知財五家分
无常不牢固　惠施諸有德　貧苦及親屬
所生常隨逐　布施為寂勝
不斷亦不滅　不離不望果　如是諸淨戒
宜應善受持　是則為良田　生諸功德故
施戒忍精進　禪定无量慧　是諸波羅蜜
慧者當修習　能度三有海　速得牟尼尊
若人孝父母　至心盡供養　是名禮教門
清淨天勝族　名聞遠流布　捨身生天上
離殺盜婬欺　飲酒及三技　成就八分齋
隨順諸佛學　捨身生六天　所欲悉隨意
慳諂幻偽慢　懈怠貪恚癡　族姓好容色
少壯多聞樂　如是諸迷惑　當視如怨家
若修不放逸　是則不死路　放逸為死徑
世尊之所說　為增善法故　當修不放逸
若人先為惡　後能不放逸　是則照世間
雲除月光顯　忍辱无與等　不隨瞋恚心
佛說能遠離　是得不還道　有瞋如畫水
或如畫土石　若說超煩惱　初人則為勝
改惡修慈忍　第三則為上
寂勝說衆生　三種善惡語　初名引人心
美言如飴蜜　次名真實語　猶如妙華敷
後名不誠實　鄙淬如糞穢　慧者應分別
捨後修初二
從明明至終　從闇闇究竟　有從闇入明
或從明入冥　慧者應諦了　捨三昇初明
有人生似熟　或復熟似生　或二俱生熟
明者諦分別　不視他妻色　視則母女想
如是猶生惑　常修不淨觀　心意善馳乱
當勤善守持　如人護勝國　寶藏愛子命
當觀五欲樂　猶如惡毒虵　怨憎及刀火
方便修猒離　五欲生非義　猶如頻婆果
覆相善欺誑　縛人住生死　智者當觀察

勸發諸王要偈　第三張　盡字号

棄捨勿染汙
諸根常輕躁　馳散六塵境　若能善調伏
是則大勇健　是身為行廁　九道常流穢
穿漏難可滿　薄皮隱不淨　愚者為所欺
智士當猒離
如人病疥虫　向火欲除患　少樂後苦增
貪欲亦如是　能善知欲過　從是離衆苦
欲見第一義　佛說觀緣起　應當勤修習
寂勝无過是　族姓身端嚴　多聞自纓絡
若不修戒慧　此則非殊勝　能具二功德
无三猶奇特
利衰及毀譽　稱譏與苦樂　八法不傾動
是則為聖王　莫為諸天神　沙門婆羅門
宗親及賓客　害生造惡業　命終入地獄
獨受彼不代
若人作惡業　不即受楚毒　命終受苦報
後悔將何及　信戒施多聞　智慧有慚愧
佛說不共財　餘財一切共　博弈大衆會
嬾惰習惡友　飲酒縱昏蕩　夜遊无羞恥
此六汙名稱　智者應遠離
知足為大財　世尊所稱說　若能修知足
雖貧戝大富　辟如多頭龍　多頭則多苦
自性結恨深　是名怨家婦　憿慠不承順

勸發諸王要偈　第四張　盡字号

名為輕夫婦　費用夫主財　是則名賊婦
慎哉賢丈夫　宜遠此三婦　隨順為姊妹
愛樂為善友　安慰則為母　隨意為婢使
此四賢良妻　則是夫眷屬
飲食為湯藥　无貪恚癡服　唯為止身苦
勿為肥放逸　晝則勤修業　初後夜亦然
中夜亦正念　无令空喪過　慈悲喜捨心
日夜常修習　設未出世間　其福勝梵天
離欲覺歡喜　苦樂修四禪　梵光淨果實
受此諸天樂　若人少行惡　廣修无量善
如以一把鹽　投之大恒水　若人多行惡
少修淨功德　如以多惡毒　置之小器食
五陰闇冥賊　劫人善珎寶　信五根力士
是能善守護　生老病死苦　所愛者別離
淪沒不超度　斯由自業過　求生天解脫
當勤修正見　邪見雖行善　一切得苦果
无常苦不淨　應當善觀察　若不正思惟
四倒盲慧眼　端正色非我　我色亦非主
四陰亦復然　唯是空苦聚　非時非无因
亦非自性有　非自在天生　无明愛業起
身見戒取疑　是三障解脫　聖慧開解門
自力不由他　淨戒學禪定　精勤修四禪
增上戒心慧　常當勤修學　諸戒智三昧

勸發諸王要偈　第五張　盡字号

悉入三學中
身念處大力　佛說一乘道　常當繫心念
方便善守護　若忘是正念　則失諸善法
身命極浮脆　踰風吹水泡　夢覺難可保
出息无必遊　倏忽成微塵　當知無堅固
大地須弥海　七日皆燒然　廓然无遺燼
況復危脆身　無常不可依　亦非覆護法
是身不可怙　如何不生猒　辟如海盲龜
值遇浮木孔　畜生復人身　難得復過是
如何人道中　不修勝果業
寶器盛糞穢　是則愚癡人　已得人身寶
而用造惡行　當知此士夫　極愚復過是
得生有道國　遭遇善知識　正見心成就
宿命有功德　四寶輪具足　能出生死路
親近善知識　具足修梵行　佛說如是人
心常得寂滅　邪見三惡趣　不聞佛法音
邊地闇冥處　聾瘂長壽天　王已離八難
得此无尋身　宜應修善業　方便求泥洹
生死長夜中　无量種種苦　展轉作六親
尊卑无常序　永劫生死中　未曾不為子
計飲慈母乳　量踰四大海　凡夫方受生
所飲復過是
一人從本來　積骨高須弥　所經諸人天

大地微塵數　先作轉輪王　後復為僕使
或上為帝釋　諸天所奉事　下生糞土中
往反亦无數　或時生天上　綵女極娛樂
目眩衆妙色　耳聞万種聲　觸身皆細軟
快樂難可名　後墮地獄中　苦毒靡不經
若生劍林樹　身首隨刃零
或遊須弥頂　昇降隨所念　與衆天女俱
沐浴曼陁池　寶華列莊嚴　清涼極快樂
復入沸灰河　烹煮悉糜爛　六天五欲歡
梵世離欲樂　死入无擇獄　備受衆苦毒
或作日月天　光明照四域　後生黑闇獄
不自見其形　王當然慧燈　勿復隨長寘
八大地獄中　燒炙屠裂苦　備經衆楚毒
无量不可辟　若人隨癡惑　具造衆惡業
出息未反間　聞是諸大苦　其心不驚怖
是則木石人
眼見報應像　復聞智者說　披采佛經典
內心正思惟　則應大怖畏　何況身自經
一切受苦中　无擇㝡大苦　一切受樂中
愛盡第一樂　日夜各三時　三百槍貫身
欲比无擇苦　百千倍非辟　无量諸楚毒
求死不可得　受罪百千歲　惡業盡乃畢
不淨苦果報　身口業為種　不種則不有

王宜斷苦本　若墮畜生趣　繫縛殺害苦
貪害狂乱心　怨結更相食　或為取珠寶
毛尾皮肉骨　由是喪身命　解剝斷截痛
駿足有大力　穿頸服乘苦　狂逸不調馴
策勤而搒楚　餓鬼思飲食　所念未曾有
飢渴寒熱迫　長夜无休息　或身如太山
咽口若針鋒　飢渴內燒燃　對食食无從
或見糞膿唾　群走競馳趣　到則自然滅
望絕增苦惱　飢渴煎其內　瘤癭發癰疽
更共相摣搏　齟齬唼膿血　羸瘦皮骨連
裸形被長髮　身長若枯木　熾焰從口出
還自焚其身　狀燒多羅樹
處夏希夜涼　月光增其熱　在冬思晝溫
日出逾冰結　向樹果即消　趣河水輒竭
經万五千歲　業持命不絕　久受无量苦
斯由宿罪緣　種種諸惱逼　純苦初无間
貪惜極慳者　佛說餓鬼因
生天雖快樂　福盡極大苦　斯非賢聖果
慧者所不怙　身體不光澤　不樂本所座
華冠率萎落　塵垢忽著身　腋下流汗汁
當知死時至
善趣淨業盡　復墮三惡道　或生阿修羅
貪嫉常苦惱　雖有智聰明　終不見真諦

生死六趣中　輪轉常不息　勝法不受生
生者衆苦器　假令頂火然　正意慎勿念
不受後有業　專心勤修習　戒品禪定慧
寂靜調不動　當求涅槃道　究竟離生死
念擇及精進　喜猗三昧捨　此七菩提分
清淨甘露道　无智則不禪　无禪亦不智
是二俱成就　能出生死流　無邊大苦海
視如牛跡水
十四无記論　佛說不應思　是非安隱道
亦非寂滅處　無明緣諸行　即緣彼生識
名色從識起　六入因名色　六入生六觸
從觸起諸受　諸受為愛因　從愛生四取
四取生三有　因有受後生　從生致老死
憂悲諸苦惱　无量衆苦聚　生盡則都滅
㝡勝所顯示　甚深緣起法　若能正觀察
真實見之上　如是真實見　是則為見佛
正見正思惟　正語正業命　正念正方便
及正三摩提　八分聖賢道　寂滅當修習
生為真諦苦　恩愛則是集　苦滅名解脫
到彼謂八道　為見彼真諦　常勤修正智
雖處五欲樂　慧者能出離　能證正法者
皆從凡夫起　不從虛空墮　亦不從地出
明哲无畏王　領要不待煩　宜修正法橋

越度生死渕　如上諸深法　出家猶難精
況復御世主　而能具足行　隨時漸修習
勿令日空過
一切人修善　常生隨喜心　自行三種業
正迴向佛道　當於未來世　受此无量福
常生天人中　得為自在王　與大菩薩衆
遊戲諸神通　方便化衆生　嚴淨佛國土
施戒慧為種　往返人天中　无垢淨名稱
流布十方國　世間導人主　上生化天王
令捨五欲樂　遠離諸放逸　衆生迷正濟
漂浪隨四流　无量生死苦　度令至彼岸
緣此成佛道　究竟大涅槃

勸發諸王要偈

勸發諸王要偈

校勘記

一　底本，金藏廣勝寺本。

一　四二二頁中三行譯者，資、磧、普、南、徑、清作「宋天竺三藏求那跋摩譯」。

一　四二二頁中七行「存示」，資、磧、普、南、徑、清作「存木」；麗作「尊視」。

一　四二二頁中七行「先宣真實」，資、麗作「光宣真實」；磧、普、南、徑、清作「光宣真寶」。

一　四二二頁中一三行「修邪」，麗作「邪修」。

一　四二二頁下九行第八字「超」，資、磧、普、南、徑、清作「起」。

一　四二二頁下一九行「常修」，諸本（不含石，下同）作「當修」。

一　四二二頁下二〇行第一〇字「國」，諸本作「聞」。

一　四二三頁上五行「智士」，資、磧、普、南、徑、清作「智者」。

一　四二三頁上二二行第三字「賤」，資、磧、普、南、徑、清作「則」。

一　四二三頁中四行第八字「夫」，資、磧、普、南、徑、清作「天」。

一　四二三頁中二一行「開解」，諸本作「開脫」。

一　四二三頁下五行第五字「遊」，資、磧、普、南、徑、清作「迴」；麗作「旋」。

一　四二四頁上三行第五字「數」，資、磧、普、南、徑、清作「量」。

一　四二四頁上一〇行「死入」，資、磧、普、南、徑、清作「亦入」。

一　四二四頁中一行「王宜」，資、普、南、徑、清作「王其」；磧作「生其」。

一　四二四頁中五行第二字「勤」，諸本作「勸」。

一　四二四頁中六行第五字「迫」，資、磧、普、南、徑、清作「逼」。

一　四二四頁中九行「其內」，資、磧、普、南作「其肉」。

一　四二四頁中一〇行「齟齬」，磧、普、

南、徑、清作「齟齗」。

一　四二四頁中一四行第三字「逾」，資、磧、普、南、徑、清作「愈」。

一　四二四頁下四行「當求」，資、磧、普、南、徑、清作「常求」。

一　四二四頁下二〇行「常勤」，資、磧、普、南、徑、清作「當勤」。

婆藪盤豆法師傳

陳天竺三藏法師真諦譯

畫

婆藪盤豆法師者北天竺富婁沙富
羅國人也富婁沙譯為丈夫富羅譯
為土毗搜紐天王世傳云是帝釋弟帝
釋遣其出閻浮提作王為伏阿修羅
其生閻浮提為婆藪提婆王之子有
修羅名因陀羅陀摩那因陀羅是帝
釋名陀摩那譯為伏此阿修羅恒與
帝釋鬪戰謂能伏帝釋故有此名毗
伽羅論解阿修羅謂非善戲即應以
此名譯之諸天恒以善為戲樂其恒
以惡為戲樂故有此名亦得名非天
此阿修羅有妹名波羅頗婆底(知履反)
波羅頗譯為明婆底譯為妃此女甚
有形容阿修羅欲害毗搜紐天故將
此妹誑之以呪術力變閻浮提一處令
陰暗其自居暗處不令人見令妹別
住明處語妹云若人欲得汝為婦可
語云我兄有大力若欲取我必與我
兄相違若能將我兄鬪戰乃可相許
毗搜紐天後於明處見此女心大悅

之問云汝是何人答云我阿修羅童
女天云諸阿修羅女由來皆適諸天
我既無婦汝又無夫今欲相取得見
從不女如其兄先言以答之天云汝
今借我身故有此言汝已愛我我豈
相置我有大力能與汝兄鬪戰女遂
許之即為夫妻阿修羅後往明問毗
搜紐天汝云何輒取我妹為婦天答
云若我非丈夫取汝妹為婦可致嫌
責我是丈夫無婦汝妹是童女無夫
我今取之正是其理何故見怪阿修
羅云汝有何能自稱丈夫若是丈夫
能將我鬪戰得勝當以妹適汝天云
汝若不信當共決之即各執仗手相
斫刺毗搜紐天是那羅延身斫刺所
不能入天斫阿修羅頭斷即還復手
脚等餘身分悉尒隨有斷處即還復
從旦至晚斫刺不息阿修羅無有死
狀天力稍盡轉就疲困若至夜阿修
羅力則更強明妃恐其夫不如取藕
波羅華擘為兩片各擲一邊明妃於
其中行去而復來天即解此意捉阿
修羅身擘為兩片各擲一邊天於其

中得去而復來阿修羅由此命斷阿
修羅先就仙人乞恩願令我身被斫
刺即便還復仙人施其此恩故後時
被斫刺而不失命仙人欲令諸天殺
之故不施其擘身還復之恩故後時
由此失命毗搜紐天既居此地顯丈
夫能因此立名稱丈夫國此土有國
師婆羅門姓憍尸迦有三子同名婆
藪槃豆婆藪譯為天槃豆譯為親天
竺立兒名有此體雖同一名復立別
名以顯之第三子婆藪槃豆於薩婆
多部出家得阿羅漢果別名比隣持
(定梨反)跋婆比隣持是其母名跋婆譯為
子亦曰兒此名通人畜如牛子亦名
跋婆但此土呼牛子為犢長子婆藪
槃豆是菩薩根性人亦於薩婆多部
出家後修定得離欲思惟空義不能
得入欲自殺身賓頭羅阿羅漢在東
毗提訶觀見此事從彼方來為說小乘
空觀如教觀之即便得入雖得小乘空
觀意猶未安謂理不應止尒因此乘
神通往兜率多天諮問彌勒菩薩彌
勒菩薩為說大乘空觀還閻浮提如

說思惟即便得悟於思惟時地六種動既得大乘空觀因此為名名阿僧伽阿僧伽譯為无著尒後數上兜率多天諮問弥勒大乘經義弥勒廣為解說隨有所得還閻浮提以已所聞為餘人說聞者多不生信无著法師即自發願我今欲令衆生信解大乘唯願大師下閻浮提解說大乘令諸衆生皆得信解弥勒即如其願於夜時下閻浮提放大光明廣集有緣衆於說法堂誦出十七地經隨所誦出隨解其義經四月夜解十七地經方竟雖同於一堂聽法唯无著法師得近弥勒菩薩餘人但得遥聞夜共聽弥勒說法晝時无著法師更為餘人解釋弥勒所說因此衆人聞信大乘弥勒菩薩教无著法師修日光三摩提如說修學即得此定從得此定後昔所未解悉能通達有所見聞永憶不忘佛昔所說華嚴等諸大乘經悉解義弥勒於兜率多天悉為无著法師解說諸大乘經義法師並悉通達皆能憶持後於閻浮提造大乘經優

波提舍解釋佛所說一切大教第二婆藪槃豆亦於薩婆多部出家博學多聞遍通墳籍神才俊朗无可為儔戒行清高難以相疋兄弟既有別名故法師但稱婆藪槃豆佛滅度後五百年中有阿羅漢名迦旃延子母姓迦旃延從母為名先於薩婆多部出家本是天竺人後往罽賓國罽賓在天竺之西北與五百阿羅漢及五百菩薩共撰集薩婆多部阿毗達磨製為八伽蘭他即此間云八乹度伽蘭他譯為結亦曰節謂義類各相結屬故云結又攝義令不散故云結義類各有分限故云節亦稱此文為發慧論以神通力及願力廣宣告遠近若先聞說阿毗達磨隨所得多少可悉送來於是若天諸龍夜叉乃至阿迦尼師吒諸天有先聞佛說阿毗達磨若略若廣乃至一句一偈悉送與之迦旃延子共諸阿羅漢及諸菩薩簡擇其義若與修多羅毗那耶不相違背即便撰銘若相違背即便棄捨是所取文句隨義類相関若明慧義則安置

慧結中若明定義則安置定結中餘類悉尒八結合有五万偈造八結竟復欲造毗婆沙釋之馬鳴菩薩是舍衛國婆枳多土人通八分毗伽羅論及四皮陁六論解十八部三藏文宗學府允儀所歸迦旃延子遣人往舍衛國請馬鳴為表文句馬鳴既至罽賓迦旃延子次第解釋八結諸阿羅漢及諸菩薩即共研辯義意若定馬鳴隨即著文經十二年造毗婆沙方竟凡百万偈毗婆沙譯為廣解表述既竟迦旃延子即刻石立表云今去學此諸人不得出罽賓國八結文句及毗婆沙文句亦悉不得出國恐餘部及大乘汙壞此正法以立制事白王王亦同此意罽賓國四周有山如城唯有一門出入諸聖人以願力攝諸夜叉神令守門若欲學此法者能來罽賓則不遮㝵諸聖人又以願力令五百夜叉神為檀越若學此法者資身之具無所短乏阿緰闍國有一法師名婆娑須拔陁羅聰明大智聞即能持欲學八結毗婆沙義於餘國弘

通之法師詐迹為狂癡人往罽賓國
恒在大集中聽法而威儀乖失言笑
殊異有時於集中論毗婆沙義乃問
羅摩延傳衆人輕之聞不齒錄於十
二年中聽毗婆沙得數遍文義已熟
悉誦持在心欲還本土去至門側諸
夜叉神高聲唱令大阿毗達磨師今
欲出國即執還於大集中衆共撿問
言語紕謬不相領解衆咸謂為狂人
即便放遣法師後又出門諸神復唱
令執還遂聞徹國王王又令於大集
中更撿問之衆重撿問亦如先不相
領解如此三反去而復還至第四反
諸神雖送將還衆不復撿問令諸夜
叉放遣出國法師既達本土即宣示
近遠咸使知聞云我已學得罽賓國
毗婆沙文義具足有能學者可急來
取於是四方雲集法師年衰老恐出
此法不竟令諸學徒急疾取之隨出
隨書遂得究竟罽賓諸師後聞此法
已傳流餘土人各嗟歎至佛滅後九百
年中有外道名頻闍訶婆娑頻闍訶
是山名婆娑譯為住此外道住此山

因以為名有龍王名毗梨沙伽那住
在頻闍訶山下池中此龍王善解僧
佉論此外道知龍王有解欲就受學
龍王變身作仙人狀貌住葉屋中外
道往至龍王所述其欲學意龍王即
許之外道採華滿一大籃頭戴華籃
至龍王所繞龍王一匝輒投一華以為
供養投一華作一偈讚歎龍王隨聞
隨破其所立偈義即取華擲外其隨
施所立偈義既立還投所擲華如此
投一籃華盡具破教諸偈悉來就龍
王既嘉其聰明即為解說僧佉論語
外道云汝得論竟慎勿改易龍王畏
其勝已故有此及其隨所得簡擇之
有非次第或文句不巧義意不如悉
改易之龍王講論竟其著述亦罷即
以所著述論呈龍王龍王見其所製
勝本大起瞋妬語外道云我先囑汝
不得改易我論汝云何改易當令汝
所著述不得宣行外道答云師本囑
我論竟後不得改易不囑我於說論
中不得改易我不違師教云何賜責
乞師施我恩我身未壞願令此論不壞

師即許之外道得此論後心高很慢
自謂其法最大無復過者唯釋迦法
盛行於世衆生謂此法為大我須破
之即入阿緰闍國以頭擊論義鼓云
我欲論義若我墮負當斬我頭若彼
墮負彼宜輸頭國王馝柯羅摩阿祑
多譯為正勤日王知此事即呼外道
問之外道曰王為國主於沙門婆羅
門心無偏愛若有所習行法宜試其
是非我今欲與釋迦弟子決判勝劣
須以頭為誓王即聽許王遣人問
國內諸法師誰能當此外道若有能
當可與論義于時摩㝹羅他諸師婆
藪盤豆法師等諸大法師悉往餘國
不在摩㝹羅他譯為心願唯有婆藪
盤豆法師
佛陁蜜多羅法師在佛陁蜜多羅譯為
覺親此法師本雖大解年已老邁神
情昧弱辯說羸微法師云我法大將
悉行在外外道強梁復不可縱我今正
應自當此事法師即報國王王仍剋
日廣集大衆於論議堂令外道與法
師論義外道問云沙門為欲立義為

欲破義法師荅云我如大海无所不容汝如土塊入中便没隨汝意所樂外道云沙門可立義我當破汝法師即立无常義云一切有為法剎那剎那滅何以故後不見故以種種道理成就之是法師所說外道一聞悉誦在口外道次第以道理破之令法師誦取誦不能得令法師救之救不能得法師即墮負外道云汝是婆羅門種我亦是婆羅門種不容殺汝今須鞭汝背以顯我得勝於是遂行其事王以三洛沙金賞外道外道取金布散國内施一切人還頻闍訶山入石窟中以呪術力召得夜叉神女名稠林從此神女乞恩願令我死後身變成石永不毀壞神女即許之其自以石塞窟於中捨命身即成石所以有此願者其先從其師龍王乞恩願我身未壞之前我所著僧佉論亦不壞滅故此論于今猶在婆藪槃豆後還聞如此事歎恨憤結不得值之遣人往頻闍訶山覓此外道欲摧伏其佷慢以雪辱師之耻外道身已成石天親弥

復憤懣即造七十真實論破外道所造僧佉論首尾凡解无一句得立諸外道憂苦如害已命雖不值彼師其恚擅既壞枝末无復所依報雪耻於此為記衆人咸聞慶悅王以三洛沙金賞法師法師分此金為三分於阿緰闍國起三寺一比丘尼寺二薩婆多部寺三大乘寺法師尒後更成立正法先學毗婆沙義已通後為衆人講毗婆沙義一日講即造一偈攝一日所說義刻赤銅葉以書此偈摽置醉象頭下擊鼓宣令誰人能破此偈義能破者當出如此次第造六百餘偈攝毗婆沙義聞盡一一皆尒遂无人能破即是俱舍論偈也偈說後以五十斤金并此偈寄與罽賓諸毗婆沙師後見聞大歡喜謂我正法已廣弘宣但偈語玄深不能盡解又以五十斤金足前五十為百斤金餉法師乞法師為作長行解此偈義法師即作長行解偈立薩婆多義隨有僻處以經部義破之名為阿毗達磨俱舍論論成後寄與罽賓諸師彼見其

所執義壞各生憂苦正勒日王太子名婆羅袟底也婆羅譯為新袟底也譯為日王本令太子就法師受戒王妃出家亦為法師弟子太子後登王位母子同請留法師住阿緰闍國受其供養法師即許之新日王妹夫婆羅門名婆修羅多是外道法師解毗伽羅論天親造俱舍論此外道以毗伽羅論義破法師所立文句謂與毗伽羅論相違令法師救之若不能救此論則壞法師云我若不解毗伽羅論豈能解其深義法師仍造論破毗伽羅論三十二品始末皆壞於是失毗伽羅論唯此論在王以一洛沙金奉法師王母以兩洛沙金奉法師法師分此金為三分於丈夫國罽賓國阿緰闍國各起一寺此外道懟欲忿伏法師遣人往天竺請僧伽䟦陁羅法師來阿緰闍國造論破俱舍論此法師至即造兩論一光三摩耶論有一万偈止述毗婆沙義三摩耶譯為義類二隨實論有十二万偈救毗婆沙義破俱舍論論成後呼天親更共

面論決之天親知其雖破不能壞俱舍義不復將彼面共論決法師云我今已老隨汝意所為我昔造論破毗婆沙義亦不將汝面共論決汝今造論何須呼我有智之人自知其是非法師既遍通十八部義妙解小乘執小乘為是不信大乘謂摩訶衍非佛所說阿僧伽法師既有此弟聰明過人識解深廣該通內外恐其造論破壞大乘阿僧伽法師住在丈夫國遣使往阿緰闍國報婆藪盤豆云我今疾篤汝可急來天親即隨使還本國與兄相見諮問疾源兄答云我今心有重疾由汝而生天親又問云何賜由兄云汝有不信大乘恒生毀謗以此惡業必永淪惡道我今愁苦命將不全天親聞此驚懼即請兄為解說大乘兄即為略說大乘要義法師聰明殊有深淺即於此時悟知大乘理應過小乘於是就兄遍學大乘義後如兄所解悉得通達解意即明思惟前後悉與理相應无有乖背始驗小乘為失大乘為得若無大乘則无三

乘道果昔既毀謗大乘不生信樂懼此罪業必入惡道深自各責欲悔先過往至兄所陳其過迷今欲懺悔先愆未知何方得免云我昔由舌故生毀謗今當割舌以謝此罪兄云汝設割千舌亦不能滅此罪汝若欲滅此罪當更為方便法師即請兄說滅罪方便兄云汝舌能善以毀謗大乘汝若欲滅此罪當善以解說大乘阿僧伽法師但殂後天親方造大乘論解釋諸大乘經華嚴涅槃法華般若維摩勝鬘等諸大乘經論悉是法師所造又造唯識釋攝大乘三寶性甘露門等諸大乘論凡是法師所造文義精妙有見聞者靡不信求故天竺及餘邊土學大小乘人悉以法師所造為學本異部及外道論師聞法師名莫不畏伏於阿緰闍國捨命年終八十雖迹居凡地理實難思議也前來訖此記天親等兄弟此後記三藏闍梨從臺城出入東至廣州重釋大乘諸論并遷化後事傳於後代

婆藪盤豆法師傳

婆藪盤豆法師傳

校勘記

一　底本，麗藏本。金藏廣勝寺本原版大部殘缺，今採用其中可用者五版，即四三〇頁中至四三一頁下。
一　四二七頁上一行及二行「法師」，諸本（不含石，下同）無。
一　四二七頁上六行第四字「出」，諸本作「生」。
一　四二七頁上八行「修羅」，諸本作「阿修羅」。
一　四二七頁上一六行「形容」，諸本作「容貌」。
一　四二七頁上一九行末字「可」，諸本作「汝可」。
一　四二七頁中一行第一〇字「我」，諸本作「我是」。
一　四二七頁中四行第九字「以」，諸本無。
一　四二七頁中七行第一二字「明」，諸本作「明處」。
一　四二七頁中一六行第一一字「即」，諸本作「頭即」。
一　四二七頁中一七行第一二字「即」，諸本作「隨即」。
一　四二七頁中二〇行第一三字「取」，諸本作「即取」。
一　四二七頁中二二行第一一字「此」，諸本作「其」。
一　四二七頁下一行第二字「得」，諸本作「行」。
一　四二七頁下二行第一三字「被」，諸本作「若被」。
一　四二七頁下三行「即便」，諸本作「即更」。
一　四二七頁下二二行「彌勒菩薩」，諸本無。
一　四二八頁上二行「名名」，諸本作「名」。
一　四二八頁上三行「阿僧伽」，諸本無。
一　四二八頁上一六行第一一字及次頁上四行第九字「聞」，諸本作「皆」。
一　四二八頁上一八行第一一字「得」，諸本無。
一　四二八頁上二一行首字「解」，諸本作「未解」。
一　四二八頁上二一行至次行「法師」，諸本無。
一　四二八頁中一行「大教第二」，諸本作「大乘教第二子」。
一　四二八頁中五行首字「故」，諸本作「説故」。
一　四二八頁中一六行第二字「説」，諸本作「佛説」。
一　四二八頁中一七行「若天」，諸本作「若人若天」。
一　四二八頁中二二行第三字「銘」，諸本作「録」。
一　四二八頁下六行第三字「允」，諸本作「先」。
一　四二八頁下七行第七字及一一行第一三字「表」，諸本作「製」。
一　四二八頁下一二行第一一字「表」，資、磧、徑作「製」；南、清作「制」。

一　四二八頁下一三行第二字「諸」，諸本作「法」。

一　四二九頁上三行「集中」，諸本作「大集中」。

一　四二九頁上八行第六字「還」，諸本作「將還」。

一　四二九頁上一六行「使知聞」，資、磧、普作「便聞知」；南、徑、清作「使聞知」。

一　四二九頁上一八行首字「取」，諸本作「取之」。又同行第一〇字「年」，諸本作「年已」。

一　四二九頁中三行第九字「有」，諸本作「善」。

一　四二九頁中四行第三字「變」，諸本作「恒變」。

一　四二九頁中八行「龍王」，諸本作「龍王德龍王」。

一　四二九頁中九行至次行「其隨施所」，諸本作「道其外道隨破隨」。

一　四二九頁中一一行「具破教」，諸本作「且破且救」。同行「來就」，諸本作「成就」。

一　四二九頁中一四行第六字「此」，諸本作「此說」。同行「所得」，諸本作「聽所得即」。

一　四二九頁中二一行第三字「竟」，諸本作「成」。

一　四二九頁下一行首字「師」，諸本無。

一　四二九頁下三行第六字「生」，諸本作「人多」。

一　四二九頁下四行「阿綸闍」，南、徑、清作「阿輪闍」。同行第九字「顯」，諸本作「頭」。

一　四二九頁下七行及次頁下一行「正勒」，諸本作「正勤」。

一　四二九頁下一一行首字「須」，諸本作「各須」。

一　四二九頁下一三行「諸師」，諸本作「法師」。

一　四二九頁下一六行第三字「法」，諸本無。

一　四二九頁下二〇行「在外」，諸本作「不在」。

一　四二九頁下二一行「此事」，諸本作「其事」。

一　四三〇頁上二二行「摧伏」，諸本作「折伏」。

一　四三〇頁中四行第一一字「報」，諸本作「報讎」。

一　四三〇頁中五行第三字「記」，資、磧、普、南、徑、清作「之」；麗作「訖」。同行「咸聞慶悅」，資、磧、普、南、徑、清作「咸皆慶快」。

一　四三〇頁中八行第七字「寺」，資、磧、普、南、徑、清作「部寺」。

一　四三〇頁中一一行「銅葉」，磧、普、南、徑、清作「銅鍱」。

一　四三〇頁中一二行「頭下」，資、磧、普、南、徑、清作「頭上」。

一　四三〇頁中一四行「聞盡」，資、磧、普、南、徑、清作「皆盡」；麗作「盡」。

一　四三〇頁中一五行第一二字「說」，資、磧、普、南、徑、清作「足」；麗作「訖」。

一　一四三〇頁中一七行「後見聞大」，資、磧、普、南、徑、清作「彼見皆大」；麗作「彼見聞大」。

一　一四三〇頁下八行第九字「論」，資、磧、普、南、徑、清作「論竟」。

一　一四三〇頁下一二行「其深義」，資、磧、普、南、徑、清作「甚深妙義」。

一　一四三〇頁下一七行末字至次行首字「欲忿」，諸本作「忿欲」。

一　一四三一頁上五行第一〇字「自」，諸本作「自當」。

一　一四三一頁上六行第三字「既」，資、磧、普、南、徑、清作「先」。

一　一四三一頁上七行「非佛」，資、磧、普、南、徑、清作「非是佛」。

一　一四三一頁上八行首字「所」，資、磧、普、南、徑、清無。同行第九字「有」，諸本作「見」。

一　一四三一頁上一四行第三字「疾」，諸本作「病」。

一　一四三一頁上一五行第五字「有」，諸本無。

一　一四三一頁上一九行「深淺」，資、磧、普、南、徑、清作「深識」。同行「悟知」，資、磧、普、南、徑、清作「得悟知」。

一　一四三一頁上二一行「即明」，資、磧、普、南、徑、清作「既明」。

一　一四三一頁中三行「過迷」，資、磧、普、南、徑、清作「愚迷」。

一　一四三一頁中五行第九字「此」，資、磧、普、南、徑、清作「其」。

一　一四三一頁中六行第二字「于」，資、磧、普、南、徑、清無；麗作「千」。

一　一四三一頁中八行及九行「善以」，資、磧、普、南、徑、清作「善巧」。

一　一四三一頁中一〇行「但殂」，諸本作「殂歿」。

一　一四三一頁中一三行「唯識」，諸本作「唯識論」。

一　一四三一頁中一六行第三字「士」，諸本作「土」。同行末字「造」，資、磧、普、南、徑、清作「造論」。

一　一四三一頁中一九行末二字至末行末字「前來……代」四十一字，磧、普、南、徑、清無。

一　一四三一頁中二〇行首字「訖」，資作「說」。

一　一四三一頁中二一行「重釋」，麗作「重譯」。

一　一四三一頁下一行「法師」，清無。

賓頭盧突羅闍為優陁延王說法經　盡

宋天竺三藏求那跋陁羅譯

欲樂味甚少憂苦患甚多是以智者應脩方便速離衆欲勤行淨行我昔曾聞千福王子名優陁延紹父王位住拘舍弥城其城殊妙寬博嚴淨晃爛宮觀映飾綺麗窓牖通踈交絡珠網樓觀千万莊挍此城街巷相當阡陌齊整市肆充盈多諸珍寶其城周匝有好林苑樹木翠蔚花果茂盛泉流清潔生衆蓮華青黃赤白文色相映鴻鴈鴛鴦孔雀鸚鵡迦陵頻伽命命之鳥其聲相和猶如樂音壯麗之盛如奇羅娑山王崇巖峻岳而自莊嚴又像帝釋所居喜見之城優陁延王形貌端正威相具足聰明黠慧武勇絕倫才伎無儔靡所不知善能呪象令諸山象咸來赴集又能控御皆令調順又善彈琴和雅中節宮商相應鳥獸率舞合衆香丸用降怨敵香氣所及盡來歸順善能刻畫曲得相貌其所圖像真形无異六十二藝悉皆備具衣服飲食不尚豊奢矜窮敬老存恤民庶正法治國日夕忘倦礼儀法律一依古典如昔拓王什奢之等國富民殷庫藏盈溢福德之人集生其國受王風化咸皆修善博通經學明解諸論世間典籍无不綜練勇健雄武如羅摩延阿純之等由王先身辟支佛所種諸善根獲報如是王之威德隣國畏伏道化光被聲聞天下時輔相子名賓頭盧突羅闍姿容豊美世所希有聰明智慧博聞廣識仁慈汎愛志存濟苦勸化國民盡修十善信樂三寶出家學道得具足果遊行教化還拘舍弥城欲度親黨遍行乞食乞食已訖於林樹下結跏趺坐思惟入定時有一人識賓頭盧來白王言昔輔相子賓頭盧者今近在此林中樹下王聞歡喜心懷敬仰便勑嚴駕將諸宮人眷屬僕從詣尊者所問訊既竟命王就坐王即思惟所有疑事今當問之而作是言賓頭盧今我與尓少小知舊汝之祖先世為輔相聰明智達常為國師今既相造欲

問疑事非相惱觸為我說不尊者答言恣尓所問我當為王分別解說王以偈問曰

一切世人　貪著五欲　縱情放逸
以自娛樂　如汝今者　獨處空閑
捨離恩愛　有何榮樂

尊者答言我觀因緣皆悉无常是故出家以割情愛樂於林藪猶如野鹿專心勤修永斷煩惱以智慧斧破愛樹枝心无戀著毒果消滅諸結駛流生死瀑河我已得渡更无憂患辟如飛鳥得免羅網陵虛遠逝名曰解脫王聞斯語語賓頭盧今我勢力能伏諸國威德暉赫有如盛日首戴天冠瓔珞盛服婇女侍衛如天帝釋汝今獨處頗羨我不尊者答言我无羨心王復問言何故於我而不願羨尊者答言我於今日欲湼已乾諸有結縛今已解脫乃至帝釋諸妙天女尚不生羨況汝人間鄙穢者乎誰有智者得離魔縛渡生死岸得淨慧眼壞无明闇而羡王耶何有明眼羨於盲者何有強健而羨病患何有无罪而羨

獄因何有巨富羨於貧窮何有高貴
而羨奴僕何有智者羨於愚癡何有
勇健羨於儜弱王聞是巳心懷懊惱
而作是言汝作方俞一何苦劇我寧
困劣乃如是乎尊者荅言王无慧眼
煩惱所病四取駛流之所漂没失於
勇健不能精勤如斯嬰愚不識真諦
沉淪苦海是王之分於五欲中生希
有想如此之想實違淨行王復問言
有何等過而言違失尊者荅言此五
欲者衆苦之本害於衆生所有善根
如雹害苗螫惱衆生甚於毒虵亦如
熾火能燒功德亦如野馬誑惑凡夫
亦如幻化迷乱惑者欲詐親善過於
怨家欲如老牛没溺汙泥欲如大網
纒裹三界欲如劔道難可履踐欲能繫
閉敎害衆生一切過患皆從欲起如往
古時有婆須天由欲因緣為婆利阿
修羅之所繫縛擲沸湯中婆勤天壞
阿修羅城鄉殄滅其民惱觸苦婆羅
王種八純提王及彼百子悉皆誅滅
鼻多羅阿脩羅害於千眼羅摩害十
頭羅剎及數千億羅剎之衆羅湯害
因陁羅旦翼乂王摩羅支王滅多摩

羅質種族迦帝毗王為閻摩屋婆羅
門所殺毗郍悉郍害提頭賴吒眷屬
班細五子殺十八億人弼匿安毒多
羅蹭伽王種俱羅王種弥絺羅檀特
伽王種是等人王皆為欲故更相殘
滅即說偈言
王位雖尊嚴　代謝不暫停　輕疾如電光
須臾歸磨滅　王位極富逸　愚者情愛樂
衰滅死時至　苦劇過下賤　王者居高位
名聞滿四方　端正甚可愛　種種自嚴身
辟如臨死者　著花鬘瓔珞　餘命未幾時
王位亦如是　王者辟如烏　常懷諸恐怖
行住及坐卧　乃至一切時　於其親踈中
恒有疑懼心　臣民宮妃后　象馬及珍寶
國土諸所有　一切是王物　諸王捨命時
皆棄无隨者　人王及天王　阿脩羅王等
威力逼人民　斧鉞相殘害　不識無常苦
攢增貪嫉惱　辟如妙華林　金虵睡在中
愚人謂珍寶　盛裹賷歸家　虵覺縱毒火
焚燒其屋宅　王位如花林　災患如金虵
愚人以為貴　智者所不樂　辟如以揣肉
置四衢道頭　狐狼烏鵄等　競來諍食之
王位亦如是　衆共諍取之　鳥獸以嘴爪

抓齧共鬪諍　王者以刀矛　相害諍榮位
亦如彼鳥獸　愚癡等无異　我寧食灰土
草菜以自存　此身如癰瘡　會歸當潰爛
云何為此故　造作衆惡業　如食欽婆果
香味悉具足　及其果消時　身體盡爛壞
王位如彼果　失滅生苦惱　辟如有方土
災疫行疾病　有智諸勝人　宜應速遠離
若不速離者　如逆風執炬　不捨必自燒
如渴飲鹹水　無有飽足時　如十頭羅剎
城郭及眷屬　為欲因緣故　滅壞無有餘
又如寄越王　兄弟有百人　為欲因緣故
亦皆盡敗滅　日種睺趙王　及提頭賴吒
如是諸王等　盡為欲所滅
當知國土猶如羅網亦如羂弶如深淤
泥亦如迴波又如海浪如林被燒亦
如危岸猶如地獄何有智者當樂貪
著如是大苦何有智者當生樂想如
是大王嗚呼怪哉被欺乃尒被誑乃
尒猶如空拳誑於小兒速疾不停猶
如幻化五欲欺誑亦復如是猶如猕
猴在高山頂見雲弥布以為堅實謂
為是地便以身投墮百丈巖喪其身
命一切碎滅亦如野干見甄叔迦樹

其果似肉見落地時便往欲食知其非肉更復生念今此非肉彼樹上者必當是肉遂便守之為其所困五欲誑王亦復如是亦如商估以偽珠誑人五欲誑王亦復如是又如嬰愚嗜味貪歡喜丸人以泹園而来誑之謂為真實走逐疲苦乃得泹園如熱時焰誑渴愚夫猶如衆人前竪於幻擫能使時衆見種種事若技幻擫色像即滅猶如畫匠及機関師如狗吠井自見形影怒眼竪毛謂井底影欲共已鬪横生瞋忿投井而死大王宜善觀察何有五欲而得常者何有王位而得久停尊豪威勢无得住者何有國界而不遷壞何有珍寶而不散失何有欲樂常恒不變苦之封授必受衰滅何有合會而不別離一切五欲體性實苦皆從妄想而生於樂何有諸行不似芭蕉揵闥婆城大王云何處生老病死衰禍恐怖逼迫之中云何能為國土少樂生愛樂想如林中鹿四邊火起如鳥在籠如魚處細如龜吞鉤如師子毒箭入心如龍處呪

塲如人在屋中四邊火起如處危朽華堂速疾崩墜如好華池有水羅剎噏食於人重說偈言

生老病死患　於中未解脫　无明愛毒箭
猶未得拔出　人帝汝云何　而生樂著想
如象處林中　四邊大火起　處此急難處
云何有歡喜　大王應當知　榮位須臾間
智者深觀察　不應於世事　而生希有想
汝何故錯解　實是愛奴僕　而生高貴想
捨上妙財寶　而生大富想　不善解方便
横生智慧想　為衆煩惱患　横生无病想
未脫生死胎　横生无畏想　處十二刺林
横生無剌想　欲賊刧諸根　横生無賊想

大王而此身者必歸敗壞尊豪榮貴必有衰滅財寶庫藏必有散失大王如佛言曰榮位如夢恩愛暫有汝於五欲生於希有難遭之想賢德於此豈得名為能善觀察何以故榮位恩愛必有別離如衆飛鳥夜栖一樹晨則四散又如客舍夕則聚賔明各異路亦如乘舩異人同載既至岸已各自殊道亦如駃流漂集衆木須臾之閒隨流分散猶如浮雲須臾散滅作

音樂處男女聚集作樂已後各自散去宮人婇女端正美妙无常理會會歸捨棄辟如華樹蜂集其上花凋落盡諸蜂遠離如花池枯涸狩象不入如大池水鵠樂遊居及其乾竭更不復近福盡之家榮利不近如密雲聚集雷光暫現如風吹雲雷光不現彼不捨汝汝必捨之如似夏盡孔雀毛羽悉皆自落如寒既至鴻鵠遠池如阿輸伽樹花葉盛時人所愛樂及其枯悴无有花葉人不顧視猶如花幢貴者愛敬華萎纏絶而便棄之即說偈言

无常不堅固　如芭蕉水沫　亦如浮雲散
天王尊勝位　危脆亦如是　人帝應當知
貪利極速駛　如水澍深谷　嗜欲極輕疾
動轉如掉索　愚癡染為欲　不覺致墮落

尊者言大王我今為王略說辟喻諸有生死著味過患王至心聽昔日有人行在曠路逢大惡象為象所逐狂懼走突无所依怙見一丘井即尋樹根入井中藏有白黒鼠牙齧樹根此井四邊有四毒虵欲螫其人而此井

下有大毒龍傍畏四虵下畏毒龍所攀之樹其根動揺樹上有蜜三渧墮其口中于時動樹撲壞蜂窠衆蜂散飛唼螫其人有野火起復来燒樹大王當知彼人苦惱不可稱計王愁憂猒惡而言彼人得味甚少苦患甚多其所味者如牛跡水其所苦患猶如大海味如芥子苦如須弥味如螢火苦如日月如藕根孔比於太虚亦如蚊子比金翅鳥其味苦惱多少如是尊者言大王曠野者諭於生死彼男子者諭於凡夫象諭无常丘井諭於人身樹根諭人命白黑鼠者諭晝夜齧樹根者諭念念滅四毒虵諭四大蜜者諭五欲衆蜂諭惡覺觀野火燒者諭老下毒龍者諭死是故當知欲味甚少苦患甚多生老病死於一切人皆得自在世間之人身心勞苦无歸依處衆苦所逼輕疾如電是可憂愁不應愛著大王今我語王言雖麁惡實是利益王聞是語衣毛皆竪悲喜交集涕泣流淚即起合掌五體投地白尊者言我之嬰愚無有智慧我之下

賓頭盧突羅闍說法経　第十張　盡

賤作斯狂言如是狂言聽我懺悔尊者言我於今者以忍出家无不忍受我心清淨猶如秋月淨無雲翳王今懺悔願使大王猶如天帝得見道跡王大歡喜與諸眷屬作礼還宮

賓頭盧突羅闍為優陁延王說法經

乙巳歲高麗國大藏都監奉

勅雕造

賓頭盧突羅闍說法経　第十一張　盡

賓頭盧突羅闍爲優陁延王說法經

校勘記

一　底本，麗藏本。

一　四三五頁上一行「說法經」，資、清作「說法緣經」。

一　四三五頁上一三行「壯麗」，諸本（不含石，下同）作「莊嚴」。

一　四三五頁上一四行「奇羅娑」，諸本作「寄羅婆」。

一　四三五頁上一七行第六字「脩」，諸本作「修」。

一　四三五頁中一行第一一字「矜」，磧、南作「矝」。

一　四三五頁中二行「日夕」，資、磧作「日多」。

一　四三五頁下二行第三字「尒」，諸本作「今」。

一　四三五頁下一一行「瀑河」，諸本作「暴河」。

一　四三五頁下一九行至次行「尚不生美」，諸本作「不生美尚」。

一　四三六頁上一六行第一二字「踐」，諸本作「蹈」。
一　四三六頁上二〇行「城墎」，諸本作「城郭」。
一　四三六頁上二三行首字「頭」，資作「頃」。
一　四三六頁上末行第四字「旦」，諸本作「具」。
一　四三六頁中一行第八字「王」，諸本無。
一　四三六頁中三行第二字「細」，諸本作「紬」。
一　四三六頁中一一行「著花」，磧、南作「香花」。
一　四三六頁中一二行第一〇字「烏」，徑、清作「鳥」。
一　四三六頁中二二行第八字「烏」，諸本作「鵰」。
一　四三六頁下三行首字「草」，諸本作「果」。
一　四三六頁下四行第一三字「欽」，諸本作「菴」。

一　四三六頁下一〇行「有餘」，諸本作「遺餘」。
一　四三六頁下一五行「迴波」，諸本作「洄波」。
一　四三六頁下一六行及一七行「何有」，諸本作「誰有」。
一　四三六頁下二一行「高山」，資作「嵩山」。
一　四三七頁上一行第一一字「欲」，南作「取」。
一　四三七頁上六行第二字「貪」，諸本作「食」。
一　四三七頁上七行第五字「逐」，諸本作「遂」。
一　四三七頁上二二行第一三字「細」，諸本作「網」。
一　四三七頁中七行「歡喜」，諸本作「歡樂」。
一　四三七頁下一行「已後」，諸本作「已訖」。
一　四三七頁下五行第五字及九行第一一字「鵠」，諸本作「鶴」。

一　四三七頁下一一行「不顧」，資、磧作「不須」。
一　四三七頁下一七行「染爲欲」，諸本作「深爲谷」。
一　四三八頁上二行「三渧」，南、徑、清作「五滴」。
一　四三八頁上三行第七字「揲」，諸本作「橕」。
一　四三八頁上一五行第四字「衆」，諸本作「綖」。
一　四三八頁上二一行「皆竪」，諸本作「以竪」。
一　四三八頁中末行卷末經名，資、磧、普作「賓頭盧經一卷」。同行「說法經」，徑、清作「說法緣經」。

龍樹菩薩為禪陁迦王說法要偈　畫

宋罽賓三藏求那跋摩譯

禪陁迦王應當知　生死苦惱多衆過
恚為无明所覆障　吾欲為彼興利益
辟如刻畫造佛像　智者見之宜恭敬
我依如来說正法　大王亦應深信受
汝雖先聞牟尼言　今若聽受轉分別
猶如華池色清淨　月光垂照踰暉顯
佛說六念當修習　所謂三寶施戒无
修行十善淨三業　離酒放逸及邪命
觀身命財速危朽　應施福田濟窮之
施為堅牢无與等　最為第一親近者
勤修淨戒除瑕穢　亦莫悕求願諸有
辟如大地殖衆物　戒亦如是生諸善
修忍柔和捨瞋恚　佛說是行最无上
如是精進及禪智　具此六行超生死
若能在家孝父母　此即名為勝福田
現世流布大名稱　未来福報轉无量
殺盜婬欺耽荒酒　雕牀高廣及香薰
謳歌唱伎過時食　如斯衆惡宜遠離
若少時間修此戒　必受天樂昇涅槃
慳嫉貪欲及諂偽　誑惑顛倒與懈怠

如此衆惡不善法　大王當觀速棄捨
端正尊豪及五欲　當知危朽若泡沫
莫恃若斯不堅法　憍逸自恣生諸苦
欲長諸善證甘露　應當遠離如棄毒
有能精勤捨瞋慢　辟如除雲顯秋月
猶如指鬘與難陁　亦如差摩賢聖等
如来說有三種語　入意真實虛妄言
入意如花實如蜜　虛妄鄙惡若糞穢
應當修習前二言　速宜除斷虛妄者
從明入明四種法　王當分別諦思惟
二種入明是應修　若就癡冥當速捨
菴婆羅果四種變　人難分別亦如是
當以智慧深觀察　若實賢善宜親近
雖見女人極端嚴　當作己母姊女想
設起貪欲染愛心　應當正修不淨觀
是心躁動宜禁制　如防身命及珎寶
欲心若起應驚悕　猶畏刀劍惡獸等
欲為无利如怨毒　如此之言牟尼說
生死淪迴過獄縛　應當勤修求解脫
六入躁動馳諸境　應當攝持莫放逸
若能如是攝諸根　勝於勇將摧強敵
是身不淨九孔流　無有窮已若河海
薄皮覆蔽似清淨　猶假瓔珞自庄嚴

諸有智人乃分別　知其虛誑便棄捨
辟如疥者近猛焰　初雖暫悅後增苦
貪欲之想亦復然　始雖樂著終多患
見身實相皆不淨　即是觀於空无我
若能修習斯觀者　於利益中最無上
雖有色族及多聞　若无戒智猶禽獸
雖處醜賤少聞見　能修戒智名勝上
利衰八法莫能免　若有除斷真无疋
諸有沙門婆羅門　父母妻子及眷屬
莫為彼意受其言　廣造不善非法行
設為此等起諸過　未來大苦唯身受
夫造眾惡不即報　非如刀劍交傷割
臨終罪相始俱現　後入地獄嬰諸苦
信戒施聞慧慚愧　如是七法名聖財
真實无比牟尼說　超越世間眾珎寶
大王若集此勝財　不久亦證道場果
博弈飲酣好琴瑟　懈怠憍逸及惡友
非時輕躁多動亂　如斯七法當遠離
知足第一勝諸財　如此之言世尊說
知足雖貧可名富　有財多欲是名貧
若豊財業增諸苦　如龍多首益酸毒
當觀美味如毒藥　以智慧水灑令淨
為存此身雖應食　勿貪色味長憍慢

於諸欲染當生猒　勤求无上涅槃道
調和此身令安隱　然後宜應修齋戒
一夜分別有五時　於二時中當眠息
初中後夜觀生死　宜勤求度勿空過
四无量定當修習　是名開於梵天道
若専繫念四禪心　命終必生彼天處
有為遷動皆无常　苦空敗壞不堅固
无我无樂不清淨　如是忠名對治法
若有深觀此法門　未來常處尊豪位
修行五戒斷五邪　是亦大王所應念
辟如少鹽置恒河　不能令水有鹹味
微細之惡遇眾善　消滅散壞亦如是
五邪若增劫功德　王當除滅令莫長
信等五根眾善源　是宜修習令增盛
生等八苦常熾燃　當持慧水灑令滅
欲求天樂及涅槃　應勤修習正知見
雖有利智入邪道　微妙功德永无餘
四種顛倒害諸善　是故當觀莫令生
謂色非我我非色　我中无色色无我
於色生此四種心　自餘諸陰皆如是
是二十心名顛倒　若能除斷為最上
法不自起冥初生　非自存作及時有
皆從无明愛業起　若无因緣便斷壞

大王既知此等因　當燃慧燈破癡闇
身見戒取及疑結　此三能障无漏道
王若毀壞令散滅　聖解脫法當現顯
辟如盲人問水相　百千万劫莫能了
欲求涅槃亦如是　唯自精勤後方證
欲假眷屬及知識　而得之者甚難有
是故大王當精進　然後乃可證寂滅
施戒多聞及禪定　因是漸近四真諦
人主故應修慧明　行斯三法求解脫
若能修此最上乘　則攝諸餘一切善
大王當觀身念法　世尊說為清淨道
若无此念增惡覺　是故宜應勤修習
人命短促不久留　如水上泡起尋滅
出息入息眠睡間　念念恒謝常衰滅
不久便當見磨滅　皮肉臭爛甚可惡
青瘀脹壞膿血流　虫蛆唼食至枯竭
髮毛爪齒各分散　風吹日曝漸乾盡
當知此身不堅牢　无量眾苦所積聚
是故賢聖諸智人　皆觀斯過咸棄捨
須弥巨海及江河　七日並照皆融竭
如此堅固尚摧毀　況復若斯危脆身
无常既至无救護　不可恃怙及追求
是故大王常諦觀　速生猒離求勝法

人身難得法難聞　猶如盲龜遇浮孔
既獲若斯希有身　宜應勤心聽正法
得此妙身造諸惡　辟如寶器盛衆毒
生處中國遇善友　專念發心起正願
久殖功德具諸根　王今滿足此衆善
若後親近見知人　佛說此為淨梵行
是故應當樂隨順　諸佛由此證涅槃
既遇微妙清淨法　應當志求離欲道
生死嶮難苦無量　窮劫宣說莫能盡
我今為王略分別　應當諦聽善思惟
三界轉變无輪際　父母妻子更相因
怨親憎愛无常處　如旋火輪豈窮巳
无始生死世界来　計飲母乳多大海
若不精勤證空智　將来復飲无窮限
周流五道逕人天　若積身骨高須弥
愛別哀悲計其淚　亦非江河所能足
若計一人父母者　過於世間草木數
雖受五欲天上樂　終還墜沒惡趣苦
諸天壽命極長遠　其間娛樂難宣說
歌謳倡舞流妙聲　哀音和雅甚清遠
奇恣妙色極端嚴　園遶侍衛相娛樂
百味盛饌皆具足　隨意所歠自然至
寶池香淨水恒滿　周帀羅覆諸妙花

衆鳥異色集其上　哀聲相和出遠音
諸天遊戲浴其內　如是歡娛不可說
福盡臨終五衰現　尒時生苦踰前樂
是故雖有天女娛　智者見之巳生厭
雖居珎寶上樓觀　亦必退墮臭穢處
雖遊天上難陁園　會亦還入刀劒林
雖浴諸天曼陁池　終必墜於灰河獄
雖復位處轉輪帝　歸為僮僕被駈使
雖受梵天離欲娛　還墜無間熾燃苦
雖居天宮具光明　後入地獄黑闇中
所謂黑繩活地獄　燒割剥刺及無間
是八地獄常熾燃　皆是衆生惡業報
或受大苦如壓油　或碎身體若塵粉
或解支節令分散　或復劇剥及燒煑
或以沸銅澍其口　或以鐵壓裂其形
鐵狗覺来爭食噉　鐵烏復集共齟掣
衆類毒虫並齧齰　或燒銅柱貫其身
大火猛盛俱洞燃　罪業緣故无逃避
鑊湯騰沸至高涌　顛倒罪人投其內
人命危朽甚迅駛　辟如諸天喘息頃
若人於此短命中　聞上諸苦不驚畏
當知此心甚堅固　猶如金剛難摧壞
若見圖畫聞他言　或隨經書自憶念

如是知時以難忍　況復己身自經歷
无閒无救大地獄　此中諸苦難窮盡
若復有人一日中　以三百鉾攢其體
比阿毗獄一念苦　百千万分不及一
受此大苦經一劫　罪業緣盡後方免
如是苦惱從誰生　皆由三業不善起
大王今雖無斯患　若不修因緣墜落
於畜生中苦無量　或有繫縛及鞭撻
無有信戒多聞故　恒懷惡心相食噉
或為明珠羽角牙　骨毛皮肉致殘害
為人乘駕不自在　恒受瓦石刀杖苦
餓鬼道中苦亦然　諸所須欲不隨意
飢渴所逼困寒熱　疲乏等苦甚无量
腹大若山咽如針　屎尿膿血不可說
裸形被髮甚醜惡　如多羅樹被燒翦
其口夜則大火燃　諸虫爭赴共唼食
屎尿糞穢諸不淨　百千万劫莫能得
設復推求得少分　更相劫奪尋散失
清涼秋月患焰熱　温和春日轉寒苦
若趣園林衆果盡　設至清流變枯竭
罪業緣故壽長遠　經有一万五千歲
受衆楚毒无空缺　皆是餓鬼之果報
正覺說斯苦惱因　名曰慳貪嫉妬業

若天福盡有餘善　因此得為人中王
後設懈怠福都盡　必墜三惡无有疑
或生修羅起貢高　恚嫉貪害增諸惱
諸天雖有善根行　以其慳嫉失利樂
是故當知嫉妬結　為深惡法宜棄捨
大王汝今已具知　生死過患多衆苦
應當勤修出世善　如渴思飲救頭燃
若加精進斷諸有　於諸善中最无上
當勤持戒習禪智　調伏其心求涅槃
涅槃微妙絕諸相　无生老死及衰惱
亦無山河與日月　是故應當速證知
若欲證於无師智　應當專修七覺法
若有乘斯覺分船　生死大海易超渡
佛所不說十四法　但生信心莫疑惑
唯當正心勤精進　決定修習諸善法
无明緣行識名色　六入觸受愛取有
有則緣生生緣死　若盡生死因緣滅
如是正觀十二緣　是人則見聖師子
若欲次第見四諦　當勤修習八正道
雖居尊榮處五欲　亦得聖道斷諸結
此果不可求餘人　必自心會乃得證
我說衆苦及涅槃　欲為潤益大王故
不應生於怖畏心　但勤誦習行諸善

心為諸法之根本　若先調伏事斯辦
我說法要略分別　王不宜應生足心
若有大智更敷演　亦當至心勤聽受
王今名為大法器　若廣聞法必多益
若見有修三業善　應深助生隨喜心
自所行善及隨喜　如是功德悉迴向
王當仰學諸賢聖　如觀音等度衆生
未來必當成正覺　國无生老三毒害
大王若修上諸善　則美名稱廣流布
然後以此教化人　普令一切成正覺
煩惱駛河溺衆生　為深怖畏熾燃苦
欲滅如是諸塵勞　應修真實解脫諦
離諸世間假名法　則得清淨不動處
若有婦人懷害心　如此之妻宜遠離
設有貞和愛敬夫　謙卑勤業若婢使
恒為親友姊毋想　此宜尊敬如宅神
我所說法正如是　王當日夜勤修行

龍樹菩薩為禪陁迦王說法要偈

龍樹菩薩爲禪陁迦王説法要偈

校勘記

一　底本，金藏廣勝寺本。
一　四四〇頁中二行「罽賓三藏」，資、磧、普、南、徑、清作「三藏法師」。
一　四四〇頁中九行末字「无」，諸本（不含石，下同）作「天」。
一　四四〇頁中一一行末字「之」，諸本作「乏」。
一　四四〇頁下五行第六字「瞋」，資、磧、普、南、徑、清作「憍」。
一　四四〇頁下八行第六字「如」，資、磧、普、南、徑、清作「猶」。
一　四四〇頁下一九行第三字「淪」，諸本作「輪」。
一　四四一頁上七行末字「上」，諸本作「士」。
一　四四一頁中一四行末字「盛」，徑、清作「益」。
一　四四一頁中一五行第八字「當」，資、磧、普、南、徑、清作「常」。

一四四一頁中二二行第一〇字「存」，諸本作「在」。

一四四一頁下四行「能了」，資、磧、普、南、徑、清作「解了」。

一四四一頁下六行末字「有」，資、磧、普、南、徑、清作「得」。

一四四一頁下一一行第七字「法」，資、磧、普、南、徑、清作「處」。

一四四一頁下一四行末字「滅」，資、磧、普、南、徑、清作「減」。

一四四一頁下末行第五字「常」，資、磧、普、南、徑、清作「當」。

一四四二頁上六行第二字「後」，諸本作「復」。同行「見知」，資、磧、普、南、徑、清作「知見」。

一四四二頁上一五行第五字「逕」，諸本作「經」。

一四四二頁上二〇行第三字「偈」，諸本作「倡」。

一四四二頁上二一行第二字「恣」，資、磧、麗作「姿」。

一四四二頁中三行第一〇字「生」，資、磧、普、南、徑、清作「坐」。

一四四二頁中八行末字「使」，資、磧、普、南、徑、清作「役」。

一四四二頁中一六行第一三字「齇」，資、普作「齄」；磧、南、徑、清作「摣」：麗作「齟」。

一四四二頁下七行「因緣」，資、磧、普、南、徑、清作「因終」。

一四四二頁下一三行第五字「困」，資、磧、普、南、徑、清作「因」。

一四四二頁下二〇行末字「竭」，資、磧、普作「渴」。

一四四三頁上五行第九字「深」，資、磧、普、南、徑、清作「染」。

一四四三頁上六行第一一字「患」，資、磧、普、南、徑、清作「惡」。

勝宗十句義論一卷

勝者慧月造
三藏法師玄奘奉　詔譯

有十句義一者實二者德三者業四者同五者異六者和合七者能八者无能九者俱分十者無説

實句義云何謂九種實名實句義何者為九一地二水三火四風五空六時七方八我九意是為九實地云何謂有色味香觸是為地水云何謂有色味觸及液潤是為水火云何謂有色觸是為火風云何謂唯有觸是為風空云何謂唯有聲是為空時云何謂是彼此俱不俱遲速詮緣因是為時方云何謂是東南西北等詮緣因是為方我云何謂是覺樂苦欲瞋勤勇行法非法等和合因緣起智為相是為我意云何謂是覺樂苦欲瞋勤勇法非法行不和合因緣起智為相是為意

德句義云何謂二十四德名德句義何者名為二十四德一色二味三香

四觸五數六量七別體八合九離十彼體十一此體十二覺十三樂十四苦十五欲十六瞋十七勤勇十八重體十九液體二十潤二十一行二十二法二十三非法二十四聲如是為二十四德色云何謂唯眼所取一依名色味云何謂唯舌所取一依名味香云何謂唯鼻所取一依名香觸云何謂唯皮所取一依名觸數云何謂一切實和合一非一實等詮緣因一體等名數量云何謂微體大體短體長體圓體等名量微體者謂以二微果為和合因緣二體所生一實微詮緣因是名短體長體者謂因多體長體積集差別所生三微果等和合一實大詮緣因是名大體短體者謂以二微果為和合因緣二體所生一實短詮緣因是名短體長體者謂因多體長體積集差別所生三微果等和合一實長詮緣因是名長體圓體者有二種一極微二極大極微者謂極微所有和合一實極微詮緣因是名極微極大者謂空時方我實和合一

實極大詮緣因亦名遍行等是名極
大別體云何謂一切實和合一非一實
別詮緣因一別體等是名別體合云
何謂二不至至時名合此有三種一
隨一業生二俱業生三合生隨一業
生者謂從有動作无動作而生俱業
生者謂從二動有動作生合生者謂
無動作多實生時與空等合離云何
謂從二至不至名離此有三種一隨一
業生二俱業生三離生此中隨一業
生及俱業生如前合說離生者謂已
造果實由餘因離待果實壞與空等離
彼體云何謂屬一時等遠覺所待一
實所生彼詮緣因是名彼體此體云
何謂屬一時等近覺所待一實所生
此詮緣因是名此體覺云何謂悟一
切境此有二種一現量二比量現量
者於至實色等根等和合時有了相
生是名現量比量者此有二種一見
同故比二不見同故比見同故比者
謂見相故待相所相相屬合故我意
合故於不見所相境有智生是名見
同故〻不見同故比者謂見因果相

屬一義和合相違故待彼相屬念故
我意合故於彼畢竟不現見境所有
智生是名不見同故比樂云何謂一
實我德適悅自性名樂苦云何謂一
實我德逼惱自性名苦欲云何謂一
實我和合希求色等名欲瞋云何謂
一實我和合損害色等名瞋勤勇云
何謂一實我和合待欲瞋我意合所
生策勵是名勤勇重體云何謂地水
實和合一實墜墮之因是名重體液
體云何謂地水火實和合一實流注
之因是名液體潤云何謂水實和合
一實地等攝因名潤行云何此有二
種一念因二作因念因者謂我和合
一實現比智行所生數習差別是名
念因作因者謂攢擲等生業所生依
附一實有質礙實所有勢用是名作
因行謂勢用法云何此有二種一能
轉二能還能轉者謂可愛身等樂因
我和合一實與果相違是名能轉能
還者謂離染緣正智喜因我和合一
實與果相違是名能還非法云何謂
不可愛身等苦邪智因我和合一實

與果相違是名非法聲云何謂唯耳
所取一依名聲業句義云何謂五種
業名業句義何者為五一取業二捨
業三屈業四申業五行業取業云何
謂上下方分虛空等處極微等合離
因依一實名取業捨業云何謂上下
方分虛空等處極微等離合因依一
實名捨業屈業云何謂於大長實依
附一實近處有合遠近處離合因是
名屈業申業云何謂於大長實依附
一實近處有離遠近處合離因是名
申業行業云何謂一切質㝵實和合
依一實合離因名行業
同句義云何謂有性何者為有性謂
與一切實德業句義和合一切根所
取於實德業有詮智因是謂有性
異句義云何謂常於實轉依一實是
遮彼覺因及表此覺因名異句義
和合句義云何謂令實等不離相屬
此詮智因又性是一名和合句義
有能句義云何謂實德業和合共或
非一造各自果決定所須如是名為
有能句義

无能句義云何謂實德業和合共或非一不造餘果決定所須如是名為无能句義

俱分句義云何謂實性德性業性及彼一義和合地性色性取性等如是名為俱分句義

實性者謂一切實和合於一切實實說緣因於德業不轉眼觸所取是名實性德性者謂一切德和合於一切德德詮緣因於實業不轉一切根所取是名德性業性者謂一切業和合於一切業業詮緣因於實德不轉眼觸所取是名業性地性等亦如是

无說句義云何謂五種無名无說句義何者為五一未生无二已滅無三更互无四不會无五畢竟無是謂五无未生无者謂實德業因緣不會猶未得生名未生無已滅无者謂實德業或因勢盡或違緣生雖生而壞名已滅无更互无者謂諸實等彼此互无名更互無不會无者謂有性實等隨於是處无合无和合名不會无畢竟无者謂无因故三時不生畢竟不起名畢竟无

如是九實幾有動作幾无動作五有動作謂地水火風意四无動作謂此餘實如有動作无動作有質㝵无質㝵有勢用无勢用有彼此體无彼此體應知亦尒如是九實幾有德幾无德一切皆有德无无德實如一切皆有德和合因緣有實性有異與果不相違有待因亦尒如是九實幾有觸幾无觸四有觸謂地水火風五無觸謂餘實如有觸无觸能造實實德業因共不共亦尒如是九實幾有色幾无色三有色謂地水火六無色謂餘實如有色无色有可見無可見有對眼无對眼亦尒如是九實五常四分別謂此四中非所造者常所造者无常如常无常有實无實有細分无細分因不相違非因不相違非邊有異邊有異不圓圓亦尒如是九實五根四非根何者為五謂地水火風空是根如是五根鼻根即地味根即水眼根即火皮根即風耳根即空如是九實地由幾德說名有德謂由十四何者十四一色二味三香四觸五數六量七別體八合九離十彼體十一此體十二重體十三液體十四行水由幾德說名有德謂由十四何者十四一色二味三觸四數五量六別體七合八離九彼體十此體十一重體十二液體十三潤十四行火由幾德說名有德謂由十一何者十一一色二觸三數四量五別體六合七離八彼體九此體十液體十一行風由幾德說名有德謂由九何者九一數二量三別體四合五離六彼體七此體八觸九行空由幾德說名有德謂由六何者六一數二量三別體四合五離六聲時由幾德說名有德謂由五何者五一數二量三別體四合五離如時方亦尒我由幾德說名有德謂由十四何者十四一數二量三別體四合五離六覺七樂八苦九欲十瞋十一勤勇十二法十三非法十四行意由幾德說名有德謂由八何者八一數二量三別體四合五離六彼體七此體八行

如是色等二十四德幾是現境幾非現境色味香觸或是現境或非現境云何現境謂若依附大非一實是名現境云何非現境謂若依附極微及二極微果名非現境聲一切是現境如色味香觸數量別體合離彼體此體液體潤重體勢用亦尒覺樂苦欲瞋勤勇是我現境法非法行唯非現境此諸德中幾是所作幾非所作覺樂苦欲瞋勤勇法非法行離彼體此體聲唯是所作餘或所作或非所作色味香觸若地所有皆是所作色味觸液體潤極微和合者非所作二微果等和合者是所作重體亦尒如非所作是所作常无常亦如是如水所有大所有色觸風所有觸亦尒地火所有液體一切是所作一數二別體隨所作非所作實和合成所作非所作二體等數二等別體一切是所作大體微體短體長體一切是所作圓體一切非所作諸質㝵及質㝵非質㝵合是所作如所作非所作常无常亦如是此諸德中聲觸色味香各一

根所取數量別體合離彼體此體液體潤勢用眼觸所取如是諸德誰何為因色味香觸同類為因者謂二微果等和合大合為因者謂地所有諸極微色味香觸地及火所有液體地水所有重體及水所有液體潤二微果等和合同類為因一數一別體二微果等和合同類為因二體等數二別體等別體同類不同類為因一體別體彼覺為因大體長體因多體大體長體積集差別為因微體短體因二體為因合離隨一業俱業合離為因彼體此體一等時相屬待遠近覺為因智有二種謂現及比現有四種一猶豫智二審決智三邪智四正智猶豫智以何為因非一同法現量為先待各別異念我意和合為因為何物智名猶豫智審決智以何為因猶豫智為先待各別異印我意和合為因定是此智名審決智邪智以何為因非一同法現量為先待各別異見我意和合為因緣決斷智是名邪智正智以何為因非一同法現量為先待

各別異現量我意和合為因无顛倒智是名正智如現比亦尒現量有三種一四和合生二三和合生三二和合生四和合生現量云何謂了相於至色味香觸數量別體合離彼體此體重體液體潤勢用地水火實取等業有性除聲和合有能无能聲性於俱分有能无能所有智我根意境四和合為因三和合生現量云何謂於聲及聲和合有能无能聲性有性境所有智我根意三和合為因二和合生現量云何謂於樂苦欲瞋勤勇境及彼有能无能俱分有性境所有智我意二和合為因比量謂所和合一義和合相違智為先待合等相屬念我意合為因樂苦待法非法四三二和合為因欲瞋待樂苦念邪智我意合為因勤勇待欲瞋我意合為因及命緣為因不欲故與入出息等業為因勢用以何為因攢擲生業勢用為因法非法欲瞋為先待聞念遠離法非法能成淨不淨𡨥趣俱我意合為因念因行待現比智行我意合為因

聲有三種一合生二離生三聲生合生者有觸實合勢用俱有觸實空處合為因離生者有觸實離勢用俱有觸實空處離為因聲生者有觸實合離勢用待无障空處聲為因如是二十四德幾依一實幾依非一實色味香觸量彼體此體覺樂苦欲瞋勤勇法非法行重體液體潤勢用聲此二十一皆依一實合離依二實數或依一實或依非一實何者依一實謂一數何者依非一實謂二體等數如數別體亦尒如是二十四德幾遍所依幾不遍所依色味香觸數量別體彼體此體液體潤重體勢用遍所依餘不遍所依如是二十四德誰與誰相違合離生聲能造餘聲一切聲果相違法樂正智果相違非法苦邪智果相違一切智行果相違差別智一切智行果相違寂後聲一切因相違寂後我德亦尒樂苦欲瞋果相違法非法因相違欲瞋勤勇果相違樂苦因相違中間所有聲亦尒我德勤勇苦有觸實合二非果因相違行我德行

念因與苦非果因相違行念因果相違作因有觸實合非果相違二性等數與二等覺果不相違如二體等數二別體等別體彼體此體亦尒色味香觸地所有極微和合者與火合非果因相違合離展轉非果因而相違一實極微色等能造同類二微等色同類果不相違寂後有分實色等果與因色等同類不相違中間所有有分實色等與同類果因色等不相違一實色等展轉非果因不相違一切德與實不相違如是二十四德幾有實幾无實一切有實如有實无德无動作非和合因緣是有德實之摽幟无質㝵无細分亦尒如是五業幾有實幾無實一切有實如有實依一實无質㝵无德无細分離合之因能作所作事不積集實之摽幟足擯擲等所待行之因非同類為因亦尒如是五業誰依何實取業以一切地水火風意為所依如取業捨業行業亦尒屈業以極舒緩細分安布差別果大長實為所依如屈業申業亦尒如是

五業幾遍所依幾不遍所依一切遍所依有說依附極微意者遍所依依附二微等者不遍所依如是諸業若在內者以身及彼因緣身所合鼻味皮眼根并意為和合因緣此中身業初者以欲為先我合勤勇為不和合因緣第二等亦以行為不和合因緣如身業在意及細分業亦尒鼻味皮眼業初者以我合勤勇身合為不和合因緣第二等亦以行為不和合因緣如鼻等業在杵等仗及在屬身繫縛絡塗香等業亦尒睡者身墮落業初者以重性為不和合因緣第二等以重體行為不和合因緣睡者入出息業或睡者不欲故初者以命緣為先勤勇我合為不和合因緣第二等亦以行為不和合因緣如下流水初者以液體為不和合因緣第二等以液體行為不和合因緣火之上燃風之傍扇初者以法非法我合為不和合因緣第二等如前說四大極微造身因緣初業以法非法我合為不和合因緣第二等如前說如為造身為

勝宗十句義論一卷　第十五張　與字号

造樹等變異及在二微等業亦尒意趣向及棄背業初者以法非法我合為不和合因緣第二等如前說地足業表衆生利益不利益異熟初者以法非法我合為不和合因緣第二等如前說在地水大擲打相應業以合重體液體勤勇勢用為不和合因緣如其所應有取等業若在火除重體若在風除液體若在意除打擲如是有性為是所作為非所作定非所作如非所作常无德无動作無細分亦尒有實德業除同有能无能俱分異所和合一有同詮緣因別有異於實轉依一實遮餘覺因表此覺因空方時轉空等想因常非所作無德无動作無細分除有性能无能俱分異所和合非一和合是一常非所作无細分无質㝵一切實德業同異有能无能俱分生至因詮緣相如是有能為是所作為非所作定非所作如非所作常无德無動作无細分无質㝵亦尒於實德業上各別除同有能无能俱分異所和合非一同詮緣相是謂有能亦尒俱分實性遍實句義所和合一无質㝵无細分無動作无德常非所作諸實展轉共即此與德業異德性業性地等性亦尒

勝宗十句義論一卷　第十六張　與字号

如是五種无說句義幾常幾无常未生无是無常與實德業生相違故已滅無更无无畢竟无皆是常不違實等故不會无有常有无常去何常如地等實餘德不和合若實性等同異及有能无能異除自所依於餘處不和合若有性於同等不和合去何無常謂實與實雖未相應當必相應此於彼无若於實所有實德業當必和合彼於此无如是五無幾是現量境幾非現量境一切非現量境亦不依他轉皆比量境此十句義幾是所知幾非所知一切是所知亦即此詮因

勝宗十句義論一卷

勝宗十句義論一卷

校勘記

一　底本，金藏廣勝寺本。

一　四四五頁中一行及卷末經名「一卷」，南、徑、清無。

一　四四五頁中三行「三藏」，徑、清作「唐三藏」。

一　四四五頁中五行第一二字「能」，資、磧、普、南、徑、清作「有能」。

一　四四五頁下一四行「短體」，資、磧、普、南、徑、清作「微體」。同行第七字及末字「長」，資、磧、普、南、徑、清作「大」。

一　四四六頁上七行「二動」，諸本作「二種」。

一　四四六頁上二一行第一一字「合」，諸本作「念」。

一　四四六頁中一行第七字「違」，磧作「是」。

一　四四六頁中九行第二字「策」，磧作「第」。

一　四四六頁中一六行「攢擲」，磧、普、南、徑、清作「𤢻擲」。下同。
一　四四六頁下一一行第六字「離」，資、磧、普、南、徑、清作「合」。
一　四四七頁上八行首字「説」，諸本作「詮」。
一　四四七頁上一四行首字「无」，磧、南作「所」。
一　四四八頁中二二行第六字「緣」，諸本作「暗」。
一　四四八頁下一五行末字「念」，資、磧、普、南、徑、清作「合」。
一　四四八頁下一七行第二字「合」，資、磧、普、南、徑、清作「念」。末行第一二字資、磧、普、徑、清同。
一　四四九頁上五行第四字「待」，磧、南、徑、清作「得」。
一　四四九頁中五行第一二字「火」，資、磧、普、南、徑、清作「大」。
一　四四九頁中一八行第一一字「足」，麗作「是」。
一　四四九頁下一一行「在杵等仗」，南、徑、清作「在香等狀」。
一　四五〇頁上二行第五字「背」，磧、徑、清作「皆」。
一　四五〇頁上一六行第一三字「能」，諸本作「有能」。
一　四五〇頁上一九行第一一字「因」，麗作「因同」。
一　四五〇頁上二二行「亦尒」，資、磧、普、南、徑、清作「亦合」。
一　四五〇頁中一行「有能」，諸本作「有能無能」。

大阿羅漢難提蜜多羅所説法住記　畫

大唐三藏法師玄奘奉　詔譯

如是傳聞佛薄伽梵般涅槃後八百年中執師子國勝軍王都有阿羅漢名難提蜜多羅（唐言慶友）具八解脱三明六通无諍願智邊際定等无量功德皆悉具足有大威神名稱高遠以願智力能知此界一切有情種種心行復能隨順作諸饒益化緣既畢將般涅槃集諸苾芻苾芻尼等說已所證諸妙功德及應所行利樂有情諸勝事業皆悉成辦告時衆曰自今已後无復所為唯無餘依是所歸趣仁等當知有疑可問時諸大衆聞是語已舉聲號哭不能自持宛轉於地或起唱言佛薄伽梵久已涅槃諸聖弟子亦隨寂滅世間久空无真諦御今唯尊者為天人眼如何復欲弃捨我等願垂哀愍少留壽命尊者慶友慰喻衆言不須啼泣仁等當知世間法尒有生必滅諸佛如來降伏四魔於壽自在隨順世故猶示涅槃況我今者

豈宜恒住設隨汝請亦無利益當體此意勿生憂惱但有疑者應可速問諸苾芻等雖承告示猶增涕噎良久乃問我等未知世尊釋迦牟尼无上正法當住幾時尊者告曰汝等諦聽如來先已說法住經今當為汝粗更宣說佛薄伽梵般涅槃時以无上法付囑十六大阿羅漢并眷屬等令其護持使不滅没及勅其身與諸施主作真福田令彼施者得大果報時諸大衆聞是語已少解憂悲復重請言所說十六大阿羅漢我輩不知其名何等慶友荅言第一尊者名賓度羅跋囉惰闍第二尊者名迦諾迦伐蹉第三尊者名迦諾迦跋釐墮闍第四尊者名蘇頻陁第五尊者名諾距羅第六尊者名跋陁羅第七尊者名迦理迦第八尊者名伐闍羅弗多羅第九尊者名戍博迦第十尊者名半託迦第十一尊者名羅怙羅第十二尊者名那伽犀那第十三尊者名因揭陁第十四尊者名伐那婆斯第十五尊者名阿氏多第十六尊者名注荼

半託迦如是十六大阿羅漢一切皆具三明六通八解脱等无量功德離三界染誦持三藏博通外典承佛勅故以神通力延自壽量乃至世尊正法應住常隨護持及與施主作真福田令彼施者得大果報

尒時苾芻苾芻尼等復重請言我等不知十六尊者多住何處護持正法饒益有情慶友荅言第一尊者與自眷屬千阿羅漢多分住在西瞿陁尼洲第二尊者與自眷屬五百阿羅漢多分住北方迦濕弥羅國第三尊者與自眷屬六百阿羅漢多分住在東勝身洲第四尊者與自眷屬七百阿羅漢多分住在北俱盧洲第五尊者與自眷屬八百阿羅漢多分住在南贍部洲第六尊者與自眷屬九百阿羅漢多分住在躭没羅洲第七尊者與自眷屬千阿羅漢多分住在僧伽荼洲第八尊者與自眷屬千一百阿羅漢多分住在鉢刺拏洲第九尊者與自眷屬九百阿羅漢多分住在香醉山中第十尊者與自眷屬千三百阿

羅漢多分住在三十三天第十一尊者與自眷屬千一百阿羅漢多分住在畢利颺瞿洲第十二尊者與自眷屬千二百阿羅漢多分住在半度波山第十三尊者與自眷屬千三百阿羅漢多分住在廣脇山中第十四尊者與自眷屬千四百阿羅漢多分住在可住山中第十五尊者與自眷屬千五百阿羅漢多分住鷲峯山中第十六尊者與自眷屬千六百阿羅漢多分住在持軸山中諸仁者若此世界一切國王輔相大臣長者居士若男若女發慇淨心為四方僧設大施會或設五年无遮施會或慶寺慶像慶經幡等施設大會或延請僧至所住處設大福會或詣寺中經行處等安布上妙諸坐卧具衣藥飲食奉施僧衆時此十六大阿羅漢及諸眷屬隨其所應分散往赴現種種形蔽隱聖儀同常凡衆密受供具令諸施主得勝果報如是十六大阿羅漢護持正法饒益有情至此南贍部洲人壽極短至於十歲刀兵劫起互相誅戮

佛法尒時當暫滅没刀兵劫後人壽漸增至百歳位此洲人等猒前刀兵殘害苦惱復樂修善時此十六大阿羅漢與諸眷屬復來人中稱揚顯説无上正法度無量衆令其出家為諸有情作饒益事如是乃至此洲人壽六万歳時无上正法流行世間熾然无息後至人壽七万歳時无上正法方永滅没時此十六大阿羅漢與諸眷屬於此洲地俱来集會以神通力用諸七寶造窣堵波嚴麗高廣釋迦牟尼如来應正等覺所有遺身馱都皆集其内尒時十六大阿羅漢與諸眷屬繞窣堵波以諸香花持用供養恭敬讃歎繞百千匝瞻仰礼已俱升虚空向窣堵波作如是言敬礼世尊釋迦如来應正等覺我受教勅護持正法及與天人作諸饒益法藏已没有緣已周今辭滅度説是語已一時俱入无餘涅槃先定願力火起焚身如燈焰滅骸骨無遺時窣堵波便陷入地至金輪際方乃停住尒時世尊釋迦牟尼无上正法於此三千大千

世界永滅不現從此無間此佛土中有七万俱胝獨覺一時出現至人壽量八万歲時獨覺聖衆復皆滅度次後弥勒如來應正等覺出現世間時贍部洲廣博嚴淨无諸荆棘谿谷堆阜平正潤澤金沙覆地處處皆有清池茂林名花瑞草及衆寶聚更相暉映甚可愛樂人皆慈心修行十善以修善故壽命長遠豐樂安隱士女殷稠城邑鄰次鷄飛相及所營農稼一種七穫自然成實不須耘耨諸仁者於彼時中國界莊嚴有情果報陳之難盡具如弥勒成佛經說弥勒如來成正覺已為聲聞衆三會說法令出生死得證涅槃第一會度九十六俱胝聲聞衆第二會度九十四俱胝聲聞衆第三會度九十二俱胝聲聞衆若國王大臣長者居士男女一切施主於今釋迦牟尼佛正法中能為佛事自種善根或教他種謂以七寶金銀真珠璧玉香材鍮石銅鐵木石尼漆或以繒縷或以綵畫作佛形像及窣堵波若大若小乃至㝡小如指節量或以

香花諸妙供具若多若少而為供養彼由如是善根力故至弥勒如來成正覺時善得人身於彼佛第一會中以淨信心捨俗出家剃除鬚髮披著法服既預聖衆隨宿願力便得涅槃是名第一為佛事故種善根者所得果報若諸國王及以臣庶一切施主於今釋迦牟尼佛正法中能為法事自種善根或教他種謂於大乘素怛纜藏所有甚深空性相應諸大乘經謂般若波羅蜜多經妙法芬陁利迦經金光明經金剛手藏經首楞伽摩三摩地經幻喻三摩地經大神變三摩地經集諸功德三摩地經還如來智印三摩地經具諸威光三摩地經寶臺經集諸菩薩三摩地經諸佛攝受經集請問經梵王問經善吉問經勇猛問經能滿問經海龍王問經無熱惱龍王問經樹幢龍王問經寶掌問經寶髻問經虛空音問經虛空孕問經幻網問經寶女問經妙女問經善辯問經師子問經猛校問經金光女問經說无盡慧經說无垢稱經末

生怨王經諦實經那羅延經佛花嚴經蓮華手經十佛名經无量光衆經極樂衆經集淨華經大集經入一切道經寶幢經寶聚經寶篋經彩畫經高頂王經如是等大乘經有百俱胝部黨若別復有大乘毗奈耶藏阿毗達磨藏衆多部類一切皆是菩薩藏攝復有聲聞三藏謂素怛纜藏毗奈耶藏阿毗達磨藏素怛纜藏有五阿笈摩謂長阿笈摩中阿笈摩增一阿笈摩相應阿笈摩雜類阿笈摩毗奈耶藏中有苾芻戒經苾芻尼戒經分別戒本諸蘊差別及增一律阿毗達磨藏中有攝六問相應發趣等衆多部類復有本生鬘讚獨覺鬘讚於如是等正法藏中或是佛說或菩薩說或聲聞說或諸仙說或諸天說或智者說能引義利乃至有能於四句頌若自誦若教他誦若自讀若教他讀若自持若教他持若自解說若教他解說或於法師恭敬供養或於經卷恭敬供養謂以種種香花幡蓋伎樂燈明而為供養或於經卷以諸雜綵

難提蜜多羅所說法住記　第九張　盡字号

囊帊縷帶而嚴飾之由如是等善根力故至弥勒如来成正覺時善現人身於彼佛第二會中以淨信心捨離家法出趣非家淨除鬚髮披著法服既預聖衆隨宿願力便得涅槃是名第二為法事故種善根者所得果報

若諸國王及臣庶一切施主於今釋迦牟尼佛正法中能為僧事自種善根或教他種謂諸苾芻苾芻尼衆或次第請或隨縁請於月一日或月八日或十五日設齋供養或往寺中若供養佛若供養衆或作給侍或有供養脩靜慮者或有供養諸説法者或見有人欲於正法學習流布從師聽受不作留難施其所安无令怯退或設五年无遮施會或施四方僧或施寺舍及坐卧具或施鍾磬或施園林如是等類供養僧衆彼由如是善根力故至弥勒如来成正覺時善得人身於彼佛第三會中以淨信心捨離家法出趣非家淨除鬚髮披著法服既預聖衆隨宿願力便得涅槃是名第三為僧事故種善根者所得果報尒時慶

難提蜜多羅所說法住記　第十張　盡字号

友大阿羅漢為諸大衆廣説如上事已以神通力於大衆前身昇虛空高七多羅樹示現種種不可思議雙神變事令所觀衆增進勝道時彼尊者現神變已即於空中結跏趺坐捨諸壽行及諸命行入無餘依般涅槃界先定願力火起焚身於虛空中雨身遺骨時諸大衆悲歎希有競收遺骨起窣堵波以諸香花寶幢幡蓋伎樂燈明常為供養此法住記古昔諸師展轉相承誦持不忘為令一切國王大臣長者居士諸施主等了達因果猒生老病死芭蕉幻焰泡沫之身脩諸勝業於當来世逢事弥勒解脱煩惱得大涅槃生受樂故於佛正法護持建立令久不滅

大阿羅漢難提蜜多羅所說法住記

大阿羅漢難提蜜多羅所説法住記

校勘記

一　底本，金藏廣勝寺本。

一　四五二頁中二行「大唐三藏」，資、磧、普作「三藏」；南、徑、清作「唐三藏」。

一　四五二頁中四行「阿羅漢」，資、磧、普、南、徑、清作「羅漢」。

一　四五二頁中一七行「真諦」，諸本（不含石，下同）作「真調」。

一　四五二頁下九行第七字「及」，徑、清作「乃」。

一　四五二頁下二一行第六字「郍」，諸本作「那」。

一　四五三頁上一二行「分住」，資、磧、普、南、徑、清作「分住在」。中九行諸本同。

一　四五三頁中一五行第九字「或」，資、磧、普、南作「咸」。

一　四五三頁下一九行首字「有」，南、徑、清作「化」。

一　四五四頁上一行第一〇字「聞」，麗作「間」。

一　四五四頁上五行「塠埠」，資、磧、普、南、徑、清作「堆阜」。

一　四五四頁上二八行「國王」，諸本作「諸國王」。

一　四五四頁上二一行「尼漆」，資、磧、普、南、徑、清作「泥土」；麗作「泥漆」。

一　四五四頁中四行「剃除」，資、磧、普、南、徑、清作「淨除」。

一　四五四頁中一四行第一二字「還」，資、磧、普、南、徑、清作「逮」。

一　四五四頁中二二行「猛校」，磧、普、南、徑、清、麗作「猛授」。

一　四五四頁下二行「十佛」，南、徑、清作「千佛」。

一　四五五頁上二行「現人」，資、磧、普、南、徑、清作「得人」。

一　四五五頁上七行「臣庶」，諸本作「臣庶等」。

一　四五五頁上一二行第三字「佛」，資、磧、普、南、徑、清作「一」。

一　四五五頁中三行「雙神」，資、磧、普、南、徑、清作「大神」。

一　四五五頁中一五行「受樂」，磧、普、南、徑、清、麗作「愛樂」。

一　四五五頁中末行經名，資作「慶友大阿羅漢所說法住記」。

地藏菩薩本願經卷上　斯九

唐于闐國三藏沙門實叉難陀譯

忉利天宮神通品第一

如是我聞一時佛在忉利天爲毋說法爾時
十方無量世界不可說不可說一切諸佛及
大菩薩摩訶薩皆來集會讚歎釋迦牟尼佛
能於五濁惡世現不可思議大智慧神通之
力調伏剛強衆生知苦樂法各遣侍者問訊
世尊是時如來含笑放百千萬億大光明雲
所謂大圓滿光明雲大慈悲光明雲大智慧
光明雲大般若光明雲大三昧光明雲大吉
祥光明雲大福德光明雲大功德光明雲大
歸依光明雲大讚歎光明雲放如是等不可
說光明雲已又出種種微妙之音所謂檀波
羅蜜音尸波羅蜜音羼提波羅蜜音毗離耶
波羅蜜音禪波羅蜜音般若波羅蜜音慈悲
音喜捨音解脫音無漏音智慧音大智慧音
師子吼音大師子吼音雲雷音大雲雷音出
如是等不可說不可說音已娑婆世界及他
方國土有無量億天龍鬼神亦集到忉利天

宮所謂四天王天忉利天須焰摩天兜率陀
天化樂天他化自在天梵衆天梵輔天大梵
天少光天無量光天光音天少淨天無量淨
天遍淨天福生天福愛天廣果天無想天無
煩天無熱天善見天善現天色究竟天摩醯
首羅天乃至非想非非想處天一切天衆龍
衆鬼神等衆悉來集會復有他方國土及娑
婆世界海神江神河神樹神山神地神川澤
神苗稼神晝神夜神空神天神飲食神草木
神如是等神皆來集會復有他方國土及娑
婆世界諸大鬼王所謂惡目鬼王噉血鬼王
噉精氣鬼王噉胎卵鬼王行病鬼王攝毒鬼
王慈心鬼王福利鬼王大愛敬鬼王如是等
鬼王皆來集會爾時釋迦牟尼佛告文殊師
利法王子菩薩摩訶薩汝觀是一切諸佛菩
薩及天龍鬼神此世界他世界此國土他國
土如是今來集會到忉利天者汝知數不文
殊師利白佛言世尊若以我神力千劫測度
不能得知佛告文殊師利吾以佛眼觀故猶
不盡數此皆是地藏菩薩久遠劫來已度當

度未度已成就當成就未成就文殊師利白
佛言世尊我已過去久修善根證無礙智聞
佛所言即當信受小果聲聞天龍八部及未
來世諸衆生等雖聞如來誠實之語必懷疑
惑設使頂受未免興謗唯願世尊廣說地藏
菩薩摩訶薩因地作何行立何願而能成就
不思議事佛告文殊師利譬如三千大千世
界所有草木叢林稻麻竹葦山石微塵一物
一數作一恒河一恒河沙一沙之界一界之
內一塵一劫一劫之內所積塵數盡充爲劫
地藏菩薩證十地果位已來千倍多於上喻
何況地藏菩薩在聲聞辟支佛地文殊師利
此菩薩威神誓願不可思議若未來世有善
男子善女人聞是菩薩名字或讚歎或瞻禮
或稱名或供養乃至彩畫刻鏤塑漆形像是
人當得百返生於三十三天永不墮惡道文
殊師利是地藏菩薩摩訶薩於過去久遠不
可說不可說劫前身爲大長者子時世有佛
號曰師子奮迅具足萬行如來時長者子見
佛相好千福莊嚴因問彼佛作何行願而得

此相時師子奮迅具足萬行如來告長者子欲證此身當須久遠度脫一切受苦衆生文殊師利時長者子因發願言我今盡未來際不可計劫爲是罪苦六道衆生廣設方便盡令解脫而我自身方成佛道以是於彼佛前立斯大願于今百千萬億那由他不可說劫尚爲菩薩又於過去不可思議阿僧祇劫時世有佛號曰覺華定自在王如來彼佛壽命四百千萬億阿僧祇劫像法之中有一婆羅門女宿福深厚衆所欽敬行住坐卧諸天衛護其母信邪常輕三寶是時聖女廣說方便勸誘其母令生正見而此女母未全生信不久命終魂神墮在無間地獄時婆羅門女知母在世不信因果計當隨業必生惡趣遂賣家宅廣求香華及諸供具於先佛塔寺大興供養見覺華定自在王如來其形像在一寺中塑畫威容端嚴畢備時婆羅門女瞻禮尊容倍生敬仰私自念言佛名大覺具一切智若在世時我母死後儻來問佛必知處所時婆羅門女垂泣良久瞻戀如來忽聞空中聲曰泣者聖女勿至悲哀我今示汝母之去處婆羅門女合掌向空而白空曰是何神德寬我憂慮我自失母已來晝夜憶戀無處可問知母生界時空中有聲再報女曰我是汝所瞻禮者過去覺華定自在王如來見汝憶母倍於常情衆生之分故來告示婆羅門女聞此聲已舉身自撲支節皆損左右扶侍良久方穌而白空曰願佛慈愍速說我母生界我今身心將死不久時覺華定自在王如來告聖女曰汝供養畢但早返舍端坐思惟吾之名號即當知母所生去處時婆羅門女尋禮佛已即歸其舍以憶母故端坐念覺華定自在王如來經一日一夜忽見自身到一海邊其水涌沸多諸惡獸盡復鐵身飛走海上東西馳逐見諸男子女人百千萬數出沒海中被諸惡獸爭取食噉又見夜叉其形各異或多手多眼多足多頭口牙外出利刃如劒驅諸罪人使近惡獸復自搏攫頭足相就其形萬類不敢久視時婆羅門女以念佛力故自然無懼有一鬼王名曰無毒稽首來迎白聖女曰善哉菩薩何緣來此時婆羅門女問鬼王曰此是何處無毒答曰此是大鐵圍山西面第一重海聖女問曰我聞鐵圍之內地獄在中是事實不無毒答曰實有地獄聖女問曰我今云何得到獄所無毒答曰若非威神即須業力非此二事終不能到聖女又問此水何緣而乃涌沸多諸罪人及以惡獸無毒答曰此是閻浮提造惡衆生新死之者經四十九日後無人繼嗣爲作功德救拔苦難生時又無善因當據本業所感地獄自然先渡此海海東十萬由旬又有一海其苦倍此彼海之東又有一海其苦復倍三業惡因之所招感共號業海其處是也聖女又問鬼王無毒曰地獄何在無毒答曰三海之內是大地獄其數百千各各差別所謂大者具有十八次有五百苦毒無量次有千百亦無量苦聖女又問大鬼王曰我母死來未久不知魂神當至何趣鬼王問聖女曰菩薩之母在生習何行業聖女答曰我母邪見譏毀三寶設或暫信旋又不敬死雖日淺未知生處無毒問

曰菩薩之母姓氏何等聖女荅曰我父我母俱婆羅門種父號尸羅善現母號悅帝利無毒合掌啓菩薩曰願聖者却返本處無至憂憶悲戀悅帝利罪女生天以來經今三日云承孝順之子爲母設供修福布施覺華定自在王如來塔寺非唯菩薩之母得脫地獄應是無間罪人此日悉得受樂俱同生訖鬼王言畢合掌而退婆羅門女尋如夢歸悟此事已便於覺華定自在王如來塔像之前立弘誓願願我盡未來劫應有罪苦衆生廣設方便使令解脫佛告文殊師利時鬼王無毒者當今財首菩薩是婆羅門女者即地藏菩薩是

分身集會品第二

爾時百千萬億不可思不可議不可量不可說無量阿僧祇世界所有地獄處分身地藏菩薩俱來集在忉利天宮以如來神力故各以方面與諸得解脫從業道出者亦各有千萬億那由他數共持香華來供養佛彼諸同來等輩皆因地藏菩薩教化永不退轉於阿耨多羅三藐三菩提是諸衆等久遠劫來流浪生死六道受苦暫無休息以地藏菩薩廣大慈悲深誓願故各獲果證既至忉利心懷踊躍瞻仰如來目不暫捨爾時世尊舒金色臂摩百千萬億不可思不可議不可量不可說無量阿僧祇世界諸分身地藏菩薩摩訶薩頂而作是言吾於五濁惡世教化如是剛強衆生令心調伏捨邪歸正十有一二尚惡習在吾亦分身千百億廣設方便或有利根聞即信受或有善果勤勸成就或有暗鈍久化方歸或有業重不生敬仰如是等輩衆生各各差別分身度脫或現男子身或現女人身或現天龍身或現神鬼身或現山林川原河池泉井利及於人悉皆度脫或現天帝身或現梵王身或現轉輪王身或現居士身或現國王身或現宰輔身或現官屬身或現比丘比丘尼優婆塞優婆夷身乃至聲聞羅漢辟支佛菩薩等身而以化度非但佛身獨現其前汝觀吾累劫勤苦度脫如是等難化剛強罪苦衆生其有未調伏者隨業報應若墮惡趣受大苦時汝當憶念吾在忉利天宮慇懃付囑令娑婆世界至彌勒出世已來衆生悉使解脫永離諸苦遇佛授記爾時諸世界分身地藏菩薩共復一形涕淚哀戀白其佛言我從久遠劫來蒙佛接引使獲不可思議神力具大智慧我所分身遍滿百千萬億恒河沙世界每一世界化百千萬億身每一身度百千萬億人令歸敬三寶永離生死至涅槃樂但於佛法中所爲善事一毛一渧一沙一塵或毫髮許我漸度脫使獲大利唯願世尊不以後世惡業衆生爲慮如是三白佛言唯願世尊不以後世惡業衆生爲慮爾時佛讚地藏菩薩言善哉善哉吾助汝喜汝能成就久遠劫來發弘誓願廣度將畢即證菩提

觀衆生業緣品第三

爾時佛母摩耶夫人恭敬合掌問地藏菩薩言聖者閻浮衆生造業差別所受報應其事云何地藏荅言千萬世界乃及國土或有地獄或無地獄或有女人或無女人或有佛法或無佛法乃至聲聞辟支佛亦復如是非但

地獄罪報一等摩耶夫人重白菩薩且願聞於閻浮罪報所感惡趣地藏荅言聖母唯願聽受我粗說之佛母白言願聖者說爾時地藏菩薩白聖母言南閻浮提罪報名號如是若有衆生不孝父母或至殺害當墮無間地獄千萬億劫求出無期若有衆生出佛身血毀謗三寶不敬尊經亦當墮於無間地獄千萬億劫求出無期若有衆生侵損常住玷汚僧尼或伽藍內恣行婬欲或殺或害如是等輩當墮無間地獄千萬億劫求出無期若有衆生僞作沙門心非沙門破用常住欺誑白衣違背戒律種種造惡如是等輩當墮無間地獄千萬億劫求出無期若有衆生偷竊常住財物穀米飲食衣服乃至一物不與取者當墮無間地獄千萬億劫求出無期地藏白言聖母若有衆生作如是罪當墮五無間地獄求暫停苦一念不得摩耶夫人重白地藏菩薩言云何名爲無間地獄地藏白言聖母諸有地獄在大鐵圍山之內其大地獄有一十八所次有五百名號各别次有千百名字亦别無間獄者其獄城周匝八萬餘里其城純鐵高一萬里城上火聚少有空缺其獄城中諸獄相連名號各别獨有一獄名曰無間其獄周匝萬八千里獄墻高一千里悉是鐵爲上火徹下下火徹上鐵蛇鐵狗吐火馳逐獄墻之上東西而走獄中有床遍滿萬里一人受罪自見其身遍卧滿床千萬人受罪亦各自見身滿床上衆業所感獲報如是又諸罪人備受衆苦千百夜叉及以惡鬼口牙如劒眼如電光手復銅爪拖拽罪人復有夜叉執大鐵戟中罪人身或中口鼻或中腹背拋空翻接或置床上復有鐵鷹啗罪人目復有鐵蛇繳罪人頸百肢節內悉下長釘拔舌耕犁抽腸剉斬烊銅灌口熱鐵纏身萬死千生業感如是動經億劫求出無期此界壞時寄生他界他界次壞轉寄他方他方壞時展轉相寄此界成後還復而來無間罪報其事如是又五事業感故稱無間何等爲五一者日夜受罪以至劫數無時間絕故稱無間二者一人亦滿多人亦滿故稱無間三者罪器叉棒鷹蛇狼犬碓磨鋸鑿剉斫鑊湯鐵網鐵繩鐵驢鐵馬生革絡首熱鐵澆身飢呑鐵丸渴飲鐵汁從年竟劫數那由他苦楚相連更無間斷故稱無間四者不問男子女人羌胡夷狄老幼貴賤或龍或神或天或鬼罪行業感悉同受之故稱無間五者若墮此獄從初入時至百千劫一日一夜萬死萬生求一念間暫住不得除非業盡方得受生以此連綿故稱無間地藏菩薩白聖母言無間地獄粗說如是若廣說地獄罪器等名及諸苦事一劫之中求說不盡摩耶夫人聞已愁憂合掌頂禮而退

閻浮衆生業感品第四

爾時地藏菩薩摩訶薩白佛言世尊我承佛如來威神力故遍百千萬億世界分是身形救拔一切業報衆生若非如來大慈力故即不能作如是變化我今又蒙佛付囑至阿逸多成佛已來六道衆生遣令度脫唯然世尊願不有慮爾時佛告地藏菩薩一切衆生未解脫者性識無定惡習結業善習結果爲善

為惡逐境而生輪轉五道暫無休息動經塵
劫迷惑障難如魚遊網將是長流脫入暫出
又復遭網以是等輩吾當憂念汝既畢是往
願累劫重誓廣度罪輩吾復何慮說是語時
會中有一菩薩摩訶薩名定自在王白佛言
世尊地藏菩薩累劫已來各發何願今蒙世
尊慇懃讚歎唯願世尊略而說之爾時世尊
告定自在王菩薩諦聽諦聽善思念之吾當
為汝分別解說乃往過去無量阿僧祇那由
他不可說劫爾時有佛號一切智成就如來
應供正徧知明行足善逝世間解無上士調
御丈夫天人師佛世尊其佛壽命六萬劫未
出家時為小國王與一隣國王為友同行十
善饒益眾生其隣國內所有人民多造眾惡
二王議計廣設方便一王發願早成佛道當
度是輩令使無餘一王發願若不先度罪苦
令是安樂得至菩提我終未願成佛佛告定
自在王菩薩一王發願早成佛者即一切智
成就如來是一王發願永度罪苦眾生未願
成佛者即地藏菩薩是復於過去無量阿僧

祇劫有佛出世名清淨蓮華目如來其佛壽
命四十劫像法之中有一羅漢福度眾生因
次教化遇一女人字曰光目設食供養羅漢
問之欲願何等光目答言我以母亡之日資
福救拔未知我母生處何趣羅漢愍之為入
定觀見光目女母墮在惡趣受極大苦羅漢
問光目言汝母在生作何行業今在惡趣受
極大苦光目答言我母所習唯好食噉魚鼈
之屬所食魚鼈多食其子或炒或煮恣情食
噉計其命數千萬復倍尊者慈愍如何哀救
羅漢愍之為作方便勸光目言汝可志誠念
清淨蓮華目如來兼塑畫形像存亡獲報光
目聞已即捨所愛尋畫佛像而供養之復恭
敬心悲泣瞻禮忽於夜後夢見佛身金色晃
耀如須彌山放大光明而告光目汝母不久
當生汝家纔覺飢寒即當言說其後家內婢
生一子未滿三日而乃言說稽首悲泣告於
光目生死業緣果報自受吾是汝母久處暗
冥自別汝來累墮大地獄蒙汝福力方得受
生為下賤人又復短命壽年十三更落惡道

汝有何計令吾脫免光目聞說知母無疑哽
咽悲啼而白婢子既是我母合知本罪作何
行業墮於惡道婢子答言以殺害毀罵二業
受報若非蒙福救拔吾難以是業故未合解
脫光目問言地獄罪報其事云何婢子答言
罪苦之事不忍稱說百千歲中卒白難竟光
目聞已啼淚號泣而白空界願我之母永脫
地獄畢十三歲更無重罪及歷惡道十方諸
佛慈哀愍我聽我為母所發廣大誓願若得
我母永離三塗及斯下賤乃至女人之身永
劫不受者願我自今日後對清淨蓮華目如
來像前却後百千萬億劫中應有世界所有
地獄及三惡道諸罪苦眾生誓願救拔令離
地獄惡趣畜生餓鬼等如是罪報等人盡成
佛竟我然後方成正覺發誓願已具聞清淨
蓮華目如來而告之曰光目汝大慈愍善能
為母發如是大願吾觀汝母十三歲畢捨此
報已生為梵志壽年百歲過是報後當生無
憂國土壽命不可計劫後成佛果廣度人天
數如恒河沙佛告定自在王爾時羅漢福度

光目者即無盡意菩薩是光目母者即解脫菩薩是光目女者即地藏菩薩是過去久遠劫中如是慈愍發恒河沙願廣度衆生未來世中若有男子女人不行善者行惡者乃至不信因果者邪婬妄語者兩舌惡口者毀謗大乘者如是諸業衆生必墮惡趣若遇善知識勸令一彈指間歸依地藏菩薩是諸衆生即得解脫三惡道報若能志心歸敬及瞻禮讃歎香華衣服種種珍寶或復飲食如是奉事者未來百千萬億劫中常在諸天受勝妙樂若天福盡下生人間猶百千劫常爲帝王能憶宿命因果本末定自在王如是地藏菩薩有如此不可思議大威神力廣利衆生汝等諸菩薩當記是經廣宣流布定自在王白佛言世尊願不有慮我等千萬億菩薩摩訶薩必能承佛威神廣演是經於閻浮提利益衆生定自在王菩薩白世尊已合掌恭敬作禮而退爾時四方天王俱從座起合掌恭敬白佛言世尊地藏菩薩於久遠劫來發如是大願云何至今猶度未絕更發廣大誓言唯願世尊爲我等說佛告四天王善哉善哉吾今爲汝及未來現在天人衆等廣利益故說地藏菩薩於娑婆世界閻浮提內生死道中慈哀救拔度脫一切罪苦衆生方便之事四天王言唯然世尊願樂欲聞佛告四天王地藏菩薩久遠劫來迄至于今度脫衆生猶未畢願慈愍此世罪苦衆生復觀未來無量劫中因蔓不斷以是之故又發重願如是菩薩於娑婆世界閻浮提中百千萬億方便而爲教化四天王地藏菩薩若遇殺生者說宿殃短命報若遇竊盜者說貧窮苦楚報若遇邪婬者說雀鴿鴛鴦報若遇惡口者說眷屬鬪諍報若遇毀謗者說無舌瘡口報若遇瞋恚者說醜陋癃殘報若遇慳悋者說所求違願報若遇飲食無度者說飢渴咽病報若遇畋獵恣情者說驚狂喪命報若遇悖逆父母者說天地災殺報若遇燒山林木者說狂迷取死報若遇前後父母惡毒者說返生鞭撻現受報若遇網捕生雛者說骨肉分離報若遇毀謗三寶者說盲聾瘖瘂報若遇輕法慢教者說永處惡道報若遇破用常住者說億劫輪迴地獄報若遇汚梵誣僧者說永在畜生報若遇湯火斬斫傷生者說輪迴遞償報若遇破戒犯齋者說禽獸飢餓報若遇非理毀用者說所求闕絕報若遇吾我貢高者說卑使下賤報若遇兩舌鬪亂者說無舌百舌報若遇邪見者說邊地受生報如是等閻浮提衆生身口意業惡習結果百千報應今粗略說如是等閻浮提衆生業感差別地藏菩薩百千方便而教化之是諸衆生先受如是等報後墮地獄動經劫數無有出期是故汝等護人護國無令是諸衆業迷惑衆生四天王聞已涕淚悲歎合掌而退

地獄名號品第五

爾時普賢菩薩摩訶薩白地藏菩薩言仁者願爲天龍四衆及未來現在一切衆生說娑婆世界及閻浮提罪苦衆生所受報處地獄名號及惡報等事使未來世末法衆生知是果報地藏荅言仁者我今承佛威神及大士之力略說地獄名號及罪報惡報之事仁者

閻浮提東方有山號曰鐵圍其山黑邃無日月光有大地獄號極無間又有地獄名大阿鼻復有地獄名曰四角復有地獄名曰飛刀復有地獄名曰火箭復有地獄名曰夾山復有地獄名曰通槍復有地獄名曰鐵車復有地獄名曰鐵床復有地獄名曰鐵牛復有地獄名曰鐵衣復有地獄名曰千刃復有地獄名曰鐵驢復有地獄名曰洋銅復有地獄名曰抱柱復有地獄名曰流火復有地獄名曰耕舌復有地獄名曰剉首復有地獄名曰燒脚復有地獄名曰啗眼復有地獄名曰鐵丸復有地獄名曰諍論復有地獄名曰鐵鈇復有地獄名曰多瞋地藏白言仁者鐵圍之內有如是等地獄其數無限更有叫喚地獄拔舌地獄糞尿地獄銅鎖地獄火象地獄火狗地獄火馬地獄火牛地獄火山地獄火石地獄火床地獄火梁地獄火鷹地獄鋸牙地獄剥皮地獄飲血地獄燒手地獄燒脚地獄倒刺地獄火屋地獄鐵屋地獄火狼地獄如是等地獄其中各各復有諸小地獄或一或二或三或四乃至百千其中名號各各不同地藏菩薩告普賢菩薩言仁者此者皆是南閻浮提行惡衆生業感如是業力甚大能敵須彌能深巨海能障聖道是故衆生莫輕小惡以爲無罪死後有報纖毫受之父子至親岐路各別縱然相逢無肯代受我今承佛威力略說地獄罪報之事唯願仁者暫聽是言普賢荅言吾以久知三惡道報望仁者說令後世末法一切惡行衆生聞仁者說使令歸佛地藏白言仁者地獄罪報其事如是或有地獄取罪人舌使牛耕之或有地獄取罪人心夜叉食之或有地獄鑊湯盛沸煮罪人身或有地獄赤燒銅柱使罪人抱或有地獄使諸火燒趁及罪人或有地獄一向寒冰或有地獄無限糞尿或有地獄純飛鍱鏫或有地獄多攢火槍或有地獄唯撞胷背或有地獄但燒手足或有地獄盤繳鐵蛇或有地獄驅逐鐵狗或有地獄盡駕鐵騾仁者如是等報各各獄中有百千種業道之器無非是銅是鐵是石是火此四種物衆業行感若廣說地獄罪報等事一一獄中更有百千種苦楚何況多獄我今承佛威神及仁者問略說如是若廣解說窮劫不盡

如來讚歎品第六

爾時世尊舉身放大光明遍照百千萬億恒河沙等諸佛世界出大音聲普告諸佛世界一切諸菩薩摩訶薩及天龍鬼神人非人等聽吾今日稱揚讚歎地藏菩薩摩訶薩於十方世界現大不可思議威神慈悲之力救護一切罪苦之事吾滅度後汝等諸菩薩大士及天龍鬼神等廣作方便衛護是經令一切衆生證涅槃樂說是語已會中有一菩薩名曰普廣合掌恭敬而白佛言今見世尊讚歎地藏菩薩有如是不可思議大威神德唯願世尊爲未來世末法衆生宣說地藏菩薩利益人天因果等事使諸天龍八部及未來世衆生頂受佛語爾時世尊告普廣菩薩及四衆等諦聽諦聽吾當爲汝略說地藏菩薩利益人天福德之事普廣白言唯然世尊願樂欲聞佛告普廣菩薩未來世中若有善男子

善女人聞是地藏菩薩摩訶薩名者或合掌
者讚歎者作禮者戀慕者是人超越三十劫
罪普廣若有善男子善女人或彩畫形像或
土石膠漆金銀銅鐵作此菩薩一瞻一禮者
是人百返生於三十三天永不墮於惡道假
如天福盡故下生人間猶爲國王不失大利
若有女人猒女人身盡心供養地藏菩薩畫
像及土石膠漆銅鐵等像如是日日不退常
以華香飲食衣服繒綵幢旛錢寶物等供養
是善女人盡此一報女身百千萬劫更不生
有女人世界何況復受除非慈願力故要受
女身度脫衆生承斯供養地藏力故及功德
力百千萬劫不受女身復次普廣若有女人
猒是醜陋多疾病者但於地藏像前志心瞻
禮食頃之間是人千萬劫中所受生身相貌
圓滿是醜陋女人如不猒女身即百千萬億
生中常爲王女乃及王妃宰輔大姓大長者
女端正受生諸相圓滿由志心故瞻禮地藏菩
薩獲福如是復次普廣若有善男子善女人能
對菩薩像前作諸伎樂及歌詠讚歎香華供

養乃至勸於一人多人如是等輩現在世中
及未來世常得百千鬼神日夜衛護不令惡
事輙聞其耳何況親受諸橫復次普廣未來
世中若有惡人及惡神惡鬼見有善男子善
女人歸敬供養讚歎瞻禮地藏菩薩形像或
妄生譏毀謗無功德及利益事或露齒笑或
背面非或勸人共非或一人非或多人非乃
至一念生譏毀者如是之人賢劫千佛滅度
譏毀之報尚在阿鼻地獄受極重罪過是劫
已方受餓鬼又經千劫復受畜生又經千劫
方得人身縱受人身貧窮下賤諸根不具多
被惡業來結其心不久之間復墮惡道是故
普廣譏毀他人供養尚獲此報何況別生惡
見毀滅復次普廣若未來世有男子女人久
處床枕求生求死了不可得或夜夢惡鬼乃
及家親或遊險道或多魘寐共鬼神遊日月
歲深轉復尫瘵眠中呌苦慘悽不樂者此皆
是業道論對未定輕重或難捨壽或不得愈
男女俗眼不辨是事但當對諸佛菩薩像前
高聲轉讀此經一遍或取病人可愛之物或

衣服寶貝莊園舍宅對病人前高聲唱言我
某甲等爲是病人對經像前捨諸等物或供
養經像或造佛菩薩形像或造塔寺或然油
燈或施常住如是三白病人遣令聞知假令
諸識分散至氣盡者乃至一日二日三日四
日至七日已來但高聲白高聲讀經是人命
終之後宿殃重罪至于五無間罪永得解脫
所受生處常知宿命何況善男子善女人自
書此經或教人書或自塑畫菩薩形像乃至
教人塑畫所受果報必獲大利是故普廣若
見有人讀誦是經乃至一念讚歎是經或恭
敬者汝須百千方便勸是等人勤心莫退能
得未來現在千萬億不可思議功德復次普
廣若未來世諸衆生等或夢或寐見諸鬼神
乃及諸形或悲或啼或愁或歎或恐或怖此
皆是一生十生百生千生過去父母男女弟
妹夫妻眷屬在於惡趣未得出離無處希望
福力救拔當告宿世骨肉使作方便願離惡
道普廣汝以神力遣是眷屬令對諸佛菩薩
像前志心自讀此經或請人讀其數三遍或

七遍如是惡道眷屬經聲畢是遍數當得解脫乃至夢寐之中永不復見復次普廣若未來世有諸下賤等人或奴或婢乃至諸不自由之人覺知宿業要懺悔者志心瞻禮地藏菩薩形像乃至一七日中念菩薩名可滿萬遍如是等人盡此報後千萬生中常生尊貴更不經三惡道苦復次普廣若未來世中閻浮提內剎利婆羅門長者居士一切人等及異姓種族有新產者或男或女七日之中早與讀誦此不思議經典更爲念菩薩名可滿萬遍是新生子或男或女宿有殃報便得解脫安樂易養壽命增長若是承福生者轉增安樂及與壽命復次普廣若未來世衆生於月一日八日十四日十五日十八日二十三二十四二十八二十九日乃至三十日是諸日等諸罪結集定其輕重南閻浮提衆生舉止動念無不是業無不是罪何況恣情殺害竊盜邪婬妄語百千罪狀能於是十齋日對佛菩薩諸賢聖像前讀是經一遍東西南北百由旬內無諸災難當此居家若長若幼現在未來百千歲中永離惡趣能於十齋日每轉一遍現世令此居家無諸橫病衣食豐溢是故普廣當知地藏菩薩有如是等不可說百千萬億大威神力利益之事閻浮衆生於此大士有大因緣是諸衆生聞菩薩名見菩薩像乃至聞是經三字五字或一偈一句者現在殊妙安樂未來之世百千萬生常得端正生尊貴家爾時普廣菩薩聞佛如來稱揚讚歎地藏菩薩已胡跪合掌復白佛言世尊我久知是大士有如此不可思議神力及大誓願力爲未來衆生遣知利益故問如來唯然頂受世尊當何名此經使我云何流布佛告普廣此經有三名一名地藏本願亦名地藏本行亦名地藏本誓力經緣此菩薩久遠劫來發大重願利益衆生是故汝等依願流布普廣聞已合掌恭敬作禮而退

地藏菩薩本願經卷上

地藏菩薩本願經卷上

校勘記

一　底本，清藏本。此經（卷上、卷下）只校以明永樂南藏本，別無校本。

一　四五七頁上二行譯者首字「唐」，南無。卷下同。

一　四五七頁上三行品名上，南冠以「地藏菩薩本願經」。下至卷下各品名皆有經名。

一　四五八頁上四行第五字「爲」，南作「所」。

一　四五八頁中二行「空曰」，南作「天曰」。

一　四五八頁下末行「生處」，南作「何處」。

一　四五九頁上三行「本處」，南無。

一　四五九頁上七行「罪人此日」，南作「此日罪人」。

一　四五九頁中六行「分身」，南作「化身」。

一　四六〇頁上一九行「諸有」　南作

「其大」。

一　四六〇頁中一行首字「亦」，南作「各」。

一　四六〇頁中一三行第六字「頸」，南作「首」。

一　四六一頁中一九行第一五字「方」，南作「當」。

一　四六二頁上四行第九字「不」，南無。

一　四六二頁中七行第一〇字「復」，南作「多」。

一　四六二頁中一四行第四字「癃」，南作「隆」。

一　四六三頁上一二行第一六字「鈇」，南作「珠」。

一　四六三頁上一三行第一〇字「白」，南無。

一　四六四頁上一八行末字至次行首字「菩薩」，南無。

一　四六四頁中一七行「悠悽不樂」，南作「一向無樂」。

一　四六四頁下五行「分散」，南作「盡散」。

一　四六五頁上一〇行「讀誦」，南作「閞讀」。

地藏菩薩本願經卷下　斯十

唐于闐國三藏沙門實叉難陀譯

利益存亡品第七

爾時地藏菩薩摩訶薩白佛言世尊我觀是閻浮衆生舉心動念無非是罪脫獲善利多退初心若遇惡緣念念增益是等輩人如履泥塗負於重石漸困漸重足步深邃若得遇知識替與減負或全與負是知識有大力故復相扶助勸令牢脚若達平地須省惡路無再經歷世尊習惡衆生從纖毫間便至無量是諸衆生有如此習臨命終時父母眷屬宜爲設福以資前路或懸旛蓋及然油燈或轉讀尊經或供養佛像及諸聖像乃至念佛菩薩及辟支佛名字一名一號歷臨終人耳根或聞在本識是諸衆生所造惡業計其感果必墮惡趣緣是眷屬爲臨終人修此聖因如是衆罪悉皆消滅若能更爲身死之後七七日內廣造衆善能使是諸衆生永離惡趣得生人天受勝妙樂現在眷屬利益無量是故我今對佛世尊及天龍八部人非人等勸於閻浮提衆生臨終之日愼勿殺害及造惡緣拜祭鬼神求諸魍魎何以故爾所殺害乃至拜祭無纖毫之力利益亡人但結罪緣轉增深重假使來世或現在生得獲聖分生人天中緣是臨終被諸眷屬造是惡因亦令是命終人殃累對辯晩生善處何況臨命終人在生未曾有少善根各據本業自受惡趣何忍眷屬更爲增業譬如有人從遠地來絕粮三日所負擔物強過百斤忽遇隣人更附少物以是之故轉復困重世尊我觀閻浮衆生但能於諸佛教中乃至善事一毛一渧一沙一塵如是利益悉皆自得說是語時會中有一長者名曰大辯是長者久證無生化度十方現長者身合掌恭敬問地藏菩薩言大士是南閻浮提衆生命終之後小大眷屬爲修功德乃至設齋造衆善因是命終人得大利益及解脫不地藏答言長者我今爲未來現在一切衆生承佛威力略說是事長者未來現在諸衆生等臨命終日得聞一佛名一菩薩名一辟支佛名不問有罪無罪悉得解脫若有男子女人在生不修善因多造衆罪命終之後眷屬小大爲造福利一切聖事七分之中而乃獲一六分功德生者自利以是之故未來現在善男女等聞健自修分分已獲無常大鬼不期而到冥冥遊神未知罪福七七日內如癡如聾或在諸司辯論業果審定之後據業受生未測之間千萬愁苦何況墮於諸惡趣等是命終人未得受生在七七日內念念之間望諸骨肉眷屬與造福力救拔過是日後隨業受報若是罪人動經千百歲中無解脫日若是五無間罪墮大地獄千劫萬劫永受衆苦復次長者如是罪業衆生命終之後眷屬骨肉爲修營齋資助業道未齋食竟及營齋之次米泔菜葉不棄於地乃至諸食未獻佛僧勿得先食如有違食及不精勤是命終人了不得力如精勤護淨奉獻佛僧是命終人七分獲一是故長者閻浮衆生若能爲其父母乃至眷屬命終之後設齋供養志心勤懇如是之人存亡獲利說是語時忉利天宮有千萬億那由他閻浮鬼神悉發無

量菩提之心大辯長者作禮而退

閻羅王衆讚歎品第八

爾時鐵圍山内有無量鬼王與閻羅天子俱詣忉利來到佛所所謂惡毒鬼王多惡鬼王大諍鬼王白虎鬼王血虎鬼王赤虎鬼王散殃鬼王飛身鬼王電光鬼王狼牙鬼王千眼鬼王噉獸鬼王負石鬼王主耗鬼王主禍鬼王主食鬼王主財鬼王主畜鬼王主禽鬼王主獸鬼王主魅鬼王主產鬼王主命鬼王主疾鬼王主險鬼王三目鬼王四目鬼王五目鬼王祁利失王大祁利失王祁利叉王大祁利叉王阿那吒王大阿那吒王如是等大鬼王各各與百千諸小鬼王盡居閻浮提各有所執各有所主是諸鬼王與閻羅天子承佛威神及地藏菩薩摩訶薩力俱詣忉利在一面立爾時閻羅天子胡跪合掌白佛言世尊我等今者與諸鬼王承佛威神及地藏菩薩摩訶薩力方得詣此忉利大會亦是我等獲善利故我今有小疑事敢問世尊唯願世尊慈悲宣說佛告閻羅天子恣汝所問吾爲汝說是時閻羅天子瞻禮世尊及迴視地藏菩薩而白佛言世尊我觀地藏菩薩在六道中百千方便而度罪苦衆生不辭疲倦是大菩薩有如是不可思議神通之事然諸衆生脫獲罪報未久之間又墮惡道世尊是地藏菩薩既有如是不可思議神力云何衆生而不依止善道永取解脫唯願世尊爲我解說佛告閻羅天子南閻浮提衆生其性剛強難調難伏是大菩薩於百千劫頭頭救拔如是衆生早令解脫是罪報人乃至墮大惡趣菩薩以方便力拔出根本業緣而遣悟宿世之事自是閻浮衆生結惡習重旋出旋入勞斯菩薩久經劫數而作度脫譬如有人迷失本家誤入險道其險道中多諸夜叉及虎狼師子蚖蛇蝮蝎如是迷人在險道中須臾之間即遭諸毒有一知識多解大術善禁是毒乃及夜叉諸惡毒等忽逢迷人欲進險道而語之言咄哉男子爲何事故而入此路有何異術能制諸毒是迷路人忽聞是語方知險道即便退步求出此路是善知識提攜接手引出險道免諸惡毒至于好道令得安樂而語之言咄哉迷人自今已後勿履是道此路入者卒難得出復損性命是迷路人亦生感重臨別之時知識又言若見親知及諸路人若男若女言於此路多諸毒惡喪失性命無令是衆自取其死是故地藏菩薩具大慈悲救拔罪苦衆生生天人中令受妙樂是諸罪衆知業道苦脫得出離永不再歷如迷路人誤入險道遇善知識引接令出永不復入逢見他人復勸莫入自言因是迷故得解脫竟更不復入若再履踐猶尚迷誤不覺舊曾所落險道或致失命如墮惡趣地藏菩薩方便力故使令解脫生人天中旋又再入若業結重永處地獄無解脫時爾時惡毒鬼王合掌恭敬白佛言世尊我等諸鬼王其數無量在閻浮提或利益人或損害人各各不同然是業報使我眷屬遊行世界多惡少善過人家庭或城邑聚落莊園房舍或有男子女人修毛髮善事乃至懸一幡一蓋少香少華供養佛像及菩薩像或轉讀尊經燒香供養一句一

偈我等鬼王敬禮是人如過去現在未來諸佛勑諸小鬼各有大力及土地分便令衛護不令惡事横事惡病横病乃至不如意事近於此舍等處何况入門佛讃鬼王善哉善哉汝等及與閻羅能如是擁護善男女等吾亦告梵王帝釋令衛護汝說是語時會中有一鬼王名曰主命白佛言世尊我本業緣主閻浮人命生時死時我皆主之在我本願甚欲利益自是衆生不會我意致令生死俱不得安何以故是閻浮提人初生之時不問男女或欲生時但作善事增益舍宅自令土地無量歡喜擁護子母得大安樂利益眷屬或已生下愼勿殺害取諸鮮味供給産母及廣聚眷屬飲酒食肉歌樂絃管能令子母不得安樂何以故是産難時有無數惡鬼及魍魎精魅欲食腥血是我早令舍宅土地靈祇荷護子母使令安樂而得利益如是之人見安樂故便合設福荅諸土地翻爲殺害集聚眷屬以是之故犯殃自受子母俱損又閻浮提臨命終人不問善惡我欲令是命終之人不落惡道何况自修善根增我力故是閻浮提行善之人臨命終時亦有百千惡道鬼神或變作父母乃至諸眷屬引接亡人令落惡道何况本造惡者世尊如是閻浮提男子女人臨命終時神識惽昧不辯善惡乃至眼耳更無見聞是諸眷屬當須設大供養轉讀尊經念佛菩薩名號如是善緣能令亡者離諸惡道諸魔鬼神悉皆退散世尊一切衆生臨命終時若得聞一佛名一菩薩名或大乘經典一句一偈我觀如是輩人除五無間殺害之罪小小惡業合墮惡趣者尋即解脫佛告主命鬼王汝大慈故能發如是大願於生死中護諸衆生若未來世中有男子女人至生死時汝莫退是願總令解脫永得安樂鬼王白佛言願不有慮我畢是形念念擁護閻浮衆生生時死時俱得安樂但願諸衆生於生死時信受我語無不解脫獲大利益爾時佛告地藏菩薩是大鬼王主命者已曾經百千生作大鬼王於生死中擁護衆生是大士慈悲願故現大鬼身實非鬼也却後過一百七十劫當得成佛號曰無相如來劫名安樂世界名淨住其佛壽命不可計劫地藏是大鬼王其事如是不可思議所度天人亦不可限量

稱佛名號品第九

爾時地藏菩薩摩訶薩白佛言世尊我今爲未來衆生演利益事於生死中得大利益唯願世尊聽我說之佛告地藏菩薩汝今欲興慈悲救拔一切罪苦六道衆生演不思議事今正是時唯當速說吾即涅槃使汝早畢是願吾亦無憂現在未來一切衆生地藏菩薩白佛言世尊過去無量阿僧祇劫有佛出世號無邊身如來若有男子女人聞是佛名暫生恭敬即得超越四十劫生死重罪何况塑畫形像供養讃歎其人獲福無量無邊又於過去恒河沙劫有佛出世號寶性如來若有男子女人聞是佛名一彈指頃發心歸依是人於無上道永不退轉又於過去有佛出世號波頭摩勝如來若有男子女人聞是佛名歷於耳根是人當得千返生於六欲天中何况志心稱念又於過去不可說不可說阿僧

祇劫有佛出世號師子吼如來若有男子女人聞是佛名一念歸依是人得遇無量諸佛摩頂授記又於過去有佛出世號拘留孫佛若有男子女人聞是佛名志心瞻禮或復讃歎是人於賢劫千佛會中爲大梵王得授上記又於過去有佛出世號毘婆尸若有男子女人聞是佛名永不墮惡道常生人天受勝妙樂又於過去無量無數恒河沙劫有佛出世號寶勝如來若有男子女人聞是佛名畢竟不墮惡道常在天上受勝妙樂又於過去有佛出世號寶相如來若有男子女人聞是佛名生恭敬心是人不久得阿羅漢果又於過去無量阿僧祇劫有佛出世號袈裟幢如來若有男子女人聞是佛名者超一百大劫生死之罪又於過去有佛出世號大通山王如來若有男子女人聞是佛名者是人得遇恒河沙佛廣爲說法必成菩提又於過去有淨月佛山王佛智勝佛淨名王佛智成就佛無上佛妙聲佛滿月佛月面佛有如是等不可說佛世尊現在未來一切衆生若天若人若男若女但念得一佛名號功德無量何況多名是衆生等生時死時自得大利終不墮惡道若有臨命終人家中眷屬乃至一人爲是病人高聲念一佛名是命終人除五無間罪餘業報等悉得消滅是五無間罪雖至極重動經億劫了不得出承斯臨命終時他人爲其稱念佛名於是罪中亦漸消滅何況衆生自稱自念獲福無量滅無量罪

校量布施功德緣品第十

爾時地藏菩薩摩訶薩承佛威神從座而起胡跪合掌白佛言世尊我觀業道衆生校量布施有輕有重有一生受福有十生受福有百生千生受大福利者是事云何唯願世尊爲我說之爾時佛告地藏菩薩吾今於忉利天宮一切衆會說閻浮提布施校量功德輕重汝當諦聽吾爲汝說地藏白佛言我疑是事願樂欲聞佛告地藏菩薩南閻浮提有諸國王宰輔大臣大長者大剎利大婆羅門等若遇最下貧窮乃至癃殘瘖啞聾癡無目如是種種不完具者是大國王等欲布施時若能具大慈悲下心含笑親手遍布施或使人施軟言慰喻是國王等所獲福利如布施百恒河沙佛功德之利何以故緣是國王等於是最貧賤輩及不完具者發大慈心是故福利有如此報百千生中常得七寶具足何況衣食受用復次地藏若未來世有諸國王至婆羅門等遇佛塔寺或佛形像乃至菩薩聲聞辟支佛像躬自營辦供養布施是國王等當得三劫爲帝釋身受勝妙樂若能以此布施福利迴向法界是大國王等於十劫中常爲大梵天王復次地藏若未來世有諸國王至婆羅門等遇先佛塔廟或至經像毀壞破落乃能發心修補是國王等或自營辦或勸他人乃至百千人等布施結緣是國王等百千生中常爲轉輪王身如是他人同布施者百千生中常爲小國王身更能於塔廟前發迴向心如是國王乃及諸人盡成佛道以此果報無量無邊復次地藏未來世中有諸國王及婆羅門等見諸老病及生産婦女若一念間具大慈心布施醫藥飲食卧具使令安樂如

是福利最不思議一百劫中常爲淨居天主二百劫中常爲六欲天主畢竟成佛永不墮惡道乃至百千生中耳不聞苦聲復次地藏若未來世中有諸國王及婆羅門等能作如是布施獲福無量更能迴向不問多少畢竟成佛何況釋梵轉輪之報是故地藏普勸衆生當如是學復次地藏未來世中若善男子善女人於佛法中種少善根毛髮沙塵等許所受福利不可爲喻復次地藏未來世中若有善男子善女人遇佛形像菩薩形像辟支佛形像轉輪王形像布施供養得無量福常在人天受勝妙樂若能迴向法界是人福利不可爲喻復次地藏未來世中若有善男子善女人遇大乘經典或聽聞一偈一句發殷重心讚歎恭敬布施供養是人獲大果報無量無邊若能迴向法界其福不可爲喻復次地藏若未來世中有善男子善女人遇佛塔寺大乘經典新者布施供養瞻禮讚歎恭敬合掌若遇故者或毀壞者修補營理或獨發心或勸多人同共發心如是等輩三十生中常爲諸小國王檀越之人常爲輪王還以善法教化諸小國王復次地藏未來世中若有善男子善女人於佛法中所種善根或布施供養或修補塔寺或裝理經典乃至一毛一塵一沙一渧如是善事但能迴向法界是人功德百千生中受上妙樂如但迴向自家眷屬或自身利益如是之果即三生受樂捨一得萬報是故地藏布施因緣其事如是

地神護法品第十一

爾時堅牢地神白佛言世尊我從昔來瞻視頂禮無量菩薩摩訶薩皆是大不可思議神通智慧廣度衆生是地藏菩薩摩訶薩於諸菩薩誓願深重世尊是地藏菩薩於閻浮提有大因緣如文殊普賢觀音彌勒亦化百千身形度於六道其願尚有畢竟是地藏菩薩教化六道一切衆生所發誓願劫數如千百億恒河沙世尊我觀未來及現在衆生於所住處於南方清潔之地以土石竹木作其龕室是中能塑畫乃至金銀銅鐵作地藏形像燒香供養瞻禮讚歎是人居處即得十種利益何等爲十一者土地豐壤二者家宅永安三者先亡生天四者現存益壽五者所求遂意六者無水火災七者虛耗辟除八者杜絕惡夢九者出入神護十者多遇聖因世尊未來世中及現在衆生若能於所住處方面作如是供養得如是利益復白佛言世尊未來世中若有善男子善女人於所住處有此經典及菩薩像是人更能轉讀經典供養菩薩我常日夜以本神力衛護是人乃至水火盜賊大橫小橫一切惡事悉皆消滅佛告堅牢地神汝大神力諸神少及何以故閻浮土地悉蒙汝護乃至草木沙石稻麻竹葦穀米寶貝從地而有皆因汝力又當稱揚地藏菩薩利益之事汝之功德及以神通百千倍於常分地神若未來世中有善男子善女人供養菩薩及轉讀是經但依地藏本願經一事修行者汝以本神力而擁護之勿令一切災害及不如意事輒聞於耳何況令受非但汝獨護是人故亦有釋梵眷屬諸天眷屬擁護是人何故得如是聖賢擁護皆由瞻禮地藏形

像及轉讀是本願經故自然畢竟出離苦海證涅槃樂以是之故得大擁護

見聞利益品第十二

爾時世尊從頂門上放百千萬億大毫相光所謂白毫相光大白毫相光瑞毫相光大瑞毫相光玉毫相光大玉毫相光紫毫相光大紫毫相光青毫相光大青毫相光碧毫相光大碧毫相光紅毫相光大紅毫相光綠毫相光大綠毫相光金毫相光大金毫相光慶雲毫相光大慶雲毫相光千輪毫光大千輪毫光寶輪毫光大寶輪毫光日輪毫光大日輪毫光月輪毫光大月輪毫光宮殿毫光大宮殿毫光海雲毫光大海雲毫光於頂門上放如是等毫相光已出微妙音告諸大眾天龍八部人非人等聽吾今日於忉利天宮稱揚讚歎地藏菩薩於人天中利益等事不思議事超聖因事證十地事畢竟不退阿耨多羅三藐三菩提事說是語時會中有一菩薩摩訶薩名觀世音從座而起胡跪合掌白佛言世尊是地藏菩薩摩訶薩具大慈悲憐愍罪苦眾生於千萬億世界化千萬億身所有功德及不思議威神之力我聞世尊與十方無量諸佛異口同音讚歎地藏菩薩云正使過去現在未來諸佛說其功德猶不能盡向者又蒙世尊普告大眾欲稱揚地藏利益等事唯願世尊為現在未來一切眾生稱揚地藏不思議事令天龍八部瞻禮獲福佛告觀世音菩薩汝於娑婆世界有大因緣若天若龍若男若女若神若鬼乃至六道罪苦眾生聞汝名者見汝形者戀慕汝者讚歎汝者是諸眾生於無上道必不退轉常生人天具受妙樂因果將熟遇佛授記汝今具大慈悲憐愍眾生及天龍八部聽吾宣說地藏菩薩不思議利益之事汝當諦聽吾今說之觀世音言唯然世尊願樂欲聞佛告觀世音菩薩未來現在諸世界中有天人受天福盡有五衰相現或有墮於惡道之者如是天人若男若女當現相時或見地藏菩薩形像或聞地藏菩薩名一瞻一禮是諸天人轉增天福受大快樂永不墮三惡道報何況見聞菩薩以諸香華衣服飲食寶貝瓔珞布施供養所獲功德福利無量無邊復次觀世音若未來現在諸世界中六道眾生臨命終時得聞地藏菩薩名一聲歷耳根者是諸眾生永不歷三惡道苦何況臨命終時父母眷屬將是命終人舍宅財物寶貝衣服塑畫地藏形像或使病人未終之時眼耳見聞知道眷屬將舍宅寶貝等為其自身塑畫地藏菩薩形像是人若是業報合受重病者承斯功德尋即除愈壽命增益是人若是業報命盡應有一切罪障業障合墮惡趣者承斯功德命終之後即生人天受勝妙樂一切罪障悉皆消滅復次觀世音菩薩若未來世有男子女人或乳哺時或三歲五歲十歲已下亡失父母乃及亡失兄弟姊妹是人年既長大思憶父母及諸眷屬不知落在何趣生何世界生何天中是人若能塑畫地藏菩薩形像乃至聞名一瞻一禮一日至七日莫退初心聞名見形瞻禮供養是人眷屬假因業故墮惡趣者計當劫數承斯男女兄弟姊妹塑畫地藏形像瞻禮功德尋即

解脱生人天中受勝妙樂者即承斯功德轉增聖因受無量樂是人更能三七日中一心瞻禮地藏形像念其名字滿於萬遍當得菩薩現無邊身具告是人眷屬生界或於夢中菩薩現大神力親領是人於諸世界見諸眷屬更能每日念菩薩名千遍至于千日是人當得菩薩遣所在土地鬼神終身衛護現世衣食豐溢無諸疾苦乃至横事不入其門何况及身是人畢竟得菩薩摩頂授記復次觀世音菩薩若未來世有善男子善女人欲發廣大慈心救度一切衆生者欲修無上菩提者欲出離三界者是諸人等見地藏形像及聞名者至心歸依或以香華衣服寶貝飲食供養瞻禮是善男女等所願速成永無障礙復次觀世音若未來世有善男子善女人欲求現在未來百千萬億等願百千萬億等事但當歸依瞻禮供養讚歎地藏菩薩形像如是所願所求悉皆成就復願地藏菩薩具大慈悲永擁護我是人於睡夢中即得菩薩摩頂授記復次觀世音菩薩若未來世善男子善女人於大乘經典深生珍重發不思議心欲讀欲誦縱遇明師教視令熟旋得旋忘動經年月不能讀誦是善男子等有宿業障未得消除故於大乘經典無讀誦性如是之人聞地藏菩薩名見地藏菩薩像具以本心恭敬陳白更以香華衣服飲食一切玩具供養菩薩以淨水一盞經一日一夜安菩薩前然後合掌請服迴首向南臨入口時至心鄭重服水既畢慎五辛酒肉邪淫妄語及諸殺害一七日或三七日是善男子善女人於睡夢中具見地藏菩薩現無邊身於是人處授灌頂水其人夢覺即獲聰明應是經典一歷耳根即當永記更不忘失一句一偈復次觀世音菩薩若未來世有諸人等衣食不足求者乖願或多病疾或多凶衰家宅不安眷屬分散或諸横事多來忤身睡夢之間多有驚怖如是人等聞地藏名見地藏形至心恭敬念滿萬遍是諸不如意事漸漸消滅即得安樂衣食豐溢乃至於睡夢中悉皆安樂復次觀世音菩薩若未來世有善男子善女人或因治生或因公私或因生死或因急事入山林中過渡河海乃及大水或經險道是人先當念地藏菩薩名萬遍所過土地鬼神衛護行住坐卧永保安樂乃至逢於虎狼師子一切毒害不能損之佛告觀世音菩薩是地藏菩薩於閻浮提有大因緣若說於諸衆生見聞利益等事百千劫中說不能盡是故觀世音汝以神力流布是經令娑婆世界衆生百千萬劫永受安樂爾時世尊而說偈言

吾觀地藏威神力　恒河沙劫說難盡
見聞瞻禮一念間　利益人天無量事
若男若女若龍神　報盡應當墮惡道
至心歸依大士身　壽命轉增除罪障
少失父母恩愛者　未知魂神在何趣
兄弟姊妹及諸親　生長以來皆不識
或塑或畫大士身　悲戀瞻禮不暫捨
三七日中念其名　菩薩當現無邊體
示其眷屬所生界　縱墮惡趣尋出離
若能不退是初心　即獲摩頂受聖記
欲修無上菩提者　乃至出離三界苦

是人既發大悲心　先當瞻禮大士像
一切諸願速成就　永無業障能遮止
有人發心念經典　欲度群迷超彼岸
雖立是願不思議　旋讀旋忘多廢失
斯人有業障惑故　於大乘經不能記
供養地藏以香華　衣服飲食諸玩具
以淨水安大士前　一日一夜求服之
發殷重心慎五辛　酒肉邪婬及妄語
三七日內勿殺害　至心思念大士名
即於夢中見無邊　覺來便得利根耳
應是經教歷耳聞　千萬生中永不忘
以是大士不思議　能使斯人獲此慧
貧窮衆生及疾病　家宅凶衰眷屬離
睡夢之中悉不安　求者乖違無稱遂
至心瞻禮地藏像　一切惡事皆消滅
至於夢中盡得安　衣食豐饒神鬼護
欲入山林及渡海　毒惡禽獸及惡人
惡神惡鬼并惡風　一切諸難諸苦惱
但當瞻禮及供養　地藏菩薩大士像
如是山林大海中　應是諸惡皆消滅
觀音至心聽吾說　地藏無盡不思議
百千萬劫說不周　廣宣大士如是力
地藏名字人若聞　乃至見像瞻禮者
香華衣服飲食奉　供養百千受妙樂
若能以此迴法界　畢竟成佛超生死
是故觀音汝當知　普告恒沙諸國土

囑累人天品第十三

爾時世尊舉金色臂又摩地藏菩薩摩訶薩頂而作是言地藏地藏汝之神力不可思議汝之慈悲不可思議汝之智慧不可思議汝之辯才不可思議正使十方諸佛讚歎宣說汝之不思議事千萬劫中不能得盡地藏地藏記吾今日在忉利天中於百千萬億不可說不可說一切諸佛菩薩天龍八部大會之中再以人天諸衆生等未出三界在火宅中者付囑於汝無令是諸衆生墮惡趣中一日一夜何況更落五無間及阿鼻地獄動經千萬億劫無有出期地藏是南閻浮提衆生志性無定習惡者多縱發善心須臾即退若遇惡緣念念增長以是之故吾分是形百千億化度隨其根性而度脫之地藏吾今慇懃以天人衆付囑於汝未來之世若有天人及善男子善女人於佛法中種少善根一毛一塵一沙一渧汝以道力擁護是人漸修無上勿令退失復次地藏未來世中若天若人隨業報應落在惡趣臨墮趣中或至門首是諸衆生若能念得一佛名一菩薩名一句一偈大乘經典是諸衆生汝以神力方便救拔於是人所現無邊身爲碎地獄遣令生天受勝妙樂爾時世尊而說偈言

現在未來天人衆　吾今慇懃付囑汝
以大神通方便度　勿令墮在諸惡趣

爾時地藏菩薩摩訶薩胡跪合掌白佛言世尊唯願世尊不以爲慮未來世中若有善男子善女人於佛法中一念恭敬我亦百千方便度脫是人於生死中速得解脫何況聞諸善事念念修行自然於無上道永不退轉說是語時會中有一菩薩名虛空藏白佛言世尊我自至忉利聞於如來讚歎地藏菩薩威神勢力不可思議未來世中若有善男子善

女人乃及一切天龍聞此經典及地藏名字
或瞻禮形像得幾種福利唯願世尊爲未來
現在一切衆等畧而說之佛告虛空藏菩薩
諦聽諦聽吾當爲汝分別說之若未來世有
善男子善女人見地藏形像及聞此經乃至
讀誦香華飲食衣服珍寶布施供養讚歎瞻
禮得二十八種利益一者天龍護念二者善
果日增三者集聖上因四者菩提不退五者
衣食豐足六者疾疫不臨七者離水火災八
者無盜賊厄九者人見欽敬十者神鬼助持
十一者女轉男身十二者爲王臣女十三者
端正相好十四者多生天上十五者或爲帝
王十六者宿智命通十七者有求皆從十八
者眷屬歡樂十九者諸横消滅二十者業道
永除二十一者去處盡通二十二者夜夢安
樂二十三者先亡離苦二十四者宿福受生
二十五者諸聖讚歎二十六者聰明利根二
十七者饒慈愍心二十八者畢竟成佛復次
虛空藏菩薩若現在未來天龍鬼神聞地藏
名禮地藏形或聞地藏本願事行讚歎瞻禮
得七種利益一者速超聖地二者惡業消滅
三者諸佛護臨四者菩提不退五者增長本
力六者宿命皆通七者畢竟成佛爾時十方
一切諸來不可說不可說諸佛如來及大菩
薩天龍八部聞釋迦牟尼佛稱揚讚歎地藏
菩薩大威神力不可思議歎未曾有是時忉
利天雨無量香華天衣珠瓔供養釋迦牟尼
佛及地藏菩薩已一切衆會俱復瞻禮合掌
而退

地藏菩薩本願經卷下

地藏菩薩本願經卷下

校勘記

一　底本，清藏本。

一　四六七頁上五行第六字「心」，南作「足」。

一　四六七頁上七行第二字「塗」，南作「河」。

一　四六八頁上一四行第六字「主」，南作「住」。

一　四六八頁中一一行「拔出」，南作「出拔」。

一　四六八頁下四行「覩知」，南作「知識」。

一　四六八頁下七行第五字「生」，南作「欲生」。

一　四六八頁下八行首字「知」，南作「知有」。

一　四六九頁上一〇行第九字「人」，南無。

一　四六九頁下二行「地藏」，南作「地藏菩薩」。

一　四七〇頁中一六行第一四字「言」，南無。

一　四七一頁上一行「淨居」，南作「淨宮」。

一　四七一頁上三行第八字「中」，南無。

一　四七一頁中七行第一六字「捨」，南無。

一　四七一頁下一[illegible]益壽」，南作「壽益」。

一　四七二頁中二行「我聞」，南作「我已聞」。

一　四七二頁中一一行第三字「於」，南作「悉於」。

一　四七二頁中一六行第一〇字「受」，南作「壽」。

一　四七二頁下六行第五字「具」，南作「貝」。

一　四七二頁下七行第五字「眼」，南作「彧眼」。

一　四七三頁上一九行「睡夢」，南作「眠夢」。

一　四七三頁中二行第一〇字「視」，南作「示」。

一　四七四頁中一二行第三字「不」，南作「不可」。

釋迦譜卷第一并序　彩

梁沙門釋僧祐撰

蓋聞菩提之為極也神妙寂通圓智湛照道絕於形識之封理畢於生滅之境形識久絕豈實誕於王宮生滅已畢寧真謝於堅固哉但群萌長寢同歸大覺緣來斯化感至必應若應而不生誰與悟俗化而無名何以導世是以標号釋迦檀種刹利體域中之尊冠人天之秀然後脫屣儲宮真觀道樹捨金輪而馭大千明玉毫而御法界此其所以垂跡也爰自降胎至于分塔瑋化千條靈瑞万變並義炳經典事盈記傳而羣言參差首尾散出事緒舛駁同異莫齊散出首尾宜有貫一之區莫齊同異必資會通之契故知博評難該而揔集易覽也祐以不敏業謝多聞時因疾隙頗存尋覽遂乃披經案記原始要終故述釋迦譜記刊為五卷若夫胤裔託生之源得道度人之要泥洹塔像之徵遺法將滅之相揔衆經以正本綴世記以附末使聖言與俗說分條古聞共今跡相證万里雖邈有若躬踐千載誠隱無隔面對今抄集衆經述而不作庶脫尋訪力半功倍弥率丹心略敷誓願

釋迦譜卷第一　第二張　彩字

僧祐前礼最勝尊　稽首清淨无比法
次歸離垢應真僧　三寶慈護永住世
僧末少信信不純　邪見迷沒陷衆苦
三藏遐曠難究尋　懈怠障导令法沒
故集本師源緣記　經律傳證增信想
仰承大士誓願心　敢厝弘意於後世
願同見聞隨喜福　法燈延照盡來際

釋迦始祖劫初刹利相承姓緣譜第一
釋迦始祖劫初姓瞿曇緣譜第二
釋迦六世祖始姓釋迦氏緣譜第三
釋迦降生釋種成佛緣譜第四
釋迦在七佛末種姓衆數同異譜第五
釋迦同三千佛緣譜第六
釋迦內外族姓名譜第七
釋迦弟子姓釋緣譜第八
釋迦四部名聞弟子譜第九

釋迦始祖劫初刹利相承姓譜第一（出長阿含經）

劫初天地欲成大水弥滿風吹結構

釋迦譜卷第一　第三張　影字号

以成世界此世欲成光音天福行命盡來生為人皆悉化生歡喜為食身光自在神足飛行无有男女尊卑衆共生故名曰衆生有自然地味猶如醍醐色如生酥味甜如蜜其後衆生以毛試嘗遂生味著漸成揣食光明轉滅无復神通食地味多者顏色麁顇其食少者顏色光澤因勝負故便相是非地味消歇咸皆懊惱咄哉為禍无復地味又生地皮狀如薄餅色味香美後復食之轉相輕慢地皮又滅又生地膚因食多少生諸惡法地膚復滅增一阿含經云自然地肥味如甛婆桃酒樓炭經云地肥不生更生兩枝蒲桃其味亦甘久久食多共相形笑兩枝蒲桃不生更生粳米後有自然粳米無有糠檜不加調和備衆美味衆生食之生男女形

增一阿含經云時天子欲情意多者便成女人遂行情欲共相娛樂乎相瞻視遂生欲想共在屏處為不淨行餘衆生見咄哉非法云何衆生有如是事男子見他呵責即自悔過自身

釋迦譜卷第一　第四張　影字号

投地其彼女人即送食與之狀之令起因此世間便有不善夫主之名以送飯與夫名之為妻其後衆生遂為婬泆為自障蔽遂造屋舍以此因緣世中立家其後衆生婬泆轉增遂夫妻共住其餘衆生壽福行盡從光音天來生此間在母胎中因此世間有處胎生

樓炭經云後稍有所著便持童女與夫歌儛戲笑稱頓言夫婦當使安隱介時先造瞻婆城乃至一切城郭自然粳米朝刈暮熟暮刈朝熟刈後隨生（中阿含云長四寸）未有莖幹有衆生併取日粮如是相教乃至併取五日粳米漸生糠檜刈已不生遂有枯株

樓炭經云後有嬾人取四五日粮所刈有處粳米便不復生祐以為撲心一動則物離其真精雲所感速於風電嘗聞兩漢之時東萊加租而海魚不出合浦貪珠而璣蟀遠移以近代方古若合符契粳米不生未足異也

介時衆生懊惱悲泣各封田宅以分壇畔其後衆生自藏己米盜他田穀

釋迦譜卷第一　第五張　影字号

無能決者議立一平等主善護人民賞善罰惡各共減割以供給之時彼衆中有一人形質長大容貌端正甚有威德請以為主於是始有民主之名曇無德律云古昔有王最初出世名大人衆之所舉樓炭經云時彼衆中有一人最尊端正威神巍巍衆人便自當為我典主作君長号之曰王以法取租是故名為刹利時閻浮利天下富樂熾盛安隱生青草色如孔雀尾有八千郡國人民聚落鷄鳴相聞天下無病無大熱大寒大王以法治國奉行十善哀念人民如父母愛子人民敬王如子敬父人壽大久後有他王不如先王壽遂減至壽十万歲稍減至万歲至今纔壽百歲

初民主有子名珍寶（曇无德律名善王樓炭經云大大王有子名真王）

珍寶有子名好味（律樓真王樓炭云真有子名齊王）

好味有子名靜衰（律名齊王樓炭云真王有子名齊王）

靜衰有子名頂生（律同名頂生王樓炭云齊王有子名頂生王）

頂生有子名善行（律名遮羅王樓炭云頂生王有子名遮留）

善行有子名宅行（律名跋遮羅王樓炭云遮留有子名和行）

宅行有子名妙味（律名撒王樓炭无

釋迦譜卷第一 第六張 彩字号
妙味有子名味帝 律名微驎陁羅王樓炭无
味帝有子名外仙 律名粥醯梨肆王樓炭无
外仙有子名百智 律名舍迦陁王樓炭无
百智有子名嗜欲 律名樓脂王樓炭大和行王有子名留至
嗜欲有子名善欲 律名脩樓王樓炭大留至有子名日王
善欲有子名斷結 律名波羅鄰王樓炭大日王有子名波鄰
斷結有子名大斷結 律名摩呵波鄰王樓炭大波鄰有子名大波鄰
大斷結有子名寶藏 律名貴舍王樓炭云大波鄰有子名沙竭
寶藏有子名大寶藏 律名摩訶舍王樓炭無
大寶藏有子名善見 律同名善見王樓炭無
善見有子名大善見 律名大善見王樓炭大沙竭王有子名大善見
大善見有子名无憂 律同名无憂王樓炭无
無憂有子名洲渚 律名光明王樓炭大大善見有子名提炎
洲渚有子名殖生 律名梨鄰王樓炭云提炎王有子名漆
殖生有子名山岳 律名弥羅王樓炭云漆王有子名迷留
山岳有子名神天 律名赤羅王樓炭大迷留王有子名摩留
神天有子名進力 律名精進力樓炭云摩留王有子名精進力
進力有子名牢車 律名牢車王樓炭大精進力王有子名堅賊
牢車有子名十車 律名十車王樓炭大堅賊有子名十車
十車有子名百車 律名百車王樓炭大十車有子名舍羅
百車有子名牢弓 律名堅弓王樓炭无
牢弓有子名十弓 律同名十弓王樓炭云舍羅王有子名十中
十弓有子名百弓 律同名百弓王樓炭大十才王有子名百卡

釋迦譜卷第一 第七張 彩字号
百弓有子名養枝 律名能師王樓炭云百弓王有子名耶和檀
養枝有子名善思 律名真闍王樓炭云耶和檀王有子名真闍
從善思以来有十族轉輪聖王相續不絶 律云從真闍王以来有十轉輪聖王種族樓炭經云真闍王有子名波延後諸王甚衆多轉輪王有十種
一名箭 律云一名伽嵬支樓炭經云一者姓迦奴卑
伽嵬（燕）王有五轉輪聖王 律云伽嵬支次第相承五王樓炭數同
二名多羅業 律云二名多樓毗帝樓炭云二者姓多重提
多羅業王有五轉輪聖王 律云多樓毗帝次第五王樓炭數同
三名馬 律云三名阿濕卑樓炭云三者阿波
阿葉摩王有七轉輪聖王 律云阿濕卑七王樓炭數同
四名持地 律云四名乹陁羅樓炭云四者提陁利
持地王有七轉輪聖王 律云乹陁羅七王樓炭數同
五名伎術 律云伽陵迦樓炭云者迦陵
迦陵伽王有九轉輪聖王 律云迦陵伽九王樓炭數同
六名瞻婆 律云六名瞻瓶樓炭云六者遮波
瞻婆王有十四轉輪聖王 律云瞻瓶十四王樓炭數同
七名拘羅婆 律同云七名拘羅婆樓炭云七者拘稍
拘羅婆王有三十一轉輪聖王 律云拘羅婆三十二王樓炭數同
八名般闍羅 律同云八名般闍羅樓炭云八者般闍
般闍羅王有三十二轉輪聖王 律云般闍羅三十二王樓炭云有三十
九名弥私羅 律云九名弥志梨樓炭云九者弥尸梨
弥私羅王有八万四千轉輪聖王 律云弥志梨次

釋迦譜卷第一 第八張 彩字号
第八万四千王樓炭數同
十名懿摩 律云十名懿師摩樓炭云十者摩弥
懿摩王有百轉輪聖王 律云懿師摩次第百王樓炭云有一百一王
家後有王名大善生 律云從懿師摩後有王名大善生樓炭云然後有王名大善生
從懿摩王有子名烏婆羅 律云大善生王子名懿師摩樓炭云大人呼為伊摩
烏婆羅有子名淚婆羅 律云懿師摩王有子名憂羅陀樓炭云伊摩王有子字烏羅
淚婆羅有子名尼求羅 律云優羅他有子名瞿羅樓炭无
尼求羅有子名師子頰 律云瞿羅有子名尼浮羅樓炭云烏鵠有子字尼浮羅
師子頰有子名淨王 律云尼浮羅有子名師子頰樓炭云浮羅不生有子名師子
淨王有子名菩薩 律云師子頰有子名悅頭檀樓炭云師子有子名悅頭檀
菩薩有子名羅睺羅 律云悅頭檀有子名菩薩樓炭云悅頭檀有子名私達菩薩私達菩薩有子名羅大
由此本緣名刹利種 樓炭云以是因緣昔王今起刹利種中阿含經云地主者謂刹利
祐案刧初草昧肇建皇極發源民主
迄于善思父子継業三十三王自善思
以後云有十族轉輪第一伽嵬至第十
懿摩或是兄弟支庶聖賢遞興容可
異族別起應天受命長源遙緒難以
意量也捴其世數凡八万四千二百一
十聖王仰尋白淨所承出自懿摩轉
輪相纂億葉重輝所以釋迦擁應示
現降生託跡既顯苗裔遂彰然經舉
大數似亦未周昔燧農軒曎猶莫詳

厯歲況飛行聖帝壽踰大椿其年世
邈絶豈凡識所揆哉

釋迦賢劫初姓瞿曇緣譜第二　出十二遊經

昔阿僧祇劫時有菩薩為國王其父
毋早喪讓國與弟捨行求道遇見一
婆羅門姓曰瞿曇因從學道婆羅門
言當解王衣如吾所服受瞿曇姓於是
菩薩體瞿曇姓入於深山食果飲水
坐禪念道菩薩乞食還其國界舉國
吏民無能識者謂為小瞿曇菩薩於
城外甘蔗園中以為精舍
佛所行讚經云甘蔗之苗裔釋迦無
勝王淨財德純備故名曰淨飯案淨
飯遠祖乃是瞿曇之後身以其前世
居甘蔗園故經稱甘蔗之苗裔也
於中獨坐時五百大賊劫取官物路由
菩薩廬邊明日捕賊蹤迹在菩薩舍
下因収菩薩前後劫盜法以木貫身
立為大樹血流於地是大瞿曇以天
眼見之便以神足飛來問曰子有何
罪酷乃尒乎御無子當何係嗣菩薩
荅言命在須臾何陳子孫王使左右
弩射殺之大瞿曇悲哀涕泣下棺殮

之取土中餘血以泥團之持著山中
還其精舍左血著左器中其右亦
然大瞿曇言是道士若其至誠天神
當使血化為人却後十月左即成男
右即成女於是便姓瞿曇氏一名舍
夷（舍夷外國貴姓之号也）仁賢劫来始為寶如
来釋迦越
案小瞿曇血化為人乃宿世之事也
至賢劫中當寳如来出世時瞿曇神
識始生此世界為王耳釋迦越此王
号也竊謂寶如来即是賢劫七佛
之名但譯胡為寶故與七佛名異耳
壽五百万歲
長阿含云拘樓孫佛時人壽四万歲
拘那含佛時人壽三万歲迦葉佛時
人壽二万歲今稱釋迦越王壽五百
万歲設使在拘樓孫世比於民壽則
過百倍也准例而求如似為殊然一
切業報未易思議也至釋迦文佛出
世閻浮提人壽百歲雖欝單曰壽千
歲耳
自下二十五王其壽二三百万歲文
陁竭王壽百万歲頂生王遮迦越左

脾右脾王皆壽十万歲從歡喜王皆
壽八万四千歲從惡念遮迦越殺一
牛祠祀宫命失金輪得銀輪主三天
下壽万歲堅念王作鑑壽五千歲得
銅輪主二天下主西南喜殺王壽二
千五百歲得鐵輪主南天下其王有
太子行五　惡殺一臧壽千歲
古人有九病寒熱飢渴生老病死婆
羅門煞生祠祀從是生四百四病從
師子念王人壽轉減壽百二十歲從師
子念王後師子意王有八十四王人壽
轉減或壽八十七十五十三十二十
十歲者於後師子合車王（師子合車王即師子頰王也）
子名白淨是菩薩父討菩薩身
癸始并前後八万四千遮迦越王
遮迦越齊言飛行皇帝即轉輪王也
長阿含及曇無德律序轉輪世數其
明已顯於前此記抄撮難尋若依全
經宜以阿含為正大瞿曇氏純淋之姓
大方便經云白淨劫初以來嫡嫡相
承作轉輪王近來二世不作轉輪而
作閻浮提王
祐覼十二遊經不稱我聞復无佛言蓋

是羅漢注記之說也尋瞿曇氏族乃緣起宿世越至賢劫還即本姓業因深遠不可思議也其所述轉輪略而不同世數之緒難得推按然瞿曇姓源頗為詳悉故撰之云

釋迦近世祖始姓釋緣譜第三 出長阿含經

乃往過去有王名懿摩 樓炭經云一摩曇無德律云懿師摩弥沙塞律云欝摩一懿欝此三音相近以音而推竊謂懿摩是正但鼓懿字相似故傳寫謬為鼓耳

王有四子一名面光二名烏食三名路指四名莊嚴 案弥沙塞四子名與此各異莊嚴是白淨王所承也 其王四子少有所犯王擯出國到雪山邊住直樹林中其四子母及諸家屬皆追念之即共集議詣懿摩王所白言大王當知與四子別久欲往看視王即告曰欲往隨意時母眷屬聞王教已即詣雪山至直樹林到四子所時諸母各為其娶後懿摩王聞四子生子端正王即歡喜而發此言此真釋子能自存立因此名釋 釋義齊言能瑞應本起亦云釋迦為

能其解是同此四子並因能命氏也在直樹林故名釋胡語呼直亦云釋天竺一音兼數義類多如此 懿摩王即釋種先也

弥沙塞云過去有王名曰欝摩王有庶子四人一名照目二名聰目三名調伏為四名居樓聰明神武有大威德第一夫人有子名曰長生頑薄醜陋衆人所賤夫人念言我子雖長才不及物而彼四子並有威德國祚所歸必鍾此等當設何計因子基業王見愛念當設方便便自嚴飾承敬俻禮伺王喜悅意欲附近即便自言因愛致情本由歡對我今憂深无復世意微願若遂永有餘歡若不見許於是盡矣王言汝欲何願理苟可從誓不相負便白王言王四子者聰明仁智並有威德我子雖長頑薄醜陋承嗣大統必競凌奪若王擯斥四子我情乃安王言四子仁孝於國無愆云何擯黜夫人言我心劬勞直愛兼家國四子神武民各懷歸樹黨已立一旦競逐必相殄滅大國之祚隸為他有願王

圖之不私一子王言汝言是矣吾自知時即呼四子而告之曰汝有過於吾吾不忍見汝死各速出國赴已畄生勿復關鬪自貽後悔四子奉命即便裝嚴時四子母及同生姊妹並知无過而被擯黜不勝狂酷咸索同去又諸力士一切人民多樂隨從王悉聽之於是便去至雪山北東西遐迥南北曠大多諸名花甚好居處遂便頓止數年之中歸德如市遂大熾盛欝為強國數年之後王思見子具報白之皆辭過不還王便三歎我子有能因名釋種別傳云此國有釋迦樹甚茂盛相師云此處必出國王因移四子立國故号釋種雖非經說即附異聞案此律說四子事緣與阿含經大同小異竊謂經變華戎譯人斟酌出經之人各有所受故往往不同也夫以史漢近書猶紛糅相反況於万里之外千歲之表於明者固宜擇善而從懸領文外則可與言正矣居樓有子名烏頭羅頭羅有子名瞿頭羅瞿頭羅有子名尸休羅尸休羅有

四子一名淨飯
大智論云昔日種王名師子頰有四子長名淨飯長阿含與曇無德律並同而沙塞猶云尸休羅子淨飯儻或傳寫脫略也若斷疑從多聞宜以阿含等經為正
淨飯子名菩薩
祐仰惟錠光授記表号釋迦玄符冥契故託化釋種名兆於未形之前跡孚於既生之後照灼人天聯綿曠劫其為源也邃矣乎

釋迦降生釋種成佛緣譜第四 出普曜經一名方等本起

菩薩住兜率天其諸天子各六十六億咸共讙議當使菩薩現生何種或有說言維提種摩竭國其母真正其父不真拘薩大國父母宗族皆不真正和沙大國王無威神受他節度維耶離國恚諍不和無清淨行此鞍樹國舉動虛妄志性麁纊不應生彼有一天子名曰幢英諳菩薩所而前諮問究竟菩薩一生補處所可降神種姓云何菩薩報曰其國種姓有六十德一生補處乃應降神 六十德文多不載

今此釋種熾盛五穀豐熟快樂无極人民滋茂殖衆德本迦維羅衛衆人和穆上下相承一切諸釋渴仰一乘其白淨王性行仁賢夫人曰妙姿性溫良猶天玉女護身口意強如金剛前五百世為菩薩母應往降神受彼胞胎於時菩薩問諸天子以何形貌降神母胎或言儒童形或曰釋梵形或言日月王形或曰金翅鳥形彼有梵天名曰強威從仙道來報諸天言為形第一六牙白象威神巍巍梵典所載所以者何世有三獸一兔二馬三曰象兔之渡水趣自渡耳馬雖善猛猶不知水之深淺白象之渡盡其源底聲聞緣覺其猶兔馬雖渡生死不達法本菩薩大乘辟如白象解暢三界十二緣起了之本无救護一切莫不蒙濟菩薩過冬盛寒春末夏初樹始花茂不寒不暑適在時宜沸宿應下菩薩從兜率天化作白象口有六牙諸根寂定光色巍巍現從日光降神母胎趣於右脅所以處右所行不左王后寢妙晏寐忽覺白象王

來處于胎身心安隱猶如逮禪
瑞應本起云菩薩初下化乘白象冠日之精脩行本起云夫人夢空中有乘白象光明照天下　詣無憂樹
大花嚴經云菩薩從兜率陀天降神下時此林中有十種瑞相一者忽然廣博二者土石變為金剛三者寶樹行列四者流水末香種種莊嚴五者花鬘充滿六者衆寶流出七者池出芙蓉八者天龍夜叉合掌而住九者天女合掌恭敬十者十方一切佛臍中放光普照此林現佛受生
即遣侍女啓白淨王王聞踊躍到无憂樹王心念言何所屋宅安於妙后時天帝釋及化自在天各上天宮花香妓樂琦異之饌供養妙后身輕柔軟不想三毒若有諸病身心之疾請菩薩母手摩其頭病皆除愈菩薩在胎十月開化訓誨三十六載諸天人民使立聲聞及諸大乘菩薩臨產先現瑞應三十有二一者後園樹木自然生果二者陸地生青蓮花大如車輪三者枯樹生花葉四者天神牽七寶

交露車至五者地中寶藏自出六者名香好薰遍布遠近七者雪山五百師子羅住城門八者白象子羅住殿前九者天為四面細雨澤香十者宮中自然百味飯食濟諸飢渴凡三十二瑞（文多不載瑞應及修行並同）壚場左右嘆未曾有王后臨產思入園觀嚴雲母寶車姝女圍繞出遊憐鞞樹下王后坐師子牀六反震動三千國土四天王挽王后車梵天前導適至樹下樹即屈枝自歸王后諸天百千咸共散花尒時菩薩從右脅生

佛所行讚云優留王股生畀偷王手生劬陁王頂生伽叉王腋生菩薩亦如是從右脅而生大善權經云菩薩發意能從兜率不由胞胎一時之頃成最正覺防人有疑此所從來變化所為乎若懷狐疑不聽受法故現處胎衆人當謂后生菩薩必有惱患欲現安隱母適攀樹枝菩薩誕生是為菩薩善權方便忽然現身住寶蓮花墮地行七步顯揚梵音天上天下為人天尊

大善權經云菩薩行地七步亦不八步是為正士應七覺意覺不覺也舉手而言吾於世間設不現斯各當自尊外道梵志必墜惡趣為善權方便天帝釋梵難名香水九龍在上而下香水洗浴菩薩

瑞應本起云梵釋下侍四天王接置金机上修行本起云龍王兄弟左雨温水右雨冷泉釋梵天衣裹之五百伏藏一時發出海行興利一時集至梵志相師普稱万歲即名太子為悉達漢言財吉五千青衣各生力士白馬生駒形色如雪黃羊生羔五千玉女皆來侍衛

修行本起云國中八万四千長者生子悉男八万四千廐馬生駒其一特異毛色絶白髦鬣貫珠故名為騫特奴名闡特瑞應本起云奴名車匿馬名健陟

菩薩七日後其母命終所以者何

菩薩察之臨母命終因來下生懷菩薩時諸天供養已服天食不甘世養本福應然去來今佛皆亦如是母

七日終應受忉利天上功祚適升彼天五万梵天各執寶瓶二万魔妻手執寶縷侍菩薩母

瑞應本起云菩薩本知母人之德不堪受其礼故因其將終而從之生長阿含經云毗婆尸佛降神母胎專念不乱安樂无畏身壞命終生忉利天此是常法大善權經云生後七日其母便薨福應昇天非菩薩咎前處兜率觀后摩耶大命將終餘有十月七日之期故神變來下是菩薩善權方便或有說言太子年幼誰能養育唯大愛道能使長大耳大愛道者太子姨母清淨无失時白淨王詔大愛道乳哺令長時大愛道即可之衆釋啓曰聞雪山有仙梵志名阿夷頭耆舊多識明曉相法王大歡喜嚴駕白象往詣阿夷頭道人披覽相太子見三十二相軀體金色頂有肉髻其髮紺青眉間白毫項出日光目睫紺色上下俱眴口四十齒白齊平方頰車廣長舌七處滿師子膺身方正修辟指長足跟滿安平指內外握合縵掌手足

輪千輻理隂馬藏𦟛腨腸鉤鏁骨毛
右旋二孔一毛生皮毛細軟不受
塵水胷有万字瑞應本起並同阿夷見此乃
增歎流涕悲不能言王惶懼而問
有不祥乎願告其意舉手荅曰吉无
不利敢賀大王生此神人昨天地大
動其正為此我相法中王者生子有
三十二相者處國當為轉輪聖王七
寶自至若捨國出家為自然佛傷我
年已晚暮當就後世不覩佛興故自
悲耳王深知其能相為作三時殿選
五百妓女擇取端正才能巧妙迭代
宿衛王告大愛道擁護太子將詣天
祠太子在坐即時唉笑面目書悅適
入天寺諸天形像各捨本位礼菩薩
足太子年七歲衆釋道從乘羊車將
詣書師師名選友菩薩手執金筆栴
檀書䟽明珠書床問師選友今師何
書而相教乎其師荅曰以梵佉留而
相教耳菩薩荅曰其異書者有六十
四今師何言正有二種師問皆何所
名荅曰梵書佉留書護衆書疾堅書
龍鬼書揵沓和書阿須倫書鹿輪書

天腹書轉數書轉眼書觀空書攝取
書文多不悉載此六十四欲以何書而相教乎
時師歡悅說偈讚歎菩薩為諸童子
一一分別諸字本末勸發无上正真
道意
瑞應本起云時去聖久書缺二字以
問於師師不能達反啓其志
時諸力士釋種長者啓白淨王若太
子作佛斷聖王種王曰何所王女宜
太子妃菩薩心念吾不貪欲棄兇率
來以權方便令當試之使上工立妙
金像以書文字女人德義如吾所疏
能應娉耳時白淨王告右梵志入迦
夷衛國遍瞻察梵志同行覩一玉女
淨猶蓮花類玉女寶王問女梵志報
曰執杖釋種王言儻不可意使自擇
之召羅衛好女會彼講堂時釋女俱
夷到菩薩所諦視菩薩目未曾眴菩
薩欣笑執持寶英以遺俱夷俱夷報
曰吾不貪寶當以功德莊嚴王遣梵
志往媒此女執杖釋言我等本姓有
藝術者乃嫁與之王問菩薩能現術
乎菩薩曰能王遍勑國中撞鐘擊鼓

却後七日太子現術諸有藝術皆來
集會勝者以釋女與之於是調達右
手牽爲左手撲煞難陁出城門即牽
移路側菩薩出城曰是爲身大臭勳
城內即右掌接擲置城外時大[illegible]
光筭術第一言談筭術亦不能及樹
木藥草衆水滴數一一可知樗蒲六
博天文地理八万異術一切諳會不
及菩薩調達及難陁故欲手搏菩薩
聡之擧調達身在於空中三反跐旋
使身不痛王及釋種更欲試射調達
竪四十里埻難陁六十里菩薩百里
調達射中四十里鼓不能得過難陁
六十里亦不得越菩薩引弓弓即折
破問有異弓任吾用不王曰吾祖父
所執用弓竒異無雙无能用者著於
天寺便可持來一切諸釋无能張者
菩薩以手捺張栟弓之聲悉聞城内
注箭放撥中百里鼓箭沒地中涌泉
自出中鐵圍山三千刹土六反震動
一切諸釋怪未曾有於時執杖釋種
以女俱夷為菩薩妃隨世習俗現相
娛樂

修行本起云太子年至十七王為採擇名女无可意者有小國王名須波弗漢言善覺女名裘夷端正少雙八國皆求悉不與之白淨王召而告之吾為太子娉取卿女善覺憂愁若不許者恐見誅伐與者諸國結怨女言表白淨王國中勇武技術取勝者我乃為之王勅羣臣並出戲場太子舉為射中鐵圍山善覺送女詣太子宮瑞應本起云太子年十七王為納妃簡選數千宷後一女名曰裘夷端正第一禮義備舉是則宿命賣花女也太子雖納久而不接婦人之情欲有附近太子曰常得好花置我中閒共視之寧好乎裘夷即具好花又欲近之太子曰却此花汁汙於牀席久後復曰得好白㲲置我中閒兩人觀之不亦好乎婦即具㲲又有近意太子曰却人有汗垢必洿此㲲婦不敢近侍女咸疑謂不能男太子以手指妃腹曰却後六年汝當生男遂以有身大善權經云何故菩薩而有室家菩薩无欲所以示現妻息防人懷疑

菩薩非男斯黃門耳故納瞿夷釋氏之女羅云於天變没化生不由父母合會而育又是菩薩本願所致

時白淨王念言太子將無欲遊觀勅嚴治道路莫令不淨見不可意於時太子出東城門菩薩威神之所建立諸天化作老人鬚白齒落目冥耳聵執杖僂步菩薩知而發問此為何人御者曰是名老人菩薩曰人命速駃猶山水流難可再過不獨此人天下皆尒便迴還入宮愍念十方菩薩後復出南城門路見病人水腹身羸卧于道側菩薩問曰此是何人御者曰此名病人命在須臾餘壽如髮菩薩曰万物無常有身有苦吾亦當然即還入宮後復遊觀出西城門見一人死室家圍遶抆淚悲哭菩薩問曰此為何人御者曰此為死人人生有死猶春有冬人物一統无生不終菩薩曰夫死痛矣精神遷矣吾見死者形壞體化而神不滅吾不能復以死受生往來五道勞我精神便迴車還復於異日出北城門見一沙門衣服整齊手執法器菩薩問

曰此為何人御者答此名比丘以棄情欲離汙如空慈心一切欲度十方菩薩言善哉唯是為快是吾所樂菩薩念言我不辭王而出家者便為不應即時靜夜入王宮殿光明照遠近其父覺起啓父王言諸天勸助今應出家父王悲泣何所志願何時當還菩薩言欲得四願一者不老二者无病三者不死四者不別假使父王與此四願不復出家王聞重悲此四願者古今无獲明旦即勅五百釋勇多力者宿衛菩薩四城門開閉聲四十里（瑞應本起云裘夷心疑其欲去坐起不離其側）於時菩薩夜觀妓女百節空中辟如芭蕉鼻涕目淚樂器縱橫顧視其妻具見形體腦髓髑髏心肺腸胃外是革囊中有臭處假借當還亦不得久三界无怙唯道可恃欲界諸天住於空中法行天子還白菩薩時已到矣沸星適現即勅車匿起被揵陟適宣此言四天王與无數閱叉龍等皆被鎧甲從四方來稽首菩薩城中男女皆疲極寐孔雀衆鳥亦疲極寐

脩行本起云諸天言太子當去恐作稽留名烏蓊慢漢名𣣋神適來宮園内人𣣋寐

車匿重悲門閉下鑰誰當開者諸鬼神阿須倫等自然開門四神捧馬足天帝前導放大淨光將諸佛樹俱夷明日從寐起巳自投於地今捨我去為至何所

瑞應本起云王自到田上遥見太子樹為曲枝隨陰其軀王悚然寤驚不識下馬作礼太子拜曰今一適此大王何宜枉來得道當還不忘此捨菩薩脫寶衣以付車匿還啓白父王及以舍夷若成正覺當復來還車匿淚下如雨白馬跪地舐菩薩足王覩寶衣車匿白馬來還不見太子自投堕地我子今為所至俱夷悲哀抱白馬頸太子棄汝何以獨來王念菩薩不捨心懷普出大臣卿等長子抱孫共相娛樂吾有一子離別入山擇取卿等子弟五人追而侍之若中來者還滅汝族五人追之不能及逮心自念言是為逸人行不擇路何道之有歸

去滅種不如住此甘菓美泉悉無所乏菩薩自念欲作沙門至山水邊定止天王知心持刀來帝釋受髮則成沙門肉髻在處大善權經云菩薩自剃頭髮諸天龍神無能見頂況能除髮菩薩念白淨王當起恨意誰剃子首聞自剃之王乃默然是為方便菩薩徃至尼連水邊閑居寂然思惟六年示大勤苦日服一麻一米結加趺坐亦不傾側大雨雷電冬夏默坐未曾舉手以自障蔽衆人怪之取草木枝耳鼻中亦不棄去

瑞應本起云菩薩取䕺草布地叉手閉目一心誓言使吾於此肌骨枯腐不得佛終不起天神進食不受天令左右自然生麻米日食一麻一米以續精氣端坐六年觀佛三昧經云坐道樹下形體羸瘠雖有金色光明益顯是骨節相跓失槃龍文竟六年巳心自念言今以羸瘦之體徃詣佛樹後世有譏謂餓得道吾寧可服柔軟食平服其體然後成佛時有長者女出嫁生男心中歡喜播千

頭牛展轉相飲取其淳乳作糜欲祠樹神遣婢見佛坐不識何神還啓大家樹下有神端正殊好女聞歡喜欲徃取糜糜跳出釜丈餘不可得取女甚怪之天於虛空而出聲曰有大菩薩巳從座起汝本有願當先飯之乃成正覺女聞天言即取乳糜盛滿金鉢徃尼連水邊菩薩以神通力入水洗浴兜率天子取天衣袈裟奉上菩薩即取著之住尼連水長者女奉乳糜稽首足下菩薩受食知氣力充徃詣佛樹路右一人名曰吉祥又生青草柔滑不乱菩薩詣吉祥所吾欲得草適施草坐地則大動諸天化作八万佛樹師子之座或有佛樹高八千里或四千里一一天子念言菩薩坐我座上不在餘座其下劣衆生本薄福者見於菩薩身坐草蓐菩薩坐巳計魔波旬寂為豪尊今吾當成无上正覺當感令到降伏攝化尒乃發起三界衆生於時菩薩坐佛樹下

受胎經云坐閻浮樹下三十八日觀樹

思惟感動天地六反震動須大光明覆蔽魔宮時魔波旬卧寐夢中見三十二變宮殿闇冥宮殿汙泥入於邪逕池水枯竭樂器破壞聞又𨛭鬼頭皆墮地諸天捨去不從其教凡三十二夢文多不載從夢而起恐怖毛竪召會大臣及諸兵衆說夢所見以何方便而往伏之并召千子其五百子導師等信樂菩薩其五百子惡目等隨魔所敎魔王憒乱告其四女一名欲妃二名悅彼三名快觀四名見從汝往詣彼惑乱其行女詣菩薩綺語作姿三十有二姿上下脣口婬嫫細視現其髀脚露其手辟作鳧鴈鴛鴦哀鸞之聲凡四十二態文多不載魔女善學女幻迷惑之業而自言曰我等年在盛時天女端正莫踰我者願得晨起夜寐供事左右菩薩荅曰汝有宿福受得天身形體雖好而心不端革囊盛臭而来何為去吾不用其魔王女化成老母不能自復即還魔所

觀佛三昧經云魔有三女長名悅彼中名喜心小名多媚白父言我能往乱

頗父莫愁即自莊飾遥踰魔后百千万倍聘目作姿現諸嬈冶札敬菩薩旋繞七帀白菩薩言太子生時万神侍御何棄天位来此樹下我是天女六天无雙今以微身奉上太子我等善能調身案摩今欲親近坐樹體疲宜須偃息服食甘露即以寶器獻天百味太子寂然身心不動以白毫擬令天三女自見身内膿囊涕唾九孔根本生藏熟藏迴伏婉轉蹋生諸虫有八千户走入小腸張口上向唼食諸藏髓脉生虫細於秋毫數甚衆多其女見此即便嘔吐即自見身左生蚘頭右生狐頭中首狗頭背負老母抱死小兒諸女驚揺却行而去伍頭視臍自見女形醜狀鄙穢復有諸虫如手釧形團欒相持而有衆口口生五毒唼食女根諸女見已心極酸苦如箭入心匍匐而去呼嗟嘆息至魔王前魔毒益盛召四部十八億衆變為師子熊羆獶猴之形或虫頭人軀虺蛇之身楷山吐火雷電四繞擭持戈矛菩薩慈心一毛不動光

頗益好鬼兵不能得近多此一帝

觀佛三昧經云魔王大怒遍勅六天并諸八部往瞿曇所是時諸鬼猶如雲赴或有諸鬼首如牛頭頭四十耳耳生鐵箭末燗上起復有諸鬼首如狐頭有十千眼聲如霹靂驅野鬼神大將軍等一頸六頭頭有六面膝頭兩面體已如箭奮身射人張眼爛赤血出流下疾走而到魔告諸鬼瞿曇善人或能知呪當與四兵化作四衣列狀如林甚可怖畏直從空下至道樹邊魔復更念此衆或不能降伏瞿曇復脫寶冠擬地當閻羅王宮上告勅諸鬼汝等獄卒及閻羅王阿鼻地獄刀輪劍戟火車爐炭一切都舉向閻浮提魔王振吼勅諸兵衆速當瞿曇上震大雷雨熱鐵丸刀輪武器交横空中然其火箭不近菩薩是時菩薩徐舉眉間毫擬阿鼻地獄令罪人見白毛流水澍如車軸大火熾滅自憶前世所作諸罪心得清凉稱南无佛以是因緣受罪畢訖直生人中魔見是相𩔗頹懊惱忽然還宮白毫直至

六天見白毛孔諸寶蓮花過去七佛
在其花上如是白毛上至无色遍照
一切如頗梨鏡八万四千天女視波旬
身狀如燋木但瞻菩薩白毫相光无
數天子天女皆發無上菩提道意
魔王自前與佛相難菩薩以智慧力
伸手案地應時地動魔與宮屬顛倒
而墮已降魔怨成正真覺
枯尋法身無形羣有已滅覺智不起
万動永寂而偱現託生降神胎化者
何耶乘大緣以應俗本誓力以弘慈也
故能運般若之權任首楞之勢迴屈蟺
率耀化赤澤陶鈞非我利見由物豈
言象思議而能語其極哉是以攝受
羣萠故居輪皇權御對本故才窮
藝術斷拔愛網故去國入山顯明法
尊故降魔道樹凡斯妙跡同非振俗應
體圓通隨方變現法身凝湛未嘗起
滅然世識習滯據跡為真欲觀如來
失道愈遠故涅槃經云若言菩薩在
白淨王宮依因父母生育是身是魔
所說蓋謂證迹而迷本也若本跡雙照
權實俱明則披經无导法身所觀

釋迦在七佛末種姓衆數同異譜第五 出長阿含

佛告諸比丘過去九十一劫時世有佛
名毗婆尸如來至真出現于世復次
過去三十一劫有佛名尸棄如來至
真出現於世復於彼三十一劫中有佛
名毗舍婆如來至真出現於世復次
此賢劫中有佛名拘樓孫又名拘鄰
含又名迦葉我今亦於賢劫中成寂
正覺

毗婆尸佛時人壽八万歲尸棄佛時
人壽七万歲毗舍婆佛時人壽六万
歲拘樓孫佛時人壽四万歲
拘鄰含佛時人壽三万歲迦葉佛時
人壽二万歲我今出世人壽百歲少
出多減

毗婆尸佛出剎利種姓拘利若尸棄
佛毗舍婆佛種姓亦尒拘樓孫佛出
婆羅門種姓迦葉增一阿含云姓婆羅墮拘鄰含
佛迦葉佛種姓亦尒我今如來至真
出剎利種姓曰瞿曇

毗婆尸佛坐婆羅樹下成寂正覺尸
棄佛坐分陁利樹下成寂正覺毗舍
婆佛坐婆羅樹下成寂正覺拘樓孫

佛坐尸利沙樹下成寂正覺拘鄰含
佛坐烏暫婆羅門樹下成寂正覺迦
葉佛坐尼拘律樹下成寂正覺我今
如來至真坐鉢多樹下成寂正覺

毗婆尸如來三會說法初會弟子有
十六万八千人二會弟子有十万人
三會弟子有八万人尸棄如來亦三
會說法初會弟子有十万人二會弟
子有八万人三會弟子有七万人毗
舍婆如來二會說法初會弟子有
七万人次會弟子有六万人拘樓孫
如來一會說法弟子四万一拘鄰舍
如來一會說法弟子三万人迦葉如
來一會說法弟子二万人我今一會
說法弟子千二百五十人

毗婆尸佛有二弟子一名騫茶二名
提舍諸弟子中最為第一尸棄佛有
二弟子一名阿毗浮二名三婆婆諸弟
子中最為第一毗舍婆佛有二弟子
一名扶遊二名欝多摩諸弟子中
最為第一拘樓孫佛有二弟子一
名薩尼二名毗樓諸弟子中最為第
一拘鄰舍佛有二弟子一名舒槃鄰

二名欝多樓諸弟子中㝡為第一迦葉佛有二弟子一名提舍二名婆羅婆諸弟子中㝡為第一今我二弟子一名舍利弗二名目揵連諸弟子中㝡為第一

毗婆尸佛有執事弟子名曰無憂尸棄佛執事弟子名曰忍行毗舍婆佛有執事弟子名曰寂滅拘樓孫佛有執事弟子名曰善覺拘那含佛有執事弟子名曰安和迦葉佛有執事弟子名曰善友我執事弟子名曰阿難毗婆尸佛有子名曰方膺尸棄佛有子名曰無量比舍婆佛有子名曰妙覺拘樓孫佛有子名曰上勝拘那含佛有子名曰導師迦葉佛有子名曰進軍今我有子名曰羅睺羅

毗婆尸佛父名槃頭剎利王種母名槃頭婆提王所治城名槃頭波提尸棄佛父名明相剎利王種母名光曜王所治城名曰光相毗舍婆佛父名善澄剎利王種母名稱戒所治城名曰無喻拘樓孫佛父名礼得婆羅門種母名善枝王名安和隨王名故城名

安和拘那含佛父名内德婆羅門種母名善勝是時王名清淨隨王名故城名清淨迦葉佛父名曰梵德婆羅門種母名曰財主是時王名波毗王所治城名波羅㮈釋迦文佛父名淨飯剎利王種母名大清淨妙王所治城名迦毗羅衛

觀佛三昧經云毗婆尸佛身長六十由旬圓光百二十由旬尸棄佛身長四十二由旬圓光四十五由旬通身光一百由旬毗舍佛身長三十二由旬圓光四十二由旬通身光六十二由旬拘留孫佛身長二十五由旬圓光三十二由旬通身光五十由旬拘那含牟尼佛身長二十由旬圓光三十由旬通身光長四十由旬迦葉佛身長十六丈釋迦牟尼佛身長丈六圓光七尺佛身並紫金色

祐尋七佛相次化跡各殊夫法身平等非有優劣衆生業異故現應不同耳是以釋迦出世身相紫金而一千比丘咸見赭容十六信士偏觀灰色色自彼異佛恒壹也類此而言可無惑矣

釋迦同三千佛緣記第六　出藥王藥上觀經

釋迦牟尼佛告大衆言我昔無數劫時於妙光佛末法之中出家學道聞五十三佛名聞已合掌心生歡喜復教他人令得聞持他人聞已展轉相教乃至三千人此三千人異口同音稱諸佛名一心敬礼以是因緣功德力故即得超越無數億劫生死之罪其千人者花光佛為首下至毗舍於莊嚴劫得成佛過去千佛是也此中千佛者拘留孫佛為首下至樓至如來於賢劫中次第成佛後千佛者日光如來為首下至須弥相於星宿劫中當得成佛現在十方諸佛善德如來等亦得聞是五十三佛名故於十方世界各得成佛過去五十三佛名在藥王藥上觀經三千佛名在諸佛集功德花經千佛名号國土種姓父母弟子眷屬衆會年歲在賢劫經釋迦在賢劫中千佛第四成佛

祐仰惟大覺之緣感也至矣極矣夫聞名致敬則勝業鍾於須臾憑心相化則妙果成於曠劫故五十三聖聲暨

徽塵之前三千至真光鑠恒沙之後雖合掌之因似賒而樹王之報漸及礼拜稱讃豈虛棄哉

釋迦内外族姓名譜第七 出長阿含經

釋種尸休羅王有四子 此出弥沙塞律衆長阿含經曇无德律大智論並云師子頰生淨飯王

一名淨飯 大智論同十二遊經云菩薩父名白淨王

二名白飯 大智論同十二遊經云菩薩叔父名甘露淨王

三名斛飯 大智論同十二遊經云菩薩中叔名敎淨王

四名甘露飯 大智論同十二遊經云菩薩小叔名設淨王

淨飯有二子一名菩薩 大智論同十二遊經云白淨王有二子其太子名悉達

二名難陁 大智論同十二遊經云其小子名難陁

白飯有二子一名阿難二名調達 大智論云白飯二子跋提沙十二遊經云甘露淨王二子長子名調達小子名阿難

斛飯有二子一名摩訶男二名阿㝹律 大智論云斛飯二子提婆達多阿難十二遊經云敎淨王有二子大子名釋摩納小子名阿難律

甘露飯有二子一名婆婆二名拔提 大智論云甘露飯二子摩訶男阿泥盧豆有一女名甘露味難阿含云但沙比丘是佛姑子兄弟十二遊經云諦淨王有二子太子名釋迦王小子名釋少王尋此四王名号次序及生子名字不有國異正其然不齊之來哲其淨飯王白淨真淨悅頭檀輸頭檀衆經名各不同盖是譯出致異即是一人耳阿泥盧豆即阿㝹律推列而求類多如此

調達四月七日食時生身長一丈五

尺四寸 出十二遊經

菩薩四月八日夜半明星出時生身長丈六 出十二遊經

佛弟難陁以四月九日生身長一丈五尺四寸 出十二遊經

阿難以四月十日生身長一丈五尺三寸 出十二遊經

菩薩外家去迦維羅閱城 晉言妙德 八百里姓瞿曇氏作小王主百万戶名一億王 出十二遊經釋迦託生王宮譜稱一億王次釋少王下又云菩薩母名摩耶難陁母名憍曇弥即大愛道也

菩薩婦家姓瞿曇氏舍夷長者名水光其婦名月女有一城居近其邊生女之時日將欲沒餘明照其家室内皆明因字之為瞿夷 瞿夷晉言明女 瞿夷是太子第一夫人 出十二遊經

太子第二夫人生羅云者名耶惟檀其父名移施長者

祐案瑞應本起善權衆經及大智論並云羅睺羅是裘夷所生而十二遊獨云是第二夫人子從多而斷則宜以瑞應為正

第三夫人名鹿野其父名釋長者以

有三婦故父王為立三時殿殿有二万婇女以太子當作遮迦王 晉譯飛行皇帝 故三殿置六万婇女 出十二遊經

祐觀大覺俯應跡均俗典所以胤裔継掐姻亞重明並緣發曠劫故能璧讃靈化耳

釋迦弟子姓釋緣譜第八 出增一阿含經

佛告諸比丘有四大河水從阿耨達泉出云何為四所謂恒伽新頭婆叉私陁波恒伽水東流牛頭口出新頭南流師子口出私陁西流象口中出婆叉北流從馬口出是時四大河水繞阿耨達泉已恒伽入東海新頭入南海婆叉入西海私陁入北海尒時四大河入海已無復本名字同名為海此亦如是有四姓云何為四刹利婆羅門長者居士種於如来所剃除鬚髮者三法衣出家學道無復本姓但言沙門釋迦子所以然者如来衆者其猶大海四諦其如四大河除去結使入於无畏涅槃城是故諸比丘諸有四姓剃除鬚髮以信堅固出家學道者彼當滅本名字自稱釋種中出家學

道比丘當欲論生子之義者當名沙門釋種子是所以然者生由我生從法而成是故比丘當求方便得作釋種子如是諸比丘當作是學

弥沙塞律云汝等比丘雜類出家皆捨本姓稱釋子沙門長阿含經云弥勒出世諸比丘弟子皆稱慈子如我今弟子稱為釋子

祐尋四河入溟俱名為海四族歸道並号曰釋可謂捴彼殊源同乎一味者矣

釋迦四部名聞弟子譜第九（比丘一百人　出增一阿含經）

佛言我聲聞弟子中第一初受法味思惟四諦寬仁博識善能勸化將養聖衆不失威儀即阿若拘隣比丘

善能勸道福度人民即優陁夷比丘

速成神通中不有悔即摩呵男比丘

恒飛虛空足不蹈地即善肘比丘

乘虛教化意無榮冀即婆破比丘

居樂天上不處人中即牛跡比丘

恒觀惡露不淨之想即善勝比丘

將護聖衆四事供養即優留毗迦葉比丘

心意寂然降伏諸結即江迦葉比丘

觀了諸法都无所著即象迦葉比丘

威容端正行步庠序即馬師比丘

智慧无窮决了諸疑即舍利弗比丘

神足輕舉飛到十方即大目乾連比丘

勇猛精勤堪任苦行即二十億耳比丘

十二頭陁難得之行即大迦葉比丘

天眼第一見十方域即阿那律比丘

坐禪入定心不錯乱即離曰比丘

能廣勸率施主齋講即陁羅婆摩羅比丘

安造房室與招提僧即小陁羅婆摩羅比丘

是貴豪種族出家學道即羅吒婆羅比丘

善分別義敷演道教即大迦旃延比丘

堪任受籌不違禁法即軍頭婆嘆比丘

降伏外道履行正法即賓頭盧比丘

四事供養衣被飯食又瞻視疾病供給醫藥即識比丘

言論辯了而無疑滯又能造偈誦嘆如來德即謂鵰耆舍比丘

得四辯才觸難答對即摩訶拘絺羅比丘

清淨閑居不樂人中即堅牢比丘

乞食耐辱不避寒暑即難提比丘

獨處靜坐專意念道即金毗羅比丘

一坐一食不移于處即施羅比丘

守持三衣不離食息即浮弥比丘

樹下坐禪意不移轉即狐疑離曰比丘

苦身露坐不避風雨即婆蹉比丘

獨樂空閑專意思惟即陁素比丘

著五納衣不著榮飾即尼婆比丘

常樂寂閙不處人中即優多羅比丘

恒坐草蓐日福度人即盧醯寧比丘

不與人語視地而行即優鉗摩居江比丘

坐起行步常入三昧即那提比丘

好遊遠國教授人民即曇摩留支比丘

喜集聖衆論說法味即伽傑比丘

壽命極長終不中夭常樂閑居不處衆中即婆拘羅比丘

能廣說法分別義理即滿願子比丘

奉持戒律无所觸犯即優波離比丘

得信解脫意無猶豫即婆迦利比丘
天體端正與世殊異諸根寂靜心不
變易即難陁比丘
辯才卒起解人疑滯即婆陁比丘
能廣說義理不有違即尼比丘
喜者好衣行本清淨即天須菩提
比丘
常好教授諸後學即難陁迦比丘
善誨禁戒比丘尼僧即須摩那比丘
功德威滿所適无短即尸婆羅比丘
具足衆行道品之法即優波先迦蘭
陁子比丘
所說如悅不傷人意即婆陁先比丘
修行安般思惟惡露即摩訶延那比丘
計我无常心无有想即優頭槃比丘
能雜種論暢悅心識即拘摩羅迦葉
比丘
著弊惡衣無所羞恥即面王比丘
不毀禁戒誦讀不懈即羅云比丘
以神足力能自隱瞳即般兎比丘
能化形體作若干變即利般兎比丘
豪族富貴天性柔和即釋王比丘
乞食無厭足教化无窮氣力強威無

所畏難即婆提婆羅比丘
音響清徹聲至梵天即羅婆那婆
提比丘
身體香絜熏于四方即鴦迦闍比丘
知時明物所至无疑所憶不忘多聞
廣遠堪任奉上即阿難比丘
莊嚴服飾行步顧影即迦持利比丘
諸王敬待羣臣所宗即月光比丘
天人所奉恒朝侍省以捨人形像天
之貌即輪提比丘
諸天師導首受正法即天比丘
自憶宿命無數劫事即果衣比丘
體性利根智慧深遠即央掘魔比丘
能降伏魔外道邪業即僧迦魔比丘
入水三昧不以為難廣有所識人所
敬念即質多舍利弗比丘
入火三昧普照十方即善來比丘
能降伏龍使奉三尊即那羅陁比丘
降伏鬼神改惡脩善即鬼地比丘
降伏沓恕勤行善行即盧遮比丘
恒樂空定分別空義志在空寂微妙
德業即須菩提比丘
行無想定除去諸念即耆利魔比丘

入無願定意不起乱即炎盛比丘
入慈三昧心无恚怒即梵摩達比丘
入悲三昧成就本業即須深比丘
得喜行德無若干相即娑弥陁比丘
常守護心意不捨離即曜波迦比丘
行炎盛三昧終不解脫即曇弥比丘
言語麁獷不避尊貴入金光三昧即
比利陁陁婆遮比丘
入金剛三昧不可沮壞即无畏比丘
所說決了不懷怯弱即須泥多比丘
恒樂靜寂意不處乱即陁摩比丘
義不可勝終不可伏即須羅陁比丘
曉了星宿豫知吉凶即那伽波羅比丘
恒喜三昧禪悅為食即婆私吒比丘
常以法喜為食即謂須夜奢比丘
恒行忍辱對至不起即滿願盛明
比丘
修習日光三昧即弥奚比丘
明筭術法无有差錯即尼拘留比丘
分別等智恒不忘失即鹿頭比丘
得雷電三昧不懷恐怖即地比丘
觀了身本即那比丘
寂後取證得漏盡即須拔比丘

名聞比丘尼五十人
久出家學國王所敬即大愛道瞿曇弥尼
智慧聰明即識摩尼
神足第一感致諸神即優鉢花色尼
行頭陁法十一限㝵即機梨舍瞿曇弥尼
天眼第一所照无㝵即奢拘利尼
坐禪入定意不分散即奢摩尼
分別義趣廣演道教即波頭蘭闍那尼
奉持律教无所加犯即波羅遮那尼
得信解脱不復退還即迦旃延尼
得四辯才不懷怯弱即寂勝尼
自識宿命无數刧事即拔陁毗離尼
顔色端正人所愛敬即醯摩闍尼
降伏外道立以正教即輸那尼
分別義趣廣說分部即曇摩提那尼
著麤弊衣不以為愧即優多羅尼
諸根寂靜恒若一心即光明尼
衣服齊整常如法教即單頭尼
能雜種論亦無疑滯即檀多尼
堪任造偈讃如来徳即天與尼
多聞廣博恩惠接下即瞿卑尼

恒處閑靜不居人間即無畏尼
苦體乞食不擇貴賤即毗舍御尼
一處一坐終不移易即拔陁婆羅尼
遍行乞求廣度人民即摩怒呵利尼
速成道果中間不滯即陁摩尼
執持三衣終不捨離即須陁摩尼
恒坐樹下意不改易即瑚那尼
恒居露地不念覆盖即奢陁尼
樂空閑處不在人間即優迦羅尼
長坐草蓐不著紋飾即離那尼
著五納衣以次分衛即阿奴波摩尼
樂空冢間即優伽摩尼
多遊於慈愍念生類即清明尼
悲泣衆生不及道者即素摩尼
喜得道者願及一切即摩陁利尼
護守諸行意不遠離即迦羅伽尼
守空執虛了之无有即提婆修尼
心樂无想除去諸著即日光尼
修習无願心恒廣濟即末那婆尼
諸法无疑度人無限即毗摩達尼
能廣說義分別深法即普照尼
心懷忍辱如地容受即曇摩提尼
能教化人使立檀會辦具牀座即須夜

摩尼
心以永息不興乱想即因提闍尼
觀了諸法而无猒足即龍尼
意强勇猛無所染著即拘那羅尼
入水三昧普潤一切即婆須尼
入火光三昧悉照萌類即降提尼
觀悪露不淨分別緣起即遮波羅尼
育養衆人施與所乏即守迦尼
寂後取證即拔陁軍陁羅拘夷國尼
名聞優婆塞四十人
初聞法藥成賢聖證即三果商客
第一智慧即質多長者
神徳第一即乾提阿藍
降伏外道即掘多長者
能說深法即優波掘長者
恒坐禪思即呵侈阿羅婆
降伏魔官即勇健長者
福徳盛滿即闍利長者
大檀越主即須達長者
門族成就即泆逸長者
好問義趣即生漏婆羅門
利根通明即梵摩俞
諸佛信使即御馬摩納

計身無我即喜聞琴婆羅門
論不可勝即毗求婆羅門
言語速疾能造偈誦即優波離長者
喜施好寶不有悋心即殊提長者
建立善本即優迦毗舍離
能說妙法即㝡上无畏優婆塞
所說无畏即頭摩大将領毗舍離
好喜惠施即毗沙王
所施俠少即光明王
建立善本即王波斯匿
得無根善信起歡喜心即王阿闍
王心向佛意不變易即優填王
承事正法即月光王子
供奉聖衆意恒平等即造祇桓王子
常喜濟彼不自為已即師子王子
善恭奉人无有高下即无畏王子
顏貌端正與人殊勝即鷄頭王子
恒行慈心即不反長者
心恒悲念一切之類即摩訶納釋種
常行喜心即拔陁釋種
恒行護心不失善行即毗闍先優婆塞
堪任行忍即師子大将
能雜種論即毗舍御優婆塞

賢聖默然即難提波羅優婆塞
勤修善行無有休息即優多羅優
婆塞
諸根寂靜即天優婆塞
㝡後受證即拘夷那竭摩羅
名聞優婆夷三十人
初受道證即難陁難陁婆羅優婆夷
智慧第一即久壽多羅優婆夷
恒喜坐禪即須毗耶女優婆夷
慧根了了即毗浮優婆夷
堪能說法即央竭闍優婆夷
善演經義即跋陁婆羅優婆夷
降伏外道即婆脩陁優婆夷
音響清徹即無憂優婆夷
能種種論即婆羅陁優婆夷
勇猛精勤即須優婆夷
第一供養如来即摩利夫人
承事正法即須賴婆夫人
供養聖衆即捨弥夫人
瞻視當来過去賢士即月光夫人
擅越第一即雷電夫人
恒行慈三昧即摩訶先優婆夷
行悲哀愍即毗提優婆夷

喜心不絶即栰陁優婆夷
行守護業即難陁母優婆夷
得信解脫即照曜優婆夷
恒行忍辱即无憂優婆夷
行空三昧即毗讎先優婆夷
行无相三昧即優那陁優婆夷
行无願三昧即无垢優婆夷
好教受彼即尸利夫人優婆夷
善能持戒即央竭摩優婆夷
形貌端正即雷炎優婆夷
諸根寂靜即㝡勝優婆夷
多聞博智即泥羅優婆夷
能造頌偈脩摩迦提无所怯弱即須
達女優婆夷
㝡後取證優婆夷者即藍優婆夷
祐歷觀學者葉盛則聲流其在悠悠
未足算也故十大弟子以第一為摽
四部之衆以名聞自顯所謂衆所知
識出乎其類者也嗟夫後進思自勗
焉（比丘丘優婆夷數各長一人）

釋迦譜卷第一

釋迦譜卷第一

校勘記

一　底本，金藏廣勝寺本。

一　此本五卷，資、磧、普、南、徑、清爲十卷，具體分卷，另當勘出。

一　此本卷一中釋迦降生釋種成佛緣譜第四之文與資、磧、普、南、徑、清大異，玆以清藏本爲別本（即本緣譜第四之一至第四之五）附於本卷後。又卷二中釋迦姨母大愛道出家記第十四之前，資、磧、普、南、徑、清有出家緣記四種，亦以清藏本爲別本（出家緣記第十至第十二作爲卷六，第十三作爲卷七）附於本卷後

一　四七七頁中一行「卷第一并序」，徑作「序」。

一　四七七頁中二行撰者，資、磧、普、南作「蕭齊釋僧祐撰」；徑、清無。

一　四七七頁中一〇行「真觀」，南、徑、清作「貞觀」。

一　四七七頁中一一行第六字「馭」，資、磧、普、南、徑、清作「御」。

一　四七七頁中一七行第六字「誶」，資、磧、普、南、徑、清作「訊」。

一　四七七頁中一九行第一三字「故」，諸本（不含石，以下各卷同）作「敌」。

一　四七七頁中二〇行「記刊爲五」，資、普作「記刊爲十」；磧、南、徑、清作「記列爲十」；麗作「記列爲五」。

一　四七七頁下四行第一一字「彌」，諸本作「敌」。

一　四七七頁下八行首字「僧」，諸本作「像」。

一　四七七頁下一〇行末字「想」，諸本作「根」。

一　四七七頁下一三行至二一行目録，徑、清無。

一　四七七頁下一四行「始祖」，資、磧、普、南、徑、清作「賢」。

一　四七七頁下一六行「第四」，徑、清作「第四之一」。

一　四七七頁下一七行至二一行目録資、磧、普、南無。

一　四七七頁下二一行第六字「閒」，麗作「聞」。

一　四七七頁下二二行「姓譜」，資、磧、普、南、徑、清作「姓緣譜」。

一　四七八頁上一行第一一字「天」，麗作「天上」。

一　四七八頁上四行第二字「生」，麗作「生世」。

一　四七八頁上六行第二字「毛」，諸本作「手」。

一　四七八頁上八行「因勝負故」，資、磧、普、南、徑、清作「因有勝負」。同行「光澤」，麗作「光澤遂生勝負」。

一　四七八頁上一九行「意多者」，資、普作「意多多者」；磧、南、徑、清作「意欲多者」。

一　四七八頁上二〇行「娛樂」，資、磧、普、南、徑、清作「娛樂也」。

一　四七八頁中九行第一一字「持」，磧、普、南、徑、清作「將」。

一　四七八頁中一〇行第八字「言」，

麗作「爲」。同行「當使安隱」，資、磧、普、南、徑、清作「常使安隱也」。

一　四七八頁中一三行第五字「有」，諸本作「時有」。

一　四七八頁中一四行首字「教」，資、磧、普、南、徑、清作「效」。

一　四七八頁中一五行「遂有枯株」，諸本作「有枯株現」。

一　四七八頁中一八行第八字「雲」，諸本作「靈」。

一　四七八頁中二〇行末字「方」，磧、南作「万」。

一　四七八頁下一一行「八千」，諸本作「八万」。

一　四七八頁下一五行第七字「壽」，磧、普、南、徑、清作「其壽」。

一　四七八頁下一八行夾註全文，資、磧、普、南作「律云名樓夷王樓炭闕此王」；徑、清作「律云名樓夷王樓炭經闕此王」；麗作「律云名樓夷王樓炭經闕此王名」。

一　四七八頁下一九行夾註「樓炭」，徑、清作「樓炭經」。下至次頁上各行夾註同。

一　四七八頁下二一行及次頁上二一行夾註、次頁中一行夾註右、次頁中二行夾註右「律名」，資、磧、普、南、徑、清作「律云」。

一　四七八頁下二二行夾註左「遮留」，資、磧、普、南、徑、清作「遮留王」。

一　四七八頁下末行夾註末字「无」，麗作「无此王名」。

一　四七九頁上二行夾註「梨駐王」，資、磧、普、南、徑、作「梨肆王」。

一　四七九頁上四行夾註右「樓炭云」，資、磧、普、南作「樓炭經云」。

一　四七九頁上五行夾註右「修樓王」，資、磧、普、南、徑、清作「修樓脂王」。

一　四七九頁上七行夾註右「婆郮」，資、磧、普、南、徑、清作「波羅那」。同行夾註左「波郮」，資、磧、普、南、徑、清作「波那王」。同行夾註末字「釋」，諸本作「那」。

一　四七九頁上八行夾註左「大波那」，資、磧、普、南、徑、清作「大波那王」。

一　四七九頁上九行夾註右「摩訶舍」，資、磧、普、南、徑、清作「摩訶貴舍」。

一　四七九頁上一三行夾註左「大善見」，資、磧、普、南、徑、清作「大善見王」。

一　四七九頁上一五行夾註左「迷留」，資、徑、清作「迷留」。

一　四七九頁上一八行至二〇行夾註右「律名」，資、磧、普、南、徑、清作「律同名」。

一　四七九頁中一行夾註右「能師王」，資、磧、普、南、徑、清作「能師子王」。

一　四七九頁中四行夾註左「經云」，資、磧、普、南、徑作「云」。

一　四七九頁中一〇行夾註右「律云」，徑、清作「律名」。同行夾註左「阿波」，徑、清作「波波」。

一　四七九頁中一四行夾註「者迦陵」，諸本作「五者迦陵」。

一　四七九頁中二〇行夾註右第六字「般」，資、磧、普、南、徑、清作「般

闍」。

一 四七九頁下二行夾註「十者」，資、磧、普、南、徑、清作「十者一」。

一 四七九頁下二行及三行「懿摩」，麗作「鼓摩」。

一 四七九頁下三行夾註左「一百一王」，資、磧、普、南作「百一」；徑、清作「百一王」。

一 四七九頁下五行夾註右「子名」，資、磧、普、南、徑、清作「有子名」。

一 四七九頁下六行夾註左「有子字」，麗作「有子摩」。

一 四七九頁下九行及次行「淨王」，諸本作「淨飯王」。同行夾註左第六字「生」，資、磧、普作「王」。

一 四七九頁下一三行夾註右「昔至今」，諸本作「從昔至今」。

一 四七九頁下一六行「轉輪」，資、麗作「轉論王」；磧、普、南、徑、清作「轉輪聖王」。

一 四七九頁下二一行「億業重輝」，資、磧、普、南、徑、清作「億業重耀」。

一 四七九頁下末行「犧農軒曎」，資作「羲農軒曎」；磧、普、南、徑、清作「羲農軒皡」。

一 四八〇頁上九行「還其」，資、磧、普、南、徑、清作「遂還」。

一 四八〇頁上一三行「淨飯」，資、磧、普、南、徑、清作「淨飯王」。

一 四八〇頁上一五行第六字「經」，資、磧、普、南、徑、清無。

一 四八〇頁上一九行「大樹」，諸本作「標」。

一 四八〇頁上末行末字「殮」，資、磧、普、南、徑、清作「斂」。

一 四八〇頁中六行正文第八字及一行第五字「寶」，資、磧、普、南、徑、清作「當寶」。

一 四八〇頁中八行第九字「乃」，資、磧、普、南、徑、清作「乃是」。

一 四八〇頁中一二行首字「之」，諸本作「之一」。

一 四八〇頁中一七行第一二字「民」，資、磧、普、南、徑、清作「人」。

一 四八〇頁中二一行末字「耳」，資、磧、普、南、徑、清作「也」。

一 四八〇頁下五行第三字及次行第八字「主」，資、磧、普、南、徑、清作「王主」。六行第八字麗同。

一 四八〇頁下六行「王有」，資、磧、普、南、徑、清作「有一」。

一 四八〇頁下七行第四字「五」，麗作「五百歲得」。同行「一滅壽」，徑、清作「滅壽一」。

一 四八〇頁下一一行「人壽」，資、磧、普、南、徑、清作「人命」。

一 四八〇頁下一七行「轉輪」，資、磧、南、清作「輪轉」。同行末字「其」，諸本作「甚」。

一 四八〇頁下一九行第八字「大」，資、磧、普、南、徑、清作「名」。

一 四八〇頁下二一行「二世」，徑、清作「一世」；麗作「三世」。

一 四八一頁上二行第一二字「姓」，資、磧、普、南、徑、清作「姓案」。

一 四八一頁上五行末字「云」，資、磧、

普、南、徑、清作「云爾」。

一　四八一頁上六行「近世」，資、磧、普、南、徑、清作「六世」。同行第八字「釋」，徑、清作「釋迦氏」。

一　四八一頁上七行「鼓摩」，諸本作「懿摩」。

一　四八一頁上八行第六字「懿」，麗作「鼓」。

一　四八一頁上一一行末字「耳」，資、磧、普、南、徑、清作「也」。

一　四八一頁上一七行第七字「與」，諸本作「我與」。

一　四八一頁上一九行「教已」，資、磧、普、南、徑、清作「聽已」。

一　四八一頁上二〇行「諸母」，諸本作「諸母等」。同行末字「聞」，資、磧、普、南、徑、清作「聞其」。

一　四八一頁中二行「故名」，資、磧、普、南、徑、清作「故名爲」。

一　四八一頁中一三行「自言因愛」，資、磧、普、南、徑、清作「白言恩愛」；麗作「白言因愛」。

一　四八一頁中二一行「家國」，徑、清作「國家」。

一　四八一頁下四行「閬闍」，磧、南、清作「闐闍」。

一　四八一頁下五行「裝嚴」，資、磧、南作「莊嚴」。

一　四八一頁下九行第八字「花」，磧、普、南、徑、清作「果」。

一　四八一頁下一七行第一二字「譯」，資、磧、普、南、徑、清作「必譯」。

一　四八一頁下一八行第九字「愛」，徑、清、麗作「受」。

一　四八一頁下一九行第六字「近」，資、磧、普、南、徑、清作「延」。同行末字「於」，資、磧、普、南、徑、清無。

一　四八一頁下二〇行第一一字「者」，資、磧、普、南、徑、清作「昔者」。

一　四八一頁下二二行「頭羅」，諸本作「烏頭羅」。

一　四八二頁上四行第六字「猶」，諸本作「獨」。

一　四八二頁上五行「宜以」，磧、南、徑、清、麗作「則宜以」。同行第一二字「聞」，麗無。

一　四八二頁上六行「阿含」，資作「阿含多則宜以阿含」。

一　四八二頁上八行第四字「錠」，徑、清作「定」。

一　四八二頁上一二行至四八八頁上末行「釋迦降生……法身所覩」經文與諸本大異，今以清藏本爲別本（即釋迦降生釋種成佛緣譜第四之一至第四之五）收録卷後並校以資、磧、普。

一　四八八頁中一行「釋迦……譜第五」以下經文，資、磧、普、南、徑、清載於卷第六。

一　四八八頁中一行夾註「長阿含」，徑、清作「阿含」。

一　四八八頁中二一行「娑羅」，資、磧、普、南、徑、清作「波羅」。

一　四八八頁中末行「婆羅」，資、磧、普、南、徑、清作「娑羅」。

一　四八八頁下二行「婆羅門」，資、磧、

普、南、徑、清無。

一　四八八頁下四行第三字「至」，徑、清作「正」。

一　四八八頁下一二行第一一字「一」，諸本作「人」。

一　四八九頁上一二行「方曆」，南、徑、清作「方友」。

一　四八九頁上二一行第九字「式」，資、磧、普、南、徑、清作「戒王」。

一　四八九頁中二行第七字及一二字「土」，南、徑、清作「王」。

一　四八九頁中四行第五字「曰」，資、磧、普、南、徑、清無。

一　四八九頁中一一行「毗舍佛」，資、磧、普、南、徑、清作「毗舍婆佛」。

一　四八九頁中一四行「三十二」，資、磧、普、南、徑、清作「四十二」。

一　四八九頁中一五行「二十」，資、磧、普、南、徑、清作「二十五」。

一　四八九頁中一八行「七尺」，資、磧、普、南、徑、清作「七尺七」。

一　四八九頁中二二行至末行「色自彼」，資、磧、普、南、徑、清作「自彼見」。

一　四八九頁下一行第八字「記」，清、麗作「譜」。

一　四八九頁下二二行末字「相」，資作「想」。

一　四八九頁下末行第八字「利」，諸本作「刦」。

一　四八九頁下末行末字「曖」，資、磧、普、南、清作「焕」；徑作「唤」。

一　四九〇頁上一五行右夾註「跋提」，諸本作「跋提提」。同行夾註左「二子」，資、磧、普、南、徑、清作「有二子」。

一　四九〇頁上一九行夾註右「一女」，磧作「三女」。

一　四九〇頁上二〇行夾註右「諍淨王」，磧、普、南、徑、清、麗作「設淨王」。

一　四九〇頁上二一行夾註右「淨飯王」，資、磧、普、南、徑、清作「淨飯」。

一　四九〇頁上二一行夾註左「名名不同」，諸本作「名各不同」。

一　四九〇頁上二二行夾註左第三字「列」，諸本作「例」。

一　四九〇頁上末行至本頁中一行「一丈五尺四寸」，資、磧、普、南、徑、清作「丈五四寸」。本頁中四行至五行同。

一　四九〇頁中六行至七行「一丈五尺三寸」，資、磧、普、南、徑、清作「丈五三寸」。

一　四九〇頁中二〇行「裘夷」，資、磧、普、南、徑、清作「瞿夷」。

一　四九〇頁中二一行第一一字「而」，資、磧、普、南、徑、清無。

一　四九〇頁下五行「姻亞」，資、磧、普、南、徑、清作「姻婭」。

一　四九〇頁下二〇行「除去」，資、磧、普、南、徑、清作「除其」。

一　四九〇頁下末行「自稱」下，資、磧、普、南、徑、清有「釋迦弟子所以然者我今正是釋迦子從」十六字。

一　四九一頁上一行第四字「當」，資、

磧、普、南、徑、清作「當知」。
一四九一頁上二行第一一字「由」，資、磧、普、南、徑、清作「皆由」。
一四九一頁上二行至三行「從法而成」，資、磧、普、南、徑、清作「從法起從法成」；麗作「成從法而成」。
一四九一頁中三行「庠序」，資、徑、清作「詳序」。
一四九一頁中九行及本頁下八行「離曰」，資、磧、普、南、徑、清作「離越」。
一四九一頁中一〇行第六字「主」，磧、普、南、徑、清、麗作「立」。
一四九一頁下一〇行第六字「意」，資、磧、普、南、徑、清作「善」。
一四九一頁下一三行第五字「曰」，資、磧、普、南、徑、清作「越」。
一四九一頁下一四行末字「江」，麗作「泫」。
一四九二頁上四行「凝滯」，資、磧、普、南、徑、清作「疑滯」。
一四九二頁上五行第九字「即」，諸本作「即斯」。

一四九二頁上八行第五字「諸」，資、磧、普、南、徑、清作「諸在」。
一四九二頁上一三行「如悅」，諸本作「和悅」。
一四九二頁上一四行「摩訶」，資、磧、普、南、徑、清作「摩訶迦」。
一四九二頁上二〇行「般兔」，資、磧、普、南、徑、清作「般㲋」。
一四九二頁上二一行「利般兔」，資、磧、普、南、徑、清作「周利般㲋」。
一四九二頁上二二行「豪族」，磧作「家族」。
一四九二頁上末行第五字「足」，資、磧、普、南、徑、清無。
一四九二頁中一〇行「輪提」，磧、南、徑、清作「輸提」。
一四九二頁中一一行「盲受」，資、磧、普、南、徑、清作「指授」。
一四九二頁中二〇行「降伏沓惒」，資、磧、普、南、徑、清作「降乹沓和」。
同行「盧遮」，資、磧、普、南、徑、清作「毗盧遮」。

一四九二頁中末行「耆利魔」，資、磧、普、南、徑、清作「耆利摩難」。
一四九二頁下三行「湏深」，資、磧、普、南、徑、清作「須彌」。
一四九二頁下四行「娑彌陁」，資、磧、普、南、徑、清作「婆彌陁」。
一四九二頁下八行「陁陁」，資、磧、普、南、徑、清作「陁」。
一四九二頁下二一行「恐怖」，資、磧、普、南、徑、清作「恐悚」。
一四九二頁下二二行「那比丘」，資、磧、普、南、徑、清作「頭那比丘」。
一四九二頁下末行第五字「得」，資、磧、普、南、徑、清作「獲得」。
一四九三頁上六行第五字「十」，諸本作「無」。
一四九三頁上一四行「拔陁」，資、磧、普、南、徑、清作「拔陀迦」。
一四九三頁上二〇行「箄頭尼」，資、磧、普、南、徑、清作「禪頭尼」。
一四九三頁中二行「御尼」，諸本作「佉尼」。

一　四九三頁中七行「玓那尼」，資、磧、普、南、徑、清作「玓須那尼」。

一　四九三頁中一〇行「紋飾」，資、磧、普、南、徑、清作「裝飾」。

一　四九三頁中一七行「守空執虛了之」，資、磧、普、南、徑、清作「守虛執空了定」。

一　四九三頁中一九行「廣濟」，資、磧、普、南、徑、清作「濟物」。

一　四九三頁下一行「度尼」，諸本作「摩尼」。

一　四九三頁下四行「那羅」，資、磧、普、南、徑、清作「羅那」。

一　四九三頁下一七行第四字「官」，南、徑、清作「宮」。

一　四九四頁上七行「无畏」，資、磧、普、南、徑、清作「無畏善察人根」。

一　四九四頁上九行第三字「俠」，資、磧、普、南、徑、清作「狹」。

一　四九四頁上一〇行「王波斯匿」，資、磧、普、南、徑、清作「波斯匿王」。

一　四九四頁上一一行「王阿闍」，資、磧、普、南、徑、清作「阿闍世王」；麗作「王阿闍世」。

一　四九四頁上一四行第六字「恒」，南、徑、清作「常」。

一　四九四頁上一六行「善恭……王子」與一七行「顏貌……王子」，資、磧、普、南、徑、清倒置。

一　四九四頁中一二行「娑羅」，資、磧、普、南、徑、清作「婆羅須焰摩」。

一　四九四頁中一六行第六字「湏」，資、磧、普、南、徑、清作「須頭」。

一　四九四頁下六行第三字「相」，資、磧、普、南、徑、清作「想」。

一　四九四頁下八行第三字「受」，資、磧、普、南、徑、清作「授」。

一　四九四頁下一三行第八字「提」，資、磧、普、南、徑、清作「那」。

一　四九四頁下一九行「出乎」，資、磧、普、南、徑、清作「出于」。

一　四九四頁下二〇行夾註右「比丘尼」，資、磧、普、南、徑、清作「比丘比丘尼」。同行夾註左「數各長一人」，資、磧、普、南、徑、清作「三衆數中各長一人」。

一　四九四頁下末行經名，資、磧、普、南、徑、清無（未換卷）。

釋迦降生釋種成佛緣譜第四之一 出因果經

爾時善慧菩薩功德行滿足位登十地在一生補處近一切種智生兜率天名聖善白爲諸天主說於一生補處之行亦於十方國土現種種身爲諸衆生隨宜說法期運將至當下作佛即觀五事一者觀諸衆生熟與未熟二者觀時至與未至三者觀諸國土何國處中四者觀諸種族何族貴盛五者觀過去因緣誰最眞正應爲父母觀五事已即自思惟今諸衆生皆是我初發心已來所成熟者堪能受於清淨妙法於此三千大千世界此閻浮提迦毗羅施兜國最爲處中瑞應本起云迦維衛者三千日月萬二千天地之處中也佛之威神至尊至重不可生邊地地爲傾邪故處其中周化十方往古諸佛出興於世皆生於此諸族種姓釋迦第一甘蔗苗裔聖王之後觀白淨王過去因緣夫妻眞正堪爲父母又見摩耶夫人壽命脩短懷抱太子滿足十月太子便生生七日已其母命終旣作此觀又自思惟我今若便即下生者不能廣利諸天人衆仍於天宮現五種相令諸天子皆悉覺知菩薩期運應下作佛一者菩薩眼見瞬動二者頭上華萎三者衣受塵垢四者腋下汗出五者不樂本座時諸天衆忽見菩薩有此異相心大驚怖身諸毛孔血流如雨自相謂言菩薩不久捨於我等爾時菩薩又現五瑞一者放大光明普照三千大千世界二者大地十八相動須彌海水諸天宮殿皆悉震搖三者諸魔宮宅隱蔽不見四者日月星辰無復光明五者天下八部皆悉震動不能自禁是兜率諸天見菩薩身已有五相又復覩外五希有事皆悉聚集到菩薩所頭面禮足白言尊者我等今日見此諸相舉身震動不能自安唯願爲我釋此因緣菩薩即便答諸天言善男子當知諸行皆悉無常我今不久捨此天宮生閻浮提于時諸天聞此語已悲號涕泣心大憂惱舉體血現如波羅奢華或有不復樂於本座或有棄其莊嚴之具或有宛轉迷悶於地或有深歎無常苦者爾時有一天子即說偈言

菩薩在於此　開我等法眼　今者遠我去
如盲離導師　又如欲渡水　忽然失橋船
亦似嬰孤兒　喪亡其慈母　我等亦如是
失所歸依處　方漂生死流　了無有出緣
我等於長夜　爲癡箭所射　旣失大醫王
誰當救我者　滯卧無明林　長沒愛欲海
永絕尊者訓　未見超出期

爾時菩薩見諸天子悲泣懊惱又復聞說戀慕之偈即以慈音而告之曰善男子凡人受生無不死者恩愛合會必有別離上至阿迦膩吒天下至阿鼻地獄其中一切諸衆生等無有不爲無常大火之所煎炙是故汝等不應於我獨生戀慕我今與汝皆悉未離生死熾火乃至一切貧富貴賤皆不免脫於是菩薩即說偈言

諸行無常　是生滅法　生滅滅已　寂滅爲樂

爾時菩薩語天子言此偈乃是過去諸佛之所宣說諸行性相法皆如是汝等今日勿生

憂惱我於生死無量劫來今者唯有此一生在不久當得離於諸行汝等當知今是度脫衆生之時我應下生閻浮提中迦毗羅施兜國甘蔗苗裔釋姓種族白淨王家我生彼已遠離父母棄捨妻子及轉輪王位出家學道勤修苦行降伏魔怨成一切種智轉於法輪一切世間天人魔梵所不能轉亦依過去諸佛所行法式廣利一切諸天人衆建大法幢傾倒魔幢竭煩惱海淨八正路以諸法印印衆生心設大法會請諸天人汝等爾時亦當皆同在於此會餐受法食以是因緣不應憂惱爾時菩薩以偈頌曰

我於此不久　當下閻浮提　迦毗羅施兜
白淨王宮生　辭父母親屬　捨轉輪王位
出家行學道　成一切種智　建立正法幢
能竭煩惱海　閉塞惡趣門　永開八正路
廣利諸天人　其數不可量　以是因緣故
不應生憂惱

爾時菩薩舉身毛孔皆放光明諸天子等聞菩薩言又復見身出大光明歡喜踊躍離諸憂苦各心念言菩薩不久當成正覺

普耀經云(一名方等本起)菩薩住兜率天其諸天子各六十六億咸共講議當使菩薩現生何種或有說言維提種摩竭國其母眞正其父不眞拘薩大國父母宗族皆不眞正和沙大國王無威神受他節度維耶離國喜諍不和無清淨行此鏺樹國舉動虛妄志性麤獷不應生彼有一天子名曰幢英詣菩薩所而前諮問究竟菩薩一生補處所可降神種姓云何菩薩報曰其國種姓有六十德一生補處乃應降神(六十德以文多不載)今此釋種熾盛五穀豐熟快樂無極人民滋茂植衆德本迦維羅衛衆人和睦上下相承一切諸釋渴仰一乘其白淨王性行仁賢夫人妙姿性溫貞良猶天玉女護身口意強如金剛前五百世爲菩薩母應往降神受彼胞胎於時菩薩問諸天子以何形貌降神母胎或言儒童形或曰釋梵形或言日月王形或曰金翅鳥形彼有梵天名曰強威從仙道來報諸天言象形第一六牙白象威神巍巍梵典所載所以者何世有三獸一兔二馬三白象兔之渡水趣自渡耳馬雖差猛猶故不知水之深淺白象之渡盡其源底聲聞緣覺其猶兔馬雖渡生死不達法本菩薩大乘譬如白象解暢三界十二緣起了之本無救護一切莫不蒙濟菩薩過冬盛寒春末夏初樹始華茂不寒不暑適在時宜沸宿應下菩薩從兜率天化作白象口有六牙諸根寂定光色巍巍現從日光降神母胎趣於右脅所以處右所行不左王后潔妙晏寐忽覺由象王來處于胞胎身心安隱猶如遠禪(瑞應本起修行本起皆云菩薩初下化乘白象冠日之精)爾時菩薩觀降胎時至即乘六牙白象發兜率宮無量諸天作諸妓樂燒衆名香散天妙華隨從菩薩滿虛空中放大光明普照十方以四月八日明星出時降神母胎于時摩耶夫人於眠寤之際見菩薩乘六牙白象騰虛而來從右脅入身現於外如處瑠璃夫人體安快樂如服甘露顧見自身如日月照心大歡喜踊躍無量見此相已廓然而覺生希有心即便往至白淨王所而白王言我於向者眠寤之際

其狀如夢見諸瑞相極爲奇特王即荅言我
向亦見有大光明又復覺汝顔貌異常汝可
爲説所見瑞相夫人即便具説上事以偈頌
曰
見有乘白象　皎淨如日月　釋梵諸天衆
皆悉執寶幢　燒香散天華　并作衆妓樂
充滿虚空中　圍繞而來下　來入我右脅
猶如處瑠璃　今以現大王　此爲何瑞相
爾時白淨王見摩耶夫人諸瑞相已歡喜踊
躍不能自勝即便遣請善相婆羅門以妙香
華種種飲食而供養之供養畢已示夫人右
脅并説瑞相白婆羅門言願爲占之有何等
異時婆羅門即占之曰大王夫人所懷太子
諸善妙相不可具説今當爲王略言之耳大
王當知今此夫人胎中之子必能光顯釋迦
壁一　十八
種族降胎之時放大光明諸天釋梵執侍圍
繞此相必是正覺之瑞若不出家爲轉輪聖
王王四天下七寶自至千子具足時王聞此
婆羅門言深自慶幸踊躍無量即以金銀雜
寶象馬車乘及以村邑而用供給此婆羅門

時摩耶夫人以其姝女并及珍寶亦以奉施
瑞應本起經云王即占問太卜占其所夢卦
曰道德所歸世蒙其福必懷聖子自從菩薩
處胎已來摩耶夫人日更修行六波羅蜜天
獻飲食自然而至不復樂於人間之味三千
大千世界常皆大明其界中間幽冥之處日
月威光所不能照亦皆朗然其中衆生各得
相見共相謂言此中云何忽生衆生菩薩降
胎之時三千大千世界十八相動清涼香風
起於四方諸抱病者皆悉除愈貪欲瞋癡亦
皆休息
爾時兜率天宮有一天子作是念言菩薩已
生白淨王宮我亦當復下生人間菩薩成佛
我得在先爲其眷屬供養聽法作此念已即
便下生王舍城中明月種姓旃陀羅及多王
壁一　十九
家復有天子生舍衛國王家復有天子生偷
羅厥叉國王家復有天子生犢子國王家復
有天子生跋羅國王家復有天子生盧羅國
王家復有天子生德叉尸羅國王家復有天
子生拘婆國王家復有天子生婆羅門家復

有天子生長者居士毗舍首陀羅家復有五
百天子生釋種姓家有如是等諸天子衆其
數凡有九十九億下生人間又從他化自在
天乃至四天王所下生者不可稱計復有色
界天王與其眷屬亦皆下生而作仙人菩薩
在胎行住坐卧無所妨礙又不令母有諸苦
患菩薩晨朝於母胎中爲色界諸天説種種
法至日中時爲欲界諸天亦説諸法於日晡
時又復爲諸鬼神説法於夜三時亦復如是
成熟利益無量衆生普耀經云菩薩在胎十月開化訓誨三十六載
諸天人民使立聲聞及諸大乘也菩薩在胎夫人姝女有來
禮拜而供養者或復有來作是願言當令得
成轉輪聖王菩薩聞已心不喜樂或復有來
作是願言當令得成一切種智菩薩聞已心
大歡喜菩薩處胎垂滿十月身諸肢節及以
相好皆悉具足亦使其母諸根寂定樂處園
林不喜憒閙時白淨王心自思惟夫人懷妊
日月將滿而不見其有生產相作此念時會
遇夫人遣信白王我今欲出園林遊觀時王
聞此益懷歡喜即勅於外令淨掃灑藍毗尼

園更使栽植諸妙華果流泉浴池悉令清潔欄楯階陛皆以七寶而爲莊嚴翡翠鴛鴦鸞鳳鳧鷖異類衆鳥鳴集其中懸繒旛蓋散華燒香作衆妓樂猶如帝釋歡喜之園又勑中間所經行處皆令嚴淨種種莊飾又勑嚴辦十萬七寶車輦一一車輦彫玩殊絕又復勑外嚴辦四軍象兵馬兵車兵步兵又復選取後宮婇女顏容端正不老不少氣性和調聰慧明了其數凡有八萬四千以用給侍摩耶夫人又復擇取八萬四千端正童女著妙瓔珞嚴身之具齋持香華先往住彼藍毗尼園王又勑諸群臣百官夫人去者皆悉侍從於是夫人即昇寶轝與諸官屬并及婇女前後導從往藍毗尼園爾時復有天龍八部亦皆隨從充滿虛空

大華嚴經云菩薩從兜率陀天降神下時此林中有十種瑞相一者忽然廣博二者土石變爲金剛三者寶樹行列四者沉水末香種種莊嚴五者華鬘充滿六者諸寶流出七者池出芙蓉八者天龍夜叉合掌而住九者天女合掌恭敬十者十方一切佛齋中放光普照此林現佛受生爾時夫人既入園已諸根寂靜即遣侍女啓白淨王王聞踊躍到無憂樹王心念曰何所屋宅安於妙后時天帝釋及化自在天各上天宮香華妓樂奇異之類供養妙后身輕柔輭不想三毒若有諸病身心之疾請菩薩毋手摩其頭病皆除愈十月滿足於四月八日日初出時夫人見彼園中有一大樹名曰無憂華色香鮮枝葉分布極爲茂盛（普曜經云王后臨產思入園觀嚴雲母寶車婇女圍繞出遊憐犂樹下王后坐師子牀六反震動三千國土時四天王挽王后車梵天前導適至樹下樹即屈枝自歸王后諸天百千咸共散華）即舉右手欲牽摘之菩薩漸漸從右脅出（佛所行讚經云優留王股生畀偷王手生漫陀王頂生伽叉王腋生菩薩亦如是從右脅而生大善權經云菩薩發意能從兜率不由胞胎一時之頂成最正覺防人有疑此所從來變化所爲若懷狐疑不聽受法故現受胎衆人當謂后生菩薩必有惱患欲現安隱毋適攀樹枝菩薩誕育是爲菩薩善權方便也）于時樹下亦生七寶七莖蓮華大如車輪菩薩即便墮蓮華上無扶侍者自行七步（大善權經云菩薩行地七步亦不八步是爲正志應七覺意耶）舉其右脅而師子吼我於一切天人之中最尊最勝無量生死於今盡矣此生利益一切天人（大善權經云舉手而言吾於世尊設不現斯各當自尊外道梵志必墮惡趣是爲菩薩善權方便）說是言已時四天王即以天繒接太子身置寶几上釋提桓因手執寶蓋大梵天王又持白拂侍立左右難陀龍王優波難陀龍王於虛空中吐清淨水一溫一涼灌太子身（普曜經云天帝釋梵雨雜名香九龍在上而下香水洗浴菩薩瑞應本起云梵釋下侍四天大王接菩薩身置金几上修行本起云龍王兄弟左雨溫水右雨冷泉釋梵天衣裹菩薩身）身黃金色三十二相放大光明普照三千大千世界天龍八部亦於虛空作天妓樂歌唄讚頌燒衆名香散諸妙華又雨天衣及以瓔珞繽紛亂墜不可稱數

爾時摩耶夫人生太子已身安快樂無所苦患歡喜踊躍止於樹下前後自然忽生四井其水香潔具八功德爾時摩耶夫人與其眷屬隨所欲須自恣洗漱復有諸天夜叉皆悉圍繞守護太子及摩耶夫人當爾之時閻浮提人乃至阿迦膩吒天雖離喜樂皆亦於此歡喜讚歎一切種智今出於世無量衆生皆得利益惟願速成正覺之道轉於法輪廣度

衆生唯有魔王獨懷愁惱不安本坐當爾之時所感瑞應三十有四普曜經云三十有二一者十方世界皆悉大明二者三千大千世界十八相動丘墟平坦三者一切枯木悉更敷榮國界自然生奇特樹四者園苑生異甘果五者陸地生寶蓮華大如車輪六者地中伏藏悉皆發出七者諸藏珍寶放大光明八者諸天妙服自然來降九者衆川萬流恬靜澄清十者風止雲降空中明淨十一者香風芬芳從四方來細雨潤澤以歛飛塵十二者國中疾病皆悉除愈十三者國內宮舍無不明耀燈燭之光不復爲用十四者日月星辰停住不行十五者毗舍佉星下現人間漢名沸星侍太子生十六者諸梵天王執素寶蓋列覆宮上十七者八方諸仙人師奉寶來獻十八者天百味食自然在前十九者無數寶瓶盛諸甘露二十者諸天妙車載寶而至二十一者無數白象子首戴蓮華列住殿前二十二者天紺馬自然而來二十三者五百白師子王從雪山出息其惡情心懷歡喜羅住城門二十四者諸天妓女於虛空中作妙音樂二十五者諸天王女執孔雀拂現宮墻上二十六者諸天王女各持金瓶盛滿香汁列住空中二十七者諸天歌頌讚太子德二十八者地獄休息毒痛不行二十九者毒蟲隱伏惡鬼善心三十者諸惡律儀一時慈悲三十一者國內孕婦產者悉男其有百疾自然除愈三十二者一切樹神化作人形悉來禮侍三十三者諸餘國王各齎名寶同來臣服三十四者一切人天無非時語爾時諸婇女衆見此瑞相極大歡喜自相謂言太子今生有如此等吉祥之事惟願長壽無諸病苦勿令我等生大憂惱作此言已以天繒氎裹抱太子至夫人所時四天王在虛空中恭敬隨從釋提桓因執蓋來覆有二十八大鬼神王在園四角守衛奉護

爾時有一青衣聰慧明了從藍毗尼園還入宮中到白淨王所白王言大王威德轉更增進摩耶夫人已生太子顏貌端正有三十二相八十種好墮蓮華上自行七步舉其右手而師子吼我於一切天人之中最尊最勝無量生死於今盡矣此生利益一切人天有如是等諸奇特事非可具說時白淨王聞彼青衣說此語已歡喜踊躍不能自勝即脫身瓔珞而以賜之

爾時白淨王即嚴四兵眷屬圍繞并與一億釋迦種姓前後導從入藍毗尼園見彼園中天龍八部皆悉充滿到夫人所見太子身相好殊異歡喜踊躍猶如江海諸大波浪意其短壽又懷悚惕譬如須彌山王難可動搖大地動時此乃一動彼白淨王素性恬靜常無歡感今見太子一喜一懼亦復如是摩耶夫人爲性調和既生太子見諸奇瑞倍增柔輭爾時白淨王叉手合掌禮諸天神前抱太子置於七寶象轝之上與諸群臣後宮婇女虛空諸天作天妓樂隨從入城時白淨王及諸釋子未識三寶即將太子往詣天寺太子既入梵天形像皆從座起禮太子足而語王言大王當知今此太子天人中尊虛空天神皆悉敬禮大王豈不見如此耶云何而今來此

禮我時白淨王及諸釋子群臣內外聞見是已歎未曾有即將太子出於天寺還入後宮當爾之時諸釋種姓亦同一日生五百男修行本起云國中八萬四千長者生子悉男八萬四千廄馬生駒其一特異毛色純白騣髻貫珠故名爲蹇特奴名闡特瑞應本起云奴名車匿馬名犍陟時王廄中象生白子馬生白駒牛羊亦生五色羔犢如是等類數各五百王子青衣亦生五百蒼頭瞢耀經云五千青衣各生力士

爾時宮中五百伏藏自然發出一一伏藏有七寶藏而圍繞之又有諸大商人從海採寶還迦毗施兜國彼諸商人各賫奇綵諸珍寶奉貢王慰諸人汝等入海悉皆吉利無苦惱不及諸伴侶無遺落耶彼諸商人答言大王所經道路極自安隱王聞此言甚大歡喜即遣請諸婆羅門等婆羅門衆皆悉集已設諸供養或與象馬及以七寶田宅僮僕供養畢已抱太子出即便白諸婆羅門言當爲太子作何等名諸婆羅門即共論議而答王言太子生時一切寶藏皆悉發出所有諸瑞莫非吉祥以此義故當名太子爲薩婆悉達瑞應本起云五百伏藏一時發出海行興利一時集至梵志相師普稱萬歲即名太子爲悉達多漢言頓吉說此語時虛空天神即擊天鼓燒香散華唱言善哉諸天人民即便稱曰薩婆悉達

爾時八王亦於是日與白淨王同生太子彼諸國王各懷歡喜我今生子有諸奇異而不知是薩婆悉達之瑞相也皆集婆羅門各爲太子制好名字王舍城太子名曰頻毗婆羅舍衛國太子名波斯匿偷羅拘吒國太子名拘臘婆犢子國太子名優陀延跋羅國太子名曰鬱陀羅延盧羅國太子名曰疾光德叉尸羅國太子名弗迦羅婆羅拘羅婆國太子名拘羅婆

爾時白淨王普勑羣臣令訪聰明多聞智慧善知占相爲諸世人所知識者羣臣聞已四方推覓時王即便於後園中乃起一大殿窻牖欄楯七寶莊飾爾時羣臣得五百婆羅門聰明知相見諸奇瑞欲來詣王會王遣信疾速而至諸臣白王知相婆羅門今者已到王聞歡喜即勑令前請入殿坐設諸供養彼婆羅門即白王言我聞大王新生太子有諸相好奇特之瑞願令我等悉得見之時王即勑抱太子出諸婆羅門既見太子相好嚴盛歎未曾有王即問言今占太子其相云何婆羅門言一切衆生皆欲好子大王今者所生太子是大珍異勿生憂怖即又白言所生太子大王雖言是王之子乃是世間之眼王復問言云何得知婆羅門言我觀太子身色光爛猶如眞金有諸相好極爲明淨若當出家成一切種智若在家者爲轉輪聖王領四天下譬如江河海爲第一衆山之中須彌最勝凡諸光暉日爲無上一切淸涼唯有明月天人世間太子爲尊王聞此語心大歡喜離諸悚惕彼婆羅門又白王言有一梵仙名阿私陀具足五通在於香山彼能爲王斷諸疑惑諸婆羅門說此語已辭別而去

爾時白淨王心自思惟阿私陀仙人居在香

山途徑險絕非人能到當以何方請求至此時白淨王作此念時阿私陀仙遥知其意又復先見諸奇瑞相深解菩薩爲破生死故現受生以神通力騰虚而來到王宫門時守門者入白王言阿私陀仙人乘虚空來今在門外王聞歡喜即勑令前王至門上自奉迎之既見仙人恭敬禮拜而即問言尊者既來住門不進爲守門者不聽前耶仙人答言無見止者既來相詣宜須先白王便隨從入於後宫敬請令坐而問訊言尊者四大常安和不仙人答言蒙大王恩幸得安樂時白淨王白仙人言尊者今日能來下降我等種族方大熾盛從今已去日就吉祥爲是經過故來此耶仙人答言我在香山見大光明諸奇特相又知大王心之所念以是因緣故來到此我以神力乘虚而至聞上諸天説王太子必當得成一切種智度脱天人又王太子從右脅生墮於七寶蓮華之上而行七步舉其右手而師子吼我於天人之中最尊最勝無量生死於今盡矣此生利益一切天人又復諸天圍繞恭敬聞有如此大奇特事快哉大王宜應欣慶太子今者可得見不即將仙人至太子所王及夫人抱太子出欲禮仙人時彼仙人尋止王曰此是天人三界中尊云何而令禮於我耶時彼仙人即起合掌禮太子足王及夫人白仙人言唯願尊者爲相太子仙人言善即便占相具見相已忽然悲泣不能自勝王及夫人見彼仙人悲泣流淚舉身戰怖生大憂惱如大波浪動於小船問仙人言我子初生具諸瑞相有何不祥而悲泣耶爾時仙人歔欷答言大王太子相好具足無有不祥王又問言願更爲我占視太子有長壽相不得轉輪王位王四天下不我年既暮欲以國土皆悉付之當隱山林出家學道所可志願唯在於此尊者爲觀必定果耶爾時仙人又答王言大王太子具三十二相一者足下安平立如奩底二者足下千輻網轉輪相具足三者手足相指長勝於餘人四者手足柔輭勝餘身分五者足跟廣具足滿好六者足指合縵網勝於餘人七者足趺高平好與跟相稱八者腨纖好如伊泥延鹿王九者平住兩手摩膝十者陰藏相如象王馬王十一者身縱廣等如尼俱盧樹十二者一一孔一毛生青色柔輭右旋十三者毛上向靡青色柔輭右旋十四者金色相其色微妙勝閻浮檀金十五者身光一丈十六者皮薄細滑不受塵垢不停蚊蚋十七者七處滿兩足下兩腋中兩肩上項中皆滿字相分明十八者兩腋下滿如摩尼珠十九者身如師子二十者身廣端直二十一者肩圓好二十二者口四十齒二十三者齒白齊密而根深二十四者四牙最白而大二十五者方頰車如師子二十六者味中得上味咽中二處津液流出二十七者舌大輭薄能覆面至耳髮際二十八者梵音深遠如迦陵頻伽聲二十九者眼色如金精三十者眼睫如牛王三十一者眉間白毫相輭白如兜羅綿三十二者頂髻肉成具有如此相好之身若在家者年二十九爲轉輪聖王若出家者成一切種智廣濟天人然王太子必當學道得成阿耨多羅三藐三

菩提不久當轉清淨法輪利益天人開世間眼我今年壽已百二十不久命終生無想天不覩佛興不聞經法故自悲耳又問仙人尊者向占言有二種一當作王二成正覺而今云何言決定成一切種智時仙人言我相之法若有衆生具三十二相或生非處文不明顯此人必爲轉輪聖王若三十二相皆得其處文復明顯此人必成一切種智我觀大王太子諸相皆得其所又極明顯是以決定知成正覺仙人爲王說此語已辭別而退

釋迦譜卷第一

釋迦譜卷第一（別本）

校勘記

一　底本，清藏本。

一　五〇二頁上一行「之一」，資、磧、普無。

一　五〇二頁中六行第五字「者」，資、磧、普無。

一　五〇三頁上一〇行「汝等爾時」，資作「等爾等」。

一　五〇三頁中一三行「和睦」，資、磧、普作「和穆」。

一　五〇三頁下一〇行第四字「由」，資、磧、作「白」。

一　五〇四頁上一〇行第九字「請」，資作「諸」。

一　五〇四頁上一八行「王四」，資、普作「王曰」。

一　五〇四頁下一行第五字「長」，磧、普作「畏」。

一　五〇五頁上五行「莊飾」，資、磧、普作「裝飾」。

一　五〇七頁上二行第二字「歎」，資作「喜」。

一　五〇八頁上一行第一五字「求」，資、磧、普作「來」。

釋迦譜卷第二　壁二

蕭齊釋僧祐譔

釋迦降生釋種成佛緣譜第四之二 出因果經

爾時白淨王既聞仙人決定之説心懷愁惱慮恐出家即擇五百青衣賢明多智爲作嬭母養視太子其中或有乳者或有抱者或有浴者或有浣濯者如是等比供給太子皆悉具足又復别爲起三時殿温涼寒暑各自異處其殿皆以七寶莊嚴衣裳服飾皆悉隨時王恐太子棄家學道使其城門開閉之聲聞四十里又復擇取五百妓女形容端正不肥不瘦不長不短不白不黑才能巧妙各兼數技皆以名寶瓔珞其身百人一番迭代宿衛於其殿前列樹甘果枝葉蔚映華實繁茂又有浴池清流澄潔池邊香草雜色蓮華猗靡芬敷不可稱計異類之鳥數百千種光麗心目趣悅太子太子既生始滿七日其母命終以懷太子功德大故上生忉利封受自然太子自知福德威重無有女人堪受禮者故因將終託之而生 普曜經云菩薩生七日後其母命終所以者何本命應然菩薩寀之臨母命終因來下生懷菩薩時諸天供養已服天食不甘世養本福應然去來今佛皆亦如是母七日終受忉利天上功祚適昇彼天五萬梵天各執寶瓶二萬魔妻手執寶纓侍菩薩母瑞應本起云菩薩本知母人之德不堪受其禮故因其將終而從之生長阿含經云毗婆尸佛降神母胎專念不亂安樂無長身壞命終生忉利天此是常法大善權經云生後七日其母便薨福應昇天非菩薩咎前處兜率觀后摩耶大命將終餘有十月七日之期故神變來下是菩薩權方便

爾時太子姨母摩訶波闍波提乳養太子如母無異時白淨王勅作七寶天冠及以瓔珞而與太子太子年漸長大爲辦象馬牛羊之車凡是童子所玩好具無不給與爾時舉國人民皆行仁惠五穀豐熟風雨以時又無盜賊快樂安隱皆是太子福德力故時王又以青衣所生是車匿等五百蒼頭給侍太子至年七歲父王心念太子已大宜令學書訪覓國中聰明婆羅門善諸書藝請使令來以教太子爾時有一婆羅門名跋陀羅尼 漢言選友 與五百婆羅門以爲眷屬來受王請即白婆羅門言欲屈尊者爲太子師此可爾不婆羅門言當隨所知以授太子時白淨王更爲太子起大學堂七寶莊嚴牀榻學具極令精麗卜擇吉日即以太子與婆羅門而令教之爾時婆羅門以四十九書字之本教令讀之于時太子見此事已問其師言此何等書閻浮提中一切諸書凡有幾種師即默然不知所答又復問言此阿一字有何等義師又默然亦不能答内懷慚愧即從座起禮太子足而讚歎言太子初生行七步時自言天人之中最尊最勝此言不虛唯願爲説閻浮提書凡有幾種太子答言閻浮提中或有梵書或佉樓書或蓮華書有如是等六十四種

普耀經云菩薩手執金筆栴檀書隸明珠書牀問師選友今師何書而相教乎其師答曰以梵佉留而相教耳菩薩答曰其異書者有六十四今師何言止有二種師問皆何所名答曰梵書佉留書護衆書疾堅書龍鬼書揵沓和書阿須倫書鹿輪書天腹書轉數書轉眼書觀空書攝取書 文多不悉載也 此六十四欲以何書而相教乎時師歡悅説偈讚歎菩薩爲諸童子一一分別諸字本末勸發無上正真道意瑞應本起云時去聖久書缺二字以問

於師師不能達反啓其志此阿字者是梵音聲又此字義是不可壞亦是無上正眞道義凡如此義無量無邊爾時婆羅門深生慚愧還至王所而白王言大王太子是天人中第一之師云何而欲令我教耶爾時父王聞婆羅門言倍生歡喜歎未曾有即厚供養彼婆羅門隨意所之凡諸技藝典籍議論天文地理筭數射御太子皆悉自然知之

爾時太子年至十歲諸釋種中五百童子皆亦同年太子從弟提婆達多次名難陀次名孫陀羅難陀等或有三十相三十一相者或復雖有三十二相相不分明各鬭技藝有大筋力時提婆達多等五百童子既聞太子諸藝皆通名徹十方共相謂言太子雖復聰明智慧善解書論至於筋力拒勝我等欲與太子校其勇健爾時父王又訪國中善知射者而召之來令教太子即往後園欲射鐵鼓提婆達多等五百童子亦悉隨從時師即便授一小弓而與太子太子含笑而問之言以此與我欲作何事射師言欲令太子射此鐵鼓太子又言此弓力弱更求如是七弓將來師即授與太子便執七弓以射一箭過七鐵鼓時彼射師往白王言大王太子自知射藝以箭力射過七鼓閻浮提中無能等者云何令我爲作師也爾時白淨王聞此語已心大歡喜而自念言我子聰明書論筭數四遠悉知而其射藝四方人民未有知者即勅太子及提婆達多等五百童子又復擊鼓唱令國界太子薩婆悉達却後七日當出後園欲試武藝諸人民中有勇力者可悉來此到第七日提婆達多與萬眷屬最先出城于時有一大象當城門住此諸軍衆皆不敢前提婆達多問諸人言何故住此而不前也諸人答言有一大象當門而立舉衆畏之故不敢前提婆達多聞此言已獨前象所以手搏頭即便躃地於是軍衆次第得過爾時難陀又與眷屬亦欲出城其諸軍衆徐步漸前難陀即問何故行遲諸人答言提婆達多以手搏一象躃在城門妨行者路以是故遲難陀即便前至象所以足指挑象擲著路傍無數人衆聚共視之爾時太子與十萬眷屬前後圍繞始出城門見於路傍人衆聚看即便問曰此諸人輩爲何所看從人答言提婆達多手搏一象躃在城門妨人行路難陀次出以足指挑擲著於此是故行人悉聚看之於是太子即自念言今者正是現力之時太子即便以手執象擲著城外還以手接不令傷損象又還甦無所苦痛時諸人民歎未曾有王聞此已深生奇特如是太子及提婆達多并與難陀四遠人民皆悉來集在彼園中爾時彼園種種莊嚴施列金鼓銀鼓鍮石之鼓銅鐵等鼓各有七枚爾時提婆達多最先射之徹三金鼓次及難陀亦徹三鼓諸來人衆悉皆歎訝爾時羣臣白太子言提婆達多及與難陀皆已射訖今者次第正在太子唯願太子射此諸鼓如是三請太子曰善而語之言若欲使我射諸鼓者此弓力弱更覓强者諸臣答言太子祖王有一良弓今在王庫太子語言便可取來弓既至已太子即牽以放一箭徹過諸鼓然後入地泉水流出又亦穿過大鐵圍山

爾時提婆達多又與難陀共相撲戲二人力等亦無勝者太子又前手執二弟擲之於地以慈力故不令傷痛爾時四遠諸人民衆既見太子有如此力高聲唱言白淨王太子非但智慧勝一切人其力勇健亦無等者莫不歎伏益生恭敬

爾時白淨王即會諸臣而共議言太子今者年已長大智慧勇健皆悉具足今宜應以四大海水灌太子頂又復勑下餘小國王却後二月八日灌太子頂皆可來集至二月八日諸餘國王并及仙人婆羅門等皆悉雲集懸繒旛蓋燒香散華鳴鍾擊鼓作諸妓樂以七寶器盛四海水諸仙人衆各各頂戴授婆羅門如是乃至徧及諸臣悉已頂戴轉授與王時王即以灌太子頂以七寶印而用付之又擊大鼓高聲璧二唱言今立薩婆悉六達以爲太子

爾時虛空天龍夜叉人非人等作天妓樂異口同音讚言善哉當於迦毗羅難兜國立太子時餘八國王亦於是日同立太子

爾時太子啓王出遊王即聽許時王即與太子并諸羣臣前後導從案行國界復次前行到王田所即便止息閻浮樹下看諸耕人爾時淨居天化作傷蟲烏隨啄之太子見之起慈悲心衆生可愍互相吞食即便思惟離欲界愛如是乃至得四禪地日光昕赫樹爲曲枝陰蔭太子爾時白淨王四面推求問覓太子從人答曰太子今在閻浮樹下時王即便與諸羣臣往彼樹所未至之間遥見太子端坐思惟又見彼樹曲蔭其軀深生奇特時王即前執太子手問言汝今何故在於此坐太子答言觀諸衆生更相吞食甚可傷愍王聞此語心生憂畏慮其出家宜急婚娉以悅其意即便呼之俱共還國太子答言願停於此王聞其語心即念言彼阿私陀往日所說太子今者將如其言王即流淚重喚還國太子既見父王如此璧二即便隨從歸於所止七王恐愁憂不樂在家更增妓女而娛樂之

爾時太子年至十七王集諸臣而共議言太子今者年已長大宜應爲其訪索婚所諸臣答言有一釋種婆羅門名摩訶那摩其人有女名耶輸陀羅顏容端正聰明智慧賢才過人禮儀備舉有如是德堪太子妃王即答言若如卿語便爲納之王還宮内即勑宮中聰明有智耆宿女人汝可往至摩訶那摩長者之家瞻看其女容儀體行爲何如耶可停於彼至滿七日受王勑已即便往彼長者之家於七日中具觀此女還答王言我觀此女容貌端正威儀進止無與等者王聞其言極大歡喜即便遣人語摩訶那摩言太子年長欲爲納妃諸臣並言汝女淑令宜堪此舉今欲相屈時摩訶那摩答王使言謹奉勑旨王即令諸臣擇釆吉日遣車萬乘而往迎之既至宮已具足太子婚姻之禮又復更增諸妓女衆晝夜娛樂爾時太子恒與其妃行住坐卧未曾不俱初自無有世俗之意於靜夜中但修禪觀時王日日問諸婇女太子與妃相接近不婇女答言不見太子有夫婦道王聞此語愁憂不樂更增妓女而娛樂之如是經時猶不接近時王深疑恐不能男

普曜經云時諸力士釋種長者啓白淨王若

太子作佛斷聖王種王曰何所玉女宜太子妃菩薩心念吾不貪欲棄兜率來以權方便今當試之使上工匠立妙金像以書文字女人德義如吾所說能應娉耳時白淨王告右梵志入迦夷衞周徧瞻察梵志周行覩一玉女淨猶蓮華類玉女寶王問誰女梵志報曰執杖釋種女王言儻不可意使自擇之召羅衞好女會彼講堂時釋女俱夷到菩薩所諦視菩薩目未曾瞬菩薩欣笑執持寶英以遺俱夷俱夷報曰吾不貪寶當以功德莊嚴王遣梵志往媒此女執杖釋言我等本姓有藝術者乃嫁與之王問菩薩能現術乎菩薩曰能王徧勑國中椎鐘擊鼓却後七日太子現術諸有藝術皆來集會勝者以釋女與之於是調達右手牽象左手撲殺難陀出城即牽移路側菩薩出城門曰是象身大臭熏城內即右掌接擲著城外時大臣睒光筭術第一言談筭術亦不能及樹木藥草衆水滴數一一可知樗蒱六博天文地理八萬異術一切諸會不及菩薩調達及難陀欲手博菩薩菩薩愍之舉調達身在於空中三反跳旋使身不痛王及釋種更欲試射調達豎四十里鼓唯難陀六十里鼓菩薩百里調達射中四十里鼓不能得過難陀六十里亦不得越菩薩引弓弓即折破問有異弓任吾用不王曰吾祖父所執用弓奇異無雙無能用者著於天寺便可持來一切諸釋無能張者菩薩以手捺張拼弓之聲悉聞城內注箭放發中百里鼓箭没地中涌泉自出中鐵圍山三千刹土六反震動一切諸釋怪未曾有於時執杖釋種以女俱夷爲菩薩妃隨世習俗現相娛樂修行本起云太子年至十七王爲采擇名女無可意者有小國王名須波弗漢言善覺女名裘夷端正少雙八國皆求悉不與之白淨王召而告之曰吾爲太子娉娶卿女善覺憂愁若不許者恐見誅伐與者諸國結怨女言表白淨王國中勇武技術最勝者我乃爲之王勑羣臣悉出戲場太子舉象射中鐵圍山善覺送女詣太子宮瑞應本起云太子年十七王爲納妃簡選數千最後一女名曰裘夷端正第一禮義備舉是則宿命賣華女也太子雖納久而不接婦人情欲有附近心太子曰常得好華置我中間共視之寧不好乎裘夷即具好華又欲近之太子曰却此華汁汙於牀席久後復曰得好白氎置我中間兩人觀之不亦好乎婦即具氎又有近意太子曰却人有汗垢必汙此氎婦不敢近侍女咸疑太子不能男太子以手指妃腹曰却後六年爾當生男遂以有娠

大善權經云何故菩薩而有室娶菩薩無欲所以示現妻息防人懷疑著薩非男斯黃門耳故納瞿夷釋氏之女羅云於天變没化生不由父母合會而育又是菩薩本願所致

爾時太子聞諸妓女歌詠園林華果茂盛流泉清涼太子忽便欲出遊觀即遣妓女往白王言在宮日久樂欲暫出園林遊戲王聞此語心生歡喜而自念言太子當是不樂在宮行夫婦禮所以求出園林去耳即便聽之勑諸羣臣整治園觀所經道路皆令清淨太子即便往至王所頭面禮足辭出而去時王即

便勑一舊臣聰明智慧善言辯者令從太子

爾時太子與諸官屬前後導從出城東門國中人民聞太子出男女盈路觀者如雲時淨居天化作老人頭白背傴拄杖羸步太子即便問從者言此爲何人從者答言此老人也太子又問何謂爲老答曰此人昔日曾經嬰兒童子少年遷謝不住遂至根熟形變色衰飲食不消氣力虛微坐起苦極餘命無幾故謂爲老太子又問唯此一人老一切皆然從者答言一切皆悉應當如此爾時太子聞是語已生大苦惱而自念言日月流邁時變歲移老至如電身安足恃我雖富貴豈獨免耶云何世人而不怖畏太子從本已來不樂處世又聞此事益生猒離即迴車還愁思不樂時王聞已心懷煎憂恐其學道更增妓女以時娛樂之　璧二　十一

爾時太子復經少時啓王出遊王聞此言心生憂慮而自念言太子前出逢見老人憂愁不樂今者云何而復求出王愛太子不忍違意黽俛從之即集諸臣而共議言太子前者出城東門逢見老人還輒不樂今者已復求出遊觀吾不能免遂復許之諸臣答言當更嚴勑外諸官屬修治道路懸繒旛蓋散華燒香皆使華麗無令臭穢諸不淨潔及以老疾在道側也

爾時迦毗羅難兜城四門之外各有一園樹木華果浴池樓觀種種莊嚴皆悉無異王問諸臣外諸園觀何者爲勝諸臣答言外諸園觀皆等無異如忉利天歡喜之園王又勑言太子前出已從東門今者可令從南門出爾時太子百官導從出城南門時淨居天化作病人身瘦腹大喘息呻吟骨消肉竭顏貌痿黃舉身戰掉不能自持兩人扶腋在於路側太子即問此爲何人從者答曰此病人也太子又問何謂爲病答曰夫謂病者皆由嗜欲飲食無度四大不調轉變成病百節苦痛氣力虛微飲食寡少眠卧不安雖有身手不能自運要假他力然後坐起爾時太子以慈悲心看彼病人自生憂愁又復問言此人獨爾餘皆然耶答曰一切人民無有貴賤同有此病太子聞已心自念言如此病苦普應縈之云何世人耽樂不畏作是念已深生恐怖身心戰動譬如月影現波浪水語從者言如此身者是大苦聚世人於中橫生歡樂愚癡無識不知覺悟今者云何欲往彼園遊觀嬉戲即便迴車還入王宮坐自思惟愁憂不樂王　璧二　十二　問從者太子今出寧有樂不從者答言始出南門逢見病人以此不樂即迴車還王聞此語心大愁憂慮其出家時王即便問諸臣言太子前者出城東門逢見老人愁憂不樂以此事故吾勑卿等淨治道路無令老病在於巷側云何今出於城南門而復致有疾病人耶又令太子逢值見之諸臣答言近受王勑嚴命外司勿使有諸臭穢老病在於前側互相檢覆無敢懈怠不知何緣忽有病人非是我等之罪咎也爾時王問諸從者言汝等並見病人在路從何而至從者答曰無有蹤跡不知何來時王深於太子生猶豫心恐其學道更增妓女而悅其意又復欲使於五欲中生戀著心

爾時有一婆羅門子名憂陀夷聰明智慧極有辯才時王即便請來入宮而語之言太子今者不樂在世受於五欲恐其不久出家學道汝可與之共作朋友具說世間五欲樂事令其心動不樂出家時憂陀夷便即答言太子聰明無與等者所知書論皆悉淵博並是我今所未曾聞云何見使誘說之也譬如藕絲欲懸須彌我亦如是終不能迴太子之心大王既勑令作朋友要當自竭我所知見時憂陀夷受王勑已隨從太子行住坐卧不敢遠離時王又復選諸妓女聰明智慧顔容端正善於歌舞能惑人者種種莊飾光麗悦目皆悉遣往給侍太子

爾時太子復經少時啓王出遊王聞此語心自念言彼憂陀夷既與太子共爲朋友今若出遊或勝於前無復猒俗樂出家心作是念言即便聽許時王又復集諸大臣悉語之言太子今者復求出遊我不忍違已復聽之太子前出東南二門已見老病還輒愁憂今者宜令從西門出我心慮其還又不樂憂陀夷是其良友冀令出還不復應爾御等好令修治道路園林臺觀皆使嚴整香華旛蓋數倍於前無令復有老病臭穢在道側也臣受勑已即語外司嚴治道路并及園林光麗倍常王又先送諸妙妓女置彼園中又復勑語憂陀夷言若當路側有不祥事可以方便誘說其心并勑諸臣隨從太子皆令伺察若有不吉遠驅逐之爾時太子與憂陀夷百官導從燒香散華作衆妓樂出城西門時淨居天心自念言先現老病於二城門舉衆皆見令白淨王瞋責從者并及外司太子今出王制嚴峻我今現死若皆見者增王忿怒必加罰戮枉及無辜我於今日所現之事唯令太子及憂陀夷二人見耳使餘官屬不受責也作此念已即便來下化爲死人四人轝舉以諸香華布散屍上室家大小號哭送之爾時太子與憂陀夷二人獨見太子問言此爲何人而以香華莊嚴其上復有人衆號哭相送時憂陀夷以王勑故默然不答如是三問淨居天王威神之力使憂陀夷不覺答言是死人也太子又問何謂爲死憂陀夷言夫謂死者刀風解形神識去矣四體諸根無復所知此人在世貪著五欲愛惜錢財辛苦經營唯知積聚不識無常今者一旦捨之而死又爲父母親戚眷屬之所愛念命終之後猶如草木恩情好惡不復相關如是死者誠可哀也太子聞已心大顫怖又問憂陀夷言唯此人死餘亦當然即復答言一切世人皆應如是無有貴賤而得免脱太子素性恬靜難動既聞此語不能自安即以微聲語憂陀夷世間乃復有此死苦云何於中而行放逸心如木石不知怖畏即勑御者可迴車還御者答言前出二門未到園所中路而返致令大王深見瞋責今者豈敢復如此也時憂陀夷與御者言如汝所說不應便歸即復前行至彼園中香華旛蓋作衆妓樂衆妓端正猶如諸天婇女無異於太子前各競歌舞冀以姿態悦動其意太子心安不可移轉即止園中蔭息樹間除其侍衛端坐思惟憶昔曾在閻浮樹下遠離欲界乃至得於第四禪定爾時憂陀夷到

太子所而作此言大王見勑令與太子共為
朋友朊有得失互相開悟朋友之法其要有
三一者見有過失轉相諫曉二者見有好事
深生隨喜三者在於苦厄不相棄捨今獻誠
言願不見責古昔諸王及今現在皆悉受於
五欲之樂然後出家太子云何永絕不顧又
人生世宜順人行無有棄國而學道者唯願
太子受於五欲令有子息不絕王嗣爾時太
子而答之言誠如所說但我不以損國故爾
亦復不言五欲無樂以畏老病生死之苦故
於五欲不敢愛著汝向所言古昔諸王先經
五欲然後出家此諸王等今在何許以愛欲
故或在地獄或在餓鬼或在畜生或在人天
以有如是輪轉苦故是以我欲離老病苦生
死法耳汝今云何令我受之時憂陀夷雖竭
才辯勸奬太子不能令迴即便退坐歸於所
止太子仍勑嚴駕還宮諸妓女衆及憂陀夷
愁憂慘感顏貌顰蹙如人新喪所愛親屬太
子到宮惻愴倍常時白淨王呼憂陀夷而問
之言太子今出寧有樂不憂陀夷言出城不

遠逢見死人亦不知其從何而來太子與我
同時見之太子問言此為何人我亦不覺答
是死人時王即復問諸從者汝等皆見城西
門外有死人不從者答言我等不見王聞此
語神意豁然而自念言太子憂陀夷二人獨
見此是天力非諸臣咎必定當如阿私陀言
作此念已心大苦惱復增妓女以娛樂之日
日遣人慰誘太子而語之言國是汝有何故
愁憂而不樂也王又嚴勑諸妓女衆悅太子
意勿捨晝夜時白淨王雖知天力非復人事
愛重太子不能不言心自思惟太子前已出
三城門今者唯有北門未出其必不久更求
出遊當復莊嚴彼外園林倍令光麗勿使有
諸不可意事如所思惟具勑諸臣時王又復
心自願言太子若出城北門時唯願諸天勿
復現於不吉祥事復令我子心生憂惱既心
願已遂勑御者太子若出當令乘馬使得四
望見諸人民光麗莊飾是時太子啓王出遊
王不忍違便與憂陀夷及餘官屬前後導從
出城北門到彼園所太子下馬止息樹下除

去侍衛端坐思惟念於世間老病死苦時淨
居天化作比丘法服持鉢手執錫杖視地而
行在於太子前太子見已即便問言汝是何
人比丘答言我是比丘太子又問何謂比丘
答曰能破結賊不受後身故曰比丘世間皆
悉無常危脆我所修學無漏聖道不著色聲
香味觸法永得無為到解脫岸作是言已於
太子前現神通力騰虛而去當爾之時諸從
官屬皆悉覩見太子既已見此比丘又聞廣
說出家功德會其宿懷猒欲之情便自唱言
善哉善哉天人之中唯此為勝我當決定修
學是道作是語已即便索馬還歸宮城於時
太子心生歡慶而自念言我先見有老病死
苦晝夜常恐為此所逼今見比丘開悟我情
示解脫路作此念已即自思惟方便求覓出
家因緣爾時白淨王問憂陀夷言太子今出
寧有樂不時憂陀夷即答王言太子向出所
經道路無諸不祥既到園中太子獨自在於
樹下遙見一人剃除鬚髮著染色衣來太子
前而共語言語言既畢騰虛而去竟亦不知

何所論説太子因是嚴駕而歸當爾之時顔容歡悦還至宮中方生憂愁時白淨王既聞此語心生狐疑亦復不知是何瑞相深懷懊惱而自念言太子決定捨家學道又納其妃久而無子我今當勅耶輸陀羅當思方便莫絶國嗣復應警戒勿使太子去而不知既作是念如所思惟即便勅於耶輸陀羅耶輸陀羅聞王勅已心懷慚愧黙然而住行止坐卧不離太子時王復增諸妙妓女以娱樂之

爾時太子年至十九心自思惟我今正是出家之時而便往至於父王所威儀詳序猶如帝釋往詣梵天傍臣見已而白王言太子今者來大王所王聞此言憂喜交集太子既至頭面作禮爾時父王即便抱之而勅令坐太子坐已白父王言恩愛集會必有別離唯願聽我出家學道壁二一切衆生愛別離十八苦皆使解脱願必垂許不見留難時白淨王聞太子語心大苦痛猶如金剛摧破於山舉身顫掉不安本座執太子手不復能言啼泣流淚歔欷哽咽如是良久微聲而言汝今宜應息出家意所以者何年既少壯國未有嗣而便委我曽不懷顧普耀經云太子白王欲得四願一者不老二者無病三者不死四者不別假使父王與此四願不復出家王聞重悲此四願者古今無獲爾時太子既見父王流淚不許還歸所止思惟出家愁憂不樂

爾時迦毗羅施兜國諸大相師並知太子若不出家過七日後得轉輪王位王四天下七寶自至各以所知往白王言釋迦種姓於此方興王聞是語心生歡喜即勅諸臣并釋種子汝聞相師如此言不皆應日夜侍衛太子可於四門門各千人周帀城外一踰闍那内羅置人衆而防護之普耀經云明日即勅五百諸釋勇多力者宿衛菩薩令城四門開閉之聲聞四十里復勅耶輸陀羅并諸内宮倍加警戒過於七壁二日勿使出家時王十九又來至太子所太子遥見即往奉迎頭面禮足問訊起居王語太子我昔既聞阿私陀説及衆相師并諸奇瑞必定知汝不樂處世國嗣既重執當相繼唯願爲我生汝一子然後絶俗不復相違爾時太子聞父王言心自思惟大王所以苦留我者正自爲國無紹嗣耳作是念已而答王言善哉如勅即以左手指其妃腹時耶輸陀羅便覺體異自知有娠王聞太子如勅之言心大歡喜當謂太子七日之内必未有兒若過此期轉輪王位自然而至不復出家爾時太子心自念言我年已至十九今又是二月復是七日宜應方便思求出家所以者何今正是時又於父王所願已滿作此念已身放光明照四天王宮乃至照於淨居天宮不令人間見此光明爾時諸天見此光已皆知太子出家時至即便來下到太子所頭面禮足合掌白言無量劫來所修行願今者正見成熟之時於是太子答諸天言如汝等語今正是時然父王勅内外官屬嚴見防衛欲去無從諸天白言我等自當設諸方便令太子出使無知者諸天即便以其神力令諸官屬悉皆熟卧爾時耶輸陀羅眠卧之中得三大夢一者夢月墮地二者夢牙齒落三者夢失右臂得此夢已眠中驚覺心大怖懼白

太子言我於眠中得三惡夢太子問言汝夢何等耶輸陀羅即便具說所夢之事太子語言月猶在天齒又不落臂復尚在當知諸夢虛假不實汝今不應橫生怖畏耶輸陀羅又語太子如我自忖所夢之事必是太子出家之瑞太子又答汝但安眠勿生此慮要不令汝有不祥事耶輸陀羅聞此語已即便還眠太子即從座起偏觀妓女及耶輸陀羅皆如木人譬如芭蕉中無堅實或有倚伏於樂器上臂脚垂地更相枕卧鼻涕目淚口中流涎又復偏觀妻及妓女見其形體髮爪髓腦骨齒髑髏皮膚肌肉筋脉肪血心肺脾腎肝膽腸胃屎尿涕唾外爲革囊中盛臭穢無一可奇强熏以香飾以華綵譬如假借當還亦不得久百年之命卧消其半又多憂惱其樂無幾世人云何恒見此事而不覺悟又於其中貪著婬欲普耀經云於時菩薩夜觀妓女百節空中譬如芭蕉鼻涕目淚樂器縱横顧視其妻具見形體腦髓髑髏心肺腸胃外是革囊中有臭處猶如假借當還亦不得久三界無怙唯道可恃欲界諸天住於空中法行天子遙白菩薩時已到矣佛星適現即勑車匿起鞁揵陟適宜此言時四天王與無數閱叉龍鬼等皆被鎧甲從四方來稽首菩薩城中男女皆疲極寐孔雀衆鳥亦疲極寐修行本起云諸天皆言太子當去恐作稽留召烏蘇慢（此名厭神）適來宮國內外厭寐我今當學古昔諸佛所修之行急應遠此大火之聚

爾時太子思如是已至於後夜淨居天王及欲界諸天充滿虛空即共同聲白太子言內外眷屬皆悉昏卧今者正是出家之時爾時太子即便自往至車匿所以天力故車匿自覺而語之言汝可爲我鞁揵陟來爾時車匿聞此語已舉身戰怖心懷猶豫一者不欲違太子令二者畏王勑旨嚴峻思惟良久流淚而言大王慈勑如是之嚴且又今日非遊觀時又非降伏怨敵之日云何於此後夜之中而忽索馬欲何所之太子又復語車匿言我今欲爲一切衆生降伏煩惱結使賊故汝今不應違我此意爾時車匿舉聲號泣欲令耶輸陀羅及諸眷屬皆悉覺知太子當去以天神力昏卧如故車匿即便牽馬而來太子徐前而語車匿及以揵陟一切恩愛會當別離世間之事易可果遂出家因緣甚難成就車匿聞已默然無言於是揵陟不復噴鳴爾時太子見明相出放身光明徹照十方師子吼言過去諸佛出家之法我今亦然於是諸天捧馬四足并接車匿釋提桓因執蓋隨從諸天即便令王北門自然而開不使有聲車匿重悲門閉下鑰誰當開者時諸鬼神阿須倫等自然開門太子於是從門而出虛空諸天讚歎隨從爾時太子又師子吼我若不斷生老病死憂悲苦惱終不還宮我若不得阿耨多羅三藐三菩提又復不能轉於法輪要不還與父王相見若當不盡恩愛之情終不還見摩訶波闍波提及耶輸陀羅當於太子說此誓時虛空諸天讚言善哉斯言必果至於天曉所行道路已三踰闍那時諸天衆既從太子至此處已所爲事畢忽然不現

爾時太子次行至彼跋伽仙人苦行林中太

子見此園林寂靜無諸諠閙心生歡喜諸根悅豫即便下馬撫背而言所難爲事汝作已畢又語車匿馬行駿疾如金翅鳥王汝恒隨從不離我側世間之人或有善心而形不隨或運形力而心不稱汝今心形皆悉無違又世間人處富貴者競隨奉事我既捨國來此林中唯汝一人獨能隨我甚爲希有我今既已至閑靜處汝便可與揵陟俱還宮也爾時車匿聞此語已悲號啼泣迷悶躃地不能自勝於是揵陟既聞被遣屈膝舐足淚落如雨車匿答言我云何忍聽太子如此言耶我於宮中違大王勑輒鞁揵陟以與太子令致今日來至於此父王及摩訶波闍波提失太子故必當憂惱宮中內外亦應騷動又復此處多諸險難猛獸毒蟲交橫道路我今云何而捨太子獨還宮也太子即答車匿言世間之法獨生獨死豈復有伴又有生老病死諸苦我當云何與此作侶吾今爲欲斷諸苦故而來至此苦若斷時然後當與一切衆生而作伴侶我於即時諸苦未離云何而得爲汝作侶車匿又白太子生來長於深宮身體手足皆悉柔軟眠卧牀褥無不細滑如何一旦艘藉荊棘瓦礫泥土止宿樹下太子答言誠如汝語設我住宮乃得免此形荊棘之患老病死苦會當見侵車匿既聞太子此語悲泣垂淚默然而住于時太子即就車匿取七寶劒而師子吼過去諸佛爲成就阿耨多羅三藐三菩提故捨棄飾好剃除鬚髮我今亦當依諸佛法作此言已便脫寶冠髻中明珠以與車匿而語之曰以此寶冠及以明珠致王足下汝可爲我上白大王我今不爲生天樂故亦復非不孝順父母亦無忿恨瞋恚之心但以畏彼生老病死爲除斷故來至此耳汝應助我隨喜欣慶勿於吉祥更生悲愁父王若謂我今出家未是時者汝以我語上啓大王老病死至豈有定時人雖少壯焉得免此父王若復而責我言本要有子當聽出家今未有子云何而去及出宮時不啓聞者汝可爲我具啓父王耶輸陀羅久已有娠王自聞之昔勑如此非爲專輒往古有諸轉輪聖王厭國位者入於山林出家求道無有中途還受五欲我今出家亦復如是未成菩提終不還宮內外眷屬皆當於我有恩愛情可以汝辯爲解釋之勿使於我橫生憂惱太子又復脫身瓔珞以授車匿而語之言汝可爲我持此瓔珞奉摩訶波闍波提道我今爲斷諸苦本故出宮城求滿大願勿復於我反更生苦又脫身上餘莊嚴具以與耶輸陀羅亦復語言人生於世愛別離苦我今爲欲斷此諸苦出家學道勿以我故恒生愁憂并諸親屬皆亦如是爾時車匿聞此語已倍增悲絕不忍違於太子勑令即便長跪受取寶冠明珠瓔珞及嚴飾具垂淚而言我聞太子如此志願舉身顫掉設令有人心如木石聞此語者亦當悲感況我生來奉侍太子聞此誓言而不感絕唯願太子捨於此志勿令父王及摩訶波闍波提耶輸陀羅并餘親屬生大悲苦若使決定不迴此意勿於是處而復棄我我今歸依太子足下終不見有違離去理設當還宮王必責我云何獨委太子而歸欲令何言上

答大王太子答言汝今不應作如是語世皆離別豈常集聚我生七日而母命終母子尚有死生之別而況餘人汝勿於我偏生戀慕可與犍陟俱還宮也如是再勸猶不肯去爾時太子便以利劒自剃鬚髮即發願言今落鬚髮願與一切斷除煩惱及以習障釋提桓因接髮而去虛空諸天燒香散華異口同音讚言善哉善哉大善權經云菩薩自剃頭鬚諸天龍神無能見頂況能除髮菩薩念白淨王當起恨意誰剃子首故自剃之王乃默然是爲方便

爾時太子剃鬚髮已自見其身所著之衣猶是七寶即心念言過去諸佛出家之法所著衣服不當如此時淨居天於太子前化作獵師身服袈裟太子既見心大歡喜而語之言汝所著衣是寂靜服往昔諸佛之標式也云何著此而爲罪行獵者答言我著袈裟以誘羣鹿鹿見袈裟皆來近我我得殺之太子又言若如汝說著此袈裟但欲爲殺諸鹿故耳非求解脫而著之也我今持此七寶之衣與汝貿易吾服此衣爲欲攝救一切衆生斷其煩惱獵者答言善哉如告即脫寶衣而與獵者自被袈裟依過去諸佛所服之法時淨居天還復梵身上昇虛空歸其所止于時空中有異光明車匿見此心生奇特歎未曾有今此瑞應非爲小緣車匿既見太子剃除鬚髮身著法服定知太子必不可迴悶絕於地倍增懊惱爾時太子而語之言汝今宜應捨此悲愁便還宮城具宣我意太子於是即徐前行車匿歔欷頭面作禮乃至遠望不見太子然後方起舉體顫掉不能自勝顧看犍陟及莊嚴具嗚咽悲哽涕泗交流即牽犍陟執持寶冠嚴身之具車匿號咷犍陟悲鳴緣路而還爾時太子即便前至跋伽仙人所住之處時彼林中有諸鳥獸既見太子皆悉矚目端住不瞬跋伽仙人遥見太子而自念言此是何神爲日月天爲帝釋也便與眷屬來迎太子深生敬重而作是言善來仁者太子既見諸仙人衆心意柔輭威儀詳序太子即便前其住處諸仙人等無復威光皆悉同來請太子坐太子坐已觀察彼諸仙人之行或有以草而爲衣者或以樹皮樹葉以爲服者或有唯食草木華果或有一日一食或二日一食或三日一食如是行於自餓之法或事水火或奉日月或翹一脚或臥塵土或有臥於荆棘之上或有臥於水火之側太子既見如此苦行即便問於跋伽仙人汝等今者行此苦行甚爲奇特皆欲求於何等果報仙人答言修此苦行爲欲生天太子又問諸天雖樂福盡則窮輪迴六道終爲苦聚汝等云何修諸苦因以求苦報太子即便心自歎言商人爲寶故入大海王爲國土興師相伐今諸仙人爲生天故修此苦行作是歎已默然而住跋伽仙人即問太子仁者何意默然不言我等所行非眞正也太子答言汝等所行非不至苦然求果報終不離苦太子與仙人說此議論言語往復乃至日暮太子即便停彼一宿既至明旦復更思惟此諸仙人雖修苦行皆非解脫眞正之道我今不應止住於此即與仙人辭別欲去時諸仙人白太子言仁者來

此我皆歡喜今我人衆威德增盛今者何故而忽欲去爲是我等失於威儀爲此衆中相犯觸也以何因緣不住於此太子答言非是汝等有如是失賓主之儀亦無所少但汝所修增長苦因我今學道爲斷苦本以此因緣是故去耳諸仙人衆自共議言其所修道極爲廣大云何我等而得留之

爾時有一仙人善知相法語衆人言今此仁者諸相具足必當得於一切種智爲天人師即便俱往詣太子所而作是言所修道異不敢相留若欲去者可向北行彼有大仙名阿羅邏迦蘭仁者可往就其語論我觀仁者亦當不必住於彼處於是太子即便北行諸仙人衆見太子去心懷懊惱合掌隨送極望絶視然後乃還

釋迦譜卷第二

釋迦譜卷第二（別本）

校勘記

一　底本，清藏本。

一　五一〇頁中一一行「仁惠」，資、磧作「仁慧」。

一　五一一頁上七行第六字「之」，資、磧作「乏」。

一　五一一頁上一五行「拒勝」，資、磧作「詎勝」。

一　五一三頁中八行第一四字「發」，資、磧作「撥」。

一　五一四頁下一八行第一六字「其」，資作「有」。

一　五一五頁下一四行第一四字「與」，資、普作「語」。

一　五一七頁上五行第一三字「當」，資、普作「嘗」。

一　五一八頁中二行「佛星」，資、磧作「沸星」。

一　五一八頁中三行「鞬揵陟」，資、磧作「被揵陟」。本頁中一三行、次頁上一二行資同。

一　五二一頁上九行第八字「得」，資、磧、普作「行」。

釋迦譜卷第三　壁三

蕭齊釋僧祐撰

釋迦降生釋種成佛緣譜第四之三（出因果經）

爾時太子既出宮已至於天曉耶輸陀羅及諸婇女從眠而覺不見太子悲號啼泣即便往啓摩訶波闍波提今旦忽失太子莫知所在摩訶波闍波提聞是語已迷悶躃地如是展轉乃至達王王聞此言屹然無聲失其精䰟若喪四體舉宮内外皆亦如是時諸大臣即入檢視太子住處案行宮城見城北門自然已開又復不見車匿揵陟即問門司誰開此者互相推檢皆云不知并問防人亦云不解此門開意于時大臣心自思惟北門既開太子必當從此而出宜速尋覓太子所在即勑千乘萬騎絡繹四出追求太子以天力故迷失道徑不知所之即便還歸白大王言推尋太子不知所在爾時車匿步牽揵陟及莊嚴具悲泣鳴咽隨路而還舉邑人民見此驚愕無不懊惱悉皆競來問車匿言汝送太子置於何處今與揵陟而獨還也車匿既得諸人問此倍更悲絶不能答之此諸人民雖見揵陟鞁帶鞍勒七寶莊嚴不見太子猶若死人飾以華綵於是車匿前入宮城揵陟悲嘶諸廐群馬一時哀鳴外諸官屬白摩訶波闍波提及耶輸陀羅言車匿唯與揵陟俱還聞此言已宛轉于地而自念曰今者唯聞車匿揵陟相隨俱還而不聞道太子歸聲摩訶波闍波提即作是言我養太子至年長大一旦捨我不知所在譬如果樹結華成實臨熟落地又如飢人遇百味饌臨欲食之忽然翻倒耶輸陀羅又自言曰我與太子行住坐卧不相遠離今者捨我莫知所趣古昔諸王入山學道皆將妻子不暫相棄世間之人一遇相識别不相忘夫妻之情恩愛之深而乃反更如是之薄語車匿言寧與智者而作怨讎不共愚人以爲親厚汝癡頑人盜送太子置於何處令此釋族不復熾盛又責揵陟汝載太子出此王宮近去之時寂然無聲今者空返何意悲嘶爾時車匿即便答言勿責於我及以揵陟所以者何此是天力非人所爲當於爾夕夫人婇女皆悉眠卧太子勑我令起鞁馬我於爾時以大高聲而諫太子欲使夫人及諸婇女聞此驚寤及鞁揵陟都無覺者城門每開聞四十里當爾之時自然而開又無一聲如此之事豈非天力出城之時天令諸神手捧馬足并接於我虚空諸天隨從無數我當云何而能止也時天既曉行三踰闍那至彼跋伽仙人住處又復有諸奇特異事願聽我說太子既至跋伽仙人苦行林中即便下馬手撫馬背并勑於我令還宮城我於此時隨從太子永無歸意太子見遣終不聽住又復就我取七寶劒而自唱言過去諸佛爲成就阿耨多羅三藐三菩提故捨於飾好剃除鬚髮我今亦當依諸佛法唱此言已即脱寶冠及以明珠悉付我還置王足下又以瓔珞與摩訶波闍波提餘莊嚴具以與耶輸陀羅我於爾時雖聞此誨猶侍左右無有歸情于時太子便以利劒自剃鬚髮天於空中隨接而去即便前行逢於獵者以身所著七寶妙衣而與獵人貿易袈裟於是虚空有大光

明我見太子形服既變深知其意必不可迴我即悶絕心大懊惱太子前至跋伽仙人所住之處我便於彼辭別而歸此諸奇特皆是天力非復人事願勿責我及揵陟也時摩訶波闍波提及耶輸陀羅既聞車匿說此事已心小醒悟默然無聲

爾時白淨王悶絕始醒勑喚車匿而語之言汝云何令諸釋種姓生大苦惱我有嚴制勑內外官屬守護太子畏其出家汝復何意輒送太子置於何處車匿怖懼而啓王言太子出城實非我欲唯願大王聽我具說即以寶冠及髻中明珠置王足下太子令我以所冠珠置王足下七寶瓔珞與摩訶波闍波提餘莊嚴具與耶輸陀羅王見諸物倍增悲絕雖復木石猶尚有感況乃父子恩愛之深車匿具以前事而啓王言太子勑我父王若謂本要有子當聽出家今未有子云何而去臨去之時又不啓者汝可爲我具答父王耶輸陀羅久已有娠王宜問之昔勑如此非爲專輒王聞此言即便遣問耶輸陀羅太子云汝久已有娠實如此不耶輸陀羅即答信言當於大王來此宮時太子指我即覺有娠王聞其語生奇特心憂惱暫歇而自念言我前所以許令有子聽出家者七日之中必無子理轉輪王位自然而至不謂七日未滿而便有娠深自咎悼智慧淺短所爲方便不能住之輕作此約重增悔恨太子神略出人意表今日之事亦復兼是諸天力我今不應責車匿也時白淨王心自思惟太子出家必不可迴設使更作諸餘方便亦不能留雖復棄國出家學道然已有子不絕種嗣我今應勑耶輸陀羅好令將護所懷之子時白淨王愛念情深語車匿言我今當往尋求太子不知即時定在何許其今既已捨我學道我復何忍獨生活也便當追逐隨其所在爾時王師及與大臣聞王欲出尋求太子二人俱共來諫王言大王不應自生憂惱所以者何我觀太子見其相貌過去世中久已修習出家之業設復令爲釋提桓因亦當不樂況復今者轉輪王位而能留也大王不憶太子初生而行七步舉手住言我生已盡是最後身諸梵天王釋提桓因悉來下從如此奇特云何樂世又復白王阿私陀仙人昔相太子年至十九出家學道必當成就一切種智今時既到大王何故而生愁苦又復大王嚴勑內外守護太子慮恐出家而諸天來導引出城如是之事非復人力唯願大王當生歡喜勿懷愁惱不須自出若憶太子猶不已者我今當與大臣尋求所在王聞此語心自念言我知太子雖不可迴未忍便捨不復追之今當試令師與大臣更一尋求也即便答師及大臣言善哉可去舉宮內外心皆苦惱佇遲速還於是王師大臣即便辭出追尋太子爾時白淨王發遣王師及大臣已即以太子瓔珞與摩訶波闍波提而語之言此是太子所服瓔珞付車匿還令以與汝摩訶波闍波提見瓔珞已倍增悲絕而自念言四天下人極爲薄福失此明智轉輪聖王又送餘莊嚴具以與耶輸陀羅而語之曰太子以此嚴身之具今持與汝耶輸陀羅既見此物悶絕躃地王又遣人勑

耶輸陀羅令自愛敬無使胎子不安隱也

爾時王師及以大臣至跋伽仙人苦行林中除去從人及諸儀飾便前仙人所住之處仙人請坐互相問訊於是王師語仙人言我是白淨王師令所以來至於此者彼白淨王足相太子猒惡生老病死之苦出家學道路由此林大仙見不跋伽仙人答王師言我近於此見一童子顏容端正相好具足來入此林共我議論遂經一宿不知乃是王之太子鄙薄我等所修之道從此北行詣彼仙人阿羅邏迦蘭爾時王師大臣聞此言已即便疾往彼仙人所而於中路遙見太子在於樹下端坐思惟相好光明踰於日月即便下馬除却侍衛脫諸儀服前太子所坐於一面互相問訊於是王師白太子言大王見使尋求太子欲有所說太子答曰父王勑汝欲何所道王師答言大王久知太子深樂出家此意難迴然王於太子恩愛情深憂愁盛火常自熾然須太子歸以滅之耳願便迴駕還返宮城雖有物務不令太子令棄道業靜心之處不必山林摩訶波闍波提耶輸陀羅內外眷屬皆悉没於憂惱大海思太子還而拯救之

爾時太子聞王師語以深重聲答王師言我豈不知父王於我恩情深也但畏生老病死之苦是以來此為斷除故若令恩愛終日合會又無生老病死苦者我復何為來至於此我今所以違遠父王欲為將來和合故耳父王憂愁大火今雖熾然我與父母唯餘今生有此一苦將來自當永絕斯患若如汝言令吾處宮修道業者如七寶舍滿中餤火當有人能止此室不如雜毒食設有飢人終不食之我既棄國出家修道云何令我復還宮城修學道也世間之人在大苦中為小樂故尚復躭湎不能暫捨況我在此極寂靜處無諸患苦而能捐棄還就於惡古昔諸王入山學道無有中路還受欲者父王若欲必令我歸便是違於先王之法爾時王師白太子言誠如太子今之所說然諸仙聖一言未來定有果報一言定無此二仙聖尚不能知未來世中必定有無太子云何欲捨現樂而求未來不定果報生死果報尚不可知決定有無云何乃欲求解脫果唯願太子便還宮也太子答言彼二仙人說未來果一者言有一者言無皆是疑心非決定說我今終不隨順彼教不應以此而見難詰所以者何我今不為希慕果報而來至此以目所見生老病死必應經之故求解脫免此苦耳令汝不久見我道成我此志願終不可迴還啓父王說如此也爾時太子作此言已即從座起與王師大臣辭別北行詣阿羅邏迦蘭仙人于時王師大臣見太子去啼泣懊惱一者念太子情深二者奉受王使來太子所而復不能移轉其意徘徊路側不能自返互共議言既被王使而無力効今者空歸云何奉答我等當留所從五人聰明智慧心意柔軟為性忠直種族强者密令伺察看其進止作此言已顧瞻其傍見憍陳如等五人而語之言汝等悉能留止此不五人答言善哉如勑進止去來當密伺察即便辭別趣太子所王師大臣還歸宮城

爾時太子往彼阿羅邏迦蘭仙人住處度於

恒河路由王舍城既入城已諸人民衆見太子顏貌相好殊特歡喜愛敬舉國皆悉奔馳瞻視如是諠譁徹頻婆娑羅王王便驚問此是何聲諸臣答言白淨王太子名薩婆悉達昔諸相師記其應得轉輪王位王四天下又復記其若出家者必當成就一切種智其人今者來入此城外諸人民馳競來看以是之故所以諠閙時頻婆娑羅王既聞此語心大歡喜踊躍徧身即勑一人往令伺察太子所在使者受勑尋求太子見在般荼婆山於一石上端坐思惟時使即歸具白大王王便嚴駕與諸臣民詣太子所至般荼婆山遙見太子相好光明踰於日月即便下馬除去儀飾及諸侍衛前坐問訊太子四大悉調和不我見太子心甚歡喜然有一悲太子本是日之種姓累世相承爲轉輪王太子今者轉輪王相皆悉具足云何捨之來入深山踐藉沙土遠至此也我見是故所以悲耳太子若以父王今在故欲不取聖王位者當以我國分半治之若謂爲少我當捨國盡以相奉臣事太子若復不取我此國者當給四兵可自攻伐取他國也太子所欲甚不相違爾時太子聞頻婆娑羅王說此語已深感其意即答王言王之種族本是明月性自高凉不爲鄙事所爲所作無不清勝今發是言未足爲奇然我觀王中情貌至倍於前後王今便可於身命財修三堅法亦不應以不堅之法勸獎餘人我今既捨轉輪王位亦復何緣應取王國王以善心捨國與我猶尚不取何緣以兵伐取他國我今所以辭別父母剃除鬚髮捨於國者爲斷生老病死苦故非爲求於五欲樂也世間五欲如大火聚燒諸衆生不能自出云何勸我貪著之也我今所以來至此者有二仙人阿羅邏迦蘭是求解脫最上道師欲往彼處求解脫道不宜久停在於此也我既違王初始之言亦懷喜心哉勿致嫌恨王今當以正法治國勿枉人民作此言已太子即起而與王別時頻婆娑羅王見太子去深大惆悵合掌流淚而作是言初見太子心大踊躍太子既去倍生悲苦汝今爲於大解脫故而欲去者不敢相留唯願太子所期速果若道成者願先見度太子於是辭別而去時王奉送次於路側極目觀矚不見乃還瑞應本起云太子自去踰越名山經摩竭國界耕沙王因出遊獵遙見太子行山澤中即與諸耆宿大臣俱追見之王曰太子生多奇異形相炳著當君四天下爲轉輪王四海顒顒冀神寶至何棄天位自放山藪必有異見願聞其志太子答曰以吾所見天地人物出生有死劇苦有三老病死痛不可得離計身爲苦器憂畏無量若在尊寵則有憍泆貪求快意天下被患此吾所猒故欲入山以修其志諸耆宿曰夫老病死自世之常何獨預憂乃棄美號隱遁潛居以勞其形不亦難乎太子答曰如諸君言不當預憂使吾爲王老到病至若當死時寧有代吾受此厄者不如無有代乎可勿憂天下有慈父孝子愛徹骨髓至病死時不得相代若此僞身苦至之日雖居高位六親在側如爲盲人設燭何益於無目者乎吾觀衆行一切無常皆化非真樂少苦多身非

已有世間虛無難得久居物生有死事成有敗安則有危得則有亡萬物紛擾皆當歸空精神無形躁濁不明行致死生之厄非直一受而已但爲貪愛蔽在癡網沒生死河莫之能覺故吾欲一心思四空淨度色滅恚斷求念空無所適莫是將返其源而歸其本始出其根如我願得乃可大安缾沙王喜曰善哉善哉菩薩志妙世間難有必得佛道願先度我太子默然而逝當度尼連禪河天爲止流令水暫乾度河行數十里有二梵志各與弟子索居溪邊過問其道自稱言吾事梵天奉於日月日修火祠唯水是淨菩薩答曰是生死法非眞道也何以故水不常滿火不久熱日出則移月滿則虧道在清虛永焉能令心清淨傷之而去壁三

爾時太子即便前行向彼阿羅十二邏仙人所住之處于時諸天語仙人言薩婆悉達棄捨國土辭別父母爲求無上正眞之道欲拔一切衆生苦故今者已來垂至於此時彼仙人既聞天語心大歡喜俄爾之頃遙見太子即出奉迎讚言善來俱還所住請太子坐是時仙人既見太子顏貌端正相好具足諸根恬靜深生愛敬即問太子所行道路得無疲也太子初生及以出家又來至此我悉知之能於火聚自覺而出又如大鳥於羂索中而自免脫古昔諸王盛年之時恣受五欲至於根熟然後方捨國邑樂具出家學道此未足奇太子今者捨此壯年能棄五欲遠來至此眞爲殊特當勤精進速度彼岸太子聞已即答之曰我聞汝言極爲歡喜汝可爲我說斷生老病死之法我今樂聞仙人答言善哉善哉即便說曰衆生之始始從於冥初從於冥初起於我慢從於我慢生於癡心從於癡心生於染愛從於染愛生五微塵氣從五微塵氣生於五大從於五大生貪欲瞋恚等諸煩惱於是流轉生老病死憂悲苦惱今爲太子略言之耳爾時太子即便問曰我今已知汝之所說生死根本復何方便而能斷之仙人答言若欲斷此生死本者先當出家修持戒行謙卑忍辱住空閑處修習禪定離欲惡不善法有覺有觀得初禪除覺觀定生入喜心得第二禪捨喜心得正念具根樂得第三禪除苦樂得淨念入捨根得第四禪獲無想報別有一師說如此處名爲解脫從定覺已然後方知非解脫處離色想入空處滅有對想入識處滅無量想識壁三唯觀一識入無所有處十三離於種種相入非想非非想處斯處名爲究竟解脫是諸學者之彼岸也太子若以斷於生老病死患者應當修學如此之行爾時太子聞仙人言心不喜樂即自思惟其所知見非究竟處非是永斷諸結煩惱即便語言我今於汝所說法中有所未解今欲相問仙人答言敬從來意即問曰非想非非想處爲有我也爲無我也若言無我不應言非想非非想若言有我我爲有知我爲無知我若無知則同木石我若有知則有攀緣既有攀緣則有染著以染著故則非解脫汝以盡於麁結而不自知細結猶在以是之故謂爲究竟細結滋長復受下結以此故知非度彼岸若能除我及以我想一切盡捨是則名爲眞解脫也仙

人默然心自思惟太子所說甚爲深妙爾時太子復問仙人汝年至幾而出家也修梵行來復幾許年仙人答言我年十六而便出家修梵行來一百四年太子聞已而心念言出家已來乃至是久而所得法正如此乎于時太子爲求勝法即從坐起與仙人別爾時仙人語太子言我久遠來習此苦行而所得果正如此耳汝是王種云何而能修苦行也太子答言汝所修法非爲苦也別有最苦難行之道仙人既見太子智慧久觀志意堅固不虧知決定成一切種智白太子言汝若道成願先度我於是太子答言善哉次至迦蘭所住之處論議問答亦復如是太子即便前路而去時二仙人見太子去各心念言太子智慧深妙奇特乃爾難測合掌奉送絶視方還爾時太子調伏阿羅邏迦蘭二仙人已即便前進伽闍山苦行林中是憍陳如等五人所止住處即於尼連禪河側靜坐思惟觀察衆生根宜應六年苦行而以度之思惟是已便修苦行於是諸天奉獻麻米太子爲求正真

道故淨心守戒日食一麻一米設有乞者亦以施之爾時憍陳如等五人既見太子端坐思惟修於苦行或日食一麻或日食一米或復二日乃至七日食一麻米時憍陳如等亦修苦行供奉太子不離其側既見此已即遣一人還白王師及以大臣具說太子所行之事爾時王師大臣俱還宮門顏貌愁悴身形萎熟猶如有人喪其所親殯送既畢抑忍而歸時守門者而白王言師與大臣今在門外王既聞已氣奔聲絶身首顫動時守門人解王此意即呼令前王與相見悲不能言如是良久微聲而問太子既是我之性命卿等今者獨作此歸我之性命云何而存王師答言我奉王勑尋求太子便至跋伽仙人住處訪覓太子仙人語我太子所在并說太子所言之事我便前行而於中路遇見太子在於樹下端坐思惟相好光明踰於日月即向太子具說大王摩訶波闍波提及耶輸陀羅憂苦之情太子即以深重之聲而見答言我豈不知父王親戚恩情深也但畏生死別離之苦

爲欲斷除故來此耳如是種種言辭所說志意堅固如須彌山不可移動捨我而去如棄草芥爾時即便選擇五人隨從給侍伺察所在所遣人中有一人還說言太子當至阿羅邏迦蘭仙人之所路由恒河以天神力而得度水至王舍城時頻婆娑羅王來詣太子方便譬說不應出家分國共治及以全與并欲與兵令伐他國太子亦復皆悉不受即又前行達仙人所而爲說法降伏其心又至伽闍山苦行林中尼連禪河側靜坐思惟日食一麻一米爾時白淨王聞師大臣說使人如此語已心大悲惱舉體顫掉身毛皆竪即語王師及大臣言太子遂捨轉輪王位父母親屬恩愛之樂遠在深山修此苦行我今薄福生失如此珍寶之子王即復以使人所言向摩訶波闍波提及耶輸陀羅而爲說之時白淨王即便嚴駕五百乘車摩訶波闍波提及耶輸陀羅亦復相與辦五百乘一切資生皆悉具足即喚車匿而語之言汝送太子遠放深山令復令汝領此千乘載致資粮送與太子

隨時供養勿使乏少盡更來請車匿受勑即領千乘疾速而去至太子所見形消瘦皮骨相連血脉悉現如波羅奢華頭面禮足悶絶於地良久乃起銜淚而言大王憶念太子不捨日夜今故遣我領此千乘載資生具以餉太子于時太子答車匿言我逆父母及捨國土遠來在此爲求至道云何當復受此餉也爾時車匿聞此語已心自思惟太子今者既不肯受如是資供我當别覓一人領此千乘還歸王所我住於此奉事太子即差一人領車而去於是車匿密侍太子不離昏晨

爾時太子心自念言我今日食一麻一米乃至七日食一麻米身形消瘦有若枯木修於苦行垂滿六年不得解脫故知非道不如昔在閻浮樹下所思惟法離欲寂靜是眞正今我若復以此羸身而取道者彼諸外道當言自餓是般涅槃因我今雖復節節有那羅延力亦不以此而取道果我當受食然後成道作是念已即從座起至尼連禪河入水洗浴洗浴既畢身體羸瘦不能自出天神來下爲捺樹枝得攀出池時彼林外有一牧牛女人名難陀波羅時淨居天來下勸言太子今者在於林中汝可供養女人聞已心大歡喜于時地中自然而生千葉蓮華上有乳糜女人見此生奇特心即取乳糜至太子所頭面禮足而以奉上太子即便受彼女施而呪願之今所施食欲令食者得充氣力當使施家得贍得喜安樂無病終保年壽智慧具足太子即復作如是言我爲成熟一切衆生故受此食呪願訖已即受食之身體光悅氣力充足堪受菩提爾時五人既見此事驚而怪之謂爲退轉各還所住菩薩獨行趣畢波羅樹自發願言坐彼樹下我道不成要終不起菩薩德重地不能勝于時步步地爲震動出大音聲爾時盲龍聞地動響心大歡喜兩目開明曾見先佛有此瑞應作是念已從地踊出禮菩薩足時有五百青雀飛騰虛空右繞菩薩雜色瑞雲及以香風而隨歎佛爾時盲龍以偈讚曰

菩薩足跋處　地皆六種動　發大深遠音
我聞眼開明　又見虛空中　青雀繞菩薩
瑞雲極鮮映　香氣甚清凉　此等諸瑞相
悉同過去佛　以是知菩薩　必定成正覺

於是菩薩即自思惟過去諸佛以何爲座成無上道即便自知以草爲座釋提桓因化爲凡人執淨輭草菩薩問言汝名何等答名吉祥菩薩聞之心大歡喜我破不吉以成吉祥菩薩又言汝手中草此可得不於是吉祥即便授草以與菩薩因發願言菩薩道成願先度我菩薩受已敷以爲座而於草上結跏趺坐如過去佛所坐之法而自誓言不成正覺不起此座我亦如是發此誓時天龍鬼神皆悉歡喜清凉好風從四方來禽獸息響樹不鳴條遊雲飛塵皆悉澄淨知是菩薩必成道相觀佛三昧經云適施草坐地則大動諸天化作八萬佛樹師子之座或有佛樹高八千里或四千里一一天子各自念言菩薩坐我座上不在餘座其下劣衆生本薄福者見於菩薩身坐草蓐菩薩坐已計魔波旬最爲豪尊令吾當成無上正覺當感令到而降伏爾

乃發起三界衆生受胎經云坐閻浮樹下四十八日觀樹思惟感動天地六反震動演大光明覆蔽魔宮爾時波旬卧寐夢中見三十二變宮殿闇冥宮殿汙泥入於邪徑池水枯竭樂器破壞閱叉厭鬼頭皆墮地諸天捨去不從其教凡三十二夢文多不載從夢而起恐怖毛竪召會大臣及諸兵衆說夢所見以何方便而往伏之并召千子其五百子導師等信樂菩薩其五百子惡目等隨魔所教魔王憒亂告其四女一名欲妃二名悅彼三名快觀四名見從汝往詣彼亂其淨行女詣菩薩綺語作姿三十有二姿上下脣口嫈嫇細視現其髀脚露其手臂作鳧鴈鴛鴦哀鸞之聲凡三十二態文多不載魔女善學女幻迷惑之業而自言曰我等年在盛時天女端正莫踰我者願得晨起夜寐供事左右菩薩答曰汝有宿福受得天身形體雖好而心不端革囊盛臭而來何爲去吾不用其魔王女化成老母不能自復即還魔所觀佛三昧經云魔有三女長名悅彼中名喜心小名多媚而白父言我能往亂願父莫愁即自莊飾過踰魔后百千萬倍盻目作姿現諸妖冶禮敬菩薩旋繞七帀白菩薩言太子生時萬神侍御何棄天位來此樹下我是天女六天無雙今以微身奉上太子我等善能調身按摩今欲親近坐樹疲極宜須偃息服食甘露即以寶器獻天甘味太子寂然身心不動以白毫擬令天之三女自見身內膿囊涕唾九孔根本生熟二藏迴伏宛轉蛹生諸蟲有八千戶走入小腸張口上向唼食諸藏髓脉生蟲細於秋毫數甚衆多其女見此遂便嘔吐即自見身左生蚍頭右生狐頭中首狗頭背負老母抱死小兒諸女驚號却行而去低頭視腳自見女形醜狀鄙穢復有諸蟲如手釧形圍遶相持而有衆口口生五毒唼食女根諸女見已心極酸苦如箭入心匍匐而去吁嗟歎息至魔王所魔王大怒徧勑六天并諸八部往瞿曇所是時諸鬼猶如雲起或有諸鬼首如牛頭頭四十耳耳生鐵箭火燄上起復有諸鬼首如狐頭有十千眼聲如霹靂曠野鬼神大將軍等一頸六頭胷有六面膝頭兩面體毛如箭奮身射人張眼爛赤血出流下疾走而到魔告諸鬼瞿曇善人或能知呪當興四兵化作四兵列狀如林甚可怖畏直從空下至道樹邊魔復更念此衆或不能降伏瞿曇復脫寶冠擬地當閻羅王宮上告勑諸鬼汝等獄卒及閻羅王阿鼻地獄刀輪劒戟火車爐炭一切都舉向閻浮提魔王震吼勑諸兵衆速害瞿曇上震大雷雨熱鐵丸刀輪武器交橫空中然其火箭不近菩薩是時菩薩徐舉眉間毫擬阿鼻地獄令罪人見白毫流水注如車軸大火暫滅自憶前世所作諸罪心得清涼稱南無佛以是因緣受罪畢訖直生人中魔見是相憔悴愁惱忽然還宮白毫直至六天見白毫孔諸寶蓮華過去七佛在其華上如是白毫上至無色徧照一切如玻瓈鏡八萬四千天女視波旬身狀如焦木但瞻菩薩白毫相光無數天子天女皆發無上菩提道意時魔王自前與佛相難菩薩以智慧力伸手按地應時地動魔與官屬顛倒而墮已降魔怨成正真覺

爾時菩薩在於樹下發大誓言時天龍八部皆悉歡喜於虛空中踊躍讚歎時第六天魔王宮殿自然動搖於是魔王心大懊惱精神躁擾聲味不御而自念言沙門瞿曇今在樹下捨於五欲端坐思惟不久當成正覺之道其道若成廣度一切超越我境及道未成往壞亂之爾時魔子薩陀見父慘悴而往白言不審父王何故憂感魔王答言沙門瞿曇今坐樹下其道將成超越於我今欲壞之魔子即便前諫父言菩薩清淨超出三界神通智慧無不明了天龍八部咸共稱讚此非父王所能摧屈不煩造惡自招禍咎

瑞應本起云魔王不聽召三玉女一名欲妃二名悅彼三名快觀壞菩薩行時三玉女皆被羅縠之衣服天名香瓔珞珠璣極為妖冶巧媚之辭欲亂其意菩薩心淨如瑠璃珠不可得汙三女復曰仁德至重諸天所敬應有供養故天獻我我等好潔年在上時天女端正莫有殊我者願得晨起夜寐供侍左右菩薩答曰汝宿有福受得天身不惟無常而作妖媚形體雖好而心不端譬如畫缾中盛臭毒將以自壞有何等奇福難久居婬惡不善自亡其本死即當墮三惡道中受鳥獸身欲脫致難汝輩亂人正意非清淨種革囊盛屎而來何為去吾不用其三玉女化成老母不能自復魔有三女形容儀貌極端正妖冶巧媚善能惑人於天女中最為第一熏以名香佩好瓔珞一名染欲二名能悅人三名可樂三女俱前白其父言不審今者何故憂愁父即寫心而語女言世間今有沙門瞿曇身被法鎧執自在弓鏃智慧箭欲伏眾生壞我境界我若不如眾生信彼皆悉歸依我土則空是故愁耳及未成道欲往摧挫壞其橋梁於是魔王手執强弓又持五箭男女眷屬俱時往彼畢波羅樹下見於牟尼寂然不動欲度生死三有之海爾時魔王左手執弓右手調箭語菩薩言汝剎利種死甚可畏何不速起宜應修汝轉輪王業捨出家法習於施會得生天樂此道第一先聖所行汝是剎利轉輪王種而為乞士此非所應今若不起但好安坐勿捨本誓我試射汝一放利箭苦行仙人聞我箭聲莫不驚怖昏迷失性況汝瞿曇能堪此毒汝若速起可得安全魔說此語以怖菩薩菩薩怡然而不驚不動魔王即便挽弓放箭并進天女菩薩爾時眼不視箭箭停空中其鏃下向變成蓮華時三天女白菩薩言仁者至德人天所敬應有供侍我等今者年在盛時天女端正無踰我者天今遣我以相供給晨昏寢卧願侍左右菩薩答言汝植小善得為天身不念無常而作妖媚形體雖美而心不端婬惑不善死必當墮三惡道中受鳥獸身免之甚難汝等今者欲亂定意非清淨心今便可去吾不相須時三天女變成老母頭白面皺齒落垂涎肉消骨立腹大如鼓拄杖羸步不能自復魔王既見如是堅固心自思惟我昔曾於雪山之中射摩醯首羅即便恐懼退其善心而今不能動於瞿曇既非此箭及我三女所能移轉令生愛恚當復更作他餘方便即以軟語誘菩薩言汝若不樂人間受樂今者便可上昇天宮我捨天位及

五欲具悉持與汝菩薩答言汝於先世修少施因今故得爲自在天王此福有期要還下生沉溺三塗出濟甚難此爲罪因非我所須魔語菩薩我之果報是汝所知汝之果報誰復知者菩薩答言我之果報唯此地知說此語已于時大地六種震動於是地神持七寶缾滿中蓮華從地踊出而語魔言菩薩昔以頭目髓腦以施於人所出之血浸潤大地國城妻子象馬珍寶而用布施不可稱計爲求無上正眞之道以是之故汝今不應惱亂菩薩魔聞是已心生怖懼身毛皆竪時彼地神禮菩薩足以華供養忽然不現

雜寶藏經云昔如來在菩提樹下惡魔波旬將八十億衆欲來壞佛至如來所而作是言瞿曇汝獨一身何能坐此急可起去若不去者我捉汝脚擲著海水佛言我觀世間無能擲我著海水者汝於前世但曾作一寺受一日八戒施辟支佛一鉢之食故生六天爲大魔王而我乃於三阿僧祇劫廣修功德初阿僧祇劫我曾供養無量諸佛第二第三阿僧祇劫亦復如是供養聲聞緣覺之人不可計數一切大地無有針許非我身骨魔言瞿曇汝道我昔一日持戒施辟支佛食信有眞實我亦自知汝亦知我汝自道者誰爲證知佛以手指地言此地證我作是證時一切大地六種震動地神即從金剛際出合掌白佛言我爲作證有此地來我恒在中世尊所說眞實不虛佛語波旬汝今先能動此澡缾然後可能擲我海水爾時波旬及八十億衆不能令動魔王軍衆顚倒自墮破壞星散爾時魔王即自思惟我以强弓利箭并及三女蕪以方便和言誘之不能壞亂此瞿曇心今當更設諸種方便廣集軍衆以力迫愶作是念時其諸軍衆忽然來至充滿虛空形貌各異或執戟操劒頭戴大樹手執金杵種種戰具皆悉備足或猪魚驢馬師子龍頭熊羆虎兕及諸獸頭或一身多頭或面各一目或衆多目或大腹長身或羸瘦無腹或長脚大膝或大脚肥腨或長牙利爪或頭在胷前或兩足多身或大面傍面或色如灰土或身放煙燄或象身擔山或被髮裸形或復面色半赤半白或唇垂至地或上褰覆面或身著虎皮或師子虵皮或虵徧纏身或頭上火然或瞋目努臂或傍行跳擲或空中宛轉或馳步吼嚇有如是等諸惡類形不可稱數圍繞菩薩或復有欲裂菩薩身或四方煙起炎燄衝天或狂音奮發震動山谷風火煙塵暗無所見四大海水一時涌沸護法天人諸龍鬼等悉忿魔衆瞋恚增盛毛孔血流淨居天衆見此惡魔惱亂菩薩以慈悲心而愍傷之於是來下側塞虛空見魔軍衆無量無邊圍繞菩薩發大惡聲震動天地菩薩心定顏無異相猶如師子處於鹿羣皆悉歎言嗚呼奇哉未曾有也菩薩決定當成正覺是諸魔衆互相摧切各盡威力摧破菩薩或角目切齒或橫飛亂擲菩薩觀之如童子戲魔益忿怒更增戰力菩薩以慈悲力故令抱石者不能勝舉其勝舉者不能得下飛刀舞劒停於空中電雷雨火成五色華惡龍吐毒變成香風諸惡類形欲毀菩薩不能得動魔有姊妹一名彌伽二名

迦利各各以手執髑髏器在菩薩前作諸異狀惱亂菩薩是諸魔衆種種醜身欲怖菩薩終不能動菩薩一毛魔益憂愁空中有神名曰負多隱身而言我於今者見牟尼尊心意泰然無恐怖想是諸魔衆起於毒心於無怨處而横生忿是癡惡魔徒自疲勞求無所得今日宜應捨恚害心汝口乃可吹須彌山令其崩倒火可令冷水可令熱地性堅强可令柔輭汝不能壞菩薩歷刧修習善果正思惟之精勤方便淨智慧光此四功德無能斷截爲作留難不成正覺如千日照必能除暗鑽木得火穿地得水精勤方便無求不得世間衆生沒於三毒無有救者菩薩慈悲求智慧藥爲世除患汝今云何而惱亂之世間衆生癡惑無智悉著邪見今設法眼修習正路欲導衆生汝今云何惱亂導師是則不可譬如在於曠野之中而欲欺誑商人導師衆生墮大黒暗之中茫然不知所止住處菩薩爲然大智慧燈汝今云何欲吹令滅衆生今者沒生死海菩薩爲修智慧寶船汝今云何欲令沉溺忍辱爲芽堅固爲根無上大法以爲大果汝今云何而欲攻伐貪恚癡鎖縛諸衆生菩薩苦行欲爲解之今日決定於此樹下結跏趺坐成無上道此地乃是過去諸佛金剛之座餘方悉轉斯處不動堪受妙定非汝所推汝今宜應生欣慶心息憍慢意修知識想而奉事之是時魔王聞空中聲又見菩薩恬然不異魔心慚愧捨離憍慢即便復道還歸本宫羣魔憂感悉皆崩散情意沮悴無復威力諸闘戰具縱横林野當於惡魔退散之時菩薩心淨湛然不動天無煙霧風不摇條落日停光倍更明盛澄月映徹衆星燦朗幽隱暗冥無復障礙虚空諸天雨妙華香作衆妓樂供養菩薩瑞應本起云魔王益忿更召諸鬼神王合一億八千萬衆皆使變爲師子熊羆兕虎象龍牛馬犬豕猴玃之形不可稱言蟲頭人軀蚖蛇之身黿鼉之首而有六目或一頸而多頭齒牙爪距擔山吐火雷電四繞擭持戈矛菩薩慈心不驚不怖一毛不動光顔益好鬼兵不能得近魔王自前與佛相難詰其辭曰

比丘何求坐樹下　樂於林藪毒獸間
雲起可畏窈冥冥　天魔圍繞不以驚

菩薩答曰

古正眞道佛所行　恬惔爲上除不明
其成寂勝法滿藏　吾求斯坐快魔王

魔王曰

汝當作王轉金輪　七寶自至典四方
所受五欲寂無比　斯處無道起入宫

菩薩曰

吾觀欲盛呑火銅　棄國如唾無所貪
得王亦有老死憂　去此無利勿妄談

魔王曰

何安坐林而大語　委國財位守空閑
不見我興四部兵　象馬步兵億八千
以現玃猴師子面　虎兕毒蛇豕鬼形
皆持刀劔擭戈矛　超躍哮呼滿空中

菩薩曰

設有億姟神武備　爲魔如汝來會此
矢刃火攻如風雨　不先得佛終不起

魔有本願令我退　吾亦自誓不虛還
今汝福地何如佛　於是可知誰得勝

魔王曰

吾曾終身快布施　故典六天爲魔王
比丘知我宿福行　自稱無量誰爲證

菩薩曰

昔吾行願從定光　受莂爲佛釋迦文
怒畏想盡故斯坐　意定必解壞汝軍
我所奉事諸佛多　財寶衣食常施人
仁戒積德厚於地　是以脫想無患難
菩薩即以智慧力　伸手按地是知我
應時普地轉大動　魔與官屬顛倒墮
魔王敗績悵失利　昏迷却踞前畫地
其子又曉心乃寤　即時自歸前悔過
吾已不復用兵器　等行慈心却魔怨
世有兵器動人心　而我已等汝衆生
若調象馬雖已調　然後故態會復生
若得寂調如佛性　以如佛調無不仁
妓天見佛擒魔衆　忍調無想怨自降
諸天歡喜奉華臻　非法王壞法王勝
本從等意智慧力　慧能即時攘不祥
能使怨家爲子弟　當禮四等道之證
面如滿月色從容　名聞十方德如山
求佛像貌難得比　當稽首斯度世仙

釋迦譜卷第三

壁三　二十八

釋迦譜卷第三（別本）

校勘記

一　底本，清藏本。
一　五二二頁上一六行「大王」，資作「大臣」。
一　五二二頁中二行第三字及本頁下一行末字、三行第一〇字「鞁」，資作「被」。
一　五二五頁上一〇行「尋求」，資作「尋來」。
一　五二六頁上一二行「火祠」，資作「大祠」。
一　五二七頁上四行第一五字「念」，資作「答」。
一　五二七頁下一〇行及一四行「苦行」，資、磧、普作「善行」。
一　五二八頁下末行第二字「今」，資作「令」。
一　五三〇頁中六行「妖治」，資、磧、普作「妖冶」。
一　五三〇頁下六行第三字「鏃」，資作「莖」。
一　五三〇頁下一九行第六字「節」，磧作「即」。
一　五三一頁下六行第一二字「炎」，資作「焱」。
一　五三二頁中六行首字「推」，磧作「摧」。
一　五三二頁中一二行「燦朗」，資、磧、普作「璨朗」。
一　五三三頁上一二行第五字「轉」，資、磧、普作「軒」。

釋迦譜卷第四　壁四

蕭齊釋僧祐譔

釋迦降生釋種成佛緣譜第四之四 出因果經

爾時菩薩以慈心力於二月七日夜降伏魔已放大光明即便入定思惟眞諦於諸法中禪定自在悉知過去所造善惡從此生彼父母眷屬貧富貴賤壽命長短及名姓字皆悉明了即於衆生起大悲心而自念言一切衆生無救濟者輪迴五道不知出津皆悉虛僞無有眞實而於其中橫生苦樂作是思惟至中夜盡瑞應本起云是日初夜得一術闍自知宿命無數劫已來精神所更展轉受身不可計數皆識知之至二夜時得二術闍悉知衆生心中所念善惡殃福生死所趣至三夜時得三術闍漏盡結解自知本昔久所習行四神足念精進定欲定意定戒定變化法所欲如意不復用思身能飛行能分一身作百作千至億萬無數復合爲一能徹入地石壁皆過從一方現俯没仰出譬如水波能中出水履水行虛身不陷墜坐卧空中如飛鳥翔立能及天手捫日月涌身平立至梵自在眼能徹視耳能洞聽意預知諸天人龍鬼神蚑行蠕動之類身行口意言心所欲念悉見聞知諸有貪婬無貪婬者有瞋恚無瞋恚者有愚癡無愚癡者有愛欲無愛欲者有大志行無大志行者有內外行無內外行者有念善不念善者有一心無一心者有解脫意無解脫意者一切悉知菩薩觀天上人中地獄畜生鬼神五道先世父母兄弟妻子中外姓字一一分別一世十世百世千億萬無數世事至于天地一劫崩壞空荒之時一劫始成人物興時能知十劫百劫至于千萬億無數劫中內外姓字衣食苦樂壽命長短死此生彼展轉所趣從上頭始諸所更身生長老終形色好醜賢愚苦樂一切三界皆分別知見人魂神各自隨行生五道中或墮地獄或墮畜生或作鬼神或生天上或入人形有生豪貴富樂家者有生卑鄙貧賤家者知衆生惑五陰自蔽一色像二痛癢三思想四行作五魂識皆習五欲眼貪色耳貪聲鼻貪香舌貪味身貪細滑爲愛欲所牽惑於財色思望安樂從是生諸惡本從惡致苦能斷愛習不隨婬心大如毛髮受行八道則終苦滅譬如無薪亦復無火是謂無爲度世之道菩薩自知已棄惡本無婬怒癡生死已除根種悉斷無餘栽蘖所作已成智慧已了明星出時霍然大悟得無上正眞之道爲最正覺得佛十八法有十神力四無所畏

爾時菩薩既至中夜即得天眼觀察世間皆悉徹見如明鏡中自觀面像見諸衆生種類無量死此生彼隨行善惡受苦樂報見地獄中考治衆生或洋銅灌口或抱銅柱或卧鐵牀或以鐵鑊而煎煑之或以火上而加弗炙或爲虎狼鷹犬所食或有避火依於樹下樹葉墮落皆成刀劒割截其身或以斧鋸解剥肢體或擲熱沸灰河之中或復擲熱糞屎坑中受如是等種種諸苦以業報故命終不死菩薩既見如此事已而心思惟此等衆生本造惡業爲世樂故而今得果極爲大苦若人有見如此惡報無復更應作不善想爾時菩

薩復觀畜生隨種種行受雜醜形或復有爲骨肉筋角皮牙毛羽而受殺者或復爲人負荷重擔飢渴乏極人無知者或穿其鼻或鉤其首常以身肉而供於人還與其類更相食噉受於如是種種之苦菩薩既見生大悲心即自思惟斯等衆生恒以身力而供於人又加楚撻飢渴之苦皆是本修惡行果報爾時菩薩次觀餓鬼見其恒居黑暗之中未曾暫覩日月之光還是其類亦不相見受形長大腹如大山咽頸若針口中恒有大火熾然常爲飢渴之所煎迫千億萬歲不聞食聲設值天雨灑其上者變成火珠或時過臨江海河池水即化爲熱銅焦炭動身舉步聲如人牽五百乘車肢體節節皆悉火然菩薩既見受如是等種種諸苦起大悲心而自思惟斯等皆爲本造慳貪積財不施故令今者受斯罪報若人見彼受此苦痛宜應惠施勿生悋惜設使無財亦應割肉以用布施

爾時菩薩次復觀人見從中陰始欲入胎父母和合以顛倒想起於愛心即以不淨而爲己身既處胎已在於生熟二藏之間熏炙身體如地獄苦至滿十月然後方生初生之時而爲外人之所抱執麤澀苦痛如被刀劒如是不久復歸老死更爲嬰兒輪轉五道不能自悟菩薩見已起大悲心而自思惟衆生皆有如斯之患云何於中耽著五欲橫計爲樂而不能斷顛倒根本

爾時菩薩次觀諸天見彼天子其身清淨不受塵垢如眞瑠璃有大光明而目不瞬或有居在須彌山頂或復居在須彌四鎮或復居在虛空之中心常歡悅無不適事奏天美樂以自娛樂不識晝夜四方諸趣無不絕妙視東耽著彌歲忘轉瞻西流湎經年不迴乃至南北皆亦如是飲食衣服應念即至雖有如此適意之事猶爲欲火之所煎焦又見彼天福盡之時五死相現一者頭上華萎二者眼瞬三者身上光滅四者腋下汗出五者自然離於本座其諸眷屬見天子身五死相現心生戀慕天子亦復自見己身有五死相又見眷屬戀慕於己當爾之時生大苦惱菩薩既見彼諸天子有如此事起大悲心而自思惟此諸天子本修少善得受天樂果報將盡生大苦惱既命終已捨彼天身或有墮於三惡道〻本造善行爲求樂報而今所得少樂多苦譬如飢人噉雜毒食初雖爲美終成大患云何智者貪樂此也色無色界諸天見壽命長便謂常樂既見變壞生大苦惱即起邪見謂無因果以此事故輪迴三塗備受諸苦菩薩以天眼力觀察五道起大悲心而自思惟三界之中無有一樂如是思惟至中夜盡爾時菩薩至第三夜觀衆生性以何因緣而有老死即知老死以生爲本若離於生則無老死又復此生不從天生不從自生非無緣生從因緣生因於欲有色有無色有業生又觀三有業從何而生即知三有業從四取生又觀四取從何而生即知四取從愛而生又復觀愛從何而生即便知愛從受而生又復觀受從何而生即便知受從觸而生又復觀觸從何而生即便知觸從六入生又觀六入從何而生即知六入從名色生又觀名色從何

而生即知名色從識而生又復觀識從何而生即便知識從行而生又復觀行從何而生即便知行從無明生若滅無明則行滅行滅則識滅識滅則名色滅名色滅則六入滅六入滅則觸滅觸滅則受滅受滅則愛滅愛滅則取滅取滅則有滅有滅則生滅生滅則老死憂悲苦惱滅如是逆順觀十二因緣第三夜分破於無明明相出時得智慧光斷於習障成一切種智爾時如來心自思惟八正聖道是三世諸佛之所履行趣般涅槃路我今已踐智慧通達無所罣礙于時大地十八相動遊霞飛塵皆悉澄淨天鼓自然而發妙聲香風徐起柔輭清涼雜色瑞雲降甘露雨園林華果榮不待時又雨曼陀羅華摩訶曼陀羅華曼殊沙華摩訶曼殊沙華金華銀華瑠璃等華七寶蓮華繞菩提樹滿三十六踰闍那是時諸天作天妓樂散華燒香歌唄讚歎執天寶蓋及以幢旛充塞虛空供養如來龍神八部所設供養亦復如是當爾之時一切衆生皆悉慈愛無瞋害想歡喜踊躍如見聖跡無怖畏情其心調柔離憍慢意亦無慳嫉諂誑之心五淨居天離喜樂根亦皆歡悅不能自勝地獄苦痛暫得休息生大歡喜一切畜生相食噉者無復惡心餓鬼飽滿無飢渴想世界之中幽暝之處日月威光所不能照而皆大明其中衆生悉得相見各作是言此中云何忽有衆生大聖法王出興於世以大法光破非法暗故令一切皆悉明朗甘蔗先王棄國學道得五通仙又行十善得生天者皆乘神通到菩提樹在虛空中歡喜合掌而讚歎言於我甘蔗種族之中能斷諸漏成一切智爲世間眼甚爲奇特一切人天莫不歡喜踊躍無量唯有魔王心獨憂愁

爾時如來於七日中一心思惟觀於樹王而自念言我在此處盡一切漏所作已竟本願成滿我所得法甚深難解唯佛與佛乃能知之一切衆生於五濁世爲貪欲瞋恚愚癡邪見憍慢諂曲之所覆障薄福鈍根無有智慧云何能解我所得法今我若爲轉法輪者彼必迷惑不能信受而生誹謗當墮惡道受諸苦痛我寧默然入般涅槃爾時如來以偈頌曰

聖道甚難登　智慧果難得　我於此難中
皆悉已能辦　我所得智慧　微妙最第一
衆生諸根鈍　著樂癡所盲　順於生死流
不能返其源　如斯之等類　云何而可度

爾時如來作是念已大梵天王見於如來聖果已成默然而住不轉法輪心懷憂惱即自念言世尊昔於無量億劫爲衆生故久在生死捨國城妻子頭目髓腦備受衆苦始於今者所願滿足成阿耨多羅三藐三菩提云何默然而不說法衆生長夜沉沒生死我今當往請轉法輪作是念已即發天宮猶如壯士屈伸臂頃至如來所頭面禮足繞百千帀却住一面胡跪合掌而白佛言世尊往昔爲衆生故久住生死捨身頭目以用布施備受諸苦廣修德本始於今者成無上道云何默然而不說法衆生長夜沒溺生死墮無明暗出斯甚難然有衆生過去世時親近善友植諸德本堪任聞法受於聖道唯願世尊爲斯等

故以大悲力轉妙法輪釋提桓因乃至他化自在天亦復如是勸請如來爲諸衆生轉大法輪

爾時世尊答大梵王及釋提桓因等言我亦欲爲一切衆生轉於法輪但所得法微妙甚深難解難知諸衆生等不能信受生誹謗心墮於地獄我今爲此故默然耳時梵天王等乃至三請爾時如來至滿七日默然受之梵天王等知佛受請頭面禮足各還所住

賢愚經云佛在摩竭國善勝道場初始得佛念諸衆生迷網邪倒難可教化若我住世於事無益不如遷逝無餘涅槃爾時梵天知佛所念即從天下前詣佛所頭面禮足長跪合掌勸請世尊轉于法輪佛答梵天衆生之類塵垢所蔽樂著世樂無有慧心若我住世唐勞其功如吾所念唯滅爲快爾時梵天復更傾側而白佛言世尊今日法海已滿法幢已立潤濟開導今正是時又諸衆生應可度者亦甚衆多云何世尊欲入涅槃使此萌類永失覆護世尊先昔無數劫時恒爲衆生采集法樂乃至一偈以身妻子而用募求云何不念便欲孤棄過去久遠於閻浮提作大國王號脩樓婆領此世界八萬四千諸小國邑六萬山川八十億聚落王有二萬夫人一萬大臣時妙色王德力無比覆育民物豐樂無極王心念曰如我今者唯以財寶資給一切無有道教而安立之此是我咎何其苦哉今當推求堅實法財普令得服即時宣令閻浮提內誰能有法與我說者恣其所得不敢違逆募出周徧無有應者時王憂愁酸切懇惻毗沙門王見其如是欲往試之轉自變身化作夜叉色貌青黑眼赤如血狗牙上出頭髮悉竪火從口出來詣宮門口自宣言誰欲聞法我當爲說王聞是語喜不自勝躬自出迎前爲作禮敷施高座請令就坐即集羣僚前後圍繞欲得聽聞爾時夜叉復告王曰學法事難云何直爾欲得聞知王叉手曰一切所須不敢有逆夜叉報曰若以大王可愛妻子與我食者乃可與法爾時大王以所愛夫人及兒中勝者供養夜叉夜叉得已於高座上衆會之中取而食之爾時諸王百官羣臣見王如是啼哭懊惱宛轉在地勸請大王令捨此事王爲法故心堅不迴時夜叉鬼食妻子盡爲說一偈

一切行無常　生者皆有苦　五陰空無相
無有我我所

說是偈已王大歡喜心無悔恨大如毛髮即使書寫遣使頒示閻浮提內咸使誦習世尊往昔爲於衆生不顧身命乃至如是今者世尊法海已滿法幢已立法鼓已建法炬已照潤益成立今正得時云何欲捨一切衆生入於涅槃而不說法爾時梵王於如來前合掌請勸說於如來先身求法爲於衆生凡有千首世尊爾時受梵王請即便往詣波羅奈國鹿野苑中轉于法輪三寶因是乃現於世時諸天人諸龍鬼神八部之衆聞說是已莫不歡喜普曜經云如來具足成正覺已移坐石室自念本願欲度衆生思惟生死世間道術九十六種各信所事孰知其感天地無常皆悉大苦誰能信者意欲默然不爲說法便入

定意時天帝釋知佛不欲說法悲念三界即將般遮下到石室鼓琴歌佛本願請說不死之法佛隨俗心是法甚深非心所思非言可暢即說偈言

深奧恬怕　明燿無垢　吾以逮是　甘露無為
令我說之　衆人不解　如吾今日　不如默然
除去言辭　無思無得　如是自然　猶如虛空

時識伽梵王與六萬八千梵來到佛所白佛言天地無祐今欲毀壞佛不說法衆苦沉滯没於三界願轉法輪悉救衆生佛默可之時有樹神名曰法明又名法樂又名法意又名持法白佛言世尊當於何處而轉法輪佛言在波羅柰仙人住處鹿苑之中人民雖少我宿命時在中建立法祠六萬億載在中供養六萬億諸佛諸仙人等遊居其中以佛道眼普觀世間今當為誰第一說法何人易化婬怒癡薄鬱頭藍弗三垢歇薄身故已來已經七日第二學仙今日壽終佛復念言昔父王遣五人俱侍衛我經歷勤苦我今寧可為其先說

爾時世尊從樹下起尋時舉聲告於三千大千世界皆使知之至波羅柰詣五人所於是五人遙見佛來轉相謂言沙門瞿曇迷失無定所志不獲假使來者慎莫為起亦勿迎逆彼時五人遙見佛到不能堪任不安所坐即起歸敬

爾時地神暢聲告已即為立座須宣廣說十二因緣（拘隣者知本際也）佛法聖衆即成三寶名暢天下音徹梵天俱隣五人六十億天八十億色界天八萬世人得法眼淨

爾時世尊受梵王等請已又於七日而以佛眼觀諸衆生上中下根及諸煩惱亦下中上滿二七日爾時世尊又復思惟我今當開甘露法門誰應在先而得聞者阿羅邏仙人聰慧易悟又先發願道成度我作是念時空中有言阿羅邏仙人昨夜命終爾時世尊即便答彼空中聲言我亦知其昨夜命終又自思惟迦蘭仙人利根明了亦應先聞空中又言迦蘭仙人昨夜命終爾時世尊即以答言我亦知其昨夜命終

爾時世尊又自思惟彼王師大臣所遣憍陳如等五人瞻視我者皆悉聰明又過去世於我發願應先聞法我今宜當為此五人先開法門又自思惟古昔諸佛轉法輪處皆悉在於波羅柰國鹿野苑中仙人住處又此五人所止住處亦在於彼我今應往至其住處轉大法輪思惟是已即從座起詣波羅柰國爾時有五百商人二人為主一名跋陀羅斯那二名跋陀羅梨行過曠野時有天神而語之言有如來應正徧知明行足善逝世間解無上士調御丈夫天人師佛世尊出興於世最上福田汝今宜應最前設供時彼商人聞天語已即答之曰善哉如告又問天言世尊今者為在何許天又報言世尊不久當來至此於是如來與無量諸天前後導從到多謂姿跋利村時彼村人既見如來威相莊嚴又見諸天前後圍繞倍生歡喜即以蜜麨而奉上佛爾時世尊心自思惟過去諸佛用鉢多羅而以盛食時四天王知佛心念各持一鉢來至佛所而以奉上於是世尊而自念言我今

若受一王鉢者餘王必當生於恨心即便普受四王之鉢累置掌上按令成一使四際相現爾時世尊即便呪願今所布施欲令食者得充氣力當令施者得色得力得贍得喜安快無病終保年壽諸善鬼神恒隨守護開示道地得利諧偶吉無不利日月五星二十八宿天神鬼王常隨護助四天大王賞別善人飯食布施斷三毒根將來當獲三堅法報聰明智慧篤信佛法在在所生正見不昧現世之中父母妻子親戚眷屬皆悉熾盛無諸災怪不吉祥事門族之中若有命過墮惡道者當令以今所施之福還生人天不起邪見增進功德常得奉近諸佛如來得聞妙說見諦得證所願具足爾時世尊呪願訖已即便受食食既畢竟澡漱洗鉢即授商人三歸一歸依佛二歸依法三歸依當來僧授三歸竟因與之別瑞應本起云佛定意七日不動不搖樹神念佛新得道快坐已七日未有獻食者我當求人令獻佛食時有五百賈人從山一面過車牛皆躓礙不行中有兩大人一名提謂二名波利怖還與衆人俱詣樹神請福神現光像言今世有佛在此優留國界尼連禪水邊未有獻食者汝曹幸先能有善意必獲大福賈人聞佛名皆喜言佛必獨大尊天神所敬非凡品也即和麨蜜俱詣樹下稽首上佛佛念先古諸佛哀受人施法皆持鉢不宜如餘道人手受食也四天王即遥知佛當用鉢如人屈伸臂頃俱到頞那山上如意所念石中自然出四鉢香潔無穢四天王各取一鉢還共上佛願哀賈人令得大福方有鐵鉢後弟子當用食佛念取一鉢不快餘王意便悉受四鉢累置左手中右手按之合成一鉢令四際現而便前行威儀詳序步若鵝王路逢外道名優波伽既見如來相好莊嚴諸根寂定歎爲奇特即說偈言

世間諸衆生　皆爲三毒縛　諸根又輕躁
馳蕩於外境　而今見仁者　諸根極寂靜
必到解脫地　決定無有疑　仁者所學師
其姓字何等

爾時世尊以偈答曰

我今已超出　一切衆生表　微妙深遠法
我今已具足　三毒五欲境　永斷無餘習
如蓮華在水　不染濁水泥　自悟八正道
無師無等侶　如清淨智慧　降伏大力魔
今得成正覺　堪爲天人師　身口意滿足
故號爲牟尼　欲趣波羅柰　轉甘露法輪
是天人魔梵　所可不能轉

爾時優波伽聞此偈言心生歡喜歎未曾有合掌恭敬圍繞而去迴顧瞻矚不見乃去爾時世尊即復前行次到阿闍婆羅水側日暮止宿而便入定當於爾時七日風雨時彼水中有大龍王名曰真隣陀見佛入定即以其身圍繞七帀滿七日已時彼龍王化爲人形頭面禮足而白佛言世尊在此七日之中不至乃甚患風雨也爾時世尊以偈答曰

諸天及世人　所歡五欲樂　比我禪定樂
不可爲譬類

時彼龍王聞佛此偈歡喜踊躍頭面禮足還歸所止瑞應本起云起到文隣盲龍無提水邊坐定七日不喘不息光照水中龍目得開

即識如來如前三佛光明目輙得視龍王歡喜沐浴名香栴檀蘇合出水見佛相好光影如樹有華前繞佛七帀身離佛圍四十里龍有七頭羅覆佛上欲以障蔽蚊寅寒暑時雨七日龍一心不飢不渴七日雨止佛從定寤龍化作年少道人著好服飾稽首問佛佛得無寒得無熱無爲蚊寅所嬈近耶佛時答言

久得在屏處　思道其福快　昔所願欲聞
今已悉知快　不爲彼所嬈　能安衆生快
度世三毒滅　得佛泥洹快　生世得覩佛
聞受經法快　得與辟支佛　眞人會亦快
不與愚從事　得離惡人快　有黠別眞僞
知信正道快

佛告龍王汝當復自歸於佛自歸於法自歸於比丘僧即受三自歸諸畜生中是龍爲先見佛

爾時世尊即復前徃波羅柰國至憍陳如摩訶那摩跋波阿捨婆闍跋陀羅闍所止住處時彼五人遥見佛來共相謂言沙門瞿曇棄捨苦行而還退受飲食之樂無復道心今旣來此我等不須起迎之也亦勿作禮敬問所須爲敷坐處若欲坐者自隨其意作此語竟而各默然爾時世尊旣來至已五人不覺各從座起禮拜奉迎互爲執事或復有爲持衣鉢者或有取水供盥漱者或復有爲澡洗脚者各違本誓猶故稱佛以爲瞿曇爾時世尊語憍陳如言汝等共約見我不起今者何故違先所誓而即驚起爲我執事時彼五人聞佛此言深生慚愧即前白言瞿曇行道得無疲倦爾時世尊語五人言汝等云何於無上尊而以高情稱喚姓也我心如空於諸毀譽無所分別但汝憍慢自招惡報譬如有子稱父母名於世儀中猶尚不可況我今是一切父母時彼五人又聞此語倍生慚愧而白佛言我等愚癡無有慧識不知今者已成正覺所以者何徃見如來日食麻米苦行六年而今還受飲食之樂我以是故謂不得道爾時世尊語憍陳如言汝等莫以小智輕量我道成與不成何以故形在苦者心則惱亂身在樂者情則樂著是以苦樂兩非道因譬如鑽火澆之以水則必無有破暗之照鑽智慧火亦復如是有苦樂水慧光不生以不生故不能滅於生死黑障今者若能棄捨苦樂行於中道心則寂定堪能修彼八正聖道離於生老病死之患我已隨順中道之行得成阿耨多羅三藐三菩提時彼五人旣聞如來如此之言心大歡喜踊躍無量瞻仰尊顔目不暫捨爾時世尊觀五人根堪任受道而語之言憍陳如汝等當觀五盛陰苦生苦老苦病苦死苦愛別離苦怨憎會苦所求不得苦失榮樂苦憍陳如有形無形無足一足二足四足多足一切衆生無不悉有如此苦者譬如以灰覆於火上若遇乾草還復燒然如是諸苦由我爲本若有衆生起微我想還復更受如此之苦貪欲瞋恚及以愚癡皆悉緣我根本而生又此三毒是諸苦因猶如種子能生於芽衆生以是輪迴三有若滅我想及貪瞋癡諸苦亦皆從此而斷莫不悉由彼八正道如人以水澆於盛火一切衆生不知諸苦之根本者皆悉輪迴在於生死憍陳如苦應知集

當斷滅應證道當修憍陳如我已知苦已斷集已證滅已修道故得阿耨多羅三藐三菩提是故汝今應當知苦斷集證滅修道若人不知四聖諦者當知是人不得解脫四聖諦者是眞是實苦實是苦集實是集滅實是滅道實是道憍陳如汝等解未憍陳如言解已世尊知已世尊以於四諦得解知故名阿若憍陳如當三轉四諦十二行法輪時阿若憍陳如於諸法中遠塵離垢得法眼淨時虛空中八萬那由他諸天亦離塵垢得法眼淨

爾時地神見於如來在其境界而轉法輪心大歡喜高聲唱言如來於此轉妙法輪虛空天神既聞此言又生踊躍展轉唱聲乃至阿迦膩吒天諸天聞已欣悅無量高聲唱言如來今日於波羅柰國鹿野苑中仙人住處轉大法輪一切世間天人魔梵沙門婆羅門所不能轉爾時大地十八相動天龍八部於虛空中作衆妓樂天鼓自鳴燒衆名香散諸妙華寶幢旛蓋歌唄讚歎世界之中自然大明阿若憍陳如於弟子中以始悟故爲第一弟子時彼摩訶那摩等四人聞佛轉法輪已阿若憍陳如獨悟道跡心自念言世尊若更爲我說法我等亦當復得悟道作此念已瞻仰尊顏目不暫捨爾時世尊知四人念即便重爲廣說四諦于時四人於諸法中亦離塵垢得法眼淨時彼五人見道跡已頂禮佛足而白佛言世尊我等五人已見道跡已證道跡我等今者欲於佛法出家修道唯願世尊慈愍聽許於時世尊喚彼五人善來比丘鬚髮自落袈裟著身即成沙門爾時世尊問彼五人汝等比丘知色受想行識爲是常爲無常也爲是苦爲非苦也爲是空爲非空也爲有我爲無我也時五比丘聞佛說是五陰法已漏盡意解成阿羅漢果即便答言世尊色受想行識實是無常苦空無我於是世間始有六阿羅漢佛阿羅漢是爲佛寶四諦法輪是爲法寶五阿羅漢是爲僧寶如是世間三寶具足爲諸天人第一福田

爾時有長者子名曰耶舍聰明利根極大巨富閻浮提中最爲第一服天冠瓔珞著無價寶屐其於中夜與諸妓女相娛樂已各還寢息忽從眠覺見諸妓女或有伏卧或有仰眠頭髮鬔亂涎唾流出樂器服玩顚倒縱橫既見是已生猒離心而自念言我今在此災怪之内於不淨中妄生淨想作是念時以天力故空中光明門自然開尋光而去趣鹿野苑路由恒河高聲唱言苦哉苦哉佛言耶舍汝便可來我今此有離苦之法耶舍聞已所著寶屐價直閻浮提即便脱之度於恒河往詣佛所見三十二相八十種好顏容挺特威德具足心大歡喜踊躍無量五體投地頂禮佛足唯願世尊救濟於我佛言善哉善哉善男子諦聽諦聽善思念之如來即便隨順其根而爲說法耶舍色受想行識無常苦空無我汝知之不是時耶舍聞說此語即於諸法遠塵離垢得法眼淨於是如來重說四諦漏盡意解心得自在成阿羅漢果即答佛言世尊色受想行識實是無常苦空無我爾時如來猶見耶舍著嚴身具即說偈言

雖復處居家　服寶嚴身具　善攝諸情根

猒離於五欲　若能如此者　是爲眞出家
身雖在曠野　服食於麤澀　意猶貪五欲
是爲非出家　一切造善惡　皆從心想生
是故眞出家　皆以心爲本
爾時耶舍既見如來說此偈已心自念言世尊所以說此偈者正當以我猶著七寶我今宜應脫如此服即便禮足而白佛言唯願世尊聽我出家佛言善來比丘鬚髮自落袈裟著身即成沙門爾時耶舍父既至天曉求覓耶舍不知所在心大懊惱悲號涕泣緣路推尋到恒河側見其子屐心自思惟我子正當從此道去即尋其跡至於佛所爾時世尊知其爲子故來至此若使即得見耶舍者必生大苦或能命終便以神力隱耶舍身其父即便前到佛所頭面禮足退坐一面於是如來即隨其根而爲說法善男子色受想行識無常苦空無我汝知之不時耶舍父聞說此言即於諸法遠塵離垢得法眼淨而答佛言世尊色受想行識實是無常苦空無我爾時如來既已知其見於道跡恩愛漸薄而問之言汝何因緣而來至此其即答言我有一子名曰耶舍昨夜之中忽失所在今且推求見其寶屐在恒河側追尋之跡故來至此爾時世尊攝其神力其父即便得見耶舍心大歡喜語耶舍言善哉善哉汝爲此事眞實快也既能自度又能度他汝今在此故令我來得見道跡即於佛前受三自歸於是閻浮提中唯此長者爲優婆塞最初獲得供養三寶爾時又有耶舍朋類五十長者子聞佛出世又聞耶舍於佛法中出家修道各自念言世間今者有無上尊長者子耶舍聰慧辯了才藝兼人乃能捨其豪族棄五欲樂毀形守志而爲沙門我等今者復何顧戀不出家也作是念已共詣佛所未至之間遙見如來相好殊特光明赫奕心大歡喜舉體清涼敬情轉至即前佛所合掌圍繞頭面禮足諸長者子宿植德本聰達易悟如來即便隨其所應而爲說法善男子色受想行識無常苦空無我汝知之不說此語已諸長者子於諸法中遠塵離垢得法眼淨即答佛言世尊色受想行識實是無常苦空無我唯願世尊聽我出家佛言善來比丘鬚髮自落袈裟著身即成沙門爾時世尊又爲廣說四諦時五十比丘漏盡意解得阿羅漢果爾時始有五十六阿羅漢是時如來告諸比丘汝等所作已辦堪爲世間作上福田宜各遊方教化以慈悲心度諸衆生我今亦當獨往摩竭提國王舍城中度諸人民諸比丘言善哉世尊爾時比丘頭面禮足各持衣鉢辭別而去

爾時世尊即便思惟我今應度何等衆生而能廣利一切人天唯有優樓頻螺迦葉兄弟三人在摩竭提國學於仙道國王臣民皆悉歸信又其聰明利根易悟然其我慢亦難摧伏我今當往而度脫之思惟是已即發波羅柰趣摩竭提國日將昏暮往優樓頻螺迦葉住處于時迦葉忽見如來相好莊嚴心大歡喜而作是言年少沙門從何而來佛即答言我從波羅柰國當詣摩竭提日既晚暮欲寄一宿迦葉又言寄宿止者甚不相違但諸房舍悉弟子住唯有石室極爲潔淨我事火具

皆在其中此寂靜處可得相容然有惡龍居在其内恐相害耳佛又答言雖有惡龍但以見借迦葉又言其性兇暴必當相害非是有惜佛又答言但以見借必無辱也迦葉又言若能住者便自隨意佛言善哉即於其夕而入石室結加趺坐而入三昧爾時惡龍毒心轉盛舉體烟出世尊即入火光三昧龍見是已火燄衝天焚燒石室迦葉弟子先見此火而還白師彼年少沙門聰明端嚴今爲龍火之所燒害迦葉驚起見彼龍火心懷悲傷即勑弟子以水澆之水不能滅火更熾盛石室融盡爾時世尊身心不動容顏怡然降彼惡龍使無復毒授三歸依置於鉢中至天明已迦葉師徒俱往佛所年少沙門龍火猛烈將無爲此之所傷也沙門借室我昨所以不相與者正爲此耳佛言我内清淨終不爲彼外災所害彼毒龍者今在鉢中即便舉鉢以示迦葉迦葉師徒見於沙門處火不燒降伏惡龍置於鉢中歎未曾有語弟子言年少沙門雖復神通然故不如我道眞也

爾時世尊語迦葉言我今方欲停止此處迦葉答言善哉隨意是時如來於第二夜坐一樹下時四天王夜來佛所而共聽法各放光明照踰日月迦葉夜起遥見天光在如來側語弟子言年少沙門亦事於火至明日曉往詣佛所問言沙門汝事火也佛言不也有四天王夜來聽法是其光耳於是迦葉語弟子言年少沙門有大神德然故不如我道眞也至第三夜釋提桓因來下聽法放大光明如日初昇迦葉弟子遥見天光在如來側而白師言年少沙門定事火也至於明旦往詣佛所問沙門言汝定事火佛言不也釋提桓因來下聽法是其光耳于時迦葉語弟子言年少沙門神德雖盛然故不如我道眞也至第四夜大梵天王來下聽法放大光明如日正中迦葉夜起見有光明在如來側沙門必定事於火也明日問佛汝定事火佛言不也大梵天王夜來聽法是其光耳於是迦葉心自念言年少沙門雖復神妙然故不如我道眞也爾時迦葉五百弟子各事三火於晨朝時

俱欲然火火不肯然皆向迦葉具說此事迦葉聞已心自思惟此必當是沙門所爲即與弟子來至佛所而白佛言我諸弟子各事三火且欲然之而火不然佛即答言汝可還去火自當然迦葉便還見火已然心自念言年少沙門雖復神妙然故不如我道眞也諸弟子衆供養火畢而欲滅之不能令滅即向迦葉具說此事迦葉聞已心自思惟此亦當是沙門所爲即與弟子來至佛所而白佛言我諸弟子朝欲滅火而火不滅佛即答言汝可還去火自當滅迦葉便歸見火已滅心自念言年少沙門雖復神妙然故不如我道眞也爾時迦葉自事三火晨朝欲然火不肯然即自思惟此必復是沙門所爲即往佛所而白佛言我朝然火而不肯然佛即答言汝可還去火自當然迦葉便歸見火已然心自念言年少沙門雖復神妙然故不如我道眞也於時迦葉供養火畢而欲滅之不能令滅心自思惟此必當是沙門所爲即往佛所而白佛言我朝然火今欲滅之而不肯滅佛即答言

汝可還去火自當滅迦葉便歸見火已滅心
自念言年少沙門雖復神妙然故不如我道
眞也瑞應本起云迦葉復念是大沙門神則
神矣然未得道不如我得羅漢爾時迦葉諸
弟子衆晨朝破薪斧不肯舉即向迦葉具說
壁四 二十五
此事迦葉聞已心自思惟此必復是沙門所
爲即與弟子來至佛所而白佛言我諸弟子
晨朝破薪斧不肯舉佛即答言汝可還去斧
自當舉迦葉便歸見諸弟子斧皆得舉而自
念言年少沙門雖復神妙然故不如我道眞
也迦葉弟子即得舉斧復不肯下還向迦葉
具說此事迦葉聞已心自思惟此亦當是沙
門所爲即與弟子徃至佛所而白佛言我諸
弟子旦欲破薪斧既得舉復不肯下佛即答
言汝可還去當令斧下迦葉還歸見諸弟子
斧皆得下心自念言年少沙門雖復神妙然
故不如我道眞也爾時迦葉於晨朝時自欲
破薪斧不得舉心自思惟此亦當是沙門所
爲即詣佛所而白佛言我旦破薪斧不肯舉
佛即答言汝可還去斧自當舉迦葉既還斧

即得舉心自念言年少沙門雖復神妙然故
不如我道眞也迦葉斧既舉已復不肯下心
自思惟此亦當是沙門所爲即詣佛所而白
佛言我斧已舉復不肯下佛即答言汝可還
去斧自當下迦葉即歸斧即得下心自念言
年少沙門雖復神妙然故不如我道眞也爾
時迦葉即白佛言年少沙門夏止住此共修
梵行房舍衣食我當相給于時世尊黙然許
之迦葉知佛許已還其所住即勑日日辦好
飲食并施牀座至明食時自行請佛佛言汝
去我隨後往迦葉適去俄爾之間世尊即便
至閻浮洲界取閻浮果滿鉢持來迦葉未至
佛已先到迦葉後來見佛已坐即便問言年
少沙門從何道來而先至此佛以鉢中取閻
浮果以示迦葉而語之言汝今識此鉢中果
壁四 二十六
不迦葉答言不識此果佛言從此南行數萬
踰闍那彼有一洲其上有樹名曰閻浮緣有
此樹故言閻浮提我此鉢中是彼果也於一
念頃取此果來極爲香美汝可噉之於是迦
葉心自思惟彼道去此極爲長遠而此沙門

乃能俄爾已得還徃神通變化殊自迅疾然
故不如我道眞也普曜經云迦葉適去佛以
神足上忉利天取晝度果神足南行數千萬
里極閻浮提界上取訶梨勒果餘三天下皆亦如是文多
不載迦葉曰從何道來佛言卿毎去後吾至四
域及上忉利天中取此果來香美可食卿可
食之瑞應本起云明日食時迦葉請佛佛言
便去今隨後徃佛南行極閻浮提界上數千
萬里取訶梨勒果盛滿鉢還迦葉未歸佛已
坐其牀迦葉至問何緣先到佛言卿適去我
即行此地界取訶梨勒果亦香且美便取食
之佛飯已去迦葉續念是大沙門雖神不如
我道眞也迦葉即便下種種食佛即呪願
婆羅門法中　奉事火爲㝡　一切衆流中
大海爲其㝡　於諸星宿中　月光爲其㝡
壁四 二十七
一切光明中　日光爲其㝡　於諸福田中
佛福田爲㝡　若欲求大果　當供佛福田
佛食已訖還歸所住洗鉢漱口坐於樹下明
日食時復徃請佛佛言汝去我隨後徃迦葉
適去俄爾之間世尊即便至弗婆提取菴摩

羅果㵋鉢持來迦葉未至佛已先到迦葉後來見佛已坐即便問言年少沙門從何道來而先至此佛以鉢中菴摩羅果以示迦葉而語之言汝今識此鉢中果不迦葉答言不識此果佛言從此東行數萬踰闍那到弗婆提取此果來名菴摩羅極爲香美汝可食之迦葉聞已心自念言彼道去此極爲長遠而此沙門乃能俄爾已得往還覩其神化所未曾有然故不如我道真也迦葉即便下種種食佛即呪願

婆羅門法中　奉事火爲㝡　一切衆流中
大海爲其㝡　於諸星宿中　月光爲其㝡
一切光明中　日光爲其㝡　於諸福田中
佛福田爲㝡　若欲求大果　當供佛福田

佛食已畢還歸所止洗鉢漱口坐於樹下明日食時復往請佛佛言汝去我隨後往迦葉適去俄爾之間世尊便即至瞿陀尼取訶梨勒果滿鉢持來迦葉未至佛已先到迦葉後來見佛已坐即便問言年少沙門從何道來而先至此佛以鉢中訶梨勒果以示迦葉而語之言汝今識此鉢中果不迦葉答言不識此果佛言從此西行數萬踰闍那到瞿陀尼取此果來名訶梨勒極爲香美汝可食之迦葉聞已心自念言彼道去此極爲長遠而此沙門乃能俄爾已得往還覩其神通所未曾有然故不如我道真也迦葉即便下種種食

壁四　二十八

佛即呪曰

婆羅門法中　奉事火爲㝡　一切衆流中
大海爲其㝡　於諸星宿中　月光爲其㝡
一切光明中　日光爲其㝡　於諸福田中
佛福田爲㝡　若欲求大果　當供佛福田

佛食已訖還歸所止洗鉢漱口坐於樹下明日食時復往請佛佛言汝去我隨後往迦葉適去俄爾之間世尊即便至鬱單越取自然粳米飯滿鉢持來迦葉未至佛已先到迦葉後來見佛已坐即便問言年少沙門從何道來而先至此佛以鉢中粳米飯以示迦葉而語之言汝今識此鉢中飯不迦葉答言不識此飯佛言從此北行數萬踰闍那到鬱單越取此自然粳米飯來極爲香美汝可食之迦葉聞已心自念言彼道去此極爲長遠而此沙門乃能俄爾已得往還雖復神通難可測量然故不如我道真也迦葉即便下種種食佛即呪曰

婆羅門法中　奉事火爲㝡　一切衆流中

壁四　二十九

大海爲其㝡　於諸星宿中　月光爲其㝡
一切光明中　日光爲其㝡　於諸福田中
佛福田爲㝡　若欲求大果　當供佛福田

佛食畢已還歸所止洗鉢漱口坐於樹下明日食時復往請佛佛言善哉即共俱行既到其舍下種種食佛即呪願

婆羅門法中　奉事火爲㝡　一切衆流中
大海爲其㝡　於諸星宿中　月光爲其㝡
一切光明中　日光爲其㝡　於諸福田中
佛福田爲㝡　若欲求大果　當供佛福田

爾時世尊呪願已畢即便取食獨還樹下食竟心念須水釋提桓因即知佛意如大壯士屈伸臂頃從天下來到於佛前頭面禮足即便以手指地成池其水清涼具八功德如來即便得而用之澡漱既畢爲釋提桓因說種

種法釋提桓因旣聞法已歡喜踊躍忽然不現還歸天宮是時迦葉於中食後林間經行心自念言年少沙門今日受食還歸樹下我當往彼而看視之即詣佛所忽見樹側有一大池泉水澄淨具八功德怪而問佛此中云何忽有此池佛即答言旦受汝供還歸此食食訖須水澡漱洗鉢釋提桓因知我此意從天上來以手指地而成此池爾時迦葉旣見池水復聞佛言心自思惟年少沙門有大威德乃能如此感致天瑞然故不如我道眞也

爾時世尊別於他日林間經行見糞穢中有諸弊帛即便捨取欲浣濯之心念須石釋提桓因即知佛意如大壯士屈伸臂頃往香山上取四方石安置樹間即白佛言可就石上浣濯衣也佛復心念今應須水釋提桓因又 壁四 三十 往香山取大石槽盛清淨水置方石所釋提桓因所爲事畢忽然不現還歸天宮

爾時世尊浣濯已竟還坐樹下是時迦葉來至佛所忽見樹間有四方石及大石槽即自思惟此中云何有此二物心懷驚怪而往問佛年少沙門汝此樹間有四方石及以石槽從何而來於是世尊即答之言我向經行見地弊帛取欲浣之心念須此石釋提桓因知我此意即往香山而取之來迦葉聞已歎未曾有而自念言年少沙門雖有如是大威神力能感諸天然故不如我道眞也

釋迦譜卷第四

釋迦譜卷第四（別本）

校勘記

一 底本，清藏本。

一 五三四頁下一六行第一四字「熱」，資作「於」。

一 五三五頁中一三行「經年」，資作「逕年」。

一 五三七頁上一七行「法幢」，資作「法憧」。

一 五三七頁中一行「法樂」，資作「法藥」。

一 五三七頁下八行首字「使」，資作「便」。

一 五三八頁上二行首字「將」，磧作「行」。

一 五三九頁中一三行「詳序」，資、磧、普作「庠序」。

一 五四〇頁上九行第一〇字「嬈」，資作「繞」。

一 五四四頁上一行「還去」，磧作「遠去」。

一 五四四頁下六行首字「域」，資、磧、普作「城」。

一 五四六頁上一二行「捨取」，資、磧、普作「拾取」。

釋迦譜卷第五　璧五

蕭齊釋僧祐譔

釋迦降生釋種成佛緣譜第四之五（出因果經）

爾時世尊又於他日入指池而自洗浴洗浴訖已心念欲出無所攀持池上有樹名迦羅迦枝葉蔚映臨於池上樹神即便按此樹枝令佛攀出還坐樹下于時迦葉來至佛所忽然見樹曲枝垂蔭怪而問佛此樹何故曲枝垂蔭佛即答言我於向者入池洗浴出無所攀樹神致感爲我曲之於是迦葉見樹曲枝又聞佛言歎未曾有而自心念年少沙門乃有如此大威德力能感樹神然故不如我道眞也

爾時迦葉心自念言明日摩竭提王及諸臣民婆羅門長者居士等當來就我作七日會年少沙門若來在此國王臣民婆羅門長者居士等見其相好及以神通威德力者必當捨我而奉事之願此沙門於七日中不來我所佛知其意即便往詣北鬱單越七日七夜停彼不見過七日已集會訖畢國王辭去迦葉心念年少沙門近於七日不來我所善哉快哉我今既有集會餘饌欲以供之其若來者善得時宜於是世尊即知其意從鬱單越譬如壯士屈伸臂頃來到其前于時迦葉忽見如來心大驚喜即問佛言汝近七日遊行何處而不相見佛即答言摩竭提王及諸臣民婆羅門長者居士於七日中就汝集會汝近心念不欲見我是故我往北鬱單越以避汝耳汝今心念欲令我來所以今者故來詣汝迦葉聞佛說此言已心驚毛豎而作此念年少沙門乃知我意甚爲奇特然故不如我道眞也

爾時世尊又於他日心自思惟優樓頻螺迦葉根緣漸熟今日正是調伏其時思惟是已即趣尼連禪河既到河側是時魔王來詣佛所而白佛言世尊今者宜般涅槃今者宜般涅槃何以故所應度者皆悉解脫今者正是般涅槃時如是三請世尊爾時答魔王言我今未是般涅槃時所以者何我四部衆比丘比丘尼優婆塞優婆夷未具足故所應度者皆未究竟諸外道衆悉未降伏爾時如來亦復三答魔王聞已心懷愁惱即還天宮世尊即便入尼連禪河以神通力令水兩開佛所行處步步塵出使兩面水皆悉涌起迦葉遥見謂佛沒溺即與弟子乘船而來既至河側見佛行處皆悉塵起歎其希有而自念言年少沙門雖有如此神通之力然故不如我道眞也是時迦葉即問佛言年少沙門欲上船不佛言甚善于時世尊即以神力從船底入結加趺坐迦葉見佛從船底入而無穿漏歎其希有心自念言年少沙門乃有如是自在神力然故不如我得眞羅漢也

瑞應本起云如是變化凡有十八迦葉復念是大沙門神則神矣然不如我以得羅漢也佛即語言迦葉汝非羅漢亦復非是阿羅漢道汝今何故起大我慢瑞應本起云佛語迦葉汝非羅漢不知道證胡爲强顏不知羞恥虛妄自稱我有道德於是迦葉心驚毛豎慚愧無顏自知無道即稽首言今大道人實妙神聖乃知我意迦葉聞說如此語時心懷慚愧

懼身毛皆竪而自念言年少沙門善知我心即白佛言如是沙門如是大仙善知我心唯願大仙攝受於我佛即答言汝既年老百二十歲又復多有弟子眷屬又爲國王臣民所敬若欲決定入我法者先與弟子熟共論詳迦葉答言善哉善哉如大仙勑然我內心非不決定爲當還與弟子論耳作此語已即還本處集諸弟子而語之言年少沙門住此以來見其種種神通變化極爲奇特智慧深遠性又安詳我今便欲歸依其法汝等云何弟子咨言我等所知皆尊者恩年少沙門既爲尊者之所歸信豈當有虛我等亦見有諸奇異尊者若欲必受其法我等亦願隨從歸依于時迦葉聞諸弟子作是言已即便相與俱詣佛所而白佛言我及弟子今定歸依惟願大仙時攝我等佛言善來比丘鬚髮自落袈裟著身即成沙門爾時世尊即隨所應廣說四諦于時迦葉聞說法已遠塵離垢得法眼淨乃至漸漸成阿羅漢果爾時迦葉五百弟子既見其師已爲沙門心生願樂亦欲出家

即白佛言我等大師已爲大仙之所攝受今成沙門我等亦樂隨大師學唯願大仙聽我出家佛言善來比丘鬚髮自落袈裟著身即成沙門於是世尊即爲轉於四諦法輪時五百弟子遠塵離垢得法眼淨成須陀洹果漸漸修行乃至亦得阿羅漢果爾時迦葉及五百弟子以其事火種種之具悉皆擲棄尼連禪河師徒相與隨佛而去爾時迦葉二弟一名那提迦葉二名伽闍迦葉各有二百五十弟子在尼連禪河側居於下流忽見其兄幷及弟子所事火具悉逐流來心大驚愕而自念言我兄今者有何不祥事火之具今隨水流將非惡人之所害也是時二弟奔馳相就咸共議言我兄今者若復不爲惡人所害諸物何緣從水而來苦哉怪哉我等宜速共至兄所即便相與逆流而上至兄住處空寂無人心大悲絕不知其兄及諸弟子之所在處四向推尋遇見舊人而問之言我仙聖兄及諸弟子不知所在汝見之不舊人答曰汝仙聖兄與諸弟子棄事火具皆悉往於瞿曇之

所出家學道是時二弟聞此語已心大懊惱怪未曾有又自念言云何棄於阿羅漢道而復更求他餘法也即便馳往至其兄所到已見兄幷及眷屬剃除鬚髮身被袈裟即便跪拜而問兄言兄本既是大阿羅漢聰明智慧無與等者名聞十方莫不宗仰何故於今自捨此道還從人學此非小事爾時迦葉答其弟言我見世尊成就大慈大悲有三事奇特一者神通變化二者慧心清徹決定成就一切種智三者善知人根隨順攝受以此事故於佛法中出家修道我今雖復國王臣民所見宗敬世論機辯無能折者然非永斷生死之法唯有如來所可演說能盡生死既值如是大聖之尊而不自勵師彼高勝則是無心亦爲無眼二弟白言若如兄語決定是成一切種智我所知得皆是兄力兄今既已從佛出家我等亦願隨順兄學即各語其諸弟子言我今欲同大兄於佛法中出家修道汝意云何時諸弟子即答師言我等所以得有知見皆大師恩大師若欲於佛法中而出家者

亦願隨從於是那提迦葉伽闍迦葉各與二百五十弟子至於佛所頭面禮足而白佛言世尊唯願慈哀濟度我等佛言善來比丘鬚髮自落袈裟著身即成沙門時那提迦葉伽闍迦葉又白佛言我諸弟子今皆欲於佛法出家唯願世尊垂愍聽許佛即答言善哉善哉爾時世尊便呼善來比丘鬚髮自落袈裟著身即成沙門爾時世尊即爲那提迦葉伽闍迦葉及諸弟子現大神變又應其心而爲說法語言比丘當知世間皆爲貪欲瞋恚愚癡猛火之所燒炙汝等往昔奉事三火既能絕棄除此外惑今三毒火尚猶在身宜速滅之時諸比丘聞佛此語於諸法中遠離塵垢得法眼淨世尊又爲說四諦皆得阿羅漢果爾時世尊心自念言頻婆娑羅王往昔於我有約誓言若道成者願先見度今日時至宜應往彼滿其本願作此念已即與迦葉兄弟及千比丘眷屬圍繞往王舍城諸頻婆娑羅王所爾時頻婆娑羅王昔以聚落給優樓頻螺迦葉者既見迦葉及其弟子悉爲沙門即還啓王說如此事王與諸臣既聞此語心大驚怪默然無聲時外人民聞此語已各相謂言優樓頻螺迦葉智慧深遠無與等者年又耆老已得阿羅漢云何反爲瞿曇弟子終無此理乃可說言沙門瞿曇爲弟子耳爾時世尊漸近王舍城住於杖林時優樓頻螺迦葉即便遣其常所使人白頻婆娑羅王言我今於佛法中出家修道今隨從佛來至杖林大王宜先禮拜供養王聞來信說此言已方決定知優樓頻螺迦葉爲佛弟子即勑嚴駕與諸大臣婆羅門及人民衆往詣佛所至杖林外王即下輦除去儀飾出至佛前爾時空中有天而語王言如來今者在此林中是諸天人最上福田大王宜應恭敬供養又應宣示國中人民皆悉令其供養如來時王既聞彼天語已心大歡喜倍增踊躍普曜經云時缾沙王聞之欣然大悅吾本共要得佛相度勑諸大臣長者梵志國中吏民嚴治道路散華燒香持諸幢蓋王乘羽葆之車大臣百官前後導從千乘萬騎長者梵志萬二千人欲出城迎忽大風起閉其城門王怪所以今行迎佛當有吉喜快善瑞應時城門神即謂王言快無不利王往前世與八萬四千王治寺起塔誓言於來世一時見佛諮受道教今有一人閉在刑獄違其本誓故城門閉當放大赦獄中人出同時見佛諮受訓誨城門乃開王聞乃遣速勑詔放大赦境土獄囚得出一時往迎時佛入國有大杜樹名曰遮越佛與比丘坐樹下王遥見佛如星中月猶如日出天下大明靡不照耀亦如帝釋梵王聖帝處於本宮如樹華茂晃若金色威神特顯光明巍巍超絕無侶王心踊躍下車步進五體威儀除蓋履扇冠幘刀杖前稽首佛足自稱其號我是國主缾沙王也久服聖尊飢虛積時如是至三佛告王曰實如來言是王缾沙也諸佛天神皆護王身王曰蒙祐退坐一面前者作禮中者牴頭後者叉手皆却坐訖王及臣民覩優樓迦葉在山學仙耆舊來久怪之佛邊心自念言佛是優樓師優樓是佛師乎佛覩心念即告優樓爲說偈言

云何優樓卿　本可所事神　祠祀歸水火
日月衆梵天　事來爲幾何　夙夜精進學
心中不懈廢　寧益致神仙
於時迦葉以偈報佛
自念祠祀來　以歷八十年　奉風水火神
日月諸山川　夙夜不懈廢　心中無他念
至竟無所獲　值佛乃安寧
王及羣臣國中萬民爾乃別知優樓迦葉是佛弟子便進林中遥見如來相好莊嚴又見優樓頻螺迦葉兄弟三人并其弟子前後圍繞如盛月滿處衆星中行步踊悅不能自勝既至佛所頭面禮足而白佛言我是月種摩竭提王名頻婆娑羅世尊知不佛即答言善哉大王於是頻婆娑羅王却坐一面時婆羅門及以大臣諸人民衆皆悉就坐爾時世尊既見來衆皆安坐已即以梵音慰問頻婆娑羅王言大王四大常安隱不統理民務無乃勞耶王即答言蒙世尊恩幸得安隱爾時頻婆娑羅王及餘大學婆羅門長者居士大臣人民既見迦葉爲佛弟子自相謂言嗚呼如來有大神力智慧深遠不可思議乃能伏於如此之人以爲弟子爾時復有諸餘人衆心自念言優樓頻螺迦葉有大智慧普爲世人之所歸信云何當爲沙門瞿曇而作弟子心懷狐疑爾時世尊知彼心念即語迦葉汝今宜應現諸神變于時迦葉即昇虚空身上出水身下出火身上出火身下出水或現大身滿虚空中或復現小或分一身爲無量身或現入地還復踊出於虚空中行住坐卧舉衆見已歎未曾有悉皆稱言第一大仙爾時迦葉現此變已即從空中到於佛前頭面禮足而白佛言世尊實是天人之師我今實是世尊之弟子如是三說佛即答言如是如是迦葉汝於我法見何等利棄捨火具而出家也於是迦葉以偈答言

我於昔日中　所事火功德　得生天人中
受於五欲樂　恒如是輪轉　没於生死海
我見此過患　所以棄捨之　又復事火福
得生天人中　增長貪恚癡　是故我遠離
又復事火福　爲求將來生　既已有生故
必有老病死　已見如此事　是故棄火法
施會修苦行　乃以事火福　雖得生梵天
此非究竟處　以是因緣故　所以棄事火
我見如來法　離生老病死　究竟解脱處
是故今出家　如來真解脱　爲諸天人師
以是因緣故　歸依大聖尊　如來大慈悲
現種種方便　及諸神通力　而以引導我
云何而復應　奉事於火法

爾時頻婆娑羅王及諸大衆聞優樓頻螺迦葉說此偈言心大歡喜於如來所深生敬信決定得知如來必成一切種智審知迦葉是佛弟子爾時諸天於虚空中雨衆天華作妙妓樂異口同音唱言善哉優樓頻螺迦葉快說此偈爾時世尊知諸大衆心意決定無復狐疑又觀其根皆以成熟即爲說法大王當知此五陰身以識爲本因於識故而生意根以意根故而生於色而此色法生滅不住大王若能如是觀者則能於身善知無常如此觀身不取身相即能離我及於我所若能觀色離我我所即知色生便是苦生若知色滅

便是苦滅若人能作如此觀者是名爲解脫若人不能作斯觀者是名爲縛法本無我及以我所以倒想故横計有我及以我所無有實法若能斷此倒惑想者即是解脫爾時頻婆娑羅王心自思惟若謂衆生言有我者而名爲縛一切衆生皆悉無我既無有我誰受來報爾時世尊知彼心念即語之言一切衆生所爲善惡及受果報皆非我造亦非我受而今見有造作善惡受果報者大王諦聽當爲王說大王但以情塵識合於境生染累想滋繁以是縁故馳流生死備受苦報若於境無染息其累想即得解脫以情塵識三事因縁共起善惡及受果報更無別我譬如鑽火因手轉燧得有火生然彼火性不從手生及以燧出亦復不離手及燧鑽彼情塵識亦復如是時頻婆娑羅王又自思惟若以情塵識和合故而有善惡受果報者便爲常合不應離絶若不常合是即爲斷爾時世尊知王心念即便答言此情塵識不常不斷何以故合故不斷離故不常譬如縁於地水因彼種子而生芽葉種子既謝不得名常生芽葉故不得名斷離於斷常故名中道三事因縁亦復如是爾時頻婆娑羅王聞此法已心開意解於諸法中遠塵離垢得法眼淨八萬那由他婆羅門大臣人民亦於諸法遠塵離垢得法眼淨九十六萬那由他諸天人又於諸法遠塵離垢得法眼淨時頻婆娑羅王即從座起頂禮佛足合掌白佛快哉世尊能捨轉輪聖王之位出家學道成一切種智我昔愚癡欲留世尊臨治小國今覩慈顔又聞正法方懷慚愧追悔昔過唯願世尊以大慈悲受我懺悔我於昔日白世尊言若得道時願先度我今日始蒙宿願成遂荷世尊恩得履道跡我從今日供養世尊及比丘僧當令四事不使有乏唯願世尊住於竹園令摩竭提國長夜獲安佛即答言善哉大王乃能捨於三不堅法求三堅報當令王願得滿足也時頻婆娑羅王知佛受請住竹園已頂禮佛足辭退而去普曜經云大臣賀王前時諸王悉不見佛今獨王見宿福禄厚故乃爾耳王益欣踊亦賀諸臣卿等大德值是聖尊王還宮中勑宫夫人婇女大小及國吏民歲三月六齋守禁法施戒博聞王適歸宫時天帝釋將八萬天散華佛上歸命作禮而去言南無佛尋皆悉度得法眼淨

時摩竭國有一長者名曰迦陵見佛入國天人所奉而無精舍我有好園欲用上佛往詣佛所稽首足下前白佛言佛愍一切如親愛子棄轉輪王不慕世榮今無精舍有一竹園去城不遠願以奉佛可作精舍佛受祝願佛及聖衆遊處其中是故名曰迦陵竹園王還城已即勑諸臣今於竹園起諸堂舍種種莊飾極令嚴麗懸繒旛蓋散華燒香悉皆辦已即便嚴駕往至佛所頭面禮足而白佛言竹園僧伽藍修理始畢唯願世尊與比丘僧哀愍我故往住彼也爾時世尊與諸比丘及無量諸天前後圍繞入王舍城當於如來蹈門閫時城中樂器不鼓自鳴門狹更廣門下更髙一切丘墟皆悉平坦臭穢塵垢自然香淨聾者得聽瘂者能語盲者得視狂者得正拘

躄疾病普皆除愈枯木發華腐草榮秀涸池增瀾香風清靡鳳雀孔翠鳧鴈鴛鴦異類衆鳥繽紛翔集出和雅音有如是等種種祥瑞既入城已與頻婆娑羅王俱往竹園

爾時諸天滿虛空中時王即便手執寶瓶盛以香水於如來前而作是言我今以此竹園奉上如來及比丘僧唯願哀愍爲我納受作此言已即便奉捨爾時世尊默然受之說偈呪願

若人能布施　斷除於慳貪　若人能忍辱
永離於瞋恚　若人能造善　則遠於愚癡
能具此三行　速至於涅槃　若有貧窮人
無財可布施　見他修施時　而生隨喜心
隨喜之福報　與施等無異

爾時婆羅門大臣及餘人民見王奉施如來僧伽藍皆悉踊躍生隨喜心爾時頻婆娑羅王施僧伽藍已心大歡喜頭面禮足退還所住閻浮提中諸王見佛頻婆娑羅最爲其首諸僧伽藍竹園僧伽藍最爲其始爾時世尊與諸比丘住竹園僧伽藍于時王舍城中有二婆羅門聰明利根有大智慧於諸書論無不通達辯才語議莫能摧伏一姓拘栗名優婆室沙母名舍利故舉世喚爲舍利弗二姓目揵連名目揵羅夜那各有一百弟子普爲國人之所宗仰二人互共以爲親友極相愛重咸共誓言若先得聞諸妙法者要相開悟無得悋惜

爾時阿捨婆耆比丘著衣持鉢入村乞食善攝諸根威儀詳序路人見者皆生恭敬時舍利弗忽於路次逢見阿捨婆耆善攝諸根威儀詳序彼舍利弗善根既熟見阿捨婆耆心大歡喜踊躍徧身停步瞻視不能暫捨即便問言我意觀汝似新出家而能如此攝諸情根欲有所問唯願見答汝今大師其名何等有所教誡演說何法時阿捨婆耆即便安詳而答言我之大師得一切種智是甘蔗種姓天人之師相好智慧及神通力無與等者我既年幼學道日淺豈能宣說如來妙法然以所知當爲汝說即說偈言

一切諸法本　因緣生無主　若能解此者
則得眞實道

時舍利弗聞阿捨婆耆說此偈言即於諸法遠塵離垢得法眼淨見道跡已心大踊躍身諸情根皆悉悅豫而自念言一切衆生悉著於我所以輪迴在於生死若除我想即於我所亦皆得離譬如日光能破於暗無我之想亦復如是悉能破於我見暗障我從昔來所可修學皆爲邪見唯今所得是眞正道作此念已禮阿捨婆耆足歸還所止時阿捨婆耆至前乞食訖還竹園時舍利弗還至住處時目揵連夜那善根已熟見舍利弗諸根寂定威儀詳序顏容怡悅異於常日即便問言我今觀汝諸根顏貌與常有異必當已得甘露妙法我昔與汝共結誓言若聞妙法要相啓悟汝有所得願爲我說時舍利弗即便答言我今實已得甘露法目揵連夜那聞已歡喜無量歎言善哉時爲我說舍利弗言我今出行逢一比丘執持衣鉢入村乞食諸根寂靜威儀詳序我既見已深生恭敬既到其所而問之言我意觀汝似新出家而能如此攝諸

情根欲有所問唯願見答汝今大師其名何等有所教誡演說何法時阿捨婆耆即便安詳而見答言我之大師得一切種智是甘蔗種天人之師相好智慧及神通力無與等者我既年幼學道日淺豈能宣說如來妙法然以所知當爲汝說即說偈言

一切諸法本　因緣生無主　若能解此者
則得眞實道

爾時目揵羅夜那聞舍利弗說此語已即於諸法遠塵離垢得法眼淨爾時舍利弗與目揵羅夜那各於佛法得甘露已共相謂言我等已於佛法各得利益今者宜應共往佛所求索出家作此語已各喚弟子而語之言我等今者已於佛法得甘露味唯有此法是出世道我今欲往求佛出家汝等云何諸弟子等答其師言我等今者有所知見皆大師力師若出家我悉隨從於是二人即將二百弟子往詣竹園既入門已遙見如來相好莊嚴諸比丘衆前後圍繞心大歡喜踊躍徧身爾時世尊見舍利弗及目揵羅夜那與諸弟子相隨來已告諸比丘汝等當知今此二人將諸弟子來至我所欲求出家一名舍利弗二名目揵連夜那當於我法中爲上弟子舍利弗者於智慧中最爲第一目揵羅夜那者於神通中復爲無上至佛所已頭面禮足而白佛言我於佛法已得道跡樂欲出家願垂聽許爾時世尊即便呼言善來比丘鬚髮自落袈裟著身即成沙門時彼二百弟子既見其師成沙門已俱白佛言我等亦欲隨師出家唯願世尊垂愍聽許於是世尊即便喚言善來比丘鬚髮自落袈裟著身即成沙門爾時世尊爲舍利弗及目揵羅夜那廣說四諦二人即得阿羅漢果又復爲彼二百弟子廣說四諦即於諸法遠塵離垢得法眼淨乃至亦成阿羅漢果爾時世尊即與一千二百五十比丘皆大阿羅漢於摩竭提國廣利衆生諸比丘中多有人名目揵羅夜那世尊故名此目揵羅夜那爲大目揵羅夜那普曜經云佛有沙門名曰安陛遺行宣法開化未聞五濁之世人在荒迷不達至眞入城分衛衣服齊整威儀禮節不失常法行步安詳因是使人見之心悅時舍利弗本字優波替而遙見之心中欣然心自念言我學來久未曾覩此沙門衣服安詳齊整不失儀節試往問之所奉何道吾常意疑當有異聞殊妙之道未必齊此往問比丘所事何道誰爲師主願聞其志比丘知意即說偈曰

吾師三界尊　有三十二相　等不存有無
度衆十二門　我年既幼稚　學根近薄尠
豈能宣至眞　如來無極業　一切諸法本
從緣悉本無　若能反本源　乃名曰沙門

安陛沙門答曰吾所事師從無數劫奉行六度無極之法四等四恩行無盡哀奉無極慈欲度一切積功累德不可稱載一生補處在兜術天降神現存寄迦維羅衛國處夫人胎如日現水生行七步天地六動瑞三十二稱已聖音三界皆苦吾當度之釋梵四王咸來啓受九龍浴身其德無量粗舉其要非吾螢燭所歎能究悉非心口之所言思是吾大師天人之尊於是頌曰

吾師天中天　三界無極尊　相好身丈六
神通遊虛空　化訓去五陰　拔斷十二根
不貪天世位　心淨開法門

時舍利弗欣然大悅如冥覩明口言善哉昔來抱疑又吾好學八歲從師至年十六靡不周宗行徧天下十六大國自謂已達今乃聞興無上正眞得吾本願今佛所在答曰在迦陵竹園將諸弟子往詣佛所稽首足下問訊至尊身墮愚冥迷惑歷載不得諮受今乃奉聖無極大道願聽出家得爲比丘受成就戒佛言善哉呼比丘來頭髮自墮袈裟著身佛爲說經分別諸法十二根本亘然意達漏盡意解得無著果前白佛言吾有同學俗字拘律陀今名目連少小相順要有至眞以相開示今已蒙濟（璧五）彼沒塵垢未得拔（十八）出承尊聖旨往聞示之佛言善哉宜知是時匆得稽留時舍利弗稽首佛足辭出入城求目連遇見目連與諸弟子遊行城裏街曲里巷舍利弗趣之目連覩見體改服變不與常同問之所以被服改變有何異見答曰學人無常唯行大明吾學積年不值大聖今乃遇之無上大道欣慶無量故來相求同其道味累劫無窮目連答曰此非小事善共思惟舍利弗曰不須重言吾猒從事不復欲聞假喻言之人有珍妙施有勝得大寶如意明珠及獲寶瑛復欲反求帛祠爲珠非身所欲目連答曰仁智勝我常兄事卿必不相誤便當同志將吾受訓稽首至尊時舍利弗與目揵連俱往詣佛稽首佛足退坐一面叉手白佛違曠侍省沉沒塵垢今乃奉覲願爲沙門啓受法律佛言善哉即除澡缾屏鹿衣杖具佛呼比丘來頭髮自墮袈裟著身爲說正諦漏盡意解所作已辦成無著果佛言此二人等往古世時誓供養我待吾道成侍衞左右今乃相值本有千弟子得舍利弗目連（璧五）有二百五十（十九）比丘一時所度

爾時偷羅厥叉國有一婆羅門名曰迦葉有三十二相聰明智慧誦四毗陀經一切書論無不通達極爲巨富善能布施其婦端正舉國無雙二人自然無有欲想乃至亦不同宿一室久於往昔種善根故不樂在家受五欲樂日夜思惟猒離世間精勤求訪出家之法如是推尋不能得已即捨家事入於山林心念口言諸佛如來出家修道我今亦當隨佛出家即便脫去金縷織成珍寶之衣而著價直千兩金壞色納衣自剃鬚髮爾時諸天於虛空中旣見迦葉自出家已而語之言善男子甘蔗種族白淨王子其名薩婆悉達出家學道成一切種智舉世號爲釋迦牟尼佛今者與千二百五十阿羅漢在王舍城竹園中住爾時迦葉聞天語已歡喜踊躍身毛皆豎即便往趣竹園僧伽藍爾時世尊知其當來而自思惟觀其善根宜往度之作此念已即行迎之到多子兜婆而逢迦葉時彼迦葉旣見相好威儀特尊即便合掌而作此言世尊實是一切種智實是慈悲濟衆生者實是一切所歸依處即便五體投地頂禮佛足而白佛言世尊今者是我大師我是弟子如是三說佛即答言如是迦葉我是汝師汝我弟子佛又語言迦葉當知若人實非一切種智而

欲受汝爲弟子者頭即裂壞以爲七分又復
告言善哉迦葉快哉迦葉當知五受陰身是
大苦聚于時迦葉聞此語已即便見諦乃至
得於阿羅漢果爾時世尊即與迦葉俱還竹
園以此迦葉有大威德智慧聰明是故名之
爲大迦葉

壁五 二十

爾時世尊告諸比丘言普光如來出興世時
善慧仙人豈異人乎即我身是緣路所過五
百外道所共論議及隨喜者今此會中優樓
頻螺迦葉兄弟及其眷屬千比丘是時賣華
女者今耶輸陀羅是善慧仙人髮布地時傍
有二人掃佛前地及二百人隨喜助者今此
會中舍利弗大目揵連夜那弁二百弟子比
丘是虛空諸天見善慧仙人以髮布地悉皆
隨喜而讃歎者我初得道鹿野苑中始轉法
輪八萬天子及頻婆娑羅王所將眷屬八萬
那由他人及九十六萬億那由他天是汝等
當知過去所種因緣無量劫終不磨滅我於
往昔精勤修習一切善業及發大願心不退
轉故於今者而已成就一切種智汝等宜應
勤修道行無得懈怠時諸比丘聞佛所說歡
喜頂戴作禮而退普曜經云王遥聞子得佛
道已來六年生念久已心中悲喜飢虛欲覩
有一梵志名優陀耶聰明智慧本侍菩薩常
得其意王告優陀往請迎佛別閣已來十有
二年夙夜愁慼不捨其心思一相見如復更
生優陀受教往詣佛所稽首佛足具以王意
白佛優陀見佛諸天釋梵歸化一切受命前
白佛言願得出家以爲沙門佛言呼比丘來
頭髮自墮便成沙門得羅漢道佛時所度其
餘前後得道所度不可稱計佛自念言本與
父王要得佛道爾乃還國當度父母今正應
還設若還國無所感動於事不宜所化尠少
先遣神足弟子比丘優陀耶往顯威神足知
佛欲往乃解道尊咸共渴仰發起道心所度
乃多爾時世尊告優陀耶佛本出家與父母
誓若得佛道還度父母今已得佛道德已成
必當還國不違本誓汝以神足經行虛空現
其神變乃知吾身已成大道弟子尚爾況佛
威德巍巍無量爾乃信受優陀受教神足飛

壁五 二十一

行經遊虛空往到本國迦維羅衛城上虛空
現無數變身上出水身下出火水不濕身火
無所傷七現七没從東方没地出於西方西
没東出南没北出北没南出行空如鳥没地
如水履水如地王及臣民莫不欣喜乃知道
尊於是頌曰

佛從本所行　生死無數度　常念蜎飛類
勤苦無量劫　時坐佛樹下　逮致本宿願
歡喜當聽說　難得數見聞　適成佛道時
輙降魔官屬　即壞生死本　消愛欲無餘
佛念本生地　意欲見親族　今聽王頭檀
所說甚可悲　比丘名優陀　姿性能悅人
佛遣使令行　乎致消息來　還入父王國
以入宣佛意　今王太子顧　意欲還至宮
優陀聞佛教　即聽受奉行　因時於佛前
變化隨地形　其身忽不見　神足來入城
乃至大王殿　父王所坐前　比丘優陀耶
進現悅頭檀　變化若干品　踊出父王殿
淨譬如蓮華　泥土塵不生　父王見恐怖
即問斯何靈　將無是神祇　出地何怪爾

壁五 二十二

此形姓爲誰　本從何得斯　願以開吾意
令心疑結解　從生至於今　未曾覩是變
太子本棄國　求道度衆生　慕勤無數劫
於今乃得成　今王莫恐畏　且寬意悅豫
我以壞衆惡　爲王太子使　王聞太子問
淚下如雨星　十二年已來　乃承悉達聲
今從吉祥至　思寤如更生　太子捨國位
成道號何名　出國坐六年　精進現成佛
號曰天中天　三界尊第一　本時在我尊
爲作衆寶殿　刻鏤諸妙飾　於今室何如
優陀所答曰　佛之正眞微　常坐於樹下
諸天來歸趣　吾子在宮時　茵褥布綩綖
皆以錦繡成　柔輭有光澤　龍妻奉寶牀
天帝貢褁裳　不以好衣喜　其心無增損
在國好美食　甘膳悉其味　今所服食者
安身何等類　執鉢行分衞　福衆無麤細
呪願布施家　世世令安隱　悉達卧寐時
不敢妄呼覺　鼓琴發歌音　爾乃令寤起
如來三昧定　夙夜無眠覺　釋梵來勸助
皆現稽首受　在家雜香浴　若干種衆香

香香徧室中　今用何所意　八解三脫門
洗浴除心垢　其心淨如空　普安無惱憂
悉達在家時　擣若干雜香　香熏其衣服
清淨無垢障　戒定慧解脫　以爲道德香
熏于八難處　世世度十方　四品好牀座
以若干寶成　重疊布衆具　以卧起其上
四禪爲牀座　意定無憒亂　清淨如蓮華
不著于泥水　在宮無數兵　諸臣而宿衞
左右常擁護　目不見惡穢　諸弟子衆俱
千二百五十　菩薩無央數　皆來稽首集
本在家未出　有四品好車　象馬牛羊安
遊行觀四方　五通以騁駕　徹視洞聽飛
覩本見衆心　遊觀度生死　子出行往返
幢旛羽彫飾　前後諸導從　各執諸兵仗
四等慈悲護　恩惠仁愛度　普覆衆危難
以嚴飾衆生　生時雜妓樂　椎鐘及鳴鼓
觀者悉填路　前後不相害　樹下波羅奈
椎鳴不死鼓　拘鄰等得道　八萬四千天
九十六道伏　其音聞三千　衆生莫不悅
啓受心皆明　所領何國土　人民爲多少

所化有幾人　悉爲歸伏不　領三千大界
化訓諸羣生　十方不可稱　莫不蒙濟度
在國思正法　助吾治萬民　動順禮節訓
莫不承教聞　佛解空本無　捨于四顚倒
靡不歸伏者　神靜天爲業　佛與世無雙
博無不備達　汝言何不及　一切皆自歸
正天下滿人　一人頭若干　一頭若干舌
舌解無數義　合集恒沙人　嗟歎佛功德
江沙劫不暢　況我螢燭明

王聞益悲喜歎曰善哉善哉阿夷言不妄佛當來不何日當至乎優陀報曰却七日到王大踊躍即勑羣臣國中萬民吾往迎佛導從威儀法轉輪王平治道路掃除令淨香汁灑地懸繒旛綵豎其幢蓋周徧國內其所修治光飾晝宜千乘萬騎出四十里往奉迎佛稽首歸命優陀前報王曰本受佛教奉命見王宣其意故今還宣命說王意旨飢虛無量欲見至尊稽首受法并化萬民咸蒙福慶王曰宜知是時勿復稽留爾時優陀耶還來詣佛稽首足下以啓國王世尊及諸弟子自期七

日當還本國王及臣民莫不欣悦別來積年夙夜想念飲食不甘寢不能寐飢虛日久計日度時須世尊到已憶七日於時大聖告諸弟子明日當發至迦維羅衛見於父王皆嚴整衣服護持應鉢梵釋四王聞佛還國皆來送侍天雨香汁散華燒香豎諸幢蓋四王諸天皆在前導梵天侍右帝釋侍左諸比丘衆皆隨佛後諸天龍神華香妓樂追於上侍佛適進路先現瑞應三千國土六反震動百歲枯樹皆生華實諸枯竭溪澗自然泉水王見此瑞知佛已來勅諸釋種大臣百官皆行詣佛散華燒香豎諸幢旛鼓衆妓樂悉出迎佛王遥見佛在於大衆如星中月如日初出炤於朝陽如樹華茂芬芳熾盛巨身丈六相好嚴身晃如金山王覩悲喜前稽首足惟別彌時今乃相見大臣百官皆稽首禮即還入城足蹈門閫地爲大動天雨衆華樂器皆鳴盲者得視聾者得聽拘躄得行病者得愈瘂者能言狂者得正傴者得伸若被毒者毒爲不行百鳥禽獸相和悲鳴婦女珠環相摽作聲

當爾之時見此變化莫不歡喜室寶藏者自然發出中滿珍琦懷異心者皆共和同等心叉手自歸命佛諸畜生類蒙其光潤皆得生天懷妊母人蒙斯光明苦痛微薄皆得在産端正姝好消婬怒癡無復塵勞展轉相視如父如母如兄如弟如子如身地獄休息餓鬼飽滿尋光來至歸命世尊皆發道意王見佛巨身丈六相好光明體紫金色諸根寂定如星中月晃如金山天帝梵王四王所奉覩諸梵志久在山中薄露身形日炙風飄身體黑臭在佛邊侍猶如黑鳥在紫金山不能發起顯佛大德令一切悦便勅國中諸豪族釋端正姝好顔貌殊異選五百人出爲沙門侍佛在左右猶如鳳凰在須彌山亦如摩尼著水精器時佛弟難陀亦作沙門未下鬚髮難有典作剃頭師前白佛言人身難得佛世難值明時叵遇今我大天及諸尊者識道至高不可限量不慕世榮捨世尊位行作沙門今我小節下劣靡逮何所貪樂不出爲道乎唯佛哀愍濟救汙泥没溺塵埃拔爲沙門佛言善

哉佛時便呼比丘來頭髮則墮袈裟在身即成沙門禮諸沙門因隨次坐難在後作次第作禮到此沙門即住不禮心自念言是我家僕不能爲禮佛知告難佛法大通舉學前後不在尊卑猶如大海悉受萬川四流不避汙塗執心如地四大俱等地水火風内外無異其神空淨所著爲名宜棄自大以法自將乃應先聖無極道訓時難見佛教誨切至事不得止解了本無棄捐自大下意爲禮天地大動衆會同歎善哉善哉爲道等心除自高意而下卑心感於天地爲之大動從是制法先學爲長後學爲小法之常儀各無所恨無所諍訟佛時入宫坐於殿上王及臣民日日供養百種甘饌佛説經法所度無量瞿夷搜羅云來稽首佛足瞻對問訊久違侍覲曠廢供養時王僚屬皆懷沉疑太子捐國十有二年何從懷妊生子羅云佛語父王告諸羣僚瞿夷守節貞潔清淨無瑕疵也設王不信今當現證於時世尊化諸衆僧皆使如佛相好光明等無差異於時羅云厥年七歲瞿夷即以

指印信環與羅云言是汝父者以此與馬羅云應時直前詣佛以印信環而授世尊王及羣臣咸皆欣踊稱言善哉所現無量真佛子也佛語父王及諸臣曰從今已後無復懷疑此吾之子緣吾化生勿咎瞿夷也王得道證瞿夷受戒淨修梵行宮人大小咸受戒法月六歲三奉齋弗懈國內清寧風雨以節時不越序五穀登賤民安其所萬邦黎庶咸來慶賀道德滋茂如月之初

枯尋法身無形羣有已滅覺智不起萬動永寂而甫現託生降神胎化者何也乘大緣以應俗本誓力以弘慈也故能運般若之權任首楞之勢迴靈兜率耀化赤澤陶鈞非我利見由物豈言像思議而能語其極哉是以攝受羣萌故地居輪皇摧制剛夸故才窮藝術斷拔愛網故去國入山顯明法尊故降魔道樹凡斯如跡罔非振俗應體圓通隨方變現法身凝湛未嘗起滅然世識習滯據跡爲真欲觀如來失道逾遠故涅槃經云若言菩薩在白淨王宮依因父母生育是身是魔所說蓋謂證跡而迷本也若本跡雙照權實俱明則拔經無礙法身可覩

釋迦譜卷第五 壁五 二十八

釋迦譜卷第五（別本）

校勘記

一 底本，清藏本。

一 五四八頁上三行「大仙」，磧作「是仙」。

一 五四九頁上一八行第一三字「諸」，資作「詣」。

一 五四九頁下一八行「優樓」，資、磧、普作「優爲」。下至次頁上八行同。

一 五五〇頁下七行末字「我」，資、磧作「師」。

一 五五一頁上一七行首字「和」，資作「知」。

一 五五一頁下末行末字至次頁上一行首字「拘躄」，麗作「拘癖」。

一 五五三頁下一六行「三十二」，資作「三十一」。

一 五五四頁中五行「寶瑛」，資作「寶英」。

一 五五七頁下五行「四流」，資作「四海」。

一 五五八頁上一四行第六字「像」，資、磧、普作「象」。

釋迦譜卷第二

梁沙門釋僧祐撰　彩

釋迦姨母大愛道出家記第十四

佛還迦維羅衛國大愛道瞿曇弥稽首作礼白佛言我聞女人精進可得沙門四道願得受佛法律我以居家有信欲出家為道佛言且止无樂以女人入我法律服法衣者當盡壽清淨究暢梵行瞿曇弥則復求哀如是至三佛不聽作礼而退佛於後時更遊迦維羅衛瞿曇弥如前求出家佛亦不許佛又與諸比丘留止是國避雨三月竟出國而去大愛道與諸老母等俱行

追佛頓止河上大愛道便前作礼復求出家佛言止止如前不許便前作礼繞佛而退住於門外破弊敗衣徒跣而立顏面垢穢衣服汙塵嘘唏而啼阿難見之即問何以如是荅言今我用女人故不得出家自悲傷耳阿難言止止且自寬意待我白佛阿難即入稽首白言我從佛聞女人精進可得四道今大愛道以至心欲受法律願佛聽之佛言止止無樂使女人入我法律為沙門也所以者何辟如人家生子多女少男當知是家以為衰弱若聽出家令佛清淨梵行不得久住辟如稻田莠雜禾稼則令善穀傷敗若使女人入我法律必令清淨大道不久興盛阿難復言大愛道多有善意佛初生時乃自育養至于長大佛言如是大愛道信多善意於我有恩今我成佛於大愛道亦多有恩大愛道但由我故得歸依三寶不疑四諦立信五根受持五戒如是阿難正使有人終身相給衣被飲食卧具病困醫藥不及我此恩德也佛告阿難假

使女人欲作沙門者八敬之法不得踰越當盡壽學行之辟如防水善治堤塘勿令漏失其能如是可入律法阿難諦受作礼而出報大愛道言瞿曇弥可勿復愁即為一一説佛之言若能如是可得出家大愛道即歡喜而言唯諾阿難聽我一言辟如四姓家女沐浴塗香好衣莊嚴而人復以好花香弥寶為步瑶持與其女豈不愛樂頭首受之今佛所教勅八敬法者我亦歡心願以首頂受之尒時大愛道便出家受大戒為比丘尼奉行法律遂得應真後異時大愛道與諸長老尼俱詣阿難白言諸長老尼皆久脩梵行且已見諦云何當使礼幼少比丘阿難言且停我今當問佛阿難即往白佛佛言止止當慎此言勿得説也且汝所知不如我知若使女人不出家者外道異學一切賢者當以四事種種供養解髮布地請今蹈之如事日月如事天神我之正法當千歲興盛以度女故五處不能得作何謂五一不得作如來二不得作轉

輪聖王三不得作第二忉利天王四不得作第六天魔王五不得作第七梵天王大愛道等聞已歡喜奉行

弥沙塞律出大愛道出家受行八敬事同大愛道白阿難問佛受道更八敬即得具足戒不知諸釋女五百人云何佛言将往大僧中十衆大愛道作和上羯磨与受具足三人一受不得四人大方便經云天魔波旬及諸邪見長夜惡邪執着相論毀佛法僧是故如来不聽女人樂入佛法煩母憍曇弥三請不聽憂悲苦惱阿難為請過去諸佛具四部衆而如来獨不具耶佛言阿難若憍曇弥發大精進修八敬法聽入佛法憍曇弥心大歡喜佛言如来末世中若有比丘尼及諸女人常當至心念阿難恩稱名供養阿難以天威神憑聲護助

祐仰惟三世諸佛四部咸備而憍曇弥法垂於拒塞者豈非女人障厚方為道蠹故切磋掊擊以勵將来耶

釋迦父淨飯王泥洹記第十五

舍夷國王名曰淨飯治以正法化德仁義常行慈心時被重病身中四大同時俱作殘害其體肢節欲解喘息不定如駃水流輔相宜令國中明醫皆悉来會種種療治无能愈者時王煩惱轉側不停如少水魚夫人婇女見王如是益更愁惱時白飯王斛飯王大稱王等及諸羣臣同發聲言今王喪身永失覆護國將虛弱王身戰

動脣口乾燥語聲断絶眩冒淚下時諸王等長跪叉手同共白言大王素性不好作惡經彈指頃種德无猒護養人民莫不得安名聞十方大王今日何故愁惱時淨飯王語聲趣出告諸王曰我命雖断不以為苦但恨不見我子悉達又恨不見次子難陀以除貪婬世間諸欲復恨不見斛飯王子阿難陀者持佛法藏一言不失又恨不見孫子羅云年雖幼稚神足具備戒行无缺吾設得見是諸子等我病雖篤未離生死不以為苦諸在王邊聞如是語莫不啼泣淚下如雨時白飯王言我聞世尊在王舍城耆闍崛山中去此懸遠五十由旬王今轉羸設遣使者道路懸遠遲晚無益唯願大王莫大愁悒懸念諸子時淨飯王聞是語已垂淚而言吾白飯王我子等輩雖復遼遠意望不斷所以者何我子成佛以大慈悲恒以神通天眼徹視天耳徹聽救接衆生應可度者如有百千万億衆為水所溺以慈愍心為作船栰而度脫之終不勞疲

若我今日望見世尊亦復如是所以然者世尊晝夜常以三昧恒以天眼觀於衆生應受化者以慈愍心如母念子尒時世尊在靈鷲山天耳遥聞迦惟羅衛大城之中父王悒遲及諸王言即以天眼遥見父王病卧著床羸困頓穨命欲向終知父渴仰欲見諸子尒時世尊告難陀曰父王淨飯勝世間王是我曹父今得重病我曹應往又命存在得與相見令王願滿難陀受教長跪作礼唯然世尊淨飯王者是我曹父能生聖子利益世間今宜往詣報育養恩阿難合掌前白佛言淨飯王者是我伯父聽我出家為佛弟子是故欲往羅云復前而白佛言世尊雖是我父棄國求道我蒙祖王育養成就而得出家是故欲往奉覲祖王佛言善哉宜知是時令王願滿於時世尊即以神足猶如鴈王踊身虛空忽然而現在維羅衛放大光明國中人民遥見佛來皆共擧聲涕淚而言設大王崩舍夷國名必斷滅矣城中人民向佛啼哭白世尊言大王如是

命斷不久唯願如來宜可時往及共相見國中人民宛轉自撲哽咽啼哭中有自絶瓔珞者中有取塵土而自坌者佛見是也諫國中人无常離别古今有是汝等諸人當思念之生死為苦唯道是真於是世尊即以十力四无所畏十八不共諸佛之法放大光明更復重以三十二相八十種好放大光明以從无量阿僧祇劫所作功德放大光明其光照耀内外通達周遍國界光照王身患得安息王遂怪言是何光耶為日月之光明耶諸天光乎光觸我身如天栴檀令我身中患苦得息既是我子悉達來也先見光明是其常瑞時大稱王從外入宮白大王言世尊已來將諸弟子阿難羅云等乘空來至王宜歡喜捨愁毒心王聞佛來敬意踊躍不覺起坐須臾之頃佛便入宮王見佛到遥擧兩手接足而言唯願如來手觸我身令我得安為病所困如押麻油痛不可忍我命將斷寧可忍我命將斷後得見世尊痛恨即除佛知父王病重羸瘦

色變難識告難陀言觀王本時形體巍巍顔色端正名聲遠聞今得重病乃不可識端正形容勇健之名今何所在時淨飯王一心合掌讚嘆世尊佛言唯願父王莫復愁悒所以然者道德純備无有缺減佛出金色辟掌如蓮花以手著父王額上王是清淨戒行之人心垢已離今應歡喜不宜憂惱當諦思念諸經法義於不牢固得堅固志以種善根是故大王宜當歡喜命雖欲終自可寬意時大稱王以恭敬心白淨飯王言佛是王子神力具足无與等者次子難陀亦是王子已度生死諸欲之海四道無㝵斛飯王子阿難陀者已服法味佛所說法猶若大海一句不忘悉摠持之王孫羅云道德純備逮諸禪定成四道果是四子等以壞魔網時淨飯王聞是語已歡喜踊躍不能自勝即以自手捉於佛手著其心上王於卧處合掌心礼世尊足下時佛手掌故在王心上无常對至命盡氣絶忽就後世於是諸釋號叫啼哭擧身自撲兩手拍

地擗踊乱踊同發聲言永失覆蓋王
中尊王今已崩背國失威神時諸釋
子以衆香汁洗浴王身纏以劫貝帛
疊及諸繒綿而以棺殮於師子座七
寶莊校真珠羅網垂繞其傍舉棺置
於師子座上散花燒香佛共難陀在
喪頭前肅恭而立阿難羅云在喪
足難陀長跪白佛父王養我願聽難
陀擔父王棺阿難合掌前白佛言唯
願聽我擔伯父棺羅云復白佛言唯
願聽我擔祖王棺尒時世尊念當來
世人凶暴不報父母育養之恩為是
當來不孝衆生設化法故如來躬欲
擔於父王之棺即時三千大千世界
六種震動一切衆生距踊踊没如水
上船尒時欲界一切諸天與无數百
千眷屬俱來赴喪北方天王毗沙門王
將諸夜叉鬼神之等億百千衆俱來
赴喪東方天王惟提頼吒將諸妓樂
鬼神之等億百千衆俱來赴喪南
方天王毗樓勒叉將鳩槃荼鬼神之
等億百千衆俱來赴喪西方天王毗
留婆叉將諸龍神億百千衆俱來赴

喪皆共發哀舉聲啼哭時四天王竊
共思議瞻望佛為當來世諸不孝父
母者故以大慈悲親自身擔父王棺
時四天王俱共長跪同時發聲俱白
佛言我等是佛弟子從佛聞法成須
陀洹以是之故我曹宜擔父王之棺佛
聽四天王擔父王棺四天王各自變
身如人形像以手擎棺擔著肩上舉
國人民一切大小莫不啼泣尒時佛威
光益顯猶万日並現如來躬自手執
香爐在前行出詣墓所靈鷲山上有
千阿羅漢以神足力乘虛來至稽首
佛足復白佛言唯願佛勑使作何事
時佛便告諸羅漢汝等疾往大海渚
上取牛頭栴檀種種香木即受教勑
如彈指頃各到大海共取香薪屈伸
臂頃便已來到佛與大衆共積香薪
舉棺置上以火焚之一切大衆見火
盛然皆向佛前宛轉自撲益更悲哭
有得道者皆自慶幸未獲道者心
戰惶怖毛衣為竪
佛告四衆曰世間无常苦空非身無
有堅固如幻如熱如炎如水中月命

不久居汝等諸人但見此火便以為
熱諸欲之火極復過此是故汝等當
自勸勉求離生死乃得大安時火焚
燒大王身已尒時諸王各各皆持五
百瓶乳以用滅火火滅之後競共收
骨盛置金函即於其上便共起塔懸
繒幡蓋供養塔廟時諸大衆同時發
聲俱白佛言大淨飯王今已命終神
生何所唯願世尊分別解說於時佛
告衆會曰父王淨飯是清淨人生淨
居天
祐觀无常之變甚矣固有形而莫免
也夫以天尊衛疾而不能延齡合掌
在心而无救對至是以聖人修長壽
之果而不養蕉沫之身也
釋迦母摩訶摩耶夫人記第十六 出佛昇忉利天為母說法經
佛在忉利天歡喜園中波利質多羅
樹下三月安居尒時如來四衆圍繞身
毛孔中放千光明普照三千大千世
界一一光中有千葉蓮花花中皆有化
佛威光照耀不可辟類諸天子等不
知何緣而有此事佛告文殊汝詣母
所道我在此願母暫屈礼敬三寶文

殊即往宣白摩耶聞已乳自流出而
作此言若審我所生悉達多者當令乳
汁置至其口作此語已兩乳湩出猶白
蓮花而便入於如來口中時摩耶
見已踊躍怡悅如花開榮大千世界
普皆震動諸妙花果非時敷熟即語
文殊我從與佛為母子來歡喜安樂
未曾如今日也即與文殊俱趣佛所
世尊遥見母來如須弥山鼓動之相
便以梵音而白母言身所經處與苦
樂俱當修涅槃永離苦樂摩耶一心
五體投地專精正念結使消伏佛為
說法摩耶聞已即識宿命善根純熟
破八十億熾然之結得須陁洹果即
白佛言生死牢獄已證解脫時會大
衆聞此語已異口同音而作是言願
一切衆生皆得解脫尒時世尊於忉
利天為衆廣說大有利益至三月盡
將欲還下命鳩摩羅汝今可下至閻浮
提語言如來不久當入涅槃于時衆
生聞是語已極大愁惱作如是言我
等須來不知大師所在今者乃在忉
利天上又復欲入涅槃何其苦哉世

眼將滅我等罪身天人殊絶无由昇
天恭敬勸請唯願仁者為宣啓請唯
願愍念閻浮提人時速還下時鳩摩
羅還至佛所具以白佛尒時世尊聞
此語已放五色光明耀顯赫時天帝
釋知佛當下即使鬼神作三道寶堦
中央閻浮檀金左用琉璃右用馬瑙
欄楯雕鏤極為嚴麗佛語摩耶生死
之法會必有離我今應下還閻浮提
不久亦當入於涅槃摩耶垂淚說偈
尒時世尊與母辭別下躡寶堦梵天
執蓋及四天王侍立左右四部大衆
歌唄讃嘆天作妓樂充塞虛空散花
燒香導從來下閻浮提王波斯匿等
一切大衆集在寶堦稽首奉迎佛還
祇洹處師子座四衆圍繞歡喜踊躍
祐敬惟佛生七日母昇忉利三世如來
莫不同然摩耶積因誕化誕聖是以
既為天師而方味其乳已入泥洹而還
起致敬欲報之德於斯至矣

釋迦姨母大愛道泥洹記第十七 出佛母泥洹經

王園精舍大愛道比丘尼即佛姨母
也將欲滅度曰吾不忍見世无如來无

所著正真道㝡正覺及諸應真滅度
吾當先息靈還于本无矣佛一切智
具照其心即告阿難大愛道念曰吾
不忍見世尊并諸應真泥洹欲先滅
度阿難聞教即稽首言今聞尊命四
體萎墮心塞智索不識四方之名佛
告阿難汝謂大愛道滅度將戒定慧
解脫度知見種四意止乃至八品道
行去耶對曰不也但惟佛生七日太
后薨慈母至有弘恩在佛所耳世尊
嘆曰如汝所言慈母於吾實有乳哺
重恩此恵難報吾已報之我亦有難
等之恩在母所也由我開示歸命三
寶苦習盡道眼明朗盡諸有結獲无
所著若人能悟愚者之惑令入真正
苦習盡道者恩過須弥是故阿難吾
有重恩於大愛道為无量也於時大
愛道與除饉女五百人除饉女即比丘尼也康會注法鏡經云凡夫貪染六塵猶餓夫飯不知厭足聖人斷貪除六情饑故号出家為除饉俱
到佛所皆頭面著佛足礼退叉手立
白佛言不忍覩佛及諸應真滅度欲
先泥洹佛默可之大愛道以手摩佛
足曰此睌覲如來㝡正覺自今不復

覩矣五百除饉陳如上佛可之為說身患滅度之安諸除饉女莫不歡喜繞佛三匝稽首而去還于精舍布五百座皆各就座大愛道現神足德於自座沒從東方来在虛空中作十八變八方上下亦復如是放大光明以照諸寘上耀諸天五百除饉變化俱然同時泥洹

佛告阿難汝明旦入城到耶洓理家所（理家即優婆塞優婆塞受戒在家故曰理家）告之曰佛母及五百耆年除饉皆已滅度佛勸理家作五百轝床麻油香花椲栴梓材事各五百真妓正音當以供養所以者何斯諸除饉皆六通四達獲空不願無想淨定今得泥洹為佛所歎一時供養其福無量阿難稽首敬諾平旦入城至理家門聞阿難来心怖毛竪今来甚早斯事非恒將以何故阿難如教具為宣說理家聞之即躃身于地摧哀而云自今惟耶梨精舍都為空寂王道四街不復覩神通除饉國道為空其痛何甚乎阿難荅曰佛說乾坤雖久始必有終三界无常如幻如

夢生求不死會異不離者終不可得也理家心解歡喜阿難復至諸梵志理家值集在講堂有異論議即告之曰佛勸諸賢者昨五百除饉皆已滅度梵志理家聞阿難言靡不躃地宛轉哀號阿難又說三界如幻都為非常身為苦器惱痛所聚唯泥洹安故聖歸之也理家心解稽首奉辦阿難還至佛所如事以聞梵志理家即備轝具馳詣精舍時王園門閉理家使人緣入開門欲入講堂有女沙弥三人一人得不還道次者頻来小者溝港告理家曰吾師坐禪令得寂定慎勿擾動荅曰師已滅度非為定也沙弥聞之躃身絕息有頃乃穌哀而曰誰當教誨吾等聖訓絕矣理家觀之莫不哀泣告沙弥曰佛本說經恩愛雖會終必有離但當志力取應真理家闍維畢捧舍利詣佛所佛告阿難汝東向叉手下右膝曰有直信直業三神六智道靈已足者皆来赴斯所以然者佛母及諸除饉女五百人今皆善逝宜當法會四方俱然於是四方各二百

五十應真神足飛来稽首佛足起至大愛道舍利所千比丘從皆就座佛告阿難取舍利盛之以鉢著吾手中阿難如命以鉢盛舍利長跪授佛佛以兩手受之告諸比丘斯聚舍利本是穢身凡愚恚暴嫉妬陰謀敗道壞德今母能拔女人凡愚之穢為大夫行獲應真道遷靈本无何其健哉告比丘衆及諸理家宜共興廟應修供養僉曰唯然於是四衆天人鬼龍造廟立剎種種供養（摩訶波闍波提唐言大愛道也亦名瞿曇彌難阿含經云是難陀親母又增一阿含經云佛告阿難難陀羅云汝等舉大愛道身我當躬自供養舍時釋提桓因毗沙門王前白佛言唯願勿自勞神我等自當供養佛言止止以然者父母生子多有所益長養恩重乳哺懷抱要當報恩不得不報過去未來諸佛母先取滅度諸佛皆自供養耶維舍利也時毗沙門天王使諸鬼神擔舁栴檀至曠野之間佛躬自舉床一腳羅云舉一腳阿難舉一腳難陀舉一腳飛在虛空往至塚間其中四部衆舉五百比丘尼舍利俱至塚間尒時佛自取栴檀木著大愛道身上佛言有四人應起塔供養一者佛二者辟支佛三者漏盡羅漢四者轉輪聖王皆以十善化物故尒時人民即取舍利各起塔供養）祐尋姨母為德恩均所生是以持舉之重爰酬鞠育所以勸報復勵无恩也

釋種滅宿業緣記第十八（出長阿含經）

尒時波斯匿王新紹王位便作是念我今新紹王位先應取釋種家女即

告一日曰往迦毗羅衛至釋種家持我名字告彼釋種云波斯匿王問訊興居輕利致問无量又語彼釋種欲取釋種女設與我者抱德无已若見違者當以力相逼大目受教往告迦毗羅衛國尒時釋種五百人集在一處是時大目至釋種所具宣王言釋種聞已極懷瞋恚吾等大姓何緣當與婢子結親其衆中或言當與或言不可與尒時摩訶男語衆人言諸賢勿共瞋恚所以然者波斯匿王為人暴惡或壞我國界我今躬自當往與相見說此事情時摩訶男家中婢生一女面貌端正世之希有沐浴此女與著好衣載羽寶車送與波斯匿王言此是我女可共成親時波斯匿王得此女極懷歡喜即立此女為第一夫人時此夫人到此數日而身懷身後生一男兒端正无雙世之殊特時波斯匿王集諸相師與子立字時相師言大王集諸相師與子立字時相師言大王當知求夫人時諸釋共諍或言不與使彼此琉璃今當立名名曰琉

瑠時波斯匿王愛此琉璃太子未曾去前年向八歲王告之曰汝今已大可詣迦毗羅衛學諸射術是時波斯匿王給諸使人乘大象往詣釋家至摩訶男言波斯匿王使我至此學諸射術唯願祖父母事事教授時摩訶男報言欲學術者喜可習之是時摩訶男釋種集五百童子使共學術時琉璃太子共學射術尒時迦毗羅城中新起一講堂自相謂言今此講堂成来未久晝彩已竟猶如天宮我等先應請如来於中供養及比丘僧令我等受福无窮然後我等當入此堂是時釋種即於堂上敷種種坐具懸繒幡蓋香汁灑地燒衆名香復儲好水然諸明燈是時琉璃太子往至講堂即昇師子之座時諸釋種見之極懷瞋恚即前捉辟逐出門外各共罵之此婢生物敢入座撲之著地是時琉璃太子即從地起長歎息而視後是時有梵志子名曰好苦琉璃太子語好苦梵志子曰此諸釋種罵我毀辱乃至於斯我後紹王位時汝當告我

此事是時好苦梵志子報曰如教是時波斯匿王命終便立琉璃太子為王時好苦梵志至王所而作是說王當憶本釋所毀辱時琉璃王報曰我憶本事時琉璃王興起瞋恚勅諸羣臣汝等速嚴駕集四部兵吾欲往征釋種諸臣即受王教令即雲集四種之兵往至迦毗羅越尒時衆多比丘聞琉璃王往征釋種具白世尊是時世尊聞此語已即往逆琉璃王便在一枯樹下无有枝葉於中結加趺坐時琉璃王遙見世尊即下車礼足在一面立尒時琉璃王白世尊言更有好樹樹枝繁茂何故在此枯樹下坐世尊告曰親族之蔭故勝外人是時琉璃王便作是念今日世尊故為親族吾不應往征宜可齊此還歸本土是時好苦梵志復白王曰王當憶本釋種所辱王聞此語已復集兵詣迦毗羅越大目揵連聞琉璃王往征釋種白世尊言今日琉璃王往攻釋種我今堪任使琉璃王及四部兵擲著他方世界世尊告曰汝豈能取釋種宿緣

者他方世界乎時目連白佛言實不堪任使宿因緣著他方世界尒時世尊語目連汝還就座目連復白佛言我今堪任移此迦毗羅越著虛空中世尊告曰汝今堪能移釋種宿緣著虛空中乎目連報言不也世尊佛告目連汝今還就本位目連復白佛言願聽許以鐵籠覆迦毗羅越城上世尊告曰云何目連能以鐵籠覆釋種宿緣乎目連白佛不也世尊佛告目連釋種今日宿緣已熟今當受報是時琉璃王往詣迦毗羅越時諸釋種復集四部之衆一由旬中往逆琉璃王是時諸釋一由旬內遙射琉璃王或射耳孔不傷其耳或射頭髻不傷其頭或射弓弦不害其人或射鎧器不傷其人或射床座不害其人或射車壞輪不害其人或壞幢麾不害其人是時琉璃王見此事已便懷恐怖告群臣曰汝等觀此箭為從何來群臣報曰此諸釋種去此一由旬中射箭使來琉璃王報言彼設發心欲害我者普當死盡宜可於中還歸舍衛

是時好苦梵志前白王言大王勿懼此諸釋種皆共持戒虫尚不害況害人乎今宜前進必壞釋種是時琉璃王漸漸前進向彼釋種是時諸釋退入城中時琉璃王在城外而告之曰汝等速開城門若不尒者盡當殺之時迦毗羅越城有釋童子年向十五名曰奢摩聞琉璃王今在門外即著鎧持仗至城上獨與琉璃王共鬪是時奢摩童子多煞害衆人各各馳散並作是說此是何人為是天耶為是鬼神耶遙見如似小兒是時琉璃王便懷恐怖即入地孔避之時釋種聞壞琉璃王衆是時釋即呼奢摩童子而告之曰年幼小兒何故辱我等門戶豈不知諸釋脩行善法乎我等尚不能害虫況復人命耶我等亦能壞此軍衆一人敵万人然我等復作是念煞害人命死入地獄若生人中壽命極短汝去不須住此是時奢摩童子即出國去是時琉璃王復至門中速開城門不須稽留是時諸釋自相謂言可與開門為不可乎尒時弊魔

波旬作一釋形告諸釋言汝等速開城門勿共受用是時諸釋即開城門時琉璃王告羣臣曰今此釋衆人民極多非刀劒所能害盡悉取埋脚地中然使暴為蹈煞尒時羣臣受王教勑即以為蹈煞之時琉璃王勑羣臣曰汝等速選面手釋女五百人時諸臣受王教令即選五百端正女人將詣王所是時摩訶男釋至琉璃王所而作是說當從我願琉璃王言欲何等願摩訶男曰我今沒在水底隨我遲疾使諸釋種並得逃走若我出水隨意煞之琉璃王曰此事大佳是時摩訶男釋即入水底以頭髮繫樹根而取命終是時城中諸釋從東門出復從西門入從南門出還從北門入是時琉璃王告群臣曰摩訶男父何故急在水中如今不出尒時諸臣聞王教令即入水中出之摩訶男已取命終尒時琉璃王以見摩訶男命終王方悔心我今祖父已取命終皆由愛親族故設當知者終不來攻伐此釋種是時琉璃王煞九千九百九十万人流血成

河繞迦毗羅越城往詣尼拘留園中是時琉璃王語五百釋女言汝等慎莫愁憂我是汝夫汝是我婦要當相接時琉璃王捉一釋女而欲抃之時女曰大王欲何所為時王報言欲與汝情通女曰我今故與婢生種情通是時琉璃王甚懷瞋恚勅群臣曰速取此女刖其手足著深坑中諸臣受教刖其手足擲著坑中及五百女人皆罵王言誰持此身與婢生種共交通時王瞋恚盡取五百釋女刖其手足著深坑中是琉璃王壞迦毗羅越已還詣舍衛城尒時祇陁太子在深宮中與諸妓女共相娛樂王聞作妓聲即勅御者汝迴此爲詣太子所是時守門人遥見王来而白王言王徐行祇陁太子今在宮中自娛勿相觸嬈是時琉璃王即時拔劒取守門人煞之祇陁王子聞琉璃王在門外便出與王相見善来大王報言豈不知吾與諸釋種共鬪乎祇陁對曰聞之琉璃王報言汝今何故與妓女遊戲而不佐我耶祇陁報言我不堪任煞

害衆生是時琉璃王極懷瞋恚即復拔劒斫煞祇陁尒時世尊以天眼觀祇陁王子以取命終生三十三天是時五百釋女自歸稱嘆如来名号如来於此間出家學道而後成佛受此毒痛世尊何故而不見憶尒時世尊以天耳清徹聞諸釋女稱怨向佛将諸比丘往至迦毗羅越時五百釋女遥見世尊将諸比丘来皆懷慚愧尒時釋提桓因及毗沙門王世尊後顧語釋提桓因言此諸釋女皆懷慙愧釋提桓因即以天衣覆此女上尒時世尊告毗沙門王曰此諸女人飢渇日久毗沙門王即辦自然天食與諸釋女皆悉充足世尊漸與諸女說微妙法苦習盡道盡與說之尒時諸女諸塵垢盡得法眼淨各於其所而取命終皆生天上尒時世尊詣城東門見城中煙火烔然尒時世尊往詣尼拘留園中坐告諸比丘我昔在中與諸比丘說法如今空墟無有人民自今以後如来更不復至此從座起去往舍衛祇樹給孤獨園告諸比丘今

琉璃王及此兵衆却後七日盡當磨滅是時琉璃王聞世尊記聞已恐怖告群臣曰如来今記却後七日我及兵衆盡當没滅汝等觀外境无有盗賊水火灾變来侵國者何以故諸佛如来語无有二尒時好苦梵志白王王勿恐懼今外境无難亦无灾變今日大王快自娛樂琉璃王言梵志當知佛言无異時琉璃王使人數日至七日頭王大歡喜踊躍不能自勝将諸兵衆及諸婇女往阿脂羅河側而自娛樂即於彼處九十大雷震非時雲起暴風疾雨時琉璃王及兵衆盡爲水所漂皆悉消滅身壞命終入阿鼻地獄復有天火燒城內宮殿尒時世尊以天眼觀見琉璃王及四種兵皆悉命終入地獄中尒時諸比丘白世尊言琉璃王及四部兵今已命終爲生何處世尊告曰琉璃王者今入阿鼻地獄中諸比丘白言今此釋種昔作何因緣今爲琉璃王所害尒時世尊告諸比丘昔日之時此羅閱城中有捕魚村時世飢儉人食草根一斗

金貿一斗米彼村中有大池水又復饒
魚時羅閱城中人民之類往至池中
捕魚食之當於尒時水中有二種魚
一名鉤鏁二名多舌是時二魚各各
相謂言我等於此衆人先无過失我
是水性之虫不處乾地此人民之類
皆来食噉我等設前世時少有福德
者其當報怨尒時村中有小兒年向
八歲亦七日不捕魚復非害命然復
取魚在岸上小兒見已極懷歡喜比
丘當知尒時羅閱城中人民之類豈
異人乎今釋種是也尒時鉤鏁魚者
今瑠璃王是兩舌魚者今好苦梵志
是小兒見魚笑者今我身是尒時釋
種坐取魚食无數刼中受地獄苦今
受此對我時坐見而笑之今患頭痛
如似石壓猶如以頭戴須弥山所以然
者如来更不受形已捨衆行度諸厄
難是謂比丘由此因緣今受此報
釋迦畢罪經大同小異云殊瑠璃王滅釋種
族師羅軍遣使者致敬於佛佛視使者吞
王自受矣阿難整法服稽首白言佛不虛
現其必有緣衆祐曰釋罪畢矣却後興矣
却後七日太山鬼神以火過王及其臣民
王罪難救如釋稱難樓也王行湖邊軍衆
入水浴神化為毒虫螫其王衆毒行身黑
戎在水中死或百步一里死者垂半入國

咸然雲集宮中夜物鳴衆居相待日月悑
鎚星宿失度怪異首尾王聞佛誡災變之
興內妙陽灼會自識論或云投山或言投
海者遂乘舟入海獲冨者得從貪贏者留
國王内宮人解衣脫陽燧珠著舟上其日
靈興亡總舟漂自民愈曰燹王行免乃致
斯禍向中之時日出炎陽燧出火焰燒王
舟於水即沒雷震霹靂即入大山地獄宿
在岸者微怖而全法句譬經云佛弟子名
目連見琉璃王伐舍夷國以報宿怨當殺
四輩弟子念其可憐便到佛所白佛言今
琉璃王攻舍夷國我欲以三方便救舍夷
國一者舉舍夷國著虛空中二者舉舍夷
國人著兩鐵圍山間三者舉舍夷國人著
他方大國中央令琉璃王不知其處佛告
目連雖知汝有智德能安處舍夷國人衆
生有七不避何謂為七一者生二者老三
者病四者死五者罪六者福七者因緣此
七事意雖欲避不能自在如汝威神可得
作此宿對罪負不可得離於是目連礼已
便去猶意不已即取舍夷國人知識檀越
四千五百人威著鉢舉著虛空星宿之際
瑠璃王伐舍夷國煞三億人已引軍還國
於是目連往到佛所為佛作礼自貢告曰
琉璃伐舍夷國弟子承佛威神救舍夷國
四五千人今在虛空皆盡得脫佛告目連
汝為往看鉢中人不荅曰往視之佛言卿
先往視鉢中人還目連以道力下鉢見中
人皆死於是目連悵然悲泣還白佛言鉢
中人者今皆死盡佛告目連業熟受報不可
免也鹿上無央數人聞佛說无
常法欣然得道逮須陁洹證
祐竊惟大聖垂經抑揚懲勸夫以正
覺之尊万累久絕累塵刼而甫示
餘報明知釋種之滅非力能免斯實
止煞之深戒慎業之明規也

釋迦譜卷第二

釋迦譜卷第二

校勘記

一　底本，金藏廣勝寺本。

一　五五九頁中一行經名、二行撰者，資、磧、普、南、徑、清無（未換卷）。

一　五五九頁中三行至六行目録第十至第十三之經文金藏廣勝寺本與麗藏本俱缺，諸本載於卷六及卷七。今以清藏本爲别本收録卷後，並校以資、磧、普。

一　五五九頁中三行至一一行目録，資、磧、普、南、徑、清無。

一　五五九頁中一二行「釋迦……第十四」以下經文，資、磧、普、南、徑、清載於卷第七。

一　五五九頁中一二行「大愛道出家記」，資、磧、普、南作「出家緣記」；徑、清作「大愛道出家緣記」。同行末資、磧、普、南、徑、清有夾註「出中本起經」。

一　五五九頁中一七行第八字「當」，

諸本作「當不」。

一　五五九頁中一九行第二字「聽」，資、磧、普、南、徑、清作「聽許」。

一　五五九頁下三行末字「徙」，磧、南作「從」。

一　五五九頁下六行首字「用」，資、磧、普、南、徑、清作「以」。

一　五五九頁下一〇行第一一字「使」，資、磧、普、南、徑、清作「欲使」。

一　五五九頁下一三行「出家令佛」，資、磧、普、南、徑、清作「女人出家乃令佛法」。

一　五五九頁下一四行「傷敗」，磧、普、南、徑、清作「復敗」。

一　五六〇頁上五行「可勿……之言」，資、磧、普、南、徑、清作「何忽憂愁即爲再説佛之言教」。

一　五六〇頁上九行第八字「瑶」，磧、普、南、徑、清作「摇」。

一　五六〇頁上一〇行第四字「頭」，資作「我」。

一　五六〇頁上一二行「便出家受」，資、磧、普、南、徑、清作「便得出家尋受」。

一　五六〇頁上一三行第八字「後」，資、磧、普、南、徑、清作「後於」。

一　五六〇頁上一四行「白言」，資、磧、普、南、徑、清作「所白言」。同行「長老」，磧、南作「長者」。

一　五六〇頁上二二行「以度女故五處」，諸本作「以度女人故至五百歲而漸衰微所以者何女人有五處」（其中「女人」，麗作「女」）。

一　五六〇頁上末行第三字「五」，資、磧、普、南、徑、清作「爲五」。

一　五六〇頁中四行夾註右第五字「出」，資、磧、普、南、徑、清作「云」。同行夾註右末字「同」，資、磧、普、南、徑、清作「悉同」。同行夾註左「愛道」，資、磧、普、南、徑、清作「大愛道」。

一　五六〇頁中六行夾註左「邪見……邪論」，資、磧、普、南、徑、清作「長夜惡邪見人」。

一　五六〇頁中七行夾註右「姨母」，諸本作「佛姨母」。

一　五六〇頁中八行夾註右「佛言」，資、磧、普、南、徑、清作「佛告」。

一　五六〇頁中九行夾註右「如來末世中」，諸本作「未來世中」。同行左「女人常當至心」，資、磧、普、南、徑、清作「善女人常當志心」。

一　五六〇頁中一〇行夾註右「以天」，諸本作「以大」。

一　五六〇頁中一二行第二字「法」，諸本作「祈法」。

一　五六〇頁中一四行「第十五」下，諸本有夾註「出淨飯王泥洹經」。

一　五六〇頁中一八行第四字「駃」，磧、南作「駛」。

一　五六〇頁中末行第二字「喪」，資、磧、普、南、徑、清作「設」。

一　五六〇頁下五行「趣出」，麗作「輙出」。

一　五六〇頁下一三行「莫不」，資、磧、普、南、徑、清作「悉苦」。

一 五六〇頁下二二行第八字「衆」，資、磧、普、南、徑、清作「衆生」。

一 五六〇頁下末行「勞疲」，資、磧、普、南、徑、清作「疲勞」。

一 五六一頁上一七行「奉覲」，資、磧、普、南、徑、清作「覲省」。

一 五六一頁中四行第六字「也」，諸本作「已」。同行「中人」，資、磧、普、南、徑、清作「人曰」。

一 五六一頁中一二行第五字「爲」，資、磧、普、南、徑、清作「爲是」。

一 五六一頁中一三行第二字「光」，資、磧、普、南、徑、清作「來」。

一 五六一頁中二二行「忍我命將斷後」，諸本作「還返我今最後」。

一 五六一頁下四行「世尊」，資、磧、普、南、徑、清作「世尊德」。

一 五六一頁下七行「以手」，資、磧、普、南作「尋即以手」；徑、清作「光尋即以手」。

一 五六一頁下九行第一一字「於」，資、磧、普、南、徑、清作「物」。

一 五六一頁下一四行第一三字「殺」，磧、南、徑、清、麗作「斛」。

一 五六一頁下末行「號叫」，資作「嘷咷」；磧、普、南、徑、清作「號咷」。

一 五六二頁上一行第三字「髮」，諸本作「髻」。

一 五六二頁上三行「貝帛」，資、徑、清作「貝白」；磧、普、南作「波育」。

一 五六二頁上四行「繒綿」，資、磧、普、南、徑、清作「繒帛」。

一 五六二頁上七行「而立」，資、磧、普、南、徑、清作「而立時」。

一 五六二頁上九行「阿難合掌前」，資、磧、普、南、徑、清作「阿難陁長跪」。

一 五六二頁上一〇行「白佛言」，資、磧、普、南、徑、清作「前而白佛言」。

一 五六二頁上一二行「世人」，資、磧、普、南、徑、清作「世人皆」。

一 五六二頁上一五行「衆生距跋踊没」，資作「衆山頗俄涌没」；磧、普、南、徑、清作「衆山巔峨涌没」。同行「距跋」，麗作「巔峨」。

一 五六二頁上一九行「惟提」，資、磧、普、南、徑、清作「提頭」。

一 五六二頁中三行第八字「親」，資、磧、普、南、徑、清作「親欲」。

一 五六二頁中九行第一四字「佛」，資、磧、普、南、徑、清作「世尊」。

一 五六二頁中一一行第七字「詣」，資、磧、普、南、徑、清作「詣於」。

一 五六二頁中一二行「來至」，資、磧、普、南、徑、清作「而至」。

一 五六二頁中一四行「羅漢」，資、磧、普、南、徑、清作「羅漢等」。

一 五六二頁中一九行首字「盛」，資、磧、普、南、徑、清作「熾」。

一 五六二頁中末行「如熱如炎」，諸本作「如化如熱時炎」。

一 五六二頁下二行第六字「極」，資、磧、普、南、徑、清作「恒」。

一 五六二頁下三行至四行「火焚燒大王」，資、磧、普、南、徑、清作「火炎熾燒王」。

一　五六二頁下一二行「有形」，資、磧、普、南、徑、清作「有形之類」。

一　五六二頁下一三行第六字「衛」，資、磧、普、南、徑、清作「侍」。同行「合掌」，資、磧、普、南、徑、清作「金掌」。

一　五六二頁下一四行「對至」，諸本作「理報盡數終無常對至」。

一　五六二頁下一六行夾註左「説法經」，資、磧、普、南、徑、清作「説經」。

一　五六二頁下二〇行「一光」，諸本作「一一光」。同行「花中」，資、磧、普、南、徑、清作「一一花中」。

一　五六三頁上一行「摩耶」，資、磧、普、南、徑、清作「摩耶摩耶」。

一　五六三頁上三行「置至其口」，資、磧、普、南、徑、清作「直至於口」。

一　五六三頁上末行「又復」，資、磧、普、南、徑、清作「又復不久」。

一　五六三頁中五行第九字「耀」，諸本作「照耀」。

一　五六三頁下一行及末行「寂正覺」，資、磧、普、南、徑、清作「最上正覺」。

一　五六三頁下二行第五字「霊」，資、磧、普、南、徑、清作「靈神」。

一　五六三頁下四行第九字「真」，資、磧、普、南、徑、清作「真等」。

一　五六三頁下一〇行第二字「薨」，資、磧、普、南、徑、清作「薨没」。同行「弘恩」，資、磧、普、南、徑、清作「彌恩」。

一　五六三頁下一二行「此恵」，資、磧、普、南、徑、清作「此恩」。

一　五六三頁下一四行第八字「朗」，資、磧、普、南、徑、清無。

一　五六三頁下一九行夾註右「夫飯」，磧、普、南、徑、清作「夫夢飯」。同行夾註左「飢故」，徑、清作「餓饑」。

一　五六三頁下末行「自今」，資、磧、普、南、徑、清作「自今已後」。

一　五六四頁上一行第七字「陳」，諸本作「陳辭」。

一　五六四頁上九行「淤理」，資、磧、普、南、徑、清作「遊理」。

一　五六四頁上一〇行夾註右「優婆塞優婆塞」，資、磧、普、南、徑、清作「優婆塞」。

一　五六四頁中四行第六字「昨」，資、磧、普、南、徑、清作「作五百祭具所以然者佛母」。

一　五六四頁中六行「哀嗁」，資作「哀嘷」。

一　五六四頁中八行第三字「也」，資、磧、普、南、徑、清無。

一　五六四頁中一五行「而日」，資、磧、普、南、徑、清作「而言曰」。

一　五六四頁中一八行第六字「志」，諸本作「建志」。

一　五六四頁中二一行「皆來赴」，資、磧、普、南、徑、清作「來趣」。

一　五六四頁下一行第一三字「起」，諸本作「佛起」。

一　五六四頁下六行第五字「恚」，磧、普、南、徑、清作「怒」。

一　五六四頁下七行第一二字「爲」，

一 資、磧、普、南、徑、清作「身與」。

一 五六四頁下一二行夾註左第七字「舉」，資、磧、普、南、徑、清作「轝」。同行「躬自」，資、磧、普、南、徑、清作「親自」。

一 五六四頁下一三行夾註右「沙門王」，資、磧、普、南、徑、清作「沙門王等」。同行左「以然者」，諸本作「所以然者」。

一 五六四頁下一五行夾註右行「神擔」，資、磧、普、南、徑、清作「神往栴檀林取」。

一 五六四頁下一九行末字「舉」，麗作「轝」。

一 五六四頁下二〇行末字「也」，諸本作「人也」。

一 五六四頁下二一行首字「釋」，資、磧、普、南、徑、清作「釋迦」。

一 五六五頁上三行第一三字「種」，資、磧、普、南、徑、清作「吾」。

一 五六五頁上八行第四字「懷」，資、磧、普、南、徑、清作「生」。

一 五六五頁上一二行「與相」，資、磧、普、南、徑、清作「與共相」。

一 五六五頁上一五行末字「言」，資、磧、普、南、徑、清作「又白王言」。

一 五六五頁上一七行「此女」，資、磧、普、南、徑、清作「此女已」。

一 五六五頁上一八行「時此夫人到此」，資、磧、普、南、徑、清作「未經」。

一 五六五頁上一八行「懷身」，諸本作「懷妊」。

一 五六五頁上二一行至二二行「集諸相師……大王」，諸本無。

一 五六五頁上末行「立名」，資、磧、普、南、徑、清作「立字」。

一 五六五頁中四行「諸使」，資、磧、普、南、徑、清作「使諸」。同行「大象」，資、磧、普、南、徑、清作「大白象」。同行「釋家」，資、磧、普、南、徑、清作「釋種」。

一 五六五頁中五行第四字「言」，資、磧、普、南、徑、清作「家而白言曰」。

一 五六五頁中九行「迦毗羅」，資、磧、普、南、徑、清作「迦毗羅衛」。

一 五六五頁中一二行第二字「請」，資、磧、普、南、徑、清作「往請」。同行第一三字「令」，資、磧、普、南、徑、清作「當令」。

一 五六五頁中一三行至一四行「是時」，資、磧、普、南、徑、清作「時諸」。

一 五六五頁中一九行「入座」，資、磧、普、南、徑、清作「入中坐」。

一 五六五頁中二〇行第一三字「後」，資、磧、普、南、徑、清作「於後」。

一 五六五頁中二二行「罵我」，資、磧、普、南、徑、清作「捉我」。

一 五六五頁下三行第五字「至」，資、磧、普、南、徑、清作「往至」。

一 五六五頁下四行「釋所毀辱」，資、磧、普、南、徑、清作「諸釋所毀辱不」。

一 五六五頁下一四行「樹枝」，資、磧、普、南、徑、清作「枝葉」。

一　五六五頁下一九行「復集兵詣」，資、磧、普、南、徑、清作「復更集兵復詣」。

一　五六六頁上三行「語目連」，資、磧、普、南、徑、清作「語目連曰」。

一　五六六頁上六行「不也世尊」，資、磧、普、南、徑、清作「世尊我不堪任」。

一　五六六頁上八行「願聽許以」，資、磧、普、南、徑、清作「唯願聽許能以」。

一　五六六頁上一三行首字「復」，資、磧、普、南、徑、清無。

一　五六六頁上末行第三字「普」，諸本作「並」。

一　五六六頁中五行「城外」，資、磧、普、南、徑、清作「城外住」。

一　五六六頁中六行末字「之」，資、磧、普、南、徑、清作「汝」。

一　五六六頁中八行「門外」，資、磧、普、南、徑、清作「城外」。

一　五六六頁中九行第四字「至」，資、磧、普、南、徑、清作「往至」。

一　五六六頁中一〇行「衆人」，資、磧、普、南、徑、清作「人衆」。

一　五六六頁中一三行「釋種」，資、磧、普、南、徑、清作「釋種等」。

一　五六六頁中一四行第八字「釋」，諸本作「諸釋」。

一　五六六頁中一五行「年幼小兒」，資、磧、普、南、徑、清作「汝年幼小」。

一　五六六頁中一七行第四字「虫」，資、磧、普、南、徑、清作「一虫蟻命」。同行「人命」，資、磧、普、南、徑、清作「人」。

一　五六六頁中二〇行「汝去」，資、磧、普、南、徑、清作「汝速出去」。

一　五六六頁下二行「受用」，諸本作「受困」。

一　五六六頁下五行第二字「然」，諸本作「然後」。同行「蹈煞」，資、磧、普、南、徑、清作「踏殺」。

一　五六六頁下七行「五百」，資、磧、普、南、徑、清作「取五百」。

一　五六六頁下八行首字「臣」，資、磧、普、南、徑、清作「臣等」。

一　五六六頁下一六行首字「西」，資、磧、普、南、徑、清作「南」。同行「從南門出還從」，資、磧、普、南、徑、清作「或從南門出還」。

一　五六六頁下一七行「急在」，諸本作「隱在」。

一　五六六頁下二〇行第一二字「方」，資、磧、普、南、徑、清作「方生」。

一　五六七頁上一行「繞迦毗羅越城」，資、磧、普、南、徑、清作「繞迦毗羅衛城」；麗作「燒迦毗羅越城」。

一　五六七頁上六行第八字「故」，諸本作「何故」。

一　五六七頁上一一行首字「通」，資、磧、普、南、徑、清作「通耶」。

一　五六七頁上一六行末字「徐」，資、磧、普、南、徑、清作「小徐」。

一　五六七頁上二〇行「大王」，資、磧、普、南、徑、清作「大王可入小停駕

時流離王」。

一 五六七頁上二一行第五字「種」，資、磧、普、南、徑、清無。

一 五六七頁中五行「於此」，資、磧、普、南、徑、清作「於此生亦從此」。同行「受此」，諸本作「今受此」。

一 五六七頁中六行首字「痛」，資、磧、普、南、徑、清作「痛極苦」。

一 五六七頁中九行第八字「來」，資、磧、普、南、徑、清作「來到其邊」。

一 五六七頁中一〇行首字至一三字「釋……顧」，資、磧、普、南、徑、清作「世尊」。同行「世尊」，麗作「在世尊」。

一 五六七頁中一二行第九字「此」，資、磧、普、南、徑、清作「諸」。

一 五六七頁中一三行第二字「告」，資、磧、普、南、徑、清作「而語」。

一 五六七頁中一五行第三字「悉」，資、磧、普、南、徑、清作「自」。

一 五六七頁中一六行至一七行「自塵垢」，資、磧、普、南、徑、清作「塵垢即」。

一 五六七頁中一九行「烔然」，資、磧、普、南、徑、清作「洞然」。

一 五六七頁中二二行第六字「更」，資、磧、普、南、徑、清作「皆更」。

一 五六七頁下四行「沒滅汝等觀」，資、磧、普、南、徑、清作「滅沒汝等可觀」。

一 五六七頁下五行第六字「來」，資、磧、普、南作「未」。同行第一三字「諸」，資、磧、普、南、徑、清作「知」。

一 五六七頁下六行第三字「語」，資、磧、普、南、徑、清作「語言」。

一 五六七頁下六行至七行「白王王勿」，資、磧、普、南、徑、清作「尋白王言大王勿生」。

一 五六七頁下一三行「及兵衆盡」，資、磧、普、南、徑、清作「及諸兵衆」。

一 五六七頁下一六行「種兵」，資、磧、普、南、徑、清作「兵衆」。

一 五六七頁下一七行第一〇字「諸」，資、磧、普、南、徑、清無。

一 五六七頁下二〇行「釋種昔」，資、磧、普、南、徑、清作「諸釋昔日」。

一 五六七頁下末行及次頁上一行「一斗」，資、磧、普、南、徑、清作「一升」。

一 五六八頁上四行末字「各」，資、磧、普、南、徑、清無。

一 五六八頁上五行第九字「人」，資、磧、普、南、徑、清作「中」。

一 五六八頁上八行第一〇字「有」，資、磧、普、南、徑、清作「有一」。

一 五六八頁上九行「七日」，諸本無。

一 五六八頁上一〇行第三字「在」，資、磧、普、南、徑、清作「在於」。

一 五六八頁上一二行第九字「尒」，資、磧、普、南、徑、清無。

一 五六八頁上一六行第五字「時」，資、磧、普、南、徑、清作「爾時」。

一 五六八頁上一九行第三字「謂」，諸本作「諸」。

一 五六八頁上二〇行夾註右「大同」，資、磧、普、南、徑、清作「與此大同」。同行右第一四字「滅」，資、磧、

普、南、徑、清作「滅諸」。同行左末字「答」，資、磧、普、南、徑、清作「答言」。

一　五六八頁上二一行夾註左「却後興矣」，資、磧、普、南、徑、清無。

一　五六八頁上二二行夾註左第九字「按」，諸本作「禳」。

一　五六八頁上末行夾註右「身黑」，資、磧、普、南、徑、清作「身腫」；麗作「身裹」。同行左「或在水中死」，資、磧、普、南、徑、清作「或於水中死者」。

一　五六八頁中一行夾註右「夜物鳴聚居」，資、磧、普、徑、清作「夜魅鳴聚居宮」；南、麗作「夜物鳴聚居宮」。

一　五六八頁中二行夾註右「妙陽」，諸本作「如湯」。同行「或云……乘船」，資、磧、普、南、徑、清作「或言投山者或言投川者王遂乘船」；麗作「或云投山或言投川王遂乘船」。

一　五六八頁中三行夾註右「船上」，資、磧、普、南、徑、清作「船服上」。同行左「亡絶」，諸本作「笁絶」。同行左「斃王」，諸本作「弊王」。

一　五六八頁中五行夾註右「在岸者」，資、磧、普、南、徑、清作「在岸上者」。同行右末字「名」，資、磧、普、南、徑、清作「名曰」。

一　五六八頁中六行夾註右第六字「其」，資、磧、普、南、徑、清作「甚」。同行「佛言今」，資、磧、普、南、徑、清作「言」。同行左第四字「攻」，資、磧、普、南、徑、清作「征」。同行左「三方便」，資、磧、普、南、徑、清作「四方便」。

一　五六八頁中七行夾註右首字及第七字「國」，資、磧、普、南、徑、清作「國人」。同行右「虛空中」下，資、磧、普、南、徑、清有「二者舉舍夷國中人著海中」。同行「二者」，資、磧、普、南、徑、清作「三者」。同行左「三者」，資、磧、普、南、徑、清作「四者」。

一　五六八頁中八行夾註左「有智」，資、磧、普、南、徑、清作「有是智」。

一　五六八頁中九行夾註右「七不」，資、磧、普、南、徑、清作「七不可」。

一　五六八頁中一〇行夾註右「不能」，資、磧、普、南、徑、清作「不得」。同行左「此宿」，資、磧、普、南、徑、清作「此四宿」。同行「礼已」，資、磧、普、南、徑、清作「禮佛」。

一　五六八頁中一一行夾註左「四千五百人盛著鉢」，資、磧、普、南、徑、清作「四五千人盛著鉢中」。同行「著鉢」，麗作「著鉢中」。

一　五六八頁中一二行夾註左「告曰」，資、磧、普、南、徑、清作「高曰」。

一　五六八頁中一三行夾註右「琉璃」，資、磧、普、南、徑、清作「流離王」。

一　五六八頁中一四行夾註右「答曰往」，磧、普、南、徑、清、麗作「答曰未往」。同行左「見中」，諸本作「見鉢中」。

一　五六八頁中一五行夾註左至一六

行右「業熟……免也」，資、磧、普、南、徑、清作「有業定也」。

一　五六八頁中一六行夾註右「無央」，資、磧作「無殃」。同行左末字「證」，資、磧、普、南、徑、清作「果」。

一　五六八頁中一八行第八字「累」，資、磧、普、南、徑、清作「經累」。

一　五六八頁中末行「卷第二」，資、磧、普、南、徑、清作「卷第七」。

釋迦從弟調達出家緣記第十 出中本起經

是時父王往詣佛所見迦葉千人形體至陋每心不平此等比丘雖復心精無表容貌當勸宗室樂無爲者令作沙門擇取端正即令宗族明日會殿受命即到王告宗室曰阿夷相言佛不出家當作聖王君四方天下左右侍從卒當端正今諸弟子類無姿觀欲聘有道儀容足者充備僧數光暉世尊咸言大善聽令歡喜乞退嚴辦七日乃行調達便告行者吾等王者子弟今棄世禁出家居道整頓服飾極世之妙象馬車乘價直萬金其日嚴出觀者塡路調達冠幘自然墮地衢和離所可乘象四脚布地而作鳥鳴相工占曰餘皆得道一人不吉俱詣佛所求作沙門剛强降伏莫不樂受調達亦名提婆達多齊言天熱以其生時人天心皆忽驚熱故因爲名增一阿含經云提婆達兜白佛言願聽在道次佛言汝宜在家分檀惠施夫爲沙門實爲不易復再三白復告不宜出家提婆達兜便生惡念此沙門懷嫉妬心我今宜自剃頭善修梵行何用是沙門爲提婆達兜後犯五逆罪惡心欲至如來所適下足在地地中有大火風起生繞提婆達兜身爲火所燒便發悔心稱南無佛然不究竟適得稱南無便入地獄中阿難悲泣言提婆達在地獄中爲經幾時佛言經一大劫命終生四天王上展轉至他化自在天經六十劫不墮三惡趣最後受身成辟支佛名曰南無由命終之時稱南無故時大目揵連言我欲至阿鼻獄中見提婆達慰勞慶賀佛言阿鼻罪人不解人間音響目連白言我解六十四音當以此音往語彼人目連如屈伸臂頃至阿鼻獄上虛空中曰提婆達兜獄卒曰此間亦有拘樓秦佛迦葉佛時提婆達兜今命何者目連曰吾命釋迦文佛叔父兒提婆達兜獄卒燒炙彼身使令覺悟曰汝仰觀空中見大目連坐寶蓮華語目連曰尊者何由屈此目連曰如來記汝欲害世尊緣入阿鼻最後成辟支佛號名南無提婆達聞已歡喜言我今日以右脅卧阿鼻獄中經歷一劫終無勞倦目連復問苦痛有增損乎提婆達報以熱鐵輪轢我身壞復以鐵杵吹咀我形有黑暴象蹈躡我體復有火山來鎭我面昔日袈裟化爲銅鍱極爲熾然今寄頭面禮世尊足復禮尊者阿難目連即攝神足還世尊所大智論稱提婆達弟子俱迦離謗舍利弗及目揵連命終墮蓮華地獄中即衢和離也祐捨撿調達之歷緣也亟爲戚屬恒結仇讎豈以標明善惡影響秘教乎是故經言若言提婆達多造逆罪墮阿鼻者無有是處斯乃諸佛境界非二乘所測也

釋迦從弟阿那律跋提出家緣記第十一 出曇無德律

釋種兄弟二人一名摩訶男一名阿那律阿那律者其母愛念常不離目前與作三時殿婇女娛樂摩訶男言諸釋多出家而我一門獨無兄營家業弟當出家若不能者弟營家業兄當出家那律以家事煩碎遂欲出家往白其母乞求出家乃至三反母不聽許種種

壁六　十七

方便斷之以釋種有跋提其母愛重必不聽出家便言若跋提出家者當聽汝耳那律便求跋提跋提不許復種種方便云我今出家一由汝耳跋提遂許還求其母其母亦不許復作方便言若阿那律母許見者當聽汝耳遂兩彼許跋提言且當七年受五欲樂然後出家那律言人命無常難可得保不宜淹留更求一年乃至七日那律許之過七日已釋子等八人及優波離第九各好莊嚴乘寶象馬出迦毗羅衛齊至其界脫其寶衣以象馬付優波離令還語言汝常依我等以自存活今者出家以此寶衣大象相遺與自資生遂便前去優波離思惟亦欲隨出家便即以寶衣等懸著樹上念言其有來取之者與之於是便共至佛所求索出家言我父母已許願聽出家乞先度優波離何以故以除我等憍慢心故爾時世尊先度優波離次度那律次度跋提次更度難提次度金毗羅次度難陀等六人優波離受大戒最爲上座時有大上座名毗羅荼別度阿難陀餘次上座度跋難陀及調達時跋提獨在樹下塚間思惟夜分過已高聲稱言甚樂甚樂其邊比丘白佛佛呼跋提問何故自言甚樂耶跋提言我本在家時內外常以刀杖而自衛護猶有恐懼念念憂畏今獨塚間無有恐懼身毛不竪我念出離之樂故稱甚樂佛言善哉

祐以爲俗滯難啓而法緣易感二釋斷道尅意實深故始也互塞終然兩闢矣夫苦過不生是謂至樂林下之唱豈外適哉

釋迦從弟孫陀羅難陀出家縁記第十二 出普曜經

壁六　十八

佛在迦維羅竭國尼拘類園將侍者阿難入城乞食童子難陀在高樓上遙見即下來至佛所作禮白言如來之姓轉輪聖王何爲自辱持鉢乞食自取佛鉢入家内盛甘美飲食佛即還尼拘類園即語侍者難陀若出勿自取鉢勑語難陀躬自送來難陀受教從後送鉢婦出語言速還勿久須還乃食前進未久重更遣信時還勿停所以鄭重恐出家故難陀至佛所手自奉鉢唯願時受今欲還家佛告難陀卿已至此今宜剃除鬚髮服三法衣何爲欲還是時如來以威神力逼迫難陀度令出家閉在靜室久久之後次第當直難陀歡喜我今當直事因此閑暇逃走還家是時難陀隨所應作事事不關天神侍衛難陀汲水至滿自然翻棄淨地之中草土更滋關閉門戶戶自然開難陀自念我家王種多饒財寶設有漏失即可償之今當竊隨小徑還家行大塗者儻值如來即脫三法衣更被餘衣而去行未經時正值如來奔趣大樹欲自隱

身佛神力故樹神拔樹懸在虛空難陀入樹根處隱蔽自身如來尋往問言何爲至此默然慚愧佛再三告汝欲何趣難陀言暫欲還家與婦相見佛告難陀夫人學道貪著欲心不顧後世燒身之禍我今將汝天上遊觀宜自專心勿懷恐怖佛以神力接至天上見一宮殿衆寶莊嚴玉女營從不可稱計唯無夫主難陀問佛此何天宮種種娛樂快樂昔所未見而無夫主唯願說之佛告難陀汝可自問難陀奉教自往問之天女答曰汝不知乎迦維羅竭國釋迦文佛並父弟難陀後當生此爲我夫主難陀聞之密自歡喜還至佛所具以白佛佛告難陀快修梵行如是不久當來至此受福自然是時世尊復以神力接引難陀將至地獄路經鐵圍山表見瞎獮猴佛問難陀汝婦孫陀利何如瞎獮猴難陀白佛止止勿復說此孫陀利者女中英妙百千萬倍豈得類乎佛言以孫陀利比諸天女亦億千萬倍不可爲比於是世尊復接難陀徧至地獄見種種苦痛有一大鑊獄卒圍繞湯沸火熾不見罪人難陀白佛是何人獄不見罪人佛言汝自問之難陀往問獄卒報言閻浮利地眞淨王家兒得成佛道並父弟甘露王兒名曰難陀爲人放逸婬欲情多自恃豪族輕忽萬民彼命終後當來此中難陀聞已衣毛皆豎顏色變異往趣世尊白言唯然大師三界大護今覩此變倍懷恐懼求離地獄願說泥洹爾時世尊漸與難陀說微妙法安處無爲令至道場

壁六　十九

雜寶藏經云佛在迦毗羅衛國入城乞食到難陀舍會值難陀與婦作粧香塗眉間聞佛門中欲出外看婦共要言出看如來使我額上粧未乾頃便還入來難陀即出見佛作禮取鉢向舍盛食奉佛佛不爲取過與阿難阿難亦不爲取阿難語言汝從誰得鉢還與本處於是持鉢詣佛至尼拘樓精舍佛即勑剃師與難陀剃髮難陀不肯怒拳而語剃髮人言迦毗羅衛一切人民汝今盡可剃其髮也佛問剃髮者何以不剃答言畏故不敢爲剃佛共阿難自至其邊難陀長故不敢不剃雖得剃髮恒欲還家佛常將行不能得去後於一日次守房舍而自歡喜今日得便可還家去待佛衆僧都去之後我當還家佛入城後作是念言當爲汲水令滿澡缾然後還歸尋時汲水一缾適滿一缾復翻如是經時不能滿缾便作是言俱不可滿使諸比丘來還自汲我今但著缾屋中而棄之去即閉房門適一扇閉一扇復開適閉一戶一戶復開更作是念俱不可閉就置而去縱使失諸比丘衣物我饒財寶足有可償即出僧房而自思惟佛必從此來我則從彼異道而去佛知其意亦異道來遙見佛來大樹後藏樹神舉樹在虛空中露地而立佛見難陀將還精舍而問之言汝念婦也答言實爾即將難陀向阿那波山上又問難陀汝婦端正不答言端正山中有一老瞎獮猴又復問言汝婦孫陀利面首端正何如此獮猴也難陀懊惱便作念言我婦端正人中少雙佛今何故以我之婦比瞎獮猴佛復將至忉利天上徧諸天宮而共觀看見諸天子與諸天女共相娛樂見一宮

壁六　二十

壁六　二十一

中有五百天女無有天子尋來問佛佛言汝自往問難陀往問言諸宮殿中盡有天子此中何以獨無天子諸女答言閻浮提内佛弟難陀佛逼使出家以出家因緣命終當生於此天宫爲我天子難陀答言即我身是便欲即住天女語言我等是天汝今是人還捨人壽更生此間便可得住便還佛所以如上事具白世尊佛語難陀汝婦端正何如天女難陀答言比彼天女如瞎獼猴比於我婦佛將難陀還閻浮提難陀爲欲生天故勤加持戒

阿難爾時爲説偈言

譬如羯羊鬪　將前而更却　汝爲欲持戒
其事亦如是

佛將難陀復至地獄見諸鑊湯悉皆煑人唯見一鑊炊沸空停怪其所以而來問佛佛告之言汝自往問難陀即往問獄卒言諸鑊盡皆煑治罪人此鑊何故空無所煑答言閻浮提内有如來弟名爲難陀以出家功德當得生天以欲罷道因緣之故天壽命終墮此地獄是故我今炊鑊而待難陀難陀恐怖畏獄

卒留即作是言南無佛陀南無佛陀唯願將我擁護還至閻浮提内佛語難陀汝勤持戒修汝天福難陀答言不用生天今唯願我不墮此獄佛爲説法一七日中成阿羅漢諸比丘歎言世尊出世甚奇甚特佛言非但今日乃往過去亦復如是諸比丘言過去亦爾其事云何請爲我説佛言昔迦尸國王名曰滿面比提希國有一婬女端正殊妙爾時二國常相怨嫉傍有佞臣向迦尸王歎説彼國有婬女端正世所希少王聞是語心生惑著遣使從索彼國不與重遣使言求暫相見四五日間還當發遣時彼國王約勑婬女汝之姿態所有伎能好悉具備使迦尸王惑著於汝須臾之間不能遠離即遣令去經四五日尋復喚言欲設大祀須得此女暫還放來後當更遣時迦尸王即遣歸還大祀已訖遣使還索答言明日當遣既至明日亦復不遣如是妄語經歷多日王心惑著單將數人欲往彼國諸臣勸諫不肯受用時仙人山中有獼猴王聰明博達多有所知其婦適死取一雌獼

猴諸獼猴衆皆共瞋訶責此婬獼猴衆所共有何緣獨當時獼猴王將雌獼猴走迦尸國投於王所諸獼猴衆皆共追逐既到城内發屋壞墻不可料理迦尸國王語獼猴王言汝今何不以雌獼猴還諸獼猴獼猴王言我婦死去更復無婦王今云何欲使我歸王語之言今汝獼猴破亂我國那得不歸獼猴王言此事不好耶王答言不好如是再三王故言不好獼猴王言汝宫中有八萬四千夫人汝不愛樂欲至敵國追逐婬女我今無婦唯取此一汝言不好一切萬姓視汝而活爲一婬女云何捐棄大王當知婬欲之事樂少苦多猶如逆風而執熾炬愚者不放必見燒害欲爲不淨如彼屎聚欲現外相薄皮所覆欲無反復如屎塗毒蛇欲如怨賊詐親附人欲如假借必當還歸欲爲可惡如廁生華欲如疥瘡而向於火把之轉劇欲如狗齒枯骨涎唾共合謂爲有味脣齒破盡不知猒足欲如渴人飲於鹹水逾增其渴欲如段肉衆鳥競逐欲如魚獸貪味至死其患甚大爾時獼猴王

者我身是也爾時王者難陀是也爾時婬女者孫陀利是也我於爾時欲淤泥中拔出難陀今亦拔其生死之苦

釋迦譜卷第六

釋迦譜卷第六（別本）

校勘記

一 底本，清藏本。

一 五七七頁上一行「從弟」，資、磧、普作「從兄」。

一 五七七頁上一四行「一人」，資、磧、普作「二人」。

一 五七八頁上一〇行第八字「至」，資、磧、普無。

一 五七八頁下七行末字「自」，資、磧、普作「復」。

一 五七八頁下一一行「奉鉢」，資、磧、普作「授鉢」。

一 五七九頁上六行首字「自」，資作「目」。

一 五七九頁中六行「大師」，資、磧、普作「天師」。

一 五七九頁中一一行第一一字及一三行第二字「粧」，資、磧、普作「莊」。

一 五七九頁中末行第一一字「長」，資、磧、普作「畏」。

一 五七九頁下二行第一二字「日」，資、磧、普作「真」。

一 五八〇頁中一三行第五字「能」，資、磧、普作「耐」。

釋迦譜卷第七　　壁七

蕭齊釋僧祐譔

釋迦子羅云出家緣記第十三（出未曾有經）

爾時世尊告目揵連汝今往彼迦毗羅城問訊我父閱頭檀王并我姨母波闍波提及三叔父斛飯王等因復慰喻羅睺羅母耶輸陀羅令割恩愛放羅睺羅令作沙彌修習聖道所以者何母子恩愛歡樂須臾死墮地獄母之與子各不相知窈窈冥冥永相離別受苦萬端後悔無及羅睺得道當還度母永絕生老病死根本得至羅漢如我今也目連受命屈伸臂頃到迦毗羅淨飯王所而白王言世尊慇懃致問無量起居輕利氣力安不及太夫人波闍波提并三叔父斛飯王等問訊起居亦復如是時耶輸陀羅聞佛遣使來至王所未知意趣即遣青衣令參消息青衣還白世尊遣使取羅睺羅度爲沙彌耶輸陀羅聞是消息將羅睺羅登上高樓約勑監官閑閉門閤悉令堅牢時大目連既到宮門不能得入又無人通即以神力飛上高樓至耶輸陀羅座前而立耶輸陀羅見目連來憂喜交集迫不得已即起禮拜勑爲敷座請目連坐問目連曰世尊無恙教化衆生不勞神也遣上人來欲何所爲目連白曰太子羅睺年已九歲應令出家修學聖道所以者何母子恩愛少時如意一旦命終墮三惡道恩愛離別窈窈冥冥母不知子子不知母羅睺得道當還度母永度生老病死憂患得至涅槃如佛今也耶輸陀羅答目連曰釋迦如來爲太子時娶我爲妻奉事太子如事天神曾無一失共爲夫婦未滿三年捨五欲樂騰越宮城逃至王田王身往迎違戾不從返遣車匿白馬令還自要道成誓願當歸被鹿皮衣譬如狂人隱居山澤勤苦六年得佛還國都不見親忽忘恩舊劇於路人使我母子守孤抱窮今復遣使欲求我子爲其眷屬何酷如之太子成道自言慈悲慈悲之道應安樂衆生今反離別人之母子苦中之甚莫若恩愛離別之苦以是推之今別人母子何慈之有白目連曰還向世尊宣我所陳時大目連更以方便種種諫喻曉耶輸陀羅而耶輸陀羅絕無聽意辭退還到淨飯王所具宣上事王聞是已即告夫人波闍波提我子悉達遣目連來迎取羅云欲令入道修學聖法耶輸陀羅女人愚癡未解法要心堅意固纏著恩愛情無縱捨卿可往彼重陳諫之令其心悟時太夫人即便將從五百青衣至其宮中隨宜諫喻反覆再三耶輸陀羅猶故不聽白夫人曰我在家時八國諸王競來見求父母不許所以者何釋迦太子才藝過人是故父母以我配之太子爾時知不住世出家學道何故慇懃苦求我耶夫人取婦正爲恩好聚集歡樂萬世相承子孫相續紹繼宗嗣世之正禮太子既去復求羅睺欲令出家永絕國嗣有何義哉爾時夫人聞是語已默然無言不知所云爾時世尊即起化人空中告言耶輸陀羅汝頗憶念往古世時誓願事不我當爾時爲菩薩道以五百金錢從汝買得五莖蓮華上定光佛時汝求我世世所生共爲夫妻我不欲受即語汝言我爲菩薩累劫行願一切布施不逆

人意汝能爾者聽爲我妻汝立誓言世世所
生國城妻子及與我身隨君施與誓無悔心
而今何故愛惜羅睺不令出家學聖道也耶
輸陀羅聞是語已霍然還識宿業因緣事事
明了如昨所見愛子之情自然消歇遣喚目
連懺悔辭謝捉羅睺手付囑目連與子離別
涕淚交流爾時羅睺見母愁苦長跪合掌前
白母言願母莫愁羅睺今往定省世尊尋爾
當還與母相見時淨飯王爲欲安慰耶輸陀
羅令其喜故即集國中豪族而告之言金輪
王子今當往彼舍婆提國從佛出家學道願
卿人人各遣一子隨從我孫咸皆奉命即時
合集有五十人隨從羅睺往到佛所頭面作
禮佛使阿難剃羅睺頭及其五十諸公王子
悉令出家命舍利弗爲其和尚大目揵連作
阿闍棃授十戒法便爲沙彌爾時佛子羅云
等五十沙彌聞佛說彼扇提羅等罪報因緣
扇提羅等昔爲比丘宿緣罪報文繁不載甚大憂懼即各頭面禮
佛白言世尊今聞說此扇提羅等甚懷怖懼
所以者何和尚舍利弗大智福德國中供養
最上甘珍小兒愚癡無有福德食人如是妙
好飲食後世當受苦果如扇提羅是故我等
實懷憂慮願佛垂哀賜聽我屬捨道還家冀
免罪咎爾時世尊告羅睺羅汝今畏罪還家
求離苦者是事不然何以故譬如二人乏食
飢餓忽遇主人爲設種種肥濃美味其人飢
餓貪食過飽然此二人一者有智一者愚癡
有智之人自知食過身體沉重頻伸欠呿即
詣明醫請除苦患良醫即賜摩檀提藥令其
服之吐宿食已令近暖火禁節消息得免禍
患終保年壽其無智者不知食過謂是鬼魅
殺生祠祭欲求濟命腹中宿食遂成生風絞
切心痛因是死亡生地獄中佛告羅睺羅汝
畏罪還家如彼無智愚癡人也汝先有善根
因緣遭值我時如彼明醫能濟苦患而得不
死汝今何爲捨明入闇羅睺白言世尊諸佛
智慧猶如大海羅睺等心猶如毫末豈能受
持如來智慧佛告羅睺如天雨滴後不及前
雖不相及能滿大器修學智慧亦復如是從
小微起終成大器如是展轉滿無量器是則
自利利人名爲大士如我今也羅睺羅等聞
佛說已心開意解普耀經云佛還入宮坐於
殿上俱夷携羅雲來稽首佛足瞻對問訊時
王僚屬皆懷沉疑太子捐國十有二年何從
生子佛語父王告諸羣僚俱夷守節貞潔清
無瑕疵設王不信今當現證於時世尊化諸
衆僧皆使如佛羅云年始七歲俱夷即以指
印信環與羅睺言是汝父者以此與焉羅云
應時直前詣佛以印信環而授世尊王及羣
臣咸皆欣踊稱言善哉眞佛子也佛語父王
及諸臣曰從今已後無復懷疑此吾之子緣
吾化生勿怨俱夷王得道證俱夷持戒淨修
梵行彌沙塞律云佛往到淨飯王宮時羅睺
羅母將羅睺羅在高樓上遙見佛來語言汝
見彼沙門不答言見又語言彼是汝父可往
索父餘財佛既入宮於中庭露地坐羅睺羅
馳下趣佛頭面禮足住佛影中白言是影甚
樂願佛與我父餘財佛言汝審欲得不答言
欲得佛便將還告舍利弗汝可度之舍利弗
即度出家爲受沙彌戒時淨飯王聞已度羅

睺羅便大懊惱出詣佛所白言佛昔出家尚有難陀不能令我如今懊惱難陀巳復出家餘情所寄唯在此子今當出家家國大計永爲斷絶子孫之愛徹過骨髓如何比丘輒度他子願佛從今勑諸比丘父毋不聽不得爲道佛即爲王説諸法竟集諸比丘立制父毋不聽不得出家受戒祐尋此律所説羅睺羅出家緣與未曾有經事緣大異者由於爾時對情不同故復兩存焉祐尋釋族爲盛雲布赤澤雖法俗或殊而獲道斯同難陀棄榮欲以從道羅云捨輪王位而襲法栴檀圍繞龍象成羣靡親靡疎隨應而度調御之美於玆可見

釋迦譜卷第七（別本）

校勘記

一　底本，清藏本。

一　五八二頁上二行末字「誤」，資、磧、普作「撰」。

一　五八二頁下一八行「金錢」，資作「銀錢」。

一　五八三頁下七行「七歲」，資作「十歲」。

釋迦譜卷第三

梁沙門釋僧祐撰　彩

釋迦竹園精舍緣記第十九　出曇无德律

摩竭王瓶沙作如是念世尊若初来所入處便當布施作僧伽藍時王舍城有迦蘭陁竹園冣為第一時佛知王心念即往竹園王遥見世尊来即便下爲取爲上褥疊爲四重敷已白佛言願坐此座世尊即就座而坐時瓶沙王捉金澡瓶授水與佛白言此王舍城迦蘭陁竹園冣為第一今以奉施願慈納受佛告王言汝以此園施佛及四方僧何以故若是佛所有若園若房若衣鉢等物一切天人魔梵沙門婆羅門无能用者恚應恭敬如塔寺法即如佛言我今以此竹園施佛及四方僧願慈愍故為我納受時世尊説偈勸肴瓶沙王即勅巧匠即日營立堂房樓閣彫文刻鏤寶物莊嚴通水造橋泉井給施願常受用使福無盡竹園久夏常茂亦名為寒林也中本起經云羅閱祇國長者迦蘭陁心中念言可惜我園施与尼乾佛若先至奉佛及僧悔恨前施永為棄捐長者望心卧不安席先福退逮福德念合大鬼將軍名曰半師承佛神旨如其心念即出聞又推逐尼乾驅形无耻不應止此鬼師奉教撾打尼揵拽器物尼乾驚怖馳走而言此何惡人暴害乃尒鬼師答曰長者迦蘭陁當持竹園作佛舍大鬼將軍半師見勅逐汝輩耳明日尼乾共詣長者深責何故攺施今吾等類披打委頓不謂長者見困如此迦蘭陁心中喜悦吾願遂矣佛聖廣覆照我至心即荅尼乾此諸鬼師强暴貪瞋儞必作害不如委去車求其安尼乾勤恨即日恚去長者歡喜從三精舍僧房座具衆嚴都畢行詣樹下請佛及僧衆祐受施心頓一時大化普濟靡不欣樂又菩薩藏經云阿難我今於此竹園中轉此菩薩藏經不退轉一切衆生説阿難過去諸佛亦於此皆處空地分説是菩薩經阿難所有貪欲瞋恚愚癡衆生入此竹園不發貪欲瞋恚愚癡阿難如來住諸竹林舍而皆無有如是功德何以故阿難今此迦蘭陁竹林畜生入者不發婬欲衆鳥入者不鳴孝唱瓶沙洗頂大王者初登位与諸婇女入此園中共相娛樂入巳自覺心无婬欲娛樂戲事諸婇女衆亦皆自覺心无有欲不樂戲樂時王歎曰每作是念累世有佛出於我國當以是園奉上於佛佛於中住我當聞法何以故可供養者離住此園非五欲人所住我住是園无復娛樂蚊毒若住其中无復毒心亦是竹園不共功德

釋迦祇洹精舍緣記第二十　出賢愚經

舍衛國王波斯匿有一大臣名曰須達居家巨富財寶無限好喜布施賑

濟貧乏及諸孤老時人因行為其立

号名給孤獨尒時長者生七男兒年
各長大為其納娶次第至六其第七
兒端正殊異偏心愛念當為娶妻欲
得極妙容姿端正有相之女為兒求
之即語諸婆羅門言誰有好女相貌
備足當為我兒往求索之諸婆羅門
便為推覓展轉到王舍城城中有一
大臣名曰護弥財富無量信敬三寶
時婆羅門到家從乞國法施人要令
童女持物布施護弥長者時有一女
威容端正顏色殊妙即持食出施婆
羅門婆羅門見心大歡喜我所覓者
今日見之即問女言叵有人來求索汝
不答言未也問言女子汝父在不其
女言在婆羅門言語令出外我欲見
之與共談語時女入內白其父言外
有客人欲得相見父便出外時婆羅
門問訊起居安和善告舍衛國王有
一大臣字曰須達輔相識不答言未
見但聞其名報言知不是人於彼舍
衛國中第一富貴汝於此聞富貴第
一須達有兒端正殊妙卓略多奇欲

求君女為可尒不答言可尒值有估

客欲至舍衛時婆羅門作書因之送
與須達具陳其事須達歡喜詣王求
假為兒娶婦王即聽之大載珎寶趣
王舍城於其道次拯濟貧乏到王舍
城至護弥家為兒求妻護弥長者歡
喜迎送安置敷具暮宿其舍家內
搔搔辦具飲食須達念言今此長者
大設供具欲作何等將請國王太子
大臣長者居士眷姻親戚設大會耶
思惟所以不能了知而問之言長者
今暮躬自執勞經理事務施設供具
為欲請王太子大臣答言不也欲設眷
姻親戚會耶答言請佛及比丘僧於
時須達聞佛僧名畜然毛竪如有所
得心情悅豫重問之言云何名佛願
解其義長者答言汝等聞乎淨飯王
子厥名悉達其生之日天降瑞應三十
有二万神侍衛即行七步舉手而
言天上天下唯我為尊身黃金色三
十二相八十種好應王金輪典四天
下見老病死苦不樂在家修道六年
苦行得一切智盡結成佛降諸魔衆

十八億万号曰能仁十力无畏十八不

共光明照耀三達遐鑒故号佛也須
達問言云何名僧護弥答言佛成道
已梵天勸請轉妙法輪至波羅捺鹿
野苑中為拘隣五人轉四真諦漏盡
結解便成沙門六通具足四意七覺
八道悉練上虛空中八万諸天得須
陁洹无量天人發无上道意次度欝
卑迦葉兄弟千人漏盡意解也其
五人次第得度舍利弗目連徒衆五
百亦得應真如是之等神足自在能
為衆生良祐福田故名僧也須達聞
說如此妙事歡喜踊躍感念信敬企
望至曉當往見佛誠篤神應見地明
曉尋明即往羅閱城門夜三時開初
夜中夜後夜是謂三時中夜出門見
有天祠即為礼拜忽忘念佛心自還
闇便自念言今夜故闇若我往者為
惡鬼猛狩見害且還入城待曉當往
有親友終生於四天見其欲悔便下
語之居士莫悔也（我是汝昔善知識審有婆羅門因聞法得
生天今為大勢門神故相勸耳）汝往見佛得利無量正
使令得百車珎寶轉足一步至趣世

尊所得利深過踰於彼居士莫悔正使令得一四天下滿中珎寶不如舉足一步至世尊所所得利益盈踰過於彼百千万倍須達聞天說如此說益增歡喜歆念世尊闇即得曉尋路往至到世尊所尒時世尊知須達来出外經行是時須達遥見世尊猶如金山相好威容儼然昺著過踰護弥所說万倍覩之心悅不知礼法直問世尊不審瞿曇起居何如世尊即命令就座時首陁會天遥見須達雖覩世尊不知礼拜供養之法化為四人行列而来到世尊所接足作礼胡跪問訊起居輕利右繞三匝却住一面是時須達見其如是乃為愕然而自念言恭敬之法事應如是即起離座如彼礼敬問訊起居右繞三匝却住一面尒時世尊即為說法四諦微妙苦空無常聞法歡喜便染聖法成須陁洹辟如淨潔白㲲易染為色長跪合掌問世尊言舍衛城中如我伴輩聞法易染更有如我比不佛告須達更無有二如卿之者舍衛城中人多信

邪難染聖教須達白佛唯願如來垂神降屈臨赴舍衛使中衆生除邪就正世尊告曰出家之法與俗有別住止處所應當有異彼無精舍去何得去須達白佛言弟子能起願見聽許世尊默然須達辭往為兒娶婦竟辭佛還家因白佛言還到本國當立精舍不知摸法唯願世尊使一弟子共往勑示世尊思惟舍衛城內婆羅門信邪倒見餘人往者必不能辦唯舍利弗是婆羅門種少小聰明神足兼備去必有益即便命之共須達往須達問言世尊足行日能幾里舍利弗言日半由旬如轉輪王足行之法世尊亦尒是時須達即於道次二十里作一亭舍計挍功作出錢雇之安止使人飲食數具悉皆令足從王舍城至舍衛國還来到舍共舍利弗案行諸地何處平博中起精舍案行周遍無可意處唯王太子祇陁有園其地正平其樹欝茂不遠不近正得處所舍利弗告須達言今此園中宜起精舍若遠作之乞食則難近處憒閙妨廢行道須

達歡喜到太子所白太子言我今欲為如来起立精舍太子園好今欲買之太子笑言我无所乏此園茂盛當用遊戲逍遥散志須達慇懃乃至再三太子貪惜增倍求價謂呼價貴當不能買語須達言汝若能以黄金布地令間無空者便當相與須達曰諾聽隨其價太子祇陁言我戲語耳須達白言為太子法不應妄語妄語欺詐云何紹繼撫恤人民即共太子欲往訟了時首陁會天以當為佛起精舍故恐諸大臣偏為太子即化一人下為評詳語太子言夫太子法不應妄語已許價決不宜中悔遂斷與之須達歡喜便勑使人象負金出八十頃中須臾欲滿殘有少地須達思惟何藏金足不多不少當足滿之祇陁問言嫌貴置之荅言不也自念金何藏者可足當補滿之祇陁念言佛必大德乃使斯人捨寶乃尒教齊是止勿更出金園地屬卿樹木屬我自起門屋上佛共立精舍須達歡喜即然可之便即歸家當施功作六師聞之往白國王

長者須達買祇陁園欲為瞿曇沙門
興立精舍聽我徒衆與共斛術沙門
得勝便聽起立若其不如不得起也
瞿曇徒衆住王舍城我等徒衆當住
於此王召須達而問之言今此六師
女御買祇陁園欲為瞿曇沙門起立
精舍求共沙門弟子斛其技術若得
勝者得立精舍苟其不如便不得起須
達歸家者垢膩衣愁惱不樂時舍利
弗明日時到著衣持鉢至須達家見其
不樂即問之曰何故不樂須達答言
所立精舍但恐不成是故愁耳舍利
弗言有何事故畏不成就荅言今諸
六師詣王求斛尊人得勝聽立精舍
若其不如遮不聽起此六師輩出家
来久精誠有素所學技術無能及者
我今不知尊人技藝能與斛不舍利
弗言正使此輩六師之衆滿閻浮提
數如竹林不能動吾足上一毛欲斛
何等自恣聽之須達歡喜更著新
衣沐浴香湯即往白王我已問之六
師欲斛恣隨其意國王是日告諸六
師今聽汝等共沙門斛時諸六師宣

語國人却後七日當於城外寬博之
處與沙門斛舍衛國中十八億人時
彼國法治擊鼓會衆若彼國法擊
鼓會衆若擊銅鼓十二億人集若打
銀鼓十四億人集若振金鼓一切皆
集七日期滿至平博處椎擊金鼓
一切都集六師徒衆有三万人是時
人民悉為國王及其六師敷施高
座尒時須達為舍利弗而施高座時
舍利弗在一樹下寂然入定諸根寂
默遊諸禪定通達無礙而作是念此
會大衆習邪来久憍慢自高草芥
羣生當以何德而降伏之思惟是已
當以三德即立誓言若我無數劫中慈
孝父母敬尚沙門婆羅門者我初
入會一切大衆當為我礼尒時六師
見衆已集而舍利弗獨未来到便白
王言瞿曇弟子自知无術為求斛能
衆會既集怖畏不来談論時須達
至舍利弗所長跪白言大德大衆已
集願来詣會時舍利弗從禪定起更
整衣服以尼師壇著左肩上徐詳而
步如師子王往詣大衆是時衆人見

其形容法服有異及諸六師忽然起
立如風靡草不覺為礼時舍利弗
便昇須達所敷之座六師衆中有一
弟子名勞度差善知幻術於大衆前
呪作一樹自然長大蔭覆衆會枝葉
欝茂花果各異衆人咸言此變乃是
勞度差作時舍利弗便以神力作旋
嵐風吹拔樹根倒著於地碎為微塵
衆人皆言舍利弗勝勞度差不如又
復呪作一池四面皆以七寶池水之
中生種種花衆人咸言是勞度差之
所作也時舍利弗化作一大六牙白象
一一牙上有七蓮花一一花上有七
玉女其象徐庠往詣池邊并含其
水池即消滅衆人悉言舍利弗勝勞
度差不如勞度差復作一山七寶莊
嚴泉池樹木花果茂盛衆人咸言此
是勞度差作時舍利弗即便化作金
剛力士以金剛杵遥用指之山即破
壞無有遺餘衆會皆言舍利弗勝勞
度差不如復作一龍身有十頭於虚空
中洒種種寶雷電振地驚動大衆
衆人咸言此是勞度差作時舍利弗便

化作一金翅鳥王擘裂敢之衆人皆言舍利弗勝勞度差不如復作一牛身體高大肥壯多力麁脚利角跑地大吼奔隊来前舍利弗化作師子分裂食之衆人言曰舍利弗勝勞度差不如復變其身作夜叉鬼形體長大頭上火然目赤如血爪牙長利口自出火驚躍奔赴時舍利弗自化身作毗沙門王夜叉恐怖即欲退走四面火起無有去處唯舍利弗邊涼冷無火即時屈伏五體投地求哀脫命辱心已生火即還滅衆咸唱言舍利弗勝勞度差不如時舍利弗身昇虛空現四威儀行住坐卧身上出水身下出火東没西踊西没東踊北没南踊南没北踊或現大身滿虛空中而復現小或分一身作百千万億身還合為一於虛空中忽然在地履地如水履水如地現是變已還攝神足坐其本座時會大衆見其神力咸懷歡喜時舍利弗即為說法隨其本行宿福因緣各得道迹或得須陁洹斯陁含阿那含阿羅漢者六師徒衆三億弟

子於舍利弗所出家學道斷披已訖四衆便罷各還所止長者須達共舍利弗往圖精舍須達手自捉繩一頭時舍利弗自捉一頭共經精舍時舍利弗欣然含笑須達問曰尊人何笑答言汝始於此經地六欲天中宮殿已成即借道眼須達悉見六欲天中嚴淨宮殿問舍利弗是六欲天何處最樂舍利弗言下三天中色欲深厚上二天中憍逸自恣第四天中少欲知足恒有一生補處菩薩来生其中法訓不絶須達言曰我正當生第四天中出言已竟餘宮悉滅唯第四天宮殿湛然復更從繩時舍利弗慘然憂色即問尊者何故憂色答言汝今見此地中蟻子不耶對曰已見時舍利弗語須達言汝於過去毗婆尸佛亦於此地為彼世尊起立精舍而此蟻子在此中生尸棄佛時汝為彼佛亦於是中造立精舍而此蟻子亦在其中生毗舍佛時汝為世尊於此地中起立精舍而此蟻子亦在中生拘留秦佛時亦為世尊在此地中起立精舍而

是蟻子亦於此生迦那含牟尼佛時汝為世尊於此地中起立精舍而此蟻子亦在中生迦葉佛時汝亦為佛於此地中起立精舍而此蟻子亦在中生乃至今日九十一劫受一種身不得解脫生死長遠唯福為要不可不種是時須達悲心憐傷經地已竟起立精舍為佛作窟以妙栴檀用為香泥別房住止千二百處凡百二十處別打揵稚施設已竟欲往請佛復自思惟上有國王應當令知若不啓白儻有瞋恨即往白王我為世尊已起精舍唯願大王遣使請佛時王聞已遣使者詣王舍城請佛及僧唯願世尊臨赴舍衛尒時世尊與諸四衆前後圍繞放大光明震動天地至舍衛國所經亭舍悉於中止道次度人無有限量漸漸来近舍衛城邊一切大衆持諸供具迎待世尊到國至廣博處放大光明遍照三千大千世界足指按地地皆震動城中枝樂不鼓自鳴盲視聾聽瘂語僂申癃殘拘躄皆得具足一切人民男女大小覲斯

瑞應歡喜踊躍來詣佛所十八億人都巻集聚尒時世尊隨病投藥為說妙法宿緣所應各得名迹有得須陁洹斯陁含阿那含阿羅漢者有種辟支佛因緣者有發無上正真道意者各各歡喜奉行佛告阿難今此園地須達所買林樹花果祇陁所有二人同心共立精舍應當與号太子祇陁樹給孤獨園名字流布傳示後世（須達齋言善溫）

雜阿含經云給孤獨長者疾病佛往看疾記其得阿那含果乃至命終生兜率天為兜率天子作是念我不應久住於此當往見世尊作是念已如力士屈伸臂頃於兜率天沒現於佛前稽首佛足退坐一面時給孤獨天子身放光明遍照祇樹給孤獨園而說偈讚即沒不現（增一阿含經云阿那邠邸太子白世尊言我是須達又名阿那邠邸）

祐案息心所棲是曰精舍竹林祇樹爰始基搆遺風餘製扇被于今至於須達妙果可謂顯徵者也

釋迦髮爪塔緣記第二十一（出十誦律）

佛遊行諸國經久不還須達思戀渴仰奉見白佛言願與我少物得常供養

佛即與髮指甲白佛言願聽起塔佛言聽又白言聽我作級出伏頭作率拱安欄楯雜綵色畫種種莊嚴佛悉聽之

釋迦天上四塔記第二十二（出集經抄）

忉利天城東照明園中有佛髮塔忉利城南麁澁園中有佛衣塔忉利城西歡喜園中有佛鉢塔忉利城北駕御園中有佛牙塔大智論云天帝釋取菩薩髮於天上城東門外立髮塔又持菩薩寶衣於城東門外立衣塔（祐案經律人中有四大塔生處塔在迦維羅衛國處三千日月万二千天地之中成道塔在摩竭提國善勝道場元吉樹下轉法輪塔在波羅㮈國古仙人住處鹿野苑中𣵀槃塔在拘夷那竭國力士生地秀林雙樹間）

祐仰惟至人處世利益弘大髮爪衣鉢咸為法事故能寶刹霞起廣被人天造塔之源非唯散身而已也

優填王造釋迦栴檀像記第二十三（出增一阿含經）

釋提桓因請佛至三十三天為母說法世尊念四部之衆多有懈怠皆不聽法我今使四衆渴仰於法不告四衆復不將侍者如屈申臂頃至三十三天是時人間不見如來久優填王等

至阿難所曰如來為何所在阿難報曰大王我亦不知如來所在優填王波斯匿王思覩如來遂得苦患是時王勅國界之内諸奇巧師匠而告之曰我今欲作形像是時優填王即以牛頭栴檀作如來形像高五尺（觀佛三昧經云佛昇忉利時優填王戀慕世尊鑄金為像聞佛當下象載金像來迎世尊尒時金像從為上下猶如生佛足步虛空足下雨花亦放光明來迎世尊時鑄金像合掌叉手為佛作禮尒時世尊亦復長跪合掌時虛空中百千化佛亦皆合掌長跪向像尒時世尊而語像言汝於來世大作佛事我滅度後我諸弟子以付囑汝空中化佛異口同音咸作是言若有衆生於佛滅後造立形像種種供養是人來世必得念佛清淨三昧）

波斯匿王造釋迦金像記第二十四（出增一阿含經）

尒時波斯匿王聞優填王作如來像而供養之須占國中巧匠波斯匿王而生此念當用何寶作如來像耶如來形體煌如天金是時波斯匿王純以紫磨金作如來像高五尺尒時閻浮里内始有此二如來形像

阿育王弟出家造石像記第二十五（出求離牢獄經）

阿育王弟名善容（亦名違獸首祇）入山遊獵見諸梵志裸形曝露以求神仙或食樹菓或吸風服氣或卧灰垢或卧荊棘種種苦行以求梵福勞形苦體而无

所得王弟見而問曰在此行道有何
患累而無成辦梵志報曰坐有羣壓
數共合會我見心動不能自制王子聞
已尋生惡念此等梵志服食氣力羸
惱猶有婬欲過患不除釋子沙門飲
食甘美在好床坐衣服隨時香花自
薰豈得無欲阿育聞弟有此議論
即懷憂慼吾唯有一弟忽生邪見恐
永迷没我當方宜除其惡念即還宫
内勑諸妓女各自嚴莊至善容所共相
娛樂預勑大臣吾有所當若我勑卿
煞善容者卿等便諫須七日隨王煞
之時諸妓女即往娛樂未經時須王
弟自往語弟王子何為將吾妓女妻
妾恣意自娛奮其威怒以輪擲空
召諸大臣即告之曰卿等知不吾不
衰老亦无外寇强敵来侵境者吾亦
聞古昔諸賢有此嘆言夫人有福四
海歸伏福盡德薄肘腋叛離如我自
察未有斯變然我弟善容誘吾妓女
妻妾縱情自恣事露如是復有我乎
汝等將詣市煞之諸臣諫曰唯願大王
聽臣微言今唯有此一弟又少息胤

無継嗣者願聽七日奉依王命時王
默然聽臣所諫王復寬恩勑語諸臣
令聽王子著吾服飾天冠威容如吾
不異内吾宫裏作倡妓樂共娛樂之復
勑一臣自今日始著鎧持仗拔利劒
往語善容王子曰知不期七日終正
尒當努力開割五欲自娛今不自適
死後有限用悔无益一日過巳臣復
往語餘有六日如是次第乃至七日
臣往白言王子當知六日巳過唯明
日在當就於死努力恣情五欲自娛
至七日到王遣使問去何王子七日
之中意志自由快樂不乎弟報王曰
大王當知不見不聞有何快樂王問
弟曰著吾服飾入吾宫殿衆妓自娛
食以甘美何以面欺不見不聞不快
樂耶弟白王言應死之人雖未命絶
與死何異當有何情著於五欲耶王
告弟曰咄愚所督汝今一身憂慮百
端一身斷滅在欲不樂豈況沙門釋
子憂念三世一身死壞復受一身億
百千世身身受苦无量患惱雖出為
人與他走使或生貧家求食窮之命

此辛酸故出家為道求於无為度世
之要設不精勤當復更歷劫數之苦
是時王子心開意解前白王言今聞
王教乃得醒悟生老病死實可猒患
愁憂苦惱流轉不息唯願大王見聽
為道謹慎修行王告弟曰宜知是時
弟即辭王出為沙門奉持禁戒晝夜
精勤遂得阿羅漢果六通清徹无所
罣礙阿育王傳云阿育王聞弟得道
深心歡喜稽首礼敬請長供養既猒
世苦不集人間捨依林野以養餘命
阿育王即使鬼神於城内為造山水
山高數十尺斷外人物不得来往乃
應王命率捨衣資造石像一軀高
丈六即於山龕石室供養此山及像
今並存焉
祐案畫像原始出自覺製於是金
石香綵鑄刻遂滋皆所以摹影相好
髣髴尊儀及優塡所造其神力所化乎
釋迦留影在石室記第二十六 出觀佛三昧經
尒時國王請佛入城龍王怒曰汝奪
我利吾滅汝國佛告大王王先歸國
佛自知時於是佛即為龍王及羅刹

女說三歸五戒心大歡喜龍王眷屬百千諸龍更從池出佛令目連與受戒法尒時龍王白佛言唯願如來住此聞佛若不在我發惡心无由成道唯願留神慇懃三請常住於此時梵天王及百千諸梵復來勸請願為一切諸衆生故莫獨偏為一龍住此佛即微笑口出光明无量化佛及菩薩以為侍從龍王於其池中出七寶臺奉上如来唯願天尊受我此臺佛言不須此臺汝但以羅刹石窟施我諸天聞各脱寶衣以掃持窟佛攝神足獨入石室自敷坐具令此石暫為七寶時羅刹女及以龍王為四大弟子及阿難造五石窟尒時世尊坐龍王窟不移坐處亦受王請入郍乾訶城及以諸國處處皆見有佛虛空花座滿中化佛龍王歡喜發大誓願我来世得佛如此佛受王請經七日已王遣一人乗八千里為持諸供具遍一切國供養衆僧處處見佛信反白王釋迦不但此國餘國亦有皆說苦空無常六波羅蜜王聞廓然意解得无生忍尒時世尊還攝神足從石窟出與諸比丘遍遊履諸處龍皆隨從是時龍王聞佛還國啼哭雨淚白言願佛常住云何捨我我不見佛當作惡事墜墮惡道尒時世尊安慰龍王我受汝請當坐汝窟中經千五百歲時諸龍王合掌勸請還入窟中佛即坐巳窟中作十八變踊身入石猶如明鏡在於石内映現於外遠望則見近則不現諸天百千供養佛影影亦說法石窟高一丈八尺深二十四步石清白色（窟在郍乾訶羅國古仙啱蔔花林毒龍池側青蓮泉北羅刹穴中阿郍斯山巖南）祐尋法身無形隨應而現雖靈影霧曖即是如来故無量龍鬼宣法天衆是以經言是諸化佛皆是真實斯之謂歟

釋迦譜卷第三

釋迦譜卷第三

校勘記

一　底本，金藏廣勝寺本。

一　五八五頁中一行及卷末「卷第三」，資、磧、普、南、徑、清作「卷第八」。

一　五八五頁中二行撰者，資、磧、普、南、徑、清作「蕭齊釋僧祐撰」。

一　五八五頁中三行至一〇行目録之「第十九……第二十六」，徑、清無。

一　五八五頁中六行「四塔記」，資、磧、南作「四塔緣記」。

一　五八五頁中一五行「心念」，資、磧、普、南、徑、清作「心之所念」。

一　五八五頁中一六行首字「便」，資、磧、普、南、徑、清作「自」。同行「褥疊」，磧、普、南、徑、清作「褥褺」。

一　五八五頁中二一行第一一字「是」，資、磧、普、南、徑、清無。

一　五八五頁下七行夾註右「竹園」，資、磧、普、南、徑、清作「迦蘭陀竹園」。

一五八五頁下八行夾註左「長者望心」，諸本作「長者至心」。

一五八五頁下九行夾註右第二字「合」，資、磧、普、南、徑、清作「令」。同行右第一〇字「師」，資、磧、普、南、徑、清作「帥」。下至一二行夾註左第一一字同。

一五八五頁下九行夾註右「如其」，資、磧、普、南、徑、清作「知其」。同行夾註左「奉教」，資、磧、普、南、徑、清作「奉勑」。

一五八五頁下一〇行夾註右第五字「拽」，諸本作「拖拽」。

一五八五頁下一一行夾註左「何故改施令」，資、磧、普、南、徑、清作「所以何故改施令」；麗作「何故改施令」。

一五八五頁下一二行夾註右「如此」，資、磧、普、南、徑、清作「如此時」。同行夾註左「即答尼軋」，資、磧、普、南、徑、清作「答尼軋曰」。同行夾註左「貪瞋」，資、磧、普、南、徑、清作「含瞋」。

一五八五頁下一三行夾註右「車求」，諸本作「更求」。同行「勤恨即日悉去」，資、磧、普、南、徑、清作「對曰心恨深矣即悉捨去」；麗作「心恨即日悉去」。同行夾註左第二字「三」，諸本作「立」。同行「座具衆嚴」，資、磧、普、南、徑、清作「床座嚴備」。

一五八五頁下一四行夾註右第五字「心」，諸本作「止」。同行「欣樂」，資、磧、普、南、徑、清作「喜樂」。

一五八五頁下一五行夾註右首字「轉」，諸本作「轉輪斷」。同行「亦於此皆」，諸本作「亦皆於此」。同行夾註左第六字「經」，諸本作「藏經」。

一五八五頁下一六行夾註右「如來住」，諸本作「如來雖住」。

一五八五頁下一七行夾註右「不鳴」，諸本作「非時不鳴」。同行夾註左「澆頂」，資、磧、普、南、徑、清作「灌頂」。同行「初登位」，資、磧、普、南、徑、清作「初登於位」。

一五八五頁下一八行夾註右「婬欲娛樂」，資、磧、普、南、徑、清無。同行夾註左「歡喜」，資、磧、普、南、徑、清作「欣歡」。

一五八五頁下二〇行夾註右「住我」，諸本作「應得」。同行「虵蜈蚣」，諸本作「有虵蛇蜈蚣」。同行夾註左「蛇毒」，諸本作「蛇毒螫」。

一五八六頁上四行「娶妻」，資、磧、普、南、徑、清作「妻娶」。

一五八六頁上八行「到王舍城城中」，資、磧、普、南、徑、清作「行乞到王舍城王舍城中」；麗作「行乞到王舍城城中」。

一五八六頁上一三行「見心大歡喜」，資、磧、普、南、徑、清作「見已心大歡欣」。

一五八六頁上一五行首字「不」，資、磧、普、南、徑、清作「未」。

一五八六頁上一九行「善告舍衛國

王」，資、磧、普、南、徑、清作「善吉舍衛國」；麗作「善吉舍衛國王」。

一 五八六頁上二二行「汝於此間」，資、磧、普、南、清 清作「如汝於此」；麗作「如汝於此間」。

一 五八六頁中一行「爲可尒不」，資、磧、普、南、徑、清作「爲婦可尒以不」。

一 五八六頁中五行「拯濟」，資、磧、普、南、徑、清作「賑濟」。

一 五八六頁中七行「迎送」，諸本作「迎逆」。

一 五八六頁中一四行「會耶」下，資、磧、普、南、徑、清有「答言不也將何所作」八字。

一 五八六頁中一五行「啚然」，磧、南、徑、清作「歒然」。

一 五八六頁中一七行「汝等」，資、磧、普、南、徑、清作「汝不」。

一 五八六頁中二二行「修道」，諸本作「出家修道」。

一 五八六頁下二行「號佛也」，資、磧、普、南、徑、清作「號曰佛」。

一 五八六頁下八行「道意」，資、磧、普、南、徑、清作「正真道意」。

一 五八六頁下九行「畢迦葉」，資、磧、普、南、徑、清作「畢羅迦葉」。同行「也其」，資、磧、普、南、徑、清作「如是」；麗作「如其」。

一 五八六頁下一一行首字「百」，資、磧、普、南、徑、清作「百人」。

一 五八六頁下一二行「衆生」，資、磧、普、南、徑、清作「衆生作」。

一 五八六頁下一四行「誠疑」，諸本作「誠欵」。同行「地明」，資、磧、普、南、徑、清無。

一 五八六頁下一七行「心自」，諸本作「心目」。

一 五八六頁下一八行末字「爲」，資、磧、普、南、徑、清作「儻爲」。

一 五八六頁下二〇行「有親友終生於」，資、磧、普、南、徑、清作「時有親友終生」。

一 五八六頁下二一行「莫悔」，資、磧、普、南、徑、清作「莫退悔」。同行夾註右「汝昔」，資、磧、普、南、徑、清作「汝昔曰」。

一 五八六頁下二二行夾註左首字「門」，資、磧、普、南、徑、清無。

一 五八六頁下末行及次頁上二行「令得」，資、磧、普、南、徑、清作「今得」。

一 五八六頁下末行「轉足」，諸本作「不如轉足」。

一 五八七頁上一行「居士」，資、磧、普、南、徑、清作「居士汝去」。

一 五八七頁上二行「令得」下，資、磧、普、南、徑、清有「百象珍寶不如舉足一步往趣世尊利過於彼居士汝去莫悔正使今得一閻浮提滿中珍寶不如轉足一步趣世尊所得利甚多居士汝去莫悔正使今得」六十字。

一 五八七頁上三行末字「過」，資、磧、普、南、徑、清無。

一 五八七頁上四行末字「說」，諸本

作「語」。

一 五八七頁上一〇行第一三字「即」，資、磧、普、南、徑、清作「即時」。

一 五八七頁上二一行「我伴」，資、磧、普、南、徑、清作「我等」。

一 五八七頁中二行第五字「赴」，資、磧、普、南、徑、清作「覆」。

一 五八七頁中三行至次行「住止」，資、磧、普、南、徑、清作「止住」。

一 五八七頁中九行末字「信」，資、磧、普、南、徑、清作「衆信」。

一 五八七頁中一六行「雇之」，資、磧、普、南、徑、清作「雇人」。

一 五八七頁中二〇行「正平」，資、磧、普、南、徑、清作「平正」。

一 五八七頁中二一行第九字「所」，資、磧、普、南、徑、清作「所時」。

一 五八七頁中二二行「作之」，資、磧、普、南、徑、清作「住之」。

一 五八七頁下一二行「即化」，資、磧、普、南、徑、清作「即化作」。

一 五八七頁下一七行第八字「足」，資、磧、普、南、徑、清作「取」。

一 五八七頁下一八行「何藏」，諸本作「藏何」。

一 五八七頁下一九行末字「乃」，資、磧、普、南、徑、清作「能」。

一 五八七頁下二〇行「捨寶」，諸本作「輕寶」。

一 五八七頁下二二行及次頁上二〇行「歡喜」，資、磧、普、南、徑、清作「歡欣」。

一 五八七頁下二二行至次行「便即」，資、磧、普、南、徑、清作「即便」。

一 五八八頁上二行第一一字「斟」，資、磧、普、南、清、麗作「捅」；徑作「⿰牜甬」。下至次頁中一行第一一字同。

一 五八八頁上二二行「是日」，資、磧、普、南、徑、清作「是時」。

一 五八八頁中三行第四字「治」，諸本無。

一 五八八頁中三行第九字至次行第三字「若……衆」八字，諸本無。

一 五八八頁中七行「三万」，諸本作「三億万」。

一 五八八頁中一四行第三字「三」，資、磧、普、南、徑、清作「二」。

一 五八八頁中一九行「不來」下，諸本有「王告須達汝師弟子捅時已至宜來」十四字。

一 五八八頁下九行「勞度差」，資、磧、普、南、徑、清作「今勞度差便爲」。

一 五八八頁下一〇行「四面」，資、磧、普、南、徑、清作「其池四面」。

一 五八八頁下一三行首字「一」，資、磧、普、南、徑、清作「其」。

一 五八八頁下一四行「并含」，資、磧、普、南、徑、清作「并吸」。

一 五八八頁下一五行「消滅」，資、磧、普、南、徑、清作「時滅」。

一 五八八頁下一六行「勞度差」，資、磧、普、南、徑、清無。

一 五八八頁下二二行第二字「洒」，諸本作「雨」。

一 五八八頁下末行「此是」，資、磧、

普、南、徑、清作「亦是」。

一 五八九頁上四行「舍利弗化作」，資、磧、普、南、徑、清作「時舍利弗化作一」。

一 五八九頁上五行「言曰」，資、磧、普、南、徑、清作「皆言」。

一 五八九頁上七行「爪牙長利口自」，資、磧、普、南、徑、清作「四牙長利口目」。

一 五八九頁上八行「奔赴」，資、磧、普、南、徑、清作「奔走」。

一 五八九頁上一五行第六字「踊」，資、磧、普、南、徑、清作「涌」。下至次行第四字同。

一 五八九頁中一四行第六字「徙」，磧、普、南、徑、清作「徒」。

一 五八九頁中二〇行「在其」，諸本作「在中」。

一 五八九頁中二一行「毗舍」，資、磧、普、南、徑、清作「毗舍浮」。

一 五八九頁中末行第二字「亦」，資、磧、普、南、徑、清作「汝」。

一 五八九頁下一〇行「揵稚」，資、磧、普、南、徑、清作「揵椎」。

一 五八九頁下一三行末字「已」，資、磧、普、南、徑、清作「已即」。

一 五八九頁下一五行第三字「赴」，資、磧、普、南、徑、清作「覆」。

一 五八九頁下一九行「迎侍世尊」，資、磧、普、南、徑、清作「迎待世尊世尊」。

一 五八九頁下二一行「枝樂」，資、麗作「伎樂」；磧、普、南、徑、清作「妓樂」。

一 五八九頁下二二行「軀申」，資、磧、普、南、徑、清作「僂伸」。同行「拘躄」，資、麗作「拘癖」。

一 五九〇頁上三行「名迹」，諸本作「道迹」。

一 五九〇頁上七行至次行「所有……祇陁」十八字，磧、普、南無。

一 五九〇頁上八行第一三字「陁」，資、徑、清無。

一 五九〇頁上一二行第八字「是」，資、磧、普、南、徑、清作「天子已」。

一 五九〇頁上一六行「偈讚」，資、磧、普、南、徑、清作「偈言」。

一 五九〇頁上一七行夾註右「太子」，資、磧、普、南、徑、清作「天子」。

一 五九〇頁上二〇行末字「也」，資、磧、普、南、徑、清作「焉」。

一 五九〇頁中一行「指甲」，資、磧、普、南、徑、清作「爪甲」。

一 五九〇頁中二行「級出伏頭作率」，資作「窟及出伏頭作欒」；磧、普、南、徑、清作「窟及出栿頭作欒」；麗作「窟出伏頭作欒」。

一 五九〇頁中五行「塔記」，徑、清作「塔緣記」。

一 五九〇頁中九行「大智論」，資、磧、普、南、徑、清作「大智度論」。

一 五九〇頁中一三行夾註右末字「古」，資、磧、普、南、徑、清作「故」。

一 五九〇頁中二二行首字「復」，資、磧、普、南、徑、清無。

一 五九〇頁下一行「如來」，資、磧、

一　普、南、徑、清作「如來今者」。

一　五九〇頁下五行「形像」，諸本作「如來形象」。

一　五九〇頁下七行夾註右「忉利」，資、磧、普、南、徑、清作「忉利天」。

一　五九〇頁下七行夾註左第一二字至次行夾註左第四字「金像……尊時」二十七字，資、磧、普、南、徑、清無。

一　五九〇頁下一二行夾註右「出增益」，資、磧、普、南、徑、清作「出增一」。

一　五九〇頁下一四行「須㕣」，諸本作「復㕣」。

一　五九〇頁下一九行「石像」，徑、清作「釋迦石像」。

一　五九〇頁下二二行「灰垢」，資、磧、普、南、徑、清作「灰阜」。

一　五九一頁上四行「服食」，資、磧、普、南、徑、清作「服風食氣」；麗作「服風」。

一　五九一頁上一二行「須七日」，諸本作「須待七日」。

一　五九一頁上一六行末字「不」，資、磧、普、南、徑、清作「未」。

一　五九一頁上一八行首字「聞」，資、磧、普、南、徑、清作「曾聞」。

一　五九一頁上二一行「復有」，諸本作「豈有」。

一　五九一頁上二二行第三字「將」，諸本作「將去」。

一　五九一頁上末行第五字「今」，資、磧、普、南、徑、清作「王今」；麗作「今王」。

一　五九一頁中一行「奉依王命」，資、磧、普作「爲王依王天命」；南、徑、清作「爲王依奉天命」。

一　五九一頁中三行首字「令」，諸本作「命」。

一　五九一頁中五行第一二字「拔」，資、磧、普、南、徑、清作「拔好」。

一　五九一頁中六行第九字「不」，資、磧、普、南、徑、清無。

一　五九一頁中七行「尒當」，諸本作「爾當到」。同行「五欲」，資、磧、普、南、徑、清作「五樂」。

一　五九一頁中八行「有限」，諸本作「有恨」。

一　五九一頁中九行「七日」，資、磧、普、南、徑、清作「一日」。

一　五九一頁中一八行「眷於五欲耶」，資、磧、普、南、徑、清作「著於五欲」；麗作「著於五欲耶」。

一　五九一頁下一一行「不集」，諸本作「不樂」。

一　五九一頁下一二行第八字「於」，資、磧、普、南、徑、清作「於自」。

一　五九一頁下一三行「十尺斷外」，資、磧、普、南、徑、清作「十丈斷絶」；麗作「十丈斷外」。

一　五九一頁下一四行末字「高」，資、磧、普、南、徑、清作「身高」。

一　五九一頁下一八行第一一字「摹」，資、磧、普、南、徑、清作「摹慕形」。

一　五九二頁上四行首字「住」，諸本作「常住」。

一　五九二頁上六行第三字「王」，磧、南、徑、清作「至」。

一　五九二頁上一二行「天聞」，資、磧、普、南、徑、清作「天聞已」。同行「持窟」，資、磧、普、南、徑、清作「佛窟」；麗作「拂窟」。

一　五九二頁上一三行「此石」，諸本作「此石窟」。

一　五九二頁上一五行「阿難」，資、磧、普、南、徑、清作「阿難等」。

一　五九二頁上一八行至次行「願我」，資、磧、普、南、徑、清作「我於」。

一　五九二頁上二一行「信反」，徑、清作「使返」。

一　五九二頁上二二行「釋迦」，資、磧、普、南、徑、清作「釋迦如來」。

一　五九二頁中一行第三字「忍」，資、磧、普、南、徑、清作「法忍」。

一　五九二頁中二行第八字「屣」，資、磧、普、南、徑、清無。

一　五九二頁中一〇行「亦說」，徑、清作「不說」。

一　五九二頁中一二行夾註右「訶羅」，資、磧、普、南、徑、清作「訶那」。同行夾註左「羅刹」，諸本作「羅剎」。同行末字「南」，資、磧、普、南、徑、清作「南面」。

一　五九二頁中一四行「無量」，資、磧、普、南、徑、清作「撫柔」。

釋迦譜卷第四　彩

梁沙門釋僧祐撰

釋迦雙樹般涅槃記第二十七　出大般涅槃經

佛在拘尸那城力士生地阿夷羅跋提河邊娑羅雙樹間與大比丘八十億百千人俱前後圍繞二月十五日臨涅槃時以佛神力出大音聲乃至有頂隨其音類普告衆生今日如来應供正遍知憐愍衆生如羅睺羅為作歸依大覺世尊將欲涅槃一切衆生若有所疑今悉可問為最後問

長阿含經云佛於毗耶離與阿難獨坐於後夏安居中佛身疾生舉軀皆痛佛告阿難諸有修四神足多修習行常念不忘在意所欲可得不死一劫有餘阿難佛四神足已多如来可止一劫有餘為世除冥天人獲安尒時阿難默然不對如是再三阿難為魔之所蔽矇矇不悟佛告阿難宜知是時阿難承旨礼佛而去其間未久時魔波旬来白佛意无欲般涅槃佛告波旬且止且止我自知時如来今者未取涅槃波旬復白佛言佛昔初成正覺我時勸請如来可般涅槃尒時如来報言須我諸弟子集化今正是時何不滅度佛言止止波旬佛自知時不久住也是後三月於本生處拘尸那竭娑羅園雙樹間當取滅度時魔即念佛不虚言歡喜踊躍忽然不現佛即於遮披羅塔定意三昧捨命住壽當此之時地大振動人民驚怖衣毛為竪佛放大光幽冥之處莫不蒙明各得相見賢者阿難心驚毛竪疾行詣佛頭面礼足白佛言恠哉地動是何因緣佛告阿難凡世地動有八因緣夫地在水上水止於風風止於空空中大風有時自起則大水擾則普地動是為一復次有時得道比丘比丘尼及大神尊天觀水性多觀地性少欲自試力則普地動

是為二菩薩降神母胎地為大動是為三菩薩從右脅生則普地動是為四菩薩初成正覺是為五初轉无上法輪是為六佛教將畢欲捨性命則普地動是為七如来入无餘涅槃界而般涅槃時地大振動是為八也尒時世尊告阿難俱詣香塔現在比丘普勒令集如来不久是後三月當般泥洹諸比丘聞已皆悲愕然殞絕迷荒自投於地舉聲大呼一何駛哉佛取滅度婉轉嘷吅不能自勝佛告諸比丘汝等且止勿懷憂悲天地人物無生不終欲使有為不變易者無有是處天魔波旬向来請我我言是後三月當般涅槃尒時賢者阿難右膝著地叉手白佛言唯願世尊留住一劫勿取滅度尒時世尊黙然不對如是三請佛告阿難汝親從佛聞佛四神足已多習行不忘可止不死一劫有餘多所饒益天人獲安汝尒時何不勸請如来使不滅度今汝方言豈不過耶吾已捨性命已棄已吐欲使如来自違言者無有是處

尒時世尊於晨朝時從其面門放種種光遍照三千大千佛之世界乃至十方六趣衆生遇斯光者罪垢煩惱一切消除是諸衆生見聞是已心大憂惱同時舉聲悲號啼哭尒時大地諸山大海皆悉震動時諸衆生共相謂言當共疾往詣拘尸城勸請如来莫般涅槃住世一劫若減一劫諸大弟子尊者摩訶迦旃延等遇佛光者其身戰掉不能自持發聲大吅生種種苦惱復有八十百千諸比丘皆阿羅漢如大龍王復有六十億比丘尼亦是大阿羅漢各於晨朝日初出時舉身毛竪遍體血現如波羅奢花涕泣盈目生大苦惱疾至佛所稽首佛足繞百千匝却坐一面復有一恒河沙菩薩摩訶薩位階十地日初出時遇佛光明遍體血現涕泣盈目疾至佛所稽首佛足繞百千匝却坐一面復有二恒河沙諸優婆塞四恒河沙毗舍離城諸離車等五恒河沙大臣長者復有閻浮提内所有諸王復有七恒河沙諸王夫人唯除阿闍世

王夫人所設供養七倍於前復有八恒河沙諸天女等九恒河沙諸龍王等十恒河沙諸鬼神王所設供具倍於諸龍復有二十恒河沙金翅鳥王三十恒河沙乹闥婆王四十恒河沙緊那羅王五十恒河沙摩睺羅伽王六十恒河沙阿脩羅王七十恒河沙阿那婆王八十恒河沙羅剎王更不食人其形醜陋以佛神力皆悉端正復有九十恒河沙樹林神王千恒河沙持呪王一億恒河沙貪色鬼魅百億恒河沙天諸婇女千億恒河沙地諸鬼王十万億恒河沙諸天王及四天王等復有十万億恒河沙四方風神吹諸樹上時非時花散雙樹間十万億恒河沙主雲雨神皆作是念如来涅槃焚身之時我當注雨令火時滅復有二十恒河沙大香象王拔取諸妙蓮花来至佛所二十恒河沙師子獸王持諸花果来至佛所二十恒河沙諸飛鳥王鳧鴈鴛鴦孔雀迦陵頻伽鳥耆婆鳥持諸花果稽首佛足二十恒河沙水牛王往至佛所出

妙香乳其乳流滿拘尸城所有溝坑色香美味悉皆具足二十恒河沙四天下中諸神仙人持諸香花甘果稽首佛足閻浮提中一切蜂王持種種花來詣佛所復有无量世界中閒及閻浮提所有諸山神四大海及諸河神有大威德所設供養倍勝於前以薝婆花散然連河稽首佛足却住一面尒時拘尸城娑羅林變白猶如白鵠於虛空中自然而有七寶堂閣彫文刻鏤流泉浴池上妙蓮花亦如忉利歡喜之園是諸天人阿修羅等咸覩如來涅槃之相皆悉悲感時四天王及三十三天乃至第六天所設供養展轉勝前大梵天王及餘梵衆放身光明遍四天下欲界人天日月光明悉不復現持諸寶幢幡極短者懸於梵宮到娑羅樹閒稽首佛足白言唯願如來哀受我等最後供養如來知時默然不受尒時毗摩質多阿脩羅王與无量大眷屬俱身諸光明勝於梵天持諸寶幢其蓋小者覆千世界上妙甘饍來詣佛所欲界魔王

波旬與其眷屬諸天婇女阿僧祇衆開地獄門施諸清淨水因而告曰汝等今者无所能為唯當專心如來當令汝等長夜獲安時魔波旬於地獄中悉除刀劒无量苦毒熾然炎火注雨滅之以佛神力復令諸眷屬皆捨刀劒弓弩矛矟長鉤鬪輪罥索所持供養倍勝一切人天所設其蓋小者覆中千界來至佛所稽首佛足唯願如來哀受我等最後供養如是三請皆亦不受時魔波旬不果所願心懷愁惱却住一面尒時大自在天王與其眷屬无量無邊及諸天衆所設供具悉覆梵釋人天八部所有供具梵釋所設猶如聚墨在珂貝邊悉不復現寶蓋小者能覆三千大千世界來詣佛所稽首佛足繞无數匝尒時東方去此無數阿僧祇恒河沙微塵世界彼有佛土名意樂美音佛号虛空等如來十号具足尒時彼佛告第一大弟子言汝今宜往西方娑婆世界釋迦牟尼如來彼佛不久當般涅槃汝可持此世界香飯奉獻彼佛世尊食

已入般涅槃尒時无邊身菩薩即受佛教稽首佛足發彼國來應時此閒三千大千世界大地六種震動梵釋四王魔王波旬摩醯首羅見是地動舉身毛竪喉舌枯燥驚怖戰慄各欲四散自見其身无復光明是時文殊師利即從坐起告諸大衆汝等勿懼東方去此無量阿僧祇恒河沙微塵等世界有佛号虛空等如來十号具足彼有菩薩名无邊身與無量菩薩欲來至此供養如來以彼菩薩威德力故令汝身光悉不復現尒時大衆悉還見彼佛如明鏡中自覩已身見無邊身菩薩一一毛孔各各出生一大蓮花各有七万八千城邑七寶雜廁是中衆生不聞餘名純聞无上大乘之聲書持讀誦大乘經典一切大衆悉皆得見无邊身菩薩身大无邊量同虛空唯除諸佛餘无能見身量邊際時无邊身菩薩稽首佛足合掌白言世尊唯願哀愍受我等食如來知時默然不受南西北方諸佛世界亦有無量無邊身菩薩所持供養倍勝

於前時娑羅樹吉祥福地縱廣三十二由旬大衆充滿間无空缺尒時四方无邊身菩薩及其眷屬所坐之處或如錐頭鍼鋒十方如微塵世界諸大菩薩悉來集會唯除尊者摩訶迦葉阿難二衆阿闍世王及其眷屬乃至毒虵視能煞人蜣蜋蝮蝎及十六種行惡業者悉皆來集陁郍婆神阿修羅等悉捨惡念皆生慈心除一闡提尒時三千大千世界以佛神力地皆柔軟衆寶莊嚴猶如西方无量壽佛極樂世界是時大衆悉見十方微塵等諸佛世界如於明鏡自觀已身尒時如来面門所出五色光明其光明耀覆諸大會令彼身光悉不復現所應作已還從口入時諸天人阿修羅等見佛光明還從口入皆大恐怖身毛為竪復作是言如来光明出已還入必於十方所作已辦將是寂後涅槃之相嗚呼痛哉世間大苦悲號啼哭不能自持尒時會中有優婆塞是拘尸城工巧之子名曰純陁與其同類十五人俱從座而起偏袒右肩

右膝著地合掌向佛悲感流淚頂礼佛足白佛言唯願世尊及比丘僧哀受我等寂後供養我等從今無主无親无救无護貧窮飢困欲從如来求將来食唯願哀受我等微供然後涅槃尒時世尊一切種智告純陁曰善哉善哉我今為汝除断貧窮无上法雨雨汝身田令生法牙令汝具足檀波羅蜜尒時大衆歡喜踊躍同聲讃言善哉善哉希有純陁佛已受汝寂後供養汝今純陁真是佛子佛告純陁汝所奉施佛及大衆今正是時如来正尒當般涅槃第二第三亦復如是尒時純陁聞佛語已舉聲號哭復白大衆我等今者一切當共五體投地同聲勸佛莫般涅槃佛告純陁莫大啼哭自乱其心我以哀愍汝及一切是故今日欲入涅槃何以故諸佛法尒有為亦然速辦所施不宜久停尒時世尊從其面門放種種色青黃赤白紅紫光明照純陁身純陁遇已與諸眷屬持諸餚饌疾往佛所憂悲悵怏重白佛言唯願如来猶見哀愍住壽一劫

若滅一劫佛告純陁汝欲令我久住世者宜當速奉寂後具足檀波羅蜜尒時一切菩薩天人雜類異口同音唱言奇哉純陁成大福德我等无福所設供具則為唐捐尒時世尊欲令一切衆望滿足於自身上一一毛孔化无量佛一一諸佛各有無量諸比丘僧悉皆示現受其供養釋迦如来自受純陁所奉設者尒時純陁所持粳粮成熟之食摩伽陁國滿足八斛以佛神力皆悉充足一切大會

長阿鋡經云世尊與諸大衆至波城闍頭園中時有工師子名曰周那即自嚴服至世尊所頭面礼足即請世尊明日舍食時佛默然受請明日時到尒時世尊法服持鉢大衆圍繞往詣其舍周那尋會設飭食供佛及僧別煮栴檀樹耳世所奇珎獨奉世尊佛漸為說法示教利喜已大衆圍遶侍從而還中路止一樹下告阿難言吾患背痛汝可敷座尋即敷座阿難白佛言周那設供無有福利所以者何如来寂後於其舍食便取涅槃佛

告阿難勿作是言周郍為獲大利得壽命得色得力所以者何佛初成道能施食者佛臨滅度能施食者此二功德正等无異雙卷大般泥洹經云佛語賢者阿難俱之波旬國弟子皆行到止城外禅顯園中波旬豪姓有諸花氏聞佛来到皆出作礼稽首畢一面坐有花氏子淳獨留長跪白佛欲設微食願與聖衆俱屈威神佛黙然如可之淳喜為礼而帰而調作膳美晨施床座佛與衆弟子俱到其舍就高座淳手自斟酌奉鉢致漿供養行澡水畢佛說法已淳歡喜佛語阿難俱之拘夷邑行半道所佛疾生身背痛止樹下坐於是佛語賢者阿難至熙連河自澡浴已告阿難朝從花子淳飯夜當滅度天下有二難一為若施飯食成无上道為至聖佛一為若施飯食弃所受餘无為之情而滅度今淳飯佛當得長壽得受无欲得大富得極貴得官屬終生天上獲此五福語淳勿憂冝用歡喜

祐尋此二經與大般涅槃所說淳陁家後供養多有不同此大小乘經現化之各殊也

尒時樹林其地陿小以佛神力如針鋒處皆有无量諸佛世尊所食之物亦无差别是時天人阿修羅等啼泣悲嘆如来今日已受我等最後供養當般涅槃我等當復更供養誰尒時世尊為欲安慰一切大衆而說偈言

若有不能　如是觀了　三寶常者
是栴陁羅　若有能知　三法常任
實能因緣　離苦安樂

尒時人天大衆阿修羅等聞是法已心生歡喜踊躍无量知佛常任散種種花皷天妓樂尒時世尊與文殊師利迦葉菩薩及與純陁受記別已說如是言諸善男子自修其心慎莫放逸我今背疾舉體皆痛我今欲卧如彼小見及常患者文殊汝等當為四部廣說大法今以此法付囑於汝乃至迦葉阿難等至當復付囑尒時如来說是語已為調伏諸衆生故現身有疾右脇而卧如彼病人

長阿含經云尒時世尊入拘尸城向

本生處末羅雙樹間告阿難曰汝為如来於雙樹間敷置床座使頭南首面向北方所以然者吾法流布當久住北方尒時世尊自四牒僧伽梨偃右脇如師子王累足而卧時雙樹間鬼神以非時花布散于地阿難長跪叉手白佛言莫於此鄙陋小城荒毀之土取滅度也更有大國迦維羅衛波羅㮈國民人衆多必能恭敬供養舍利佛言止止无謂此土以為鄙陋昔者此國土有王名大善見七寶具足王有四德主四天下善見命終生第七梵天其王死七日後輪寶珠寶自然不見象寶馬寶居士寶主兵寶同日命終城池法殿金色羅園變為土水有法無常要歸磨滅唯得聖諦道尒乃知之我自憶念曾於此處六反作轉輪聖王終厝骨於此今我成无上正覺復捨性命厝身於此自今已後生死永終无有方土厝吾身處此最後邊更不受有

尒時迦葉菩薩白佛言世尊如来已免一切諸病苦患悉除无復怖畏世

釋迦譜卷第四　第十五張　彩字号

尊一切衆生有四毒箭則為病因何等為四貪欲瞋恚愚癡憍慢若有病因則有病生所謂愛熱肺病上氣吐逆其心悶乱諸佛世尊悉復无有今日如来何縁顧命文殊師利我今背痛一切愚人生滅盡想當為外道九十五種之所輕傷沙門瞿曇无常所遷如來世尊无上仙人已拔毒箭得無所畏今者何故右脇而卧令諸人天悲愁苦惱尒時世尊大悲薰心知諸衆生各各所念即從卧起結加趺生顔貌熙怡如融金聚放大光明充遍虛空其光大盛過百千日照于東方南西北方四維上下諸佛世界一一毛孔出一蓮花各具千葉純真金色各出種種雜色光明皆悉遍至阿鼻地獄黑繩地獄等是八地獄其中衆生燒煮火炙斫刺劆剝乃至八種寒氷地獄所謂擘裂身體碎壞遇斯光已如是等苦悉滅无餘是光明中言諸衆生皆有佛性衆生聞已即便命終生天人中此閻浮提及餘世界地獄悉空無受罪者除一闡提餓鬼

釋迦譜卷第四　第十六張　彩字号

衆生飢渴所逼遇斯光已飢渴即除是光明中亦說衆生皆有佛性聞已命終生天人中餓鬼悉空除謗大乘畜生共相殘食遇斯光已恚心悉滅是光明中亦說衆生皆有佛性聞已命終生天人中畜生亦盡除謗正法是一一花各有一佛圓光一尋端嚴寂上是諸世尊或震雷音或注洪雨或扇大風或出烟炎或有示現初生出家轉妙法輪入于涅槃此閻浮提中衆生遇斯光已盲者見色聾者聽聲瘂言辯行貧者得財慳者能施恚者慈心不信者信无一衆生修行惡法除一闡提尒時一切天龍鬼神乾闥婆阿脩羅及人非人等悉同聲唱如是言善哉善哉天上天尊多所利益踊躍歡喜或歌或儛以種種花散佛及僧諸天妓樂供養於佛尒時佛告迦葉菩薩是諸衆生不知大乘方等密語便謂如来真實有疾如來今於娑羅雙樹閒示現倚卧師子之牀欲入涅槃令諸未得阿羅漢果衆弟子等及諸力士生大憂苦令天人阿

釋迦譜卷第四　第十七張　彩字号

修羅等大設供養欲使諸人以千端㲲纏褁其身七寶為棺盛滿香油積諸香木以火焚之唯除二端不可得燒一者襯身二最在外為諸衆生分散舍利以為八分一切聲聞弟子咸言如来入於涅槃當知如来亦不畢定入於涅槃何以故如来常住不變易故

長阿含經云尒時世尊即記莂千二百弟子所得道果世尊披欝多羅僧出金色臂告諸比丘汝等當觀如来時時出世如優曇花時一現耳

雙卷大般泥洹經云何佛語阿難其已願樂如来正化當弃貪欲慢之心遵承佛教以精進默惟道行是為最後佛之遺令必共慎之汝諸比丘觀佛儀之容難得覩却後一億四千餘歲乃當復有弥勒佛耳難常遇也天下有漚曇花不花而實若其生花則世有佛為世間日恒除衆冥自我為聖師至七十九所應作者亦已究暢汝其勉之夜已半矣

是故比丘无為放逸我以不放逸故自

致正覺无量衆善亦由不放逸得一切万物无常存者此是如来末後所說於是世尊即入初禪從初禪起入第二禪從第二禪起入第三禪從三禪起入第四禪從四禪起入空處定從空處定起入識處定從識定起入不用定從不用定起入有想無想定從有想无想定起入滅想定是時阿難問阿那律世尊已般涅槃耶阿那律言未也阿難世尊今者在滅想定我昔親從佛聞從四禪起乃般涅槃於時世尊從滅想定起入有想无想定從有想无想定起入不用定從不用定起入識處定從識處定起入空處定從空處定起入第四禪從四禪起入第三禪從三禪起入第二禪從二禪起入第一禪從第一禪起入第二禪從二禪起入第三禪從第三禪起入第四禪從四禪起佛般涅槃當於尒時大地振動諸天世人皆大驚怖諸有幽冥日月光明所不照處皆蒙大明各得相見迭相謂言彼人生此其光普遍過諸天光時忉利天於虛空中以文陁羅花優鉢羅花波頭摩等花散如来上及散衆會又以天末栴檀雨散佛上及散大衆佛滅度已時梵天王釋提桓因金毗羅神密迹力士佛母摩耶雙樹神娑羅園林神四天王忉利天王炎摩天王兜率陁天王化自在天王他化自在天王各作偈頌諸比丘悲慟殞絶自投於地辟如斷虵婉轉迴遑莫知所湊歔欷而言如来滅度何其駛哉大法淪翳何其速哉羣生長衰世間眼滅尒時阿那律告諸比丘止止勿悲諸天在上儻有恠責時諸比丘問阿那律上有幾天阿那律言充滿虛空豈可計量皆於空中俳佪搔攪悲號擗踊垂淚而言如来滅度何其駛哉群生長衰世間眼滅

雙卷大般泥洹經與長阿含說略同時諸比丘竟夜達曉講法語已阿那律告阿難言汝可入城語諸末羅佛已滅度所欲施作宜及時為是時阿難起礼佛足已將一比丘涕泣入城遥見五百末羅集在一處諸末羅奉

迎礼足白言今来何早阿難答言汝等當知如来昨夜已取滅度汝欲施作宜及時為諸末羅聞是語已莫不悲慟捫淚而言一何駛哉佛般涅槃一何疾哉世間眼滅時諸末羅各自還家辦諸香花及衆妓樂詣雙樹間供養舍利竟一日已以佛舍利置於牀上諸末羅童子等来舉輿牀皆不能勝時阿那律語末羅汝等且止勿空疲勞今者諸天欲来舉牀汝等欲使末羅童子舉牀四角入東城門遍諸里巷使國人民皆得供養然後出西城門詣高顯處而闍維之而諸天意欲留舍利七日之中使國人民皆得供養然後出城北門渡熈連禪河天冠寺而闍維之是上天意使牀不動末羅曰諾快哉斯言隨諸天意時諸末羅即共入城平治道路掃灑燒香已出雙樹間以香花妓樂供養舍利訖七日已時日向暮舉佛舍利置於牀上末羅童子捧舉四角擎持幡蓋燒香散花作衆妓樂前後導從安詳而行時忉利諸天文陁羅花優鉢

羅花等天末栴檀散舍利上充滿街路諸天作樂鬼神歌詠供養舍利於是末羅捧牀漸進入東城門止諸街巷設供養已出城北門渡凞連禪河到天冠寺告阿難曰我等復應以何供養阿難報曰我親從佛聞欲葬舍利當如轉輪聖王葬法生獲福死得上天時末羅即共入城供辦葬具已還到天冠寺以淨香湯洗浴佛身以新劫貝周匝纏身五百張疊次如纏之內身金棺灌以香油置於第二大鐵槨中栴檀木槨重衣其外以衆名香而積其上末羅大目名曰路夷執大炬火欲燃佛積而火不燃又諸大末羅次前燃積火又不燃時阿那律語末羅言止止諸賢非汝所能火滅不燃是諸天意以大迦葉將五百弟子從波波國来欲見佛身天知其意使火不燃尒時大迦葉波波國遇一尼乹子手執文陁羅花問言汝知我師在乎荅曰滅度以来已經七日迦葉聞之悵然不悅五百比丘婉轉蹄咷不能自勝迦葉詣拘尸城渡尼連禪

河到天冠寺至阿難所語阿難言我等欲一面覲舍利及未闍維寧可見不阿難荅言雖未闍維以劫貝五百張疊次如纏之藏於金棺置鐵槨中以為佛身難復可覩迦葉三請阿難荅如初時大迦葉適向香積於時佛身從重棺內雙出兩足足有異色迦葉見已恠問阿難佛身金色是何故異阿難報曰向有一老母悲哀而前淚墮其上故色異耳迦葉即向香積礼佛舍利時四部衆及上諸天同時俱礼於是佛足忽然不現時大迦葉遶積三匝而作偈頌時彼佛積不燒自燃諸末羅等各相謂言今火獨熾炎盛難止闍維舍利或能消盡當於何所求水滅之時有娑羅樹神尋以神力滅佛積火時諸末羅指拘尸城側取諸香花以用供養

雙卷泥洹經說与長阿含說略同又云大迦葉至於是佛積不燒自然至終其夜佛積燒盡自然生四樹藕尼禪樹迦維 屠樹阿世覬樹尼拘類樹

菩薩處胎經云佛在雙樹欲捨身壽入涅槃二月八日夜半躬自襞僧伽梨欝多羅僧安陁羅跋薩各三條敷金棺裏現身卧上脚脚相累以鉢錫杖手付阿難八大國王皆持五百張白疊栴檀木盡內金棺裏大梵天王將諸梵衆在右面立釋提桓因將忉利諸天在左面立弥勒菩薩十方菩薩當前立尒時世尊欲入金剛三昧碎身舍利從金棺裏出金色髀即問阿難迦葉比丘今来至不對曰未至即復斂疊入金棺裏寂然不語世尊將欲示現識所趣向道識俗識有為識無為識世尊即於胎中現勾璅胎骨遍滿三千大千世界佛告弥勒汝觀勾鏁骸骨令一切衆所知識所趣分別決了弥勒菩薩即從座起手執金剛七寶神杖撓勾璅骨聽彼骨聲即白佛言此人命終瞋恚結多識墮龍中此人前身十跡行具得生天上有一全身舍利無有缺減弥勒以杖撓之推尋此識了不知處如是三撓前白佛言此人神識了不可知將非

如来入涅槃耶佛告弥勒諸佛舍利流布非汝等境界所能分别何以故此舍利即是吾舍利何能尋究如来神識又世尊還攝威神在金棺裏寂然无聲諸天燒香散花供養時大迦葉將五百弟子至世尊以天耳聞即從金棺雙出兩足

摩耶經云佛般涅槃摩耶夫人天上五衰相現一者頭上花萎二者腋下汗出三者頂中光滅四者兩目數瞬五者不樂本座又於其夜得五大悪夢一須弥山崩四海水竭二羅剎奔走挑人眼目三天失寶冠身无光明四寶珠幢倒失如意珠五師子齧身痛如刀割得此夢已即便驚寤此非吉祥我昔在於白淨王宮因晝寢中得希有夢見一天子身黄金色乗白象王從諸天子作妙技樂觀日之精入我右脅身心安樂即便懐姙悉達太子為世照明今此五夢甚可怖畏必是我子涅槃之相尒時阿那律棺殯如来身已即昇忉利天偈告摩耶摩耶聞已悶絶躃地良久乃穌自拔頭

髮悲泣而言昨夜得夢知有恠異佛果滅度不久便當即就闍維何其苦哉世間眼滅即與諸眷屬從空來下趣雙樹間遥見佛棺悶絶不能自勝以水灑面然後方穌前至棺所頂礼悲泣而作是言共於至真无量劫来長為母子未曾捨離一旦於今相見无期嗚呼苦哉衆生福盡即以種種天花布散棺上摩耶夫人顧見如来僧伽梨衣及鉢并錫杖右手執之舉身投地如大山崩悲號慟絶而作是言我子執著福度天人今此諸物空无有主嗚呼痛哉四衆悲感淚下如雨帝釋力故變成河流尒時世尊以神力故令諸棺蓋皆自開發便從棺中合掌而起如師子王初出窟已奮迅之勢身毛孔中放千光明一一光明有千化佛悉皆合掌向於摩耶以梵軟音問訊毋言遠屈来下此閻浮提諸行法尒願勿啼泣時阿難見佛起又聞說偈悲淚嗚咽强自抑忍即便白佛後世衆生必當問我佛臨滅度復何所說云何荅之佛告阿難汝當

荅言世尊已入涅槃摩耶夫人来下如来為後不孝諸衆生故從金棺出合掌問訊并說上諸偈故此經名為佛臨涅槃母子相見經如是受持說此語已與母辭别即便闔棺三千世界普皆震動八部大衆悲號懊惱聲動天地摩耶夫人問阿難言我子悉達臨滅度時有何教勑阿難白言世尊中夜為諸比丘略說教誡又以所說十二部經付囑尊者摩訶迦葉末後勑我令助宣布時摩訶摩耶聞此語已又增感絶即問阿難汝於往昔侍佛已来聞世尊說如来正法幾時當滅阿難悲淚而便荅言我於往昔曾聞世尊說於當来法滅之事云涅槃後摩訶迦葉與阿難結集法藏事悉畢已摩訶迦葉於狼跡山入滅盡定我亦當得果證次第隨後入般涅槃當以正法付優波掘多善說法要如富樓那廣度人衆又復勸化阿輸迦王令於佛法得固正信以佛舍利廣起八万四千諸塔二百歲已尸羅難陁比丘善說法要於閻浮提度十二億人三百歲已

青蓮花眼比丘善說法要度半億人四百歲已牛口比丘善說法要度一万人五百歲已寶天比丘善說法要度二万人八万衆生發阿耨多羅三藐三菩提心正法於此便就盡滅六百歲已九十六種諸外道等邪見競興破壞佛法有一比丘名曰馬鳴善說法要降伏一切諸外道輩七百歲已有一比丘名曰龍樹善說法要滅邪見憧燃正法炬八百歲後諸比丘等樂好衣服縱逸嬉戲百千人中或有一兩得道果者九百歲已奴為沙門婢為比丘尼一千歲已諸比丘等聞不淨觀阿那波那瞋恚不欲無量比丘若一若兩思惟正受千一百歲已諸比丘等如世俗人嫁娶行媒於大衆中毀謗毗尼千二百歲已是諸比丘及比丘尼作非梵行若有子息男為比丘女為比丘尼千三百歲已袈裟變白不受染色千四百歲已時諸四衆猶如獵師好樂煞生賣三寶物千五百歲俱睒彌國有三藏比丘善說法要徒衆五百人一羅漢比丘善持戒行徒衆五百布薩之時羅漢比丘昇於高座說清淨法云此所應作此不應作彼三藏比丘弟子荅羅漢云汝今身口自不清淨云何而反說是麁言羅漢荅言我久清淨身口意業無諸過患三藏弟子聞此語已倍更瞋忿即於座上煞彼羅漢時羅漢弟子而作此言我師所說會於法理云何汝等害我和尚即以利刀煞彼三藏天龍八部莫不憂惱惡魔波旬及外道衆踊躍歡喜競破塔寺煞害比丘一切經藏皆悉流移王鳩尸那竭國阿耨達龍王悉持入海於是佛法而滅盡也時摩訶摩耶聞此語已號哭懊惱語阿難言如來遺勑既以正法付囑尊者及摩訶迦葉宜應精勤護持讀誦我今不忍見於如來闍維之時即礼佛棺右繞七匝涕淚號叫還歸天上

祐敬惟涅槃義揔八味古今講論精理已備安率愚管略言其跡夫常住至寂畢竟无為但擬感所誘隨方應俗既曰現生焉得无滅斯則羣萌覩始終而法身無出没也以假言皆痛而方轉甘露既卧右脅而還放光明此無病之跡也及千氎既纏而示雙足於迦葉金棺將闔而起合掌於摩耶此不滅之徵也無病而現滅故知反身顯擁常住真實月喻妙音不其明乎

釋迦八國分舍利記第二十八 出雙卷泥洹經

時波波國末羅民衆聞佛雙樹滅度皆自念言今我宜往求舍利分起塔供養時波波國諸末羅即下國中嚴四種兵為兵馬兵車兵步兵到拘尸城遣使者言聞佛衆祐止此滅度彼亦我師敬慕之心來請骨分當於本國起塔供養拘尸王荅如是如是誠如君言但世尊垂降此土於茲滅度國內士民當自供養遠勞諸君舍利分不可得時遮頗國諸跋離民衆及羅摩伽國拘利民衆毗留提國婆羅門衆迦維衛國釋種民衆毗舍離國離旦民衆及摩竭王阿闍世聞如來於拘尸城雙樹間而取滅度皆自念言今我宜往求舍利分時諸國王阿闍

世等即下國中嚴四種兵進渡恒水即勑婆羅門香姓汝持我名入拘尸城致問諸末羅等起居輕利遊步强耶善於諸賢每相宗敬隣國義和曾无諍訟我聞如来於君國内而取滅度唯無上尊實我所天故從遠来求請骨分欲還本土起塔供養設與我者舉國重寶與君共之時香姓婆羅門受王教已即詣彼城語諸末羅時諸末羅報香姓曰誠如君言但為世尊垂降此土於兹滅度國内士民自當供養遠勞諸君舍利分不可得時諸國王即集羣臣衆共立議作頌告曰

吾等和議　遠来拜首　遜言求分
如不見與　四兵在此　不惜身命
義而弗獲　當以力取

時拘尸國即舉羣臣衆共立議以偈荅曰

遠離諸君　屈辱拜首　如来遺形
不敢相許　彼欲舉兵　吾斯亦有
畢命相拒　未之有畏

時香姓婆羅門曉衆人曰諸賢長夜受佛教戒口誦法言一切衆生常念

欲安寧可諍佛舍利共相殘害如来遺形欲以廣益舍利現在但當分耳衆咸稱善尋復議言誰堪分者皆曰香姓婆羅門仁智平均可使分也時諸國王即命香姓汝為我等分佛舍利均作八分於時香姓即詣舍利所頭面礼畢徐前取佛上牙別置一面尋遣使者賫佛上牙詣阿闍世所語使者言汝以我聲上白大王起居輕利遊步强耶舍利未至傾遲无量耶今付使者如来上牙並可供養以慰企望明星出時分舍利訖當自奉送尒時香姓以一瓶受石許即分舍利均為八分已告衆人言願以此瓶衆議見與自欲於舍起塔供養皆言智哉是為知時即共聽與時有畢鉢村人衆人言乞地燋炭起塔供養皆言與之尒時拘尸國人得舍利分即於其土起塔供養波波國遮羅國羅摩伽國毗留提國迦維衛國毗舍羅國摩竭國阿闍世王等得舍利分各歸其國起塔供養香姓婆羅門持瓶歸起塔畢鉢村人持地燋炭歸起塔當於尒

時如来舍利於八塔第九瓶塔第十炭塔第十一生時髮塔何等時佛生沸星出時生沸星出出家沸星出成道沸星出滅度八日佛出家八日成菩提八日取滅度二月如来生二月佛出家二月成菩提二月取涅槃

雙卷大般泥洹經云時波旬國諸花氏可樂國諸拘隣有行國諸滿離神州國諸梵志維耶國諸離昌聞佛止雙樹般泥日各嚴四兵到拘夷止城外赤澤國諸釋氏亦嚴四兵来到報言釋尊聖雄出自我親實我諸父敬慕之心来請骨分摩竭王阿闍世又嚴四兵度河津来使梵志乇蹷入問消息令佛衆祐止此滅度實我所天敬慕之心来請骨分王荅佛自来此我當供養謝汝大王舍利分不可得於是乇蹷聚衆人作頌告曰

令各遠離　四兵在此　義言不用
必命相拒

拘夷國人亦荅頌曰

如欲舉衆　吾斯亦有　俱命相拒
則未為恐

梵志乇蹙曉衆人言諸君皆宿夜承佛嚴教佛大慈故燒形遺骨欲廣祐天下何宜當為毀本慧意舍利現在但當分耳衆咸稱善皆詣舍利稽首畢乃使乇蹙分之於是乇蹙持一㼜受石許蜜塗其裏分為八分已白衆言吾既敬佛願得著㼜舍利歸起塔廟皆言智哉即共聽與梵志溫達乞地燋炭歸起塔寺皆言與之後有衛國異道士求得地灰於是八國得佛八分舍利各還起塔有八塔第九㼜塔第十炭塔第十一灰塔既分舍利又為遠方諸四輩弟子未悉聞故留九十日乃去城四十里於衛致鄉四衢道中作塔寺拘夷豪姓共作瓴瓳石壍縱廣三尺集用作塔及高縱廣皆丈五尺藏黃金㼜舍利於其中置立長表法輪枓蓋懸繒燃燈花香伎樂礼事供養

枯以為雙樹八枝義各有明舍利八分緣亦有會故𫆀化之體或全或散用能留璃群刹降福人天夫不生而假胎无形而委骨其示跡垂教即不思議之事也

釋迦天上龍宮舍利寶塔記第二十九 出菩薩處胎經

有一大臣名優波告諫言諸王莫諍佛舍利應當分之普共供養何為興兵共相征罰尒時釋提桓因即現為人語諸王言我等諸天亦當有分若共諍力則有勝負幸可見與勿足為難尒時阿耨達龍王文隣龍王伊那鉢龍王語八王言我等亦應有舍利分若不見与力足相伏時優波告言諸君且止舍利宜共分之即分為三分一分與諸天一分與龍王一分與八王分瓶受碩餘此目審以蜜塗瓶裏以瓶量分舍利諸天得舍利還於天上即起七寶塔龍得舍利還於龍宮亦起七寶塔八王得舍利各還本國亦起七寶塔目優波告著瓶舍利并瓶亦起七寶塔灰及土四十九斛起四十九寶塔當耶維處亦起寶塔高三十九丈

釋迦龍宮佛𨍏塔記第三十 出阿育王經

八國王競諍取舍利各各起兵天帝釋見之即遣天邊自下曉喻諸王言佛在時諸王皆如兄弟佛適泥洹云何相罰撗煞万民當共分之各還起塔普皆得福諸王皆言快哉藉卿作計為我分之得无諍也邊自以金㼜分之阿闍世王共數各得八万四千舍利餘有佛口一𨍏无敢取者以阿闍世王初来求舍利時車中投身著地氣欲不報故共持與阿闍世王阿闍世王得舍利及𨍏還大歡喜作倡伎樂皷角動天難頭禾龍王聞佛般泥洹亦從諸龍化作人身到泥洹所道逢阿闍世王還語言佛留舍利非但唯使人間供養可持一分見與不阿闍世言不可得也龍王言我是難頭禾龍舉卿國土著八万里外磨碎成屑阿闍世王怖懅故即舉佛𨍏與之更復欲取初龍王便言得此𨍏足供養也旋別各去龍王即還須弥山下起水高八万四千里起水精琉璃塔阿闍世王命終後阿育王得其國土時有大目白阿育王言難頭禾龍先輕阿闍世奪佛𨍏去阿育聞大瞋即勑諸鬼神王作鐵網鐵藉縱置須弥山下水中欲縛取龍王龍王大怖共設計言阿育事佛當

釋迦譜卷第四　第三十六張　彩字号

伺其卧取其宮殿移著須弥山下水
精塔中自出與相見具說本末道意
狀其瞋必息即便遣龍捧取阿育王
宮殿阿育王卧覺不知是何處見水
精塔高八万四千里喜怖交心難頭
禾龍自出謝言阿闍世王自與我佛
涕我不奪也釋迦文佛在世與我要
言般泥洹後劫盡時所有經戒及袈
裟應噐我皆當取藏著是塔中弥勒
來下當復出著阿育王聞此言大謝
實不知此難頭禾龍王便使諸龍還
復阿育王宮殿置於本處
祐以為能供三寶本在天人故忉利
閻浮塔廟森列至於難頭龍王乃大
士應化所以法滅之時取藏尊經其能
建刹不亦宜乎

釋迦譜卷第四

汝等當爲大衆說法有二因緣則無
病苦何等爲二一者憐愍一切衆生二者給
施病者醫藥如來往昔已於無量萬億劫中
修菩薩道常行愛語利益衆生不令苦惱施
疾病者種種醫藥何緣於今自言有病世尊
世有病人或坐或起不安其所或索飲食戒
勅家屬修治產業何故如來默然而卧不教
弟子聲聞人等尸波羅蜜諸禪解脫三摩跋
提脩諸正勤何緣不說如是甚深大乘經典
如來何故不以無量方便教大迦葉人中象
王諸天人等令不退於阿耨多羅三藐三菩
提何故不治諸惡比丘受畜一切不淨物者
世尊實無有病云何默然右脇而卧

釋迦譜卷第四

校勘記

一　底本，金藏廣勝寺本。
一　五九九頁中一行及卷末「卷第四」，資、磧、普、南、徑、清作「卷第九」。
一　五九九頁中二行撰者，資、磧、普、南、徑、清同上卷。
一　五九九頁中三行至七行目録，徑、清無。
一　五九九頁中一〇行「比丘」，資、磧、普、南、徑、清作「比丘衆」。
一　五九九頁中一三行「音類」，諸本作「類音」。
一　五九九頁中一八行首字「坐」，資、磧、普、南、徑、清作「留」。同行「舉軀」，資、磧、普、南、徑、清作「舉體」。
一　五九九頁下二行「曚曚」，資、磧、普、南、徑、清作「朦朦」。
一　五九九頁下三行「其聞」，諸本作「其間」。

一 五九九頁下四行第一一字「欲」，資、磧、普、南、徑、清作「欲可」。

一 五九九頁下一七行第一三字「佛」，資、磧、普、南、徑、清無。

一 五九九頁下二一行「擾則普地」，資、磧、普、南、徑、清作「撓普地皆」。

一 五九九頁下末行第一一字「則」，資、磧、普、南、徑、清作「故則」。

一 六〇〇頁上三行「正覺」，徑、清作「正覺則普地動」。

一 六〇〇頁上四行第三字「是」，徑、清作「是則普地動」。

一 六〇〇頁上五行「如來入」，諸本作「如來欲入」。

一 六〇〇頁上一一行「嘷叫」，資、磧、普、南、徑、清作「號咷」。

一 六〇〇頁中二〇行「優婆塞」下，諸本有「三恒河沙諸(「諸」麗無)優婆夷」。

一 六〇〇頁下一二行「婇女」，資、磧、普、南、徑、清作「婬女」。

一 六〇〇頁下末行「牛王往至」，資、南、徑、清作「牛牛王往到」；磧、普作「牛牛羊往到」。

一 六〇一頁上一行及九行「拘尸城」，資、磧、普、南、徑、清作「拘尸那城」。

一 六〇一頁上六行「四大海」，諸本作「四大海神」。

一 六〇一頁上八行第五字「漹」，徑、清作「尼」。

一 六〇一頁上九行「娑羅林」，資、磧、普、南、徑、清作「娑羅雙樹林其林」。

一 六〇一頁上一八行第五字「到」，資、磧、普、南、徑、清作「至」。

一 六〇一頁中二行第六字「諸」，資、磧、普、南、徑、清無。

一 六〇一頁中三行「專心如來」，資、磧、普、南、徑、清作「專念如來功德」；麗作「專念如來」。

一 六〇一頁中六行第七字「復」，資、磧、普、南、徑、清無。

一 六〇一頁中七行「矛矟」，麗作「矛鉶」。

一 六〇一頁下一二行末字「悉」，資、磧、普、南、徑、清作「悉皆」。

一 六〇一頁下一九行「餘无能見」，資、磧、普、南、徑、清作「更無能見是菩薩身」。

一 六〇二頁上一行「娑羅樹」，資、磧、普、南、徑、清作「娑羅雙樹」。

一 六〇二頁上七行「蝮蝎」，資、磧、普、南、徑、清作「蝮蠆」。

一 六〇二頁上八行「悉皆」，資、磧、普、南、徑、清作「一切」。

一 六〇二頁上末行「右臂」，資、磧、普、南、徑、清作「右肩」。

一 六〇二頁中八行「令汝」，資、磧、普、南、徑、清作「乃令汝」。

一 六〇二頁下一行「若滅一刼」，資、磧、普、南、徑、清無。

一 六〇二頁下七行首字「化」，資、磧、普、南、徑、清作「有」。

一 六〇二頁下一二行「波城」，資、磧、普、南、徑、清作「波婆城」；麗作「波波城」。

一 六〇二頁下一七行第七字「會」，

資、磧、普、南、徑、清無。

一 六〇二頁下二一行「尋即敷座」，資、磧、普、南、徑、清無。

一 六〇三頁上六行第七字「顯」，資、磧、普、南、徑、清作「頭」。

一 六〇三頁上一〇行第二字「如」，麗無。同行「作腆」，資、磧、普、南、徑、清作「作膳」。

一 六〇三頁上一八行第八字「道」，資、磧、普、南、徑、清作「真道」。同行「一爲」，諸本作「二爲」。

一 六〇三頁上二一行「富得」，資、磧、普、南、徑、清作「福德」。

一 六〇三頁中二行第三字「各」，資、磧、普、南、徑、清作「各見」。

一 六〇三頁中一一行第二字「能」，諸本作「法」。

一 六〇三頁中一二行「尒時」，資、磧、普、南、徑、清作「時諸」。

一 六〇三頁中一五行末字「説」，資、磧、普、南、徑、清作「作」。

一 六〇三頁中一八行「小見」，諸本作「小兒」。

一 六〇三頁中二〇行第七字「至」，資、磧、普、南、徑、清作「來」。

一 六〇三頁中二一行第七字「爲」，資、磧、普、南、徑、清作「爲欲」。

一 六〇三頁下二行「顯南」，諸本作「頭北」。

一 六〇三頁下三行「北方」，諸本作「西方」。

一 六〇三頁下四行「四牒」，磧、普、南、徑、清作「四褺」。

一 六〇三頁下七行「白佛」，資、磧、普、南、徑、清作「而白佛」。

一 六〇三頁下九行「羅衛」，諸本作「羅衛國」。

一 六〇三頁下一二行「七寶」，資、磧、普、南作「七覺」。

一 六〇三頁下一四行「馬寶」，麗作「馬寶玉女寶」。

一 六〇三頁下一五行「金色」，資、磧、普、南、徑、清作「金多」。

一 六〇三頁下一七行第三字「諦」，資、磧、普、南、徑、清無。

一 六〇四頁上四行「其心悶乱」，諸本作「膚體瘤瘤其心悶乱下痢噦噎小便淋瀝眼耳疼痛背（磧、南作「皆」）滿腹脹顛狂乾痟鬼魅所著如是種種身心諸病」。同行「復无」，諸本作「無復」。

一 六〇四頁上五行「師利」，諸本作「師利而作是言」。

一 六〇四頁上六行首字「痛」與「一切」之間，諸本有「汝等當爲……而卧」一段經文茲據清藏本附於卷後。

一 六〇四頁上一一行「所念」下，諸本有「將欲隨順畢竟利益」八字。

一 六〇四頁上一二行首字「生」，諸本作「坐」。

一 六〇四頁上一四行「世界」，資、磧、普、南、徑、清作「世界於其身上」；麗作「世界於其身上一切毛孔」。

一 六〇四頁上一七行「黑繩地獄等」，諸本作「想地獄黑繩地獄衆合地

獄叫喚地獄大叫喚地獄燋熱地獄大燋熱地獄」。

一 六〇四頁上一八行「衆生」，諸本作「衆生常爲諸苦之所逼切所謂」。

一 六〇四頁上二二行「天人」，諸本作「人天」。本頁中六行，資、磧、普、南、徑、清同。

一 六〇四頁上末行「地獄悉空」，諸本作「所有地獄皆悉虛空」。

一 六〇四頁中一行「所逼」下，資、磧、普、南、徑、清有「以髮纏身於百千歲未曾得聞漿水之名」十六字。

一 六〇四頁中三行「餓鬼悉空」，資、磧、普、南、徑、清作「令諸餓鬼亦悉空虛」。

一 六〇四頁中四行「畜生」，資、磧、普、南、徑、清作「畜生衆生」。

一 六〇四頁中六行第七字「中」，資、磧、普、南、徑、清作「中當爾之時」。

一 六〇四頁中一一行「衆生」，資、磧、普、南、徑、清作「所有衆生」。

一 六〇四頁中一五行第一二字「同」，資、磧、普、南、徑、清作「共同」。

一 六〇四頁中一六行「天上」，諸本作「無上」。

一 六〇四頁中一七行「或僲」，資、磧、普、南、徑、清作「或僲或身動轉」。

一 六〇四頁中二一行第四字「雙」，資、磧、普、南、徑、清無。

一 六〇四頁中末行「天人」，諸本作「諸天人」。

一 六〇四頁下一二行「出世」，資、磧、普、南、徑、清作「出現於世」。

一 六〇四頁下一三行第九字「何」，諸本無。同行末字「其」，資、磧、普、南、徑、清作「甚」。

一 六〇四頁下一四行第一二字「慢」，諸本作「憍慢」。

一 六〇四頁下一五行「默惟」，資、磧、普、南、徑、清作「受思惟」；麗作「思惟」。

一 六〇四頁下一七行「佛儀之容難」，資、磧、普、南、徑、清作「佛之儀容難可」；麗作「佛儀容難可」。

一 六〇四頁下一九行「漚曇」，資、磧、普、南、徑、清作「優曇鉢」；麗作「優曇」。

一 六〇五頁上五行首字「三」，資、磧、普、南、徑、清作「第三」。

一 六〇五頁上六行「從識」，諸本作「從識處」。

一 六〇五頁上九行末字「阿」，資、磧、普、南、徑、清無。

一 六〇五頁上一五行及一九行「從四」，資、磧、普、南、徑、清作「從第四」。

一 六〇五頁上一六行「從三」，資、磧、普、南、徑、清作「從第三」。

一 六〇五頁上一七行及一八行「從二」，資、磧、普、南、徑、清作「從第二」。

一 六〇五頁上二〇行「大地」，資、磧、普、南、徑、清作「地大」。

一 六〇五頁上末行「過諸天光」，資、磧、普、南、徑、清作「過諸天光明」。

一 六〇五頁中一行第一三字「花」，

資、磧、普、南、徑、清無。
一 六〇五頁中二行「等花」，資、磧、普、南、徑、清作「華等」。
一 六〇五頁中一一行「何其」，資、磧、普、南作「何期」。
一 六〇五頁中一八行第七字「經」，資、磧、普、南作「經云」；徑、清作「經說」。
一 六〇五頁下八行「舉輿」，資、磧、普、南、徑、清作「轝舉」。
一 六〇五頁下一三行第四字「諸」，諸本作「詣」。
一 六〇五頁下一六行「天冠寺」，資、磧、普、南、徑、清作「於天冠寺中」；麗作「於天冠寺」。
一 六〇五頁下末行「諸天」，諸本作「諸天雨」。
一 六〇六頁上七行「獲福」，資、磧、普、南、徑、清作「獲福利」。
一 六〇六頁上八行第三字「時」，資、磧、普、南、徑、清作「時諸」。
一 六〇六頁上一三行至次行「執大」，資、磧、普、南、徑、清作「親執」。
一 六〇六頁上一四行末字「大」，資、磧、普、南、徑、清無。
一 六〇六頁上一九行「波波國」，諸本作「從波波國」。
一 六〇六頁中二行「面覲」，磧作「面覲」。
一 六〇六頁中六行首字「答」，資、磧、普、南、徑、清作「答之」。
一 六〇六頁中八行第一二字「是」，麗作「足」。
一 六〇六頁中一四行「火獨」，麗作「火燭」。
一 六〇六頁中一五行「消盡」，資、磧、普、南、徑、清作「燒盡」。
一 六〇六頁中一七行第一一字「指」，資、磧、普、南、徑、清作「詣」。
一 六〇六頁中一九行「泥洹經」，資、磧、普、南、徑、清作「大般泥洹經」。
一 六〇六頁下二行「涅槃」，資、磧、普、南、徑、清作「般涅槃」。同行「自襞」，磧、普、南、徑、清作「自褩」；麗作「自擗」。
一 六〇六頁下六行第五字「蜜」，資、磧、普、南、徑、清作「櫁」。
一 六〇六頁下一四行末字「胎」，麗作「骸」。
一 六〇七頁上三行「舍利」，資、磧、普、南、徑、清作「舍利者」。
一 六〇七頁上一〇行「頂中」，資、磧、普、南、徑、清作「項中」。
一 六〇七頁上一八行「覩日」，資、磧、普、南、徑、清作「貫日」。
一 六〇七頁中四行「悶絶」，資、磧、普、南、徑、清作「便即悶絶」。
一 六〇七頁中六行「至真」，諸本作「過去」。
一 六〇七頁中七行「一旦」，徑、清作「一但」。
一 六〇七頁中一〇行第七字「并」，資、磧、普、南、徑、清無。
一 六〇七頁中一二行第五字「著」，資、磧、普、南、徑、清作「者」。
一 六〇七頁中二〇行第九字「時」，

資、磧、普、南、徑、清作「倆時」。同行末字「起」，資、磧、普、南、徑、清作「起已」。

一六〇七頁下一五行「涅槃」，資、磧、普、南、徑、清作「佛涅槃」。

一六〇七頁下一六行第二字「與」，資、磧、普、南、徑、清作「共」。

一六〇七頁下二二行第七字「羅」，諸本作「尸羅」。

一六〇八頁上七行「破壞」，資、磧、普、南、徑、清作「破滅」。

一六〇八頁上一七行第一二字「是」，資、磧、普、南、徑、清無。

一六〇八頁上末行第八字「一」，資、磧、普、南、徑、清作「有一」。

一六〇八頁中一行「布薩」，資、磧、普、南、徑、清作「於十五日布薩」。

一六〇八頁中七行第二字「惡」，資、磧、普、南、徑、清作「恚」。

一六〇八頁中一二行第一一字「王」，諸本作「至」。

一六〇八頁中一八行「七匝」，資、磧、普、南、徑、清作「十匝」。

一六〇八頁中末行末字「始」，資、磧、普、南、徑、清作「於始」。

一六〇八頁下一行第九字「以」，諸本作「是以」。

一六〇八頁下五行「無病」，諸本作「無病而示病不滅」。

一六〇八頁下六行「妙音」，資、磧、普、南、徑、清作「妙旨」。

一六〇八頁下九行「雙樹」，資、磧、普、南、徑、清作「於雙樹」。

一六〇八頁下一一行「諸末羅」，資、磧、普、南、徑、清作「諸末羅等」。

一六〇八頁下一七行至次行「舍利分不可」，諸本作「分舍利分恐不可」。

一六〇八頁下一八行第六字「遮」，資、磧、普、南、徑、清作「遮羅」。

一六〇八頁下二一行首字「旦」，諸本作「車」。同行「摩竭王阿闍世聞」，資、磧、普、南、徑、清作「摩竭國阿闍世王聞」。

一六〇八頁下二一行至次行「如來於拘尸城」，資、磧、普、南、徑、清作「於如來在拘尸那城娑羅」。

一六〇八頁下末行「往求」，資、磧、普、南、徑、清作「往取」。

一六〇九頁上四行第二字「善」，諸本作「吾」。

一六〇九頁上六行末字「諸」，資、磧、普、南、徑、清作「請」。

一六〇九頁上一二行「舍利分」，資、磧、普、南、徑、清作「分舍利分定」；麗作「分舍利分」。

一六〇九頁上一七行「即舉羣臣」，資、磧、普、南、徑、清作「即集臣」；麗作「即集羣臣」。

一六〇九頁上一九行第二字「離」，諸本作「勞」。

一六〇九頁上二一行「未之」，磧、普、南、徑、清作「未云」。

一六〇九頁中九行「大王」，磧、普、南作「天王」。

一六〇九頁中一三行「受石」，資、磧、

一　普、南、徑、清作「受一石」。

一　六〇九頁中一七行「衆人」，諸本作「白衆人」。

一　六〇九頁下一行第六字「於」，諸本作「起於」。

一　六〇九頁下四行「滅度」下，資、磧、普、南、徑、清有「八日如來生」五字。

一　六〇九頁下一〇行第五字「曰」，徑、清作「洹」。

一　六〇九頁下一一行「來到」，資作「夾到」。

一　六〇九頁下一二行「釋尊聖雄」，資、磧、普、南、徑、清作「釋聖大雄」。

一　六〇九頁下一七行「舍利分」，資、磧、普、南、徑、清作「分舍利」。

一　六〇九頁下一九行第四字「離」，資、磧、普、南、徑、清作「來」。

一　六〇九頁下二〇行首字「必」，磧、普、南、徑、清作「畢」。

一　六一〇頁上六行「受石」，諸本作「受一石」。

一　六一〇頁上一二行「十炭塔第十一灰塔」，資、磧、普、南、徑、清作「十灰塔第十一炭塔」。

一　六一〇頁上一五行「石墼」，資、磧、普、徑、清作「石甓」。

一　六一〇頁上一八行第三字「柈」，資、磧、普、南、徑、清作「盤」。

一　六一〇頁上二二行「人天」，資、磧、普、南、徑、清作「於人天」。

一　六一〇頁中三行「優波告」，諸本作「優波吉」。下至一七行同。

一　六一〇頁中五行第五字及本頁下一行第三字「罰」，資、磧、普、南、徑、清作「伐」。

一　六一〇頁中一二行「分瓮」，資、磧、普、南、徑、清作「一分瓮」。

一　六一〇頁中一三行首字「碩」，資、磧、普、南、徑、清作「石」。

一　六一〇頁中一七行第五字「著」，資、磧、普、南、徑、清作「得著」。

一　六一〇頁中一九行首字「耶」，麗作「闍」。同行「三十九」，徑、清作「四十九」。

一　六一〇頁中末行「在時」，資、磧、普、南、徑、清作「在世時」。

一　六一〇頁下二行第一二字「藉」，資、磧、普、南、徑、清作「持」。

一　六一〇頁下三行首字「計」，諸本作「評」。

一　六一〇頁下一三行「舉卿國土」，資、南、徑、清作「能舉卿國土」；磧、普作「能舉卿國上」。

一　六一〇頁下一五行「取初」，諸本作「取舍利」。

一　六一〇頁下一六行第三字「得」，諸本作「我得」。

一　六一〇頁下二〇行第五字「龍」，資、磧、普、南、徑、清作「龍王」。

一　六一〇頁下二一行「阿育聞大瞋」，資、磧、普、南、徑、清作「阿育王聞便大瞋恚」。

一　六一一頁上二行第五字「出」，資、磧、普、南、徑、清無。

一　六一一頁上三行首字「狀」，資、磧、普、南、徑、清作「降伏」。

一　六一一頁上四行「見水」，資、磧、普、南、徑、清作「所見水」。

一　六一一頁上一四行「乃大」，麗作「及大」。

釋迦譜卷第五

蕭齊釋僧祐撰

彩

阿育王造八万四千塔記第三十一 出雜阿含經

介時世尊與諸比丘俻邑而行時有二童子一名闍耶二名毗闍耶共在沙中嬉戲遥見世尊三十二相莊嚴其體時闍耶童子心念言我當以麦麨上佛仍手捧細沙著世尊鉢中時毗闍耶合掌隨喜時彼童子而發願言以惠施善根功德令得一天下一繖蓋王即於此處生得供養諸佛介時世尊發客微笑阿難合掌白言世尊何緣微笑介時世尊告阿難當知我滅度百年之後此僮子於巴連弗邑統領一天下轉輪王姓孔雀名阿育正法治化又復廣布我舍利當造八万四千塔阿難取此鉢中所施之沙捨著如來經行處當行彼處阿難受教即取鉢沙泥經行處阿難當知於巴連弗邑有王名曰月護彼王當生子名曰頻頭娑羅當知彼國彼復有子名曰脩師摩時瞻婆國有一婆羅門女極為端正今人樂見為國所珎諸相師輩見彼女相即記彼女當為王妃必生二子一當領天下一當出家學道得成聖跡時婆羅門相師所說歡喜無量即持其女詣巴連弗邑種種莊嚴欲嫁與脩師摩王子相師云應嫁與頻頭娑羅門王見此女端正有德即立為第一夫人恒相娛樂仍便懷體月滿生子生時安隱母無憂惱過七日後立字名無憂又復生子名曰離憂者身體麁澀父不喜見王欲試諸子呼婆羅門言觀我諸子於我滅後誰當作王婆羅門言將此諸子出城金殿園館中當觀其相時阿育王母語阿育言今王出金殿園館中觀諸王子於我滅後誰當作王汝何不去阿育啓言既不蒙念亦復不樂見我母言但往即便往去願母賜送食母言如是王先勑大臣若

阿育來者當使其乘老鈍象來又復
老人以為眷屬時阿育即乘老象至
園館中地坐時諸王子各下飲食阿
育母以凡器成酪飯送與阿育王間
師言此中誰有王相當紹我位時彼
相師視諸王子見阿育具有王相當
得紹位又作是念此阿育大王所不
於愛我若語言當作王者王必不樂
即語言我今總記此中若有好乘者
是人當作王時諸王子聞彼所說各
自念言我乘好乘時阿育言我乘老
宿象我得作王時王又復語師言願
更為觀之師復荅言此中有第一坐
者彼當作王諸王子等各相謂言我
坐第一阿育言我今坐地是堅勝坐
我當作王王復語師更為重觀師又
報言此中上器上食此當得王阿育
念言我有勝食我必作王坐散還宮
時阿育母問阿育婆羅門定記誰耶
阿育啓言兒當作王老象為乘以地
為坐素器盛食粳米雜酪是家勝也
時婆羅門知阿育當王數修敬其母
即便問言誰當作王師言汝生太子

阿育是其人也時頻頭羅王邊國怛
叉尸羅反王即語阿育汝將四兵平
伐彼國及至發引與少兵甲時從者
白王子言今往伐彼國無有軍仗云
何得平阿育言我若應王者兵甲自
然來應發是語時尋聲地開兵甲從
地而出即將四兵往伐彼國時彼諸
國民人聞阿育來即平治道路種種
供養奉迎王子諸天宣令阿育王子
當王此天下汝等勿興逆意彼國即
便降伏如是乃至平此天下至於海
際時父王得重疾諸臣即便莊嚴阿
育將至王所今且立此子為王我等
後徐徐當立修師摩為王時王聞此
語憂愁不樂默然不對即便命終時
阿育心念口言我應正得王位者諸
天自然來以水灌我頂索繒繫首尋
聲諸天即以水灌阿育頂索繒繫首
受王極位人神欣慶又引傳云阿育
拜王曰鐵輪飛降王閻浮提虛空地
下各四十里鬼神咸皆讚善
阿育王如礼法殯葬父王已即立阿
㝹樓陁為大臣時脩師摩王子聞父

崩背立阿育為王心生不忍即集諸
兵來伐阿育時阿㝹樓陁大臣機關
木象又作阿育王像以像騎象安置
東門外又作無烟火坑以物覆之阿
㝹樓陁大臣語脩師摩王子言欲作
王者阿育在東門可往伐之能得之
者自然得作王子即趣東門墮火坑
便即死亡阿育王正法治化時諸臣
輩我等共立阿育為王故輕慢於王
不行君臣之禮王亦自知諸臣輕慢
時王語諸臣曰汝等可伐華菓之樹
殖於刺棘諸臣荅曰未曾見聞却除
華菓而殖刺樹乃至王三勑令我彼
亦不從介時王即持利劍殺五百大
臣王將綵女出外園遊戲見一無憂
樹華極敷盛王見已此華樹與我同
名心懷歡喜王形體醜陋皮膚麁澁
諸綵女輩憎惡王故以手毀折無憂
華樹王從眠覺見無憂樹華狼藉在
地心生忿怒繫諸綵女以火燒殺王
行暴惡故曰暴惡阿育王時阿㝹樓
陁大臣白王言王云何以手自殺諸
臣綵女王今當立屠殺之人即宣敎

立屠殺者彼有一山名曰耆梨中有一織師子亦名耆梨凶惡檛打繫縛男女及捕水陸之生乃至拒逆父母是故世人傳云凶惡耆梨子時王使語之言汝能為王斬諸凶人不彼荅曰一切閻浮提有罪者我能淨除況此一方王即為作屋舍極為端嚴唯開一門於其中間作治罪之法狀如地獄時彼凶人啓王言令從王乞願若人來入此中者不復得出荅言如汝所願尒時商主之子厭世間苦出家學道遊行諸國次第乞食設入屠殺舍中時彼比丘遥見舍裏有火車鑪炭等治諸衆生恐怖毛竪便欲出門凶惡即往執比丘言入此中者無有得出於此而死比丘心生悲悔泣淚滿目乞我少時生命可至一月彼凶不聽如是日數漸減正於七日彼即聽許時此比丘知將死不久勇猛精進坐禪息心不能得道至於七日時王宮內人有事送付凶主將是凶人著臼中以杵擣之令成碎末時比丘見是事極厭惡此身嗚呼苦哉我身不久亦當如是斷一切結成阿羅漢時彼凶惡人語此比丘期限已盡比丘以偈荅曰我心得解脫斷除諸有盡今此身骸無復悋惜尒時彼凶主執彼比丘著鐵鑊油中足與薪火火終不然或復不熱凶主見火不然打拍使者而自然火火即猛熾久久開鐵鑊蓋見彼比丘鐵鑊中蓮華上坐生希有心即以啓王王便嚴駕將無量衆來看比丘時彼比丘調伏時至即身昇虛空猶如象王示種種變化向王說偈我是佛弟子逮諸漏盡生死大恐怖我今悉得脫時阿育王聞彼比丘所說於佛法所生大敬信傳云王訪諸臣民亘有及見佛者不唯有波斯匿王妹作比丘尼年百三十餘見佛在世王即往問佛何功德耶尼荅曰世尊威神偹於經說我時年十歲佛來入宮殿內地皆作金色我即作禮金釵墮地細與光合去後光歇尋之方得又云佛有八種音聲今海邊有鳥名曰羯隨其音哀亮頗以万一王求得此鳥旬日不鳴時青衣映鏡嚴莊鳥見其像鷩翥欲鳴青衣轉鏡還便輟響王曰若能使鳥鳴者以為夫人青衣即取諸鏡懸於四辟鳥見影顧眄迴惶悲鳴振迅清暢和雅王聞之乃悟起正真道即拜青衣為第二夫人乘女七千人咸皆歎喜又白比丘言佛未滅度時何所記說比丘荅言佛記大王於我滅後過百歲時於巴連弗邑有三億家彼國有王名曰阿育當王此閻浮提為轉輪王正法治化又復宣布我舍利於閻浮提立八万四千塔佛如是記然大王今造此大地獄煞害無量王今宜應慈念一切衆生佛之所記大王者王當如法修阿育王於佛所極生敬信合掌向比丘作禮我得大罪今向比丘懺悔我之所作甚為不善唯願佛子受我懺悔捨心勿復責我愚人譬喻經云時王宮內常以四事供養二万沙門有外道梵志門徒甚盛忌害沙門欲加陵毀乃選其衆中能幻化者變為異道所奉神名夷摩亘羅一頭四面八目八辟强猛凶壯多從

醜類先巡邑里次到城門國中男女已走失魄王下輦却蓋迎之於城門問其所欲得鬼曰吾欲噉人若惜民者諸沙門悉不耕而食費耗滋甚幸可見付以充厨膳王大恐懼遣使報僧時有一沙弥名端正年十三白諸比丘我能降化之即到鬼所而告之曰諸大比丘尋次當來汝欲顯奇可待食竟時從鬼梵志二万餘人王大設供沙弥斂眉吸饌摇牙而盡尚未充飽因取從鬼以次吞之並隨神足時在袛桓作幻梵志稽首謝過求欲出家悉成沙門後多得羅漢王因此倍加信伏時彼比丘度阿育王已乘空而化時王從彼地獄欲出凶主白王言王不復得去王曰汝今欲煞我耶彼曰如是王曰誰先入此中荅曰我是王曰若煞者者汝先應取死王即勅人將此凶主著作膝含裏以火燒之又勅壞此地獄施衆生無畏

傳去王得信心問道人曰我從來煞害不必以理今修何善得免斯殃荅曰唯有起塔供養衆僧赦諸徒囚賑濟貧乏王曰何處可起塔道人即以神力左手掩日月光作八万四千道散照閻浮提所照之處皆可起塔今諸塔處是也

時王欲建舍利塔將四兵衆至王舍城取阿闍世王佛塔中舍利還復修治此塔與無異如是取七佛塔中舍利至羅摩村中時中諸龍王將王入龍宮中王從龍索舍利供養龍即分與之時王作八万四千金銀瑠璃頗梨篋盛佛舍利又作八万四千四寶瓶以盛此篋又作無量百千幡幢繖蓋使諸鬼神各持舍利供養之具勅諸鬼神言於閻浮提至於海際城邑聚落滿一億家者為世尊立塔時有國名著乂尸羅三十六億家彼國人語鬼神言三十六億家彼國人語鬼神言三十六億篋舍利與我等起立佛塔王作方便國中人少者令分與彼令滿家數而立為塔時巴連弗邑有上座名曰耶舍王詣彼所白上座曰我欲一日之中立八万四千佛塔遍此閻浮提意願如是時彼上座白言善哉大王剋後十五日月食時令此閻浮提起諸佛塔如是乃至一日之中立八万四千塔世間民人興隆無量共号曰法阿育王

大阿育王經云八國共分舍利阿闍世王分數得八万四千又別得佛口二齔還國道中逢難頭禾龍王從其求舍利分阿闍世王不與便語言我是龍王力能壞汝國土阿闍世王怖畏即以佛齔與之龍王還於須弥山下起水高八万四千里於下起水精塔阿闍世還國以紫金函盛舍利作百歲燈　於　恒河　水中塔埜埋之後阿育王得其國土王取夫人身長八尺髮亦同等衆相足王令相師觀之師言當為王生金色之子王即拜為第二夫人後遂有娠足滿十月王有緣事宜出外行王后妬嫉便作方便共欲除之募覓猪母即應產者語第二夫人言卿是年少甫尓始產不可露面視天以被覆面即生金子无然宮中盍持兒去殺之即以猪子著其邊便罵言汝云當為王生金色

之子何故生猪便取輪頭拍因內後
園中伏菜王還聞之不悅久久之後
王出行園見之憶念迎取歸宮第二
夫人漸得親近具說情狀王聞驚怖
即殺八万四千夫人阿育王後於城
外造立地獄治諸罪人佛知王殺諸
夫人應墮地獄即遣消散比丘化王
王發信悟問比丘言殺八万四千夫
人罪可得贖不道人言各為人起一
塔塔下着一舍利當得脫罪耳王即
尋覓阿闍世王舍利有國相父年百
二十將五万人取本舍利王得大喜
即分與鬼神各還所部令一日一時
同戴八万四千剎諸鬼神言多陶山
障不得相知王言汝曹但還治槃護
剎安鈴我當使阿脩輪以手摸日月
四天下赤同時震鼓便舉戴之二經
不同故復兩存及迦葉語阿難經云
塔成造千二百織成幡及雜華未得
懸幡王身有疾牀枕慷慨曰吾威靈
有感願察我至誠諸塔並列于坐隅
有臨王前王手自繫幡以次而去各
還其所王體羸弊取幡不贍有諸比

丘行助王取之故今上幡先令比丘
將之也由是病愈增筭十二故因名
為續命幡王已建八万四千塔歡喜
踊躍將諸羣臣往詣鷄雀精舍白耶
舍上座曰更有比丘佛所受記當作
佛事不我當往詣彼所供養恭敬上
座答曰佛般涅槃時詣摩偷羅國告
阿難曰於我般涅槃後百歲之後當
有長者子名優波崛多當出家學道
号無相佛王問上座曰優波崛多今
已出世不上座答曰已出世出家學
道是阿羅漢住在優留蔓荼山中王
聞已歡喜踊躍即勑群臣速辦嚴駕
將無量眷屬往詣彼所尊者思惟若
王來者無量將從受諸大苦殺害微
虫答使者曰我當自往詣王所時王
聞尊者自來歡喜踊躍從摩偷羅至
巴連弗邑於其中間開安舟桁於桁
懸諸幡蓋時尊者優波崛多將一万
八千阿羅漢眾逕至王國王大歡喜
踊躍即脫瓔珞價直十万而授與之
王將諸大臣眷屬即出往尊者所即
為下食五體投地向彼作禮長跪合

掌而作是言我今領此閻浮提受於
王位不以為喜今覩尊者踊躍無量
如來弟子乃能如是如覩於佛時王
請尊者優波崛多入城設種種座請
尊者就坐眾僧令往鷄雀精舍白尊
者曰尊者顏貌端正身體柔軟而我
形體醜陋肌膚麁澀尊者而說偈曰

我行布施時　淨心好財物　不如王行施
以沙施於佛

時阿育王告諸大臣我以沙布施於
佛獲其果報如是云何而不脩敬於
世尊王復白優波崛多言尊者示我
佛所說法遊行處所當往供養禮拜
時王將四兵軍眾及持種種供養香
華幡幢及諸伎樂便將尊者發去尊
者至隆頻林此是如來生處時王五
躰投地供養禮拜即立佛塔此處菩
薩六年苦行此處二女奉菩薩乳糜
時尊者將王至道場樹下語王曰此
樹菩薩以慈悲三昧力破魔兵眾得
阿耨多羅三藐三菩提處時王捨無
量珎寶種種供養及起大塔廟尊者
將王至鳩尸那竭國言此處如來具

足作佛事畢於無餘般涅槃而般涅
槃時王聞是語憂惱迷悶躃地啼泣
涕零如是乃至興種種供養立大塔
廟時王復白尊者曰我意願欲得見
佛諸大弟子佛之所記者欲供養彼
舍利願爲示之時尊者白王言善哉
善哉大王能發如是妙心時尊者將
王至舍衛國入祇桓精舍以手指塔
此是尊者舍利弗塔王當供養王曰
彼有何功德尊者答曰第二法王隨
轉法輪時王生大歡喜捨十万兩珎
寶供養其塔次復示大目揵連塔王
應供養此塔王復問曰彼有何功德
尊者答曰是神足第一以足指蹙地
地即振動至於天宫降伏難陁跋難
陁龍王時王捨十万兩珎寶供養此
塔次復示摩訶迦葉塔語王言此是
摩訶迦葉禪窟應當供養王問曰彼
有何功德答曰彼少欲知足頭陁第
一如來施以半座及僧伽梨衣愍念
衆生興立正法時王捨十万兩珎寶
供養是塔次示尊者薄拘羅塔應當
供養王問曰彼有何功德尊者答曰

彼無病第一乃至不爲人說一句法
寂默無言王曰以一錢供養諸臣白
王言功德既等何故於此供養一錢
王告之曰聽吾所說
雖除無明癡　智慧能鑒察　雖有薄拘句
於世何所益
時彼一錢還來至王所時大臣輩見
是希有事異口同音讚彼嗚呼尊者
少欲知足乃至不須一錢
復示阿難塔語王言此是阿難塔應
當供養王曰彼有何功德答曰此人
是佛侍者多聞第一撰集佛經王即
捨百億兩珎寶而供養其塔時臣白
王言何故於此布施供養皆悉勝前
王白諸臣聽吾所說
如來之軆身　法身性清淨　彼悉能奉持
是故供養勝　法燈常存世　滅此愚癡冥
皆由從彼來　是故供養勝
尒時王供養上種種事恒徧至菩提
道場樹此樹下如來得阿耨多羅三
藐三菩提世間希有珎寶供養之事
供養菩提樹時王夫人名曰低舍羅
絺多夫人作是念王極愛念於我我

亦念王王今捨我將諸珎寶至菩提樹
間我今當作方便煞菩提樹樹既枯
死葉便彫落王當不復往彼可得與
我常相娛樂夫人即遣人以熱乳澆
之樹即枯燥時諸使人輩白王言菩
提樹忽然枯死華葉變落時王聞是
語即迷悶躃地時彼夫人見王憂愁
不樂而白王言王勿憂惱我當喜悅
王心王曰若無彼樹我命亦無如來
於彼樹得阿耨多羅三藐三菩提彼
樹既無我何用活耶夫人聞王決定
語還復令以冷乳灌之彼樹尋更生
王聞歡喜語菩提樹下觀於菩提樹
目不蹔捨時王各辦四寶瓮金銀瑠
璃頗梨盛諸香乳及諸香湯持種種
飲食幡幢寶蓋各有千種及種種華
香伎樂受持八支齋布薩著白淨衣
服執持香鑪在於殿上向四方作禮
心念口言如來賢聖弟子在諸方者
憐愍我故受我供養時王如是語時
三十万比丘悉來集彼大衆中十万
是阿羅漢二十万是學人及凡夫比
丘上座之座無人坐時王問諸比丘

上座云何而無人坐時彼大衆中有一比丘名曰耶舍是大阿羅漢具足六通白王言此座上座之座餘者豈敢於中而坐王復問曰於尊者所更有上座大王佛之所說名曰賓頭盧是上座應坐此處王大歡喜而作是言於中有比丘見佛者不尊者荅曰有也大王賓頭盧者猶故存世王復白曰可得見彼比丘不尊者曰大王不久當見尋當來至王大歡喜時尊者賓頭盧將無量阿羅漢次第相隨譬如鴈王乘虛而來在於上座諸比丘僧各修禮敬次第而坐

時王見尊者賓頭盧頭鬚皓白辟支佛軆頭面禮足長跪合掌白尊者言見世尊耶時尊者賓頭盧以手舉眉毛視王而言昔如來將五百阿羅漢俱初在王舍城安居我尒時亦復在中又復世尊住舍衞國時給孤獨長者女請佛及比丘僧時諸比丘各乘空而往彼我於尒時以神力合大山往彼受請時世尊責我法那得現神足如是我今罰汝常在於世不得取涅槃護持我正法勿令滅也又復如來將諸比丘僧入城乞食時王共二童子沙土中戲遥見佛來捧於塵沙奉上於佛時世尊記彼童子於我滅度百歲之後此童子於巴連弗邑當受王位領閻浮提名曰阿育當廣布我舍利一日之中當造八万四千塔今王身是也我尒時亦在於中時王白尊者曰尊者今住在何處尊者荅王曰在於北山山名揵陁摩羅共諸同梵行僧俱王復問曰有幾眷屬尊者荅曰六万阿羅漢尊者曰王何須多問今當施設供養於僧竟使王歡喜王言如是尊者然我今先當供養佛念所覺菩提之樹然後香美飲食施設於僧勑諸羣臣唱令國界王今捨十万兩金布施衆僧千瓮香湯溉灌菩提樹集諸兵衆時王子名曰拘那羅在王右邊舉二指而不言說意欲二倍供養大衆見之皆盡發笑王亦發笑而語言嗚呼王子乃有增益功德王復言我復以三十万兩金供養衆僧復加十瓮香湯洗浴菩提樹時王子復舉四指意在四倍時王瞋恚語臣曰誰教王子作是事與我興競臣啓王言誰敢與王興競然王子聰慧利根增益功德故作是事耳時王右顧視王子白上座曰除我庫藏之物餘一切物及閻浮提夫人婇女諸臣眷屬及我拘那羅子皆悉布施賢聖衆僧唱令國界時王上座及比丘僧以瓮香湯洗浴菩提樹時菩提樹倍復嚴好增長茂盛時王及諸羣臣生大歡喜時王洗浴菩提樹已次復供養衆僧時彼上座耶舍語王言大王今大有比丘僧集當發淨信心供養時王從上至下自手供養彼有二沙弥得食已各以麨團挻歡喜丸更手相分王見即笑而言此沙弥作小兒戲供養訖已王還上座前立上座語王言王莫生不信敬心王荅上座無有不信敬心王荅上座見二沙弥作小兒戲如世間小兒戲如世間小兒以土團更手相擲如是二沙弥以麨團以挻歡喜丸更手相擲上座白王言彼二沙弥是俱解脱阿羅漢

更相奉食王聞是已增其信心而作是念此二沙弥能展轉相施我今亦當於一切僧人施綃劫貝時二沙弥知王心所念二沙弥共相謂言令王倍增敬信一沙弥持钁授與王一沙弥授以涂草王問彼沙弥用作何等二沙弥白王言王因我故施與衆僧綃及劫貝我欲令大王涂成其色施與衆僧時王作是念我雖心念口未發言此二達士得他心智而知我心王即稽首敬禮衆語沙弥言我因汝等施僧衣施僧衣已復以三衣并四億万两珍寶親五部衆願已復以四十億万两珍寶贖取閻浮提宫人綵女及太子羣臣阿育王所作功德無量如是

雜阿鋡經云阿育王得大敬信問諸比丘言誰於佛法中能行大布施諸比丘言給孤獨長者最行大施王復問曰彼施幾許比丘答曰以億千金王聞已如是思惟彼長者尚能捨億千金我今爲王何緣復以億千金施當以億百千金施時王起八万四千佛塔於彼二塔中復施百千金復作五歲大會會有三百千比丘用三百億金供養於彼彼衆中第一分是阿羅漢第二分是學人第三分是貞實凡夫除私庫藏此閻浮提夫人婇女太子大臣施與聖僧四十億金還復贖取如是計校用九十六億千金乃至王得重病自知命盡王言我常所願欲以滿億百千金作功德今願不得滿足便就後世時計校前後所施金寶唯减四億未滿王即辦諸珍寶送與雞雀寺中法益之子名三波提爲太子諸臣等啓太子言大王將終不久今復以此珍寶送與寺中國藏財寶已過諸國法以物爲尊太子今宜斷之勿使用盡時太子即勑典藏者勿復出與時王自知索物不復能得所食金器送與寺中太子今斷金器以銀器與王食食已復送與寺中太子又斷銀器給以銅器王亦送與寺中又斷銅器給以瓦器時王手中有半阿摩勒菓悲泣問諸大臣今誰爲地主時諸臣啓王王爲地主時阿育王呼侍者言汝今憶我恩養汝持此半阿摩勒菓送雞雀寺中作我意禮拜諸僧足白言阿育王問訊諸大聖衆我領此閻浮提閻浮提是我所有今者頓盡不得自在唯此半阿摩勒菓我得自由此是最後檀波羅蜜哀愍我故納受此施令我得福時彼上座告諸大衆誰聞是語而不厭世如佛經說見他衰事應生猒離拜彼上座作是念言云何令此半阿摩勒一切衆僧得其分食即教令研磨着石榴羹中行之一切皆得周遍時王復問傍臣曰誰是閻浮提主臣啓王言大王是也時王從卧起而坐頭望四方合掌作禮念諸佛德心念口言我今復以此閻浮提施與三寶時王盡書紙上而封緘之以齒印印之作如是事畢即便無常尒時太子及諸人民興種種供養塟送如王之法而闍維之

法益經云王有太子名達摩跋攞那齊言法益是起八万四千塔日所生也眼可愛如似鳩那羅鳥眼即以爲

名焉風姿明雅有文武辯善彈一弦琴王有一別房夫人見而愛之欲與私通太子固辭不從夫人懷恨既深又恐事泄密欲棄之因白王曰當今華夏一禮四海同風太子年德俱美文武備通宜可鎮撫邊要以取百姓之心王從其志即分部兵衆以送太子在鎮甚有治能歲餘王忽遍身患疾訪國內與王病同者破腹看之得一黑虫長數寸晃不可近即取衆藥灌之其晃弥甚又以大蒜薰之虫死而晃歇於是白王曰妾能治王必使得差願聽我七日爲王王喜而許之曰何有哉夫人即以大蒜與王令服之便愈於是宮中綵女上酒稱慶令王醉卧無所覺知夫人即嫌恨太子即矯勅挑其兩眼令餘人代之國法以王齒爲印乃以臈摸王齒而印之太子奉勅歡喜無怨先挑一眼置掌中看之良久乃悟及苦空無我得須陁洹道然後以一眼與之於是與其妃相携步行出城行人爲之流涕悉

仰頭呼天太子有何罪乃致此耶辭拜嗚咽並不能復起亦有感激致死者乞食流迸過還本國猶持一弦琴在所而彈之時有大臣識是太子亦知夫人所爲不敢以聞乃因餘人啓王外有一盲人能彈琴備六十四伎變巳下殊絕不可聞王即召之乃見其子子婦悶絕墜地良久乃蘇即問其故方悟是夫人所爲王先受五戒不復煞生唯宍刑之棄於深林太子聞夫人被形結氣發病而死王年耆昏耄疾卧床褥無復威力半年之中諸臣行事王卒後立位法益之子名三波提紹位也

尒時諸臣欲立太子以紹王位中有一大臣名曰阿羗羅陁語諸臣曰不得即立太子所以者何大王阿育在時本誓願滿十万億金作諸功德猶減四億不滿十万億以是故令捨閻浮提施與三寶欲令滿足今是大地屬於三寶云何而立太子爲王諸臣聞巳議出四億金送與寺中即便立法益之子爲王名三波提

阿育王息法益壞目因緣經云夫人善容及大臣耶奢盜取王印詐爲王勑挑王子兩目王後發誓使得眼根神感之應更生淨眼王見瑞應不可稱記脫巳寶冠授與法益紹轉輪王治化六年法益治化巳經六年白父王曰乞聽出家王即聽許令出家學道祐案阿含所説不言法益紹位蓋略之耳然則法益出家之後其子三波提乃爲太子阿育還領王位者也

復次太子名毗梨訶西那以紹王位毗梨訶西那太子名曰沸沙須摩次紹王位沸沙須摩太子名曰沸沙蜜多羅次紹王位時沸沙蜜多羅次紹王位時沸沙蜜多羅問諸臣我當作何等令我名德久存於世時賢善諸臣信三寶者啓王言阿育祖王在世造八万四千塔復興種種供養此之名德相傳至今王欲求此名者當造立八万四千塔及諸供養王言大王阿育有重威德能辦此事我不能作更思餘事中有惡臣不信向者啓王言世間有二法法傳世不滅一者作

善二者作悪大王阿育作諸善行今王當作悪行打壞八万四千塔此名不滅時王用傜臣語欲壞諸塔寺先往雞雀寺中門前有石師子即吼王聞之驚怖即還入城如是再三欲壞彼寺時王問諸比丘使我壞塔寧壞僧坊比丘荅曰二不應行王其欲壞者寧壞僧房殺害比丘如是漸漸至婆伽羅國又復唱令若有人能得沙門頭者賞之百金尒時彼國中有一阿羅漢化作衆多比丘頭與諸百姓令送與王令王庫藏財寶端竭盡時彼王聞羅漢作如是事倍復瞋恚欲殺羅漢時彼羅漢入滅盡定王作無量方便殺彼聖人終不能得三昧力故不傷其體如是漸進至佛塔門有一鬼神上住其中守護佛塔名曰牙齒作是念我受持禁戒不殺衆生不能害王又復作念有一神名曰爲虫凶暴勇健求索我女我不與之今爲護法當嫁與彼令其守護佛法時彼虫神排攊大山推迮王上及四兵衆無不死盡彼王終亡孔雀苗裔於此永終祐尋八万塔緣乃懸記後事廣長所說其驗已徵撰譜之始夲述釋種但塔興阿育故偹記孔雀雖於文爲繁而塔事偹矣

釋迦獲八万四千塔宿緣記第三十二 出賢愚經

尒時佛與阿難入舍衛城乞食見羣小兒於道中戯各聚地土用作舍宅倉庫財寶五穀有一小兒遥見佛來敬心内發歡喜踊躍即取倉中土爲穀者便以手探欲用施佛身小不及語一小兒我登汝上以穀布施小兒歡喜報言可尒即躡肩上以土奉佛佛下鉢伍頭受土受已授與阿難持此土以塗我房阿難食後以土塗佛房地齊得一遍其土便盡佛告阿難向小兒緣施此土我般涅槃百歲之後當作國王字阿輸迦阿育之別名也其次小兒當作大臣共領閻浮提一切國土興顯三寶廣設供養分布舍利遍閻浮提起八万四千塔阿難歡喜重白佛言如來先昔造何功德而乃有此多塔之報佛言過去有國王名波塞奇典閻浮提八万四千國時世有佛名曰沸沙波塞奇王與諸臣民供養於佛及比丘僧四事供養時王心念邊小諸國皆悉偏僻人民之類無由脩福今當圖畫佛之形像分布諸國咸得供養作是念已即召畫師勑使圖畫時諸畫師來至佛所看佛相好欲得畫之適畫一處忘失餘處重復觀看復欲下手畫一忘一不能使成時波塞奇調和衆彩手自爲畫一像以爲摸法於是畫師乃依圖畫八万四千像布與諸國諸小國王皆得供養時波塞奇我今身是以此緣故常得三十二相殊特之身般涅槃後得此八万四千諸塔祐觀波塞畫像克果法身塔廟之數有若符契法華所謂刻畫作像皆成佛道斯其驗矣

釋迦法滅盡緣記第三十三 出雜阿含經

佛言此摩偷羅國將來世當有商人子名曰掘多掘多有子名優波掘多我滅度百歲後當作佛事於教授師最爲第一百歲之後優留曼荼山有那吒跋置迦阿蘭若處最爲第一佛作是念我以正法付囑人及天者我

之教法則千歲不動即告帝釋及四天大王我涅槃後各於方土護持正法過千歲後有非法出閻浮提中惡風暴雨多諸災患人民飢饉觸物磨滅飲食失味珎寶沉沒西方有王名鉢羅婆北方有王名耶婆那南方有王名釋迦東方有王名兜沙羅此四王皆多眷屬殺害比丘破壞塔寺四方盡乱時諸比丘來集中國拘睒弥國王名摩因陁羅西那生子手似血塗身似甲冑有大勇力又五百大臣同日生子皆血手冑身時拘睒弥國一日雨血王見惡相即大恐怖請問相師相師荅言王今生子當王閻浮提多殺害人即因為名難當年漸長大時四惡王從四方來王大憂怖有天神告言大王且立難當為王足能降伏彼四惡王便依神言捨位與子以髭中明珠冠其子首集五百大臣香水灌頂令往征伐諸臣之子身被甲冑從王俱征與四惡王共戰殺之都盡王閻浮提治在拘睒弥鞞國佛告四大天王巴連弗國當有婆羅門

名曰阿耆尼達多通達比陁經論彼婆羅門當納妻其妻有娠便欲與人論議即問諸相師荅云是胎中兒當了達一切經論故令母如是月滿生子了達一切經論及醫方教授五百弟子有衆多弟子故名曰弟子於我法中出家學道通達三藏善能說法辯才巧妙攝多眷屬又復世尊告四大天王即此巴連弗邑當有大賈主名曰須陁那其妻有娠便質直柔和無諸邪想諸根寂靜時彼賈主即問相師相師荅曰胎中兒極為良善故令母如是月滿生童子名曰脩羅陁年紀漸長於我法中出家學道勤行精進便得漏盡證羅漢果然其寡聞少欲知足及少知舊居在揵陁摩羅山恒來為難當王說法難當見父王過世兩手抱　尸悲號啼哭憂惱傷心時彼三藏將多眷屬為王說法王聞法已憂惱即止於佛法中生大敬信而發聲唱言自今以後我施諸比丘無恐畏適意為樂而問比丘前四惡王毀滅佛法有幾年歲諸比丘荅

云經十二年王心念言作師子吼我當十二年中供養五衆種種豈足供施之日天當降香澤之雨遍閻浮提一切寶種皆得增長諸方人衆皆持供具來詣拘睒弥國供養衆僧時諸比丘大得供養諸比丘輩不修三業戲論過日貪著利養好自嚴餝身著妙服離出家法形類比丘是法中大賊壞正法幢建惡魔幡滅正法炬然煩惱火消正法海壞正法山破正法鼓拔正法樹時天龍鬼神等於諸比丘皆生惡意厭惡遠離不復衛護而同聲唱言却後七日佛法滅盡號咷悲泣共相謂言至說戒日比丘鬪諍如來正法於此而滅諸優婆塞聞諸天言共詣衆中諫諸比丘鬪諍至十五日說戒時揵陁摩羅山阿羅漢脩羅他觀閻浮提今日何處有衆僧欲往說戒即詣拘睒弥時彼僧衆乃有百千人唯有此阿羅漢脩羅他來又復有一三藏名曰弟子此是如來最後大衆聚集尒時維那行舍羅籌白三藏言衆僧已集今為說波羅提木叉

時上坐荅言閻浮提如來弟子皆來集此數有百千如是衆中我爲上首了達三藏尚不學戒律況復餘者而有所學今當爲誰而説戒律尒時彼阿羅漢脩羅他立上坐前合掌白上坐言上坐但説波羅提木叉如佛在世時舍利弗目揵連等大比丘衆所學法我今已悉學如來雖滅度今已出千歲彼所制律威儀我悉已脩足上坐弟子聞脩羅他比丘自言如來所制戒律我悉脩持起不忍心有一弟子名曰安伽陁極生忿恨從座起罵辱彼聖汝是下座比丘愚癡無智而毀辱我師即持利刀殺彼聖人尒時有一鬼名曰大提木佉作是念言世間唯有此一羅漢而爲惡比丘弟子所害執持金剛杵以打破彼頭即便命終尒時阿羅漢弟子見殺其師忿恨不忍即殺三藏尒時諸天世人悲哀啼泣嗚呼苦哉如來正法今便都盡即此大地六種震動無量衆生號咷啼泣各各離散尒時拘睒弥王聞諸比丘殺阿羅漢及三藏法師心生惱悷諸邪見輩競破塔廟及害比丘從是佛法索然頓滅尒時人天聞佛所説莫不揮淚

釋迦法滅盡相記第三十四　出法滅盡經

佛告阿難吾般泥洹法欲滅時五逆濁世魔道興盛諸魔沙門壞乱吾道著俗衣裳樂好袈裟五色之服飲酒炙肉殺生貪味無有慈心更相憎嫉時有菩薩精進修德一切敬待人所宗向教化平等憐貧念老救育窮厄恒以經像令人奉事作諸福德志性温善不侵害人捐身濟物不自惜已忍辱仁和設有是人衆魔比丘咸共嫉之誹謗揚惡擯黜驅遣不令得住自共於後不修道德寺廟空荒不復修理轉就毀壞但貪財物積聚不散不作福德販買奴婢耕田種植焚燒山林傷害衆生無有慈心奴爲比丘婢爲比丘尼無有道德婬泆濁乱男女不別令道薄淡皆由斯輩或避縣官依猗吾道求作比丘不修戒律月半月盡雖名講戒厭倦懈怠不欲聽聞抄略前後不肯盡説經不誦讀設有讀者不識字句爲强言是不諮明者貢高求名嘯天雅步以爲榮貴望人供養諸魔比丘命終之後精神當堕無澤地獄五逆罪中餓鬼畜生靡不更歷邊恒沙劫罪竟乃出生在邊國無三寶處法欲滅時女人精勤恒作功德男子懈慢不用法語眼見沙門如視糞土無有信心法輪彌没當尒之時諸天泣淚水旱不調五穀不熟疾疫流行死亡者衆人民勤苦縣官侵剋不修道理皆思樂乱惡人轉多善者甚少日月轉促人命轉短四十頭白裁壽六十男子壽短女人命長七八九十或至百歲大水忽起卒至無期世人不信故謂有常衆生雜類無有豪賤没溺浮漂魚鼈食噉菩薩比丘衆魔驅逐不預衆會菩薩入山福德之處憺怕自守以爲忻快壽命延長諸天衛護月光出世得相遭值共興吾道五十二歲首楞嚴經般舟三昧先滅化去十二部經尋復化滅盡不復現不見文字沙門袈裟自然變白聖王去後吾法滅盡辟如油

燈臨欲滅時光更猛盛於是便滅吾法盡時亦如燈滅自此之後難可總紀如是又後弥勒當下世間作佛天下太平毒氣消除雨潤和適五穀滋茂樹木長大人長八丈皆壽八萬四千歲衆生得度不可稱計祐定以方等固知三寶常住常住之法理無興滅興滅之來乃世緣業耳晟離西隱不害千光之恒明也

釋迦譜卷第五

釋迦譜卷第五

校勘記

一　底本，金藏廣勝寺本。

一　六一九頁中一行及卷末「卷第五」，資、磧、普、南、徑、清作「卷第十」。

一　六一九頁中三至六行目録，徑、清無。

一　六一九頁中八行第九字「脩」，資、磧、普、南、徑、清作「循」。

一　六一九頁下一行第八字「經」，資、磧、普、南、徑、清作「著經」。

一　六一九頁下三行「頞頭婆羅當知」，諸本作「頻頭婆羅當治」。

一　六一九頁下八行「相師」，諸本作「聞相師」。

一　六一九頁下一一行「頞頭婆羅門」，諸本作「頻頭婆羅王」。

一　六一九頁下一五行第七字「者」，諸本作「無憂者」。

一　六二〇頁上二行「阿育」，資、磧、普、南、徑、清作「阿育王」。

一　六二〇頁上四行第四字「凡」，資、磧、普、南、徑、清作「瓦」；麗作「凡」。

一　六二〇頁上八行首字「於」，資、磧、普、南、徑、清無；麗作「相」。

一　六二〇頁上二〇行第九字「老」，清作「者」。

一　六二〇頁中一行末字「恒」，資、磧、普、南、徑、清作「恒」。

一　六二〇頁中一七行及一八行「索繒」，諸本作「素繒」。

一　六二〇頁中二〇行第三字「曰」，磧、普、南、徑、清作「自」。

一　六二〇頁下九行首字「輩」，資、磧、普、南、徑、清作「輩云」。

一　六二〇頁下一三行「令我」，諸本作「令伐」。

一　六二〇頁下一四行「利釰」，資、徑、清作「利劍」。

一　六二一頁上一二行「設入」，諸本作「誤入」。

一　六二一頁上一八行「正於」，諸本

作「止於」。

一 六二一頁上二一行末字「凶」，諸本作「女」。

一 六二一頁中一一行「象王」，諸本作「鴈王」。

一 六二一頁中一二行「諸漏盡」，資、磧、普、南、徑、清作「諸漏已盡」；麗作「得諸漏盡」。

一 六二一頁中二〇行「地緬」，資、磧、普、南、徑、清作「地面」。

一 六二一頁中末行首字「以」，諸本作「似」。

一 六二一頁下五行第一一字「道」，麗作「道意」。

一 六二一頁下六行「乘女」，資、磧、普、南作「采女」；徑、清、麗作「綵女」。

一 六二一頁下一五行第六字「修」，資、磧、普、南、徑、清作「修行」；麗作「修行時」。

一 六二一頁下二二行第一三字「亘」，麗作「旦」。

一 六二二頁上三行第二字「其」，資、磧、普、南、徑、清無。

一 六二二頁上一〇行「斂眉」，諸本作「斂肴」。同行第九字「揺」；資作「捶」；磧、普作「插」。

一 六二二頁上一一行「充飽」，徑作「充滿」。

一 六二二頁上一二行首字「時」，麗作「皆」。

一 六二二頁上一八行「煞者者」，諸本作「然者」。

一 六二二頁中二行「日月」，磧、徑、清、麗作「日日」。

一 六二二頁中七行第四字「與」，資、磧、普、南、徑、清作「與本」；麗作「與先」。

一 六二二頁中八行第八字「中」，麗無。

一 六二二頁中一七行至次行「三十六……神言」十二字，麗無。

一 六二二頁中二〇行「巴連弗邑」，磧、南作「邑連弗邑」。

一 六二二頁下一三行「百歲燈」，諸本作「千歲燈火」。同行「恒河」，諸本作「五恒河沙」。

一 六二二頁下一五行第一〇字「足」，諸本作「具足」。

一 六二二頁下一九行第七字「募」，資、磧作「慕」。

一 六二三頁上三行第三字「行」，資、磧、普、南、徑、清作「後」。

一 六二三頁上九行「人起」，資、磧、普、南、徑、清作「人造」。

一 六二三頁上一七行第四字「赤」，諸本作「亦」。

一 六二三頁上二〇行第七字「狀」，麗作「伏」。

一 六二三頁上二二行首字「有」，諸本作「俯」。

一 六二三頁下八行「行施」，資、磧、普、南、徑、清作「布施」。

一 六二四頁上二行「躃地」，南作「僻地」。

一 六二四頁上二二行「次示」，資、磧、

普、南、徑、清作「次復示」。

一　六二四頁中五行「拘句」，南作「物句」。

一　六二四頁下一行「我將諸」，資、磧、普、南、徑、清作「我諸」；麗作「我持諸」。

一　六二四頁下一二行「更生」，麗作「復更生」。

一　六二五頁上五行「上座」，資、磧、普、南、徑、清作「上座耶尊者答曰」；麗作「上座耶尊者答曰更上座」。

一　六二五頁上二二行第一〇字「法」，資、磧、普、南、徑、清作「汝」；麗作「正法」。

一　六二五頁中九行第八字「往」，諸本作「住」。

一　六二五頁中一三行第一〇字「僧」，諸本作「僧食」。

一　六二五頁中一八行第七字「兵」，麗作「五」。

一　六二五頁中末行第六字「十」，諸本作「千」。

一　六二五頁下九行第四字「瓮」，諸本作「千瓮」。

一　六二五頁下一六行第二字「手」，諸本作「乎」。

一　六二五頁下一九行「王答上座」，麗無。

一　六二六頁上一一行第七字「衆」，資、磧、普、南、徑、清作「衆僧」。

一　六二六頁上一三行第六字「親」，資作「襯」；磧、普、南、徑、清、麗作「嚫」。同行第一〇字「嚫」，資作「襯」。

一　六二六頁中一行「二塔」，徑、麗作「一一塔」。

一　六二六頁中四行「貞實」，南作「真實」；徑、清作「實實」。

一　六二六頁中一八行第一二字「今」，資、磧、普、南、徑、清作「令」。

一　六二六頁中二一行第九字「凡」，諸本作「瓦」。

一　六二六頁下一〇行末字「勒」，資、磧、普、南、徑、清作「勒果」。

一　六二七頁上一行第五字「明」，徑作「名」。

一　六二七頁上五行第四字「禮」，南、徑、清、麗作「化」。

一　六二七頁上一五行首字「曰」，麗作「曰但令我差七日」。

一　六二七頁上一七行第一〇字「即」，資、磧、普、南、徑、清作「既」。

一　六二七頁上一八行「伐之」，諸本作「代之」。

一　六二七頁上二一行第二字「看」，資、磧、普、南、徑、清作「有」。同行第八字「及」，麗無。

一　六二七頁中三行第六字「過」，麗作「遇」。

一　六二七頁中五行第九字「聞」，麗作「問」。

一　六二七頁中七行「已下」，諸本作「弄」。同行第八字「聞」，諸本作「不聞」。

一　六二七頁中八行第四字「婦」，南、

徑、清作「父」。

一　六二七頁中一一行第五字「形」，磧、南、徑、清、麗作「刑」。

一　六二七頁中一二行「耄疾」，資、磧、普、南、徑、清作「耄病」；麗作「秏疾」。

一　六二七頁下八行首字「道」，資、磧、普、南、徑、清無。

一　六二七頁下一四行末二字至次行「次紹……多羅」十字，麗無。

一　六二七頁下末行「二法」，諸本作「二種」。

一　六二八頁上一二行第一一字「端」，諸本無。

一　六二八頁上二二行第八字「迮」，磧、普、南、徑、清作「笮」。

一　六二八頁中一七行「阿輪迦」，磧、南、清、麗作「阿輸迦」。

一　六二八頁中一八行「國上」，諸本作「國土」。

一　六二八頁下七行第五字「這」，磧、普、南、徑、清、麗作「適」。

一　六二九頁中六行第一〇字「日」，資、磧、普、南、徑、清無。

一　六二九頁中七行第七字「通」，資、磧、普、南、徑、清無。

一　六二九頁中一八行第六字「尸」，諸本作「父屍」。

一　六二九頁下三行第五字「降」，資、磧、普、南、徑、清作「降雨」。

一　六三〇頁上一行首字「時」，資、磧、普、南、徑、清作「時彼」。

一　六三〇頁上一七行「金銅」，諸本作「金剛」。

一　六三〇頁中一六行第四字「就」，麗作「轉」。

一　六三〇頁下二行「囑天雅步」，資、麗作「嘘天雅步」；磧、普、南、徑、清作「嘘天推步」。

一　六三〇頁下四行第三字「澤」，資、磧、普、南、徑、清作「擇」。

一　六三〇頁下五行第四字「邊」，資、磧、普、南、徑、清作「無邊」；麗作「遍」。

一　六三〇頁下八行第一二字「彌」，資、磧、普、南、徑、清作「殄」。

一　六三〇頁下一一行第五字「修」，南、徑、清作「循」。

一　六三一頁上三行第四字「又」，資、磧、普、南、徑、清作「人」；麗作「久」。同行第八字「當」，資、磧、普、南、徑無。

一　六三一頁上八行「西隱」，清作「夕隱」。

釋迦方志序

終南太一山釋氏　求

惟夫大唐之有天下也將四十載淳風洽而澆俗改文德修而武功暢故使青丘丹穴之侯並入堤封龍砂鴈塞之區事遵聲教英髦稽首顯朝宗之羽儀輸賝奉贄表懷柔之盛德然則八荒内外前史具舒五竺方維由來罕述豈非時也雖復周穆西狩止留昆丘舜禹南巡不踰滄海秦皇晝野近袤臨洮漢武封壃開開鐵路厥斯以降遐討未詳所以崆峒問道局在酒泉之地崑崙謁聖實惟玉門之側至於弱水洞達三危九隴煙然龍勒沙障黎河具曆夏書咸圖雍部及博望之尋河也創聞大夏之名軒皇之遊夢也初述華胥之國貳師之伐大宛定遠之開鐵門由余入秦曰磾仕漢聲榮覆於葱嶺帝德亘於耆山赫弈皇華其徒繁矣而方土所記人物所宜風俗之沿革山川之卓詭雖陳之油素略無可紀豈不以經途遼遠遊諸之者希乎以事討論縱有傳說皆祖行人信非躬覩相從奔競虛為實錄何以知其然耶故積石河源西瞻赤縣崐崘天柱東顧神州鳥砂以外咸稱胡國安用遠籌空傳緗簡是知身毒之説重譯臻焉神異等傳斷可知矣自佛教道東榮光燭漢政流十代年將六百輶軒繼接備盡觀方百有餘國咸歸風化莫不梯山貢職望日來王而前後傳錄差乎不同事迹罕述稱謂多惑覆尋斯致宗歸譯人昔隋代東都上林園翻經館沙門彦琮著西域傳一部十篇廣布風俗略於佛事得在洽聞失於信本余以為八相顯道三乘陶化四儀所設莫不逗機二嚴攸被皆宗慧解今聖迹靈相雜沓於華胥神光瑞影氤氳於宇内義須昌明形量動發心靈泉貞觀譯經嘗參位席傍出西記具如別詳但以紙墨易繁閱鏡難盡佛之遺緒釋門共歸故撮綱猷略為二卷貽諸後學序之云介

釋迦方志一部八篇

釋迦方志卷上　第一張

封壃篇第一　統攝篇第二
中邊篇第三　遺跡篇第四
遊履篇第五　通局篇第六
時住篇第七　教相篇第八

仰尋諸佛之降靈也不可以形相求之隨機顯晦故得以言章述矣然學教者統舉為先傍窮枝葉終非遠致故於篇首標其致焉

釋迦方志卷上　封壃　統攝　中邊　遺跡

釋迦方志封壃篇第一

佛之所王土也号曰索訶世界即古翻經為娑婆矣經中所謂忍土者也謂此土人强識力念能忍苦樂堪任道器故佛王之案此封壃周輪鐵山山外是空空不可測山下是地地下是金金下是水水下是風其風堅實逾於金剛衆生心力同業所感能持世界不令傾墜自風以外即是虛空約此周輪從下而上至无色窮名為有頂論其畫界從廣所經率非里數之所度也且如智度論從色界天下一大石經一万八千三百八十三年方始至地約此上下方維名為一佛

所王土也（即以大千鐵圍而為封壃之域）

釋迦方志統攝篇第二

案索訶世界鐵輪山内所攝國土則万億也何以知之如今所住即是一國國別一蘇迷盧山即經所謂須弥山也在大海中據金輪表半出海上八万由旬日月迴薄於其腰也外有金山七重圍之中各海水具八功德其外鹹海廣於無際海外有山是鐵所成四周遶之海中可居者大略有四即約蘇迷山用分方面東洲名毗提訶南洲名贍部西洲名瞿陁尼北洲名拘盧也此之四洲亦名四有人之所居佛之所王准此傍及鐵圍海内惟有四洲蘇迷山巳上二十八天并一日月為一國土即此為量數至一千鐵圍都繞名小千世界即此小千數至一千鐵圍都繞名中千世界即此中千數至一千鐵圍都繞名為大千世界案此三千大千世界其中四洲山王日月乃至有頂則有万億之所皆為佛之統攝俱遵聲教

釋迦方志中邊篇第三

惟夫法王所部則大千之内攝焉若據成都則此洲常為所住故此一洲則在蘇迷山南之海中也水陸所經東西二十四万里南北二十八万里又依論說三邊等量二千由旬南邊三由旬半是則北闊而南狹人面象之又依凡記人物所居則東西一十一万六千里南北遠近略亦同之所都定所則以佛所生國迦毗羅城應是其中謂居四重鐵圍之内故經云三千日月万二千天地之中央也佛之威神不生邊地地為傾斜故中天竺國如來成道樹下有金剛座用承佛焉據此為論約餘天下以定其中若當此洲義約五事以明中也所謂名里時水人為五矣

所言名者咸謂西域以為中國又亦名為中天竺國此土名賢談邦之次復指西宇而為中國若非中者凡聖兩說不應名中昔宋朝東海何承天者博物著名羣英之寂問沙門慧嚴曰佛國用何曆術而号中乎嚴云天竺之國夏至之日方中无影所謂天

地之中平也此國中原景圭測之故
有餘分致曆有三代大小二餘增損
積筭時輒差僁明非中也承天無以
抗言文帝聞之乃勅任豫受焉
夫以八難所摽邊地非攝出凡入聖
必先中國故大夏親奉音形東華
晚開教迹理數然矣
二言里者夫此一洲大分三量二分
以北土曠人希獯狁所居無任道務
一分以南盡于三海人多精爽堪受
聖化故約道勝大聖都焉故成光子
云中天竺國東至振旦國五万八千
里（振旦即神州之号也彼人目之）南至金地國五万八
千里西至阿拘遮國五万八千里北
至小香山阿耨達池五万八千里觀
此通攝取其遐迹齊致以定厥中其
理易顯
三言時者謂雪山以南名為中國坦
然平正冬夏和調卉木常榮流霜不
降自餘邊鄙安足語哉
四言水者此洲中心有一大池名阿
那陁荅多唐言無熱惱也即經所
謂阿耨達池在香山南大雪山北居

山頂上非凡所至池周八百里四岸
寶飾正南當於平地地獄所居故金
剛座東僻至五千里又池正南當洲
尖處其北當謎羅川即北又當葱嶺
北千泉也上空定約當北辰星今望
第五似如西欹且天上一寸地下一
千千泉去京八千餘里焉
約天無一尺矣其池北去鉢露羅國
減千里東南屈露多國西南罽賓
國各千餘里然四海為壑水趣所極
故此一池分出四河各隨地勢而注一
海故葱嶺以東水注東海達儭以南
水注南海雪山以西水注西海大秦
以北水注北海故地高水本是其中
此居海濵邊名難奪又佛經宏大通
舉事周博見聖賢義非妄委於上所
列咸符地圖然此神州所著書史寓
言臆度浮濫極多時約佛經更廣其
類都皆蕪薉試為舉之水經云无熱
丘者即崐崙山　又扶南傳云阿
耨達山即崐崙山　又山海經云南
流沙濵赤水後黒水前有大山名崐
崘丘　又云鍾山西六百里有崐崙

山出五水　紫穆天子傳云舂山音
鍾又云海内崑崙丘在西北帝之下
方八百高万仞　又十州記云崑崙陵
即崑山也在北海亥地去岸十三
万里此約指佛經蕪迷山也
又東海中山名方丈亦名崑崙
又云西王母告周穆云山去咸陽三十
六万里高平地三万六千里
又周穆傳述西王母云去宗周瀍澗
一万一千一百里　神異經崑崙山有
銅柱其高入天圍三千里滎氏注云
柱洲崑崙山東南万二千里有無外
山　史記云崑崙山去嵩高五万里
高万一千里郭璞云高二千五百
餘里　淮南云高万一千一百里十
四步二尺六寸
道經造立天地記云崑崙山高四千
八百里轉形濟苦經云高万九千里
又云此山飛浮　又云崑山南三十
里次第有千崑山名小千世界
化胡經云崑山高九重相去各九
千里　又云高万万五千里
已前儒道兩説雖形量差異莫越崐

崙尋崐崘近山則西涼酒泉之地穆后見西王母之所具彼圖經若崐崘遠山則香山雪山之中也河源出焉故介雅云河出崑崙墟郭璞圖贊云崑崙三層号曰天柱實惟河源水之靈府案禹貢云導河自積石者但據伏流所出處而名之若討本源誠有由矣 故佛經云此无熱池東有銀牛口出殑伽河即古所謂恒河也右繞池匝流入東南海南有金象口出信度河即古辛頭河也右繞池匝流入西南海西有瑠璃馬口出縛芻河即古愽叉河也如上繞池入西北海北有頗胝師子口出徙多河即古私陁河也如上繞池入東北海案河圖云崑崙山東方五千里名曰神州亦名赤縣又依書云河源東北流出葱嶺岐沙谷分為兩水東北支流經于闐南山於國西北出又東流大河經揭盤陁城東南又經疎勒國西又東北至城下又迴流國南五百餘里至烏鎩國南又東北至疎勒國北六百一十里至烏𨚗界赤谷城 又東二百七十里經姑墨國南又東六百七十里經龜茲國南又東三百五十里經烏壘國南此即漢時都護所治也西南去疎勒二千一百一十里東南去鄯善國千七百八十五里東北去烏耆國四百里河又東南三百四十里經渠梨國南又東二百四十里經黑山國南此東去玉門關二千六百六十里河又東經連城注賓城南旦末國北合支水河又東經婁蘭地又東經鄯善國城南過東北數百里入蒲昌海其海東面少北去玉門一千三百里又東北去陽關三百里此河於蒲昌伏流南而少西數千里入積石山在羌燒党中書云積石去崑崙丘千七百四十里或云伏流方三千里斯諸臆說難以究詳河出積石西南流九屈東北合流經折支地是為河曲又東北入塞過燉煌張掖南是為河源矣案此實録以尋河源窮至無熱池所方為討極然此池神居非人所及又是北天雪山之域南接中土佛生之地以處高勝故非邊矣

五謂人者不出凡聖凡人極位名曰輪王聖人極位名曰法王蓋此二王不生則已生必居中又山川國邑人之依報人勝則依勝故此二王居焉又輪王有四王約統四洲金輪王者則通四有銀輪三方除北一洲銅輪二方除西北方鐵輪在南除於三有言贍部者中梵天音唐言譯為輪王居處言四輪王通局乃殊住必南有也古翻此洲云好金地謂閻浮檀金在洲北岸海中金光浮出海上其傍有閻浮樹林其果極大得神通者方至於彼今言此洲輪王得名兩設其致耳又一此洲四主所統雪山已南至于南海名象主也地惟暑濕偏宜象住故王以象兵而安其國風俗躁烈篤學異術是為印度國然印度之名或云賢豆或云天竺或云身毒天篤等皆傳之訛僻耳然以印度為正唐无以翻雪山之西至于西海名寶主也地接西海偏饒異珎而輕礼重貨是為胡國雪山以北至于北海地寒宜馬名馬主也其俗兇暴忍煞衣毛是寅

厤國雪山以東至于東海名人主也
地惟和暢俗行仁義安土重遷是至
鄉國即古所謂振旦國也上列四主且
據一洲分界而王以洲定中輪王為
正居中王邊古今不改此土諸儒滯
於孔教以此為中餘為邊攝別指雒
陽以為中國乃約軒轅五岳以言耒
是通方之巨觀也又指西蕃例為胡
國然佛生遊履雪山以南名婆羅門
國與胡隔絶書語不同故五天竺諸
婆羅門書為天書語為天語謂劫初
成梵天來下因味地肥便有人焉從
本語書天法不斷故彼風俗事天者
多以生有所因故也胡本西戎無聞
道術書語國別傳譯方通神州書語
所出无本且論書契可以事求伏羲
八卦文王重之蒼頡鳥迹其文不行
漢時許慎方出說文字止九千以類
而序今漸被世文言三万此則隨人
隨代會意出生不比五天書語一定
上以五義以定中邊可以鏡諸餘如
隋初魏郡沙門靈裕聖迹記述

釋迦方志遺跡篇第四

自漢至唐往印度者其道衆多未可
言盡如後所紀且依大唐往年使者則
有三道依道所經具觀遺跡即而序
之其東道者從河州西北度大河上
曼天嶺減四百里至鄯州又西減百
里至鄯城鎮古州地也又西南減百
里至故承風戍是隨互市地也又西
減二百里至清海海中有小山海周
七百餘里海西南至吐谷渾衙帳又
西南至國界名白蘭羌北界至積魚
城西北至多弥國又西南至蘇毗國
又西南至敢國又南少東至吐蕃國
又西南至小羊同國又西南度呾倉
法關吐蕃南界也又東少南度末上
加三鼻關東南入谷經十三飛梯十九
棧道又東南或西南緣葛攀騰野
行四十餘日至北印度尼波羅國（此國去吐蕃約為九千里）
其中道者從鄯州東川行百餘
里又北出六百餘里至涼州東去京師
二千里從涼西而少北四百七十里
至甘州又西四百里至肅州又西少
北七十五里至故玉門關關在南北
山間又西減四百里至瓜州又西南

入磧三百餘里至沙州又西南入磧
七百餘里至納縛波故國即婁蘭地
亦名鄯善又西南千餘里至折摩馱那
故國即沮末地又西六百餘里至都羅
故國皆荒城耳又西入大流沙行四
百餘里至　瞿薩呾那國東境（即漢史所謂于闐國也都護所居漢之所守東去長安九千六百七十里）其開名
尼壤城彼土自謂于遁國也周四千
餘里沙磧大半寺有百餘僧出五千
大乘學者從開至媲摩川二百餘里
有媲摩城中有栴檀立像高二丈餘
極多靈異光明疾者隨痛以金薄帖
像上便愈其像本在憍賞弥國是鄔
陁衍那王所造凌空至此國北曷勞落
迦城有異羅漢每往礼之王初不信
以沙土坌羅漢乃告敬信者日却後
七日沙土滿城於後二日乃雨寶滿
街至七日夜果雨土填城略无遺人
其先告者預作地穴從孔而出東趣
媲摩像亦同至有記云法滅之時像
入龍宮也其曷勞城今為大堆王欲
掘寶必遭風變又於媲摩城西行三
百三十里方至國城王都南十里有

大寺先王所立西南十餘里寺有夾
紵立像從屈支國來昔此有臣於彼
礼敬目還本國遥念無已像遂夜至
乃捨宅為寺都城西三百餘里勃伽
夷城有坐像高七尺相好无比首有
實冠光明時現都城西百六十里路
中大磧惟有鼠壤形大如蝟毛金銀
色昔匈奴来寇王祈鼠靈乃夜齧人
馬兵器斷壞自然走退都城西五里
許寺有浮圖高百餘尺多現光相王
感舍利數百粒羅漢以右手舉浮圖
安之函内乃下之無傾動也都城西
南十餘里有瞿室餕伽山此云牛角有
寺像現光明佛曾遊此為天人說法
記其建國崇學大乘山巖石室有一
羅漢入滅心定待慈氏佛數百年前
崖崩塞户其國南界接東女國從國
城西越山谷行八百餘里至
斫句迦國即沮渠也南境其國周千餘里
佛寺十餘僧徒出百學大乘者國南
有山立多羅塔松泉流茂石室深淨
有三羅漢現入滅定鬚髮恒長僧常
剃之五印度僧有證果者多止此室

又北減三百里方至都城周十餘里
山阜連屬臨帶兩河又於國西北上
大沙嶺度從多河五百餘里至
佉沙國即疏勒也周五千餘里寺數百僧
數万習小乘有部地多石磧其俗生
子押頭匾遞從此南行山野石磧五
百餘里至
烏鎩國周千餘里都城周十餘里南
臨徙多河信佛法寺十餘僧減千人
習小乘學城西二百餘里至大山嶺
上有塔數百年前山崖自崩中有比
丘瞑目而坐形甚偉大鬚髮下垂覆
于肩面國王以酥油灌之擊揵搥比
丘高視曰我師釋葉波也今始乃聞
巳涅槃耶又問釋迦佛出世耶告云
巳滅度矣即昇空火化焚身其土出
白壁青玉等從國城西度河登葱嶺
東崖八百餘里至福舍其地在四山
之中方百餘頃無樹木有細草緣如
別說又西南踰大嶺至
朅盤陁國周二千餘里都城周五十
餘里北背徙多河敬佛法寺十餘僧
五百餘人小乘有部其國東南大石

室二口各一羅漢入滅心定經七百
餘歲其鬚髮生年別為剃又西北行
三百餘里方至王都東南臨徙多河
山嶺連屬又西少南登山氷雪五百
餘里至波謎羅川東西千餘里南北
百餘里或挾無十里據南北大雪山
間地鹹鹵多石草木希少絶无人住
川南越山有鉢露羅國此川在大葱
嶺上贍部一洲地最高也中有大龍
池東西三百餘里南北五十餘里大
卯出焉其水西流至達摩悉帝國東
界與縛芻河合故此巳西水並西流
東出一流東北至佉沙國西界與徙
多河合自此諸水皆東流也龍池正
南當無熱池北當千泉川南當池大
嶺名婆羅犀羅南北三四百里山地
極高池北即大葱嶺也水經去高可
千餘里兩邊漸下南北竪嶺行數極
多百餘條矣多有山葱崖險葱翠因
以名焉嶺南接大雪山北至千泉應
有二千五百許里東極烏鎩西達活
國應三千餘里又從川西南入山險
七百餘里至

商弥國周二千六百里土出雌黄國人信佛寺有二所僧亦少耳北越達摩悉帝大石山至

尸棄尼國周二千餘里山磧連野又南越山河至

達摩鐵悉帝國（一名鑊侃國 一名護密國）即覩貨羅之故地也在兩山間東西一千五百里南北減百里或狹不踰里東臨縛蒭河寺有十餘僧數盖少城寺石像上懸金銅圓盖衆寶飾之人有旋繞盖亦隨轉人止便止四周石壁莫測然有說聖力使之或謂機関之秘又西南登山入谷五百餘里至

屈浪拏國亦故地也周二千餘里少有信向又西北踰嶺三百餘里至

滛薄健國亦故地也周千餘里都城十餘里又西北山谷行二百餘里至

鉢鐸創那國亦故地也周二千餘里都城山崖上周六七里寺有四所僧亦少耳山谷西行二百餘里至

呬摩呾羅國亦故地也周三千餘里山川相半堅城數十西越山谷三百餘里至

訖栗瑟摩國亦故地也東西千餘里南北三百里都城周十五里北至

鉢利曷國亦是故地廣百餘里南北三百餘里都城二十餘里又從訖栗國西越峻入洞經川城三百餘里至

瞢健國亦是故地周四百餘里都城周十六里北度河至　阿利尼國亦故地也周三百餘里帶縛蒭河兩岸大城周十五里東渡河至　曷羅胡國亦故地也北臨前河周二百餘里大城周十五里又從瞢健國西行百餘里出葱嶺西頭也尋山而下至於

活國亦是故地周二千餘里王城周二十餘里其王突厥也鐵門已南諸小國多屬突厥地安平俗多信佛寺十餘僧數百大小兼學西至

縛曷國四五百里東南越山谷諸城三百餘里至　闊悉多國亦是故地國周減千都城十餘里山多川狹極風寒僧寺三所衆亦少耳東南入谷越嶺度諸小城四百餘里至安呾羅縛國亦是故地周三千餘里王城周十五里屬突厥寺有三所僧有數十有

育王一塔山阜連屬極寒厲也從此西南上大雪山婆羅犀羅嶺東頭經三日行又至極頂通望贍部一洲諸山並皆四下又尋嶺下行亦三日極峻曲谷鑿氷而度西經迦畢式國邊城小邑數十又西南數百里方至王都又西少南一千三百里越山川至　弗栗恃薩儻那國廣二千餘里南北千餘里王城周二十餘里信佛法從此南行五百餘里至

漕矩吒國（亦日早利）周七千餘里王城周三十餘里山川相半寺有百數僧徒數万皆學大乘育王塔十所天祠數十計多外道也土宜欝金香草出興瞿草生羅摩印度川南境稠郁呬羅山王城東南二千餘里至西印度伐剌拏國方合北道南趣佛國

其北道入印度者從京師西北行三千三百餘里至瓜州又西北三百餘里至莫賀延磧口又西北八百餘里出磧至柔遠縣又西南百六十里至伊州又西七百餘里至蒲昌縣又西百餘里至西洲即高昌故地漢時宜禾

都尉所治處也後沮渠涼王避地於
彼今為塞內又西七百餘里至
阿耆尼國(即烏耆也)東西六百餘里南北
四百餘里都城周六七里僧寺十餘二
千餘人並學小乘說一切有或行精懃
食三淨肉從此黑嶺胡類羣分重
財輕義無礼無敬婦尊夫卑良賤
一等吉素凶皂以為服御又西南行
二百餘里踰一小山越二大河川行七
百餘里至屈(居勿反)支國(即丘慈也)東西千餘
里南北六百里城周十七八里寺有
百餘僧五千餘並學小乘說一切有
如上三淨俗大信佛王城民宅多樹
像塔不可勝記東境大城中有天祠
池龍時出與牝馬合而生龍駒初生
儱㒖子方馴駕故國多善馬近王名
金花者感龍馭乘王欲終時鞭觸其
耳因即潛隱與人婦通生子驍勇王
攝突厥煞此城人故今空荒城北四
十餘里東昭怙釐寺佛堂中有玉石
齋日放光王城西門外路左右有立
佛各高九十餘尺於此建場五年一

會西有阿奢理貳寺唐言奇特也昔
王外遊觀礼聖迹母弟留守因自
割勢為防譏搆王深異之弟後遇人
犍五百牛遂愍贖之慈善根力男形
欻生遂不入宮王訝奇特故因置寺
又西經小磧六百餘里至
跋祿迦國(古名姑墨又名亟墨)東西六百餘里南
北三百餘里王城周五六里寺數十僧
千餘人並小乘學西北行三百餘里
度石磧至凌山即慈嶺北原也水多
東流此路不得赭衣持瓠及聲叫有
犯者龍能飛風雨沙遇必皆沒山行
自西四百餘里至大清池(又名熱海亦名鹹海)周
千餘里東西長四面有山行人祈福
又西北五百餘里至素葉水城周六七
里商胡雜居巳西數十孤城亦尒又
西四百餘里至千泉泉涌多出方二
百餘里南面雪山三垂平陸又西百
五十里至呾邏私城又西南二百餘
里至恭敬城又南五十里至
笯(奴故)赤建國周千餘里又西二百餘
里至赭時國(唐言石國)周千餘里西臨葉
河又東南千餘里至怖(數世)捍國周四

千餘里山周四境又西行千餘里至
窣覩利瑟那國周千四百里東臨葉
河葉河出葱嶺北西北流又西北入大
磧應五百餘里至颯末建國(唐言康國)周
千六百餘里南北狹都城周二十餘
里處極險固自此東南至弭末賀
國(米國也)周繞四五百里東西狹又西北
至劫布呾那國(曹國也)周千四五百里
東西長又西三百餘里至屈霜你迦
國(何國也)周同曹國而東西狹又西二
百餘里至喝捍國(東安國也)周千餘里又
西四百餘里至
捕捍國(中安國也)周千七百餘里東西長
又西四百餘里至伐地國(西安國也)周四百餘
里又西南行行五百餘里至貨利習
弥國順縛蒭河兩岸東西可三十里
南北五百餘里又從颯秣建國西南
行三百餘里至
羯霜那國(云史國也)周可千五百里又西南
二百餘里入大山山路絕險又少人物
東南山行三百餘里至鐵門關左右
石壁其色如鐵鐵固門扉懸鈴尚在
即漢塞之西門也出鐵門關便至

覩貨邏國(古云吐火羅也)之故地也南北千餘
東西三千餘東拒葱嶺西接波斯南
大雪山北據鐵門縛芻大河中境西
流其中自分二十七國僧以十二月
十六日安居由温熱多雨故也順河
北下至呾蜜國東西六百餘南北四
百餘王城周二十餘里寺十數僧出千
人大有窣覩波(即古塔之別名如偷婆等)佛像靈
異又東至赤鄂衍那國東西四百南
北五百餘王城周十餘里寺五僧少又
東至忽露摩國東西百餘南北三百
餘王城周十六七里寺有二所僧百餘
耳東至愉(翔俱)漫國廣四百餘從百餘
里王城周十餘里寺二所僧亦不多
西南臨縛芻河便至鞠和衍那國廣
二百餘從三百餘王城十餘里寺三所
僧百餘又東至鑊沙國廣三百餘從
五百餘王城周十六七里又東至
珂咄羅國廣從千餘里王城周二十
餘里東接葱嶺至拘謎陁國廣二千
餘里從二百餘里據大葱山嶺之中王
城周二十餘里西南臨縛芻河國南
接尸棄尼國南度此河至達摩悉帝

等國如前中道所引也又從鐵門南而
少東五百餘里至(縛喝國一道拘謎西南至)縛伽浪
國廣五十餘里從二百餘里都城十
餘里又南至紇露悉泯健國周千餘
里都城周十五里許又西北至忽懍國
周八百餘里都城周十五里餘寺十餘
僧五百又西至縛喝國廣八百餘從
四百餘北臨縛芻河王城周二十餘
里俗美其國諮為小王舍城寺有百
餘僧二千餘人並小乘學城外西南
有納縛(此云新也)寺在雪山北作論諸師
贊重此寺基業不替像瑩名珎歐沙
門像衛之突厥葉護欲襲寺取寶乇
軍寺側夜夢天王長戟貫匈可汗心
痛因介使死堂中有佛澡灌受可外
餘雜色炫燿金石難名又有佛牙長
寸餘廣八九分色黃白而光淨佛掃
帚者用迦奢草長二尺餘圍可七寸
雜寶飾柄三物齋日法俗所感放大
光明有大浮圖高二百餘尺金剛泥
塗以寶窋之有佛舍利時放神光又
諸羅漢入涅槃者示通立塔雖有盤果
不現通者則不封樹王城西北五十

餘里有提謂城王城正北四十餘里有
波利城各有浮啚高三丈許即釋迦
開元獻麨長者髮爪之所建也佛以
僧伽胝覆多羅僧僧却崎又覆盎豎
錫杖次第安布立塔儀式令依崇建
王城西七十里迦葉波佛時所建浮啚
高二丈餘又從大城西南入雪山河
三十餘里至銳末陁國廣五六百里從
百餘里王城周十餘里又西南行三
百里至胡寔建國廣五百餘從千餘
里王城周二十餘里多山川又西北至
呾剌健國廣同前從五十餘里王城
十餘里西接波剌斯國界又縛喝國
東至忽懍國於此東南至紇露悉泯
健國千餘里於此北近縛伽浪國東西
五十餘里此國東北接活國又從縛喝
國南百餘里至揭職國廣五百餘從
三百餘都城周五里許寺十餘僧三
百餘人並小乘學陵阜相連東南入
大雪山六百餘里出覩貨羅故地又
至梵衍那國廣二千餘從三百餘里
在雪山中城依巖險寺有數十僧數
千人學小乘出世部王城東北山河

釋迦方志卷上 第二十七張 彩字号

有大石佛高一百五十尺金寶莊嚴又
東寺左有鍮石釋迦立像高百餘尺
分身別鑄合成立之城東三里寺有
涅槃卧素佛長千餘尺亦金寶莊之
東南二百餘里度大雪山東寺有佛
齒及劫初獨覺齒長五寸餘廣減四
寸又有金輪王齒長三寸廣二寸 又
有商諾迦縛娑即商那和修佛法第三師大阿羅漢鐵鉢
受九升許并九條僧伽胝絳赤色設
諾草皮之所績成以其先世於解夏
日持此草施僧福力所被五百中陰
身生恒服之從胎俱出逐身而長阿
難度時變為法服受具已後又變為
九條其齒鉢等並金緘之羅漢證滅
入邊際定智願力故留袈裟待遺法
盡方乃變壞今已少損信有徵矣大
雪山東至小川澤東入雪山踰黑嶺至
迦畢試國周四千餘里北背雪山三垂
黑嶺都城周十餘里寺有百餘僧六
千餘人多學大乘其王信佛歲造丈
八銀像自修供之天祠數十異道千餘
人 王城東三里北山下有大寺佛院
東門南大神王像右足下有六寶藏

釋迦方志卷上 第二十八張 彩字号

近有外王逐僧欲掘神冠中鸚鵡鳥
像奮羽鳴呼地動王軍皆仆起謝而
歸寺北嶺上有數石室亦多藏寶欲
私開者藥叉變為師子虵虫來震怒
之室西三里大嶺上有觀自在像誠
願者像示妙身安言行者城東南三
十餘里曷邏怙羅寺大臣所造以名
目之浮啚高百餘尺昔臣夜夢令造
浮啚從王請舍利也及旦至宮有人持
舍利瓶臣留舍利令人先入乃持瓶登
塔覆鉢自開安舍利訖王使追之石
已合矣齋日放光流出黑油夜聞音樂
城西北二百餘里大雪山頂有龍池
山下為龍立寺塔中有佛骨肉舍利
外餘有時煙起或如火猛焰漸滅之
時方見舍利狀如白珠繞柱入雲還
下塔中 城西北大河南岸古王寺
中有佛弱齡亂齒長一寸餘 又此
東南姓古王寺有佛頂骨一片廣寸
餘色黃白髮孔分明佛髮青色螺旋
右縈引長尺餘卷可寸許
又西南古王妃寺金銅浮啚高百餘
尺佛舍利外餘每十五日夜放光繞

釋迦方志卷上

盤曉入塔中
城西南比羅娑絡山云爲堅也頂盤石上起
塔高百餘尺舍利外餘山北巖泉是
佛受山神飯已漱口嚼楊枝因生今
為茂林寺号楊枝也又從龍池東行
六百餘里越雪山度黑嶺至北印度
界已前諸邑並名胡國至此方合中
閻道也其地名曰 濫波國北印度所攝也
入天竺婆羅門地也其五印度之境周匝九万餘里
三垂大海北背雪山北廣南狭如半
月也七十餘國同一王命 濫波國者
在无熱池西倚北胡活國東南三垂
黑嶺北約雪山都城周十餘里寺
十餘僧數亦少多學大乘天祠數十
異道特多東南百餘里踰大嶺大河
至那伽羅曷國屬北印度古花氏城廣六百餘長
二百餘里山周四境都城周二十餘
里寺多僧少天祠五所異道百人
城東二里有石塔高三百尺編石突
起雕鏤非常此即昔時值然燈佛敷
鹿皮衣髮布掩泥之地也經劫猶存
無憂王重法建此石塔以誌之每於齋
日天輙雨花大衆集觀西有佛寺次

南小塔是掩泥處王避大路遂僻建立
城內大塔故基舊有佛齒別塔高三
丈餘云從空來既非人工寔多靈異
城西南十餘里有塔是佛自中印度
陵空來降迹處次東有塔是昔值
燃燈佛買花處　城東南二十餘里
小石嶺上塔高二百餘尺西南深澗
瀑布飛流懸崖東岸石壁大洞穴是
龍王所居門徑狹闇昔佛於此化龍留
影煥若真形至誠請者乃暫明現窟
外方石有佛足跡輪相發光窟西北
隅塔者佛經行處又側髮爪塔又說
蘁界塔窟西大盤石上有濯袈裟文
城東南三十餘里有醯羅城四周險
固中有重閣上安佛頂骨周尺二寸
其色黃白髮孔分明欲知善惡香泥
印之隨心而現有佛髑髏狀如荷葉
色同頂骨有佛眼睛大如柰許清白
映徹並七寶小塔盛前三迹又以寶
函盛而緘封有佛大衣細氎黃色置
寶函中微有壞相中有佛錫杖白鐵
作環栴檀為笴寶筒盛之近王恃力
將入宮中尋復故處斯五聖迹王令五

淨行者執侍掌護有須見者稅一金
錢請印稅五科寶乃重觀礼弥繁閣
西北塔小而多靈人以手觸其上鈴震
動自此東南山谷中行五百餘里至
健陁邏國(北印度也)廣千餘里長八百里東
臨信渡河都城周四十餘里少空荒寺
有十餘天祠百所異道雜居　城內東
北故基是佛鉢寶臺經數百年今
在波斯王宮供養城東南八九里畢
鉢羅樹高百餘尺枝葉蒙密昔四佛
座下見有坐像傳云賢劫諸佛皆坐
其下昔釋迦如來於此坐已告阿難
曰後迦膩色迦王集吾骨肉在此王後
在南建塔基周一里半金銅相輪二十
五重或云四十層者舉高五百五十
尺有舍利一斛初有化牧牛人林間
造三尺小塔王擲棄之乃於大塔第
二級下石基之側半現小塔疾者歸
愈其大塔東面石陛上昔有金色
蟻大如指如麥相從齧石壁文如鏤
廁以金砂作二加趺佛像高四五六尺
又於南面石陛畫佛丈六之形昔有
二貧人各施一金錢共畫一像請現

神變像即現胷以上分為兩身下合
為一次南百餘步白石佛像高一丈
六尺面北放光夜出繞塔賊欲盜物
像出迎之賊退像還大塔左右小塔
數百莊工極巧香音兩異仙聖旋繞
佛記此大塔七燒七立佛法方滅已
燒至三今現營構西有故寺並前王
所立諸大論師世親菩薩如意論師脇
尊者等造毗婆沙處寺東北五十餘
里渡大河至布羯邏伐底城周十四五
里東有四佛說法塔無憂王建之高
數百尺彫鏤希世　城北五里故寺東
塔高數百尺即菩薩捨千眼處東
有石塔高百餘尺梵釋初作妙珎瑩
飾佛滅寶變金為石也　又西北行
五十餘里塔者是佛化鬼子母處
又北五十餘里塔者是商莫迦菩薩
(此云睒也)被王射處　又東南約二百里跋
虜沙城北東二十餘里彈多落迦(即檀特山)
山嶺上塔是蘇達拏(云善牙也)棲隱之所
婆羅門撾男女處流血塗地今諸草
木皆同絳色巖間石室妃習定處
又西北行百餘里越小山至大山南

有一寺塔僧學大乘昔獨角大仙為女乱處　沙城東北五十里大山有大天祠祠東南行百五十里至烏鐸迦漢荼城周二十餘里南臨信渡河從此城北越山行六百里至烏仗那國（北印度之正國也古謂烏長）山谷相連周五千里昔日輪王苑也土宜欝金香夾蘇婆窣堵河王城周十四五里寺有一千四百僧有一万八千並大乘學今多荒少其習大乘綖文略義律儀傳訓有五部焉一法密部二化地部三飲光部四說一切有部五大衆部天祠十餘異道雜居　王都瞢揭釐城其東五里大塔多瑞是佛昔作忍仙為羯利（此云鬪諍）王支解之處城東北二百六十里入大山至阿波邏龍泉即前河源也泒流西南春夏合凍晨多飛雪佛昔化暴龍金剛以杵擊崖龍怖歸依請佛放雨乃許之令人収粮十二年一雨水灾又泉西南三十餘里水北岸大石上佛伏龍巳留迹示之隨心長短順流三十餘里有佛濯衣石袈裟文如鏤　城南四百

餘里醯羅山（此云谷）尋水逆流東上花果緣崖或聞諠聒音樂聲方石相接是佛昔聞半偈捨身處城南二百餘里大山側有摩訶伐那寺（此云大林）佛昔為薩縛達羅王（即一切施也）失國避地為貧人故令縛送處寺西北下山四十餘里有寺塔高百餘尺側方石上佛足迹相放光照寺為天說本生處塔下有石黃白津膩是佛昔為聞法折骨寫經處　又西七十里塔是佛昔為尸毗迦王（此云鑒也）割身代鴿處又西二百餘里珊尼羅闍川薩裒煞地（言虵藥也）寺塔高八十尺佛昔為帝釋身作大蟒僵死以施貧疫處側有蘇摩塔是佛變為蘇摩虵啖者病愈事川北崖塔病求多愈又側有涌泉佛昔為孔雀王啄而出用救疾處　城西南七十里大河東塔高六十尺是嗢呾羅犀那（言上軍也）王所造佛令以舍利與王分在河濱立塔王以白象負歸象變為石　城西五十餘里渡大河有盧醯呾迦塔（言赤也）高五十餘尺佛昔為慈力王刺血飲五藥叉處

城東北三十里過部多（言鬼也）石塔高四十尺佛為人天說法塔從地出現即存焉　又西渡大河四十里寺精舍有阿縛盧枳低（大觀也）伊濕伐羅（大自在也）菩薩像（即觀世音者）感靈遠照此西百五十里山嶺龍池周三十餘里　王城東北踰山谷逆上信渡河途路極險乘緪棧梁鏁杙躡險千有餘里至達麗羅川烏仗那舊所都也大寺中有刻木梅呾麗耶（古云彌勒唐言慈氏）菩薩像金色晃朗高百餘尺末田底迦（即末田地）阿羅漢所造以通力引匠升覩史多（即兜率也）天三返觀相乃成其好自有此像法方東流也東行越嶺逆信渡河履險飛梁五百餘里渡河又東渡縛芻河登芭至鉢露羅國周四千里大雪山中東西長寺數百僧數千學師戒行多濫其國非印度所綖多氷雪其土出金如火色北對婆羅犀羅大嶺還從健馱邏國烏鐸迦城南渡信渡河廣四里許西南流清澄如鏡毒龍惡狩窟穴其中有持舍利寶花者舩多沉没渡河至呾叉始羅國（北印度也）周二千餘里都城

周十餘里寺多僧少並大乘學
城西北七十餘里有伊羅鉢龍池周
百餘步池東南三十里兩山間塔高
百餘尺佛昔記慈氏興世四大藏者
此地出一故有振動斯周百步曾無
一搖有欲發者地振人仆城北十二
里塔於齋日常放神光仙花天樂近
有癩者於塔礼懺除癩塗香不久便
愈身又香潔昔佛為戰達羅鉢刺
婆王(此云月光也)以頭施處凡經千施即塔名
月光也　城東南山塔高十丈許決
目王所治育王所造又東南越山谷
七百餘里至
僧伽補羅國(北印度也)周三千五百里西
臨信渡河大城周十四五里城東五
十里有石塔高二十餘丈佛所遊處
池治十餘四色蓮花弥覆其內
從此南返至呾叉始羅國北界渡信
渡河東行二百餘里度大石門是摩
訶薩埵王子捨身飼虎處東有寺僧
百餘又南百五十里石塔者薩埵以
竹自刺血啗獸處地及草木今猶絳
色次北石塔高二十餘丈放光開信

病歸多愈又東五十餘里孤山有寺
塔高二百餘尺僧徒二百人並大乘
學佛昔化藥叉不食肉處又東南山
行五百餘里至
烏剌尸國(北印度也)周二千餘里山阜相屬
都城周十八里不信佛法屬迦濕弥
羅有佛塔高二十餘丈育王所造有
寺僧少學大乘教又東南登山鐵橋
千餘里至
迦濕弥羅國(北印度也古曰罽賓)周七千里四面負
山雖有門徑狹而劣通城西臨大河長
十三里廣四里許寺百餘僧五千餘
人土出龍種馬鬱金火珠有四浮啚
各有舍利一升餘佛滅後第四百年
脇尊者年八十方出家證無學將五
百羅漢來此造十萬頌鄔波弟鑠釋
素呾纜藏(即優婆提舍論修多羅藏異名也)次造十万頌
毗奈耶毗婆沙論次造十萬頌阿毗
達摩論凡六百六十万言備釋三藏
新城東南十餘里故城北大山陽
寺塔僧徒三百人佛牙長寸半色黃
白齋日便放光又南十五里有觀自
在菩薩立像有願見者斷食便覩

王城西北二百餘里至商林寺
城西百五十里大河北接山有寺僧
百餘人從此西南越山行七百餘里
至半笯蹉國(北印度屬罽賓)周二千餘里寺
有五所多山川東南行四百餘里至
遏邏闍補羅國(非正北印度乃荒服國也)周四千餘
里都城周十餘里寺十所僧甚少天
祠一外道甚多自濫波達此形禮鄙
薄非印度之正境也從此下山東南
行並是大川達遠無畔惟以河國而
分界部雖有小山並是孤住自此以
北通連雪山東達神州涼部以南諸
雪山也案此山亦即贍部之巨鎮地
者於此城東南下平渡水行七百餘
里至
磔迦國(北印度也)周萬餘里東據毗播奢
河西臨信渡河都城周二十餘里俗
少信佛多事天神寺有十餘天祠數
百城西南十五里奢羯羅故城寺塔
高二十餘丈昔四佛說法經行處又
西北六里許塔高二十餘丈亦四佛
說法處　新都城東北十餘里石塔
高二十餘丈多有舍利齋日放光東

行五百餘里至
鄔僕底國(北印度)周二千餘里都城周十
四五里寺十天祠八城東南五百餘
里至闍林寺周二十餘里佛舍利塔
數百千區并石室等僧有三百人小
乘說有部也德行清高小學之博賢
劫千佛並此說法釋迦滅後第三百
年迦多衍那(迦旃延也)於此造發智論寺塔
高二十餘丈有四佛行坐迹處從此
東行百五十里至闍爛達那國(北印度也)
東西千餘南北六百里都城周十餘
里寺有五十僧二千餘人大小專門
天祠三所外道五百人東北越山七
百餘里至
屈露多羅國(北印度也)山周四境都城周
十四五里寺二十餘僧千餘人多大
乘學天祠十五異道雜居出火珠兩
石俗癭且尰城內有塔記佛曾遊於
此說法自斯北行近二千里山路危
險至洛護羅國(北印度也)又北山行二千餘
里雪寒更甚達秣邏娑國(又名三波訶北印度攝)
又從屈露羅南行七百餘里越山濟
河至

設多圖盧國(北印度也)周二千餘里西臨
大河都城十七八里佛法大盛內外
寺十所僧亦少耳城東三里塔高二
十餘丈育王所造傍有四佛行坐迹
自此西南行八百餘里至
波狸夜呾羅國(入中印度也)周三千里都城
周十五里寺有八所僧亦少耳俗信
外道天祠十所異道千餘土有稻種
六十日取東行五百餘里至
秣菟羅國(中印度也古云摩偷羅)周五千餘里都
城二十餘里寺二十餘僧二千餘人
大小兼學天祠五所異道雜居土植
菴沒羅果小者生青熟黃大者始終
青色城中三塔四佛遺迹甚多及舍
利子沒特伽羅子(謂目連也)滿慈子(富樓那也)
優婆釐(優波離也)阿難陁羅怙羅曼殊室
利等諸塔每三長月六時諸僧居集
阿毗達磨眾供養舍利弗塔習定眾
供目揵連塔誦經眾供滿慈塔毗柰
耶眾供優波釐塔尼眾供阿難塔未
具眾供羅怙羅塔大乘眾供諸菩薩
塔尋斯諸塔不必遺身但立像設供
用呈心造如羅怙文殊未取滅度則

可知矣城東六里有山岸寺是尊者
烏波毱多(云近護也)之所造也有佛指爪塔
寺北石巖室高二丈廣三丈細籌四
寸填之近護導夫妻俱證羅漢者送
一籌乖此不在室記又室東南二十
餘里大涸池側有塔佛曾遊此有獼
猴持蜜施佛佛令水和遍眾同飲猴
喜墮坑而死便生人中池北林中四
佛經行處大有遺跡又東北五百餘
里至
薩他泥濕伐羅國(中印度也)周七千餘里
都城周二十餘里寺有三所僧七百
人皆小乘者天祠百餘異道甚多城
西北四里塔高二十餘丈舍利一升
時放大光城南百餘里至佛寺又
東北四百餘里至
窣祿勒那國(中印度也)周六千餘里少荒
東境臨殑伽河(即古恒河)北接大山城東南
閻牟那河從國西北山中出中境而
流都城周二十餘里東臨閻牟河寺
有五所僧千餘人多小乘學天祠百
餘異道甚多河西大寺東門外塔佛
曾於此說法度人其側有佛髮爪塔

閻牟河東八百餘里至殑伽源廣三四里東南入海廣十餘里水色滄浪味甘沙細隨水而流俗謂福水有沐除罪或有輕命自沉亡生天受樂有僧伽羅國提婆菩薩化外道受正法處渡河東至

秣底補羅國(中印度)周六千餘里都城周二十餘里不信佛而敬天寺有十餘僧八百人多小乘者天祠五十餘異道雜住國西北境殑伽東岸摩裕羅城周二十餘里出鍮石水精城側臨大河有大天祠多有威靈有池編石為岸引河為浦五印度以為殑伽河門生福滅罪處常有百千人澡濯從摩裕北行三百里至

婆羅吸摩補羅國(北印度)周四千餘里山周四境都城周二十餘里寺五僧少天祠有十異道雜住國北大雪山有蘇伐剌拏瞿呾羅國(言金氏也)出上黃金東西地長即東女國非印度攝又即名大羊同國東接土蕃西接三波訶北接于闐其國世以女為王夫亦為王不知國政男夫征伐種田而

巳又從末底補羅國東南行四百餘里至

瞿毗霜那國(中印度)周二千餘里都城十四五里寺二所僧百餘人而習小乘天祠三十餘異道雜住城固險峻其側古寺塔高二十餘丈佛曾於此一月說法有髮爪二塔各高丈餘傍有四佛坐迹又東南行四百餘里至堊醯

掣呾邏國(中印度)周三千餘里都城周十七八里寺十餘所僧有千餘習小乘正量部天祠有九外道三百餘人城依險固其外池側佛為龍說法七日處立塔側有四佛行坐迹立塔表之又南二百七十里渡殑伽河西南至

毗羅刪拏國(中印度)周二千餘里都城周十餘里信外道少敬佛法寺二所僧徒三百人皆大乘學天祠五所城中寺塔高十餘丈佛曾於此七日說蘊界法四佛行坐遺迹尚存於此東行二百餘里至

劫比他國(中印度古僧伽舍也)周二千餘里都城周二十餘里寺有四所僧千餘人天祠十所同事自在天皆作天像其狀

人根形甚長偉俗人不以為惡謂諸衆生從天根生也城東二十餘里大寺中僧數百人淨人數万頭皆宅寺側大垣內有天帝造三寶階中階黃金左以水精右用白銀南北而列東面下地是佛從逝多林(即祇陀林)升天善法堂為母三月說法下降處百年前階尚在今並沒盡後王倣之猶高七十餘尺上起精舍　側有石柱光潤映現隨其罪福影出柱中育王所造階側浮圖四佛行坐迹也　佛澡浴處立塔其所有佛入室精舍又其側佛經行石基長五十步高七尺足所履處皆蓮花文基左右小塔梵王所造

次前是蓮花尼化為輪王先見佛處佛告尼曰非汝先也有蘇部底(須菩提也)宴坐石室知諸法空見吾法身次東南池有龍居焉恒護聖迹不可輕犯從此西北減二百里至

羯若鞠闍國(中印度曲女城也)周四千餘里都城西近殑伽河長二十餘里廣四五里邪正相半寺百餘僧徒盈万大小兼學天祠二百餘所異道數千人即繞

五印度之都王也号尸羅逸多（言日）戒
吠奢姓初欲登位殑伽岸有觀自在
像乃請之告曰汝本此林蘭若比丘金
耳月王既滅佛法王當重興愍物在懷
方王五境慎勿昇師子座及稱大王
号也王乃共童子王平殄外道月王
徒衆又約嚴令有敢肉者當截舌煞
生當斬手乃與寡妹共知國事於殑
伽側建千浮圖各高百餘尺城邑鄉聚
達巷交衢立精舍儲食止醫藥惠
羈貧聖迹之所皆為立寺二十年來
五年一會傾及府藏拯濟群有惟留
兵器用備不虞初作會曰集諸國僧
三七日中四事供養令相論議若戒
行圓固道德優洽者升師子座王
便受戒清淨无學示有崇仰識行
彰露者驅出國界諸有王臣植福无
怠者携手同坐異此不顧王巡省方
俗不常其居行必四兵導引嚴設汎
舟乘為擊鼓吹螺為軍八万以威四
遠惟雨三月不外遊行宮中每日飯
諸沙門僧有千人婆羅門五百日分
三時一時理務兩時營福又絶血食

日例一頓於河西寺東起寶臺高百
餘尺中有等身金像次南起寶壇
浴佛像處於此東北十五里許別築
行宮從寺至宮夾道為閣窮諸彫飾
樂伎不移遞奏而已又以三尺隱起金
像載以大象寶幔其上王為帝釋像
執寶蓋左侍有迦摩縷波國拘摩羅
王（言童子也）作梵王像執拂右侍各五百象
軍被鎧同衛前後各百大象樂人於
上鼓奏音聲戒日王又以真珠雜寶
金銀諸花隨出四散供養三寶其五印
度尼寺希少縱有尼者與僧同門食
亦同處无戲戒約然童子王剎帝利
姓語使人李義表曰上世相承四千
年先人神聖從漢地飛来王於此土
城西北塔育王所造昔佛於此七日
說法其側有髮爪塔四佛行坐迹又
南臨殑伽河三寺同垣異門佛像嚴
麗佛牙長寸半光色變改寶函盛之
遠近瞻者日有百千守者煩擾重稅
金寶而樂礼者不辭重貨齋日便出
置高座上散花雖積牙函不沒寺僧
清肅淨人數千戶寺前左右精舍高

百餘尺石基甎室中像寶莊成純金
銀　次東南大精舍石基甎室高二
十餘丈是佛六月說身无常苦空不
淨處又有四佛行坐迹在城東南六
七里殑伽南岸上城東南百餘里有
納縛提婆城據殑伽河東岸三寺
同垣異所周二十餘里　次前二百
餘步塔高二十餘丈佛曾七日說法
處中有舍利時放光明其側四佛行
坐迹寺北四里臨殑伽岸塔高二十
餘丈佛曾七日說法四百餓鬼解悟
生天其側又有髮爪塔次側又有四
佛行坐迹又東南行六百餘里渡殑
伽河南至
阿踰陁國（中印度）周五千餘里都城周二
十餘里寺有百餘僧三千餘人大小
兼學天祠有十異道少耳　城中故
寺是伐蘇畔度菩薩（言世親也）數十年中
作大小乘論處城北五里殑伽岸大
寺中塔高二十餘丈佛為天人三月
於此說法側有佛塔四佛行坐迹寺
西五里有佛髮爪塔城西南五里大
菴没羅林中故寺是阿僧伽菩薩（无著）

（者也）夜外天宮於慈氏所受瑜伽莊嚴大乘經論及中邊等曉為衆說林西北百餘步佛髮爪塔自此東行三百餘里度殑伽北至

阿耶穆佉國（中印度）周二千五百里都城臨河周二十里寺五所僧千餘人習學小乘天祠十所異道雜居　城東南臨殑伽塔高二十餘丈佛曾三月說法處有髮爪青石塔有四佛行坐迹又東南行七百餘里渡殑伽河南閻牟那河北至

鉢羅伽耶國（中印度）周五千餘里都城據兩河交周二十餘里寺二僧少天祠數百異道特多城西南臨閻牟河曲二三千里東北流合閒有瞻博迦花林中塔高十餘丈佛曾於此降外道處有髮爪塔經行迹又有提婆菩薩作廣百論處　城中天祠堂前大樹枝葉蒙密食人鬼依之左右遺骸為積人至祠中无不輕命上樹投下為鬼所誘　城東兩河閒交廣十餘里土地平塏細沙弥布古今王豪諸有捨施莫不止焉号大施塲戒日大王亦修此

葉塲東合流口日數百人自溺而死彼俗名為生天所也有欲行法七日於此絕粒自沉中流遠近相趣乃至山猨野鹿羣遊水濱絕食沆水當戒日王行施之時有二獼猴雌為狗煞雄者負屍擲此河中其又自餓累日而死自此西南大林野行五百餘里至憍賞弥國（中印度）周六千里都城周三十餘里寺十餘僧三百餘人天祠五十外道衆多城内故宮大精舍高六十餘尺刻檀佛像上懸石蓋即鄔陁衍那王（古優陁延也唐言出愛）之所造也靈光閒起諸王以力欲舉終莫之移昔佛為母上天說法王請目連神力接工就天摸相及佛下天像便起迎佛慰喻曰方為佛事舍東百餘步四佛行坐迹佛浴室井今猶充汲城内東南隅具史羅長者宅有佛精舍髮爪塔其大塔側又有四佛行坐迹　城西九里石窟佛曾遊此伏毒龍也側有大塔高二十餘丈旁有佛經行迹及髮爪塔病求多愈釋迦遺法滅在此國貴賤入境自然感傷窟東北大林中行七百餘

里度殑伽北岸至迦奢布羅城周十里許是護法菩薩伏外道處塔高二十餘丈佛曾於此六月說法有經行迹及髮爪塔自北行一百八十里至鞞索迦國（中印度）周四千餘里都城周十七里寺二十僧三千人天祠五十外道巨多城南道左右寺塔高二十餘丈佛曾於此六年說法側有奇樹高七十尺春冬不改是佛齒木棄而茂生諸邪見者競来残伐尋生如故側有四佛行坐迹并髮爪塔基角相連林池交影自此東北五百餘里至

室羅伐悉底國（中印度即舍衛也）周六千餘里都城荒毀故基周二十餘里寺數百僧徒少天祠百餘外道甚衆　荒城故殿東基上小塔是鉢羅犀那恃多王（古云波斯匿唐言勝軍也）為佛造堂處次側故基上塔是王為佛姨母鉢羅闍鉢底（古云波闍波提此云生主）比丘尼造精舍處次東塔是蘇達多（云善施也）之故宅也側有大塔是鴦窶利摩羅（言指鬘也）捨邪處也城南六里許逝多林是給孤園太子所造寺也今荒廢尚有石柱高七十餘尺育王

造之軌室一存餘並湮没室中有為母
說法金像東北有佛洗病僧塔西北
有目連舉身子衣塔不遠井塔佛所
汲用又舍利弗與佛經行道說法處
並有表塔靈樂異香常降其所又外
道煞女以謗佛處立塔表之寺東百
步大深坑是調達欲毒害佛生陷處
南有大坑是瞿伽離比丘毀佛生陷
處又南八百步大深坑是戰遮婆羅
門女毀謗佛生陷處此三坑皆洞達无
底洪雨大注終無停偃　寺東七十步
精舍名曰影覆高六十尺中有東面
坐像與外道論處　次東天祠量同
精舍初日影西不蔽佛舍晚日蔭東
遂覆天祠
又東四里大涸池是毗盧釋迦王（舊云琉離也）
陷入地處後人立塔記之　又有身子
初造寺時與外道捔處亦立塔記
寺西北四里有得眼林中有佛經行
迹塔其緣勝軍王抉五百賊眼聞佛
慈力一時平復捨杖遂生城西北六
十里故城是人壽二万歲時迦葉波
佛本生處其北有塔即此佛全身舍

釋迦方志卷上　第五十一張　彩字号

利之所育王造塔表之　又東南行五
百餘里至
劫比羅伐窣堵國（中印度古云迦毗羅也）周四千餘
里空城十數並無人住宮城周十五
里許以甎成之故寺千餘宮城一寺
僧三十餘天祠二所外道雜住城內
正殿基上精舍中作王像
其側是摩訶摩耶（言大術也）夫人寢殿基上
精舍作夫人像其側精舍中作菩薩
像神降之相彼執不同上座部云當
唐國五月十五日諸部又云當此五月
八日此蓋聞見之異耳其側有仙相塔
城南有塔是太子捔力擲烏越城墮
地為大坑處側有精舍作太子像及
受業像　其傍精舍是妃寢處作耶
輸陁羅并羅怙羅像　別本云太子
初夜開城北門出去又城東南隅精
舍中作太子乘白馬凌空踰城處
四城門各有精舍作老病死沙門像
城南四里尼拘盧林塔佛得道與
天人說法之所　城南五十里故城中
塔是人壽六万歲時迦羅迦村馱佛
本生城城東南塔即此佛遺身也无

釋迦方志卷上　第五十二張　彩字号

憂王於前建石柱高三丈餘　又東北三
十餘里故城中塔是人壽四万歲時
迦諾迦牟尼佛本生城城東北塔即
此佛遺身也无憂王為建石柱銘記
之高二丈餘　城東北四十餘里有太
子坐樹下塔大城西北數百千塔是
誅釋子塔有四釋子拒軍城人不受
被放出境一為烏仗王三為梵衍等
王至今不絕　城南尼拘律樹塔是
佛初來見父王處　城南門外塔是
捔射處東南三十餘里是太子射矢
没地因涌泉流俗傳箭泉病飲多愈
或持泥傅額隨苦皆愈又東北九十
里臘伐尼林釋種浴池花水相映其
北二十五步无憂花樹今已枯悴佛
誕處也有說云當此三月八日者上座
部云當此三月十五日者　次東有塔二
龍浴太子處初佛生已不扶而行四方
各七步所蹈之處出大蓮花既右脇
生天帝衣接四王捧之置金几上凡
施四塔并立石柱表之旁有小河東
南而流俗号油河是太子產已天化
此池光潤令沐以除風虛今變水河

釋迦方志卷上　第五十三張　彩字号

尚臧如油從此東行二百餘里荒林中至

藍摩國(中印度)多空城東南佛塔減百尺昔初八分之一舍利也靈光時起側有清池龍變為虵出繞其塔野為採花以散之无憂王欲開龍護不許

又東大林百餘里大塔是太子至此解寶衣中末尼珠付闡鐸迦還父王處　又東有贍部樹枯株尚在有小塔是太子以餘衣易鹿皮處其側塔者剃髮處年自不定或云十九二十九者　又東南野行百九十里至拘陁林塔高三丈餘昔人於佛焚地收餘灰炭於此起塔病者祈愈有四佛行坐迹塔高百餘尺左右數百小塔

又東北大林路險五百里至

拘尸那揭羅國(中印度)城頽荒人物少也內東北角塔是准陀故宅其井猶美營供所穿城西北四里度阿恃多伐底河此云有金也近西岸娑羅林兩林間相去數十步中有四樹特高大甎精舍中作佛涅槃像北首而卧旁塔高二百餘尺前有石柱記佛滅相

有云當此土三月十五日者說有部云當此九月八日諸部異議云至今貞觀二十年則經一千二百一十二年矣此依菩提寺石柱記也或云千三百年或千五百餘年或云始過九百未千年者精舍側有佛昔為雉王救火及鹿救生各立一塔　次西塔者是蘇跋陁羅(言善賢也)滅證處次有一塔是執金剛神躃地處次側一塔是停棺七日處　次側一塔是阿泥樓陁上天告母降來吳佛處　城北度尼連禪那河三百步塔者是佛涅疊般那(梵言燒也)處也地今黃黑土雜灰炭有祈感者咸獲舍利次側一塔佛為大迦葉波現雙足處次又一塔前立石柱刻記八國分舍利事此西南行二百餘里至大邑又大林行五百餘里至

婆羅痆(女黠)斯國(中印度古救羅奈也)周四千餘里都城西臨殑河長減二十里廣六里許人居咸滿多信外道寺三十餘僧三千餘並小乘正量部天祠百餘外道萬餘多事大自在天根也大城中天祠二十所天根高百餘尺城東北婆

羅痆河西塔育王造高十餘丈前立石柱碧鮮現佛　河東北十餘里鹿野寺也區界八分連垣周堵層軒重閣僧徒一千五百人並小乘正量部有佛精舍高二十餘丈甎龕四合節級百數皆隱起金像鍮石佛等次西南塔高百餘尺前有石柱高七十餘尺洞澈清淨誠感像現隨其善惡即成道已初轉法輪處　其側三塔即昔三佛行坐處傍有諸塔五百獨覺入滅處又側一塔慈氏菩薩受記處又西一塔是佛過去為護明菩薩迦葉波佛授令成佛處　次南四佛經行處長五十步高七尺青石積成上作釋迦經行像像形特異肉髻上踴駿頭抽出神而有徵寺迹極多精舍淨畐乃數百事不可具也寺西清池周二百步佛嘗盥浴　次西小池佛嘗滌器　次北小池佛嘗浣衣三池龍止味甘且淨有慢觸者金毗羅獸即而害之側有方石上有佛袈裟文迹外道兇人有輕蹈者池龍輒興風雨側有浮畐佛曾作六牙為王見獵者

被法衣故扳牙與處　側又一塔佛昔為鳥與獮猴象相問誰大處　又大林中塔佛與調達昔為鹿王佛代孕鹿命處鹿野之號因而生焉　寺西南三里大塔高三十丈基峙壯麗側又一塔是五人迎佛處大林東三里塔者佛昔為兔與諸獸聚自知形小燒身饋之因感天帝下讚故使月輪有兔像現寺東順殑伽河三百餘里東至戰主國（中印度）周二千餘里都城臨殑河周十餘里人盛滿寺十所僧減千人並小乘天祠二十所異道雜居城西北寺塔佛舍利一升昔佛於此七日說法并四佛行坐迹有慈氏菩薩像形小而威德大城東北二百餘里至阿避陁羯賴拏寺（云不穿耳）因緣北方僧也寺東南渡殑河百餘里至大邑河北岸那羅延天祠重閣甚嚴又東南三十餘里有降鬼塔半已陷地前建石柱高二丈餘即佛為敎人鬼說法處鬼置石座千數茂林清池不遠數寺皆有僧住學大乘者又東南渡河百餘里塔者即分舍利

骸及餘舍利也每齋日放光又東北渡殑伽河百五十里至

吠舍釐國（中印度古云毗舍離也）周五千餘里邪正薰半寺數百現存五三僧少耳天祠數十露形多之城已頹毀故基周七十許里宮城周五里許少人居住宮城西北六里寺塔是說淨名處又東身子證果塔　又東大塔是王得一分舍利一斛許无憂王取九分均造餘塔後更有王欲開地震遂止西北有塔石柱高六丈次南獼猴為佛穿池池西羣猴持佛鉢上樹取蜜處　池南猴奉蜜處各有塔記寺東北四里許塔是淨名故宅基尚多靈神其舍疊甎傳云積石即說法現疾處也近使者王玄策以笏量之止有一丈故方丈之名因而生焉并長者寶積宅菴羅女宅佛姨母入滅處皆立表記　寺北四里塔佛將往拘尸天人送立處　次復一塔是佛寂後觀城邑處　次南是菴羅女以園施佛處　其側一塔是佛三告阿難住壽涅槃處　又側一塔是千子見父母處即賢劫千佛也　東故重閣講堂基塔時放光明是佛說普門經處城西北六十里大塔是佛別栗呫婆子處　大城西北減二百里故城塔佛說本生曾於此為大天輪王事國城東南十五里大塔是七百賢聖重結集處　又南減百里大寺層臺重疊僧學大乘四佛行坐迹　側又一塔是佛南趣摩揭陁北顧吠舍釐城中息迹處　寺東三十里殑伽河南北岸各一塔是阿難陁分身與二國處從北岸東北行五百餘里至

弗栗恃國（北印度也人謂三伐恃）周四千餘里東西長寺十餘僧減千人大小通學天祠數十外道衆矣故宮城中有三千家殑伽東北岸塔高二丈餘南望長流佛度五百漁人處由捕得大魚十八頭頭各兩眼　又東北百餘里故城西塔高百餘尺佛嘗六月說法度人又北百五十里佛髮爪塔又西北千五百里入山谷至

尼波羅國（北印度）周四千餘里在雪山中都城周二十餘里雜信寺及天寺

極多僧二千餘人大小兼學王純信佛城内有閣高二百餘尺周八十步上容萬人面別三疊疊別七層徘徊四廈刻以奇異珎寶飾之

城東南不遠有水火村東一里許有阿耆波渁水周二十步旱澇湛然不流常沸冡火投之遍池火起煙焰數尺以水洒火火更增熾砕土以投亦即燃盡無問投者並成灰燼架釜水上煑食立熟云此水中先有金櫃有國王將人取之櫃已出泥人爲挽之不動夜神告曰此是慈氏佛衧下生擬着不可得也火龍所護城南十餘里孤山特秀寺居重疊狀若雲霞松竹魚龍隨人馴附就人取食犯者滅門比者國命並從此國而往還矣今屬吐蕃又從吠舍南百五十里渡殑伽河至摩揭陁國即常所謂摩竭提王舍城也

釋迦方志卷上

釋迦方志卷上

校勘記

一　底本，金藏廣勝寺本。六三五頁中殘缺，以麗藏本補。

一　六三五頁中二行著者，資、磧、普、南作「終南太一山釋氏道宣撰」；徑作「唐終南太一山釋道宣撰」。

一　六三五頁中五行末字「鴈」，資、磧、普、南、徑作「烏」。

一　六三五頁中六行「英髦」，資、磧、普、南、徑作「膜拜」。

一　六三五頁中八行「具舒」，資、磧、普、南、徑作「具書」。

一　六三五頁中一一行第一〇字「開」，資、磧、普、南、徑作「闕」。

一　六三五頁中一四行「煙然」，資、磧、普、南、徑作「燕然」。

一　六三五頁下七行「道東」，資、磧、普、南、徑作「東傳」。

一　六三五頁下一一行「罕迷」，麗作「罕述」。

一　六三五頁下二一行「二卷」，麗作「一卷」。

一　六三六頁上二行「第四」下，徑有夾註「分上中下」。

一　六三六頁上九行「卷上」，資、磧、普作「卷第一」；徑作「卷上唐終南太一山釋道宣撰」。

一　六三六頁上一〇行「釋迦方志」，徑無。本頁中二行、末行同。

一　六三六頁上二〇行第五字「晝」，資、磧、普、南、徑作「畫」。又第七字「從」，資、磧、普、南、徑作「縱」。

一　六三六頁上二二行「八十三年」，資、磧、普、南、徑作「八十二年」。

一　六三六頁上末行第四字「地」，徑作「此」。

一　六三六頁中一行第四字「也」，資作「地」。

一　六三六頁中七行「迴薄」，麗作「迴轉」。

一　六三六頁中一五行「蕪迷山」，資作「蕪迭山」。

一　六三六頁下一八行第一二字「邽」，資、磧、普、南、徑作「邪」。
一　六三七頁中三行第五字「至」，資、磧、普、南、徑無。
一　六三七頁中一四行第一一字「本」，資、磧、普、南、徑作「本注下」；麗作「本注」。
一　六三七頁下一行「春山」，資、普、徑、麗作「春山」。又末字至次行首字「音鍾」，資、磧、普、南、徑作夾註。
一　六三七頁下一七行「道經造立天地」，磧、南無。
一　六三七頁下一八行「轉形濟苦經云高万九千里」，磧、南無；徑作「又轉形濟苦經云高萬九千里」。
一　六三七頁下二〇行「崑山」，磧、普、南、徑作「崑崙山」。
一　六三七頁下二一行「化胡經云崑山」，磧、普、南作「經云崑崙山」；徑作「又道經云崑崙山」。
一　六三八頁中二行「烏壘」，磧、徑作「烏疊」。
一　六三八頁中九行「旦末」，資、磧、普、南、徑作「沮沫」。
一　六三八頁中一八行「河曲」，資、磧、普、南、徑作「河西」。
一　六三八頁中二〇行「熱池」，資、磧、普、南、徑作「熱惱池」。
一　六三八頁下七行第一三字「有」，資、磧、普、南、徑作「方」。九行第一三字同。
一　六三八頁下一四行「一此洲」，資、磧、普、南、徑作「此一洲」。
一　六三八頁下一六行「風俗」，資、磧、普、南、徑作「俗風」。
一　六三九頁上一二行「地脂」，麗作「地肥」。
一　六三九頁上一七行「重之」，資、磧、普、南、徑作「重爻」。
一　六三九頁上一九行第三字「令」，資、磧、普、南、徑、麗作「今」。
一　六三九頁上末行「釋迦方志」，徑無。又「第四」，徑作「第四之上」。
一　六三九頁中三行第八字「具」，資、磧、普、南、徑作「且」。
一　六三九頁中五行「鄯州」，資、磧、普、南、徑、麗作「鄯城」。
一　六三九頁中一四行首字「去」，磧、南、徑作「法」。
一　六三九頁中一五行「十三」，普、南、徑作「十二」。
一　六三九頁中一六行「攀騰」，資、磧、普、南、徑作「攀藤」。
一　六三九頁中一七行夾註左首字「土」，資、磧、普、南、徑作「去」。
一　六三九頁中二〇行「涼西」，磧、普、南、徑作「涼州西」。
一　六三九頁中二二行「七十五」，麗作「七千五」。
一　六三九頁中末行第一二字「又」，資、磧、普、南、徑無。
一　六三九頁下四行「咀末」，資、磧、普、南、徑作「沮沫」。
一　六三九頁下七行夾註右「于殿」，資、磧、普、南、徑作「于闐」。又正

文「其開」，資、磧、普、南、徑作「關」。

一　六三九頁下二一行「大埏」，資、磧、普、南、徑作「大阜」。

一　六四〇頁上一行末字「夾」，資、磧、普、南、徑作「紩」。

一　六四〇頁上二二行第二字「三」，南無。

一　六四〇頁中九行「十餘」，資、磧、普、南、徑作「十餘所」。

一　六四〇頁中一二行「鬚髮」，資、磧、普、南、徑作「頭髮」。

一　六四〇頁中一四行「釋葉波」，資、磧、普、南、徑、麗作「迦葉波」。

一　六四〇頁中一六行「火化」，磧、普、南、徑、麗作「化火」。

一　六四〇頁下六行第五字「狭」，資、磧、普、南、徑無。

一　六四〇頁下一九行第一一字「險」，磧、普、南、徑作「峽」。

一　六四一頁上六行夾註右「鑊侣」，資作「鐵侣」；磧、普、南、徑作「護侃」。

一　六四一頁上八行「不踰里」，資、磧、普、南、徑作「不踰十里」。

一　六四一頁上一一行「莫測然」，資、磧、普、南、徑、麗作「莫測其然」。

一　六四一頁上一九行「六七里」，磧、徑作「六十里」。

一　六四一頁中一行「十餘里」，南、徑作「千餘里」。

一　六四一頁中五行首字「西」，資、磧、普、南、徑無。

一　六四一頁中一二行第八字「也」，資、磧、普、南、徑無。又末字「於」，資、磧、普、南、徑無。

一　六四一頁中一九行第三字「千」，資、磧、普、南、徑作「千里」。

一　六四一頁中一九行至次行首字「山多川狭極風寒」，資作「山多川狭極甚風寒」；磧、普、南、徑作「山多川峽極甚風寒」。

一　六四一頁下八行「儻那國」，資、磧、普、南、徑作「償那國」。

一　六四一頁下一一行夾註右第二字「日」，資、磧、普、南、徑、麗作「曰」。

一　六四一頁下一五行「稿那」，麗作「䅦那」。

一　六四二頁上五行「𢦔行」，資、磧、普、南、徑、麗作「戒行」。

一　六四二頁上一二行「五千」，資、磧、普、南、徑作「五十」。

一　六四二頁上二一行第四字「有」，資、磧、普、南、徑、麗作「上有」。

一　六四二頁中七行夾註右「姑墨」，麗作「姓墨」。又左「亟墨」，麗作「函墨」。

一　六四二頁中八行「五六里」，資、磧、普、南、徑、麗作「五十里」。又「數十」，磧、普、南、徑作「數十所」。

一　六四二頁中二〇行「恭敬城」，資、磧、普、南、徑作「恭御城」。

一　六四二頁中二一行首字「𦬨」，資、磧、普、南、徑、麗作「笯」。又夾註「奴故」，徑無。

一　六四二頁中二二行末字「葉」，磧、

普、南、徑作「素葉」。
一　六四二頁中末行第九字「悕」，資、磧、普、南、徑、麗作「悚」。
一　六四二頁下七行夾註「米國」，資作「宋國」。
一　六四二頁下一五行「行行」，資、磧、普、南、徑作「行」。
一　六四二頁下一六行「弥國」，磧、普、南、徑作「彌佉國」。
一　六四二頁下一九行夾註「云史國」、普、南、徑作「史國」。
一　六四三頁上一行夾註「吐出羅」，資、磧、普、南、徑作「吐火羅」。又正文第八字「也」，資、磧、普、南、徑無。
一　六四三頁上七行「十數」，資、磧、普、南、徑作「十數所」。
一　六四三頁上九行「四百」，資、磧、普、南、徑作「四百里」。
一　六四三頁上一〇行「寺五」，資、磧、普、南、徑作「寺五所」，
一　六四三頁上一一行「忽露摩」，資、磧、普、南、徑作「忽露摩」；麗作「忿露摩」。
一　六四三頁上一三行夾註「拜俱」，徑無。又正文第一〇字「餘」，資、磧、普、南、徑作「餘里」，一六行第三字、一七行第一三字、一八行第三字；本頁中七行第一三字、八行第三字；本頁下一〇行第一一字、一七行第一三字、二一行第九字；次頁下一六行正文第一〇字同。
一　六四三頁上一三行正文第一一字「從」，資、磧、普、南、徑作「縱」。下同(不含本頁中三行第七字)。
一　六四三頁中二行夾註「縛……至」，資、磧、普、南、徑作正文。
一　六四三頁中三行第七字「從」，資、磧、普、南、徑作「長」。
一　六四三頁中一〇行「二千」，資、磧、普、南、徑作「三千」。
一　六四三頁中一五行末字「外」，資、磧、普、南、徑作「斗」。
一　六四三頁中一六行「炫燿」，資、磧、普、南、徑作「煜燿」。
一　六四三頁下三行「佛以」，資、磧、普、南、徑作「又有佛」。
一　六四三頁下五行第一一字「令」，資、磧、普、南、徑作「王令」。
一　六四三頁下六行首字「王」，資、磧、普、南、徑無。
一　六四三頁下八行「五六百里」，資、磧、普、南、徑作「五六里」。
一　六四三頁下末行「山河」，麗作「山阿」。
一　六四四頁上一行「莊嚴」，資、磧、普、南、徑作「莊飾」。
一　六四四頁上四行「卧素佛」，徑作「卧塑佛」。
一　六四四頁中一行末字「鳥」，磧、普作「烏」。
一　六四四頁中二二行「王妃寺」，磧作「玉妃寺」。
一　六四四頁下二行夾註右第二字「象」，資作「烏」。

一六四四頁下九行夾註左末字「也」，資、磧、普、南、徑無。
一六四四頁下一四行「十餘」，資、磧、普、南、徑作「十餘所」。
一六四四頁下一九行末字「突」，資、磧、普、南、徑作「特」。
一六四五頁上七行「二百」，資、磧、普、南、徑作「三百」。
一六四五頁上一八行第二字「同」，資、磧、普、南、徑作「荷」。
一六四五頁上二一行第八字「中」，資、磧、普、南、徑無。
一六四五頁中二行第三字「印」，麗作「仰」。
一六四五頁中七行「十餘」，資、磧、普、南、徑作「千餘所」。
一六四五頁中二〇行「如參」，資、磧、普、南、徑作「小如參」。又「壁交」，資、磧、普、南、徑作「壁紋」；麗作「壁文」。
一六四五頁中二一行「四五六尺」，資、磧、普、南、徑作「四尺六寸」。

一六四五頁下一行「下合」，資、磧、普、南、徑作「合下」。
一六四五頁下一五行第六字「金」，資、磧、普、南、徑作「今」。
一六四五頁下一九行「二十」，徑作「二千」。
一六四五頁下二二行第六字「巖」，資作「嶺」。
一六四六頁上七行第五字「日」，資、磧、普、南、徑無。
一六四六頁上九行「一千四百」，資、磧、普、南、徑作「一千四百所」。
一六四六頁上一一行「律儀」，資、磧、普、南、徑作「經律」。
一六四六頁上一八行「晨多」，資、磧、普、南、徑、麗作「晨夕」。
一六四六頁上一九行「請佛」，資作「諸佛」。
一六四六頁中一行第六字「此」，資、磧、普、南、徑、麗無。
一六四六頁中二行第六字「聒」，資、磧、普、南、徑、麗作「話」。

一六四六頁中一〇行首字「折」，磧、普、南、徑作「析」。
一六四六頁中一一行夾註左「舉也」，資、磧、普、南、徑作「與也」。
一六四六頁中一六行「愈事」，資、磧、普、南、徑作「愈處」。
一六四六頁下四行夾註「云自在也」，資、磧、普、南、徑作「云自在」。
一六四六頁下八行首字「杙」，資作「栈」。
一六四七頁上六行「地振」，資、磧、普、南、徑作「地震」。
一六四七頁上九行第一〇字「達」，資、磧、普、南、徑作「造」。
一六四七頁上一一行末字「決」，資、磧、普、南、徑作「抉」。
一六四七頁上一二行「所造」，資、磧、普、南、徑作「爲造」。
一六四七頁中八行第一二字「山」，資、磧、普、南、徑作「山乘」。
一六四七頁下四行「半笯𧿒」，資、磧、普、南、徑作「半笯蹉」。

一　六四七頁下七行「十餘里」，麗作「千餘里」。

一　六四七頁下八行第二字「一」，資、磧、普、南、徑作「一所」。又第一三字「禮」，資、磧、普、南、徑、麗作「體」。

一　六四七頁下一〇行首字「行」，資、磧、普、南、徑作「而行」。

一　六四七頁下一二行「東達」，資、磧、普、南、徑作「連達」。

一　六四七頁下一四行首字「者」，資、磧、普、南、徑作「者也」。

一　六四七頁下二二行「新都」，南、徑作「又新都」。又「十餘里」，資、磧、普作「千餘里」。

一　六四八頁上二行夾註「北印度」，徑作「北印度也」。

一　六四八頁上四行「闍林寺」，資、磧、普作「闇林寺」。

一　六四八頁上五行末字至次行首字「小乘」，麗作「學小乘」。

一　六四八頁上一二行第六字「僧」，資、磧、普作「餘」。

一　六四八頁上二一行夾註左「非印度」，麗作「北印度」。

一　六四八頁中二行「内外」，資、磧、普、南、徑、麗作「城内外」。

一　六四八頁中三行「城東」，徑作「塔東」。

一　六四八頁中六行夾註右首字「入」，資、磧、普作「八」。

一　六四八頁中一〇行「五千」，資、磧、普、南、徑作「五十」。

一　六四八頁中二一行第六字「羅」，資、磧、普、南、徑無。

一　六四八頁下八行「人中」，資、磧、普、南、徑作「天中」。

一　六四八頁下一六行末字「至」，徑作「至窣祿勒那國」。至此，徑卷上終，卷中始，並有「遺跡篇第四之中」一行。

一　六四九頁上九行「五十」，磧、南、徑作「五千」。

一　六四九頁中八行「至埀醯」，資、磧、普、麗作「至埀醯」；南、徑作「至一埀醯」。

一　六四九頁中九行「三千」，南、徑作「二千」。

一　六四九頁中一六行「二所」，資、磧、普、南、徑作「三所」。

一　六四九頁中一九行「東行」，資、磧、普、南、徑作「東南行」。

一　六四九頁中末行「自在天」，資、磧、普、南、徑、麗作「大自在天」。

一　六四九頁下一四行第四字「基」，資作「其」。

一　六五〇頁上一行「逸多」，資、磧、普、南、徑作「迭多」。又夾註左「曰也」，資、磧、普、南、徑、清作「日也」。又末字「戍」，資、磧、普、南、徑、麗無。

一　六五〇頁上一五行「圓固」，資、磧、普、南、徑、麗作「貞固」。

一　六五〇頁中六行「寶憾」，資、磧、普、南、徑作「寶慢」。

一　六五〇頁下七行「異所」，資、磧、

一　普、南、徑、麗作「異門」。

一　六五〇頁下一一行「四百」，資、磧、普、南、徑作「五百」。

一　六五一頁上二行第八字「曉」，資、磧、普、南、徑作「晝」。

一　六五一頁上四行「殑伽」，磧、普、南、徑作「殑伽河」。

一　六五一頁上一一行第四字「河」，資、磧、普、南、徑無。

一　六五一頁上一三行「寺二」，資、磧、普、南、徑作「寺二所」。

一　六五一頁下九行「齒木棄」，磧作「齒木葉」。

一　六五一頁下一三行「伐志底」，資、磧、普、南、徑作「伐悉底」。

一　六五一頁下一四行「寺數百」，磧、普、南、徑作「寺數百所」。

一　六五二頁上三行第一一字「井」，資、磧、普、南、徑作「共」。

一　六五二頁上五行第六字「藥」，資、磧、普、南、徑作「樂」。

一　六五二頁上七行第三字「深」，資、磧、普、南、徑無。

一　六五二頁上一八行第八字「摘」，資、磧、普、南、徑作「較」。

一　六五二頁上二一行「遂生」，資、磧、普、南、徑作「遂生眼根」。

一　六五二頁中一行第七字「塔」，資、磧、普、南、徑無。

一　六五二頁中一八行「凌空」，資、磧、普、南、徑作「乘空」。

一　六五二頁下八行「三爲」，資、磧、普、南、徑作「二爲」。

一　六五二頁下一七行「當此三月十五日」，資、普作「當此月十五日」。

一　六五二頁下一八行「初佛」，資、磧、普、南、徑作「是日」。

一　六五二頁下末行第二字「池」，資、磧、普、南、徑作「地」。又第三字「光」，資、磧、普、南、徑、麗作「光」。又第一一字「今」，資、磧、普、南、徑作「令」。

一　六五三頁上九行「尚在」，資、磧、普、南、徑作「尚存」。

一　六五三頁上一一行「自不定」，磧、普、南、徑作「目不定」。

一　六五三頁中八行夾註「言善賢也」，資、普作「言善賢」；徑作「此言善賢」。

一　六五三頁中一二行「涅疊」，資作「細疊」。

一　六五三頁中一二行至一三行夾註「言焚燒也」，資、普作「言焚燒」；徑作「此言焚燒」。

一　六五三頁中一三行「灰炭」，資、磧、普、南、徑作「炭」。

一　六五三頁中一八行「婆羅」，資、磧、普作「娑」。

一　六五三頁中一九行「殑河」，資、磧、普、南、徑作「殑伽河」。次頁上一一行、一七行同。

一　六五三頁下一行「疪河」，資、磧、普、南、徑作「疪斯河」。

一　六五三頁下二行「碧鮮」，徑、麗作「碧蘚」。

一　六五三頁下三行「周堵」，資、磧、

普、徑作「同堵」。

一六五三頁下五行「佛精舍」，資、磧、普、南、徑作「佛圖」。

一六五三頁下一四行「五十步」，磧作「三十步」。

一六五三頁下一五行「像形」，徑作「像行」。

一六五四頁上一行首字「被」，資、磧、普、南、徑無。

一六五四頁上二行第二字「烏」，磧、普、南、徑作「烏」。

一六五四頁上五行「三十丈」，資、磧、普、南、徑作「三十餘丈」。

一六五四頁上一八行「甚嚴」，資、磧、普、南、徑作「甚麗」。

一六五四頁中三行夾註左末字「也」，資、磧、普無。又「五千」，麗作「五十」。

一六五四頁中五行「多之」，資、磧、普、南、徑作「多矣」。

一六五四頁中一五行「疊瓶」，資、磧、普、南、徑作「壘瓶」。

一六五四頁中一九行末字至二〇行首字「拘尸」，資、磧、普、南、徑作「拘尸城」。

一六五四頁中二〇行第五字「立」，資、磧、普、南、徑作「泣」。

一六五四頁下一八行「兩眼」，資、磧、普、南、徑作「兩眼也」。

一六五四頁下末行第四字「周」，資、磧、普、南、徑無。

一六五五頁上四行第二字「厦」，資、磧、普、南、徑作「廈」。

一六五五頁上一一行第二字「有」，資、磧、普、南、徑作「前有」。

一六五五頁上末行經名，資、磧、南作「釋氏方誌卷上」；徑無（未換卷）。

釋迦方志卷下

遺跡篇之餘　遊履篇
通局篇　時住篇
教相篇

釋迦方志遺跡篇第四之餘

摩揭陁國(中印度也古者訛曰)周五千餘里城少人居邑落極多寺五十餘僧徒出萬多大乘學天祠數十異道甚多故城在王舍城山北倚東二百四十里北臨殑伽河周七十餘里人壽多歲時号拘蘇摩補羅城言香茅花宮也

人壽數千歲時更因波吒釐樹名波吒釐子城古名巴連弗者訛也故宮北石柱高數丈無憂王作地獄處佛涅槃後第一百年有阿輸迦王(言无憂也)即頻毗婆羅王之曾孫自王舍城遷都此城重築外郭出異種稻粒大而美光色奇異名供大人米也宮北臨殑伽河小城千餘家見存　獄石柱南大塔寶飾覆鉢石作欄檻即八萬四千之一也安佛舍利一升時有光瑞即無

憂選近護羅漢役使鬼神所營其側精舍中有大石是佛欲涅槃北趣拘尸南顧摩揭故蹈石上之雙跡也長尺八廣六寸輪相花文十指各異近為羯羅拏蘇伐剌那言金耳國設賞迦王言月也毀壞佛迹鑿已還平文采如故乃捐殑河中尋復本處次側有四佛行坐塔　故宮北大石室即育王為弟所造次有大水槽育王餝僧者宮西南小石山周巖澗谷數十石室育王為近護羅漢役鬼所為傍有石池俗名聖水飲者病愈山西南五塔面各數百步育王建八万四千塔已尚餘五升舍利更造此塔靈異間起有王將此作難陁王五藏興軍掘之地震山傾塔中大呼士卒僵仆故城東南屈屈吒阿濫摩寺(言雞園也)昔有論議屈於外道十二年来不擊揵椎有南印度那伽閼剌樹那菩薩(此言龍猛或云龍樹)来至伏諸外道始擊揵椎故塔名擊揵椎也

次北有鬼辯塔馬鳴事

城西南隅二百餘里古寺塔中四佛

行坐迹　又寺西南百餘里大寺僧徒千數並學大乘合有四院觀閣三層崇基重户中門三精舍金銅隱起中有立像高三丈左多羅菩薩右觀自在並鍮石鑄成三所各有舍利一升光相時起　寺西南百里大山上石塔高一丈餘佛於大磐石上入定經宿諸天雨花以感慕故起寶塔高一丈許今變為石惟遥望見煙霞上居靈聖龍虵窟穴鷲鳥猛獸古今無人達者山東豈塔佛於此立觀摩揭國處山西北三十餘里山寺負嶺疎崖置閣大乘學瞿摩末底菩薩唐言德慧伏外道處今有僧五十餘人又西南二十餘里孤山寺有論師尸羅跋陁羅唐言戒賢今見在初伏外道得邑捨而造之其處竦一危峯如浮啚形置佛舍利　又西南五十許里度尼連禪河有伽耶城少人物婆羅門千餘家住仙人之胤也王所不臣衆咸加敬　城北三十餘里清泉俗傳聖水飲濯之者罪消也城西南六里許伽耶山也谿谷杳冥

世謂靈岳自古君王登封告成也頂有石塔高百餘尺時放竒光佛於此說寶雲等經

山東南尼連河减二里許至鉢羅笈菩提山言前正覺也佛将證先登因名也

佛自東北豈上頂欲入金剛定振地投山神懼告佛又至西南半崖中面澗坐石地山又震淨居天告曰此西南十五里近苦行處畢鉢羅樹下金剛座處是菩提座三世諸佛咸此成覺佛方就之仍為石室龍留影也今或有見者及無憂興世於諸靈迹皆表浮啚兩諸光花每竟安居法俗同往登山供菩提所其菩提樹周垣甎疊以崇固之東西闊周可五百四十步竒樹名花連陰列植　正門東開對尼連禪河南門接大花池西阨險固北門通大寺其墻院内聖迹諸塔精舍星張相布樹垣正中金剛座者賢劫初成與大地俱大千界中下極金輪上至地際金剛所成周百餘步千佛同坐入金剛定故因号焉即證

道之所也　又曰道場大地震時獨无揺也佛證覺後自入末法沙土弥覆不見本質傳佛說耳遂以兩軀觀自在菩薩南北標界面南而坐記云此像身没佛法當滅南隅象者今没智臆

佛在世時菩提樹高數百尺枝黄葉青冬夏不改佛涅槃至葉凋尋復後為无憂王伐截於西數十步聚而燒之用以祠天煙焰未止忽生兩樹猛火之中茂葉同榮因謂灰菩提樹王覩信生以香乳灌餘根者至旦樹生如本王妃忿之又夜重伐王重所請以乳灌之不日還生壘石周垣其高丈餘近為金耳國月王又伐此樹掘至泉水不盡根栽乃縱火焚之又以甘蔗澆之令焦爛絶其本也數月之後為補剌拏伐摩王此言滿曹即無憂王之玄孫也聞樹被誅擧身投地請僧七日經行遶樹大旋以數千牛乳灌之經六日夜樹生丈餘恐後翦伐周峙石垣高二丈四尺樹今出於石壁上二丈餘圍可三尺

樹東青軌精舍高百六十餘尺基廣二十餘步上有石鉤欄繞之高一丈層龕皆有金像四壁　鏤諸天仙上頂金銅阿摩勒迦果即此所謂寶瓶及寶臺也

東南接為重閣三層橋宇特異並金銀飾鏤三重門外龕中左觀自在右慈氏像並鑄銀成高一丈許無憂王造也精舍初小後巨廣之內置成道像有婆羅門應募造之惟須香泥及一燈內精舍中六月開戶作之乃成尚餘四日僧咸怪之因開觀覔見像儼然東面加坐右足加上左手斂右手垂不見作者座高四尺二寸廣一丈二尺五寸像高一丈一尺五寸兩膝相去八尺八寸兩肩六尺二寸相好具足惟右乳上圖飾未周更塡衆寶遥看其相終似不滿有僧夢匠者云我是慈氏恐工拙思故自寫之言垂手者像佛語魔指地為證近被月王伐樹令臣毀像王自東返臣本信心乃於像前横施軌障心愧闇故置燈於內外畫自在天像功成報命

月王聞懼舉身生皰肌膚皆裂尋即喪没大臣馳返即除壁障往還多日燈猶不滅今在深室晨持鏡照乃覩其相見者悲戀敬仰忘返佛以唐國二月八日成道上座部云當此三月十五日成道時年三十者或云三十五者斯之差乎彼自不同由用曆前後故有此異猶神州曆元各各不同三代定正延縮不等何足怪也且據一相取悟便止

佛成覺已七日寂定至於樹北七日經行南北往來十餘步許異花隨迹有十八文後人軌壘為基高三尺餘俗云聖迹基也表人命之脩短者先發誠願以繩度之隨壽短長增减有驗此北道左磐石上大精舍作佛上望仰觀樹相為報恩像當時七日目不暫捨樹西大精舍鍮石像東面立飾奇珎前有青石奇文異彩初成道日梵王起七寶堂帝釋起七寶座佛據上七日思惟放光照樹今寶為石樹南浮啚高百餘尺初佛於河沐已將坐念草帝釋化人以姑尸草(言吉祥也)以奉佛處

育王造塔表之　次東北塔是證果時青雀来繞羣鹿呈祥處

樹東大路左右各一塔是魔王嬈佛衰退處　樹西北精舍中迦葉波佛時放光明俗云至誠七繞生得宿命智又垣西北塔欝金香泥高四丈餘

樹垣東南隅尼拘盧樹側有塔精舍中有座佛初證果時大梵王請轉法輪處　垣內四隅皆有塔初佛受草趣樹先至西南地動又向西北又東北又東南並地為震即西北至樹下東面坐金剛座上地方安靜故立塔記垣外西南二牧牛女宅處其側煑糜處又側佛受糜處皆立表塔樹南門外大池周七百餘步清澄魚龍所宅

次南池者帝釋所造為佛濯衣

池西大石天帝雪山將来為佛曬衣側塔是佛納故衣處

次南林中塔佛受貧母施故衣處

化池東林龍池清黑味甘岸西小精舍中像佛初成道此坐七日入定龍王繞佛七匝化多頭蓋佛處龍池東林精舍作佛羸瘦像側有經行迹七十

餘步南北各有畢鉢羅樹往來攀而
後起即苦行六年日食一麻麦處今
有疾者香油塗像多愈　又有五人
住處塔　又東南塔佛入尼連河浴
處次近河佛食乳糜處於道樹下受
解脫也其側二塔長者獻蜜麨處
樹東南塔是四天王四方來各持金
鉢及諸寶鉢佛皆不受乃各持石
鉢紺青映徹方捴受之按為一鉢外
現四際　其側有塔成道後為母說
法處現神變處　度優婁迦葉千人處
又西北伏火龍處　五百獨覺入滅處
目真龍池南迦葉謂佛溺水處魔怖
佛處皆立表塔記之樹垣北門外即
摩訶菩提寺遅宇六院閣三重周垣
高五丈許佛像鑄金銀莊嚴工巧極
世華美塔又高廣有佛舍利大如指
節光澤鮮白通徹內外肉舍利者大
如青珠形帶紅色每年至佛大神
變月出以示人（即印度十二月三十日於唐正月十五日也）　於此時
也放光雨花大起深信其寺常僧減
一千人習大乘上座部法儀清肅是
南海僧伽羅國王請中印度大吉祥

王立之經今四百年矣故寺多師子
國人又菩提樹面十餘里聖迹相隣
差難備舉每年比丘解安居訖四方
諸俗百千万衆七日七夜香花伎樂
遍林供養礼拜奉慶印度諸僧以
唐五月十六日入雨安居以唐八月十
五日解夏斯亦隨終一變不可約之
如雪山北有國坐春坐秋者意以一
年之內多濕熱處制三月住就中
前後一月延促不定若據修道何時
不安故三時遊行通制有罪必有緣
務亦開兼濟不執也　菩提樹院東
渡尼連河大林中塔北池者佛昔為
香為子侍盲為母處前建石柱昔
迦葉波佛於此宴坐側有四佛行坐
迹林中小石柱是鬱頭藍發惡願
處又東度莫訶東大林野行百餘里至
屈屈吒播陁山（言雞足也）亦謂窶盧播陁
山（言尊足也）直上三峯狀如雞足陗絕孤起
迴然空表半下茂林半上募草尊
者大迦葉波於中寂定故因名焉初
佛以姨母織成金縷袈裟傳付慈佛
令度遺法四部弟子迦葉承旨佛涅

槃後第二十年捧衣入山以待慈氏
上有一塔靜夜望之明炬自照雞足
山東北百餘里至佛陁伐那山北崖
大石室佛止數年旁有磐石帝釋
摩檀塗佛今猶芬烈從空谷東出三
十餘里申瑟知林（言杖林也）滿山谷昔有人
以丈六竹杖量佛而恒出杖表因投
杖而去遂生根而被山焉中有一塔
佛曾七日說法處林中有勝軍居士
以香末為泥作五六寸塔上書經文
名法舍利也三十年間晝夜無怠凡
作七億每一億小塔作一大塔盛之請
僧法會稱慶其事皆放光明　杖林
西南十餘里大山陽二溫泉甚熱佛
化浴焉遠近沐者沉痾皆愈側有佛
經行像塔林東南七里許大山嶺上
石塔佛於此兩三月為天人說法頻毗
娑羅王壘石為道廣二十餘步長四
里許　大山東北四里許至孤山仙人
室也　又東北五里小孤山壁石室可
坐千人佛於此三月說法室上磐石
梵釋於此摩檀塗佛今猶郁烈
室西南隅巖岫即阿素落宮石室

側頻毗王往佛所棧道斷石通路長五里許作階也又東行六十餘里至矩奢揭羅補羅城（此云茅城）上茅宮城即摩竭陁之正中也多出香茅國中寂勝古來諸王都其山城門闕在焉因香為名崇山四周以為外郭西通狹徑北闢山門東西長周迴一百五十里樹花含茂皆作金色內城周三十餘里城內荒涼都絕人物　北門外塔佛舒手現五師子伏提婆醉為處又東北塔是舍利子聞馬勝比丘說法證道處

塔北大深坑旁塔是室利毱多（言勝密也）設火坑以害佛處　坑東北山城之曲有塔是縛迦醫王宅為佛建說法堂周垣花果蘗株尚在佛多止中　宮城東北十五里許至姞栗陁羅矩吒山（言鷲峯亦鷲臺古者闍崛也）接北山陽孤起頂上東西長臨崖西埵甎室廣高奇製其戶東開　佛住世五十年多居斯室說法今作等佛身像昔影堅王為聽法故自山至峯跨谷陵巖編石為道階凡六里廣十餘步從杖林石室至此

三階即猶存焉階側二小塔一令王下一簡凡人　其上精舍東長石佛曾經行履之　旁有大石高丈四五廣三十餘步是提婆所擲佛者　其南崖下塔佛此說法花經處

精舍南山崖大石室佛於此入定阿難別室魔怖之佛以手通石摩頂見有通穴精舍東北大石澗大磐石佛曬衣處文令明徹旁有佛迹輪文入石北山頂塔佛望摩揭城七日說法處山城北門西有毗布羅山西南崖陰昔有五百溫泉今猶數十尚兼冷煖源發雪山無熱惱池潛流出此猶清且美味同本池並彫石為師子之首石以同流下乃編石為池浴者病差諸有僧寺多取飲之以水沐騃終身常淨使人王玄策曾以沐首經今五載髮常潤淨不可思議　泉左右塔及精舍故基羅列並四佛行坐迹此中山林相兼隱者見處泉西畢鉢羅石室佛昔恒居後壁洞穴是阿素洛宮此毗布羅山上塔是佛說法處今露形外道居之　山城北門左南崖陰東

行三里許大石室調達入定處　室東有班血磐石上古有比丘脩定不證自剌頸便證羅漢升空化火自焚處崖上石塔習定者投崖證果處　北門外一里餘至迦蘭竹園精舍石基甎室東開佛多止中室尚存矣今有等佛身像　竹園東大塔是阿闍多設咄路（云未生怨）即闍王也得舍利分所建後無憂王開之別建諸塔餘在者時放光焉側有佛經行處東有阿難半身塔竹園西南六里許南山陰大竹林中大石室是大迦葉波與千羅漢於此集三藏處僧中上座即号上座部焉室西北塔是阿難受責證果處名證果塔也　西行二十餘里塔者是諸學無學大衆法集五藏處因謂大衆部焉　竹園北二百餘步迦蘭池佛多說法今枯涸也　池西北三里許塔育王立高六十尺石柱五十餘尺上刻立塔事柱東北不遠至曷羅闍姞利呬城（即新王舍城本寒林地闍王移都所築當茅城東北四里）外郭巳壞內城周二十餘里面有一門無憂王更都香花城將此施婆羅門今住者減

千家 宮城西南二小寺佛昔說法處諸國客僧多來投止 次西北塔殊底迦長者故里(即樹提伽也此言星曆)王城南門外道左塔者佛說法度羅怙羅處

又北三十餘里至

鞞爛陁寺(言施無猒)本南菴没羅園也昔有五百商人買以施佛於中三月說法前後五王之所合造一鑠迦羅阿迭多王此言帝日創造此寺二佛陁毱多王此云覺護次南造寺三怛陁揭多王此言如來次東造寺四婆羅阿迭多王此言幻日次東造寺五伐闍羅王此言金剛次北造寺周垣峻峙高五丈許揔有七院院別三層同為一門歷代興建窮壯極麗寺立嚴制立寺已來女人不至知事十人每夕巡檢未具受者齒敘為次僧徒數千遊學名僧通數將万多是俊才通學聲馳異域者其人數百故印度諸僧皆仰則焉其有不談藏旨者形骸自愧故殊方來議守門者詰問多屈而返或容進後進詳論藝能其退飛者固十有七八矣所以高才慱達强識多能明德

引人聯暉接物王如護法護月振績芳塵德惠德堅流譽物表光支清論勝友高談智月風鑒戒賢志業皆純粹於當時並昭彰於遂古既學冠舊儀述作論釋各數十部盛世流布 故寺聖迹略而可叙寺西精舍佛曾三月說法次南百步小塔遠方僧見佛處又南有觀自在菩薩立像或見執香爐遶精舍右旋者 次南一塔佛曾三月住剃翦處疾遶多愈

西垣外池側塔是外道執雀問佛處

東南垣內五十餘步有奇樹高八九尺其幹兩披佛昔嚼棄生而如此

次東大精舍高二十餘丈佛曾四月說法處 次北百餘步精舍觀自在像見感不同或立門側或出簷前故國法俗咸別供養 次北大精舍高三十餘丈戒日王造莊嚴度量及中佛像同菩提樹下精舍也 次東北塔佛曾七日說法處 西北即四佛坐處

次南鍮石精舍高八十尺戒日王造今猶未了

又東二百餘步垣外有銅立像高八

十餘尺六層閣盛滿胄王所造 此北三里乾精舍中多羅菩薩像量高靈異歲之元日盛興供養諸國王臣寶樂俱奏七日乃止

寺垣門內大井佛為商侶熱渴指地曰此可得水因以車軸築之泉涌飲之悟聖也

寺西南九里許没特伽羅故里育王造塔記目連也 又東四里許是頻毗王此云影堅迎佛處 又東南二十餘里舍利子故里育王建塔傍有尊者遺身塔及井在矣

又東南五里塔迦葉波佛時有三億大羅漢同此入滅處 又東三十餘里帝釋窟也巖谷危險花林竦茂兩峯特起西巖南面石室佛曾止住釋以四十二疑晝石請問其迹尚存今像擬昔入禮肅然嶺上四佛行坐迹東峯有寺僧夜西望見石室前有燈炬然帝釋峯寺前有鴈塔其緣如經帝山東北百六十里許至迦布德寺(云鴿也)僧有二百人寺東有塔佛為大衆一宿說法住昔佛作鴿投火與羅者食事

東有育王塔塔南三里孤山甚高峻
多塔廟上觀自在像軀小威大手執
蓮花頂戴佛像斷食七日乃至一月
便見真儀從像中出即僧伽羅王所
造精舍也又東南行四十里寺僧五十
人小乘學大塔多靈佛為梵王等七
日說法處側有四佛行坐迹　寺東北
七十餘里殑河南天祠東大塔佛曾
一宿說法處　又東入山林百餘里大
寺育王塔佛曾三月說法處　北三
里大池周三十餘里四色蓮花四時開
發　又東入山林二百里至
伊爛拏鉢伐多國(中印度)周三千餘里
都城北臨殑河周二十里寺十所僧
四千餘人多小乘正量部　天祠二十
餘異道雜住城中二寺各減千僧
並小乘學城北河側伊爛拏山古來
五通仙常居今有天祠佛於此三月
說法　城南塔佛曾三月說法傍有三
佛行坐迹　國西界殑河南岸孤山
長一里餘佛曾三月安居降薄句羅
鬼藥叉處　山東南崖下大石上佛
坐迹入石寸餘長五尺二寸廣二尺

一寸上有塔蓋次南石上佛捃稚迦
(即澡灌也)底深寸餘八出花　又坐迹東南
藥叉迹長尺六寸廣八寸深二寸山頂
有藥叉故室　北有立佛迹長八尺闊六
寸餘深半寸上塔覆　西有溫泉　六
七極熱國南大林多野爲極大從此
順殑河南岸東行三百里至
瞻波國(中印度也)周四千餘里都城北臨殑
河周四十餘里寺數十僧二百餘人小
乘學也天祠二十餘所異道雜居城
以甎疊高數丈却敵崇峻劫初人
物伊始野居穴處後有天女降人中
遊殑河濯流自媚感靈有娠生四
子分贍部洲分疆建邑此則一子之
都城即贍部之始主也地濕熱宜為
耳　城東百五十里殑河南水環孤
洲中山崖上天祠多靈其國界野爲羣
遊又東四百餘里至
羯朱嗢祇羅國(中印度)周二千餘里寺七
所僧三百餘人天祠十所異學雜居
地多泉濕城北殑河岸有大高臺以
甎為之四面鏤佛天等像南境多野
爲耳　戒日王遊巡東天於此築行宮

又東度殑伽河六百餘里至
奔那伐彈那國(中印度)周四千餘里都城
周　十餘里人戚滿寺二十餘僧三千餘
人大小兼學天祠百所異道雜居露
形偏多城西二十餘大寺僧七百餘人
並大乘學東印度境名僧出此有
育王塔佛曾三月於此說法齋日放
光側有四佛行坐迹　次精舍中作觀
自在像神降非一人多絕粒祈者必
感土地卑濕出般耶娑果既多且貴大
如鶴卵或在樹枝及根中　如茯苓也
又東九百餘里渡大河至
迦摩縷波國(東印度也)周万餘里都城周
三十餘里至今未有佛法自事天神
天祠數百異道數万人有拘摩羅王(言童子也)
據之相承千餘世矣土泉溫郁人
物昌盛其國東境接唐西南有諸
蠻獠於彼朝貢云可兩月行便入蜀
之西界其國東南又饒野爲其王聞
沙門玄奘名略遠來中天迎請東達
既見傾仰奮若舊交生信釋門光闡
佛教奘又論議伏諸外道授以歸戒更
廣揚化是則東天佛教由奘弘之聲

唱遐塞戒曰王知又延西返重加礼敬
事在别傳從此南行千三百里至
三摩呾吒國(東印度)周三千餘里近海卑
濕都城周二十餘里寺三十餘僧二
千餘人上座部也天祠百餘異道露
形甚盛城側育王塔佛曾七日說法
處旁有四佛行坐迹側寺中青玉像
高八尺相具盛嚴　自此東北大海濱
山谷中有室利差呾羅國　次東南
海隅有迦摩浪迦國　次東有隋羅鉢
底國　次東有賞那補羅國　次東有
摩訶瞻波國即林邑也　次西南有閻
摩那洲國凡此六國道阻不行又從三
摩呾吒國西行九百里至
躭摩栗底國(東印度)周千五百里都城
周十餘里濱海卑濕寺十所僧千餘
人天祠五十異道雜居育王立塔四
佛行坐迹　又西北行七百餘里至
羯羅拏蘇伐剌那國(東印度金耳國也)周四
千五百里都城周二十餘里人物夥盛
邪正兼半寺十餘僧二千餘人小乘
正量部天祠五十餘異道甚多别有
三寺不食乳酪調達部也

城外寺塔育王所造佛嘗七日於此說
法側有精舍四佛行坐迹又西南七
百餘里至
烏荼國(東印度也)周七千餘里都城周二
十餘里信佛法寺百餘僧萬餘人並
大乘學天祠五十異道雜居塔有十
餘並佛曾說法處西南境大山中
大寺石塔多瑞齋日放光露盤下覆
鉢勢上以花蓋笴置之便住如磁石
吸針也　自此西北山寺塔異寺同前
二塔神鬼所造　東境臨大海折利
呾羅城(言發行者)周二十餘里入海商人止路
次　城外五寺臺閣崇高尊儀巧異
南去海中僧伽羅國二万餘里靜夜
望彼佛牙精舍數百尺表上鉢曇摩
羅伽寶(寶大如升即琥珀也)珠光挺照懸燭此城
又西南大林千二百餘里至
恭御陁國(東印度)周千餘里城都周二十
餘里濱海土熱濕多有奇寶螺貝真
珠大青爲箒其俗信外天祠百所異
道万餘人境內小城數十據山海住又
西南大荒林行千五百里許至
羯餕伽國(南印度)周五千餘里都城周二

十餘里少信佛法寺十餘僧徒五百
餘人大乘上座部天祠百餘異道甚
多城南育王塔高百餘尺四佛坐處
境北乘大山嶺上塔高百餘尺刼初
人壽無量時獨覺入滅處國中深林
數百里出香爲隣國所重昔五通仙
巖栖人觸通退便以惡呪煞此國人
令猶少也又此西北山林中行一千八
百餘里至
憍薩羅國(中印度)周六千餘里山嶺周境
林藪連接城周四十餘里邑里相望大
信佛法寺百餘僧減万數並學大乘
天祠七十異道雜居城南故寺塔佛
曾現通伏外道處後龍猛菩薩止
此寺中　又西南三百餘里有跋邏末
羅耆釐山(云黑蜂也)岌然特上峯陗卄絶
既無崖谷宛如全石其國昔有引正
王為菩薩鑿山造寺去山數十里鑿
開孔道當山下仰穿跡石長廊步擔
崇臺重閣閣有五層層有四院並
有精舍妙窮工巧從山頂上飛泉派
注重疊交通疎竅引明其内通朗人
力既竭府藏又盡其功未半王甚憂之

釋迦方志卷下　第二十四張　彩字号

龍猛窣以神藥滴諸大石並變為金王見喜勇遂營得就於五層中各鑄四大金像量等佛身餘尚積庫因僧有諍工人用貴並散傾久今惟淨人守護其數極多弥窣其穴不可輙見又結法蔵後一切諸經並此山中不許持出近有引醫方者入中療病後蒙面而出故罕有達者從南林行九百餘里至

案達羅國(南印度)　周三千餘里都城二十餘里寺二十僧三千餘人天祠三千餘外道極多城側大寺重閣奇巧佛像亦異前有石塔高數百尺並阿折羅(言所行也)阿羅漢所造近寺西南二十餘里孤山嶺上石塔即陳那菩薩造因明論處　又西南一塔佛曾於此說法從此林野南行千餘里至

馱那羯磔迦國(南印度)　周六千餘里都城周四十餘里寺多毀壞存者二十餘僧千餘人大衆部也天祠百餘異道甚多　城東西據山閈各有大寺昔王為佛造　山跡石製極華慱賢聖遊息佛滅未久有千凡僧安居罷日

釋迦方志卷下　第二十五張　彩字号

皆證無學凌虛飛去今頹無人有婆毗吠伽論師(此云明辯)即波若燈論主也於觀自在前絶粒而飲水三年待見慈氏觀自在乃為現色身令在此城南大山巖執金剛神所誦金剛呪三年神授方云此巖石內有阿素洛宮如法行請石壁當開可即入中待慈氏出我當相報又經三年然呪芥子擊於石壁豁即洞開時百千衆觀覩驚歎論師跨門再三顧命惟有六人從入餘者謂毒虵窟也當即石門還合如壁自此西南千餘里至

珠利耶國(南印度)　周二千五百里都城周十餘里人物少僧寺粗有天祠數十多露形外道城東育王塔佛於此度人伏外道處　城西故寺提婆菩薩詰問溫呾羅羅漢(此云上也)七轉已羅漢杜口不答私運通力往慈氏所告曰提婆者賢劫之佛非尒能酬如彈指須還復談對菩薩知之謂曰此慈氏大聖之所釋也南林野行千六百里至

達羅毗荼國(南印度)　周六千餘里都城

釋迦方志卷下　第二十六張　彩字号

周三十餘里寺百餘僧萬餘人皆上座部天祠八十餘多露形外道有育王塔佛數遊此說法度人城南大寺塔高百餘尺佛曾說法伏外道處又有四佛行坐迹自此南行三千餘里至

秣羅矩吒國(南印度)　周五千餘里都城周四十里許僧少天祠數百外道甚多露形者其土舄鹵不滋茂也　城東有育王弟寺又育王立塔佛曾說法祈頽皆遂　國南近海有秣剌耶山有白檀香樹又羯布羅香樹松身異葉香如氷雪即龍腦香也　山東有布呾落迦山頂有池流下出大河繞山三十匝而入南海側池天宮即觀自在遊舍處也祈者見為自在天像山東北海畔城古僧伽羅國今入海三千餘里至

僧伽羅國(非印度攝即執師子也)　周七千餘里都城周四十餘里人户大盛寺有數百僧二万餘人上座部也　宮側有佛牙精舍高廣如前宮中日建萬八千僧食十數年来國乱方廢佛牙側小精

舍中金銅坐像肉髻上安奇寶昔人因礼見寶起貪夜盜不及像首乃曰佛昔輕命為生今何悋寶乃俯像乃俯首與之後王知而不罪王贖其寶還安像頂像今低首　國東南隅數千里揶羅稽羅洲人長三尺鳥喙惟食揶子　國洲東南隅有駿迦山鬼神所遊佛於此說經洲西淨海數千里孤島東崖石佛高百餘尺東面坐以月愛珠為肉髻月將迴照水即懸注人食之矣洲西淨海又數千里有大寶洲无人居止往无達者　又於達羅毗國北林行二千餘里至

恭達那補羅國（南印度）周五千餘里都城周三十餘里寺百餘僧萬餘人兼學大小天祠數百異道雜居　宮城側大寺精舍高十餘丈僧三百餘人中有一切義成太子寶冠減二尺許齋日放光即菩薩時也　大城側大寺中精舍高五丈餘二百億羅漢（是一人名）造檀慈氏像高一丈餘齋日放光　城北近多羅林周三十餘里葉廣長色光潤諸國同採以供書也林中塔四佛行

坐迹二百億舍利塔亦此林中　城東塔高三丈有舍利齋日放光佛曾遊此說法　又西北林中猛獸所居二千五百里許至摩訶刺侘國（南印度）周六千餘里都城臨大河周三十餘里其俗有恩必報有怨必復強梁跋扈不賓戒日王也寺有百餘僧徒五千餘人大小兼學天祠百數異道衆矣大城內外五塔四佛行坐迹育王表之　城南故寺有觀自在石像願求多果　東境大山寺羅漢造也大精舍高百餘尺石像高七十餘尺上有石蓋七重虛懸空中相去各三尺傳云羅漢願力所持或威神力或藥術力諸說不一精舍四面雕作佛因地及證果入寂相具矣寺門外南北各一石象傳云象吼地則震矣　自此西行千餘里度耐末陁河至跋祿羯呫婆國（南印度）周二千五百里都城周二十餘里邪正兼信寺十餘僧三百餘人習大乘上座部天祠十所異道雜居土地鹵惡草木希薄從此西北二千餘里至

摩臘婆國（南印度）周六千餘里都城周三

十餘里據莫訶河東南即五印度之重學土也人性善順諸國所無同摩揭陁南洲敎二國而已邪正兩信寺數百僧二萬餘小乘正量部天祠數百異道塗灰其侶衆矣　城西北二十里有大婆羅門邑側大陷坑水流無滿昔大慢婆羅門謗大乘生陷入地獄處自此西南入海道矣　又西北行二千五百餘里至

阿吒釐國（南印度）周六千餘里都城周二十餘里人戚滿家事天神祠十餘所異道雜居土地沙鹵出胡椒樹樹如蜀椒樹又出熏陸香樹葉如棠也又從摩臘國西北三日行（彼百里為一日行）至

契吒國（南印度）周三千餘里都城周二十餘里人滿住寺十餘僧千餘人大小通學天祠數十外道特多又北千餘里至

伐臘毗國（南印度即北羅羅之別也）周六千餘里都城周三十餘里人住盛多財百億者有數百家寺百餘僧六千餘人多小乘正量部天祠數百外道亦多佛數遊此國育王多樹塔有三佛行坐迹

又於西北行七百餘里至
阿難陁補羅國（西印度）周二千餘里都城
周二十餘里人戶滿寺十餘僧減千小
乘正量部天祠數十外道雜居從伐
臘西五百餘里至
蘇剌咤國（西印度）周四千餘都城周三十
餘里西據莫醯河人任滿屬伐臘蕪
信邪正寺五十餘僧三千餘人上座
部也天祠百餘外道雜住地鹵斥花
果少國當西海路不遠城西山頂有
寺大宏敞花美仙賢遊止又伐臘北
千八百餘里至
瞿折羅國（西印度）周五千餘里都城周
三十餘里人咸少信佛寺一所僧百人
小乘學天祠數十異道多矣又東南
二千八百餘里至
鄔闍衍那國（南印度）周六千餘里都城周
三十餘里人盛滿寺在者五所僧三百
人大小兼學天祠數十異道雜居地
鹹果少城側塔者無憂造生地獄處
又東千餘里至
擲枳陁國（南印度）周四千餘里都城十五
里許寺數十僧少耳天祠十所外道

釋迦方志卷下　第三十張　彩字号

千餘人又北九百餘里至
摩醯濕伐羅補羅國（中印度）周三千里都
城周二十餘里不信佛法天祠數十
塗灰外道也　從瞿折羅北野磧行
二千里許渡信度河至
信度國（西印度）周七千餘里都城三十餘
里土出金銀鍮石一峯駝騾搵畢小
出赤白黑鹽信佛法寺數百僧万餘
人並小乘正量部而多怠行天祠三
十異道雜居佛屢遊此育王建塔
數十焉　有烏河側千餘里陂澤閒
數百千戶牧牛為業惟煞是務無
貴賤男女道俗之別而剃頭鬚服袈
裟形同比丘樂行鄙俗又懷小見排
斥大乘昔有羅漢乘空往化授三歸
已剃染行法後還服本風俗故尒自
東九百餘里越信度東岸至
茂羅三部盧國（西印度）周四千里都城周
三十餘里人咸屬磔迦國寺十餘僧極
少特信天神其祠八所外道甚多城
側有日天祠莊嚴甚麗鑄金為天形
飾以奇珍女樂迭奏四周花池林木
茂美五竺諸王於此立福舍捨物給

釋迦方志卷下　第三十一張　彩字号

貧病者又東北七百餘里至
鉢伐多國（北印度）屬磔迦也周五千餘里
都城周二十餘里人咸雜信寺十餘僧
千餘人小大兼學有育王塔天祠二
十城側大寺僧百餘人並大乘學近
天火燒之土多旱稻從信度西南千
六百里至
阿點婆翅羅國（西印度）周五千里都城周
三十餘里僻在西境地卑下臨信度河
濱大海重佛法寺八十餘僧五千餘
人多小乘正量部天祠十所塗灰道也
佛曾遊此育王立六塔又城西減二
千里至
狼揭羅國（西印度）廣從各數千里都城
周三十餘里人盛滿近西海入西女國
路口屬波斯寺有百餘僧六千餘人
大小兼學天祠數百塗灰道盛土潤
洽滋茂百卉自此西北即至
波剌斯國（當北印度攝）周數萬里都城周四
十餘里人物甚盛寺有三所僧數百
人天祠甚多土出金銀鍮石頗胝水
精死多棄屍佛鉢在王宮中東境有
鶴秣城郭周六十餘里人衆盛西北

釋迦方志卷下　第三十二張　彩字号

撥拂懍國(非印度)出伯狗子本赤頭鴨
生於穴中案梁貢職圖云去波斯北
一萬里西南海島有西女國(非印度)拂
懍年別送男夫配焉彼國又去波羅
斯西一万里極婆羅門國南一萬里
又是婆羅門以今往度疑太遼遠從
阿點北七百餘里至
僻多勢羅國(西印度)周三千餘里都城周
二十餘里人戚屬信度國寺五十餘僧
三千餘人小乘正量部天祠二十餘塗
灰道也　城北十六里大
林四佛行坐處育王建塔高數百尺
中有舍利放光佛曾作忍仙被此王
害處東有故寺又東北三百餘里至
奄荼(西印度)國周二千五百里都城周
二十餘里國無君長屬信度寺二十所
僧二千餘人小乘正量部天祠五所
塗灰道也地多花果城東大竹林古
寺是佛開諸比丘著乎縛屣(此言靴也)處
也旁塔高百餘尺側有精舍青石立
佛齋日夜光　此南八百步林中浮
啚育王所立佛止於此以寒故三衣
重覆又開複納衣林中有佛經行處

又四佛坐處別塔表之又鬘爪塔齋日
放光又東北九百餘里至
伐剌拏國(西印度)周四千餘里都城周二
十餘里人住滿屬迦畢試寺數十僧三
百人大小兼學天祠五所塗灰道也
地多山林城南故寺佛曾遊此側塔
是四佛行坐迹俗云此國西接畺都
國居大山中復此西北又踰大山二
千餘里出西印度境入胡俗境漕矩
吒國又東北千六百里入迦畢試界
方合北道及中　道也略舉突厥已南
三海所內合一百五十國非印度所攝
者七十一國(突厥以北至于北海西遊稱無聞故無可紀也)

釋迦方志遊履篇第五

自文字之興庖犧為始暨至唐運曆
代可紀而聞矣秦周已前人尚純素
情不逮遠故使通軌止約神州漢魏
以後文字廣行能事斯興博見弥遠
故蒙冐截底橐衛斯立踰空桑而歷
昆丘度雞田而跨鳥穴龍文汗血之
驥雖絶域而可追明珠翠羽之珍乃
天涯而必舉窮兵黷武誠大宛之勞
師擁節迢海信王命之遐弊及顯宗

之感瑞也創開仁化之源奉信懷道
自斯漸盛或慨生邊壤投命西天或
通法揚化振策東宇或躬開教迹不
遠尋經或靈相舊規親往詳閱斯之
多舉並歸釋宗故揔別之用開神略
始於前漢至我大唐前後通數使之
往返将二十許且張騫尋河本惟凡
俗然創開佛名則釋化之漸也故亦
通叙求法之例今搜括傳記條序使
途列其前後顯然有據
一謂前漢武帝遣博望侯張騫尋黃
河之源從北道入大宛至大夏見笻
竹杖蜀布國人云之身毒身毒即天
竺之訛語也後漢書云其國郡平和
氣靈智所降賢懿挺生神迹詭怪理
絶人區感驗明顯事出天外而騫起
無聞者豈其道閉往運數開於葉乎
二謂後漢顯宗孝明皇帝永平三年
夜夢金人身長丈餘項佩日月光飛
行殿前帝問群臣通人傅毅曰臣聞
西域有神其名曰佛
陛下所夢将必是乎帝乃遣郎中蔡
愔博士秦景等從雪山南頭懸度道

入到天竺國共形像尋訪佛法將沙門迦葉摩滕竺法蘭等還尋舊路而屆雒陽

三謂後漢獻帝建元十年秦州刺史遣成光子從烏鼠山度鐵橋而入窮於達親旋歸之日還踐前途自出別傳

四謂晉武世燉煌沙門竺法護西遊三十六國大賫梵經沿路譯出至長安青門外立寺結衆千餘教相廣流東夏者法護深有殊功故釋道安云若親得此公筆自經領必正斯至言也

五謂東晉隆安初涼州沙門釋寶雲與釋法顯釋智嚴等前後相從俱入天竺而雲通歷大夏諸國解諸音義後還長安及以江表詳譯諸經即當令威行莫非雲出而樂栖幽靜終於六合山遊西有傳

六謂東晉後秦姚興弘始年京兆沙門釋智猛與同志十五人西自涼州鄯鄯諸國至罽賓見五百羅漢問顯方俗經二十年至甲子歲與伴一人還東達涼入蜀宋元嘉末卒成都遊西有傳大有明據題云沙門智猛遊行外國傳曾於蜀部見之

七謂後燕建興末沙門曇猛者從大秦路入達王舍城及返之日從陁歷道而還東夏

八謂後秦弘始二年沙門法顯與同學慧景等發自常安歷于填道凡經三十餘國獨身達南海師子國乃汎海將經像還至青州牢山登晉地往揚荊等州出經所行出傳

九謂宋初涼州沙門智嚴遊西域至罽賓受禪法還長安南至揚州宋都廣譯諸經然以受戒有疑重往天竺羅漢不決為上天諮彌勒告之得戒於是返至罽賓而卒遣弟子智羽等報徵西返

十謂宋永初六年黃龍沙弥釋法勇操志雄遠思慕聖迹招集同志沙門僧猛曇朗等二十五人發跡雍部西入雪山乘索橋并傳杙度石壁及至平地已喪十二人餘伴相携進達罽賓南歷天竺後汎海東還廣州所行有傳

十一謂宋元嘉中涼州沙門道泰西遊諸國獲大毗婆沙還於涼都沮渠氏集衆譯出

十二謂宋元嘉中冀州沙門慧叡遊蜀之西界至南天竺曉方俗音義還廬山又入關又返江南

十三謂後魏太武末年沙門道藥從踈勒道入經懸度到僧伽施國及返還尋故道著傳一卷

十四謂宋世高昌沙門道普經遊大夏四塔道樹靈迹通謁別有大傳又高昌法盛者亦經往佛國著傳四卷

十五謂後魏神龜元年燉煌人宋雲及沙門道生等從赤嶺山傍鐵橋至乹陁衛國雀離浮圖所及返尋於本路

十六謂大唐京師大莊嚴寺沙門玄奘以貞觀三年自弔形影西尋教迹從初京邑西達沙州獨陟險塞伊吾高昌備經危險時高昌王麹氏為給貨賂傳送突厥葉護牙所又被將送雪山以北諸蕃胡國具觀佛化又東南出大雪山達諸印度經由十年後返從葱嶺南雪山北歷諸山國東歸經于填婁蘭等凡一百五十國貞觀

十九年安達京師奉詔譯經乃著西域傳一十二卷余歷尋僧傳幷傳聽聞所遊佛國備之前矣然記傳所見時乎出没取其光顯者方為叙之至如法維法表之徒標名無記者其計難緝又隋代往還唐運來往咸纉履歷具程緇素諸如此例何可具焉

釋迦方志通局篇第六

法王利見未隔中邊適化無方豈專形教致使聞同解異說一悟殊登位地而上往結封迷而下降全身碎身之相聚塔散塔之儀神光燭而邪計摧靈迹挺而深信結斯徒衆矣具列前篇自法水東流道光西照聲榮之盛騰實東川育王表塔創啓隆周釋父景形欝興炎漢自斯歷代世積弥繁影匪西天獨揚神化故經云正法後被先於北方次及東南至中方滅此之震旦南望華胥滅度之儀迴身北首即其事矣所以依録編次以為通局篇云

案周書異記周昭王即位二十四年甲寅歲四月八日江河泉池忽然泛漲井水溢出山川震動有五色光入貫太微遍於西方盡作青紅色太史蘇由曰有大聖人生於西方一千年外聲教及此昭王即勅鐫石記之埋於南郊天祠前此即佛生之時也

周穆王即位三十二年數見西方光氣藴由先說聖人處世即與相國呂侯乘騄騮八駿西行求佛因以攘之

周穆王五十三年壬申歲二月十五日平旦暴風忽起損舍折木地動天陰西方白虹十二道太史扈多曰西方聖人滅矣此即涅槃之相也有說云佛生周莊魯莊之世者今取多文為録

史録曰商太宰嚭問孔子曰孰為聖人孔子曰西方之人有聖者焉不治而不亂不言而自信不化而自行蕩蕩乎民無能名焉老子西昇經云吾師化遊天竺善入泥洹

前漢孝武帝元狩中霍去病討匈奴至睪蘭過居延山獲昆耶休屠王等又獲金人率長丈餘列之於甘泉宮帝以為大神燒香礼拜及開西域遣張騫使大夏還云有身毒國身毒國一名天竺始聞浮圖之教此即佛之形教相顯之漸也

哀帝元壽年使景憲往大月氏國因誦浮圖經還漢當時稍行浮圖齋戒

成帝時都水使者光禄大夫劉向傳云向博觀史籍往往見有佛經及著列仙傳云吾搜撿藏書太史創撰列仙圖黄帝以下迄至于今定撿實録一百四十六人其七十四人已見佛經矣據此而明秦周已前早有佛法流行震旦何以取知今案所列

故佛傳云佛滅度後一百一十六年東天竺國有鐵輪王統閻浮提収佛靈骨使使鬼神一億人家為起一塔四海之内合起八万四千故此九州之地並有遺塔云是育王所造當此周厲王之時故塔興周世經二十餘王至秦始皇三十四年焚燒典籍育王諸塔由此淪亡佛經流世莫知所在又釋道安朱士行等經録自云始皇之時有外國沙門釋利防等一十八賢者賫持佛經来化始皇始皇弗從

遂因禁之夜有金剛丈六人來破獄出之始皇驚怖稽首謝焉准此而言則知秦漢以前已有佛法尋道安所載十二賢者亦在七十之數今列仙傳見有七十二人案文殊涅槃經佛滅度後四百五十年文殊至雪山中為五百仙人說法又案地理誌西域傳云雪山者即葱嶺也其下三十六國先來奉漢其葱嶺連亘東至終南文殊來化仙人即斯地也詳而驗之劉向所論可為證矣後漢郊祀志曰佛者漢言覺也將以覺悟群生也統其教以修善慈心為主不煞生類専務清淨其精者為沙門漢言息心剃髮毀容去家出俗絕情洗欲而歸於無為也又以人死精神不滅隨復受形所行善惡後生皆有報應所貴行善修道以練其精神練而不已以至无生而得為佛也身長丈六尺黃金色項中佩日月光變化无常無所不入故能化通万物而大濟群生也有經書數千卷以虛无為宗包羅精麁無所不統善為宏闊勝大

之言所求在於一體之內所明在於視聽之表歸於玄微深遠難得而測故王公大人觀生死報應之際莫不懮然自失也餘如漢法本內傳

魏書云蔡愔得佛經四十二章及釋迦立像明帝令畫工圖寫置於清涼臺及顯節陵上經文緘於蘭臺石室愔之還也以白馬負經而至漢因立白馬寺於洛陽雍門西其經旨大抵言生生之類皆因行業而起有過去當今未來三世也其修道階次心行等級非一皆緣淺以至深藉微以為著率在於積仁順蠲嗜欲習虛靜而成通照也其始修心則依佛法僧受三歸也三歸如君子之三畏又有五戒斷煞盜婬妄語飲酒大意與仁義礼信智同去奉持之則生人天勝處虧離鬼畜諸苦言善惡之處凡有六道在於防心正身口揔謂十善也能具此者近獲天報遠得菩提佛以四月八日夜從母右脅而生起相異者三十有二既去世後弟子等以香木焚身靈骨分碎大小如粒其色紅白擊

之不壞焚之不燋每有光明神驗及後阿育王者以神力分佛舍利使諸鬼神造八万四千寶塔今洛陽彭城扶風蜀郡姑臧臨淄等皆有塔焉並神異矣　吳書曰赤烏四年有康居國沙門康僧會者行化道也初達吳地營立茅茨設像行道吳人初見謂為妖異有司奏聞

吳主孫權問曰佛有何靈驗耶會曰佛晦靈迹出餘千載遺骨舍利應見無方權曰若得舍利當為起塔經三七日遂獲舍利五色曜天剖之逾堅燒之不然光明出火作大蓮華照曜宮殿吳主歎異信心乃發為造建初寺度人出家權問尚書令都鄉侯闞澤曰漢明已來凡有幾年佛教入漢既久何緣始至江東澤曰從永平十年至今赤烏四年合一百七十年然以永平十四年五岳道士與摩騰捔力之時道士不如南岳褚善信費叔才等在會自感而死門徒子弟歸葬南岳不預出家无人流布後遭漢政陵遲兵戈不息經今多載始得興行

吴主曰孔丘老子得與佛比對不澤曰
目尋曾孔丘者英才誕秀聖德不
羣世号素王制作經典訓奨周道教
化来葉師儒之風澤潤今古亦有逸
民如許成子原陽子荘子老子等百
家子書皆修身自翫放暢山谷縱大
其心學歸澹泊事乖人倫長幼之節
亦非安世化民之風至漢景帝以黃
子老子義體尤深改子為經始立道
學勅令朝野悉諷誦焉若將孔老二
家遠方佛法遠則遠矣所以然者孔
老設教法天制用不敢違天諸佛設
教天法奉行不敢違佛以此言之實非
比對明矣吴主大悅以澤為太子太傅
魏書明帝曾欲壞宮西浮啚外國沙
門乃金盤盛水置於殿前以舍利投
水仍有五色光起帝加歎異乃於道
東作周閤百間以為精舍吴後主孫
皓虐政廢棄淫祀佛寺相從亦同廢
限諸日僉曰康會感瑞太皇創寺若
遂除毁恐貽後悔後宮内掘地得金
像皓乃穢之陰處尤痛聲叫難忍大
史占犯大神所為於是廣祈名山大

川冈不畢至而痛苦弥甚有請祈佛
者皓曰佛為大神耶試可求之一請
便愈乃以馬車迎會為陳報應皓見
本業百二十頹皆為衆生深加敬重
仍於會所從受五戒准此掘地獲像明
知秦周有佛教驗矣西晉愍帝建興
元年有二石像浮于吴松江漁者疑為
海神延巫祝以迎之風濤更盛奉黃
老者謂是天師復往迎接風浪如初
奉佛居士朱膺者吴縣人素有誠
信共東靈寺帛尼并信者數人至
滬瀆口延之風潮忽靜遥見二人至
乃石像立高七尺波中捧上置通玄
寺銘其背一名惟衛二名迦葉莫
測帝代而字迹分明
東晉孝武寧康三年二月八日沙門
釋道安盛德昭彰擅名宇内於襄陽
郭西鑄丈八无量壽像明年季冬嚴
飾成就像乃西行上於万山于時
鄉邑驚嗟迎歸本寺仍以其夕出往
寺門刺史郗恢乃改名金像寺梁武
普通三年帝於建興苑鑄大金銅花
趺高六尺廣一丈許勅劉孝儀為文

立碑贊德及周武之滅法也建德三
年有太原公王康為荊州刺史副将
長孫哲不信佛法先欲壞之遣百餘
人以繩繫項挽全不動哲謂不用力
杖之令牽如故不動又加三百乃至五
百牽之乃倒聲振地動即令毁之揚
聲自快乃馳馬欲報刺史纔可百步
墮然落地失瘖直視尋尒而卒道俗
唱快當毁像時於腋下倒垂衣内著
銘云晉太元十九年歳次甲午比丘
道安於襄陽西郭造丈八金像一軀
此像更三周甲午百八十年當滅計
勘年月悉符同焉信知印手聖人
誠不虛矣然以事推安以太元三年
戊寅之歳則苻堅建元十五年也與
朱序習郁被俘秦土太元十年在関
便化化後十年歳方甲午一往攢望
年紀条差預覩未然三經甲午取其
大運之極數又顯印手之通聖云
晉太元中沙門雲翼者於荊州造長
沙寺寺成而未有佛像翼曰大聖遺
跡遍閻浮提豈我無感而不降耶乃
潔齋祈仰以二月八日夜現于城北

形儀嚴肅高于七尺光相衝天諸處迎接初不能起翼日將非通感所致降我長沙乎乃與二人捧之颯然輕舉迎入寺中昔經夜行人謂怪異以刀擊之鎗然作聲視乃金像刀所擊胷文見於外後罽賓僧云是育王像也光上有字時大重之梁武聞之屢迎東下雖加事力終无以致後謁丹款鄭重懇懃方乃下船去都十八里帝自出迎尋路放光相續不絕道俗稱慶後在太極殿重興供養晚出大通門入同泰寺又加供養及寺火燒堂剎並盡唯像居殿巋然獨存晚還荊州本寺夜出遶塔降靈非一及元帝崩諸有凶事輙流汗在地近太宗晏駕亦如前流汗其瑞極多　晉咸和中丹陽尹高悝見張侯橋浦有異光使人尋之得一金像无有光趺載至長干巷口牛住不行乃任所之徑趣長干寺後數年臨海漁人張係世於海口見銅蓮花趺浮水上乃以表之勅送像足宛然符合後有天竺五僧詣悝云昔於本國得阿育王像至鄴遭亂藏于河岸近感夢云吾已出江南為高悝所得乃引至寺僧見流涕像為放光照于內外僧曰此像乃育王第四女所造文在花趺上因撿同焉又古本有圓光計應尋至後晉咸安元年交州合浦採珠人董宗之見海底光浮出水上尋得佛光以事奏聞簡文勅施像背孔穴懸同光色無跂四十餘年江海隔絕一朝方具人百懐嘆自晉及陳五代君王莫不親敬每有旡旱請像乘輦入宮祈懇无不畢雨陳氏禎明中其像自然轉身面西雖正還介具以奏聞帝延處太極設齋行道像乃脫七寶冠掛手帝燒香擔曰若國不祥頗重現相仍以冠首至明還脫君臣失色及隨滅陳朝佐露首面縛入京文帝知之延至宮內常侍供養後下勅曰朕老不能久立可作座育王進內其本像於興善供養寺見形小置于北面及明乃見在南相從內愧今見在殿圖寫殷矣又仁壽立塔一百餘州皆有光瑞如感應傳

元魏太武大延元年有沙門劉薩何者家于離石南高平原今慈州也昔行至涼州西番禾郡東北望御谷而遙禮曰此山當有像現靈相備者世樂時平如其有闕世亂民苦後經八十七歲至魏正光元年因大風雨雷震山巖挺出像身一丈八尺形好端嚴惟无其首登即選石命工安訖還落魏道陵遲其言驗矣至周元年始治涼州城東七里澗忽見佛首石采光明乃往安之恰然符合神儀彫缺四十餘年身首異處二百餘里一朝圓具衆咸嗟嘆時有燈光流照鐘聲飛響莫知來處建德初年像首頻落大冢宰及齊王躬往看之乃令安處夜落如故經于數十更換餘頭終墜如故後滅佛法僅得四年國喪滅嗣斯言又驗故模寫其狀畢量有差今為感通寺焉何遂死于酒泉城西七里澗中骨如葵子人拾穿之如彼寺碑余以貞觀初年歷遊關表故謁何之本廟在慈州寺中形影端峙日有隆敬自石隰慈嵐延丹綏銀等州並圖形崇養号為劉師佛焉

釋迦方志卷下　第五十一張　彩字号

元魏天平年中定州募士孫敬德造觀音像自加礼敬後為劫賊所引不勝拷楚妄承其死將加斬決夢一沙門令誦救生觀世音經千遍得脫有司執縛向市且行且誦臨刑滿千刀斫自折以為三段皮肉不傷三換其刀終斫如故視像項上有刀三迹以狀奏聞丞相高歡表請免死勑寫其經廣布於世今謂高王觀世音焉自晉宋梁陳魏燕秦趙國分十六時經四百觀音地藏弥勒弥陁稱名念誦獲其將救者不可勝紀具諸傳録故不備載

梁高天監年於本第造光宅寺鑄金銅大八像將就冶鑄疑銅不足始欲上請便有傳詔領銅十五車至去奉勑送寺即就融寫一鑄便成惟覺高大試量乃二丈二尺以狀奏聞勑去初不送銅斯為通感遂鐫于花趺以為靈誌于今存焉

陳武帝崩兄子蒨嗣業造輼輬車乃取梁武重雲殿中珠珩以飾送終人力既豊四面齊至但見雲氣擁結

釋迦方志卷下　第五十二張　彩字号

流繞佛殿自餘方左開朗日耀須臾大雨洪注雷電震吼煙張殿表火烈雲中流光布焰高下相屬並見重雲殿影金銀二像八部神王并及帳座一時騰舉煙火挾之欻然遠滅觀者傾國及晴之後覆看故所惟礎存焉至月餘日有從東州來者云於是日見殿影像乘空飛於海上有望海者有時見之

魏氏洛京明帝胡后造永寧浮圖去地千尺閻浮一洲無勝斯塔後為天震緣略同前有人東海亦見其相又魏氏北臺恒安石窟三十里內連次而列高二十餘丈內受千人終劫不朽

震旦海曲神州諸山往往聖寺感見非一且述三兩用為實録昔晉太元初有燉煌沙門竺曇猷乞食坐禪強志勤業遊會稽剡縣石城山羣虎來前猷為說法一虎獨睡乃以如意打頭有十圍蚺繞之初无怖色又山神捨宅與之又往赤城山宴坐此山與天台瀑布四明連屬父老云天台山有聖寺猷往尋之石橋跨谷青滑難渡橫石斷路無由得達夕宿橋首聞

釋迦方志卷下　第五十三張　彩字号

彼行道唱薩聲便潔齋自勵忽見橫石洞開猷便前度具覩精舍神僧燒香中食畢謂曰却後十年自當來此又有齋鄴下大莊嚴寺沙門圓通者感一神僧夏中聽講自忞託弊去在竹林寺邀通過寺通具問道經明年尋至在鼓山東鄴之西北神僧迎接具見門闕房宇華敞林竹切天經宿周流意言道合便有終焉之思神僧為諮大和上乃不許之及還返路三里之外返望莫覩後之往者不知其處近鄧州沙門道勤者於州北倚立山追訪仙寺如言具見周循歷覽實為佳寺衆具皆備但不見人却下重尋便失歸路乃於道次築室擬尋又汾州東介山抱福巖者山居之僧數見沙門乘空來往

又益州東三學山常有神燈空中照耀齋日倍多又涼州南洪崖窟沮渠蒙遜所造碑寺見存有塑聖僧常自行道人來便止人去尋行故其傍側足跡納納尒斯徒衆矣不可具云余聞入大乘論尊者賓頭盧羅睺羅等

十六大阿羅漢住世道法又有九億無學亦此洲中未入涅槃准此而詳今諸山居多聞磬聲或尋遇寺豈非諸聖之所廢乎

今約通局諸門以分一約往世二約賢劫三約釋迦一佛為候初約往劫用辯通塞者如上所列往劫行事薩埵捨身流血尚在達拏捨子杖插遺血布髮掩泥之所捨身求偈之地月光斬首尸毗飼鷹斯等遺蹤並惟古劫計數寂蕩如何尚在印度名僧亦決斯致理如所問无宜獨留而往事往生弥綸於五印者有人云此乃如来神力菩薩至行雖有三灾不可除滅後成世界依而集之有人言三灾之化無往不除但欲使後代可師仰故世界初成依古遺蹤相似而現並佛之化迹神感所為故五不思議中一為佛力也所以往劫生事依依列之二約同劫以明且如一鉢千佛共同故傳云釋迦受食四王奉鉢滅後流行至毗舍離若干百年又至乾陁衛又至月支于填龜茲當達振旦返師子國還来天竺上昇兜率天弥勒見曰釋迦佛鉢今来至此七日供養還下龍宮弥勒道成四王還獻二者龍宮佛影千佛同留三者方石說諸千佛同坐即健陁甲鉢樹下者四者石塔感裹千佛同候上傳之中多明四佛行坐之迹准此未来抑亦可見三明釋迦一代通局不等如天道寶階滅無遺諸乇王大塔七化已三道樹滅而更生佛跡毀而還現楊枝摧而重出舍利識而逾靈諸如此例故應不通後佛至如雞足迦葉留化慈尊山宮明辯持身待聖沮渠滅定之侶摩支應供之徒事局未来神遊絕域皆為明道開顯塵蒙慈導有情登神諸有故也

釋迦方志時住篇第七

案索訶世界一大劫中千佛出世尋夫劫波之号不可以時數推之假以方石芥城准為一期之候中含四大中劫謂成住壞空也

如從十歲增至八万復從八万至於十歲經二十返為一小劫二十小劫為一成劫以年筭之則經八千萬萬億百千八百萬八萬歲也上為一小劫耳今成劫已過入住劫来經九小劫釋迦如来住劫第四尚餘九百九十六佛次續興焉

依摩耶經如来滅後正法五百年像法一千年又依善見毗婆沙云如来滅後正法千年像法亦介以度女人故正法滅五百年若諸女人能遵八敬如法行道正法住世還得千年又云佛法住世一萬年 初五千年修道出家得三達靈智後五千年出家修道不得三達靈智過此已後經歸龍宮像自頹壞諸比丘等同於俗流惟有剃髮袈裟而已佛法之毒振旦三被誅焚初赫連勃号為夏國初破長安遇僧皆煞二魏太武用崔皓言夷滅三寶後悔皓加五刑三周武帝但令還俗皆不得其死如傳所詳也

釋迦方志教相篇第八

自釋教之来振旦開濟極焉發悟踈通廓清塵滓其中瑞應具編前聞且述數條用程無惑昔士行尋教意在大乘將發西域乃有留難遂葉經投火經身不灰火為之滅東達此土即放光經是也又曇無讖獲涅槃經至於涼土盜者夜竊舉而不遂稽

首謝焉周武之淩法也像毀經焚咸
見藏經相從騰上奄入空際如斯衆
矣不可具書然弘教在人有國為本
度人立寺圖像譯經世約相求故敘
由来昌明佛教而漢魏以往固无得
而聞晉宋迄今輙略銓序
晉世祖武皇帝 大弘佛事廣樹伽藍 晉惠帝 洛下造興聖寺供常百僧
晉敏帝 於長安造通靈白馬二寺
右西晉二京合寺一百八十所
譯經一十三人七十三部 僧尼三千七百人
晉中宗元帝 江左造瓦官龍宮二寺度丹陽千僧
晉肅宗明帝 造明興道場二寺集義學百僧
晉顯宗成帝 造中興鹿野二寺集義學千僧
晉太宗簡文帝 造像度僧立寺長干起木塔
晉烈宗武帝 造皇泰寺本弟立本起寺
晉安帝 於育王塔立大石寺
右東晉一百四載立寺一千七百
六十八譯經二十七人二百六十
三部 僧尼二萬四千人
宋高祖武帝 口誦梵本手寫戒經造靈根法王四寺供養僧
宋太宗明帝 造丈八金像齋感舍利造弘普中寺召諸名僧
宋太祖文帝 奉齋不殺造禪靈寺常供千僧
右宋世合寺一千九百一十三

譯經二百一十部僧尼三萬六
千人
齊太祖高帝 手寫法花口誦般若四月八日常傳金像七月半白普寺送盆供僧三百造陟屺正觀二寺
齊世祖武帝 造招玄遊賢二寺三百名僧三教格量四年考定
齊高宗明帝 寫一切經造千金像口誦般若常轉法花造歸依寺召集禪僧常持六齋
右齊世合寺二千一十五寺譯
經七十二部僧尼三万二千五
百人
梁高祖武帝 制五時論轉四方等造光宅同泰五寺常供千僧國內普持六齋八戒
梁太宗簡文帝 建資敬報恩二寺刺血自書般若十部太后忌日不食而齋撰法集記二百餘卷法寶聯壁亦二百餘卷
梁中宗元帝 造天居天宮二寺供有千僧自講法花成實
右梁世合寺二千八百四十六
譯經二百四十八部僧尼八万
二千七百人
梁宣帝 梁明帝
右二主中興社稷於荊州造天
皇陟屺大明寺諸寺治在江陵
一州佛寺一百八所僧尼三千
二百人

陳高祖武帝 揚州造東安興聖天居四寺寫一切經一十二藏造金銅像一百万軀度僧七千人治故寺三十二所
陳世祖文帝 寫五十藏經度僧尼二千人治故寺六十所
陳高宗宣帝 揚州禁中造太皇寺七級木塔又造崇皇寺例高十五丈安佛爪造金像二万餘軀治故寺五十所故像一百三十万軀寫十二藏經度一万僧
右陳世五主三十四年寺有
一千二百三十二國家新寺一
十七百官造者六十八郭內大
寺三百餘僧尼三万二千人譯
經十一部 地圖云梁帝都下
舊有七百餘寺屬侯景作亂
焚燒蕩盡有陳既統國及下
民脩皆修葺表塔相望星羅
揭葦經像之富不可殫言
魏元氏太祖道武帝 於虞地造十五級塔又立開泰定國二寺寫一切經造千金像三百名僧每月法集
魏高宗文成帝 重復佛教更開釋門凡度僧尼三万許人
魏顯祖獻文帝 造招隱寺召坐禪僧
魏高祖孝文帝 於鄴造安養寺召四方僧六宮侍女皆持年三月六齋有慕道者放令出家手不釋卷須便為講為先皇再治大覺大行供施度僧尼一万四千人
魏世宗宣武帝 於式乾殿自講維摩經造普通大定四寺常供千僧
魏肅宗孝明帝 於鄴下造大覺寺
魏敬宗孝莊帝 造五精舍一万石像

西魏武帝 長安造陟屺寺供二百僧
魏文帝 造般若寺用給貧老口誦法花身持佛戒
右元魏君臨一十七帝一百七十年國家大寺四十七所北臺恒安鐫石置龕連三十里王公等寺八百三十九所百姓所造寺者三萬餘所搃度僧尼二百餘万譯經四十九部佛教東流此焉為盛惟太武世信用司徒崔皓佞說凌廢正教潛隱七年後知詐妄戮誅崔氏還復佛教光闡於前
齊高祖文宣皇帝 登祚受禪於僧稠禪師受菩薩戒斷肉禁酒放鷹除網又斷天下屠年三月六勸民齋戒公私葷辛亦除滅之度人八千
齊肅宗孝昭帝 為先皇寫經一十二藏合三万八千四十七卷度三千許僧
齊世祖武成帝 造寶塔轉大品經
右高齊六君二十八載皇家立寺四十三所譯經一十四部度人與魏相接
周孝明帝 為先皇造繡成像高二丈六尺等身檀像一十二軀并諸侍衛
周太祖文帝 於長安立追遠陟岵大乘等六寺度一千人又造五寺供養寶禪師徒衆

周高祖武帝 為文皇造錦像高一丈六尺壹塔一百二十區又京下造寧國會昌永寧三寺凡度僧一千八百人寫經一千七百部後還張賓所佞方為不善之首廢僧且三百万人
周孝宣帝 重畫佛日造素像四龕一万餘軀寫般若經三千卷六齋八戒常弘不絶
右周世宇文氏五帝二十五年合寺九百三十一所譯經一十六部
隋高祖文皇帝 開皇三年周朝廢寺咸為立之名山之下各為立寺一百餘州立舍利塔度僧尼二十三万人立寺二千七百九十二所寫經四十六藏一十三万二千八十六卷治故經三千八百五十三部造像十万六千五百八十軀自餘別造不可具記
隋煬帝 為文皇獻后於長安造二禪定并二木塔并立別寺十所官供四事治故經六百一十二藏二万九千一百七十二部治故像一十万一千軀造新像三千八百五十軀度六千二百人
右隋代二君三十七年寺有三千九百八十五僧尼二十三万六千二百譯經八十二部
皇唐啓運弘敞釋門功業崇繁未可勝紀故難命出

釋迦方志卷下

釋迦方志卷下

校勘記

一　底本，金藏廣勝寺本。
一　六六三頁中一行經名，[徑]無（未換卷）。
一　六六三頁中一行與二行之間，[資]、[磧]、[普]、[南]有「終南太一山釋氏道宣撰」；[麗]有「終南太一山釋氏」各一行。
一　六六三頁中二行至五行「遺跡篇之餘……第四之餘」，[徑]無。
一　六六三頁中七行「五十餘」，[資]、[磧]、[普]、[南]、[徑]作「五十餘所」。
一　六六三頁中一〇行「多歲」，[徑]作「萬歲」。
一　六六三頁中一三行「巴連弗」，[資]、[磧]、[普]作「色連弗」。
一　六六三頁中一五行夾註「言無憂也」，[徑]作「此言無憂也」。
一　六六三頁中一六行「婆羅」，[徑]作「娑羅」。

一　六六三頁中一九行第八字「獄」，麗作「其獄」。

一　六六三頁中末行末字「無」，資、磧、普、南、徑作「見」。

一　六六三頁下六行「文采」，資、磧、普、南、徑作「紋彩」。

一　六六三頁下七行「殑河」，資、磧、普、南、徑作「殑伽河」。下同。

一　六六三頁下一一行「傍有」，資、磧、普、南、徑作「其傍有」。

一　六六三頁下一七行「吒阿」，資、磧、南、徑作「吒陀」。又夾註「言雞園也」，徑作「此言雞園」。

一　六六四頁上三行「中門」，麗作「中間」。

一　六六四頁上四行「右覩」，資、磧、普、南、徑、麗作「右觀」。

一　六六四頁上八行「雨花」，麗作「雨光」。

一　六六四頁上一五行「二十餘里」，南、徑作「二有餘里」。

一　六六四頁中一四行「光花」，資、磧、普、南、徑、麗作「天花」。

一　六六四頁中一五行「菩提所」，資、磧、普、南、徑、麗作「菩提樹」。

一　六六四頁中一六行首字「疊」，資、磧、普、徑作「壘」。

一　六六四頁下五行第一二字「今」，資、磧、南作「合」。

一　六六四頁下一二行第七字「灌」，資、磧、普、南、徑作「溉」。

一　六六四頁下一三行「所請」，資、磧、普、南、徑作「祈請」。

一　六六四頁下一四行「其高」，資、磧、普、南、徑作「基高」。

一　六六四頁下一六行「根枑」，資、磧、普、南、徑作「根底」。

一　六六四頁下一八行「滿曹」，麗作「滿胄」。

一　六六五頁上三行「四壁」，麗作「四壁四壁」。

一　六六五頁上九行第九字「巨」，資、磧、普、南、徑作「臣」；麗作「因」。

一　六六五頁上九行末字至次行首字「戒道」，南、徑作「慈氏」。

一　六六五頁中五行「二月」，資、磧、普、南、徑、麗作「三月」。

一　六六五頁中一三行第七字「壘」，資、磧、普、南、徑作「疊」。

一　六六五頁中二一行第八字「今」，徑作「令」。

一　六六五頁中末行夾註「言吉祥也」，徑作「此言吉祥」。

一　六六五頁下一九行第五字「塔」，資、磧、普、南、徑作「一塔」。

一　六六六頁上一二行「五百」，南作「又五百」。

一　六六六頁上一三行首字「目」，資作「日」。

一　六六六頁上一五行第一〇字「閣」，資、磧、普、南、徑、麗作「觀閣」。

一　六六六頁上一八行「光澤」，資、磧、普、南、徑作「光潤」。又第一〇字「肉」，麗作「內」。

一　六六六頁中一七行「東大」，資、磧、普、南、徑作「河東」。

一六六六頁中一八行夾註「言難足也」，徑作「此言難足」。

一六六六頁中一九行夾註「言尊足也」，南作「言難足也」；徑作「此言難足」。

一六六六頁下五行「芬烈」，資、磧、普、南、徑作「芳烈」。

一六六六頁下六行「滿山谷」，資、磧、普、南、徑作「竹滿山谷」。

一六六六頁下一七行「兩三月」，資、磧、普、南、清作「雨三月」。

一六六六頁下一八行「婆羅王」，資、磧、南、徑作「娑羅王」；普作「娑羅正」。

一六六七頁上五行第一三字「在」，資、磧、普、南、徑作「存」。一六行第七字同。

一六六七頁上七行第四字「闕」，資、磧、普、南、徑作「開」。

一六六七頁上一七行「陁羅」，資、磧、普、南、徑作「阿羅」。又夾註右字「言」，徑作「即」。

一六六七頁上一八行夾註「古耆闍崛也」，資、磧、普、南、徑作「古云耆闍崛山」。

一六六七頁上二〇行「住世」，資、磧、普、南、徑作「在世」。

一六六七頁中一一行第三字「即」，資、磧、普、南、徑作「迹」。

一六六七頁中四行「佛者」，南、徑作「佛者處」。

一六六七頁中一四行第九字「象」，麗作「爲」。

一六六七頁中一五行首字「同」，麗作「周」。

一六六七頁中末行第一三字「陰」，資、磧、普作「險」。

一六六七頁下二行「古有」，資、磧、普、南、徑作「昔有」。

一六六七頁下二一行夾註右「寒林地」，南作「寒林池」。

一六六八頁上六行「菴没羅園」，資、磧、普、南、徑作「菴設羅園」。

一六六八頁上二一行「來議」，資、磧、普、南、徑作「來詣」。

一六六八頁中一行「引人」，資、磧、普、南、徑作「利人」。又「振績」，資、磧、普、徑作「振續」。

一六六八頁中二行「光支」，資、磧、普、南、徑作「光友」。

一六六八頁中四行「逐古」，資、磧、普、南、徑作「遠古」。

一六六八頁中一三行「生而如此」，資、磧、普、南、徑作「而生如故」。

一六六八頁中一七行末字「三」，資、磧、普、南、徑作「二」。

一六六八頁下一行「冑王」，麗作「曹王」。

一六六八頁下一二行「在矣」，資、磧、普、南、徑作「存矣」。

一六六八頁下一七行「尚存」，資、磧、普、南、徑作「向存」。

一六六八頁下一九行末字「然」，資、磧、普、南、徑作「照」。

一六六八頁下末行末字「事」，資、磧、普、南、徑作「處」。

一 六六九頁上一一行末字「間」，資、磧、普、南、徑作「開」。
一 六六九頁中一一行第三字「壂」，資、磧、普、南、徑、麗作「壘」。
一 六六九頁中一五行「濕熱」，資、磧、普、南、徑、麗作「温熱」。
一 六六九頁中一六行「城東」，資、磧、普、南、徑作「城東南」。
一 六六九頁中二一行「泉濕」，資、磧、普、南、徑作「阜濕」。
一 六六九頁下三行「十餘里」，資、磧、普、南、徑、麗作「四十餘里」。
一 六六九頁下一五行第一一字「犳」，麗無。
一 六六九頁下一六行「温郁」，資、磧、普、南、徑作「温燠」。
一 六六九頁下二一行「光開」，資、磧、普、南、徑作「先開」。
一 六七〇頁上四行「寺三十餘」，資、磧、普、南、徑作「寺三十餘所」。下同此例，即寺之計數後均有「所」字。

一 六七〇頁上八行「盛嚴」，資、磧、普、南、徑作「威嚴」。
一 六七〇頁上九行末字「南」，資、磧、普、南、徑無。
一 六七〇頁上一〇行「隋羅」，資、磧、普、南、徑、麗作「墮羅」。
一 六七〇頁上一八行末字「至」，徑作「至羯羅拏蘇伐刺那國」。至此，徑卷中終，卷下始。
一 六七〇頁上一八行與一九行之間，徑有「遺跡篇第四之下」一行。
一 六七〇頁上二〇行第一一字「里」，資、磧、普無。
一 六七〇頁中二行第一一字「又」，資、磧、普、南、徑無。
一 六七〇頁中八行「露盤」，資、磧、普、南、徑、麗作「承露盤」。
一 六七〇頁中一〇行第一二字「寺」，資、磧、普、南、徑作「者」。
一 六七〇頁中一二行夾註右第二字「發」，資、磧、普、南、徑作「教」。
一 六七〇頁中一三行首字「次」，資、磧、普、南、徑作「次也」。

一 六七〇頁中一六行第三字「寳」，徑作「表」。
一 六七〇頁中二〇行第九字「外」，資、磧、普、南、徑、麗作「外道」。
一 六七〇頁下四行第三字「乘」，資、磧、普、南、徑作「垂」。
一 六七〇頁下一六行「斗絶」，資、磧、普、南、徑作「升絶」。
一 六七〇頁下一七行「全石」，資、磧、普、南、徑作「金石」。
一 六七〇頁下一八行「數十」，資、磧、南作「數千」。
一 六七〇頁下一九行「長廊」，資、磧、普作「長廊」。又末字「擔」，資、磧、普、南、徑、麗作「檐」。
一 六七〇頁下二二行「踈竅」，資、磧、普、南、徑作「踈窗」。
一 六七一頁上七行第三字「有」，徑作「又」。
一 六七一頁上一九行「二十餘」，資、磧、普、南、徑作「二十餘所」。

一　六七一頁上二二行第五字「山」，資、磧、普、南、徑、麗作「莫山」。
一　六七一頁中四行第一〇字「令」，資、磧、普、南、徑作「今」。
一　六七一頁下一五行「三十」，資、磧、普、南、徑作「二十」。
一　六七二頁上五行第五字「像」，資、磧、普、南、徑、麗作「至」。
一　六七二頁上八行第八字「經」，資、磧、普、南、徑作「此經」。
一　六七二頁中六行「不賓」，資、磧、普、南、徑作「不臣」。
一　六七二頁下三行「二國」，資、磧、普、南、徑作「其二國」。
一　六七二頁下四行「數百」，資、磧、普、南、徑作「數百所」。
一　六七三頁上一行「又於」，資、磧、普、南、徑作「又此」。
一　六七三頁上六行「四千餘」，麗作「四千餘里」。
一　六七三頁中一二行「牧牛」，徑作「牧羊」。
一　六七三頁中一四行末字「排」，資、磧、普、南、徑作「誹」。
一　六七三頁中一六行「還服」，資、磧、普、南、徑作「還復」。
一　六七三頁中一九行第六字「咸」，資、磧、普、南、徑作「盛」。
一　六七三頁下一行「東北」，資、磧、普、南、徑作「正東」。
一　六七三頁下一一行「道也」，資、磧、普、南、徑、麗作「外道也」。
一　六七三頁下一四行「廣從」，資、磧、普、徑作「廣縱」。
一　六七三頁下一七行「道盛」，資、磧、普、南、徑作「外道盛」。
一　六七三頁下一九行夾註「北印度」，資、磧、普、南、徑、麗作「非印度」。
一　六七四頁上八行「辟多」，資、磧、普、南、徑作「辟支」。
一　六七四頁上一一行「道也」，徑作「外道也」。一八行、本頁中五行同。
一　六七四頁上一五行夾註「西印度」與正文第三字「國」，資、磧、普、南、徑前後互置。
一　六七四頁上一六行第四字「里」，資、磧、普、南、徑無。
一　六七四頁上一九行夾註左第二字「也」，徑無。
一　六七四頁上二一行「夜光」，資、磧、普、南、徑、麗作「放光」。
一　六七四頁中七行「疊那」，資、磧、普、南、徑作「稽疊那」。
一　六七四頁中九行第四字「出」，資、磧、普、南、徑作「山」。
一　六七四頁中一二行第四字「內」，資無。又第五字「合」，資、磧、普、南、徑作「大合」。
一　六七四頁中一三行夾註左「无間」，麗作「无閒」。
一　六七四頁中一四行篇名上經名「釋迦方志」，徑無。下同。
一　六七四頁中一五行末字「曆」，資、磧、普、南、徑作「歷」。
一　六七四頁中一九行「蒙胥」，資、磧、

普、南、徑、麗作「象胥」。又「橐衛」，麗作「橐衛」。

一 六七四頁中二〇行「汙血」，資、磧作「汗血」。

一 六七四頁下三行「振策」，資、磧、普、南、徑作「振崇」。

一 六七四頁下八行「創開」，資、磧、普、南、徑作「創聞」。

一 六七四頁下一六行「天外」，資、磧、普、南作「太外」。

一 六七四頁下二〇行「通人」，磧、南、徑作「道人」。

一 六七五頁上八行「梵經」，磧、南、徑作「佛經」；普作「法經」；麗作「胡經」。

一 六七五頁上二〇行「鄯鄯」，資、磧、普、南、徑作「鄯善」。

一 六七五頁中六行「常安」，徑作「長安」。

一 六七五頁中一三行「告之」，徑作「得之」。

一 六七五頁中一六行「沙弥」，資、磧、普、南、徑作「沙門」。

一 六七五頁中一九行「傅代」，麗作「傅弋」。

一 六七五頁下四行末字「還」，麗作「爲還」。

一 六七五頁下一九行第一二字「被」，南、徑作「彼」。

一 六七五頁下末行「于填」，資、磧、普、南、徑、麗作「于闐」。下同。

一 六七六頁上七行「緇素」，資、磧、普、南、徑、麗作「油素」。

一 六七六頁上一一行「上往」，資、磧、普、南、徑、麗作「上征」。

一 六七六頁中二行「青虹色」，資、磧、普、南、徑作「青紅色」。

一 六七六頁中八行「攘之」，徑作「禳之」。

一 六七六頁下七行「史藉」，資、磧、普、南、徑作「史籍」。

一 六七六頁下一五行「人家」，資、磧、普、南、徑作「人處」。

一 六七六頁下二一行「自云」，資、磧、普、南、徑作「目云」。

一 六七七頁中九行「大柸」，資、磧、普、南、徑作「大抵」。

一 六七七頁中二一行「生超」，資、磧、普、南、徑作「生起」。

一 六七七頁下一〇行「應見」，資、磧、普、南、徑作「應現」。

一 六七七頁下一九行末字至次行首字「擿力」，資、磧、普、徑作「較試」。

一 六七八頁上二二行末字至次行首三字「大史卜曰」，資、磧、普、南、徑、麗作「太卜曰」。

一 六七八頁中一二行「延之」，資、磧、普、南、徑作「迎之」。

一 六七八頁中一六行「孝武」，資、磧、普、南、徑作「孝武帝」。

一 六七八頁中一七行「盛德」，資、磧、普、南、徑作「威德」。

一 六七八頁中一八行「丈八」，資、磧、普、南、徑、麗作「丈六」。

一 六七八頁中二二行第一三字「銅」，資、磧、普、南、徑作「銅像」。

一　六七八頁下八行第六字「瘖」，麗作「音」。
一　六七八頁下一六行首字「朱」，普作「未」。
一　六七八頁下二〇行「雲翼」，資、磧、普、南、徑、麗作「曇翼」。
一　六七八頁下末行「現于」，資、磧、普、南、徑作「見于」。
一　六七九頁上三行「二人」，資、磧、普、南、徑作「三人」。
一　六七九頁上二一行「表之」，資、磧、普、南、徑作「表聞」。
一　六七九頁中一一行「祈懇」，資、磧、普、南、徑作「祈請」。
一　六七九頁中一九行「育王」，資、磧、普、南、徑作「育王像」。
一　六七九頁下九行「城東」，磧、普、徑作「城南」。
一　六七九頁下一六行首字「墜」，資、磧、普、南、徑作「隤」。
一　六八〇頁上七行第三字「斫」，資、磧、普、南、徑、麗作「折」。
一　六八〇頁上一二行第九字「具」，資、磧、普、南、徑作「其」。
一　六八〇頁下四行第三字「齋」，資、磧、普、南、徑作「齊」。
一　六八〇頁下六行第一二字「經」，資、磧、普、南、徑作「徑」。
一　六八〇頁下一四行第八字「但」，徑作「保」。
一　六八〇頁下一六行「東介山」，麗作「東界山」。又「抱福巖」，南、徑作「抱腹巖」。
一　六八〇頁下二〇行「有塑」，麗作「有素」。
一　六八一頁上一行「道法」，資、磧、普、南、徑、麗作「通法」。
一　六八一頁上一一行「尚在」，資、磧、普、南、徑作「尚存」。
一　六八一頁中四行「說諸」，資、磧、普、南、徑作「說法」。
一　六八一頁中五行第九字「感」，徑作「盛」。
一　六八一頁中八行「遺諸」，資、磧、普、南、徑、麗作「遺緒」。又「吒王」，資、普作「吒玉」。
一　六八一頁中一二行「山宮」，資、磧、普、南、徑作「小宮」。
一　六八一頁中一五行「登神」，資、磧、普、南、徑、麗作「澄神」。
一　六八一頁下一行第九字「上」，資、磧、普、南、徑、麗作「止」。
一　六八一頁下二行「九小劫」，資、磧、普、南、徑作「七小劫」。
一　六八一頁下七行「滅後」，徑作「滅年」。
一　六八一頁下八行第三字「滅」，資、磧、普、南、徑作「減」。
一　六八一頁下九行「住世」，徑作「治世」。
一　六八一頁下一四行夾註左「赫連勅」，資、磧、普、南、徑、麗作「赫連勃勃」。
一　六八一頁下一五行夾註左第一五字「死」，資作「免」。
一　六八一頁下二〇行末字「葉」，資、

磧、普、南、徑、麗作「將」。

一　六八一頁下二一行第一三字「逹」，磧作「逄」。

一　六八二頁上六行「而閒」，資、磧、普、南、徑作「而稱閒」。

一　六八二頁上八行小字「通虛」，資、磧、普、南、徑作「通靈」。

一　六八二頁上一三行小字左第二字「集」，麗無。

一　六八二頁上二〇行小字左「供養僧」，資、磧、普、南、徑作「供千僧」；麗作「供養千僧」。

一　六八二頁上二一行小字右「丈八」，磧、普、南、徑作「丈六」。

一　六八二頁中三行小字左第九字「白」，資、磧、普、南、徑作「日」。

一　六八二頁中八行「一十五寺」，資、磧、普、南、徑作「一十五所」。

一　六八二頁中九行「七十二」，資、磧、普、南、徑作「七十一」。

一　六八二頁中一四行小字右「不食而齋」，資、磧、普、南、徑作「不食面齋」。

一　六八二頁中一五行「梁中宋元帝」，資、磧、普、南、徑、麗作「梁中宗元帝」。又小字右「天宮」，徑作「天官」。又左「成實」，麗作「成實論」。

一　六八二頁中一六行「梁世」，磧作「宋世」。

一　六八二頁中一九行「梁明帝」，麗作「梁明帝等」。

一　六八二頁中二一行「大明寺」，資、磧、普、南、徑、麗作「大明等」。

一　六八二頁下三行小字「二千人」，資、磧、普、南、徑作「二萬人」。

一　六八二頁下四行「崇宣帝」，資、磧、普、南、徑、麗作「宗宣帝」。

一　六八二頁下五行小字右第三字「安」，資、磧、普、南、徑作「下安」。又左「一万僧」，資、磧、普、南、徑作「一萬人」。

一　六八二頁下八行首字「十」，資、磧、普、南、徑、麗作「千」。

一　六八二頁下一〇行「地圖」，資、磧、普、南、徑作「與地圖」；麗作「與地圖」。又「梁帝」，資、磧、普、南、徑作「梁氏」。

一　六八二頁下一五行小字「元民」，資、磧、普、徑作「元氏」。又「武帝」，資、磧、普、南、徑作「武皇帝」。又小字左首字「云」，資、磧、普、南、徑作「造」。

一　六八二頁下一六行小字左「每月去集」，資、磧、普、南、徑作「每日法集」；麗作「每月法集」。

一　六八二頁下一九行小字左「三月六」，資、磧、普、南、徑作「三月六日」。次頁上一四行右同。

一　六八二頁下二〇行小字右第二字「有」，資、磧、普、南、徑無。又第一四字「項」，資、磧、普、南、徑作「須」。

一　六八三頁上一二行第三字「復」，資、磧、普、南、徑作「興」。又第七字「闌」，資、磧、普、南、徑、麗作「闌」。

一　六八三頁上一三行「父宣」，資、磧、普、南、徑、麗作「文宣」。

一　六八三頁上一四行小字右第四字「綱」，資、磧作「網」。

一　六八三頁上一五行小字左「四十七」，徑作「四十九」。

一　六八三頁上一六行小字「三千許僧」，徑作「三千僧」。

一　六八三頁上二一行小字左第五字「像」，南、徑無。

一　六八三頁上二二行小字右「陟岵」，資、磧、南、徑作「陟屺」。

一　六八三頁中一行小字左「一百二十區」，資、磧、南、清作「百二十軀」。

一　六八三頁中二行小字右「永寧」，資、磧、南、徑作「永平」。

一　六八三頁中四行小字右「素像」，資、磧、南、徑作「塑像」。

一　六八三頁中一〇行小字左「二千」，資、磧、普、南、徑、麗作「三千」。

一　六八三頁中一一行小字左「八十軀」，資、磧、普、南、徑作「六十軀」。又末字「記」，資、磧、普、南、徑作「已」。

一　六八三頁中一三行小字右「一百七十二」，普作「二百七十二」。又左「五十」，資、磧、普、南、徑作「六十軀」。

一　六八三頁中一九行「命出」，資、磧、普、南、徑、麗作「叙出」。

一　六八三頁中卷末經名後，資、磧、普、南、徑有：「大唐永徽元年歲維庚戌終南太一山豐德寺沙門吳興釋道宣往參譯經旁觀別傳文廣難尋故略舉其要并潤其色同成其類庶將來好事用裨精爽云」六十字。

釋迦氏譜序

終南山釋氏　彩

古德流言祖佛為師梵觀佛之本系紹釋為姓耻尋釋氏之源以今撮量頗為實録既云革俗義匪滞虚昔南齊僧祐律師者學通内外行揔維持撰釋迦譜一袠十卷援引事類繁縟神襟自可前修博觀非為後進操領余年迫秋方命臨悲谷屢獲勸勉力復陳之試舉五科用開三返想同族法種詳斯意焉

一序所依賢劫 謂命時運名所以建立

二序氏族根源 謂得姓久近從緣離合

三序所託方土 謂居止洲中何義而知

四序法王化相 謂族與法王處世化相

五序聖凡後胤 謂法俗兩塵流遠不絶

初序所依賢劫者夫以天地開闢習俗常談太素太易陰陽覆載考按終古無的可尋委以百家不無虚構或云天傾西北地缺東南練五石而上補斷鼇足而下接乃至天地人皇虵軀牛首九紀四姓作牧君人斯途紛綸無足陳叙今依正教備舉劫緣劫是何名此云時也若依西梵名曰劫波此土譯之名大時也此一大時其年無數假以喻顯方可委知經云如一大城方四十里滿中芥子有長壽天三年取一芥城雖空劫猶未盡方四十里石一拂三年石雖磨盡劫時未盡如是劫劫相接展轉無窮有命四生常沉不出今此劫者名之曰賢以劫初時大水弥滿生青蓮花其數一千第四禪天曾見往事便相告白今此世界有千佛現可目此時以為賢劫故經說云即賢劫中千佛是也從拘留孫為首次後成佛号曰樓至是知第一拘樓孫如來第二迦那含牟尼第三迦葉波第四釋迦牟尼我等所師則賢劫中第四佛也如小乘經賢劫之前劫空無佛九十一劫獨毗婆尸三十四劫三佛出世接賢劫中四佛成七如常所說

如大乘經三世三劫劫有千佛過去莊嚴劫現在名賢未來星宿三千王子次第成佛斯由心解明昧感見殊途乘機敷化不可較定至如鷲山一

釋迦氏譜　第二張　承

會尚退五千波若大空證舍小果淨土不滅在於登住之夫大火燒盡誠歸起没之士用斯比量不足有疑此劫名賢表千佛現須知也

二序氏族根源

夫姓氏之興本欲召其質也故隨物類而命其形名焉至如東夏姓源本惟有九故云或因謚号唐虞文武等是也或因爵封王侯宗衛等是也或因官字司馬司徒伯仲叔季等是也或因居處則成郭園池或因事有則陶丘巫卜或因任職則三烏五鹿未衰隨務流廣溢彰即目自形不勞繁述太夏種姓有四不同謂刹帝利婆羅門毗舍首陁羅也刹利王種宦為高貴劫初以來相承不絕餘之三姓非此所論但明佛姓自分五別一日瞿曇二日甘蔗三日釋迦四日舍夷五日日種言瞿曇者如十二遊經云昔者菩薩阿僧祇劫初為國王父母早亡讓位求道師姓瞿曇因從氏焉唐言瞿曇者星名也如此張氏因星立姓故涅槃經云称瞿曇姓自古相傳言瞿曇者此云泥土也但是譯人取語輕重今問梵僧言瞿荼者泥土也求曇者是星名也故知因星得姓定非泥土言甘蔗者即如彼經菩薩往於甘蔗園中遊止修道因園命氏又名甘蔗故佛所行讚云甘蔗之苗裔者是也于時菩薩於園念道以宿業故為賊所得貫在木上流血于地大仙瞿曇天眼清淨菩薩絕嗣後佛無由從山飛來哀斂死屍取土中血以泥團之著兩器中還返所止以神呪力滿足十月左變為男右變為女瞿曇仙氏遂復興焉言舍夷者如四分律云佛舍夷種亦云舍夷國未審此名言釋迦者長阿含云過去有王名曰懿摩（即第十輪王去菩薩身一百世也）擯斥四子（第四子名莊嚴即白淨王所承）令遠出國奉王命已到北雪山住直林中弥沙塞律云居雪山北四方還曠菜果滋茂頓駕數年歸德如市爵為强國父思往召辭過不還父王三嘆我子有能因名釋種本起云錠光佛曰汝於來世當成為佛号釋迦文佛釋迦為能文為仁也准今唐譯與本起同故此四子因能命氏然釋迦姓經文單復有類此方方翔馬卿等也弥沙塞云住直樹林又名為釋今據梵音呼直為釋天竺諸事一物多名此又因林而命氏矣若准別傳彼土有樹名曰釋迦根幹茂盛善相者云必出國主因移四子立國命氏（雖非經教聊附異聞）言曰種者曇無德律云父姓名為日也（未詳其緣）統明五異同宗一氏隨事流變故有斯分然釋一姓群籍多明自餘出没任緣而舉故祐律師云仰惟錠光授記表号釋迦玄符冥契故記釋種名出於未形之前跡乎於既生之後焰灼天人聯綿曠劫其為源也遠矣乎余尋瞿曇一氏父也釋迦一氏母也故五人隨菩薩者名佛為瞿曇也斯即子承父姓理路顯然四分律云父姓名為日生處名釋迦明知母姓也瞿曇古仙取血藏器後化男女遂有釋門發源一血後分二體姻媾胎變支流遂廣據本而談誠滔櫂數約緣徵事大義天乖何者案釋氏婚媾並絕族親冥符此土

周孔立教以世紹輪王望高天下分宗納嫓不交卑族計其二姓同祖古仙胎血不殊理例難絕至如東夏姓氏多本五帝三王今則交搆姻婭取別判無從矣

上明姓氏所由令明族源所起長阿含云大劫初成未有日月光音諸天福盡下生皆化為人歡喜為食身光遠照飛行自在無有男女尊卑親眷自然地味狀如酥蜜有試嘗者遂生搏食光滅通亡呼嗟在地食多皃悴食少形澤便興勝負地味便沒又生地皮又生地膚因食多少諸惡湊集又生粳米衆味備美有貪食者負男女根如是展轉便為夫婦遂始胎生摟炭云自然粳米朝刈暮熟中含云米長四寸人競預取如此相教預取之處後更不生祐律師云澆風既動則淳源斯謝精靈通感則雷擊為遲竊承兩漢之日東萊加粗而海魚潛泳合浦增賦而璣蚌遠移以近方古有逾符契不生粳米未足異疑長阿含云尒時衆生既見粳米不重生

故各懷憂惱爭封田宅以為壃畔遂有自藏己米盜他田穀由是事起無能決者議立一人号平等主賞善罰惡仍供給之時有一人容質瓌偉威嚴肅物衆所信伏便共請知彼既受已遂有民主名焉摟炭云衆人自言為我作長号之曰王以取租故名刹利（唐譯刹利名為田主以初分地日各有諍訟乃立此主）時閻浮天下富樂安隱地生青草如孔雀毛八萬餘國聚落相聞無有寒熱病惱之者王以正治奉行十善乎相崇敬猶如父子人壽極久不可量計後有餘王不行正法其壽遂減至十萬歲如是漸減至今百年上明釋氏所先本於劫初創始為王展轉相列轉輪粟散紹續之相

初民主王号曰大人（出四分律　出長阿含）

第二王名珎寶（大人子）　第三王名好味（珎寶子）

第四王名靜齋（好味子）　第五王名頂生

第六王名善行　第七王名宅行

第八王名妙味　第九王名味帝

第十王名外仙　第十一王名百智

第十二王名嗜慾　第十三王名善慾

第十四王名斷結　第十五王名大斷結

第十六王名寶藏　第十七王名大寶藏

第十八王名善見　第十九王名大善見

第二十王名無憂　第二十一王名洲渚

第二十二王名殖生　第二十三王名山岳

第二十四王名神天　第二十五王名遣力

第二十六王名牢車　第二十七王名十車

第二十八王名百車　第二十九王名牢弓

第三十王名十弓（牢弓子）　第三十一王名百弓（十弓子）

第三十二王名養牧（百弓子）

第三十三王名善思（養牧子律名真闍）

自善思王後有十族轉輪聖王相續（律中亦尒名或不同）

第一輪王摟炭云真闍王子名波延迦有五轉輪聖王

第二輪王摟炭云多羅業王有五轉輪聖王

第三輪王摟炭云阿波葉王有七轉輪聖王

第四輪王摟炭云揵陁利王有八轉輪聖王

第五輪王摟炭云迦陵伽王有九轉輪聖王

第六輪王樓炭云遮波聘婆王有十
四轉輪聖王
第七輪王樓炭云拘獵羅婆王有三
十一轉輪聖王
第八輪王樓炭云般闍羅王有三十
二轉輪聖王
第九輪王樓炭云弥尸利王有八萬
四千轉輪聖王
第十輪王樓炭云壹摩弥王有百轉
輪聖王律云懿師摩
此十輪王經律互出名數大同但恐
凡聖有濫今以事徵無容八萬純是
聖帝止可十輪是正餘亂是凡如律
所明但云次第相承有王約經並云
聖帝定是從本為聖從流並是凡攝
又如第十輪云百轉輪王則佛之父
祖俱是聖也今但菩薩現感有文是
聖自餘父族皆是凡王可以例知
序佛七世緣
第七世祖名大善生四分律云懿師
摩次第百王後有王名大善生
有人立此即摩之子也今以為摩後
第九十四世王也故經云最後王名

大善生斯為良證
第六世祖名懿師摩經云烏婆羅
第五世祖名憂羅陁樓炭婆羅
第四世高祖名瞿羅尼求羅
第三世曾祖名尼浮羅
第二世祖名師子頰
第一世菩薩父名淨飯樓炭及律並云師子頰子名說頭檀
金輪王名菩薩悉達
鐵輪王名羅睺羅
已前依撿爰初宇宙造化裁成肇建
皇極統維群品發源民主迄于善思
系嫡相承三十三世汾斯已後十代
勃興並是聖王俱稱帝種同胤則可
從正嫡異緒或是支離莫不受天明
命君臨寰寓長源遠嗣難以測知至
若兩漢諸帝非嫡者多魏晉宋齊瓜
葛承襲以斯例彼理固然乎
今從初舉數凡八萬四千二百五十三
王後至於菩薩初三十三王累數而已次十輪種族八萬四千二百一十又加宗主十輪數則同矣
菩薩祖師子頰王有四子
一名淨飯本起云白淨有經但号淨者　二名白飯十二遊經無飯字四王亦尒
三名斛飯　四名甘露飯經中亦或

淨飯王有二子　長曰悉達即菩薩也　次名難陁
白飯王有二子　長曰調達　次名阿難
斛飯王有二子　長名摩訶男　次名阿那律
甘露飯王有二子一女　長名娑婆次名跋提女名甘露味
十二遊經云
調達四月七日食時生身長一丈五
尺四寸佛從兄弟二姊子
菩薩四月八日明星出時生身長一
丈六尺
佛弟難陁四月九日生身長一丈五
尺四寸
阿難四月十日生身長一丈五尺
三寸佛從弟兄是調達
三序所託方土今以六義定方域中
徵名　約量　辯時　從勢　稽勝　考文
余聞佛稱大聖撫教匪凡義豈邊鄙
方為王化所以閻浮一域面周四海環
海之洲理居中正故因果經云菩薩
昔在兜率天說補處行期運將至
當下作佛觀諸國土何者處中即知
迦毗羅國最是地之中也又本起云
佛之威神至尊至重不可生邊地地
為傾斜此迦毗羅城三千日月天地之

中央也住古佛興皆出於此又俱舍論云剡浮洲之中（此洲或名閻浮剡浮隨部皆取音不同）有金剛座上與地齊下至金剛輪際以有此座菩薩坐之入金剛定得成覺道除此座外地則不勝誰此洲有三方則无以佛不生彼成道故所以然者良由人稱至聖道德尊高人天群有莫不迴向故託茲勝座表化物良緣至於震旦一州緣居海右軒轅五岳曲指嵩山以為中也然則周旦揆日圭程景分末盡漢澈自高諸夏張披有年爲号中原偏稱中國以事孝定中義自亡原夫立中之名待邊為稱神洲東則拒海三方裝聞此則邊羲自彰不俟分析雖云四海貢職萬國歡心乃夸飾於一朝終負實於千代今以剡浮一域中分葱嶺西号大夏五竺繞焉東日赤縣五岳繞焉雖兩方皆五事必偏中此方在東彼土居正何以明耶案閻浮圖云葱嶺西據香山東南綿亘至於蜀部（此山相狀西北東南角維而列冬夏積雪）故此山東名為赤縣雖云中國名對四岳而立名焉（約例陰陽宅經凡宅中圭勿犯

亦是一家之忌）至於山西南面号曰天竺山海經云身毒之國軒轅氏居之（郭璞注云即天竺也）彼土自分以為五國中天竺國天地之中名既非邊四垂斯絶據名以定中義存焉二以里數約量明之剡浮洲者須弥山南一域之都名也按聖論云水時所經東西二十四万里南北二十八万里若依人物所居東西十一万六千里南北略同今以中天為正四方相拒各五万八千里此方東拒海隅三方弥遠即事以求安得比乎又剡浮洲者是樹名也須弥山王大海正中四方四洲洲即一天下也此樹生於南洲之北枝臨大海海底有金金名閻浮光浮水上故此洲名從金受稱若據唐譯閻浮者上勝金也提者洲也此上勝洲大夏天竺居其心矣

三以時序明之夫以陰陽寒暑隨方起用此土神州炎涼不等南則瘴癘炎盛北則方暑凝氷雖有少華終非大舉中天竺國冬夏常調弗苦寒熱卉木恒茂無悴滦霜蓋由處非邊

鄙風雨無差陰陽交泰庶物停毒故西域圖經云五天竺國北泊雪山南泊大海六万餘里川澤坦然更無山阜但有河水分注林木森列餘之三方面帶山隴迤相連屬有類東川良由世界初搆群生業力結茲勝壤以待佛興即事求諸非中何謂案高僧傳云昔晉何承天善明緯候無二晷景與智嚴法師共詳偏正嚴云余曾遊天竺備謁聖儀至於晷刻頗懷通覽中天竺國夏至之日方中無影良是地中故也此方雖南測影臺者至夏至日終有餘分故非大夏但名東夏也承天聞此無以抗言

四以水源徵之竊以四海為壑水趣所極也閻浮洲中有大香山即崑崙之別名也此山獨高洲中最極山南有池名阿耨達此名無熱惱也具八功德大龍所居名為水府方出一河以注四海所以水隨高勢以赴下流彼高此下中邊定矣此土黃河源出於彼故尒雅云河出崑崙墟色白郭璞圖贊云崑崙三層号曰天柱寔維

河源水之虛府禹貢導河自積石者
據其伏流涌出為言也故知水隨高
來高為中矣又河圖云崑崙山東南
方五千里号曰神州亦稱赤縣崑崙
名為天柱理非偏隅号此東南明知
非正又李夐西奔崑崙抑亦朝宗有
據黃帝夢遊華胥於事從中又顯如王邵解云花胥國者即天竺國也
五以榮勝徵之天下大寶君人之尊
者輪王是也含靈大聖四生之導者
法王是也洲中央座此二王昇居中
制遠理義然也自餘小聖小王隨機
莅牧任土作化未論偏正何以然者
土地山川並是人之依報人之勝劣報
必精麁今中天竺國處既高華明知
二王福報之所感也此土聖帝亦有
所尊五帝三王不及雜田之地秦漢
以後方開西域之方遂使甘英博望
相從雪嶺霍公定遠前後登踐多歷
葱河之北少出香雪之南所以鐵門
西屏寶惟大宛月支本是獫狁之鄉
無文之國也何得濫稱中土有教之
方乎是以河西四郡休屠所居漢武所開方為今有

六以文字徵之此土方言討尋無本
文字開俗肇自古皇或鳥迹垂文或
科斗程字或史籀制篆或程邈造隸
六文紛其昭晰八體煥乎斯彰勘諸
史冊難得定指詳於顧氏之論亦附
寶公之篇所以三蒼三雅總會說文
字本九千字源極矣字林字統字苑
桂苑世增二万澆流漸繁抑惟人情
無可準據天竺音字一准上天天分
二十八部並尊梵王為主所以世界
初立人物俱空梵天來下遂有情品
故梵天有生之元始音字亦隨彼而
族之今則梵音梵文五天同軌君凡
若聖今古一同故一音所演雅指梵
言羣生各解乃隨方類此方有述胡
書胡語者此曲指葱北三十六蕃實
惟戎胡不參大夏胡大宛月支書
語各別不干天竺佛生之地相去數
万無得混同大雪山南五大之國書
語承天万代恒定所遵既勝明知非
邊震旦文言下方蟲鳥或出凡情曾
無典據義非中矣

四明法王下降迹

原夫釋譜所興止在法王下降所以
大仙分血泮合成形由斯紹嗣方延
釋種自法王降迹照臨忍方群生何
幸仰茲陶誘使夫二十五有絕生死
之因九十八使斷牽連之業並超三
界俱載一乘含育蒙大造之恩至人
引勤勞之慮故有垂茲聖迹布此靈
儀令重昏動其玄機浪識靜其瀑怒
方為入道弘轍亦乃出有初門而事
摠冥緣義符神運抑非天授諒寔人
謀但禎瑞氤氳嘉祥雜沓輝煥天地
引耀幽明然則文物光乎万古聲明高
於視聽所以簿列鴻猷用觀弘軌至
於經傳八相迹亦五生自結教門今
存蓋闕此但約緣通舉以示譜源

初處兜率天迹　二降閻浮洲迹
三現生靈誕迹　四集藝擧能迹
五出家尋教迹　六乘時成佛迹
七轉法悟物迹　八遷神化掩迹

處兜率天迹第一

因果經云釋迦如來未成佛時為大
菩薩名曰善慧功行滿已位登補處
生兜率天名曰聖善為諸天主說補

處行亦於十方現身說法期運將至當下作佛

降閻浮洲迹第二（初興念　二入胎　三住胎）

普曜經云菩薩住兜率天有六十六億諸天共議言今菩薩將降當生何國父母真正宗族和穆威德雄猛志性弘雅各言諸國皆有便問菩薩何國降神菩薩荅言其國種姓有六十種德一生補處尒乃降神（文多不載）今此釋種熾盛五穀豐熟人民滋茂相承德本父性仁賢母懷貞良前五百世為菩薩母應往降神處彼胞胎因果經云又觀五事一觀衆生受道熟未即知皆是初發心來所成熟者二觀時者即知堪受清淨妙法三觀何國處在地心即知此三千世界閻浮提中迦毗羅國處在地中四觀何族貴盛即知釋迦第一甘蔗苗裔聖王之後五觀往緣即知白淨王過去有緣正真可為父母又知其母壽命足滿十月生已七日便即命終菩薩尒時為欲廣利諸天故現五衰相（文如諸天退相）又現五瑞一光照大千二地十八相動三魔

宮隱蔽四三光不明五八部震駭于時諸天見是兩相具問菩薩菩薩尒時荅言當捨此天生閻浮提諸天聞已咸慕久住菩薩荅曰生無不死愛合必離諸行無常寂滅為樂我生釋種出家成佛當為衆生建大法幢竭煩惱海淨八正道設大法會請諸天人汝等亦當同飡法食諸天聞已咸喜願生

二現入胎相普曜經云菩薩問天以何形貌降神母胎梵天强威白言梵典所尊象形第一何以故三獸渡水兎馬未知深淺用辟二乘不達法本象步盡底以辟大乘解暢三界便以春末夏初（中國以十二月十六日為春初四月十六日為夏三時各四月）樹始花茂沸宿應下化為白象諸根寂定現從日光所行不左降母右脅瑞應修行二經皆云化乘六牙白象冠日之精發兜率宮諸天翼從滿虛空中作樂散花大光普照以四月八日明星出時降神母胎夫人眠夢見人乘象入右脅內影現於外如在琉璃身安心樂覺已具說王觀瑞相召占明者

皆曰此胎聖子當為輪王若出家者必成正覺（疑入胎月太早）尒時諸天皆見菩薩已生王宮當成佛道我等當為眷屬及受法化于時凡有九十九億諸天下生人間又有從他化以下生於人中其數無量又有色界諸天為學道故下生人間而作仙人

三明處胎相本起云菩薩處胎夫人修行六度天食自然三千世界常光明朗病者除滅三毒停息菩薩自身支節相好皆悉具足行住坐卧無有妨礙又於晨朝為色界諸天說法日中欲界日晡鬼神夜亦三時說正法要利益衆生普曜經云在胎十月開化三十六載天人使立三乘聖道

現生誕靈迹第三（初往林　二正誕　三發号　四天侍　五現瑞　六入寺　七仙名　八仙相　九母崩　十養育）

初往林嚴飾相

普曜經云時王思惟懷妊將滿作此念時夫人白王欲往園觀即勅莊嚴藍毗尼園花果泉池欄楯階陛七寶莊飾鸞鳳衆鳥翔集其中幡蓋樂伎香花備滿十万寶輦四兵外備婇女

婆妙八万四千給侍夫人又擇童女八萬四千賫持香花先往彼園又勅目婦皆命侍從夫人尒時即昇寶轝導從往林滿空八部亦同隨往大華嚴云林中現瑞凡有十種乃至十方諸佛臍中放光普照此林現佛方來

二正誕靈儀相

普曜云王后臨產乘雲母車遊憐鞞樹坐師子座六反震動三千國土四天挽車梵王前道樹為屈枝經云十月滿足於四月八日日初出時於无憂樹下花葉茂盛便舉右手欲牽摘之菩薩漸漸從右脅出 佛所行讚云昔王生或從股生手生頂生腋生我從右脅而生 大善權經菩薩欲不由胞胎一頓成佛為防人疑恐是變化不受法故現受胎生經中前後所現皆滅疑生信文多不載（今以四月八日入胎亦以此月八日生則十二月在胎也）

三發号顯德相

經云于時樹下生七莖七寶蓮花大如車輪菩薩墮蓮花上無扶侍者自行七步

大善權云為應七覺故行七步涅槃經於十方面各行七步 經云便舉右手言我於一切天人中最尊最勝無量生死盡矣利益一切天人大權云舉手現相者為除外道自尊必墮惡道故 本起云天上天下唯我為尊三界皆苦何可樂者

四諸天奉侍相

經云時四天王以天繒接侍置寶几上帝釋執蓋梵王執白拂左右侍立難陁龍王兄弟於空吐水温涼沐身普曜云釋梵雨香九龍下香水浴身修行云水左温右冷釋衣裹身

五現大瑞應相

經云太子身黄金色三十二相光照大千天龍八部空中作樂歌頌佛德燒香散花雨衣瓔珞紛繽乱墜 尒時夫人安止樹下忽生四井具八功德水隨次洗漱諸夜叉王圍繞守護一切天人讚嘆種智速成佛道早轉法輪度脫衆生惟有魔王不安本座尒時瑞應又降三十有四 文多不述于時婇女以天繒氎裹抱太子至夫

人所又二十八大神四角奉護青衣還宮白王說奇特相王嚴四兵與億釋姓導從入園見相殊異喜懼交懷諸釋一日生五百男 修行云國中長者八万四千各誕是男廐馬生駒八万四千其一特異毛白鬉朱本起云奴名車匿馬名揵陟為馬生白子牛羊生五色羔犢各有五百頭青衣五百各生蒼頭 普曜云生五千力士五百伏藏自然發現又八國王同日生男時為喜福

六入天寺相

經云時白淨王將礼天神前抱太子置為轝上群臣婇女諸天作樂隨從入城往詣天祠梵釋天像皆從座起礼太子足言此太子者天人中尊如何令欲礼於我耶群目內外見此事已歎未曾有將太子出還入本宮

七立名建号相

經云王欲立名廣請婆羅門集已抱太子出請為作名即共通論云太子生時寶藏皆現諸瑞吉祥可立名為薩婆悉達（唐言頓吉）空中天神擊大天鼓

燒香散花唱言善哉因立此名
八召仙占觀相
經云王召善相者五百人於大寶殿
令占太子咸言出家成佛在家輪王
又曰香山大仙阿私陁者具五神通
能斷王疑彼仙應念騰虛到宮將太
子出欲令致敬便止之曰此乃三界
中尊即起合掌礼太子足便具相
已忽然悲泣便言至年十九爲轉輪王
若出家者成一切智然必成佛說法
度人以相明顯皆得其處我今已年
百二十矣不久生無想天不覩佛興
故自悲耳
九保傅隨侍相
經云王時聞仙決定說已慮恐出家選
五百青衣爲依乳母種種供奉起三
時殿七寶莊嚴城門開閉聞四十里
五百婇女宿衛殿宇花果池鳥不可
稱計尒時姨母乳養太子年漸長大
王作寶冠瓔珞玩好之具無不給與舉
國仁惠安樂難言
十母氏昇遐相
太子本起云菩薩本知母人之德不

堪受礼因其將終而從生焉　普曜
云太子生七日後母便命終生忉利
天五万梵天各執寶瓶二万魔妻手
執寶纓而共侍衛三世佛母皆同此
相　大權經云福盡生天非菩薩咎前
處兜率觀后餘命十月七日故託神來
集藝歷試迹第四
經云太子七歲王召選友爲太子師
起學堂以書校之　普曜經云手執金
筆栴檀珠牀問師曰書有六十四文多不載
如何但二種而相教耶即爲分別本
末師不能達及啓其志凡諸技藝典
籍射御天文筭術自然知之至年十
歲從弟調達與五百釋童相謂曰太
子聰慧善明書論至於筋力詎勝我
等請共捔之聲鼓唱令欲講武藝有
爲當門調達搏頭躃地難陁足挑路
側太子手擲城外還接著地不令苦
痛又入園中施列金銀銅鐵等各有
七鼓調達先射徹三難陁亦尒太子
取先祖輪王弓放箭徹過諸鼓入地
泉出過大鐵圍調達難陁相撲力等
太子徐執二弟躃之

立爲儲后相
經云時王會議應立太子以二月八
日具物咸四大海水諸仙諸人各各
頂戴已授與父王便灌太子頂以寶
印付之擊鼓宣令言今立薩婆悉達
以爲太子空天八部同聲讚言善哉
諸八國王所生太子亦同時立
觀耕生猒相
經云太子出遊前至王田息閻浮樹日
光輝赫樹爲曲枝蔭太子身看諸耕
人淨居天化爲死蟲烏隨啄吞見已起
慈逮得四禪王尋後至慰引將還慮
其出家更增妓女娛樂衆具令其心止
示納妃孕相
經云太子十七王乃訪婚釋種婆羅
門有女礼儀俻舉便迎至宮行卧同
俱無世俗意靜夜禪觀妓女疑之脩
行瑞應經云諸人咸疑太子不男便
指妃腹曰却後六年尒當生男遂以
有娠　大權經云菩薩無欲爲斷非男
疑故納瞿夷羅雲於天沒化生不由
合會又是本願所致
出遊四門相

經云太子聞妓歌詠園林便欲遊觀導從出城東門觀者如雲淨居天化為老人御者荅曰云云又聞一切皆老便念我身老至如雷身安足恃迴車還宫猒心益增　迦毗四面各有一園林池樓觀莊嚴無異太子出遊南城門外淨居諸天化為病人見便愁思即迴車還

有婆羅門子名憂陁夷聰辯絶倫王召為太子友解喻憂憒不得輙離

又經少時出城西門路見死人四人轝之室家共送淨居所化唯太子及友見便問荅已益懐戰怖一切皆死吾豈久存即迴在宫更入餘園思昔禪觀久懐猒離　又遊北門下馬息樹除侍思禪淨居化為比丘法服持鉢執錫視地徐行而過太子前問荅云我是比丘能破結賊不染六塵便現通力騰虛而去官屬皆覩深會本懐

太子曰善哉惟此為快快心修道即迴車馬大生欣慶

出家尋教迹第五

初啟出家相　二天神接送相　三剃髮捨俗服　四尋仙非奪相　五王師追迹相　六同邪若行相　七染身受食相

初啟出家相

經云至年十九思出家時將已至矣到父王所頭面作礼王抱令坐白言思欲出家必願聽許學於聖道王執其手流淚言曰宜息此懐國未有嗣

普曜云欲不老等四願故出家耳王言古今難免汝何預憂

二天神接舉相

普曜云相師白王今不出家過七日已轉輪王位自然來應王聞益喜即嚴四兵一由旬内以防守之内外警嚴

因果云我年十九今二月七日出家時至又留國嗣滿父王願便放身光照四天王乃至淨居不令人見諸天即下礼足白言無量劫來修行今熟荅曰如汝等言然内外防衛欲去无從天以神力悉令淳昏而卧

普曜云諸天遥白沸星適現即命車匿被揵陟來四天王與夜叉龍等皆被鎧甲從四方來于時馬鳴奴泣捴安撫已具明相出光照十方太子即師子吼言過去諸佛出家亦然於是諸天捧馬四足并接車匿釋天執盖從北門出太子又云不斷八苦不轉法輪不成菩提要不還此天讚善哉至曉便止已行三由旬諸天便没不見

三剃髮捨俗相

經云太子至閑靜林以寶冠明珠瓔珞嚴飾具與車匿已以劒自剃鬚髮作是誓言願共一切除斷煩惱于時天帝接髮而去讚言善哉　大權云菩薩之頂無能見者况能剃髮故自剃髮又除王恨故　又念過去諸佛法衣不以七寶淨居天知已化作獵師身服袈裟菩薩即以寶衣而用貿之

智度論云所貿得衣麁布僧伽梨也

經云車匿見已知志不迴馬嘶同返

四尋仙非奪相

經云太子至跋伽仙林中鳥狩瞩目仙人謂是天神與徒衆迎請坐太子見諸仙人草樹皮葉以為衣者或食花果草木或日止一食三日一食者或事水火日月翹脚卧灰棘水火上者問其所由荅欲生天便告仙曰汝諸所求終不離苦言論反覆乃至日暮明旦辞去諸仙荅曰所修道異不

敢相留可往北行彼有大仙可就語
論不必往彼極覩乃還
五王師尋迹相
經云時王見車匿還愛念情深自欲
隨逐王師大臣諫王不往太子生日
百神呈瑞諸天恚奉云何樂世仙人定
告不居王位我等自尋遂至仙所並
云已過中路遥見樹下思惟臣便具
告太子曰豈不知恩但為四患苦耳終
无返步便起尋仙王臣即留五人伺
察所在便度恒河路逰王舍舉國王
民命駕追之捨位相邀全不降志為
說世患遂至迦蘭仙所交論非奪亦
如上說
六同邪苦行相
太子調伏二仙人已進伽闍山苦行
林憍陳如五人住處尼連河側靜慮六
年度苦行者天獻麻米淨心守戒日
食一麻米或七日食一麻麦陳如者五
人亦學苦行遣人白王具述苦相王
聞大悲即嚴五百乘車姨母耶輸各
嚴五百資生之車令車匿領送既達
不受還令返宮

七浴身受食相
經云菩薩自念我今苦行形如枯木
将滿六年不得解脫憶昔禪定是寂
真正為滅外邪自餓非道我當受食
然後成佛即從坐起入河洗浴身體
羸瘦天為按樹得攀出池有牧牛女
淨居天勸令施乳糜即取奉上呪願
受食身力充足堪受菩提五人見驚
謂為退轉各還所止菩薩獨詣畢鉢羅
樹以德重故地動作聲盲龍得眼見
瑞讃頌五百青雀右繞飛空瑞雲香
風交相映拂同過去佛以草為座帝
釋化人執淨軟草受已敷坐如過去
佛結跏趺坐不成正覺不起此座天
龍歡喜諸相難言
觀佛三昧云天化作樹乃至高八千
里者下劣薄福見坐草蓐
悟道乘時迹第六
降魔顯德相
處胎經云菩薩坐閻浮樹四十八日觀
樹思惟感動天地光蔽魔宮波旬卧
夢見三十二變（文多不具）從覺恐怖召會
臣兵并召千子（五百子信菩薩 五百子隨父教）又告四女

先令往壞現三十二姿靡相（文多不具）變
成老毋觀佛三昧云三女莊飾眄目
妖冶礼敬菩薩以身奉侍寶器天味
以上菩薩介時身心寂然不動白毫
擬之女身九孔根本二蔵自見猒惡
八十戶虫𡃤食諸蔵見便嘔吐身左
蛐頭右狐頭中首狗頭背負老毋抱
死小兒諸女驚惭匍匐而去魔王大
怒遍勒六天并諸八部各興四兵盡
其變態又勅闍羅阿鼻苦具一切都
舉向菩薩所波旬振吼勅諸兵衆武
器交横滿虚空中平相迫脅不能得
近菩薩徐舉眉毫擬地獄罪人蒙毫出
水注火滅已自憶作罪心得清凉稱
南無佛曰生人中魔王前近與佛相
難（文如本起）菩薩以智慧力伸手按地應時
地動魔與兵衆顛倒而墮
斷惑成覺相
經云介時菩薩以慈善力二月七日
夜降魔放光入定觀法即得三明六
通具足遍觀三界三世諸事皆知名
色是諸惡因受行八正衆苦便滅菩
薩自知已除三毒生死根本所作已

成智慧明了明星出時霍然大悟得
成正覺得十八法十種神力四無所畏
于時大地十八相動天清風輕瑞雲
雨甘又雨天花天鼓自鳴繞菩提樹
滿三十六由旬八部充溢諸天具樂
幢幡无量一切衆生皆相慈愛五淨
居天并五通仙及餘苦趣咸大歡喜

說法開化迹第七

興念慜物相

經云如来於七日中觀樹思惟我以
盡漏本願成滿得甚深法惟佛能知
然諸衆生處五濁世三毒所覆薄福
無智不解深法若轉法輪迷生誹謗
當墮惡道受无量苦今者寧可入般
涅槃普曜云正覺道成移坐石室念九
十六師各信所奉我今如何將救拔之

梵王来請相

經云時大梵王見成聖果默然而住
心懐憂惱衆生長夜沉沒生死今當
往請轉大法輪即来佛所白言世尊
往昔為衆生故久住生死廣修德本
今成佛道云何默然欲界六天亦同
勸請如是者三至滿七日默然受已各

還所止

懐土念機相

經云佛告樹神此波羅柰仙人住處
虛死之中人民雖少宿緣有在得法
眼淨即以道眼念彼二仙並已壽終又
念五人歷侍苦辛可為說法

受供商者納鉢相

經本起云樹神念佛得道七日未有
獻者有五百賈人經山邊過車牛皆
躓有兩大人提謂波利與衆見相詣
神請福彼神現身具告前意即和麨
蜜詣樹上佛尒時如来便念諸佛以
鉢受食時四天王即往頞那山上自
然石中出四大鉢四王各取以上於
佛乃捴受累左手中右手按之四際
卯明呪願已受麨食之澡漱洗鉢即
受三歸因與之別律加髮爪與之起
塔（塔今見在）

道逢非機相

經云如来前行威儀庠序路逢外道
名優波伽見相歎伏以偈問荅心生
希有合掌圍繞而去迴顧望沒乃止

遇雨龍供相

本起云行至文鱗盲龍水邊坐定七
日風雨大至佛不喘息光照水中龍
目得開即識如来如前三佛具香水
出前遶七匝身離佛所圍四千里龍
有七頭羅覆佛上而以障蔽七日一
心不患飢渴雨止化為年少道人衣
服鮮好稽首問訊便受三歸

乘機授法相

經云即復往波羅柰五人所還見佛
来謂未成道各相約言不須起敬佛
既至止不覺起礼乎為執事既還本
揞深生自愧以昔微難佛具為解說
五陰輪迴三有諸苦陳如最初悟解
四諦得法眼生八万那由空天亦法
眼淨

聲告化境相

經云地神見陳如得道已高聲唱言
如来出世轉妙法輪空天人唱乃至
阿迦膩吒天地十八相動天龍八部
作樂讚歎世界大明次為四人重說
四諦亦離塵垢得法眼淨

出家表僧相

經云時彼五人既見道跡欲求出家

世尊喚言善来比丘鬚髮自堕即成沙門重説五陰解成羅漢世間有六佛是佛寶四諦法寶五人僧寶是世間三寶具足天人第一福田

次第度人相

經云次度長者子耶舍得初果父来覓子佛為説法得法眼淨為説三歸優婆塞初又度耶舍同友五十人皆得初果不久皆得羅漢

分頭化人相

經云佛告諸比丘汝所作以辦堪為福田宜各遊方以慈度物我獨往摩竭提度諸人民便頭面礼足持衣鉢分道而去經云佛往摩竭提國有優樓迦葉兄弟三人學古仙道王臣歸信利根我慢難可摧伏便往投宿乃至龍窟當夕降龍明以示之雖伏神力猶言我真　後四天王下帝釋下梵王下各放光明内心私仰後事火具佛力制之雖强不可師徒詣佛受降許已方遂其志又請共住四事供給日辦好食自行請佛佛往此洲北取閻浮果等普曜云往忉利天取晝度樹果餘三天下取果早至皆嘆訝神奇帝釋指地成池八德具足供佛澡漱迦葉具問欣感天瑞猶不伏從佛見弊帛拾取浣之心念須石帝釋化方石樹間又往香山取大石槽盛水供浣迦葉具問私懷歎仰又以他日佛入池浴樹神按枝佛仍樹坐迦葉設會七日國王臣民大集恐佛来至見相感動願不来會便往北洲七夜不還餘有残饌念佛當至應念便到即問不来之意佛具以荅心驚毛竪雖謂奇特終謂自真又於他日知彼根熟往趣河側魔王白佛宜可涅槃佛言我四部未具外道未降便還天宮時佛入水令水兩開行處塵出迦葉遥見謂被没溺即與弟子乘船来救既見歎仰請佛上船如来貫船底而出跏坐於中師徒歎美然口不伏　本起云汝非羅漢不知道證胡為强顔不識羞恥自稱道德迦葉心愧稽首白言大仙善知我心惟佛攝受佛言汝年百二十多有弟子衆所恭敬必入我法當告令知遂與同謀俱從正化

先度迦葉證第四果又度門人五百下流二第各有二百五十弟子見事火具從流而下俱到兄所亦受佛化皆為説法並成四果

赴洴沙本願相

佛度三仙已念言王舍本願便詣頻婆娑羅王所佛在竹林中

普曜云王聞佛至大悦導從八万四千来至佛所咸疑師弟乃令迦葉現通除疑説偈告衆為王説法得法眼淨八万那由他人九十六那由他天同得法眼王以竹園施佛諸王見佛洴沙為初僧伽藍者竹園為初

度舍利弗目連相

經云佛在竹園王城二婆羅門有大智慧舉世所稱各有一百弟子共為親友有阿耆比丘入城乞食舍利弗見心異遍身具問所學略説一偈便得初果還為目連冊説得道即將弟子往詣竹園佛遥授記彼来二人為吾上足便呼善来出家悟聖尒時摩竭提國有一千二百五十比丘皆大阿羅漢經中多述重其初發也

度金色大迦葉緣
有偷羅國婆羅門名曰迦葉三十二相
通諸書論巨富能施妻亦相具俱無世
慾捨家入山念言諸佛出家修道我亦
當然便著千兩金壞色納衣自剃鬚
髮山中靜念空天告言今有佛出便
趣竹園佛往迎之為共承受說法悟
阿羅漢有大威德天人所重故名大迦
乃至佛滅住持法化被於來世六万歲
者此人之力
佛還本生緣
普曜云王聞得道已經六年悲喜欲
見有梵志名優陁夷是菩薩侍王令
往請別闊已來經十二年思一相見
受命往請佛告善來得悟四果即遣還
報現通本國却後七日佛當來降王
出四十里迎佛廣列侍衛動大千界
王見大喜選豪族五百人為沙門令侍
于時難陁亦作沙門前礼使人天地大
動佛入宮中羅云前來佛變多身
一一而不異羅雲徑來趣真佛所為表
無瑕舉國同慶安樂無事歲三月六
奉戒無絶

撰窮化掩迹第八
魔王重請入滅相
長阿含云佛在毗舍離與阿難獨居
後夏舉體皆痛告阿難諸有修四神
足在意所欲可得不死一劫有餘佛
多於是天人獲安如是再三阿難為
魔所蔽不悟佛意魔請佛言願入涅
槃乃至三請告言是後三月於本生處
拘尸那竭娑羅園雙樹間當取滅度
即天地大動人物驚怖佛言八動八
相便集大衆普告令知　涅槃云二月
十五日晨朝放光照大千界乃至十
方六趣衆生遇光罪滅同聲哀戀五
十四衆一時雲集各設供具乃至十方
無量佛國皆來同赴惟除迦葉阿難
二衆所應現已光從口入會中有優婆
塞純陁等一十人俱設供度成熟粳飰
滿足八斛以佛神力充足大會
囑累終事相
經云佛尒時安慰大衆廣為說法明三
寶常住既聞法已不生滅想又云諸善
男子自修其心慎莫放逸我今背痛
欲卧如常患者汝等文殊為衆說法

令以大法付囑於汝乃至迦葉阿難等
來亦當付囑
標處現滅相
長阿含云佛入城向雙樹間令阿難敷
座使足南首北面向西方以法久流
北方故佛自四牒僧伽梨偃右脅如
師子王累足而卧鬼神以花散地佛
廣說往昔六返作輪王於此地厝骨
我今成正覺已於此處復捨身命涅槃
有菩薩名迦葉廣問病因并決諸疑
佛從卧起放大光明照無量土八熱
八寒諸地獄苦皆悉消滅光中說言
一切衆生皆有佛性廣說法要度人
無數故現倚卧令未得道者為得道
因又為八部大設供養以千端氎纏
身七寶棺盛香油灌香木焚二氎不
燃一在外一在內為諸衆生分散舍
利故　長阿含云佛記千二百弟
子所得道果披鬱多羅僧出金色
辟說佛出世如優曇花
正滅度相
雙卷泥洹云告諸比丘佛之遺令必共
慎之却後一億四千餘歲乃復有佛

我為聖師至七十九所應作者並已究暢汝其勉之夜已半矣無宜放逸善法由生万物無常此是後說於是世尊即入初禪二三四禪空識不用至非想定入滅盡定從定起已入非想定乃至四三二初禪又從初禪入二三四禪從定起已入般涅槃于時大地震動幽冥大明天雨香花散大會上梵釋神天各作偈頌諸比丘等悲慟殞絕阿那律告止諸天滿空諸比丘等悲號搔擾恐有怫責既聞此喻乎相裁抑

終後殯殮相

經曰諸比丘竟夜講法達于天曉那律告阿難入城告知如來已滅度宜知所作聞已悲慟各賚香花樂具詣樹供養竟一日已以舍利置床上諸天舉角入城東門遍諸里巷國人皆出詣城西門在高顯處天意留至七日令得供養又出北門度熈連河天冠寺中各嚴衆具以輪王法供辦葬具香水浴已劫貝周纏內金棺中外鐵槨盛沉檀名香積上將欲加火而天滅之待

迦葉故

母來重起相

摩耶經云佛涅槃時夫人天上五衰相現五大惡夢時阿那律殯如來已昇天告之聞心悶絕蘇已與眷屬下遥見佛棺不能自勝前至頂礼天花布散顧見大衣鉢杖執之悲感雨下成河佛以神力棺蓋欻開合掌舉慰從內起坐放千光明千佛合掌問訊摩耶屈遠來下諸行法尒願勿啼哭廣說諸偈佛言如來為後不孝諸人故行上事此名母子相見經便與辭別棺便忽闔三千界動八部悲感

現雙足相

經云大迦葉在波波國見尼乾執天花知佛滅度詣天冠寺欲見佛身三請不許遶積合掌佛重棺出雙足有異色具問知女人淚汙四部諸天俱礼佛足須臾自隱迦葉遶積三匝說偈不燒自然樹神滅火香花供養長阿含終夜燒盡忽生四樹

天上人中分骨相

雙卷泥洹云諸王嚴四兵至請以義

和不者力爭有婆羅門曰如來遺身廣利一切當分供養前以上牙送阿闍世以副傾遅以石瓶塗蜜用分八國了已請著瓶者議以賞之又七地炭四十九斛依起四十九塔諸王得分便起八塔瓶炭及髮為十一（髮生時者）初未分前天帝與諸龍王來索舍利若不見與力足相伏即共三分一分諸天一分龍王一分八國當雞耶處起寶塔高四十九仞阿育王經云諸王分已各自數得八万四千粒舍利佛一口齒无敢取者以阿闍世初來之時聞佛滅度車中投地氣將欲絕心重故持與之將還在道難陀龍來道逢力爭以齒與之於須弥山下起水高八万四千里起水精塔及阿育取舍利勑鬼作鐵網縱海欲縛龍王龍怖伺阿育睡捧入海宮見塔高大便以言謝曰佛與我要乃至劫盡所有經戒袈裟應器皆藏此塔弥勒來下當復出者故不壞也阿育聞此謝而上出

五序聖凡後亂

夫法王出世開俗為先俗則祖習曾

高族氏之緣紹續故隨俗命氏如前
所列法門所制無擁為初四姓入者同
皆没滅但衣法種而為後嗣故增一
云四河入海無復本名同名大海四
姓出家無復本姓但言沙門釋迦子
所以然者生由我生成從法成當求
方便得作釋子當如是學弥沙塞長
阿含云乃至弥勒佛時諸比丘等姓
慈皆言慈子
從兄調達生滅相
中本起云父王見迦葉千人心精形陋
外无容貌即選宗族有儀充僧光曜
佛相各在極華觀者盈路欲来佛所
調達將随和難為伏占者不祥俱請
出家佛言夫為沙門實為不易汝宜
在家分檀惠施如是者三調達惡念
佛姤我耶即自剃髮脩行梵行後犯
五逆生入地獄口稱南無乃至佛記後
出作辟支佛名日南無目連解六十
四音往地獄慰之荅言我卧阿鼻苦
而無倦大論迦離謗舍利弗故終入
蓮花地獄
從弟郁律跋提出家相

四分阿郁律母為作三時殿婇女娱樂
兄摩訶男以家事累欲自出家釋種
八人同時出家先度優波離心除慢故
時跋提獨坐樹閒夜中高聲言甚樂
以事白佛我念在家内外自衛猶有恐
怖今獨在塚閒無懼患我念出離之樂
佛言善哉釋子斯道甚快
弟孫陁羅難陁出家緣
普曜云佛在迦維國將阿難入城乞
食難陁樓上遥見下至佛所取鉢盛
食令送至園逼令出家閇七靜室後
私逃還路值佛来樹不自隱欲見婦
故佛將上天便圖天女路經地獄恐迫
專到佛以瞎獼猴譏之事見雜藏阿
難以偈譏之
如羝羊相觸 將前而更却 汝為欲持戒
其事亦如是 云云
羅雲出家緣
未曾有云佛令目連往本城問父母
三秋并耶輸令割愛放子得聖道已
當還度母絶生死本並隨佛語父母
又勅豪族五十各捨一子随羅睺住
時年九歲佛令阿難剃髮并五十人

一時出家舍利弗為和上目連闍梨
授十戒因説扇提羅等无行食施後
受罪報便欲捨道重為説法心開意解
普曜云佛還入宫瞿夷携羅雲来稽首
時王自懐疑佛出家十二年何從出
子佛言此吾之子緣吾化生勿咎瞿夷
弥沙塞云佛自將羅睺還令舍利弗
度王聞懊惱國嗣永絶請勑比丘勿
輙度人祐尋律與經事緣頗反良以
對情不同故兩存其説又觀釋族為
盛雲布赤澤雖法俗誠異而獲道斯
同難陁弃榮欲以從道羅雲捨位而
乃襲法栴檀圍遶龍象成群靡親靡
疎随應而度調御之美於茲可見
釋迦姨母出家緣
中本起云佛還本國大愛道白言我
聞女人出家得四道果願得出家佛
言且止女人入法非究暢梵行如是
三返而退後重申請如前不許便與
女人退佛頓止河上如前復求又亦
不許退在門外徒跣立啼阿難見問
具荅即為上請佛言止止如男少女
多家則衰弱女人出家法不久住

廣說辟類重請養育長大佛言信有是恩然我成佛其恩亦多得歸三寶不疑四諦立信五根受持五戒皆由我故假使女人作沙門者八敬之法不得踰越盡受行之可入法律阿難出告便頂受佛教又言以度女人减我正法五百年異學奉敬並漸衰微大方便云天魔惡邪毀佛法僧故不聽度阿難請言如来豈不同過去佛耶具四部衆佛言發大精進修八敬法未来世中諸善女人念阿難恩稱名供養阿難以大威神應聲護助

僧祐律師云仰惟三世諸佛四部咸備而憍曇弥祈法亟拒塞者豈非女人障厚方為道蠹故切磋揞擊以勵將来者乎

釋迦父王泥洹記

經云父王重病告諸臣曰命斷无慮恨諸子等在王舍去此五十由旬佛為大慈神通徹視頷垂教接佛聞悒遅垂命即告難陁阿難羅雲各速往及命在即以神力忽然而至放大光明照觸患損以金色辟著王額上為說經法王大歡喜引佛手心上心礼於佛忽然後世諸釋香汁浴身纒殮棺喪佛難陁喪前肅立阿難羅雲住在喪足佛念世人不孝咒暴設法化故躬欲擔棺大千世界峻峨踊没欲界諸天龍神請擔棺佛令四王擔棺肩上自執香爐在前而行百千羅漢飛来勅往海渚取香木大積焚之佛說離生死法乳滅散骨金函起塔佛言父王淨行生淨居天

祐律師云余觀無常之變甚矣固有形而莫免也夫以天尊衛疾而不能延齡金掌在心而無救對至是以聖人修長壽之果而不養蕉沫之身也

釋迦母氏登天佛往相

佛在忉利天歡喜園質多樹下三月安居光照大千光中千花皆有化佛佛告文殊令来礼敬母聞乳流入如来口便與文殊来至佛所如来出梵音曰身所經處與苦樂俱當修涅槃永離苦樂摩耶聞法得須陁洹果三月將盡令鳩摩羅告閻浮提如来將下欲入涅槃帝釋作三道階佛與母別下躡寶階梵天執蓋四王侍衛四部大衆導從滿空諸王大集奉迎祇桓

祐云敬惟佛生七日母昇忉利三世佛法莫不自然摩耶積因記化誕聖是以既為天師而方味其乳巳入涅槃而還起致敬欲報之德於斯至矣

釋迦姨母大愛道泥洹緣

摩訶波闍波提唐言大愛道也亦名瞿曇弥姨母大愛道告衆曰吾不忍見佛滅度與五百除饉女即比丘尼康僧會注法鏡云聖斷六情飢饉故得号焉俱到佛所礼巳白言欲先滅度佛默然以手摩佛足曰此寂後見如来也佛為說身患滅度為安諸尼礼還於精舍布五百座各現神足上動諸天俱時泥洹佛告阿難入城遍告令與供養乃閣維之捧舍利詣佛所四方比丘千人飛来就座佛令阿難取舍利鉢盛佛兩手受巳告諸比丘斯聚舍利本是穢身敗道壞德隂謀嫉妬今母能拔愚穢興丈夫行還神本無四衆八部興塔供養僉曰唯然 雜阿含云難陁親所生母也 增一云佛令阿難難陁羅

雲舉大愛道佛親供養帝釋四王欲供養之佛言止止父母生子多有恩德要當報恩不得不報三世諸佛母先滅度皆自供養闍維舍利佛自舉牀一脚阿難又舉飛至塜間佛取栴檀著其身上便說四人應起塔供養以皆十善化物故

祐尋姨母為德恩均所生是以持轝之重爰酬鞠育所以勸報復勵無恩人也

釋迦族流滅相

長阿含云波斯匿王娉於釋氏乃以婢女妻之立為太后生子流離經云初娶時諸釋紛諍故也至年八歲往詣外家學諸射術時作新堂欲請佛僧初供養故流離輙上昇師子座諸釋捉辟逐出流離恨歎語左右待我紹位當告此事後嗣王位嚴兵將往佛聞往枯樹下王見礼問荅親族之蔭故勝外人聞此迴軍俊目重諫更集兵往目連白佛欲擲兵衆他方世界佛言汝取釋種宿業擲之又欲鐵網覆城又欲舉城空中佛皆如上止云業熟受報不可奪也是時諸釋一由旬內遥射王軍皆中兵器不傷身肉流離大怖俊目諫之諸釋受戒必不害人兵至圍城无敢出者有釋童子獨據城上多射軍衆死者無數因此又散釋種呼下汝年幼小何辱我門煞人罪重可速出國於是童子四人拜辭出城諸國聞之舉以為王今為長國王即其後也流離又集令使開門兵入取諸釋埋脚為蹈令死取五百女將自執之諸女罵辱便斬手足摩男入水請放釋出從語放出葉迷還入王佐入水太久求之已死王悔便止凡煞九千九百九十万人血流成河迴軍舍衛又煞太子祇陁佛記生天釋女被害在坑念佛佛即至彼天給衣食便為說法皆得生天

佛至迦毗東門見烟火洞然至尼拘律樹下坐告諸比丘此城空虛更無至矣便至舍衛曰王及衆軍七日皆滅聞皆大怖慮有外寇七日既滿平安自慶將兵詣河平大震雷暴風疾雨一時漂没死入阿鼻天火燒宮佛便為說往古諸釋捕魚本事

釋氏罪畢經云王迴軍已遣使敬佛佛曰王自愛矣釋罪畢矣却後七日太山鬼以火逼王文多不載

法句辟云目連聞佛說法意猶不已往舍衛國取知識四五千人內鉢舉上空中王煞三億人已目連貢高白佛弟子承佛救得諸人今在空存佛令視之皆已死盡因為說法逮得法眼

祐律師云竊惟大聖垂經抑揚懲誡夫以正覺之尊万累久絶絶累靈劫而甫示餘報明知釋種之滅非力能免斯實止煞之深誡慎業之明規也

遺迹遠近緣无闕文

釋迦竹園精舍緣

律云摩竭王念佛初至園即以施住佛知此念便往竹園王以金瓶授水於佛以園奉佛佛言當施佛僧若是佛物无能用者以敬如塔故王便從教便施佛僧種種莊嚴衆具受用以冬夏常茂盛曰寒林也

中本起云本施外道國王追悔欲以

奉佛大鬼將軍勑閲叉檛打外道怖
釋迦氏譜　第五十四張　彩字号
而捨去後請佛受之有菩薩藏云過
去諸佛皆遊此園若有入者自然無
慾又無毒心
釋迦祇洹精舍緣
賢愚經云舍衛大臣名須達多財寶
無限拯濟貧乏故號為給孤獨七男
異才欲娉小者自往王舍初聞佛名
心大歡喜後見佛得初果請佛還國
先營精舍共舍利弗買太子祇陁園
以金布地遍八十項地園樹及門太
子作之時有外道三億万人共舍利
捅術諍取金園大衆通集十八億人
舍利弗現通說法各得道跡六師弟
子三億人出家從道共須達引繩起
基六天空現為佛作　栴檀窟別房
住止千二百處百二十處別打揵椎
寺成白王請佛俱來受施二人共作
故寺立二名雜阿含云須達病佛看
疾困終記得三果生兜率天以本願
故生天後來至佛所說偈不載
余撿郁舍果人不生欲界本願曲開
故尒

祐案息心所栖是曰精舍竹林祇樹
釋迦氏譜　第五十五張　彩字号
爰始基摧遺風餘製扇被于今至
於須達妙果所謂顯徵者矣
釋迦髮爪塔緣
十誦云佛遊經久須達思見佛與髮
甲起塔作攔拱欒楯種種莊嚴常令
供養
釋迦天上四塔記
忉利城東照明園佛髮塔
城南麁澀園佛衣塔
城西歡喜園佛鉢塔
城北駕御園佛牙塔
大論云天帝取菩薩髮天上城東立
塔取寶衣立衣塔此未成佛前者
案經律人中有四大塔
生處塔在迦維羅衛國林微園中
成道塔在摩竭提國善勝道場元吉
樹下
轉法輪塔在波羅柰國仙人住處鹿
野苑中
涅槃塔在拘夷那竭國力士生地秀
林雙樹間
又按聖迹記有四大塔　祐按至人處

世利益引大髮爪衣鉢咸為法事故
釋迦氏譜　第五十六張　彩字号
能寶塔霞起廣被天人造塔之源非
惟散身而已
優塡造釋迦栴檀像緣
增一云帝釋請佛在天為母說法佛
念四衆懈怠不將侍者獨在天宮時
優塡王等咸思如來即勑巧工以栴
檀作佛形高五尺
觀佛三昧云優塡鑄金為像佛從天
下戴像來迎為佛作礼佛言汝於來世
大作佛事我諸弟子咸付囑汝空中
化佛言若有造佛形像供養必得念
佛清淨三昧
波斯匿王造金像記
增一云王思佛久遂得病苦聞優塡作
佛便召匠工以金作之煌若天金高
五尺尒時閻浮始有二像
育王弟出家造石室緣
求離獄經云王弟善容出見梵志苦
行求仙以欲心動不能成辦又自念
言沙門樂行豈得無欲王聞弟論即
增樂具七日當煞以念死故都无愛
情自說無常深生信樂求欲出家便

成四果育王傳云以弟不樂世間即
使鬼神於城內為造山水高十丈斷
絕人物自捨衣資造石像一高丈六
在窟供養
祐案畫像原始出自覺製於是金石
香紵鑄刻遂滋皆所以摹影相好髣
髴尊儀及優塡所造殆其神力所化乎
釋迦留影在石室記
觀佛三昧云龍王請佛常住池側恐發
惡心無由成道神天又請願為一切佛
便索羅刹石窟於中止住分身諸
國普為說法佛受龍請千五百歲石
內現外諸人天衆供養佛影影亦說
法窟高一丈八尺深二十四步石青
白色在那乾訶那國古仙薝蔔花林
毒龍池側青蓮泉北羅刹穴中阿那
斯山巖南
祐尋法身無形隨應而現雖虛影霧暧
即是如來故捨身龍鬼宣法天衆是
以經云是諸化佛皆是真實斯之謂乎
阿育王造八万四千塔記發興相示
佛與四衆循邑而行有二童子沙中
嬉戲見佛相好大者以沙麨上佛鉢

中小者隨喜因發願得一天下一繖
蓋王仍供諸佛佛令阿難以沙安佛
經行處因授記之後果生為王子名
曰無憂身大麁澀父不喜見仍有大
志專行征伐地出兵甲所向皆伏至
于海際王崩嗣位諸天灌頂神人欣
慶　傳云初拜王日鐵輪飛降王閻
浮提虛空地下各四十里神鬼自屬
後示威嚴煞五百臣燒煞諸女人号
惡育王也立兇險為大臣即隨喜土
者白王立獄城煞人入無免者商主
比丘為王說法王生信敬斷前獄業受
佛遷記
辟喻經云宮中四事常供二万沙門
有沙弥名端正年十三現通戰梵志
二万人令受佛化　傳云王問道人
煞害非理如何得滅　荅曰惟有起塔
供僧赦獄濟乏又以神力手掩日光
作八万四千道所照處起塔即壞七
大塔取舍利從龍取寶篋莊嚴具
勑鬼神於此洲滿一億家可立一塔
即以月十五日月蝕時同時立八万四
千塔人衆咸慶　阿育王既立塔已

往雞雀寺優波崛多將眷屬從摩偷
羅國飛來王所次遍示佛遊行處皆立
表塔大弟子塔亦同供養返上正殿
燒香大請即有三十萬比丘來集又
感賓頭盧手舉眉毛為王說法我住
揵陀摩羅山同行万羅漢王普供養
滿億百千金乃至衰老太子制約送
半菴羅果研破羹內僧中行之便就
後世　至第四世王佞臣告王欲令名
德久存於世者當壞諸塔先往雞雀
寺石師子吼王怖入城遂壞僧坊煞
害比丘得沙門頭者賞之百金時得
道人化為多頭募賞藏空牙齒塔神
恨之乃有女夫神排山迮王及以兵
衆無不死者孔雀之裔於此云殂
祐尋八万塔緣乃懸記後事廣長所
說其驗已徵撰譜之始本論釋種但
塔興阿育備記佛氏雖於文為繁而
塔事備矣
釋迦遺法終限相
雖阿含云我滅度後百年有優波崛
多大作佛事我以正法付囑人天教
法在世　千歲不動又告天帝四王護

持正法過千歲後非法出現悪風暴

雨多諸災患四方諸王煞害比丘破
壞塔寺餘十二年諸比丘衆来集中
國拘睒弥王生子難當手似血塗身
如甲胄有天勇力五百自子形相並
同一日雨血得紹王位伐四悪王並
戰煞盡王閻浮提三藏比丘為王説
法生大信敬施僧無畏種種供養滿
十二年以得利養不修三業自嚴飾
身離出家法天龍悪念不復護衛高
唱是言却後七日佛法當滅至説戒
日僧中鬬諍雖百千人惟一羅漢三
藏比丘不忍聞戒羅漢欲聞弟子
交諍遂相煞害於是略盡諸天世人
悲哀號哭大地六動各各離散拘睒
弥王聞生懊惱諸邪見人覚破塔廟
及害比丘佛法索然一時頓滅
法滅盡經具説滅相謂樂俗衣及好
服飾飲酒炙肉畜八不淨等 僧祐它
以方等深密因知三寶常住常住之
法理无興滅興滅之来乃隨世 緣業
耳晨離 西隱不害千光之恒明也
余以感通之道殆非人謀神交理會

妙有恒准前約終相斯乃一期至於

大歸不无出没如摩耶等經千五
百歲不淨觀法無聞於時令雖行世
學者未顯或以為滅自有行用何妨
常存又云佛度女人正法減半修行
八敬還復千年此亦據行有顯晦耳
如来在世尚有不見聞者何况滅後
根鈍障厚誠為滅相故經云我淨土
不毀而衆見燒盡斯豈不據信解明
昧故有興亡異途耶 又依善見論佛
法住世一万年五千年修道得三達
智後五千年修道不獲然有剃髮袈
裟相續以斯通望經論下說增減不
同豈不隨人情所見也又依入大乘
論佛以正法付賓頭盧羅睺羅等
十六大阿羅漢令住持佛法又有九
十九億諸阿羅漢親於佛前受籌住
壽護法不絶諸大羅漢各有眷屬在
閻浮提及餘三方天上為作福田護
法住故不明時倏也 又依別傳佛滅度後八
百年中師子國有大阿羅漢名為慶
友將欲滅度廣召四衆佛以正法付
囑迦葉乃至十六大阿羅漢在於四

洲天上住壽護法乃至人壽減十歲

時刀兵劫起諸聖人等于時蹔隱乃
至人壽增一百歲時聖人揔出如前
化導還復興顯至人壽增六万歲已
諸聖並集於閻浮提叒聚如来所有
舍利起一大塔七寶莊嚴踊在空中
諸阿羅漢各礼佛塔作如是言敬礼
釋迦牟尼佛所有舍利我等受佛遺
囑護持正法今時緣已盡所作已辦
我等今日奉辭涅槃於是以願力故
空中化火滅無遺骸如来舍利没金
剛際尒時世界三寶名滅至人壽七
万歲時有七万億數辟支佛出現在
現通化為世福田如是乃至八万歲弥
勒下生據此佛化時時相接也
余以佛譜所修則異於恒准俗中譜
列始起於三五中流從派不一佛則
始於无始表開元求道之晨末則終
於无終明化道之緣莫竭由斯以言
故釋尊流化訖於六万之修齡獨覺
接繞極千尺之嘉運也然經律明相
千年万年舉別情之所指亦有符於
滯結者則祇桓去舍衛咫尺佛住二

十五年城户九億閒見三分之一以　釋迦氏譜　第廿三張　彩字号
斯例准豈不大通
又釋氏之姓法俗兩緣俗則猶居王
位北天烏塲主等是也道則横滿大
千遠通六万綿綿葛藟連綴輿法
俱存故道被東川三被誅翦雖去此
滅餘國仍存然十六大聖億千无學
寘中弘護尋復興之斯則滅不可滅
殆非人謀弘實可弘眞歸聖力止當還
准成教觀用相循摧抑妄倒祛除業
染為切不已覆匱可期皆此悠悠終
為虚往故於譜末誠而序焉

釋迦氏譜

釋迦氏譜序

校勘記

一　底本，金藏廣勝寺本。六九二頁中至六九四頁下原版缺；六九五頁上、中原版殘，今以麗藏本補。

一　六九二頁中一行「釋迦氏譜序」，普作「釋迦氏譜一卷」；南作「釋迦氏譜」；徑作「釋迦氏譜卷上」。

一　六九二頁中二行「終南山釋氏」，資、磧、普作「大唐釋道宣撰」；南、徑作「唐釋道宣撰」。

一　六九二頁中三行「羞觀」，資、磧、普、南作「著觀」。

一　六九二頁中四行「之源」，徑作「之根源」。

一　六九二頁中一二行「命時」，資、磧、普、南、徑作「今時」。

一　六九二頁中二二行首字「躯」，資、磧、普作「軀」。

一　六九二頁下一〇行「告白」，南、徑作「告曰」。

一　六九二頁下一四行「迦那含」，資、磧、普、南、徑作「拘那含」。

一　六九二頁下一八行「三佛」，南、徑作「二佛」。

一　六九二頁下末行「乗機」，資、磧、普、南、徑作「垂機」。

一　六九三頁上二行「不減」，資、磧、普、南、徑作「不滅」。

一　六九三頁上一一行「成郭」，南作「城郭」。

一　六九三頁上一二行「巫卜」，資、磧、普、南、徑作「筮卜」。

一　六九三頁中三行第五字「是」，資、磧、普、南、徑無。

一　六九三頁中一六行夾註上左末字「也」，資、磧、普、南、徑無。

一　六九三頁下二行「單復」，資、磧、普、南、徑作「單複」。

一　六九三頁下八行夾註「雖非經教聊附異聞」，資、磧、普、南、徑作「未詳雖非經教即附異聞也」。

一　六九三頁下一二行「授記」，資、磧、

普、南、徑作「受記」。

一 六九三頁下一三行第三字「記」，資、磧、普、南、徑作「託」。

一 六九四頁上二〇行「東萊」，資、磧、普、南、徑作「東菜」。

一 六九四頁中一〇行首字「餘」，資、磧、普、南、徑作「郡」。

一 六九四頁中一八行上夾註「大人子」，資、磧、普、南、徑作「大人子也」。

一 六九四頁下六行「遣力」，南、徑作「造力」。

一 六九四頁下一六行「多羅業」，資、磧、普、南、徑作「多羅葉」。

一 六九五頁上一七行第二字「俱」，資、磧、普、南、徑無。

一 六九五頁上二二行第三字「立」，資、磧、普、南、徑作「云」。

一 六九五頁中一八行「二百」，資、磧、普、南、徑作「三百」。一九行夾註左同。

一 六九五頁中末行夾註「經中亦云」，資、普、徑作「經中亦亡」。

一 六九五頁下一行「長曰」，徑作「長名」。二行同。

一 六九五頁下四行小字「一女」，資、磧、普、南無。

一 六九五頁下六行第一一字「長」，資、磧、普、南無。

一 六九五頁下一三行夾註首字「佛」，資、磧、普、南、徑作「是佛」。

一 六九五頁下二二行末字「地」，資、磧、普、南、徑無。

一 六九六頁上一一行「漢激」，資、磧、普、南作「漢激」；徑作「漢傲」；麗作「漢徹」。

一 六九六頁上一三行第八字「夫」，麗無。

一 六九六頁上末行夾註左第四字「匡」，資、磧、普、南、徑、麗作「主」。

一 六九六頁中七行第八字「緾」，資、磧、普、南、徑、麗作「經」。

一 六九六頁中一〇行「相柜」，資、磧、普、南、徑、麗作「相拒」。

一 六九六頁中一三行第一二字「洲」，資、磧、普、南、徑作「一洲」。

一 六九六頁下八行第一三字「無」，普、南、徑作「元」。

一 六九七頁上一行「虛府」，資、磧、普、南、徑、麗作「靈府」。

一 六九七頁上六行「李叜」，資、磧、普、南、徑作「李叟」。

一 六九七頁上八行夾註右「王邵」，普、徑作「王劭」。又左末字「也」，資、磧、普、南、徑無。

一 六九七頁上一八行「方開」，資、磧、普、南、徑、麗作「方聞」。

一 六九七頁上二一行第三字「寶」，資、磧、普、南、徑、麗作「實」。又「獫狁」，麗作「獫玁」。

一 六九七頁中一行第五字「徵」，資、磧作「微」。

一 六九七頁中一七行「胡大宛」，資、磧、普、南、徑、麗作「故大宛」。

一 六九七頁中一八行第五字「干」，資、普、徑、麗作「于」。

一　六九七頁中一九行第一一字「大」，資、磧、普、南、徑、麗作「天」。

一　六九七頁下一行「止在」，資、磧、普、南、徑作「止存」。

一　六九七頁下二行「泮合」，普、南、徑作「牉合」。

一　六九七頁下七行第九字「玆」，資、磧作「慈」。

一　六九七頁下八行第二字「令」，麗作「今」。

一　六九七頁下一一行「禎瑞」，普作「楨瑞」。又「輝煥」，資、磧、普、南、徑、麗作「煇焕」。

一　六九七頁下一二行第二字「耀」，麗作「輝」。

一　六九七頁下一三行第六字「簿」，資、磧、普、南、徑作「薄」。

一　六九七頁下一四行第七字「亦」，資、磧、普、南、徑、麗作「示」。

一　六九七頁下一五行「以示」，資、磧、普、南、徑作「以顯」。

一　六九七頁下一七行「舉能」，徑作「歷試」。

一　六九七頁下一九行「轉法悟物」，資、普、徑作「說法開化」。

一　六九八頁上三行小字「初興念二入胎三住胎」，徑作「初興念相」。

一　六九八頁上四行「普曜經」，資、磧、普、南、徑、麗作「普曜經」。

一　六九八頁上一九行末字「正」，普、南、徑作「王」。

一　六九八頁上二〇行「足滿」，資、磧、普、南、徑作「滿足」。

一　六九八頁中二行末字至次行首字「介時」，資、磧、普、南、徑無。

一　六九八頁中末行「占明」，資、磧、普、南、徑、麗作「明占」。

一　六九八頁下八行「本起」，徑作「本起經」。

一　六九八頁下一四行第八字「經」，資、磧、普、南、徑無。一九行第三字同。

一　六九八頁下一六行「誕靈」，徑作「靈誕」。

一　六九八頁下一六行至一七行小字「初生林……十養育」，徑無。

一　六九八頁下二二行「樂伎」，資、磧、普、南、徑作「伎樂」。

一　六九九頁上三行第四字「命」，資、磧、普、南、徑、麗作「令」。

一　六九九頁上九行「師子座」，資、磧、普、南、徑作「師子床」。

一　六九九頁上一〇行「前道」，資、磧、普、南、徑、麗作「前導」。

一　六九九頁上一六行第四字「頡」，資、磧、普、南、徑作「頊」。

一　六九九頁中一一行「沐身」，資、磧、普、南、徑作「沐浴身」。

一　六九九頁中一七行「紛繽」，資、磧、普、南、徑作「繽紛」。

一　六九九頁下六行「髮朱」，資、磧、普、南、徑作「髦朱」。

一　六九九頁下一一行「喜福」，資、磧、普、南、徑作「嘉祐」；麗作「嘉福」。

一　六九九頁下一二行「天寺」，麗作「天祠」。

一 六九九頁下一五行「往詣」，資、磧、普、徑作「往諸」。

一 六九九頁下二二行「生時」，普、南作「王時」。

一 七〇〇頁上六行「騰虛」，資、磧、普、南、徑、麗作「騰空」。

一 七〇〇頁上二二行「昇遐」，資作「昇霞」。

一 七〇〇頁中二行「便命終」，徑作「命便終」。

一 七〇〇頁中三行「二万」，普、南、徑作「三萬」。

一 七〇〇頁中九行「投之」，資、磧、普、南、徑作「教之」。又第一〇字「經」，資、磧、普、南、徑無。本頁下一八行第四字同。

一 七〇〇頁中一〇行夾註「不載」，資、磧、普、南、徑作「不具」。

一 七〇〇頁中一二行首字「未」，資、磧、普、南、徑、麗作「末」。又第六字「及」，普、南、徑、麗作「反」。

一 七〇〇頁中一六行第四字「捅」，麗作「捅」。

一 七〇〇頁下一行「立爲」，徑作「初立爲」。

一 七〇〇頁下四行第八字「便」，南、徑作「使」。

一 七〇〇頁下五行「恚達」，資、磧、普、南、徑、麗作「悉」。

一 七〇〇頁下八行「觀耕」，徑作「二觀耕」。

一 七〇〇頁下一四行「示納」，徑作「三示納」。

一 七〇〇頁下末行「出遊」，徑作「四出遊」。

一 七〇一頁上一〇行首字「㕣」，資、磧、普、南、徑作「令」。

一 七〇一頁上一一行末字「擧」，資、磧、普作「舉」。

一 七〇一頁上一九行「官属」，資、磧、南作「宮屬」。

一 七〇一頁上二〇行「快心」，資、磧、普、南、徑、麗作「决心」。

一 七〇一頁上二一行末字「慶」，至此，徑卷上終，卷下始。

一 七〇一頁上二二行至末行小字「初啓……食相」，徑無。

一 七〇一頁上二二行小字左「捨俗服」，資、磧、普、南作「法服相」；麗作「捨俗相」。

一 七〇一頁上末行小字右「若行相」，資、磧、普、南、徑、麗作「苦行相」。

一 七〇一頁中九行「普曜」，徑作「普曜經」。

一 七〇一頁中一八行「普曜」，資、磧、普、南、徑、麗作「普曜」。又「即命」，資、磧、普、南、徑作「即令」。

一 七〇一頁中二一行第三字「具」，資、磧、普、南、徑、麗作「見」。

一 七〇一頁下九行「况能剃髮」，資、磧、普、南、徑作「况能除髮」。

一 七〇一頁下一三行「智度論」，資、磧、普、南、徑作「智論」。

一 七〇二頁上五行「諫王不往」，資、磧、普、南、徑作「諫曰王不當往」。

一 七〇二頁上七行首字「告」，資、磧、

普、南、徑作「占」。

一　七〇二頁上一九行「麻麥陳如者」，資、磧、普、南、徑作「麻米者陳如」；麗作「麻米陳如」。

一　七〇二頁上二〇行「具述」，麗作「具達」。

一　七〇二頁中三行首字「將」，資、磧、普、南、徑作「垂」。

一　七〇二頁中一〇行「盲龍」，資、磧作「盲聾」。

一　七〇二頁中一一行「尨繞」，資、磧、普、南、徑作「右繞」。

一　七〇二頁中一八行「悟道乘時」，徑作「乘時成佛」。

一　七〇二頁中一九行「降魔」，徑作「初降魔」。

一　七〇二頁下一行「姿靡」，資、磧、普、南、徑作「姿媚」。

一　七〇二頁下二行「眄目」，資、磧、南、徑作「盼目」。

一　七〇二頁下六行「八十户虫」，資、磧、南作「八万户蟲」；普、徑作「八萬尸蟲」。

一　七〇二頁下九行第三字「勒」，資、磧、普、南、徑作「勅」。

一　七〇二頁下一三行「擬地獄」，資、磧、普、南、徑作「擬獄」；麗作「地獄」。又「蒙毫」，資、磧、普、南、徑作「白毫」。

一　七〇二頁下一八行「斷惑」，徑作「二斷惑」。

一　七〇三頁上三行「天清風輕」，麗作「天降」。

一　七〇三頁上四行第二字「甘」，麗作「甘露」。又「菩提樹」，資、普、徑作「菩薩樹」。

一　七〇三頁上九行「興念」，徑作「初興念」。

一　七〇三頁上一三行「迷生」，麗作「悉生」。

一　七〇三頁上一五行「道成」，資、磧、普、南、徑作「成道」。

一　七〇三頁上一七行「梵王」，徑作「二梵王」。

一　七〇三頁中二行「懷土」，徑作「三懷土」。

一　七〇三頁中七行「受供」，徑作「四受供」。

一　七〇三頁中八行「經本起」，資、磧、普、南作「本起」；徑作「本起經」。

一　七〇三頁中一二行第一二字「諸」，資、磧、普、南、徑作「往」。

一　七〇三頁中一三行「頞那山」，資、磧、普、南、徑、麗作「頗那山」。

一　七〇三頁中一六行「弘明」，資、磧、普、南、徑作「分明」。

一　七〇三頁中一九行「道逢」，徑作「五道逢」。

一　七〇三頁中末行「遇雨」，徑作「六遇雨」。

一　七〇三頁下一行「本起」，徑作「本起經」。

一　七〇三頁下四行「四千里」，資、磧、普、南、徑作「四十里」。

一　七〇三頁下八行「乘機」，徑作「七乘機」。

一七〇三頁下一二行「深生自愧」，資、磧、普、南、徑作「深自生愧」。

一七〇三頁下一六行「聲告」，徑作「八聲告」。

一七〇三頁下一八行「空天人唱」，資、磧、普、南、徑作「空天又唱」；麗作「空天又唱」。

一七〇三頁下二二行「出家」，徑作「九出家」。

一七〇四頁上五行「次第」，徑作「十次第」。

一七〇四頁上一〇行「分頭」，徑作「十一分頭」。

一七〇四頁上一七行首字「至」，資、磧、普、南、徑作「止」。

一七〇四頁上二二行第一〇字「佛」，資、磧、普、南、徑無。

一七〇四頁中一一行第三字「問」，資、磧、普作「同」。

一七〇四頁下五行「赴洴沙」，徑作「十二赴瓶沙」。

一七〇四頁下七行「竹林」，資、磧、普、南、徑作「杖林」。

一七〇四頁下一四行「度舍利弗」，徑作「十三度舍利弗」。

一七〇四頁下一六行「共爲」，資、磧作「若爲」。

一七〇四頁下末行「初發」，資、磧、普、南、徑作「初故」。

一七〇五頁上一行首字「度金色」，徑作「十四度金色」。

一七〇五頁上七行「逆之」，資、磧、普、南、徑作「逆之」；麗作「迎之」。

一七〇五頁上一一行「佛還」，徑作「十五佛還」。

一七〇五頁上一二行「普曜」，徑作「普曜經」。七〇七頁中九行同。

一七〇五頁中一行「機窮」，徑作「還神」。

一七〇五頁中二行「魔王」，徑作「初魔王」。

一七〇五頁中六行「天人」，普作「大人」。

一七〇五頁中一七行「一十人」，資、磧、普、南、徑作「一十五人」。

一七〇五頁中一九行首字「囑累」，徑作「二囑累」。

一七〇五頁下三行「標處」，徑作「三標處」。

一七〇五頁下六行「四牒」，徑作「四褻」。

一七〇五頁下二一行「正滅度」，徑作「四正滅度」。

一七〇五頁下二二行「泥洹」，徑作「泥洹經」。

一七〇六頁上一三行「終後」，徑作「五終後」。

一七〇六頁上二〇行「熙連河」，徑作「尼連河」。

一七〇六頁中二行「母來」，徑作「六母來」。

一七〇六頁中九行第七字「千」，資、磧作「明」；普、南、徑作「時」。

一七〇六頁中一四行「現雙足」，徑作「七現雙足」。

一七〇六頁中一七行「遶積」，麗作

「繞棺」。一九行同。

一七〇六頁中二〇行末二字至次行首字「長阿含」，徑作「長阿含云」。

一七〇六頁中二二行「天上」，徑作「八天上」。

一七〇六頁下四行第一三字「炭」，麗作「灰炭」。六行第四字同。

一七〇六頁下一六行「勑鬼」，資、磧、普作「惡鬼」。

一七〇六頁下一八行第八字「便」，資、磧、普、南、徑作「故」。

一七〇六頁下一九行「所有」，資、磧、普、南作「乃有」。

一七〇六頁下二〇行第一〇字「復」，資、磧作「度」。

一七〇七頁上三行第五字「衣」，資、磧、普、南、徑作「依」。

一七〇七頁上一〇行末字「相」下，徑有小字「一」。

一七〇七頁上一一行「中本起」，徑作「中本起經」。本頁下一六行同。

一七〇七頁上一八行「五迸」，資、磧、南、徑、麗作「五逆」。

一七〇七頁上末行末字「相」下，徑有小字「二」。

一七〇七頁中五行第二字「事」，資、磧、普作「使」。

一七〇七頁中六行第八字「懼」，資、磧、普、南、徑作「恐懼」。

一七〇七頁中八行末字「緣」下，徑有小字「三」。

一七〇七頁中一二行第九字「不」，南、徑作「下」。

一七〇七頁中一八行末字「緣」下，徑有小字「四」。

一七〇七頁中一九行「未曾有」，徑作「未曾有經」。

一七〇七頁中二一行「生死」，麗作「死生」。

一七〇七頁下一行「目連」，資、磧、普、南、徑作「目連作」。

一七〇七頁下一二行「捨位」，資、磧、普、南、徑、麗作「捨輪位」。

一七〇七頁下一三行首字「乃」，資、磧、普、南、徑無。

一七〇七頁下一五行末字「緣」下，徑有小字「五」。

一七〇七頁下二〇行第三字「退」，資、磧、普、南、徑作「追」。

一七〇八頁上七行「正法」，資、磧、普、南、徑、麗作「正法後」。

一七〇八頁上一四行第八字「亟」，資、磧、普、南、徑作「亟於」。

一七〇八頁上一五行「道蠱」，麗作「道蠱」。

一七〇八頁上一七行末字「記」下，徑有小字「六」。

一七〇八頁上二〇行「教接」，資、磧、普、南、徑作「救接」。

一七〇八頁中五行「岥峨」，南、徑作「巔峨」。

一七〇八頁中九行「乳滅救骨」，資、磧作「乳滅收骨」；普、南、徑作「火滅收骨」；麗作「乳滅骨」。

一七〇八頁中一三行「金掌」，南作「合掌」。

一　七〇八頁中一五行末字「相」下，徑有小字「七」。

一　七〇八頁中一八行第五字「令」，麗作「今」。

一　七〇八頁下一行「四王」，資、磧、普、南、徑作「四天王」。

一　七〇八頁下七行末字「緣」下，徑有小字「八」。

一　七〇八頁下一〇行夾註左第三字「注」，資、磧、普、徑作「往」；南作「住」。

一　七〇九頁上一行第二字「舉」，資、磧、普、南、徑、麗作「轝」。

一　七〇九頁上八行末字「轝」，資、磧、普、南、徑作「舉」。

一　七〇九頁上一一行末字「相」下，徑有小字「九」。

一　七〇九頁上一三行夾註「初娶」，資、磧、普、南、徑作「以初娶」。

一　七〇九頁上一九行第九字「癊」，資、磧、普、南、徑作「廕」；麗作「蔭」。

一　七〇九頁中一一行第一〇字「摩」，資、磧、普、南、徑作「摩訶」。

一　七〇九頁中二〇行「至矣」，資、磧、普、南、徑作「主矣」。

一　七〇九頁下七行「三億」，資、磧、普作「三憶」。

一　七〇九頁下一五行「元闕文」下，徑有「十」字。

一　七〇九頁下一六行末字「緣」下，徑有小字「十一」。

一　七一〇頁上二行第九字「有」，資、磧、普、南、徑、麗無。

一　七一〇頁上五行末字「緣」下，徑有小字「十二」。

一　七一〇頁上九行末字「國」，麗作「園」。

一　七一〇頁上一二行「舍利」，資、磧、普、南、徑作「舍利弗」。

一　七一〇頁上一三行首字「捅」，資、磧、普、南、徑、麗作「較」。

一　七一〇頁上一六行「天空」，資、磧、普作「天宮」。又第八字「作」，麗作「作化」。

一　七一〇頁上二〇行「疾困」，資、磧、普、南、徑作「病困」。

一　七一〇頁中四行第三字「髮」，徑作「佛」。又末字「緣」下，徑有小字「十三」。

一　七一〇頁中八行末字「記」下，徑有小字「十四」。

一　七一〇頁中末行第一〇字「祐」，資、磧、普、南、徑作「祐云」。次頁上五行首字同。

一　七一〇頁下二行「霞起」，資、磧、普、南、徑作「覆起」。

一　七一〇頁下四行末字「緣」下，徑有小字「十五」。

一　七一〇頁下九行第一〇字「爲」，資、磧、普、南、徑無。

一　七一〇頁下一〇行第二字「戴」，資、磧、普、南、徑作「載」。

一　七一〇頁下一四行末字「記」下，徑有小字「十六」。

一　七一〇頁下一八行「石室」，資、磧、

普、南、徑作「石像」。又末字「緣」下，徑有小字「十七」。

一 七一〇頁下一九行第一〇字「出」，資、磧、普、南、徑作「入山」；麗作「入出」。

一 七一〇頁下二一行「弟論」，資、磧、普、南、徑作「弟語」。

一 七一一頁上二行末字「斷」，麗作「便」。

一 七一一頁上三行「一高丈六」，資、磧、普、南、徑、麗作「高一丈六」。

一 七一一頁上八行末字「記」下，徑有小字「十八」。

一 七一一頁上一六行「穴中」，資、磧、普、南、徑作「窟中」。

一 七一一頁上二一行第一〇字「記」，麗無。又小字「廢與相示」下，徑有「十九」二字。

一 七一一頁中一〇行末字「土」，南、徑作「王」。

一 七一一頁中一二行第一一字「斷」，資、磧、普、南、徑作「幟」。

一 七一一頁下八行末字「就」，資、磧、普、南、徑、麗作「訖」。

一 七一一頁下一四行第六字「夫」，南、徑作「天」。又「迮王」，資、磧、普、南、徑作「笮王」。

一 七一一頁下二〇行末字「相」下，徑有小字「二十」。

一 七一二頁上四行「似血」，資、磧、普、南、徑作「以血」。

一 七一二頁上一八行首字「法」，資、磧、普、南、徑作「法既」。

一 七一二頁中一行首字「妙」，麗作「如」。

一 七一二頁中三行「行世」，南、徑作「後世」。

一 七一二頁中五行「女人」，徑作「女女」。

一 七一二頁中七行「在世」，資、磧、普、南、徑作「存世」。

一 七一二頁下二行第三字「兵」，麗作「丘」。

一 七一二頁下一四行末字至次行首字「弥勒」，資、磧、普、南、徑作「時彌勒」。

一 七一二頁下一七行第二字「始」，資、磧、普、南、徑作「始姓」。

一 七一二頁下一九行第一三字「以」，資、磧、普、南、徑無。

一 七一三頁上四行第六字「主」，南、徑作「王」。

一 七一三頁上六行首字「俱」，徑作「與」。

一 七一三頁上末行卷末經名，資、磧、普作「釋迦譜一卷」；徑作「釋迦氏譜卷下」。

經律異相卷第一

梁沙門僧旻寶唱等集　仙

序

如来應迹投緣隨機闡教兼被龍鬼匪直天人化啓憍陳道終須跋文積巨万簡累大千自西徂東固難得而究也若乃劉向校書玄言久蘊漢明感夢靈證弥彰自茲厥後傳譯相繼三藏奧典雖已略周九部雜言通未區集

皇帝同契等覺比德遍知大弘經教並利法俗廣延博古旁採遺文於是散偈流章往往而出今之所獲盖亦多矣

聖旨以為象正浸末信樂弥衰文句浩漫鮮能該洽以天監七年

勅釋僧旻等備鈔衆典顯證深文控會神宗辞略意曉於鑽求者已有太半之益但希有異相猶散衆篇難聞秘說未加摽顯又以十五年末

勅寶唱鈔經律要事皆使以類相從令覽者易了又

勑新安寺釋僧豪興皇寺釋法生等相助檢讀於是博綜經籍擇採秘要上詢　神慮取則成規凡為五十卷又目錄五卷分為五秩名為經律異相將來學者可不勞而博矣

天部上

三界諸天一　二界成壞二
劫之脩短三　日四
月五　星六
雷七　電八
雲九　風十
雨十一

三界諸天第一

欲界一　色界二
無色界三

欲界六天第一

四天王一　忉利二
炎摩三　兜率四
化樂五　他化六
魔天七

四天王天一

四天王居須弥四埵皆高四万二千由旬（大智論云須弥四邊有山恚名遊軋陁各高四万二千由旬四天王治化其上）東方

天王名提頭賴吒城号上賢南方天王名毗婁勒城号善見西方天王名毗婁博叉城号周羅（或作周羅未詳得失）北方天王名毗沙門凡住三城一号可畏二名天敬三名衆歸四王身長皆半由旬衣長一由旬廣半由旬其重二分天壽五百歲少出多減以人間五十歲為天一日一夜亦三十日為一月十二月為一歲也（五百歲即人間九百万歲也）食淨揣食洗浴衣服為細滑食男娶女嫁身行陰陽一同人間以昔三業善今生為天自然化現在天膝上形之大小如人間兩歲（別說云男坐父膝上女坐母膝上）兒生未久便自知飢七寶妙器盛百味食若福多者飯色自白若福中者飯色自青若福少者飯色自赤兒食消化後若渴寶器甘露如食之色飲不留停如蘋投火身體長大便與天等入池沐浴詣香樹下枝條垂曲取香塗身衣莊嚴具華鬘寶器果實樂器各有樹出遍往詣之隨意所取（樓炭經說大同小異文多不載）入諸園林無數天女鼓樂絃歌語笑相向深生染著視西忘東當其

戲樂忘其初生所念識知承先世善得生天上（樓炭經略同）池沼清澄花果榮茂其城七重皆廣六千由旬欄楯羅網宮牆行樹皆悉七重毗沙門王常有五大鬼神一名那闍婁二名檀陁羅三名醯摩拔陁四名提偈羅五名修逸路摩常隨侍側半月三齋八日十四日十五日四天王常以八日勅諸使者汝等案行世間觀察人民孝父母敬沙門及婆羅門長老受持齋戒布施者不使者奉教具啓善惡聞惡不悅言善則喜十四日四王常遣太子案行天下十五日四天躬自履歷然後詣善法殿具啓帝釋聞惡則憂言善則樂說偈歎受持齋戒人與我同行（出長阿含經第二十卷又出大智論樓炭經）

忉利天第二

忉利天居須弥山頂有三十三天宮王名釋提桓因（梁言能作天王）身長一由旬衣長二由旬廣二由旬衣重六銖壽天千歲少出多減若欲終時有五相現一者衣裳垢膩二者頭上花萎三者身體臭穢四者腋下汗流五者不樂

本座見五事時心大苦惱如地獄苦飲食嫁娶猶如四天身體相近以氣成陰陽（出三法度經云行欲如人）天自然化現在天膝上如三歲兒天即認言是我男我女自識前世布施持戒欲得飲食隨滿金器福有深淺食有優降如四天王天城縱廣八万由旬（樓炭經云廣長二百二十万里）其城七重九百九十九門門有六十青衣夜叉守之（長阿含經太略）（六十由旬相去五百由旬有一門門有百鬼神守衛）三十三天金城銀門銀城金門如是七寶互為城門樓閣臺觀周匝圍遶園林浴池寶花間雜寶樹行列花果繁茂香風四起悅可人心異類奇鳥无數和鳴其四園中各有二石墮各各縱廣五十由旬七寶所成軟若天衣（樓炭經說相似文多不載）廣澁園晝樂園中間有難陁池縱廣百由旬其水清澄七重寶壍生四種華青黃赤白紅縹雜色香氣普熏聞一由旬根如車轂汁白如乳味甘如蜜復有雜園大歡喜園中間有樹名晝度圍七由旬高百由旬枝葉四布五十由旬其香逆風百由旬內忉利殿南又有

一樹名波質拘耆羅高四千里枝葉分布二千里風吹花香逆風行聞二千里當樹花時諸天共坐樹下以為歡樂經遊天一百二十日帝釋三十二大臣故言三十三天也各有宮皆在城内遊戲園中必經七日麁澁者入此園時身體麁澁畫者入此園時身體自然種種畫色以相悅樂雜者常以月八日十四日十五日放諸婇女與諸天子雜遊獨與舍脂共在一處名為雜大喜者入此園時心大歡喜出長阿含經第二十卷又出樓炭大智論華嚴涅槃

炎摩天第三

炎摩梁言時天宮風輪所持在虛空中王名善時大智論云妙善身長二由旬衣長四由旬廣二由旬衣重三銖從樹而出明淨光曜有種種色身體光明不須日月身口意善或以燈燭明珠等施持戒禪定等業生炎摩天壽天二千歲少出多減食飲婚欲猶如忉利天三法度經云以深著意相抱成欲若不深者不成歡樂耳初生之形如人間四歲忉利天光明所不能及出長阿含經第二十卷又出樓炭經大智論華嚴

兜率天第四

兜率梁言知足天宮風輪所持在虛空中王名善喜後邊身菩薩多生此天下天放誕上天闇鈍故生此天出大智論六下地結使厚濁上地結使利唯兜率天不厚不利智慧安隱又下地命短終時佛未出世上地命長壽未盡佛復過去兜率天時命等故又佛常居中道兜率天於六天為中身長四由旬衣長八由旬廣四由旬衣重一銖半壽天四千歲少出多減食同下天亦有嫁娶執手成欲其天初生如人五歲自知前世所作布施持戒等事食自然飲食衣冠歌儛身有光明勝於炎摩出長阿含經第二十卷又出華嚴涅槃樓炭大智論

化樂天第五

化樂天宮亦為風輪所持在虛空中王名善化自化五塵以自娛樂身長八由旬衣長十六由旬廣八由旬衣重一銖壽天八千歲少出多減食與下同亦有嫁娶熟相視成欲三法度經云以深染汙心與天女共語成欲若一不深不成但樂而已其天初生如人六歲自光明殊勝兜率出長阿含經第二十卷又出樓炭華嚴

他化自在天第六

他化自在天宮亦為風輪所持在虛空中王名自在轉集他所化以自娛

樂也名愛身天於欲界中獨得自在身長十六由旬衣長三十二由旬廣十六由旬衣重半銖壽天万六千歲少出多減食如下天亦有婚姻變視成欲樓炭經云但念便成三法度經云共女各深染著相視成欲若一不染不成但樂如人間相視持耳如見他人所化故言他化也其天初生如人七歲自知宿命以布施持戒棄惡故自然飲食衣服玉女事並同前光明有勝化樂出長阿含經出第二十卷又出華嚴經大智論樓炭經

魔天第七

魔天宮在欲色二界中間魔者辟如石磨磨壞功德也縱廣六千由旬宮牆七重一切莊嚴猶如下天並有十法一者飛去無限數二者飛来无限數三者去无礙四者来无礙五者天身无有皮膚骨髓筋脉血肉六者身無不淨大小便利七者身無疲極八者天女不產九者天目不眴十者身色隨意好青則青好黃則黃好赤白衆色隨意而現此是天十法又有持十事持一者飛行無極二者往還无極三者諸天無盜賊四者不相說身善亦不說他人惡五者無有相侵六者

諸天齒等而通七者髮紺青色滑澤長八丈八者天人青色髮者身亦青色九者欲得白者身即白色十者欲得黑色身即黑色（出長阿含經第十八第三十卷又出樓炭大智論）

色界二十三天第二

梵身天一　梵輔天二

梵衆天三　大梵天四

光天五　少光天六

無量光天七　光音天八

淨天九　少淨天十

無量淨天十一　遍淨天十二

嚴飾天十三　少嚴飾天十四

无量嚴飾天十五　嚴飾果實天十六

無想天十七　不煩天十八

无熱天十九　善見天二十

大善見天二十一　色究竟天二十二

摩醯首羅天二十三

梵身天第一

梵身天宮宮純黃金身白銀色（色界衣）衣金色衣行禪離欲修習火光三昧故身出妙光勝於日月非男非女以禪悅為食壽命一劫或有減者身長半由旬壽半劫（出長阿含經第二十卷）

梵輔天第二

梵輔天（數大冒妻）與前天同若修中禪是當梵生處身長一由旬壽一劫（出長阿含經第二十卷）

梵衆天第三

梵衆天與前天同　若修下禪諸小梵生處身長一由旬半壽一劫半（出長阿含經第二十卷）

大梵天第四

大梵天王名曰尸棄（梁言火巳）與前天同若修上禪則生此也於梵衆中發大音聲一切大衆無不知者梵身諸天各自念言大梵天王唯與我語不接餘人我自然得无所承受於千世界寂得自在富有豐饒能造化万物我是一切衆生父母後來諸梵第一尊重顏如童子名曰童子擎雞持鈴捉赤幡騎孔雀初禪名曰梵迦夷有宮去於他化自在宮由旬一倍（出長阿含第二十卷）（花嚴樓炭大智論雜心毗曇心云色界十七居止下三禪各有三天四禪有九天應有十八謂初禪下天是諸梵奴故不數也初禪无梵身二禪無光三禪无淨）

光天第五

光天以禪味為食壽命二劫或有減者（出長阿含第二十卷）

少光天第六

少光略與前同（出長阿含經第二十卷毗依品云語言時口出少光）

無量光天第七

无量光略與前同（出長阿含經第二十卷依品云語言時口出多光）

光音天第八

光音天（依品云光耀天語言口出淨光无邊）王名樂光（樓炭經云阿拔附天）（菩薩又名光念又名光音聲）觀閻浮提臭穢惡氣上熏七千万里是以菩薩不生光音（長阿含云天上百由旬遍聞臭氣甚於廁溷）二禪通名光音有宮去於梵迦夷宮由旬一倍（出長阿含經第二十卷又出華嚴大智論菩薩處胎經）

淨天第九

淨天以禪樂為食壽命三劫或有減者（出長阿含經第二十卷）

少淨天第十

少淨略與前同（出長阿含經第二十卷依品云三天同智覺无息樂相應禪生）（是三種天以少方便相應禪生少淨天受樂亦少）

無量淨天十一

无量淨略與前同（出長阿含經第二十卷依品云以中方便生此天）

遍淨天第十二

遍淨天（梵言韋細依品云以上方便生此天）王名淨智四辟捉具持輪御金翅鳥三禪通名遍淨亦名首陁斤有宮去於光音宮由旬

一倍（出長阿含經第二十卷又出樓炭大智論）

經律異相第一卷　第十三張

嚴飾天第十三

嚴飾天以禪悅為食壽四万劫或有減者（出長阿含經第二十卷）

少嚴飾天第十四

少嚴飾粗與前同（出長阿含經第二十卷）

無量嚴飾天第十五

无量嚴飾粗與前同（出長阿含經第二十卷）

嚴餝果實天第十六

嚴飾果實天王名法花光四禪通名果實有宮去於遍淨宮由旬一倍（出長阿含第二十卷又出花嚴）

无想天第十七

無想天（樓炭經云无人想）以禪樂為食壽五百劫或有減者猶色界數光明勝於果實外道謂為涅槃（出長阿含經第二十卷依品云減想生无想雖有色陰行陰少入生想便无）

不煩天第十八

不煩天（長阿含云无造樓炭經云阿梨身長千由旬）以禪樂為食壽命千劫或有減者光明勝於无想（出長阿含經第二十卷）

無熱天第十九

无熱天身長四千由旬細軟委地不能自立若下見佛變為麁形以禪為味天壽二千劫或有減者光明勝於不煩（出長阿含經第二十卷）

經律異相第一卷　第十三張

善見天第二十

善見（華嚴云善見樓炭云須臨稱）身長四千由旬亦以禪樂為食壽三千劫（三乘名數經云壽四千劫）或有減者光明勝於无熱（出長阿含經第二十卷）

大善見天第二十一

大善見（華嚴云善見樓炭經云頞弥猶屋）身長八千由旬亦以禪樂為食壽命四千劫（三乘名數經云八千劫）或有減者光明有勝善見（出長阿含經第二十卷）

色究竟天第二十二

色究竟天（華嚴經同樓炭經云阿迦膩吒）身長一万六千由旬亦以禪樂為食壽五千劫（三乘名數經云一万六千劫）或有減者此五天通名淨居諸那含所止光明最勝（出長阿含第二十卷又出樓炭華嚴大智論）

摩醯首羅天第二十三

摩醯首羅天（梁言大自在）又名淨居過五淨居而有八處皆悉虛寂是十住大士之所住處法雲菩薩多作此天王形有八臂三眼騎大白牛大雲降雨雨大千界一切衆生无能知數唯此天王獨能知之（涅槃經云如人供養摩醯首羅當知是人已供養一切諸天樓炭經云光音天上无有王出大智論第二卷）

經律異相第一卷　第十四張

無色四天第三

无量空入處或云空處智天壽万劫或有小減（出雜阿含經樓炭經云虛空智天）

無量識入處或云識處智天天壽二万一千劫或復小減（出雜阿含經樓炭經云識知天）

有入處或云無所有處智天或云不用處有擾蹋藍不受佛化而自命終佛記此人生不用處若復捨身為邊地王傷害人民後生地獄中天壽四万二千劫或有小減（出長增一二阿含經樓炭云阿謁若然天）

非想非非想入處或云有想无想天有弗羅勒迦藍不受佛化而取命終佛記當生有想无想天後當復為著翅惡狸飛行走獸无脫之者命終生地獄中天壽八万四千劫或有小減（出雜增一二阿含樓炭經云上有天名无有非想思亦有思想天）

二界成壞第二

三小灾一（又名三小劫又名三大劫）

三大灾二（又名三中劫）

三小灾第一

劫初時人壽四万歲後轉減促止於百年漸復不全乃至十歲（雜心同小劫經抄云十二餘歲）

女生五月皆已行嫁十歲之時謂三小劫一刀兵二飢餓（出長阿含經去穀貴）三疾病刀兵劫者人多貪𫟷行十惡法若行一善衆共訕笑推以為愚爭共陵滅相㩻作惡无一善人五穀不生美味消滅繒絹劫貝自然而盡但食稊稗織草為衣七寶沉没沙石充遍地生荆棘枝葉大小皆是刀劒拱木倒壞地盡藩坑涌波崩岸江河稍廣平地漸減刀兵一起經七日中手執草木凡石悉成刀劒更相劫奪懔懔恐懼但欲相煞猶如獦師遇見群鹿中有智者遠藏山谷無人之處食果飲水以盡十年（長阿含云自在七日更出人間）相煞盡者生地獄中名刀兵劫

飢餓劫者人多非法愚癡邪見慳貪嫉妬守財不施水旱不節佃種無收米穀轉盡食粒驚貴掃擇糞街巷落葉以自連命糞葉既盡穿鑿地下食草木根不能與者在先而死㨗則死人復共噉噉之轉竭於屠煞之處乃至塜間拾諸骸骨煑汁飲之此自活飢死盡者生餓鬼中名飢餓小劫

疾病劫者人皆正見修行十善疾病衆多無他方計少有醫藥雖行衆善不能攘逆薄福德故遇病輙死神兵來侵嬈撾打杖捶使其心乱接其精神煞之將去久命既終皆生天上名疾病劫若能一日一夜持不煞戒終不生刀兵劫中若以一呵梨勒果施僧終不生疾疫劫中若一食施僧終不生飢饉劫中此閻浮提惡劫乎起餘方則少此閻刀兵劫起彼惟重瞋此疾疫劫起彼惟氣力羸劣此閻飢饉劫起彼但小渴乏耳（出長阿含經第二十二卷又出三小劫經抄又出雜心第十四卷）

三大灾第二

天地始終謂之一劫劫盡壞時火灾將起一切民人皆背正向邪競行十惡天久不雨所種不生諸水泉源乃至四大駛河皆悉枯竭久久之後風入海底取日上大城郭於須弥山邊置本道中（雜心曰劫減之時有七日輪住由乾陁山從彼而出又說分一日為七日也又說從阿鼻地獄出衆生業力致也）一日出時百草樹木一時彫落二日出時四大海水從百由旬乃至七百由旬內水自然枯涸三日出時四大海水千由旬乃至七千由旬內水展轉消竭四日出時四大海水深千由旬五日出時四大海水縱餘七百由旬乃至竭盡六日出時此地厚六万八千由旬皆悉烟出從須弥山乃至三千大千剎土及八地獄靡不燒滅烟爐无人民命終皆依須弥山五種諸天三十三天炎天乃至他化自在天皆悉命終宮殿皆空一切无常不得久住七日出時大地須弥山漸漸崩壞百由旬永无遺餘金銀銅鐵之類皆悉流鑠稍就枯竭山皆洞然諸寶爆裂崩𡾰砰磕烟炎振動至于梵天一切惡道及阿脩倫皆悉蕩盡罪終福至皆集第十五天上十四以下盡成灰墨新生天子未曾見此普懷恐懼舊生天子各來慰勞勿生恐怖終不至此人民命終生光音天以念為食光明自照神足飛行或生他土若生地獄地獄罪畢亦生天上若罪未畢亦生天上若罪未畢復移他方无日月星宿亦无晝夜唯有大冥謂之火劫火灾因縁異

報致此壞敗劫欲成時火乃自滅更起大雲漸降大雨渧如車軸是時此三千大千剎土水遍其中乃至梵天雜心曰水災所壞至第二禪水從第三禪際雨熱灰水又說水輪出也謂為水劫水災復有四風持水不散一名住二日助三日不動四日堅經數千億万歲水上泡沫化作千第十四天宮皆悉衆寶水漸減隨嵐吹鼓次第轉作天下諸天及日月宮殿次作千須弥山次第乃至千四天下地山河城池水上清潔初作天宮衆寶所成光明寂勝轉減轉濁諸天宮殿七寶光明漸下漸劣地欲露時水沙流急隨下爭赴遂成川河流入于海海深八万四千由旬其廣无邊樓炭經云深八百四十万由旬須弥山在於海中出海又八万四千由旬水味鹹苦劫初成時自然雲起至光音天周遍降雨洗濯天宮滌蕩万物諸不淨汁下流入海令為鹹苦又有大仙人呪使鹹苦令人不飲又有雜類衆生居之便利其中故成鹹苦謂為風劫風災雜心云風災所壞至第三禪百億四天下一時俱壞此三災地為四災四劫除地餘三說為大劫過

地種劫者劫壞所及唯未曾至第四禪為淨居天故無上地可生即於彼處涅槃亦不下生非數滅故變成天地天地更始盪空虛了无所有亦無日月地涌甘泉味如穌蜜時光音諸天或有福盡來生或樂觀新地性多輕躁以指嘗之如是再三轉得其味食之不已漸生麁肌失天妙色神足光明冥然大闇後大黑風吹鼓海水飄出日月置須弥邊安日道中遶須弥山照四天下時諸人輩見出則歡見入則懼自茲以後晝夜晦朔春秋歲數忽然復始食之多者轉生醜顇飡之少者尚遺妙色美惡好醜漸漸而生憍慢嫉妬次第而起忿結諍競相續不絕甘泉自涸地上生肥其味香美有若甘露時諸衆生復共食之食之多者頓失威光體重生骨食之少者身輕无累尚能飛行重者見之皆大啼哭稱我窮厄住此世間是非諍訟倍劇前法資食地肥相看顏色欲心多者變成女人共相愛著遂行婬欲如是流布餘光音天子皆悉墮

落共來呵罵曰汝等何為行不淨行地肥轉入土中自生粳米鮮淨无皮既香且美食者肥白朝採暮生人漸懈怠并取多日極情恣欲无有時節女懷胎孕復生衆生餘人見之即加駈擯遣出人外三月聽還知生慚愧共作方宜取諸草木起立宮舍覆蔵形體使人不見習翫婬欲如是轉增多取粮粒以為資儲如是相數粳米荒穢轉生糠糩刈已不生衆生見此心大憂惱世有大灾粳米復不如本各自念言我本生時以念為食神足飛行光明自照住此懈怠乃至如今復相謂言今共分地別立摽記封壃邊畔於是為始自蔵已分竊他禾米米主見之曰今怨汝罪後莫復為如是轉多倍加呵責呵責不已以手加之以告衆人去此人為盜盜者又言此人打我衆人見此憂愁不樂皆共集會議曰衆生轉惡此是生老病死之原煩惱苦報墮三惡道由有田地致此諍訟今者寧可共立聰明高才一人為主以法理之可護者護可責

者責應遣者遣當共集米以相供給選擇賢明形體端正有威德者而語之言汝為我等作平等主善言慰勞衆皆歡喜即共稱言善哉大王即以正法治民名為刹利皆是舊法後人侵他物者即取懲罰及重犯之便造督遮鞭杖猶不能止又作牢獄刀杖等物考楚煞戮令懷畏懼時有一人念家多患猶如毒刺棄捨妻兒獨處山林起立草菴靜攝其志修習梵行名婆羅門後婆羅門有不樂閑靜坐禪思惟者便入人間誦習為業又自稱言我是不禪人於是世人号之為不禪婆羅門時衆生中有人好營居業多積財寶名為居士又有多好機巧名首陁羅又有自猒世法剃除鬚髮法服修道名曰沙門時人心懷煞盜又失粳米立五種子一者根子二者葉子三者華子四者果子五者莖生及餘種子是謂五種之子皆是風吹他方刹土種子來濟此國衆生如此之瑞有生老病死有五盛陰不盡時際水劫末時光音諸天入水澡浴

四大精氣入其身內體生觸樂精流水中八風吹盪墮淤泥中自然成卵經八千歲其卵乃開生一女人其形青黑猶如淤泥有九百九十九頭有千眼九百九十九口一口四牙牙上出火狀如霹靂二十四手手中皆捉一切武器其身高大如須弥山入大海中拍水自樂有旋嵐風吹大海水水精入體即便懷任經八千歲然後生男身體高大四倍勝母兒有九頭頭有千眼口中出火有九百九十九手有八脚於海水中自号我是毗摩質多羅阿修羅王唯噉淤泥及藕地劫初成變易如是出增一阿含經第三十二卷又出長阿含經第六卷又小品劫抄又觀佛三昧第二卷 劫燒盡時一切皆空衆生福德因緣力故十方風至風風相次能持大水上有一千頭人二千手足名為違紐是人齊中生千葉金色蓮華其光大明如万日照花中有人結跏趺坐此人復有无量光明名為梵天王正生八子八子生天地人民是梵天王婬瞋已盡坐蓮花上諸佛隨俗現寶蓮花上結跏趺坐說六波羅蜜

聞此法者必至阿耨多羅三藐三菩提出諸雜譬喻第六卷

劫之修短第三

佛言設方百由旬城滿中芥子有長壽人百歲取一芥子芥子盡劫猶不盡又如方百由旬石持迦尸輕㲲衣百年一拂此石脫盡劫猶不盡謂之大劫也又言方一由旬高下亦然鐵城滿中芥子百年取一盡為一劫又方一由旬石山士夫以迦尸衣百年一拂拂之不已石山銷盡劫猶未竟六十念中之一念謂極小劫也出大智論第三十六卷又出增一阿含第二十一卷又出第二十八卷又出雜阿含第三十四卷

日四

日城郭方正二千四十里其高亦然光射人眼見之若圓宮城純金七寶瑩麗无諸瑕為五風所持一持二養三受四轉五調日王座方二十里身出光明照耀宮殿宮殿之光照於城郭城郭之光下臨下土無數天神前後導從音樂自娛無有休息林觀浴池如忉利天天壽五百歲子孫相襲以竟一劫日城違須弥山東方日出南方

望西方夜半北方日入如是右旋更為晝夜復有長短日行稍南南方漸長經六十里一百八十日北方稍短復方稍北北方稍長一百八十日南方稍短出長阿含經第二十二卷又出樓炭經

月五

月城郭廣長千九百六十里其高亦然儼然方正遠見故圓二分天銀一分琉璃內外清徹光明遠照為五風所持月王坐方二十里七寶宮殿無量天神光明妓樂前後導從園池等玩如忉利天天壽五百歲子孫相襲以竟一劫月虧滿缺者一角行夜稍稍隱側故見缺減又去月城邊有天其色正青衣服亦青所在之面青光照城故缺減也滿者月行稍轉向正又青色天十五日轉入月城與王遇會又須弥山南地有大樹樹名閻浮提高四千里枝蔭二千里影現月中出長阿含經第二十二卷又出樓炭經

日月蝕

阿修倫天王名羅呼其體高二万八千里以月十五日立海中央海水裁其齊伍頭闚須弥羅寶泰山及四方上鎮以指覆日月天下晦冥或覆日以晝為夜所謂日月蝕時危光明也出樓炭經第五卷

經律異相第一卷 第十五張

星六

星宿城郭天神之舍也以水精為城七寶為宮懸在空中大風持之猶如浮雲隨日運行為眼所見大者七百里中者五百里小者百二十里宮室園池如四天王天壽命亦尒出樓炭經第六卷又出長阿含

雷七

虛空雲中有時地大與水相觸有時與火風等大相觸水火風大更互相觸皆生虛空雲中雷聲出長阿含經第二十卷

電八

電有四種東方名身光二南方名難毀西方名流炎北方名定明何以虛空雲中有此電光四方之電又共相觸有此光起出長阿含經第二十卷

雲九

雲有四種一白二黑三赤四紅白者地大偏多黑者水大偏多赤者火大偏多紅者風大偏多去地或十里或二十三十乃至四千里除劫初時上至光音天出長阿含經第二十卷雲有四色一青二赤三黃白四黑青者中有水界大多赤者中有火界大多黃白者中有地界大多黑者中有風界大多出樓炭經第四卷

經律異相第一卷 第十六張

龍氣為雲出長阿含經

風十

世界壞時有大風起名曰壞散悉能吹壞摩滅大千世界金剛鐵圍山等一切万物時大千世界外復有風起名障壞散能隔風灾得至餘方若无此障風十方無量阿僧祇世界无不散滅出華嚴經第三十卷

雨十一

相師占雨有五因緣不可定知使占者迷惑一者雲有雷電占謂當雨以火大多燒雲不雨二者雲有雷電占亦謂雨有大風起吹雲四散入諸山閒三者雲有雷電占亦謂雨時阿脩羅攬接浮雲置大海中四者雲有雷電占亦謂雨而雨師放誕婬乱竟不降雨五者雲有雷電占亦謂雨而世閒衆生非法縱盪汙清淨行慳貪嫉

始所見顛倒故使天不降雨以此五事相不定知出長阿含第二十卷樓炭同

經律異相第一卷　第十七張　仙字号

阿耨達龍王興大重雲滿閻浮提並降大雨百穀草樹皆悉滋長江河川沿一切盈滿此大雨水從龍王身心中出而能饒益无量衆生摩那斯龍王將欲降雨先興重雲弥覆虛空慈悲心故凝停七日先令衆生究竟諸業漸降微雨普潤天地出長阿含經第二十卷

經律異相卷第一

經律異相卷第一

校勘記

一　底本，金藏廣勝寺本。

一　七二二頁中一行經名，資、磧、普、南作「經律異相卷第一　并序」；徑、清作「經律異相序」。

一　七二二頁中二行撰者，資、磧、普、南作「梁天監十五年沙門寶唱等奉勅　撰」；徑、清作「梁沙門寶唱撰」。

一　七二二頁中三行「序」，資、磧、普、南、徑、清無。

一　七二二頁中六行第一一字「固」，資、徑作「羗」；磧、普、南、清作「羌」。

一　七二二頁中八行「傳譯」，資、磧、普、南、徑、清作「翻譯」。

一　七二二頁中一三行「而出」，資、磧、普、南、徑、清作「復出」。

一　七二二頁中一六行「該洽」，磧、南、徑、清作「該治」。

一　七二二頁中二〇行末字「末」，資、磧、普、南、徑、清無。

一　七二二頁下二行「擇採」，資、磧、普、南、徑、清作「搜採」。

一　七二二頁下三行「神慮」，資、磧、普、南、徑、清作「宸慮」。又「凡爲」，資、磧、普作「已爲」。

一　七二二頁下五行與六行之間，徑、清有「經律異相卷第一」、「梁沙門僧旻寶唱等奉勅　撰」各一行。

一　七二二頁下六行「天部上」，徑、清作「天部第一」。

一　七二二頁下七行至一二行「三界諸天一……雨十一」，徑無。

一　七二二頁下一三行「第一」，磧、南作「一」；徑作「有三大種」。

一　七二二頁下一四行至一五行「欲界一　色界二　無色界三」，磧、南、清作「一欲界　二色界　三無色界」；徑無。

一　七二二頁下一六行「欲界六天第一」，資、磧、普、南作「欲界六天一」；徑作「欲界六天有六小種魔

天附」；清作「一欲界六天　摩天附」。

一　七二二頁下一七行至二〇行「四天王一忉利二炎摩三兜率四化樂五他化六魔天七」，資、磧、普、南作「一四天王二忉利（南作「二忉利天」）三焰摩四兜率五化樂六他化七魔天」；徑無；清作「一四天王二忉利天三焰摩天四兜率天五化樂天六他化天七魔天」。

一　七二二頁下二一行「四天王天一」，資無；磧、普、南、清作「四天王第一」；徑作「一四天王」。

一　七二二頁下末行夾註右「有山」，資、磧、普、南、徑、清作「有四山」。

一　七二三頁上二行「毗婁勒」，資、磧、普、南、徑、清作「毗婁勒叉」。

一　七二三頁上八行「三十日」，資、磧、普、南、徑、清作「以三十日」。

一　七二三頁上九行夾註左「九万」，資、磧、普、南、徑、清作「九百万」。

一　七二三頁上一三行夾註左「女坐母膝」，資、磧、普、南、徑、清作「女生坐母膝」。

一　七二三頁上一九行「乘曲」，諸本（不含石，下同）作「垂曲」。

一　七二三頁上二〇行「衣莊嚴具」，資、磧、普、南、徑、清作「衣具莊嚴」。

一　七二三頁上末行「語笑」，資、磧、普、南、徑、清作「戲笑」。又「忘東」，資、磧作「急東」。

一　七二三頁中七行「路摩」，南、徑、清作「跋摩」。又「隨侍」，資、磧、普、南、徑、清作「侍王」。

一　七二三頁中一三行「四天」，資、磧、普、南、徑、清作「四王」。

一　七二三頁中一四行「帝釋」，資、磧、普、南、徑、清作「帝釋帝釋」。

一　七二三頁中一五行首字「憂」，資、磧、普、南、徑、清作「愁」。又「說偈歎受持齋戒」，資、磧、普、南、徑、清作「說偈讚歎受持齋受戒」。

一　七二三頁中一七行「忉利天第二」，資無；徑作「二忉利天」。

一　七二三頁中二〇行「二由旬」，資、磧、普、南、徑、清作「一由旬」。

一　七二三頁下三行夾註右首字「出」，資、磧、普、南、徑、清無。

一　七二三頁下五行第二字「認」，資、磧、普、南、徑、清作「誌」。

一　七二三頁下八行夾註左「二百」，資、磧、普、南、徑、清作「各三百」；麗作「三百」。

一　七二三頁下一〇行夾註右「五百由旬」，資、磧、普、南、徑、清作「五由旬」。又左「百鬼神」，諸本作「五百鬼神」。

一　七二三頁下一一行「手爲」，清作「正爲」。

一　七二三頁下一五行第五字「墮」，麗作「埵」。又第七字「各」，資、磧、普、南、徑、清無。

一　七二三頁下一六行末字「盡」，資、磧、普、南、徑、清作「畫」。

一　七二三頁下二一行第一四字「廣」，諸本無。

一　七二四頁上四行「三十二」，麗作「有三十二」。

一　七二四頁上五行「有宮」，資、磧、普、南、徑、清作「有宮室」。

一　七二四頁上一三行「炎摩天第三」，徑作「三燄摩天」。

一　七二四頁上一四行夾註左「時」，資作「時善」；磧、普、南、徑、清作「善時」。又「天宮」，資、磧、普、南、徑、清作「天宮殿爲」。

一　七二四頁上一九行「壽天」，磧、普、南、徑、清作「天壽」。

一　七二四頁上二〇行「婚欲」，資、磧、普、南、徑、清作「婚娶愛欲」。

一　七二四頁上二一行夾註右「深著」，諸本作「染著」。又左「不深著不成」，資、磧、普、南、徑、清作「一不染著不成但」。

一　七二四頁上二二行「切利天」，資、磧、普、南、徑、清作「忉利」。

一　七二四頁上末行夾註右「樓炭經」，資、磧、普、南、徑、清作「樓炭」。

一　七二四頁中一行「兜率天第四」，徑作「四兜率天」。

一　七二四頁中四行夾註右首字「出」，資、磧、普、南、徑、清無。

一　七二四頁中五行夾註右第二字「利」，資、磧、普、南、徑、清作「數利」。

一　七二四頁中六行夾註右「常居」，清作「常如」。又左「爲中」，資、磧、普、南、徑、清作「爲中也」。

一　七二四頁中一二行夾註左「樓炭大智論」，資、磧、普作「大智論婁炭」；南、徑、清作「大智論樓炭」。

一　七二四頁中一三行「化樂天第五」，徑作「五化樂天」。

一　七二四頁中二〇行「光明殊」，資、磧、普、南、徑、清作「有光明殊勝」。又夾註「第二小卷」，資、磧、普、南、徑、麗作「第二十卷」；清作「第九十卷」。又「華嚴」，資、磧、普、南、徑、清作「華嚴等經」。

一　七二四頁中二一行「他化自在天第六」，徑作「六他化自在天」。

一　七二四頁下一行第三字「名」，資、磧、普、南、徑、清作「又名」。

一　七二四頁下五行夾註左「相袍」，諸本作「相抱」。

一　七二四頁下六行夾註左末字「也」，資、磧、普、南、徑、清無。

一　七二四頁下八行「有勝」，資、磧、普、南、徑、清作「全勝」。

一　七二四頁下九行夾註右第六字「出」，諸本無。又左「華嚴經大智論樓炭經」，資、磧、普、南作「華嚴大智論婁炭」；麗作「華嚴大智論樓炭經」。

一　七二四頁下一〇行「魔天第七」，徑作「七魔天」。

一　七二四頁下二一行第二字「持」，資、磧、普、南、徑、清無。

一　七二四頁下末行「亦不說」，資、磧、普、南、徑、清作「自不說況說」。

一　七二五頁上二行「天人」，磧作「人人」。

一　七二五頁上四行「身即黑色」，資、磧、普、南、徑、清作「而身即黑」。又夾註「出長阿含經第十八第三十卷又出樓炭大智論」，資、磧、普、南、徑、清作「出阿含經第十八卷又出第二十卷又出樓炭經大智論」。

一　七二五頁上五行「色界二十三天第二」，資、磧、普、南作「色界二十三天二」；徑作「二色界　有二十三小種」；清作「二色界二十三天」。

一　七二五頁上六行至一七行「梵身天一……摩醯首羅天二十三」，徑無。

一　七二五頁上六行第三字「天」，資、磧、普、南無。下至一七行第五字同。

一　七二五頁上六行「梵身天一」，清作「一梵身天」。下至一七行二十三天各天之名與序次，均同此例。

一　七二五頁上一八行「梵身天第一」，資、磧、普、南無；徑作「一梵身天」。

一　七二五頁上一九行第五字「宮」，資、磧、普、南、徑、清無。

一　七二五頁上末行夾註右「長阿含經」，諸本作「阿含經」。

一　七二五頁中一行「梵輔天第二」，資、磧、普、南無；徑作「二梵輔天」。

一　七二五頁中四行「梵衆天第三」，資、磧、普、南無；徑作「三梵衆天」。

一　七二五頁中八行「大梵天第四」，資、磧、普、南無；徑作「四大梵天」。

一　七二五頁中九行夾註左「火已」，資、磧、普、南、徑、清作「火色」。

一　七二五頁中一〇行「若修」，磧作「日修」。

一　七二五頁中一八行第二字「於」，資、磧、普、南、徑、清無。又夾註右「阿含」，資、磧、普、南、徑、清作「阿含經」，下同(不含「阿含經」)。

一　七二五頁中一九行夾註右「雜心毗曇心」，麗作「雜阿毗曇心」。

一　七二五頁中二一行「光天第五」，資、磧、普、南無；徑作「五光天」。

一　七二五頁下一行「少光天第六」，資、磧、普、南無；徑作「六少光天」。

一　七二五頁下二行夾註「毗依品」，資、磧、普、南、徑、清作「略依品」。

一　七二五頁下三行「無量光天第七」，資、磧、普、南無；徑作「七無量光天」。

一　七二五頁下五行「光音天第八」，資、磧、普、南無；徑作「八光音天」。

一　七二五頁下六行「王名」，資、磧、普、南、徑、清作「王名曰」。二一行及次頁上一〇行同。

一　七二五頁下六行夾註左「阿披附天」，資、磧、普、南、徑、清作「阿披波天」。

一　七二五頁下八行夾註左末字「上」，資、磧、普、南、徑、清作「九」。

一　七二五頁下一二行「淨天第九」，資、磧、普、南無；徑作「九淨天」。

一　七二五頁下一五行「少淨天第十」，資、磧、普、南無；徑作「十少淨天」。

一　七二五頁下一六行夾註左「同習覺无患樂」，資作「同覺習無喜樂」；

磧、普、南、徑、清作「同學習無喜樂」。

一 七二五頁下一八行「無量淨天十一」，資、磧、普、南無；徑作「十一無量淨天」；清作「無量淨天第十一」。

一 七二五頁下二〇行「遍淨天第十二」，資、磧、普、南無；徑作「十二徧淨天」。

一 七二五頁下二一行夾註右「韋紐」，麗作「韋細」。

一 七二五頁下二二行第二字「具」，資、磧、普、南、徑、清作「貝」。

一 七二五頁下末行「首陁斤」，南、徑、清作「首陀會」。

一 七二六頁上二行「嚴飾天第十三」，資、磧、普、南無；徑作「十三嚴飾天」。

一 七二六頁上五行「少嚴飾天第十四」，資、磧、普、南無；徑作「十四少嚴飾天」。

一 七二六頁上七行「無量嚴飾天第十五」，資、磧、普、南無；徑作「十五無量嚴飾天」。

一 七二六頁上九行「嚴餝果實天第十六」，資、磧、普、南無；徑作「十六嚴飾果實天」。

一 七二六頁上一三行「无想天第十七」，資、磧、普、南無；徑作「十七無想天」。

一 七二六頁上一六行夾註左「滅想」，諸本作「滅想」。

一 七二六頁上一七行夾註左「便无」，諸本作「便死」。

一 七二六頁上一八行「不煩天第十八」，資、磧、普、南無；徑作「十八不煩天」。

一 七二六頁上一九行夾註左「阿比披身長千由旬」，資、磧、普、南、徑、清作「阿比波身長千由旬」；麗作「阿比披」。又正文「禪樂」，資、磧、普、南、徑、清作「禪悅」。

一 七二六頁上二二行「無熱天第十九」，資、磧、普、南無；徑作「十九無熱天」。

一 七二六頁中四行「善見天第二十」，資、磧、普、南無；徑作「二十善見天」。

一 七二六頁中五行首二字「善見」，徑作「善見天」。又夾註左「須陁稱」，諸本作「須陁旃」。

一 七二六頁中八行「大善見天第二十一」，資、磧、普、南無；徑作「二十一大善見天」。

一 七二六頁中一二行「色究竟天第二十二」，資、磧、普、南無；徑作「二十二色究竟天」。

一 七二六頁中一六行夾註右末字「又」，資、磧、普、南、徑、清無。又左「樓炭華嚴大智論」，資、磧、普、南、徑、清作「華嚴大智論樓炭」。

一 七二六頁中一七行「摩醞首羅天第二十三」，資、磧、普、南無；徑作「二十三摩醯首羅天」。

一 七二六頁中二一行「大雲」，磧作「天雲」。

一　七二六頁下一行夾註右「上无有王」，資、普、南、徑、清作「以上更無有王」；磧作「以更無有王」；麗作「以上無有王」。又左「第二卷」，資、普、徑、清作「第二秩第二卷」；磧作「第二秩第二」；南作「第一秩第二卷」。

一　七二六頁下二行「無色四天第三」，徑作「三無色界有四小種」；清作「三無色界四天」。又「無色四天第三」下，資、磧、普、南有夾註；清有正文「一無量空入處二無量識入處三無所有入處四非想非非想入處」。

一　七二六頁下二行與三行之間，徑有「一無量空入處天」；清有「無量空入處天第一」各一行。

一　七二六頁下三行「智天壽」，資、磧、普、南、徑、清作「智天天壽」。

一　七二六頁下四行與五行之間，徑有「二無量識入處天」；清有「無量識入處天第二」各一行。

一　七二六頁下六行正文「无所」前，徑有「三無所有入處天」；清有「無所有入處天第三」各一行。

一　七二六頁下八行「擾蹹藍」，諸本作「優蹹藍」。

一　七二六頁下一一行與一二行之間，徑有「四非想非非想入處天」；清有「非想非非想入處天第四」各一行。

一　七二六頁下一四行「无想天」，資、磧、普、南、徑、清作「無想天於彼命終」。

一　七二六頁下一七行夾註左「思想天」，資、磧、普、南、徑、清作「思想天凡諸天下名不博採諸有一句二句異者多不能備其所出之經」。

一　七二六頁下一八行「三界成壞第二」下，徑有夾註「有二種」。

一　七二六頁下一九行「三小灾一」，徑無；清作「一三小災」。又夾註左「又名三大劫」，資、磧、南、麗作「又名三中劫」；徑、清作「亦名三中劫」。

一　七二六頁下二〇行正文「三大灾二」，徑無；清作「二三大災」。又夾註「又名三中劫」，資、磧、普、南、清、麗作「又名三大劫」；徑無。

一　七二六頁下二一行「三小灾第一」，資、磧、普、南作「三小災」；徑作「一三小災」，清作「三小災第一」並下有夾註「又名三小劫　亦名三中劫」。

一　七二七頁上二行夾註右首字「出」，資、磧、普、南、徑、清無。

一　七二七頁上四行「誸笑」，資、磧、普、南、徑、清作「形笑」。又「陵滅」，諸本作「陵滅」。

一　七二七頁上一四行夾註右「自在」，資、磧、普、南、徑、清作「自存」。

一　七二七頁上二一行「復共噉」，諸本作「復共食噉」。

一　七二七頁上二二行「此自活」，諸本作「以此自活」。

一　七二七頁中三行末字至次行首字

「兵來」，資、磧、普、南、清作「共」；徑作「其」；麗作「共來」。

一 七二七頁中一四行「三大災第二」，資、磧、普、南作「三大災二」；徑作「二三大災　又名三大劫」；清作「三大災第三　又名三大劫」。

一 七二七頁中二〇行夾註右「曰劫·滅」，諸本作「曰劫滅」。

一 七二七頁中二一行夾註左「業力致也」，資、磧、普、徑、清作「業力致」；南作「無力致」。

一 七二七頁中末行第一二字「枯」，資、磧、普、南、徑、清無。

一 七二七頁下五行「六万」，資、磧、普、南、徑、清作「十六萬」。

一 七二七頁下七行第八字「无」，諸本作「無餘」。

一 七二七頁下一一行「百由旬」，資、磧、普、南、徑、清作「百千由旬」。

一 七二七頁下一二行「枯竭」，資、磧、普、南、徑、清作「枯涸」。

一 七二七頁下一三行「崩一崺砰磕」，資、磧、普、南、徑、清作「崩陀砰磕」；麗作「崩崺砰磕」。

一 七二七頁下一六行「灰墨」，麗作「炎墨」。

一 七二七頁下二一行「若罪未畢亦生天上」，資、磧、普、南、徑、清無。

一 七二七頁下末行末字「異」，諸本作「果」。

一 七二八頁上二行「車軸」，資、磧、普、南、徑、清作「車輪」。

一 七二八頁上四行夾註左第三字「除」，麗作「降」。又「水輪出也」，資、磧、普、南、徑、清作「水輪涌出也」。

一 七二八頁上五行「一名」，徑、清作「二曰」。

一 七二八頁上八行「水漸滅」，資、磧、普、南、徑、清作「水漸消滅」。

一 七二八頁上九行「千須弥」，資、磧、普、南、徑作「千須彌等」；清作「亦須彌等」。

一 七二八頁中三行第一〇字「減」，資、磧、普、南、徑、清作「滅」。

一 七二八頁中四行第六字「盪」，諸本作「蕩蕩」。

一 七二八頁中八行「麁肌」，資作「麁肥」。

一 七二八頁中九行第一二字「鼓」，諸本作「彼」。

一 七二八頁中一五行「忩結」，清作「念結」。

一 七二八頁中末行「餘光音天子」，諸本作「餘光音天見諸天子」。

一 七二八頁下一四行「摽記」，資、磧、普、南、徑、清作「幖幟」；麗作「標記」。

一 七二八頁下一六行「見之曰」，清作「見之四」。

一 七二八頁下二一行「由有」，資、磧、普、南、徑、清作「因有」。

一 七二九頁上一二行「諍習」，諸本作「誦習」。

一 七二九頁中四行第一三字「頭」，資、磧、普、南、徑、清作「頭頭」。

一　七二九頁中一四行夾註「第三十二卷」，南作「第三十一卷」。

一　七二九頁中一五行夾註「又觀佛三昧」，資、磧、普、南、徑、清作「又出觀佛三昧經」；麗作「又出觀佛三昧」。

一　七二九頁中二一行「正生」，南、徑、清作「止生」。

一　七二九頁中二二行「婬瞋」，南、徑、清作「貪瞋」。

一　七二九頁下三行第五字「第」，資、磧、普、南無。

一　七二九頁下五行「介子芥子盡」，諸本作「芥子都盡」。

一　七二九頁下七行第五字「脱」，磧、普、南、徑、清作「鋭」。

一　七二九頁下一三行夾註右「第二十一卷」，諸本作「第三十一卷」。又左「第三十四卷」，磧、普、南、徑、清作「第二十四卷」。

一　七二九頁下一四行「日四」，徑、清作「日第四」。

一　七二九頁下一七行「无諸瑕」，資、磧、普、南、徑、清作「無諸瑕穢」。

一　七三〇頁上一行首字「望」，資、磧、普、南作「日中」；徑、清作「夜半」。又「西方夜半北方日入」，徑、清作「西方日入北方日中」。

一　七三〇頁上四行「復方」，諸本作「復行」。

一　七三〇頁上六行「月五」，徑、清作「月第五」。

一　七三〇頁上一三行「虧満」，諸本作「有虧満」。

一　七三〇頁上一七行末字「遇」，資、磧、普、南、徑、清作「適」。

一　七三〇頁上二〇行夾註左末字「經」，資、磧、普、南、徑、清無。

一　七三〇頁上二一行「日月蝕」，資、磧、普、南、徑、清無。

一　七三〇頁上末行末字「裁」，諸本作「裁至」。

一　七三〇頁中一行「忝山」，資、磧、普、南、徑、清作「泰山」。

一　七三〇頁中二行「晦宴」，資、磧、普、南、徑、清作「晦暝」。

一　七三〇頁中三行第一一字「危」，資、磧、普、徑作「厄」。

一　七三〇頁中五行「星六」，徑、清作「星第六」。

一　七三〇頁中一一行「雷七」，徑、清作「雷第七」。

一　七三〇頁中一五行「電八」，徑、清作「電第八」。

一　七三〇頁中一六行第一〇字「二」，資、磧、普、南、徑、清無。

一　七三〇頁中一九行夾註右「長阿含經」，資、磧、普、南、徑、清作「長阿含」。

一　七三〇頁中二〇行「雲九」，徑、清作「雲第九」。

一　七三〇頁下一行「四千里」，麗作「四十里」。

一　七三〇頁下二行夾註左「第二十卷」，資、磧、普、南、徑、清作「第二十一卷」。

一七三〇頁下七行「風十」，徑、清作「風第十」。

一七三〇頁下一四行「雨十一」，徑、清作「雨第十一」。

一七三〇頁下二〇行「攬接」，資作「攬採」。

一七三一頁上二行夾註左「樓炭」，資、磧、普、南、徑、清作「樓炭經」。

一七三一頁上五行首字「沿」，資、磧、普、南、徑、清作「源」。

一七三一頁上九行「天地」，諸本作「大地」。

經律異相卷第二 欲色天人天部下 仙

梁沙門僧旻寶唱等集

帝釋從野干受戒法一
帝釋受不報戒修羅攻之繼以五縛二
帝釋應生驢中從胎而殞還依本身三
恙韗梨天子先身布施四
日天王問日月往行五
忉利天命將終七瑞見遇佛得生人中六
天人手出甘水濟五百賈人七
三十三天應生豬中轉入人道八
天女坐花資生之具盡從中出九
天寶女口啣十
天女聞鹿牛彈琴下恙詞偈十一

帝釋從野干受戒法一

昔比摩國從陁山有一野干為師子所逐墮一丘野井已經三日開心分死自說偈言

一切皆无常　恨不飤師子　柰何罪厄身
貪命无功死　無功已可恨　復汙人中水
懺悔十方佛　願垂照我心　前世諸惡業
現償皆令盡　從是值明師　修行盡作佛

帝釋聞之與八万諸天追尋所在飛到井側曰不聞聖教久幽冥无導師向說非凡語願為宣法教荅曰天帝無教訓大不識時宜法師在下自處其上初不修敬而問法要帝釋垂天衣接取野干叩頭懺悔天帝言曰憶念我昔曾見世人欲聞正法先敷高坐莊飾清淨後請法師諸天即各脫天寶衣積為高座野干昇座曰有二大因緣一者說法開化天人福无量故二者為報施食恩故豈得不說天帝白日得免井厄功報應大去何說法報恩不及此耶荅曰生死其宜各有其人有人貪生有人樂死有愚癡人不知死後更生違遠佛法不值明師殺盜婬欺惟惡是與如此之人貪生畏死死墮地獄有智慧人奉事三寶遭遇明師改惡修善孝養父母敬事師長眷屬和從謙敬下物如斯之人惡生樂死死生天上

帝釋曰如尊所誨全其軀命无功夫者願聞施食施法野干荅曰布施飲食濟一日之命施珎寶物濟一世之乏增益生死繫縛因緣說法教化名

為法施能令衆生出世間道一者得羅漢二者辟支佛三者佛道此三樂人皆從聞法如說修行又諸衆生免三惡道受人天福樂皆由聞法是故佛說以法布施功德无量天帝曰師今此形為是業報應化身耶荅曰是罪業報非應化也天人曰我意謂是菩薩聖人應現濟物方聞罪果未知其故願聞因緣野干日昔生波羅㮈波頭摩城為貧家子剎利種姓幼懷聰朗特好學習至年十二隨逐明師在於深山辛苦奉事翹懃不懈師亦晨夜切磋教授不失時節經五十年九十六種經書讖記論醫方呪術瞻相吉凶災異禍福靡所不達高才智慧名聞四遠乃自思惟曰今獲濟拔皆由和上教化之恩其功難報家既貧乏无可供養唯當賣身以報師恩師曰山居道士乞食自存正无所乏何用毀賣貴身為供我也子今成就智慧辯才當轉教化天下人民為法燈明教化之功豈不足報於我之恩遂住山中乞食自資不久國王崩群

臣集國內學士五百餘人講論七日勝者為王是貧家子享受王位盡國財力供養師及父母後安陁羅國與摩羅婆耶國共相誅罰多年不剋安陁羅王召其群臣當作何方得摩羅婆耶國諸臣荅曰唯有波羅㮈波頭摩國

王出生寒賤奉持十戒不犯外欲雖有宮女年並長宿撿括國中不問豪賤選擇名女足一百人年少端正能悅意者賫持重寶并諸婇女以相貢獻彼若納受從其借兵并力攻戰无往不伏即隨臣計時悉獻上王大歡喜簡閱強兵百万以送助之百日苦戰死者過半摩羅婆王悉被刑斬方得乃勝由此美女忘失本志奢婬著樂不理國政百官群僚相與作乱良民之子掠為奴婢風雨不時飢餓滿道異方怨敵遂來侵掠從是其國遂致亡沒生地獄中受衆楚毒籍先學慧力自識宿命心自悔責改往修來須臾捨壽生餓鬼中復加懺謝修念十善須臾捨壽受野干身猶識先緣

復行十善近逢師子墮此井中開心分死冀得生天離苦受樂由汝接我違失本願方經辛苦何時當免是故我說汝濟我命无功夫也

吾所以入衣得出者一不違天志願志願不遂生大苦惱施人苦惱在在所生求願不得二為諸天欲得聞法若人悋法世世所生聾盲瘖瘂諸根闇塞生於邊地癡騃无知若生好處情識闇鈍所學不成自致苦惱三為通法化開悟天人即為法施法施之利能令衆生知死有生作善獲福為惡受殃修道得道轉身所生智慧明了常識宿命若生天上為諸天師若生人間為金輪王十善化世智慧光明漸漸增長成菩薩行至无生忍財施如燈但明小室法施若日遠照天下時天帝釋與八万天從受十善法先以十方便調伏諸根謂六波羅蜜慈悲喜捨時天問曰今還天宮和上何時捨此罪報得生天上野干日剋後七日當捨此身生兜率天汝等便可願生彼天多有菩薩說法教化七日

命盡生兜率王宮復識宿命悟十善
道（出未曾有經上卷）
帝釋受不報戒修羅攻之繫以五縛二
過去世時有天帝釋白佛言我今受
戒乃至佛法住世盡我形壽有惱我
者要不反報加惱於彼時毗摩質多
羅阿修羅王聞天帝釋受如是戒聞
已執持利劒逆道而來時天帝釋遥
見即遥告言阿修羅住縛汝勿動即
不得動帝釋言汝若約誓不作乱者
然後當放阿修羅王即說偈言
貪欲之所趣　及瞋恚所趣　妄言之所趣
謗毀賢聖趣　我若嬈乱者　趣同彼趣趣
釋提桓因復告言放汝令去隨汝所
安往詣佛所具以白佛佛言善哉（出天帝釋受戒經）
帝釋應生驢中歸依三寶從胎而殞還依本身三
昔者天帝釋五德離身自知命盡當
生陶家受驢胞胎愁憂自念三界之
中濟人苦厄唯有佛耳馳往佛所稽
首伏地至心歸命佛法聖衆未起之
間其命忽終便入驢母胎中時驢解
走破壞坏器其主打之尋時傷胎其
神即還入故身中五德還備復為天

帝佛讃善哉殞命之際歸命三尊罪
對已畢不更懃苦佛為說偈
帝釋聞之達罪福之變解興衰之本
遵寂滅之行得須陁洹道（出法句譬經第二卷）
悉鞞梨天子先身布施四
時悉鞞梨天子白佛言我自過去世
時國王名悉鞞梨於四城門普施為
福城內交道皆亦布施時第一夫人
言王大作福德而我先王言城東門
外布施作福悉皆屬汝諸子復言城
南門外所作施福悉皆屬汝時有大
臣復白王言城西門外所作施福悉
皆屬汝時諸將士復白王言城北門
外相與時諸庶民復白王王荅言於
其城內四交道頭所作施福悉屬汝
等尒時國王夫人大臣將士庶民悉
皆惠施於諸功德我先所作惠施功
德於茲則斷時我所使諸作福者還
至我所為我作礼而白佛言大王當
知諸修福處夫人王子大臣將士及
諸庶民各據其處行施作福大王所
施於茲則斷我時荅言諸方歲輸應
入我者分半入庫半於彼惠施我先

長夜如是惠施常得可愛念可意福
報常受快樂无有窮極以斯福業果
報入大功德聚辟如五大河合為一
流所謂恒河无有人能量其河水百
千万億斛斛之數功德果報不可稱
量悉得入於大功德聚時悉鞞梨天
子聞佛所說歡喜礼足即沒不現（出悉鞞梨天子詣佛說偈經）
日天王問日月性行五
日天王與无數天人来詣佛所稽首
言以何等行得為日天炤四天下復
以何緣而為日天炤除夜冥佛言有
四事一常喜布施二修身慎行三奉
戒不犯四然燈於佛寺若於父母沙
門道人皆殖光明又身口意行不殺
等十善佛言又有四事得為月王一
布施貧匱二奉持五戒三恭事三尊四
冥設燈光於君父師寺（出起日明三昧經下卷）
忉利天將終七瑞現遇佛得生人中六
昔忉利宮有一天壽命垂盡有七種
瑞一者項中光滅二者頭上華萎三
者面色變四者衣上有塵五者腋下
汗出六者身形變七者離本坐即自

思惟壽終之後下生鳩夷那竭國疥癩母豬腹中作豚甚豫愁苦不知當作何計有天語言今佛在此為母說經唯佛能脫卿之罪耳即到佛所稽首作礼未及發問佛告天子一切万物皆歸无常汝素所知何為憂愁天具白佛佛言欲離豚身當誦三自歸如是日三天從佛教晨夜自歸却後七日天即壽盡下生維耶離國作長者子在母胞胎日三自歸始生墮地亦跪自歸其母娩身又無惡露母傍侍婢怖而棄走母亦深怪墮地即語謂之熒惑意欲殺之退自念言我少兒子若殺此兒父必罪我徐白長者煞之不晚母即以兒往白長者產男墮地便長跪叉手自歸三寶闔門怪之謂之熒惑父言止止此兒非凡人世人百歲不曉自歸三尊況初墮地而能稱南无佛好養視之慎无輕慢兒遂長大年向七歲與其輩類於道邊戲遇舍利弗目連兒前礼之衆聖驚怪小而能礼兒言道人不復見識具說天上遇佛復見識我本在天上

應生惡道遇佛慈愍教令自歸故得為人比丘即為呪願言折槃祇兒語目連等及舍利弗願以我言因請世尊諸菩薩僧并及仁等也受而歸去具白父母願辦其供令具甘美父母愛之從其所言異其年幼開發大意又奇所作探識宿命為極珍妙盡世名味供具精細過踰兒意佛及衆僧各作神足來至兒舍飯佛為說經兒及父母內外親屬皆得阿惟越致（出折伏羅漢經）

天人手出甘水濟五百賈人七

昔有導師與五百賈人共行作估到大曠野飢渴困極歸命世尊及釋梵四王怖懅无計于時道師登高遠望見有林木飛鳥往趣莫當有水俱共奔走不久得至唯見樹木周匝生草其地清潔導師故謂賈人等咸共穿地取水必當可得適共議已時有天人適從天上瞻此導師及五百人困乏水漿如申辟頃來到其所住于樹上申其右手從五指間流出八味甘美之水供於導師及五百人各各取用而无窮盡皆得飽滿所以者何宿

命親親俱種恩福故使天人念之來下以給美水各得安隱（出譬喻經第三卷）

三十三天應生豬中轉入人道八

昔三十三天命欲終時有五瑞應現在前華萎衣裳垢穢腋下汗出玉女減少不樂本座辟如身生疥瘙癰瘡三十三天有一天子生五異瑞愁憂呻吟時帝釋聞之問言於彼天宮是何等天愁憂呻吟天子荅言有一天子現五瑞應善哉為彼天子釋提桓因往詣其所語言何為愁憂呻吟乃拍髀為荅言有異災怪釋提桓因為說偈言

一切行無常　生者必有盡　夫生輙有死
此滅為寂樂

天子言我不聞此釋提桓因言一切恩愛皆有別離天子言太何而不懷憂今此天宮種種五欲皆當別離命終即生羅閱城豬胎所食者是糞方為屠膾所殺我今見此是以懷愁耳時釋提桓因語天子言汝今自歸命佛法僧所以然者佛說偈言

諸有歸命佛　不趣三惡道　受福天人間

經律異相第二卷　第十二張　仙字号

後逮涅槃界
天子叉手便作是言世尊一切智徹視見觀願見救濟我今歸命佛歸命法歸命比丘僧遂不處胎生羅閱祇城第一長者家見便歡喜不能自勝（出增一阿含第十九卷）

天女坐花資生之具盡從花出九
有一天女坐一蓮花上縱廣百由旬此花獨妙殊於餘者所欲資生之具隨念皆從花出進止隨身目連問言作何善行受報如此天女荅言迦葉佛滅度後遺全身舍利與佛諸弟子建七寶塔高廣四十里時我作女人出見寶塔中像信敬情發念佛功德脫頭上花奉獻於像（出雜藏經）

天寶女口密十
自在天王有天寶女名曰善口於一語中顯出百千娛樂音聲於彼一一音聲中復出百千音聲佛子當知一善口聲出生无量聲隨其所應悉令開解（出華嚴經第二十九卷）

天女聞鹿牛彈琴下悉謌儛十一
過去世時拘薩羅國有人彈琴名曰

經律異相第二卷　第十三張　仙字号

鹿牛行息中野有六廣大天宮天女来語鹿牛言阿舅阿舅為我彈琴我當歌儛鹿牛鼓琴六天謌儛第一謌辭曰

若男子女人　勝妙衣惠施　施衣因緣故
所生得殊勝　施所盡妙物　生天隨所欲
見我居宮殿　乘虛而遊行　天身如金聚
天女百中勝　觀察斯福德　迴向中中寂

餘天辭粗相類（文多不載）鹿牛亦乳乳竟天忽然不現（出僧大彈琴人經）

經律異相卷第二

經律異相卷第二

校勘記

一　底本，金藏廣勝寺本。
一　七四〇頁中一行「欲色天人天部下」，資、磧、普、南作「欲色天人部下」；徑、清作「欲色天人部第二」。
一　七四〇頁中二行撰者，資、磧、普、南作「梁沙門寶唱等撰」；徑、清作「梁沙門僧旻寶唱等奉勑撰」。卷三至卷十同。
一　七四〇頁中三行至一三行目録，徑無。
一　七四〇頁中四行「繼以」，資、磧、南、清作「繫以」。
一　七四〇頁中一一行「從中出」，清、麗作「從花出」。
一　七四〇頁中一四行末字「一」，徑作「第一」。
一　七四〇頁中一五行第五字「從」，麗作「從」。
一　七四〇頁中一八行第八字「釙」，

麗作「飯」。

一　七四〇頁下一八行「下物」，資、磧、普、南、徑、清作「萬物」。

一　七四〇頁下二〇行末字「夫」，徑作「天」。

一　七四〇頁下末行「繫縛」，資、磧、普、徑、清作「繼縛」。

一　七四一頁上二行「三樂」，磧、普、南、徑、清作「三乘」。

一　七四一頁上一一行「聰朗」，資、磧、普、南、徑、清作「聽明」。

一　七四一頁上一四行第七字「識」，資、磧、普、南、徑、清無。

一　七四一頁上二〇行「毀責」，磧作「殿責」。

一　七四一頁上二二行「不足」，磧作「不是」。

一　七四一頁中四行「誅罰」，磧、普、南、徑、清作「誅伐」。

一　七四一頁中一一行「重寶」，徑作「衆寶」。

一　七四二頁上一行第一二字「悟」，諸本（不含石，下同）作「行」。

一　七四二頁上三行「繫以」，資、磧、普、南作「繼以」。又末字「二」，徑、清作「第二」。

一　七四二頁上一六行末字「三」，徑、清作「第三」。

一　七四二頁中四行夾註「譬經」，諸本作「譬喻經」。

一　七四二頁中五行末字「四」，徑、清作「第四」。

一　七四二頁中九行「我先」，資、磧、普、南、徑、清作「我無」。

一　七四二頁中一〇行「復言」，資、磧、普、南、徑、清作「復白王言」。

一　七四二頁中一七行第四字「於」，南、徑、清作「作」。

一　七四二頁中一九行「白佛言」，徑、清、麗作「白我言」。

一　七四二頁中二一行「各擄」，資作「各踞」。

一　七四二頁下九行末字「五」，徑、清作「第五」。

一　七四二頁下一二行第六字「日」，諸本作「月」。

一　七四二頁下一九行「將終」，徑、清作「命將終」。又末字「六」，徑、清作「第六」。

一　七四二頁下末行「身形變」，磧、普、南、徑、清作「身形瘦」。

一　七四三頁上五行第五字「及」，資無。

一　七四三頁上一一行「娩身」，資作「挽身」；麗作「勉身」。

一　七四三頁上二一行「衆聖」，資、磧、普、南、徑、清作「衆甚」。

一　七四三頁中六行「愛之」，資、磧、普、南、徑、清作「受之」。

一　七四三頁中七行「探識」，南作「深識」。

一　七四三頁中一一行末字「七」，徑、清作「第七」。

一　七四三頁中一四行「怖懅无計于時道師」，資、磧、普、南、徑、清作「怖懼無計于時導師」。

一　七四三頁中一六行「周匝」，磧作「周帀」。

一　七四三頁中一七行「故謂」，資、磧、普、南、徑、清作「顧謂」。

一　七四三頁下一行「親親」，磧、普、南、徑、清作「親覲」。

一　七四三頁下三行末字「八」，徑、清作「第八」。

一　七四四頁上七行末字「九」，徑、清作「第九」。

一　七四四頁上一六行末字「十」，徑、清作「第十」。

一　七四四頁上二〇行第一〇字「其」，資、磧、普、徑無。

一　七四四頁上二二行「十一」，徑、清作「第十一」。

一　七四四頁中九行「乳乳」，諸本作「禮禮」。

經律異相卷第三 地部 仙

梁沙門僧旻寶唱等集

閻浮提一
鬱單曰二

閻浮提一

國封所產一
精舍二
山三
樹四
河海五
寶珠六
人飲乳多少及形壽同異七

閻浮提內方圓近遠及所出有一八國王四天子東有晉國天子人民熾盛南有天竺國天子土地多名象西有大秦國天子土地饒金璧玉北有月支國天子土地好馬八万四千城中六千四百種人万種音響五十六万億丘聚魚有六千四百種鳥有四千五百種獸有二千四百種樹有万種草有八千種雜藥有七百四十

種雜香有四十三種寶百二十一種正寶七種

海中有二千五百國百八十國食五穀二千三百二十國食魚鱉黿五國王一王主五百城第一王名斯梨國土盡事佛不事衆邪第二王名迦羅土地出七寶第三王名不羅土地出四十三種香及白琉璃第四王名闍耶土地出必鉢胡椒第五王名那頗土地出白珠及七色琉璃五大國城多黑短小相去六十五万里從是但有海水無有人民去鐵圍山百四十万里中一八崛摩煞人處在舍衛國東八万十里佛所化處亦一處

拘夷那竭國在迦維羅國之東南一千里王舍國在迦維羅衛國之東南二千二百里佛得道處在王舍城東南二百里

維耶離國在迦維衛國之東一千八百里㮈女國在維耶離城南三里道西

拘睒弥國在迦維羅衛國之西南千二百里薪波國在迦維羅衛國之東千二百八十里難國在迦維羅衛國

之東三千二百里

舍衛國在迦維羅衛之西五百里

波羅㮈國在迦維衛國之西九百六十里佛轉法輪處在波羅㮈國之北二十里樹名香淨降伏魔處也

波羅㮈私國在舍衛國之南千四百里中間有恒水東南流

耆闍崛山有五百岳佛誦經在中岳王舍國在中岳之下出十二遊經

問曰如舍婆提迦毗羅婆波羅㮈城皆有諸王王舍何故獨名此城為王舍荅曰有人言是摩伽陁王有子一頭兩面四臂時人以為不祥王裂其身首棄之曠野羅剎女鬼名梨羅還合其身而乳養之後大成人力并諸國取万八千王置名此山五山中以大力勢治閻浮提因名此山為王舍城復次有人言摩伽陁王先所住城中失火一燒一作如是至七國人疲促王集諸智人問其意故有言宜應易處王見此五山周匝如城即作宮殿於中止住故名王舍城復次往古世時此國有王名婆藪猷世出家學

作仙人時居家婆羅門與諸出家仙 經律異相第三卷 第四張 仙 學
人共論議居家婆羅門言天祀中應
煞生噉肉出家仙人言不應共諍去
去諸出家婆羅門言此有大王出家
作仙人汝等信不居家婆羅門言出
家仙人言我以此人為證後日當問
居家婆羅門先到婆藪所語婆藪仙
人明日論議汝當助我諸出家仙人
問天祀中應煞生噉肉不婆藪仙人
言應煞生噉肉此生在天祀中死故
得生天上出家仙人言汝大不是汝
大妄語即唾之言罪人滅去時婆藪
仙人尋陷入地沒踝是初開大罪門
諸出家仙人言汝應實語若故妄語
者汝身當陷入地中婆藪言我知為
天故煞羊噉肉無罪即陷至膝如是
稍沒至臗至頸出家仙人言汝今妄
語得現世報更以實語雖入地下我
能出汝令得免罪婆藪思惟我貴重
人不應兩種語又四違陁法中讚祀
天法我一人死當何足計一心言應
天祀中煞生噉肉无罪於是舉身投
地從是以来常用婆藪仙人法於天
祀中煞羊當下刀時言婆藪煞汝藪 經律異相第三卷 第五張 仙
之子名曰廣車嗣位為王亦猒世法
而不能出家如是思惟我父出家生
入地中若治天下復作大罪我今當
何以自處時空中聲言汝若行見難
值希有處應是中作舍住未經幾時
王出田獵見有鹿走疾如風王便逐
之百官侍從無能及者前見五山周
匝峻固其地莊嚴有天華香聞天伎
樂是處希有未曾所見今我正當此
中舍住即捨本城住此山中從是已
後次第止住故名王舍城 出大智論第三卷

精舍二

迦蘭陁所造竹園緣一

須達所造給孤獨園緣二

迦蘭陁長者施佛精舍事一

有豪貴長者名迦蘭陁追惜我園施
與尼揵不得奉佛及僧卧不安席有
大鬼將軍名曰半師承佛神旨即出
閱叉推逐尼揵躶形无恥不應止此
鬼師奉勑撾打尼揵拖拽器物尼揵
怖走曰此何惡人暴害乃尒鬼師荅
言長者迦蘭陁當持竹園作佛精舍
大鬼將軍半師見使逐汝輩耳明日 經律異相第三卷 第六張 仙
尼揵共責數長者長者心悅吾願遂
矣荅尼揵曰此諸鬼神强暴含瞋懼
必作害不如委去更求所安尼揵忿
恨即日悉去長者修立精舍僧房坐
具衆嚴都畢行詣樹下請佛及僧衆
祐受施止頃化濟靡不欣樂 出中本起上卷

須達多買園以立精舍二

須達多白佛言舍衛城中人多信邪
如来大慈唯願顧臨到舍衛城佛言
彼無精舍云何得去須達言弟子營
起願見聽許世尊默然願遣舍利弗
指授摸則即命共往案行周遍無可
意處唯太子祇陁園其地平正林樹
蓊茂遠近得中須達以白太子太子
笑言欲用遊戲慇懃再三太子言若
能以黃金布地令間无空者便當相
與須達曰諾謹隨其賈太子祇陁言我
戲語耳須達言太子不應妄語即共
興訟時首陁會天化作一人下為評
詳言夫太子法不應妄語價既已決
不宜中悔遂斷與之便使人象負金
出八十頃中須臾欲滿殘餘少地 雜阿含經 上五百步

須達思惟何藏金足祇陁問言嫌貴北谷
置之荅曰不也祇陁念言佛必大德
乃使斯人輕寶乃尒即教語須達園
地屬卿樹林屬我我自上佛經云我自為佛
國王長者須達買祇陁園欲為瞿曇
造立門樓常使如來經行出入便就施功六師聞之往白
興立精舍聽我徒衆與共捔術沙門
得勝便聽起立若其不如不得起也
王告須達而問之言今此六師云卿
買園欲為瞿曇起立精舍求共沙門
弟子捔其伎術若得勝者聽立精舍
苟其不如便不得起須達歸家著垢
膩衣愁惱不樂時舍利弗明日時到
著衣持鉢至須達家即問之曰何故
不樂須達具荅此六師輩出家来久
精誠有素所學伎術无能及者我今
知尊人伎藝能與捔不舍利弗言正
使此輩六師之衆滿閻浮提數如竹
林不能動吾足上一毛欲捔何等自
恣聽之須達歡喜更著新衣沐浴香
水等即往白王我以問之恣聽其意
王告六師今聽汝等共沙門捔術六
師宣告國人却後七日當於城外與

沙門捔術舍衛國中十八億人時彼
國法擊鼓會衆若擊銅鼓八億人集
若打銀鼓十四億人集若振金鼓一
切皆集七日期滿至平博處搥擊金
鼓一切都集六師徒衆有三億人是
時人民悉為國王及其六師敷施高
座尒時須達為舍利弗而施高座時
舍利弗在一樹下入諸禪定而作是
念此會大衆習邪来久憍慢自高草
芥群生當以何德而降伏之思惟是
已即立誓言若我无數劫中慈孝父
母敬尚沙門婆羅門者我初入會一
切大衆為我作礼六師見衆已集而
舍利弗獨未來到便白王言瞿曇弟
子自知無術衆會既集怖畏不来王
告須達捔時已到佛弟子宜来談論
時須達至舍利弗所長跪白言大德
大衆已集願来詣會時舍利弗從禪
定起更正衣服以尼師檀著左肩上
徐詳而步如師子王往詣大衆是時
衆人及諸六師忽然起立如風靡草
不覺作礼時舍利弗便昇須達所敷
之座六師衆中有一弟子名勞度差

善知幻術於大衆前呪作一樹自然
長廣蔭覆衆會枝葉欝茂華果各異
衆人咸言此變乃是勞度差所作時
舍利弗便以神力作旋嵐風吹拔樹
根倒著於地碎為微塵衆人皆言舍
利弗勝復呪作一池其池四邊面皆
以七寶池水之中生種種華舍利弗
又化作一大六牙白象其一牙上有
七蓮華一一華上有七玉女其象徐
詳往詣池邊并啥其水池即時滅復
作一山七寶莊嚴泉池樹木華果茂
盛舍利弗又化作金剛力士以金剛
杵遥用指之山即破壞無有遺餘復
作一龍身有十頭於虚空中雨種種
寶雷電振地驚動大衆舍利弗又化
作一金翅鳥王擗裂噉之復作一牛
身體高大肥壯多力麁脚利角跑地
大吼騎突来前舍利弗又化作師子
分裂食之復變其身作夜叉鬼形體
長大頭上火燃目赤如血四牙長利
口目出火騰躍奔赴時舍利弗自化
身作毗沙門王夜叉恐怖即欲退走
四面火起无有去處唯舍利弗邊涼

冷無火即時屈伏五體投地求哀脫命辱心已生火即還滅衆咸唱言舍利弗勝勞度差不如時舍利弗身昇虛空現四威儀作十八變作是變已還攝神足坐其本座時會大衆見其神力咸懷歡喜時舍利弗即為說法隨其福行各得道迹六師徒衆三億弟子於舍利弗所出家學道長者須達共舍利弗往圖精舍手捉繩頭時舍利弗欣然含笑須達問言尊人何笑荅曰汝始於此經營地而六欲天中宮殿已成即借道眼須達悉見問舍利弗是六欲天何處冣樂舍利弗言第四天中少欲知足恒有一生補處菩薩來生其中法訓不絶須達言曰我正當生第四天中出言已竟餘宮悉滅復更捉繩時舍利弗慘然憂色即問尊者何故憂色荅言汝今見此地中蟻子不耶汝於過去毗婆尸佛亦於此地為彼世尊起立精舍而此蟻子猶在此中生乃至迦葉佛時亦復如是九十一劫受一種身起立精舍為佛作窟以妙栴檀用為香泥

別房住止千二百處凡百二十處別打揵稚竟即白王唯願大王遣使請佛王即遣使詣王舍城請佛及僧唯願世尊臨赴舍衛佛與四衆前後圍繞放大光明震動天地王舍衛國所經客舍悉於中止道次度人無有限量漸漸來近舍衛城邊一切大集持諸供具迎待世尊世尊到國放大光明遍照三千大千世界足指案地地皆震動城中伎樂不鼓自鳴盲視聾聽啞語僂伸瘙瘷拘癖皆得具足一切人民男女大小覩斯瑞應歡喜踊躍來至佛所十八億人都悉集聚尒時世尊隨病投藥為說妙法各得道迹（出賢愚經第十卷雜阿含涅槃中中本起諸律多同）

山三

崐崘寶山為五百羅漢所栖一

十大山王二

地動八種緣三

崐崘寶山為五百羅漢所居一

崐崘山者則閻浮利地之中心也山皆寶石周匝有五百窟窟皆黃金常五百羅漢居之阿耨大泉周圍山外

山內平地河處其中河岸有四金獸頭口流出水各繞一匝還其四方投入四海象口所出者則黃河是也其泉方各二十五由延深二十一里泉中有金臺臺方一由延臺上有金蓮華以七寶為莖如來將五百羅漢常以月十五日於中說戒（出興起行經上卷）

閻浮提十大山二

大地有十大山王一雪山王二香山王三軻梨羅山王四仙聖山王五由乾陁山王六馬耳山王七尼民陁羅山王八斫迦羅山王九宿慧山王十須弥山王（出華嚴經第二十二卷）

地大動有八種緣三

佛在舍衛城告諸比丘有八因緣而地大動此地深六十八千由延為水所持水依虛空或復是時虛空風動而水亦動水動地便大動是初動也若比丘得神足所欲自在觀地如掌能使地大動是二動也若復諸天有大神足有大威力能使地動是三動也若復菩薩在兜術天欲降神下生是時地動是四動也若菩薩自知在

母胎地為大動是五動也若菩薩知滿十月當出母胎地為大動是六動也若菩薩出家於道場坐降伏魔怨終成等覺地為大動是七動也若如來於無餘涅槃界而般涅槃是八動出增一阿含第二十四卷

樹四

千光明國樹出法音一

神藥樹二

大藥樹三

五面益物大樹四

象藏香五

牛頭栴檀六

須弥南樹七

毒樹八

千光明國樹出法音一

過去有佛号師子吼鼓音王國名千光明七寶成樹樹出空无相無作无生无所有無取相如是諸法之音出諸法無行經

神藥樹二

有神藥樹名曰摩陁祇主獸天下方毒不得妄行有大神虵身長百二十丈虵行索食有黑頭虫身長五丈虫行道

中與虵相逢適欲舉頭前斷大虫虵聞藥香屈頭欲走虵身羅藥樹身即中斷分作兩段頭半生得走尾便臭爛諸毒聞此虵臭諸惡毒氣皆消滅出華嚴經下卷

大藥樹三

雪山頂有藥王樹名非從根生非不從生縱廣六百八十万由旬下極金剛際此樹生根時閻浮提樹一切根生若生莖時及枝葉華果時閻浮提樹一切悉生枝葉華果其樹根能生莖莖能生根是故名曰不從根生非不從根於一切處悉能生長唯除地獄深坑及水輪中不得生長耳出華嚴經第三十卷

五面益物大樹四

昔者有王王名物撝國中有樹名耆波提洹五百六十里圍下根周匝八百四十里高四千里枝四布匝二千里樹有五果道有五面一面支國王與宮諸伎女共食其果二面者大臣百官皆共食之三面者人民共食之四面者諸沙門道士共食之五面者飛鳥虫獸共食之果皆如二斗瓶其味如蜜樹無守者果分物不相侵時

人皆壽八万四千歲時人有九種病一者寒二者熱三者飢四者渴五者大便六者小便七者愛欲八者食多九者年老女人年五百歲尒乃行嫁出阿難念經

大象藏香五

人中有香名大象藏因龍鬪生若燒一丸興大光明細雲覆上味如甘露七日七夜降香水雨若著身者身則金色若著衣服宮殿樓閣亦悉金色若有衆生得聞此香七日七夜歡喜悅樂滅一切病無有抂撗遠離恐怖危害之心專向大慈普念衆生我知彼已而為說法令無量衆生得不退轉出華嚴經第四十二卷

牛頭栴檀香六

牛頭栴檀香從離垢山生若以塗身火不能燒出華嚴經第四十二卷

須弥南樹七

須弥山南有一大樹高四千里諸鉢叉鳥恒栖其上樹常不動有一小鳥形類鷦鷯住止其上樹輙震撫鉢叉問樹神言汝無知我身重大而自不

經律異相第三卷　第十六張　仙

動小鳥来時反更震搖神言此鳥雖小從海底食一金剛金剛為物所墮之處無不破散所以大怖不能自安耳（出十卷譬喻經第七卷）

毒樹八

舍衛國有官園生一毒樹男女遊觀停息其下或頭痛欲裂或腰脊疼或於樹下終守園人施長柯斧長一丈有餘遥斫去之未經旬日生巳如故如是多過枝葉隨後如舊團圓樹中之妙衆人見者無不歡喜不知忌諱皆来遶此園人宗親貪樂樹蔭盡取命終園人隻立晝夜愁憂號悲行走有問智人語之當盡其根適欲掘根復恐定死進更思惟出家學道佛言伐樹不盡根　雖伐猶復生　伐愛不盡本數數復生苦　心寤剋責即得初果（出斫毒樹經）

河海五

四大河一　五大河二　大海八德三

四大河一

經律異相第三卷　第十七張　仙

復有四大河從阿耨大池出流趣大海一名恒伽二名辛頭三名蔔叉四名司陁彼恒伽從金象口出遶池一匝流趣東海彼辛頭從銀牛口出遶池一匝流趣南海彼蔔叉從瑠璃馬口出遶池一匝流趣西海彼司陁者從頗梨師子口出繞池一匝流趣北海彼四大河各有四河以為眷屬唯說廣大有名字者然彼四河各有五百眷屬合有二千河終趣大海（出毗婆沙第二卷）

五大河二

西流者名恒南流者名耶去東流者有兩一名沙陸一名阿夷越北流者名墨皆流澍于海立天地来雨落河澍水無增减去其舊名合為一海水也（出海八德經）

大海有八德三

佛遊無勝國常以十五日為諸沙門說戒坐定佛默无言阿難曰坐定世尊乃曰諸沙門中有心邪行違者非其下賤所能執行清濁相違吾不說也目連入定觀見即謂之曰起非尒俗人所應坐處不肯時起牽髀使出

經律異相第三卷　第十八張　仙

日尒無至德心懷六邪何敢以臭溷之體坐天香之座尒是棄人非沙門矣佛告沙門觀彼巨海有八種德其廣即汪洋無涯其深則有不測之底稍入稍深無前所凝斯一德也潮不過期斯二德也海含衆寶靡所不苞死屍臭朽海不容焉斯三德也海懷衆珎无求不得斯四德也普天之下有五大河流入于海皆去舊名合為一海斯五德也五河万流雨落恒澍海中水如故曾無增减斯六德也海有衆魚因驅䰳䰳第一魚身長四千里第二魚身長八千里第三魚身長万二千里第四魚身長万六千里第五魚身長二万里第六魚身長二万四千里第七魚身長二万八千里斯七德也海水通鹹邊中如一斯八德也（出海八德經）

寶珠六

明月摩尼珠一　大海生寶珠二　光明大寶三

明月摩尼珠一

明月摩尼珠多在龍腦中若衆生有福德者自然得之猶如地獄自生治罪之器此寶亦名如意珠常出一切寶物衣服飲食隨意所欲得此珠者毒不能害火不能燒或云是帝釋所執金剛與阿修羅鬪時碎落閻浮提又言諸過去久遠佛舍利法既滅盡變成此珠以為利益（出大智論第五十九卷）

生寶珠二

大海中有四寶珠一切衆寶皆從之生若无四珠一切寶物漸就滅盡諸小龍神不能得見唯娑伽羅龍王密置深寶藏中此深寶藏有四種名一名衆寶積聚二名无盡寶藏三名遠熾燃四名一切莊嚴聚（出華嚴經第三十卷）

光明大寶三

大海之中有四燃熾光明大寶一名日藏光明大寶二名離澗光明大寶三名火珠光明大寶四名究竟無餘光明大寶若大海中无此四寶四域天下金剛圍山乃至非想非非想處皆悉漂沒日藏光明能變海水為酪離澗光明能變海酪為蘇火珠光明能燃海蘇究竟無餘光明大寶能能海蘇永盡无餘（出華嚴經第四十卷）

人飲乳多少及形壽不同七

閻浮提兒生墮地乃至三歲母之懷抱為飲幾乳弥勒荅曰飲乳一百八十斛除母腹中所食四分東弗于逮兒生墮地乃至三歲飲乳一千八百斛西拘耶尼兒生墮地乃至三歲飲乳八百八十斛北鬱單曰兒生墮地坐陌頭行人授指嗍指七日便成人彼土无乳中陰衆生飲吸於風閻浮提衆生壽命百歲東弗于逮衆生壽二百五十歲西拘耶尼衆生壽命五百歲北鬱單越人壽命千歲中陰衆生壽命七日閻浮提衆生人面上廣下狹東弗于逮人面正圓拘耶尼人面上狹下廣鬱單曰人面形正方中陰衆生面狀如他化自在天也（出衆生未然三界經）

鬱單曰二

北鬱單曰天下周匝廣長各四十万里有種種山其河兩邊有種種樹及種種華水中有船以四寶作之浴池名難陁其水凉濡底沙皆金周匝有陛四寶作之金陛銀桄銀陛金桄琉璃陛水精桄水精陛琉璃桄有種種蓮華華若斷者汁出如乳味甘如蜜光照四十里其香亦聞四十里池東有河名巳味池南有河名脩竭池西有河名大土池北有河名善種是諸河水皆有華樹以四寶成池東有園名賢上欄楯行樹亦四寶成園中香樹出種種香有衣被樹有瓔珞樹出種種衣被瓔珞有音樂樹出種種音樂樹高七里有高六里五里四里三里二里池南有園觀名與賢池西有園觀名羅越池北有園觀名常有華諸樹所出及其高卑亦如東園北方天下樹曲交路天人在上男女異處有淨潔粳米不種自生出一切味若欲行婬意起相視無所言說男子便前行女人隨後至園觀中共相娛樂或二三日或至七日隨意罷去不相屬也女人懷妊七八日便生持著四徼道中若有人從四面來者與指嗍出乳飲之過七日巳自以福德即自長大如閻浮人年二十若二十五也

經律異相第三卷 第二十二張 仙

周匝四方有水名阿耨多羅後夜雲起雨八味水如人飲食地若油塗塵土不起華樹常有華實皆香如香熱時有乱風吹掃上賢園觀伊蘭風生吹落華至人膝此天下人皆入園中遊戲相娛無所係屬人欲食時取淨潔粳米以焰味珠光爨其下飯熟則四方至隨皆食之食亦不盡

有樹名象兜交曲上合如交落人民在上止宿男女異處人齒駿紺青長八寸人面色同長短等皆壽千歲死生欲界諸天天壽終生閻浮提大豪貴家大小便利地裂受之受已還合死時好衣服莊嚴之不啼哭置四徼道中鬱遮鳥舉置北方天下外（出樓炭經第一卷）

經律異相卷第三

癸卯歲高麗國分司大藏都監奉

勑彫造

經律異相卷第三

校勘記

一　底本，麗藏本。

一　七四七頁上一行「地部」，【經】、【清】作「地部第三」。

一　七四七頁上三行至四行目録，【經】無。

一　七四七頁上五行「閻浮提一」，【經】作「閻浮提第一」並有夾註「有七大種」；【清】作「閻浮提第一」。

一　七四七頁上六行至一二行「國封……同異七」，【經】無。

一　七四七頁上六行「國封所產一」，【清】作「一國封所產」。下至一一行各題題名與序次均同此例。

一　七四七頁上一二行末字「七」，【清】無。

一　七四七頁上一三行「閻浮提内方圓近遠及所出有一」，【資】、【磧】、【普】、【南】作「閻浮提内方國近遠及所出有一」；【經】、【清】作「一閻浮提内方國近遠及所出產」。

一　七四七頁上一八行「土地」，諸本（不含【石】，下同）作「土地多」。

一　七四七頁中四行第一二字「黿」，諸本作「黿鼉」。

一　七四七頁中九行「必鉢」，諸本作「華茇」。

一　七四七頁中一三行「一八崛摩」，諸本作「阿崛摩」。

一　七四七頁中一四行「八万十」，諸本作「八十萬」。

一　七四七頁中二〇行「榛女國」，諸本作「榛女園」。

一　七四七頁下三行「迦維衛國」，諸本作「迦維羅衛國」。

一　七四七頁下八行「有五百岳佛誦經」，諸本作「有五岳佛説經」。

一　七四七頁下一六行「名此山」，諸本無。

一　七四八頁上三行首字「熱」，【普】作「然」。九行第六字、一〇行第三字同。

一七四八頁上五行第一三字「言」，諸本作「言信」。
一七四八頁上二〇行「違陁」，諸本作「韋陀」。
一七四八頁上二二行末字「投」，諸本作「没」。
一七四八頁中一行末字「藪」，諸本作「婆藪」。
一七四八頁中七行第七字「鹿」，諸本作「一鹿」。
一七四八頁中一三行「精舍二」，徑作「二精舍」並有夾註「有二小種」；清作「二精舍」。
一七四八頁中一四行「迦蘭陁所造竹園緣一」，徑無；清作「一迦蘭陀長者施佛精舍事」。
一七四八頁中一五行「須達所造給孤獨園緣二」，徑無；清作「二須達多買園以立精舍」。
一七四八頁中一六行「迦蘭陁長者施佛精舍事一」，徑作「一迦蘭陁長者施佛精舍事」；清作「一迦蘭陁長者施佛精舍事第一」。
一七四八頁中一九行「半師」，磧、南、清作「半帥」。下一行磧、普、南、徑、清同。
一七四八頁中二一行「鬼師」，磧、普、南、徑、清作「鬼帥」。又二二行同。
一七四八頁下五行第四字「悉」，諸本作「恚」。
一七四八頁下八行「須達多買園以立精舍二」，徑作「二須達多買園以立精舍」；清作「須達多買園以立精舍第二」。
一七四八頁下一三行「摸則」，諸本作「模則」。
一七四八頁下一八行第一三字「陁」，諸本無。
一七四九頁上三行「即教」，諸本作「教即」。
一七四九頁上五行夾註左「經行」，諸本作「經遊」。
一七四九頁上一六行「有素」，諸本作「素有」。
一七四九頁上一七行首字「知」，諸本作「不知」。
一七四九頁中一九行「尼師檀」，諸本作「尼師壇」。
一七四九頁下八行第一一字「一」，諸本作「一一」。
一七四九頁下二一行第八字「起」，諸本作「趣」。
一七五〇頁上二行第六字「火」，磧、普、南、徑、清作「天」。
一七五〇頁中二行「揵稚」，諸本作「揵椎」。
一七五〇頁中四行第五字「赴」，資、普作「覆」；磧、南、徑、清作「履」。
一七五〇頁中一一行「癃瘯拘癖」，諸本作「癃殘拘躄」。
一七五〇頁中一四行「投藥」，諸本作「授藥」。
一七五〇頁中一五行夾註左第四字「中」，諸本無。
一七五〇頁中一六行「山三」，徑作「三山」並有夾註「有三小種」；清

作「三山」。

一　七五〇頁中一七行「崐崘寶山爲五百羅漢所栖一」，經無；清作「一崑崙寶山爲五百羅漢所居」。

一　七五〇頁中一八行「十大山王二」，經無；清作「二閻浮提十大山王」。

一　七五〇頁中一九行「地動八種緣三」，經無；清作「三地大動有八種緣」。

一　七五〇頁中二〇行「崐崘」，經作「一崑崘」。又末字「一」，磧、經無；清作「第一」。

一　七五〇頁中二一行「閻浮利」，諸本作「閻浮提」。

一　七五〇頁中二二行末字「常」，諸本作「常有」。

一　七五〇頁中末行「大泉」，諸本作「大池」。

一　七五〇頁下五行「金臺」，資作「金豪」。

一　七五〇頁下八行「閻浮提十大山二」，資、磧、普、南作「閻浮提十大山王二」；經作「二閻浮提十大山王」；清作「閻浮提十大山王第二」。

一　七五〇頁下一四行「地大動有八種緣三」，經作「三地大動有八種緣」；清作「地大動有八種緣第三」。

一　七五〇頁下一六行「六十」，資作「六十萬」；磧、普、南、經、清作「十六萬」。

一　七五一頁上五行「八動」，諸本作「八動也」。

一　七五一頁上六行夾註左「第二十四卷」，資、磧、普、南、清作「第二十三卷」；經作「第三十三卷」。

一　七五一頁上七行「樹四」，經作「四樹」並有夾註「有八小種」；清作「四樹」。

一　七五一頁上八行至一五行「千光明國……毒樹八」，經無。

一　七五一頁上八行「千光明國樹出法音一」，清作「一千光明國樹出法音」。下至一五行各種樹名與序次，均同此例。

一　七五一頁上一二行「象藏香」，清作「大象藏香」。

一　七五一頁上一六行「千光明國樹出法音一」，經作「一千光明國樹出法音」；清作「千光明國樹出法音第一」。

一　七五一頁上一八行「七寶」，磧、南作「十寶」。

一　七五一頁上二〇行「神藥樹二」，經作「二神藥樹」；清作「神藥樹第二」。

一　七五一頁上二一行「摩陁」，諸本作「摩羅陀」。

一　七五一頁上二一行「方毒」，諸本作「萬毒」。

一　七五一頁中四行夾註左「下卷」，諸本作「卷下」。

一　七五一頁中五行「大藥樹三」，經作「三大藥樹」；清作「大藥樹第三」。

一　七五一頁中七行第二字「生」，諸本作「根」。

一　七五一頁中一四行「五面益物大樹四」，經作「四五面益物大樹」；清作「五面益物大樹第四」。

一　七五一頁中一七行「四千」，磧作「四十」。

一　七五一頁中一八行第一二字「支」，諸本作「者」。

一　七五一頁中二二行第八字「果」，諸本作「樹果」。

一　七五一頁中末行首字「味」，諸本作「味甜」。又第一〇字「物」，諸本作「初」。

一　七五一頁下五行夾註「出阿難念經」，諸本作「出離阿含經」。

一　七五一頁下六行「大象藏香五」，經作「五大象藏香」；清作「大象藏香第五」。

一　七五一頁下一六行「牛頭栴檀香六」，經作「六牛頭栴檀香」；清作「牛頭栴檀香第六」。

一　七五一頁下一八行夾註「四十二」，磧、普、南、經、清作「四十三」。

一　七五一頁下一九行「須彌南樹七」，經作「七須彌南樹」；清作「須彌南樹第七」。

一　七五一頁下二二行「震撫」，南、經、清作「震搖」。

一　七五二頁上四行夾註右「十卷」，經、清無。

一　七五二頁上五行「毒樹八」，經作「八毒樹」；清作「毒樹第八」。

一　七五二頁上一〇行「隨後」，諸本作「隨復」。

一　七五二頁上一九行「河海五」，經作「五河海」並有夾註「有三小種」；清作「五河海」。

一　七五二頁上二〇行「四大河一」，經無，清作「一四大河」。

一　七五二頁上二一行「五大河二」，經無；清作「二五大河」。

一　七五二頁上二二行「大海八德三」，經無；清作「三大海有八德」。

一　七五二頁上末行「四大河一」，經作「一四大河」；清作「四大河第一」。

一　七五二頁中一一行「五大河二」，經作「二五大河」；清作「五大河第二」。

一　七五二頁中一三行「阿夷越」，資、磧、普作「阿夷趣」。

一　七五二頁中一四行第一二字「雨」，南、經作「兩」。

一　七五二頁中一七行「大海有八德三」，經作「三大海有八德」；清作「大海有八德第三」。

一　七五二頁中一九行第六字「默」，諸本作「默然」。

一　七五二頁中二一行第六字「執」，南、經、清作「熟」。

一　七五二頁下二行「介是」，諸本作「爾時」。

一　七五二頁下三行「八種德」，磧、南、經、清作「八德」。

一　七五二頁下一二行第五字「驅」，諸本作「軀」。

一　七五二頁下一九行「寶珠六」，經

作「六寶珠」並有夾註「有三小種」；清作「六寶珠」。

一　七五二頁下二〇行至二二行「明月……大寶三」，經無。

一　七五二頁下二〇行「明月摩尼珠一」，清作「一明月摩尼珠」。下至二二行題名與序次，均同此例。

一　七五二頁下末行「明月摩尼珠一」，經作「一明月摩尼珠」；清作「明月摩尼珠第一」。

一　七五三頁上九行「生寶珠二」，經作「二大海生寶珠」；清作「大海生寶珠第二」。

一　七五三頁上一〇行末字至次行首字「之生」，諸本作「生之」。

一　七五三頁上一六行「光明大寶三」，經作「三光明大寶」；清作「光明大寶第三」。

一　七五三頁中一行末字「能」，諸本作「然」。

一　七五三頁中二行夾註左「四十」，諸本作「三十」。

一　七五三頁中三行「人飲乳多少及形壽不同七」，經、清作「七人飲乳多少及形壽同異」。

一　七五三頁中一〇行「唼指」，諸本作「嗽吮」。

一　七五三頁中一九行第四字「二」，經、清作「第二」。

一　七五三頁中二〇行首字「北」，諸本作「此北」。

一　七五三頁中末行「涼濡」，資作「涼暖」。

一　七五三頁下一五行首字「天」，經作「大」。

一　七五三頁下二〇行末字至次行首字「四徼」，經、清作「四交」。下同。

一　七五三頁下二一行末字「啗」，諸本作「嗽」。

一　七五四頁上一行「阿耨多羅」，諸本作「阿耨池」。又「雲起」，經、清作「起雲」。

一　七五四頁上二行首字「雨」，經、清作「天雨」。

一　七五四頁上三行「常有」，磧作「當有」。又「熱時」，諸本作「熟時」。

一　七五四頁上四行第八字「園」，資、磧、南作「圓」。又「風生」，諸本作「風至」。

一　七五四頁上九行「交落」，資、磧、普、南作「交路」；經、清作「交露」。

一　七五四頁上一二行「終生」，資、磧、普、南作「終去」。

經律異相卷第四　應始終佛部第一　仙

梁沙門僧旻寶唱等集

得道師宗一

如来昔在久遠劫時行菩薩道為大國王父母崩亡讓國與弟獨行求道見一婆羅門姓瞿曇氏從之受學因同其姓入於深山禪思念道乞食還國國人不識呼小瞿曇自於城外甘蔗園中起立精舍有五百大賊劫盜官財經園邊過明日步蹤遂錄菩薩以木貫身立大樹下血流於地大瞿曇氏飛来問曰有何罪酷乃至尒乎官人放弩射而煞之大瞿曇泣下沾揞取血濕土以為泥團持還精舍置左右二器中曰是道士若至誠者天神當使血化為人却後十月左即成男右即成女姓瞿曇氏男名舍夷賢劫中寶佛時又号釋迦越壽五百万歲者是也（出十二遊經）佛在摩竭提界善勝道場元吉樹下德力降魔度二估客惟定光如来拜吾佛名去汝於来世九十一劫當得作佛字釋迦文十号具足如我今也吾從是来積功累行六度四等修持不勸功報无遺大願成果（出中本起上卷）

現生王宮二

究竟菩薩在兜率天諸天共議當使菩薩現生何氏種英天子問曰一生補處降神何種荅曰種姓有六十德者我當降之（文多不載）唯有釋家久植德本迦維羅衛人大小和穆上下相承國富民樂渴仰一乘且白淨王性行仁賢夫人姓瞿曇氏溫良忠善護身口意已五百世為菩薩母王后晏寢菩薩化乘白象冠日之精入于胎中身心安樂猶如深禪詣无憂樹下遣使啓王時无憂林有十種瑞一忽然廣博二土石變為金剛三寶樹行列四沉香莊嚴五華鬘充滿六衆寶流出

七池生芙蓉八天龍夜叉合掌而住九天女恭敬十一切諸佛放光普照王大歡喜后身輕軟不想三毒諸有疾者手摩必愈既滿十月臨產之時有三十二瑞一後園林木自然生果二陸地出青蓮大如車輪三枯樹生華四七寶車至五地中寶藏自然涌出六名香好華遍布遠近七雪山五百師子羅住城門八五百白象皆住殿前九細雨澤香十百味飲食給諸飢渴（大多不載與諸本赳同）四月八日夜明星出時后思園觀遊憐鞞樹下三千國土六反震動沸宿隕落樹即屈枝母即攀執諸天散華從右脅生身長丈六即行七步寶華承足舉手住而言天上天下唯我為尊三界皆苦何可樂者釋梵奉侍四王接上金案龍降香水以充洗浴五百青衣各生力士白馬產駒黃羊生羔（瑞應本起云数名車匿馬名揵陟餘本赳大同細異）後七日母便命終生忉利天太子幼稚應須料理時有說者唯大愛道是太子姨母清淨無夫當能育養時白淨王詔大愛道求為乳哺愛道奉雪山梵志名阿夷頭書見太子悲歎流涕王問其故荅曰仰慶大王生此神人昨天地大動其正為此我之相法太子有三十二一體軀金色二項有肉髻三其髮紺青四眉閒白毫五項出日光六目睫紺色七上下俱眴八口四十齒九齒白齊平十方頰車十一廣長舌十二合滿十三師子膺十四身方正十五脩臂十六指長十七足跟滿十八安平正十九內外握二十合縵掌二十一手千輻輪理二十二足千輻輪理二十三陰馬藏二十四廣腨腸二十五鉤瑣骨二十六毛右旋二十七一孔一毛二十八皮毛細軟二十九不受塵水三十胷有万字（瑞應同少二）身有此者若在家為轉輪聖王七寶自至若出家為自然佛傷我年已晚暮不覩佛興是故悲耳王厚相賞給告大愛道深加敬護（出普曜經第二卷又出釋迦譜第一卷）

太子七歲乘羊車衆釋導從往詣書師師名選友太子問曰師有何書見教荅曰有梵佉留法可相教也太子曰異書有六十四種何止二耶師曰願聞其名太子荅曰梵書佉留書護衆書疾堅書龍鬼書乾闥婆書阿須倫鹿輪書天腸書轉數書觀空書（大多不載）欲以何書而見教耶師不能解讚歎而已太子為諸童子分別本末勸發道心（瑞應經云書缺二字以問師師不應違反啓其志）太子年至十七王為納妃簡選數千家後得一小國王姓瞿曇氏波須弗（漢言善覺）女名瞿夷端正无比淨如蓮花八國爭娉悉未許與王召現之令為太子結娉卿女善覺愁憂若不許者必見征伐若許與者八國成怨女言白淨王國武藝最勝諸國所憚王勅國內却後七日太子現術能者宜集（長阿含經云執杖釋種女太有術藝者妻之）調達撲煞一象太子擲出城外天文地理八万異術無有及太子者調達手搏太子少太子接擲空中三反不損復共射鼓調達射中四十里鼓不能過難太子引弓弓皆軟折問有異弓任吾用者不王曰亡祖用弓奇異無雙无能用者在天寺中取給太子一切諸釋無能上者太子用射中百里鼓箭沒地中涌泉自出至鐵圍山三千

剎土六反震動即以瞿夷為太子第一夫人隨世習俗現相娛樂（瑞應經云太子納妻久不交接一手指妃腹後乃生男）又取移施長者女名耶惟檀為第二夫人又取釋種長者女名曰鹿野為第三夫人太子當作飛行皇帝立三時殿置六万婇女羅去從天變沒化現而生太子後出東城門王勑嚴治道路莫令不淨太子威神之所建立天化老人頭白齒落目冥耳聾柱杖僂步太子知而故問此何人也御者曰是名老人太子曰人命如流難可得再非獨為人天下皆尒迴車還宮愍念不樂後出城南門遇見疾人大腹羸瘦卧于道側問于御者荅曰病人太子曰万物无常有身有苦吾亦當然即還入宮後出城西門見一死人室家悲哭御者曰死人人生有死如春有冬人物一貫太子曰夫死痛矣精神劇矣吾見死者形壞體化而神不滅吾不能復以死受生往来五道勞我精神迴車而還復於他日出城北門見一沙門衣服齊整手執法器御者曰此名比丘棄捨

情欲心意一切欲度十方太子曰善哉是吾所樂我不辭王位而出家者此則不應即時靜夜入王宮殿光照遠近父王覺起即啓父曰諸天勸助今應出家父王悲泣何所志願何時當還太子欲得四願一者不老二者無病三者不死四者不別假使父王與此四願不復出家王曰自古及今无有得者益大愁悲即勑五百釋子多勇力者宿衛四門城門開閉聲聞四十里裘夷意疑不離其側太子念道清淨不宜在家當處山林研精行禪時年二十九以四月七日夜半後裘夷時得五夢即便驚覺太子問之對曰夢見須弥崩明月落地珠光忽滅頭髮自墮人奪我蓋菩薩知夢為我身耳曰須弥不崩明月續照珠光不滅頭髮不墮人奪蓋猶存且自安寐慎莫憂失夜觀伎女百節皆空譬如芭蕉鼻涕目淚樂器縱横顧視其妻具見形體腦髓髑髏心肝腸胃外是革囊中盛臭穢猶如假借當還亦不得久三界无怙惟道是恃欲界諸天

住於空中法行天子遥白太子時已至矣沸星適現喚車匿起被於揵陟四天子與无數夜叉龍等皆被鎧甲從四方来稽首致敬諸天恐有留難即遣獻神入宮獻寐城中男女悉皆寢極孔雀衆鳥莫不疲卧車匿悲泣門鑰不開四神捧舉馬足踰出宮城帝釋前導放大淨光詣佛樹下（出普曜經第三卷又出第四卷）

現迹成道三

明晨報問不知所在王即追蹤前至王田遥見太子樹為曲枝隨陰其上王自驚悟不識下馬而為作礼太子拜曰今一適此何宜枉駕追念太子不捨心懷還召大臣卿等弄子抱孫共相娛慰吾但一子見別山居取卿子弟五人追而侍之若中来還當滅卿族太子脫寶衣以付車匿還啓父王及白裘夷得道當還不忘此誓車匿奉辭淚下如雨白馬長跪舐菩薩足王覩還物歔欷投地裘夷抱馬太子乘汝何忽獨来甘果美泉皆无所乏菩薩自念欲作沙門至山水邊天

王知心持刀而下菩薩自剃頭鬚帝釋受髮內髻獨在成大沙門至层連水邊寂然閑居遇一獵師身著法服狀如沙門太子問曰法服何名荅曰袈裟鹿謂學道心不恐畏而來見附以次煞之用以自資太子倍興慈念求以身衣從其貿易獵師曰王生長深宮體肉細軟不更寒苦恐壞王身且又不淨太子曰此聖賢之摽式但貿無苦也自當浣濯諸天進食却自不受前行到摩竭國人民見之謂是帝釋梵王諸天太子知其所念便坐樹下瓶沙王即與群臣出詣道士遥見光相問是何神從何國来何所名字太子荅曰吾出香山之東雪山之北國名迦維父名白淨母名摩耶瓶沙問曰將無是悉達乎荅曰是也王即礼足曰形相炳著當君臨四方為轉輪聖帝四海顒顒冀神寶至何棄天位自放山藪荅曰出生有死劇痛有四謂生老病死不可得離身為苦器憂畏无極若在尊寵則有憍慢貪求快意天下苦患吾厭此故是以入

山後六年懃苦日食一麻一米結跏趺坐亦不傾側風雨雷電四時不攺未曾舉手以自障蔽衆人恠之取草木梫耳鼻中亦不棄去形體羸瘦惟金色益顯光明遠照耳周竟六年心自念言羸瘦如此徃詣佛樹後世有譏謂餓而得道吾寧噉柔軟食平復身體然後成道時有長者女出嫁生男心大歡喜構千頭牛展轉相飲取其純乳作糜欲祠樹神遣婢洒掃見佛不識還啓大家去樹下有神端正妙好女聞歡喜欲取糜去糜跳出釜丈餘不可取女甚恠之空中天曰有大菩薩已從坐起汝本有願當先飯之乃成正覺女聞天言即取乳糜盛滿金鉢徃层連水邊菩薩以神通力入水洗浴兜率天子取天衣袈裟奉上菩薩即取著之住层連水邊長者女奉乳糜菩薩食之氣力稍充徃詣佛樹路左一人名曰吉祥刈生菁草柔滑不乱菩薩謂吉祥曰欲得草坐地則大動諸天化作八万佛樹師子之座天子各見菩薩獨坐其座薄福

德者故見坐草三界衆生見菩薩坐佛樹（玉胎經太子坐閻浮樹受下三十八日觀樹經行也）放大光明掩蔽魔宮波旬卧寐夢見三十二變宮殿闇冥入於邪徑池水枯涸樂器破壞夜叉獄鬼頭皆墮地諸天捨去不從其語集諸大臣說夢所見興諸兵仗并呂千子其五百子導師等信樂菩薩其五百子惡目等隨魔為乱欲相降魔有四女一名欲妃二名悅彼三名快觀四名見從徃詣菩薩綺語作媚三十二種姿拚脣舌嫈嫇細視（文多不俗載）願得晨夜供事左右荅曰汝形雖好心不端正革囊盛屎来欲何為去吾不用其三玉女化成老母不能自復即還魔所（觀佛三昧經云三玉女名動異又見過患）魔毒益盛呂十八億衆變為殊形師子熊羆兕頭人軀虵虺之身擔山吐火雷電礔礰執持戈矛菩薩喜心一毛不動鬼兵不能近菩薩尒時徐舉眉間毫擬阿鼻獄令罪人見白毫流澍大如車輪火即斃滅自憶前世所作罪業心得清凉稱南無佛以是因緣受罪若畢應生人中魔見是相憔悴忧惱退

還其宮白毫復去至第六天見白毛孔諸寶蓮華過去七佛現在華上如是白毫上至无色遍照一切如頗梨鏡八万四千天女視波旬身狀如樵木但瞻菩薩白毫相光无數天子天女發菩提心魔王還與佛相難佛以智力伸手案地應時地動魔及官屬皆顛倒墮降魔怨竟即成正覺出普耀經第五卷又出第六卷

與數千万衆入羅閱城遥見之者舉手讃歎或言善来或言日月或自歸命或相問訏為是天耶為帝釋耶衆人隨逐瓶沙王在高樓上即問左右為有何故有一大臣日釋子辞家遊蕩在外或能謀國當往誅之王日此子紹位作轉輪聖王我等皆為臣佐若使出家學道得佛願為上首弟子寂初説法先在其例王載飲食往東山候之尋前礼足自稱摩竭國瓶沙王者今我是也佛日我先識矣何須致敬王即啓日今獻微供以表單心願見納受佛黙然受王言若成無上道願先見度時阿蘭諸弟子還見世

尊白其師言今有一人端政殊特經趣師門必當求為弟子也阿蘭乃説偈日

吾觀遠来士　衆相无缺漏　此自王世界
終不見宗事出深淺學比丘經又出修行本經下卷

阿難問葬法四

阿難問葬佛言我葬之法如轉輪聖王先以香湯浴身刧貝遶體次以五百張白疊纒之内金棺中灌以麻油復以金棺置鐵槨内栴檀香槨次遶其外積衆香薪厚衣其上而闍維之薪盡火滅収取舍利於四衢道起立塔廟表刹懸幡使見者思慕多所饒益佛言有四種人應為起塔一如来二辟支佛三聲聞四轉輪王皆應香華幡蓋伎樂供養佛於雙樹間鋪置床座以頭南首面向北方所以然者佛法流布當久住北方佛自滕僧伽梨右脅如師子王累足而卧阿難又問閻浮提界有幾種葬佛言无數我此國土有水葬火葬塔塜之葬振旦國人葬送之法金銀珎寶刻鏤車乘飛天伎樂鈴鍾歌詠用悦終亡身帶

衣服盛置棺槨妙香芬苾千百万衆送于山野莊嚴處所人民見者莫不歡欣振旦邊王所領人民欲葬之時成持棺槨内石室中疾病之日開看骸骨洗浴求福使病得愈又有命終無有棺槨直取屍骸置高閣上疾急之時下屍呪願以求福祐佛言我法中學欲修福時當勤精進行六波羅蜜護持十善可得生天向无上道出普曜經第六卷又出長阿含經第一卷

現般涅槃五

佛在拘尸那城力士生地阿夷羅跋提河邊娑羅雙樹間與大比丘八十億百千人倶前後圍遶二月十五日菩薩從兜率天下經云三月八日臨涅槃時以佛神力出大音聲乃至有頂隨其音類普告一切今日如来憐愍衆生為作歸依大覺世尊將欲涅槃一切衆生若有所疑今悉可問為寂後問長阿含經文小異文多不可備載

佛晨朝時從其面門放種種光遍照大千世界乃至十方六趣衆生遇斯光者罪垢煩惱一切消除衆生見聞心大憂惱同時舉聲悲號啼哭大地

山海皆悉震動時人共言疾往佛所
勸請如來莫般涅槃住世一劫諸大
弟子迦旃延等遇佛光者其身戰掉
不能自持舉聲大叫生種種苦復有
八十百千諸比丘六十億比丘尼皆
阿羅漢舉身毛竪遍體血現如波羅
沙華復有一億恒河沙菩薩位階十
住二恒河沙優婆塞三恒河沙優婆
夷四恒河沙離車五恒河沙長者六
恒河沙諸王七恒河沙王夫人八恒
河沙天女等乃至十方佛及弟子六
道大衆見涅槃相悲號啼哭不能自
持會中復有拘尸城工巧之子名曰
純陁與十五人俱礼佛而言唯願世
尊及比丘衆哀受我等最後供養我
等從今无主無親无救無護貧窮飢
困欲從如來求將來食唯願哀受我
等微供然後涅槃佛曰我今為汝除
斷貧窮无上法雨雨汝身田令生法
牙令汝具足檀波羅蜜時衆歡喜同
聲讃言希有純陁佛受汝供汝真佛
子佛言純陁今政是時如來政尒當
般涅槃第二第三亦復如是純陁舉

聲號哭復白大衆我等今共五體投
地同聲勸佛莫般涅槃佛告純陁莫
大啼哭自乱汝心我以哀愍汝及一
切是故今日欲入涅槃何以故諸佛
法尒有為亦然速辦所施不宜久停
佛又從面門放五色光照純陁身純
陁身持餚饍疾往佛所憂悲悵怏猶
願矜哀住壽一劫佛言汝欲令我久
住者宜當奉最後具足檀波羅蜜一
切菩薩天人雜類異口同音唱言奇
哉純陁成就大福我等无德所設供
具則為唐捐世尊欲令一切衆望滿
足於自身上一一毛孔化無量佛一
一諸佛各有无量諸比丘僧悉皆示
現受其供養釋迦如来自受純陁所
奉設者純陁所持粳粮成熟之食摩
伽陁國滿足八斛以佛神力皆悉充
足一切大會（長阿含經小異文多不載）有疾右脅而卧
如他病人告迦葉菩薩是諸衆生不
知大乘方等密語便謂如来真實有
疾令於娑羅雙樹閒示現倚卧師子
之床欲入涅槃令諸未得阿羅漢果
衆弟子等及諸士生大憂苦令天人

阿修羅等大設供養又使諸人以千
端疊纏裹其身七寶為棺（菩薩從兜術天下經云如来白擗三衣各取三條鋪金棺裏以襯身卅兩斛栴米手以鉢錫付授阿難）盛滿香油積
諸香木以火焚之唯除二端不可得
燒一極襯身二最在外為諸衆生分
散舍利以為八分一切聲聞弟子咸
言如来入於涅槃當知如来亦不畢
定入於涅槃何以故如来常住不變
易故已願聞正法當棄貪婬遵承我
教精進行道是為最後佛之遺命宜
共慎之汝諸比丘觀佛儀容難得覩
見却後一億四千餘歲乃至弥勒佛
耳佛臨涅槃地大振動諸天世人皆
悉驚怖諸有幽冥日月光明所不至
處皆蒙大明各得相見天散華香時
佛滅度六欲天王金毗羅神密迹力
士佛母摩耶雙樹娑羅園神各作偈
頌諸比丘悲慟各自歔欷而言如来
滅度何其駃哉群生長衰世間眼滅
阿那律告諸比丘止止勿悲諸天在
上儻有怪責諸比丘問上有幾天荅
曰充塞虛空豈可計量皆於空中俳
佪搔擾悲號擗踊歔欷而言如来滅

度何其駛哉群生長衰世間眼滅（長阿含與雙卷泥洹大同出大涅槃第一卷）阿難比丘今何所在文殊師利言在娑羅林外去此十二由旬為六万四千億魔之所娆乱是諸魔衆悉自變身為如来像說種種法種種示現阿難念言昔所未見誰之所作將非釋迦欲發是語都不從意阿難受大苦惱不能得来佛說大陁羅尼呪文殊受之至阿難所為魔誦說諸魔王等發菩提心文殊即與阿難俱還佛所（出菩薩從兜率天下經）諸末羅集於種種供養復竟一日以佛舍利置於牀上諸末羅童舉牀皆不能勝阿那律言汝等且止諸天欲留七日展諸人民皆得供養如来三從金棺裏出金色辟問阿難至平治道路灑掃燒香末云何阿難吾前後所出方等大乘汝悉得不阿難對曰唯佛知之佛言如是諸經今為畢竟七日末羅童子捧舉四角擎汝可持幡盖燒香散華作衆伎樂前後導從安詳而行入城東門遍諸街巷出城北門渡熙連禪河到天冠寺末羅使臣積香木竟火

燒不然阿那律言諸天意以滅火迦葉將五百弟子從波波國還願見佛身迦葉遇一尼乾手執曼陁羅華問曰知我師不荅曰滅来七日我從彼得此華迦葉不悅五百弟子婉轉蹄咷不能自勝悲歎言曰善逝涅槃何其駛哉時跋難陁言且莫啼哭我等於摩呵羅邊或得解脫迦葉催諸比丘疾疾執持衣鉢往拘尸城及見舍利問阿難曰世尊舍利可得見不荅曰刧貝裹白疊纏内金棺中蔵鐵槨内衣以香薪即欲焚難可得見迦葉三請荅曰如初前至香積佛蹹重棺現於兩足（四分律云棺槨自開出現雙足）足下輪相有諸異色即問阿難荅云女人心軟前礼佛時淚墮手捉迦葉作礼大衆同拜遶樹三匝各興偈頌香積處處不燒自然（長阿含雙卷涅槃略同文多不載）火極熾盛難可止息娑羅樹神以力滅之（出涅槃長阿含雙卷泥洹又出菩薩從兜術天下經）

摩耶五衰相六

佛般涅槃摩耶夫人在於天上五衰相現一頭上華萎二腋下汗出三項中光滅四兩目數瞬五不樂本座又

得五夢一須弥山崩四海水竭二羅刹奔走挑人眼目三天失寶冠身无光明四寶珠幢倒失如意珠五師子嚙身痛如刀割得此夢已即便驚寤此非吉祥我昔在於白淨王宮因晝寢中得希有夢見一天子身黄金色乘白象王從諸天子作妙伎樂觀日之精入我右脅身心安樂即便懷妊悉達太子為世照明今此五夢甚可怖畏必是我子涅槃之相時阿那律殯佛既畢昇忉利天偈告摩耶摩耶氣絶良久與諸眷屬下雙樹間見僧伽梨及鉢錫執之號慟絶而復穌曰我子福度天人今此諸物空无有主佛以神力令諸棺盖自然開發佛合掌而起放大光明問訊母言遠屈来下諸行法尒願勿啼泣阿難雖自抑忍白佛後世衆生必當問我佛臨滅度復何所說云何荅之佛告阿難汝當荅言佛已入涅槃摩耶夫人下如来為後不孝衆生從金棺出合掌問訊并說上偈諸歎此經名為佛臨涅槃母子相見經如是受持（出摩耶經下卷）

經律異相卷第四

經律異相第四卷 第二十二張 仙字号

經律異相卷第四

校勘記

一 底本，金藏廣勝寺本。

一 七五九頁中一行「部第一」，徑、清作「部第四」。

一 七五九頁中三行至八行目録，徑無。

一 七五九頁中四行首字「託」，資、磧、普、南、清作「現」。

一 七五九頁中九行「得道師宗一」，徑、清作「得道師宗第一」。

一 七五九頁中一〇行「昔在」，資、磧、普、南、徑、清作「在昔」。

一 七五九頁中一一行「崩亡」，資、磧、普、南、徑、清作「崩殂」。

一 七五九頁中一九行第五字「躬」，諸本（不含石，下同）作「射」。

一 七五九頁中二〇行首字「棺」，諸本作「棺」。

一 七五九頁下五行第六字「拜」，磧、普、南、徑、清作「辯」。

一 七五九頁下一〇行第五字「二」，徑、清作「第二」。

一 七六〇頁上二行第六字「十」，資、磧、普、南、徑、清作「十十方」。又「放光」，資、磧、普、南、徑、清作「毫光」。

一 七六〇頁上五行「三十二」，南作「二十二」。又「林木」，資、磧、普、南、徑、清作「樹木」。

一 七六〇頁上六行「青蓮」，資、磧、普、南、徑、清作「青蓮華」。

一 七六〇頁上九行「五百」，徑作「五里」。

一 七六〇頁上一四行至一五行「身長丈六即行七步」，徑、清作「於四方面周行七步」。

一 七六〇頁上一八行「五百」，資、磧、普、南、徑、清作「五千」。

一 七六〇頁中二行末字「昨」，資、磧、普、南、徑、清作「時」。

一 七六〇頁中四行「三十二」，麗作「三十二相」。又「一體」，資作「體一」。

一 七六〇頁中八行「合滿」，資、磧、普、南、徑、清作「合滿掌」；麗作「合滿堂」。

一 七六〇頁中一一行「曼掌」，資作「鞔掌」；磧、普、南、徑、清作「縵掌」。

一 七六〇頁中一三行「鈎璅骨」，資、磧、普、南、徑、清作「鉤鏁骨」。

一 七六〇頁中一六行第八字「爲」，資、磧、普、南、徑、清作「當爲」。

一 七六〇頁下三行「天腸」，資、磧、普、南、徑、清作「天腹」。

一 七六〇頁下六行夾註左「不應」，資、磧、普、南、徑、清作「不能」。

一 七六〇頁下八行「波須弗」，資、磧、普、南、徑、清作「名波須弗」。

一 七六〇頁下一四行夾註右「執杖」，

南、徑、清作「執挾」。又左「術藝」，
磧、普、南、徑、清作「行藝」。

一七六〇頁下一七行第三字「少」，資、磧、普、南、徑、清無。

一七六〇頁下二〇行第八字「袒」，諸本作「祖」。

一七六一頁上四行「惟檀」，資、磧、普、南、徑、清作「維越」。

一七六一頁上七行第七字「生」下，資、磧、普、南、徑、清有夾註「出普耀經」。

一七六一頁上一〇行「柱杖」，資、磧、普、南、徑、清作「拄杖」。

一七六一頁上一四行「疾人」，資、磧、普、南、徑、清作「病人」。

一七六一頁中四行「即啓」，徑作「即答」。

一七六一頁中一一行「裘恵」，資、磧、普、南、徑、清作「瞿夷」。下同。

一七六一頁中一三行「二十九」，磧作「一十七」；普、南、徑、清作「一十九」。

一七六一頁中一六行「頭髮」，資、磧、普、南、徑、清作「頭髻」。一八行同。

一七六一頁中一八行第一一字「且」，資、磧、普、南、徑、清作「但」。

一七六一頁中二一行「心肝」，資、磧、普、南、徑、清作「心肺」。

一七六一頁下二行「沸星」，麗作「佛星」。又第一一字「被」，資作「備」；磧、普、南、徑、清作「鞁」。

一七六一頁下三行「四天子」，諸本作「四天王」。

一七六一頁下五行第三字「⿸疒厭」，資、磧、普、南、徑、清作「厭」。下同。

一七六一頁下一〇行末字「三」，徑、清作「第三」。

一七六一頁下一八行第五字「脱」，資作「大脱」。

一七六一頁下一九行第三字「白」，南作「曰」。

一七六二頁上一行「頭鬢」，磧、普、南、徑、清作「頭鬚」。

一七六二頁上二行「獨在」，諸本作「獨存」。

一七六二頁上九行「摽式」，資、徑、清作「幖幟」；磧、普、南作「摽幟」。

一七六二頁上一三行第一三字「士」，南、徑、清作「王」。

一七六二頁上一四行「何神」，資、磧、普、南、徑、清作「何人」。

一七六二頁上一八行第九字「當」，資、磧、普、南、徑、清作「當知」。

一七六二頁上末行「苦患」，資、磧、普、南、徑、清作「共患」。

一七六二頁中四行第二字「杸」，諸本作「投」。又第一三字「瘦」，資、磧、普、南、徑、清作「瘠」。

一七六二頁中六行「羸瘦」，資、磧、普、南、徑、清作「今羸瘦」。

一七六二頁中九行第六字「搆」，資、磧、普、南、徑、清作「穀」。

一七六二頁中一二行「妙好」，資、磧、普、南、徑、清作「姝好」。

一七六二頁中二〇行「左一人」，資、磧、普、南、徑、清作「右一人」。又

「刈生菁草」，資、磧、普、南、徑、清作「又生青草」。
一 七六二頁中二二行第八字「作」，資、磧、普、南、徑、清無。
一 七六二頁下二行夾註右首字「下」，諸本作正文。又夾註「出胎經云坐閻浮樹受下」，資、磧、普、南、徑、清作「受胎經云坐閻浮樹下」；麗作「出胎經云坐閻浮樹下受」。又夾註左末字「也」，資、磧、普、南、徑、清無。
一 七六二頁下六行第一一字「與」，資作「興」。
一 七六二頁下九行首字「降」，諸本作「降伏」。
一 七六二頁下一一行「姿拤」，麗作「姿并」。又「嫈嫇」，麗作「營嬪」。
一 七六二頁下一五行夾註左第三字「勤」，資、磧、普、南、徑、清作「懃」。
一 七六二頁下一九行第一三字「毫」，資、磧、普、南、徑、清作「毫相」。又末字「擬」，南作「疑」。
一 七六二頁下末行「怢惱」，諸本作「懊惱」。
一 七六三頁上五行「樵木」，資、磧、普、南作「燋木」；徑、清作「焦木」。
一 七六三頁上一八行「其例」，磧、普、南、徑、清作「其列」；麗作「其側」。
一 七六三頁中一行末字「經」，資、磧、普、南、徑、清作「徑」。
一 七六三頁中五行夾註左「修行本經」，資、磧、普、南、徑、清作「修行本起經」。
一 七六三頁中六行第六字「四」，資、磧、普作「經四」；徑、清作「第四」。
一 七六三頁中八行「逸體」，麗作「裹體」。
一 七六三頁中一三行「思慕」，資、磧、普、南作「思募」。
一 七六三頁中一七行「以頭南首面向北方」，資、磧、普、南、清作「以足南首北面向西方」；徑作「以足南首北南向西方」。
一 七六三頁中一八行「自牒」，磧、普、南、徑、清作「自褺」。
一 七六三頁中二一行「振旦」，資、磧、普、南、徑、清作「震旦」。下同。
一 七六三頁中二二行「刻鏤」，資、磧、南作「刻漏」。
一 七六三頁下四行首字「成」，南、徑、清作「取」。
一 七六三頁下一一行末字「五」，徑、清作「第五」。
一 七六三頁下一五行夾註左「三月」，資、磧、普、南、徑、清作「二月」。
一 七六四頁上七行末三字至次行首字「位偕十住」；資作「位皆十地」；磧、普、南、徑、清作「位階十地」。
一 七六四頁上二二行「政介」，資、磧、普、南、徑、清作「只爾」。
一 七六四頁中九行第四字「當」，資、磧、普、南、徑、清作「當盡」。
一 七六四頁中二〇行「密語」，徑作「蜜語」。
一 七六四頁中末行「諸士」，諸本作「諸力士」。

一　七六四頁下三行夾註左首字「擗」，資、磧、普、南、徑、清作「躄」。又左「錫付」，資、磧、普、南、徑、清作「錫杖」。

一　七六四頁下一二行「乃至」，資、磧、普、南、徑、清作「乃有」。

一　七六四頁下一九行「駃哉」，資、磧、普、南、徑、清作「駛哉」。下同。

一　七六四頁下末行「擗踊」，資、磧、普、南、徑、清作「躃踊」。

一　七六五頁上二行「阿難」，徑、清作「佛言阿難」。

一　七六五頁上一七行首字「末」，麗作「未」。

一　七六五頁上二二行「街卷」，諸本作「街巷」。

一　七六五頁上末行第九字「臣」，資作「巨」。

一　七六五頁中一行「滅火」，資、磧、普、南、徑、清作「大」。

一　七六五頁中四行「我師不」，麗作「我師在不」。

一　七六五頁中六行「悲欷」，南、徑、清作「歔欷」。

一　七六五頁中一二行第八字「梵」，資、磧、普、南、徑、清作「燒梵」。

一　七六五頁中一七行「遶樹三匝各興偈頌」，資、磧、普、南、徑、清作「繞佛三匝各興偈頌」。

一　七六五頁中一八行夾註「涅槃略同」，資、磧、普、南、徑、清作「泥洹同」。

一　七六五頁中一九行「娑羅」，磧、普、南、徑、清作「婆羅」。又夾註右「涅槃」，資、磧、普、南、徑、清作「大涅槃」。

一　七六五頁中二〇行「摩耶五衰相六」，徑作「摩耶五衰相現第六」；清作「摩耶五衰相第六」。

一　七六五頁下七行「觀日」，磧、普、南、徑、清作「貫日」。

一　七六五頁下一一行第九字「偈」，資、磧、普、南、徑、清作「往」。

一　七六五頁下一二行「氣絶」，資、磧、普、南、徑、清作「悶絶」。

一　七六五頁下一三行「錫執之」，資、磧、普、南、徑、清作「錫杖執持」。

一　七六五頁下二二行「偈諸敬」，資、磧、普、南、徑、清作「諸偈故」。

經律異相卷第五 應身益物部第一 仙

梁沙門僧旻寶唱等集

佛胷萬字放光發音一
三種密二
受阿耆達請三月食馬麥三
與五百僧食馬麥緣四
現鐵槍報五
化四梵志掩耳不受但各聞一句得道六
化作梵志度多味象王七
化盧至長者改兵杖為雜花八
化作沙門度五比丘九
現為沙門化慳貪夫婦十
化暑兒及諸梵志令得道迹十一
化大江邊諸無信人十二
濟五百賊出家得道十三
吹香山藥入五百盲賊眼中還得清眼十四
化作執著婆羅門子令其父母還得本心十五
化婬女令生猒苦十六
現五指為五師子十七
以足指散巨石十八

胷萬字放光發音一

如來遊於妙樂世界欲現智慧廣度無極與弟子菩薩梵釋天龍集于精舍放萬字光音清淨遠徹五法大音一曰度人大乘之音二曰度人無彼此之音三曰度人無緣覺之音四曰度人不斷情想善權之音五曰度人逮入生死解其勞塵說法之音國王名處流與諸人民詣佛礼敬曰久聞如來宣道訓化濟脫生死而無有限吾等眷屬流於生死未蒙解脫願尊垂化令解明法天地震動修菩薩行

（出現佛胷萬字經）

三種密二

何謂心密四行清淨不失神通建立大哀无極之業以神通變現一切普顯以成諦道智慧之室覩一切法是則正通普御一切其真法者慧神慧通皆顯衆像解暢諸色解暢一切諸佛道法闓化一切十方衆生使入法律至阿惟顏轉一切法是為菩薩心密之業（出密迹金剛力士經第二）菩薩住是金剛三昧以一音聲有所宣說一切衆生各隨種類而得解了示現一色一切衆生各各皆見種種色相安住一處身不移易能令衆生隨其方面各各而見宣說一法若界若入一切衆生各隨本解而得聞之（出大涅槃經第二十二卷）佛以一音演說法衆生隨類各得解皆謂世尊同其語衆生各各隨所解普得受行獲其利或有恐畏或歡喜或生猒離或斷疑斯則神力不共法（出維摩經第一卷）一切法相行無取著建勝寶幢出一大音若樂聞施惠得解脫者即聞如來說施利益戒慧等樂亦復如是說大乘法無一衆生不解脫者（出觀佛三昧經第三卷）佛以一言說一切法大千衆生以无量音一時問難皆各不同於一念中以一音荅皆令開解（出華嚴經第二十六卷首楞嚴經明身密悲花第七卷十分別經普明口密大同）

受阿耆請三月食馬麥三

隨羅然國（或云毗羅然）有婆羅門王名阿耆達聰明多智往詣阿難邠坻廣共論議言說問須達多言此土有神人可宗者不荅曰有悉達太子出家成佛相好殊特天人所尊阿耆達即命駕往詣祇洹見佛風神心敬內發即起白佛願佛及僧顧我三月夏坐佛言我此衆多而汝異見異信王言不以為

多如是至三佛與五百比丘一時受請往至其國城邑隘陋民窮少信乞食難得先无精舍城北有林枝葉欝茂其地平博與衆頻上勑諸比丘汝等當知此邑窮隘人多不信乞食難得若欲於此安居者住不者隨意時舍利弗獨往阿㝹迦末迦山受天帝釋及阿修羅女請天食供養時有天魔迷惑王心使還宮内躭荒五欲一者寶飾二者女樂三者衣食四者榮利五者色欲還入後宮勑守門者三月之内不問尊卑外事大小悉不得白迷忘供養又无恒命供養滿六日便止諸比丘乞食極苦難得時大目連白佛有樹名欝閻浮我欲取其果供養大衆有訶梨勒林阿摩勒林欝單日有自然粳米忉利天食修陁味普皆欲取以供大衆有甘地味我以一手擎諸衆生一手反地令諸比丘自取而噉願見聽許佛言汝自有大神力諸比丘惡行報熟不可移轉一皆不聽是國有清水美草有波羅國人逐水草牧馬欲令肥丁来到此處

馬士信佛心淨告諸比丘言我等知僧飢極而食皆盡正有馬麥君能噉不諸比丘白佛佛言馬屬看馬人能以好草鹽水食馬此麥自在應受馬有五百疋一馬日食二升各分半以給比丘（四分律云馬食一斗分五升給僧）有一良馬日食四斗分半奉佛（四分律云二斗分一升）阿難取佛分并自分持入聚落於一女人前讃佛功德有小因緣在此安居汝能為作乾飯不女言我家多事不能得作傍有一女聞謂阿難言持麥来我為作飯更有濡善智慧持戒比丘我亦為作女即作飯與阿難阿難㪽佛情深如是思惟佛為王種常食餚饍此飯麁惡不能益身行水授飯見佛食之悲哽交懷佛知其意欲解釋之汝能噉不阿難言能受而食之滋味非常實是諸天以味加之欣悅无量悲哽即除具陳二女佛言前女若作飯時應為轉輪王第一夫人不倩而作者此福无量時諸國豪貴居士大富薩薄等聞佛三月食馬麥俻衆供具種種餚饍車馬盈道而来奉餉世尊自

恣竟至餘七日告阿難汝行入城告阿耆達云安居竟復餘國遊行阿難與一比丘俱到王所具陳佛語王猶未悟乃問佛今何在阿難言受王三月請始竟今故在國王又問阿難誰供給阿難言窮㞰理極佛與衆僧三月食馬麥王始自覺悟如何令佛及僧三月食馬麥惡聲醜名流布諸國憂愧愁惱與諸宗親共往詣佛深自懺悔更請留佛佛受七日辦種種食劫貝四張革屣一量奉佛劫貝二張革屣一量施僧（善見毗婆沙云菓其兒孫語云我先請佛三月安居不得一日供令以三月供限并設明日以三衣施佛二衣施僧白疊各一雙又施鉢欽婆羅各一張又施鉢兜那波吒梁言舶一藥膏各滿一器）王取其供遍散道中欲令蹈過佛言食粮應噉敬不宜足蹈佛乃為受皆悉呪願王心悅結解遠法眼淨（出中本起經下）（十誦弥沙塞律略同）

與五百僧食馬麥緣四

過去久遠世時佛名比婆葉在槃頭摩跋城王名槃頭有婆羅門名因提耆利博達四韋及諸竿術及婆羅門戒教五百童子王設會請佛供饌精

美衆有一比丘名曰弥勒病不能行食竟為病人請食梵志不與罵曰髡頭沙門正應食馬麦不應食如是甘美之供時諸弟子曰實尒舍利弗時婆羅門者我身是也五百童子今五百羅漢是病比丘今弥勒是（出興起行經下）

現鐵槍報五

舍衛城中有二十人復與二十人共為怨敵時四十人各欲相害伺覔方便承佛威神尋詣佛所佛化四十人當有鐵槍（或云佉達羅刺）自然来出入佛右足大指言未竟槍在佛前目連白佛今拔鐵槍著異世界佛言以精進力欲拔鐵槍者三千大千世界為大震動不能揺槍如毛氂許佛往梵天槍輙隨之還舍衛城槍亦在前如来取鎗以足蹈上目連白佛如来何罪而獲槍殃佛曰昔五百賈人一懷惡心吾即害之是其餘殃四十人聞是自相謂言法王尚尒況於吾等當不受罪乎悔過自首入平等慧（出慧上菩薩經下卷）

化四梵志掩耳不受但各聞一句得道六

昔有婆羅門四人皆得神通身能飛

行神足无礙此四梵志自相謂言其有人民以餚饍食施瞿曇沙門者便得生天不離福堂有聞法者入解脫門我等今日意貪天福不願解脫不須聞法是時四人各執四瓶甘美石蜜一人先至奉上世尊佛告梵志說所行非常梵志聞即掩耳次第二人復說謂法與衰梵志聞亦掩耳次第三人復說夫生輙死梵志聞亦手掩耳次第四人復說此滅為樂梵志聞亦掩耳各捨之去自相謂言瞿曇沙門有何言教前者對曰我聞一句所行非常次第二三四復自陳說與說此偈已心開意解得阿那含道尒時四人自知各得道證還自懇責至如来所頭面礼足在一面立白世尊曰唯願如来聽在道次得為沙門世尊告曰善来比丘快修梵行尒時四人頭鬚自墮身所著衣變為袈裟尋於佛前得羅漢道（出无常經）

集

化作梵志度多味象王七

昔有婆羅門國名多味象其王奉事異道王欻一日發於善心欲大布施

如婆羅門法積七寶如山有来乞者聽令自取重一掫去如是數日其積不減佛知是王宿福應度化作梵志往到其國王出相見礼問起居曰何所求索莫自疑難梵志荅言吾從遠来欲乞珎寶持作舍宅王言大善自取重一掫去梵志取一掫行七步還著故處王問何故梵志荅曰此裁足作舍復當娶婦懼不足用是以不取王言更取三掫梵志即取行七步復還故處王言何以荅言此足取婦復无田地奴婢牛馬是以息意也王言更取七掫梵志即取行七步復還故處王言復何意故梵志荅言若有男女當復嫁娶吉凶用費計不足用是以不取王言盡以積寶持用相上梵志受而捨去王甚恠之重問意故梵志荅言本来乞匃欲用生活諦念人命處世无幾万物无常旦夕難保因縁遂重憂苦日深積寶如山无益於已貪欲規啚唐自勤苦不如息意求无為道是以不取王意開解奉教於是梵志現佛光相踊住空中為說偈言

雖得積珎寶　嵩高至于天　如是滿世間
不如見道迹　不善像如善　愛而似无愛
以苦為樂像　狂夫之所獸
王見佛光又聞此偈王及群臣即受
五戒得須陁洹道 出法句經第一

化盧至長者改兵杖為雜花八

南天竺有一大城名首波羅城中有一長者名日盧至為衆導主已於過去无量佛所殖諸善本彼大城中一切人民信伏邪道奉事尼揵我時欲度彼長者故從王舍城至彼城邑尼揵聞我欲至彼城即作是念沙門瞿曇若至此者此諸人民便當捨我不復供給告彼城人沙門瞿曇今欲来此然彼沙門委棄父母東西馳騁所至之處能令土地五穀不登人民飢饉死亡者衆初无安樂彼人聞已即懷怖畏白言大師當設何計尼揵荅言沙門瞿曇性好叢林流泉清水外設有者宜應毀壞汝等便可相與出城斬伐林木勿令有遺流泉井池填以臭穢堅閇城門各嚴器仗當壁防護懃自固守彼設来者莫令得前我

等亦當作種種術令彼瞿曇復道還去彼諸人民敬奉施行我於尒時至彼城邑見是事已尋生憐愍慈心向之所有樹木還生如本不可稱計河池井泉其水清淨盈滿其中如青琉璃生衆雜華弥覆其上變其城壁為紺琉璃城内人民悉得徹見我及大衆門自開闢无能制者所嚴器仗變成雜華盧至長者而為上首與其人民俱共相隨来至我所我即為說種種法要令彼諸人一切皆發阿耨多羅三藐三菩提心 出涅槃經第十四

化作沙門度五比丘九

昔波羅柰國有山去城四五十里有五沙門處山學道晨旦出山人間乞食食訖還山晚暮乃到往還疲極不堪坐禪思惟正定歴年如是不能得道佛愍念之勞而无獲化作一道人往到其所問諸道人隱居修道得无勞惓諸沙門言吾等在此去城大遠四大之身當須飯食日日往還疲勞歴歲不得修道為當正尒畢命而已道人語曰夫為道者以戒為本攝心

為行賤形貴真朽棄軀命食以支形守意正定内學止觀滅意得道養身從情安得免苦願諸道人明日莫行吾當供養諸道人休息一日時五沙門意大歡喜怪未曾有安心定意不復憂行明日中此化道人送食食訖安和心意恬惔理化道人為說偈已顯現佛身相光之容是五沙門精神震疊感思惟戒即得阿羅漢道 出法句經第三

現為沙門化慳貪夫婦十

舍衛國有一貧家夫婦慳貪不信道德佛愍其愚現為沙門詣門分衛時夫不在其婦罵詈无有道理沙門語曰吾為道士乞匃自居不得罵詈唯望一食婦曰若汝立死食尚叵得况今平健欲望我食但稽時節不如早去於是沙門住立其前戴眼抒氣便現立死身軀膖脹鼻口虫出腹潰膓爛不淨流溢婦見恐怖失聲棄走於是道人忽然捨去去舍數里坐樹下息其夫来歸道中見婦怪其驚怖其婦語夫具陳此事夫大瞋怒問為所在婦曰已去想亦未遠夫即執弓帶刀

（經律異相第五卷　第十三張　仙）

尋跡往逐張弓拔刀奔走直前欲斫道人道人即化作琉璃小城以自圍繞數匝不能得入即問道人何不開門道人曰欲使門開棄汝弓刀其人自念當隨其語若當得入手撲加之尋棄弓刀門故不開復語道人已棄弓刀門何不開道人又曰吾使汝棄心中惡意弓刀耳非謂手中弓刀於是其人心驚體悸道人神聖乃知我心即便叩頭悔過自責啓道人曰我有弊妻不識真人使我興惡願小垂慈莫便見捨今欲將来勸令修道即起還歸其妻問曰沙門所在其夫具說神變之德今者在彼卿直自往改悔滅罪於是夫妻至道人所五體悔過願為弟子請問琉璃城堅固難喻志明意定永无憂患何德到此神妙道人荅曰吾博學无猒奉法不懈精進持戒心不放逸緣是得道自致泥洹（出法句經第三）

化屠兒及諸梵志令得道迹十一

昔有五百婆羅門常求佛便欲誹謗之自共議言當使屠兒煞生請佛及諸衆僧佛必受請讚歎屠兒吾等便前而共譏之佛即受請告屠兒言果熟自墮福熟自度屠兒還歸供設飲食佛將諸弟子到屠兒村中至檀越舍梵志大小皆共歡喜今日乃得佛之便耳若讚福者以其前後煞生作罪持用譏之若當說其由来之罪者當以今日之福難之二者之中今乃得便佛到即坐行水下食於是世尊觀察衆心應有度者即出舌覆面舐耳放大光明照一城内即以梵聲說偈呪願

（經律異相第五卷　第十四張　仙）

如真人教　以道活身　愚者嫉之
見而為惡　行惡得惡　如種苦種
惡自受罪　善自受福　亦各須熟
而不相代　習善得善　亦如種甜

五百梵志意自開解即前礼佛五體投地求達聖訓唯願慈育得為沙門佛即聽受皆為沙門村人大小見佛變化莫不歡喜皆得道迹稱之賢里无復屠兒之名（出法句譬經第一卷）

化大江邊諸无信人十二

舍衛東南有大江水既深而廣五百餘家居在岸邊未聞道德度世之行習於剛强欺誑為務貪利自縱快心極意佛知此家福應當度往至水邊坐一樹下村人見佛光明奇異莫不驚肅皆往礼敬或拜或揖問訊起居佛命令坐為說經法衆人聞之心猶不信佛化一人從江南来足行水上正没其踝来至佛前稽首礼佛衆人見之莫不驚怪問化人曰吾等先人已来居此江邊未曾聞人行水上者卿是何人有何道術履水不没化人荅曰吾是江南愚直之人聞佛在此貪樂道德至南岸邊不時得度問彼岸人水為深淺彼人見語水可齊踝吾信其言便尒来過無他異術佛讚言善哉夫執信誠可度生死之淵數里之江何足為奇村人聞巳心開信堅皆受五戒為清信士（出法句經第三）

（經律異相第五卷　第十五張　仙）

濟五百賊出家得道十三

時舍衛毗舍離二國有嫌互相抄伐舍衛國王作是念我為國王應却敵安民云何使賊劫掠人物即勑將士仰汝追捕必使擒獲時舍衛比丘安

居竟欲詣毗舍離諸比丘失道墮彼賊中時比丘問言長者汝欲何去荅言向毗舍離比丘復言當共作伴彼即荅言我等是賊經涉榛木行不擇路汝是善人去何隨我比丘復請願將我去語言未竟追捕尋至合捉比丘將至王所此是群賊王言先將比丘來王言汝出家人去何作賊荅言我非是賊何故相隨比丘具以上事白王王言遣去王問賊言此出家人是汝伴不荅言是伴王言將賊去更喚比丘王問比丘妄語欺官賊道汝是伴何以言非比丘荅如初王即勑放賊如法治取五百賊著迦毗羅華邊打鼓巡令欲將煞之賊大啼哭佛知故問衆多人聲比丘荅言世尊是五百賊被王教煞是其聲耳佛告阿難汝往語王汝是人王當慈民如子去何一時煞五百人阿難受教即詣王所具說佛語王言尊者我知是事煞一人罪多況復五百但數壞聚落抄掠人民世尊能使不復作賊可放令活阿難還具白佛佛語阿難語王

但放我令此人從今日後更不作賊阿難受教先到刑處語監煞者言是諸罪人世尊已救未可便煞復至王所世尊語王能令此人更不作賊王即原命且未解縛送詣世尊尒時世尊欲度彼人在露地坐賊遥見佛繫縛自解頭面礼足却住一面佛觀其縁隨從說法布施持戒行業報應苦集盡道四真諦法即於是時得須陁洹道問言汝等樂出家不荅言世尊我等先若出家不遭此苦唯願令者度我出家佛言善来比丘時五百賊舉身被服變為三衣自然鉢器威儀詳序如似百歲舊比丘皆成羅漢（出僧祇律第十九卷）

吹香山藥入五百盲賊眼中還得清眼十四

憍薩羅國有五百賊波斯匿王患其縱暴遣兵伺捕得已挑眼逐著黑闇叢林之下是諸群賊已於先佛殖衆德本既失目已受大苦惱各作是言南无佛陁我時佛住在祇洹精舍聞其音聲即生慈心時有涼風吹香山中種種香藥滿其眼匡尋還得眼如本不異諸賊開眼即見如来住立其

前而為說法賊聞法已發阿耨多羅三藐三菩提心（出大涅槃經第十四卷大方便佛報恩經第七大同）

化作執著婆羅門子令其父母還得本心十五

毗舍離國有婆羅門執著邪見無有子息憂愁崩亡財賄沒官奉祠諸山及諸樹神覺婦有身月滿生男其兒端正父母愛念至年十二出外遊觀道逢醉象蹹即命終父母懊惱心發狂癡裸形而走如来慈念化作其兒父母前抱歡喜无量狂癡即滅還得本心佛為說法即發道心（出大方便佛報恩經第四卷）

化婬女令生猒苦十六

佛告阿難我昔夏安居時波羅㮈國有一婬女名日妙意於佛有縁佛與難陁將往婬女舍日日乞食此女於我不曾恭敬但於難陁偏生愛著已經七日女心念言沙門瞿曇若能遣難陁阿難從我所願我當種種供養佛告阿難難陁汝從今日莫往彼村世尊獨至女樓一日至三日放金色光化諸天人此女不悟後日世尊復將阿難難陁在樹下行婬女愛敬二比丘故遥以衆花散佛及二比丘阿

難告言汝可礼佛女愛阿難應時作礼佛化作三童子年皆十五面貌端正女見歡喜為化年少投地敬礼白年少言丈夫我今此舍如功德天富力自在衆寶莊嚴我今以身及以奴婢奉上丈夫可脩灑掃若能顧納隨我所願一切供給無所愛惜化人坐牀未及食頃女前親近言願遂我意化人不違一日一夜心不疲猒至二日時愛心漸息至三日時白言丈夫可起飲食化人即起經綿不巳女生猒悔白言丈夫異人乃尒化人告言我先世法凡與女通經十二日尒乃休息女聞此語如人食噎既不得吐又不得咽身體苦痛如被杵擣至四日時如被車轢至五日時如鐵丸入體至六日時支節悉痛如箭入心女念言我聞淨飯王子救濟苦人恒在今日何故不来救我作是念巳懊惱自責我從今日乃至壽終不貪色欲寧與虎狼師子悪狩同處一室不受此苦作是語巳復起飲食行坐共俱無柰之何化人亦瞋嗤云弊悪女廢

我事業我今共汝合體一處不如早死父母宗親若来覔我於何自藏我寧自縊死不堪受恥女言弊物我不用尒欲死隨意化人取刀判頭血汗女身萎陁在地女不能勝亦不得免死經二日青瘀臭黒三日膖脹四日爛潰大小便利及諸悪重迸血諸膿塗漫女身女極悪猒而不得離至五日時皮肉漸爛至六日時肉落都盡至七日時唯有臭骨如膝如漆粘著女身女發誓願若諸天神及與仙人淨飯王子能免我苦我持此舍一切珎寶以用給施作是念時佛將阿難難陁帝釋在前擎寶香爐燒无價香梵王在後擎大寶盖无量諸天伎樂佛放常光照耀天地一切大衆皆見如来詣此女樓時女見佛心懷慚愧蔵骨无處取諸白疊无量衆香裹其臭骨臭勢如故不可覆蔵女見世尊即為作礼以慙愧故身睽骨上臭骨忽然在女背上女流涙而言如来功德慈悲无量若能令我離此苦者願為弟子心終不退佛神力故臭骨不

現女大歡喜為佛作礼白佛言世尊我今所珎一切施佛佛為呪願梵音流暢女聞歡喜應時即得須陁洹道 出觀佛三昧經第七卷

現五指為五師子十七

善男子我入王舍大城次第乞食提婆達多教阿闍世王即放護財狂醉之象欲令害我及諸弟子我於尒時即入慈定舒手示之即於五指出五師子是象見巳其心怖畏失大小便舉身投地敬礼我足善男子我時手指實无師子乃是修慈悲善根力故令彼調伏 出大涅槃經第十四卷

以足指散巨石十八

復次善男子我欲涅槃始初發足向拘尸城有五百力士於其中路平治掃灑中有一石衆欲舉移盡力不能我時憐愍即起慈心彼諸力士尋即見我以足拇指舉此大石擲置虛空還以手接安置右掌吹令碎沫復還合之令彼力士貢高心息即為略說種種法要令其俱發阿耨多羅三藐三菩提心 出涅槃經第十四卷

經律異相卷第五

癸卯歲高麗國大藏都監奉
勅彫造

經律異相卷第五

校勘記

一　底本，麗藏本。

一　七七〇頁上一行「部第二」，資、磧、普、南作「佛部第二」；徑、清作「佛部第五」。

一　七七〇頁上三行至二〇行目録，徑無。

一　七七〇頁上七行第三字「槍」，資、磧、南作「栈」；普、清作「杙」。

一　七七〇頁上九行「多味」，資、磧、普、南、清作「多昧」。

一　七七〇頁上一六行「清眼」，資、磧、普、南、清作「清明」。

一　七七〇頁上一九行「爲五師子」，南、清作「爲師子」。

一　七七〇頁上二一行「胷萬字放光發音一」，徑、清作「佛胸萬字放光發音第一」。

一　七七〇頁中一行「梵釋」，諸本（不含石，下同）作「釋梵」。

一　七七〇頁中五行「情想」，諸本作「清想」。

一　七七〇頁中八行「宣道」，諸本作「宣導」。

一　七七〇頁中一二行末字「二」，徑、清作「第二」。

一　七七〇頁中二〇行夾註左「第二」，諸本作「第二卷」。

一　七七〇頁下三行夾註右末字「經」，諸本無。又左「二十二」，徑、清作「二十四」。

一　七七〇頁下四行「演説」，諸本作「宣説」。

一　七七〇頁下五行「衆生各各」，資作「或各各」；磧、南、徑、清作「或有各」；普作「或有各各」。

一　七七〇頁下六行「恐畏」，諸本作「恐怖」。

一　七七〇頁下一四行夾註首字至末字「出……同」，諸本作「出華嚴經第二十六卷首楞明身密悲花第七卷第十分別應辯經並明口密大同」。

一　七七〇頁下一五行「阿耆」，諸本作「阿耆達」。又末字「三」，徑、清作「第三」。

一　七七〇頁下二一行「風神」，徑、清作「威神」。

一　七七一頁上六行「隨意」，磧作「隨竟」。

一　七七一頁上一三行首字「白」，諸本作「啓」。

一　七七一頁上一五行第七字「辯」，諸本無。

一　七七一頁中三行「佛言」，諸本作「佛告」。又「人能」，諸本作「人人能」。

一　七七一頁中七行「四斗」，諸本作「四升」。又夾註左「一升」，諸本作「一斗」。

一　七七一頁中一七行「能受」，諸本作「能授」。

一　七七一頁中二二行「供具」，諸本作「供養」。

一　七七一頁下三行「一比丘」，諸本

作「一切比丘」。

一 七七一頁下一二行夾註左「一日供」，資、普、南、徑、清作「一日供養奉事」；磧作「三日供養奉事」。又末字「今」，磧作「令」。

一 七七一頁下一三行夾註右「三衣施僧」，普、徑、清作「二衣施僧」。

一 七七一頁下一四行夾註右「一藥膏」，諸本作「百藥膏」。

一 七七一頁下一六行「食粮」，諸本作「糧食」。又第五字「敬」，諸本無。

一 七七一頁下一七行夾註「本起經下」，諸本作「本起經下卷」。

一 七七一頁下一八行夾註左第三字「略」，諸本無。

一 七七一頁下一九行末字「四」，徑、清作「第四」。

一 七七二頁上四行「諸弟子」，諸本作「諸童子」。

一 七七二頁上六行夾註「興起行經下」，諸本作「興起行經下卷」。

一 七七二頁上七行第三字「槍」，資作「栈」；磧、普、南、徑、清作「杙」，下至一八行第首字同。又末字「五」，徑、清作「第五」。

一 七七二頁上一一行夾註「佉達羅刹」，諸本作「佉陀羅刹」。又正文第八字「出」，諸本無。

一 七七二頁上一五行第八字「許」，諸本作「許也」。

一 七七二頁上一六行末字「鎗」，資作「栈」；磧、普、南、徑、清作「杙」。

一 七七二頁上一八行「賈人」，諸本作「商人」。

一 七七二頁上二二行末字「六」，徑、清作「第六」。

一 七七二頁中二行「餔餹」，諸本作「餔饌」。

一 七七二頁中一四行第五字「開」，資作「聞」。

一 七七二頁中二一行「多味」，諸本作「多昧」，二二行同。又末字「七」，徑、清作「第七」。

一 七七二頁中末行第四字「欸」，諸本作「忽」。

一 七七二頁下一一行「王言」，諸本作「王問」。

一 七七二頁下一六行「王言」，清作「正言」。

一 七七二頁下一七行第七字「甚」，資、磧、普、徑作「其」。

一 七七三頁上五行夾註「第一」，諸本作「第一卷」。

一 七七三頁上六行第一二字「八」，徑、清作「第八」。

一 七七三頁中一二行夾註左「第十四」，諸本作「第十四卷」。

一 七七三頁中一三行末字「九」，徑、清作「第九」。

一 七七三頁中二一行「飯食」，諸本作「飲食」。

一 七七三頁下三行「從情」，諸本作「縱情」。

一 七七三頁下六行第八字「化」，諸本無。

一 七七三頁下九行夾註左「第三」，

諸本作「第三卷」。

一　七七三頁下一〇行末字「十」，經、清作「第十」。

一　七七三頁下一八行「腹潰膓爛」，諸本作「腸潰腹爛」。

一　七七四頁上四行「門開」，諸本作「開門」。

一　七七四頁上五行「手捲」，諸本作「手拳」。

一　七七四頁上一四行第一二字「直」，諸本作「宜」。

一　七七四頁上一七行首字「喻」，諸本作「踰」。又第一二字「到」，諸本作「致」。

一　七七四頁上二〇行夾註左「第三」，諸本作「第三卷」。

一　七七四頁上二一行「十一」，經、清作「第十一」。

一　七七四頁中一五行「須熟」，諸本作「自熟」。

一　七七四頁中一八行「求達」，諸本作「來受」。

一　七七四頁中二二行「十二」，經、清作「第十二」。

一　七七四頁下二行「欺誑」，諸本作「欺詐」。

一　七七四頁下七行末字「正」，諸本作「止」。

一　七七四頁下一八行夾註左「第三」，諸本作「第三卷」。

一　七七四頁下一九行「十三」，經、清作「第十三」。

一　七七五頁上四行第九字「涉」，諸本作「陟」。

一　七七五頁上一五行「啼哭」，諸本作「啼喚」。

一　七七五頁上二〇行「具說」，諸本作「具陳」。

一　七七五頁中一五行「清眼十四」，資、磧、普、南作「清明十四」；經、清作「清明第十四」。

一　七七五頁下二行夾註右第五字「經」，諸本無。又左「第七」，諸本作「第七卷」。

一　七七五頁下三行「十五」，經、清作「第十五」。

一　七七五頁下一二行「十六」，經、清作「第十六」。

一　七七五頁下二二行「樹下」，諸本作「樓下」。

一　七七六頁上三行「年少」，諸本作「少年」。

一　七七六頁上五行首字「力」，南、經、清作「貴」。

一　七七六頁上一一行末字「生」，諸本作「已生」。

一　七七六頁上一二行「異人」，清作「異日」。

一　七七六頁上一八行「恒在」，諸本無。

一　七七六頁上二二行「飲食」，諸本作「飯食」。

一　七七六頁中五行「萎陁」，諸本作「逶迤」。

一　七七六頁下四行夾註左「第七卷」，資、普、南、經、清作「第三卷」；磧

作「第二卷」。

一 七七六頁下五行「五師子十七」，資、磧、普、南作「師子十七」；徑、清作「師子第十七」。

一 七七六頁下六行「王舍」，磧、南作「五舍」。

一 七七六頁下一三行夾註右末字「經」，諸本無。

一 七七六頁下一四行「十八」，徑、清作「第十八」。

一 七七六頁下二〇行「碎沫」，普、南、徑、清作「碎末」。

一 七七六頁下二一行第九字「心」，諸本作「之心」。

經律異相卷第六 現涅槃後事佛部第三 仙

梁沙門僧旻寶唱等集

天人龍分舍利起塔一

佛涅槃後時波波國諸末羅眾(梁言力士)遮羅頗國諸跋離眾羅摩伽國拘梨眾毗留提國婆羅門眾迦羅衛國釋種眾毗舍離國諸離車眾摩竭提國阿闍貰王(胎經云優留王頂生王惡生阿闍貰王最兵馬主客顏兵馬主熾盛兵馬主金剛兵馬主)各嚴四兵王遣香姓婆羅門(十誦律云因姓胎經云優婆吉)白拘尸力士言佛是我師我之所尊於君國內而取滅度故從遠來請舍利分還國起塔若分與我者舉國寶重與君共之力士答曰世尊屈降此土於茲滅度國內士民自當供養遠勞諸君不可得也諸王共議遜言和求既不見與不惜身命當以力取力士王曰若欲舉兵力足相拒終不可得香姓婆羅門於八眾中高聲唱言佛積修善忍於无量劫諸君亦應聞又讚忍辱何可興師共相

陵奪此非敬事今舍利現在但當分作八分使處處人民皆得供養諸君亦皆受佛戒口誦語言可爭舍利遂相殘害力士報言敬如君議時烟婆羅門即分為八分時釋提桓因即現為人語諸王言我等諸天亦當有分若共爭力則有勝負幸可見與勿足為難時阿耨達龍王文隣龍王伊那鉢龍王語八王言我等亦應有舍利分若不見與力足相伏時優波吉言諸君且止宜共分之即分為三分一分與諸天一分與龍王一分屬八王以蜜塗瓮裏以瓮量之諸天得分還於天上起七寶塔諸龍得分還於龍宮亦起寶塔阿闍貰王共數其分各得八万四千舍利餘有佛口一齒无敢取者以阿闍貰王初求舍利投地氣乏寂為篤至共持與之阿闍貰歡喜鼓樂動天難頭示龍王中道相逢曰佛留舍利持一分與我王曰不可得也龍曰我是難頭示能舉卿國土擲八万里外磨碎如塵王即怖懅以佛齒與之龍於須弥山下起塔高八万

四千里豋水精琉璃塔阿闍世王崩（經律異相第六卷　第四張　仙　天）
阿育得其國土時大臣白阿育王曰
難頭示龍先易阿闍貰王奪將佛舍
去阿育聞之即勅鬼神王作鐵網鐵
籠置須弥山下水中欲縛取龍王龍
王大怖共設計言阿育事佛伺其熱
卧取其宮殿移著須弥山水中水精
塔下自出相見具說本末其瞋必息
便遣龍捧取阿育宮殿眠覺不知何
處見水精塔高八万四千里喜怖交
懷難頭示龍自出辤謝去阿闍貰王
自持與我我不奪也釋迦如來昔與
我約云吾涅槃後刧將盡時所有經
律及袈裟應器皆取藏此塔中弥勒
來下當復出之龍送王宮置於本處
烟婆羅門曰請舍利瓶（菩薩胎經七卷）我還
頭那羅聚落起於瓶塔力士與之以
瓶及著瓶舍利共起寶塔波羅延那
婆羅門居士復言燒佛處炭與我我
還本國起為炭塔衛國異道士求取
地灰還國起塔力士並然亦有於閣
維處起立寶塔灰炭及土四十九斛
所起寶塔四十九皆置長表法輪繒
幡（出雙卷泥洹十誦律序皆出菩薩處胎經及阿育王經）（經律異相第六卷　第五張　仙）

阿育王造八万四千塔二

阿育王莊嚴四兵往開七塔故取舍
利唯餘龍塔龍將王入宮言此塔我
所供養願為留之王即聽許還國造
作八万四千寶函分布舍利遍此函
中復作八万四千寶瓶及諸幡蓋付
諸夜叉於閻浮提一切地乃至大海
處處起塔先諮耶舍羅漢云欲於一
日一念中起八万四千塔令一時俱
成耶舍羅漢甚相讚美王後與龍校
其功德並秤二像而龍重王輕王廣
請衆僧植功不息後復共秤輕重衡
平王轉復修習知功德日多興兵往
討始造中路龍王大小莫不奉迎一
塔舍利并以恭獻王後覩佛得道化
人之處隨復造塔（出阿育王經第一卷又出雜譬喻經上卷）在
王境內有一千二百寺造織金縷幡
亦一千二百又千葉金花欲手自懸
散始辦而遇重疾恐乖本心泫然泣
下沙門謂王曰所修功德不可計數
正當閑意何用悲為但自一心我當
令王得果所願沙門即以神力使一
千二百寺皆現王前病苦即滅欲繫（經律異相第六卷　第六張　仙）
諸幡凡諸剎抄俓就王手成就本願
延壽二十五年（出迦葉經又出雜譬喻經）又興功
德二十年中臨命終時繼念三寶心
心不絕无所悋惜盡成菩提（出雜阿含經第二十五卷）

阿難問八万四千塔因三

阿難白佛先造何因分身舍利起八
万四千寶塔佛言過去有國王名波
塞奇領閻浮提八万四千國時世有
佛名曰弗沙王與臣民供養於佛及
比丘僧時王念言邊陲小國處所偏
僻人民之類无由修福即召畫師圖
畫佛像分布遠國咸得供養時諸畫
師看佛相好適得一處忘失餘處不
能得成時波塞奇王調和衆彩手自
畫像以為摸揩諸師寫學畫八万四
千像分布八万四千小國諸小國王
皆得供養波塞奇王今我是也緣此
功德身有三十二相涅槃之後復得
八万四千諸塔（出賢愚經第四卷）

弗沙蜜多羅王壞八万四千塔四

阿育王崩諸臣欲立太子以紹王位
有一大臣名阿菟羅地曰阿育大王

捨捨滿十万億金作諸功德尚少四億太子封藏不與王捨閻浮提地以施佛法僧欲以滿之今日大地皆屬三寶云何便使太子為王諸臣即辦四億金送寺然後共立知是四世王名弗沙蜜多羅問諸臣曰我當作何等事令我名業久在有臣啓曰王先王阿育造八万四千如来之塔復興種種供養名德相傳无有斷絶王曰先王有大威德能辦此事我不能作更思餘事有一臣曰有二種法名傳不滅一者作善二者作惡先王造塔今王壞塔二俱不朽王乃從之即興四兵往詣寺舍先至雞雀寺中門前有石師子即作師子吼王聞驚怖還入城中如是再三呼諸比丘問言我壞塔壞房何等為善比丘荅曰並不應行必不得已寧壞僧房勿壞塔也王即煞害比丘壞諸塔寺至婆伽羅國又復唱言若有得沙門頭者賞之千金此國有一羅漢化作多比丘頭傳與百姓送往請金王之庫藏金寶竭盡後知羅漢倍復瞋忿羅漢入滅

盡定王往煞之終不能得以滅盡定力不傷其體如是漸進至塔門邊牙齒塔神曰有垂行神先求我女我不與之今為護法即呼女與共立誓言卿伏此王勿壞正法時垂行神往南方海中排撻大山推迮王上及四兵衆无不死盡衆人唱言快哉快哉孔雀苗裔於此永盡出雜阿含經第二十五卷

天愛帝須王起塔請舍利及菩提樹五

摩哂陁等諸比丘受師子國王名天愛帝須夏三月四事供養訖辭王曰昔依師曰下朝夕承事供養礼拜違曠既久今欲歸去王曰依於法師得受歸戒四事供養何事不樂先言佛已涅槃今言欲還問詳諸比丘曰佛般涅槃舍利猶在王曰諸大德當欲令我起塔為量度好處即到沙弥修摩那所問曰當云何得如来舍利沙弥荅曰但淨治道路燒香散花王與眷屬俱受八戒出那伽園林自當致也王即辦具修摩那還啓其祖具宣上事欲起塔願賜舍利阿育曰汝可往忉利天宫白帝釋帝釋有二舍利

一者右牙雷帝釋供養二者右缺瓫骨必付汝来開函取舍利置於鉢中滿鉢白光猶如真珠以授與沙弥沙弥復至帝釋宫求右缺瓫骨帝釋曰善哉開函與之沙弥以祖所與舍利與王王念如来舍利我當頂戴存念未竟象即伏地白傘自下函即上頂王舉體怡悅如得甘露降細微雨大地震動王問大德今當何置荅曰下象頭上象發音聲供養舍利天龍鬼神皆大歡喜即入城内人民供養從南門出園遠取塔昔三佛舍利亦在此塔園中即斫伐棘刺先起塔基與象項等白大德言塔形云何摩哂陁荅曰猶如積稻王曰善哉即起小塔欲下舍利舉國人民一切皆集舍利從象頂上昇虛空高七多羅樹現諸神變五色玄黃或時出水或時出火仍取舍利安置塔中天地震動大王夫人名阿蒬羅求從摩哂陁出家摩哂陁言我不得度女人我妹名僧伽蜜多在波吒利弗國王可往迎并菩提樹王遣外甥名阿標又摩哂陁以

神通力即令下船一日便至白阿育
王言摩哂陁使我来具陳上意王曰
我兒摩哂陁孫子修摩那別後憂念
不歡於心日夜煩惱如斷手足時見
此尼得釋我心令復去者我必死矣
語尼莫去尼白王言見意難違剎利
夫人見待出家王許菩提樹不可刀
斧分目揵連子帝須曰如来在世已
有五勅一阿育王取菩提樹與師子
國不用刀斧南枝自斷入於金瓫二
上昇虚空陵雲而住三七日後自下
還金瓫中布葉榮茂𧆞𧆞結實其葉
玄黄四師子國初欲得我舍利當作
種種神變五者所有相好到師子國
如我在世王聞歡喜因立誓曰若許
取枝者令樹悉現一切面枝若許往
師子國者願自落金瓫樹復如本即
以香泥滿金瓫中以八月十五日晡
時筆畫樹枝曲處凡作十畫前一畫
生根後一畫便斷根長四寸又生細
根交横抽枝猶如羅網大枝長十肘
復有五枝各長四肘五枝各生一子
復有千小枝王見神變心大歡喜向

樹大叫衆僧唱薩小王及倍從一切
大衆皆悉大叫地神驚怪亦復大叫
聲徹虚空如是展轉至于梵天樹枝
從本跂處即有百根直下瓫底十根
穿瓫下九十細根圍繞而生如是次
第日夜增長時地六種震動空中諸
天作衆伎樂諸山樹木如人儛狀天
人打掌夜叉熙笑阿修羅王歌唄讚
詠梵王欣悅於虚空中雷電礔礰四
足衆生馳走鳴喚諸鳥飛翔出種種
音菩提樹子出六色光光明遍照滿
於娑婆上至梵天時菩提樹上昇虚
空停住七日竟大衆唯見光明不見
瓫樹王即從座而下供養菩提樹經
歷七日樹復放光照娑婆世界上至
梵天攝光還復虚空皆清布葉結實
從虚空下還入金瓫王見歡喜復更
以閻浮利地供養小菩提樹滿於七
日王拜菩提樹七日為閻浮利地王
九月十五日衆僧布薩菩提樹從本
生處来到波吒利弗國城東住娑羅
樹下枝條欝茂王見歡喜又拜為閻
浮利地王白僧伽蜜多言時可去矣

答言善哉大王即與八部鬼神護菩
提樹八種大臣八種婆羅門八種居
士八具波伽人八康羅車人八迦陵
伽人王與八金甕八銀瓫輦水灌菩
提樹受王教已依事而作王與大衆
繞菩提樹送於路上天人夜叉乹闥
婆阿修羅日夜供養到多摩標諸王
自擔菩提樹入水齊頸即上船上與
僧伽蜜多王喚標叉阿摽叉菩提樹
在我國我以閻浮利三拜為王我自
戴菩提樹入水至頸送置船上勅阿
摽叉菩提樹往到彼國汝可語汝王
身自下水水沒至頸迎菩提樹頂戴
擔上如我於此種種供養作是勅已
船即發去是時海中當船住處縱廣
一由旬无有波浪王自念言佛菩提
樹今從我國去作是念時流淚悲噎
船去之後王遥望見種種華從海水
出隨從船後以供養之又虚空中散
種種華妓樂供養水神又以種種華
香供養如是展轉乃徹龍王宮龍王
即出欲奪取菩提樹於是僧伽蜜多
比丘尼化作金翅鳥王龍王頂礼白

言令我欲請菩提樹及大德還我宮中七日供養於是菩提樹及大衆悉入龍宮龍王以王位拜樹為王七日供養過七日已龍王自送菩提樹到閻浮俱那衛渚阿育王遥望不復見菩提樹啼哭而還是時天愛王帝須平治道路從城到俱那渚地平如掌僧伽蜜多以神通力令王於宮城内遥見菩提樹来王出渚迎閻浮俱那衛入水齊頸樹放六色光王見歡憘即以頂戴上岸國有耆舊十六大姓與王共迎菩提樹樹到岸上三日以師子洲供養菩提樹十六大姓知王國事三日竟至四日擔菩提樹次第到阿㝹羅陁國舉國人民歡喜礼拜供養十月十四日過中菩提樹從北城門入城中央而復更從城南門出從城南門去五百弓此處過去諸佛亦皆入於三昧俱那衛佛菩提樹名摩訶沙利婆拘那含佛菩提樹名烏曇鉢迦葉佛菩提樹名尼拘陁於伽弥國中沙弥修摩那令作基址都圍廣量布置門屋及菩提樹所止之

處皆令方整置王門屋處是時十六大姓悉服圍繞種王門屋地始放於樹樹昇虚空高八十肘即出六色光照師子國皆悉周遍上至梵天衆見樹變心大歡喜衆中万人同時念佛次第出家得羅漢道日光未沒樹猶在虚空日沒之後婁彗皆下地大震動時摩哂陁與僧伽蜜多王及國人集菩提樹下北枝一子而熟從枝墮落以奉摩哂陁摩哂陁以核與王令栽王即受於金瓮中以肥土壅又以塗香覆上須臾之間即生八株各長四肘王見如此驚歎以白傘覆上拜小樹為王王取一株種於閻浮拘羅衛渚又取一株薄拘羅婆門村中種又取一株種植門中又取一株種塔園中又取一株種摩醯首羅寺又取一株種支帝耶山中央又取一株種摟醯那村又取一株種徃羅村餘四子在樹上次第熟落合生三十二株悉取於由旬園種如是轉塔滿師子國以菩提樹故國土安隱無有災昔時阿㝹羅夫人與千女俱徃僧伽蜜多

所為比丘尼從度之後次第得阿羅漢王外甥阿摽叉與五百人出家次第得阿羅漢又一日王與摩哂陁往礼菩提樹到鐵殿處人民獻花於王王以花奉摩哂陁師以供養鐵殿花墮地動王見地動即問大德此地何忽動也荅言大王當来此殿衆僧説戒是故地現此瑞也次第而去到菴羅處有人以菴羅子香味具足獻王王以奉摩哂陁摩哂陁噉核語王言可種此核王即種之以水灑地地皆震動王問何故地動荅言當来世衆僧方集處故現瑞相也王即散花作礼而去到支帝耶處有人以瞻蔔花獻王王以奉摩哂陁地動王問何以地動荅言當来此處起佛大塔故現此瑞王言我今當立塔摩哂陁荅言不須王立王多諸造作當来世有王孫子名木叉伽摩尼阿婆耶當起大塔王問是我孫耶獲其福不荅言不得王取一石柱高二丈而刻石柱記我孫名木叉伽摩尼阿婆耶當来此中起大塔出善見律毗婆沙論第三卷

迦羅越比丘共人起塔獨加供養故 經律異相第六卷 第十六張 仙
手雨七寶六
昔阿育王國有迦羅越供養二万比丘長請一年名聞國王王召見之聞卿家大富盡有何物耶對曰實无所有王不信之留迦羅越遣看其家見門有七重舍宅堂宇皆以七寶有勝王宮婦女亦勝但无穀帛錢物還以白王王意漸解迦羅越笑王問何笑耶荅言王不見信耳迦羅越以手指東空中便雨七寶指南亦雨寶不可限量王便遣還而衆僧精舍去宮不遠王便嚴駕詣精舍見比丘僧作礼恭肅問上坐道人迦羅越宿有何福自然珎寶念之便至上座比丘入三昧見四百由旬人物心念見長者子昔惟衛佛時有四人共立塔寺中有一人用意慇懃塔寺成後以金銀七寶及衆好華共合和之上三重塔上以雨散四面願後食福恒不斷絶今得自然寶者是此一人王聞大修功德 出譬喻經第一卷

須達起鬓爪塔七

佛久遊諸國長者須達思戀渴仰白 經律異相第六卷 第十七張 仙
佛言願留少物常得供養佛與鬓爪願聽起塔佛乃許之於舍衛國造作欒栱彩畫莊嚴 出十誦律善誦第一卷

身去影存仙人從化起鬓爪塔八
佛至月氏國西降女羅刹時宿石窟中于今佛影猶在有人就內看之則不能見出孔則光相如佛有時飛到罽賓國隸跋陁仙人山上住虛空中降此仙人仙人言我樂住此願佛與我鬓爪起塔供養塔今現在此山下有離越寺離越應云隸跋陁 出大智度第十二卷

天起牙及缺盆塔九
佛右牙右缺盆骨在忉利天師子洲起塔請得二缺盆及牙今在釋宮 出善見毗婆沙第二卷

幼童聚沙為塔十
佛遊波羅㮈時五百幼童相結為伴俱共行戲於江水邊聚沙為塔各自說言吾塔甚好卿數吾作其五百童雖有善心宿命福薄天大暴雨江水卒漲五百幼童俱時溺死父母號哭求索尸喪莫知所在佛言宿命不請
勿生怨恨此諸兒等宿命應介今生 經律異相第六卷 第十八張 仙
兜率天佛放光明令此父母遙見其子尋時皆来散花供養佛言善哉因造沙塔即得生天見弥勒佛五百天子各啓父母勿復愁憂但努力精進繞佛三匝作礼飛去 出五百幼童經又出生經第四卷

獼猴起土石塔十一
佛在羅閱祇國遣一羅漢名曰須漫持佛鬓爪往罽賓南山中作一浮圖寺有五百羅漢常止其中旦夕燒香繞塔礼拜五百獼猴見道人供養入深澗邊負輦泥石起立佛塔竪木為刹繫以弊幡旦夕礼拜暴水泛漾一時漂死生忉利天即以天眼自見本末各持花香伎樂臨故尸上繞之七匝諸天人遶覩散華奏樂遶獼猴尸有五百婆羅門外學邪見問天曰何為屈意供養於此荅曰是吾故身昔在世間勸諸沙門戲立塔寺藉此生天今報之恩卿等邪見百刧勤苦无所一得不如共往耆闍崛山礼拜供事其福無限時婆羅門即皆欣然共至佛所五體投地散花供養 出法句譬喻經第一卷

天上四塔十二
忉利天六城東照明園中有佛髮塔城
南麤澁園中有佛爪塔城西歡喜園
中有佛鉢塔城北駕御園中有佛牙
塔（出集經抄大智論云帝釋取菩薩髮城東門外立塔又持寶衣亦於城東立塔）

人中四塔十三
迦維羅衛國謂天地之中立生處塔
摩竭提國善勝道場无吉樹下起成
道塔波羅㮈國仙人住處鹿野苑中
立轉法輪塔拘尸那國力士生地秀
林雙樹間起般涅槃塔（出經律抄）

摩訶薩埵餘骨起塔十四
過去王子名摩訶薩埵出遊林野見
虎新產七子多日飢餓命將欲絕即
脫衣裳以竹刺頸從高投下卧於虎
前虎舐其血漸就食盡大王及宮內
聽子不還即遣人追求使還具說王
勑收其舍利起七寶塔（出金光明經第四卷）

佛現菩薩時舍利塔十五
有七寶塔從地踊出佛從座起為塔
作礼時道場菩提樹神問曰如來㝡
勝㝡尊何緣而礼此塔佛荅曰昔行
菩薩道時有全身舍利在此塔中因

是身早成佛道使阿難開塔取舍利
示此大衆阿難啓塔開七寶函舍利
紅白佛言是戒定慧之所勳修甚難
可得㝡上福田大衆歡喜恭敬頂礼（出金光明經第四卷）

禁寐王為迦葉佛起塔十六
過去世時有禁寐王迦葉如來般涅
槃後是王即以金銀為塔縱廣千由
旬高一由旬累銀金為壍今猶地中
尒時如來即出此塔示諸四衆迦葉
全身舍利儼然如本（出弥沙塞律第三十卷）

治迦葉佛故塔十七
迦葉佛泹洹闍維之後以佛舍利起
七寶塔興敬供養經歷數世塔自彫
壞无補治者有義合邑九万三千人
時瓶沙王為上首告衆人曰汝等各
自勸厲共造福德佛世難遇人身難
得雖得為人或墮邊地生邪見舍我
等何為貪此俗樂不如開意治朽塔
寺即共修理復共發願設有福者不
墮三塗及八難處共生人天見釋迦
文初會說法皆得度脫以王為首時
人命終生忉利天經歷數世釋迦出

興時九万三千人生摩竭國瓶沙作
王（出普曜經第九卷）

德主王起五百塔十八
過去世時有轉輪王名曰德主晉於
一日起五百塔高五百由旬（出大智論第五十七卷）

踊出寶塔十九
尒時佛前有七寶塔高五百由旬縱
廣二百五十由旬從地踊出住在空
中種種寶物而莊挍之五千欄楯龕
室千万无數幢幡以為嚴飾垂寶瓔
珞寶鈴万億而懸其上四面皆出多
摩羅跋栴檀之香充遍世界其諸幡
盖以金銀琉璃硨磲碼碯真珠琥珀
七寶合成高至四天王宮三十三天
雨天曼陁羅華供養寶塔下至八部
以一切華香瓔珞幡盖伎樂供養寶
塔尒時塔中出大音聲歎言善哉釋
迦牟尼佛以平等慧教菩薩法四衆
闞塔所出音聲皆得法喜怪未曾有
此寶塔中有如來全身過去東方无
量千万阿僧祇世界國名寶淨佛号
多寶其佛行菩薩道時作大誓願若
我成佛滅度之後於十方國土有說

法華經處我之塔廟為聽經故踊現
其前以作證明若有說法華全身舍
利在於塔中讚言善哉大樂說菩薩
白佛言世尊我等願欲見此佛身佛
言多寶佛有深重願若我寶塔為聽
法華經故出於諸佛前時欲以我身
示四衆者彼佛分身諸佛在於十方
盡還一處然後我身乃出現耳大樂
說言我等亦願欲見世尊分身諸佛
佛放白毫一光東西南北四維上下
諸佛諸佛各告衆菩薩言善男子我
今應往娑婆世界釋迦牟尼佛所并
供養多寶如來寶塔時娑婆世界即
變清淨琉璃為地寶樹莊嚴黄金為
繩以界八道无諸聚落村營城邑大
海江河山川林藪燒大寶香移諸天
人置於他土是時諸佛各將一大菩
薩以為侍者至娑婆世界各到寶樹
下樹下皆有師子之座高五百由旬
十方諸佛皆悉集坐於八方諸佛欲
同開寶塔即從坐起住虛空中一切
四衆起立合掌一心觀佛於是釋迦
牟尼佛以右指開七寶塔户出大音

聲如却關鑰一切衆會皆見多寶如
來於寶塔中坐師子座全身不散如
入禪定又聞其言善哉善哉釋迦牟
尼佛快說是法華經我為聽是經故
而來至此尒時四衆等見過去无量
千万億劫滅度之佛說如是言歎未
曾有以天寶華聚散多寶佛及釋迦
牟尼佛上尒時多寶佛於寶塔中分
半坐與釋迦牟尼佛坐時釋迦牟尼
佛坐其半坐以神通力接諸大衆皆
在虛空　出妙法蓮華經第四卷

諸佛舍利在金剛塔二十

佛告大衆自念古昔所行功德捨身
受身非一非二我今說之一身形法
此大地種厚八十四万億里乃有風
厚八十四万億里風下有水厚八十
四万億里水下有火厚八十四万億
里火下有沙厚八十四万億里沙下
有金剛厚八十四万億里諸佛全身
舍利及碎身舍利皆在金剛際刹中
金剛刹復厚八十四万億里名曰妙
香佛名不住十号具足現在說法　出菩薩處胎經第二卷

起塔中海後生為大魚二十一

昔有沙門其家大富造作塔廟以栴
檀為柱七寶為刹未成之頃有五百
沙門從遠方來而其國内有五百賢
者各各給與袈裟衣被國人謂寺主
遠人當去我先發遣阿闍梨常住自
當作分寺主沙門念言我之功德積
若須弥不可稱計而國人不能佐助
我我但為一切賤貴近遠便以火燒
寺塔後入地獄畜生各九十劫後作
大魚身在海中長四十万里眼如日
月牙長二万里正白似雪山舌廣四
万里正赤似火山口廣五万里時有
五百人入海採寶正是先身給五百
沙門衣者因緣宿對魚張口飲水時
舫從流甚疾皆大恐怖同稱南无佛
魚聞其音合口而聽水住不流聞舩
上有諷經之聲魚便淚出自念不聞
此音其來甚久因不復食經歷七日
命終海中淨尸者岸神生法家墮地
能語便識宿命年滿八歲得羅漢道
還詣海邊見其故身積骨如山觀髑
髏内七日不遍坐燒塔寺百八十劫

在惡道中（出譬喻經第四卷）

造佛形像第二十二

優填王造牛頭栴檀像一

優填王造金像二

波斯匿王造金像三

波斯匿王造牛頭栴檀像四

善容王造石像五

龍王石窟佛影六

優填王造牛頭栴檀像一

四部惰於諮聽法釋提桓因請佛昇三十三天為母說法三月夏安居如來欲生人渴仰不將侍者不言而去時舍衛國波斯匿王及拘翼國優填王至阿難所問佛在所阿難答曰我亦不知二王思覩如來遂生身疾優填王即勅國內諸巧師匠以牛頭栴檀作如來像舉高五尺（出增一阿含經第十九卷）優填王問佛曰如來滅後欲作佛像恭敬承事當得何福佛言若作佛形像者世世生處身體皃好死後得生第七梵天復上勝諸天端政无比常生豪貴家氣力超絕衆人愛敬財富無量或生閻浮帝王公侯賢善家或生

轉輪王飛行天地或生孝從道德之門死不入三塗（出作像因緣經）

優填王造金像二

佛昇忉利天優填王不勝戀慕鑄金為像聞佛當下以象載之仰候世尊猶如生佛乃遥見佛足步虚空蹈雙蓮華放大光明佛語像言汝於來世大作佛事我滅度後我諸弟子付囑於汝若有衆生造立形像種種供養是人來世必得念佛清淨三昧佛告阿難持我語遍告弟子我滅度後造佛形像相好具足亦作無量化佛及畫佛跡以微妙彩及頗梨珠安白毫處令人見之心生歡喜能滅百億那由他恒河沙劫生死之罪（出觀佛三昧經第六卷）

波斯匿王造金像三

時波斯匿王聞優填王作如來像而供養之復召工巧以紫磨金鑄如來像高於五尺時閻浮提內始有二像（出增一阿含第十九卷）

波斯匿王造牛頭栴檀像四

佛上忉利天為母說法經九十日波斯匿王思欲見佛刻牛頭栴檀作如

來像置佛坐處佛後還入精舍像出迎佛佛言還坐吾般泥洹後可為四部衆作法式像即還坐此像冣是衆像之始後人所法者也佛乃移住兩邊小精舍與像異處相去二十步祇洹精舍本有七層諸國競興供養不絕鼠銜燈炷燒幡蓋遂及精舍七重都盡諸國王人民皆大悲惱謂栴檀像已燒却後四五日開東邊小精舍戶忽見本像衆大歡喜共治精舍得作兩重移像本處（出外國圖記）

善容王造石像五

善容王（又名鼻駄首祇阿育王弟也）入山遊獵見諸梵志裸形曝露或食木葉或吸風服氣或卧棘刾中種種自苦以求神仙善容問曰那无成辦梵志答曰座有群鹿數共合會我見心動不能自制王曰服食羸瘦猶有婬欲釋子沙門飲食甘美在好床座衣服隨時香花自薰豈得无耶阿育聞之即懷憂慼吾維一弟忽生邪見恐永迷没政當除惡勅給伎女共相歡娛王躬語弟何為取兄伎妾姿意自樂即欲煞之大

白諫曰王唯有一弟又少息胤願聽
七日奉依王命王始默然語諸臣曰
聽弟著吾衣冠入吾宮裏伎樂自娛
至七日王遣使問去意志自由快樂
不乎善容曰不見不聞有何快樂王
曰觸事如我復去何不聞不見耶弟
曰應死之人命雖未終與死无異當
有何情者於五欲王曰今一身憂慮
万端一身應滅在欲不樂道説沙門
憂念三世一身死壞復受一身億百
千世身身受苦无量患惱雖出為人
與他走使衣食窮乏念此辛酸故出
家為道求於无為度世之要設不精
懃當更歷刧數之苦善容乃心開意
解白王曰今聞王教乃得醒悟生老
病死實可猒患愁憂苦惱流轉无窮
惟願大王見聽為道王曰宜知是時
弟即出家奉持禁戒晝夜精懃得羅
漢道（出求離牢獄經）阿育王傅去阿育王聞
弟得道深心歡喜稽首礼敬請長供
養弟揩依林野以養餘命阿育即使
鬼神於城内造山高數十丈斷外人
物絶於来往乃應王命率捨衣資造

石像一軀高丈六即山為龕室

佛影六

有龍王請佛常住其所若不住者我
發惡心无由得道諸梵天王復慇懃
勸請願為一切衆生莫獨住此龍以
七寶殿奉上如来佛言不須但以羅
刹石窟施我佛攝神足獨入石室自
敷坐具跏趺而坐時羅刹女及龍為
四大弟子及阿難又造五石室佛受
那先訶城王及諸國請處處見佛虚
空華座滿中化佛龍王歡喜發大誓
願願我来世得佛如此佛受王請七
日攝於神足從石窟出與諸比丘遊
履諸處龍所隨從後佛還國啼哭雨
淚白言願勿捨我世尊安慰去當坐
汝窟中經千五百歲時諸龍王合掌
請佛入窟佛坐窟中作十八變踊身
入石猶如明鏡在於石内影現於外
遠望則見近視則无諸天百千供養
佛影影亦説法石窟高一丈八尺深
二十四步石色清白（出觀佛三昧經第六卷）

法滅盡二十三

佛言我以正法付囑人天者我法千
歲不動告帝釋四王我涅槃後各於
國土護持正法過千載後惡風暴雨
多諸灾患人民飢饉觸物磨滅飲食
失味珎寶沉没西方有王名鉢羅婆
北方有王名耶婆那南方有王名釋
迦東方有王名兜沙羅此四王皆多
眷屬煞害比丘破壞塔寺四方盡乱
時諸比丘来集中國拘睒弥國王名
摩因陁羅西那生子手似血塗身似
甲冑有大勇力有五百大臣同日生
子皆血手冑身時拘睒弥國一日雨
血王見惡相即大恐怖請問相師相
師荅曰王今生子當王閻浮提多煞
害人為名難當年漸長大時四惡王
從四方来王大憂怖有天神告曰大
王但立難當為王足能降伏四大惡
王便依神言捨位與子以髻中明珠
冠其子首集五百大臣香水灌頂令
往征伐諸臣之子身被甲冑從王征
討與四惡王戰煞之都盡王閻浮提
治拘睒弥國佛告四大天王巴連
弗國當有婆羅門名曰阿耆尼達多
通達比陁經論此婆羅門當納妻其

妻有身便欲與人論議以問相師相師荅曰是胎中兒當了達一切經論生子明了解一切經論及諸醫方教授五百弟子於我法中出家學道通達三藏善能說法辯才巧妙攝多眷屬此巴連弗邑當有大商主名曰須陁耶其妻有身便質直柔和諸根寂靜時彼商主即問相師相師荅曰胎中兒極為良善月滿生子名曰修羅陁年紀漸長於我法中出家學道勤行精進證羅漢果然其寡聞少欲知足及少知舊居在揵陁摩羅山恒為難當王說法難當見父王過世兩手抱父屍悲號啼哭憂惱傷心時彼三藏為王說法王憂惱即止於佛法中生大敬信而發聲唱言自今以後我施諸比丘无恐畏適意為樂而問比丘前四惡王毀滅佛法更幾年歲諸比丘荅云經十二年王心念言作師子吼我當十二年中供養五衆種種豊足供施之日天當降香澤之雨遍閻浮提一切苗稼皆得增長諸方人衆皆持供具来詣拘睒弥國供養衆僧

時諸比丘不勤三業戲論過日貪著利養好自嚴飾身著妙服離出家法形類比丘而是法中大賊壞正法幢建惡魔幡滅正法炬燃煩惱火消正法海壞正法橋沒正法船拔正法樹時天龍鬼神等於諸比丘皆生惡意猒惡遠離不復衛護而同聲唱言却後七日佛法滅盡號咷悲泣共相謂言至說戒日比丘鬪諍如来正法於此而滅諸優婆塞聞諸天言共詣衆中諫諸比丘鬪諍至十五日說戒時揵陁摩羅山阿羅漢修羅陁觀閻浮提今日何處有衆僧欲往說戒即詣拘睒弥時彼僧衆乃有百千人唯有此阿羅漢修羅陁来又復有一三藏名曰弟子此是如来㝡後大衆聚集尒時維那行舍羅籌白三藏言衆僧已集今為說波羅提木叉時彼上座荅言閻浮提如来弟子皆来集此數有百千如是衆中我為上首了達三藏不學戒律況復餘者而有所學今當為誰而說戒律時阿羅漢修羅陁立上座前合掌白上座但說波羅提木叉如佛在時舍利弗目揵連等大比丘衆所學法我今已悉學如来雖滅已出千歲彼所制律儀我悉已備上座弟子聞修羅陁比丘自言如来所制戒律我悉備持起不忍心有一弟子名曰安伽陁極生忿恨從坐起罵辱彼聖汝是下座比丘愚癡无智而毀辱我師即持利刀煞彼聖人時有一鬼名曰大提木法作是念言世間唯有此一羅漢而為惡比丘弟子所害執持金剛杵打頭命終時阿羅漢弟子見煞其師忿恨不忍即煞三藏時諸天世人悲哀啼泣嗚呼呰哉如来正法今便都盡即此大地六種震動無量衆生號吼啼泣各各離散時拘睒弥王聞諸比丘煞阿羅漢及三藏法師心生惱惋諸邪見輩競破塔廟及害比丘從是佛法索然頓滅（出難阿含）

佛告阿難我泥洹後法欲滅時五濁惡世魔道興盛諸魔沙門壞乱吾道著俗衣裳飾好袈裟五色之服飲酒炙肉煞生貪味无有慈心更相憎嫉時有菩薩精進修德一切敬

待人所宗尚教化平等憐貧念老救育窮厄恒以經像令人奉事作諸福德志性温善不侵害人捐身濟物不自惜己忍辱仁和設有是人衆魔比丘咸共嫉之誹謗揚悪擯黙驅遣不令得住自共於後不修道德寺廟空荒不復修理轉就毀壞但貪財物積聚不散不作福德販賣奴婢耕田種殖焚燒山林傷害衆生无有慈心奴為比丘婢為比丘尼无有道德婬妷濁乱男女不別令道薄淡皆由斯輩或避縣官依猗吾道求作比丘不修戒律月半月盡雖名講戒猒惓懈怠不欲聽聞抄略前後不肯盡說經不誦讀設有讀者不識字句為强言是不諮明者貢高求名嘘天推步以為榮貴望人供養諸魔比丘命終之後精神當墮无擇地獄五逆罪中餓鬼畜生靡不更歷過恒沙劫罪竟乃出生在邊國无三寶處法欲滅時女人精勤恒作功德男子懈慢不用法語眼見沙門如視糞土无有信心法輪弥沒諸天泣淚水旱不調五穀不熟疾疫流行死亡者衆人民勤苦縣官侵剋不修道理皆思樂乱悪人轉多善者甚少日月轉促人命轉短四十頭白裁壽六十男子壽短女人命長七八九十或至百歲大水忽起卒至無期世人不信故謂有常衆生雜類无有豪賤沒溺浮漂魚鱉食噉菩薩比丘衆魔駈逐不豫衆會菩薩入山福德之處惔怕自守以為忻快壽命延長諸天衛護月光出世得相遭値共興吾道五十二歲首楞嚴經般舟三昧先滅化去十二部經尋復化滅盡不復現不見文字沙門袈裟自然變白聖王去後吾法滅盡辟如油燈臨欲滅時光更猛盛於是便滅吾法盡時亦如燈滅自此之後難可綱紀如是久後弥勒當下世間作佛天下太平毒氣消除雨潤和適五穀滋茂樹木長大人長八丈皆壽八万四千歲衆生得度不可稱計（出法滅盡經）

經律異相卷第六

經律異相卷第六

校勘記

一　底本，麗藏本。金藏廣勝寺本，多所殘缺，今採用其中可用者十六版餘，即七八七頁上六行至卷末。

一　七八一頁上一行「部第三」，徑、清作「部第六」。

一　七八一頁上二行與三行之間，徑有「造佛舍利塔第一」並夾註「有二十一種」一行；清有「造佛舍利塔一　造佛形像二　法滅盡三」、「造佛舍利塔第一」二行。

一　七八一頁上三行至本頁中五行目録，徑無。

一　七八一頁上三行「起塔」，資、磧、普、南、清無。

一　七八一頁上四行「阿育王」，資、磧、普、南作「阿育作王」。

一　七八一頁上一〇行「後年」，資、磧、普、南、清作「故手」。

一　七八一頁上一三行第三字「牙」，資、磧、普、南、清作「佛牙」。又第六字「瓮」，資、磧、普、南作「瓮」。

一　七八一頁上一五行「土石」，資、磧、普、南、清作「起土石」。

一　七八一頁上一八行第七字「塔」，清作「起塔」。

一　七八一頁上一九行「菩薩」，清作「菩薩時」。

一　七八一頁上二〇行「禁寐王」，資、磧、普、南作「梵寐王」。

一　七八一頁中三行「中悔」，資、磧、普、南、清作「中悔後生爲大魚」。

一　七八一頁中四行至五行「造形像二十二　法滅盡二十三」，資、磧、普、南、清無。

一　七八一頁中六行「天人龍分舍利起塔一」，資、磧、普、南作「天人龍分舍利一」；徑作「一天人龍分舍利」；清作「天人龍分舍利第一」。

一　七八一頁中九行「迦羅衛」，資、磧作「迦衛」。

一　七八一頁中一一行夾註左「容顏」，普、南、徑、清作「容顧」。

一　七八一頁中一三行夾註右「因姓」，資、磧作「姓姻」；普、南、徑、清作「姓煙」。

一　七八一頁中二二行「修善」，諸本作「善修」。

一　七八一頁下三行「語言」，諸本作「法言」。

一　七八一頁下八行首字「爲」，諸本作「相」。

一　七八一頁下一〇行末字「言」，諸本作「告言」。

一　七八一頁下一二行「龍王」，諸本作「諸龍王」。

一　七八一頁下一四行「諸龍」，諸本作「龍王」。

一　七八一頁下一六行第一二字「㲺」，諸本作「髭」。

一　七八一頁下一九行「難頭示」，諸本作「難頭和」。下同。

一　七八一頁下二二行「怖懅」，諸本作「怖懼」。

一　七八一頁下末行第一一字「塔」，諸本作「水」。

一　七八二頁上三行第一〇字「王」，諸本無。

一　七八二頁上末行「四十九」，諸本作「四十九所」。

一　七八二頁中二行「阿育王造八万四千塔二」，徑作「二阿育王造八萬四千塔」；清作「阿育育王造八萬四千塔第二」。

一　七八二頁中三行第三字「王」，諸本無。又「徃開七塔故取」，資、磧、普、南作「往問七塔欲取」；徑、清作「往開七塔欲取」。

一　七八二頁中四行「龍塔」，資、磧、普、徑無。

一　七八二頁中七行末字「付」，諸本作「將諸幡蓋付」。

一　七八二頁中九行第二字「處」，諸本無。

一　七八二頁中一七行「隨復」，諸本

作「隨處」。
一 七八二頁中二二行「悲爲」，諸本作「憂爲」。
一 七八二頁下一行末字「繫」，資、磧作「繼」。
一 七八二頁下四行「繼念」，普、南、徑、清作「繫念」。
一 七八二頁下六行「阿難問八万四千塔因三」，徑作「三阿難問八萬四千塔因」；清作「阿難問八萬四千塔因第三」。
一 七八二頁下七行第六字「造」，諸本無。
一 七八二頁下一五行「手自」，諸本作「自手」。
一 七八二頁下一七行「諸小國」，諸本無。
一 七八二頁下一九行第一三字「復」，諸本無。
一 七八二頁下二一行「弗沙蜜多羅王壞八万四千塔四」，徑作「四佛沙蜜多羅王壞八萬四千塔」；清作「弗沙蜜多羅王壞八萬四千塔第四」。
一 七八二頁下末行「阿菟羅地」，諸本作「阿㝹羅地」。
一 七八三頁上一行第一二字「尚」，諸本無。
一 七八三頁上三行「滿之」，諸本作「滿足」。
一 七八三頁上五行「知是」，諸本作「如是」。
一 七八三頁上七行第二字「事」，諸本無。又「久在」，諸本作「久存」。又「啓曰王」，諸本作「啓王曰」。
一 七八三頁中六行「排揨」，普、南、徑、清作「排搗」。又「推迮」，諸本作「推笮」。
一 七八三頁中七行第六字「衆」，諸本無。
一 七八三頁中九行首字至末字「天……五」，徑作「五天愛帝須王起塔請舍利及菩提樹」；清作「天愛帝須王起塔請舍利及菩提樹第五」。
一 七八三頁中一四行「何事」，諸本作「何等」。又末字「佛」，諸本作「佛佛」。
一 七八三頁中一六行「猶在」，徑作「尤在」。
一 七八三頁中一七行「好處」，諸本作「好處安處」。
一 七八三頁中二二行第五字「塔」，諸本作「塔廟」。
一 七八三頁下三行第九字「以」，諸本無。
一 七八三頁下六行「存念」，諸本作「在念」。
一 七八三頁下一四行第二字「頂」，諸本作「項」。
一 七八三頁下一七行首字「從」，諸本作「於」。
一 七八三頁下二〇行「阿菟羅求」，諸本作「阿㝹羅求」。
一 七八四頁上七行第八字「許」，諸本作「許拜」。

一 七八四頁上九行第一一字「樹」，諸本無。
一 七八四頁上一一行第一二字「後」，資、磧、普作「足」。
一 七八四頁上一二行「離離」，資、磧、普、南作「錐雖」；徑、清作「雖離」。
一 七八四頁上一六行「面枝」，徑、清作「南枝」。
一 七八四頁上一九行「十盡」，資、磧作「十盡」。又「一盡」，資、磧作「於盡」；普、南、徑、清作「於盡」。
一 七八四頁上二〇行「一盡」，資、磧作「一盡」。
一 七八四頁上二一行「抽枝」，諸本作「抽杈」。
一 七八四頁中一行「倍從」，諸本作「部從」。
一 七八四頁中八行「打掌」，諸本作「拍掌」。
一 七八四頁下四行「八金甕」，資、磧作「八金盆」。
一 七八四頁下九行「喚摽叉」，諸本作「喚阿摽叉」。

一 七八五頁上六行「王帝須」，資、磧、普、南作「帝王須」；徑、清作「帝須王」。
一 七八五頁上二二行「基址」，普、南、徑、清作「基墌」。
一 七八五頁中二行第四字「服」，諸本作「公服」。
一 七八五頁中七行第一二字「地」，諸本作「至地」。
一 七八五頁中一三行「如此」，諸本無。
一 七八五頁中一四行「拘羅」，諸本作「俱那」。
一 七八五頁中一六行「種植」，諸本作「種牧」。
一 七八五頁中一九行第九字「往」，諸本作「住」。
一 七八五頁中二一行「塔滿」，諸本作「增滿」。
一 七八五頁中二二行第一三字「苦」，普、南作「若」。

一 七八五頁下五行第八字「師」，諸本作「法師」。
一 七八五頁下六行至七行「王見地動即問大德此地何忽動也」，諸本作「王問大德地何忽動」。
一 七八五頁下二〇行第一三字「言」，諸本無。
一 七八五頁下末行夾註左第二字「論」，諸本無。
一 七八六頁上二行「手雨七寶六」，徑作「六手雨七寶」；清作「手雨七寶第六」。
一 七八六頁上九行末字「笑」，諸本作「所笑」。
一 七八六頁上一六行第二字「見」，南、徑、清作「觀」。
一 七八六頁上末行「須達起髮爪塔十」；資、磧、普、南作「須達起髮爪塔七」；徑作「七須達起髮爪塔」；清作「須達起髮爪塔第七」。
一 七八六頁中五行首字至末字「身……八」，徑作「八身去影存仙人

從化起髮爪塔」；清作「身去影存仙人從化起爪塔第八」。

一　七八六頁中八行「光相」，諸本作「見光相」。

一　七八六頁中一一行第一二字「此」，諸本無。

一　七八六頁中一二行第七字「應」，諸本無。又夾註右「大智度」，諸本作「大智論」。

一　七八六頁中一三行「天起牙及缺瓫塔九」，經作「九天起佛牙及缺盆塔」；清作「天起佛牙及缺盆塔第九」。

一　七八六頁中一四行第一一字「天」，諸本作「天天」。

一　七八六頁中一六行夾註右「毗婆」，諸本作「毗婆沙」。

一　七八六頁中一七行「幼童聚沙爲塔十」，經作「十幼童聚沙爲塔」；清作「幼童聚沙爲塔第十」。

一　七八六頁中末行「尸喪」，普、南、經、清作「尸葬」。又「不請」，經、清作「不識」。

一　七八六頁下五行「愁憂」，諸本作「憂愁」。

一　七八六頁下七行「猕猴起土石塔十一」，經作「十一獼猴起土石塔」；清作「獼猴起土石塔第十一」。

一　七八六頁下一六行「諸天人遥覲」，諸本作「諸天遥見」。

一　七八六頁下一九行第四字「勃」，諸本作「敦」。

一　七八七頁上一行「天上四塔十二」，經作「十二天上四塔」；清作「天上四塔第十二」。

一　七八七頁上六行「人中四塔十三」，經作「十三人中四塔」；清作「人中四塔第十三」。

一　七八七頁上八行「无吉」，諸本（不含石，下同）作「元吉」。

一　七八七頁上一一行夾註「出經集抄」，資、磧、普、南、經、清作「出集經抄」。

一　七八七頁上一二行「摩訶薩埵餘骨起塔十四」，經作「十四摩訶薩埵餘骨起塔」；清作「摩訶薩埵餘骨起塔第十四」。

一　七八七頁上一八行夾註左首字「經」，資、磧、普、南、經、清無。

一　七八七頁上一九行「佛現菩薩時舍利塔十五」，經作「十五佛現菩薩時舍利塔」；清作「佛現善薩時舍利塔第十五」。

一　七八七頁中六行「禁寐王」，資、磧作「梵寐王」（七行同）；經作「十六禁寐王」。又「十六」，經無；清作「第十六」。

一　七八七頁中八行第一三字「千」，資、磧、普、南、經、清作「半」。

一　七八七頁中九行「銀金」，資、磧、普、南、經、清作「金銀」。又「地中」，資、磧、普、南、經、清作「在地中」。

一　七八七頁中一二行「治迦葉佛故塔十七」，經作「十七治迦葉佛故塔」；清作「治迦葉佛故塔第十七」。

一　七八七頁中一四行「經歷」，南、經、

清作「後經」。
七八七頁下二行夾註右「出普曜經」，資、磧、普、南、徑、清作「出出曜經」。
七八七頁下三行「德主王起五百塔十八」，徑作「十八德主王起五百塔」；清作「德主王起五百塔第十五」。
七八七頁下六行「踊出寶塔十九」，徑作「十九踊出寶塔」；清作「踊出寶塔第十九」。
七八七頁下一三行「琥珀」，資、磧、普、南、徑、清作「玫瑰」。
七八七頁下一六行「纓珞」，資、磧、普、南、徑、清無。
七八八頁上二行第三字「以」，普、南、徑、清作「爲」。
七八八頁上一一行第三、四字「諸佛」，資、磧、普、南、徑、清無。
七八八頁上二〇行第七字「集」，諸本作「來集」。
七八八頁中六行第七字「之」，普、南、徑、清無。
七八八頁中一一行夾註「妙法蓮華經」，資、磧、普、南、徑、清作「法華經」。
七八八頁中一二行「諸佛舍利在金剛塔二十」，徑作「二十諸佛舍利在金剛塔」；清作「諸佛舍利在金剛塔第二十」。
七八八頁中末行夾註左「第二卷」，南、徑、清作「第三卷」。
七八八頁下一行「起塔中悔後生爲大魚二十一」，徑作「二十一起塔中悔後生爲大魚」；清作「起塔中悔後生爲大魚第二十一」。
七八八頁下二行「塔廟」，資、磧、普、南、徑、清作「塔寺」。
七八八頁下五行「衣被」，資、磧、普、南、徑、清作「被服」。
七八八頁下九行「但爲一切賤貴近遠」，資、磧、普、南、徑、清作「但爲一切人賤近貴遠」。
七八九頁上二行「第二十二」，資、磧、普、南、清作「第二」；徑作「第二」並夾註「有六種」。
七八九頁上三行至八行「優……六」，徑無。
七八九頁上九行「優填王造牛頭栴檀像一」，徑作「一優填王造牛頭栴檀像」；清作「優填王造牛頭栴檀像第一」。
七八九頁上一〇行「惰於」，資、磧作「惰」。
七八九頁上一四行第九字「所」，資、磧、普、南、徑、清作「何所」。
七八九頁上一七行夾註「增一阿含經」，資、普、南、清作「增一阿含」；磧作「增阿含」。
七八九頁上二〇行「皃好死後」，資、磧、普、南、徑、清作「完好後死」。
七八九頁上二一行「上勝」，資、磧、普、南、徑、清作「生上勝」。
七八九頁中三行「優填王造金像二」，徑作「二優填王造金像」；清作「優填王造金像第二」。

一七八九頁中一三行「以微妙彩」，資、磧、普、南、徑、清作「妙系」。

一七八九頁中一六行「波斯匿王造金像三」，徑作「三波斯匿王造金像」；清作「波斯匿王造金像第三」。

一七八九頁中二〇行夾註右「增一阿含」，徑作「增一阿含經」。

一七八九頁中二一行「波斯匿王造牛頭栴檀像四」，徑作「四波斯匿王造牛頭栴檀像」；清作「波斯匿王造牛頭栴檀像第四」。

一七八九頁下五行第三字「小」，資、磧、普、南、徑、清無。

一七八九頁下一二行「善容王造石像五」，徑作「五善容王造石像」；清作「善容王造石像第五」。

一七八九頁下末行「姿意」，諸本作「恣意」。

一七九〇頁上六行第八字「何」，資、磧、普、南、徑、清無。

一七九〇頁上七行「命雖未終」，資、磧、普、南、徑、清作「命盡未絕」。

一七九〇頁上八行第一〇字「今」，資、磧、普、南、徑、清作「汝今」。

一七九〇頁上九行「万端」，資、磧、普、南、徑、清作「百端」。又「道說」，南、徑、清作「莫說」。

一七九〇頁上一三行第五字「於」，資、磧、普、南、徑、清無。

一七九〇頁中二行「佛影六」，徑作「六龍王石窟佛影」；清作「龍王石窟佛影第六」。

一七九〇頁中一六行第四字「經」，資、磧、普、南、徑、清無。

一七九〇頁中二〇行「一丈」，南作「二丈」。

一七九〇頁中二一行夾註左「第六卷」，徑、清作「第七卷」。

一七九〇頁中二二行「法滅盡二十三」，資、磧、普、南作「法滅盡三」；徑、清作「法滅盡第三」。

一七九〇頁下二行「國土」，資、磧、普、南、徑、清作「方土」。

一七九〇頁下一二行第二字「王」，普作「主」。

一七九〇頁下一六行「但立」，資、磧、普、南、徑、清作「且立」。

一七九〇頁下二一行「拘睒弥鞞國」，徑、清作「拘睒彌國」。又「巴連」，資、磧、普作「邑巴連」。

一七九一頁上三行第五字「解」，資、磧、普、南、徑、清無。

一七九一頁上四行末字「通」，資、磧、普、南、徑、清作「得」。

一七九一頁上八行第九、一〇字「相師」，資、磧、普、南、徑、清無。

一七九一頁上末行「供具」，資、磧、普、南、徑、清作「供養」。

一七九一頁中五行「法橋」，資、磧、普、南、徑、清作「法山」。又「拔正」，麗作「没正」。

一七九一頁中二一行「不學」，資、磧、普、南、徑、清作「尚不學」。

一七九一頁下九行「大提木法」，資、磧、普、南、徑、清作「大地木佉」。

一七九一頁下一〇行第六字「一一」，

資、磧、普、南、徑、清無

一　七九一頁下一七行「惱悗」，資、磧、普、南、徑、清作「悗惱」。

一　七九一頁下一九行夾註「雜阿含」，徑、清作「雜阿含經」。

一　七九一頁下末行末字至次頁上一行首字「敬待」，資、磧、普、南、徑、清作「愛敬」。

一　七九二頁上二行末字「福」，資、磧、普、南、徑、清作「功」。

一　七九二頁上三行「捐身」，資、磧、普、南、徑、清作「損身」。

一　七九二頁上五行「誹謗楊惡檳默驅遣」，諸本作「誹謗楊惡檳黜驅遣」。

一　七九二頁上一三行「絓名講戒」，資、磧、普、南、徑、清作「假名說戒」。

一　七九二頁上一八行「无擇」，麗作「無澤」。

一　七九二頁中一三行「不見」，資、磧、普、南、徑、清作「不依」。

一　七九二頁中一九行第四字「人」，資、磧、普、南、徑、清作「人身」。

一　七九二頁中二〇行夾註「法滅盡經」，資、磧、普、南、徑、清作「法滅盡經卷中」。

經律異相卷第七 諸釋部

梁沙門僧旻寶唱等集 仙

釋氏緣起一

過去有王名欝摩（又云懿摩長阿含經云鼓摩蓋方言之左右耳）王有四庶子一名照目二名聰目三名調伏象四名尼樓（長阿含經名異一名面光二日象食三日路指四日莊嚴）並聰明神武大有威德第一夫人有子名曰長生頑薄醜陋衆人所

賤夫人白王四子神雋我兒頑騃若承嗣者必覺陵奪若王擯斥四子我心乃安王曰四子仁孝既无愆咎去何擯黜夫人又曰我心劬勞實撫國家四子英武民各懷歸樹黨若立一旦覺逐必相殄滅大國之祚龍為他有願王圖之王曰汝言是矣即呼四子勅之曰汝有過於吾吾不忍汝死各遠出國勉己圖生勿復闚闘自貽後悔四子奉勅即便裝嚴母及同生姊妹並求俱去時諸力士一切人民多樂隨從王悉聽之到雪山邊住直樹林母為納妃自營頓住數年之中歸德如市遂大熾盛爵為强國數年之後父思見之遣信報出皆辭過不還王便三歎我子有能能自存立因此以命族為釋（長阿含經云直樹林又大釋林因林為姓又云王聞四子生子端正曰此真釋子瑞應經云為其能辭是同因命是）故有釋種焉

乃祖尼樓王生烏頭羅

高祖烏頭羅為迦維羅衛國王生瞿頭羅曾祖瞿頭羅王生尸休羅（大和論云師子頰王）祖尸休羅王生四子長者淨飯（又名白淨王出弥沙塞律）

淨飯王捨壽二

淨飯王遇疾支節欲解喘如駛流衆治無益二弟諸王群臣等曰大王素不作惡種德無厭養使一切无不得安何故愁惱王曰恨不見悉達及難陁阿難陁羅睺等除我貪婬淚下如雨時佛在王舍城相去五十由旬王今轉羸恐不相及佛知父心即勅難陁羅睺等即以神力踊身虚空忽現維羅衛放大光明國人遥見舉聲泣曰設大王崩背此舍衰國必斷絶矣城中人民向佛悲哭宛轉自撲佛言无常離別古今有是生死為苦惟道是真佛光照耀內外通達以照王身王曰此何光也既觸我身患苦得息非我悉達先見光明從外還者白佛阿難羅云等乘空而來王意踊躍不覺起坐曰惟願如来手觸我身身如押油痛不可忍得見世尊苦惱即除佛告難陁觀王本形端正巍巍名聲遠聞今病重羸瘦待不可識容力名聲一何所在王一心合掌唯願莫愁德純無缺手摩王額曰王是清淨戒行之人心垢已離唯應歡喜不宜憂

惱當深思惟念諸經法義於不牢堅得牢堅志以種善根王宜歡喜大勝王顧曰佛與難陁阿難陁羅云四子以壞魔網（先各歎四子之德文多不載）王乃歡喜佛為說量摩波羅本生經王得阿那含道捉佛手捧置心上佛又說法得阿羅漢果命盡氣絶諸釋嗶咷香汁浴身纒以劫貝繒綿以棺斂七寶莊嚴真珠羅網垂遶其傍舉棺置尸師子座上散花燒香佛共難陁在頭阿難羅云在足難陁等白佛仰憶垂養乞自擔棺佛為未來不孝衆生不報育養躬欲自擔大千振動一切衆山如波上舟欲界六天无數眷屬俱來赴喪四天王將鬼神億百千衆皆共舉哀諸王白佛我佛弟子從佛聞法成須陁洹我曹宜擔佛聽四天王擔即皆變身如人形像以手擧棺著於肩上佛之威光猶如万日手執香鑪導在前行到於墓所靈鷲山千阿羅漢振虛而至稽首佛足願勑所作佛言往大海渚取牛頭栴檀種種香木如彈指頃得諸香薪大衆共積以之燒棺

衆見火起益更悲號佛言皆空无常猶如幻化水月鏡像燒身既竟以乳滅之收骨置金剛函中即共起塔大衆諮問神生何處佛言生淨居天（出淨飯王涅槃經）

摩耶生忉利天三

佛昇忉利天入歡喜園在波利質多羅樹下三月安居放毛孔光照大千界諸天子等不知何緣佛告文殊汝詣我母道我在此願母蹔屈往白摩耶摩耶乳汁自流若是悉達當令汁入其口兩乳汁出遠入佛口摩耶歡悅普地震動諸妙花果非時敷熟即語文殊為母子來歡喜安樂未曾如今俱往佛所佛遥見母曰身所經履與若樂俱當修涅槃以求永離摩耶一心五體投地專精正念結使消伏佛為說法即識宿命得須陁洹果即白佛言生死牢獄今已解脫大衆咸曰願一切衆生皆得解脫廣化天人大有利益三月將盡告鳩摩羅汝令可下至閻浮提如來不久當入涅槃時衆愁惱我不早知不久涅槃世眼

將滅何其苦哉帝釋使諸鬼神作二道寶堦摩耶垂淚於是而別足躡寶堦梵王執蓋四天侍立左右四部大衆歌唄讚歎天作伎樂充塞虛空散花燒香至閻浮提（出佛昇忉利天為母說法經又出善見毗婆沙）

大愛道出家四

佛還迦維羅衛國摩訶波闍波提（梁言大愛）姓瞿曇弥求佛出家哀請至三佛所不聽退住門外著垢弊衣徒跣而立歔欷悲泣阿難問曰何故泣荅曰女人不得出家自悲傷耳阿難止而白佛我從佛聞女人精進可得四果今大愛道至心願樂佛言无使女人入我法律為沙門也辟如人家多女少男家必衰弱女人出家清淨梵行不得久住又如莠雜禾稼善穀傷敗女人入法亦復如是阿難曰大愛道多有善意佛初生時乃自育養至于成人佛言多信善意於我有恩我於受道亦多有恩由我得歸依三寶不疑四諦立五根信受持五戒正使有人設身供養不及此也假使女人欲作沙門者八敬之法不得踰越盡壽

學之辟如防水善治堤塘勿令漏失其能如是可入法律阿難具報愛道愛道歡喜便得出家為大比丘尼奉行法律遂得應真後與諸長老尼詣阿難所久修梵行且已見諦云何使礼幼小比丘阿難白佛佛言止止勿說此也若使女人不出家外道異學一切賢者皆四事供養解駁布地屈請令蹈我之正法當住千年以度女人今止五百愛道聞之歡喜奉行（出佛昇忉利天為母說法經）住王園精舍將欲捨命曰吾不忍見世无如来及應真滅度先息靈于本無矣佛照此心以告阿難阿難身體萎垂心塞无識佛言汝謂將五分法四意止八品道行去耶對曰不也但惟佛生七日太后薨為慈母有恩在世尊佛曰汝言哺乳恩重此惠難報吾已開示歸命三尊聞苦集滅諦慧眼得明盡諸有結獲无所著此亦恩過須弥愛道與五百除饉女俱到佛所具言上意手摩佛足曰自今不復見冣正覺矣逺佛三匝還于精舍與五百除饉女作十八變

上耀諸天同時泥洹佛告阿難汝入城到耶游理家所（受戒在家名曰理家即優婆塞也）告佛母及五百者年滅度阿難平旦入城至理家門具陳其事聞者抗哀躃地銜淚而曰自今不復仰覩神通何痛甚乎阿難曰佛言乾坤雖久始必有終三界无常猶如幻夢生求不死會異不離終不可得理家心解復至諸梵志理家告之曰佛勸諸賢者作五百葬具施五百除饉女也梵志理家辦送精舍中精舍中門閑緣入開之欲詣講堂有女沙弥告曰吾師入定慎勿擾動荅曰死而非定沙弥躃身消息良久乃蘓哀慟號叫曰誰當教化吾等聖訓絕矣理家語沙弥曰恩愛雖會終必有離但當建志力取應真闍維畢棒舍利来佛所佛告阿難汝東向叉手下右膝曰有直信直業三神六智道靈已足者皆来五百除饉今皆善逝宜當法會四方俱然四方各有二百五十應真飛来佛告阿難鉢盛舍利著吾手中阿難授佛兩手受之告諸比丘及理家此本檝身愚冥急暴愱垢陰謀敗道壞德能拔冥愚為丈夫行獲應真道遷靈本无何其健哉宜共興廟應修供養僉曰唯然（難阿含云是難陀所生母增一阿含云佛告阿難羅云汝等舉哀從身我自恭釋提桓因及毗沙門云願勿勞神我等供養佛言止止佛自與難陀移搭擅林手取香木置其身上唱言四人應起塔供養一佛二辟支佛三羅漢四轉輪王皆以十善化物也）於是四衆天人龍鬼各立剎廟種種供養（出佛母泥洹經）

羅睺羅處胎六年五

悉達太子有二夫人一名劬毗耶二名耶輸陁羅劬毗耶是寶女故不曾懷孕耶輸陁羅以菩薩出家夜自覺有娠菩薩六年行苦耶輸陁羅六年不產諸釋詰之菩薩出家何由有此耶輸陁羅言我無他罪我所懷子實是太子遺體諸釋言何以久而不產荅曰非我所知諸釋集議聞王欲如法治罪劬毗耶啓王我常與耶輸陁羅共住我為其證知其无罪待其子生看似父不治之何晚王即寬置菩薩苦行既滿初成佛夜生羅睺羅王見其似父愛念忘憂語群臣言我兒雖去今得其子與兒無異耶輸陁羅惡聲已著欲除惡名佛還迦毗羅度

諸釋子時淨飯王及耶輸陁羅常請佛入宮食是時耶輸陁羅持一百味歡喜丸與羅睺羅捧持上佛以神力變五百阿羅漢皆如佛形等无有異羅睺羅年始七歲持歡喜丸直至佛前奉進世尊是時佛攝神力復比丘形鉢內皆空唯佛鉢滿歡喜丸耶輸陁羅問曰我昔何緣懷妊六歲佛荅羅睺羅過去時曾作國王時有一五通仙人來入王國語王言王以法治賊請治我罪我輙偷王水用王楊枝為不與取王言我初登位令有皆以水及楊枝施於一切仙人言王雖已施我心故惑願令見治無令後罪王曰若必欲尒小停待我入宮入宮六日方出仙人飢渴仙人曰恐王正以此治我王出辭謝忘去因是五百世中常六年在胎（出大智論第十七品）

羅睺出家六

佛告目連汝往迦毗羅城問訊我父母我叔及我夷母慰喻羅睺羅母令割恩愛放羅睺羅使作沙弥母子恩愛歡樂須臾死墮地獄各不相知羅

睺得道當還度母永絕生死如我今也目連至國具陳佛意耶輸陁羅聞佛遣使來取羅睺將登高樓約勑監官好閇門閣悉令堅牢目連飛上耶輸陁羅不得已作禮問曰世尊無恙遣上人來欲何所為目連曰太子羅睺年已九歲應令出家修學聖道具陳佛意荅曰釋迦如來為太子時娉我為妻奉事太子如事天神未滿三年捨五欲樂騰越宮城逃至王田自約得道誓願當歸得道還國都不見親忘忽恩舊劇於路人使我守孤抱窮今奪我子為其眷屬何酷如之太子成道自言慈悲今別母子何慈之有還向世尊說我所陳目連辭退還淨飯王所具陳上事王聞是語即告夫人波闍波提我子悉達遣迎羅云修學聖法其母女人愚癡纏著愛無緃捨卿可往諌令其心悟夫人反覆再三耶輸陁羅猶故不聽白夫人曰我在家時八國諸王競來見求父母不許以太子才藝過人是故父母以我與之太子欲不住世何故慇懃苦

求我耶夫人取婦正為恩好子孫相續世之正禮太子既去復索羅睺永絕國嗣有何義哉夫人聞是默然無言佛遣化人空中言曰汝憶往古誓不我為菩薩以五百銀錢從汝買五莖花上定光佛汝求寄二花乞世世生處常為君妻我語汝言我為菩薩一切布施汝即立誓世世所生國城妻子乃至自身隨君施與何故今日愛惜羅睺耶輸陁羅霍然還悟如昨所見愛子稍歇遣喚目連追相懺謝捉羅睺手慇懃付囑泣淚而別羅睺啓母定省世尊願母莫愁尋還奉覲淨飯王告諸豪族卿等各遣一子隨從我孫即有五十人隨從往到佛所頭面作禮佛使阿難剃羅睺頭及五十公子悉令出家命舍利弗為和上大目連作闍梨授其十戒佛為五十沙弥說扇提羅等宿世罪報（文多不載）皆大憂愁咸白佛言和上大智德受寂上供養小兒愚而無德食人好施後世受苦如扇提羅是故我等實懷憂慮願佛垂慈聽我捨道冀免罪咎

佛言譬如二人飢餓忽遇主人設美飲食貪噉過飽一人有智醫服吐藥禁節消息得免禍患終保年壽一人無智殺生祭祠以求濟命宿食絞切心痛死已生地獄中畏罪還家是無智人汝有善因遭值於我服藥濟苦必得不死羅睺聞之心開意解佛後還宮人疑拘夷太子棄國十有二年何從生子佛啓父王曰拘夷守節清貞信無瑕瘢化衆比丘皆使如佛羅云七歲問誰是汝父羅云應時直前趣佛作禮以母印信環授與世尊（出未曾有經上分弥沙塞律云佛還宮羅云樓上遥見便下乞佛餘財佛使舍利弗度為沙弥。）

羅云受佛戒得道七

昔者羅云未得道時心性麁獷言少誠信佛勑羅云汝往到賢提精舍中住守口攝意懃修經戒羅云奉教作禮而去住九十日慚愧自悔晝夜不息佛往視之羅云歡喜前禮佛足安施繩床攝受囊越佛居繩牀告羅云言澡槃取水為吾洗足洗足已訖佛語羅云此水可食用飲澡漱以不羅云白言此水本實清潔今已洗足受於塵垢不可復用佛語羅云汝亦如是雖為吾子國王之孫捨世榮祿得為沙門不念精進攝心守口三毒垢穢充滿胷懷亦復如此水不可復用也佛復語羅云澡槃雖空可用盛食飲不白言不可所以者何用有澡槃之名曾受不淨故也佛語羅云汝亦如是雖為沙門口無誠信心性强剛不務精進曾受惡名亦如澡槃不中盛食也佛以足指撥却澡槃應時輪轉自跳自墮數反乃止佛語羅云汝寧惜此澡槃恐破不乎羅云白佛洗足之器賤價之物意中雖惜不大慇懃佛語羅云汝亦如是雖為沙門不攝身口麁言惡說多所中傷衆所不愛智者不惜身死神去輪轉三塗自生自死苦惱无量諸佛賢聖所不愛惜亦如汝言不惜澡槃也羅云聞之慚愧悑悸佛告羅云聽我說喻昔國王有一大象猛健能戰其王興軍欲伐逆國被象出兵以使嚴行象唯藏鼻畏不用鬪象士歡喜知象護身所以者何象鼻軟脆中箭即死唯當護口如此大象護鼻不鬪羅云聞佛懇惻之誨感激自厲得羅漢道（出辟喻經第十卷）

難陁出家八

佛弟孫陁羅難陁身長一丈五尺四寸佛與阿難在迦維羅竭國入城乞食難陁在高樓上見下作礼曰如来應作轉輪聖王何為自辱持鉢乞食取鉢盛美食佛即還去拘類園語諸侍者難陁出勿取令自送來難陁送至佛所婦出囑言待還乃食授鉢催佛速受佛言卿已至此今宜出家加以神力閇在靜室久久之後次第當直難陁喜曰我因事暇逃走還家是時難陁隨所應作事事不關天神隨逐汲水亦滿自然翻棄所淨之地草土更滋闢閇門戶戶輒更開難陁念言設有所失家足備償脫三法衣更著餘服竊隨小徑避佛還家行来未遠正值如来奔就大樹欲自隱身樹反在後佛以神力拔樹懸空難陁入樹根處佛言何為至此默然慚愧佛再三告云汝欲何趣荅曰還家與婦相見佛言夫人學道心著貪欲不顧

後世燒身之禍我今將汝上天遊觀宜自專心勿懷恐怖佛接昇天見一宮殿七寶莊嚴玉女營從不可稱計唯无夫主難陁問佛此何天宮獨无夫主佛言汝可自問難陁問之天女荅曰佛弟難陁若持戒者當生於此還具白佛佛言快修梵行不久必生復以神力接至地獄路經鐵圍山表見一瞎獼猴佛問難陁汝婦孫陁利何如獼猴荅曰孫陁利女中妙絶豈得比此佛曰比諸天女亦億千万倍遍至地獄見種種苦痛有一火鑊獄卒圍遶湯沸火熾不見罪人難陁白佛那獨无罪人佛言汝自問之獄卒荅曰甘露王子難陁婬欲情重恃貴輕人死當生此難陁失色急問世尊求離地獄佛說微妙法令至道場（出童子問佛乞食經又出出曜經第十六卷）

調達出家九

白飯王（淨飯王第二弟也）有二子一名阿難身長一丈五尺三寸一名調達身長一丈五尺四寸（大智論云跋提沙十二遊經甘露淨王長子調達少子阿難）白淨王往至佛所見迦葉眷屬形皃醜

陋即集宗室曰阿夷相言佛不出家當作聖王王四天下左右侍從極當端正令諸弟子大无形觀若欲為道儀望足者聽俻僧數光暉世尊咸言大善調達曰（又名提婆達多梁言天熱）我王子弟令棄世榮出家居道正頭服飾極世之妙象馬車乘價直万金其日嚴出觀者填路冠幘墮地瞿和離所乘之馬四脚布地而作鳥鳴相工占之餘皆得道二人不吉俱詣佛所求作沙門剛强降伏莫不樂受（出中本起上卷又出十二遊經）

阿那律出家十

斛飯王（淨飯王第三弟）有二子一名摩訶男一名阿那律阿那律母所愛念摩訶男言諸釋多為道我門獨不一營世業一求出家阿那律以家事煩碎啓母出家母言跋提去者當聽汝耳求請不已兩俱許可跋提求停七年受五欲樂阿那律言人命无常難可得保又求一年乃至七日過七日釋子八人優波離第九各莊嚴寶象乘以出城脫衣及象馬付優波離曰汝依我等自活我今出家以此衣象與汝為

資生優波離乃懸衣樹上念言取者與之共至佛所亦求出家乞先度優波離除我憍慢次阿那律（出四分律初分第三分大智論十二遊經少異大略是同）

跋提出家十一

甘露飯王（淨飯王第四弟也）有二子一名提婆二名跋提跋提母所念求母出家母言阿那律出家者我亦聽汝後遂俱然往詣佛所求出家父母已許頭垂濟度時跋提獨在樹下塚間思惟夜過高聲稱言甚樂甚樂其邊比丘白佛佛呼跋提問何樂跋提言我本在家內外常以刀杖自衛猶有恐懼今獨處塚間身毛不竪出離甚樂佛言善哉（出曇无德律大智論十二遊經皆小異大同）

琉璃王滅釋種十二

波斯匿王新紹王位即作是念應先取釋女即告一臣持我名往迦毗羅衛請婚彼女諸釋五百集會一處皆大瞋恚吾家大姓何緣乃與婢子結親或言應與或言不應時摩訶男語諸釋言波斯匿王為人暴惡或能壞我國界時摩訶男婢生一女面貌端

正沐浴衣被以羽寶車躬自送往與
經律異相第七卷　第十九張　仙　啓
波斯匿王乃白王言此是我女可以
成親時王歡喜即拜此女為第一夫
人少日有身生一男兒端正无雙世
之殊特王集相師為子作名相師曰
求夫人時諸釋共議或與彼此琉璃
今以太子名曰琉璃年向八歲王告
之曰可詣迦毗羅衛學諸射術駕乘
大象多諸給使往摩訶男舍集五百
童子使共學習新起講堂猶如天宮
我等應先請佛僧於中供養受福无
量敷舒坐具懸諸幡蓋香水灑地燒
衆名香琉璃太子往至講堂昇師子
座諸釋見之呼為婢子牽出門外撲
之于地琉璃太子顧語好苦行梵志
此諸釋種大毀辱我後紹王位汝當
以此事啓我父王命終太子嗣立苦
行啓王王勑群臣集四部兵往征釋
種至迦毗羅越世尊往逆在枯樹下
結跏趺坐太子遥見下車作礼問曰
更有好樹何故坐此佛言親族之蔭
故勝外人是時王曰今日世尊故為
親族吾不應征梵志執奏王復興師

目連白佛琉璃王（增一阿含第十九分云毗寠勒王事大同）往
經律異相第七卷　第二十張　仙
伐釋種我欲移其四部合擲他方又
欲拔出虛空又欲移置海中又欲移
置鐵圍山間又欲移人置他方大國
土中又欲鐵籠覆城佛言汝有智德
終不能安處舍夷國人衆生有七不
可避一生二老三病四死五罪六福七
因緣意雖欲避終不得免何能覆其
往業目連意終不已隨取知識四五
千人盡著鉢中舉置虛空星宿之際
諸釋亦集四兵出一由旬逆琉璃王
諸釋一由旬內遥見琉璃王或貫耳
頭髻弓弦器仗幢麾皆悉破壞終不
傷人時琉璃王大懷恐怖告群臣曰
汝觀是箭為從何來彼若發心欲害
我者必當死盡令還舍衛好苦梵志
日大王勿懼諸釋持戒虫尚不害況
害人乎今宜前進王乃從之諸釋果
退還入城中琉璃王曰汝等速開城
門若不尒者盡當煞之城中童子年
尚十五名曰奢摩登城獨戰傷害衆
多賊軍迸散藏土穴中時諸釋種告
童子曰汝辱我門戶誰不知諸釋修

善虫蟻不煞況人命耶我等一人敵
經律異相第七卷　第二十一張　仙
万甚能壞軍衆為煞害人命死入地
獄若生人中壽命短促汝今速去不
須住也舍摩即自出國琉璃王軍復
来至門弊魔波旬作一釋形喚速開
門諸釋開門琉璃王曰釋衆既多悉
皆埋脚使暴象踏煞選五百釋女將
詣王所時摩訶男從王乞願王即聽
之摩訶男曰我今沒水隨我遲速並
聽諸釋隨意逃走若我出水隨在煞
之王曰大佳即入水底以髮繫樹根
而自盡命城中諸釋四門競走王告
群臣摩訶男父至今不出即入水中
出之已死王心生悔我外祖父今已
取命終皆由愛親族故若早知者終
不攻伐琉璃所煞九千九百九十万
人流血成河繞迦毗羅越城軍人去
後目連白佛承佛神力獲得四五千
人佛言汝往看之目連下鉢人皆已
死往尼拘留園語五百釋女言汝等
慎勿愁憂我是汝夫捉一釋女曰我
今何故與婢子通情王即刖其手足
置深坑中五百釋女皆罵王言誰持

我身與姘子交通王勑五百釋女罪（經律異相第七卷　第二十二張　仙）
如前法還舍衛國祇陁太子在深宮
中奏諸妓樂王聞其聲迴駕詣之祇
陁出門與之相見曰善来大王可小
停駕琉璃王曰豈不聞吾與諸釋戰
與妓遊戲而不見助祇陁荅曰聞之
我不堪任煞害衆生琉璃王手斫祇
陁佛見祇陁生三十三天時五百釋
女自歸稱喚如来名号同生釋種出
家成佛受此痛毒而不見憶佛與諸
比丘往迦毗羅諸女遥見皆懷慙愧
世尊顧語釋提桓因言諸女慙愧帝
釋即以天衣覆此女上佛告毗沙門
諸女飢渴日久即辦天食皆得充飽
佛為說苦集盡道諸女塵垢皆盡得
法眼淨各於其所而取命終皆生天
上佛詣東門見城中烟火洞然顧語
諸比丘我昔與諸比丘此中說法今
如空墟无有人民自今不復更至於
此還舍衛國祇樹園中告諸比丘琉
璃王及諸兵衆却後七日盡當磨滅
王聞恐怖好苦行梵志内外无塵王
但自娱王使人數日至七日旦王大

歡喜將諸兵軍及婇女往阿貽羅河（經律異相第七卷　第二十三張　仙）
側共相讌會大雷卒震非時雲起暴
風疾雨傷損漂溺一時都盡王生入
阿鼻地獄復有天火燒盪宮城比丘
白佛諸釋何因今遭此苦佛言昔羅
閱城中有捕魚村時世飢儉人食草
根以一斗金貿一斗米村有大池極
自饒魚人民捕食魚有二種一名拘
璅（興起行經云䞁）二名多舌各相謂言我是水
性之虫不處乾地而此人民皆来食
噉村有一兒年尚八歲雖不捕魚見
則歡喜羅閱村人今釋種是拘璅魚
者琉璃王是兩舌魚者好苦行梵志是
小兒見魚笑者今我是也取魚之罪
无數刧中受地獄苦今餘此對見之
喜笑今患頭痛如被石押又如戴須
弥山（釋迦畢罪經大同小異文多不載盡）坐上多人聞佛
說无常之法得須陁洹果（出釋迦畢罪經又出長阿）
五百釋女欲出家投請二師十三（合法句譬經）
有一釋女告五百女言曾從佛聞若
人於劇急之中一心念佛至到歸命
即得安隱時五百女異口同音至心

念佛呼南无釋迦牟尼苦哉嗚呼痛（經律異相第七卷　第二十四張　仙）
哉時空中以如来慈善根力起大悲
雲雨大悲雨諸女手足還生諸女念
言云何報佛慈恩即持衣鉢往詣王
園精舍求索出家時有六群比丘尼
見諸釋女年時幼稚美色端正當為
說世間之欲快樂待年限過然後出
家不亦快乎若悉還俗必以衣鉢施
我諸女聞之心懷苦惱言如餚饍飲
食和以毒藥世間五欲多諸過患我
已具知云何讃歎其美以勸我等舉
聲大哭華色比丘尼問故荅曰欲出
家不蒙聽許華色即度為弟子時諸
釋女悲喜交懷具以族喪身殘仰白
和上荅言汝等辛苦何足言也我昔
在家是舍衛國人父母嫁我與北方
人彼國風俗婦臨欲産還歸父母家
後垂生日皆乘車馬夫妻中路有河
其水暴漲道路曠絶多賊難至河不
能得度住宿岸邊初夜生男大毒虵
聞新血香即来趣我先螫煞奴喚夫
不應尋復煞夫次煞牛馬至日出時
夫身膖爛憂愁恐怖舉聲大哭經畱

數日獨在岸邊其水漸小身負小兒
經律異相第七卷 第二十五張 仙
以手牽持裙盛新産銜著口中即前
入水渡河如半反顧大兒見爲虎逐
叫喚失裙嬰兒没溺以手探摶而竟
不獲在背上者失手墮落其岸上者
爲虎所食心肝分裂口吐熱血到岸
悶絶有大伴至中有一長者是父母
知識我問消息長者荅曰昨夜失火
汝家盪盡父母俱亡我聞躃絶良久
乃蘇有五百賊即壞衆伴便將我去
以作賊婦常使守門若有緩急爲人
所逐須晝開門後群賊共抄財主告
王及聚落即還其家我舍内生子三
喚无人開即緣牆入問荅生兒賊曰
汝爲子故危害於我用子何爲拔刀
斫解手足令婦食之婦以恐怖食瞋
恚便息夫續爲劫王人所得腰斬其
命共婦生埋人貪我身有妙瓔珞開
塚取之并將我去復經少時王伺捉
得斷賊伴命合復埋之埋之不固夜
虎發食因復得出迷荒不知東西隨
路馳走見有多人問言諸人何處有
能除此憂患者時有長者婆羅門等

以憐愍心問言曾聞釋迦牟尼佛法
經律異相第七卷 第二十六張 仙
多諸安隱无諸衰惱我聞心喜詣大
愛道憍曇弥比丘尼次第修習乃得
道果釋女聞之心大歡喜得法眼淨
時憍曇弥言如来法海一切衆生皆
悉有分而我等女人如来不聽以多
諸疑惑執著難捨癡愛覆心愛水所
没不能自出懈怠嬾惰現身不能莊
嚴菩提獲得三乘阿難爲請云憍曇
弥乳哺養育如来色身得至成佛佛
言若聽女人法當漸滅阿難又請過
去諸佛具四部衆而今獨不具也佛
告阿難憍曇弥受樂佛法發大精進
清淨修習八敬之法者聽入佛法我
得出家大悲熏修普爲未来一切女
人重白佛言未来善女信樂愛敬如
来法者唯願聽許佛言若有女人護
持佛法漸次修學戒施多聞三歸五
戒乃至具戒諸助道法亦悉聽常當
至心念阿難恩供養恭敬晝夜六時
令心不忘 出報恩經第五卷
佛奴車匿馬揵陟前世緣願十四
舍利弗白佛言車匿前世有何功德

乃將菩薩入山得佛佛言車匿不但
經律異相第七卷 第二十七張 仙
今世有是功德我昔爲菩薩時在尸
訶遍羸國須檀摩提王閻世間人或
有作道上天或作祠祀上天王常欲
上天不知方便國有婆羅門道凡四
万餘人中有大尊者婆羅門王請問
之對曰欲生身上天耶死上天耶王
言生身飛上天復言大王當作祠祀
王喜出藏珎寶與婆羅門求國中端
正男女各一百人象馬畜生各百頭
先飯四婆羅門後煞人畜用祠祀天
取血作階上婆羅門復求香山中有
神女名真陁羅欲得其血合持作階
王聞喜言何不早告王即勑國中遍
問誰能得真陁羅者一人白王第七
山中有兩人一名闍梨一人名憂梨
知真陁羅處王言疾喚其人得来王
大歡喜即設酒食恣意娯樂七日七
夜重賞極意王謂闍梨等二人汝能
得真陁羅女来我得上天者當持此
國付汝二人其人受教輙自盡力求
真陁羅二月餘日經歷八重山至香
山中得大池水見有釋提桓因與諸

天伎女无央數衆出城遊戲池中沐浴竟皆飛上天時水池邊有一婆羅門已得四禪般遮旬道時闍梨等前為作礼問言是聞為何等聲快樂乃尒荅言頭摩王千餘人在此城中遊戲沐浴當至我所作礼御曹宜去闍梨等便去屏處議言是大神聖求是神女那從得之其人自念取草作結投水厭之令婆羅門不得動揺復厭天女令不得飛結神呪竟釋提桓因及諸天女俱飛上天獨王及女及王摩那訶羅止在水中不能得飛便前縛女將到故國王請入宮飯食賞勞太子難羅尸作異國王王有太子名須羅先即是王太孫也有大慈悲行菩薩道遣人往呼来見此女欲取為妻王言更為汝取妻此女天取血作祠持用上天菩薩荅言不與我者我便慼死王畏其死持女與之四月餘日婆羅門来白王言前得真陁羅女今當煞之與人及畜揺地作坑方圓八肘應取其血擇日作祠王言大善菩薩聞之問作何等婆羅門對言作

祠當上天菩薩言煞人及畜當入地獄豈得上天乎婆羅門言汝年尚小非汝事也菩薩言我悉知汝因緣婆羅門言御知者試說菩薩說其行法婆羅門慙愧作礼而去菩薩即為王說經言欲上天者當持五戒修行十善分檀布施孝養父母承事沙門慈心万民蠕動之類隨其所食給足與之可得上天王聞即用菩薩之言便舉藏中金銀珎寶與太子布施恣意七日訖便與妻作礼而去還歸故國晝夜雨金銀珎寶菩薩與女俱居一歲不領國事臣白王言當煞真陁羅太子乃當國耳王聞不可勑取太子縛之女即飛去過闍梨二人所即語之言太子来追煩為送之畱指環為信持與道人王縱太子不見真陁羅躃地而言當那得女有神語之汝不須啼我語汝處上第七山汝疾追之便著珠衣帶刀持弓珠衣光照四十里太子去國明旦至七山見前二人即言見真陁羅女不報言見之環與太子即俱前行上第八香山見四禪

婆羅門前為作禮時天王釋化作獼猴可畏動山菩薩大怖婆羅門言常事我獼猴見之便不肯下婆羅門言汝下獼猴即来持果上婆羅門受與三人共啖竟語獼猴言將是三人至天女所獼猴言是何等人使我將上天婆羅門言此國王太子皆菩薩人當持佛道度諸天人蠕動之類獼猴言大善便將上天道過五百辟支佛所三人遣獼猴還取華用散佛菩薩願言令我疾得作佛獼猴復言願我為佛作馬闍梨復言願我為佛作奴一人言我願得阿羅漢到真陁羅所獼猴作禮而去菩薩與二人俱坐門外青衣取水菩薩問之用此水為荅言與真陁羅浴菩薩脱指環没著水中女浴見環即止入報父母言我婿在外父母歡喜父名頭摸便出相見為菩薩作禮闍梨二人復禮而去王請入城共相勞問以水澡菩薩手以女及侍女千餘人悉付菩薩留止七歲菩薩白王言我欲歸去視我父母王言且止七日後有思求王王所言

經律異相第七卷 第三張 仙

前鬪大王立女多賀以歸并得貴胥王言我女可耳其胥大尊是國王子久欲還歸煩卿送之鬼王言諾即持一國七寶作七重樓鬼著掌中送歸故國作禮而去菩薩前為父母作禮問訊起居王得太子即國中寶藏金銀付與王勑傍目左右四遠欲得金銀米穀皆至宮門恣意所欲後王壽終即生天上時太子者今我身是時四禪婆羅門者舍利弗是時闍梨者今車匿是時一人願作羅漢者今目揵連是時天王釋化作獮猴願作馬者今揵陟是時父王者今我父閱頭檀是時母者今我母摩耶是真陁羅者今裘夷是（出車匿經）

經律異相卷第七

癸卯歲高麗國分司大藏都監奉

勑彫造

經律異相卷第七

校勘記

一　底本，麗藏本。金藏廣勝寺本原版多所殘缺，今採用其中可用者二版餘，即八〇〇頁上四行至本頁下末行。

一　八〇〇頁上一行「諸釋部」，資、磧、普、南作「外緣佛部第四」；徑、清作「外緣佛部第七」。

一　八〇〇頁上三行至一六行目錄，徑無。

一　八〇〇頁上四行「淨飯」，清作「淨飯王」。

一　八〇〇頁上八行第三字「羅」，資、普、南、清無。

一　八〇〇頁上一五行「釋女」，清作「釋女欲出家」。

一　八〇〇頁上一六行「前緣」，清、麗作「前世緣」。

一　八〇〇頁上一七行末字「一」，資、磧、普、南、徑、清作「第一」。

一　八〇〇頁上一八行夾註左「左右」，資、磧、普、南、徑、清作「訛謬」。

一　八〇〇頁上二〇行夾註右「一名」，資、磧、普、南、徑、清作「一曰」。又左「路指」，諸本（不含石，下同）作「路楯」。

一　八〇〇頁上二一行「大有威德」，資、磧、普、南、徑、清作「有大威德」。

一　八〇〇頁中八行「汝死」，資、磧、普、南、徑、清作「見汝死」。

一　八〇〇頁中一〇行「裝嚴」，資、磧、普、南、徑、清作「莊嚴」。

一　八〇〇頁中一一行「俱去」，磧作「俱法」。

一　八〇〇頁中一五行「見之」，資、磧、普、南、徑、清作「見子」。

一　八〇〇頁中一八行夾註左「能辞」，諸本作「能辭」。又「因命是」，資、磧、普、南、清作「因命氏」；徑作「應命氏」。

一　八〇〇頁中二一行夾註右「大和」，諸本作「大智論」。

一八〇〇頁中末行末字「二」，徑、清作「第二」。

一八〇〇頁下一行「駃流」，資、磧、普、南、徑、清作「駛流」。

一八〇〇頁下二行「二弟」，資、磧、普、南、徑、清作「三弟」。

一八〇〇頁下五行「貪婬」，麗作「貪望」。

一八〇〇頁下七行首字「今」，資、磧、普、南、徑、清作「命」。

一八〇〇頁下一〇行「斷絕」，資、磧、普、南、徑、清作「斷滅」。

一八〇〇頁下一五行「先見」，資、磧、普、南、徑、清作「先現」。又「白佛」，資、磧、普、南、徑、清作「見佛」。

一八〇〇頁下一六行「阿難」，徑、清作「難陀」。

一八〇〇頁下二〇行第八字「待」，資、磧、普、南、徑、清作「特」。

一八〇〇頁下二一行「唯願」，資、磧、普、南、徑、清作「佛言唯願」。

一八〇一頁上六行第一三字「阿」，諸本無。

一八〇一頁上七行「嘷咷」，徑、清作「號咷」。

一八〇一頁上一七行第五字「宜」，資作「負」。

一八〇一頁中三行第七字「剛」，諸本無。

一八〇一頁中六行末字「三」，徑、清作「第三」。

一八〇一頁中一〇行「我母」，諸本作「母所」。

一八〇一頁中二一行「大有」，諸本作「有大」。

一八〇一頁下一行末字「二」，諸本作「三」。

一八〇一頁下六行末字「四」，徑、清作「第四」。

一八〇一頁下八行夾註「大愛」，諸本作「大愛道」。

一八〇一頁下一〇行「問曰何故泣」，諸本作「問之」。

一八〇一頁下一九行「多信」，諸本作「信多」。

一八〇二頁上五行「且巳」，資、磧、普、徑作「具己」。

一八〇二頁上六行「幼小」，諸本作「幼少」。

一八〇二頁上一九行「滅諦」，諸本作「滅道」。

一八〇二頁中二行夾註右「受戒」，資、磧、普、南作「愛戒」。

一八〇二頁中七行「幻夢」，諸本作「夢幻」。

一八〇二頁中一五行第一一字「語」，諸本作「告」。

一八〇二頁中二二行末字「佛」，諸本作「佛佛」。次頁上三行第一一字同。

一八〇二頁下四行夾註右「雜阿含」，徑、清作「雜阿含經」。又「增一阿含」，徑、清作「增一阿含經」。又左「阿難羅云汝等舉哀道身我自養」，資、磧、普、南、清作「難陀羅云汝舉愛道身我自供養」；徑作「難陀

羅云汝舉愛道我自供養」。
一　八〇二頁下五行夾註左「栴檀林」，諸本作「栴檀牀」。
一　八〇二頁下八行「羅睺羅處胎六年五」，資、磧、普、南作「羅睺處胎六年五」；徑、清作「羅睺羅處胎六年第五」。
一　八〇二頁下一二行「行苦」，諸本作「苦行」。
一　八〇二頁下末行「迦毗羅」，資、磧、普作「迦羅」。
一　八〇三頁上二行第一二字「一」，諸本無。
一　八〇三頁上一一行第八字「偷」，諸本作「飲」。
一　八〇三頁上一二行「令有」，諸本作「有令」。
一　八〇三頁上一八行夾註左「十七品」，諸本作「十七卷」。
一　八〇三頁上一九行末字「六」，徑、清作「第六」。
一　八〇三頁上二一行首字「母」，諸本無。又「夷母」，諸本作「姨母」。
一　八〇三頁中一三行「今奪」，資、普作「今脱」；磧、南、徑、清作「今説」。
一　八〇三頁中一五行末字「還」，諸本無。
一　八〇三頁中一六行「具陳」，諸本作「具宣」。
一　八〇三頁中二二行末字「以」，諸本作「將」。
一　八〇三頁下五行「我爲」，資、磧、南、徑、清作「我達」。
一　八〇四頁上四行第一三字「絞」，磧、普作「疨」。
一　八〇四頁上一二行第九字「環」，資作「還」。
一　八〇四頁上一三行夾註右「上分」，諸本作「上卷」。
一　八〇四頁上一四行末字「七」，徑、清作「第七」。
一　八〇四頁上二〇行「㲲越」，諸本作「震越」。
一　八〇四頁上二二行「食用」，諸本作「用食」。
一　八〇四頁中四行第七字「復」，資、磧、普、徑無。
一　八〇四頁中八行「强剛」，諸本作「剛强」。
一　八〇四頁中一六行首字「受」，諸本作「愛」。
一　八〇四頁中二二行第二字「畏」，諸本作「護」。又第一三字「身」，諸本作「鼻」。
一　八〇四頁下三行末字「八」，徑、清作「第八」。
一　八〇四頁下一六行首字「土」，南作「生」。
一　八〇五頁上五行「天女」，磧、徑、清作「玉女」。
一　八〇五頁上一七行至一八行夾註「出童子問佛乞食經又出出耀經第十六卷」，諸本作「出普耀經第十六卷中又出童子問佛乞食經」。
一　八〇五頁上一九行末字「九」，徑、清作「第九」。

一　八〇五頁上二二行夾註左「淨王」，諸本作「淨飯王」。

一　八〇五頁中四行「光暉」，諸本作「光耀」。

一　八〇五頁中五行夾註左「天熱」，【南】作「天授」。

一　八〇五頁中一一行夾註右「本起」，諸本作「本起經」。

一　八〇五頁中一二行末字「十」，【徑】、【清】作「第十」。

一　八〇五頁中一三行夾註「淨飯王第三第」，諸本作「淨飯王第三弟也」。

一　八〇五頁中二二行首字「城」，諸本作「界」。又第四字「及」，諸本作「乃至」。

一　八〇五頁下三行夾註左「第三分」，諸本作「第三卷」。

一　八〇五頁下四行夾註「少異大略是同」，諸本作「大同小異」。

一　八〇五頁下五行「十一」，【徑】、【清】作「第十一」。

一　八〇五頁下六行「提婆」，諸本作「婆婆」。

一　八〇五頁下七行「二名」，諸本作「一名」。

一　八〇五頁下一六行「十二」，【徑】、【清】作「第十二」。

一　八〇五頁下一八行「釋女」，諸本作「釋種女」。

一　八〇六頁上六行「或與」，諸本作「或與不與」。

一　八〇六頁中一行夾註右「增一阿含」，【徑】作「增一阿含經」。又「十九分」，諸本作「十九卷」。

一　八〇六頁中四行「欲移人」，【資】作「欲移人」；【徑】、【清】作「欲移」。

一　八〇六頁中一一行末字「王」，【資】作「二」。

一　八〇六頁中一二行「遥見」，諸本作「遥射」。

一　八〇六頁中一六行第一、二字「苦」，諸本作「苦行」。

一　八〇六頁中二一行「傷害」，諸本作「傷殺」。

一　八〇六頁中末行「不知」，諸本作「不知戰」。

一　八〇六頁下一八行「獲得」，諸本作「護得」。

一　八〇六頁下二〇行第二字「往」，諸本作「時流離王往」。

一　八〇六頁下二一行第一二字「女」，諸本作「女女」。

一　八〇七頁上七行首字「我」，諸本作「吾」。

一　八〇七頁上一九行「空墟」，諸本作「虛空」。

一　八〇七頁上二二行「梵志」，諸本作「梵志曰」。

一　八〇七頁中一行「諸兵軍及婇女往阿貽羅」，諸本作「諸兵衆及諸婇女往阿脂羅」。

一　八〇七頁中五行「此苦」，諸本作「此害」。

一　八〇七頁中七行「一斗金貿一斗米」，諸本作「一升金貿一升米」。

一八〇七頁中八行「魚有二種」，諸本作「有二種魚」。

一八〇七頁中九行夾註左第三字「釬」，諸本作「鉼」。

一八〇七頁中一一行「村有一兒年尚」，諸本作「村中有一小兒年向」。

一八〇七頁中一三行「兩舌」，諸本作「多舌」。

一八〇七頁中一七行夾註左末字「盡」，諸本無。

一八〇七頁中一八行至一九行夾註「長阿含」，諸本作「長阿含經」。

一八〇七頁中二〇行「十三」，徑、清作「第十三」。

一八〇七頁下一行「苦哉」，諸本作「苦哉苦哉」。

一八〇七頁下二行「空中」，諸本作「虛空中」。

一八〇七頁下七行「之欲」，諸本作「五欲」。

一八〇七頁下一二行第一〇字「故」，諸本作「何故」。

一八〇七頁下一六行「北方」，資、普作「比方」。

一八〇七頁下一九行「多賊」，諸本作「多諸賊」。

一八〇七頁下二〇行「大毒虵」，諸本作「有大毒虵」。

一八〇八頁上一行「身負」，資作「且致大兒身負」；磧、普、南、徑、清作「且置大兒身負」。

一八〇八頁上三行「如半反觀」，諸本作「始半反視」。

一八〇八頁上四行第一三字「而」，諸本作「兒」。

一八〇八頁上五行「墮落」，諸本作「落水」。

一八〇八頁上七行第四字「大」，諸本作「火」。

一八〇八頁上一二行第四字「畫」，諸本作「盡」。

一八〇八頁上一八行末字「開」，諸本作「破」。

一八〇八頁上一九行第一三字「伺」，諸本作「司」。

一八〇八頁中八行「嬾惰」，諸本作「慢惰」。

一八〇八頁中一九行「亦悉聽」，諸本作「亦悉聽未來諸女人也」。

一八〇八頁中二二行「十四」，徑、清作「第十四」。

一八〇八頁下一行「得佛」，諸本作「得道」。

一八〇八頁下八行「祠祀」，諸本作「祀祠」。

一八〇八頁下一五行「一人」，諸本作「有一人」。

一八〇八頁下一六行「一名」，徑、清作「一人名」。

一八〇九頁上五行「頭摩王」，諸本作「頭摩王女」。

一八〇九頁上一一行「及女及王」，諸本作「及王女」。

一八〇九頁上一八行首字「祠」，諸本作「階」。

一八〇九頁上末行「對言」，諸本作

「答言」。

一　八〇九頁中一行第二字「當」，諸本作「當得」。

一　八〇九頁中四行「說其行法」，諸本作「便說其行法」。

一　八〇九頁中五行「慙愧」，諸本作「慚愧起」。

一　八〇九頁中八行「万民」，諸本作「萬物」。

一　八〇九頁中一一行第四字「便」，諸本無。

一　八〇九頁中一四行第五字「國」，諸本作「國事」。

一　八〇九頁中二〇行首字「便」，諸本作「使」。又第一〇字「衣」，徑作「夜」。

一　八〇九頁下二行末字至次行第六字「常事我獼猴見之」，諸本作「是常事耳獼猴見人」。

一　八〇九頁下五行末字「至」，諸本作「到」。

一　八〇九頁下六行第七字「是」，諸本無。

一　八〇九頁下一三行「我願」，諸本作「願我」。

一　八〇九頁下一六行「沒著」，諸本作「沒置」。

一　八一〇頁上一一行末字至次行首二字「目揵連」，諸本作「目連」。

經律異相卷第八 自行菩薩部第一 仙

梁沙門僧旻寶唱等集

薩陁波崙為聞法賣心血髓一

薩陁波崙菩薩在大雷音佛所行菩
薩道本求般若波羅蜜時不惜身命
不求名利空中有言而戒誨之我當
處處求般若波羅蜜即憂愁啼哭經
過七日身體疲極乃至飢渴寒熱空
中有佛而語之言善男子過去諸佛
行菩薩道求聞般若波羅蜜如汝今
日以是勤精進愛樂法故供養般若
波羅蜜曇无竭菩薩於此座上說般
若波羅蜜若有受持讀誦如說行者
汝從今者莫問晝夜不久當得聞般
若波羅蜜我今貧无有物可以供養
般若波羅蜜及說法師不應空往我
當賣身得財為般若波羅蜜故并供
養法師我世世喪身无數無始生死
中或死或賣或為貪欲世世在地獄
中受无量苦未曾為清淨法及供養
法師故喪身命即入一大城至市肆
上高聲唱言誰欲須人誰欲須人時
惡魔作是念薩陁波崙豈念法故欲
自賣身我今當壞之魔蔽諸人民令
不聞其聲自賣身不集甚自憂愁釋

提桓因化作婆羅門語言我今欲祠
天須人心人血人髓汝能與不答言
我今得大善利即執刀刺其左臂出
血割右髀肉欲破骨出髓時一長者
女在閣上遙見即下問菩薩何故若
困自身用心血髓欲作何等答曰賣
與婆羅門為般若波羅蜜供養曇无
竭菩薩女問得何功德答曰是人善
學般若方便力我學是法能得無上
道為衆生作依上得金色身具諸功
德分布是利與一切衆生等功德利
女曰微妙難值為是功德應捨如恒
河沙身汝有何須盡當相與我亦欲
往曇无竭所共殖善根釋提桓因即
復本身讚言善哉男子諸過去佛行
菩薩道亦復如是求我實不用人心
血髓但來相試汝欲何求我當相與
願我是身平復如故到長者女家女
之父母與衆妙華香及諸瓔珞塗香
燒香幡蓋衣服七寶伎樂女與侍人
共往供養經及曇无竭曇无竭說般
若波羅蜜及方便力薩陁波崙求水
灑地而不能得即自刺身以血灑地

令無塵土來依大師

（經律異相第八卷 第四張 仙）

藥王令身捨辟先世燒形二（出大品經第三十卷）

宿王華菩薩白言世尊藥王云何遊此娑婆世界有百万億那由他難行苦行願少解說佛言過去恒河沙劫有佛号日月淨明德彼國无有女人喜見菩薩於此佛法精進經行一心求佛滿二万歲得現一切色身三昧皆是聞法華經力於虛空中雨曼陁羅華及海此岸栴檀之香以天衣纏身灌以香油而自燃身光明遍照八十億恒河沙世界是真精進真法供養其身火燃千二百歲過是已後其身乃盡一切衆生喜見菩薩法供養已化生此國淨德王家為父說偈

我先經行處　已得現身定　懃行大精進
捨所愛之身

日月淨明德佛今故現在即當還彼供養此佛坐七寶臺上昇虛空往到佛所合掌讚佛

容顏甚奇妙　光明照十方　我適曾供養
今復還親覲

佛告喜見我滅盡時至今夜涅槃我法囑汝舍利相付當令流布廣設供養喜見即以海此岸栴檀積而燒之收取舍利作八万四千寶瓶起八万四千塔雖是供養心猶未足即於八万四千塔前燃百福莊嚴辟七万二千歲而以供養無數求聲聞衆无量人發菩提心皆得住現一切色身三昧諸菩薩天人等見其無辟憂惱悲哀而作是言一切衆生喜見菩薩是我等大師教化我者今不具足喜見菩薩於大衆中誓言我捨兩辟必當得佛若實不虛令辟還復當時三千世界六種震動天雨寶花時其兩辟平復如故佛告宿王華菩薩時喜見者今藥王是若有發心欲得無上菩提道者能燃手指乃至足一指供養佛塔勝以國城妻子及三千國土山林河池諸珎寶物而以供養佛及菩薩辟支佛阿羅漢等（出法花經第六卷）

（經律異相第八卷 第五張 仙）

淨藏淨眼化其父母三

乃往過去有佛名雲雷音宿王華智有王名妙莊嚴其王夫人名曰淨德有二子一名淨藏二名淨眼是二子者有大神力福德智慧修菩薩道佛欲引導妙莊嚴王愍念衆生說是法華經時淨藏淨眼白母言願母往詣雲雷音宿王華智佛我等亦當侍從供養礼拜母告子言汝父信受外道深著婆羅門法汝等應往白父與共俱去母又告言汝等當念父為見神變於是二子踊在虛空高七多羅樹現十八變父見神力心大歡喜合掌向子言汝等師為是誰二子白言雲雷音宿王華智佛今在七寶菩提樹下法座上坐說法華經是我等師父語子言我今欲見二子從空中下白母父王今已信解發菩提心我等為父已作佛事願母見聽於彼佛所出家修道母言聽汝佛難值故於是二子白父母言願時往詣佛所親覲供養於是妙莊嚴王與羣臣眷屬淨德夫人與後宮婇女并其二子四万二千人一時詣佛佛為說法示教利喜王大歡悅時王及夫人即解頸真珠瓔珞以散佛上於虛空中化成四柱寶臺中有大寶牀敷百千万天衣其

（經律異相第八卷 第六張 仙）

上有佛結跏趺坐放大光明時雲雷音宿王華智佛告四衆言汝等見是妙莊嚴王於我前合掌立不此王於我法中當作比丘精勤修習助佛道法當得作佛号娑羅樹王國名大光刧名大高王其王即時以國付弟王與夫人二子并諸眷屬於佛法中出家修道王出家已於八万四千歲常精進修行妙法華經過是已後得一切淨功德莊嚴三昧即昇虚空高七多羅樹妙莊嚴王今華德菩薩是淨德夫人光照莊嚴相菩薩是其二子者今藥王藥上菩薩是出法華經第七卷

羼提和山居遇於國王之所割截四

昔者菩薩時為梵志名羼提和山居樹下飲食菓泉内垢消盡弘明六通得盡知之智名香普薰聞八方上下聖凡咨嗟擁護其國風雨從時五穀豐熟灾毒消滅王名迦梨入山畋獵馳逐麋鹿尋其足迹歷菩薩前過王以問之菩薩默然王曰當死乞人吾一國之尊問不時對獸迹歷茲而佯低頭我勢能戮尒菩薩曰吾聽王耳

日尒為誰乎曰吾忍辱人王怒拔劍截其右臂菩薩曰吾志無上道與時無諍斯王尚加吾忍豈況黎庶乎願吾得佛必先度之不令衆生効其為惡也王曰君為誰荅曰吾忍辱人也又截其左手乃至兩脚耳鼻血若流泉其痛无量天地震動日月無明四天大王僉然俱臻同聲恚言斯王酷烈謂道士曰吾等誅之及其妻子并滅一國以彰其惡道士荅曰斯何言乎此由吾前世不奉佛教加毒乎彼為惡禍追由影響形矣黎民覩變馳詣首過稽顙而曰道士處兹橡灾滅慶愚君不識臧否不知去就惡加元聖唯願聖人無以吾等報上帝矣菩薩荅曰王以兇酷見加吾心愍之猶母之念赤子黎庶何過不假有疑菩薩有弟處在異山以天眼視時天神龍會議王惡靡不懷忿懼兄有損德之心以神足力来至兄所取斷手足耳鼻著其故處弟還續之即復如本兄曰吾普慈之信于令著矣天神地祇靡不悲喜稽首稱善更相勸導受

誡而退羼提和者吾身是弟者弥勒是王者拘隣是也出度无極集第五卷

無言受天戒誨依義思惟獲得四禪五

時王舍城師子將軍家産一子當其生時虚空諸天作如是言童子常念法思惟法凡所發言莫說世事常當班宣出世之法常當守口慎言少語莫於世事起諸覺觀當依於義莫依文字尒時童子聞是不復涕泣无嬰兒相乃至七日色貌和悅見人歡喜目未曾眴是時有人語其父母是兒不祥不應畜養父母荅言是兒雖復無聲然其身根具足當知是兒必有福德非是不祥因為立字名曰無言時無言童子漸漸長大如八歲兒人所樂見隨有說法轉法輪處樂法聽受口無所宣尒時無言與其父母眷屬宗親色欲二界之間往寶坊之中見佛及十方諸来菩薩生大喜心舍利弗白佛言世尊師子將軍所生之子身根具足而不能語是何業致佛言不應輕是童子何以故是人即是大菩薩也已於無量佛所種諸善根

不退轉菩提之道是兒生時多有諸天来誡勑如前隨天教誨默然思惟獲得四禪示如是身則能調伏无量衆生以已願力神通力令八部四衆各見右手有大蓮華猶如車輪色香具足微妙第一人所樂見一一華臺有一菩薩結跏趺坐三十二相八十種好莊嚴其身無言見是大神通力俓頭合掌稱南无佛陁諸華臺中一切菩薩同作是言十方恒河沙等世界六種震動虛空諸天以妙香華種種伎樂供養於佛尒時無言與諸菩薩踊在虛空高七多羅樹說偈讚佛（出大集經第十七卷）

常悲東行求法遇佛示道六

衆祐昔為菩薩名曰常悲見世佛法僧若世穢濁背正向邪華偽趣利猶餓樂火以四等六度為永康之宅而世廢佛就彼危禍以自破碎也菩薩常為愁荒悲慟往昔有佛名景法无穢滅度未久經法都盡常悲夢見其佛為其說法菩薩聞之心垢消除入清淨定即棄妻子入山閑寂水果自

供推心哀號吾不值佛不見法僧大道極趣哀聲適訖天神下曰明士乃尒莫復哀號佛有大法名明度無極之明三世諸佛皆由斯成尒索之誦習其文懷識其義奉而行之尒必得佛常悲仰視曰當由誰聞斯尊法乎以何方便之何國土歟師族名天人報曰尒正東行无念色痛想行識意絕衆願執心無違吾教汝觀明度无極聖典常悲曰諾終始戢之天人重曰精進存之忽然不現菩薩受教東行索之數日即止深自思曰吾宿薄祐君臣憒憒无知佛者除冥尊師去斯幾里精誠之至感上方佛来在其前諸天翼從歎菩薩曰善哉善哉尒世希有菩薩見佛且喜且悲稽首而言願佛哀我為吾說經佛告之曰三界皆空夫有必无万物若幻一生一滅猶若水波觀世皆然慎无忘也自是東行二万里有國名健陁越諸菩薩城也一國之內皆是上士无凡庸人欲為汝說菩薩之德刼數巳盡其德有餘菩薩名曰法来於彼諸聖猶

星中月懷諸經典反覆教人諸菩薩等受誦書讀是經原者必為尒師勸尒就之當為尒說常悲定寤左右顧視不復覩佛心悲流淚且玄諸佛靈耀從何所来而今逝焉（出度无極集第七卷）

善信東行為求半偈履泥不溺七

善信菩薩於无法之世尋求正法空中聲曰其此東方一万由旬彼有一國王名曰善住昔有如来出現於世久巳滅度像法衰微有一女人生自卑賤形皃醜陋人世所無而髣髴能識半句一偈示有所傳能往問疑有一淤泥縱廣万里踐者即沒乃至鳥飛不能過毫毛不能勝汝今困瘵手足斷裂云何而能更復前進我聞踊躍馳起東行至淤泥所分捨身命以軀自投本期陷沒我擲身時當身所觸出一小路潔白修直我踐其上无復衆難徑至彼國入善住城哀號自咎不覩世尊見此女人處於卑陋屋室穿穴人形凡鄙而我恭敬視如佛想瞻奉礼拜圍遶讚歎仰請女人以為大師願垂教示得遂深信女人荅

日諸佛妙法無量无邊我之所聞唯
一半偈若欲聞者今便說之
諸惡莫作　諸善奉行
我聞此語身心清涼諸根寂靜自然
調伏誦習在心思惟其義洞達斯旨
即獲神通飛還本國遍宣此偈以此
功德我於佛法得堅固信不可沮壞
衆魔啓伏一切歸化未有此信我常
在生死為衆生故開示此信令得奉
行（出菩薩決定要行第一卷）
一切世間現為師婦所愛違命致苦八
舍衛城北去城不遠村名薩那有一
貧窮婆羅門女名跋陁羅腹生一子
名一切世間現少失其父厥年十二
色力人相具足第一聰明辯慧微言
善說復有異村名頗羅訶私有一舊
住婆羅門師名摩尼跋陁羅善能通
達四眺陁經一切世間現從其受學
謙從恭敬盡心供養諸根純淑所受
必持師受王請留一切世間現守舍
而去婆羅門婦年少端正於世間現
深生染心忽忘儀愧前執其衣時世
間現白仁今便是我母如何而行非

法內懷愧悚捨衣遠避師婦欲盛泣
淚念之日忽見斷絕不隨我意必不
見從要斷汝命即以指爪自攫其體
行女人諂莊嚴其身以繩自縛足不
離地夫還見婦以刀截繩高聲大叫
而問何故婦荅是世間現強見陵逼
作如是事其夫思惟言世間現初生
之日一切剎利所有刀劍悉自拔出
利皆捲屈墜落于地時諸剎利咸大
恐怖其生之日有如此相當知是人
有大德力語世間現汝是惡人毀辱
所尊汝今非復真婆羅門當煞千人
可得除罪世間現稟性敬從尊重師
教即白師言嗚呼和上煞害千人非
我所應師即謂言汝是惡人不樂生
天作婆羅門耶荅言和上善哉奉命
即煞千人還礼師足師聞見已生希
有心汝大惡人故不死耶復作念言
今當令死而告之言煞一人一人取
一指煞千人已取指作鬘冠首而歸
然後得成婆羅門以是因緣名央掘
魔羅即白師言善哉和上受教即煞
千人尚少一耳　時央掘魔羅母念子

當飢自持四種美食送往與之子見
母已作是思惟當令我母得生天上
即便執劍前欲斷命去舍衛國十由
延少一丈於彼有樹名阿輸迦時佛
以一切智如為王来央掘魔羅既見
世尊執劍疾往作是念言我今復當
煞是沙門世尊示現避去央掘魔羅
而說偈言
住住大沙門　白淨王太子　我是央掘魔
今當稅一指
世尊說偈言
住住央掘魔　汝當住淨戒　我是等正覺
輸汝慧劍稅
時母見佛與央掘魔羅往反苦論子
心降伏縱身垂念故說偈云
久失寶藏今還得　塵翳壞眼今眼淨
哀哉我子心迷乱　常以人血自塗身
極利刀劍恒在手　多煞人衆成屍聚
當令此子隨我從　今敬稽首等正覺
多人見罵難聽聞　汝子如是切責我
（出央掘魔羅經第一卷）
燄光行吉祥願遇女人退習家業九
過去無數劫時有一學志名日燄光

處于林藪行吉祥願已四百二十万
歲修行無㝵入沙竭國有陶家女見
此學志姿貌姝好欲意隆崇即自投
之學志報言吾不樂欲女曰設不然
者吾將自賊燄光自念吾護禁戒今
若毀之非吉祥也離之七步乃發慈
哀毀犯禁戒墮地獄罪若不如是女
自殘賊寧令斯女以致安隱吾當安
忍地獄之痛燄光即還從女所欲退
習家業十有二年壽終之後生梵天
上佛言欲知尒時燄光學志豈異人
乎則吾身是陶家女者即瞿夷也出慧上菩薩經上卷

題耆羅那賴提者二人共爭令五日
闇冥十

昔有兩菩薩志清行淨内寂無欲表
如天金鑿石為室閑居靖志萎衣草
席食飲泉水清淨无為志若虛空四
禪備悉得五通智凡釋仙聖諸天龍
鬼神无不稽首處於山澤六十餘年
悲愍衆生敬奉三尊一名題耆羅二
名那賴題耆夜興誦經疲極卧出那
賴時亦誦經誤蹈題耆羅首題耆即
興而曰誰蹈吾首者明旦日出破尒
之首以為七分那賴曰誤蹈尒首呪
誓何重凡器之類尚有相觸豈況於
人共處終年而不誤失尒言當試明
旦日出吾首必破吾當制日不令得
出日遂不出五日之間舉國幽冥炬
燭相尋衆官不修君民惶惑悉會群
僚請諸道士王曰日之不出其咎安
在道士之中有五通者曰山中道士
兩有微諍制不令出王曰奈何荅曰
王率群僚民無巨細馳詣于彼稽首
和解彼必慈和王即有詔詣于山澤
叩頭曰國豈民寧二尊之潤而今不
和率土失所其咎在我黎民无過願
愍赦之那賴曰王勸喻曉彼意彼意
解者吾放日出王之題耆羅所宜那
賴言即曰念彼以泥塗首放日令出
泥首即破為七分那賴无為王臣黎
民靡不欣懌兩道士為王廣陳治國
當以四等无盡之慈勸民奉五戒戴
十善行王及臣民僉然受戒王還國
有詔曰人无尊卑帶五戒十善經以
為國正自斯之後王潤逮草木臣忠
且清佛告諸比丘那賴者吾身是題
耆羅者弥勒是出度無極集第七卷

樂法菩薩捨寶飾以易一偈十一

過去世時有一菩薩名曰樂法生長
王家所聞善言皆寫讀誦為求法故
遊諸國邑時有一人住深坑側語樂
法言来来我當相與佛所說偈菩薩
荅曰汝持與我是人又曰與我寶衣
摩尼瓔珞然後相與菩薩許之是人
貪心增長又言若能與我得聞佛偈
投此深坑能如是者當先立誓然後
為說王子荅言咄哉仁者汝欲令我
投此深坑為得何利是人荅言我无
所得但恐王令捨此寶物既曰聞得
便生悔心恃豪勢力而還奪我王子
荅言汝但說之我終不悔與汝寶物
亦投深坑是人聞誓為說佛偈菩薩
即與寶衣摩尼瓔珞又立誓言若我
誠心捨此無悔以是實語當令我令
從高墜下安隱平住無所傷損作是
誓已便自投身未到地頃四天王来
徐接置地曰佛所說偈甚深微妙有
大利益是人亦從高而下到菩薩所

作如是言王子希有能為難事欲求何法菩薩荅言我以是事當得佛道發四弘誓是人聞已便生信心語菩薩言還王寶衣珠瓔珞正是王宜荅言猶如棄吐豈可還食是人自言若不還取願受我悔後作佛時當見救濟樂法王子即舍利弗是也時說偈者即礼伽利（出濡首无上清淨分衛經上公 重撿未相應也）

為聞半偈捨身十二

善男子乃昔過去佛日未出我於尒時作婆羅門修菩薩行悉能通達外道經論修寂滅行具足威儀其心清淨不為外欲所能破壞滅瞋恚火受持常樂我淨之法周遍求索大乘經典乃至不聞方等名字住於雪山繫心坐禪經无量歲修難行苦行尒時釋提桓因自變其身作羅剎像形甚可畏下至雪山去其不遠而便立住是時羅剎心無所畏勇健難當辯才次第其聲清雅宣過去佛所說半偈

諸行無常　是生滅法

說已便住所現形貌甚可怖畏顧眄遍視觀於四方是苦行者聞是半偈

心生歡喜即便坐起以手舉髮四向顧視而作是語向所聞偈誰之所說尒時四顧不見餘人唯見羅剎即說是言誰開如是解脫之門誰能雷震諸佛音聲誰於生死眠睡之中而獨覺寤唱如是言誰能於此示導生死飢饉衆生无上道味无量衆生沉生死海誰能於中作大船師是諸衆生常為煩惱重病所纏誰能於中為作良醫說是半偈啓悟我心猶如半月漸開蓮華我於尒時復作是念將是羅剎說是偈耶覆生疑惑非其所說何以故是人形容甚可怖畏若有得聞是偈句者一切恐怖醜陋即除何有形貌如是能說此偈善男子我於尒時復作是念而此羅剎或能得見過去諸佛從諸佛聞說是半偈即至羅剎所言善哉大士汝於何處得是過去離怖畏者所說半偈即荅我言大婆羅門汝今不應問我是義何以故我不食来已經多日處處求索了不能得飢渴苦惱心乱謬語非我本心之所知也我時即復語羅剎言大

士若能為我說是偈竟我當終身為汝弟子汝所說者名字不終義亦不盡以何因緣不欲說耶夫財施者則有竭盡法施因緣不可盡也法施無盡多所利益羅剎荅言汝智太過但自憂身都不念我飢苦所逼實不能說我即問言汝所食者為是何物羅剎荅言汝不須問我若說者令多人怖我復語言此中獨處更无有人我不畏汝何故不說羅剎荅言我所食者唯人暖肉其所飲者唯人熱血世雖多人皆有福德兼為諸天之所守護而我無力不能得煞我復語言汝但具足說是半偈我當以身奉施供養我設命終如此之身无所復用當為虎狼鵄梟鵰鷲之所噉食而復不得一毫之福我為求佛捨不堅身以易堅身羅剎荅言誰當信汝為八字故棄所愛身我即荅言如有人施他人瓦器得七寶器我捨不堅身得金剛身大梵天王釋提桓因及四天王能證是事復有天眼諸菩薩等為欲利益無量衆生修行大乘具六度者

亦能證知乃至十方諸佛羅剎即説
生滅滅已 寂滅為樂
羅剎説言菩薩摩訶薩汝今已聞具足偈義汝之所願為悉滿足若必欲利諸衆生者時施我身我於尒時深思此義然後處處若石若壁若樹若道書寫此偈即便更繫所著衣裳恐於死後身體露現即上高樹自投樹下下未至地時虚空中出種種聲其聲乃至阿迦尼吒尒時羅剎還復釋形即於空中接取我身安置平地以是因緣便得超越足十二劫在弥勒前成阿耨多羅三藐三菩提 出大涅槃第十三卷

久修忍辱割截不憂十三

問曰菩薩身非木石云何衆生來割截之不生異心荅曰有人言菩薩久修羼提波羅蜜故能不愁惱如羼提仙人被截手足血皆為乳有人言菩薩無量世來深修大慈故雖有割截亦不愁憂譬如草木無有瞋心有人言菩薩深修般若波羅蜜轉身得般若波羅蜜果報空心故了了知空割截身時心亦不動如外物不動内亦

如是般若果報故於諸法中無所分別有人言是菩薩非生死身是出三界法性生身住無漏聖心果報中故身如木石而能慈念割截者是菩薩能生如是心故割截劫奪内外法時其心不動是為菩薩希有之法我以佛眼見十方如恒河沙等世界中菩薩入地獄中令火滅湯冷以三事教化衆生於無量阿僧祇劫深行慈心外物給施意猶不滿以身布施尒乃足滿如藥王菩薩外物珎寶供養於佛意猶不滿以身為燈尒乃足滿外物雖多不以為恩所以者何非所重故得其身時乃能驚感是故身施
出大智論第八十卷

賣身奉佛聽涅槃一偈割肉無瘡十四

我念過去於无量劫尒時世界名曰娑婆有佛出世号釋迦文為諸大衆説大涅槃經我於尒時從善友所聞當為法説我聞是已心懷歡喜欲設供養居貧无物周行賣身薄有微穫乃於路間見有一人吾欲自買但家作業人无堪者吾有惡病良醫處藥

應當日服人肉三兩卿若能以身肉三兩日日見給便當與汝金錢五枚我時聞已心大歡喜即復語言汝與我錢恵我七日須我事訖便還相就其人荅言七日不可審能尒者聽汝一日我於尒時即取其錢還至佛所頭面礼足盡以上佛然後誠心聽受是經我時闇鈍雖得聞經唯能受持一偈即便還至彼病人家我時雖復日日與肉以念偈故不以為痛足滿一月以是因緣其病得差我身平復亦無瘡瘢我時見身具足完全即發无上菩提之心一偈之力尚能如是何況具足受持讀誦我見此經有如是利復倍發心願後成佛字釋迦文
出大涅槃經第二十卷

為聽法華經大地震裂踊現空中十五

尒時如來説法華經諸餘菩薩請欲護持佛即止之云下方國菩薩无量無數因地震裂同時踊現住虚空中詣七寶塔多寶如來釋迦文佛向二世尊頭面作礼 出法華經第五卷

為王採花遇佛供養十六

昔者世尊遊羅閱祇時王使數十人常採好花一日之後大小貴人婇女俱出城外採花欲還入城遥見世尊相好威光巍巍無量猶星中月若日初出照于天下與弟子菩薩前後圍繞即往佛所稽首為礼心自念言人命難保佛世難遇經法難値今遭大聖猶病得醫我既貧賤加屬縣官鞅役之患恒不自從國王嚴急主給採花常以早進設失時節或能見誅聖衆難遇億世時有寧棄身命以華上佛并散聖衆因受經戒聽察深法無窮之慧我從無數劫為人所害不可稱載未曾為法而不惜命今供世尊三寶之業縱使見害不墮苦痛必生安處即自歸命一心重礼佛知其念發大道意甚慈愍之具為散講大樂之法六度無極四等四恩三脫菩薩諸採花人皆發道意心解佛慧至不退轉無所從生佛即授決後當得佛号曰妙華十号具足其邊人聞莫不怡悅啓受大法供養三寶時採花人還歸家中與家二親妻子辞別我命今盡為王見殺父母愕然問何罪咎諸子

具荅王大嚴急既違失時復无有華必見危命故辞別耳二親聞之益以愁慼當奈之何發篋視之滿中好華湏蔓雜香遠徹四面父母告曰可以進王諸子各白衆人見之必傳白王又復違時恐不得安時王大瞋見不時来復散衆花遣兵収取則受王教反縛入宫罪當棄市諸人不恐面色不變王怪問之汝等罪過命在不測縛来當煞何故不懅面色不改即白王曰人生有死物成有敗我從无數劫每以非法不惜身命今朝採花值遇世尊以花供上稽首歸命知違勑當死寧以有德而死不以無德而存還視花篋續滿如故皆是如来恩仁所覆王以問佛佛示言然王曰此人至心欲度十方不惜身命故取衆花以散上佛意无想報已得受決将来成佛号曰妙花王大歡喜疾解衆縛悔過自責愚意不及繫縛菩薩佛言善哉善哉能自改者與無過同出採花違王上佛授決号妙花經

持戒發願防之十七

善男子菩薩受持禁戒夫作是願寧以此身投於火坑終不毀犯三世佛制與諸女人而行不淨寧以熱鐵纒身終不敢以破戒之身而受信心檀越衣服寧以此口呑熱鐵丸終不敢以毀戒之口而食信心檀越飲食寧卧大熱鐵上終不敢以破戒之身受信心檀越床卧鋪具寧以此身受三百鉾終不敢以毀戒之身而受信心檀越醫藥寧以此身投熱鐵鑊終不敢以破戒之身受信心檀越房舍屋宅寧以鐵椎打破此身從頭至足令如微塵不以破戒之身受諸刹利婆羅門居士恭敬礼拜寧以熱鐵挑其兩目不以染心視他好色寧以鐵錐周遍刺身不以染心聽好音聲寧以利刀割去其鼻不以染心貪齅諸香寧以利刀割裂其舌不以染心貪著美味寧以利斧斬斫其身不以染心貪著諸觸何以故以是因緣能令行者墮於地獄畜生餓鬼迦葉是名菩薩摩訶薩護持禁戒悉以施與一切衆生以是因緣願令衆生護持諸禁

得清淨戒

善男子菩薩修是戒時即得住於初不動地如須弥山隨藍猛風不能令動菩薩住是地中不為色聲香味所動不墮地獄畜生餓鬼不退聲聞辟支佛地不為異見邪風所散 出大涅槃經第十一卷

初發心便勝二乘十八

發心菩薩有二種一者行諸波羅蜜二者但空發心行菩薩道者雖事未成能勝一切如歌羅頻伽鳥雖在卵中亦能發聲已勝諸鳥如一六通羅漢將一沙弥令負衣鉢沙弥念言當以佛乘入於涅槃師知其念即取衣鉢自擔推沙弥在前沙弥覆復思惟佛道甚難久住生死受无量苦且以小乘早入涅槃師復以衣鉢囊還與沙弥令擔語在後行如是至三沙弥白師師年耆耄狀如小兒師即答言汝初發心作佛是心貴重位是我師諸辟支佛尚應供養何況羅漢是故推汝在前汝心還悔欲取小乘而未便得去我懸遠是故令汝在後沙弥鶩悟即住大乘 出大智度論第七十八卷

三小兒施佛二發小心一發大心十九

過去無數劫有佛号一切度與其眷屬俱行分衛有三尊者子嚴服共戲見佛及諸菩薩光明巍巍手相指示而吾等當共供養二兒答言既無花香當用何物其一兒脫頭上白珠以著手中便謂二兒可以供佛二兒効之解頭上白珠著其手中即至佛所一兒復問二兒持是功德以何求索其一兒言願如佛右面尊比丘其一兒言願如左面神足比丘共問一兒報言我欲如佛八千天子皆言善哉若如所言天上天下一切蒙恩是三小兒已到佛前各以白珠而散佛上二兒發聲聞意者珠在佛肩上其一兒發菩提心者珠在佛頭上化為珠花交露之帳其中有佛佛告舍利弗中央兒者則我身是右面之兒舍利弗是左面之兒目連是舍利弗汝等本畏生死故不發菩薩心欲疾泥洹觀此一兒發阿耨多羅三藐三菩提心者 出阿闍世王經卷上

幼年為鬼欲所迷二十

昔者菩薩時為凡人年始十六志學弘深達衆經典喟然歎曰唯有佛經最真最妙吾當懷其真履其自安矣親欲為納妻悵然而曰妖禍之盛莫大乎色若妖蠱一臻道德喪失吾不遁邁將為狼吞乎於是遂之異國力賃自供時有田翁老而無嗣草行獲一女焉顏華絕國欣育為嗣採男為偶一國無可翁者焉曰童子吾居有足以女妻汝為吾嗣矣女有神德惑菩薩心納之無幾即自覺曰吾覩諸佛明化以色為火人為飛蛾蛾貪火色身見燒賁斯翁以色火燒吾躬財餌鉤吾口家穢喪吾德矣夜默遁邁行百餘里依空亭宿亭人曰子何人乎曰吾欲寄宿耳入覩牀蓐先自有婦人焉顏似已妻惑菩薩心與之共居復積五年明心覺焉曰婬為蠕蟲殘危身命默而疾邁又覩婦人與居十年又明覺曰吾殃重矣犇而不免深自誓曰終不寄宿又復遁逃遙覩大星避之草行守門者曰何人夜行答曰趣前聚落又曰有禁內人呼前

所覩如上婦曰自無數劫誓爲室家 經律異相第八卷 第十一張 仙
今走安之菩薩念曰欲根難拔乃如
之手即興四非常之念滅三界諸藏
何但餘垢而不弥乎鬼妻即滅便觀
諸佛處其前立說無想之定授沙門
戒爲無勝師菩薩普度無極出度無極集第八卷

經律異相卷第八

癸卯歲高麗國分司大藏都監奉
勑彫造

經律異相卷第八

校勘記

一　底本，麗藏本。
一　八一六頁上一行「部第一」，徑、清作「部第八」。
一　八一六頁上三行至末行目錄，徑無。
一　八一六頁上八行「示道」，資、磧、普、南、清作「示導」。
一　八一六頁上一一行「焱光」，資、磧、普、南、清作「焰光」。
一　八一六頁上一二行「賴提者二人」，清作「賴提者」。
一　八一六頁上一三行「樂法」，清作「樂法菩薩」。
一　八一六頁上一七行「空中現」，資、磧、普、南、清作「現空中」。
一　八一六頁上二〇行第四字「勝」，清作「便勝」。
一　八一六頁上二二行第四字「鬼」，清作「鬼欲」。
一　八一六頁中一行第五字「爲」，諸本(不含石，下同)作「爲欲」。又末字「一」，徑、清作「第一」。
一　八一六頁中二行「薩陁波崙菩薩」下，諸本有「梁言常啼泣以求法即以成名」十二字。
一　八一六頁中四行「有言」，諸本作「有聲」。
一　八一六頁中五行「處處」，諸本作「何處」。
一　八一六頁中一二行第二字「從」，資無。
一　八一六頁中二一行「豈念」，諸本作「愛念」。
一　八一六頁下二行「人血」，資作「血」。
一　八一六頁下五行「閣上」，諸本作「門樓上」。
一　八一六頁下一〇行首字「道」下，諸本有「爲無上道」四字。
一　八一六頁下一三行「汝有何須」，諸本作「汝若有所須」。
一　八一六頁下一四行「善根」，諸本

作「諸善根」。

一　八一七頁上一行「塵土」，諸本作「塵埃」。又「來依」，資作「來坌依」。又夾註「出大品經第三十卷」，諸本作「出大品第三十七卷」。

一　八一七頁上二行「今身」，徑、清作「今生」。又末字「二」，徑、清作「第二」。

一　八一七頁中七行第八字「住」，諸本無。

一　八一七頁中一五行「欲得」，諸本作「欲求」。

一　八一七頁中一六行「能燃」，諸本作「能燒」。

一　八一七頁中二〇行末字「三」，徑、清作「第三」。

一　八一七頁下七行「父爲見」，諸本作「汝父爲現」。

一　八一八頁上五行第三字「得」，徑無。又「婆羅樹王」，資、磧、普、南、清作「娑羅樹王」；徑作「娑婆羅樹王」。

一　八一八頁上一四行末字「四」，徑、清作「第四」。

一　八一八頁上一八行「從時」，諸本作「隨時」。

一　八一八頁上末行第七字「尒」，諸本作「爾時」。

一　八一八頁中二行「菩薩曰」，諸本作「菩薩念曰」。

一　八一八頁中五行第九字「曰」，諸本無。

一　八一八頁中七行「无量」，諸本作「無量無邊」。

一　八一八頁中八行「恚言」，諸本作「恚言曰」。

一　八一八頁中一一行「乎彼」，磧、普、南、徑、清作「于彼」。

一　八一八頁中一八行第一二字「時」，諸本作「睹」。

一　八一八頁下三行末字「五」，徑、清作「第五」。

一　八一八頁下一六行「樂法」，諸本作「樂往」。

一　八一八頁下末行「菩薩也」，磧作「菩薩現」。

一　八一九頁上四行「神通力」，諸本作「神通道力」。

一　八一九頁上一四行夾註左「第十七卷」下，諸本有「無言經大同小異」七字。

一　八一九頁上一五行「示道六」，資、磧、普、南作「示導六」；徑、清作「示導第六」。

一　八一九頁上二〇行第九字「有」，諸本無。

一　八一九頁上二一行「經法」，諸本作「法滅」。

一　八一九頁中一行「推心」，磧、普、南、徑、清作「摧心」。

一　八一九頁中一六行首字「世」，徑作「時」。

一　八一九頁中二〇行末字至次行首字「菩薩」，資無。

一　八一九頁下五行夾註左「七卷」，諸本作「七卷中」。

一　八一九頁下六行末字「七」，徑、清作「第七」。

一　八一九頁下一三行「踐者」，磧、南、徑、清作「踐形」。

一　八一九頁下一六行「馳起」，諸本作「馳走」。

一　八一九頁下一七行第七字「没」，資作「投」。

一　八一九頁下一九行第四字「徑」，諸本作「經」。

一　八二〇頁上四行「清涼」，諸本作「清淨」。

一　八二〇頁上六行「此偈」，磧作「此種」。

一　八二〇頁上一一行末字「八」，徑、清作「第八」。

一　八二〇頁上末行第三字「白」，諸本作「曰」。

一　八二〇頁中三行「自攫」，資作「自擭」。

一　八二〇頁中四行「自絓」，南、徑、清作「自縊」。

一　八二〇頁中一八行「念言」，諸本作「是念言」。

一　八二〇頁中一九行「一人一人」，諸本作「一一人人」。

一　八二〇頁下一一行「世尊説偈言」，諸本作「爾時世尊以偈答曰」。

一　八二〇頁下一六行「眼淨」，諸本作「明淨」。

一　八二〇頁下一九行「我從」，諸本作「從我」。

一　八二〇頁下二一行夾註左首字「經」，諸本無。

一　八二〇頁下二二行「焰光」，諸本作「焰光」，下同。又「女人」，徑、清作「於女人」。又末字「九」，徑、清作「第九」。

一　八二一頁上五行「自賊」，諸本作「自殘」。

一　八二一頁上一四行「賴提者」，磧、普、南、徑、清作「賴提耆」。

一　八二一頁上一五行末字「十」，徑、清作「第十」。

一　八二一頁上一七行「鋻石」，諸本作「鑿石」。

一　八二一頁上一九行「凡釋」，資、磧、普、南、徑作「梵釋」。

一　八二一頁上二〇行「神无」，諸本作「靡」。

一　八二一頁上末行第一二、一三字「題者」，諸本作「題者羅」。

一　八二一頁中一行首字「興」，資、磧、普、徑作「興言」。

一　八二一頁中三行「凡器」，諸本作「瓦器」。

一　八二一頁中四行「常試」，諸本作「常誠」。

一　八二一頁中一五行第八字「勸」，諸本作「勤」。

一　八二一頁中一七行第二字「言」，資作「首」。又第五字「念」，諸本作「令」。

一　八二一頁中二〇行末字「戴」，諸

本作「截」。

一八二一頁下三行「寶飾」，徑作「諸寶飾」。又「十一」，徑、清作「第十一」。

一八二一頁下七行「來來」，資作「王未來」；磧、普、南、徑、清作「王來」。

一八二一頁下一四行「日聞得」，諸本作「因得聞」。

一八二一頁下一六行「與汝寶物」，諸本作「施汝寶物者」。

一八二一頁下一九行「我今」，資無。

一八二二頁上四行第七字「珠」，諸本作「珍珠」。

一八二二頁上七行首字「濟」，諸本作「度」。又第五字「子」，諸本作「子者」。

一八二二頁上八行「礼伽利」，諸本作「和伽利是」。又夾註左「上分重檢未相應也」，諸本作「上卷重檢未相應」。

一八二二頁上九行「十二」，徑、清作「第十二」。

一八二二頁中一行「即便」，諸本作「即從」。

一八二二頁中四行「雷震」，資作「震吼」。

一八二二頁中五行「眠睡」，諸本作「睡眠」。

一八二二頁中六行「生死」，資作「生死誰開門施」。

一八二二頁中一二行「覆生疑惑非其所說」，資作「覆生疑惑或非其所說」；磧、普、南、徑、清作「覆復生疑或非其說」。

一八二二頁下六行「所逼」，諸本作「所切」。

一八二二頁下一九行末字「他」，諸本無。

一八二三頁上九行「出種種聲」，諸本作「種種出聲」。

一八二三頁上一三行夾註右「大涅膘」，資作「大涅槃經」；磧、普、南、徑、清作「涅槃經」。

一八二三頁上一四行「十三」，徑、清作「第十三」。

一八二三頁中一六行「十四」，徑、清作「第十四」。

一八二三頁中二〇行「法說」，諸本作「說法」。

一八二三頁中二二行「自買」，諸本作「買人」。

一八二三頁下一六行夾註右「大涅膘經」，諸本作「涅槃經」。

一八二三頁下一七行「十五」，徑、清作「第十五」。

一八二三頁下末行「十六」，徑、清作「第十六」。

一八二四頁上一四行「之業」，諸本作「之華」。

一八二四頁上一六行「散講」，諸本作「敷講」。

一八二四頁上一七行「菩薩」，諸本作「菩提」。

一八二四頁中五行第六字「白」，諸本作「曰」。

一八二四頁中九行「王恠問之」，諸

本作「王怡問之」。

一 八二四頁中一二行「今朝」，諸本作「朝早」。又末字「值」，磧、普、南、徑、清作「道」。

一 八二四頁中一六行第四字「以」，資無。又第八字「示」，諸本作「亦」。

一 八二四頁中一八行「受決」，徑作「授決」。

一 八二四頁中二二行夾註左第三字「號」，諸本無。

一 八二四頁中末行「十七」，徑、清作「第十七」。

一 八二四頁下一行「夫作」，磧、普、南、徑、清作「先作」。

一 八二四頁下六行第六字「而」，諸本無。

一 八二四頁下八行「鋪具」，諸本作「敷具」。

一 八二四頁下一二行「打破」，磧、普、南、徑、清作「打碎」。

一 八二四頁下一五行「染心」，資、磧、普作「深心」。

一 八二五頁上六行夾註右「大涅槃經」，諸本作「涅槃經」。

一 八二五頁上七行「十八」，徑、清作「第十八」。

一 八二五頁上一一行「亦能」，諸本作「未能」。

一 八二五頁上一四行「覆復」，資作「覆後」。

一 八二五頁上一六行第一〇字「衣」，諸本無。

一 八二五頁上末行夾註右「大智度論」，諸本作「大智論」。

一 八二五頁中一行「十九」，徑、清作「第十九」。

一 八二五頁中四行「手相」，諸本作「互相」。

一 八二五頁中六行「何物」，諸本作「何等物」。

一 八二五頁中七行「可以」，諸本作「是可以」。

一 八二五頁中八行第二字「解」，諸本作「亦解」。

一 八二五頁中一〇行第七字「佛」，資無。

一 八二五頁中二二行夾註左「卷上」，諸本作「上卷」。

一 八二五頁中末行「二十」，徑、清作「第二十」。

一 八二五頁下三行「寂妙」，磧作「寂如」。

一 八二五頁下五行「喪失」，諸本作「喪矣」。

一 八二五頁下九行「無可翁者焉」，諸本作「無可翁者菩薩賃積五年觀其操行自徵至著中心嘉焉」。

一 八二五頁下一四行第六字「瘢」，諸本作「穢」；次頁上三行末字同。又第一三字「道」，諸本作「遁」。

一 八二五頁下一八行「蠣虫」，諸本作「蠆蟲」。

經律異相卷第九　外化菩薩部第二　仙

梁沙門僧旻寶唱等集

文殊變金光首女令成醜壞一

上金光首與長者子畏聞俱在遊觀園散花燒香莊嚴伎樂時彼女人觀長者子意以為足文殊師利（普法去濡首）化此女身應時終亡顏色變惡眼耳鼻口膿血流出身體瘁爛不可復視青蠅飛来周匝共食時長者子見此女

身變壞如是怖懅不安欲求自歸濟脫是患當從何所而免斯苦時文殊師利童真威神令園樹木自然出讚時長者子聞樹讚頌歡喜踊躍善心即生以衣裓盛女人死屍棄藥樹間而捨之去於是世尊欲以開化彼長者子從身放光其明普照摩竭國界長者子見如来威神巍巍心生歡喜其天帝釋則在前立見長者子而歎之曰年少善緣獲得福利乃能見佛時彼年少聞此勸讚即與天帝俱詣佛所帝釋天意華用與年少言可取此華散如来上散已稽首佛足前住白言今自歸佛及法聖衆有放逸女上金光首實與戲樂詣遊觀園則於今日顏貌變惡即時壽終捨諸一切宗室眷屬發大恐懼將无國王推問之耶佛言且止時上金光首見長者子以蒙開化隨從律教即與伎樂往詣佛所稽首佛足退住一面時文殊師利謂長者子日為識此姊不荅云已知之矣又問云何知乎於是長者子報文殊師利而說頌曰色者如聚

沫痛痒泡起頃幻想如野馬吾曉知如是佛告阿難文殊師利乃往古世勸化此女使發道意吾本前世而勸化之使發道意上金光首過九十二百千劫當得作佛号寶光明長者子當為菩薩名德光耀其復作佛未滅度時授德光耀菩薩之决乃般泥洹号曰持燄（出大淨法門經）

文殊現身諸剎取鉢弘教二

有二百天子發菩薩心而未堅固皆欲墮落各自念言佛法難得我等今定不學菩薩不如取羅漢辟支佛而般泥洹佛知是人可成菩薩而意中退佛便化作一迦羅越持百味飯滿鉢到佛前而便作礼以鉢上佛佛即受鉢文殊師利白言世尊當故報恩舍利弗疑即便問佛佛即以鉢捨地其鉢便下沒過諸剎直過七十二恒沙等剎土名日漚呵沙其佛号日光明王今現在世其鉢於彼佛剎住止空中亦無持者鉢所過諸佛剎其佛侍者皆問於佛佛荅上方有佛号釋迦文鉢從彼来救護墮退菩薩意耳

佛語舍利弗行求鉢来舍利弗即承佛威神自以慧力以万三昧過万佛剎都不見鉢從三昧起還白佛言求之不見復遣目連亦復不見須菩提等五百尊者悉不能見弥勒菩薩又不能見令文殊師利求鉢文殊師利不起于坐即入三昧以其右手指地下行過諸佛剎莫不聞知所過剎土皆為震動凡諸剎土皆見文殊過七十二恒河沙其辟上毛一一毛間有億百千光明億百千蓮華一蓮華上有坐菩薩悉歎釋迦文佛功德聲聞菩薩及以佛土時釋迦文放足下光明照下方過七十二恒河沙等剎見其光明悉得摩忚恆三昧文殊師利以右手取鉢與無央數菩薩俱来鉢在手中作礼授鉢佛謂舍利弗今為汝說過去劫事往昔有佛号勇莫能勝有比丘僧名曰慧王持鉢入惟致國中分衞得百味飯尒時有尊者子名離垢王為乳母所抱在城門上其兒遥見比丘而從抱下便往趣之求其飲食比丘即以蜜餅授之其兒則食

經律異相第九卷　第四張　仙

知味甘美隨比丘行不顧乳母便隨至勇莫能勝佛所為佛作礼而坐一面比丘以所持鉢食與是小兒令其上佛兒便授佛佛食隨滿以是遍八万四千比丘及菩薩万二千人各各皆飽其兒所持食猶无减損佛以威神令兒歡喜因從比丘受五戒法發菩提心兒父母求子為佛作礼子白父言我今已得入菩薩法願作沙門父母即聽吾等亦為發心從汝佛言慧王比丘文殊師利是其時兒者我身是也如我身等不可稱數阿僧祇剎土諸佛悉為文殊師利之所發動我等悉蒙文殊師利之恩其二百天子即時自念釋迦文佛為文殊師利之所發意自致成佛我等何為懈怠用是念故其心則堅（出阿闍世王經上卷）

普賢擁護五種法師三

普賢菩薩以自在神通威德名聞與大菩薩不可稱數從東方来所經諸國普皆震動雨寶蓮華作衆伎樂又與无數八部鬼神等大衆圍遶礼釋迦牟尼佛白佛言我於寶威德上王

經律異相第九卷　第五張　仙

佛國遥聞此娑婆世界說法華經共来聽受唯願世尊當為說之佛告普賢若有善男子女人成就四法於如来滅後當得是法華經普賢菩薩言若有行立懃誦此經思惟此經若人於此經有所忘失一句一偈大菩薩衆俱詣其所而自現身供養守護安慰其心亦為供養法華經故還令通利見者歡喜轉復精進以見我故即得三昧及陁羅尼若後惡世中四衆来求索者受持者讀誦者書寫者欲修習是法華經於三七日中應一心精進滿三七日亦當現其人前而為說法（出妙法蓮華經第七卷）

淨精進化功德財久忍衆苦四

過去劫時佛号廣光明（出菩薩行經亦離垢光）國王之子名財功德（菩薩行經亦業首）時年十六自恃端政而生憍慢初不向佛恭敬礼拜佛即行籌誰能教化八万四千菩薩无受籌者有一菩薩名淨精進言我能即時六千六反震動便往王門立王子見之惡言誹毀以土坌面刀杖瓦石而加其身菩薩尒時不瞋

經律異相第九卷　第六張　仙

不去心不疲厭經一千年受如是苦過二万歲乃得至彼第二門下八万四千年七日未滿方得至其第七門下尒時王子見是菩薩便作是言道士今來何所求索即於菩薩生不思議心云何是人終經尒時多受衆苦而心不厭尒時菩薩知王子心已自調伏即便說偈令住詣佛尒時王子即捨王位在佛法中出家聽法如法而住得无生忍尒時淨精進者我身是也財功德者即弥勒是（出大集經第二十六卷又出調伏王子道心經菩薩行經大同）

樹提摩納手出龍象五

樹提摩納在寶藏佛前右膝著地長跪叉手前白佛言世尊我今發无上菩提心成就善根於三乘法若我所願得已利者令我兩手自然而出白色龍象佛神力故其兩手中即出龍象其色純白七處到地見是事已告言龍象汝等今者可昇虛空去此不遠遍雨此界八德香水覺悟此界一切衆生若有衆生得過一渧聞其香氣悉斷五蓋所謂婬欲瞋恚睡眠掉

戲疑是時龍象在虛空中周遊遠疾猶如力士善射放箭是二龍象所作諸事悉成就已復還來至摩納前住時樹提見之心大歡喜（出樹提摩納菩提授記經）

普施求珠降伏海神以濟窮乏六

普者菩薩從四姓生墮地即曰衆生万禍吾當濟之无明無法吾當除其盲聾令之聞見衆聖明範九親驚曰未聞孩幼而能言斯將非天龍鬼神之靈乎當卜之焉荅曰吾為上聖之所化懷普明之智非彼衆妖慎无疑矣言畢即默親曰兒有乾坤弘潤之志將非凡夫乎名曰普施年至十歲備諳典籍流俗衆術靡不貫綜辭親濟衆布施貧乏親曰吾有家富之上名也尒可恣意對曰不足乞作沙門乘類法服應器錫杖以斯濟衆父母聽之周旋教化經一大國國有豪姓亦明衆書覩其儀容普施心性恬怕淨若天金有上聖之表將為世雄謂普施曰吾有陋女願給箕帚荅曰大善須吾還也即附載度海上岸入山到无人處遥覩銀城宮有毒虵繞城

七匝體大百圍舉首相看普施念曰斯有害心吾當興慈虵毒即滅垂首而眠登首入城城中天神覩之欣豫曰久服聖德今來翔茲誠吾心願留三旬普施以事委付近臣身受供饌時供養畢以明月真珠一枚送之珠明四万里志願若發衆寶滿足若後得佛願為弟子普施曰可即復前行覩黃金城毒虵圍城十有四匝巨軀倍前舉首數丈普施復入慈定虵即垂首登之入城中有天人相見歡喜曰久服靈耀翔茲甚善願留百八十日吾所供養過是辭退天人復以神珠一枚送之明耀二十万里志之所願衆寶滿中若子得道願為弟子神足无上即復前進覩琉璃城又有毒虵軀以繞城二十一匝仰首瞋目當彼城門復生慈定揞濟衆生毒歇垂首登之入城天人欣喜如前請留三時願供所志期竟辭退又送神珠明耀百六十万里珠之所在衆寶尋從滿其明內在志所欲无求不獲子得正覺願為弟子有家明之智日必獲

經律異相第九卷　第十張　仙

尒願普施得珠反其舊居海諸神僉
會議曰吾等巨海唯斯三珠為吾榮
華道士悉得吾等寧當都亡諸寶不
失斯珠海神化為凡人當普施前曰
吾聞仁者獲世上寶可得覩乎即以
示之神摶手奪取普施曰吾歷險跨
海乃獲斯寶欲濟困乏反為斯神所
見奪乎曰尒還吾珠不者吾竭尒海
神曰巨海深廣孰能盡之天勸作風
普施曰吾於錠光佛前願得道力反
覆衆海指擢須弥震天地移諸剎佛
從吾志吾今得之矣今尒鬼物綠賤
之力焉能過吾正真之勢乎即併兩
足摽渫海水投鐵圍外遍淨天曰吾
昔於錠光佛前聞其志願必為世尊
度吾等衆生即下助其渫水十分去八
海神怖曰斯水盡矣吾居壞也即還
其珠尋路布施所過之國无復貧民處
處諸王无不歐操以五戒十善為國
政法開獄大赦潤逮衆生遂至得佛
普施我身是父者即白淨王是母者
即吾母舍妙是時道士女今裘夷是
時銀城中天者今阿難是金城天者

經律異相第九卷　第十一張　仙

目連是琉璃城天者舍利弗是出度无極集第一卷又出賢愚經
重勝王與女人一處為阿難所識七
阿難白佛憶念我昔入舍衛城見重
勝王菩薩與女人同床我謂犯織心
用惟慮得无異人學梵行者於如来
敎將无造見聞想念發斯語時三千
大千世界六反振動時重勝王菩薩
即自踊身住於空中去地四丈九尺
報阿難曰犯禁織者寧能踊身止虛
空乎在如来前阿難投身即自悔過
如何偏見求大龍短佛告阿難彼女
人者乃往過去世為重勝王百生之
偶宿情未拔貪重勝顏口發擠言重
勝王若與我願得遂所娛當從其教
時重勝王心知其念晨朝正服入之
其室即時頌曰
我愚悖於欲　諸佛所不歎　能蠲恩愛者
得佛人中上
時女喜躍即從坐起自投于地歸命
自責伏罪悔過為重勝王而歎頌曰
吾已離諸欲　世尊之所歎　節止恩愛者
願佛无上道　前心之所想　今自首悔過

經律異相第九卷　第十二張　仙

傷愍諸群生　究竟發道意
尒時重勝王授彼女訣轉此女身後
九十九劫當得作佛号離无數百千
所受如来出慧上菩薩經上卷
大薩他婆渡海船壞煞身濟衆八
釋迦牟尼佛為菩薩時名大薩他婆
當渡大海惡風壞船語衆賈人捉我
頭髮手足當渡汝等人人捉已以刀
自煞大海水法不停死屍即時疾風
吹至岸邊出大智論第四卷
菩薩端坐山中鳥巢頂上子未能飛
不捨去九
菩薩在山慈心端坐思惟不動鳥巢
頂上覺鳥在頂懼卵墜落身不移搖
捨身而行彼處不動及鳥生翅但未
能飛終不捨去如是自知便說此偈
若能辦此事　於天人中天　能不觸嬈彼
此德无有上　是故彼世尊　寂為第一神
故在道場處　功德皆備具出僧伽羅剎經上卷
入海採珠以濟貧苦十
吾從无數劫以來精進求道初無懈
息自致得佛超越九劫出弥勒前我
念過去時國人貧窮生怜愍心乃欲

入海求如意珠衆人大會望風舉帆詣海龍王從求頭上如意之珠龍王聞其欲濟窮士即以珠與時諸賈客各各採寶悉皆具足乘舩來還海中諸龍及諸神鬼悉共議言此如意珠海中上寶非世俗人所當獲者去何損海益閻浮利誠可惜之當作方計還奪其珠不可失之時諸龍鬼晝夜圍遶欲奪其珠導師德尊如意珠力不能奪之度海既畢菩薩踊躍住於海邊低頭下手呪願海神以珠繫頸時海龍神因緣得便使珠墮海導師感激吾行入海乘舩涉難懃苦无量乃得此寶當救衆乏於今海神反令墮海勅邊侍人捉持器來吾卷海水令至底泥不得珠者終不休懈即便卷水不惜壽命水自然趣悉入器中諸海龍神見之懷懼此人威勢精進之力誠非世有水不久竭即持珠來辞謝還之吾等即介相試不畐精進力勢如是天上天下无能勝君導師獲寶賷還國中使雨七寶以供天下莫不安隱時導師者則我身是出生經第一卷

坐海以救估客十一

昔者菩薩與五百商人入海採寶入海數月獲寶重載將旋本土道逢飄風雷電振地水神雲集四周若城眼中出火波涌灌山衆人啼曰吾等死矣恐怖易色仰天求哀菩薩愴然心生計曰吾之求佛但為衆生耳海神所惡死屍為其危命濟衆斯乃開士之尚業矣吾不以身血注海惡海神之意者舩人終不被于岸謂衆人曰介等屬手相持并援吾身衆人承命菩薩即引刀自害海神德焉漂舟上岸衆人普濟舩人抱屍號哭曰斯必菩薩非凡之徒也躃踊呼天寧令吾等命殞于茲无喪上德之士矣其言真誠上感諸天天帝釋覩菩薩之弘慈帝釋下曰斯至德菩薩將為聖雄令自活之以天神藥灌其口中并通塗屍菩薩即蘇忽起坐與衆相勞帝釋以名寶滿其舟中千倍于前即還本土九親相見靡不歡悅賙窮濟乏惠逮衆生顯宣佛經開化愚冥其國王服菩薩德詣稟清化君仁臣忠率土持戒家有孝子國豊毒歇黎庶歡欣終生天上長離衆苦菩薩累劫精進不休遂至得佛然身濟衆者吾身是也天帝釋者弥勒是也五百商人者今坐中五百應真是也出然身濟賈人經 又出度无極集

從地踊出現長舌相十二

時千世界微塵等菩薩摩訶薩從地踊出一心合掌仰瞻尊顏而白佛言我等於佛滅後世尊分身所在國土滅度之處當廣說此經我等亦自欲得是真淨大法受持讀誦解說書寫而供養之介時世尊於文殊師利等無量百千万億舊住娑婆世界菩薩及諸聲聞人非人等一切衆前出廣長舌上至梵世一切毛孔放无量色光皆悉遍照十方世界衆寶樹下師子坐上諸佛亦復如是出法華經第六卷

牧牛小兒善說般若義弘廣大乘十三

昔有比丘精進持戒初不毀犯住在精舍所可諷誦是般若波羅蜜有聞此比丘音聲莫不歡喜有一小兒始年七歲城外牧牛遥聞比丘誦說經聲尋聲詣寺聽聞即解兒大歡喜便

問比丘荅不可意小兒反說其義甚妙昔所希聞比丘聞之歎此小兒乃有智慧非是凡人時兒即去還至牛所所牧牛犢散走入山兒尋其迹值虎被害生長者家第一夫人作子夫人懷妊口便能說般若波羅蜜從朝至暮初不應息其長者家素不奉法恠此夫人謂口妄語謂呼鬼病卜問譴祟无能知者家中内外皆悉憂惶是時比丘入城分衛詣長者門遥聞經聲心甚喜悅即問長者内中誰說深經音聲微妙長者報言婦得鬼病晝夜妄語口初不息比丘報言此非鬼病但說深經甚有義理疑此夫人所懷妊兒是佛弟子長者意解即留比丘與作飲食日月滿足乃產一男又無惡露其兒適生叉手長跪說般若波羅蜜夫人產已還復如本如夢寤已了无所識長者集僧覩兒說經初无質礙是時衆僧各各一心觀此小兒長者問言此為何等比丘荅曰真佛弟子慎莫驚疑好養育之此兒後大當為一切衆人作師吾等悉當

從其啓受至七歲悉知微妙與衆超絕智慶无極諸比丘等皆從受學經中誤脫有所短少皆為刪定足其所乏兒每出入有所至止輙開化人使發大乘長者家室内外大小五百人衆皆從兒學發大乘意悉行佛事兒所教授城郭市里凡諸開發无上道意者八万四千承受弟子者五百人諸比丘聞之意解志求大乘皆得法眼淨佛告阿難是時小兒者吾身是也時比丘者迦葉佛是也（出小兒聞法即解經）

經律異相卷第九

癸卯歲高麗國大藏都監奉
勅彫造

經律異相卷第九

校勘記

一 底本，麗藏本。

一 八三一頁上一行「部第二」，[徑]、[清]作「部第九」。

一 八三一頁上三行至一五行目録，[徑]無。

一 八三一頁上六行「功德財」，[磧]、[普]、[南]、[清]作「財功德」。八三二頁下一五行[磧]、[普]、[南]、[徑]、[清]同。

一 八三一頁上一一行「端坐」，[清]作「菩薩端坐」。又第六字「孺」[資]、[磧]、[普]、[南]、[清]作「孺」。

一 八三一頁上一四行「從地踊出」，[磧]作「從池涌出」；[普]、[南]、[清]作「從地涌出」。

一 八三一頁上一六行末字「一」，[徑]、[清]作「第一」。

一 八三一頁上一七行「畏聞」，諸本(不含[石]，下同)作「畏間」。

一 八三一頁上一九行夾註「舊法云

濡首」，諸本作「舊經云軟首」。

一　八三一頁上二一行「痒爛」，資、磧、普、南作「膧爛」；徑、清作「胮爛」。

一　八三一頁中一行「怖懅」，諸本作「怖懼」。

一　八三一頁中四行「善心」，諸本作「善意」。

一　八三一頁中末行第一一字至本頁下二行第二字「色……是」，諸本作五言頌語。

一　八三一頁下一行「幻想」，磧、南、徑、清作「幻相」。

一　八三一頁下六行「其復」，諸本作「其後」。

一　八三一頁下八行夾註「大淨法門經」，諸本作「大淨法門品經」。

一　八三一頁下九行末字「二」，徑、清作「第二」。

一　八三一頁下一九行「漚呵沙」，資作「漚阿沙」。

一　八三一頁下二二行「佛答」，諸本作「佛答言」。

一　八三二頁上一三行「佛土」，諸本作「刹土」。

一　八三二頁中三行「以所」，諸本作「所以」。

一　八三二頁中一七行夾註「阿闍世王經」，資、磧、普作「阿闍世王經」。

一　八三二頁中一八行末字「三」，徑、清作「第三」。

一　八三二頁下五行「懃誦」，諸本作「讀誦」。

一　八三二頁下一四行夾註「妙法蓮華經」，諸本作「法華經」。

一　八三二頁下一五行末字「四」，徑、清作「第四」。

一　八三二頁下一八行「而生」，諸本作作「自生」。

一　八三三頁上七行「不厭」，諸本作「不疲厭」。

一　八三三頁上一三行末字「五」，徑、清作「第五」。

一　八三三頁上一八行「佛神力」，諸本作「以佛力」。

一　八三三頁中一行「周遊」，諸本作「周旋」。

一　八三三頁中五行末字「六」，徑、清作「第六」。

一　八三三頁中一七行「垂頼」，諸本作「垂賚」。又「濟衆」，諸本作「濟衆生」。

一　八三三頁下四行第一三字「願」，諸本作「願願」。

一　八三三頁下六行「明月真珠」，諸本作「明月珠」。又「送之」，諸本作「送之曰」。

一　八三三頁下七行「四万里」，諸本作「四十里」。

一　八三三頁下一四行「二十万里」，諸本作「八十里」。

一　八三三頁下一七行「仰首」，諸本作「舉首」。

一　八三三頁下二一行「百六十万里」，諸本作「百六十里」。

一　八三四頁上一行第七字「反」，諸本作「乃」。又「諸神」，諸本作「諸

龍神」。

一　八三四頁上九行「天勸」，諸本作「天動」。

一　八三四頁上一二行第四字「吾」，諸本無。

一　八三四頁上二〇行第八字「逮」，磧、南作「建」。

一　八三四頁上二二行第七字「時」，諸本無。又「裘夷」，諸本作「瞿夷」。

一　八三四頁中三行末字「七」，徑、清作「第七」。

一　八三四頁中九行「空中」，諸本作「虛空中」。

一　八三四頁中一六行「入之」，資作「入定」。

一　八三四頁中二〇行「喜躍」，諸本作「喜踊」。

一　八三四頁下二行第九字「訣」，磧、普、南、徑、清作「決」。

一　八三四頁下四行夾註「慧上」，諸本作「上慧」。

一　八三四頁下五行末字「八」，徑、清作「第八」。

一　八三四頁下一一行第八字「㒃」，諸本作「孺」。一三行末字同。

一　八三四頁下一二行「不捨去九」，資、磧、普、南作「終不捨去九」；徑、清作「終不捨去第九」。

一　八三四頁下一七行「觸嬈」，資作「觸繞」。

一　八三四頁下二〇行末字「十」，徑、清作「第十」。

一　八三四頁下二一行末字至次行首字「懸息」，諸本作「懈怠」。

一　八三五頁上一七行第一〇字「趣」，諸本作「起」。

一　八三五頁上二〇行第七字「即」，諸本作「聊」。

一　八三五頁上二二行「賷還」，清作「齊還」。

一　八三五頁上末行夾註右「出生經」，徑作「出出生經」。

一　八三五頁中一行「十一」，徑、清作「第十一」。

一　八三五頁中一二行「德焉」，諸本作「惡焉」。

一　八三五頁中一四行「非凢」，諸本作「非凡庸」。

一　八三五頁中一九行第六字「忽」，諸本作「忽然」。

一　八三五頁中二二行「佛經」，諸本作「經教」。

一　八三五頁下一行「歡欣」，諸本作「歡喜」。

一　八三五頁下三行末字「是」，徑作「是身」。

一　八三五頁下六行末二字「十二」，徑、清作「第十二」。

一　八三五頁下八行「踊出」，磧、普、南、徑、清作「涌出」。又「仰瞻」，諸本作「瞻仰」。

一　八三五頁下一一行「大法」，資作「之法」。

一　八三五頁下一八行末二字「十三」，徑、清作「第十三」。

一　八三五頁下二〇行「諷誦」，諸本

作「讀誦」。

一 八三五頁下二一行「音聲」，南、徑、清作「經聲」。

一 八三六頁上七行「應息」，諸本作「懈息」。

一 八三六頁上八行「謂呼」，諸本作「呼爲」。

一 八三六頁上一二行「音聲」，諸本作「其聲」。

一 八三六頁中一行「七歲」，諸本作「年七歲」。

一 八三六頁中三行「短少」，諸本作「闕少」。

經律異相卷第十 隨機現身上菩薩部第三 仙

梁沙門僧旻寶唱等集

能仁為帝釋身度先友人一
能仁為婬女身轉身作國王捨飴鳥獸二
釋迦為薩婆達王割宍貿鷹三
文殊為少年身化金首女四
一切妙見為盲父母子遇王獵所射五
曠野等為殊形化諸異類六
婆藪為仙人身度六百二十万估客七
為轉輪王身發願布施八
為國王身以眼施病人九
為國王身治梵志罪十
為國王身捨國城妻子十一
為國王身化濟危厄十二
為蓮花太子身以髓施病人十三
為王太子身出血施病人十四

能仁為帝釋身度先友人一

菩薩為天帝釋志存空非身之相坐則思惟遊則教化愍愚愛智精進無休觀其宿友受婦人身為富姓妻或乎財色不覺無常居市坐肆帝釋化為商人婦人要坐商人熟視而笑

婦乃恠之側有一兒播鞉躍戲商人復笑有人父病子以牛祠商人亦笑有一婦人抱兒兒刮母頰血流交頸商人復笑是富姓妻問曰君住吾前含笑不止屬吾搏兒何以見笑商人荅曰卿吾良友今相忘乎婦人悵然意益不悅恠商人言商人又曰吾所以笑搏兒者兒是卿先父䰟神今為卿作子一世之間有父不識何况長久乎播鞉兒者生本是牛牛死還為主作子家以牛皮用貫此鞉兒今播打不識故體用牛祭者父病請愈猶服鴆毒以救疾也父終為牛累世屠戮今此祭牛還受人體刮母面兒兒本小妻母是嫡妻女情妬嫉常加酷暴妾含怨恨妻終為嫡妻子擢面傷體故不敢怨夫心无恒昔憎今愛何常之有一世不知豈况累刧經曰以色自壅盲於大道專邪聲者不聞佛音吾是以笑之耳世榮若電恍惚即滅當覺非常莫與愚並崇德六度吾今反居後日必造子門言竟不現婦悵而歸齋心敬望後果在門狀醜衣

弊曰吾友在內尒呼之來門人入告具以狀言婦人出曰尒非吾友釋笑而去變形易服子尚不識豈况異世重曰尒懃奉佛佛時難值高行比丘難得供養命在呼吸無隨世惑言畢不現舉國歡歎各執六度高妙之行佛告秋露子婦人弥勒是也天帝釋吾身是也（出弥勒為女身經）

能仁為婬女身轉身作國王捨飴鳥獸二

過去世時優波羅越國五穀豐熟人民衆多國中有王名波羅先時有婬女容色姝麗遇往他舍值其生男欲噉其子婬女問之報言我飢婬女言且待我為汝覔食荅言飢急卿未出門我當餓死那能待卿婬女念言若持兒去母便餓死若置便噉要令俱濟婬女自割兩乳與之令噉其母便食婬女問言卿為飽未報言已飽婬女還家有一男子至婬女舍見之便言誰割汝乳便有悲意不復起欲男子問言姊當為我現此至誠婬女言實誠至者令乳平復應時兩乳平復如故釋提桓因見此婬女布施之福

恐奪其座作婆羅門往至其家婬女便以金鉢盛飯與婆羅門時婆羅門却不肯受女問道人何為不受報言我不用食聞汝布施乳為審尒不報言實然婆羅門言汝持乳施意寧悔不女曰若我至誠持乳布施意无異者令我轉身得作男子言竟即轉時優波羅越王治國已五十歲壽盡終亡傍臣左右聞婬女人轉身作男念言正當立之作王便共請立既立之後好喜布施隨其所須皆給與之教一天下持八關齋如是國治人民歡樂壽竿延長王乃念言我雖布施未以身施以身施者尒乃為難時王即以蘇香塗身便入空山卧巖石上是諸百鳥皆来生噉命過之後生婆羅門家端正姸好至年長大竊出向市觀見貶賣貧窮乞者即悲哀之言此人民若使冨樂則不貶賣馳白父母乞為沙門父母不許便不食五日諸親知来咸相脘諫童子不應諸親喻其父母勸聽學道父母相看悲泣聽之子供養父母六七日中又復圍繞

三匝作礼便去至蓏樹閒見兩道人得五神通露坐念道為人民故作懃苦行童子即便坐蓏樹下禪思苦行即得五通精進勇猛踰二道人諸道人法樹果自墮乃取食之不從樹摘道人共行求諸果蓏見妊身虎童子道人語兩道人虎今不久當產飢餓經日恐自噉子誰能持身食之弥勒言曰我當持身食之採果適還見虎已產甚大飢餓欲食其子童子道人語兩道人虎已產乳飢欲噉子誰能持身救其飢苦共至虎所虎開目張口向兩道人道人畏懼便飛虛空其一人言卿之至誠為如是耶屬身食虎今何故飛其一道人哀之淚出左右顧視並无所有童子道人即取利刀刺辟流血如是七處血入虎口因以飲之自投虎前以身食虎佛語阿難欲知尒時婬女及立為王并婆羅門子投身餧虎悉是我身時道人者是迦葉弥勒二菩薩也我懃精進六十劫中以身布施超越九劫出弥勒前得成為佛（出前世三轉經）

釋迦為薩婆達王身割肉貿鷹二

昔者釋迦菩薩為大國王号薩婆達普施衆生恣其所索愍濟厄難天神鬼龍僉然而曰天帝位尊初無常人識其行高慈慧福隆死則為之懼王奪其天位往而試之以照真偽帝釋現之命邊王曰今彼人王慈潤滂沛福德巍巍恐其志求奪吾帝位即化為鷹邊王作鴿鴿趣王足下恐怖而云大王哀哉吾命窮矣王曰莫恐吾今活汝鷹尋後至云吾鴿向来鴿是吾食願王相還王曰鴿来活命終始無違尒肴欲得肉令重百倍鷹曰唯願得鴿不用餘肉王曰以何物令尒置鴿歡喜去耶鷹曰若王慈惠必愍衆生者割王肌肉而以易鴿吾當欣受王乃大喜自割髀肉對鴿稱之令與鴿等鴿逾自重割身肉盡故未能敵瘡痛无量王以慈忍又命近臣曰尒煞我稱髓令與鴿等吾奉佛重誡濟衆危厄雖有衆惱猶如微風焉能動太山乎鷹照王懷各復本身稽首于地曰大王欲何志尚惱苦若玆曰

吾不志天帝釋及飛行皇帝吾觀衆生沒于盲冥不覩三尊恣行凶禍投身无擇之獄為之惻愴誓願求佛拔濟衆生令得泥洹天帝驚曰愚謂大王欲奪吾位是以相擾將何可悔王曰使吾身瘡瘳復如舊志常布施帝釋使天醫神藥傅之瘡痍即愈色力踰前帝釋稽首繞王三匝歡喜而去出度无極集第一卷

文殊為年少身化上金光首女四

佛遊王舍城有逸女人名曰上金光首端正殊妙紫磨金色國王太子大臣長者等興愛染心隨其所遊便就從之男女大小悉追其後時上金光首在於異日與畏聞長者子至市買物以相貢上供辦美食共至觀園文殊師利於時從燕室出發大慈愍傷於群生何所人者可以勸化令發大乘見上金光首與畏聞長者子共載一乘行詣觀園應可化之文殊師利尋時變身化為少年端正絕妙顏貌踰天見者喜悅其所被服照四十里觀察逸女所遊之路而於前立其長

者子及上金光首車馬被服比於文殊師利猶如聚墨在明珠邊上金光首見文殊師利顏貌英妙猶如天子身體之明煒煒難及貪其被服光耀心自念言今欲捨此長者之子下車棄去與斯相娛得是衣服適念此已文殊師利建立威神令息意天王化作男子謂彼女曰且止且止用為發是遊逸之心所以者何如斯人者不志色欲女曰何故天王報言是人者名為文殊師利菩薩皆能充足一切人願見衆生心有所求索不逆人意女心念言如今所聞必當施我妙好之服下車白言仁者願以此衣而見惠施文殊師利荅曰大姊若能發无上正真道意吾乃以衣相惠女言唯然即發无上道心奉持五戒出大淨法門品經

一切妙見為盲父母子遇王獵所射五

過去世時迦夷國中有一長者无有兒子夫妻喪明心願入山求无上決修清淨志信樂空閑時有菩薩名一切妙見心作念言此人發意微妙眼無所見若入山者必遇狂害菩薩壽

終願生長者家名之為睒至孝仁慈奉行十善晝夜精進奉事父母如人事天年過十歲睒長跪白父母本發大意欲入深山求志空寂无上正真豈以子故而絕本願人在世間无常百變命非金石對至无期願如本意宜及上時入山清淨我自供養不失時節父母便即入山睒以家中財物皆施國中諸貧窮者便與父母俱共入山睒至山中以蒲為屋施作床蓐不寒不熱恒得其宜入山一年衆果豐美食之香甘泉水踊出清而且涼池中蓮華五色清明栴檀雜樹芬芳倍常異類衆鳥作音樂聲師子熊羆虎狼毒狩慈心相向无復害意食草噉菓不生恐懼睒至孝慈蹈地恐痛天神山神常作人形晝夜慰勞睒著鹿皮衣提瓶取水麋鹿衆鳥亦復往飲不相畏難時有迦夷國王入山射獵王見水邊有群鳥鹿引弓射之箭誤中睒胷睒被毒箭舉聲便大呼言誰持一箭射殺三道人王聞人聲即便下馬往到睒前睒謂王言象坐牙

死犀坐角亡犀為毛死麋鹿為皮肉
經律異相第十卷 第十張 仙
死我今正坐何等死耶王問睒言卿
是何等人披鹿皮衣與禽狩無異睒
言我是王國人與盲父母俱來學道
二十餘年未曾為虎狼毒虫所見抂
害今我更為王所射煞登尒之時山
中暴風切起吹折樹木百鳥悲鳴師
子熊羆走狩之輩皆大號呼日无精
光流泉為竭衆華萎死雷電動地時
盲父母驚起相謂睒行取水經久不
還將无為毒虫所害禽狩飛鳥音聲
號呼不如常時四面風起樹木摧折
必有災異王時怖懼大自悔責我所
作无狀我本射鹿箭誤相中射煞道
人其罪甚重坐貪小肉而受重殃我
今一國珎寶庫藏之物宮殿伎女丘
郭城邑以救子命時王便前以手挽
拔睒胷箭深不可得出飛鳥走狩四
面雲集號呼動山王益惶怖三百六
十節節皆動睒語王言非王之過自
我宿罪所致我不惜身命但憐我盲
父母既年衰老兩目復盲一旦無我
亦當終沒无瞻視者以是之故用自

懊惱非為毒痛耳王復重言我寧入
經律異相第十卷 第十一張 仙
泥梨百劫受罪使睒得活長跪向睒
悔過若子命終我當不復還國便住
山中供養卿父母如卿在時勿以為
念諸天龍神皆當證知不負此誓睒
聞王誓言雖被毒箭心喜意悅雖死
不恨以我父母仰累大王供養道人
現世罪滅得福无量王言卿語我父
母處及卿未死語使知之睒即指示
從此步往去此不遠自當見一草屋
我父母在其中止王徐徐往勿令我
父母怖懅以善權方便解悟其意為
我上謝父母无常今至當就後世不
惜我命但念父母年老兩目復盲一
旦无我無所依仰以是懊憹用自酷
毒死自常分宿罪所致无得脫者今
自懺悔於父母從無數劫以来所行
衆惡於此罪滅福生願我與父母世
世相值不相遠離願父母終保年壽
勿有憂患天龍鬼神常隨護助災害
消滅王便將數人往詣父母許王去
之後睒便奄絶鳥狩號呼繞睒屍上
以口舐睒胷血盲父母聞此聲益以

增怖王行既疾觸動草木肅有人聲
經律異相第十卷 第十二張 仙
父母驚言此是何人非我子行王言
我是迦夷國王聞道人在山中學道
故来供養父母言大王来善勞屈威
尊遠臨草野王體中安隱不宮殿
夫人太子官屬國民皆安善不風雨
和調五穀豊足隣國不相侵害不王
荅道人言蒙道人恩皆自平安王問
評盲父母来在山中勞心懃苦樹木
之閒飛鳥走狩无有侵害道人者不
山中寒暑隨時現世安隱不盲父母
言蒙大王厚恩常自安隱我有孝子
名睒常與我取果蓏泉水恒自豊饒
山中風雨和調无所乏短我有草席
可坐果蓏可食睒行取水且欲来還
王聞傷心淚出且言我罪惡无狀入
山射獵見水邊群鹿引弓射之箭誤
中睒故来相語父母聞之舉身自撲
如大山崩地乃為動王便自前扶牽
父母號哭仰天自說我子孝慈蹈地
恐痛有何等罪而射煞之向者風起
樹木百鳥悲鳴疑我子死父母啼號
父言且止人生必死不可得却今且問

王射睒何許令為死活王說睒言父
母感絕我一旦无子俱亦當死願王
牽我二人往臨尸上王即牽盲父母
往到尸上父抱其脚母抱其頭仰天
大呼母便以舌舐睒瘡創願毒入我
口我年已老目无所見以身代子睒
活我死死不恨也睒若至孝天地所
知者箭當拔出毒藥當除睒當更生
於是第二忉利天王坐即為動以天
眼見二道人抱子號哭乃聞第四兜
術天諸天宮皆動釋梵四天王即從
第四天王如人屈申臂頃來下睒前
以神藥灌睒口中藥入睒口箭自拔
出便活如故父母驚憘見睒已死更
活兩目皆開飛鳥禽狩皆大歡喜風
息雲消日為重光泉水涌出衆華五
色樹木華榮倍於常時王大歡喜不
能自勝礼天帝釋還礼父母及與子
睒願以國財以上道人睒曰王欲報
恩者王且還安慰人民皆令奉戒王
勿復射獵夭傷虫狩現世身不安隱
壽盡當入泥梨中人居世間恩愛暫
有別離久長不可常保王宿有功德

令得為王莫以得自在故而自放恣
王自悔責從今已後當如睒教從者
數百皆大踊躍奉持五戒王還令國
中諸有盲父母如睒比者皆當供養
不得捐捨犯者令加重罪於是國中
人民以睒活故上下相教奉修五戒
十善者死得生天無入三惡道者佛
告阿難宿命睒者我身是也盲父者
今父王閱頭檀王是盲母者王夫人
摩耶者是迦夷國王者阿難是也時
天王釋者弥勒是使我疾成无上正
真道决者皆是父母供養慈惠之恩
從死得生感動天龍鬼神父母恩重
孝子所致今得為佛并度國人皆由
孝從德也出睒經

曠野等為殊形化諸異類六

尒時曠野菩薩現為鬼身散脂菩薩
現為鹿身慧炬菩薩現獼猴身離愛
菩薩現羖羊身盡漏菩薩現鷄王身
如是五百諸菩薩等各各現受種種
諸身其身悉出大香光明一一菩薩
手執燈明為欲供養十方諸佛尒時
疑心菩薩觀五百人即知悉是菩薩

語曠野鬼善男子汝等何故現如是
身供養諸佛曠野鬼言善男子往古
過去九十一劫有佛世尊号毗婆尸
我於尒時與如是等同一父母共為
兄弟受持五戒發菩提心為欲調伏
一切衆生尸棄毗舍浮鳩留孫佛亦
皆供養散脂大士於彼佛前立大誓
願願我来世以鬼神身教化衆生若
有弊惡惡鬼我當為說三乘而調伏
之然後乃當成菩提道亦有一万二
千大鬼於此世界發大誓願調伏衆
生復發大誓願若有惡鬼欲壞正法
我當治之是故我受如是鬼身調伏
教化令住三乘若有衆生遠離善法
行身口意不善之業是身已生三惡
道中或有善惡雜業受鬼身故惡鬼
滋多善鬼尠少我欲調伏現受是身
亦令剎利婆羅門毗舍首陁遠離惡
心善男子有金剛摧呪使一切惡鬼
於彼四姓不能為惡乃至鳥獸皆生
善心遠離一切諸惡怖畏我發大誓
欲說是呪出大集經第二十一卷

婆藪為仙人身度六百二十万估客七

佛昔在於兠率天上時婆藪仙在閻浮提與六百二十万估客常作商主入海採寶乘於大舶欲還本國於其中道值摩竭魚及大風波夜叉之難如是六百二十万人即時各許摩醯首羅天人各一牲便離四難還達本國各辦一羊欲往天祠時婆藪黙念我今云何教諸商人作不善事當設方便即化作二人一出家沙門二在家婆羅門時婆羅門於衆人中作是唱言天主與六百二十万人欲往天祠尒時沙門於其中路遥見此婆羅門問言汝與是大衆欲止何方在家人言我往天廟而求大利沙門荅言吾觀汝等欲得大衰去何大利諍訟不止尒時衆人問婆羅門言此是何人形貌如是婆羅門言此名沙門諸人問言沙門何言荅言煞生祠天當得大罪衆人語言此癡沙門何用是言速往天祠得大利也時婆羅門言我等大師今在天祠無事不達可共請問皆言善哉沙門與婆羅門及諸人等到大仙所尒時沙門問大仙言

煞生祠天當得生天入地獄乎大仙荅言何癡沙門煞生祠天必墮地獄婆藪言不也沙門言若不墮者汝當證知尒時婆藪即時陷身入阿鼻獄諸人見已嗚呼禍哉有如是事大仙聰智今已磨滅況復我等而得不入於地獄耶尒時衆人各放諸羊退走四方到諸山中推覓諸仙既得仙已而受仙法二十一年各各命終生閻浮提我於尒時從兠率天下生閻浮提白淨王家時六百二十万人生舍衛國得受人身我於昔時始到舍衛降伏六百二十万人令其出家發菩提心即往昔估客是也善男子婆藪仙人有如是威神之力化如是諸人来至我所（出方等陁羅尼經第一卷）

轉輪王身發願布施八

過去東方閻浮提名盧婆羅菩薩以願力故生於此中作轉輪聖王王四天下号虛空淨語諸衆生安住十善及三種乘於尒時閒布施一切无所分別乞者无量珎寶不足即問大臣如是珎寶從何處生大臣荅言龍王

雖有唯供聖王五濁世厚重煩惱人壽百歲時必定成阿耨多羅三藐三菩提作大龍王示現種種寶藏於選擇諸惡世界在在處處四天下中一一天下七反受身一一身中示現无量百千万億那由他等珎寶之藏如是次第周遍十方五濁惡世時諸天人百千万億在虛空中雨花讚善稱如心願大衆聞聲虛空淨王諸天作字号一切施是時諸人各各從王乞夫人婇女及兒息等王悉與之有一乞兒名青光明授持狗戒從王乞閻浮提王歡喜與以香水灌頂紹聖王位又得人民承奉此王王壽無異我成佛道當與授記合一生補處盧志婆羅門從乞兩足牙婆羅門從索二目淨堅牢婆羅門從乞二耳想尼乾子從乞男根蜜味婆羅門從乞二手即皆斷挑應時施與時諸小王及諸大臣皆言咄哉愚人如何自割所餘肉揣復何所直送著曠野虫獸鵰鷲悉来噉食若我所願得成就者當令此身作大肉山飲血噉肉衆生悉来至

此隨意飲噉身轉增大所捨舌根以 經律異相第十卷　第十九張　仙
願力故願我來世得廣長舌時我命
終在閻浮提以本願力生作龍王名
曰示現寶藏即於生夜示現百千億
那由他種種寶藏自宣令言具諸珎
異乃至摩尼珠隨意用之具行十善
發无上菩提心如是七反受身壽皆
七万七千億那由他百千歲无量寶
藏亦復如是出當來選擇諸惡世界經
為國王身以眼施病人九
佛語賢者阿難乃往過去時世有王
号曰月明端正姝好威神魏魏從宮
而出道見盲者窮困飢餓隨道乞匃
往趣王所白王言曰王獨尊貴安隱
快樂我獨貧窮加復眼盲王見哀之
謂於盲者有何等藥得療卿病盲者
荅曰唯得王眼能愈我眼時王自取
兩眼持施盲者其心清然無一悔意
月明王者即我身是佛言須弥山尚
可知斤兩我眼布施不可稱計出弥勒所問本願經
為國王身治梵志罪十
昔者菩薩為大國王歸命三尊具奉
十善兵刃不施無有牢獄風雨時節

穀豊民富華為小書舉國絕口六度 經律異相第十卷　第二十張　仙
真化靡人不誦時有梵志執操清閑
靜居山林不豫流俗夜渴行飲誤得
國人所種蓮華池水飲畢意寤詣宮
自告云其犯盜唯願大王以法治罪
王曰斯自然之水不實之物何罪之
有對曰吾不告而飲豈非盜乎願王
處之也王曰國事多故且坐苑中太
子令之深處苑內王事悤猥忘之六
日忽而寤曰梵志安在乎疾呼之來
梵志守戒飢渴六日𣣋體瘦瘲起而
蹌地王覩流淚曰吾過重矣皇后笑
之王遣人澡浴具設餚膳自身供養
叩頭悔過自斯生死輪轉无際至臨
得佛不食六年佛告諸比丘時王者
是我身夫人者俱夷是太子者羅云
是王忘道士令餓六日受罪六年餓
饉裁息六日之後王身供養故令六
年殃畢道成俱夷笑之令懷羅云六
年重病大子以梵志深著苑內故六
年處于幽冥出雀王經
為國王身捨國城妻子十一
昔者菩薩為大國王理民以慈月月

巡行貧乏鰥寡疾療藥療每出巡狩 經律異相第十卷　第二十一張　仙
命使後車具載所須衣服醫藥死者
葬之君名被十方帝釋見其德行懼奪
其位思欲壞之化為老梵志從王乞
銀錢一千王即惠之曰吾插窖恐人
盜之願以寄王王曰吾國无盜重寄
即受又化為梵志又詣宮門王即現
之梵志歎曰大王名布八極德行希
有我生在凡庶欣慕尊榮欲乞斯國
王曰大善即與妻子輕乘而去天帝
復化為餘梵志從王乞車以車馬惠
之與妻子步進依山止宿有五通道
士與王為友忽憶王德覩之失國請
心禪息覩天帝釋貪嫉奪國委頓瘦
瘲道士以神足忽之王所曰將欲何
求勞志若茲曰吾志所存子已具知
道士即化為一轅之車以送王矣天
化梵志復乞其車未至彼國由數千
里天復化為前梵志來求索銀錢王
曰吾以國惠人脫忘子錢王即以妻
子質得錢一千以還梵志妻奉侍質
家女浴脫身珠璣衆寶天化為鷹掠
衣寶去女云何婦盜録之繫獄其兒

與貧家兒俱卧天夜殺貧家兒死家
取兒付獄母子被拘飢饉毀形吁嗟
無救銜泣終日罪成棄市王貨得銀
錢一千行贖妻子歷市觀之即念諸
佛自悔過曰吾宿命要乃致茲乎請
心入明觀天所為空中聲曰何不急
殺之王曰吾聞帝釋普濟衆生赤心
惻愴育過慈母含血之類莫不蒙祐
尒為無惡緣獲帝位釋懷重毒惡熟
罪成生入太山天人龍鬼莫不稱善
地主之王即釋妻子之罪二王相見
尋問其原國無巨細靡不隨淚地主
之王分國而治故國臣民尋王所在
宰土奉迎二國居民一哀一喜尒時
王者吾身是妻者裘夷是王子羅云
是天帝調達是山中梵志舍利弗是
彼國王者弥勒是（出度無極集第一卷）

現為國王身化濟危厄十二

佛在舍衛國告諸比丘昔者菩薩為
大國王名曰普明慈恵光被十方歌
美民願其休猶孝子之寧親也隣國
有王名曰阿群治法以正力如師子
走攫飛鷹宰人求肉晨奔市索路觀

新屍取之為美味兼畜肉後日為饌
甘不如焉王責太官宰人歸誠叩頭
首之王心恧然曰人肉甘乎黙命宰
人以斯為常矣故曰夫厚於味者仁
道薄仁道薄者豺狼心興夫狼狗貪
肉味而賊物命故天下雠焉宰人承
命黙行殺人以供王食臣民嗷嗷齊
心同聲逐焉王奔入山行伺諸王出
侯衆取之猶鷹鸇之鷙雀執九十
九王時普明王出察民苦樂道逢梵
志曰王勿出也王曰作命當出信言
難違遂以出焉為阿群所獲王曰不
懼喪身恨毀吾信阿群曰何謂王具
說之道士見已出而有誡言願一觀
之受其重誡以實施焉旋死不恨阿
群放之聽其暫還已見道士施以金
錢受即舍笑至阿群所問曰命危在
今何欣且笑荅曰世尊之言三界希
聞吾今懷之何國命之可惜乎阿群
又曰願聞尊教王即授之阿群驚喜
曰巍巍世尊陳四非常夫不聞觀所
謂悖狂即解百王各令還國阿群悔
過自新依樹為居曰存四偈命終神

遷為王太子納妻不男王重憂矣因
募國女化之令男後遂浹溢不從貞
道王檠著四衢命行人日以指琢首
荀辱之矣適九十九人而太子薨魂
靈變化輪轉无已值佛在世生舍衛
國早喪其考獨與母居事梵志道性
篤言信勇力躃象師愛友敬遐尒稱
賢師每周遊輒委以居師妻懷孽前
援其手婬辭誘之阿群辭曰凡世者
人男吾父焉女吾母焉豈況師妻乎
燒身可從敢亂斯命矣師妻恧然如
道退思其變聓謂婦曰子歎彼賢足
照子否矣具為其過女妖似真梵志
信矣師告阿群尒欲仙乎對曰尒教
煞百人斬取其指令獲神仙奉命擊
剎逢人輒煞獲九十九人指衆奔國
震觀母欣然曰母至數足吾今仙矣
佛念邪道惑衆普天斯禱也化為沙
門在其前步曰人數足矣追後不屬
曰沙門可止荅曰吾止尒不止焉曰
阿群心開爐如雲除五體投地頓首
悔過叉手尋從將還精舍即為沙門
佛為說宿行現四非常得溝港道王

欲討之間而歎息白佛欲一見之佛言上德賢者可開一眼相覩如斯至三答曰吾之眼精耀射難當王稽首日明日設微饌願一顧盻答曰於前吾往於殿則不王曰唯命還則裂前掘其地則以新樟梓為之柱梁香湯沃地栴檀蘇合鬱金諸香和之為泥旃罽雜繒以為座席雕文刻鏤衆寶為好煒煒晃晃有踰殿堂明日王身捧香鑪迎之阿群就座王褰衣膝行供養畢訖即說經曰前日之誇豈可於上飯乎對曰不可如今可乎答曰可矣阿群曰吾未覩佛時誇其彼烟頼蒙宿祚生值佛世沐浴清化去臭懷香內外清淨猶天真珠飲欲歷市聞有婦人逆生產者命在呼吸還如事啓佛言尒往為其産阿群受教往宜佛恩母子俱生佛告阿群受道之日可謂始生者也不覩三尊未受重戒猶兒處胎雖有耳目將何聞見日未生也阿群心開即得應真道佛告諸比丘時普明王者是吾身也吾前世授之四偈壹浩百王令令得道

不受衆罪矣阿群宿命曾為比丘荷米一斛送著寺中上佛刀一口歡喜歎尊稽首而去荷米獲多力上刀獲多寶歡喜獲端正歎尊獲為王作礼故為國得衆人所拜九十九人琢其首遂至喪身故煞前怨而斬其指後人欲琢見其已喪又覩沙門更有慈心後人即其母始有惡意故阿群如意亦惡覩沙門更慈故見佛即孝種淳得淳種雜得雜善惡已施禍福尋之影追響應皆有所由非從自然也 出普明王經

忠士

為蓮華王太子身以髓施病人十三

阿難乃往過世有王太子号曰蓮華王端正姝好威神巍巍出遊道見一人身體病癩見已悲念問於病者何藥能療答曰得王身髓以塗我身其病乃愈是時太子即破身骨髓與病者歡喜惠施心无悔恨尒時太子即我身是大海水尚可斗量身髓布施不可稱計 出彌勒所問本願經

為王太子身出血施病人十四

阿難我本求道時懃苦无數過世為王太子号曰現衆儀端正姝好從園觀出道見一人得困篤病見問病人以何等藥療卿病病者答曰唯王身血得療我病太子即以利刀刺身出血以與病者至心施與意无悔恨太子即我身是阿難四大海水尚可斗量我身血施不可稱限求正覺故 出彌勒所問本願經

經律異相卷第十

癸卯歲高麗國大藏都監奉

勑彫造

經律異相卷第十

校勘記

一 底本，麗藏本。

一 八四〇頁上一行「隨機現身上菩薩部第三」，經作「隨機現身菩薩部第十之一」。

一 八四〇頁上三行至一六行目録，經無。

一 八四〇頁上四行「拾飴」，資、磧、普、南作「拾飼」；清作「身飼」。

一 八四〇頁上五行「割宍」，清作「身割肉」。

一 八四〇頁上六行「少年身化金」，清作「年少身化上金光」。

一 八四〇頁上九行第三字「爲」，清作「現爲」。一四行首字同。

一 八四〇頁上一五行「太子」，清作「王太子」。

一 八四〇頁上一七行末字「一」，經、清作「第一」。

一 八四〇頁上一八行末字「相」，諸本(不含石，下同)作「想」。

一 八四〇頁中一行第一〇字「鞉」，諸本作「鼗」。下同。

一 八四〇頁中一六行第六字「妻」，諸本作「壽」。

一 八四〇頁中一八行「經日」，諸本作「經曰」。

一 八四〇頁中二二行第九字「門」，資作「聞」。

一 八四〇頁下五行「無墮」，諸本作「無隨」。

一 八四〇頁下八行夾註左「女身經」，諸本作「女人經」。

一 八四〇頁下九行「捨飴鳥獸二」，資、磧、普、南作「捨飼鳥獸二」；經、清作「身飼鳥獸第二」。

一 八四〇頁下一五行「那能」，諸本作「那得」。

一 八四〇頁下一六行第八字「若」，磧、南作「苦」。

一 八四一頁上九行第九字「人」，諸本無。

一 八四一頁上一二行第六字「閃」，資作「闕」。

一 八四一頁上二〇行「便不」，諸本作「子便不」。

一 八四一頁中八行「食之」，諸本作「飼之」。九行同。

一 八四一頁中一四行末字至次行首字「食虎」，諸本作「飼虎」。一八行同。

一 八四一頁下一行末字「三」，經、清作「第三」。

一 八四一頁下一四行首字「願」，諸本作「欲」。

一 八四一頁下一六行「肌肉」，諸本作「肥肉」。

一 八四一頁下一八行第五字「逾」，諸本作「愈」。

一 八四二頁上二行「不覩」，磧作「不觀」。

一 八四二頁上五行「可悔」，諸本作「可誨」。

一 八四二頁上一〇行末字「四」，經、

清作「第四」。

一　八四二頁上一二行「殊妙」，磧、普、徑作「姝妙」。

一　八四二頁上一五行「畏聞」，諸本作「畏閗」。一九行同。

一　八四二頁中六行「适念此」，資、磧、普作「適念比」；南、徑、清作「適念此」。

一　八四二頁中一五行「大姉」，磧、南作「大婦」。

一　八四二頁中一七行夾註「法門」，諸本作「法問」。

一　八四二頁中一八行末字「五」，徑、清作「第五」。

一　八四二頁下一二行「踊出」，諸本，作「涌出」。

一　八四二頁下一六行第八字「至」，資無。

一　八四二頁下二一行第一一字「便」，諸本無。

一　八四三頁上一行第二字「犀」，諸本作「犀」。

一　八四三頁上七行「切起」，諸本作「卒起」。

一　八四三頁上九行「萎死」，諸本作「萎落」。

一　八四三頁中一〇行第四字「徃」，諸本作「徑」。二一行第八字同。

一　八四三頁中一二行「怖懅」，諸本作「怖懼」。

一　八四三頁下二二行「樹木」，諸本作「樹木摧折」。

一　八四四頁上一一行第一二字「王」，資、磧、普、徑無。

一　八四四頁上一二行「天王」，諸本作「天上」。

一　八四四頁上一四行「便活」，諸本作「更活」。

一　八四四頁中二行「當如」，南作「常如」。

一　八四四頁中五行「今加」，諸本作「令加」。

一　八四四頁中七行「無入三惡道者」，資、磧、普、南作「入三惡道者」；徑、清作「十惡者死入三惡道」。

一　八四四頁中一二行「父母」，諸本作「我父母」。

一　八四四頁中一六行末字「六」，徑、清作「第六」。

一　八四四頁中二一行「大香」，磧、普、南、徑、清作「大智」。

一　八四四頁下七行第一一字「前」，資無。

一　八四四頁下末行第三字「爲」，諸本作「現爲」。又末字「七」，徑、清作「第七」。

一　八四五頁上四行「摩竭魚」，磧作「摩竭角」。

一　八四五頁中一七行「轉輪王」，諸本作「爲轉輪王」。又末字「八」，徑、清作「第八」。

一　八四五頁中二〇行「語諸衆生」，諸本作「教諸衆生」。

一　八四五頁中二二行「不足」，南、徑、清作「不乏」。

一　八四五頁下一二行「授持」，諸本

作「受持」。
一　八四五頁下一六行第八字「牙」，諸本作「互」。
一　八四六頁上四行「生夜」，諸本作「生時」。
一　八四六頁上一〇行末字「九」，徑、清作「第九」。
一　八四六頁上一五行「加復」，諸本作「又復」。
一　八四六頁上一六行第一〇字「瘵」，徑作「瘳」。
一　八四六頁上一九行「月明王」，諸本作「日月明王」。
一　八四六頁上二一行末字「十」，徑、清作「第十」。
一　八四六頁中一行「民富」，諸本作「足富」。又「華爲」，諸本作「華僞」。
一　八四六頁中四行「詣宮」，諸本作「詣官」。
一　八四六頁中六行「不實」，諸本作「不窮」。
一　八四六頁中一七行末字「餓」，諸本作「餞」。
一　八四六頁中一九行第五字「成」，諸本作「成就」。
一　八四六頁中二二行「十一」，徑、清作「第十一」。
一　八四六頁中末行「月月」，諸本作「日月」。
一　八四六頁下一二行「止宿」，磧作「上宿」。
一　八四六頁下二一行「得錢」，資、磧、普、徑作「得銀錢」。又「本侍」，南、徑、清作「奉侍」。
一　八四六頁下二二行第二字「女」，諸本作「女女」。又末字「捄」，諸本作「攝」。
一　八四六頁下末行第六字「何」，諸本無。
一　八四七頁上一行第二字「質」，資、磧、普作「貿」。又末字「家」，諸本作「質家」。
一　八四七頁上二行第五字「毋」，資、磧、普作「地」。又「吁嗟」，諸本作「呼嗟」。
一　八四七頁上五行「命要」，諸本作「命惡」。
一　八四七頁上一二行「墮淚」，諸本作「垂淚」。
一　八四七頁上一八行「十二」，徑、清作「第十二」。
一　八四七頁中一行第六字「美」，諸本作「羹」。
一　八四七頁中五行「狼狗」，諸本作「犲狼」。
一　八四七頁中九行首字「侯」，諸本作「突」。
一　八四七頁中一〇行末字至次行首字「梵志」，諸本作「梵志梵志」。
一　八四七頁中一一行「作命」，諸本作「昨命」。
一　八四七頁中一四行「有誡」，資作「有識」；磧、普、南、徑、清作「有誡」。
一　八四七頁中一五行第五字「誡」，

諸本作「誡」。

一　八四七頁下二行首字「募」，磧作「寡」。又第九字「遂」，資作「法」。

一　八四七頁下三行第一三字「琢」，磧、普、南、徑、清作「㧻」。下同。

一　八四七頁下七行「遐爾」，諸本作「遐邇」。

一　八四七頁下八行「周遊」，諸本作「周旋」。又「懷嬖」，徑、清作「懷嬖」。

一　八四七頁下一二行首字「道」，諸本作「是」。又第七字「謂」，諸本作「歸」。

一　八四七頁下一三行第一二字「真」，徑作「貞」。

一　八四七頁下一六行第六字「獲」，諸本無。

一　八四七頁下一八行第一〇字「禱」，諸本作「擣」。

一　八四八頁上一行第八字「白」，諸本作「曰」。

一　八四八頁上三行「眼精」，南、徑、清作「眼睛」。

一　八四八頁上一一行第一三字「洿」，諸本作「污」。

一　八四八頁上一三行「洿其」，諸本作「污甚」。

一　八四八頁中八行末字「如」，諸本作「始」。

一　八四八頁中九行第八字「慈」，資、磧、南、徑作「慈慈」；清作「慈悲」。

一　又第一三字「考」，諸本作「孝」。

一　八四八頁中一〇行「善悪」，諸本作「善惡」。

一　八四八頁中一三行「十三」，徑、清作「第十三」。

一　八四八頁中二〇行「大海」，資、磧、普、徑作「四大海」。

一　八四八頁中二二行「十四」，徑、清作「第十四」。

一　八四八頁下一行第八字「儀」，諸本作「儀貌」。

經律異相卷第十一 菩薩現身下 菩薩部第四　壹　普

梁沙門僧旻寶唱等集

先給四仙人後世為王一
為伯叔身意不同故行立殊別二
為肉山以施衆生三
為大理家身濟鼈及蛇狐四
為師子身與獼猴為親友五
為白鵝身而現益物六
昔為龍身勸伴行忍七
為熊身濟迷路人八
為鹿王身代懷妊者受死九
為威德鹿王身落羅網為獵師所放十
為九色鹿身以救溺人十一
為鴈王身獵者得而放之求國報恩十二
為鸚鵡現身救山火以申報恩十三
為雀王身拔虎口骨十四
為大魚身以濟飢渴十五
為鼈王身化諸同類活衆賈人十六

先給四仙人後世為國王一

久遠無數劫時有五仙人處於山藪四人為主一人供給奉事未曾失意採菓汲水進以時節一日遠採菓蓏

懈廢眠寐不以時還日已過中四人失食懷恨可為凶呪侍者聞之退在樹下思惟自責執勞歲久今違四仙時食之供既失道教不從四等遂感而死其足常著七寶之屐翹足而坐寶屐墮水而沒一隻命過之後即生外道為凶呪子年十餘歲與其同輩戲于路側時有梵志遇見戲童人數猥多以遍觀察見凶呪子特有貴相應為王者顏貌殊異於人中上梵志命曰尒有王相不宜遊衆童子荅曰吾凶呪子何有王相梵志又曰如吾經典儀容形體與讖書符合尒則應之斯國之王薨殞必禪尒位童子曰唯設如仁信當念重恩梵志言畢尋遁逃走出遊他國後日未幾王薨絕嗣娉求賢士以為國冑使者四布遙見斯童有異人之姿輒尋遣人還啓羣臣唯嚴法駕尋來奉迎羣臣百寮莫不踊躍香湯洗浴五時朝服寶冠劒帶即位處殿南面稱制境土安寧民庶踊悅於時梵志仰瞻天文下察地理知已嗣立即詣宮門求奉覲王

梵志占謝呪願曰如誓審諦矣王曰誠哉當恣所欲梵志荅曰唯求二願一曰飲食進止衣服卧起與王一等二曰參詛國事所決同意莫自專也王曰善哉王治以正法不枉万民梵志憍恣輕慢重臣羣臣忿俱進諫曰王尊位高宜與國臣耆舊參議偏信乞士遂令恣慢凌侮羣職隣國聞之將所蚩笑以致嫌難王曰吾與之有誓安可發耶臣諫不止若王食時勿與之俱則必改也王遂可之伺梵志出則先之食梵志意曰本要云何而先獨食罵曰咄凶呪子但給貧糧駈令出國獨涉遠路觸冒寒暑疲極憔悴而到他國詣異梵志家舊與親親又而問曰卿何從來何所綜習業何經典能悉念乎荅曰吾從遠來飢寒見逼忘所習誦梵志心念此人無所能作當令田作輒給奴子及犁牛耕具梵志耕種苦役奴子酷令平地走使東西奴子无聊欲自投水往到河側則得一隻七寶之屐心自念言梵志困我役使无賴吾當奉承以屐

上之可獲寬恕即賷展還以用上之
梵志欣豫心自念言此七寶展其價
難訾吾違王意以展奉之愆咎可解
尋還王國以展上王深自陳悔前之
罪豐願垂原赦王曰善哉即内之幔
裏引座坐之會諸羣臣詔曰卿等寧
見前梵志不耶荅曰不見王云設見
當如之何僉曰當五毒治之王出寶
展以示羣臣命梵志出與臣相見致
此異寶當共原之羣臣啓曰此梵志
罪如山如海獻展一隻何所施補若
獲一緉罪可除也王即可之重遂梵志令更求一隻梵志懊惱還故主人
問奴子曰汝前寶展本何從得奴子
俱行示得展處至于水側遍悉求之
不知雙處奴子捨去梵志念此展必
從上流來下即逆流上行見大蓮華
流復洄波魚口銜之華有千餘葉梵
志心念雖不得展以此華上之儻可
解過得復前寵便復執華則見四仙
人坐於樹下仙人曰卿何所從來荅
曰吾失王意雖獻一展不足解過故
逆流來求之未獲仙人告曰卿為學
人當知進退彼國王者是吾弟子存
侍愛敬同食坐誼云何一旦罵之凶
呪子罪及誅害今不相問指示樹下
王先故身為吾侍者翹脚而終寶展
墮水一隻著脚梵志取展稽首謝過
還到本國續以上之王即歡喜大臣
意解復其寵位佛言王者則吾身是
四仙人者拘留秦佛拘那含牟尼佛
迦葉佛弥勒佛是也其梵志者調達
是也 出五仙人經

為伯㭊身意不同故行立殊別二
昔者菩薩伯㭊二人各賷國貨俱之
裸鄉㭊曰入國隨俗進退尋儀儒心
言遜匿明伴愚伯曰礼不可虧德不
可退豈可裸形毀吾舊儀乎㭊曰先
聖景則殞身不殞行從時初識亦歎
權道之大矣遂俱之彼伯曰尒先入
觀其得失即遣使告誠㭊曰敬諾旬
日之間使反告伯曰必從俗儀伯勃
然曰釋仁從畜豈君子行乎㭊為吾
不也其國俗以月晦十五日夜周匝
為樂以麻油膏首白土畫身雜骨纓
頸兩石相扣男子携手逍遥歌儛菩
薩隨之國人欣歎王憐民敬賓王悉
取貨十倍雇之伯乘車入國言以嚴
法輒違民心王忿民慢奪財撾㭊
請乃釋俱還本國送㭊者被路罵伯
者括耳伯恥怒曰彼與尒何親與吾
何讎尒惠吾奪豈非謗言耶結㭊誓
曰自今之後世世相酷終不赦尒菩
薩愴然泣淚誓曰令吾世世逢佛見
法親奉沙門四恩普覆潤濟衆生奉
伯若已不違斯誓自斯之後伯輒尅
㭊㭊常濟之佛告諸比丘時㭊者是
吾身伯者調達是 出孔雀王經又出無極集經第五卷

為肉山以施衆生三
過去无量阿僧祇劫尒時此界名无
垢須弥人壽百歲有佛出世号香蓮
花般涅槃後像法之中我於尒時作
大強力轉輪聖王号難沮壞王閻浮
提千子具足我悉勸化令發阿耨多
羅三藐三菩提心欲於像法出家修
道熾然增益佛之遺法唯除六子不
肯出家發菩提心我以善言說語終
不出家我復重問令發無上道心六子
荅言若能與我閻浮提者然後當發

阿耨多羅三藐三菩提心我聞是已
心生歡喜作是思惟我今已化閻浮
提人今當分此閻浮提以為六分與
此六子令其得發无上道心然後我
當出家修道即分閻浮提為六分以
賜六子尋便出家尒時六子各相違
戾抄掠攻伐尒時一切閻浮提內苗
稼不登人民飢餓水雨不時諸樹枯
悴不生華實鳥獸皆飢其身熾然我
於尒時捨已身體肌膚血宍以施衆
生令其飽滿我於尒時自投其身以
願力故即成肉山高一由旬縱廣正
等是時人民飛鳥禽獸始於是時噉
肉飲血以本願故於是中分增益廣
大其身乃至高千由旬縱廣正等亦
千由旬其邊自然而生人頭髮毛眼
耳鼻口脣舌具足而有彼諸頭中各
各有聲而唱是言諸衆生等各各自
恣隨意取用飲血噉肉取其目耳鼻
舌齒等皆令滿足然後悉令發阿耨
多羅三藐三菩提心或發聲聞辟支
佛心或求天上人中富樂以本願故
身无損減乃至万歲閻浮提內人及

諸鬼神飛鳥禽獸皆悉充足汝今當
知我於往昔万歲之中所捨无量无
邊阿僧祇身體血肉給施无量无邊
悉令飽足乃至一念不生悔心如是
次第遍滿十方如恒河沙等諸佛世
界捨身血肉給施衆生悉令飽足為
檀波羅蜜（出悲華經第九卷過去香蓮花佛世界經大同但不言菩薩耳）

為大理家身濟鱉及鈍狐四

昔者菩薩為大理家積財巨億常奉
三尊慈向衆生往市覩戱即見一鱉
心便悼之問價貴賤鱉主知菩薩有
普慈之德常濟衆生財富難數貴賤
无違苔曰百万能取者善不者吾當
噉之菩薩苔曰大善持鱉歸家澡護不
傷其臨水放之覩其浮去悲喜誓曰
太山餓鬼衆生之類世主牢獄早獲
免難身安命全如尒今也稽首十方
叉手願曰衆生擾擾其苦无量吾當
為地為旱作潤為濕作筏飢食渴漿
寒衣熱凉為病作醫為冥作光若有
濁世顛倒之時吾當於中作佛度彼
衆生矣十方諸佛皆善其誓讚曰善
哉必獲尒志鱉後夜来齚其門恠門

有聲使出覩鱉還如事白菩薩視鱉
即人語曰吾受重潤身命獲全无以
苔謝水居之物知水盈虛洪水將至
必為大害願速嚴船臨時来迎苔曰
大善明晨詣宮門如事啓王王曰善
薩宿有善名信用其言遷下處高時
鱉来曰洪水至矣可速上載尋吾所
之必獲無患船尋其後有蛇趣船菩
薩曰取之鱉曰大善又覩漂狐曰取
之鱉亦云善又覩漂人慱頬呼天哀
濟吾命又曰取之鱉曰慎无取也凡
人心姧偽尠有終信背恩追勢好惡
凶逆菩薩曰虫類盡濟更棄求人豈
是仁哉吾不忍為也於是取之鱉曰
悔哉遂之豐土鱉辭曰恩畢請退苔
吾獲為如来无所著至真等正覺者
必當相度鱉曰大善鱉退蛇狐各去
狐以穴為居獲古人伏藏紫磨金百
斤喜曰當以報彼恩矣馳還白曰小
虫受潤獲濟微命虫穴居之物求穴自
安獲金百斤斯穴非墅非家非劫非
盜吾精誠之所致願以貢賢菩薩深
惟不取徒損無益於貧民取以布施

眾生獲濟不亦善乎尋而取之漂人覩焉曰分吾半矣菩薩即以十斤惠之漂人曰尒掘塚劫金罪應奈何不半分之吾必告有司荅曰貧民困者吾欲等施尒欲專之不亦偏乎漂人遂告有司菩薩見拘無所告訴唯歸命三尊悔過自責慈願眾生早離八難莫有怨結如我今也虵狐會曰奈斯事何虵曰吾將濟之遂銜良藥開關入獄見菩薩狀顏色有損愴而心悲謂菩薩言以藥自隨吾將齚太子其毒尤甚莫能濟者賢者以藥自傅即瘳矣菩薩嘿然虵如所云太子將殞王命曰有能濟茲封之相國吾與參治菩薩上聞傳之即瘳王喜問所由因本末自陳王悵然自咎即誅漂人大赦其國封為相國執手入宮並坐而曰賢者說何書懷何道而為二儀之仁惠逮眾生乎對曰說佛經懷佛道也曰佛有要訣不荅曰有之佛說四非常存之者眾福昌王曰善哉願獲其實菩薩說之王曰善哉佛說非身吾心信矣身且不保豈況國土

乎痛哉先王不聞無上正真正覺非常苦空非身之教王即空藏布施貧乏鰥寡孤兒伶之如子舉國欣欣含笑且行仰天歎曰菩薩神化乃至於茲四方歎德遂至太平佛告沙門菩薩者吾身是也國王者弥勒是鱉者阿難是狐者秋露子是虵者目連是漂人者調達是出布施度无極經

為師子身與獼猴為親友五

昔者菩薩曾為師子在林中住與一獼猴共為親友獼猴以二子寄於師子時有鷲鳥飢行求食值師子睡取獼猴子去住於樹上師子覺已求獼猴子不得見鷲持在樹上而告鷲言我受獼猴寄託二子護之不謹令汝得去孤負言信請從汝索我為獸中之王汝為鳥中之主貴勢同等宜以相還鷲言汝不知時吾今飢乏何論同異師子知其叵得自以利抓斵其脅肉以貿獼猴子又過去世時人民多病黃白瘦熟菩薩尒時身為赤魚自以其肉施諸病人以救其疾又昔菩薩作一鳥身在林中住見有一人

入於深水非人行處為水神所罥水神罥法著不可解若能至香山中取一藥草著其罥上繩即爛壞人得脫去如是等无量本生多有所濟名本生經出大智論第三十三卷

為白象身而現益物六

須菩提問菩薩善根成就云何生作象馬佛言菩薩實有福德善根成就為利眾生受畜生形无畜生罪菩薩在畜生中慈愍怨賊阿羅漢辟支佛之所无有阿羅漢辟支佛怨賊來害雖不加報不能愛念供養供給如菩薩本身作六牙白象獵師以毒箭射匈尒時菩薩象鼻擁抱獵者不令餘象得害語雌象言汝為菩薩婦何緣生惡心獵師是煩惱罪非人過也我得阿耨多羅三藐三菩提當滅其煩惱如鬼著人呪師治鬼而不見人徐問獵者汝何以射我荅言我須汝牙象即就石拔牙與之血肉俱出不以為痛供給粮食示語導徑如是等慈悲阿羅漢辟支佛之所无也問曰何以不作人身而為說法而作此獸身

荅曰有時衆生見人身則不信受見畜生身說法則生信樂受其教化菩薩欲具足大慈心欲行其實事衆生見之驚喜皆得入道 出大智論九十三卷

昔為龍身勸伴行忍七

昔者菩薩與阿難俱受罪畢矣各為龍身其一龍曰唯吾與卿共在海中靡所不覩寧可俱上陸地遊戲乎荅曰陸地人惡起逢非常不可出也一龍又曰化為小虵若路无人尋大道戲逢人則隱何所憂哉於是相可俱昇遊觀出水未久道逢含毒虵虵覩兩虵凶念欲害便吐毒沫一虵欲殺毒虵一虵慈忍而諫止曰夫為高士當赦衆愚忍不可忍是乃聖誡即說偈言

貪欲為狂夫　靡有人義心　嫉妬欲害誠
唯默忍為安

一虵稱頌忍一虵敬受遂不害虵一虵曰吾等還海相然俱去則奮其威神震天動地興雲降雨人鬼咸驚虵乃惶怖尸視无知七日絕食欲害虵龍阿難是說忍龍吾身是也含毒虵

者調達是 出度无極集第五卷

為熊身濟迷路人八

有人入林伐木迷惑失心時值大雨日暮飢寒惡虫毒獸欲侵害之是人入石窟中有一大熊見之怖出熊語之言汝勿恐怖此舍溫煖可於中宿時連雨七日常以甘菓美水供給此人七日雨止熊將此人示其道徑熊語人言我是罪身人是怨家若有問者莫言見我人荅言尒此人前行見諸獵者獵者問汝從何來見有衆獸不荅言見一大熊於我有恩不得示汝獵者言汝是人黨以人類相覩何以惜熊令一失道何時復來汝示我者我與汝多分此人心變即將獵者示熊處所獵者殺熊即以多分與之此人展手取肉二肘俱墮獵者言汝有何罪荅言是熊看我如父視子我今背恩將是罪報獵者恐怖不敢食肉持施衆僧上座是六通阿羅漢語諸下座此是菩薩未來世當作佛莫食此肉即時起塔供養王聞此事勑下國內背恩之人无令住此人以種

種因緣讚知恩者 出諸經中要事

為鹿王身代懷姙者受死九

昔佛在波羅奈國仙人鹿野菀者諸王通神仙皆遊學此國非凡夫所住王出遊獵值群鹿千頭悉入網裏王乘步兵圍遶一匝群鹿驚懼有失聲唐突於攊或有伏地自隱形者釋迦牟尼佛昔為菩薩時為群鹿王佛自告群鹿言汝等安意勿復恐懼吾設方便向王求哀必得濟命各各无他鹿王來向人王下膝求哀人王遲見勑諸左右勿傷害鹿鹿曰今覲王意欲殺千鹿一日供廚今旦咸熱肉叵久停願王哀愍日殺一鹿以供廚宰不煩王使鹿自當往詣廚受死肉供不斷鹿得增多王問鹿曰汝在羣鹿中為長大耶荅曰如是王復問鹿汝審實不荅曰審實王即捨鹿攝陣入城時菩薩將鹿五百調達亦將五百鹿日差一鹿詣王供廚時次調達遣鹿詣王值一鹿母懷姙數月次應供廚鹿母白王云今垂欲產我次應至子次未至願見差次小聽在後調達恚

經律異相卷第十一　第十六張　左

曰何不速往誰能代汝先死鹿母哀
泣悲鳴喚呼輙就菩薩自陳如此願
王開恕聽在後次菩薩問鹿汝主聽
汝自陳不荅曰主不見聽菩薩慰勞
彼鹿汝且勿懼吾今代汝以供厨宰
菩薩鹿王即占千鹿懇切戒勑汝等
勿懷懈慢亦莫侵王秋苗穀食調達
瞋鹿母曰汝應次至何辭菩薩語調
達止止勿陳此言鹿母誠應次死為
愍其胎未應死耳吾代濟胎命群鹿
自陳吾等願欲代王受死王在我存
得食水草隨意自遊無所畏忌王遂
詣厨羣鹿追逐隨到王宮鹿王就厨
自求供宰厨士見鹿王即往白王鹿
王入厨次應供宰不審大王為可殺
不王勑諸臣速將鹿王来王問鹿曰
千鹿盡耶汝何為来鹿白王曰千頭
孚乳遂成大羣日有增多無有減少
具說上事王自懇責自怨不及吾為
畜獸不別真偽枉殺生類及至於斯
王告大臣普令國界其有遊獵殺害
鹿者當取誅戮即遣鹿王還令國內
不得食鹿肉其有食肉者當梟其首

因是立名鹿野苑也　出出曜經第九卷

經律異相卷第十一　第十七張　左

為威德鹿王身落羅網為獵師所放十

佛言過去世近雪山下有鹿王名曰威
德作五百鹿主時有獵師安穀施罥
鹿主前行右脚墮毛罥中鹿王心念
若我現相則諸鹿不敢食穀須噉穀
盡尒乃現脚相時諸鹿皆去一女鹿
住說偈言曰

大王當知　是獵師来　願懃方便
出是罥去

尒時鹿王以偈荅言

我懃方便　力勢已盡　毛罥轉急
不能得出

女鹿見獵師到已向說偈言

汝以利刀　先殺我身　然後願放
鹿王令去

獵師聞之生憐愍心以偈荅言

我終不殺汝　亦不殺鹿王　放汝及鹿王
隨意之所去

獵師即時解放鹿王佛言昔鹿王者
今我身是五百鹿者五百比丘是　出十誦律第一卷

為九色鹿身以救溺人十一

經律異相卷第十一　第十八張　十四

昔者菩薩身為九色鹿其毛九種色
其角白如雪在恒水邊飲食水草常
與一烏為知識時水中有一溺人隨
流来下或出或沒仰頭呼天山神樹
神諸天龍神何不愍我鹿聞下水言
汝可騎我背捉我角負出上岸溺人
下地遶鹿三匝向鹿叩頭乞得為大
夫作奴給其使令採水草鹿言不用
且各自去欲報恩者莫道我在此人
貪我皮角必来殺我時國王夫人夜
夢見九色鹿即詐病不起王問何以
荅曰我昨夜夢見非常之鹿其毛九
種色其角白如雪我思欲得其皮作
坐蓐其角作拂柄王當為我得之王
若不得我將死矣王募於國中若有
能得當與分國而治賜其金鉢盛滿
銀粟賜其銀鉢盛滿金粟溺人聞之
欲取富貴念言鹿是畜生死活何在
往至王所言知鹿處王大歡喜言汝
若能得其皮角来者報之半國溺人
面上即生癩瘡溺人言大王此鹿雖
是畜生大有威神王宜多出人兵乃
可得耳王即大出人衆經到恒水邊

烏在樹頭見人兵来即呼鹿言知識
且起王来至鹿故熟卧不覺烏下啄
其耳鹿方驚覺四向顧望无復走趣
便往趣王車邊傍臣欲射王曰莫射
此鹿非常將是天神鹿言大王且莫
射我我前活王國中一人鹿復長跪
問王言誰道我在此王便指示車邊
癩面人是也鹿即仰頭視此人面眼
中淚出不能自勝此人前溺在水中
我不惜身命自投水中負此人出約
不相道也无反復不如出水中浮木
也王有愧色三數其民汝受其恩柰
何反欲殺之即下於國中若有駈逐
此鹿者當誅五族衆鹿數千皆来依
附飲食水草不侵禾稼風雨時節五
穀豐熟人無疾病其世太平時九色
鹿我身是也烏阿難是國王者今父
王閱頭檀是時王夫人者今孫陁利
是時溺人者調達是也我雖有善心
向之故欲害我阿難有至意出九色鹿經
為鴈王身獵者得之而放求國報恩十二
過去世時有波羅奈城城邊有池池
名雨成是池中多魚龜鵝鴈鴨等中

有鴈王名曰治國作五百鴈主時有
獵師先施毛罥鴈王前行右脚著罥
作是念言若我出是罥脚餘鴈不敢
噉穀盡已即便現脚衆鴈飛去唯有
一鴈名曰蘓摩不捨王去王語大臣
言我與汝職作王在諸鴈前行荅言
不能問言何故致尒時大臣以偈荅言
我願隨王　死生不變　寧共王死
勝相離生　大王當知　是罥師来
但懃方便　求脫此罥
尒時鴈王以偈荅言
我懃方便　力勢已盡　毛罥轉急
不能得脫
蘓摩大臣見罥師到向説偈言
大王毛脂肉　我與等无異　汝以刀殺我
放王不損汝
尒時罥師語大臣言我不相殺放汝
及王隨所樂去獵師即解鴈王二鴈
俱去共相謂言是獵師作希有事與
我等命我等貧生當以厚報獵師問
言汝是畜生有何生具以用報我二
鴈荅言波羅奈王名曰梵德汝持我
與獵師持鴈著兩肩上到城巷中是

鴈端正衆人樂見有與五錢十錢二
十錢者皆言莫殺是人比至王宫大
得財物獵師到王宫門置鴈于地鴈
王語守門者曰　德王治國鴈王
今在門外便往白王王即聽入與設
金牀蘓摩大臣隨所應與共相問訊
然後就座以偈問訊梵德王言
王體安隱不　國土豐足不　如法化民不
等心治國不
尒時梵德王以偈荅言
我常自安隱　以法化國民　國土恒豐寧
等心無偏私
如是訓對説五百偈蘓摩大臣時默
然住梵德王言汝何故默然大臣荅
言汝是人王國主此鴈王陜澤國主
二王共語何敢間錯王言我有好園
汝能住不荅言不能王問何故鴈言
王或睡覺忘不獨我勑作鴈肉食若
宰人不能得餘鴈或殺我等以充王
厨治國鴈王入王宫中諸鴈從雨成
池出於王宫上徘徊悲鳴翅濕有水
灑汙宫殿王問曰此是何等鴈王荅
言是我眷屬王言汝欲去耶荅言欲

經律異相卷第十一　第二十三張　雪

去王言汝何所須荅言我為獵師所得於我等作希有事與我等壽若先殺一後復殺一誰能遠者王言當何以報之二鴈荅曰與金銀車𤦲馬瑙衣服飲食作是語已飛昇虛空佛言鴈王則我身是五百鴈者則五百比丘是也獵師者守財爲是也梵德王者即淨飯王是也蘇摩大臣者阿難是也 出十誦律雜誦第一卷

為鸚鵡現身救山火以申報恩十三

昔者菩薩現為鸚鵡常處于樹風吹彼樹更相切磨便有火出火漸熾盛遂焚一山鸚鵡思惟猶如飛鳥軀止于樹故當反復起報恩心何況於我長夜處之而不能滅火即往詣海以其兩翅取大海水至彼火上而灑於火或以口灑東西馳奔時有善神感其懃苦尋為滅火 出僧伽羅刹經上卷

為雀王身拔虎口骨十四

昔者菩薩身為雀王慈心濟衆由護身瘡有虎食獸骨拄其齒病困將終雀入口啄骨日日若茲雀口生瘡身為瘦瘠骨出虎口雀飛登樹說佛經

經律異相卷第十一　第二十三張　雪

曰殺為凶痏其惡莫大虎聞雀戒勃然恚曰尒始離吾口而敢多言雀覩其不可化即速飛去佛言雀者是吾身虎者是調達 出雀王經

為大魚身以濟飢渴十五

昔者菩薩貧窶與諸商人俱至他國菩薩覩海中魚巨細相吞以身代小者令得須臾之命即自投海大魚得飽小者得活䰟神化為鯨魚之王身有數里海邊國旱人民飢饉更相吞噉魚即蕩身于國噉者存命輦肉數月而魚猶活天神下曰尒為仁慈苦可堪乎何不取壽離斯痛也魚曰吾神逝身腐民後飢饉復當相噉吾不忍覩天曰尒必得佛度苦衆生有人取其首魚時死矣䰟為王子有上聖之明四恩弘慈潤齊二儀愍民困窮言之哽咽然國尚旱靖心齋肅退食絕獻頓首悔過曰民之不善咎在我身願喪吾命惠民雨澤月月哀慟由至孝之子遭聖父之喪精誠遠遠有名佛與五百人来其國界王聞心悅奉迎稽首叩頭涕泣心𢥠行濁不

經律異相卷第十一　第二十三張　雪

合三尊四恩之教苦酷人民拮旱累載黎庶飢饉怨痛傷情願除民災以禍罪我諸佛荅曰尒為人君慈惻仁惠德齊帝釋諸佛普知令王受福慎无感也勅民種穀家无不修稻化為滋王曰須熟禾實覆國皆含稻穫中容數斛其米芬芳舉國欣懌歎詠王德率土持戒歸命三寶王及臣民命終生天時貧人吾身是 出度無極集第一卷

為鱉王身化諸同類活衆賈人十六

昔者菩薩曾為鱉王生長大海化諸同類子民羣衆皆修仁德王自奉行慈悲喜護愍於衆生如母愛子其海深長邊際難限而悉周至靡不更歷於時鱉王出於海外在邊卧息積有日月其背堅燥猶如陸地賈人遠来因止其上破薪然火炊煮飯食繫其牛馬車乘載石皆著其上鱉王欲趣入水畏墮商人適欲強忍痛不可勝便設權計入淺水處除滅火毒不危衆賈衆賈恐怖謂潮卒漲悲哀吁嗟歸命諸天釋梵四王日月神明願以威德唯見救濟鱉王心益愍之因報

賈人慎莫恐怖吾被火焚故捨入水欲令痛息今當相安終不相危衆賈聞之知有活望倶時發聲言南无佛鼈興大慈還負衆賈移在岸邊衆人得脱靡不歡喜遥拜鼈王而歎其德尊為橋梁多所過度行為大舟載越三界設得佛道當復救脱生死之厄鼈王報曰善哉善哉當如汝言各自別去佛言時鼈王者我身是也五百賈人五百弟子舍利弗等是（出生經第四卷）

經律異相卷第十一

癸卯歲高麗國分司大藏都監奉
勅彫造

經律異相卷第十一

校勘記

一　底本，麗藏本。

一　八五三頁上一行夾註「隨機見身下菩薩部第四」，[徑]、[清]作「隨機現身菩薩部第十之二」。

一　八五三頁上二行「梁沙門僧旻寶唱等集」，[資]、[磧]、[普]作「梁沙門寶唱等譯」；[南]作「梁沙門寶唱等撰」；[徑]、[清]作「梁沙門僧旻寶唱等奉勅撰」。

一　八五三頁上三行至一八行目録，[徑]無。

一　八五三頁上三行「後世爲王」，[清]作「後生爲國王」。

一　八五三頁上四行「不同」，諸本（不含[石]，下同）作「有不同」。

一　八五三頁上五行「爲肉山」，[清]作「作肉山」。次頁下一三行諸本同。

一　八五三頁上六行「爲大理」，[清]作「現爲大理」。

一　八五三頁上一一行第五字「代」，[清]作「欲代」。

一　八五三頁上一四行「得而放之」，[清]作「得之而放」。

一　八五三頁上一五行第四字「現」，[清]無。

一　八五三頁上一九行「後世」，諸本作「後生」。又末字「一」，[徑]、[清]作「第一」。

一　八五三頁中一行「眠寐」，諸本作「眠寤」。

一　八五三頁中八行第九字「遇」，諸本作「過」。

一　八五三頁下一二行「先之食」，諸本作「先食之」。

一　八五三頁下一九行「能作」，諸本作「能化」。

一　八五三頁下二二行「則得」，[南]、[徑]、[清]作「拾得」。

一　八五四頁上六行「引座」，諸本作「別座」。

一　八五四頁上一二行「一緉」，諸本

作「一量」。

一　八五四頁中八行「牟尼佛」，諸本作「文尼佛」。

一　八五四頁中一一行「不同」，諸本作「有不同」。又末字「二」，徑、清作「第二」。

一　八五四頁中一四行「伴愚」，諸本作「佯愚」。

一　八五四頁中末行「男子」，諸本作「男女」。

一　八五四頁下二行「乘車」，諸本作「車乘」。

一　八五四頁下五行「括耳」，諸本作「聒耳」。

一　八五四頁下六行末字「誓」，諸本作「帶」。

一　八五四頁下一三行末字「三」，徑、清作「第三」。

一　八五五頁上六行「介時六子」，諸本作「爾時六王」。

一　八五五頁中六行「飽足」，諸本作「滿足」。

一　八五五頁中八行首字「爲」，諸本作「現爲」。又末字「四」，徑、清作「第四」。

一　八五五頁中九行第一一字「巨」，資作「叵」。

一　八五五頁中一四行末字「不」，諸本無。

一　八五五頁中末行第九字「來」，諸本作「求」。

一　八五五頁下四行「來迎」，諸本作「相迎」。

一　八五五頁下六行末字「時」，諸本作「時至」。

一　八五五頁下一〇行「愽頰」，諸本作「搏頰」。

一　八五五頁下一三行「求人」，諸本作「求之」。

一　八五五頁下一六行末字「者」，諸本無。

一　八五六頁上一五行第一一字「王」，普作「主」。

一　八五六頁中一行「痛哉」，諸本作「痛我」。

一　八五六頁中七行「秋露」，諸本作「鶖鷺」。

一　八五六頁中九行首字「爲」，資、磧、普、南作「曾爲」。又末字「五」，徑、清作「第五」。

一　八五六頁中一六行「孤負」，諸本作「辜負」。

一　八五六頁中一九行「利抓」，諸本作「利爪」。

一　八五六頁下五行夾註「第三十三卷」，諸本作「第三十卷」。

一　八五六頁下六行末字「六」，徑、清作「第六」。

一　八五六頁下八行「象馬」，諸本作「鹿馬」。

一　八五六頁下一四行第七字「鼻」，諸本作「以鼻」。

一　八五七頁上五行末字「七」，徑、清作「第七」。

一　八五七頁上一一行末字「俱」，資、磧、普、南作「但」。

一 八五七頁上一二行「毒虵虺虺」，資作「毒虵蚖虺」；磧、普、南、徑、清作「毒蚖虺」。

一 八五七頁上一四行「諫止」，磧作「諫上」。

一 八五七頁上一七行「狂夫」，諸本作「狂人」。

一 八五七頁上二二行末字「蚖」，諸本作「虺」。

一 八五七頁中一行第四字「是」，諸本作「是也」。

一 八五七頁中二行末字「八」，徑、清作「第八」。

一 八五七頁中九行「人是」，諸本作「多人」。

一 八五七頁中一二行第四字「見」，諸本作「見見」。

一 八五七頁中一三行第八字「黨」，諸本作「當」。又「相觀」，諸本作「相覩」。

一 八五七頁中一八行「是能看我」，諸本作「是能者視我」。

一 八五七頁中末行「人以」，諸本作「又以」。

一 八五七頁下二行第五字「代」，諸本作「欲代」。又末字「九」，徑、清作「第九」。

一 八五七頁下三行第一三字「者」，諸本作「有」。

一 八五七頁下四行「此國」，諸本作「此園」。

一 八五七頁下七至八行「釋迦牟尼佛」，諸本作「釋迦文佛」。

一 八五七頁下一〇行「各各」，諸本作「各令」。

一 八五七頁下一七行首字「爲」，諸本作「最爲」。

一 八五八頁上二行第七字「就」，諸本作「詣」。

一 八五八頁上一二行「王遂」，資作「正遂」。

一 八五八頁上一六行「鹿曰」，諸本作「鹿王」。

一 八五八頁上一七行「千頭」，諸本作「千鹿」。

一 八五八頁上二〇行「及至」，諸本作「乃至」。

一 八五八頁上末行「食肉」，諸本作「食鹿肉」。

一 八五八頁中二行第六字「身」，資、磧、普、南作「身身」。又末字「十」，徑、清作「第十」。

一 八五八頁中九行「獵師」，諸本作「獦師」。

一 八五八頁中末行「十一」，徑、清作「第十一」。

一 八五八頁下二行第六字「在」，諸本作「常在」。

一 八五八頁下八行第八字「採」，諸本作「採取」。

一 八五八頁下末行「經到」，諸本作「徑到」。

一 八五九頁上三行末字「趣」，諸本作「地」。

一 八五九頁上一一行第四字「也」，諸本作「人」。

一 八五九頁上一九行第一〇字「我」，諸本作「恕我」。

一 八五九頁上二一行「十二」，徑、清作「第十二」。

一 八五九頁上末行「雨成」，資、磧、普作「兩成」。

一 八五九頁中四行「嗷穀」，諸本作「食穀食穀」。

一 八五九頁下二行第一〇字「比」，資作「背」；磧、普、南、徑、清作「皆」。

一 八五九頁下四行第六字「日」，諸本作「汝白梵」。

一 八五九頁下一一行「以法化國民」與「國土恒豐寧」，諸本前後互置」。

一 八五九頁下一三行第八字「偈」下，諸本有「梵德王聞其所說而作是念鴈王爾乃明達」十七字。

一 八六〇頁上一〇行「現身」，資、磧、普、南作「身現」；徑、清作「身」。又「十三」，徑、清作「第十三」。

一 八六〇頁上一三行「飛鳥」，諸本作「飛鴈」。

一 八六〇頁上一九行「十四」，徑、清作「第十四」。

一 八六〇頁上末行第七字「口」，資、磧、南作「蘇」；普、徑、清作「觧」。

一 八六〇頁中一行「凶瘧」，諸本作「凶虐」。

一 八六〇頁中五行「十五」，徑、清作「第十五」。

一 八六〇頁中七行第三字「覩」，資作「規」。

一 八六〇頁中一一行「藿肉」，磧、普、南、徑、清作「揵肉」。

一 八六〇頁中一三行「收壽」，資、磧作「天壽」；南、徑、清作「捨壽」。

一 八六〇頁中一七行「潤齊」，諸本作「潤濟」。

一 八六〇頁中二〇行「月月」，諸本作「日日」。

一 八六〇頁中二一行「遠逹」，諸本作「遠達」。

一 八六〇頁下五行「无惑」，諸本作「無惑」。

一 八六〇頁下六行「皆含」，徑、清作「皆令」。

一 八六〇頁下七行「芬芳」，諸本作「苾芬」。

一 八六〇頁下一〇行「十六」，徑、清作「第十六」。

一 八六〇頁下一九行「商人」，諸本作「不仁」。

一 八六〇頁下二一行「吁嗟」。諸本作「呼嗟」。

經律異相卷第十二　出家菩薩僧部第一　盂

梁沙門僧旻寶唱等集

無垢山居女人庇雨其舍衆仙稱譏外空自證一

昔拘樓秦佛時有一比丘名曰无垢處於閑居國界山窟去彼不遠有五神仙有一女人道遇大雨入比丘窟雨霽出去時五仙人見之各各言曰比丘姦穢无垢聞之即自踴身在于虛空去地四丈九尺諸仙見之飛虛空中各曰如吾經典所記染欲塵者則不得飛便五體投地伏首誣横假使比丘不現神變其五仙王墮大地獄時无垢比丘今慈氏菩薩也（出慧上菩薩經上卷）

慧王以百味飯化人入道二

過去有佛名莫能勝有一比丘名曰慧王平旦分衛得百味飯若干種食路有尊者子名離垢辭為乳母所抱遥見比丘下乳母抱尋隨比丘從求飯食於時比丘與其蜜糒幼童即食知其甘美遂隨比丘蜜糒欲盡比丘復授轉至佛所稽首足下慧王以所得食授與幼童令其上佛使發道意佛尋受之已滿佛鉢食不減損次與聲聞八万四千菩薩十二億佛及聖衆皆悉充飽如是之供至于七日飯則如故亦不損减幼童歡喜說頌讚佛即發无上正真法意時其父母求牽其子便詣佛所幼童問訊偈讚父母於時幼童化其父母及五百人悉令志求無上正真法即皆棄家而為沙門行菩薩道自致得佛時慧王者

即是溥首童真也其離垢辟者吾身是也（出住古造行經）

上首受恒伽貨身施食三

時有一菩薩名曰上首作一乞士入城乞食有一比丘名曰恒伽謂乞士言汝從何来荅言吾從真實中来恒伽問言何謂為真實荅曰寂滅相故名為真實恒伽曰當於何求實法荅曰當於六波羅蜜中求恒伽歡喜礼上首足下而便問言當以何食供養此人上首荅言當以須陁味恒伽即詣都市而自唱言吾欲賣身誰欲須者有一居士名毗奴律即問我言吾欲買之汝索何等恒伽報言索須陁鞞羅曰當索幾枚恒伽報言欲須五枚居士五錢買此道人以充使恒伽白大家言我身屬汝假我七日欲供養上首比丘居士告恒伽言吾當將汝示於宅舍放汝令還時恒伽見舍宅已涉路而還見此上首乞食未得即將上首到都市中買百味飲食將到一寺寺名四王設施牀座燒香散花下種種飲食（出大方等陁羅尼經第一卷）

須摩提始是八歲女轉身為男出家說法四

須摩提白佛言世尊所說菩薩四十事我當奉行令不缺減時長老目連問此四十事大士所行汝小女人何能辦之荅言審實能行若不信者當使三千大千國土皆當為我六返震動雨於天花諸音樂器不鼓自鳴應時如言女曰證我至誠若我後得佛无有虛者其在會衆悉作金色尋如其語色如黃金目連白佛言初發大意為菩薩者我為作礼所以者何八歲女子感應如此豈況高士摩訶薩乎文殊師利問言云何不轉女人身須摩提報言於是无所得所以者何法无男女今者我當斷仁所疑須摩提言令我不久當得正覺我今便當變為男子適作是語即成男身頭髮自墮袈裟在體便作沙弥又言我作佛時使我國中莫有三事一者魔事二者泥犁三者女態若我至誠我身當如三十沙門適作是語形體顏色如年三十復謂文殊師利言我作佛

時令我國人皆作金色地及城郭有七寶樹寶池寶華不多不少悉皆亭等又言諸在會者當作金色應時衆會皆並金容時持地神即從地出化作天身舉聲稱揚歎須摩提三言之德不久作佛（出佛說須摩提菩薩經）

摩訶盧讀大乘經為聖所導五

摩訶盧比丘國王謂其大讀摩訶乘常解騃令其蹈過又有比丘乃語王言此摩訶盧不多讀經何以供養如是王言我日夜欲見此比丘即往見在窟中讀法花經見一金色光明人騎白象合手供養王来轉迫便滅不現即問大德我来金光明人滅何也比丘言此即遍吉菩薩（法花經中普賢是也）来教導我誦於此經（出大智論第九卷）

善慧得五種夢請佛解釋六

善慧比丘白普光如来言我昔日在深山中得五種夢一者夢卧大海二者夢枕須弥三者夢海中一切衆生入我身内四者夢手執日五者夢手執月唯願世尊為我解說時佛荅曰夢卧大海者汝身即時在於生死大

海之中夢枕須弥者出於生死得涯際相夢大海中一切衆生入身内者當於生死大海為諸衆生作歸依處夢手執日者智慧光明普照法界夢手執月者以方便智入於生死以清涼法化導衆生出過去現在因果經第一卷

女人高樓見佛化成男身出家利益七

須福長者有女名曰龍施厥年十四時在浴室澡浴塗香著好衣畢佛與眷屬放眉間毫相之光照七重門内令殿舍皆明女見光明踰於日月心知非恒便走上七重樓上東向見佛在門外住女大歡喜則自念言今得施佛及衆弟子以發意作菩薩行願令我後得道如佛魔見女發大意心為不樂即下化作女父謂龍施言汝所念大重佛道難得今世幸有佛不如求羅漢且俱度世泥洹无異龍施對曰不如父言佛智廣大度人无極羅漢智少如一塵耳有何高仁樂於小者魔復言未聞女人作轉輪王况乃得作佛不如求羅漢早取泥洹去龍施報言我亦聞女人不得作轉輪王

不得作佛我當精進轉此女人作男子身蓋聞天下行菩薩法億劫不懈者後得作佛魔見女意不轉益以愁毒更作急教言若作菩薩行者不貪世間不惜壽命令汝精進能從樓上自投地者後可得作佛龍施心念我今見佛貪菩薩道父又教以精進身可得佛我何惜此危脆之命即住欄邊向佛叉手言自歸於天中天以一切智知我所求請棄軀命不捨菩薩以身施佛願如散花便縱身自投樓下未及至地化成男子佛笑五色光從口中出照一佛剎還繞佛身三匝從頂上入汝見此女自投空中化成男子不是女乃前世時已事万佛後當供養恒沙未來佛至七億六千万劫當得作佛号曰名上其壽一劫般泥洹後經道興盛半劫乃滅於是龍施身住佛前報父母言願放捨我得作沙門父母即聽中外眷屬皆發无上道意出龍施女經

女人在胎聽法轉身為丈夫出家修道八

佛在羅閱祇菩薩及四部大會佛說

法有迦羅婦懷妊在坐腹中懷子叉手聽經佛欲使衆會見之便見大光明照迦羅婦坐衆人皆見腹中女叉手聽經猶如照鏡佛持八種聲問腹中女言汝以何故叉手聽經用佛威神即荅佛言以世間人皆行十惡我欲令行十善又以世人生死不絕又世間人不孝從父母不供養沙門婆羅門道人是故叉手聽經時女說是語竟便生辟如太子從右脅生地為六反震動虚空中有自然天樂雨天衆花千葉蓮花大如車輪以寶作莖狀如青琉璃女即坐蓮花上帝釋持天衣與女著之女報言汝為羅漢我為菩薩汝非我輩不與我同類我自有衣舍利弗白佛此女為從何國來當送衣也佛言此女從東南方佛剎清淨國來去此十万佛剎本國衣便自然在虚空中來肅肅有聲女見衣來便著之當得五通又女本國人盡得五通女得衣著訖便從蓮華上下行至佛前女一舉足地為六反震動頭面著地為佛作礼三言南无佛

便長跪白佛今坐中大有諸迦羅婦
願佛為說經令得男子身佛言我亦
不使汝作男子亦不使汝作女人皆
自從身行得耳佛言有一事可疾得
男子何等為一發心為菩薩道又女
人身當內自觀辟如機關骨節相拄
但筋皮在上女人常畏人辟如蚖虵
蝦蟆不敢晝出時坐中迦羅婦七十
五人聞佛說經歡喜踊躍前以頭面
着地為佛作礼白佛言我願發菩薩
心作男子我若不得男子身我終不
起時七十五迦羅越從舍衛國来至
佛所見諸婦皆在佛前便心念言巳
失我曹婦便問舍利弗此諸女人是
我曹婦何為是間舍利弗荅言欲作
比丘尼御當聽不迦羅越荅言先使
我曹作比丘舍利弗白佛言是七十
五迦羅越皆欲作比丘佛呼善男子
来皆作比丘頭鬚自然墮袈裟便来
着身手持應器皆前為佛作礼時七
十五婦各脫珠環皆以散佛上便自
然虛空中化作七十五交露珠瓔珞
帳中有七寶牀上有座佛邊有无數

菩薩聽經七十五婦人見是變化皆
大歡喜即用佛威神飛住虛空自然
有花雨散佛上從虛空中来下便得
男子身前白佛言我願作比丘佛語
弥勒菩薩將去授戒弥勒菩薩即授
戒作比丘僧女自然有化花蓋七重
茎如蓮華即持與母言佛是天上天
下度人之師母以花蓋上佛是天上
天下之師蓋上之後母亦當為天下
之蓋女語母言今當發菩薩心母荅
女言我始懷汝時於夢中常見佛及
法比丘僧無三毒心身體安隱知我
腹中子為是菩薩摩訶薩以是安隱
時發菩薩心以母得華蓋便持上佛
地為六反震動佛語舍利弗四天下
星宿尚可知數是女前後所度父母
不可知數（出胎中女聽經）
沙門慈狗轉身為人立不退地九
昔有一國穀米踊貴人民飢餓時有
沙門入城分衛无所一獲次至長者
大豪貴門得麁惡飯適欲出城門中
逢一射獵殺生屠兒抱一狗子持歸
欲殺見沙門歡喜前為作礼沙門呪

願老壽長生沙門知有狗子欲殺噉
之問其何所貴荅曰空行沙門又問
吾已見殺生之罪甚為不善願持我
食貿此狗子令得命濟卿福无量其
人不與沙門慇懃曉喻請之不肯隨
言沙門又言設不肯者可以示我其
人即出以示沙門沙門舉飯以餡狗
子以手摩之呪願泆出卿罪所致得
是犬身不得自在見殺食噉使尒世
世罪滅福生離狗子身得生為人所
在遇法狗子得食善心生焉踊躍歡
喜事已將去歸家殺食狗子命過生
豪貴大長者家適生墮地便有慈心
時彼沙門分衛次到長者門裏時長
者子見彼沙門憶識本緣便前稽首
礼沙門足請前供養百味飲食前白
父母今我欲逐此大和上奉受經戒
為作弟子父母愛重不肯聽之今我
一門有汝一子當以續後家門之主
何因便欲棄我而去小兒啼泣不肯
飲食不聽我便自就死父母見尒便
聽令去隨師學道除去鬚髮被三法
衣諷誦佛經深解其義便得三昧立

不退轉開化一切發大道意沙門即識宿命發菩薩心立不退轉豈況俗人供事三寶諷誦大乘（出度脫狗子經）

經律異相卷第十二

經律異相卷第十二

校勘記

一　底本，金藏廣勝寺本。八六五頁中原版缺，以麗藏本補。

一　八六五頁中一行「僧部第一」，[徑]、[清]作「僧部第十一」。

一　八六五頁中二行「梁沙門僧旻寶唱等集」，[資]、[磧]、[普]作「梁沙門寶唱等集」；[南]作「梁沙門寶唱等譯」；[徑]、[清]作「梁沙門僧旻寶唱等奉勅撰」。卷第十三至第十五同。

一　八六五頁中三行至一五行目録，[徑]無。

一　八六五頁中九行「讀大乘經」，[資]作「讃大乘經」。

一　八六五頁中一一行「男身」，[清]作「男子」。

一　八六五頁中一五行「不退地」，[清]作「不退轉」。

一　八六五頁中一七行末字「一」，[徑]、[清]作「第一」。

一　八六五頁中一九行「國界」，[資]、[磧]、[普]、[南]、[徑]、[清]作「國家」。

一　八六五頁下一行「飛虛空中」，[資]、[磧]、[普]、[南]、[徑]、[清]作「飛處空中」。

一　八六五頁下四行「五仙王」，[徑]作「五僊人」。

一　八六五頁下六行末字「二」，[徑]、[清]作「第二」。

一　八六五頁下二〇行首字「牽」，諸本（不含[石]，下同）作「索」。

一　八六五頁下二二行末字「爲」，[資]、[磧]、[南]、[徑]、[清]作「作」。

一　八六六頁上三行末字「三」，[徑]、[清]作「第三」。

一　八六六頁上一五行第七字「枚」，[資]作「牧」。一六行首字同。

一　八六六頁上二一行「飲食」，[資]、[普]作「飯食」。

一　八六六頁上末行「飲食」，[資]作「食飲」。

一　八六六頁中一行「始是」，[資]、[磧]、[普]、[南]、[徑]、[清]作「始爲」。

一八六六頁中二行末字「四」，徑、清作「第四」。

一八六六頁中五行「四十事」，磧、普作「四十重」。

一八六六頁中七行「六返」，資作「六及」。

一八六六頁中一七行第三字「令」，磧、普、南、徑、清作「今」。次頁中五行第七字諸本同。

一八六六頁中二一行「泥犁」，資作「泥犂」。

一八六六頁下七行第四字「讀」，資作「讃」，又末字「五」，徑、清作「第五」。

一八六六頁下九行首字「常」，磧、普、南、徑、清作「當」。

一八六六頁下一一行第一三字「往」，磧、普、南、徑、清無。

一八六六頁下一六行夾註右「文智論」，諸本作「大智論」。

一八六六頁下一七行末字「六」，徑、清作「第六」。

一八六六頁下一八行「我昔日」，資、磧、普、南、徑、清作「我於昔日」。

一八六七頁上五行第八字「智」，資、磧、普、南、徑、清作「智慧」。

一八六七頁上六行夾註左首字「果」，資作「牙」。又「第一卷」，資、磧、普、南、徑、清作「第一卷中」。

一八六七頁上七行「男身」，資、磧、普、南、徑、清作「男子」。又末字「七」，徑、清作「第七」。

一八六七頁上一一行第三字「舍」，資作「合」。又第一〇字「踰」，資、磧、普、徑作「喻」。

一八六七頁上二〇行「高仁」，資、磧、普、南、徑、清作「高士」。

一八六七頁中六行末字至次行首字「我令」，資、磧、普、南、徑、清作「今我」。

一八六七頁中一四行「汝見」，資、磧、普、南、徑、清作「佛言汝見」。

一八六七頁中一九行第一一字「放」，資作「若於」。

一八六七頁中二二行末字「八」，徑、清作「第八」。

一八六七頁下二行「便見」，資、磧、普、南、徑、清作「便現」。

一八六七頁下七行「令行十善」，資作「今行一善」。

一八六八頁上七行「蚖虵」，資、磧、普、南、徑、清作「虵虺」。

一八六八頁上一三行末字至次行首字「已失」，資、磧、普、南、徑、清作「失已」。

一八六八頁上一五行第七字「間」，徑、清作「問」。

一八六八頁上末行首字「帳」，資、磧、普、南、徑、清作「帳帳」。

一八六八頁中九行「之師」，資、磧、普、南、徑、清作「師之」。

一八六八頁中一七行夾註右「胎中」，資、磧、普、南、徑、清作「腹中」。

一八六八頁中一八行「不退地九」，資、磧、普、南作「不退轉九」；徑、清作「不退轉第九」。

一　八六八頁中一九行「昔有」，清作「若有」。

一　八六八頁下四行「令得命濟」，資、磧、普、南、徑、清作「令命得濟」。

一　八六八頁下六行首字「言」，資、磧、普、南、徑、清無。

一　八六八頁下七行「以飴」，資、磧、普、南、徑、清作「以飼」。

一　八六八頁下一七行第六字「逐」，南作「遂」。

一　八六八頁下一八行首字「爲」，資、磧、普、南、徑、清無。

一　八六八頁下二一行「不聽」，諸本作「不欲聽」。

一　八六九頁上三行「大乘」，資、磧、普、南、徑、清作「大經」。

經律異相卷第十三 聲聞無學僧第二 僧部第二　靈

梁沙門僧旻寶唱等集

迦葉身黃金色婦亦同姿出家得道一
迦葉從貧母乞食二
迦葉結集三藏黜斥阿難使盡餘漏三
迦葉結法藏竟入雞足山待弥勒佛四
大迦葉賓頭盧君屠鉢歎羅云不般
涅槃至佛法滅盡五
賓頭盧以神力取樹提鉢被儐拘
耶尼六
憍陳如拘隣等五人先得道二緣七
欝鞞羅𨚗提伽耶三迦葉受佛化
悟道八
須菩提前身剖口施僧得生天上九
須菩提初生及出家十
阿㝹律端正或謂美女欲意往向自
成女十一
阿㝹律化一婬女令得正信十二
阿㝹律先身為劫以箭正佛燈得
報無量十三
阿㝹律前生貧窮施緣覺食七生
得道十四

阿㝹律等共化跋提長者及姊十五

迦葉身黃金色婦亦同姿出家得道一

迦葉父者曰尼俱律陁摩竭國人也出自婆羅門種宿命福德生世大富珎奇寶物國中第一財比國王千分少一夫婦孤獨乏无兒息近在舍側有大樹神時彼夫婦為欲有兒三牲祭祠累歲不遂其人大忿便與期七日若復無驗當剪伐汝棄都道頭以火燒之神聞驚怖上告息意天王天王即將神告天帝釋帝釋即以天眼觀欲界中未有堪任為彼子者見一梵天臨當壽終便告之曰汝可生閻浮提為尼俱律陁作子梵天對曰婆羅門者多諸邪見我若下生不能為其作子梵王荅曰彼婆羅門宿時大德欲界衆生無有堪任為作子者汝若往生吾當勅天帝釋令擁護汝不使中道墮邪見也梵天曰唯帝釋即以告樹神樹神還告長者忽見瞋恨却後七日必令有子七日滿婦便有娠十月乃生身黃金色而有光明相師占曰此兒宿福有大威德志力清

遠不貪世務若後出家必登聖道父母聞之復大愁憂恐兒出家至年十五欲為娶婦迦葉聞之累啓父母我志樂清淨不須婦也父母不聽迦葉又言若然不用凡女人得紫金色女端正無比乃當取之欲令此事不可辦也父母令其國中推覓之諸婆羅門即為設策鑄金作神女顏貌端正光色微妙如衆天像從國至國高聲大唱諸有女人得見金神礼拜供養者後出嫁時當得好聟體黄金色顏貌姝妙智慧无比聚落國邑諸有女人聞此唱者莫不虛心皆出奉迎礼拜供養唯有一女軀體金色端正姝好獨處閑室不肯出迎諸女諫曰其有見金神者皆得如願汝何以獨不出迎荅曰吾志閑靜不好餘願也諸女復曰雖无所願蹔共一觀當復何損諸女相携乃遂共出看金女光色乃映金神婆羅門還報長者具即遣媒人到其女家宣長者意其女父母先亦聞迦葉名敬承佳意遂相然可彼女聞之甚大愁憒父母所逼事不獲

已遂適迦葉二人相對志各凝結雖為夫婦了无恩情便共結誓我與君等各處異床要不相觸尒時夫婦各處一床其父母聞迦葉雖共同室而複異床其父尋復遣人持床去於是夫婦唯共一床其婦更與夫誓我若眠時君當經行時其婦卧一臂垂地有大毒虵欲来噬之迦葉見已有慈愍心持衣裹手舉著床上尋時驚覺便大瞋怒語迦葉言我先有要如何相犯迦葉報言汝臂落地毒虵欲噬是故相救非故觸也指虵示之其婦乃悟於是夫婦自相與議我等何不出家修道遂辤父母俱共出家山澤行道時有婆羅門將五百弟子亦住此山見迦葉夫婦共相隨遂於時迦葉便捨其婦以五百兩金貿緻納衣別處一林其婦即依止婆羅門求為弟子婆羅門五百弟子見此女人形色端正日日行婬女人不得自在遂不能堪便告其師師便為之誡約弟子令節所欲迦葉後值佛出世聞法受化即得羅漢聞其本婦在梵志邊

便將詣佛佛為說法得阿羅漢頭鬚自落法服在身成比丘尼遊行教化正值波斯匿王大會諸比丘尼便得入王宮裏教化諸夫人皆令持一日齋王暮還宮命諸夫人皆云持齋无肯来者王便大瞋語使人言誰教諸夫人齋使人荅言某甲比丘尼王便呼来令九十日代諸夫人受淫欲此皆是昔日之因緣誓願所造故雖得羅漢不能相免也（出雜譬喻經第四卷）

迦葉從貧母乞食二

迦葉捨豪富而從貧乞入王舍城見一孤獨母寂甚貧困街巷大糞聚上傍鑿糞聚以為巖窟羸劣疾病常卧其中無有衣食施一小簞籬以障五形壽命將終長者青衣行棄米汁臭惡難言母從乞之即以破瓦感著左右迦葉哀之往乞多少老母說偈言其臭惡迦葉猶以慈悲忍而乞之老母歡喜即以施迦葉恐母不信豈能食之即於母前飲畢盪鉢示現神力母大踊躍一心遥視迦葉告曰母今何願時母猒世苦聞天上樂願生天上數

日壽終即生第二忉利天宮即念故恩求欲供養釋提桓因聞是事已即與天后持百味食盛小瓶中下詣漏室變其形狀似于老人織席貧窮迦葉分衛見而往乞夫妻告言我今貧苦輙自割損以施賢者令吾得福迦葉下鉢乃開小瓶香熏大盛迦葉即嬔便入三昧復身飛去彈指歡喜 出摩訶迦葉度貧母經

迦葉結集三藏黜斥阿難使盡餘漏三

諸天礼迦葉足說偈讃歎大德知不法船欲破法城欲頹法海欲竭法幢欲倒法燈欲滅說法人欲去行道人漸少悪人轉盛當以大慈建立佛法迦葉心如大海澄清不動久而荅曰世間不久无智盲冥迦葉思惟我今云何使三僧祇刧難得佛法而得久住唯當結集三藏可得久住耳未来世人可得受行佛世世勤苦慈悲衆生學得是法為人顯說我等亦應承用開化界須弥山頂鳴銅揵搥而說偈言

諸佛弟子　若念於佛　當報佛恩

莫入涅槃

是揵搥音及迦葉語聲遍至三千大千世界皆悉聞知諸有弟子得神力者集迦葉所迦葉以天語告言佛般涅槃諸知法弟子皆隨滅度佛法欲滅未来衆生甚可怜愍失智慧眼愚癡盲冥我等應當承用佛教待結集法藏竟隨意滅度迦葉選得千人唯除阿難皆得羅漢頻婆娑羅王得道常勑宮中飯食千人阿闍世王不斷是法迦葉思惟若常乞食當有外道強来難問廢闕法事到王舍城以事告王王當給食日日送来夏三月安居迦葉觀誰有煩惱唯有阿難大迦葉即數之云犯六突吉羅罪盡應僧中懺悔阿難即隨教長跪合手偏袒右肩脫革屣懺悔迦葉於僧中起牽手出之語言汝宜盡漏若殘結未亡汝勿来也便自閇門與諸羅漢共議誰能結集毗尼法藏者長老阿泥盧豆言舍利弗是第二佛憍梵波提柔軟和雅閑居燕寐皆能知毗尼藏今在天上尸利沙樹園使下座比丘往

傳迦葉意云漏盡羅漢皆會閻浮提僧有大法事今可疾来憍梵波提心疑問曰為鬪諍破僧耶佛日滅度耶荅曰大師滅度我和上舍利弗今在何所荅曰先入涅槃憍梵波提問曰目連阿難羅睺今何所作荅曰目連已滅度阿難由有憂結愁苦啼哭不能自喻羅睺已得羅漢無復憂苦憍梵波提言我和上大師皆已滅度我今不能復下即入涅槃阿難思惟諸法求盡殘漏坐禪經行定力少不時得道後疲極欲息卧頭未至枕廓然得悟作大力羅漢其夜到僧堂敲門喚大迦葉大迦葉言汝何以来荅言我今夜盡漏迦葉言我不與開門汝從門鑰孔中来阿難即從鑰孔中入懺悔大迦葉莫復見責迦葉手摩其頭我故使汝得道耳汝無嫌恨我亦如是大迦葉語阿難言從轉法輪經至大般涅槃集作四阿含增一中長相應是名修妬路法藏諸羅漢更問誰能明了集毗尼法藏皆言長老優波離於五百羅漢中持律第一我等

今請優波離受教坐師子座言佛在何處說比丘結戒時須提陁迦蘭陁長者子初犯淫欲法始結大罪諸羅漢思惟誰能明了學阿毗曇藏念長老阿難於五百羅漢中觧修多羅義第一我等今請阿難受請佛在舍婆提城說五怖五罪五除五滅以是因緣此生身心受無量喜復墮惡道中如是等名阿毗曇藏（出大智論第二卷）

迦葉結法藏竟入雞足山待弥勒佛四

迦葉結法藏竟入雞足山破為三分於中鋪草布地即自思惟而語身言如來昔以糞掃衣覆蔽於汝乃至為弥勒法藏應住於此因說偈言

我以神通力　當持於此身　以糞掃衣覆　至弥勒出世　時我為弥勒　教化諸弟子

即起三三昧如一入涅槃以三山覆身如子入母腹而自不失壞二若阿闍世王來先約相見來者山應當開阿闍世若不見我當吐熱血死三阿難來山開弥勒與九十六千万弟子來此取迦葉身以示眷屬令悉學我持戒功德（出阿育王經第七卷）

大迦葉賓頭盧君屠鉢歎羅云不般涅槃至佛法滅盡五

弥勒佛亦以三乘法教我弟子大迦葉者當佐弥勒勸化又君屠鉢歎比丘賓頭盧比丘羅云比丘四大聲聞約不般涅槃須佛法沒盡然後乃般涅槃大迦葉住摩竭國界毗提村中山弥勒當與數千人往至其所諸鬼神等當為開石門見其禪窟時弥勒佛申右手指以示迦葉告諸民人過去久遠釋迦佛弟子名曰迦葉頭陁第一今故現在弥勒佛當取迦葉僧伽梨著之迦葉身體奄忽星散弥勒取種種花當供養迦葉有敬心故（出弥勒下生經）

賓頭盧以神力取樹提鉢被擯拘耶尼六

王舍城中樹提居士入海客還餉一栴檀作鉢置絡囊中懸高杙上言若沙門婆羅門能不以梯杖得者便取富樓那等皆言欲見神力掉頭而去賓頭盧姓頗羅墮詣樹提樹提言善来頗羅墮能不以梯杖取鉢者與賓

頭盧入定伸手取鉢居士以盛滿飯授之食已持去有一比丘少欲知足聞從何處得賓頭盧具說上事少欲比丘訶責言為受赤裸外道物云何名比丘於未受大戒人前現過人聖法訶已白佛佛集僧問賓頭盧汝實作是事不荅言實尒佛語頗羅墮盡形擯汝不應得在閻浮提住賓頭盧奉教還房付卧具床榻還僧持衣鉢從閻浮提沒現瞿耶尼教化四衆廣興佛事（出十誦律六誦第二卷僧祇弥沙塞四分大同小異）

憍陳拘隣等五人在先得道二緣七

佛在迦毗羅衛國尼拘盧陁僧伽藍諸釋問佛憍陳如等宿有何緣如来出世法皷初振寂先得聞甘露始降便蒙沾澤異口同音稱讚无量比丘聞之以事白佛佛言非獨今日先度五人我於久遠亦濟此等以身為舩濟之比丘白佛此事云何佛言過去閻浮提波羅㮈國王名梵摩達時有薩薄名勒那闍耶遊外林間見有一人涕泣悲切以索繫樹以頭入羅自

殺取死便前問之汝何以介喻令捨索報言貧窮負債債主剥奪日夜催切天地雖曠容身无處故避此苦介時薩薄即語之曰卿但自釋所負多少悉代汝償作是語已彼人便休歡喜踊躍隨從薩薄俱至市中宣令一切大欲償債時諸債主競共雲集来者無限空竭其財猶不畢償妻子窮凍乞匃自活時有衆賈勸進薩薄欲共入海即荅之曰我今窮困无所復有何縁得從衆人報言我等衆人凡有五百出錢開分共辦舩具衆人投合獲金三千兩薩薄以金千兩辦舩千兩辦粮千兩用待舩上所須餘給妻子便於海邊施作大舩舩成馳去便於道中卒遇黒風破碎舩舫衆人無依中有五人共白薩薄依汝来此今當没死危險垂至願見拔度薩薄荅曰吾聞大海不宿死屍汝等今者悉各捉我當殺身以濟介厄誓求作佛後成佛時當以无上法舩度汝生死作是語已以刀自刎命斷之後海神起風吹至彼岸得度大海皆獲安

隱欲知介時勸鄃闍耶者今我身是時五人者拘隣等是其一出賢愚經第十卷

佛在羅閲祇竹園中阿難又以問佛阿若憍陳如伴黨五人宿有何縁法鼓初震獨先得聞佛言先世之時食噉我肉致得安隱是故今日先得法食用致解脱過去刧時此閻浮提有大國王名曰設頭羅健寧領閻浮提八万四千國有火星現相師白王當旱天遂不雨經十二年王大憂愁計現民口筭數倉庫一切人民日得一外猶尚不足死亡者衆王自念曰當設何計濟活人民即立誓言今此國人飢羸无食我捨此身願為大魚以我身肉充濟一切即上樹端自投於地即時命終於大河中為化生魚其身長大五百由旬時有木工五人各賫斤斧往至河邊規斫林木魚曰汝等須食来取我肉飽賫還去後成佛時當以法食濟脱汝等汝告國人須食者来五人歡喜具如其語語於國人展轉相報遍閻浮提悉皆来集噉食其肉一脅肉盡即自轉身復取一

脅食盡還生如是憣覆恒以身肉給濟一切經十二年其諸衆生食肉者皆生慈心命終生天時設頭羅健寧王者則我身是時五伐木人憍陳如等是其諸人民後食肉者今八万諸天及諸弟子得度者是其二出賢愚經第四卷

欝鞞羅鄃提伽耶三迦葉受佛化悟道八

欝鞞羅婆界有梵志名鞞羅迦葉將五百螺髻梵志已為尊者鴦伽摩竭國皆稱為羅漢佛到迦葉所語言我欲寄止一宿荅言不惜但此室有毒龍恐相害耳佛言无苦迦葉言隨意佛即入石室結加趺坐直身正意龍見放烟佛亦放烟龍復放火佛亦放火時石室中烟火俱起迦葉遥見瞿曇可惜為毒龍所害佛即降龍盛置鉢中明旦將往至迦葉所告言毒龍今在鉢内迦葉念言瞿曇雖得羅漢有大神力猶不如我白佛言可止我當給食佛曰汝能身自及日時到者我當受請迦葉言我當自来佛往食食竟還石室宿其夜入火光三昧

照彼石室迦葉即與徒衆圍繞白佛今時已到可還就食沙門昨夜何故有此大火佛告迦葉我昨夜入火光三昧令此石室洞然大明迦葉歎大威德猶言不如我得羅漢佛食竟更宿一林明日迦葉復迎還食佛言汝並在前吾尋後往先詣閻浮提樹取此樹菓坐迦葉座迦葉後到曰去何已在先至耶佛言此菓色好香美汝可食之迦葉念此沙門有大神足猶不如我得阿羅漢佛食竟還本林坐更放種種神力欲攝取迦葉四天王天釋提桓因等並賫供具來供養佛迦葉并五百弟子捨事火具淨衣澡瓶擲尼連禪水中往詣佛所佛次第為五百人說法即於座上諸塵垢盡得法眼淨皆白佛言願欲出家佛言善來比丘快修梵行得盡苦際即為受具足戒迦葉中弟子名那提居尼連禪水下流有三百弟子迦葉小弟名伽耶居烏頭山有二百弟子二弟見兄服道俱往問言從此大沙門修學梵行勝耶荅曰極為勝妙各與眷

屬同詣世尊佛為說法於坐悟道得法眼淨白佛我等欲於佛法中修習梵行佛言善來比丘快修梵行得盡苦際（出四分律二分第九卷）

須菩提前身割口施僧得生天上九

舍衛國有長者名曰拘留无有兒子禱神求之天於空中而語之曰長者福多无堪生者是以无子有天王壽終應生君家後生兒名須菩提端正聰辯慈仁博愛白其父母令欲請佛父母聽許即便請佛廣設供養復白父母求作沙門父母聽之即隨如來還至祇洹便作沙門應時得阿惟顏神通具足隨俗教化在弟子中現作羅漢阿難白佛言此須菩提本修何功德佛言此人無數世時作貧家子逢一比丘入城分衛遍无所得尒時年少見其鉢空作礼白言願隨我歸當相供養即隨到家取已食分供養道人而自不食道人食竟現飛而去年少歡喜即發道意緣是功德後生天上九十一劫今復來生長者家尒時年少者今須菩提也一施之福尚

乃如此況復多乎（出賴吒經）

須菩提初生及出家十

昔舍衛國有大長者名曰鳩留財富无數无有子息遍禱諸神了不能得空中天曰卿當得福子有一天王壽應命終生長者家長者大喜却後七日第一夫人即覺有娠月滿生男名須菩提色像第一聰明辯才博愛多曉貴賤推敬其見聞者有所作為轉以法樂勸益一切諸父兄弟共嫉恚之語其母言此兒不念治家遊蕩无度母言此兒福德不與凡同後須菩提索食母令婢預洗空器荅其无有須菩提發器視之自然百味飯香美一切共食皆得安隱諸父兄弟方知非凡請佛及菩薩大衆設食食畢兒從父母求作沙門父即聽之隨佛還祇洹即作沙門應時得阿惟顏在弟子中現作羅漢（出十卷譬喻經第一卷）

成女人十一

阿那律端正或謂美女欲意往向自

阿那律已得羅漢有美顏容似於女人獨行草中時有年少見之謂是女

人邪心既動欲往犯之知是男子自
覩其形變成女人慙愧鬱毒自放深
山遂不敢歸經踰數年其家妻子生
不知處謂已死亡阿那律行分衛往
至其家婦人涕泣自說其夫不歸乞
與福力使得生活阿那律默然不應
有哀念故乃至山中求與相見此人
便悔過自責其身還成男子遂得歸
家家室相見也 出舊譬喻經下卷

阿那律化一婬女令得正信十二

佛在祇樹園時阿那律往拘薩羅國
路无比丘住處有一年少婬女安止
賓客阿那律即往語言大姊欲寄止
一宿女荅言尒時有長者居士亦投
彼宿住處既迫女請阿那律入其內
舍尒時尊者在其坐處結加趺坐繫
念在前時不淨行女然燈竟於初夜
未往阿那律所語言近有諸長者婆
羅門種多諸財寶皆来語我言可為
我作婦我即語彼汝等醜陋不能為
汝作婦我觀尊者形貌端正可為我
夫時阿那律默然不荅女到後夜又
復如是由故默然時此婬女既脫衣

来欲抱持之時阿那律以神足力勇
身空中婬女見之生慙愧即疾著衣
叉手合掌仰向懺悔如是至三頋尊
者還坐本處時阿那律即下本坐此
女人礼足却坐一面阿那律為說種
種妙法呵欲不淨稱讚離欲女人即
坐諸塵垢盡得法眼淨時女見法既
得法已唯願聽許為優婆夷即受五
戒為佛弟子仰願尊者受我供養默
然受之施設種種甘饍食竟說法令
心歡喜 出四分律初分第八卷

阿那律先身為劫以箭正佛燈得報
无量十三

阿難白佛阿那律天眼所見與佛何
異佛謂阿難如来所見非羅漢辟支
佛所知况汝生死比丘何能知我如
来徹視從此東去恒沙等剎恒者謂
江河耨池至于大海廣四十里中沙
辟方下至底百二十斛過一剎置一
沙盡尒所沙佛土所有人物之類幽
邃之處矇昧之物衆生微形皆悉見
之周匝十方皆亦如是阿那律所見
何足言持比佛乎阿難白言阿那律

宿有何緣所見乃尒佛言往昔惟衛
佛泥洹後有劫賊行劫所得過佛畓
中欲盜神寺中物時佛前燈火欲滅
闇无所見賊以箭正燈炷使明燈明
見威光曜目歘然毛竪心自念言衆
人尚持寶物求福我云何盜取乎即
便捨去九十一劫諸惡漸滅福祐日
增尒時賊者阿那律是緣正燈福恒
生善處值遇見佛出家得道徹視第
一何况至心割所珍愛然燈佛前福
難量也 出譬喻經第二卷

阿那律前生貧窮施緣覺食七生得
道十四

佛在鹿野苑中阿那律語諸比丘我
念過去在此波羅奈為貧窮人客作
荷擔以自存活時世穀貴飢餓多有
終者乞食難得有辟支佛名拔栗吒
亦依此住時辟支佛早起乞食時我
早起出欲荷擔見辟支佛我荷擔還
又復見之便作是念是人早起時我
見之今又見出必未得食便隨我後
至于我家即作此念意欲請之即便
分食持至其所到已語言仙人此是

我分當慈愍我故納此食時辟支佛以鉢受半汝自食半可為俱足荅言仙人我有家居得隨時食汝仙人見慈盡受此施此辟支佛以慈愍故而盡受之我因此施七生天上得為天王七生人間亦為人王今生釋種財富無量棄此出家學道得證（出中阿含經第十二卷）

阿那律等共化跋提長者及姉十五

阿那律大迦葉目連賓頭盧共議今王舍城有不信樂佛法僧者我等當共令其信樂作是議已遍觀遠近唯見跋提長者及其姉不信三寶上三聲聞言能化跋提時彼長者作七重門門有三部技若欲食時七門皆閉一食作一部技阿那律於其食時在其前乞長者問言從何處入荅從門入即問守門門閉如故不見人入長者便以一片麻餅著其鉢中得已即去於後食時迦葉復乞亦復如是得一片魚著其鉢中其婦問言意謂比丘不能得而來乞耶荅言如是婦言前來比丘名阿那律釋種之子捨三時殿五欲之樂出家學道後來比丘是

畢波羅延摩納大姓之子捨九百九十田宅犁牛出家學道愍念君故來乞食耳長者聞已內懷敬伏於是目連飛空說法示教利喜即於坐上遠塵離垢得法眼淨見法得果即受歸戒上三聲聞語賓頭盧我等今者已化跋提令其信法汝今宜行次化其姉時賓頭盧晨朝持鉢往到其舍時長者姉手自作餅忽見來乞便語之言不與汝一心視鉢欲以何為賓頭盧便身中烟出復語言舉身烟出亦不與汝賓頭盧便舉身火然復語言舉身火然亦不與汝賓頭盧便飛騰虛空復語言飛騰虛空亦不與汝賓頭盧便倒懸空中復語言倒懸空中亦不與汝賓頭盧作是念世尊不聽我等強從人乞便自出去王舍城不遠有大石賓頭盧坐其上合石飛入王舍城城中人見皆大怖懼恐石落地莫不馳走至長者姉上便住不去彼見是已即大恐怖白言願施我命反石於先我當與食賓頭盧便持石還著故處至其前住長者姉作是念

我不能以大麨施之當更作小者與之便作小丸輙反成大如是三反轉大於前乃作念言我欲作小皆反成大我今便可趣與一餅即以一餅而授與之諸餅相連并至餅器以手捉器手亦著之便語賓頭盧言汝若須餅盡以相與全出與不惜何須我為而令我手著荅言我不須餅亦不須器亦不須汝我等四人共議度汝及第二人已化汝弟我應度汝所以尒耳問言今欲令我何所施作荅言姉妹可戴此餅隨我施佛及千二百五十比丘皆悉飽滿猶故不盡持往白佛我此少餅供佛及僧皆悉飽滿猶故不盡今當持此著於何處佛言可著无生草地若无虫水中彼女人便持著無虫水中水沸作聲如以熱鐵投于小水便生恐怖還至佛所佛為說法得法眼淨即受歸戒如弟子無異諸長老等以是白佛佛即呵責諸比丘從今不聽復現神足（出弥沙塞律第三十卷）

經律異相卷第十三

經律異相卷第十三

校勘記

一　底本，金藏廣勝寺本。

一　八七二頁中一行「聲聞無學僧第一僧部第二」，資、磧、普、南作「聲聞無學第一僧部第二」；徑、清作「聲聞無學僧部第十二之一」。

一　八七二頁中三行至本頁下一行目録，徑無。

一　八七二頁中一六行「美女」，清作「是女」。

一　八七二頁中一七行第二字「女」，資、磧、普、南、清作「女人」。

一　八七二頁中一九行「正佛燈」，麗作「挑佛燈」。

一　八七二頁下二行末字「一」，徑、清作「第一」。

一　八七二頁下九行「剪伐」，資、磧、普、南、麗作「剪罰」。

一　八七二頁下一二行第一二字「者」下，資、磧、普、南、徑、清有「乃告梵王梵王遍觀」八字；麗有「乃告梵王梵遍觀」七字。

一　八七二頁下一五行「者多」，資、磧、普、南、徑、清作「著」。

一　八七二頁下二〇行首字「以」，資、磧、普、南、徑、清無。

一　八七二頁下二一行「七日滿」，諸本(不含石，下同)作「七日已滿」。

一　八七三頁上一二行「姝妙」，資、磧、普、南、徑、清作「殊妙」。

一　八七三頁上一三行「虛心」，南、徑、清作「虔心」。

一　八七三頁中三行第五字「床」，資、磧、普、南、徑、清作「房」。四行第三字同。

一　八七三頁中四行「其父母聞」，資、磧、普、南、徑、清作「其父母復令同室」。

一　八七三頁中五行「持床去」，資、磧、普、南、徑、清作「持一床去」。

一　八七三頁中一四行「山澤」，麗作「入山」。

一　八七三頁下九行第四字「日」，資、磧、普、南、徑、清無。又第一一字「造」，資、磧、普、南、徑、清作「追」。

一　八七三頁下一一行末字「二」，徑、清作「第二」。

一　八七三頁下一七行「破瓦」，資作「破缸」；磧、普、南、徑、清作「破瓨」。

一　八七四頁上三行末字「漏」，資、磧、普、南、徑、清作「陋」。

一　八七四頁上六行首字「苦」，資、磧、普、南、徑、清作「困」。

一　八七四頁上七行「大盛」，諸本作「大城」。

一　八七四頁上一〇行末字「三」，徑、清作「第三」。

一　八七四頁上一三行「說法人欲去行道人」，資、磧、普、南、徑、清作「說法人去行道」。

一　八七四頁上末行「諸佛」，資、磧、普、徑作「佛諸」。

一　八七四頁中四行「天語」，資、磧、

普、南、徑、清作「大語」。

一八七四頁中一〇行「飯食」，徑作「飲食」。

一八七四頁中二二行第八字「皆」，資、磧、普、徑無。

一八七四頁下三行「佛日」，資、磧、普、南、徑、清作「佛已」。

一八七四頁下一二行第三字「後」，諸本作「後夜」。

一八七四頁下一三行「敲門」，資、磧、普、南、徑、清作「扣門」。

一八七五頁上八行「無量喜」，資、磧、普、南、徑、清作「無量苦」。

一八七五頁上一〇行末字「四」，徑、清作「第四」。

一八七五頁上一五行「當持」，麗作「當知」。

一八七五頁上一六行第六字至末字「時……子」，資、磧、普、南、徑、清作「長行」。

一八七五頁上一七行「如一」，資、磧、普、南、徑、清作「一如」。

一八七五頁上二〇行「阿闍世」，資、磧、普、南、徑、清作「阿闍世王」。

一八七五頁中二行「法滅盡五」，資作「盡五法滅」；徑、清作「法滅盡第五」。

一八七五頁中八行「數千」，資、磧、普、南、徑、清作「無數千」。

一八七五頁中一七行末字「六」，徑、清作「第六」。

一八七五頁中一九行第一一字「杙」，資作「栈」。

一八七五頁下二行第五字「持」，磧、南、徑、清作「時」。

一八七五頁下一二行「憍陳」，資、磧、普、南、徑、清作「憍陳如」。又「二緣七」，資作「一緣七」；徑、清作「一緣第七」。

一八七五頁下一四行「何緣」，資、磧、普、南、徑、清作「何慶」。

一八七五頁下末行至次頁上一行「入羅自殺取死」，資、磧、普、南、徑、清作「入羂欲自殺死」。

一八七六頁上四行「語之」，資、磧、普、南、徑、清作「許之」。

一八七六頁上八行第一一字「價」，資、磧、普、南、徑、清作「債」。

一八七六頁上二〇行第四字「我」，磧、普、南、徑、清作「我我」。

一八七六頁中四行第五字「如」，資、磧、普、南、徑、清無。

一八七六頁中一一行「倉庫」，資、磧作「倉篅」；普、南、徑、清作「倉篅」。

一八七六頁中二〇行第一三字「人」，資、磧、普、南、徑、清作「人民」。

一八七六頁下一行「幡覆」，諸本作「翻覆」。

一八七六頁下六行夾註「賢愚經」，資、磧、普、南、徑、清作「賢經」。

一八七六頁下八行末字「八」，徑、清作「第八」。

一八七六頁下一〇行「螺髻」，資作「蝸髻」。又「尊者」，資、磧、普、南、徑、清作「尊首」。

一八七六頁下一九行末字至次行首

字「羅漢」，資、磧、普、南、徑、清作「阿羅漢」。次頁下二二行同。

一 八七七頁上一九行「弟子」，諸本作「弟」。

一 八七七頁中四行夾註「二分」，資、磧、普、南、清作「第二分」。

一 八七七頁中五行末字「九」，徑、清作「第九」。

一 八七七頁中一〇行「聽辯」，資作「䏭辯」。

一 八七七頁下二行末字「十」，徑、清作「第十」。

一 八七七頁下四行「遍禱」，資作「祇禱」；磧、普、南、徑、清作「祈禱」。

一 八七七頁下一四行「飯香美」，資、磧、普、南、徑、清作「飯食香美」。

一 八七七頁下二〇行「美女」，資、磧、普、南、徑、清作「是女」。

一 八七七頁下二一行「十一」，徑、清作「第十一」。

一 八七八頁上二行「自放」，資、磧、普、南、徑、清作「自於」。

一 八七八頁上一〇行「十二」，徑、清作「第十二」。

一 八七八頁上一七行「女然燈」，資、磧、普、南、徑、清作「女然燈燭」。

一 八七八頁上末行「旣脫衣」，資、磧、普、南、徑、清作「即脫衣」。

一 八七八頁中一行末字「勇」，磧、普、南、徑、清、麗作「踊」。

一 八七八頁中二行第八字「生」，資、磧、普、南、徑、清作「大生」。

一 八七八頁中一二行「正佛燈」，麗作「挑佛燈」。

一 八七八頁中一三行「十三」，徑、清作「第十三」。

一 八七八頁中一四行「阿難」，磧、普、南、徑、清作「時阿難」。

一 八七八頁中一七行「恒者」，磧、普、南、徑、清作「恒沙者」。

一 八七八頁中一八行「江河耨池」，資作「江阿耨池」；磧、普、南、徑、清作「阿耨池」。

一 八七八頁中一九行首字「辟」，資、磧、普、南、徑、清作「壁」。

一 八七八頁下五行首字「見」，資、磧、普、南、徑、清作「見佛」。

一 八七八頁下一三行「十四」，徑、清作「第十四」。

一 八七八頁下一七行「披栗吒」，磧作「披粟吒」。

一 八七八頁下末行「語言」，資、磧、普、南、徑、清作「語辟支佛言」。

一 八七九頁上八行「十五」，徑、清作「第十五」。

一 八七九頁上二〇行第八字「婦」，麗作「姊」。二一行第一二字同。

一 八七九頁中一〇行第二字「不」，資、磧、普、南、徑、清作「決不」。

一 八七九頁中一七行第一〇字「去」，資、磧、普、南、徑、清作「去去」。

一 八七九頁下七行「全出」，資、磧、普、南、徑、清作「今」。

一 八七九頁下一九行「弟子」，資、磧、普、南、徑、清作「弟」。

一 八七九頁下二〇行末字「諸」，資、

磧、普、南、徑、清作「告諸」。

一八七九頁下二一行「不聽」，資、磧、普、南、徑、清作「不得」。

經律異相卷第十四 聲聞無學第二 僧部第三

梁沙門僧旻寶唱等集

壹

舍利弗退大乘而向小道一

舍利弗於六十劫中行菩薩道欲度布施河時有一人来乞其眼舍利弗言眼無所任何以索之若須我身及財物者當以相與荅曰唯欲得眼舍利弗出一眼而與之乞者得眼唾而脚蹹舍利弗言如此等人難可度也不如自調早伏生死於是迴向小乘（出大智度論第十二卷）

舍利弗從生及出家得道二

南天竺有婆羅門名曰提舍為大論議師其妻懐妊夢見一人身披甲冑手執金剛摧破諸山在山邊立提舍聞之曰汝當生男摧伏諸論議師唯不如一人為作弟子懐妊以後母大聰明甚能論議弟拘郗羅與姊言談每事屈滞知所懐子必大智慧捨家學問不暇翦爪時人呼為長爪梵志姊生兒七日字曰優波提舍（出曜經云優波替）時人以母所生共為之号名舍利弗年始八歲誦十八部經通解一切書籍時摩伽陁國有龍王兄弟一名吉利

二名阿伽羅降雨以時國無荒年人民感之常以仲春之月一切大集至龍住處為設大會作樂談義終此一晨自古及今斯集未替敷四高座一為國王二為太子三為大臣四為論士舍利弗八歲之身觀察時人神情嚮向無勝已者便昇論座結加趺坐眾人疑怪或謂愚小無智或謂智量過人雖復嘉其神異猶懷矜恥以其年小不自與語皆遣年少弟子傳言問之荅酢流便辭理超絶時諸論師歎未曾有愚智大小一切皆伏王大歡喜即命有司封一聚落常以給之國內大小無有慶悅時吉占師子名拘律陁姓大目犍連舍利弗共為親友舍利弗才明見貴目犍豪爽致知才智相比行止必俱結要終始後俱猒世出家學道作梵志删闍耶弟子問於師曰所求道所得師荅之曰自我求道弥歷年歲不知為道果無耶我非其人耶而亦不得他曰其師寢疾舍利弗在頭邊立大目連在足邊立喘喘然其將終乃慇尒而笑二人

問笑意師荅之言世俗無眼為恩愛所侵我見金地國王死其大夫人自投火積求同一處而此二人行報各異生處殊絶是時二人筆受師語欲以驗其虛實後有金地商人遠来摩伽陁國二人以疏驗之果如師語乃憮然歎曰我等非其人耶為是師隱我耶二人相與誓曰若先得甘露要畢同味佛度迦葉兄弟千人次遊王舍城時一比丘名阿說示（五人之一）著衣持鉢入城乞食舍利弗見其容儀超異諸根靜嘿問曰汝師是誰耶荅曰釋種太子猒老病死苦出家學道得无上菩提是我師也舍利弗言為我說汝師教授法荅曰我年既幼稚學日又初淺豈能宣至真如来廣大義又曰略說其要荅曰諸法因緣生是法因緣滅舍利弗即得初道（出曜經云得無著果）還為目連說亦得初道二師為各與二百五十弟子俱到佛所佛遥見之指舍利弗是我弟子中智慧第一又指目連云神足第一令與其弟子大衆俱来白佛言我等願從佛法出家佛

言善来比丘即時鬚髮自落法服著身衣鉢具足受成就戒過半月後聞佛為長爪梵志說法即得阿羅漢道（出大智論第十一卷）

舍利弗請佛制戒三

佛住舍衛城舍利弗請佛制戒諸比丘言云何未有過而求制戒佛言舍利弗不但今日未有過而請制戒其往昔時在一聚落人民居士未有過患亦嘗請我制諸刑罰時國名迦尸城名波羅㮈國王名淨稱淨稱以法治化布施持戒以道汎愛人民致感富樂豐實封里邑屋雞飛相接舉國相敬常作諸伎共相娛樂時有大臣名曰陶利多諸謀策白王言今日境內自然富樂人民相敬願王制立刑罰莫令樂極生過王曰即語大臣聰明有智多有朋黨不可卒制若一呵責或生疊咎王欲薄啓其乃說偈言

縱力喜瞋怒　哀愍必治制　化民以正法　令心無怨蔽

大臣咸喜亦說偈言

寂勝人中尊　調伏久住世　以道治蒼生

慈陰無極際

佛言淨稱者則我身是大臣者舍利弗是出僧祇律第一卷

舍利弗受灌園人浴令生天上四

舍利弗夏盛熱時遊菴羅園一客作人汲井水灌樹於佛無有大信見舍利弗發小信心喚舍利弗言大德来脫衣樹下坐我以水澆不失溉灌蕉相利益舍利弗脫衣受洗身得涼樂隨意遊行此客作人其夜命終即生忉利天上有大威力次釋提桓因便自念言我何因生此自觀宿命信心微薄因客作溉灌汲水洗浴舍利弗身我若信心純厚知必有報故設浴具以為供養自惟為功雖少以遇良田獲報甚多即詣舍利弗所散華供養舍利弗因其淨信之心為說法要得須陁洹道出雜藏經

舍利弗化人蟒令生天上五

昔舍衛國一旦雨血縱廣四十里王與羣臣咸大驚怖即召諸道術及知占候使推為吉凶占者對曰舊記有云雨血之灾應生人蟒毒害之物宜推

國內彰別灾禍王曰何以別知占師曰是為人蟒難可別知誡勑國中有新生小兒悉皆送来以一空罌使衆兒唾中中有一兒唾即成火焰當知此兒正是人蟒議曰此不可著人間即徙置閑隱無人之處國中有應死者可送與之人蟒吐毒煞人如是前後被毒所煞七万二千人後有師子来出震吼之聲四十里內人物懾伏周流暴害莫能制御於是國王即募國中能却師子者與金千斤封一大縣無有應者衆臣白王唯當有人蟒能却勑使往喚人蟒人蟒逢見師子至往住其前毒氣吹師子即死國致清寧後時人蟒年老得病命將欲終佛愍其罪重一墮惡道無有出期告舍利弗汝往訓之使脫重殃舍利弗便忽往其前蟒大隆怒念曰吾尚未沒為人所易無所開白徑来我前便放毒氣謂能害之舍利弗以慈慧攘却光顏舒懌一毛不動三放毒氣而不能害即知其尊意解善生更以慈心上下七反視舍利弗舍利弗便還精

舍吸氣人蟒終于其日即天地大動極善能動天地極惡亦能動時摩竭王即詣佛所稽首于地問世尊曰人蟒命終當趣何道佛言今生第一天上王聞佛語怪而更問佛言大罪之人何得生天佛言以見舍利弗慈心七反上下視之因是之福生第一天福盡當生第二天上至七反以後當得辟支佛而般涅槃王白佛言七万二千人罪不復償耶佛言末後作辟支佛時身當如紫磨黃金時當在道邊樹下坐定意時當有大軍衆七万餘人遇見辟支佛謂是金人即取斫破各各分之定墮手中視之是肉皆還聚置而去因是般泥洹今世之罪乃尒薄償便畢佛告王遇善知識者山積之罪可得消滅亦可得道出辟喻經第九卷

舍利弗入金剛定為鬼所打不能毀傷六

佛在羅閱城迦蘭陁竹園時尊者舍利弗在耆闍崛山中入金剛三昧雜阿含新割續緣是時有二鬼一名伽羅二名優婆伽羅毗沙門天王使遣至毗留勒叉王所欲論人天之事是時二鬼從

彼虛空而過遥見舍利弗結加趺坐繫念在前意寂然定伽羅鬼謂彼鬼言我今堪任以拳打此沙門頭優婆伽羅鬼語第二鬼曰汝勿興此意打沙門頭所以然者此沙門極有神德有大威力世尊弟子中聰明智慧最為第一倫於長夜受苦無量是時彼鬼再三曰我能堪任打此沙門頭優婆伽羅鬼報曰汝今不隨我語者汝便住此吾捨汝去此惡鬼曰汝畏沙門乎優婆伽羅曰我實畏之設汝以手打此沙門者地當分為二分當暴風疾雨地亦振動諸天驚怖四天王已知我等不安其所是時惡鬼曰我今堪任辱此沙門善鬼聞已便捨而去時彼惡鬼即打舍利弗頭是時天地大動四面暴風疾雨尋時來至地分為二分惡鬼全身墮地獄中雜阿含大舍利言燒我煑我伽吒鬼陷地獄中舍利弗從三昧起正衣服往詣竹園至世尊所頭面礼足在一面坐時佛告舍利弗汝今身體無疾病乎舍利弗言體素無患唯苦頭痛世尊告曰有伽羅鬼手打汝頭若當

彼鬼以手打須弥山者山便為二分所以然者彼鬼有大力今此鬼受其罪報故全身入阿鼻獄中尒時世尊告諸比丘甚奇甚特金剛三昧力乃至於斯由此三昧無所傷害正使須弥山打頭者終不能動其毛所以然者比丘聽之於此賢刧中有佛名拘樓孫彼佛有二大聲聞一名等壽二名大智等壽神足第一大智智慧第一如我今日舍利弗智慧第一目揵連神足第一時等壽大智二比丘俱得金剛三昧等壽一時在閑靜處入於寐定時牧牛羊人取薪草人見各相謂言此沙門今取無常即共集草木積其身上以火焚燒捨之而去是時等壽尋從定起正衣服入村乞食諸取薪人還見比丘各相謂言此比丘昨日命終我等以火焚燒今日還活今當立字号還活若比丘得金剛三昧者入水火刀劔不能中傷金剛三昧威德如是今舍利弗得此三昧多遊二處空空三昧金剛三昧出增一阿含經第三十卷

舍利弗性懯難求七

舍利弗等受六羣比丘尼請設多美飲食下座及沙弥與六十日稻飯胡麻滓合菜煑佛問羅睺羅僧飲食飽足不具荅又問有誰上座又荅和上舍利弗佛言舍利弗食不淨食舍利弗吐去所食誓盡形壽斷受外請常行乞食諸大貴人後欲設僧飯願得舍利弗白佛乞勑舍利弗還受外請佛言莫求其性懯其過去時有一國王為毒虵所螫能治毒師作舍伽羅呪取毒虵来先作火聚語虵言汝寧入火寧還嗡毒虵惟我已吐竟乃投身火中毒虵即舍利弗也出十誦律序下分又出弥沙塞律第三十一卷又出僧祇律第四十卷

舍利弗先佛涅槃八

佛告阿難得四神足者能住壽一刧如来今者當壽幾許如是至三阿難為魔所迷默然不對又告阿難汝可起去靜處思惟即起至林中時魔波旬来至佛所白言世尊處世教化度人周訖蒙脫生死數如恒沙時年又老可入涅槃即告魔言却後三月當

般涅槃波旬聞說歡喜而去阿難睡夢見有大樹普覆虛空一切羣萌靡不蒙賴旋風卒起吹激其樹滅於力士所住之地一切羣生莫不悲悼阿難驚覺怖不自寧思惟所夢將无世尊欲般涅槃來至佛所而白佛言我向所夢如斯之事將無世尊欲般涅槃佛告阿難如汝所言吾後三月當般涅槃我向問汝若有得四神足者能住壽一劫吾四神足極能修善如是滿三而汝不對魔來勸我當取涅槃吾以許之阿難悲慟不能自持其諸弟子展轉相語各懷悲仰來至佛所誰得常存我為汝等應作已作應說已說汝等但當勤修精進何為憂感舍利弗聞佛涅槃深懷嘆感不忍見世尊而取滅度今欲在前而入涅槃唯願世尊當見聽許如是至三世尊告曰宜知是時一切賢聖皆當竊滅舍利弗即整衣服三業供養却行而去將沙弥均提羅睺羅閱祇至本生城即勑均提汝往入城及至聚落告國王大臣舊故知識諸檀越輩來共

取別均提宣告和上舍利弗將般涅槃諸欲見者宜可時往阿闍世王及諸四輩各自馳奔舍利弗如是種種廣為諸人隨病投藥衆會有得初果乃至三果或有出家成阿羅漢者復有誓心求佛道者聞說法已作礼而去於後夜分正身正意繫心在前入於初禪從初禪起入第二禪如是次第入滅盡定從滅定起而般涅槃時天帝釋與多天衆來至其所讚嘆供養帝釋又勑毗首羯摩合集衆寶莊嚴高車送平博地勑諸夜叉往大海邊取牛頭栴檀積為大積安身在上酥油灌之放火闍維火滅之後均提拾取舍利盛者鉢中攝其三衣擔至佛所阿難悲悼言法輪大將軍已取涅槃我何憑怙佛曰其雖滅度五分法身亦不滅也

舍利弗過去世時亦不堪忍見於我死而先我前死阿難白佛不審往昔先前取死其事云何佛告阿難過去久遠不思議劫此閻浮提有一國王名栴陁婆羅脾（梁言月光）王有二万夫人

婇女其第一夫人名須摩檀（梁言華施）一万大臣其第一者名摩栴陁（梁言大月）王有五百太子最大太子名曰尸羅跋陁（梁言戒莫）王所住城名跋陁耆婆（梁言賢壽）其城縱廣四百由旬周帀凡有百二十門設大檀施隨衆所須盡給與之并復告下八万四千諸小國土悉令開藏給施一切衆臣如教即竪金幢擊於金鼓廣布宣令騰王慈詔遠近內外咸令聞知於時國內沙門婆羅門貧窮孤老有乏短者強弱相扶集如雲雨稱意與之閻浮提民蒙王恩澤有一小國其王名曰毗摩斯那聞月光王美稱高大心懷嫉妬寢不安席即自思惟月光不除我名不出當設方便請諸道士募求諸人婆羅門言王有何憂當見告語王言彼月光王名德遠著一切承風我獨卑陋無此美稱願得除之作何方便婆羅門言月光慈惠澤潤窮厄如民父母我等何心從此惡謀寧自煞身不能為此即各罷散不顧供養時毗摩斯那益增愁憒即出廣募周遍宣令誰能為我

得月光頭分國半治以女妻之尒時山腸有婆羅門名勞度差來應王募王甚歡喜重語之言苟能成辦不違信誓若能去者當以何日婆羅門曰辦我行道粮食所須却後七日便當發別時婆羅門作呪自護七日已滿便來辭王王給所須進路而去時月光國豫有變恠八万四千諸小國王皆夢大王金幢卒折金鼓卒裂大月大臣夢鬼奪王金冠各懷愁憂不能自寧時城門神知婆羅門欲乞王頭遮不聽入時婆羅門繞城數帀不能得前首陁會天知月光王以此頭施於檀得滿便於夢中而悟王言汝誓布施不逆衆心乞者在門無由得前欲為施主事所不然王覺愕然即勑大月汝往詣門勑勿遮人大月大臣往到城門時城門神即自現形白大月言有婆羅門從他國來懷侠惡心欲乞王頭是以不聽大臣荅曰是為大灾然王有教理不得違當奈之何當作七寶頭各五百枚用貿易之即勑令作時婆羅門徑至殿前高聲唱言我在遐方聞王功德一切布施不逆人意故涉遠來欲有所得王聞歡喜迎為作礼問訊行道不疲極耶隨汝所願婆羅門言一切外物雖用布施非我所須我故遠來唯乞王頭若不孤逆當見施與王聞是語踊躍無量婆羅門言若施我頭何時當與王言却後七日當與汝頭

尒時大臣持七寶頭來前語婆羅門言此王頭者骨肉血合不淨之物用索此為今持尒所七寶之頭以用貿易汝可取之慱易足得終身之冨婆羅門言我不用此欲得王頭全我所志時大月臣種種曉喻永不迴轉憒感心裂七分而死王前勑語臣下乘八千里象遍告諸國言月光大王却後七日當持其頭施婆羅門若欲來者速時馳詣尒時八万四千諸王馳驛而至咸見大王腹拍王前閻浮提人賴王恩澤去何一旦為一人故永捨衆庶更不矜憐唯願垂愍莫以頭施一万大臣皆身投地腹拍王前唯見哀愍矜恤我等莫以頭施二万夫人亦身投地仰白王言莫見忘捨唯垂蔭覆若以頭施我等何怙五百太子啼哭王前我等孩幼當何所歸願見愍念莫以頭施長養我等得及人倫於是大王告諸臣民夫人太子計我從本受身已來涉歷生死由來長久若在三塗截斷其頭死而復生如是無數亦無福報若生人間諍於財色為貪恚癡恒煞多身未曾為福而捨此命今我此身種種不淨會當捐棄不能得久捨此穢頭用貿大利何得不與我持此頭施婆羅門以是功德誓求佛道度汝等苦今我施心垂欲成滿慎莫遮我無上道意一切諸王臣民夫人太子聞王語已默然無言尒時大王語婆羅門欲取頭者今正是時婆羅門言今王臣民大衆圍遶我獨身力勢單弱不堪此中而斫王頭欲與我者當王後園尒時大王告諸小王太子臣民汝等若必愛敬我者慎勿傷害此婆羅門作此語已共婆羅門入於後園時婆羅門又語王言汝身威壯力士之力若遭斫痛儻

復還悔取汝頭髮繫在樹尒乃能
斫時王用語語婆羅門汝斫我頭墮
我手中然後取去今以頭施用求無
上正真之道誓濟羣生時婆羅門舉
刀欲斫樹神見此甚大懊惱如此之
人云何欲煞即以手搏婆羅門耳其
頭反向手脚了戾失刀在地不能動搖
尒時大王仰語樹神我過去已來於
此樹下曾以九百九十九頭以用布
施今捨此頭便當滿千捨此頭已於
檀便具汝莫遮我無上道心尒時樹
神聞王是語使婆羅門平復如故時
婆羅門便從地起還更取刀便斫王
頭頭墮手中尒時天地六反震動諸
天宮殿掉動不安各懷恐怖怯其所
以尋見菩薩為一切故捨頭布施皆
悉来下感其奇特悲涙如雨因共讚
言月光大王以頭布施於檀波羅蜜
今已得滿音聲普遍彼毗摩羨王聞
此語已喜踊驚愕心擘裂而死時婆
羅門擔王頭去諸王臣民夫人太子
已見王頭自投于地同聲悲叫絕而
復穌時婆羅門嫌王頭臭即便擲地

脚蹴而去或復有人語婆羅門汝之
酷毒劇甚乃尒既不中用何為乃索
時婆羅門進道而去人見便責無給
食者飢餓萎悴用切極理道中有人
自問消息知毗摩羨王已復命終失
於所望及勞度老命終皆墮阿鼻泥
犁其餘臣民思念王恩感結死者皆
得生天如是阿難欲知尒時月光王
者今我身是毗摩羨王今波旬是時
大月大臣今舍利弗是當於尒時不
忍見我死而先我前死乃至今日不
忍見我入於涅槃而先滅度 出賢愚經第五卷又方便佛報恩經大同小異

舍利弗目連捔現神力九

佛在舍衛城祇樹給孤獨園時世尊
於十五日說戒時諸比丘僧及五百
比丘衆 大智度論云百大羅漢 從祇洹没詣阿耨
達池時阿耨達龍王至世尊所頭面
礼足在一面坐觀如來顏色及諸比
丘即白佛言觀此衆中皆空无所有
舍利弗比丘今無此坐佛告目連言
汝速至舍利弗所以我聲告目連承
教往舍衛城謂舍利弗言佛呼汝來

阿耨達龍王欲得相見舍利弗自解
祇枝帶着目連前謂目連曰汝有神
足舉此衣帶結閻浮提樹目連執帶
不能移動盡力欲舉地皆大動舍利
弗便恐目連着弗于逮又以經須弥
山目連便舉動須弥山舍利弗復以
此帶經如來坐目連遂不能動捨帶還
龍王所還見舍利弗已在前至結加
趺坐直身正意繫念在前至世尊所
頭面礼足白言我不失神足耶何以
故我從祇洹前没不現後至此池舍
利弗後没不現先至在坐世尊常說
我第一去何後至佛日不退舍利弗
比丘有大智慧還舍衛城衆亦生疑
佛告目連衆多比丘無恭敬心於汝
言舍利弗神足勝汝可於此衆中現
其威力對日承教即於坐起往須弥
山頂以一足蹈須弥山頂舉一足著
梵天上蹴須弥山使地六反震動時
以梵音而說此偈

當速求方便　於此佛法衆　當除生死患
如爲食竹葉　若於此佛法　修諸無欲業
已除諸塵勞　亦盡苦源本

時諸比丘歎未曾有大目揵連說此偈時六十比丘因此漏盡意解（出增一阿含經第二十七卷）

目連使阿耆河水漲化寶橋渡佛十

舍衛城人勸化大會飯九十六種出家人復請波斯匿王及太子羣臣諸聚落主宿舊長者及薩薄等先一日集阿耆河岸上前至為上座目連使河水暴漲泡沫弥岸諸外道等覓縛簰筏適欲先渡取第一座而水激急迴復漂還竟夜疲苦簰筏破散没溺寒凍上於岸邊向日而蹲時祇洹精舍有人請僧佛住待時有年少比丘言世尊出晚恐外道得上座去佛知時到與諸大衆威儀庠序俱詣河上諸外道言我等不能得渡此諸沙門當作何計目連化作寶橋種種嚴餝花香伎樂諸外道見各作是言沙門來遅我等先渡蹈橋墮水身服濡濕軍伏隨流佛以神力令無死者佛與比丘儼然而進次第庠序隨進步處寶橋即滅目連攝其神力河還如故使諸外道皆悉得進佛說偈言

先得至此岸　已渡生死海　疾流不能漂
是名正智者（出僧祇律第六卷）

目連為母造瓮十一

目連始得道欲度父母報乳哺恩見其亡母生餓鬼中不見飲食皮骨相連目連悲哀即鉢盛飯往餉其母母得鉢飯食未入口化成火炭目連馳還具陳此事佛言汝母罪根深結非汝一人力所奈何當須衆僧威神之力乃得解脫可以七月十五日為七世父母戹難中者具飯五菓汲鑵瓮器香油錠燭床褥卧具盡世甘美供養衆僧其日衆聖六通聲聞緣覺菩薩示現比丘在大衆中皆同一心受鉢和羅具清淨戒其有供養此等僧者七世父母五種親屬得出三塗應時解脫衣食自然佛勑衆僧皆為施主家七世父母行禪定意然後食供（出盂蘭經）

目連為魔所嬈十二

目連夜行弊魔化作澈影入目連腹中目連自念吾腹何故雷鳴如飢負擔入定觀見即謂之曰弊魔且出莫

嬈如来及其弟子魔即恐懼所化澈影出住身前（出弊魔試目連經）

目連勸弟施并示報處十三

目連有同產弟饒財多寶庫藏盈滿儀從奴婢不可稱計目連告弟曰聞卿慳嫉不好惠施佛常顯說夫人惠施獲報無數卿弟聞兄教開藏惠施更新立庫欲受其報未經旬日財寶竭盡故藏悉空新藏無報其心懊惱向兄說曰前見告勑施獲大報不敢違教竭藏惠施當来過去諸貧窮者靡不周遍寶貨竭盡新藏無報將無為兄所疑誤乎目連曰止止莫陳此語無使異學邪見之士聞此麁言若使福德當有形者虛空境界所不容受吾今推此示汝微報若欲見者從隨我来目連以神足力手接其弟至第六天彼有宮殿七寶合成前後浴池香風遠布庫藏盈滿不可稱計玉女營從數千万衆純女無男亦無夫主弟問目連是何宮殿巍巍乃尒不見有男純是女人目連告弟汝自往問曰是何宮殿天女報曰閻浮提內

迦毗國釋迦文佛神力弟子名曰目連有弟大富好憙惠施周窮濟乏命終之後當来生此與我等作夫其人聞喜善心生焉還至兄所大懷慙愧頭面懺悔還至世間廣施不惓（出目連弟布施望即報經）

目連伏菩薩慢十四

目連承佛聖旨西方有一世界名光明幡佛名光明王現在說法目連到彼聽佛語辭其身長四千里諸菩薩身長二十里其諸菩薩所食鉢器其高一里目連行鉢際上時諸菩薩白世尊曰唯然大聖此虫何從来被沙門服行鉢際上於時彼佛言諸族姓子慎勿發心輕慢此賢所以者何今斯少年名大目連是釋迦文佛聲聞弟子中神足第一時光明王佛告大目連吾土菩薩及諸聲聞見卿身小咸發輕慢仁當顯神足力承釋迦文威德目連稽首足下右繞七匝却在佛前白言今欲加趺此地容不佛曰如意所樂時大目連踊在虛空億百諸仞在彼寶城便作牀加趺而坐從其牀座垂衆寶珠億百千姸一一珠瑛出百千光一一光明各有蓮華一切蓮華現釋迦文身坐蓮華上其所言說如釋迦文音響清淨班宣經典等無有異目連顯神足已復住佛前時諸菩薩歎未曾有白佛言是目連以何等故詣此世界世尊告曰欲試釋迦文佛音響所澈遠近故到此土時光明王佛告大目連仁者不宜試如来音響如来音響無遠無近廣遠無量不可為喻時大目連自投足下跤懺悔過唯然世尊我身不敏佛音無量而横生心欲知其限其光明王告大目連曰汝雖遠来到此佛土復白佛言甚遠天中天身勞極不能復還至其本土世尊告曰去何以汝神力到此世界故是世尊釋迦文佛威德所立當還自歸稽首作礼於釋迦文佛自當得至假使卿身以己神足欲還本國一劫不至目連右膝著地向於東方釋迦文佛所叉手自歸屈申臂頃即時得至（出密迹金剛力士經第三卷）

目連以神力降化梵志十五

佛告目連有一大國去斯八千處在邊境不覩三尊習於顛倒王及臣民奉事梵志有五百人並得五通能移山注流分身變化國有大山塞民徑路舉國患之王向梵志說梵志等即繞山坐各一其心以道定力山起欲移佛告目連汝往彼國現神道化長濟度梵志及國君民令遠三塗永處福堂目連放光遏絕日月懸處虛空當其山頂山為不動梵志驚曰此山已起誰抑之乎曰无精光此將有以中有明者觀衆弟子誰穢濁者令山不移仰頭觀見覩一沙門當其山上梵志僉曰正是瞿曇弟子所為梵志呼曰王令吾等為民除患汝抑之為目連荅曰吾自懸虛誰抑汝山梵志三盡道力欲令山移山又三下遂成平地梵志顧相謂曰夫有明達道德深者則吾師也咸興正服稽首敬白願為弟子示吾極靈目連曰汝等欲去冥就明者善吾有尊師号曰無上正真天中之天為一切智汝等皆往到佛所諸梵志曰佛之道化寧喻於

師乎目連荅曰佛德如須弥吾等似
芥子汝等尋吾後即至佛前具陳其
情内外清淨唯願世尊蕩其微垢令
成真淨梵志見佛心開意解皆作沙
門（出佛說志心經）

目連化諸鬼神自說先惡十六

昔目連至雪山中化諸鬼神及龍閱
叉阿須倫揵陁羅等時有一揵陁羅
神居七寶宫與衆超絶身形端正聡
明殊特然人身狗頭目連恠問何以
乃尒荅曰吾維衛佛時大富長者也
憙飯比丘梵志供給貧乏為人急性
憋悪麁言罵詈直出不避老少飲食
人客小不可意便云不如餧狗以是言
之故狗頭人身好施供養受此福堂（出諸經要事）

目連現二神足力降二龍王十七

佛命長老阿難邠坻當行布施即起
長跪叉手白佛願佛衆僧明日降神
到舍欲設麁飯佛嘿然受佛告諸比
丘明早當上天投日中下會邠坻舍
飯佛以明旦與諸比丘如彈指頃即
昇虚空時有羅漢名曰弘檀即整衣
服於虛空中白佛言我數上天未曾
闇冥如今佛言有兩龍王大瞋吐霧
是故冥耳復有羅漢名曰受彼即白
佛言余欲止之佛言龍有大威神汝
往必當興悪吐水設復煞人民蠕動
之類目連白佛我欲往諫佛言大善
目連即到龍所龍見目連即口出烟
須臾出火圍目連一重目連以道意
亦化出火圍龍三重復變身入龍目
中左入右出右入左出如是次第從
耳鼻入出或飛入其口龍謂目連在
其腹中矣目連復變身圍龍十四重
以身勅兩龍龍大恐怖尾扇海水動
須弥山佛遥告目連此龍尚能吐水
没煞天下汝且慎之目連白佛我有
四禪神足常信行之我能取是須弥
山及兩龍著掌中抛擲他方又能以
手撫磨須弥山令碎如塵使諸天人
無覺知者兩龍聞之即便降伏目連
還復沙門龍化為人稽首作礼悔過
目連愚迷狂惑不識尊神觸犯雲霧
乞哀原罪兩龍懺悔前受五戒稽首
佛足作礼而去（出降龍經）

目連遷無熱池現金翅鳥十八

時阿耨達與其眷屬三月請佛入無
熱大池供養并諸神通畢辯菩薩及
弟子衆許其半月龍喜興雲震電降
雨普遍天下忽然之頃還昇宫中白
五百長子其名善牙善施等五百長
子吾今以請平等正覺及衆菩薩諸
弟子俱盡其半月汝等當同一心廣
相勉勵加敬世尊勤念無常當各寂
静謙恪恭肅住持如来棄捐欲意及
龍戲樂除貪怒害離色聲香味細滑
所以者何世尊無欲安詳仁雅審諦
調從承佛要誡汝等半月無得入宫
除婬恚愚癡如来宣講法故必有他
方神通菩薩釋梵持世宿淨天子當
普来會汝等勤念廣施慎勿中懈令
諸會衆觀變踊躍於雪山下無熱池
中化無瑕琉璃座縱廣七百由旬周帀
列置八万四千雜寶珂樹諸堂上有
師子座八万四千皆大高廣有龍婇
女各二千人其色姝妙姿媚無量口
出熏香擎持雜花末香塗香調作諸
奴以詠佛德興悅衆會於虛空中幡

綵蚕間寶鈴和鳴音踰諸聲施饌百味與其眷屬還啓世尊佛與八万四千菩薩皆大神通弟子二千亦上神足到無熱王宮目連承佛神旨遷無熱池現於虛空去地七丈化身色像若金翅鳥王住龍宮上便告王言如来至也龍衆驚怖毛竪四走藏竄龍王慰之曰且各安心勿恐此為賢者大目連作耳倡伎相應進迎正覺及諸弟子至無熱池設廣博𢹂師子之座龍與其衆手自執斟所設饌具踰世甘肥延有天味以用供養飯畢洗器竟佛為說法一切會者各懷踊躍出弘道廣顯三昧經第三卷

目連三觀事不中其心皆實十九

佛住舍衛城時諸比丘集在一處共作是論善法講堂柱柱㮏不目連言柱㮏又有一無歲比丘言不柱即遣神足比丘往看還言不柱諸比丘語目連言汝不知何故言柱妄語不實應擯駈遣即集衆僧佛乘神足從空而来知而故問諸比丘汝作何等荅言目連乃至不柱荅柱不實妄語欲作羯磨佛問無歲比丘汝去何知不柱荅言世尊我曾一時在善法講堂坐禪佛語目連汝何故不自看汝應審實目連心實而不犯戒出僧祇律第二十九卷

目連心實事虛二十

人問目連是多浮池水從何處来目連荅言此水從阿耨達池中来諸比丘言阿耨達池其水甘美有八功德此水沸熱鹹苦何有此事目連汝空言過人法故作妄語應滅擯駈出以事問佛佛語比丘汝等莫說目連過罪何以故阿耨達龍住處去此極遠是水本有八功德甜美逕歷五百小地獄過是故鹹熱汝等若問目連是水何故鹹熱目連能隨相荅又一時大旱無雨目連入定見却後七日天當大雨滿諸溝坑城邑聚落悉聞此言皆大歡喜國中人民皆捨衆務羅屏蓋藏數到七日諸比丘語目連汝言七日天當大雨滿諸溝坑今風尚無何況雨耶汝空言過人法故妄語欲滅擯駈出佛聞是事語諸比丘目連見前不見後如来見前亦見後七日有大雨下有羅睺阿修羅王以手接去置大海中目連隨心想說是故無罪出十誦律第四卷

經律異相卷第十四

經律異相卷第十四

校勘記

一　底本，金藏廣勝寺本。

一　八八四頁中一行下「第二僧部第三」，磧作「第二僧部第二」；徑、清作「僧部第十二之二」。

一　八八四頁中三行第四字「退」，資、磧、普、南作「從退」。

一　八八四頁中四行至本頁下一行目錄，徑無。

一　八八四頁中一二行第六字「桶」，資、磧、普、南、清作「捅」；麗作「角」。

一　八八四頁中一三行第九字「作」，清作「化作」。

一　八八四頁中一六行第七字「示」，

資作「待」。
一　八八四頁中一九行「說先罪」，清作「自說先罪」；麗作「自說先惡」。
一　八八四頁中二〇行第七字「力」，資、磧、南無。
一　八八四頁中二一行第六字「池」，資、磧、普、南作「報池」。
一　八八四頁下二行末字「一」，徑、清作「第一」。
一　八八四頁下五行第五字「任」，磧、南、徑、清作「住」。
一　八八四頁下九行至一〇行夾註「大智度論」，資、磧、普、南、徑、清作「大智論」。
一　八八四頁下一一行末字「二」，徑、清作「第二」。
一　八八四頁下一五行「聞之」，資、磧、普、南、徑、清作「問之」。
一　八八五頁上七行「囑向」，資、磧、普、南、徑、清作「矚向」。
一　八八五頁上一四行「無有」，諸本(不含石，下同)作「無不」。

一　八八五頁上一六行「目犍豪爽致知」，資、磧、普、南、徑、清作「目犍連豪爽致智」。
一　八八五頁上一七行「必俱」，磧作「以俱」。
一　八八五頁上一九行第五字「所」，資、磧、普、南、徑、清無。
一　八八五頁中一行「無眼」，資、磧、普、南、徑、清作「無明」。
一　八八五頁中七行「憮然」，諸本作「撫然」。
一　八八五頁中一〇行「阿說示」，南、徑、清作「阿說祁」。
一　八八五頁中一四行末字「說」，資、磧、普、南、徑、清作「說法」。
一　八八五頁下五行末字「三」，徑、清作「第三」。
一　八八五頁下一三行「封里」，諸本作「村里」。
一　八八五頁下一七行「即語大臣」，資、磧、普、南、徑、清作「卿諸大臣」；麗作「即諸大臣」。

一　八八五頁下一九行第一〇字「其」，資、磧、普、南、徑、清作「其意」。
一　八八五頁下二一行「怨蔽」，資、磧、普、南、徑、清作「忿蔽」。
一　八八五頁下二二行第三字「咸」，資作「感」。
一　八八六頁上一行末字「際」，資、磧、普作「衆」。
一　八八六頁上四行末字「四」，徑、清作「第四」。
一　八八六頁上一七行「淨信」，資、磧、普、南、徑、清作「清信」。
一　八八六頁上一九行末字「五」，徑、清作「第五」。
一　八八六頁中一行「彰别」，資、磧、普、南、徑、清作「障別」。
一　八八六頁中二行「誡勑」，資、磧、普、南、徑、清作「試勑」。
一　八八六頁中三行「悉皆」，資、磧、普、南、徑、清作「即皆悉」。又「空覓」，資、磧、普、南、徑、清作「空盆」。

一　八八六頁中四行「唾中」，資、磧、普、南、徑、清作「唾之」。

一　八八六頁中九行「四十里」，南、徑、清作「四千里」。

一　八八六頁中一八行「忽徃」，資、磧、普、南、徑、清作「忽住」。

一　八八六頁中一九行「開白」，資、磧、普、南、徑、清作「啓白」。

一　八八六頁下二行「亦能動」，磧、普、南、徑、清作「亦能動地」。

一　八八六頁下九行「湼槃」，資、磧、普、南、徑、清作「泥洹」。

一　八八六頁下一四行第五字「定」，資、磧、普、南、徑、清作「肉」。

一　八八六頁下一八行末字「六」，徑、清作「第六」。

一　八八六頁下二〇行夾註「雜阿合云」，諸本作「雜阿含云」。

一　八八六頁下末行「叉王」，資、磧、普、南、徑、清作「天王」。

一　八八七頁上二行第一二字「謂」，資、磧、普、南、徑、清作「語」。

一　八八七頁上一四行第四字「等」，資無。

一　八八七頁上一七行末字「地」，資、磧、普、南、徑、清無。

一　八八七頁上一八行夾註「雜阿合云全利」，資、磧、普、南、徑、清作「雜阿含云舍利弗」；麗作「雜阿含云舍利」。

一　八八七頁上一九行「正衣服」，資、磧、普、南、徑、清作「整衣服」。

一　八八七頁上二一行「舍利弗」，資、磧、普、南、徑、清作「舍利弗曰」。

一　八八七頁中一五行第二字「積」，資、磧、普、南、徑、清作「薪積」。

一　八八七頁中一九行「立字號」，資、磧、普、南、徑、清作「立字字號」。

一　八八七頁下一行末字「七」，徑、清作「第七」。

一　八八七頁下一三行第八字「毒」，諸本無。又末字「吐」，資、磧、普、南、徑、清作「唾」。

一　八八七頁下一五行夾註右「下分」，資、磧、普、南、徑、清作「下卷」。

一　八八七頁下一六行末字「八」，徑、清作「第八」。

一　八八八頁上一六行「嘆惑」，磧、普、南、徑、清作「嘆感」。

一　八八八頁上二一行「均提羅」，資、磧、普、南、徑、清作「均提」。

一　八八八頁中四行「投藥」，資、磧、普、南、徑、清作「設藥」。

一　八八八頁中一二行首字「嚴」，資、磧、普、南、徑、清作「校」。

一　八八八頁中一六行第一二字「軍」，資、磧、普、南、徑、清無。

一　八八八頁下四行夾註左「戒莫」，資、磧、普、南、徑、清作「戒賢」。

一　八八八頁下五行「周帀」，資、磧、普、南、徑、清作「四面周帀」。

一　八八八頁下八行「如教」，資作「和教」。

一　八八八頁下一三行第一二字「聞」，資作「聞見」。

一　八八八頁下一七行「告語」，資、磧、

資、南、徑、清作「示語」。

一　八八九頁上五行第九字「却」，資、磧、普、南、徑、清作「至」。

一　八八九頁上六行首字「別」，麗作「引」。

一　八八九頁上九行第三字「王」，資、磧、普、南、徑、清無。

一　八八九頁上一四行第九字「悟」，麗作「語」。

一　八八九頁上一九行「懷俠」，資、磧、普、南、徑、清作「懷挾」。

一　八八九頁上二二行第七字「枚」，資、磧、普、南作「故」。

一　八八九頁上末行第八字「殿」，資、磧、普、南、徑、清作「殿下」。

一　八八九頁中九行第五字「持」，資、磧、普、南、徑、清作「擔」。

一　八八九頁中一二行第六字「愽」，資、磧、普、南、徑、清作「轉」。

一　八八九頁中一五行「勑語」，資、磧、普、南、徑、清作「勑詔」。

一　八八九頁中一八行第四字「駞」，諸本作「馳」。又末字「馳」，資、磧、普、南、徑、清作「駱」。

一　八八九頁中二〇行「一旦」，麗作「一日」。

一　八八九頁下一九行「當王後園」，資、磧、普、南、徑、清作「當至王後園」；麗作「當至後園」。

一　八八九頁下末行「威壯」，諸本作「盛壯」。

一　八九〇頁上五行首字「刀」，資、磧、普、南、徑、清作「手」。

一　八九〇頁上七行「了戾」，資、磧、普、南、徑、清作「繚戾」。

一　八九〇頁上二〇行第一一字「而」，資、磧、普、南、徑、清無。

一　八九〇頁中一行第二字「蹴」，資、磧、普、南、徑、清作「踏」。

一　八九〇頁中四行「委悴」，資、磧、普、南、清作「萎悴」；徑作「憔悴」。又「用切」，諸本作「困切」。

一　八九〇頁中五行「自問」，資、磧、普、南、徑、清作「因問」。

一　八九〇頁中一一行第七字「我」，資、磧、普、南作「我若」。

一　八九〇頁中一二行夾註「出賢愚經第五卷及」，資、磧、普、南、徑、清作「賢愚經第五卷」。

一　八九〇頁中一四行第六字「桶」，資、磧、普、南、徑、清作「捅」；麗作「角」。又末字「九」，徑、清作「第九」。

一　八九〇頁中一七行夾註右「大智度論云」，資、磧、普、南、徑、清作「大智論」。又左「百大羅漢」，諸本作「五百大羅漢」。

一　八九〇頁中二二行「速至」，資、磧、普、南、徑、清作「速往至」。

一　八九〇頁下二行「祇枝」，資、磧、普、南、徑、清作「祇支」。

一　八九〇頁下五行第二字「恐」，資、徑、清作「徙」；磧、普、南作「從」。

一　八九〇頁下一七行第一二字「往」，資、磧、普、南、徑、清作「住」。

一　八九一頁上二行「意解」，資、磧、

普、南、徑、清無。

一　八九一頁上四行第九字「化」，資、磧、普、南、徑、清作「化作」。又末字「十」，徑、清作「第十」。

一　八九一頁上一〇行「𥳑筏」，資、普、徑、清作「箄筏」；磧、南作「箳筏」。一一行同。

一　八九一頁上二二行第一一字「河」，麗作「地」。

一　八九一頁中三行「十一」，徑、清作「第十一」。

一　八九一頁中一一行「汲罐」，資、磧、普、南、徑、清作「吸灌」。

一　八九一頁中一二行「鋌燭」，資、磧、普、南、徑、清作「燈燭」。

一　八九一頁中一五行末字「僧」，磧作「著」。

一　八九一頁中一八行「行禪」，資、普、徑作「禪行」。

一　八九一頁中二〇行「十二」，徑、清作「第十二」。

一　八九一頁中二一行「澈影」，資、磧、普、南、徑、清作「撤影」。下同。

一　八九一頁下三行「十三」，徑、清作「第十三」。

一　八九一頁下五行首字「儀」，麗作「僕」。

一　八九一頁下七行第六字「鄉」，資、磧、普、南、徑、清無。

一　八九一頁下一六行「攉此」，資、磧、普、南、徑、清作「權且」。

一　八九一頁下末行「閻浮提」，資、磧、普、南、徑、清作「閻浮利」。

一　八九二頁上一行「神力」，資、磧、普、南、徑、清作「神足」。

一　八九二頁上七行「十四」，徑、清作「第十四」。

一　八九二頁上一〇行「四千里」，資、磧、普、南、徑、清作「四十里」。

一　八九二頁上一一行「二十里」，麗作「二千里」。

一　八九二頁上末行「諸仞」，資、磧、普、南、徑、清作「千仞」。又「寶城便作」，資、磧、普、南、徑、清作「寶域變作」。

一　八九二頁中二行首字「瑛」，資、磧、普、南、徑、清作「瓔」。

一　八九二頁中一〇行「如來音響」，資、磧、普、南、徑、清作「如來音響無限」。

一　八九二頁中末行「十五」，徑、清作「第十五」。

一　八九二頁下四行「注流」，磧、普、南、徑、清作「駐流」；麗作「住流」。

一　八九二頁下七行第七字「往」，磧作「住」。又「道化長」，資、磧、普、南、徑、清作「通化」。

一　八九二頁下九行「虛空」，資、磧、普、南、徑、清作「空虛」。

一　八九二頁下一〇行「山頂」，資、磧、普、南、徑、清作「山巔」。

一　八九二頁下末行第一三字「喻」，諸本作「踰」。

一　八九三頁上六行第六字「神」，麗作「神神」。又「十六」，徑、清作「第十六」。

一　八九三頁上一三行「憋惡」，資、磧、普、南、徑、清作「弊惡」。

一　八九三頁上一四行「餧狗」，資、磧、普、南、徑、清作「以食餧狗」。又末字「言」，資、磧、普、南、徑、清無。

一　八九三頁上一七行「十七」，徑、清作「第十七」。

一　八九三頁上一八行「長老」，磧、普、南、徑、清作「長者」。

一　八九三頁上二一行「明早」，麗作「明旦」。

一　八九三頁上末行「弥檀」，資、磧、普、南、徑、清作「私檀」。

一　八九三頁中三行「寘耳」，資、磧、普、南、徑、清作「冥闇」。

一　八九三頁中四行「有大」，資、磧、普、南、徑、清作「大有」。

一　八九三頁中五行「設復」，資、磧、普、南、徑、清作「没」。

一　八九三頁中一二行第一〇字「圍」，資、磧、普、南、徑、清作「圍遶」。

一　八九三頁中一七行「抛擲」，資、磧、普、南、徑、清作「挑擲」。

一　八九三頁中一八行第一一字「使」，磧、南、徑、清作「令」。

一　八九三頁下一行「十八」，徑、清作「第十八」。

一　八九三頁下一〇行「住持」，資、磧、普、麗作「住侍」；南、徑、清作「往侍」。

一　八九三頁下一三行「要誡」，資、磧、普、南、徑、清作「教誡」。

一　八九三頁下一九行「珂樹諸堂上」，資、磧、普、南、徑、清作「行樹諸堂之上」。

一　八九三頁下末行首字「奴」，諸本作「妓」。

一　八九四頁上一行「諸聲」，資、磧、普、南、徑、清作「諸樂」。

一　八九四頁上九行「作耳」，資、磧、普、南、徑、清作「可作」。

一　八九四頁上一四行夾註左「第三卷」，資、磧、普、南、徑、清作「第二卷」。

一　八九四頁上一五行第五字「事」，資、磧、普、南、徑、清無。又「十九」，資、磧、普、南作「事虚十九」；徑、清作「第十九」。

一　八九四頁上一七行第九字「柱」，資、磧、普、南、徑、清作「拄」。下同。

一　八九四頁上末行第八字「答」，資、磧、普、南、徑、清作「言」。

一　八九四頁中五行「二十」，徑、清作「第二十」。

一　八九四頁中一一行「比丘」，資、磧、普、南、徑、清作「諸比丘」。

一　八九四頁中第一三行「逕歷」，資、磧、普、南、徑、清作「遥歷」。

一　八九四頁下三行夾註「出十誦律第四卷」，資、磧、普、南、徑、清作「出十誦第四」。

經律異相卷第十五 聲聞无學第三 僧部第四 靈

梁沙門僧旻寶唱等集

優波離為佛剃鬚得入第四禪一
迦旃延教老母女賣貧遂得生天二
難陁得柰女按足内愧閑居得道三
難陁有三十相與佛相似四
畢陵伽婆蹉以神足化放牧女人五
跋難陁為二長老分物佛說其本緣六
迦留陁夷非時教化致喪其命七
阿難與佛先世為善友八
阿難奉佛勑受持經典供給左右九
阿難七夢佛為解說十
阿難為旃陁羅母以呪力所攝十一
阿難乞牛乳佛記其方來十二
阿難化波斯匿王施十三
阿難試山向比丘并問育王十四

優波離為佛剃鬚得入第四禪一

佛在王舍城無敢為剃鬚者唯有一童子名優波離為佛剃鬚兒父母在佛前合掌白佛言甚能剃鬚但身太曲父母教兒小直又莫太直使出息不得麁大又言善能剃頭而身太直父母語言莫太直佛言善能剃鬚而入息太麁父母語莫麁入息令佛不安又言善能剃鬚而出息太麁父母語莫麁出息令佛不安時優波離入出息盡入第四禪佛告阿難言優波離已入第四禪汝取其刀阿難奉教阿難持故盛鬚器㕵世尊鬚佛言不應以故器盛時有瞿波離王子將軍征討來索佛鬚髮佛與王得不知所安佛言安金塔銀塔寶塔雜寶塔中繒綵鉢肆酰嵐婆衣頭羅衣裹又云不知何持佛言為馬車乘若葦若轝若頭肩上擔時王子持世尊鬚去所往征討得勝時彼王子還國起佛鬚塔此是世尊在世時塔後諸比丘行亦用前物盛持佛言不應頭戴亦不應持塔往大小便處比丘為恭敬故不敢共同宿置於別房佛言安高杙上或置頭邊 出四分律第四分第三卷

迦旃延教老母賣貧遂得生天二

阿槃提國有一長者多財饒富慳貪暴惡无慈心時有一婢晨夜走使不得寧處小有違失便受鞭搥衣不蔽

形食不充骶年老困悴思死不得時適持瓶詣河取水思惟是苦舉聲大哭時迦旃延来至其所問言老母何以荅言尊者我即年老恒執苦役加復貧困衣食不充思死不得迦旃延言汝若貧者何不賣貧母人言曰貧鄙可賣誰當買貧迦旃延言貧實可賣如是至三女言賣迦旃延言審欲賣者一隨我語荅言唯諾告言汝先洗浴洗浴已畢告言汝當布施白言尊者我極貧困如今我身無毛許皃納唯有此瓶是大家許當以何施即授鉢與汝持此鉢取少淨水如教取来奉迦旃延迦旃延受尋為呪願次教受齋後教念佛種種功德即問汝有住止處不荅言无也若其磨時即卧磨下舂炊作使便卧是中或時无作止宿糞堀迦旃延言汝好持心恭謹走使莫生嫌恨因伺大家一切卧竟密開其户於户曲内敷淨草坐思惟觀佛莫生惡念尒時老母奉而歸依如勑施行於後夜中即便命終生忉利天大家使人草索繫脚拽置寒

林有一天子與五百天人以為眷屬福盡命終此老母人即代其處生天之法其利根者自知来緣其鈍根生者但知受樂尒時此女既生天中與五百天女娛樂受樂不知生緣時舍利弗在忉利天知此天子生天因緣問言天子汝因何福生天中耶荅言不知時舍利弗借其道眼觀見故身由迦旃延得生天上即將五百天子来至寒林散花燒香供養死屍光明照曜大家見之恠其所由告令遠近詣林觀看見諸天子供養此屍即問天曰此婢醜穢生存之時人猶惡見何故諸天而加供養彼時天子具說本末　出賢愚經第七卷

難陁得柰女接足内愧閑居得道三

佛在鞞舍離時柰女嚴駕羽寶車詣如来所親覲問訊下車詣佛時難陁去佛不遠經行柰女便至難陁所以手接難陁足便作是語難陁我是柰女是時難陁即失精精汙其手柰女即以頂戴往世尊所白言世尊如此之人聽在衆次佛告柰女如是之人

應在衆次所以然者難陁不久當成就无漏柰女默然不對而去柰女不遠佛告阿難諸有比丘盡集講堂既已會竟佛告比丘我於比丘中悉觀察皆當具舍勸以覆内形如是諸比丘當作是學佛告難陁去何難陁汝乃作如是形狀難陁内愧白言善哉世尊願速與我說法使我聞法在閑靜處如實觀察以自娛樂佛告難陁汝觀此身隨其所行從頭至足髮毛爪齒若干不淨盈滿身中如實觀察為是淨耶為不淨耶當觀彼漏為何處所為從何来是時難陁從佛受教礼足去觀此身中從頭至足若干不淨諸所有處皆悉知彼由合會生我今當離則无欲意便說偈言

婬我知汝本　欲從思想生　不我思想汝
則汝而不有

是時難陁在一靜處閑居成阿羅漢　出增一阿含經第三十九卷

難陁有三十相與佛相似四

佛始得道身色光明相照大千人民天龍十方菩薩皆聽說法咸大歡喜

隨其本行皆各得道佛弟難陁獨不從受反戾佛教而欲為道有三十相將數弟子著鉢真越衣顔似佛有諸比丘未得道眼者遥見難陁便為作礼佛告難陁自今以後不得復著真越衣著皂袈裟所以者何汝反我戒受比丘礼當墮泥犁中（出十分辟喻經第四卷）

畢陵伽婆蹉以神足化放牧女人五

畢陵伽婆蹉在王舍城日時將至欲行乞食至一放牧家食其家女人啼即問女言何故啼耶荅言閻梨今節會日衆人集戲我无衣裳獨不得去時尊者即化作種種衣服珠寶瓔珞金銀挍餝與已便去衆人見之問言郁得具說因緣聞達國王王即喚牛女及比丘來問尊者何處得此好金非世所有比丘即挺杖打壁扣牀一切化成黃金作如是言首陁羅何處得金此即是也王言閻梨有大神足宜各還去（出僧祇律第二十九卷）

跋難陁為二長老分物佛說其本緣六

佛在憍薩羅國與多比丘安居諸白衣居士見多衆僧為作房舍及衣鉢

後歲還祇洹安居是處故有二長老比丘諸居士心念我等今歲布施使如去年令諸比丘得衣我得福不斷多持衣物施二長老作是念是衣物分多我等若分知得何罪竟不敢分跋難陁遊行諸處遍觀施物多少二長老遥見從坐起迎與坐問訊跋難陁問衆僧安居有施物不荅有問言分未荅言未分何故長老荅言是衣物多我人少若分不知得何罪跋難陁言汝未分者好二長老語跋難陁汝能分不荅能跋難陁言此中應作羯磨不得直分時二長老盡持衣出者跋難陁前跋難陁分是衣作三分語言汝二人坐一聚邊自坐二聚間語言汝長老一心聽羯磨言汝等二人一聚衣名為三我一人二聚衣名為三是羯磨好不荅言好持是衣裹縛欲擔去二長老言是聚衣我等未分去何便去跋難陁言我若與汝分者是中一好衣應與知法人然後當分荅言與即持一上寶衣出著一邊分餘衣作二分與二長老跋難陁即

裹縛多衣物擔負到祇洹諸比丘經行遥見跋難陁来自相謂言此无慙無愧有見聞疑罪多欲无猒人来漸漸近已問言跋難陁汝從何處得是多衣物来跋難陁廣說上事是中有比丘少欲知足行頭陁聞是事心嫌恨種種呵責云何名比丘故奪二長老物以事白佛佛亦種種呵責語諸比丘是跋難陁非但今世奪是二長老比丘物過去世河曲中有二獺在河中住河邊得一鯉魚无能分者二獺守住有野干来飲水見已問言阿舅汝作何等獺言外甥我等得此大魚不能分汝能為我分不荅言能此應經書語分不得直尒分時野干即分魚作三分頭為一分尾為一分中間肥者作一分問言誰憙近岸行荅言此是誰憙入深水行荅言此是時野干言汝一心聽說經書言近岸行者與尾入深水行者與頭中間身分與知法者尒時野干口銜是大魚身歸去婦見問曰何處得荅言有愚癡不知斷事聞得諸比丘此二獺者即今二

長老比丘是時野干者今跋難陁是

迦留陁夷非時教化致喪其命七（出十誦律善誦卷第三僧祇律亦同）

佛在舍衛國時長老迦留陁夷得阿羅漢道心念先在六羣比丘中於舍衛國汙辱諸家我念當還令得清淨即便入國度九百九十九家若夫得道而婦不得若婦得道而夫不得道則不在數時舍衛城有婆羅門家應以聲聞得度迦留陁夷念言我得度此家者於舍衛城足滿千室晨朝持鉢入城乞食到婆羅門舍主人不在其婦閉門煎麨迦留陁夷即入禪定起乃彈指婦即迴顧看門猶閉作是念此沙門從何處入此必貪麨故来我終不與若使眼脫我亦不與而以神力兩眼脫出復念出眼如梡我亦不與即以神力變眼如梡復念若倒立我前我亦不與即以神力於前倒立復念若死我亦不與復以神力入滅受想定心想皆滅无所覺知時婆羅門婦牽挽不動即大驚怖念是沙門常遊波斯匿王宮末利夫人之師

若聞在我家死者我等大衰彼若活者我與一麨迦留陁夷便出於定婦即看麨先煎者好意惜不與更刮瓮邊復作一小麨煎之轉勝以先者與適舉一麨餘皆相著迦留陁夷言姊隨心與我幾許舉得四麨欲持與之迦留陁夷不受言我不須是麨若汝欲施者可以與祇洹中僧是婦先世已種善根即自思惟是比丘僧實不貪麨但愍我故而来乞耳即持麨筐詣祇洹中施諸衆僧與僧麨竟在迦留陁夷前坐時迦留陁夷觀其因緣為說妙法即於坐上遠塵離垢得法眼淨歸依三寳作優婆夷尒乃反舍時夫後還婦具以白我今已得須陁洹道君今可往是婆羅門即便往詣迦留陁夷為說妙法得法眼淨為優婆塞常盡財力供養闍梨乃至身死猶命其子如在無異其子奉命供養如法子婦於後在機上織遇見賊主年少端正婦便喚之婦語之使來共相娛樂時迦留陁夷往其舍食為婆羅門婦說婬欲過訶破戒罪婦即生

疑恐知此事或向夫說即作方便託疾請之迦留陁夷往為說法苦相留連乃至日沒時迦留陁夷起到糞聚賊主以利刀而斬其頭埋著糞中至說戒日行籌長一更相諮訪佛言迦留陁夷已入涅槃夜過已晨佛與衆僧入舍衛城到糞聚所佛神力故死尸踊出在虛空中諸比丘取著床上持之出城以火燒身起塔供養波斯匿王聞迦留陁夷某婆羅門家死即滅七世左右十家皆奪財物捕取五百賊悉截手足著祇洹塹中諸比丘乞食得聞是事具已白佛佛言過罪皆由非時入於聚落（出十誦律三誦第四卷）

阿難與佛先世為善友八

佛遊波羅柰國住樹下坐欣然而笑五色光出阿難跪問佛言昔迦葉佛時此處有精舍精舍中有二万沙門迦葉佛常說正法阿難即施繩床跪勸曰願就尊坐斯地有福乃致兩佛佛就坐畢舉手指日彼有大縣其名維綾時有陶家名曰歡豫為子慈愛數詣佛所稟佛清化雖為陶家未常

墾土懼害垂豸唯取崩岸鼠壤之土和之為器以貿五穀多少在彼未甞諍價以供養老親老羸乏已且失明歡豫仁孝難齊迦葉佛晨興攝衣持鉢入城之歡豫家問其親曰孝子安在對曰佛弟子小出耳家有好飯豆羹佛以鉢受却坐飯畢即去子歸覩羹飯有減曰誰取此飯者親曰天中天屬來顧尒曰自取羹飯飯畢即去歡豫悵然悲喜交集佛為如來無所著至真等正覺道法御天人師諸天帝王肅虔供饌常恐不致世尊吾居斯賤食又不腆但愍吾斯賤故自取耳悲喜交集稽首于地退惟佛恩知普乃尒喜以忘飢十有五日親助之歡喜忘飢七日却後月餘佛復至其家子又不在佛復取羹飯畢即去子尋還歸親又如事說之歡豫并親重喜忘飢日數如前其時龍雨日夜不休精舍毀漏佛告諸沙門歡豫新為居室汝等往撤其瓦來以護精舍諸沙門往子又不在親曰何人撤吾屋乎沙門對曰佛精舍漏使吾等

撤斯屋以補精舍親曰善哉吾子德重乃致於玆乎歡喜稽首曰願益取之吾福无量沙門適去子歸覩之曰誰撤屋者乎親曰佛精舍漏遣沙門来取瓦補之歡豫所在向佛稽首于地尊慈无量帝王諸侯與七寶殿貢獻相給而佛不居取此鹿瓦惟欲福我欣欣不食忘飢如前佛將五百沙門前入王國王名脂維身自迎佛下車卻五威儀作礼問訊就坐聽經畢曰願天中天與諸沙門下顧薄食佛默可之供饌皆備遣使奉迎王自沃盥奉飯供養礼畢於佛前坐

佛告王曰王宿奉三尊今受宿福得生人道去女為男獲世上位夫王者之法當以聖人教令制御其心怒巳育民妖言燒國之火也王其慎之王稽首受教王又留佛時三月七寶牀机帷帳茵蓐病藥之供竭盡國珎佛未之許王心念曰供養之上孰勝吾者佛知王心有貢高意即謂王曰有勝王者其惠無量王曰願聞其名佛曰維績縣有至孝之子其名歡豫奉

佛三寶受吾明決怨巳視彼等育群生清貞守真手不持寶并諸利刃賣器養親不諍其價忍辱慈惠以正道為心以聖典為樂不敢娶妻懼慠其親以為不孝每之佛所側心聽法為親陳喪明之苦不清覩佛言之流涕佛取其食撤其屋瓦舉門无怨喜忘飢十有五日其為至仁至孝德難具陳吾當周行教化天下不得就王請王有慍心與佛曰論功喻德彼仁清貞信孝行難齊興居周旋未甞不孝仁德恩親斯行難等非所能逮矣王曰善哉歡豫至孝為佛所歎德稱之美乃至於玆吾當貢之助其養也迦葉佛說經竟遊行教化王遣使者重載五百乘車粳米麻油醍醐石蜜雜物珎寶議辭致敬使者到日天中天重歎賢者至孝普慈大王欣懼使吾致虔願納此貢以育于親并供養佛歡預對曰大王慈惠助吾還宮具宣此意同縣梵志子名花結與歡豫總角善友累劫結親道化相成久而益厚共於深水浴遥覩大樹歡豫指曰迦葉

如来聖人在此須先謁辝佛道難忘吾敢奠矣歡豫惻然曰佛世難值猶優曇花或復累刧乃一有耳豈可失時牽衣力挽共至佛所歡豫稽首華結不拜揖讓而坐歡豫白佛言華結者與我𩮛角善友邪迷未寤願滅其癡迦葉如来應病說法心即開解敬信三寶二人歡喜稽首俱退花結尋路曰世幸有佛家為𢇁藪汝不作沙門為乎對曰吾親年在西垂又俱喪明恃吾為命故不去家耳華結曰吾當為沙門矣歡豫即如事啓佛即授其戒億歲以後生第四兜率天上從天一下自致成佛佛告諸比丘時花結者我身是也歡豫者阿難是阿難為吾良友力牽吾至佛所聽經令吾得佛夫賢友之喻乃万福之基現世免王之牢獄死則杜塞三塗之門戶昇天得道皆賢友之助矣出歡豫經

阿難奉佛勅受持經典供給左右九

佛告文殊我成佛来過三十年今此衆中誰能為我受持十二部經供給左右所須之事使不傾失自身善利

五百羅漢皆云我能佛言不了目連觀見如来心在阿難目連累勸阿難阿難曰𢇁弱不堪奉給若佛與我三願者當從僧命一者如来設賜故衣聽我不受二者設受檀越别請聽我不從三者聽我出入無有時節文殊言善哉預見讖嬿阿難事我二十餘年具八種不可思議一者不受别請食二者不受陳衣服三者来不非時四者始具煩惱隨我出入諸王豪貴家見諸女人不生欲心五者說十二部經一經於耳曾不再問如瀉一瓶置於一瓶六者知他心智如佛入定七者未得願智而能了知現得四果有後得者八者秘密之言悉能了知是故我常稱其多聞阿難具足八法堪能受持十二部經一者信根堅固二者其心勇進三者身无病苦四者常勤精進五者具足念心六者心无憍慢七者成就定意八者具從聞生智出菩薩從兜率天下經賢愚經云阿難昔為長者釋迦為沙弥師課誦經為乞食故功程不止長者憐之仍給衣食由是奉持左右也

阿難七夢佛為解說十

佛在祇樹阿難於異處夢見七事尋驚毛竪我昨夜夢凡見七事一者川流河海悉皆火然二者日將欲没閻浮提冥自見我身頂戴須弥三者比丘婉轉在于溷中又見一人登比丘頭度出淨地四者見有比丘法衣不具但結袈裟手捉炬火樂入邪徑處荆棘中裂破衣裳五者見栴檀樹其大茂好豬從藪出揩栴檀樹六者見三品象子魑觸　齧齧搪突大象躍踐好草攪濁清水大象患之避逃而去至大清水好草之中象子遨戲都不覺知故在本處水草乏絶飢渴苦極咬齧樹木遂皆餓死七者見死師子王名曰念薩頭生白毛如繫傅飾飛鳥百獸不敢摩近師子内身自有虫出還食其肉用此夢縁故晨詣佛佛言夢水中火然者當来比丘違犯佛教是非建戒用得供養復起諍鬪夢日將欲冥頂戴須弥者世尊却至九十日當般泥洹後衆比丘諸天龍人民當從阿難啓受經教夢見比丘身著法衣不如常制但結袈裟婉轉

淵中有人登頭出住淨地者佛泥曰後法向欲盡當有比丘大會說經時佛深法而不奉行結近白衣尋隨財色居士諫呵而不信從比丘受殃居士得福夢見比丘結破袈裟手持炬火樂入邪徑處荆棘中破裂衣裳者佛泥曰後當有比丘無有法衣著俗人服但一袈裟結以珞腋棄戒樂俗育養妻子分衛供給有則懽樂無則愁苦夢栴檀樹甚大茂好猪從蟣中出揩突樹者佛泥曰後當有比丘不承用法飲酒迷亂食無期度有明智士善意曉喻更興誹謗并罵羅漢夢三品烏子䴌突大烏踏蹴好草攪濁清水大烏患之避逊而去住至清水美草之間小烏遨戲都不覺知水草乏絕遂便飢死者佛泥曰後當有長老明經比丘教誡年少示其罪福不肯從受死墮地獄夢見死師子王名曰尒薩頭生白毛如繫傳飾蜚虫鳥獸不敢侵食身内虫出還噉其肉者佛在世間廣說經法佛泥曰後无有外道能壞此法但由弟子當自壞我法汝之所夢但為將来現斯怪耳出七夢十善經

阿難為旃陁羅母以呪力所攝十一

阿難行路中道燋渴有旃陁羅女名鉢吉蹄汲水阿難詣從乞水女報阿難我是摩鄧伽種阿難言我不問是義但施我水女曰君母種成就沙門瞿曇第一弟子波斯匿王所敬末利夫人阿闍梨我是下賤不敢持水相與阿難又言我不問是但水見與女許時女先掬水澆阿難足復掬水澆阿難手便生婬意阿難飲已便去鉢吉蹄還父母言阿母願以沙門阿難為聟母言其轉輪王子刹利釋種聖師貴族主天人宗奉我小家種云何得為夫女言不得者會當飲毒以刀自刺若自絞死母曰有摩鄧伽神語符呪能移日月以墮著地亦能呪因帝梵天使下況不能得沙門阿難使来若已死若生不能婬若瞿曇所護者我不能得除此皆可得耳女便起澡浴莊嚴身體著白服飾敷諸卧具逕想婬母以牛屎塗地以五色綖結

縷盛滿四瓶水盛滿四椀麨漿以四口大刀竪牛屎四角頭四箭然八明燈取四死人髑髏種種香塗其上以華布地捉熨斗燒香繞三匝向東方跪而誦摩鄧伽呪術時阿難在祇洹林意便恍惚為呪所縛如魚為被鉤隨呪術至旃陁羅家母便語女阿難已至時女前抱阿難坐著牀上牽制衣裳捻捉阿難辟如力人手捉長毛小羊捉其人手阿難見十方盡闇冥辟如日月為羅祝所猒阿難有大人力當十大力士力而不能得動阿難以聖道諦力念還得寤我今困厄世尊大慈寧不愍我佛即知之便誦佛語偈云

佛者最極尊於世間　諦無有能過佛之前
佛者最極尊於人天　諦諸法之王無上田
法者最極尊於世間　諦无有能過法之前
法者最極尊於人天　諦斷諸縛結永息田
僧者最極尊於世間　諦无能過有僧之前
僧者最極尊於人天　諦美福第一无上田

阿難以此實義於旃陁羅舍得誦偈適竟旃陁羅家内所設呪具刀箭破

折瓶甕破壞燈滅髑髏迸碎黒風起展轉不相見旃陀羅呪術不行母便告女此必瞿曇沙門神力所為衆物碎散呪術不行阿難念言世尊恩力也阿難得解如大象王威年六十醉暴恣惡身大牙長從鐵鞸得解從城走向空閑處阿難亦尒世尊誦佛語從旃陀羅舍得解還向祇洹時此女人逐阿難至祇洹門並作是語阿難是我夫阿難是我夫逐阿難後不離須臾阿難具以白佛佛曰我於諸法中不見幻惑如此女人以婬繫意阿難平旦著衣持鉢入舍衛城分衛而此女人亦逐其後語諸長者阿難是我夫阿難是我夫阿難還至佛所又前白佛佛曰汝往共語姊妹相向何以故此女人應當作比丘尼女白佛言唯願世尊還我夫胥佛曰若須阿難者於我法中作比丘尼當以相與女人歡喜女還奉辭父母父母歡喜本殖善根各應得道父母及女同往詣佛世尊廣為說法无數方便現諸法義柔軟義檀義尸義說婬不淨義增長

生諸結根義出家義諸道品義又說四聖諦時此女人即在坐上解四聖諦父母得阿那含道女得須陁洹道辟如純帛氎衣易為染色時父母歸佛歸法歸僧聽為優婆塞向佛阿難悔其癡罪乞為比丘尼得依世尊修行梵行佛告阿難將二比丘尼及此女人鉢拓鉢提瞿曇弥所以此女為道授具足戒大愛道問阿難去何阿難世尊許旃陀羅女為道耶阿難報瞿曇弥然即與剃髮受戒得阿羅漢出戒因緣經第三卷又出摩鄧女經

阿難乞牛乳佛記其方來十二

佛在舍衛國時患中風呼阿難往婆羅門家乞牛乳阿難即如言求索婆羅門言牛在彼閒自往搆取阿難即往到牛所牛常喜觝蹋人不可得近阿難自念我所事師法不得自搆取牛乳也忉利天王釋即來下化作婆羅門被服住牛傍阿難請搆取牛乳婆羅門言諾即以右手捫摸牛乳言佛小中風汝與我乳令佛飲之佛差者汝得福不可稱量牛言此手捫摸

我乳何益快乎取我兩乳去置兩乳遺我子我子朝來未飲食也犢子在母傍聞說佛聲即語言持我分盡用與佛佛者天上天下人之大師也甚難得值我自食草飲水我作人時坐隨惡知識不信佛經使我作牛馬十六劫到今乃得聞佛聲持我所飲乳盡用與佛滿器而去令我後世智慧得佛道阿難持乳還佛問之牛母子何說阿難依事而荅佛言牛母後弥勒佛時與作沙門得阿羅漢道犢子死後作人當為我懸繒散華燒香持經戒二十劫已後當作阿羅漢佛度脫天下万民出犢子經

阿難化波斯匿王施十三

舍衛國歲飢諸比丘各欲分散以為歲節阿難言若諸比丘詣餘國而造歲節此无數人失於德本假使如來止此舍衛多所安隱波斯匿聞請佛及僧三月供養佛言過去世時波羅奈國王名梵達有大威德名稱遠聞時國飢饉乞者衆多王意施與四面雲集天久不雨穀米轉貴人民飢困

經律異相卷第十五　第二十四張　霊字号

乞者曰滋倉廪虚竭大臣請息王曰
若尒違我本心何忍逆之時諸明法
吏宣告四遠敢有乞者皆棄都市乞
者愁憂王問大臣荅曰有此遠來得
梵志即入王問誰使汝来梵志荅腹
使我来時王愍以偈報曰施赤犢牛
千頭并諸犢子梵志者阿難是出生經第三卷賤使經大同小異
阿難試山向比丘并問阿育王十四
阿難與兩比丘到阿育國王國在山
向中比丘之松上香花自至鈴鳴如
語山向比丘不知何故出四面作礼
還齊堂中誦經阿難與兩比丘化作
乞兒復將三百乞兒住乞食山向比
丘作食飯訖索衣便假衣之三百乞
兒不肯復去乃朝夕供養乞兒悉病
山向比丘便朝夕燒香請福合藥三
百乞兒悉死山向比丘便行假句沐
浴棺殮阿育國王令人葬之後數日
阿難入與兩比丘化作三書生衣被
潔淨往到松中山向比丘下講堂迎
之設座令坐三書生謂山向比丘言
汝事佛欲以何求山向比丘言佛道

經律異相卷第十五　第二十五張　霊字号

者神道也天地之間唯佛道神我事
佛者欲願佛道度人非人无他所求
三書生言佛道不神也但當空虛故
也人少有事者汝何愚癡追人事佛
山向比丘言諸君所言非法也佛道
寂神非人所見變化无常非人所知
百姓愚癡自不知之空作此語益諸
君罪三書生便怒汝事佛不逆人意
汝工追我作奴不山向比丘言諾三
書生去汝不中善奴當令汝擔屎汝
自當得百石糞若不得百石糞者當
斬汝頭山向比丘便行擔屎不能得
多還謝書生力極不能得多乞原罪
負三書生大怒便取縛之痛鞭三百
忽然自去阿難便化作優婆塞往語
山向比丘三書生所為無道不當語
王令治之乎山向比丘言此自我過
故致此耳事佛者无所愛惜求頭與
頭求軀與軀我但擔屎見鞭此有何
苦阿難與兩比丘復作阿育王往告
山向比丘言事佛定自无益也空自
勤苦人生世間須臾當死何獨勤苦
奉是經乎我今欲相與議事從我者

經律異相卷第十五　第二十六張　霊字号

任不從我者道人必死山向比丘言大
王欲議何事耶王言我有貴女才操
絕人面目好美手如蜂子我貪道人
為人温良欲以相與故来報意道人
必當相從山向比丘言知王厚意我
奉佛法已積年歲功德未成又貪王
女恥辱佛道是罪不小王若相殺自
當受之王便使人將山向比丘詣市
斬之山向比丘便礼佛而去顧與王
謝乃是阿難山向比丘便前作礼頭
面著地阿難起持　之還坐悉自
相識阿難謂山向比丘汝功德已成
汝當得道我故試汝視汝志意耳山
向比丘下地言我无知被受佛恩得
在法中不能作善煩苦神人来相憂
念阿難以道授山向比丘俱上樓上
誦經說義合樂歡喜阿育王作礼長
跪阿難問王佛經有幾卷王荅言佛
經甚多不可計數今見在經有十二
部有八万四千卷阿難問王王已持
幾卷王荅言我已誦三昧經万二千
卷般若波羅蜜經万二千卷阿難問
王王見經已多乃知天地相去幾里

王荅言大品三昧經言天地相去八十一万里阿難問王地有幾品王荅言般若波羅蜜經言地有八十一城城自有人北城中人長十丈中城中人長八丈南城中人長三尺阿難問王王自知本是何人王荅言不知識遠但能知近巳嘗入泥犁巳嘗上天巳嘗更勤苦巳嘗作奴婢巳嘗作六畜巳嘗入火中巳嘗作善人從作善人得為國王巳見勤苦之事不敢復為惡也阿難言王本是提恕竭佛比丘名提頭羅山向比丘是釋迦文佛比丘須拔者也自從佛去後我人孤窮持法不固以致罪過踰歷年數不復相識我昔與山向比丘俱生小家我為兄山向比丘為弟常自相憐出入相追初不相識我後當為國王山向比丘來生我亦不識天下反覆轉相寄生不可稱數今者自知得脫生死便授阿育王羅漢之道（出阿難現變經）

經律異相卷第十五

經律異相卷第十五

校勘記

一　底本，金藏廣勝寺本。

一　九〇〇頁中一行「第三僧部第四」，徑、清作「僧部第十二之三」。

一　九〇〇頁中三行至一六行目録，徑無。

一　九〇〇頁中四行第七字「女」，資、磧、普、南、清無。

一　九〇〇頁中六行「三十相」，資、磧、普、南、清作「三十二相」。

一　九〇〇頁中七行「女人」，清作「女」。

一　九〇〇頁中一三行第八字「以」，清無。

一　九〇〇頁中一六行「育王」，資、磧、普、南、清作「阿育王」。

一　九〇〇頁中一七行末字「一」，徑、清作「第一」。

一　九〇〇頁中二〇行第五字「白」，資、磧、普、南、徑、清作「立」。又第八字「甚」，磧、普、南、徑、清作「其」。

一　九〇〇頁下一〇行第九、一〇字「寶塔」，資、磧、普、南、徑、清無。

一　九〇〇頁下一一行第五字「酖」，資、磧、普、南、徑、清作「耽」。

一　九〇〇頁下一八行「共同宿」，資、磧、普、南、徑、清作「共同塔宿」；麗作「共塔宿」。

一　九〇〇頁下一九行夾註右末字「第」，資、磧、普、南、徑、清無。

一　九〇〇頁下二〇行末字「二」，徑、清作「第二」。

一　九〇〇頁下二一行「饒富」，資、磧、普、南、徑、清作「饒寶」。

一　九〇〇頁下二二行「暴惡无慈心」，資、磧、普、南、徑、清作「弊惡無有慈心」。

一　九〇一頁上一行「充舡」，資、磧、普、南、徑、清作「充口」。

一　九〇一頁上四行第七字「即」，諸本（不含石，下同）作「既」。

一　九〇一頁上七行「買貧」，資、磧、普、南、徑、清作「買者」。

一 九〇一頁上八行「女言」，資、磧、普、南、徑、清作「女人言」。

一 九〇一頁上一一行末字「皃」，諸本作「完」。

一 九〇一頁上一七行「便卧」，資、磧、普、南、徑、清作「隨卧」。

一 九〇一頁上一八行首字「作」，資、磧、普、南、徑、清作「處」。又第一一字「好」，資、磧、普、南、徑、清無。

一 九〇一頁上二二行「如勅」，資、磧、普、南、徑、清作「如教」。

一 九〇一頁上末行第六字「使」，資、磧、普、南、徑、清作「令」。又第一二字「拽」，資、磧、普、南、徑、清作「曳」。

一 九〇一頁中一行「天人」，資、磧、普、南、徑、清作「天女」。

一 九〇一頁中三行末字「生」，資、磧、普、南、徑、清無。

一 九〇一頁中四行「受樂」，資、磧、普、南、徑、清作「受福樂」。

一 九〇一頁中七行「生天中耶」，資、磧、普、南、徑、清作「生此天中」。

一 九〇一頁中一六行末字「三」，徑、清作「第三」。

一 九〇一頁下二行末字至次行首字「不遠」，資、磧、普、南、徑、清作「去不遠」。

一 九〇一頁下一四行「礼足去」，資、磧、普、南、徑、清作「礼足而去」。

一 九〇一頁下一七行「汝本」，資、磧、普、南、徑、清作「汝命」。又「不我」，資、磧、普、南、徑、清作「我不」。

一 九〇一頁下二〇行夾註右末字「經」，資、磧、普、南、徑、清無。

一 九〇一頁下二一行「三十相」，資、磧、普、南、徑、清作「三十二相」。又末字「四」，徑、清作「第四」。

一 九〇二頁上七行夾註右「十分」，資、磧、普、南、徑、清作「十卷」。

一 九〇二頁上八行「女人五」，資、磧、普、南作「女五」；徑、清作「女第五」。

一 九〇二頁上九行末字「欲」，資、磧、普、南、徑、清作「次」。

一 九〇二頁上一五行末字「牛」，資、磧、普、南、徑、清作「牧」。

一 九〇二頁上二一行末字「六」，徑、清作「第六」。

一 九〇二頁中一行「祇佪」，諸本作「祇洹」。本頁下一行同。

一 九〇二頁下一六行末字「間」，資作「問」。

一 九〇二頁下二二行首字「去」，麗無。

一 九〇三頁上二行夾註右「善誦卷」，資、磧、普、南、徑、清作「善誦分」。

一 九〇三頁上三行末字「七」，徑、清作「第七」。

一 九〇三頁上一〇行末二字「得度」，諸本作「復度」。

一 九〇三頁上一一行「舍衛城」，資、磧、普、南、徑、清作「舍衛城中」。

一 九〇三頁中四行「小麵」，諸本作「小餅」。

一 九〇三頁中五行第二字「舉」，資

作「與」。

一　九〇三頁中一五行「還婦」，資、磧、普、南、徑、清作「還歸」。又「以白」，資、磧、普、南、徑、清作「以白夫」。

一　九〇三頁中一九行「如在」，資、磧、南、徑、清作「如先」。

一　九〇三頁中二一行「喚之婦」，資、磧、普、南、徑、清作「喚婢」。

一　九〇三頁下二行第八字「住」，資、磧、普、南、徑、清作「往」。

一　九〇三頁下六行第一一字「晨」資、磧、普、南、徑、清作「晨朝」。

一　九〇三頁下一三行「佛言過罪」，資、磧、普、南、清作「佛言此過」；徑作「言之過」。

一　九〇三頁下一四行夾註「三誦第四卷」，資作「三律卷第四」；磧、普、南、徑、清作「三誦卷第四」。

一　九〇三頁下一五行末字「八」，徑、清作「第八」。

一　九〇三頁下二〇行「願就尊坐」，資、磧、普、南、徑、清作「願尊就坐」。

一　九〇三頁下二二行「維縷」，資、磧、普、南、徑、清作「維陵」。下同。

一　九〇三頁下末行「未常」，諸本作「未嘗」。

一　九〇四頁上一行「虫豸」，諸本作「蟲豸」。

一　九〇四頁上四行「晨興」，資、磧、普、南、徑、清作「晨起」。

一　九〇四頁上五行第五字「之」，資、磧、普、南、徑、清作「到」；麗作「至」。

一　九〇四頁上六行「安在」，資、磧、普、南、徑、清作「安之」。

一　九〇四頁上九行第七字「曰」，磧、普、南、徑、清、麗無。

一　九〇四頁上一〇行「佛爲」，諸本作「曰佛爲」。

一　九〇四頁上一三行第二、三字「斯賤」，資、磧、普、南、徑、清作「厮賤」，下同。

一　九〇四頁上一五行「知普」，諸本作「弘普」。

一　九〇四頁上一六行「月餘」，資、磧、普、南、徑、清作「日餘」。

一　九〇四頁上二一行「居室」，資、磧、普、南、徑、清作「居屋」。

一　九〇四頁中六行「尊慈」，諸本作「尊慧」。又末字「貢」，資作「直」。

一　九〇四頁中八行「欣欣」，資、磧、普、南、徑、清作「欣躍」。

一　九〇四頁中九行「迎佛」，資作「近佛」。

一　九〇四頁中一〇行第二字「卽」，資、磧、普、南、徑、清作「却」。

一　九〇四頁中一九行第六字「病」，資、磧、普、南、徑、清作「疾」。

一　九〇四頁下五行第六字「之」，資、磧、普、南、徑、清作「至」。

一　九〇四頁下六行「不清」，資、磧、普、南、徑、清作「不得」。

一　九〇四頁下七行「喜忘飢」，資、磧、普、南、徑、清作「喜以忘飢」。

一　九〇四頁下一〇行第四字「與」，資、磧、普、南、徑、清作「興」。

一　九〇四頁下一一行第三字「行」，資、磧、普、南、徑、清作「從」。又「未嘗」，資、磧、普、南、徑、清作「未曾」。

一　九〇四頁下一六行「雜物弥」，資、磧、普、南、徑、清作「諸雜名」。

一　九〇四頁下一七行「到日」，資、磧、普、南作「致日」；徑、清、麗作「到曰」。

一　九〇四頁下一八行「欣懼」，資、磧、普、南、徑、清作「欣躍」。

一　九〇四頁下二一行「名花結與歡豫」，資、磧、普、南、徑、清作「名曰花結與共歡豫」。又「鬆角」，資、磧、普、南、徑、清作「總角」；次頁上六行同。

一　九〇四頁下末行「深水」，資、磧、普、南、徑、清作「渠水」。

一　九〇五頁上一行「謁辞」，諸本「謁拜」。

一　九〇五頁上三行「乃一有耳」，資、磧、普、南、徑、清作「乃有一耳」。

一　九〇五頁上四行「力挽」，資、磧、普、南、徑、清作「自挽」。

一　九〇五頁上九行「織藪」，資、磧、普、南、徑、清作「織蔽」。

一　九〇五頁上一一行「去家」，資、磧、普、南、徑、清作「出家」。

一　九〇五頁上一三行「其戒」，徑、清作「具戒」。

一　九〇五頁上一八行第二字「王」，資、磧、普、南、徑、清作「王者」。

一　九〇五頁上二〇行末字「九」，徑、清作「第九」。

一　九〇五頁中一五行「秘密」，資作「秘藏」。

一　九〇五頁中一八行「勇進」，資、磧、普、南、徑、清作「精進」。

一　九〇五頁中二〇行「成就」，資、磧、普、南、徑、清作「成能」。

一　九〇五頁中二一行夾註左第一三字「爲」，資、磧、普、南、徑、清無。

一　九〇五頁中二二行夾註左首二字「衣食」，資、磧、普、南、徑、清作「飲食」。又「奉持左右也」，資、磧、普、南、徑、清作「奉侍左右」；麗作「奉侍左右也」。

一　九〇五頁中末行末字「十」，徑、清作「第十」。

一　九〇五頁下五行「婉轉」，諸本作「宛轉」。下同。

一　九〇五頁下七行末字「處」，資、磧、普、南、徑、清作「見處」。

一　九〇五頁下九行第八字「揩」，南作「措」。

一　九〇五頁下一〇行「軈觸貇齒齧」，資作「軝觸狼齦齧」；磧、普、南、徑、清作「𨎋觸齦齧」。

一　九〇五頁下一五行「仚薩」，資、磧、普、南、徑、清作「企薩」，下同。又「傳飾」，磧、南、徑、清作「縛飾」，下同。

一　九〇五頁下一七行第七字「用」，資、磧、普、南、徑、清作「因」。一九行第七字同。

一　九〇五頁下二〇行「須弥」，資、磧、

一　普、南、徑、清作「須弥山」。

一　九〇五頁下二一行第一二字「諸」，資、磧、普、南、徑、清無。

一　九〇六頁上一行末二字至次行首字「佛泥曰」，資、磧、普、南、徑、清作「佛泥洹」。下同。

一　九〇六頁上三行首字「時」，資、磧、普、南、徑、清作「持」。

一　九〇六頁上五行「破袈裟」，諸本作「被袈裟」。

一　九〇六頁上八行「珞腋」，資、普、徑、清、麗作「絡腋」，磧、南作「絡掖」。

一　九〇六頁上九行「育養妻子」，資、磧、普、南、徑、清作「畜妻養子」。

一　九〇六頁上一四行第八字「⿰身鬼」，資作「⿰身氏」；磧、普、南、徑、清作「⿰鬼堯」。

一　九〇六頁上一五行末字「住」，諸本作「往」。

一　九〇六頁上一九行第一一字「夢」，資、磧、普、南、徑、清無。

一　九〇六頁上二一行「蜚虫」，資、磧、普、南、徑、清作「飛蟲」。又「身内虫出」，資、磧、普、南、徑、清作「身肉出虫」。

一　九〇六頁中三行第八字「以」，資、磧、普、南、徑、清無。又末字「十一」，徑、清作「第十一」。

一　九〇六頁中一三行「父母」，諸本作「白父母」。

一　九〇六頁中一五行第四字「主」，資、磧、普、南、徑、清無。

一　九〇六頁中一九行第六字「況」，南作「呪」。

一　九〇六頁中二二行「服飾」，資、磧作「嚴飾」。

一　九〇六頁中末行「逞想媱」，資、磧、普、南、徑、清作「遥相想望」；麗作「遥相望」。

一　九〇六頁下一〇行「捉其人手」，資、磧、普作「從其人乎」；南、清、麗作「從其人手」；徑作「從力人手」。

一　九〇六頁下一一行「羅祝」，資、磧、普、南、清作「羅呪」；徑作「羅祐」。

一　九〇六頁下一五行第三字「偈」，資、磧、普、南、徑、清無。

一　九〇六頁下二〇行「无能過有」，資、磧、普、南、徑、清作「無有能過」。

一　九〇六頁下二二行第一二字「得」，諸本作「得解」。又「誦偈」，資、磧、普、南、徑、清作「誦偈通」。

一　九〇六頁下末行末字「破」，資、磧、普、南、徑、清作「碎」。

一　九〇七頁上一行「破壞」，資、磧、普、南、徑、清作「迸破壞」。

一　九〇七頁上一六行「姉妹」，諸本作「如姉妹」。

一　九〇七頁上二〇行第一一、一二字「父母」，諸本無。

一　九〇七頁中四行「純帛」，諸本作「純白」。

一　九〇七頁中五行第五字「僧」，資、磧、普、南、徑、清作「衆佛」。

一　九〇七頁中八行「此女」，資、磧、普、南、徑、清作「此女人」。

一 九〇七頁中一〇行末字「報」，資、磧、普、南、徑、清作「言」。

一 九〇七頁中一二行夾註左「摩鄧伽女經」，資、磧、普、南、徑、清作「摩鄧女經」。

一 九〇七頁中一三行末字「十二」，徑、清作「第十二」。

一 九〇七頁中一六行「搆取」，資、磧、普、南、徑、清作「彀取」。

一 九〇七頁下一行「何益」，資、磧、普、南、徑、清作「一何」。

一 九〇七頁下七行第一〇字「持」，資、磧、普、南、徑、清作「將」。

一 九〇七頁下一三行第一〇字至次行第五字「阿羅漢佛度脫天下万民」，資、磧、普、南、徑、清作「佛名乳光如來度脫一切」。

一 九〇七頁下一五行末字「十三」，徑、清作「第十三」。

一 九〇七頁下一九行「波斯匿」，資、磧、普、南、徑、清作「波斯匿王」。

一 九〇八頁上一行第三字「日」，資、磧、普、南、徑、清作「自」。

一 九〇八頁上四行「愁憂」，資、磧、普、南、徑、清作「憂愁」。

一 九〇八頁上九行末字「十四」，徑、清作「第十四」。

一 九〇八頁上一〇行第一〇字「國」，麗無。

一 九〇八頁上一三行「齊堂」，諸本作「齋堂」。

一 九〇八頁上一四行「乞兒住」，資、磧、普、南、徑、清作「乞兒往乞兒往」；麗作「乞兒往」。

一 九〇八頁上一九行「棺殮」，麗作「棺斂」。

一 九〇八頁中三行末字「故」，資、磧、普、南、徑、清無。

一 九〇八頁中九行第二字「工」，資、磧、普、南、徑、清作「亦」。

一 九〇八頁中一二行首字「斬」，資、磧、普、南、徑、清作「斷」。

一 九〇八頁中一三行第六字「力」，資、磧、普、南、徑、清作「我力」。

一 九〇八頁下一行首字「任」，諸本作「住」。

一 九〇八頁下一一行「持之」，諸本作「持之使之」。

一 九〇八頁下一七行第五字「合」，資、磧、普、南、徑、清作「令」。

一 九〇八頁下二〇行首字「部」，資、磧、普、南、徑、清作「部部」。

一 九〇九頁上五行「八丈」，麗作「八尺」。又「三尺」，資、磧、普、南、徑、清作「三丈」。

一 九〇九頁上六行「不知」，資、磧、普、南、徑、清作「不能」。

一 九〇九頁上一〇行「得爲」，資、磧、普、南、徑、清作「得作」。

一 九〇九頁上一二行第一〇字「是」，資、磧、普、南、徑、清無。

一 九〇九頁上二〇行第九字「之」，磧、普、南、徑、清無。又夾註左「現變經」，資、磧、普、南、徑、清作「變現經」。

經律異相卷第十六 聲聞無學第四 僧部第五 靈

梁沙門僧旻寶唱等集

末田地龍興猛風不動衣角變火山為天花一

舍𨙻婆私變雷電器仗為優鉢羅花二

優波笈多出家降魔三

優波笈多不化犯重人令眷屬滅愒慠四

優波笈多付囑法藏入於涅槃五

優波笈多化諸虎子捨身得道六

羅旬踰乞食不得思惟結解食土入泥洹七

羅旬踰乞食不得佛許開律以為五部八

童子迦葉從尼所產八歲成道九

末闡提降伏惡龍十

摩哂陁化天愛帝須王十一

分𨙻先為下賤善知方宜遇佛得道十二

摩訶迦天時熱現凉風細雨十三

䫂足羅漢化一餓鬼說其往昔惡口十四

沙曷降惡龍十五

末田地龍興猛風不動衣角變火山為天花一

末田地羅漢受阿難付囑法藏令往罽賓國先伏彼龍即入三昧令其國土六種震動龍不自安至末田地所欲相覆壓即以神力變成天花便聞空中偈言

雪山見厲日 鎔銷无有餘 如入慈三昧 峯火成天花 出阿育王經第七卷

舍𨙻婆私變雷電器仗為優鉢羅花二

舍𨙻婆私受阿難付囑已往摩偷羅國於其中路有寺名貧陁婆𨙻 翻藪林 舍𨙻婆私住寺一宿寺有二老比丘論議說偈

無犯第一戒 擇法第一聞

是比丘謂是舍𨙻婆私言舍𨙻婆私語言汝所說義非我所說長老過去世波羅奈有一商主與五百估客欲入大海見一辟支佛病商主親自醫

療病稍得差商主取舍那衣浣治令軟施辟支佛辟支受衣作十八變即入涅槃時商主者我身是也是故我今值寂勝師令我得道舍那婆私漸行至摩偷羅國優流漫陁山有二龍王兄弟尙五百小龍舍那婆私思惟我不伏之不得教化即以神力動山二龍王瞋起疾風雨及以出火舍那婆私入慈三昧風雨及火不能近身悉變為花所謂優鉢羅花等悉皆墮地復起雷電及諸器仗亦以神力變為天花即時空中而說偈曰

暴風疾雨　不能為害　雷電器仗
變為天花　辟如雪山　日光所照
悉皆鎔銷　無有遺餘　入慈三昧
火不能燒　器仗毒害　不近其身

於是二龍王往舍那婆私處白言聖人欲何所作荅言我欲於此起寺汝當聽我龍荅言不可得也長老言世尊已說我涅槃後於百年中於大醍醐山寂勝處當起寺名那哆婆哆龍王復言世尊已說耶長老荅言如是龍王言若世尊說者我當隨意（出育王經第七卷）

優波笈多出家降魔三

舍那婆私於大醍醐山起寺賣香商主名曰笈多舍那婆私以方便力教化賣香商主令其精進時舍那婆私獨入其家笈多問言聖人何故獨无弟子我樂在家受五欲樂不能出家若我生兒當隨長老乃至笈多生兒名阿波笈多（梁言不正護）至其長大舍那婆私往見笈多所語言汝先有願若我生兒當與長老今已生兒汝當聽其隨我出家笈多言我今唯有一兒若第二兒生當與長老乃至第二生名陁那笈多（翻寶護）復從其求如是不與第三優波笈多亦從其求荅言我當作誓令優波笈多治生若長若退不得出家不長不退乃聽出家是時魔王令摩偷羅國一切人衆悉買其物令其得利時優波笈多正自賣香時舍那婆私長老語言汝心心法去何為善去何為惡荅言不知長老又言若心心法與貪瞋癡相應是名為惡與不貪不瞋不癡相應是名為善是時長老以黒土白土各各為丸而語之

言若汝黒心起取黒丸若白心起取白丸時優波笈多即依其言心不生善乃至不得一枚白丸如是漸進取二分黒丸一分白丸復更思惟半黒丸半白丸次第念善遂不起惡取白丸時摩偷羅國有婬女婆婆達（梁言天主與）其有一婢往優波笈多處買香多得其主問言汝於何處得此多香將不偷耶婢言有估客名優波笈多形色具足言語微妙以法賣物其主聞已起婬欲心復令其婢至優波笈多處汝當語彼去我欲與汝共相娛樂優波笈多荅言相見未是其時如是不已猶故不聽時又召長者子往至其所商主從北天竺来將五百疋馬及種種物至摩偷羅國至已問摩偷羅國人此國何處有第一端正女人國人荅言有一女人第一端正名婆婆婆達多商主言我今欲以五百銀錢及種種物行至其處是時婬女貪其物故殺長者子取其身骸置不淨處與子共相娛樂是長者子親善知識於不淨處覓得身體往白國王國王

語言汝可取彼婆娑婆達多截其手腳及以耳鼻散置野外即如王教是時優波笈多即便思惟我於本時不樂見之共受五欲今者欲見觀其手腳及以耳鼻便往觀之為說偈頌婆娑婆達多既聞其言深畏生死聞佛功德乃變其意樂於涅槃即便說偈答優波笈多優波笈多為說四諦更觀其身得猒欲界得阿那含果婆娑婆達多得須陁洹果優波笈多去已未久婆娑婆達多即便命終生於天上時長老舍那婆私往笈多所語言汝當聽優波笈多隨我出家笈多答言我先有誓令其治生不利不鈍及聽出家舍那婆私乃以神力令其治生不利不鈍是時優波笈多即自思惟稱量筭計不利不鈍舍那婆私更至笈多所而語之言今汝此兒是佛所記我入涅槃百年後當作佛事汝當聽其隨我出家笈多即聽舍那婆私將優波笈多往那及寺與其出家受具足戒至第四羯磨除一切結得阿羅漢果是時舍那婆私語優波笈多

言善男子如佛所記我入涅槃百年後有比丘名優波笈多當作佛事後當作佛名曰无相如是說法是時魔王於大眾中雨於真珠以亂人心眾人亂故无有一人能見諦者即自思念知是魔王至第二日倍多人來魔王雨金又亂眾心第三日中倍多人來魔雨珠金及作天樂是時眾人未得離欲見色聞聲其心變動不復聽法是時魔王即以華鬘繫優波笈多頂及至優波笈多思惟誰作此事即知是魔優波笈多即生此意世尊何故不教化之即自思惟是我應化佛記於我為无相佛教化人民令優波笈多取三死屍一者死虵二者死狗三者死人以神通力變三死屍以作花鬘往魔王處而繫其頸尒時魔王往摩醯首羅及帝釋等三十三天四天王為脫死屍而不得脫復往大梵天處大梵語言善男子十力弟子神力所作無能脫之如大海圻水不能破魔王語言云何教我我於今者當歸依誰大梵說言汝今速往歸依優

波笈多如人於此地墮即於是起是時魔王方知佛子神力為大即便說偈讚佛自責欲界魔王即捨慢心自說往罪（出阿育王經第八卷）

優波笈多不化犯重人令眷屬滅憍慢四

南天竺國有一人婬他婦恒往他家其母不聽即害其母往至他國不能辯五欲深生憂惱即於佛法出家通達三藏成就多聞與諸弟子圍繞共至摩偷羅國那哆婆哆寺優波笈多所優波笈多見其害母不得道果不相慰問時彼比丘心懷著愧更復遠去笈多弟子未得道者作是思惟和上少智見老比丘其心闇鈍而為說法令此比丘聰明智慧善通三藏眷屬隨從不為說法時優波笈多見弟子意於其起瞋又見其機應為我和上舍那婆私教化降伏時舍那婆私住罽賓國復觀優婆笈多作何佛事其弟子心生瞋恚又觀此等應受我化即以神力來入是寺鬚髮皆長衣又麁弊五百弟子咸作是言无知老

人從何所來於優波笈多眠處而坐弟子手曳出之而不能動猶如須弥即欲罵之而聲不出乃至白優波笈多言荅曰除我和上无有能坐我床者也優波笈多還寺以寂勝恭敬供養和上自取小床於師邊坐弟子思惟若此比丘是和上師者然其智慧猶不及我和上時舍鄁婆私見其意舉右髀手出牛乳告優波笈多去此三昧云何荅曰未識願聞其名和上曰名龍頻呻三昧次第項入種種三昧笈多皆去不識又言我涅槃時此三昧法一切皆失優波笈多諸弟子聞此言即便思惟此比丘智慧勝我和上即滅憍慢舍鄁婆私教化說法彼諸弟子悉得阿羅漢果（出阿育王經第九卷）

優波笈多付囑法藏入於涅槃五

優波笈多臨入涅槃以法藏付囑寂後所度弟子郗徵柯說言善男子世尊法藏付摩訶迦葉迦葉付阿難阿難付末田地末田地付和上和上付舍鄁婆私舍鄁婆私付我我今涅槃付汝遍告閻浮提十万羅漢一時聚

集凡夫比丘無數即現神通俻十八變事已即入涅槃所化弟子得四道果者皆取籌置石室中即以籌闍維其身乃至起塔時復有一千羅漢同入涅槃郗徵柯守護法藏從優波笈俻得四果者二十八人（出阿育王經第十卷）

優波笈多化諸虎子捨身得道六

時有羅漢名優波笈多住摩偷羅國大醍醐山那哆婆哆寺去寺不遠有一虎生子未能覓食飢餓命終優波笈多以慈悲力與虎子食有五百弟子並未得道曰何故乃與難衆生食荅曰為解脫因故時諸虎子壽命短促將欲近死笈多語虎子言一切行無常一切法无我涅槃寂靜汝於我所當生信心於畜生道應生猒離時諸虎子於笈多所心生信敬即便命終生於摩偷羅國人中及至七歲笈多教化令其出家於七年中得羅漢果以神通力採種種華供養笈多圍繞其側諸未得道五百弟子白言此諸同學年並尚少云何已得神通功德笈多荅曰皆是先虎子笈多說法

五百弟子深生慙愧斷除煩惱得阿羅漢果（出阿育王經第九卷）

羅旬踰乞食不得思惟結解食土入泥洹七

佛在鷄足山時有婆羅門生子令相師視之師言是子无相當名阿保其父毋聞之无相雖長養之初不憐矜到年十二足自生活父毋遂逐令去勿復来還子不敢留遂行乞食乃到祇洹佛以大慈念其勤苦即使阿難呼問之能出家不兒即歡喜願為沙門佛即以手而摩其頭頭鬚即墮袈裟着身佛為立名名羅旬踰時五部僧每出分衛而羅旬踰所在之部以空鉢還佛勑比丘分以施之如是非一目連念言是比丘僧自不得食餘人何故悉復空還我若共行猶有所得佛知其意便與舍利弗俱使目連與羅旬踰俱各分為一部佛告目連我所在處汝不得往目連即與羅旬踰俱行適欲所至即便見佛及與舍利弗而在其門如是經歷過百億國遂不得食目連念言我於今日定不

得食羅旬踰時甚大飢極止恒水邊目揵連即還到於佛所佛時鉢中尚有餘食即與目連念言我今飢甚欲吞須弥尚謂不飽但此少飯何足可食佛告目連且食此飯勿憂不足目連即飯飯既已飽鉢中不空唯舍利弗即念羅旬踰今未得食當大飢若便白佛言願乞餘飯與羅旬踰佛即告言我不惜飯但羅旬踰宿行果報不應得之若謂不然汝便可與舍利弗便以飯與之羅旬踰得即欲受飯鉢便下入地百丈舍利弗以道力手尋鉢即得以還羅旬踰適欲食之便誤覆鉢倒去飯食皆散水中羅旬踰還坐定意自思念言我每與諸比丘俱行輙无所得空鉢而還舍利弗今以佛餘飯與我輙復覆去皆我罪報應當所受便自思惟結解垢除得羅漢道即便食土而般泥洹欲知羅旬踰者惟衛佛時身為凡人常懐慳貪不肯布施時當欲飯脫衣布地恐飯粒落有沙門過從其分衛羅旬踰見謂之言當何以相與便以手捧土與

沙門沙門即呪願言是汝愚癡故耳當使汝早得度脫由来久遠展轉生死乃至於今所在之處輙不得食於今得道食土泥洹時羅旬踰與土沙門舍利弗是罪福報應今雖得道故受宿殃世人愚癡謂行惡无罪羅旬踰是其證也（出羅旬踰經）

羅旬踰為乞食難得佛為分律以為五部八

佛在時衆僧被服唯著純真死人雜衣弊帛自後起比丘羅旬踰每行分衛輙飢空還佛知其宿行使衆僧分律為五部服色亦五種令其日隨一部中行遂制儀則各舉所長名其服色薩和多部慱通敏達導以法化應著皂袈裟迦葉維部精勤勇決攝護衆生應著木蘭袈裟弥沙塞部禪思入微究暢玄幽應著青袈裟摩訶僧耆部勤學衆經敷說義理應著黄袈裟自尒已後便大得食何以故是羅旬踰前世无德之所致也阿難問佛言羅旬踰前世无德去何得作沙門佛言此羅旬踰宿世為賢者子作

人嫉妬見沙門来分衛輙逆閉門戶言大人不在沙門復至餘家復牽餘家門戶閉之亦言大人不在故令分衛不能得適見他人布施飲食歡喜行會便復念言我亦欲作沙門故令窮困如是（出遺教三昧經下卷）

童子迦葉從尼所產八歲成道九

佛住舍衛城時此城中有二姉妹姙身未產出家為道諸比丘尼見其腹相即便駈出以是因縁往白世尊世尊報言在家姙身可得无罪此比丘尼後生男兒字童子迦葉至年八歲出家為道成阿羅漢共十六羣比丘各持澡鑵到阿耆羅河邊澡洗入水仰覆浮戲度河拍水沐浴尒時波斯匿王在重樓上四望觀看王未信佛法見是事已倍生不信即語末利夫人言汝家所事福田大士深信无疑何不顧看即荅王言或是年少出家始受具足未知戒律或世尊未制此戒是故尒耳童子迦葉以其天耳聞王語聲即語諸伴王倍不信末利夫人心生不悅今當令彼發歡喜心皆

言善哉各捉澡罐盛中水以著於前結加趺坐次第行列凌虛而遊於王殿上空中而過末利夫人在露處坐見坐影已即便仰觀見次第行列結加趺坐前有澡罐乘虛而去似如鴈王見是事已心大歡喜即白王言看我家福田神德如是王見是已心大歡喜作如是言善哉善哉我得善利願佛世尊及比丘僧盡壽在國為良福田佛聞是事即便制戒令不復介出僧祇律第十九卷十誦亦同

末闡提降伏惡龍十

罽賓國稻始結秀龍王阿羅婆樓注大洪雨禾稻没死時大德末闡提比丘等五人從波吒利弗國飛騰虛空至雪山邊阿羅婆樓池中即於水上行住坐卧龍王眷屬入白龍王龍王嗔忿作諸神力暴風疾雨雷電霹靂山巖崩倒樹木摧折身出烟火雨大礫石欲令大德末闡提怖復喚兵衆猶不能伏末闡提言汝令諸天一切世人悉来怖我一毛不動汝若取須弥及諸小山擲置我上我亦不動至漸以法味教化示之令其喜伏龍王聞法即受歸戒與其眷屬俱為弟子雪山鬼夜叉揵撻婆鳩槃茶鬼聞皆信伏亦為弟子咸見道迹末闡提語諸龍鬼從今以後莫生嗔恚殘害人民損敗禾稻當生慈心令得安樂即皆稽首禀受教誡以寶床與末闡提坐龍王立侍以扇扇之罽賓揵陁勒叉國民見是事已大生恭敬悉来聽法多得道果出善見律毗婆沙第二卷

摩哂陁化天愛帝須王十一

阿育王時佛已涅洹二百餘年時摩哂陁比丘到師子洲中時王欲行獵有一樹神欲令王得見摩哂陁樹神化作一鹿去王不遠示現噉草而便徐行王見鹿即張弓攝箭引弓欲射王復念言我當諦射此鹿鹿仍迴向闍婆陁羅路而走王即逐後到闍婆陁羅去摩哂陁不遠而滅時摩哂陁見王已近而作是念令以神力令王正見我一人不見餘人大德摩哂陁即喚王名帝須汝来王聞喚已而便念言今此國中誰敢喚我名者此何等人著赤衣服割截而成喚我名字生狐疑心此是何等為是人乎為是鬼神耶摩哂陁荅言沙門釋種法子為哀愍王從閻浮利地故来到此耳介時天愛帝須王與阿育王以有書信遥作知識貢致珎寶更相報荅法師乃曰我有三寶以獻於王非彼天愛世閒疋也即為王說三歸依法王受三歸為優婆塞復以釋法報示天愛帝須王於獵場中即復思憶阿育王書有釋種子即投弓箭熟相問訊法師為說經并受三歸即使違摩哂陁喚沙弥修摩那令應說法汝可唱轉法輪修摩那言我今當唱令聲何至荅言使聲滿師子國時修摩那即入第四禪從禪定起唱轉法輪師子國民俱聞之虛空諸神天悉會三唱已竟摩哂陁便為說法天人无數皆得道迹出善見律毗婆沙第二卷

分那先為下賤善知方宜遇佛得道十二

有那利國近南海邊其中人民採真珠栴檀以為常業國有一家兄弟二

人父母終亡欲求分異家有一奴名分那年少聰了善能賈販入海治生无事不知居家財物分為一分以奴分那持作一分兄弟擲籌弟得分那將妻子空手出舍時世飢儉難得分那恐不相活以為愁憂奴分那白大家言願莫愁憂分那作計月日之中當令勝大家郎言若審能尒放汝為良人大家夫人有私珠物與分那作本時海潮來城內人民至水邊取薪分那持珠物至城外見一乞兒負薪薪中有牛頭栴檀香可治重病一兩直千兩金時世有一不可常得分那識之以金錢二枚買得持歸破作數十段時有長者得重病當得此牛頭栴檀二兩合藥求不能得分那持往即得二千兩金如是賣盡所得禾貲富兄十倍大家感念分那不違言轄放為良人隨意所樂分那辭行學道到舍衛國為佛作礼長跪白佛所出微賤心樂道德唯願世尊垂慈濟度佛言善來分那頭髮即墮法衣著身即成沙門佛為說法尋得羅漢道坐自

思惟今得六通存亡自由皆主人之恩今當往度并化國人於時尊者分那往到本國至主人家主人歡喜請坐設食食訖澡手飛昇虛空分身散體體出水火光明洞照從上來下告主人曰此之神德皆是主人放捨之福往到佛所所學如此主人答言神化微妙願見世尊受其教訓分那答言但當至心供設饌具佛三達智必自來矣即便設供宿昔已辦向舍衛國稽首長跪燒香請佛唯願屈尊處度一切佛知其意即與五百羅漢各以神足往到其舍國王人民莫不驚肅來至佛所五體投地却坐王位食畢澡訖佛為主人及王官屬廣陳明法皆受五戒為佛弟子起住佛前歎分那曰在家精勤出家得道神德高遠家國蒙度我當去何以報其恩於是世尊歎分那而說偈言

心已休息　言行亦止　從止解脫
寂然歸滅　棄欲无著　缺三界障
望意已絕　是謂上人　在聚若野
平地高岸　應真所過　莫不蒙祐
彼樂空閑　衆人不能　快哉无婬
无所欲求

主人及王益加歡喜供養七日得須陀洹道出法句經第一卷

摩訶迦天時熱現凉風細雨十三

佛住菴羅聚落菴羅林中與衆比丘俱時有質多羅長者白上座言唯願諸尊於此林中受我請食時諸上座默然諸上座著衣持鉢至長者舍就座而坐長者自手供養種種飲食澡漱畢聽說法諸上座為長者說法示教利喜諸上座食蘇酪蜜飽於春後日時熱行極有一下座名摩訶迦白諸上座今日大熱我欲起雲雨扇微風上座答言能尒者佳時摩訶迦即入三昧如其正受應時雲起細雨微下凉風疊疊從四方來至精舍門即止神通還於自房時長者作是念最下座比丘而能有此大神通力況復中上礼諸比丘隨摩訶迦至此住房礼足白言尊者我欲得見神足現化摩訶迦言長者勿用見是三請不許長者猶復重請摩訶迦語長者言

汝且出外聚集乾草以氎覆上長者如教聚薪成積來白尊者摩訶迦即入火光三昧於戶鈎孔中出火炎光燒其積薪都盡唯白氎不然語長者言汝今見不荅言已見實為奇特摩訶迦語長者言當知此者皆以不放逸為本不放逸故得阿耨多羅三藐三菩提及餘道品法長者白尊者摩訶迦願常住此林中我當盡壽四事供養摩訶迦有行因緣不受其請長者聞說法已作礼而去（出質多羅長者比丘經）

願足化一餓鬼說其往昔惡口十四

願足阿羅漢恒訓化餓鬼見一餓鬼形狀醜陋見者毛竪莫不畏懼身出熾炎如大火聚口出蛆虫膿血流溢臭氣遠徹不可親近或口吐炎火長數十丈或耳鼻眼身體支節放諸火炎長數十丈脣口垂倒像如野豬身體縱廣一由旬手自抓摑舉聲嘷哭馳走東西是時願足問餓鬼曰汝宿何罪今受此苦餓鬼報曰吾曩昔時行作沙門戀著房舍慳貪不捨身持威儀出言臭惡若見持戒精進比丘輙復罵辱偏眼惡視自賴豪族謂為不死造諸无量不善之本寧以利刀自截其舌如是從劫離劫甘心受苦不以一日之中誹謗精進比丘若還閻浮利地者以我形狀可誡勑諸比丘善護口過勿妄出言設見梵行持戒比丘者念宣其德自受餓鬼形已來經數千百万歲受此苦惱我後命終當入地獄是時餓鬼說此語已舉聲嘷哭自投于地如泰山崩天翻地覆斯由口過故使然矣能守護口過者受福无窮又迦葉如來出現於世敷說法教教化已周於無餘涅槃界而般涅洹涅洹後時有三藏比丘名曰黃頭衆僧告勑一切雜使不令卿涉但與諸後學者說諸妙法時三藏比丘內心輕蔑不免僧命便與後學敷顯經義喚受義曰速前馬頭次喚第二者復曰馬頭復次駱駝頭次驢頭復次猪頭次喚羊頭羯羖頭次喚師子頭次喚虎頭次喚貓頭次喚羆頭如是喚衆獸衆獸之類不可稱數三藏黃頭口出如此无量惡言雖授經義不免其罪身壞命終入地獄中經歷數千万劫受苦無量餘罪未畢從地獄出生大海中受水性形一身百頭形體極大異類見之皆悉馳走（出護口經）

沙曷降惡龍十五

佛在舍衛國時須耶國有一貧人賃剃兒頭須至麦熟輙顧一斛道逢故人欲共飲酒還求麦直遍求不得便起毒意願我壽終作大神龍當陷此國及其壽終遂作大龍其國歷年風雨不時佛念飢饉遣沙曷比丘往化彼龍龍見比丘即興惡欲殺國人及沙曷身沙曷化鉢覆蓋一國龍便降雨謂國已沒比丘以佛威神令龍見民安隱如故龍復興恚更下大雪比丘鉢受以手掃之著於一處乃入龍室龍即便出比丘復出龍入比丘復入如是不已龍極乃止長跪問言卿何等神惱我如此比丘言吾是佛弟子龍言我欲自歸便隨之去沙曷比丘便內此龍著於笥中人乃見比丘取龍如是皆大歡喜問言道人是何

等神降伏國患告言吾是佛弟子人民問言佛可見不荅言可見須吾還時日向中道過分衛人或有與飯或與酒者比丘受之樹下醉卧龍鉢袈裟各在一處佛時微笑五色光出阿難請問佛以來荅復說四事一者阿羅漢不入三昧不得知二者不得便見神足三者不強勸人分衛四者身中尚有垢阿羅漢以是四事不及佛時有一菩薩欲向聲聞見此事已心即堅固佛遣目揵連往沙曷比丘所勑攝龍來為說宿命龍心即解便受五戒奉行十善得須陁洹阿難問佛此事因緣佛告阿難阿羅漢者不復飢渴因三事故見醉卧耳一者佛欲開化菩薩意二者不欲遠布施家意三者恐諸弟子未得道者飲酒多失故現此事撿戒之耳沙曷比丘雖復飲酒不以為醉（出沙曷比丘功德經）

經律異相　卷第十六　第十四張　寫六

經律異相卷第十六

經律異相卷第十六

校勘記

一　底本，金藏廣勝寺本。九一八頁中原係手抄，今以麗藏本換。

一　九一五頁中一行「第四僧部第五」，徑、清作「僧部第十二之四」。

一　九一五頁中二行「僧旻寶唱等集」，資、磧、普作「寶唱等譯」；南作「寶唱等集」；徑、清作「僧旻寶唱等奉勅撰」。卷第十六至卷第三十同。

一　九一五頁中三行至本頁下二行目録，徑無。

一　九一五頁中六行首字「花」，資、磧、普作「等花」；南、清作「等華」。

一　九一五頁中一一行「捨身」，資、磧、普、南、清作「令捨身」。

一　九一五頁中一四行「不得佛許開律」，清作「難得佛爲分律」。

一　九一五頁中二一行「摩訶迦」，資、磧、普、南、清作「摩訶迦葉」。

一　九一五頁下三行「不動」，資、磧、普、南、徑、清作「不能動」。

一　九一五頁下四行末字「一」，徑、清作「第一」。

一　九一五頁下八行「末田地」，資、磧、普、南、徑、清無。

一　九一五頁下九行「火山」，諸本（不含石，下同）作「大山」。

一　九一五頁下一四行「花二」，資、磧、普、南作「等花二」；徑、清作「等花第二」。

一　九一五頁下一五行首字至次頁一〇行第一一字「舍……等」，資、磧、普、南、徑、清作「舍那婆私阿羅漢行至摩偷羅國往優婁曼陀山坐於繩床有兄弟二龍王（「二龍王」，資作「二龍龍王」）隨從五百眷屬舍那婆私思惟欲降伏之即以神力震動山谷二龍王瞋往婆私處起疾風（「疾風」，資作「風疾」）雨雷電器仗猛火等時婆私入慈三昧能令風雨火等不近其身變成優鉢羅拘牟頭分陀利華等」。

一 九一六頁上一七行「二龍王」，資、磧、普、南、徑、清作「龍龍王」。

一 九一六頁上二〇行第一二字「於」，資、磧、普、南、徑、清無。

一 九一六頁上二一行「寂勝處」，資、磧、普、南、徑、清作「最勝之處」。

一 九一六頁上末行第四字「若」，資、磧、普、南作「苦」。又夾註左「第七卷」，資、磧、普、南、徑、清作「等」。

一 九一六頁中一行末字「三」，徑、清作「第三」。

一 九一六頁中二行第一一字「寺」，資、磧、普、南、徑、清作「造寺」。

一 九一六頁中六行「受五欲樂不能出家」，資、磧、普、南、徑、清作「愛五欲樂不欲出家」。

一 九一六頁中八行夾註右第三字「不」，資、磧、普、南、徑、清無。

一 九一六頁中九行第三字「兒」，諸本作「至」。

一 九一六頁中一三行「陁那」，資、磧、普、南、徑、清作「阿那」。

一 九一六頁下三行「乃至不得」，資、磧、普作「乃不得」；麗作「乃至此只得」。又「漸進取」，資、磧、普、南、徑、清作「漸進取丸」。

一 九一六頁下六行「婆娑達」，資、磧、普、南、徑、清作「名婆娑達」。

一 九一六頁下一三行末字至次行首字「不已」，資、磧、普、南、徑、清作「至三」。

一 九一六頁下一八行末二字至次行首三字「婆娑婆達多」，資、磧、普、南、徑、清作「婆娑達多」。下同。

一 九一六頁下一九行「商主」，清作「商王」。

一 九一六頁下二〇行「行至」，資、磧、普、南、徑、清作「往至」。

一 九一六頁下二一行第八字「其」，資、磧、普、南、徑作「共」。

一 九一六頁下二二行「與子」，資、磧、普、南、徑、清作「與其商主」。

一 九一六頁下末行「身體」，諸本作「身骸」。

一 九一七頁上二行「野外」，資作「野外中」。

一 九一七頁上五行首字「脚」，資、磧、普、南、徑、清作「足」。

一 九一七頁上七行第三字「乃」，資作「及」。次頁上三行第九字同。

一 九一七頁上八行第六、七、八字「優波笈」，資、磧、普、南、徑、清作「優波笈多」。

一 九一七頁上一四行「不利不鈍」，磧作「不利不銳」。下同。

一 九一七頁上二一行「那及寺」，資、磧、普、南、徑、清作「那哆寺」。

一 九一七頁中一行第五字「如」，資、磧、普、南、徑、清作「汝」。

一 九一七頁中一一行首字「頂」，資、磧、普、南、徑、清作「項」。又「及至」，磧、普、南、徑、清作「乃至」。

一 九一七頁中一三行「應化」，資、磧、普、南、徑、清作「所化」。

一 九一七頁中一八行末至次行首「四天王」，資、磧、普、南、徑、清作「四

天王天求」。

一　九一七頁中二一行「無能」，資、磧、普、南、徑、清作「誰能」。又「圻水」，資、磧、普、南、徑、清作「岸水」。

一　九一七頁中末行「説言」，資、磧、普、南、徑、清作「語」。

一　九一七頁下六行末字「四」，徑、清作「第四」。

一　九一七頁下九行首字「辯」，諸本作「辦」。

一　九一七頁下一二行「優波笈多」，資、磧、普、南、徑、清作「時優波笈多」。

一　九一八頁上二行「曳出」，磧、普、南、徑、清作「拽出」。

一　九一八頁上八行第七字「時」，資、磧、普、南、徑、清作「時師」。

一　九一八頁上一一行「頃入」，諸本作「復入」。

一　九一八頁上一七行末字「五」，徑、清作「第五」。

一　九一八頁上一九行「郗徵柯説言」，資、磧、普、南、徑、清作「郗徵柯語言」；麗作「郗徵柯説言」。

一　九一八頁上二一行末三字「和上付」，麗無。

一　九一八頁上末行「十万」，資、磧、普、南、徑、清作「十方」。

一　九一八頁中五行「郗徵柯」，資、磧、普、南、徑、清作「郗徵柯」。又「優波笈」，徑、清作「優波笈多」。

一　九一八頁中七行「捨身」，資、磧、普、南、徑、清作「子令」。又末字「六」，徑、清作「第六」。

一　九一八頁下三行末字「入」，資、磧、普、南作「般」。

一　九一八頁下四行末字「七」，徑、清作「第七」。

一　九一八頁下七行第一二字「不」，資、磧、普、南、徑、清作「而不」。

一　九一八頁下八行第一一字「遂」，資、磧、普、南、徑、清無。

一　九一八頁下一〇行「大慈」，資、磧、普、南、徑、清作「大慈心」。

一　九一八頁下一二行「頭髮」，資、磧、普、南、徑、清作「鬚髮」。

一　九一八頁下一三行「名名」，資、磧、普、南、徑、清作「名」。

一　九一九頁上二行「即還」，資、磧、普、南、徑、清作「還即」。

一　九一九頁上三行「目連」，資、磧、普、南、徑、清作「目犍連」。

一　九一九頁上六行「飯飯」，資作「飯」；磧、普、南、徑、清作「食食」。又「不空」，資、磧、普、南、徑、清作「不滅」。

一　九一九頁上一〇行「得之」，資、磧、普、南、徑、清作「得食」。

一　九一九頁中五行「報應」，資、磧、普、南、徑、清作「果報」。

一　九一九頁中八行第四字「爲」，資、磧、普、南、徑、清無。

一　九一九頁中九行末字「八」，徑、清作「第八」。

一　九一九頁中一五行首字「色」下，徑、清有「曇無屈多迦部通達理味

開導利益表發殊勝應著赤袈裟」二十三字。

一 九一九頁中一六行「勇決」，資、磧、普、南、徑、清作「勇快」。

一 九一九頁中一八行「玄幽」，資、磧、普、南、徑、清作「幽玄」。

一 九一九頁下一行第一二字「閇」，資、磧、普、南、徑、清無。

一 九一九頁下四行「不能得」，資、磧、普、南、徑、清作「不能得通」。

一 九一九頁下七行末字「九」，徑、清作「第九」。

一 九一九頁下二〇行第九字「或」，資、磧、普、南、徑、清無。

一 九二〇頁上一一行夾註左「亦同」，資、磧、普、南、徑、清作「文同」。

一 九二〇頁上一二行末字「十」，徑、清作「第十」。

一 九二〇頁上末行「躑置」，徑作「擲置」。又末字「至」，麗作「乃至」。

一 九二〇頁中一行「喜伏」，資、磧、普、南、徑、清作「信伏」。

一 九二〇頁中七行「稟受」，資、磧、普、南、徑、清作「稟承」。

一 九二〇頁中九行「大生」，資、磧、普、南、徑、清作「生大」。

一 九二〇頁中一一行「十一」，徑、清作「第十一」。

一 九二〇頁中一二行「二百」，磧、南作「一百」。

一 九二〇頁中一六行「王見鹿」，諸本作「王見化鹿」。

一 九二〇頁中一八行首二字及末二字「闍婆」，資、磧、普、南、徑、清作「闍婆」。

一 九二〇頁中二一行首字「正」，磧、普、南、徑、清作「止」。

一 九二〇頁中末行第三字「今」，資、磧、普、南、徑、清無。又「名者」，資、磧、普、南、徑、清作「名字」。

一 九二〇頁下一一行第一一字「熟」，磧、普、南、徑、清作「就」。

一 九二〇頁下一二行「使違」，諸本作「便遣」。

一 九二〇頁下一四行「當唱令聲」，資作「應唱令聲」；磧、普、南、徑、清作「應令唱聲」。

一 九二〇頁下一六行「第四禪」，資、磧、普、南、徑、清作「第四禪定」。

一 九二〇頁下一七行「神天」，資、磧、普、南、徑、清作「禪諸天」。

一 九二〇頁下二〇行「善知」，資、磧、普、南作「多知」。

一 九二〇頁下二一行「十二」，徑、清作「第十二」。

一 九二一頁上三行第九字「分」，資、磧、普、南、徑、清無。

一 九二一頁上四行第八字「弟」，資、磧、普、南、徑、清無。

一 九二一頁上五行「雖得」，資、磧、普、南、徑、清作「難得」。

一 九二一頁上八行「郎言」，資、磧、普、南、徑、清作「即言」。

一 九二一頁上一五行首字「十」，資、磧、普、南、徑、清作「千」。

一 九二一頁上一七行「不貲」，資、磧、

普、南、徑、清作「訾」。
- 九二一頁中一一行「屈尊」，資、磧、普、南、徑、清作「世尊」。
- 九二一頁中一九行第四字「歎」，資、磧、普、南、徑、清作「讚歎」。
- 九二一頁中二〇行第八字及第一〇字「止」，資、磧、普、南、徑、清作「正」。
- 九二一頁中二二行首字「望」，資、磧、普、南、徑、清作「妄」。又第一〇字「潨」，資、磧、普、南、徑、清作「聚」。
- 九二一頁中末行第六字「真」，資作「德」。
- 九二一頁下五行「摩訶迦」，資、磧、普、南、徑、清作「摩訶迦葉」，下同。又末二字「十三」，徑、清作「第十三」。
- 九二一頁下一四行第一三字「雨」，資、磧、普、南、徑、清作「而」。
- 九二一頁下一五行第一〇字「住」，資作「往」；磧、普、南、徑、清、麗作「佳」。
- 九二一頁下二〇行第一三字「此」，資、磧、普、南、徑、清作「所」。
- 九二二頁上一一行夾註左「比丘」，資、磧、普、南、徑、清作「諸比丘」。
- 九二二頁上一二行「願足」，資、磧、普、南、徑、清作「願足羅漢」。又「十四」，徑、清作「第十四」。
- 九二二頁上一九行「自抓」，資、磧、普、南、徑、清作「自爪」。又「嗶哭」，磧、普、南、徑、清作「號哭」，下同。
- 九二二頁上二〇行第七字「願」，資、磧作「滿」。
- 九二二頁中一行首字「輙」，資、磧、普、南、徑、清作「轉」。又第一三字「調」，諸本作「謂」。
- 九二二頁中三行「離劫」，資、磧、普、南、徑、清作「至劫」。
- 九二二頁中一三行「數說法教」，資、磧、普、南、徑、清作「數演說法」。
- 九二二頁中二〇行首字「頭」下，資、磧、普、南、徑、清有「復曰馬頭」四字。
- 九二二頁中二一行末字「羆」，資、磧、普、南、徑、清作「熊」。
- 九二二頁中二二行「衆獸衆獸」，資、磧、普、南、徑、清作「衆獸」。
- 九二二頁下六行「十五」，徑、清作「第十五」。
- 九二二頁下八行第八字「輙」，資、磧作「轉」。
- 九二二頁下一〇行「毒意」，資、磧、普、南、徑、清作「恚意」。
- 九二二頁下一三行第九字「惡」，諸本作「惡意」。
- 九二二頁下一六行「興恚」，資、磧、南作「興志」。
- 九二二頁下一七行「掃之」，資、磧作「授之」。
- 九二二頁下二二行第一一字「乃」，資、磧、普、南、徑、清無。
- 九二三頁上三行第五字「道」，資、磧、普、南、徑、清作「道人」。
- 九二三頁上六行「以來」，資、磧、

一 普、南、徑、清作「以事」。

一 九二三頁上八行第六字「不」，麗無。

一 九二三頁上一五行第二字「因」，資、磧、普、南、徑、清作「用」。

一 九二三頁上一六行第九字「違」，資、磧、普、南、徑、清作「逆」。

經律異相卷第十七聲聞無學第五僧部第六　靈

梁沙門僧旻寶唱等集

經律異相卷第十七　第二張　靈

僧大不納其妻出家山澤賊害得道一

舍衛國人名曰厲其家大富年巳老耄絶無継嗣禱祀日月天神无不必修終不能得自念祈請無益寶財消散產業不修疾病相仍灾害首尾奴婢死亡六畜不孳為娥蕘神師所迷云當有福而禍重至由盲人呑毒謂為良藥疾有擦損遂喪其身吾既殺生祠祀入地獄而望天祚豈不惑哉世有佛道高標之聖學得仙者名曰應真淨如琉璃精進存想乃覩之耳奉斯道者唯守靖寞無欲無求以斯為樂現世得安終生天上置吾常供養佛三尊經涉一載婦遇生男字曰佛大後復生男字曰僧大厲訓二子示以聖道僧大稟性慈孝仁愛万物奉佛法戒親近沙門清淨知足二親愛之厲卧疾著床即呼長子涕泣誡

之夫生有死持戒者安犯戒者危僧大尚小仁孝清白方以累汝言竟便没故後顏告數啓其兄欲作沙門其國法欲得婦其言欲作沙門佛大即為娉妻索賢豪安字快見光華煒煒端正少雙婦歸外堂兄會賓客九族欣然兄於衆前謂其弟曰當今之日肯作沙門乎僧大荅曰實我宿願兄戲之曰可從尒志弟心歡喜為兄作礼即便入山見一沙門年少端正獨處樹下問曰賢者何緣行作沙門其人已得應真之道豫知去来无數刧事謂僧大曰佛說人好婬泆如持炬火逆風而行其焰稍却不置炬者火燒其手由烏銜肉鷹鵰追奪烏不置肉灾及軀命吾以是故行作沙門又如蜜塗利刀小兒貪甜以舌舐之有截舌之患婬泆之人苟快愚心不惟其後有燒身之害如蛾貪火色投入于燈體見燒煮將何尅獲為婬惑者不别善惡遠賢親愚日就流冥亡國滅衆死入地獄惡著罪成悔將何逮諸多不能備載如是辟類僧大頓首足下願去

世濁履清淨道奉沙門戒以為榮福師曰小待僧大曰意欲入山禪寂師曰處山澤者當學星宿明知候時常當儲待水火麨蜜所以然者盜賊之求水火麨蜜夜半向晨問當解之給賊所欲違其意者賊輙殺人僧大曰諾敬奉慈教却乃入山其兄念曰弟作沙門終不畜妻快見端正心甚悅之起從快見取琴彈之歌婬泆之曲曰煌煌黄金生于野過時不採花見棄捐曼尒豐熾華色惟新與我同歡快見覺欲為乱以歌荅之曰巍巍我師天人之尊門徒清潔謚曰沙門觀真為聖婬為畜倫我受嚴戒不事二君終不婬生寧就寸分佛大作情悲之曲委靡之辞宿心加尒故因良媒問名諮師占相良時滌滌惕惕懼尒不来既覩尒顏我心怡怡今不合歡豈徒費哉斯揩為定淑女何疑快見惶灼歌荅之曰佛設禮儀尊卑有叙叔妻即子智伯即父我親奉戒日有隆舉真與聖齊婬正垂鼠噫乎伯子烏為斯語兄心貪迷快見知其意甚

不可轉移快見又歌曰夫人處世當遠二事不孝婬乱行違佛戒天及賢者共其自異佛大歌曰尒之容色爗爗灼然普天美女豈有此尒顏我心相恱故踰大山快見自念此人欲我悖狂之乱沮致大難說身中惡露不淨尒乃却耳快見重曰仁貪我軀軀有何好頭有九骨合為髑髏如是具說諸不淨佛大自念汝念其智何肯聽我我殺弟者尒乃隨耳即行募求數為賊者前與語曰寧知我家所畜六籍奴子逃作沙門今在山中賊曰識之佛大即出金銀與之尒殺奴子疾取其頭及身上衣所持法服足下履屣皆以將還吾復重賜卿等金銀賊大喜曰從吾取足即去入山到其弟所呼曰沙門汝疾出来其弟出曰已半賊曰不求水火麨蜜不問卿時諸君何求吾有水火麨蜜可食夜時欲得汝頭持走之耳其弟聞之即大惶怖涕泣而曰吾非長者諸奴子也捨俗為道與世无諍學道日淺未獲溝港殺吾何益賊曰来為汝首其弟語

賊曰欲得寶者吾與兄書令惠卿寶賊曰子兄令我令来殺子弟曰吾今死矣由斯婦也師前誡我人與婬居如持炬火逆風而行若不捨之火將燒手曰寘即如師誡涕泣從賊乞一歲活賊曰急取頭去其弟重曰願莫即見殺先斷我一髀置吾前也賊斷一髀置於其前弟遭此痛天来其側曰慎勿恐怖牢持汝心汝前世時入畜生中人所屠割稱賣汝肉非一世矣地獄餓鬼汝皆更之苦痛以来非適今也僧大白天請報我師天即語師曰賊欲殺之汝弟子為人悲泣求哀欲得相見師即飛往為說法曰天地須弥尚滅海有消竭七日有壞天下有風其名惟藍惟藍一起山山相博斯風有滅況汝小軀何足數也但當念佛常自言盛必有衰合會有離榮位難保身亦如之僧大便得溝港道復斷一髀重念師戒復得頻来道賊斷左手復念師戒得不還道賊斷右手復念師戒得應真道即不畏三惡道生死自在无所復畏僧大曰取樹皮来即為剥樹皮與之僧大取枝以為筆自刺身血書樹皮曰大兄趣居隨時安善二親在時以吾累兄兄不承之違廢親教以女色故骨肉相殘違親慈敎為不孝也殘殺人命為不仁也殺一畜生其罪不少況殺應真五不中止今吾善遊寂寞從此長別努力努力願崇真道申頸長二尺語諸賊曰子斷吾頭由截泥頭也吾恐汝等墮地獄中賊前斷頭取身上衣杖蓰及鉢持與兄所兄以金銀重謝賊兄取弟頭為作假身以頭著上以衣衣之杖鉢及蓰皆著其傍謂快見日汝聟来歸可問訊之快見大喜走至其所見下目坐以為思道妻不敢呼具作美食須念道覺當飯之日中不覺妻因前日今已中恐過時也恠其不應牽衣頭脫身皆分散妻躃踴呼曰子竟坐我致見殘賊哀憤呼天肝心崩裂血從口出淹忽而逝戒行清白難汙如空樹心聖範難動如地真淨行高難及如天其未終時諸天咨嗟迎其塊靈處忉利天忍須臾之頃獲天上難盡之榮兄入禪室視弟頭身分散婦吐血亡呼曰咄咄吾為逆天所作酷裂乃致於此即至賊所問弟臨没將有遺言乎賊以書具足辭喻悽惻讀竟五內咽塞涕泣交横吾違尊親臨亡慈敎骨肉相殘又殺應真感傷而死死入地獄王及臣民莫不涕泣歎述清德殯葬其弟四輩立塔天龍鬼神側塞空中散華燒香無不哽咽及別大快見國人哀慟歌歎其德（出佛大僧大經）

經律異相卷第十七　第八張　盡字号

金天前生與婦共以水物施僧今身得井出物如意二

舍衛國有一長者其家大富生一男兒身體金色相師占省見其奇相即為立字字修越耶提婆（梁言金天）其生之日家中自然出一井水縱廣八尺汲用其水能稱人意一切所須如心即出兒年轉大才藝博通長者愛之未敢逆意而作是念我子端正容貌无倫要當推求選擇名女金容妙體類我兒者當往求之即募諸賈周遍求之時闍婆國有大長者方生一女字修

跋那波婆蘇（梁言光明）端正非凡身體金色初生之日亦有自然八尺井水其井所出稱適人意時彼長者亦自念言我女端正嫁得賢士如我女比乃當嫁與尒時女名遠布舍衛金天名稱復聞女家時二長者各懷歡喜求為婚姻娶婦既竟還至舍衛時金天家便設上供請佛及僧供養一日佛受其請為長者及金天夫婦廣宣妙法皆獲須陁洹佛還精舍金天與婦白父母求索出家父母聽許俱往佛所佛言善来比丘鬚髮自墮法衣著身便成沙門漸漸教化悉成羅漢佛言過去毗婆尸佛滅後遺法在世有諸比丘遊行教化到一村落有諸人民豪賢長者見衆僧至各覓供養時有夫妻二人貧餓困乏每自惟念我父在時財寶積滿今者我身貧困極甚何其苦耶尒時雖富不遭斯等聖衆之僧今既得值無錢供養愴然而啼婦見夫啼而語智言今汝可往至本舍中於故藏内推覓錢寶當用供養夫如婦言至故藏内得一金錢于時

其婦有一明鏡即共同心以用布施買一新瓶盛滿淨水以此金錢著瓶水中以鏡著上持至僧所至心布施於時衆僧即為受之各各取水而用洗鉢復有取水而飲之者時彼夫婦歡喜情悅遇疾命終生忉利天時貧人者此金天夫婦是也（出賢愚經第五卷）

阿娑陁為尼所悟得道度於商主三

有天護商主往陸求那國常樂布施於佛生信欲先入海若安隱還我當於佛法中作五年大會天人國内无不聞知時有一阿羅漢比丘尼同往彼國思惟觀察知天護得安隱還作五年大會請一万八千比丘皆阿羅漢學人倍多凡夫無數即見上座名阿娑陁乃是凡夫甚能精進入僧伽藍從次作礼謂上座曰大德甚不端嚴上座心自思惟云何以我為不端嚴即自觀身見鬚髮長即唤年少剃除鬚髮比丘尼由言不端嚴上座更唤年少浣染衣服尼復至僧伽藍故言不端嚴上座瞋曰我已剃鬚髮及浣染衣竟云何謂我不端嚴耶比丘

尼言佛法以得四果為莊嚴大德聞商主天護作師子吼五年大會不荅言聞大德是凡夫為第一上座在羅漢衆中先受供養是莊嚴不大德方悟啼泣懊惱比丘尼言何故啼泣荅言姊妹我今已老无可堪任比丘尼言

如来法可見　无有於時節

大德可往那哆婆哆寺就優波笈多比丘此比丘佛之所記我弟子中教化第一時長老比丘至優波笈多出而迎之語言大德洗足消息荅言我未洗足欲見優波笈多時優波笈多弟子曰大德此即是優波笈多来迎大德即大歡喜便自洗足優波笈多即教化之為覓檀越洗浴飲食種種供養語維那言今有得二解脫比丘入坐禪處乃至一万八千阿羅漢悉入禪處是時比丘入第一禪坐處坐時優波笈多入火光三昧如是一万八千阿羅漢悉入火光三昧比丘見之心生歡喜優波笈多教化說法比丘精進思惟得阿羅漢果還其本國阿羅漢比丘尼往僧伽藍礼拜說言今

日大德莊嚴荅曰姊妹力也及五年大會天護問上座世尊種種說法上座所說而无有異上座荅言於過去世九十一刼我等為商主入海採寶擔取滿船還閻浮提時遇大風吹船墮沙海我等為毗婆尸佛聚沙為塔以珎寶物而供養之時有諸天示我道路言却後七日有大水來當泛汝船入閻浮提及至七日果如天言以此沙塔因緣經九十一刼不墮惡道今得阿羅漢果汝今能供養尒許多人於三寶所我說呪願生死苦无窮汝今可出家天護奉旨即為沙門得阿羅漢道（出阿育王經第九卷）

修羅陁在胎令母性温和精進得道四

巴連弗國有商主名曰須陁那中陰衆生來入母胎即令其母質直温和无諸邪枙夫以問師師荅曰懷良善子後生一兒名曰修羅陁年漸長大求欲出家父母即聽勤行精進證羅漢果（出阿含經第二十五卷）

差摩因疾說法心得解脫五

差摩比丘身得重病受大苦痛陁娑比丘為瞻病者時諸上座令陁娑比丘為病者說五受陰法往反至再差摩比丘語陁娑比丘何煩令汝駈馳往反汝取杖來我自扶杖詣彼上座彼上座遥見差摩扶杖而來自為敷座命令就坐更為具說往古談論差摩比丘即便說法時彼上座遠塵離垢得法眼淨差摩比丘不起諸漏心得解脫（出差摩比丘悩重病經）

拘提六反退定害身取證六

昔佛在舍衛國弟子拘提於羅漢果六反退還至第七頭自覺身證復恐退還即求利劔自害其命是時魔波旬求比丘神為生何處而不能知即往問佛世尊告曰拘提比丘已取滅度神識處空與空合體弊魔聞已心興舞毒舉身自投青蓮池浴池水涌沸水性皆終以此因緣諸比丘等皆勤精進恐復退還（出說拘提比丘經）

摩訶盧惜義掐鉢改悔得道七

昔有一國名多摩羅去城七里有精舍五百沙門常處其中讀經行道有一長老比丘名摩訶盧為人闇塞五百道人傳共教之數年之中不得一偈衆共輕之不將會同常守精舍勑令掃除後日國王請諸道人入宮供養摩訶盧比丘自念言我生世間闇塞如此不知一偈人所薄賤用是活為即持繩至後園中大樹下欲自絞死佛以道眼遥見如是化作樹神半身人現而呵之曰咄比丘何為作此摩訶盧即具陳辛苦化神呵曰勿得作是且聽我言往迦葉佛時卿作三藏沙門有五百弟子自以多智輕慢衆人悋惜經義初不訓誨是以世世所生諸根闇鈍但當自責何為自賊於是世尊即現光像為說妙偈時摩訶盧稽首佛足思惟偈義即入定意尋在佛前得羅漢道自識宿命无數世事三藏衆經即貫在心佛語摩訶盧著衣持鉢就王宮食在五百道人上坐此諸道人是卿先世五百弟子還為說法令得道迹并使國王明信罪福即便受教入王宮裏坐於上坐衆人心恚恠其所以各護王意不敢呼遣念其愚冥不曉達覩心為之疲

王便下食手自斟酌摩訶盧即為達覩音如雷震清辞而下坐上道人驚怖自悔皆得羅漢為王說法莫不解悟群臣百官皆得須陁洹（出法句經譬喻第一卷）

槃特誦掃忘篲誦篲忘掃八

朱梨槃特兄曰汝若不能持戒還作白衣槃特詣祇洹門泣淚佛告之曰汝何故悲以兄言荅佛言勿怖我成無上士正覺不由汝兄手牽槃特詣靜室教執掃篲令誦槃特誦掃忘篲誦篲忘掃乃經數日掃篲復名除垢槃特思念灰土瓦石若除即清淨也結縛是垢智慧能除我今以智慧篲掃除諸結結縛（出增一阿含經第一卷）

朱利槃特誦一偈能解其義又以神刀授鉢九

佛在舍衛國有一比丘字槃特新作出家禀性闇塞佛令五百羅漢日日教之三年之中不得一偈國中四輩知其愚冥佛愍傷之即呼著前授與一偈守口攝意身莫犯如是行者得度世槃特感佛慈恩歡喜心開誦偈上口佛告之曰汝今年老方得一偈人皆知之不足為奇今當為汝解說其義一心身三口四意三所由觀其所起察其所滅三界五道輪轉不息由之昇天由之墮淵由之得道泥洹自然分別為說无量妙法槃特心開得羅漢道時有五百比丘尼別有精舍佛日遣一比丘為說經法明日槃特次應當行諸尼聞之皆豫含笑明日來者我等當逆說其偈令之慙愧無所一言明日槃特往諸尼大小皆出作礼相視而笑坐畢下食食已澡漱請令說法槃特即上高座自慙鄙曰薄德下才未為沙門頑鈍有素所學不多唯知一偈粗識其義當為敷說願各靜聽諸年少比丘尼欲逆說偈口不能開驚怖自責稽首悔過槃特即如佛所說一一分別身意所由罪福内外昇天得道凝神斷想入定之法即時諸尼聞其說甚怪其異一心歡喜皆得羅漢道後日國王波斯匿請佛及僧於正殿會佛欲現槃特威神與鉢令持隨後而行門士識之留不聽入卿為沙門一偈不了受請何為吾是俗人由尚知偈豈況沙門無有智慧施卿无益不須入門槃特即住門外佛坐殿上行水已畢槃特擎鉢申臂遥以授佛王及群臣夫人太子衆會四輩見臂來入不見其形怪而問佛是何人臂佛言是賢者槃特比丘臂也王曰得道向吾使持鉢門士不聽來入是以申臂授吾鉢耳即便請入威神倍常王白佛言聞尊者槃特本性愚鈍方知一偈何緣得道佛告王曰學不必多行之為上賢者槃特解一偈義精理入神身口意寂淨如天金人雖多學不行徒喪識想有何益哉於是世尊即說偈言

雖誦千章　句義不正　不如一要
聞可滅意　雖誦千言　不義何益
不如一義　聞行可度　雖多誦經
不解何益　解一法句　行可得道

同聞此偈二百比丘得羅漢道王及群臣夫人太子莫不歡喜（出法句經第一卷）

鴦崛鬘暴害人民遇佛出家得羅漢道十

婆伽婆在舍衛城祇樹給孤獨園介持衆多比丘到時著衣持鉢入舍衛

城乞食聞王波斯匿宮門外有衆多人民各攜手啼哭喚呼便作是說於此國土有大惡賊名鴦崛髻殺害人民暴虐無慈村落居止不得寧息殺害人民各取一指用作華鬘以是故名曰鴦崛髻願王當降伏此人比丘食已詣佛世尊具願上事佛便往彼時有衆人擔薪負草及耕田人有行路人蹈世尊所語世尊言沙門莫從此道行所以然者此道中有鴦崛髻殺害人民無有慈心於衆生城郭村落皆為彼人所害彼既殺人以指作華鬘懼嬈世尊時佛世尊遂更前進時鴦崛髻遥見世尊来見已便作是念今此沙門獨来无伴我當殺之時鴦崛髻即拔要劒往至佛所世尊遥見便復道還時鴦崛髻走逐世尊後盡其力勢欲及世尊然不能及時鴦崛髻便作是念我走能逮馬亦能及馬亦能及車亦能及暴惡牛亦能及人然此沙門行亦不疾然盡其力勢不能令及時鴦崛髻遥語世尊言住住沙門世尊告曰我久自住然汝不住時鴦崛髻便作是念我行惡行即捨腰劒五體歸命求為沙門受具足戒佛言善来比丘鬚髮自墮猶如剃頭彼所著衣化成袈裟佛為說法成阿羅漢時王波斯匿集四部兵出舍衛城欲往殺彼賊鴦崛髻先過世尊具向佛說世尊告曰若今王見鴦崛髻剃除鬚髮著三法衣以信堅固出家學道王取云何王報言若取當問訊礼敬无有害心然彼兇惡无有慈心安能修行沙門之行時鴦崛髻去佛不遠結跏趺坐直身正意繫念在前時佛舉手示鴦崛髻處時波斯匿見鴦崛髻已便懷恐怖衣毛皆竪佛言勿怖自到彼所當與王語時波斯匿王便往至鴦崛髻所到已頭面礼足在一面立時波斯匿王問鴦崛髻言尊者鴦崛髻今名何等鴦崛髻荅言大王我名伽瞿母名曼多耶尼王報言汝善自勉進我今盡形壽供養尊者伽瞿衣被飯食病瘦醫藥床卧具无所悋惜常當以法擁護時波斯匿王頭面礼足遶三匝詣世尊所白言世尊不降伏者能降伏之出增一阿含第十九卷

蜜婆和吒等有習氣十一

有人雖断一切煩惱身口中亦有煩惱相凡人見聞則起一清淨心如蜜婆和吒阿羅漢五百世在獼猴中今雖得道猶騰跳樹木愚人見之即生輕慢又畢陵伽婆蹉阿羅漢五百世生婆羅門中習輕蔑心今雖得道猶語恒水神言小婢止流恒神瞋恚詣佛陳訴佛敎懺悔猶稱小婢佛无如是事如一婆羅門惡口一時以五百事罵佛佛无愠色婆羅門心乃歡喜即復一時以五百善事讚歎於佛亦無喜色當知佛煩惱習氣盡故好惡无異出大智論第八十四卷

兄弟爭財請佛解覓為說往事便得四果十二

佛在羅閱祇竹園中時有大姓子兄弟四人父母早亡共爭居財見舍利弗歡喜問言願為說此後不復爭舍利弗言善哉吾有大師佛於三界宲尊尒等隨我還到佛所必當得解隨舍利弗還佛遥見四人笑出五色光

四人礼佛白言吾等愚癡願佛解說令不復爭昔有國王号曰惟婁身體有疾迎醫往視合藥應用師子乳王即募得之者分土封之并妻以小女時有貧人啓言能得王即聽許其人巧黠先尋師子所在乃殺羊蒲桃酒數斛往到其山伺師子出行便殺羊并蒲桃酒著其住處師子見酒肉即便飲食大醉而卧前捉取乳歡喜而還未達本國暮宿聚落有一羅漢宿與此人同追師子經歷嶮道體極眠卧都无所知道人覩其身中六識各自諍功足神言賴因我行到此得乳手神復言賴我手捉取目神復言賴我見之耳神復言賴我聞王求乳將尒等来舌神即言汝等空以競諍此功是我有命殺活在我耳此人賫乳詣王所白言今已得師子乳在外王言是非但進之王適見乳舌即言此非師子乳但驢乳耳王聞大怒言我使汝取師子乳乃以驢乳即欲殺之時共宿道人即以神足到王前報言此信是師子乳我時與是人共宿聚中見其身中六體共爭其功勤舌言我當反尒等今果如此王但以乳合藥其病必愈王即信阿羅漢言用乳合藥以女妻之并封拜如本約道人告王言一人體識自相反戾況於他人乎時取乳者得道人恩求作沙門意解得羅漢道時王亦歡喜受五戒得須陁洹道四人聞是意解便隨佛乞為比丘佛嘿然以手摩其頭鬚墮袈裟著身結解垢除阿難曰此四人本何功德今聞經便解疾得阿羅漢佛言昔摩父佛時舍利弗為比丘此四人為賈客共以一袈裟上舍利弗舍利弗呪願令君等後世早得度脫今從舍利弗而得解脫出惟婁王師子乳辟喻經

常給事衆僧飲食衣服得道十三

有一男子於正法出家能為給事所至寺諸比丘等令其給事後轉疲極自思惟言誰能為我說法教化聞摩偷羅國有優波笈多是佛所記能於後弟子中最為第一往為作礼合掌說言大德大作佛事為我說法優波笈多言能隨我教當為說法荅曰能問曰那多婆哆寺衆僧有幾汝更給事衆僧荅曰有一万八千阿羅漢學人一倍精進凡夫无數時彼比丘即為一切衆僧而作給事令一切僧專修道業時給事比丘早起著衣持鉢入摩偷羅國有一長者朝出相逢長者念言我未曾見而今見之頭面礼足問言大德所從遠近有何事来荅言從東國来至優波笈多處為欲聞法而優波笈多令我為僧給事我今不知摩偷羅國人誰精進誰不精進者長者曰汝今不須思惟是事我當代汝給事衆僧一切飲食衣服醫藥我悉給與比丘與長者共取飲食等供養衆僧三月安居時比丘因此供養修獲道果

見羅刹出家得道十四

摩偷羅國有一男子啓其父母求欲出家往優波笈多所恭敬作礼白言大德我得作比丘不優波笈多見其於身為愛所縛語言善来我當與汝出家歡喜礼足乞先暫還家於路思惟我若至家或有留難夕於中道宿

一神廟（大智論古空舍）優波笈多作二羅剎一持死屍一則空手俱入廟中空手義得共諍不決而問此人誰將屍来此人思惟不得妄語如實語之空来之鬼即牽其辟向口欲食將屍之鬼助其分解劣相免脫如此良久遂至日出經二日後還至笈多所出家為道精進勤修得阿羅漢果（出阿育王經第九卷又出大智論第十二卷）

有人避災出家見佛成道十五

昔有衆人在江水側為水所害人民無復齊限其中得解脫万中有一於深水得解脫人往至佛所求為沙門佛便然可聽在道末內不思惟謂離困厄佛為說法勸令行道時彼比丘內自慙愧解知一切万物无常心開意解淡然无想即於佛前成阿羅漢（出說為沙門經）

羅漢與象先身兄弟行善不同十六

迦葉佛時兄弟二人俱為沙門兄持戒坐禪一心求道而不布施弟布施修福而喜破戒兄從釋迦出家得羅漢道衣裳不充食常不飽弟生象中為象多力能却怨敵國王所愛金銀珎寶瓔珞其身封數百户邑供給此象隨其所須時兄比丘值世大儉遊行乞食七日不得末後得少麁食劣得存命先知此象是前世弟便往詣象手捉象耳而語之言我昔與汝俱有罪也象思比丘語即識宿命見前世因緣愁憂不食象子怖懼便往白王象不飲食不知何意王問象子朱无有人犯此象不象子荅曰无他異人唯一沙門来至象邊須臾便去王即遣人覔得沙門問言至邊何道沙門荅曰語象我與汝俱有罪耳沙門向王具說如上王意便悟即放沙門令還所止（出雜辟喻經第四卷）

五百盲兒崎岖見佛眼明悟道十七

毗舍離國有五百盲人乞匃自活時聞佛出世覩見之者癃殘百病皆蒙除愈貧施衣食愁憂苦厄悉能解免盲人共議我等罪積苦毒特兼若當遇佛必見救濟便共行乞人各令得金錢一枚以用雇人足得達彼行乞經時人獲一錢左右喚人誰將我等到舍衛者金錢五百雇其勞苦時有一人来共相可以錢與之語諸盲人展轉相牽自在前導將至摩竭棄諸盲人置空澤中盲人不知為在何國乎相捉手賤蹈他田傷碎苗穀田主見之盛發瞋怒語痛與乞兒求哀具說上事長者愍之令一使人將詣舍衛適達彼國又聞世尊已向摩竭提國使人將向摩竭國盲人欽佛係心欲見肉眼雖閉心眼已覩歡喜發心不覺疲勞已至摩竭復聞世尊已還舍衛如是追逐凡經七返尒時如来觀諸盲人善根已熟便住待之佛光觸身應時兩目即得開明乃見如来四衆圍遶身色晃昱如紫金山前詣佛所五體投地為佛作礼異口同音共白佛言唯願垂矜聽在道次佛曰善来比丘鬚髮自墮法衣在身重為說法得阿羅漢（出賢愚經第六卷）

旃陁羅兒被佛慈化悟道十八

舍衛城里有一旃陁羅兒（賢愚經云尼提）除糞自活尒時世尊入城分衛次至彼家客除糞者即避餘巷如来逆之其人自念吾擔糞不淨今日何由得覲世

尊復詣一澤佛遥喚曰吾為汝来其人報曰不敢親近不審世尊何所教誡乃能慈愍與罪人語世尊告曰欲度卿為沙門其人白佛地獄畜生亦得為道乎佛言吾今出世正為罪苦手執其人上昇虚空至恒水側沐浴身體復至祇洹勅諸比丘度為沙門其人勸勵精勤日新未經旬日便得須陁洹果至羅漢果六通清徹涌没自由詣大方石當中央坐補納故衣王聞佛度旃陁羅兒念佛出釋種豪族姓家左右弟子皆出四姓来入宫室受供信施五體投地接足而礼今聞如来度旃陁羅去何礼敬吾今當往責數如来未到之頃見前比丘坐大方石有五百淨居天圍遶礼覲王前語曰煩白世尊波斯匿王欲覲世尊比丘聞已即没石中從精舍出具以白佛佛言知時比丘還從石涌出語王如来有教先問此比丘去何得入是剛鞹石涌没自由前至佛所頭面礼足在一面坐前白佛言向者比丘為名何等有此神力佛告王曰此

是客除糞人尒時世尊以此因緣便說二偈猶如穢汙惡地田溝深坑生香潔蓮華去何大王有目之士當取此華不王言世尊華極香潔當取莊餝穢汙觀母胎於彼胎中生功德華時王白佛彼人快得善利不可思議自今以始請此比丘供養四事（出旃陁羅兒經）

獵師捨家學道事十九

昔佛在摩竭國甘梨園中城北石室窟中有衆多獵師入山遊獵廣施羅網殺鹿无數復還上山時有一鹿墮彼網中大聲喚呼獵師聞已各各馳奔自還墮網傷害人民不可稱數雖復不死被瘡極重痛不可言各相扶持劣乃到舍求諸膏藥以拊其瘡室家五親各迎屍喪歸還耶旬之其中被瘡衆生自知瘡差猒患遊獵宿緣應度種諸善本便自捨家學道作沙門尒時世尊與无鞅數百千衆生前後圍遶而為說法尒時世尊為彼衆生欲拔其根脩立功德示現教誡永離生死常處福堂於大衆中而說此偈

猶如自造箭　還自傷其身　内箭亦如是
愛箭傷衆生

時彼獵者雖為沙門不自覺知如来今日證明我等定為獵師内自慙愧自省本過在閑靜處思惟止觀係意不乱所以族姓子剃除鬚髮著三法衣出家學道修无上梵行自身作證而自娱樂生死已盡梵行已立所作已辦更不復受生死如實知之尒時諸比丘皆得阿羅漢六通清徹无所罣礙是故說此偈

能覺知是者　愛苦共生有　无欲無有想
比丘專念度（出獵師捨家學道經）

經律異相卷第十七

經律異相卷第十七

校勘記

一　底本，金藏廣勝寺本。九二九頁中缺，本頁下一行至一一行漫漶，以麗藏本補。

一　九二九頁中一行「第五僧部第六」，徑、清作「僧部第十二之五」。

一　九二九頁中三行至本頁下五行目録，徑無。

一　九二九頁中六行「阿娑陁」，資、磧、普、南、清作「阿婆陁」。

一　九二九頁中一九行第四字「第」，資、磧、普、南、清無。

一　九二九頁中二〇行第二字「給」，資、磧、普、南作「終」。又「飲食」，資、磧、普、南作「飯食」。

一　九二九頁中末行「避灾」，清作「避害」。

一　九二九頁下五行第七字「事」，資、磧、普、南無。

一　九二九頁下六行末字「一」，徑、清作「第一」。

一　九二九頁下八行「禱祀」，資作「禱祝」。

一　九二九頁下九行首字「修」，資、磧、普、南、徑、清作「備」。

一　九二九頁下一〇行「灾害」，資、磧、普、南、徑、清作「灾禍」。

一　九二九頁下一一行第八字「爲」，資、磧、普、南、徑、清作「屢爲」。

一　九二九頁下一四行「祠祀入」，資、磧、普、南、徑、清作「祀祠當入」；麗作「祠祀當入」。

一　九二九頁下一九行「養佛」，資、磧、普、南、徑、清作「奉」。

一　九二九頁下末行第三字「厲」，資作「屬」。

一　九三〇頁上三行「顔告」，資、磧、普、南、徑、清作「頻」；麗作「頻告」。

一　九三〇頁上四行「其言」，資、磧、普、南、徑、清作「具言」。

一　九三〇頁上五行第六字「豪」，諸本(不含石，下同)無。

一　九三〇頁中四行第五字「火」，資、磧、普、南作「生」。

一　九三〇頁中五行「解之」，資、磧、普、南、徑、清作「與之」。

一　九三〇頁中一〇行第八字「野」，資、磧、普、南、徑、清作「野田」。又第一三字「花」，資、磧、普、南、徑、清作「宛」。

一　九三〇頁中一六行「加尒」，資、磧、普、南、徑、清作「嘉爾」。

一　九三〇頁中一七行「慘慘惕惕」，資、磧、普、南作「慘惕慘惕」。

一　九三〇頁中二〇行「惶灼」，資、磧、普、南、徑、清作「惶怕」。

一　九三〇頁中二一行「即子」，資、磧、普、南、徑、清作「即母」。

一　九三〇頁中末行「烏爲」，資、磧、普、南、徑、清作「焉爲」。

一　九三〇頁下三行第二字「莧」，諸本作「筧」。

一　九三〇頁下四行第一〇字「此」，資、磧、普、南、徑、清無。

一 九三〇頁下六行第九字「説」，諸本作「請説」。
一 九三〇頁下九行「不淨」，資、磧、普、南、徑作「不淨也」；清作「不清也」。
一 九三〇頁下一三行第一一字「尒」，資、磧、普、南、徑、清作「令」。
一 九三〇頁下一四行第一二字「服」，資、磧、普、南、徑、清作「衣服」。
一 九三〇頁下一八行「夜時」，資、磧、普、南、徑、清作「時夜」。
一 九三〇頁下一九行「水火」，磧作「火火」。又末字「時」，資、磧、普、南、徑、清作「時也」。
一 九三〇頁下二〇行「持走」，資、磧、普、南、徑、清作「持去」。
一 九三〇頁下二一行「諸奴子」，資、磧、普、南、徑、清作「諸侯之子」；麗作「諸侯子」。
一 九三一頁上一四行第七字「即」，資作「而」。
一 九三一頁上一七行首字「慱」，南、徑、清作「摶」。
一 九三一頁上一八行「佛常」，諸本作「佛佛常」。
一 九三一頁上二一行「復念」，資、磧、普、南、徑、清作「復念佛念」。
一 九三一頁中七行第二字「五」，資、磧、普、南、徑、清作「吾」。
一 九三一頁中一一行第三字「蓰」，資、磧、普、南、徑、清作「屣」。一三行第八字同。
一 九三一頁中一三行第一三字「謂」，資、磧、普、南、徑、清作「請」。
一 九三一頁中一五行「見下目坐」，資、磧、普、南、徑、清作「見其目閉」。
一 九三一頁中一七行第六字「前」，資、磧、普、南、徑、清作「前曰」。
一 九三一頁中二〇行「淹忽」，諸本作「奄忽」。
一 九三一頁下一行「之榮」，資、磧、普、南、徑、清作「之樂」。又「禪室」，資、磧、普、南、徑、清作「神室」。
一 九三一頁下四行末字至次行首字「具足」，資、磧、普、南、徑、清作「見兄」；麗作「見之」。
一 九三一頁下一〇行第八字「大」，資、磧、普、南、徑、清作「葬」。
一 九三一頁下一三行末字「二」，徑、清作「第二」。
一 九三一頁下一七行第七字「井」，資作「卄」。
一 九三二頁上一行「波婆蕪」，資、磧、普、南、徑、清作「婆蘇波」。
一 九三二頁上三行「長者」，資、磧、普、南、徑、清作「長者見之」。
一 九三二頁上四行「嫁得」，諸本作「要得」。
一 九三二頁上六行「復聞」，資、磧、普、南、徑、清作「後聞」。
一 九三二頁上二〇行「愴然」，資、磧、普、南、徑、清作「憎然」。
一 九三二頁中七行第三字「此」，資、磧、普、南、徑、清作「今此」。又夾註左「第五卷」，資、磧、普、南、徑、清作「第三卷」。

一 九三二頁中八行「阿娑陁」，資、磧、普、南、徑、清作「阿婆陀」，一六行同。又末字「三」，資、磧、普、南、徑、清作「第三」。

一 九三二頁中一二行「同往」，資、磧、普、南、徑、清作「同住」。

一 九三二頁中二二行第八字「曰」，磧、南作「白」。

一 九三二頁下一行「莊嚴」，資、磧、普、南、徑、清作「端嚴」。

一 九三二頁下七行「如來法可見无有於時節」，資、磧、普、南、徑、清作「如來正法可見覩者無於時節」。

一 九三二頁下二一行「比丘」，資作「比丘法」。

一 九三三頁上一五行末字「四」，徑、清作「第四」。

一 九三三頁上一七行「温和」，資、磧、普、南、徑、清作「和温」。

一 九三三頁上一八行「邪相」，諸本作「邪想」。

一 九三三頁上二一行夾註右「阿舍經」，資、磧、普、南、徑、清作「離阿舍經」。

一 九三三頁上二二行末字「五」，徑、清作「第五」。

一 九三三頁上末行「陁娑」，資、磧、普、南、徑、清作「陀婆」。本頁中一行、三行同。

一 九三三頁中五行首字「彼」，資、磧、普、南、徑、清無。

一 九三三頁中一〇行末字「六」，徑、清作「第六」。

一 九三三頁中二〇行末字「七」，徑、清作「第七」。

一 九三三頁中二二行「讃經」，資、磧、普、南、徑、清作「讀經」。

一 九三三頁下四行第七字「自」，資、磧、普、南、徑、清無。

一 九三三頁下一〇行第三字「且」，資、磧、普、南、徑、清作「宜」。又第七字「往」，資、磧、普、南、徑、清作「往昔」。

一 九三三頁下一三行末字「賤」，資、磧、普作「賊」。

一 九三三頁下一九行首字「上」，資、磧、普作「裏」。

一 九三四頁上四行首字「悟」，資、磧、普、南、徑、清作「釋」。又「須陁洹」，資、磧、南、徑、清作「須陁洹道」。又夾註左「第一卷」，資、磧、普、南、徑、清作「第二卷」。

一 九三四頁上五行末字「八」，徑、清作「第八」。

一 九三四頁上九行「上士」，資、磧、普、南、徑、清作「上等」。

一 九三四頁上一〇行「令誦」，資、磧、普作「合誦」。

一 九三四頁上一四行「結縛」，資、磧、普、南、徑、清作「縛也」又夾註左「第一卷」，資、磧、普、南、徑、清作「第六卷」。

一 九三四頁上一六行首字「刀」，諸本作「力」。又末字「九」，徑、清作「第九」。

一九三四頁中二行「一心身」，資、磧、普、南、徑、清作「一者身」。

一九三四頁中一〇行第一〇字「諸」，資、磧、普、南、徑、清作「詣」。

一九三四頁中一九行「其說」，資、磧、普、南、徑、清作「其所說」。

一九三四頁中二一行「及僧」，資、磧、普、南、徑、清作「及衆僧」。又「欲現」，資、磧、普、南、徑、清作「欲見」。

一九三四頁下五行第五字「四」，磧作「日」。

一九三四頁下七行「王日」，資、磧、普、南、徑、清作「而近日」；麗作「王曰」。

一九三四頁下二一行「鶩崛髻」，諸本作「鶩崛鬘」，下同。又末字「十」，徑、清作「第十」。

一九三四頁下末行首字「持」，諸本作「時」。

一九三五頁上七行「具願」，諸本作「具陳」。

一九三五頁上九行第三字「蹈」，資、磧、普、南、徑、清作「詣」。

一九三五頁上一三行「華髻」，諸本作「華鬘」。

一九三五頁上二二行「令及」，資、磧、普、南、徑、清作「及爾」。

一九三五頁上末行首字「住」，資、磧、普、南、徑、清作「大」。

一九三五頁下二行「和吒」，資、磧、普、南、徑、清作「和吒羅漢」。又「十一」，徑、清作「第十一」。

一九三五頁下四行「一清淨」，諸本作「不清淨」。

一九三五頁下八行「輕蔑」，資、磧、普、南、徑、清作「輕慢」。

一九三五頁下一七行「十二」，徑、清作「第十二」。

一九三五頁下二一行第一一字「於」，資、磧、普、南、徑、清無。

一九三六頁上三行第一三字「乳」，資、磧、普、南、徑、清作「湩」。下同。

一九三六頁上九行「而卧」，資、磧、普、南、徑、清作「熟卧」。

一九三六頁上一一行「追師子」，資、磧、普、南、徑、清作「宿此人追師子」。

一九三六頁上一七行第五字「命」，諸本作「今」。

一九三六頁上二〇行第五字「但」，資作「乃以」。

一九三六頁中一〇行「阿難曰」，資、磧、普、南、徑、清作「白佛」。

一九三六頁中一二行「摩父佛」，資、磧、普、南、徑、清作「摩文佛」。

一九三六頁中一六行「十三」，徑、清作「第十三」。

一九三六頁中二〇行「所記」，資、磧、普、南、徑、清作「所說」。

一九三六頁中二一行第九字「往」，資、磧、普、南、徑、清作「即」。

一九三六頁下一五行末三字至次行末字「因此供養修獲道果」，資、磧、普、南、徑、清作「思維所依功德得羅漢果」，並夾註「出阿育王經第

九卷」。

一　九三六頁下一七行「十四」，徑、清作「第十四」。

一　九三七頁上二行「空手言」，諸本作「互言」。

一　九三七頁上八行夾註左「十二」，資、磧、普、南、徑、清作「十一」。

一　九三七頁上九行「避灾」，資、磧、普、南、徑、清作「避害」。又「十五」，徑、清作「第十五」。

一　九三七頁上一〇行第一〇字「水」，資、磧、普、南、徑、清作「大水」。

一　九三七頁上一六行「淡然」，資、磧、普、南、徑、清作「湛然」。

一　九三七頁上一七行夾註「爲沙門經」，資、磧、普、南、徑、清作「法爲沙門經」。

一　九三七頁上一八行「兄弟」，資、磧、普、南、徑、清作「共爲兄弟」。又「十六」，徑、清作「第十六」。

一　九三七頁上二二行第四字「裳」，資、磧、普、南、徑、清作「常」。

一　九三七頁中一一行「至邊何道」，資、磧、普、南、徑、清作「至我象邊何所道」；麗作「至我象邊何道」。

一　九三七頁中一二行「我與汝」，資、磧、普、南、徑、清作「言我與汝」。

一　九三七頁中一五行「十七」，徑、清作「第十七」。

一　九三七頁中一七行「癃殘百病」，資作「癃殘陌病」。

一　九三七頁中一八行第三字「貧」，資作「覓」。

一　九三七頁下四行「踐蹈」，資、磧、普、南、徑、清作「踐踏」。

一　九三七頁下五行「痛與」，諸本作「痛與手」。

一　九三七頁下八行第四字「將」，資、磧、普、南、徑、清作「將還」。

一　九三七頁下九行末字「心」，資、磧、普、南、徑、清作「衷」。

一　九三七頁下一三行「兩目」，資、磧、普、南、徑、清作「兩眼」。

一　九三七頁下一四行「身色」，資、磧、普、南、徑、清作「身光」。

一　九三七頁下一六行末字「曰」，資、磧、普、南、徑、清作「唱」。

一　九三七頁下一八行「阿羅漢」，資、磧、普、南、徑、清作「阿羅漢果」。

一　九三七頁下一九行「十八」，徑、清作「第十八」。

一　九三八頁上六行「沐浴」，資、磧、普、南、徑、清作「浴沐」。

一　九三八頁上八行「精勤」，資、磧、普、南、徑、清作「精進勤苦」。又「日新」，資作「日親」。

一　九三八頁上二〇行第六字「教」，資、磧、普、南、徑、清作「教王心念」。

一　九三八頁中七行第四字「始」，資、磧、普、南、徑、清作「後」。

一　九三八頁中八行「十九」，徑、清作「第十九」。

一　九三八頁中一一行「時有」，資、磧、普、南、徑、清作「時彼有」。

一　九三八頁中一五行第一一字「柎」，資、磧、普、南、徑、清作「傅」。

一九三八頁中一七行第五字「自」，資、磧、普、南、徑、清作「自念」。

一九三八頁中一八行「諸善」，資、磧、普、南、徑、清作「諸善根」。

一九三八頁中一九行「无鞅數」，諸本作「無央數」。

一九三八頁下二行「獵者」，資、磧、普、南、徑、清作「獵師」。

一九三八頁下一〇行第三字「是」，資、磧、普、南、徑、清無。

經律異相卷第十八　聲聞無學第六　僧部第七　靈

梁沙門僧旻寶唱等集

重性魚吞不死出家悟道一

舍衛國有豪長者財富無量唯無子
姓母懷悒遅禱祀求索精誠欵篤婦
生一男端正希有父母宗親值時讌
會共相聚集詣大江邊飲食自娛父
母將兒詣其會所愛念此兒從以擕
儛父儛已竟母復擕之歡娛自樂臨
到河邊意卒散亂執之不固失兒墮
水尋時愽撮竟不能得父母憐念愛
着傷懷其兒福德遂復不死隨水沉
浮為一魚所吞雖在魚腹猶自不死
下流村中有一冨家亦無兒子種種
求索困不能得而彼冨家恒令一奴
捕生為業值得吞小兒魚剖腹得兒
施與大家大家觀省而自慶言我家
由来禱祠神祇求索子息精誠報應
故天與我即便摩拭乳哺養之上村
父母聞下村長者魚腹得兒即往其
所追求索之言是我兒我於彼河而
失是子今汝得之願以見還時彼長
者而荅之曰我家由来禱祠求子今
神報應賜我一兒君之亡兒竟為所
在紛紜不了詣王求斷於是二家各
引道理其兒父母說是我兒我於其

時失在河中而彼長者復自說言我
於河中魚腹得之此實我子非君所
生王聞其說靡知所如即為二家平
詳此事卿二長者各名此兒今若與
一於理不可更共供養至兒長大各
為娶婦安置家業二處異居此婦生
子即屬此家彼婦生兒即屬彼家時
二長者各隨王教兒年長大俱為娶
婦經給所須无有乏短兒白二父母
我生已来遭羅難苦墮水魚吞垂死
得濟今我志意欲得出家唯願父母
當見聽許時二父母心愛此兒不能
拒逆即便聽許往至佛所求欲入道
佛言善来頭髮自墮即成沙門字曰
重性佛為說法得盡諸苦成阿羅漢
佛言過去久遠有佛世尊号毗婆尸
集諸大衆為說妙法時有長者来至
會中聞說大法施戒之福生信敬心
受三自歸及不煞戒復以二錢布施
彼佛世世受福財寶无乏長者子者
今重性比丘是也由其施佛二錢九
十一劫恒富錢財至於今世二家父
母供給所須受不煞戒墮水魚吞不

能令死受三歸故得阿羅漢 出賢愚經第五卷

二十耳億精進大過二

佛在占波國雷聲池側尊者二十耳
億在一靜處自修法本不捨頭陁晝
夜經行行處脚跡如血流溢恒自剋
勵而欲漏心不得解脫是時二十耳
億便作是念苦行精進我為第一我
今漏心不得解脫又我家業多財饒
寶宜可捨服還作白衣持財廣施佛
心知之便至彼處佛語二十耳億汝
本在家善能彈琴琴絃極急響不齊
等可聽不不也世尊佛言琴絃極緩
復可聽不不也世尊佛言不急不緩
音可聽不如是世尊佛言極精進者
猶如調戲若懈怠者此墮邪見若能
在中此則上行如是不久當成无漏
二十耳億聞是語已還雷音池側思
惟佛教成阿羅漢 出增一阿含經第八卷

賴吒為父所要三

賴吒婆羅門求佛出家佛言先辭父
母父母不聽賴吒臥地多日不食父
母慰喻終亦默然既憐其志便即聽
許出家受具足成阿羅漢後十年還

村次第乞食父見不識訶罵不與婣
取鉢盛棄爛食與還啓大家頼吒還
父即出看問汝還何不至我門荅言
已至得罵父牽入室辦種種美食爲
負金銀著中庭高於人錢物无數汝
可還俗母命新婦嚴莊至頼吒所親
戚共相諫數頼吒啓欲施食與何假
見娩（出中阿含經第二十八卷）
金財以兩錢施佛僧令生手把金錢四
舍衛城中有大長者婦生一男兒名
曰金財端正殊特是兒手捲父母驚
怖即開兩手見二金錢在兒手中歡
喜取取輙更續生如是懃取滿藏不
盡兒年轉大即白父母求索出家即
便聽之往至佛所剃除鬚髮身著袈
裟年滿受戒臨壇衆僧次第為礼隨
所礼處時兩手案地皆有二金錢受
戒已竟精勤修習得羅漢道阿難白
佛此金財比丘先造何福手把金錢
佛言過去九十一劫有佛名毗婆尸
出現於世與諸衆僧遊行國界時諸
長者施設供養佛及弟子時一貧人
取薪賣之時得兩錢見佛歡喜即以

兩錢施佛及僧貧人以兩錢施佛及
僧故九十一劫恒把金錢財寶自然
尒時貧人者金財比丘是也（出賢愚經第二卷）
華天先世採花供養令天雨其花五
舍衛國有豪富長者生一男兒面首
端正天雨衆花積滿舍内即字此兒
名弗把提（梁言花天）兒年轉大往至佛所心
自思惟我出家世得值聖尊即前白
佛言唯願世尊及與衆僧明日屈意
臨適鄙家受少蔬食佛即受請花天
還至化作寶牀遍其舍内正設嚴飾
佛及衆僧即坐其座花天福德飲食
自辦佛僧食已廣為花天具說法要
花天合家得須陁洹花天即辭父母
求索出俗父母聽之佛言善来鬚髮
自墮袈裟著身遵修佛教逮得羅
漢阿難白佛花天何福而得如是佛
言過去有佛名毗婆尸出現於世度
脫衆生時諸豪族皆悉供養有一人
貧見僧歡喜即於野澤採衆草花用
散大衆佛告阿難尒時貧人今花天
比丘是散花之德九十一劫身體端
正意有所須如念而至（出賢愚經第二卷）

寶天前身以一把石擬珠散僧故生
時天雨七寶六
舍衛國有長者生一男兒當尒之時
天雨七寶遍其家内相師覩之白長
者言兒相殊特生時有瑞應号為勸
那提婆（梁言寶天）兒年轉大才藝博通聞
佛神聖心懐注仰辭父母往詣佛所
而白佛言願令出家佛言善来鬚髮
自墮法衣在身佛為說法即得羅漢
毗婆尸佛出現於世有諸居士共請
衆僧種種供養時有貧人雖懐喜心
无供養具以一把白石擬珠用散衆
僧發大誓願貧人者今此寶天比丘
是乃至九十一劫受无量福多饒財
寶衣食自然今遭我世得道果證（出賢愚經第二卷）
少欲知足比丘聞法成道七
時南天竺有一男子於正法中出家
少欲知足不樂榮顯不以蘇油摩身
不以湯水洗浴不食蘇油常畏生死
四大无力不得聖道即生心念唯有
優波笈多能為我說法即詣摩偷羅
國合掌礼敬優波笈多見其後身怖

畏生死常不樂麁惡不願榮華優波笈多語言但隨我教當為汝說荅言唯優波笈多令諸檀越設種種飲食洗浴衆僧又語年少沙門可以湯水洗浴此比丘以蘇油摩其身以種種美食與之是比丘得食數日身有氣力一聞笈多所說妙法精進思惟得阿羅漢果（出阿育王經第九卷）

工巧比丘思惟成道八

有一男子於佛法中出家善能工巧在所至處一切衆僧令造寺舍日日不息生大疲勸即自念言我當坐禪思惟佛昔在世說一切比丘應坐禪修道不得放縱即往優波笈多所礼拜合掌言佛已涅槃大德今作佛事願為說法時優波笈多見其後身畏生死苦因緣未足更為工巧復見疲勸不能復作優波笈多語言若隨我教當為說法荅曰如是優波笈多言若地未起寺者汝當於彼起寺佛昔說此得梵功德荅曰大德我於摩偷羅國不知誰精進誰不精進笈多曰汝能早起著衣持鉢入國不荅曰能

早起入國遇一長者出所未曾見此比丘而今見之即為作礼問言大德從遠近來比丘荅曰從東國來又問何事荅曰如是長者言大德今不須思惟是我當為比丘種種辦具時比丘共長者捉繩墨度見處繩未至地即自思惟所作功德除一切煩惱得阿羅漢果（出阿育王經第九卷）

賊作比丘遇佛悟道九

佛在舍衛國時拘薩羅國波斯匿王勑典獄者諸有盜賊罪應入律詣市殺之時有一賊在大衆中逃竊得脫外假法服私為沙門然內不思惟謂為永離困厄之難不復懼害在閑靜處不思道德不習經戒律儀禪誦之道然未得證果不勤求證果佛告彼人已免生死賊寇之難故有餘恐五盛陰身輪轉五趣无有解已為諸結使所見殘害便當墮於餓鬼畜生之道時彼比丘在閑靜處思惟挍計內自懇責解知万物皆悉无常生不久在盡歸於滅興衰之變斯來久矣即於佛前悔過自責成羅漢道（出說竊為沙門經）

貪食比丘觀察得道十

時摩偷羅國有一男子於優波笈多所離俗出家為貪食故不能得道笈多語言我明日當與汝食至時以一器盛滿鉢糜又一空器并置其前而語之言汝可取食令此器空又言待冷稍稍食之而此比丘貪心厚重便吹使冷白和上言已冷乃併食之笈多曰乳糜雖冷汝心故熱復應冷之當以不淨觀為水除此心熱若見飲食如服藥想比丘食竟即便吐出滿於空器笈多曰汝可更食比丘曰不淨何可復食又言汝觀一切法猶如涕吐因為說法比丘精進思惟觀察得阿羅漢果（出阿育王經第九卷）

乞兒比丘現神力入祇陁宮十一

祇陁太子遣信請佛及僧明日食唯不請乞兒比丘乞兒比丘善來盡隨佛僧入宮食乞兒比丘以神通力往北欝單越取自然粳飯各持威儀凌虛而下入太子宮次第而坐太子見之歎未曾有問佛言此諸賢聖從何許來佛言即五百乞兒為沙門也太

子深愧（出賢愚經第五卷）

四比丘說苦遇佛得道十二

佛在舍衛精舍有四比丘坐於樹下共相問言一切世間何者最苦一人言天下之苦无過婬欲一人言世間之苦无過飢渴一人言世間之苦无過瞋恚一人言天下之苦莫過驚怖共諍苦義云何不止佛知其言往到其所問其所論即以事白佛言汝等所論不究苦義天下之苦莫過有身飢渴寒熱瞋恚驚怖色欲怨禍皆由於身夫身者衆苦之本患禍之器勞心極慮憂畏万端三界蠕動更相殘賊吾我縛著生死不息皆由身興欲離世苦當求寂滅攝心守正怡然无想可得泥洹此為最樂佛為說偈告諸比丘往昔久遠无數世時有五通比丘名精進力在山樹下閑寂求道時有四禽依附左右常得安隱一者鴿二者烏三者毒蛇四者鹿是四禽者晝行求食暮則還宿四禽一夜自相問言世間之苦何者為重烏言飢渴之時身羸目冥神識不寧投身羅

網不顧鋒刃我等喪身莫不由之以此言之飢渴為苦鴿言色欲熾盛无所顧念危身滅命莫不由之毒蛇言恚意一起不避親踈亦能殺人復能自煞鹿言我在林野心恒怵惕畏懼獵師及諸虎狼髣髴有聲奔投坑岸母子相捐肝膽悼悸以此言之驚怖為苦時精進力荅言汝等所論未耳不究苦本天下大苦无過有為是為苦器憂畏无量吾以是故捨俗學道滅意斷想不貪四大欲斷苦源志存泥洹泥洹道者寂滅无形憂患永畢介乃大安四禽聞之心即開解佛告比丘介時五通比丘則吾身是時四禽者今四人是前世已聞苦本之義如何今日方復云云比丘聞之慙愧自責即於佛前得羅漢道（出法句經譬喻第四卷）

四比丘說樂佛謂是苦心悟得道十三

佛在舍衛精舍時有四新學比丘至柰樹下坐禪修道柰華榮茂色好且香因相謂曰世間万事何者可樂一人言仲春之月百卉榮華遊戲原野此最為樂一人言宗親吉會觴酌交

錯音樂歌儛此最為樂一人言多積財寶所欲即得車馬服飾與衆有異出入光顯行者屬目此最為樂一人言妻妾端正綵服鮮明香熏芬馥恣意縱情此最為樂佛知可化往為宣說此最為苦言昔有國王名曰普安與隣國四王共為親友請四王宴會一月飲食娛樂臨別之日普安王問曰人居世間以何為樂四王所對與汝不異時普安王為體四王聞之歡喜信解時普安王我身是也時四王者汝四人是前已論之今又不解生死延長何由休息時四比丘重聞此義慙愧悔過心意開寤得羅漢道（出法句喻經第四卷）

比丘拔母泥犁之苦十四

昔有一人辭親學道得成應真諸有思已盡行濟之觀見其母在泥犁中廣求方便欲脫母苦見邊境有王宮父奪國命餘七日受罪之地與其母同夜到王所於壁現半身王見怖懅拔刀斫頸頸即落地比丘不動王意方解叩頭謝過比丘語王汝害父奪

國不耶對曰實尒曰汝命餘七日當入地獄吾故来相語王即求哀比丘曰大作功德恐不相及王但稱南无佛七日不絶便得免罪王便一心稱南无佛七日不懈命終神明猶憶入泥犁門故稱南无佛泥犁即冷一城中人皆得脫出比丘便為說法比丘母及王與泥犁中人皆得度脫出十卷譬喻經第二卷

比丘從師教得道十五

南天竺國有一男子於法出家身為愛所縛以蘇油摩身又用湯水洗浴資種種飲食身為愛縛不得聖道往摩偷羅國優波笈多所礼足而言願聞法要優波笈多見其後身為愛所縛語言男子能受我教當為汝說荅言能優波笈多將其入山以神通力化作大樹語言汝當上此大樹是時比丘便即上樹又於樹下化作大坑深廣千肘又語放汝二脚即便放脚又令放一手即放一手更放一手比丘荅言若復放手便墮坑死優波笈多言我先共約一切受教汝云何不

受時身愛即滅放手而墮不見樹坑笈多說法精進思惟得羅漢果出阿育王經第十卷

比丘白骨觀入道十六

摩偷羅國有一男子從優波笈多出家聞說不淨觀等以不淨觀摧伏煩惱謂巳作所作笈多言汝當精進勿作懈想荅言曰我巳得阿羅漢笈多語言汝見乹陁羅國乹陁翻持沽酒女人不此女人自言得道如汝不異煩惱未斷而自言斷是增上慢汝今觀此女人為得道不荅曰我未能見欲向彼國師即聽之是時比丘至乹陁羅國治下土石寺消息早起著衣持鉢入聚落乞食時沽酒女取食欲與比丘見女婬欲愛心便自取鉢中麨酪與此女人女人見之亦婬欲變心露齒而笑比丘即入不淨觀乃至觀身作白骨想從於是觀得羅漢果出阿育王經第十卷

比丘自恣受臘得道十七

佛在舍衛國夏居三月以至新歲告阿難言汝擊揵揵搥聲音遍一佛國地獄餓鬼畜生一切病苦聞音悉

除皆得安隱於時佛言比丘汝等宜起行舍羅籌各各相對悔過自責相謝衆失所犯非汝各忍和同淨身口心令无餘穢時諸比丘即受佛教事訖還坐時佛慈愍因從坐起向諸比丘叉手而言雖无上尊至真无失當可施行以為訓誨時佛遷延懺謝聖衆衿愍一切還就草蓐佛適復坐聖衆亦然各就故位時万比丘得成道迹八千比丘得阿羅漢明自恣受臘事出新歲經

比丘憙眠佛樂宿習得道十八

佛在祇樹精舍諸比丘勤修道業除棄陰蓋有一比丘飽食入室閉房靜眠受身快意不觀非常無復晝夜却後七日其命將終佛愍傷之即入其室彈指寤之為說妙偈驚悟稽首作礼佛告比丘汝本宿命惟衛佛時曾得出家貪身利養不念經戒飽食却眠不惟非常命終䰟神生蟒虫中積五万歲壽盡復為螺蜯之虫樹中蠹虫各五万歲此四品虫生長冥中貪身愛命樂處幽隱為家不喜光明一眠之時百歲乃覺連綿羅網不求出

要今始罪畢得為沙門如何睡眠不知猒足比丘聞已慙怖自責五盖即除成阿羅漢（出法句譬喻第三卷）

比丘好眠見應化深坑懼而得道十九

摩偷羅國有一男子依優波笈多出家常好眠睡有時說法睡眠不聞教樹下禪亦復睡眠笈多以神通力於其四邊化作深坑深一千肘時比丘睡覺即便驚怖時優波笈多復化作路令其得行時此比丘隨路而出往優波笈多所優波笈多令其更去比丘荅言彼有深坑優波笈多言此深坑小生死深坑大所謂生老病死憂悲苦惱若人不知四諦則墮其中比丘聞之復往樹下加趺而坐心每思惟恐墮深坑不復睡眠以怖畏故思惟精進除諸煩惱得阿羅漢果（出阿育王經第九卷）

比丘多食得羅漢道二十

有一牸為名曰磨荼載佛舍利至罽賔國以此善根死生人中出家得阿羅漢果因食飯一斛乃般涅槃告諸比丘尼汝等集會我當自說所得勝

法諸比丘尼不信其言復語尼曰莫生不信前世為牸為捨彼為身即得此身能食飯一斛五斗而食一斛乃至廣說如是等雖是多食而是易滿曾聞波斯匿王食飯二斛是彼功德因緣故因一根粳米一莖荅蔗日日長生尒許飯食故身體肥大以此大身往詣佛所佛問大王身體肥大得无疲耶時波斯匿心生慙愧具向佛說世尊說偈

人當有正念　於食知止足　亦不遭苦憂
易消而增壽

時波斯匿王聞佛所說漸漸減食乃至後時唯食一酙（出阿毗曇毗婆沙第二十二卷）

比丘久病佛為澡洗聞法捨命得无餘涅洹二十一

佛在舍衛國有一長者請佛及僧時比丘往如来不往遣信取食有二因缘一者欲與諸天說法二者瞻視病人是時世尊遍觀比丘皆悉受請即取鑰母開一房門見一比丘抱患頓篤卧大小便不能轉側世尊問曰汝有何患比丘曰受性闇鈍恒懷懈慠

初不勸他瞻視餘人是故今日无看我者今實孤窮所怙无處尒時世尊慈愍躬抱除去不淨澡洗坐具水洗其身更與著衣敷新坐具還置房中躬自案摩告比丘曰汝不加勤求增上法死後便當更受劇苦漸與說法勸使勇猛乃告諸僧汝等比丘无父母兄弟亦无姊妹宗族不相瞻視此非其宜我法齊正上下和從自今為始弟子侍師如事父母至死不捨師看弟子視如已息隨時將息至死不捨師徒相慈流于永劫所有什物平等分布設无什物當廣分衛有瞻病者則瞻我身所獲功德亦无差降時病比丘便自思惟即捨形壽便得无餘（出佛看比丘病不受長者請經）

比丘因怖得道二十二

時摩偷羅國有一男子從優波笈多出家多喜睡眠笈多化作一鬼而有七頭手捉樹枝身懸空中比丘見已即便驚覺生大怖畏還其本所笈多語去還坐禪處比丘白言和上彼林中有一鬼七頭當我前手捉樹枝懸

在空中甚可怖畏笈多言此鬼不足畏睡眠寂可畏若比丘為此鬼所煞必不入生死若為睡眠所殺則生死无窮比丘即還坐禪處復見此鬼畏此鬼故不敢睡眠是時比丘精進思惟得阿羅漢果（出阿育王經第十卷）

比丘與女戲有惡聲自殺天神悟之精進得道二十三

佛住舍衛國有異比丘在拘薩羅人間住一林中比丘與長者婦女嬉戲起惡名聲比丘自念我今自殺林中有天神化作長者女身語比丘言世間諸人為我及汝空作惡名言我與汝共相習近作不正事旣已有惡聲可近還俗共相娛樂比丘荅曰為有此聲我今自殺神復天身而說偈言

雖多惡名　行者忍之　不應自害
不應起惱　比丘開悟　專精思惟
斷除煩惱　得阿羅漢（出比丘遇女惡名欲自殺經）

比丘在俗害母為溥首菩薩所化出家得道二十四

路有一人害所生母止住樹下啼哭懊惱擗叫柰何自責无狀而造大逆

自害我母當墮地獄其人雖尒當修律行溥首菩薩見其現在應當得度化作異人携其父母詣害母人所去之不遠中道而住父母謂子此是正路子言非正遂共諍計子現瞋怒殺化父母已啼哭酸毒不能自勝往殺母人所謂言我殺父母當墮地獄哭言柰何當設何計其害母者而自念言今此来人乃害二親我但危母其人癡冥罪莫大焉我之為逆尚差於彼知彼受罪吾猶覺輕其人悲哀酸酷口並宣言吾當往詣能仁佛所其无救者佛為設救其恐懅者佛能慰除如佛所教我當奉遵於時化人啼哭進路在其前行此害母者尋隨其後如彼悔過吾亦當尒吾罪微薄彼人甚重化人詣佛稽首于地而白佛言唯然世尊吾造大逆而害二親犯斯大罪佛告化人善哉善哉子為至誠而无所欺言行相副詣如来前言説至誠口不兩舌亦不自侵當惟察觀心之法以何所心危二親者用過去心當来心乎現在心耶其過去心

即已滅現在心即以別去无有處所亦无方面不知安在當来心者此則未至无集聚處未見旋反亦无往還子當知之心亦不立於身之內亦不由外亦無境界不處兩間不得中止正覺了知法界无有作者亦无有受（如此文多不可備載）化人歎曰未曾有如来成寂无有生者无滅度者无所依倚願得出家因佛世尊得作沙門受具足戒佛言比丘善来於時化人前作沙門即白佛言唯然世尊吾獲神通今欲滅度佛之威神使彼化人去地四丈九尺於虚空中而取滅度身中出火還自燒體逆子見之心自念言彼作沙門便得滅度吾效此人往詣佛所稽首聖足我亦造逆自危母命佛言善哉至誠而無所欺言行相副於是逆人地獄之火從毛孔出其痛甚劇而无救護白佛言我今被燒唯天中天而見救濟世尊出金色辟著人頭上火時即滅見如来身若干相好身痛休息而得安隱又前白佛欲作沙門佛尋聽之即為出家說四諦法其

人聞之遠塵離垢得法眼淨修行法教逮得往還證得羅漢又白佛言欲般泥洹佛言隨意時比丘踊在虛空去地四丈九尺身自出火還燒己體百千天人於虛空中而來供養時舍利弗白佛言如來恩施所說律乃令逆者得度唯有如來諸大菩薩能覩一切羣萌根源隨而度之非聲聞緣覺境界佛言如是（出心本淨經）

比丘貧老公垂殞佛說往行許其出家二十五

舍衛國有一貧窮老公踰二百歲眉生秀毛耳出於頭齒如齊貝手過於膝良而視之似如有相而貧窮辛苦衣不蓋形五體裸露腹恒飢空行步纔動示有氣息欲往見佛釋梵侍門勑不通之老公大聲言曰吾雖貧窮民之斯下千載有幸今得值佛欲問罪福求離衆苦我聞世尊仁慈普逮莫不受恩而獨斷我亦誣聖意佛呼使前匍匐寸進為佛作礼悲喜交流稱其窮苦願一奉覲十年始果氣力既惡進退无路但恐命絕穢汙聖門重增

其罪天尊哀矜不奪本願如此而死无復恨矣唯願速終願垂恩施佛言人之受生多以緣致我為汝說汝前世時生豪強大國明慧王家時為太子憍貴非凡上為父母所珎下為臣民所奉用此恣意輕陵於人高目大視矜梳邀然財寶億万皆是民物百姓貧弊皆以調斂唯知聚積初不布施時有寒素沙門名曰靜志從遠國來故往詣卿所求不多唯法衣耳而卿了不當接遇之甚惡衣既不乞又不與食空坐著前去復不聽晝夜七日水漿乖絕示有氣息方大歡喜聚看之以為至樂侍臣諫曰沙門慈恭道德內全凍之不寒餓之不飢所以來乞欲為福耳既不施與安可窮逼幸發遣之勿招其罪太子乃曰此是何人詐稱道德試小困之裁令不死正尒放去无所憂也即便遣去駈逐出國出界十餘里逢遭餓賊欲煞噉之沙門言曰我窮凍沙門羸瘦骨立肉消腥臊不中食也空當見煞而无所任餓賊荅曰我餓困累日但食土

耳卿雖小瘦故是肉也終不相放但當就死如此前却良久太子得知便馳往曰我以不能乞其衣食寧當令賊煞之耶賊見太子皆各叩頭謝罪放沙門去時沙門者弥勒是也故卿今日受此貧窮之罪坐慳貪也所以長壽救沙門之命也罪福各應如有影響老公曰去事已尒願畢於今乞得以垂没之命得作沙門後生世世常侍佛邊佛言善哉應時老公鬚髮墮地法衣在身體氣更健耳目聰明立得上决入三昧門以偈讚佛作礼而退

我昔為寵子　不識仁義方　驕貴自放恣
時為大國王　自謂无罪福　以此可保常
唐悟生死對　於今受其殃　從罪復蒙祐
得覩天中天　解脫既往罪　垂命入法門
永離慳貪心　長受智慧根　世世不遠佛
保持万劫存（出貧窮老公經）

比丘見一須陁洹先作維那今獲苦報畏故得道二十六

摩偷羅國有一男子於優波笈多所出家笈多說法比丘精進思惟得須

陁洹果不放逸故脫惡道怖七生天上七生人中受人天樂當入涅槃笈多見其意共入摩偷羅國次第乞食至旃陁羅舍有旃陁羅子得須陁洹果身有惡病一切身體為虫所食口氣臭穢優波笈多語弟子言汝觀此小兒得須陁洹受如此苦

生旃陁羅姓　樂著於三月　惡虫食其髓
為愛自在故　生死无有實　猶如芭蕉林

比丘問何緣得須陁洹而受此苦笈多答曰先身出家衆僧坐禪其為維那有一羅漢居此惡病搔刮作聲維那語言惡虫食汝而作此聲即牽辟出言汝入旃陁羅室去阿羅漢語維那汝當精進莫往生死受苦是維那即懺悔之懺悔竟得須陁洹果不復精進令小兒是也牽羅漢出令生旃陁羅處受此報也比丘怖畏勤精進即得阿羅漢果 出阿育王經第十卷

二比丘所行不同得報亦異二十七

昔有兩比丘持戒智慧正等俱得須陁洹道一比丘但行乞匄以用布施飯諸比丘僧及貧窮者一比丘但坐

禪自守謂行乞匄作布施者言何以不坐禪自守空自勤苦一比丘荅言賢者佛言為比丘亦當布施不則後世貧窮後二比丘俱得羅漢迦羅越子作沙門前世乞匄令得自守衆人自持衣食日日與之其一比丘前世但自守令為婢子作沙門乞匄无有與者常大飢渴故應持戒布施不當自守也 出十卷譬喻經第三卷

沙門樹坐貪想不除佛化身說法得羅漢道二十八

佛在世時有一道人在於河邊樹下學道貪想不除走心散意但念六欲身靜意遊曾无寧息十二年中不能得道佛知可度化作沙門往至其所樹下共宿須臾月明有龜從河中出来至樹下復有水狗飢行求食與龜相逢便欲噉龜龜蹵頭尾及其四脚藏於甲中不能得噉水狗小遠復出頭足行如故遂更去時化作沙門語言比丘吾念世人不如此龜有護命之鎧能令水狗不得其便世人无智放恣六情天魔得便煞形壞神去生

死無端輪轉五道苦惱百千即為說偈而勸勉之比丘聞偈貪斷望止得羅漢道知化沙門是佛世尊敬肅正服稽首佛足 出法句經譬喻第二卷

沙門飯僧汙手拭柱柱為之裂二十九

有沙門作摩波利飯比丘分酪蘇著手以手塗柱柱即破裂 出譬喻經

沙門小便不彈指來涂鬼面三十

有一沙門不彈指來小便涂清中鬼面厲鬼大恚欲煞沙門沙門持戒厲鬼隨逐伺覔其短不能得便沙門後作摩波利有人上此僧物者即於坐上得羅漢道 出一卷雜譬喻經

沙門開户五指火出三十一

有沙門先共學道同住一堂一沙門言此沙門惡性不可共止捐徃他國還過視之為得道未夜到其舍沙門鑰開户呼前坐舉五指頭火出外来沙門即大驚愕歎其得道 出一卷雜譬喻經

經律異相卷第十八

經律異相卷第十八

校勘記

一 底本，金藏廣勝寺本。

一 九四五頁中一行「第六僧部第七」，徑、清作「僧部第十二之六」。

一 九四五頁中三行至本頁下二二行目録，徑無。

一 九四五頁中三行「重性」，資、磧、普、南、清、麗作「重姓」。又「得道」，清作「悟道」。

一 九四五頁中四行「二十耳億」，資、磧、普、南、清作「億耳」。

一 九四五頁中六行「以兩錢」，資、磧、普、南、清作「先以兩錢」。又「手把」，磧、普作「手捲」。

一 九四五頁中八行「華天」，清作「華天比丘」。又第九字「今」，清作「今身恒常」。

一 九四五頁中九行「前身」，資、磧、普、南作「先身」；清作「比丘前身」。又「一把」，磧、普作「一捲」。

一 九四五頁中一一行「得道」，資、磧、普、南、清作「成道」。

一 九四五頁下一行第六字「樂」，資、磧、普、南、清作「示」。

一 九四五頁下一四行「作維那獲」，清作「先作維那今獲」。

一 九四五頁下一七行第三字「樹」，資、磧、普、南、清、麗作「樹下」。

一 九四五頁下末行「重性」，諸本作「重姓」，下同。又末字「一」，徑、清作「第一」。

一 九四六頁上一行「豪長者」，資、磧、普、南、徑、清作「豪貴長者」。

一 九四六頁上二行首字「姓」，資、磧、普、南、徑、清作「息夫婦」。

一 九四六頁上四行第五字「集」，資、磧作「進」。

一 九四六頁上五行第一三字「以」，諸本(不含石，下同)作「坐」。

一 九四六頁上八行「慱撮」，諸本作「摶撮」。

一 九四六頁上一三行「剖腹」，資、磧、普、南、徑、清作「割腹」。

一 九四六頁上末行末字「其」，諸本作「某」。

一 九四六頁中九行「經給」，資、磧、普、南、徑、清作「供給」。

一 九四六頁中一〇行「遭羅難苦」，資、磧、普、南、徑、清作「遭罹艱苦」；麗作「遭羅艱苦」。

一 九四六頁中一四行「即成」，資、磧、普、南、徑、清作「即作」。

一 九四六頁中一九行「二錢」，諸本作「一錢」。二一行同。

一 九四六頁中二〇行末字「者」，資、磧、普、南、徑、清無。

一 九四六頁下一行第二字「令」，資、磧、普、南、徑、清無。又「阿羅漢」，資、磧、普、南、徑作「羅漢果」；清作「羅漢道」。

一 九四六頁下二行「二十耳億」，資、磧、普、南、徑、清作「二十億耳」，下同。又末字「二」，徑、清作「第二」。

一　九四六頁下五行「脚跡」，資、普、南、徑、清作「脚蹤」。又「如血」，資、磧、普、南、徑、清作「而血」。

一　九四六頁下七行末字「我」，資、磧、南、清作「然我」；普、徑作「念我」。

一　九四六頁下一〇行首字「心」，資無。

一　九四六頁下一二行「可聽不」，資、磧、普、南、徑、清作「音可聽不」。

一　九四六頁下一八行夾註「出增一阿含經第八卷」，資、磧、普、南、徑、清作「出中阿含第二十九卷」。

一　九四六頁下一九行末字「三」，徑、清作「第三」。

一　九四六頁下末行第四字「受」，資、磧、普、南、徑、清作「受戒」。

一　九四七頁上一行第七字「見」，資、磧、普、南、徑、清無。

一　九四七頁上五行「高於人」，資、磧、普、南、徑、清作「積高於人」。

一　九四七頁上七行第八字「啓」，資、磧、普、南、徑、清作「啓父」。

一　九四七頁上九行「以兩錢」，資作「以金錢」；徑、清作「先以兩錢」。又末字「四」，徑、清作「第四」。

一　九四七頁上一〇行第一三字「兒」，資、磧、普、南、徑、清無。

一　九四七頁上一一行「手捲」，資作「手把」。

一　九四七頁上一三行第四字「輙」，資、磧、普、南、徑、清作「轉」。

一　九四七頁上一八行末字「白」，資、磧、普、南、徑、清作「問」。

一　九四七頁上一九行「把金錢」，磧、普、南、徑、清作「捲金錢」。本頁中二行同。

一　九四七頁中三行夾註左「第二卷」，磧、普、南、徑、清作「第一卷」。

一　九四七頁中四行「華天」，資、磧、普、南、徑、清作「華天比丘」。又第九字「今」，資、磧、普、南、徑、清作「今身恒常」。又末字「五」，徑、清作「第五」。

一　九四七頁中五行「舍衛國」，資、磧、普、南、徑、清作「舍衛國內」。

一　九四七頁中八行「我出」，資、磧、普、南、徑、清作「我生」。

一　九四七頁中九行第二字「言」，資、磧、普、南、徑、清無。

一　九四七頁中一四行第九、一〇字「花天」，資、磧、普、南、徑、清無。

一　九四七頁中一九行末字至次行首字「人貧」，諸本作「貧人」。

一　九四七頁中二一行「大衆」，資、磧、普、南、徑、清作「大會僧衆」。

一　九四七頁下一行「寶天」，資、磧、普、南、徑、清作「寶天比丘」。

一　九四七頁下二行末字「六」，徑、清作「第六」。

一　九四七頁下六行「才藝」，南、徑、清作「書藝」。

一　九四七頁下七行「注仰」，資作「注仰卬」；磧、普、南、徑、清作「渇仰卬」。

一　九四七頁下一二行末字至次行首字「衆僧」，資、磧、普、南、徑、清作

「僧衆」。

一　九四七頁下一五行「今遭」，資、磧、普、南、徑、清作「今遇」。

一　九四七頁下一六行夾註「第二卷」，資、磧、普、南、徑、清作「第三卷」。

一　九四七頁下一七行「成道七」，資、磧、普、南作「得道七」；徑、清作「得道第七」。

一　九四七頁下一八行「正法」，資、磧、普、南、徑、清作「佛法」。

一　九四八頁上一行「榮華」，資、磧、普、南、徑、清作「華飾」。

一　九四八頁上三行「飲食」，資、磧、普、南、徑、清作「飯食」。

一　九四八頁上七行「笈多」，資、磧、普、南、徑、清作「優婆笈多」。

一　九四八頁上八行夾註右「阿育王經」，資、磧、普、南、徑、清作「阿育經」。

一　九四八頁上九行末字「八」，徑、清作「第八」。

一　九四八頁上二二行「誰不精進」，資、磧、普、南、徑、清無。

一　九四八頁中六行第七字「墨」，資、磧、普、南、徑、清作「量」。

一　九四八頁中九行末字「九」，徑、清作「第九」。

一　九四八頁中一五行「經戒」，資、磧、普、南、徑、清作「經義」。

一　九四八頁中二一行首字「自」，磧、普作「白」。

一　九四八頁中二二行首字「在」，資、磧、普、南、徑、清作「存」。

一　九四八頁下一行「得道十」，資、磧、普、南作「成道十」；徑、清作「成道第十」。

一　九四八頁下七行「稍稍」，資作「稍」。

一　九四八頁下一二行第八字「可」，資、磧、普、南、徑、清作「可使」。

一　九四八頁下一六行「十一」，徑、清作「第十一」。

一　九四八頁下一九行「入宮」，資、磧、普、南、徑、清作「明日入宮」。

一　九四八頁下二〇行「粳飯」，資、磧、普、南、徑、清作「飲食」。

一　九四九頁上二行「十二」，徑、清作「第十二」。

一　九四九頁上四行首字「共」，資作「苦」。

一　九四九頁上九行「白佛言」，資、磧、普、南、徑、清作「白佛佛言」。

一　九四九頁上一四行第一三字「興」，資、磧、普、南、徑、清作「故」。

一　九四九頁中七行「悼悸」，資、磧、普、南、徑、清作「掉悸」。

一　九四九頁中九行「有爲」，資、磧、普、南、徑、清作「有身」。

一　九四九頁中一八行「十三」，徑、清作「第十三」。

一　九四九頁中二二行「百卉」，資、磧、普、南、徑、清作「百木」。

一　九四九頁下六行第六字「言」，資、磧、普、南、徑、清作「又言」。

一　九四九頁下一〇行「時普安王爲體」，資、磧、普、南、徑、清作「普安王爲說苦因」。

一 九四九頁下一二行第一〇字「今」，資無。

一 九四九頁下一五行夾註右末字「經」，資、磧、普、南、徑、清無。

一 九四九頁下一六行「十四」，徑、清作「第十四」。

一 九四九頁下一八行首字「思」，諸本作「恩」。

一 九四九頁下二二行第五字「頸」，資、磧、普、南、徑、清作「頭」。

一 九五〇頁上六行第一二字「冷」，徑、清作「令」。

一 九五〇頁上一〇行「十五」，徑、清作「第十五」。

一 九五〇頁上一一行「於法」，諸本作「於佛法」。

一 九五〇頁上一五行第九字「其」，資無。

一 九五〇頁上一六行「能受」，資、磧、普、南、徑、清作「能隨」。

一 九五〇頁上一九行「便即」，資、磧、普、南、徑、清作「即便」。

一 九五〇頁上末行第一一字「汝」，資、磧、普、南、徑、清作「汝今」。

一 九五〇頁中一行第二字「時」，資、磧、普、南、徑、清作「是時比丘」。

一 九五〇頁中四行「十六」，徑、清作「第十六」。

一 九五〇頁中八行「答言曰」，資、磧、普、南、徑、清作「答曰」。

一 九五〇頁中九行夾註「翻陁持」，資作正文「梁翻持地」；磧、普、南、徑、清作「梁翻持地」；麗作「翻地持」。

一 九五〇頁中一四行「早赴」，諸本作「早起」。

一 九五〇頁中一六行「愛心」，資、磧、普、南、徑、清作「變心」。

一 九五〇頁中一九行「羅漢果」，資、磧、普、南、徑、清作「阿羅漢果」。又夾註左「第十卷」，資、磧、普、南、徑、清作「第五卷」。

一 九五〇頁中二〇行「十七」，徑、清作「第十七」。

一 九五〇頁中二一行第七字「居」，資、磧、普、南、徑、清作「坐」。

一 九五〇頁下三行「非汝」，諸本作「非法」。

一 九五〇頁下四行第二字「令」，清作「命」。

一 九五〇頁下九行第四字「各」，資、磧、普、南、徑、清作「各還」。

一 九五〇頁下一〇行「阿羅漢」，資、磧、普、南、徑、清作「阿羅漢果」。

一 九五〇頁下一一行第六字「樂」，資、磧、普、南、徑、清作「示」。又「十八」，徑、清作「第十八」。

一 九五〇頁下一九行「螉虫」，資、麗作「翁蟲」。

一 九五一頁上一行第一二字「睡」，資無。

一 九五一頁上二行「慙怖」，資、磧、普、南、徑、清作「慙愧」。

一 九五一頁上三行夾註左「第三卷」，資、磧、普、南、徑、清作「第二卷」。

一 九五一頁上四行「十九」，徑、清作

「第十九」。

一　九五一頁上六行「眠睡」，資、磧、普、南、徑、清作「睡眠」。

一　九五一頁上七行第三字「禪」，資、磧、普、南、徑、清作「坐禪」。

一　九五一頁上八行「深坑」，資、磧、普、南、徑、清作「大坑」。

一　九五一頁上一〇行第六字「時」，資、磧、普、南、徑、清無。

一　九五一頁上一九行「二十」，徑、清作「第十九」。

一　九五一頁上二〇行第一三字「至」，資、磧、普、南、徑、清作「來」。

一　九五一頁上二二行「飯一斛」，資、磧、普、南、徑、清作「一斛飯」。

一　九五一頁上末行「汝等」，資、磧、普、南、徑、清作「等汝尼」。

一　九五一頁中二行「前世爲牸象」，資、磧、普、南、徑、清作「前世之中爲牸象身」。

一　九五一頁中三行第三字「能」，資、磧、普、南、徑、清作「餘能」。又「五斗」，資、磧、普、南、徑、清作「五升」。

一　九五一頁中一六行「二十一」，徑、清作「第二十一」。

一　九五一頁中二一行「鑰母」，資作「籥牡」；磧、普、南、徑、清作「鑰牡」。

一　九五一頁下九行「其宜」，資、磧、普、南、徑、清作「是宜」。

一　九五一頁下一〇行「至死」，資作「至死生」。

一　九五一頁下一一行「已息」，資、磧、普、南、徑、清作「兒息」。

一　九五一頁下一四行第一二字「羞」，資無。

一　九五一頁下一七行「二十二」，徑、清作「第二十二」。

一　九五一頁下末行首字「中」，資、磧、普、南、徑、清無。

一　九五二頁上八行「二十三」，徑、清作「第二十三」。

一　九五二頁上一一行「我今」，資、磧、普、南、徑、清作「我今日」。

一　九五二頁上一七行至一八行四言偈句「雖多惡名　行者忍之　不應自害　不應起惱」，資、磧、普、南、徑、清作五言偈句「雖多惡名聞　行者當忍之　不應生自害　亦不應起惱」。

一　九五二頁上一八行至一九行四言偈句「比丘開悟　專精思惟　斷除煩惱　得阿羅漢」，資、磧、普、南、徑、清作正文「比丘開悟專精進思惟斷除煩惱得阿羅漢果」。

一　九五二頁上二一行「二十四」，徑、清作「第二十四」。

一　九五二頁中六行第四字「已」，磧、普、南、徑、清作「殺已」。

一　九五二頁中一三行「恐懅」，資、磧、普、南、徑、清作「恐懼」。

一　九五二頁中二一行「至誠」，資、磧、普、南、徑、清作「至誠諦」。又第一四字「惟」，麗無。

一　九五二頁下六行「未曾有」，資、磧、

普、南、徑、清作「得未曾有」。
一　九五二頁下八行「依依」，諸本作「依倚」。
一　九五二頁下一六行第五字「我」，資、磧、普、南、徑、清作「言我」。
一　九五二頁下一七行「於是」，資、磧、普、南、徑、清作「於時」。
一　九五二頁下二〇行「人頭」，資、磧、普、南、徑、清作「人頂」。
一　九五三頁上二行「往還」，資、磧、普、南、徑、清作「不還」。
一　九五三頁上六行「所說律」，資、磧、普、南、徑、清作「所說法律」。
一　九五三頁上一一行「二十五」，徑、清作「第二十五」。
一　九五三頁上一二行第一〇字「踰」，資、磧、普、南、徑、清作「年」。
一　九五三頁上二二行「願一」，資、磧、普、南、徑、清作「一願」。又「始果」，資作「如果」。
一　九五三頁上末行「命絶」，資、磧、普、南、徑、清作「命終」。

一　九五三頁中一行「天尊」，資、磧、普、南、徑、清作「世尊」。又「哀矜」，諸本作「衰矜」。七行第二字同。
一　九五三頁中七行「矜梳」，諸本作「矜抗」。
一　九五三頁中一三行末字「聚」，諸本作「聚衆」。
一　九五三頁中一五行第四字「全」，資、磧、普作「襟」。
一　九五三頁下二行「良久」，資、磧、普、南、徑、清作「食久」。
一　九五三頁下三行「當令」，資、磧、普、南、徑、清作「當復令」。
一　九五三頁下九行「得以」，麗作「得如」。
一　九五三頁下一四行「不識」，資作「不謝」。
一　九五三頁下一六行「蒙祐」，磧、南、徑作「蒙祜」。
一　九五三頁下一九行夾註「出貧窮老公經卷」，資作「貧窮公經」；磧、普、南、徑、清作「出貧窮老公經」。

一　九五三頁下二一行「二十六」，徑、清作「第二十六」。
一　九五四頁上七行末字「苦」下，資、磧、普、南、徑、清有「而說偈言」四字。
一　九五四頁上八行「三月」，資、磧、普、南、徑、清作「三有」。
一　九五四頁上九行「爲愛自在故」下，資、磧、普、南、徑、清有「汝當作精進　爲於解脱故」十字。
一　九五四頁上一〇行「問何緣」，資、磧、普、南、徑、清作「問言此人以何業緣」。
一　九五四頁上一二行「搔刮」，資作「搔亂」。
一　九五四頁上一五行「莫往」，資、磧、普、南、徑、清作「莫經」。
一　九五四頁上一八行第五字「此」，資、磧、普、南、徑、清無。
一　九五四頁上二〇行「二十七」，徑、清作「第二十七」。
一　九五四頁中七行「今爲」，磧作「今

爲」。

一　九五四頁中九行夾註右「十卷」，資、磧、普、南、徑、清無。

一　九五四頁中一〇行第三字「樹」，諸本作「樹下」。

一　九五四頁中一一行「二十八」，徑、清作「第二十八」。

一　九五四頁中一二行第一〇字「於」，資、磧、普、南、徑、清無。

一　九五四頁中一六行「月明」，資、磧、普、南、徑、清作「有月明」。

一　九五四頁中一八行第八字「蹵」，諸本作「縮」。

一　九五四頁中二〇行「行如故遂更去」，資、磧、普、南、徑、清作「行步如故遂便得脫」；麗作「行步如故遂便得免」。又第一一字「作」，諸本無。

一　九五四頁下一行「無端」，資、南作「無智」。又「即爲」，資、磧、普、南、徑、清作「爲即」。

一　九五四頁下二行「望止」，資作「望心」。

一　九五四頁下三行末字「正」，資、磧、普、南、徑、清作「整」。

一　九五四頁下五行「二十九」，徑、清作「第二十九」。

一　九五四頁下八行「三十」，徑、清作「第三十」。

一　九五四頁下九行第一二字「清」，資、磧、普、南、徑、清作「圊」。

一　九五四頁下一三行夾註，資、磧、普、南、徑、清作「出譬喻經第一卷」。

一　九五四頁下一四行「三十一」，徑、清作「第三十一」。

一　九五四頁下一五行「共學道」，資、磧、普、南、徑、清作「共同學道」。

一　九五四頁下一九行夾註「出一卷雜喻經」，資、磧、普作「出一卷譬喻經」；徑、清作「出譬喻經第一卷」。

經律異相卷第十九　聲聞不與衆僧部第八　靈

梁沙門僧旻寶唱等集

伊利沙四姓慳貪為天帝所化一
貧人婦掃佛地得現世報終至
得道二
毗羅斯那微善出家生天得道三
跋瑳就鳥乞羽龍乞珠四
耶舍因年飢犯欲母為通致佛
說往行五
難提比丘為惑所染說其宿行
并鹿班童子六
闡陀比丘昔經為奴叛遠從學教
授五百童子七
二摩訶羅同住和合婚姻佛說
其往行八
常歡嫉於无勝佛說往緣擯沙
生墮阿鼻九
持戒堅固生天因緣十
滿願問餓鬼夫入城久近并荅
江岸七反成敗十一
比丘遇劫被生草縛不敢挽斷
十二

比丘夜不相識各言是鬼十三

比丘遇王難為山神所救十四
比丘誦經臨終見佛闍維舌存
十五
比丘居深山為鬼所嬈佛禁非
人處住十六
比丘失志心生惑乱十七
珎重沙門母為餓鬼以方便救
濟十八
沙門入海龍請供養得摩尼珠
十九
沙門煮草變成牛骨二十
沙門行乞主人有珠為鸚䳇所
吞搒相苦加忍受不言二十一
沙門遇鬼變身乍有乍無二十二
沙門得鬼抱安心說化鬼辞謝
而去二十三
道人度獦師二十四

伊利沙四姓慳貪為天帝所化一

昔有四姓名伊利沙財富无數慳惜衣食有貧老公居與相近日日自恣飲食魚肉賓客不絕四姓自念我財无數反不如此老公便殺一雞炊一

外白米著車上到无人處下車適欲飯天帝化作犬來上下視之謂狗言汝若倒懸空中者我當與汝不狗即倒懸空中四姓意大恐曰汝眼著地我當與汝不狗兩眼脫地四姓便從去天帝化作四姓身乘車還家勑語外人有詐稱四姓者駈逐捶之四姓晚還門人罵詈令去天帝盡取財物大布施四姓亦不得歸財物既盡為之發狂天帝作一人問汝何以愁曰我財物了盡天帝言夫有珎寶令人多憂五家无期積財不施死為餓鬼恒乏衣食若脫為人常墮下賤汝不覺無常富而且慳貪惜不食欲何望乎天帝為說四諦四姓意解天帝化去四姓歸自悔前意盡心施給財盡得道（出雜譬喻經第五卷）

貧人婦掃佛地得現世報終至得道二

昔祇洹邊有一貧家欲供養世尊及諸弟子居貧困窮无所施設便行掃佛精舍至心不惓貧賢者舍邊有長者遊行觀見大澤中有數十間七寶舍遥見便往問人言誰作殿舍好妙

乃尒其人荅曰有貧窮賢者掃佛精舍福應生此並作殿舍待之耳長者喜言我當畜之便到貧者家語言卿有好物與我我與卿五百兩金曰我從來貧困那得好物長者言卿但許我日可尒便與五百兩金賢者今得廣設檀施佛為說法即得道迹（出諸經中要事）

毗羅斯那微善出家生天得道三

佛在毗舍離食時著衣持鉢將阿難入城乞食時毗舍離城有居士名毗羅斯那命斷賔客於七日中五欲自娛語守門人勿通外門時佛乞食漸詣毗羅那家時聞作樂聲便告阿難侍者阿難依事報荅佛言今此長者過七日已當命終亡生啼哭地獄中所以然者本造善根於此便斷更不造新以是命終生地獄中阿難白言頗有方便使彼居士過此七日命不終耶佛告阿難无有方便使命不終但有方便免地獄耳若彼長者剃除鬚髮著三法衣以信堅固出家學道長者乃得不墮地獄阿難白言我今當勸使彼出家時毗舍離凡諸釋種

常與阿難要言阿難所言到家若彼家中有眠寐者及以衆事皆聽阿難使人直入所以然者言語柔和語不害人尒時阿難語守門者汝可往白之守門即入具宣此事長者即便捨樂速出礼足阿難白言阿難願入我家福度男女阿難報言彼如来者知時不妄記汝長者七日當亡命終當生啼哭地獄長者聞是恐怖悲泣白阿難言頗有方便令不終耶阿難報言無有方便得不終者但有方便免地獄耳長者問故阿難報言若汝出家便免地獄時此長者念付家業後往佛所出家學道便作是言七日猶遠我於今日五欲自娛清旦當往阿難至時著衣持鉢入城乞食至居士家語居士言今一日已過餘六日在可時出家長者報言我後當往如是復言更欲自樂後日乃往如是推遷不能自盡阿難日日常往勸之至六日滿前七日朝阿難復語乃付家業與大小別便至佛所世尊命阿難與受具戒受戒已畢於前七日後夜命終

生四王天阿難問佛得生何處佛告
阿難毗羅斯那比丘命過生四王天
於彼命終生三十三天如是流轉人
天經歷九劫天上人間更互受生於
最後身復来人間剃除鬚髮以信堅
固出家學道成辟支佛名毗羅斯那
所以然者此毗羅斯那比丘受具足
戒精進命終如是阿難梵行果報所
生受福（出毗羅斯那居士五欲娛樂經）

跋瓌就鳥乞羽龍乞珠四

佛住王舍城曠野精舍有五百比丘
皆乞作房有估客見比丘来即閉肆
歸家避之比丘餘道邀之相值仍說
果報敎令生信乃至手撮其頭强勸
布施所以然者令汝得色力壽命增
益功德逮甘露果估客聞之生信少
多布施後見舍利弗具以是事訴舍
利舍利聞已說法令喜還具白佛佛
告營事比丘過去世時有比丘名跋
瓌止住林中時釋軍多鳥亦栖此林
晨暮乱鳴惱於跋瓌跋瓌詣世尊所
頂礼佛足於一面立世尊慰問少病
少惱安樂住林中耶比丘荅曰少病

少惱樂住於中但釋軍多鳥鳴喚惱
乱不得思惟佛告比丘汝欲令此鳥
一切不来耶荅曰願介佛言比丘此
鳥来時汝從衆鳥各乞一毛比丘依
教乞毛諸鳥各落一毛朝朝去時如
是復乞時鳥即移異處一宿不得安
樂尋復来還時比丘復從乞毛復各
與一衆鳥相謂沙門乞毛不已恐我
不久毛衣都盡不能復飛更共議言
此比丘常住林中我等應去更求餘
栖諸比丘具以白佛佛言林中比丘怯
劣喜乱畏惡鳥聲佛言不但今日怯
劣過去世時有一龍象住在林中大
風卒起吹折樹木象聞折聲驚怖奔
走怖心小歇又陰餘樹餘樹復折遂
復奔走時天見象念言此象横自狂
走即說偈言

風暴林樹折　龍象驚怖走　假使普天下
龍象何處避

佛言于時象者林中比丘是也佛復
告比丘過去世時有五百仙人住雪
山中時一仙人於别處住有好泉水
花果茂盛去是不遠有薩羅水水中

有龍龍見仙人威儀庠序心生愛念
来詣仙人正復值仙結跏趺坐龍遶
仙人七匝以頭覆其頂上而住日日
如是唯有食時不来仙人以龍遶身
故日夜端坐不得休息身體萎羸便
生瘡疥介時近處有人居止供養仙
人詣仙人所見羸劣疥搔即問何故
如是仙人具說上事又問曰欲令龍
不復来耶荅曰然復說仙人是龍咽
上有瓔珞寶珠可從龍索珠龍法性
慳終不相與龍来便從索珠龍聞乞
此心即不喜徐捨而去明日龍来遥
說偈曰

光耀摩尼寶　瓔珞莊嚴身　若龍能施我
乃為善親友

龍偈荅曰

畏失摩尼珠　猶執杖呼狗　寶珠不可得
更不来看汝　上饌及衆寶　由此摩尼尊
是終不可得　何故懇懃求　多求親愛離
由是更不来

時有天人於虚空中說偈曰

厭薄所以生　皆由多求故　梵志貪相現
龍則潛于淵

佛告諸營事比丘：龍象是畜生，尚惡多求，豈况於人？汝等比丘莫為多營事，廣索无厭，令彼信心婆羅門居士苦惱捨財。（出僧祇律第七卷，又出弥沙塞律第三卷，入不合同）

耶舍因年飢犯欲毋為通致佛說往生五

時佛與五百比丘到跋耆國，住毗舍離城。人民飢饉，五穀不熟，死者縱横，乞食難得。城中長者名曰耶舍，耶舍出家，乞食難得，多還家覔食。毋告之言：汝甚為大苦，我家財物不少，恣汝所用，汝婦猶存，當共生活，恣汝布施供養三寶。如是至三，耶舍不從。毋復告之：汝若不樂五欲，但乞我種，以續係嗣，令我死沒後財物不沒官耳。耶舍荅言：欲令留種者，今奉此勑。毋疾入告新婦曰：好嚴莊。及一相見，婦即有身，後遂生男，因名續種。世人謂之，乃至財物皆去續種。耶舍聞已，大自慙愧，即白舍利弗，舍利弗以白世尊。耶舍與舍利弗共至佛所，具以白佛。佛言：耶舍比丘僧中未曾有此，汝愚癡人開大罪門。佛言：其不但今日於

我法中即諸陋患，過去世時生光音天。此世界初成時，有一人輕躁貪欲，先來貪食此地味，其餘衆生轉相效習，心生躭著，身體沉重，因起欲退，去神通光明即滅，因玆以後日月生焉。輕躁衆生，耶舍是也。其毋非直今日誘誑其子，過去已曾。告諸比丘：時國名迦尸，城名波羅奈，王子大名稱，布施持戒，以道化世。第一夫人觀察星宿，見一金色鹿王從南方来，凌虛北逝。夫人念言：取得此皮持作褥者，死无遺根；若不得者，用作王夫人為？即脫瓔珞，著垢弊衣，入憂惱房。王看事竟，還覔之，即問侍者，侍者荅言：夫人向入憂惱房住。王便往問：誰犯汝者？默不荅。王使人問之，又復不荅。復命宿舊青衣多諸方便者，種種說化之。荅曰：无犯我者，别有所憶，故不語耳。因叙見金色鹿，願得其皮持以為褥。青衣白王，王問群臣：誰能得者？及集諸獦師，告急覔獦師。僉曰：未嘗聞名，况復見之。勑係牢獄。時有一獦師，名耐闇，勇健多力，走及奔獸，仰射飛鳥，箭

无空落。自惟无罪而見囚執，說計問曰：頗有見聞者不？王言：卿可自問夫人。夫人荅言：我於樓上見從南方来，陵虛北逝。獦師善相禽獸，乃知鹿宿南食北，於食處求之。時獦師持弓矢漸次北行，前到雪山。山有仙人，藏諸獦具，詣仙人所，作礼問訊。命令就坐，設諸漿果。獦師言：止此久近？仙人荅曰：以歲數。獦師言：頗嘗奇異事不？荅曰：此山南有一樹，名尼拘律，常有金色鹿王飛来，在上食其葉。仙人示路。至樹下，見樹扶踈，葉覆弥廣。俄而見鹿猶如鴈王，陵虛而来，止於樹上，食葉既飽，便復飛去。還以白王：非網矢所及，无由得之，卿可自往白夫人。夫人謂獦師言：汝可將蜜塗峯葉，次来向下，及張網羅處。鹿尋蜜香，食葉漸下，到其羅處，為羅所得，生駈將去。仙人還見曰：咄哉禍酷！雖能乘虛而不能免惡人之手。仙人說偈曰：

世間之大惡　莫過於香味　欺誑凡夫人
及諸林野獸　因風著香味　受斯苦惱患

獦師以蜜塗樹葉食之，將還。王聞鹿

至燒香迎著夫人見之前抱鹿王以著汙染情重令此鹿王金色即滅王告夫人此鹿金色忽然變滅當如之何夫入言此令是无施之物放之令去金色鹿者耶舍是也夫人者耶舍母是受諸苦惱貪著於今 出僧祇律第一卷

難提比丘為欲所染說其宿行并鹿斑童子六

佛在舍衛城有比丘名難提行住坐卧心常念定過七年已退失禪定復依樹下還習正受欲求本定魔伺其便變為女人端正无比於其前住而語之曰比丘共我行婬來難提言惡邪速滅惡邪速滅口雖發言而目不視第二第三皆亦如是天女即脫衣露形立難提前難提見其形相欲心染著尒時天女漸漸却行難提喚言汝可小住天女疾至祇洹塹中塹有死馬天女於此隱形不現難提欲心熾盛即婬此死馬欲心息已自念不善即脫法衣而往祇洹語比丘言我犯重罪比丘即問因緣難提具說比丘以事白佛佛令駈出比丘白佛言

難提久修梵行云何為女所惑佛言難提不但今為女所惑過去亦然過去世時南方阿槃提國有迦葉氏外道出家聰明博識助王理國王執國法拷治姧賊外道念言我已出家云何共王詳斷此事即白王言我欲出家王言師已出家云何方言我欲出家荅言我今預此種種刑法何名出家我今欲依仙法出家王言可尒即於百巖山造立精舍修習仙法得五神通忽因小行不淨流出時有牝鹿飲此小便舐其產門即便有胎產一小兒仙人往看見鹿生兒怪而念曰云何畜生而生於人入定觀之知是其子收而養之依母生故體斑似鹿故名鹿斑仙人念言敗正毀德莫過女人於是教以禪定化以五通為說偈言

一切衆生類　靡不歸於死　隨其業所趣
自受其果報　為善者生天　惡行入地獄
行道修梵行　漏盡得泥洹

尒時仙人即便命終於是童子淨修梵行獲五神通釋提桓因乘白龍象

案行世間誰有孝順父母供養沙門婆羅門又能布施持戒修梵行者案行世界時見是仙人童子天帝念言若是童子欲求帝釋梵王皆悉能得宜應早壞乃設方便乃扣法鼓百千天子皆悉来集帝釋告言閻浮提中有一仙人童子名曰鹿斑有大功德欲便壞之時諸天子聞此不樂便自念言壞此人者將減損諸天衆增益阿修羅有一天子而唱是言誰應行者時有荅言是天女應行即便呫之應時百千天女皆悉来集有一天女名阿藍浮其髮雜色髮有四色青黃赤白故名雜色差此天女往閻浮提壞鹿斑童子時彼天女白帝釋言我自昔已来數壞人梵行令失神通願更遣餘天女端正嚴好令人樂者時帝釋復於衆中種種說偈勸喻天女於是天女即壞仙人童子佛告諸比丘尒時仙人童子豈異人乎即今禪難提是天女阿藍浮者今此天女是 出僧祇律第一卷

闍陁昔經為奴叛遠從學教授五百

童子七

佛住俱舍弥國尒時長老闡陁悪性難語諸比丘乃至於僧中三諫猶故不止比丘白佛佛言過去時有長者子有一奴字阿摩由為性㓙悪尒時長者子與諸婆羅門子遊戲園林諸從人輩皆在園門外住時阿摩由在園門外打諸從人時諸從人被打者各告其主時諸婆羅門子盡出呵之時阿摩由不受其語荅諸婆羅門子言不隨汝語我大家子来呵我者當受其語遂打不止即来告阿摩由主阿摩由主生得天眼觀是闘處下有金銀伏蔵其地㓙故使其闘耳即往呵之時奴即止佛告諸比丘尒時長者子豈異人乎即我身是尒時阿摩由者今闡陁比丘是又過去世時有弗盧醘大學婆羅門為國王師常教童子時婆羅門家生一奴名迦羅呵常使供給諸童子是奴利根聞說法言盡能憶持此奴一時共諸童子小有憹恨便走他國詐自稱言我是弗盧醘婆羅門子字耶若達多語此國王

師婆羅門言我是波羅奈國王師弗盧醘子故来至此欲投大師學婆羅門法師荅言可尒是奴聰明本已曽聞今復重聞悉能持其師大喜即令教授門徒五百童子言汝代我教授我當往来王家是師婆羅門无有男兒惟有一女便作是念今可以女妻耶若達多當在我家便如我子即告之曰耶若達多汝莫還彼國我今以女妻汝荅言從教即與女在家如見共作生活家漸豊冨是耶若達多為飲食不佳即便大怒妻甚敬之伺覔彼人而未能得時彼弗盧醘婆羅門具聞奴在彼作是念我奴迦羅呵迯在他國當往捉来或可得奴直便詣彼國時耶若達多與諸門徒詣園林遊戲在於中路逢其本主即便驚怖審告門徒諸童子汝等還去各自誦習門徒去已便到主前頭面礼足白其主言我来此國師言大家是我父便投此國師大學婆羅門為師以大學經典故師婆羅門與女為婦願尊今日勿彰我事當與奴直奉上大

家主婆羅門善解世事即便荅言汝實我兒何所復言但作方便早見發遣即將歸家告家中言我所親来其婦歡喜辦種種飲食奉食已訖小空閑時礼客婆羅門足而問之曰我奉事夫耶若達多飲食供養常不可意願今指授本在家時何所敢食當如先法為作飲食客婆羅門即便瞋恚而作是念如是子如是子困苦他子女語此女言但速發遣我臨去時當教汝一偈汝誦此偈時當使汝夫无言發遣客婆羅門已將欲發時為說一偈言

無親遊他方　欺誑天下人　麁食是常法
但食復何嫌

今與汝此偈若彼瞋恚嫌食悪時便在其邊背面微誦令其得聞作是教已便還本國是耶若達多送主去已每至食時還復瞋恚婦於夫邊試誦其偈時夫聞是偈已心即不喜便作是念咄是老物發我職事從是已後常作濡語恐婦向人說其陰私佛告諸比丘時波羅奈城弗盧醘婆羅門

經律異相卷第九　第十八張　霊字号

者豈異人乎即我身是時奴迦羅呵
者今闡陁比丘是彼於尒時巳曽恃
我陵易他人今復如是恃我勢力陵
易他人（出僧祇律第八卷）

二摩訶羅同住和合婚姻佛說其往
行八

舍衛城有二摩訶羅並捨妻兒出家
為道久遊人間俱還舍衛共住一房
各自思惟欲蹔還家看其婦兒即到
本家婦見瞋言汝薄德无相棄家學
道女年長大不得嫁娶今用来為當
折汝脚時小摩訶羅即還房愁憂不
樂時大摩訶羅亦被駈逐共歸房内
問小伴言何以憂苦荅言何須問為
又問我等二人共在一房好惡之事
而不相知不向我說更應語誰即具
說之時大摩訶羅去此何足愁我家
亦尒汝男我女可為疋偶荅言可尒
時小摩訶羅還語婦言我為女得聟
婦荅甚善其大者復歸報妻言我為
兒得婦問言是誰荅言某女時二摩
訶羅和合婚姻各自歡喜如貧得寶
更相愛敬佛告諸比丘此二摩訶羅

經律異相卷第九　第十九張　霊字号

不但今日作如是事過去伽尸國有
婆羅門居磨沙豆陳久貴不可熟肯
之不售復有一家養一態驢賣亦不
去豆主念言今以此豆易取彼驢便
往語之驢主復念用是態驢易彼豆
荅言可尒咸各歡喜豆主頌曰

婆羅門法巧販賣　塵久冰豆十六紀
唐盡汝薪煑不熟　方折汝家大小齒

時驢主又作頌曰

汝婆羅門何所喜　雖有四脚毛衣好
負重遠道今汝知　錐刺火燒終不動

時豆主復說頌曰

獨生千秋杖　頭者四寸錐　能伏敗態驢
何憂不可治

時驢謂主復說頌曰

安立前二足　雙飛後兩蹄　折汝前板齒
然後自當知

豆主又謂驢頌曰

蚑蚩毒虫螫　唯仰尾自防　當截汝尾却
令汝知苦辛

驢復荅曰

從先祖巳来　行此慵㥻法　令我承習此
死死終不捨

經律異相卷第十九　第二十張　霊字号

尒時豆主知其弊恶不可苦語便稱
譽頌曰

音聲鳴徹好　面白如珂雪　當為汝取婦
共遊諸林澤

驢聞濡愛語即復說頌曰

我能負八斛　日行六百里　婆羅門當知
聞婦心歡喜

佛言時二人者則是今日二摩訶羅
也時驢者今摩訶羅兒也巳曽相欺
心婆羅門居士苦惱捨財（出僧祇律第七卷）

常歡嫉於无勝佛說往緣梅沙生墮
阿鼻九

佛告舍利弗往昔有佛号名盡勝有
兩比丘一名无勝二名常歡无勝比
丘六通神足常歡比丘結使未除有
一長者名曰大愛婦名善幻端正無
比此兩比丘以為檀越善幻婦者供
養无勝事事不乏料理常歡甚自微
薄常歡興妬謗曰无勝比丘與善幻
通自以恩愛得供養耳佛語舍利弗
汝知常歡者不則我身是善幻婦者
則婆羅門女梅沙者是尒時誹謗无
勝羅漢无數千歲在地獄中今雖得

佛餘殃故多舌童女舞杅起腹來我
前曰沙門何以不說家事乃說他事
汝今獨樂不知我苦先共我通娠身
臨月事須蘇油養於小兒盡當給我
介時衆會皆低頭默然釋提桓因侍
後扇佛化為一鼠入其衣裏嚙杅落
地時四部弟子及六師等揚聲稱慶
欣笑无量皆同罵曰汝死罪物興誹
謗无上正真此地無知乃能容載此
惡物也地即劈裂炎火勇出女即便
墮大泥犁中大衆見此阿闍世王便
驚毛竪即起白言此女今在何處佛
荅大王此女所墮名阿鼻泥犁王復
問佛此女不殺盗負妄語墮阿鼻耶
佛語大王我所說法有上中下身口
意行王復問佛何者為重何者為中
何者為下佛語阿闍世王意行最重
口行處中身行在下（出興起行經下卷）

持戒堅固生天因緣十

憍薩羅國有二比丘一人犯戒一人
持戒欲共往見佛道中值有虫水破
戒者語持戒者言可共飲是水持戒
者言水中有虫去何可飲犯戒者言

我若不飲便死不得見佛聞法及僧
持戒者至死不飲時犯戒者便飲持
戒者不飲便死即生三十三天上得
天身具足先到佛所頭面礼足在一
面立佛為種種說法得法眼淨即時
礼佛足言歸依佛歸依法歸依僧我
盡形壽為優婆塞佛更為說法已默
然時天礼佛已忽然不現時飲水者
後到佛所佛為无量衆圍繞說法佛
見比丘來到佛即披優多羅僧示金
色手汝癡人欲見我肉身為不如持
戒者先見我法身佛說偈

心不善觀察　見則不審諦　愚如蛾投火
而貪觀我身　色身但不淨　汝欲見何為
內有脂血肉　外為薄皮覆　彼為渴所燒
猶行恭敬戒　至死護我教　彼見我非汝

佛說是偈已告諸比丘從今不持漉
水囊不聽行若不持者犯不犯者有
清流水或大河或泉水從此寺至彼
寺二十里內不犯（出十誦律雜誦第三卷）

滿願問餓鬼夫入城久近并荅江岸
七反成敗十一

迦羅國時有餓鬼倚城門立比丘滿
願問餓鬼曰汝今在此何所求索鬼
曰汝今見我耶比丘曰見鬼曰我夫
入城于今未還故於此立自待夫出
耳比丘問曰汝夫入城為何所求時
鬼荅曰今此城中有大長者患癰積
久今日當潰膿血流溢夫主持來二
人共食以濟其命比丘復問汝夫主
入城已幾許時城郭逼近江河舉手
指城語比丘曰此城於彼此岸成敗
以來今為第七我夫入城經介許時
餓鬼形壽不可稱亦无齊限（出羣牛千頭經）

比丘遇劫被生草縛不敢挽斷十二

昔有五百比丘行大澤中值遇劫賊
劫其衣裳縛諸比丘悉令坐地攬生
草合結其手而便捨去此諸道人適
欲殺草而起則違佛戒各各生念寧
自滅身終不違戒執窮四日國王出
獵見諸道人坐于曠野下馬作礼問
其意故即具便荅解諸道人將歸供
養（出譬喻經第六卷）

比丘夜不相識各言是鬼十三

山中有一佛圖有一別房中有惡鬼喜
來惱人諸僧捨去有客僧來維那處

經律異相卷第十九　第十四張　靈字号

分令住此房而語之言此房有鬼戲
采惱人客僧自以持戒力故荅言小
鬼何所能為我能伏之即入房住曰
將欲暮更有僧来求覔住處維那亦
令在此房住亦語有鬼其人亦言我
當伏之時先入者閉户端坐待鬼不
来後来者夜打門求入先入者謂為
是鬼不為開户後来者極力打門在内
道人以力拒之外者得勝排門得入
内者打之外者亦極力熟打至明旦
相見乃是故舊同學道人各相愧謝
衆人雲集笑而恠之（出大智論第九十一卷）
比丘遇王難為山神所救十四
佛在舍衛國有一比丘在叅國石間
土室中長鬚髮爪被敗壞衣時優填
王欲出遊觀治諸道路王從美人到
於山下有一美人傾見土室有一比
丘長鬚髮爪衣服裂敗狀類如鬼便
大聲呼天子是中有鬼王便遥問令
何所在美人言近在石間土室中王
即拔劒從之見比丘如是即問汝何
等人對言我是沙門王問汝何等沙
門曰我是釋迦沙門王言是應真耶

經律異相卷第十九　第十五張　靈字号

曰非也寧有四禪耶復言无也寧有
三禪二禪耶復言无有寧至一禪耶
對曰言實一禪行王便心恚不解顧
謂侍者黄門以是婬意令是沙門凡
俗人無真行奈何見我美人便勑侍
者急取斷命侍者便去山神念是比
丘无過今當恐死我可擁護令脫是
厄便化大猪身徐走王邊侍者即白
王大猪近在王邊王便捨比丘拔劒
逐猪比丘見王已遠即便走出（出義足經上卷）
比丘誦經臨終見佛闍維舌存十五
有一比丘誦阿弥陁佛經及大波若
波羅蜜是人欲死語弟子言阿弥陁
佛與其大衆俱来動身自歸須臾命
終命終之後弟子燒之明日取灰見
舌不燒（出大智論第九卷）
比丘居深山為鬼所嬈佛禁非人處
住十六
憍薩羅國有一比丘獨住深山林中有
非人女語比丘共作婬欲比丘言莫
作是語我是斷婬人女言汝若不来
我當破汝利養與汝衰惱比丘言隨
汝中夜比丘卧女鬼合納衣持比丘

經律異相卷第十九　第十六張　靈字号

著王宫内夫人邊卧王覺問言汝何
人耶比丘言我是沙門是何沙門荅
曰是釋子沙門王言汝今何以来此
比丘具向王說王言汝何用在深山
林中故為惡鬼所嬈出去我知佛法
故不問汝比丘得脫具說其事佛因
此制无入深山中又憍薩羅國有一
比丘阿蘭若處住有毗舍遮鬼女来
語比丘言共作婬欲来比丘言莫作
是語我斷婬欲人鬼女言汝若不作
我當破汝利養令汝衰惱比丘言隨
汝比丘夜卧鬼女以納衣裹持著酒
舍酒瓮中酒家人明日見比丘在酒
瓮中問言汝是何人荅言我是沙門
是何沙門荅言釋子沙門問言何故
在是中比丘具說是事酒舍人言汝
去因此佛言比丘不得入深山林中
空處可畏處无人處住（出十誦律善誦第二卷）
比丘失志心生惑乱十七
有一比丘普行分衛偶入婬舍婬女
見入歡喜踊躍即奉迎稽首足下請
出就坐又問比丘仁從何来比丘荅
言吾主分衛故来乞匃即為施設餚

饌衆味盛以滿鉢而奉上之比丘受
已而退得是美食心中歡喜不能自
勝數數往詣時女心念計此比丘守
法難及頓為興設甘脆肥美之食而
授與之往返不息學問未明所作不
辦未伏諸根見女妙色欲意便動口
出柔濡恩愛之辞心懷親附比丘聞
見婬乱迷惑不能自覺時世尊曰唯
觀女人長者如母中者如姊少者如
妹如子如女當內觀身念皆惡露去
可愛者外如畫瓶中滿不淨觀此四
大因緣假合本无所有時彼比丘不
曉空觀但作色觀婬欲意乱為女說
頌曰

淑女年幼形清淨　顏貌端正特姝妙
望汝屈德能見從　志意傾蓋願相保

婬女頌曰

假使卿身无財業　何為立志求難致
如卿所作無着懃　馳走促出離我家

時逐出比丘追至祇樹門諸比丘即
來詣佛啓白世尊具說本末佛言此
比丘宿命曾作水鼈女作獼猴亦相
好樂志不得果還自侵欺不入正教

增益惱患令復如是願不從心逆見
折辱懃愧而去佛言過去世時有鼈
江水邊樹木熾盛彼藥樹閒有一獼
猴止頓彼樹鼈從水出遥見樹有獼
猴而與交語前行親近日日如是觀
之不懈則起染心說偈往反罵而避
之(文多不載)時獼猴今婬女是鼈分衛比
丘是(出說比丘分衛經)

昔有清信士名優多羅尊佛樂法親
賢聖衆月六齋奉八戒絕殃行仁群
生護命名曰珎重榮華不能迴其心
蠱女國寶不能乱其志貞信難傾酒
不歷口孝從是務過時不食虛心稟
道香花脂粉未甞附身兵仗凶器不
以毀德遠愚親賢以佛神化喻其母
心母信邪倒見慳而不惠壽終之後
子為沙門心穢寂滅端坐樹下觀察
十方常自念曰吾母死二十餘年試
尋所在欲報生養之恩斯須之閒有
一餓鬼醜黑可增鬚長纏身繞足曳
地進退頓躓呼嗟无救到沙門所曰
吾與群愚惡人為黨不信佛教恣口

所欲今為餓鬼二十五年不見沙門
今日遇矣死便餓渴願以天潤惠我
水穀濟吾微命沙門荅曰大海清水
豈不足飲乎鬼曰適欲就飲水化為
曝鱗臭无量獲飯一飡化為炎炭燒
口下徹惡鬼又以鐵鏁繫吾頭鐵杖
洞然乱搥吾身吾罪何重乃至于斯
沙門曰昔為人時違戾佛教韜瞽為
黨愚惑自逐以禍為福守慳不施貪
取非分鬼泣淚曰誠如此矣又吾屢
世為人時有奉佛五戒專守十善為
清信士六齋八戒未甞有虧以孝事
親以智奉聖尋高清沙門之迹由影
追形勸吾布施供養聖衆吾以无正
真之智信狂愚妖言今獲其禍楚毒
難陳垂泣而白沙門哀我濟我沙門
曰乃當斯戾以何德攘禍乎鬼曰以
瓶盛水楊枝著中以法服覆上比丘
僧令飯具供養舉吾名呪願之令得
衣食其為不久夫有命終在餓鬼者
沙門呪願皆應時得沙門如其言瓶
水楊枝住其中飯比丘僧以法服上
之僧舉其名呪願即有大池水中生

蓮花芬芳動身果樹陰涼所願從心伴等五百人恠之曰斯子猶獨有何福助早免重咎願即從心乎出優多羅母經

沙門入海龍請供養得摩尼珠十九

昔有沙門隨商人度海半路舩迴不復得去衆人僉曰船中當有不淨潔者探籌出之道人三得出籌自投海中龍王即以七寶蓮華承之入海乃到龍宮見樓閣寶舍殿堂龍王請入頭面禮足曰吾得頭痛六百餘歲求索道人今乃得之道人當療我病道人曰吾不知醫藥以何相療龍王曰吾此海中多有神藥不愈我病唯未得法藥道人說法須臾之頃龍王自覺除愈龍大歡喜供養道人九十日自道人言久相勞屈想亦勞悒前舩甫到今當相送龍王遺三摩尼珠一以上佛一以施衆僧一與道人遣神送忽然至舩舩伴驚喜共還本土衆人悉隨道人詣佛佛為說法皆發道意所度无量出譬喻經第九卷

沙門煮草變成牛骨二十

昔阿難報事有沙門得阿那含道於山上煮草染衣時有失牛者遍求見烟便往視釜中草悉成牛骨鉢化成牛頭袈裟化成牛皮人便以骨繫頭徇行國中衆人共見之沙弥見曰已中撫揵扼不見師至便入戶悉思惟見師為人所辱則往頭面著足何時言如此日久遠時罪也沙弥言可整歸食兩人則放神足俱去沙弥未得道常有恚未除顧見清信士及國人乃取我師如此使龍雨沙石動此國令之恐怖念此適竟四面雨沙城塢屋室皆悉壞敗師言我宿命一世屠牛為業故得此殃耳汝何緣作罪乎汝去不須復與我相追師曰罪福如是可不慎矣出譬喻經上卷

沙門行乞主人有珠為鸚鵡所吞攢相皆加忍受不言二十一

外國有沙門行乞到買珠家主人為設飰食有大珠其價億數與人持歸置沙門邊時有鸚鵡便出吞之主人不見因問沙門沙門荅言我不取主人復問有他人耶荅言无有主人瞋曰我適持珠來既无他人獨有沙門而言不取珠今所在便撾沙門血出流地沙門故言我不隱珠須臾鸚鵡出飲地血與杖相遇鸚鵡即死復欲舉手撾於沙門沙門言止聽我語鸚鵡吞之即破鸚鵡得珠主人謂沙門曰何不早說乃使如是沙門曰我持佛戒不得殺生即欲說之恐殺鸚鵡今鸚鵡死我乃說之鸚鵡若活卿撾我死我終不說也主人便自剋責悔過辭謝之沙門不瞋顏色不變出一卷雜譬喻經

沙門遇鬼變身乍有乍无二十二

有沙門於山中念道有一鬼化作無頭人而行沙門言咄快无頭則不知頭痛又無目耳不知音響鬼復化作无軀人沙門言咄快无身人不知痛痒无五藏不病鬼復化作無手足人沙門言咄快无手足不能行亦不取人物鬼知沙門守志即便滅去出一卷雜譬喻經

沙門得鬼抱安心說化鬼辭謝而去二十三

外國有沙門行道與敢人鬼相逢鬼急抱之沙門言我今因與卿相得卿心與我如天地相去大遠卿心好殺

我心好生卿與道反鬼便捨沙門不敢復抱即却辭謝言我愚癡不及耳（出一卷雜譬喻經）

道人度獵師二十四

昔有道人晝夜行道初不懈息且有身口之急當須飲食便行乞匄忽到獵師邊乞獵師无道便大瞋恚欲射道人道人言止止勿射我餘處正射我腹便開衣露腹喚令其射獵師怪異下弓釋箭前問道人夫人之處世无不畏死而道人何故令我射腹道人語言此腹欲食由此之故不避危嶮是以射之獵師即悟吾緣山嶺不避虎狼亦為此腹宿緣福至忽便開解道人為說三塗之苦泥洹之樂獵師自知殺獵罪重便從受戒發菩提心（出譬喻經第十卷）

經律異相卷第十九

名爲禪難提是時難提於閑眼林中作草菴舍彼於其中初中後夜修行自業得世俗正受乃經七年已退失禪定復依一樹下還求本定時魔眷屬常作方便伺求其便變爲女人端正無比華香瓔珞住難提前謂言比丘共相娛樂行婬事來時難提言惡邪速滅惡邪速滅口雖此言而目不視天女復第二第三所說如上時難提第二第三亦復如是說時天女便脫瓔珞之服露其形體立難提前語難提言共行婬來時難提見其形相而生欲心荅言可介時天女漸漸却行難提喚言汝可小住共相娛樂難提往就天女疾去難提追逐到祇洹塹中有王家死馬天女到馬所隱形不見時難提欲心熾盛即婬死馬欲心息已便作是念我甚不善非沙門法以信出家而犯波羅夷罪用著法服食人信施爲即脫法衣著右手中左手掩形而趣祇洹語比丘言長老我犯波羅夷時諸比丘在祇洹門間經行共相謂言此是坐禪難提修梵行人不應犯波羅夷難提復言諸長老不介我實犯波羅夷諸比丘問其因緣難提即具說之諸比丘以是事具白世尊佛告諸比丘是難提善男子自說所犯重罪應驅當出時諸比丘如教驅出諸比丘白佛言世尊云何長老難提父修梵行而爲此天女之所誑惑佛告比丘是難提不但今日爲天女所惑退失梵行過去世時亦爲彼所惑失於梵行過去世時南方阿槃提國有迦葉氏外道出家聰明博識博綜典籍靡不開達彼外道者助王治國時彼國王執持斷賊種種治罪割截耳鼻治之甚苦時彼外道深自惟念我已出家云何與王共參此事便白王言聽我出家王即荅言師已出家云何方言我欲出家荅言大王我今預此種種刑罰苦惱衆生何名出家王即問言師今欲於何出家荅言大王欲學仙人出家王言可介隨意出家去城不遠有百巖山有流泉浴池華果茂盛即造彼山而立靜處舍彼於山中修習外道得世俗定起五神通於春後日食諸果蓏四大不適因其小行不淨流出時有牝鹿渴乏求水飲此小便不淨著舌舐其產道衆生行報不可思議因是受胎常在廬側食草飲水至其月滿產一小兒介時仙人出行採草鹿產難故即大悲鳴仙人聞鹿鳴急謂爲惡虫所害欲往救之見生小兒仙人見已惟而念曰云何畜生而生於人尋入定觀見本因緣即是我子於彼小兒便生愛心裹以皮衣持歸養之仙人抱舉鹿母乳之依母生故體斑似鹿是故作字名曰鹿斑漸漸長大至年七歲仁愛孝慈採果取水供養仙人是時仙人念言天下可畏無過女人即教誡子言可畏之甚無過女人敗正毀德靡不由之

經律異相卷第十九

校勘記

一　底本，金藏廣勝寺本。

一　九六二頁中一行「僧部第八」，徑、清作「僧部第十三」。

一　九六二頁中三行至本頁下一八行目錄，徑無。

一　九六二頁中四行第三字「婦」，南、清作「去」。

一　九六二頁中七行「就鳥」，磧、普、南、清作「鷲鳥」。

一　九六二頁中一〇行「爲惑」，磧、普、南、清作「爲欲」。

一　九六二頁下三行「闍維」，普作「闍那維」。

一　九六二頁下一九行末字「一」，徑、清作「第一」。

一　九六二頁下二〇行「慳惜」，磧、普、南、徑、清作「慳貪」。

一　九六二頁下二一行第三字「有」，磧、普、南、徑、清作「時有」。

一　九六三頁上一行「升白米」，磧、普、南、徑、清作「斗白米飯」。

一　九六三頁上四行「大恐」，磧、普、南、徑、清作「大怒」。

一　九六三頁上六行「身乘車」，磧、普、南、徑、清作「身體乘車來」。

一　九六三頁上一〇行「何以愁」，磧、普、南、徑、清作「何以憂」。

一　九六三頁上一四行「貪惜」，磧、普、南、徑、清作「貪慳」。

一　九六三頁上一八行第三字「婦」，南、徑、清作「去」。又末字「二」，徑、清作「第二」。

一　九六三頁中六行「今得」，磧、普、南、徑、清、麗作「得金」。

一　九六三頁中八行末字「三」，徑、清作「第三」。

一　九六三頁中一一行第五字「斷」，磧、普、南、徑、清作「會」。

一　九六三頁中一二行「外門」，磧、普作「外問」；南、徑、清作「外客」。

一　九六三頁中一三行「毗羅那」，磧、普、南、徑、清作「毗羅斯那」。

一　九六三頁下一行「所言」，磧、普、南、徑、清作「所至」。

一　九六三頁下六行「礼足阿難」，磧、普、南、徑、清作「禮阿難足」。

一　九六三頁下一三行末字「往」，磧作「住」。

一　九六三頁下一八行「當往」，磧、普、南、徑、清作「當出家」。

一　九六三頁下二二行末字「受」，徑、清作「授」。

一　九六三頁下末行「受戒」，磧、普、南、徑、清無。

一　九六四頁上七行末三字至次行首字「受具足戒」；磧、普、南、徑、清作「受戒具足」。

一　九六四頁上一〇行「就鳥」，磧、普、南、徑、清作「鷲鳥」。又末字「四」，徑、清作「第四」。

一　九六四頁上一四行第一〇字「搲」，磧、普、南、徑、清作「總」。

一　九六四頁上一七行第一三字「訴」，

南、徑、清作「語」。同行末字至次行第三字「舍利舍利」，磧、普、南、徑、清作「舍利弗舍利弗」。

一　九六四頁中一行第五字「於」，磧、普、南、徑、清作「林」。

一　九六四頁中一五行「陰餘樹餘樹」，磧、普、南、徑、清作「蔭餘樹」；麗作「蔭餘樹餘樹」。

一　九六四頁下七行「疥搔」，磧、普、南、徑、清作「疥瘙」。

一　九六四頁下九行「復説」，磧、普、南、徑、清、麗作「復語」。

一　九六四頁下一二行「龍來」，磧、普、南、徑、清作「向龍」。

一　九六五頁上四行夾註右第五字「第」，磧、普、南、徑、清無。又左「入不合同」，磧、普、南、徑、清作「文不全同」；麗作「又不合同」。

一　九六五頁上六行「生五」，磧、普、南、麗作「行五」；徑、清作「行第五」。

一　九六五頁上末行第九字「其」，磧、普、南、徑、清作「斯」。

一　九六五頁中一行第四字「即」，磧、普、南、徑、清作「起」。

一　九六五頁中二行「貪欲」，磧作「食欲」。

一　九六五頁中三行第三字「貪」，磧、普、南、徑、清、麗無。

一　九六五頁中六行末字「誘」，磧、普作「謗」。

一　九六五頁中八行「王子」，磧、普、南、徑、清作「王號」。

一　九六五頁中一〇行第二字「一」，磧、普、南、徑、清作「宿」。

一　九六五頁中一三行末字「竟」，麗作「意」。

一　九六五頁中一六行「又復」，磧、普、南、徑、清作「又復默」。

一　九六五頁中一九行首字「叙」，磧、普、南、徑、清作「望」。

一　九六五頁中二〇行第一二字「及」，麗作「乃」。

一　九六五頁中二一行第三字「告」，磧、普、南、徑、清作「宣告」。

一　九六五頁中二二行第八字「時」，磧、普、南、徑、清無。

一　九六五頁下四行「陵虛」，磧、普、南、徑、清作「陵空」。

一　九六五頁下八行末字至次行首四字「答曰以歲數」，磧、普作「答以歲數」；南、徑、清作「答曰歲數」。

一　九六五頁下九行第九字「嘗」，磧、普、南、徑、清作「嘗見」。

一　九六五頁下一六行「峯葉」，磧、普、南、徑、清作「樹葉」。

一　九六五頁下一七行第三字「反」，磧、普、南、徑、清作「及」。又第六字「羂」，麗作「鞙」，一八行第四、七字同。

一　九六五頁下二二行第七字「風」，磧、普、南、徑、清作「貪」。

一　九六六頁上一行「迎著」，磧、普、南、徑、清作「迎看」。

一　九六六頁上二行首字「著」，磧、普、南、徑、清作「昔」。

一 九六六頁上四行第六字「今」，麗作「金」。

一 九六六頁上八行末字「六」，徑、清作「第六」。

一 九六六頁上九行「佛在舍衛城有比丘名難提」，磧、普、南、徑、清作「佛住舍衛城有長者名曰難提」。

一 九六六頁上一〇行第六字至本頁中一七行第二字「過……人」，磧、普、南、徑、清經文殊異，甚難對校，今以宋磧砂藏本爲别本，附載於卷後，即九七三頁中、下二版，並校以普、南、徑、清。

一 九六六頁中二〇行「惡行」，磧、普、南、徑、清作「行惡」。

一 九六六頁中二二行「即便」，磧、普、南、徑、清作「便即」。

一 九六六頁中末行「獲五神通」，磧、普、南、徑、清作「得外道四禪起五神通有大神力能移山駐流擲摸日月爾時」。

一 九六六頁下二一行「阿藍浮」，磧、普、南、徑、清作「阿盧藍浮」。

一 九六六頁下末行「闍陁」，磧、普、南、徑、清作「闍陀比丘」。

一 九六七頁上一行末字「七」，徑、清作「第七」。

一 九六七頁上一七行第八字「又」，磧、普、南、徑、清無。

一 九六七頁中六行「王家」，磧、普、南、徑、清作「至王家」。

一 九六七頁中一二行第一〇字「妻」，磧、普、南、徑、清作「婦」。

一 九六七頁中二〇行首字「自」，磧、普、南、徑、清、麗作「白」。又「師言」，磧、普、南、徑、清作「向國師言」。

一 九六七頁下二行「何所復言」，磧、普、南、徑、清作「復何所言」。

一 九六七頁下七行「噉食」，磧、普、南、徑、清作「食噉」。

一 九六七頁下九行「子如是子」，磧、普、南、徑、清無。

一 九六七頁下一〇行「我臨」，磧、普、南、徑、清作「我我臨」。

一 九六七頁下一三行「一偈言」，磧、普、南、清作「一偈偈言」；徑作「一偈偈曰」。

一 九六七頁下二一行「穢事」，磧、普、南、徑、清作「臭穢事」。

一 九六八頁上六行末字「八」，徑、清作「第八」。

一 九六八頁上八行「久遊」，磧、普、南、徑、清作「又遊」。

一 九六八頁上一八行「汝男我女」，徑、清作「汝女我男」。

一 九六八頁中二行第四字「居」，磧、普、南、徑、清作「居士」。

一 九六八頁中一一行「今汝知」，磧、普、南、徑、清、麗作「令汝知」。

一 九六八頁中二〇行「令汝」，清作「今汝」。又「苦辛」，麗作「辛苦」。

一 九六八頁中二二行「令我承習此」，磧、普、南、徑、清作「今我承襲此」；麗作「今我承習此」。

一 九六八頁下一行第一三字「便」，

磧、普、南、徑、清作「便更」。

一　九六八頁下一〇行夾註「出僧祇律第七卷」，磧、南、清作「出阿僧祇律第七卷」；普、徑作「出阿僧祇律八卷」。

一　九六八頁下一二行末字「九」，徑、清作「第九」。

一　九六九頁上一行第九字「舞」，磧、普、南、徑、清作「帶」。

一　九六九頁上三行「娠身」，磧、普、南、徑、清作「有娠」；麗作「有身」。

一　九六九頁上七行「稱慶」，磧、普、南、徑、清作「慶快」。

一　九六九頁上一〇行「勇出」，磧、普、南、徑、清作「涌出」。

一　九六九頁上一四行「貟妄語」，麗作「直妄語」。

一　九六九頁上一九行末字「十」，徑、清作「第十」。

一　九六九頁中七行第八字「佛」，磧、普、南、徑、清作「時佛」。

一　九六九頁中八行「不現」，磧、普、南、徑、清作「不見」。

一　九六九頁中一二行末字「偈」，磧、普、南、徑、清作「偈言」。

一　九六九頁中二二行「十一」，徑、清作「第十一」。

一　九六九頁下六行「濃血」，磧、南、清作「膿血」。

一　九六九頁下一一行「不可稱」，磧、普、南、徑、清作「不可稱數」。

一　九六九頁下一二行「十二」，徑、清作「第十二」。

一　九六九頁下一七行第九字「窮」，磧、普、南、徑、清作「縛」。

一　九六九頁下一九行「便荅」，磧、普、南、徑、清作「陳荅」。

一　九六九頁下二一行「十三」，徑、清作「第十三」。

一　九六九頁下二二行「圖有」，磧、普、南、徑、清作「寺」。

一　九七〇頁上一行末字「戲」，磧、普、南、徑、清作「喜」。

一　九七〇頁上八行「後來者」，麗作「後者」。

一　九七〇頁上一三行「十四」，徑、清作「第十四」。

一　九七〇頁上一四行「參國」，磧、普、南、徑、清作「句參國」。

一　九七〇頁上一五行「髮鬚」，磧、普、南、徑、清作「鬚髮」。

一　九七〇頁上二一行「從之」，磧、普、南作「捉之」。

一　九七〇頁中一行「无也」，磧、普、南、徑、清作「無有也」。

一　九七〇頁中四行第一〇字「今」，磧、普、南、徑、清作「念」。

一　九七〇頁中八行「便化」，磧、普、南、徑、清作「便化作」。

一　九七〇頁中九行第五字「在」，磧、普、南、徑、清無。

一　九七〇頁中一一行「十五」，徑、清作「第十五」。

一　九七〇頁中一八行「十六」，徑、清作「第十六」。

一　九七〇頁中二〇行「共作」，磧作

「莫作」。
一　九七〇頁中二一行「斷婬」，磧、普、南、徑、清作「斷婬欲」。
一　九七〇頁中末行「合納衣」，麗作「以納衣」。
一　九七〇頁下四行「何用」，磧、普、南、徑、清作「何因」。
一　九七〇頁下七行「无入」，磧、普、南、徑、清作「不得入」。
一　九七〇頁下八行「處住」，磧、普、南、徑、清作「住處」。
一　九七〇頁下一二行第七字「女」，磧、普、南、徑、清無。
一　九七〇頁下一三行「瓮中」，磧、普、南、徑、清作「盆中」。一四行同。
一　九七〇頁下一九行「十七」，徑、清作「第十七」。
一　九七〇頁下二一行「即奉迎」，磧、普、南、徑、清作「即起奉迎」。
一　九七〇頁下二二行首字「出」，磧、普、南、徑、清作「令」。
一　九七一頁上六行「妙色」，磧、普、南、徑、清作「色妙」。
一　九七一頁上八行末字「唯」，磧、普、南、徑、清作「若」；麗作「雖」。
一　九七一頁上一五行「姝妙」，磧、普、南、徑、清作「姝好」。
一　九七一頁上二〇行第一〇字「門」，磧、普、南、徑、清、麗作「問」。
一　九七一頁中四行「止頓」，南、徑、清作「正頓」。
一　九七一頁中六行「染心」，清作「深心」。
一　九七一頁中九行「十八」，徑、清作「第十八」。
一　九七一頁中一一行「絶殃」，磧、普、南、徑、清作「絶凶」。
一　九七一頁中一二行第五字「日」，磧、普、南、徑、清無。
一　九七一頁中一四行「孝從」，磧、普、南、徑、清作「孝順」。
一　九七一頁中一五行「附身」，磧、普、南、徑、清作「附耳」。
一　九七一頁中一八行「心穢」，磧、普、南、徑、清作「心行」。
一　九七一頁中一九行末字「試」，磧、普、南、徑、清作「誠」。
一　九七一頁中二一行「可增」，磧、普、南、徑、清、麗作「可憎」。
一　九七一頁中二二行「頡跲」，磧、普、南、徑、清作「頓躃」。
一　九七一頁下五行「曝餘臭无量」，磧、普、徑作「膿臊臭無重」；南、清作「膿飻臭無重」；麗作「膿飻臭無量」。
一　九七一頁下一一行第五字「有」，麗作「有男」。
一　九七一頁下一三行第八字「清」，磧、普、南、徑、清作「精淨」。
一　九七一頁下一六行第六字「白」，磧、普、南、徑、清、麗作「曰」。
一　九七一頁下一八行第八字「以」，磧、普、南、徑、清無。
一　九七二頁上二行第一一字「猶」，磧、普、南、徑、清無。
一　九七二頁上四行「十九」，徑、清作

「第十九」。

一　九七二頁上一八行「遣神」，磧、普、南、徑、清作「遣龍神」。

一　九七二頁上二二行「二十」，徑、清作「第二十」。

一　九七二頁上末行「報事」，磧、普、南、徑、清作「執事」。

一　九七二頁中一行第一一字「者」，磧、普、南、徑、清作「牛主」。

一　九七二頁中四行「佪行」，磧、普、南、徑、清作「循行」。

一　九七二頁中五行「搖揵」，南、徑、清作「揵椎」。又第一二字「悉」，磧、普、南、徑、清作「坐」。

一　九七二頁中六行末二字至次行首字「何時言」，磧、普、南、徑、清作「言何因」。

一　九七二頁中七行第四字「日」，磧、普、南、徑、清作「曰」。

一　九七二頁中一七行「二十一」，徑、清作「第二十一」。

一　九七二頁下九行首字「我」，磧、普、南、徑、清無。

一　九七二頁下一〇行夾註「出一卷雜譬喻經」，徑、清作「出雜譬喻經第一卷」。下同。

一　九七二頁下一一行「二十二」，徑、清作「第二十二」。

一　九七二頁下一四行「無目」，磧、普、南、徑、清作「無眼」。

一　九七二頁下一五行「无軀人」，磧、普、南、徑、清作「無軀之人」。又「无身」，麗作「無頭」。

一　九七二頁下二〇行「二十三」，徑、清作「第二十三」。

一　九七二頁下二二行「因與」，磧、普、南、徑、清作「日與」。

一　九七三頁上四行「二十四」，徑、清作「第二十四」。

一　九七三頁上五行「旦有」，磧、普、南、徑、清、麗作「且有」。

一　九七三頁上九行「恠異」，麗作「即」。

一　九七三頁上一〇行第五字「前」，磧、普、南、徑、清無。

經律異相卷第二十　聲聞學人僧部第九　壶

梁沙門僧旻寶唱等集

選擇遇佛善誘捨於愛欲得第三果一

須陁洹婦病於從事一悟得第三果二

比丘自誓入定經時既久出定便死三

比丘坐禪為毒虵所害生天見佛得道四

比丘遊國王宮中屣礼佛聽法五

比丘修不淨觀得須陁洹道六

盲比丘倩人社聞法得道七

三藏比丘著弊服常飢好衣得食八

族姓子出家佛為欲愛證賢聖明法九

旃陁羅七子為王逼殺失命十

選擇遇佛善誘捨於愛欲得第三果一

人有七藏處一謂風藏二生藏三熟藏四冷藏五熱藏六見藏七欲藏是諸藏中欲藏最堅依止涕唾濟澮膿血筋骨皮肉心肝五臟腸胃屎尿時會中有一居士名曰選擇妻名妙色面貌端嚴姿容挺特居士愛著煩惱熾盛聞佛說此即白佛言世尊莫作是說云何欲心起於屎尿我妻端嚴無諸臭穢佛時化作婦人端嚴姝潔狀如妙色正容徐步来入衆中居士問曰汝何故来荅曰欲聽說法居士即牽坐其衣上佛以神力令是婦人糞汙其衣使此居士不堪臭處以手掩鼻顧問左右誰為此者跋難陁不堪語居士言何故掩鼻而顧視我荅曰甚大臭穢以佛神力令跋難陁及諸衆會見此婦人汙居士衣時跋難陁語居士言且觀汝妻所為臭穢居士荅言我妻淨潔身無諸穢若有疑者自當觀之語跋難陁我意謂汝為此穢跋難陁大怒從坐起言汝今應名屎居士也汝妻坐時糞出衣上為屎所塗而無羞恥反欲謗人又復唱言此屎居士可遣出衆即以手牽令出衆外居士語其妻曰我敬汝故令坐衣上汝為大人法應尒耶妻即荅言汝近屎囊法自應尒居士尒時即生猒心欲去衣糞更汙身體謂跋難

陁當何方便衣糞更汙身體謂難陁
當何方便得離此穢跋難陁言非直
此糞汙染汝身更有諸衰是汝之分
若欲離者當遠此是以汝妻糞令此
大衆頭痛悶亂居士荅曰諸釋子等
皆多慈悲汝甚惡口乃如是耶跋難
陁言如汝今者何可憐愍汝今自觀
為淨潔不而欲謗我時居士謂其妻
曰汝可還歸既遣之已語跋難陁我
今明見女人謟曲多諸過咎不淨充
滿心生猒離欲於佛法出家為道跋
難陁言汝今形體臭穢如是若以香
塗經歷年載然後或可堪任出家居
士荅曰我若塗香經歷年歲或身已
無常或佛滅度壞我出家求道因緣
今若見聽得出家者我不復住城邑
聚落僧房精舍作阿蘭若乞食納衣
於空閑處誰聞我臭佛聞呼之言善
來汝為沙門修行梵行居士鬚髮自
落袈裟著身執持應器如比丘像佛
為說法苦習盡道遠塵離垢得法眼
淨成須陁洹重為說法乃至得阿那
含過於是夜執衣持鉢詣王舍城次

得乞食遂到本舍在門外立時妻妙
色自見其夫剃頭法服出家為道即
語之曰法應見捨為沙門耶選擇荅
曰汝昨法應於我衣上便棄不淨汙
我身體耶妙色荅曰汝為比丘應謗
人耶我從父舍到汝家來未見外門
況至竹園時有惡魔語居士言汝昨
見者初非妙色是化作尒誑惑汝心
今可還以五欲自娛沙門瞿曇欺誑
汝耳汝今虛妄非實比丘瞿曇沙門
常以術惑多人令其出家如今誑汝
選擇比丘證真法故即覺是魔謂言
惡人汝亦變化我亦變化是妙色姉
似為變化佛所說法皆空如化尒時
妙色得聞此法遠塵離垢得法眼淨
蠲除疑悔不隨他語於佛法中得無
畏法謂選擇言所為甚善能於佛法
樂修梵行我亦於法出家為道出花百緣經第八卷

須陁洹婦病於從事一悟得第三果二

昔有婬逸之人意專女色思不能離
欲與交言通于夢想時婦遇疾骨消
肉盡家有知識道人往反婦白道人
曰我今所患日夜羸困將其意故欲

陳我情為可尒不時道人曰但說無
苦設有隱匿之事我當覆藏不使彰
露婦人白言我夫多欲晝夜役娩不
容食息由是生疾恐不自濟道人曰
若汝夫主近汝者語以此語須陁洹
法礼應尒耶婦尋語夫夫甚懷慙內
自思惟我是須陁洹不即便自[illegible]
處思惟阿那含果自知已得道迹便
不復與女人從事婦人問夫汝今何
故永息欲心夫曰吾審見汝何由復
共往反婦語其夫汝言審見我有何
各我恒貞潔不犯女礼何以見罵乃
至於斯婦人即集五親宗族告語之
曰今我夫主意見踈薄永息情親復
見罵詈稱言見我今於衆前便可說
之夫言且止須我引證自明夫主還
歸絲畫好瓶盛滿其穢牢盖其口香
化芬熏還至彼衆告其婦曰審愛我
不若愛我者可抱持此瓶如愛我身
婦隨其語抱瓶翫弄意不捨離夫主
見婦愛著此瓶即打瓶破臭穢流溢
蛆虫現出復語婦曰汝今故能抱此
破瓶不耶荅曰我寧取死不能近此

寧入火坑投於深水高山自下頭足
異處終不能近夫主見汝正見我觀
汝身劇於此瓶從頭至足分別思惟
三十六物有何可貪重說偈言
勇者入定觀　身心所與塵　見已生穢惡
如彼綵畫瓶　出出曜經第十一卷
比丘自誓入定經時既久出定便死三
有一比丘得滅盡定乞食時著衣詣
食堂中其日彼寺打揵搥晚彼比丘
精勤而作是念我何故空過此時不
觀未來何時當打揵搥即立誓願入
於滅定乃至打揵搥當起時彼僧伽
藍有事難起時諸比丘背捨僧伽藍
而去經於三月難事乃解時諸比丘
還集會而打揵搥時彼比丘起定即
死後有一乞食比丘獲得滅定以日
初分欲詣乞食時天大雨而作是念
若入村者壞我衣色若不住者何故
空還此時不觀未來即立願入定乃
至不雨自當起或有說者雨經半月
或有說者雨經一月雨既止彼比丘起
定即死　出毗曇婆沙第四十四卷
比丘坐禪為毒虵害生天見佛得道四

摩頭羅國尼拘類園中有一比丘靜
處坐禪復有毒虵床下蟠臥比丘睡
眠或伍或昂毒虵自念此人見恐必
欲殺我即舉身擲比丘命終生忉利
天諸天王女各來衛侍天子告曰汝
等諸妹莫近我身設當近者必犯於
戒諸女自念此天前身必是沙門故
生此閒受天之福時諸天女各執鏡
前照天子面見天衣裕方覺生天即
從坐起見請衛從行至園中坐一樹
下端坐思惟求定三昧池水之中有
異類鳥相對悲鳴聲哀響和欲求
成道不能得辦是時天子從三十三
天至閻浮提到世尊所白言受天福
盡下入泰山地獄如是流轉無有窮
已當見愍濟令得度脫佛為說法即
於坐上諸塵垢盡得法眼淨　出比丘坐禪命過生天經
比丘遮國王著巾屣礼佛聽法五
内法常儀入寺聽法及礼佛者皆當
脫巾帽時有國王頭素少髮加復有
瘡又脚著革屣自恃豪尊以疊衣
裹頭入堂內聽經王白比丘為我說

法比丘曰如来有教不為脚著革屣
者說法王聞懷恚即却革屣語比丘
曰卿速說法稱釋我情違我本意者
當梟汝首比丘告王又如来禁戒不
得為覆頭者說法王瞋恚奮其天威
曰卿欲辱我今故前却露頭聽卿說
法若不解吾癡結者當取汝身分為
三分比丘說偈
不以不淨意　亦及瞋怒人　欲得知法者
三耶三佛說　諸有除貢高　心意極清淨
能捨傷害懷　乃得聞正法
王慙顔愧影即起于坐五體投地自
歸求滅身口意過長跪叉手白比丘
言不審此偈出如来神口為是尊人
知我心意然後說乎比丘告王此偈
乃是如来所說其来久矣王自思惟
善哉大聖三達智靡所不通乃知將
来有我之徒有恚害心今重自悔更
不造新比丘說法王於坐諸塵垢盡
得法眼淨　出乞兒發惡心經
比丘修不淨觀得須陁洹道六
佛在舍衛國有異比丘曰至城外曠
野塚閒路由他田乃得達彼其主見

已便興瞋恚此何道士曰往來不修道德即問道人汝何乞士在吾田中縱横往來乃成人蹤道人報曰吾有鬪訟來求證人時彼田主宿緣鈎連應蒙得度便逐道人私匿從行見在塜間尸骸狼籍膖脹臭穢鳥狩食噉散落其處或有食噉盡不盡者有似灰鴿蛆虫嚌味臭穢難近烏鵲狐狗老鷲鵄鵂噉死人屍比丘舉手語彼人曰此諸鳥狩是我證人問曰此諸鳥狩可為證人汝今比丘與誰共諍比丘報曰心之為病多諸漏患我觀此骸分别惡露便還房室㠯觀我身從頭至足與彼無異然此心意流馳万端追逐幻偽色聲香味細滑之法我今欲識心之原本汝心今當興起是念無令將吾入於地獄餓鬼之中我今凡夫未脫諸縛然此心賊不見從命以是之故日往曠野為說惡露不淨之想復興心說心為本暴乱錯不定心今當改無造惡緣時彼田主聞道人教以手揮淚咽哽難言然彼田主於迦葉佛十千歲中修不淨想

尋時分別三十六物惡露不淨尒時比丘及彼田主即彼曠野大畏塜間得須陁洹道　出比丘求證人經

盲比丘倩人衽聞法得道七

有一盲比丘眼無所見而以手紩衣時針衽脫便言誰愛福德為我衽針是時佛到其所語比丘言我是愛福德人為汝衽來是比丘識佛聲疾起作礼白佛言佛功德已滿云何言愛福德佛報言我雖功德已滿我深知功德因果於一切衆生中得冣第一由此功德是故比丘讚歎功德次為說法時此比丘得法眼淨肉眼更明　出大智論第十卷

三藏比丘著弊服常飢好衣得食八

罽賓三藏比丘阿蘭若法至一王寺設大會守門人見其衣服麁弊遮門不前如是數數以衣服弊故每不得前便作方便假借好衣而來門家不禁既至會坐得種種好食先以與衣衆人問言何以尒也荅言我比丘數來每不得入今以衣故得在此坐得種種好食故先與衣　出大智論第四卷

族姓子出家佛為欲愛證賢聖明法九

時有族姓子棄捐妻捨諸眷屬行作沙門其婦端正姝妙見夫捨家便復行嫁族姓子聞之心即生念與婦相娛樂時愁憂憒惱不復慕樂淨修梵行便起婦家諸比丘聞便往啓佛佛呼為除癡愛塵勞之穢休息衆想時族姓子尋時證明賢聖之法時諸比丘白世尊曰自非如來孰能尒乎告諸比丘此比丘者不但今世心常在欲乃往過去久遠世時有一國王名曰方迹中宮婇女不可稱數婬盪鬪爭不肯共和適鬪爭已便出宮去方迹求之不知所趣愁憂不樂不能自解於時有一仙人與五神通神足飛行威神无極名曰無樂飛在空中忽然來下何為說愛欲之難離欲之德出家為道修四梵行壽終之後生于梵天佛告諸比丘尒時方迹王者則此比丘是無樂仙人者則我身是　出鄉類經

旃陁羅七子為王逼殺失命十

昔旃陁利家生七男六兄得須陁洹道小者故處凡夫母人旃陁利得阿

郷舍道兄弟七人盡受五戒彼國常儀旃陁利行殺國中男女犯殺盜婬及餘重罪盡使旃陁利殺之時國王呂彼大兒言有應死之徒汝行殺之其拜自陳特願弘恕我受五戒守身謹慎蟻子不敢殺不能為非寧自殺身不敢犯戒時王奮怒勑市殺之復白王身是王民心是我資欲煞便殺不得仰從王即令梟首次呂諸弟六人皆言受戒不敢行殺王瞋恚盛盡便殺之次復呂小弟母子俱来王見母来倍復瞋怒前殺六子母不送行今呂小子何故便来母曰願聽微言以自宣理前六子者盡得須陁洹道正使大王取彼六人砕身如塵者終不興悪如一毛髮令此小者處在凡夫身雖脩善未蒙道法是故念子既未得道或能失意畏王教令自惜形命毀戒行殺身壞命終入太山地獄憐念子故是以送来王復問母前死六子盡得須陁洹道耶荅曰盡得王復問母母身為得何道母荅曰得阿那含道王聞斯語自投于地稱寃自責我造罪根施心建意殺六須陁洹身意煩惱坐不安席即自嚴辦香油蘇薪取六死尸而闍維之起六偷婆興殺之供養日三懺悔意願滅罪漸漸微薄復出財貨給彼老母至於齋日數數懺悔冀得罪薄免於地獄（出仁不殺經）

經律異相卷第二十

經律異相卷第二十

校勘記

一　底本，金藏廣勝寺本。

一　九八〇頁中一行「僧部第九」，徑、清作「僧部第十四」。

一　九八〇頁中三行至一六行目録，徑無。

一　九八〇頁中三行第四字「佛」，磧、普、南無。

一　九八〇頁中一一行「倩人衽」，磧作「債人衽針」；普、南、清作「倩人衽針」。

一　九八〇頁中一五行首字「明」，磧、普、南、清無。

一　九八〇頁中一七行末字「一」，徑、清作「第一」。

一　九八〇頁中二〇行「澹淦」，磧、普、南、徑、清作「痰癊」。

一　九八一頁上一行「當何方便衣糞更汙身體謂難陁」，磧、普、南、徑、清、麗無。

一 九八一頁上四行「此是」，磧、普、南、徑、清作「巡逝」。

一 九八一頁上一六行第二字「若」，麗作「苦」。

一 九八一頁中一行首字「得」，磧、普、南、徑、清、麗作「行」。

一 九八一頁中八行「玹惑」，磧、普、南、徑、清作「眩惑」。

一 九八一頁中一三行「我亦變化是妙色姉」，磧、普、南、徑、清作「是妙色婦」。

一 九八一頁中一七行「畏法」，磧、普、南、徑、清作「畏力」。

一 九八一頁中一九行末字「二」，徑、清作「第二」。

一 九八一頁下八行「阿那含果」，磧、普、南、徑、清作「得阿那含果」。

一 九八一頁下一八行首字「化」，磧、普、南、徑、清、麗作「花」。

一 九八二頁上二行「夫主」，磧、普、南、徑、清作「夫言」。

一 九八二頁上五行「所與塵」，磧、普作「所興塵」。

一 九八二頁上七行末字「三」，徑、清作「第三」。

一 九八二頁上一三行「背捨僧」，磧、普、南、徑、清作「並皆捨」。

一 九八二頁上一八行「不住」，磧、普、南、徑、清、麗作「不往」。

一 九八二頁上一九行「空還」，磧、普、南、徑、清作「空過」。

一 九八二頁上二〇行「不雨自」，磧、普、南、徑、清作「雨息」。

一 九八二頁上二二行夾註右「毗曇婆沙」，麗作「毗婆沙」。

一 九八二頁上末行第八字「害」，徑、清作「所害」。又末字「四」，徑、清作「第四」。

一 九八二頁中二行「復有」，磧、普、南、徑、清作「後有」。

一 九八二頁中三行「或昂」，磧、普、南、徑、清、麗作「或仰」。

一 九八二頁中一〇行第五字「請」，磧、普、南、徑、清、麗作「諸」。

一 九八二頁中一九行末字「五」，徑、清作「第五」。

一 九八二頁下一行「革屣」，清作「華屣」。

一 九八二頁下二行「即却革屣」，磧、普、南、徑、清作「即脱屣」。

一 九八二頁下五行「奮其」，磧、普、南、徑、清作「奮赫」。

一 九八二頁下一八行「害心」，南作「害公」。

一 九八二頁下一九行「於坐」，磧、普、南、徑、清作「於坐上」。

一 九八二頁下二一行「比丘」，磧、普作「故處比丘」。又末字「六」，徑、清作「第六」。

一 九八三頁上六行「臭穢」，磧、普、南、徑、清作「臭爛」。

一 九八三頁上八行「囋唻」，磧、普、南、徑、清作「噆唻」。

一 九八三頁上一〇行「問曰」，磧、普、南、徑、清作「其人問曰」。

一 九八三頁上一一行「可爲」，磧、普、

南、徑、清作「何爲」。

一 九八三頁上二〇行「復興」，磧、普、南、徑、清作「復與」。又「爲本」，磧、普、南、徑、清、麗作「爲卒」。

一 九八三頁上二二行「咽哽」，磧、普、南、徑、清作「哽咽」。

一 九八三頁中四行第六字「袵」，磧、普、南、清作「袵針」；徑作「袵鍼」。又末字「七」，徑、清作「第七」。

一 九八三頁中五行「綻衣」，磧、普、南、徑、清、麗作「縫衣」。

一 九八三頁中一二行「是故」，磧、普、南、徑、清作「是故爲此」。

一 九八三頁中一三行「更明」，南、徑、清作「便明」。

一 九八三頁中一五行末字「八」，徑、清作「第八」。

一 九八三頁中二一行第一三字「丘」，磧、普、南、徑、清無。

一 九八三頁下一行「明法九」，徑、清作「法第九」。

一 九八三頁下二行「棄捐妻」，磧、普、南、徑、清、麗作「棄家捐妻」。

一 九八三頁下五行「慕樂」，麗作「共樂」。

一 九八三頁下六行「婦家」，磧、普、南、徑、清、麗作「歸家」。

一 九八三頁下九行末字「告」，磧、普、南、徑、清作「佛告」。

一 九八三頁下一五行「與五神通」，磧、普、南、徑、清作「興五神通」。

一 九八三頁下一七行「何爲」，磧、普、南、徑、清作「而爲」。

一 九八三頁下一八行「生于」，磧作「生子」。

一 九八三頁下二一行末字「十」，徑、清作「第十」。

一 九八三頁下末行「故處」，磧、普、南、徑、清無。

一 九八四頁上八行第二字「王」，磧、普、南、徑、清作「王曰」。

一 九八四頁上一二行「瞋怒」，磧、普、南、徑、清作「瞋恚」。

一 九八四頁上末行「稱寃」，磧、普、南、徑、清作「稱怨」。

一 九八四頁中一行「施心」，磧、普、南、徑、清作「放心」。

一 九八四頁中四行「興殺之」，磧、普作「興殺」；南、徑、清作「及興」。

中華大藏經(漢文部分)

校勘凡例

一　《中華大藏經(漢文部分)》的底本以《趙城金藏》爲主;《趙城金藏》缺佚,則以《高麗藏》等作底本。各卷所用底本的名稱及涉及底本的其他問題,均在校勘記的第一條中説明。

一　《中華大藏經(漢文部分)》選用的參校本共八種,即《房山雲居寺石經》(石)、宋《資福藏》(資)、《影印宋磧砂藏》(磧)、元《普寧藏》(普)、明《永樂南藏》(南)、明《徑山藏》(徑)、《清藏》(清)、《高麗藏》(麗)。

一　校勘記中的「諸本」,若底本爲金藏,即包括石、資、磧、普、南、徑、清、麗全部八種校本;若底本爲麗藏,則包括石、資、磧、普、南、徑、清全部七種校本。其他情況若用「諸本」,校勘記中則另加説明。

一　校勘採用底本與校本逐字對校的办法,只勘出經文中的異同及字句錯落,一般不加評注。參校本若有缺卷,或有殘缺、漫漶等字迹無可辨認者,則略去不校,校勘記亦不作記録。

一　一經多卷,經名、譯者、品名出現同樣性質的問題,一般只在第一卷出校,並注明以下各卷同;分卷不同時,以底本爲主出校。

一　古今字、異體字、正俗字、通假字及同義字,一般不出校。如:

古今字:宍(肉);猗(倚);跓(跛);鉾(矛);誼(義)等。

異體字:[illegible](槃);刹(剎);皃(貌);悩(惱);㝵(碍、礙、閡)等。

正俗字:怪(恠);滴(渧);體(躰);刺(刾);閑(閒)等。

通假字:惟(唯);嫉(疾);頻(嚬、顰);揣(摶);尠(鮮)等。

同義字:言(曰);如(若);弗(不)等。